Wolfgang Brehm (†)/Christian Berger

Sachenrecht

Wolfgang Brehm (†) / Christian Berger

Sachenrecht

4., überarbeitete Auflage

Mohr Siebeck

Christian Berger, geboren 1960; Professor für Bürgerliches Recht, Zivilprozessrecht und Urheberrecht an der Universität Leipzig.

ISBN 978-3-16-161429-3 / eISBN 978-3-16-161430-9
DOI 10.1628 / 978-3-16-161430-9

Die Deutsche Nationalbibliothek verzeichnet diese Publikation in der Deutschen Nationalbibliographie; detaillierte bibliographische Daten sind im Internet über *http://dnb.dnb.de* abrufbar.

1. Auflage 2000
2. Auflage 2006 (überarbeitet)
3. Auflage 2014 (überarbeitet)

© 2022 Mohr Siebeck Tübingen. www.mohrsiebeck.com

Das Werk einschließlich aller seiner Teile ist urheberrechtlich geschützt. Jede Verwertung außerhalb der engen Grenzen des Urheberrechts ist ohne Zustimmung des Verlags unzulässig und strafbar. Das gilt insbesondere für Vervielfältigungen, Übersetzungen, Mikroverfilmungen und die Einspeicherung und Verarbeitung in elektronischen Systemen.

Das Buch wurde von Textservice Zink in Schwarzach aus der Stempel Garamond gesetzt und von Gulde-Druck in Tübingen auf alterungsbeständiges Werkdruckpapier gedruckt und gebunden.

Vorwort zur 4. Auflage

Das Lehrbuch bietet eine vertiefte Darstellung des gesamten Dritten Buchs des BGB einschließlich der wichtigsten sachenrechtlichen Nebengesetze. Die Bezüge des Sachenrechts zum Schuldrecht sind ebenso mit einbezogen wie das Grundbuchrecht, das Zwangsvollstreckungs- und Insolvenzrecht und das übrige Verfahrensrecht, soweit es für das Sachenrecht Bedeutung gewinnt. Dem Verständnis dienen dogmengeschichtliche Betrachtungen. Hinweise auf Vertragsgestaltungen veranschaulichen die Praxis des Sachenrechts. Das Werk will zum Mit- und Nachdenken anregen, auch Widerspruch herausfordern. Dank gebührt Leserinnen und Lesern für mannigfache Hinweise.

Für die Neuauflage ist das Buch gründlich überarbeitet worden. Manche Abschnitte sind vollkommen neu geschrieben worden, beispielsweise zum Wohnungseigentumsrecht. Der in den Vorauflagen enthaltene § 36, der sich mit den Sachenrechten in den neuen Bundesländern befasste, ist nicht mehr enthalten. Die grundlegenden Unterschiede des Eigentums nach dem ZGB und dem BGB sind in der Neuauflage in § 1 beim Sach- und Eigentumsbegriff dargestellt. Die Änderungen am Gesamtwerk führen zu einer Neuvergabe der Randnummern.

Das Lehrbuch richtet sich in erster Linie an Studierende. Es eignet sich als vorlesungsbegleitende Lektüre, für Studien- und Seminararbeiten und zur Vorbereitung auf Prüfungen. Gegenüber der Vorauflage sind zusätzliche Beispiele eingefügt worden, die das Sachenrecht veranschaulichen. Der nochmals intensivierte Kleindruck dient schon drucktechnisch der Unterscheidung von Darstellung und Vertiefung. Die Hinweise zur weiterführenden Literatur sind jetzt unterteilt nach wissenschaftlichen Abhandlungen, dem Studium dienenden Beiträgen und Aufgaben zur Fallbearbeitung. Graphische Veranschaulichungen (*Heck*: „juristisches Zeichnen"), Tabellen und Aufbauschemata enthält das Buch hingegen weiterhin nicht; diese gewiss hilfreichen und verständnisfördernden Darstellungen können Leserinnen und Leser mit größerem Lerneffekt selbst erstellen.

Die Neuauflage widme ich dem Gedenken an den Mitbegründer Wolfgang Brehm. Das Werk trägt weiterhin auch seinen Namen.

Leipzig im Juli 2022   Christian Berger

Inhaltsübersicht

Vorwort zur 4. Auflage	V
Inhaltsverzeichnis	IX
Lehrbücher zum Sachenrecht	XXXI
Abkürzungsverzeichnis	XXXIII

1. Kapitel: Grundlagen	**1**
§ 1 Grundlagen	1
2. Kapitel: Besitz und Besitzschutz	**41**
§ 2 Der Besitz	41
§ 3 Besitzarten, Besitzdiener	46
§ 4 Besitzschutz	60
3. Kapitel: Eigentum und Eigentumsschutz	**73**
§ 5 Eigentum	73
§ 6 Privatrechtliche Eigentumsschranken und Nachbarrecht	96
§ 7 Der Schutz des Eigentums	116
§ 8 Das Eigentümer-Besitzer-Verhältnis	146
4. Kapitel: Erwerb und Verlust von Grundstücksrechten	**185**
§ 9 Allgemeine Vorschriften zu Verfügungen über Grundstücksrechte	185
§ 10 Die materiellrechtliche Bedeutung des Grundbuchs	196
§ 11 Formelles Grundstücksrecht	213
§ 12 Die Rangordnung der Grundstücksrechte	224
§ 13 Die Vormerkung	232
§ 14 Eigentumserwerb und Kauf	249
§ 15 Das dingliche Vorkaufsrecht	259
5. Kapitel: Grundpfandrechte	**267**
§ 16 Übersicht	267
§ 17 Die Hypothek	283
§ 18 Die Grundschuld	331
§ 19 Die Reallast	355

6. Kapitel: Dienstbarkeiten ... 361
§ 20 Übersicht ... 361
§ 21 Die Grunddienstbarkeit ... 364
§ 22 Die beschränkte persönliche Dienstbarkeit ... 373
§ 23 Der Nießbrauch ... 379

7. Kapitel: Erbbaurecht und Wohnungseigentum ... 389
§ 24 Das Erbbaurecht ... 389
§ 25 Das Wohnungseigentum ... 398

8. Kapitel: Erwerb und Verlust des Eigentums an Fahrnis ... 413
§ 26 Übersicht ... 413
§ 27 Rechtsgeschäftlicher Eigentumserwerb ... 425
§ 28 Gesetzlicher Eigentumserwerb ... 461
§ 29 Besondere Fälle des Eigentumserwerbs ... 478

9. Kapitel: Sicherungsrechte an beweglichen Sachen ... 487
§ 30 Struktur, Dogmatik und Kritik besitzloser Sicherungsrechte ... 487
§ 31 Eigentumsvorbehalt ... 495
§ 32 Verlängerter und erweiterter Eigentumsvorbehalt ... 509
§ 33 Sicherungsübereignung und Sicherungszession ... 521
§ 34 Das Pfandrecht an beweglichen Sachen und Rechten ... 533
§ 35 Rechte an Schiffen und Schiffsbauwerken ... 550

Gesetzesregister ... 555
Sachregister ... 565
Anhang: Muster ... 573

Inhaltsverzeichnis

Vorwort zur 4. Auflage	V
Inhaltsübersicht	VII
Lehrbücher zum Sachenrecht	XXXI
Abkürzungsverzeichnis	XXXIII

1. Kapitel: Grundlagen 1

§ 1 Grundlagen 1

    I. Sachenrecht im Sinne des BGB 2
        1. Sachenrecht als Recht an körperlichen Sachen 2
        2. Einteilung der Rechtsverhältnisse als Grundlage der Systematik . 2
        3. Die Relativität systematischer Ordnung 4
    II. Gesetzliche Regelung 5
        1. Überblick über die Regelungen des Sachenrechts 5
        2. Gesetzessystematik 6
    III. Das dingliche Recht 7
        1. Unmittelbare Berechtigung 7
        2. Wirkungen der Dinglichkeit: Absolutheit, Sukzessionsschutz,
           Insolvenz- und Vollstreckungsfestigkeit 8
        3. Das absolute Recht als Befugnis und Verbietungsrecht 10
        4. Dingliche Rechte und Haftungsordnung 12
    IV. Das dingliche Rechtsgeschäft – Die Verfügung 12
        1. Trennungs- und Abstraktionsgrundsatz 13
           a) Trennungsgrundsatz 13
           b) Abstraktionsgrundsatz 14
           c) Grundsatz inhaltlicher Abstraktion 14
        2. Ursprung und Reichweite des Abstraktionsgrundsatzes 15
           a) Bedeutungswandel des Grundsatzes 15
           b) Abstraktion und Geschäftseinheit 17
           c) Bedingung und Bedingungszusammenhang 19
           d) Zweckgebundene Verfügungsermächtigungen 20
           e) Fehleridentität 20
        3. Verfügung 21
           a) Anwendbare Vorschriften 21
           b) Bindungswirkung 22
           c) Verfügungsbefugnis als Wirksamkeitsvoraussetzung .. 22
           d) Dinglicher Vertrag zugunsten Dritter 23

V. Beschränkungen der Privatautonomie im Sachenrecht	24
1. Numerus clausus der Sachenrechte	24
2. Unwirksamkeit dinglicher Verfügungsbeschränkungen	26
3. Zwingende Verfügungstatbestände	26
VI. Sachenrechtsgrundsätze	26
1. Grundsatz der Spezialität	27
2. Bestimmtheitsgrundsatz	27
3. Der sogenannte Publizitätsgrundsatz	28
VII. Öffentliches Sachenrecht	28
VIII. Internationales Sachenrecht	29
IX. Europäische Rechtsangleichung	30
X. Sache, Bestandteil, Zubehör und Nutzungen	31
1. Der Sachbegriff	31
a) Gesetzestechnik	31
b) Körperliche Gegenstände	31
2. Wesentliche Bestandteile	34
a) Allgemeine Regelung	34
b) Sonderregelungen für Grundstücke	35
c) Scheinbestandteile	37
d) Rechte als Bestandteile eines Grundstücks	37
3. Zubehör	38
4. Nutzungen	39

2. Kapitel: Besitz und Besitzschutz 41

§ 2 Der Besitz 41

I. Begriff des Besitzes	41
II. Funktion des Besitzes	42
III. Gegenstand des Besitzes	43
IV. Rechtsnatur des Besitzes	44

§ 3 Besitzarten, Besitzdiener 46

I. Übersicht	46
II. Unmittelbarer Besitz	47
1. Besitzerwerbs- und Besitzbeendigungstatbestand	47
2. Erwerb des unmittelbaren Besitzes	47
a) Übergabe und Besitzergreifung	47
b) Gewalt über die Sache	47
c) Übertragungs- und Erwerbswille	49
3. Verlust des unmittelbaren Besitzes	51

III. Mittelbarer Besitz 51
1. Kennzeichnung 51
2. Voraussetzungen des Erwerbs 52
   a) Besitzmittlungsverhältnis 52
   b) Weitere Voraussetzungen 53
3. Verlust des mittelbaren Besitzes; Nebenbesitz 53
4. Gestufter mittelbarer Besitz 55
5. Übertragung des mittelbaren Besitzes 55

IV. Eigen- und Fremdbesitz 56

V. Mitbesitz 56

VI. Besitz juristischer Personen und Gesellschaften 57

VII. Erbenbesitz und Besitz bei Gesamtrechtsnachfolge 57

VIII. Besitzdiener 58

§ 4 Besitzschutz 60

I. Verbotene Eigenmacht 60

II. Der fehlerhafte Besitz 63

III. Selbsthilferecht des Besitzers 64

IV. Besitzschutzansprüche 66
1. Die Ansprüche 66
2. Einwendungsausschluss nach § 863 BGB 67
3. „Besitzschutztheorien": Schutzzweck possessorischer Ansprüche 68
4. Prozessuale Fragen 69

V. Verfolgungsrecht 70

VI. Petitorische Ansprüche des Besitzers 70
1. Dingliche Ansprüche 70
2. Bereicherungsrechtliche Ansprüche 71
3. Deliktische Ansprüche 71
4. Ansprüche nach § 1007 BGB 72

3. Kapitel: Eigentum und Eigentumsschutz 73

§ 5 Eigentum 73

VII. Der Eigentumsbegriff des BGB 73
1. Eigentum als umfassendes Sachenrecht 73
2. Eigentum als bürgerliches Freiheitsrecht 75
3. Eigentumsordnung nach dem ZGB 77

VIII. Verhältnis des Eigentums zu den beschränkten dinglichen Rechten 78

IX. Einschränkungen des Eigentums durch Sonderregelungen 79
    1. Jagd- und Fischereirecht 79
    2. Bergwerkseigentum 80
    3. Wasserrecht 80
X. Eigentum und Immaterialgüterrecht 80
    1. Werk und Werkexemplar 80
    2. Der Erschöpfungsgrundsatz 81
    3. Keine dingliche Beschränkung durch Immaterialgüterrechte ... 81
XI. Der Atomismus des Sachenrechts 82
XII. Der Grundrechtsschutz des Eigentums 83
    1. Art. 14 GG und bürgerlich-rechtliches Eigentum 83
    2. Der Eigentumsbegriff des Art. 14 GG 84
    3. Institutsgarantie 85
    4. Schranken 85
    5. Die geschichtliche Dimension des Eigentums 86
XIII. Besondere Eigentumsformen 86
    1. Miteigentum nach Bruchteilen 87
        a) Kennzeichnung 87
        b) Das Innenverhältnis 87
        c) Außenverhältnis 89
        d) Das Wohnungseigentum als Sonderfall des Bruchteilseigentum 90
        e) Weitere Miteigentümergemeinschaften 91
    2. Gesamthandseigentum 91
    3. Die Treuhand 92
        a) Kennzeichnung 92
        b) Die haftungsrechtlichen Besonderheiten des Treuhandeigentums 93
        c) Verwandte Erscheinungen 94

§ 6 Privatrechtliche Eigentumsschranken und Nachbarrecht 96

I. Gesetzliche Regelung 96
II. Die räumlichen Schranken des Grundeigentums 97
    1. Das Grundstück als Raum 97
    2. Beschränkungen der Eigentümerbefugnisse 97
III. Angriffsnotstand (§ 904 BGB) 98
    1. Die Regelung des § 904 BGB 98
    2. Der Tatbestand des § 904 Satz 1 BGB 99
        a) Einwirkung 99
        b) Notwendigkeit der Einwirkung 99
        c) Güterabwägung 99
    3. Die Schadensersatzpflicht nach § 904 Satz 2 BGB 100

Inhaltsverzeichnis

IV. Verteidigungsnotstand 101
V. Immissionen (§ 906 BGB) 102
   1. Unwesentliche Immissionen nach § 906 Abs. 1 BGB 102
      a) Der Regelungsgehalt des § 906 Abs. 1 BGB 102
      b) Immissionen nach § 906 Abs. 1 BGB 103
   2. Wesentliche Beeinträchtigungen 104
   3. Duldungspflicht nach § 14 BImSchG 106
   4. Immissionen der öffentlichen Hand 107
   5. Rechtsstellung des Besitzers 109
      a) Beschränkung des § 863 BGB 109
      b) Ausgleichsanspruch des Besitzers 109
   6. Das nachbarliche Gemeinschaftsverhältnis 110
VI. Überbau (§ 912 BGB) 111
   1. Rechtswidriger Überbau 111
   2. Voraussetzungen der Duldungspflicht 111
   3. Verschuldenszurechnung 112
   4. Eigentumsverhältnisse 112
   5. Die Rente 113
   6. Unentschuldigter Überbau 113
   7. Rechtmäßiger Überbau 113
   8. Entsprechende Anwendung des § 912 BGB 114
VII. Notweg (§ 917 BGB) 115

§ 7 Der Schutz des Eigentums 116
I. Überblick 116
   1. „Ansprüche aus dem Eigentum" 116
   2. Bereicherungs- und Deliktsrecht 116
II. Unterlassungs- und Beseitigungsanspruch (§ 1004 BGB) 117
   1. Grundgedanken 118
   2. Beeinträchtigung des Eigentums 121
      a) Voraussetzungen 121
      b) Duldungspflicht 122
   3. Störer 124
   4. Rechtsfolgen 126
      a) Beseitigung 126
      b) Unterlassen 127
III. Der Vindikationsanspruch (§ 985 BGB) 129
   1. Der Herausgabeanspruch 130
      a) Grundgedanken 130
      b) Rückabwicklung gescheiterter Austauschverträge 131
   2. Berechtigter und Anspruchsgegner 131
      a) Eigentümer und Besitzer 131
      b) Mittelbarer Besitzer 132

XIII

3. Recht zum Besitz 133
   a) Grundlagen des Rechts zum Besitz 133
   b) Mittelbares Recht zum Besitz 134
   c) § 986 Abs. 2 BGB 134
   d) Rechtsnatur des § 986 BGB 136
   e) Zusendung unbestellter Waren (§ 241a Abs. 1 BGB) 136
4. Inhalt des Vindikationsanspruchs 137
   a) Herauszugebende Sache 137
   b) Geldvindikation 138
   c) Abwicklung und Kosten 138
   d) Anwendung schuldrechtlicher Bestimmungen, insbesondere § 285 BGB 139
5. Konkurrenzen 140
   a) Vertragliche Rückgewähransprüche 140
   b) Sonstige Ansprüche 141
IV. Die Vermutungen des § 1006 BGB 143
1. Grundgedanken 143
2. Geltung der Eigentumsvermutungen 144
3. Verhältnis zu § 1362 BGB 145

§ 8 Das Eigentümer-Besitzer-Verhältnis 146

I. Grundlagen 147
1. Regelungsgegenstand und Regelungszweck 147
2. Der Anwendungsbereich des Eigentümer-Besitzer-Verhältnisses . 150
   a) Geltung der §§ 987ff. BGB und Konkurrenzen 150
   b) Vindikationslage 151
   c) Besitzerstellung 154
3. Die Arten des Besitzers 154
   a) Überblick 154
   b) (Un-)redlicher Besitzer 155
   c) Prozess- und Verzugsbesitzer 157
   d) Deliktsbesitzer 157
4. Rechtsnatur der Nutzungs-, Schadens- und Verwendungsersatzansprüche 157
II. Der Anspruch auf Herausgabe von Nutzungen 158
1. Redlicher Besitzer 158
   a) Unverklagter redlicher Besitzer 158
   b) „Rechtsgrundloser" redlicher Besitzer 159
   c) Verklagter redlicher Besitzer 163
   d) Unentgeltlicher redlicher Besitzer 164
2. Unredlicher Besitzer 166
   a) § 990 Abs. 1 BGB 166
   b) Verzugsbesitzer, § 990 Abs. 2 BGB 167

      3. Deliktsbesitzer 167
      4. Inhalt des Herausgabeanspruchs 167
  III. Anspruch auf Schadensersatz aus dem Eigentümer-Besitzer-
     Verhältnis 168
      1. Redlicher Besitzer 168
        a) Unverklagter redlicher Besitzer 168
        b) § 991 Abs. 2 BGB 168
        c) „Fremdbesitzerexzess" 169
        d) Verklagter redlicher Besitzer 169
      2. Unredlicher Besitzer 170
      3. Deliktsbesitzer 170
      4. Inhalt des Schadensersatzanspruchs nach §§ 989, 990 BGB 170
  IV. Ersatz von Verwendungen 172
      1. Überblick 172
      2. Verwendungen 174
        a) Verwendungsbegriff 174
        b) Arten der Verwendungen 176
      3. Ersatz von Verwendungen 176
        a) Redlicher Besitzer 176
        b) Unredlicher und verklagter Besitzer 178
      4. Rechtsfolgen des Verwendungsersatzes 179
        a) Zurückbehaltungsrecht 179
        b) Ersatzanspruch 180
        c) Befriedigungsrecht 181
        d) Eigentümer- und Besitzerwechsel 181
      5. Abtrennungsrecht 182

4. Kapitel: Erwerb und Verlust von Grundstücksrechten 185

**§ 9 Allgemeine Vorschriften zu Verfügungen
über Grundstücksrechte** 185

  I. Übersicht 185
  II. Die Einigung 186
      1. Die Einigung als dinglicher Vertrag 186
      2. Bindende Einigung 187
        a) Voraussetzung und Wirkung 187
        b) Anwartschaft 187
        c) Schutz vor Verfügungsbeschränkungen, § 878 BGB 190
  III. Die Eintragung 191
      1. Bedeutung 191
      2. Verhältnis zur Einigung 192
      3. Erfordernis der Eintragung 192
      4. Inhalt der Eintragung 193

IV.	Aufhebung eines Rechts an einem Grundstück	193
	1. Allgemeine Vorschriften	193
	2. Sonderregeln	194
V.	Inhaltsänderung	195

§ 10 Die materiellrechtliche Bedeutung des Grundbuchs ... 196

I.	Das Grundbuch als Register	196
II.	Die Vermutungswirkung des Grundbuchs	197
	1. Bedeutung	197
	2. Gegenstand und Inhalt der Vermutung	197
III.	Öffentlicher Glaube und Erwerb vom Nichtberechtigten	199
	1. Grundlagen	199
	2. Ausgestaltung des gutgläubigen Erwerbs	199
	3. Öffentlicher Glaube und guter Glaube	200
	4. Umfang des Schutzes	201
	a) Maßgeblicher Grundbuchinhalt	201
	b) Maßgebliche Rechtsvorgänge	202
	5. Der gute Glaube	203
	6. Schuldrechtliche Ausgleichsansprüche	204
IV.	Schutz des Berechtigten	204
	1. Grundbuchberichtigung	204
	a) Berichtigungsanspruch nach § 894 BGB	204
	b) Berichtigung nach § 22 GBO	205
	2. Widerspruch	206
	a) Bedeutung und Voraussetzungen	206
	b) Wirkung	206
V.	Sonderregelung für die Gesellschaft bürgerlichen Rechts	207
	1. Ausgangslage	207
	2. Die Regelung des § 899a BGB	209
	3. Aufhebung des § 899a BGB zum 1.1.2024	212

§ 11 Formelles Grundstücksrecht ... 213

I.	Grundbuch und Grundbuchblatt	213
II.	Die Bestandteile des Grundbuchblatts	213
	1. Aufschrift	214
	2. Bestandsverzeichnis	214
	3. Abteilung I	214
	4. Abteilung II	215
	5. Abteilung III	215
III.	Das elektronische Grundbuch	216
IV.	Verfahrensart und Zuständigkeit	216

- V. Antragsgrundsatz 217
  - 1. Antrag 217
  - 2. Antragsbefugnis 217
  - 3. Stellvertretung 218
  - 4. Materiellrechtliche Wirkungen des Antrags 218
  - 5. Rücknahme und Änderung des Antrags 218
- VI. Bewilligungsgrundsatz 219
  - 1. Das formelle Konsensprinzip 219
  - 2. Rechtsnatur der Bewilligung 219
  - 3. Prüfung des Grundbuchamts 220
  - 4. Der Betroffene 220
- VII. Grundsatz der Voreintragung 221
- VIII. Beweismittelbeschränkung 222
- IX. Entscheidung und Rechtsbehelfe 222

§ 12 Die Rangordnung der Grundstücksrechte 224
- I. Bedeutung und Verwirklichung des Rangs 224
- II. Die materielle Rangordnung des § 879 BGB 225
- III. Rangvereinbarungen 230
  - 1. Ursprüngliche Rangvereinbarung 230
  - 2. Nachträgliche Rangänderung 230
- IV. Rangvorbehalt 231

§ 13 Die Vormerkung 232
- I. Bedeutung und Zweck 233
- II. Der gesicherte Anspruch 234
  - 1. Persönliche Ansprüche 234
  - 2. Akzessorietät der Vormerkung 236
- III. Entstehung der Vormerkung 236
  - 1. Bewilligung und Eintragung 236
  - 2. Einstweilige Verfügung 238
- IV. Wirkungen der Vormerkung 239
  - 1. Relative Unwirksamkeit nach § 883 Abs. 2 BGB 239
    - a) Gesetzliche Regelung 239
    - b) Dogmatische Einordnung 240
  - 2. Inhaltliche Beschränkung der Unwirksamkeit 241
  - 3. Der Anspruch gegen den Dritten 242
  - 4. Ausgleichs- und Ersatzansprüche 242
  - 5. Die Rangwirkung (§ 883 Abs. 3 BGB) 243
  - 6. Der Rang der Vormerkung 243
- V. Verfügung über die Vormerkung 245

VI. Gutgläubiger Erwerb der Vormerkung	246
VII. Die Rechtsnatur der Vormerkung	247
VIII. Die grundbuchrechtliche Amtsvormerkung	248
IX. Das Veräußerungsverbot	248

§ 14 Eigentumserwerb und Kauf 249

I. Verpflichtungsgeschäft	249
1. Trennungs- und Abstraktionsgrundsatz	249
2. Form des Verpflichtungsgeschäfts	250
3. Besondere Regelungen beim Grundstückskauf	251
a) Preisgefahr	251
b) Sachmängelhaftung	252
c) Pflicht zur Übertragung lastenfreien Eigentums	252
d) Kaufpreisfinanzierung	253
e) Abwicklung des Kaufvertrags	253
II. Die Auflassung	254
1. Bedeutung	254
2. Form	255
3. Stellvertretung und Ermächtigung	255
4. Bedingungsfeindlichkeit	256
5. Erstreckung auf Zubehör	256
6. Die Auflassungsanwartschaft	257

§ 15 Das dingliche Vorkaufsrecht 259

I. Überblick	259
1. Bedeutung und Unterschied zum schuldrechtlichen Vorkaufsrecht	259
2. Rechtsnatur	261
3. Abgrenzung	261
II. Begründung, Übertragung und Erlöschen des dinglichen Vorkaufsrechts	261
III. Inhalt und Ausübung	263
1. Der Vorkaufsfall	263
2. Rechtsfolgen der Ausübung	264
a) Rechtsbeziehungen der Beteiligten	264
b) Rechtsverhältnis des Vorkäufers zum Verpflichteten	264
c) Rechtsverhältnis des Vorkäufers zum Käufer	265
d) Rechtsverhältnis des Verkäufers zum Käufer	266

5. Kapitel: Grundpfandrechte ... 267

§ 16 Übersicht ... 267

    I. Einführung ... 267
        1. Überblick ... 267
        2. Bedeutung der Grundpfandrechte als Kreditsicherungsmittel ... 268
        3. Historischer Abriss ... 269
        4. Europäischer Ausblick ... 270
    II. Erscheinungsformen der Grundpfandrechte ... 271
        1. Hypothek – Grundschuld ... 271
        2. Briefgrundpfandrecht – Buchgrundpfandrecht ... 272
    III. Dogmatische Grundlagen der Grundpfandrechte ... 273
        1. Verwertungsrecht ... 273
        2. Dinglichkeit ... 276
        3. Akzessorietät ... 277
            a) Bedeutung ... 277
            b) Funktion des Akzessorietätsprinzips ... 278
            c) Zur Dogmatik der Akzessorietät ... 279
            d) Akzessorietätsersatz kraft Vereinbarung ... 280
        4. Rangverhältnisse ... 281
        5. Eigentümergrundpfandrechte ... 282

§ 17 Die Hypothek ... 283

    I. Entstehung der Hypothek ... 283
        1. Belastungsgegenstand ... 284
        2. Einigung ... 284
        3. Eintragung ... 286
        4. Forderung ... 286
        5. Übergabe des Hypothekenbriefs ... 287
        6. Sonstige Entstehungstatbestände ... 288
    II. Der Umfang der hypothekarischen Haftung ... 289
        1. Forderung und Hypothek ... 289
        2. Einwendungen und Einreden des Eigentümers ... 289
            a) Prozessuale Perspektive und Beweislast ... 289
            b) Eigentümerbezogene Einwendungen und Einreden ... 291
            c) Schuldnerbezogene Einreden ... 291
            d) Ausgeschlossene Einreden ... 292
    III. Die Gegenstände der Hypothekenhaftung ... 293
        1. Übersicht ... 293
        2. Das Grundstück und seine wesentlichen Bestandteile ... 294
        3. Sonstige Bestandteile und Erzeugnisse ... 295
            a) Umfang der Hypothekenerstreckung ... 295
            b) Enthaftung ... 295

Inhaltsverzeichnis

4. Zubehör	297
a) Reichweite der Haftung	297
b) Enthaftung	299
5. Miet- und Pachtzinsforderungen	299
6. Versicherungsforderungen	300
IV. Der Schutz der Hypothek	301
1. Schadensersatzansprüche	301
2. Besondere Schutzvorschriften	301
V. Die freiwillige Befriedigung des Gläubigers	303
1. Identität von Eigentümer und persönlichem Schuldner	303
2. Schuldner und Eigentümer sind verschiedene Personen	304
a) Das Ablösungsrecht des Eigentümers	304
b) Erwerb der Forderung durch den Eigentümer	304
c) Erwerb der Hypothek durch den Schuldner	306
3. Ablösungsrecht Dritter	306
4. Aushändigung des Hypothekenbriefs und anderer Urkunden	307
VI. Die zwangsweise Durchsetzung der Hypothek	307
1. Überblick	307
2. Vollstreckungstitel	308
a) Vollstreckbare Urkunden	308
b) Urteile	309
3. Zwangsversteigerung	309
4. Zwangsverwaltung	310
5. Insolvenz	311
VII. Verfügungen	311
1. Überblick: Gegenstand und Modus der Übertragung	311
2. Abtretung	312
3. Gutgläubiger Erwerb	314
a) Nichtbestehen von Forderung oder Hypothek	314
b) Redlichkeitsschutz hinsichtlich von Einreden und Einwendungen	315
c) Redlichkeitsschutz bei der Briefhypothek	316
4. Abtretung von Zinsen und anderen Nebenleistungen	319
5. Sonstige Verfügungen	320
a) Verpfändung und Pfändung	320
b) Inhaltsänderung	321
c) Teilung der Hypothek	321
d) Inhaltsänderung gemäß § 1198 BGB	322
VIII. Beendigung der Hypothek	322
1. Entstehung einer Eigentümergrundschuld	322
a) Überblick	322
b) Löschungsansprüche nach- oder gleichrangiger Berechtigter	322
2. Vollständiger Untergang der Hypothek	324

Inhaltsverzeichnis

IX. Besondere Formen der Hypothek	325
1. Sicherungshypothek	325
a) Bedeutung	325
b) Entstehung der Sicherungshypothek	325
c) Wirkungen der Sicherungshypothek	326
2. Gesamthypothek	327
a) Bedeutung	327
b) Entstehung der Gesamthypothek	328
c) Wirkungen der Gesamthypothek	328
3. Höchstbetragshypothek	329
4. Wertpapierhypothek	330
§ 18 Die Grundschuld	**331**
I. Bedeutung und gesetzliche Regelung	331
II. Fremdgrundschuld	333
1. Entstehung	333
2. Gegenstände der Haftung	334
3. Verfügungen	334
4. Verwirklichung der Haftung	334
5. Erlöschen	335
III. Sicherungsgrundschuld	336
1. Begriff und Bedeutung	336
2. Die Beteiligten und ihre Rechtsbeziehungen	337
3. Der Sicherungsvertrag	338
a) Bedeutung	338
b) Entstehung und Wirksamkeit des Sicherungsvertrags	339
c) Fehlen oder Unwirksamkeit des Sicherungsvertrags	341
d) Ansprüche und Einreden aus dem Sicherungsvertrag	342
4. Übertragung von Sicherungsgrundschuld und Forderung	342
a) Fortbestand der Einreden	342
b) Isolierte Abtretung	343
c) Beschränkungen der Abtretung der Grundschuld	345
5. Tilgung von Sicherungsgrundschuld und Forderung	346
a) Leistung durch den Eigentümerschuldner	346
b) Leistung durch den Nur-Schuldner	347
c) Leistung durch den Nur-Eigentümer	348
6. Der Rückgewähranspruch aus dem Sicherungsvertrag	349
IV. Eigentümergrundschuld	351
1. Die ursprüngliche Eigentümergrundschuld	351
2. Weitere Fälle der Entstehung einer Eigentümergrundschuld	353
3. Verfügungen über die Eigentümergrundschuld	353
V. Inhabergrundschuld	354
VI. Anhang: Die Rentenschuld	354

§ 19 Die Reallast ... 355

I. Übersicht ... 355
1. Die Struktur der Reallast ... 355
2. Bedeutung ... 356

II. Entstehung und Inhalt ... 357
III. Übertragung ... 358
IV. Durchsetzung und Schutz der Reallast ... 358
1. Die Reallastberechtigung als Stammrecht ... 359
2. Recht auf Einzelleistungen ... 359
3. Persönlicher Anspruch auf die Leistung ... 359

6. Kapitel: Dienstbarkeiten ... 361

§ 20 Übersicht ... 361

I. Einführender Überblick ... 361
II. Die Problematik immerwährender dinglicher Nutzungsrechte ... 362

§ 21 Die Grunddienstbarkeit ... 364

I. Übersicht und Bedeutung ... 364
II. Entstehung, Änderung und Erlöschen der Grunddienstbarkeit ... 365
1. Rechtsgeschäftliche Begründung ... 365
2. Änderung und Untergang der Grunddienstbarkeit ... 366

III. Inhalt der Grunddienstbarkeit ... 368
1. Benutzungsdienstbarkeit (§ 1018 Fall 1 BGB) ... 368
2. Unterlassungsdienstbarkeit (§ 1018 Fall 2 BGB) ... 368
3. Ausschluss von Abwehrrechten (§ 1018 Fall 3 BGB) ... 369
4. Positives Tun als Nebenpflicht ... 369

IV. Das Vorteilserfordernis ... 370
V. Ausübung der Grunddienstbarkeit ... 370
VI. Schutz der Grunddienstbarkeit ... 371
VII. Altrechtliche Dienstbarkeiten ... 372

§ 22 Die beschränkte persönliche Dienstbarkeit ... 373

I. Übersicht ... 373
II. Entstehung ... 373
III. Inhalt ... 374
1. Kein Vorteilserfordernis ... 374
2. Insbesondere: Wettbewerbsbeschränkende Dienstbarkeiten ... 374
3. Insbesondere: Wohnungsrecht (§ 1093 BGB) ... 376
4. Insbesondere: Die Mietsicherungsdienstbarkeit ... 377

§ 23 Der Nießbrauch ... 379
   I. Überblick ... 379
   II. Entstehung ... 380
   III. Inhalt ... 381
   IV. Das Legalschuldverhältnis zwischen Nießbraucher und Eigentümer ... 383
   V. Übertragung und Ausübungsüberlassung ... 384
      1. Grundsatz der Unübertragbarkeit ... 384
      2. Ausübungsüberlassung ... 384
      3. Pfändung ... 385
   VI. Schutz des Nießbrauchs ... 385
   VII. Sonderformen des Nießbrauchs ... 386
      1. Uneigentlicher Nießbrauch ... 386
      2. Dispositionsnießbrauch ... 386
   VIII. Nießbrauch an Rechten ... 387
      1. Entstehung des Nießbrauchs an Rechten ... 387
      2. Inhalt des Nießbrauchs an Rechten ... 387
   IX. Nießbrauch an einem Vermögen ... 388

7. Kapitel: Erbbaurecht und Wohnungseigentum ... 389

§ 24 Das Erbbaurecht ... 389
   I. Begriff, Bedeutung und gesetzliche Regelung ... 389
   II. Rechtsnatur und Abgrenzung ... 391
   III. Entstehung des Erbbaurechts ... 392
      1. Einigung ... 392
      2. Eintragung ... 394
   IV. Verfügungen über das Erbbaurecht ... 395
   V. Erlöschen des Erbbaurechts ... 396

§ 25 Das Wohnungseigentum ... 398
   I. Begriff ... 398
   II. Historische Entwicklung ... 400
   III. Die Struktur des Wohnungseigentums ... 401
      1. Sachenrechtliche Komponenten ... 401
      2. Die Gemeinschaft der Wohnungseigentümer ... 401
      3. Wohnungseigentum als „echtes" Eigentum? ... 402
   IV. Begründung von Wohnungseigentum ... 403
      1. Vertrag der Miteigentümer ... 403

    2. Teilung durch Alleineigentümer („Vorratsteilung") 404
    3. Gegenstände von Gemeinschaftseigentum und Sondereigentum . 404
    4. Mängel bei der Begründung von Wohnungseigentum 406
    5. Rechtsfolgen der Entstehung von Wohnungseigentum 406
  V. Verfügungen über das Wohnungseigentum 406
    1. Veräußerung und Belastung 406
    2. Inhaltsänderung 408
    3. Aufhebung 408
    4. Zwangsvollstreckung in das Wohnungseigentum 409
  VI. Verwaltung des Wohnungseigentums 409
    1. Wohnungseigentümergemeinschaft 409
      a) Grundlagen und Kompetenzen 409
      b) Haftungsverfassung 410
    2. Organe und Organkompetenzen 410
      a) Wohnungseigentümerversammlung 410
      b) Verwalter 411

8. Kapitel: Erwerb und Verlust des Eigentums an Fahrnis 413

§ 26 Übersicht 413

  I. Die Erwerbstatbestände 413
  II. Die Übereignungstatbestände 414
  III. Die Entwicklung der Übereignungstatbestände 415
  IV. Das Traditionsprinzip 418
    1. Erwerb vom Berechtigten 418
    2. Erwerb vom Nichtberechtigten 420
  V. Das Konzept des DCFR 422

§ 27 Rechtsgeschäftlicher Eigentumserwerb 425

  I. Der Grundtatbestand, § 929 Satz 1 BGB 426
  II. Einigung als Bestandteil des Verfügungstatbestandes 427
    1. Einigung 427
    2. Bestimmtheits- und Spezialitätsgrundsatz 427
    3. Verfügungsbefugnis 428
    4. Stellvertretung und Ermächtigung 429
    5. Form 431
    6. Keine Bindung 431
  III. Übergabe 431
    1. Grundsatz 431
    2. Das Zweckmoment 432
    3. Beteiligung eines Besitzdieners 432

4. Beteiligung eines Besitzmittlers	433
5. Geheißerwerb und Übergabe an den Benannten	434
a) Übersicht	434
b) Kettenveräußerungen	434
c) Rechtsprechung	435
d) Geheißerwerb und Traditionsprinzip	437
6. Vertretungs- und andere Repräsentationsfälle	438
a) Auf der Veräußererseite	438
b) Auf der Erwerberseite	439
IV. Übereignung durch schlichte Einigung (§ 929 Satz 2 BGB)	439
V. Übergabesurrogate	439
1. Besitzkonstitut (§ 930 BGB)	439
2. Abtretung des Herausgabeanspruchs (§ 931 BGB)	441
VI. Erwerb vom Nichtberechtigten	443
1. Verkehrsschutz	443
2. Schutz des Eigentümers	444
3. Die einzelnen Tatbestände	445
a) Übersicht	445
b) Redlicher Erwerb nach §§ 929, 932 BGB	445
c) Redlicher Erwerb nach §§ 929, 930, 933 BGB	446
d) Redlicher Erwerb nach §§ 929, 931, 934 BGB	447
4. Der gute Glaube	449
a) Bezugspunkt	449
b) Grobe Fahrlässigkeit	450
c) Maßgeblicher Zeitpunkt	451
d) Guter Glaube bei Stellvertretung (§ 166 BGB)	451
e) Sonderregelung für anfechtbare Rechtsgeschäfte (§ 142 BGB)	451
f) Beweislast	452
5. Einzelfragen	452
a) Umdeutung bei Bestehen eines Anwartschaftsrechts	452
b) Nebenbesitz	453
6. Ausschluss des gutgläubigen Erwerbs nach § 935 BGB	454
a) Die Regelung des § 935 Abs. 1 BGB	454
b) Ausnahme bei Geld, Inhaberpapieren und bei Versteigerungen	456
7. Einschränkungen des Erwerbs vom Nichtberechtigten	457
a) Verkehrsgeschäft als Voraussetzung	457
b) Vorweggenommene Erbfolge	458
c) Rückerwerb vom gutgläubigen Erwerber	458
d) Verfügungen beschränkt Geschäftsfähiger	458
8. Rechtsfolgen redlichen Erwerbs	459
a) Eigentumserwerb	459
b) Lastenfreier Erwerb	459
c) Ausgleichsansprüche bei gutgläubigem Erwerb	460

§ 28 Gesetzlicher Eigentumserwerb 461
    I. Ersitzung 461
        1. Voraussetzungen 461
        2. Zweck und Bedeutung der Ersitzung 462
        3. Verhältnis zu vertraglichen und bereicherungsrechtlichen Ansprüchen 463
    II. Verbindung und Vermischung 464
        1. Verbindung beweglicher Sachen mit einem Grundstück 464
        2. Verbindung beweglicher Sachen untereinander 465
        3. Vermischung und Vermengung beweglicher Sachen 466
    III. Verarbeitung 467
        1. Die Regelung 467
        2. Herstellerbegriff 468
        3. Vertragliche Regelungen 469
        4. Die weiteren Voraussetzungen 471
    IV. Eigentum an Urkunden 471
    V. Ausgleichsansprüche 472
        1. Rechtsfortsetzungsanspruch nach § 951 BGB 472
        2. § 951 BGB als Rechtsgrundverweisung 473
        3. Mehrpersonenverhältnisse 473
        4. Der Inhalt des Bereicherungsanspruchs 475
        5. Aufgedrängte Bereicherung 475
        6. Wegnahmerecht 477

§ 29 Besondere Fälle des Eigentumserwerbs 478
    I. Erzeugnisse und Bestandteile 478
        1. Die Grundnorm 478
        2. Erwerb des dinglich Berechtigten 479
        3. Erwerb des persönlich Berechtigten 479
            a) Erwerb vom Berechtigten 479
            b) Erwerb vom Nichtberechtigten 481
    II. Aneignung herrenloser Sachen 482
    III. Fund 482
        1. Übersicht 482
        2. Verlorene Sachen 483
        3. Der Finder 483
        4. Das gesetzliche Schuldverhältnis 484
        5. Eigentumserwerb des Finders 484
        6. Verkehrsfund 485
        7. Schatzfund 485
    IV. Dingliche Surrogation 485

9. Kapitel: Sicherungsrechte an beweglichen Sachen ... 487

§ 30 Struktur, Dogmatik und Kritik besitzloser Sicherungsrechte ... 487
- I. Übersicht ... 487
- II. Sicherungseigentum und Vorbehaltseigentum als publizitätslose Pfandrechte ... 488
- III. Zur Kritik an den besitzlosen Mobiliarsicherheiten ... 489
  - 1. Rechtsdogmatische Einwände ... 489
  - 2. Rechtspolitische Einwände ... 490
- IV. Mobiliarsicherheiten nach dem DCFR ... 493

§ 31 Eigentumsvorbehalt ... 495
- I. Die Vertragsgestaltung ... 496
  - 1. Bedingte Übereignung ... 496
  - 2. Trennungsgrundsatz ... 497
- II. Sicherung des Verkäufers ... 497
- III. Das Anwartschaftsrecht des Käufers aus bedingter Übereignung ... 499
  - 1. Die Anwartschaft als sichere aber ungewisse Erwerbsaussicht ... 499
  - 2. Das Anwartschaftsrecht als akzessorisches Recht? ... 500
  - 3. Das Anwartschaftsrecht als dingliches Recht? ... 500
    - a) Übertragung des Anwartschaftsrechts ... 501
    - b) Pfändung des Anwartschaftsrechts ... 503
    - c) Schutz des Anwartschaftsberechtigten ... 504
    - d) Das Besitzrecht des Anwartschaftsberechtigten ... 505
  - 4. Zwangsvollstreckung und Insolvenz ... 506
  - 5. Zur Anerkennung eines „Anwartschaftsrechts" ... 507

§ 32 Verlängerter und erweiterter Eigentumsvorbehalt ... 509
- I. Übersicht ... 509
- II. Die Weiterveräußerung ... 511
  - 1. Vertragsgestaltungen ... 511
    - a) Verlängerter Eigentumsvorbehalt ... 511
    - b) Weitergeleiteter Eigentumsvorbehalt ... 511
    - c) Nachgeschalteter Eigentumsvorbehalt ... 512
  - 2. Die Veräußerungsermächtigung ... 512
    - a) Erteilung ... 512
    - b) Umfang ... 513
    - c) Widerruf und Erlöschen ... 514
- III. Die Abtretung der Forderungen ... 514
  - 1. Bestimmbarkeit ... 514
  - 2. Übersicherung ... 515

3. Einziehungsermächtigung und Prozessstandschaft 515
IV. Globalzession und Vorausabtretung 516
V. Vorausabtretung und Factoring 518
VI. Konflikte bei Verarbeitungsklauseln 519
VII. Der erweiterte Eigentumsvorbehalt 519

§ 33 Sicherungsübereignung und Sicherungszession 521
I. Sicherungsübereignung 521
II. Die rechtlichen Bestandteile des Geschäfts 522
   1. Die Übereignung 522
   2. Der Sicherungsvertrag 524
      a) Verhältnis zur Übereignung 524
      b) Pflichten aus dem Sicherungsvertrag 525
      c) Übersicherung 526
   3. Kreditvertrag und Sicherungsabrede 528
III. Insolvenz und Zwangsvollstreckung 529
   1. Zwangsvollstreckung 529
   2. Insolvenzverfahren 529
IV. Sicherungsübertragung sonstiger Rechte 530

§ 34 Das Pfandrecht an beweglichen Sachen und Rechten 533
I. Übersicht 533
II. Entstehung des Pfandrechts durch Rechtsgeschäft 534
   1. Dingliche Erwerbstatbestände 534
      a) Erwerb vom Berechtigten 534
      b) Erwerb vom Nichtberechtigten 535
      c) Das Traditionsprinzip bei der Verpfändung 535
      d) Rangprinzip 537
   2. Gegenstand des Pfandrechts 537
III. Die gesicherte Forderung 537
   1. Zweckabrede als Bestandteil der Verfügung 537
   2. Akzessorietät 538
   3. Verhältnis zur Sicherungsabrede 538
   4. Divergenzfälle 539
IV. Übertragung des Pfandrechts 539
V. Erlöschen des Pfandrechts ohne Verwertung 540
VI. Das gesetzliche Schuldverhältnis zwischen Verpfänder
    und Pfandgläubiger 541
VII. Schutz des Pfandrechts 542
   1. Schutz als absolutes Recht 542

	2. Schutz in der Zwangsvollstreckung	543
VIII.	Ablösungsrechte	543
IX.	Verwertung des Pfandes	543
	1. Übersicht	543
	2. Pfandverkauf durch den Gläubiger	544
	3. Wirkungen der rechtmäßigen Veräußerung	545
	4. Erlös und gesicherte Forderung	546
X.	Ausgleichsansprüche	546
XI.	Pfandrecht an Rechten	547
	1. Vermögensrechte als Gegenstand des Pfandrechts	547
	2. Begründung des Pfandrechts	547
	3. Sonderregeln für das Pfandrecht an Forderungen	547
XII.	Gesetzliche Pfandrechte	548

§ 35 Rechte an Schiffen und Schiffsbauwerken 550
    I. Überblick 550
        1. Entwicklung und Reform 550
        2. Das Schiffsregister 551
    II. Erwerb des Eigentums an Schiffen 552
        1. Erwerb vom Berechtigten 552
        2. Redlicher Erwerb vom Nichtberechtigten 552
    III. Schiffshypothek 553

Gesetzesregister 555
Sachregister 565
Anhang: Muster 573

Lehrbücher zum Sachenrecht

Baur, Jürgen F./Stürner, Rolf, Sachenrecht, 18. Aufl., München 2009
Bülow, Peter, Recht der Kreditsicherheiten, 10. Aufl., Heidelberg 2021
Capelle, Karl-Herrmann, Sachenrecht, Wiesbaden 1963
Dilcher, Hermann/Berger, Norbert, Sachenrecht in programmierter Form, 5. Aufl., Berlin 1990
Eckert, Jörn, Sachenrecht, 4. Aufl., Baden-Baden 2005
Gerhardt, Walter, Immobiliarsachenrecht: Grundeigentum und Grundpfandrechte, 5. Aufl., München 2001
Gerhardt, Walter, Mobiliarsachenrecht, 5. Aufl., München 2000
Gottwald, Peter, Sachenrecht, 17. Aufl., München 2021
Habersack, Mathias, Examensrepetitorium Sachenrecht, 9. Aufl., Heidelberg 2020
Harms, Wolfgang, Sachenrecht, 4. Aufl., Frankfurt/Main 1983
Heck, Philipp, Grundriß des Sachenrechts, 3. Neudruck der Ausgabe Tübingen 1930, Aalen 1994
Hedemann, Justus Wilhelm, Sachenrecht, 3. Aufl., Berlin 1960
Helms, Tobias/Zeppernick, Jens Martin, Sachenrecht I (Mobiliarsachenrecht), 5. Aufl., München 2021
Helms, Tobias/Zeppernick, Jens Martin, Sachenrecht II (Immobiliarsachenrecht), 5. Aufl., München 2022
Hübner, Heinz, Sachenrecht, Erlangen 1948
Johow, Reinhold, Sachenrecht: Unveränderter. photomechanischer. Nachdr. d. als Ms. vervielf. Ausg. aus den Jahren 1876–1888, Berlin
Langels, Harald, Sachenrecht, 6. Aufl., Bonn 2012
Lüke, Wolfgang, Sachenrecht, 4. Aufl., München 2018
Meder, Stephan/Czelk, Andrea, Grundwissen Sachenrecht, 3. Aufl., Tübingen 2018
Müller, Klaus/Gruber, Urs Peter, Sachenrecht, Köln 2016
Neuner, Jörg, Sachenrecht, 6. Aufl., München 2020
Prütting, Hanns, Sachenrecht, 37. Aufl., München 2020
Reinicke, Dietrich/Tiedke, Klaus, Kreditsicherung, 6. Aufl., München 2021
Rimmelspacher, Bruno/Stürner, Michael, Kreditsicherungsrecht, 3. Aufl., München 2017 (§§ 6–17 behandeln Realsicherheiten einschließlich Vormerkung)
Schellhammer, Kurt, Sachenrecht nach Anspruchsgrundlagen, 6. Aufl., Heidelberg 2021
Schapp, Jan/Schur, Wolfgang, Sachenrecht, 4. Aufl., München 2010
Schmid, Jörg, Sachenrecht, 4. Aufl., Zürich 2012
Schreiber, Klaus, Sachenrecht, 7. Aufl., Stuttgart 2018
Stoll, Hans, Grundriß des Sachenrechts, Heidelberg 1983
Thoma, Hans/Krause, Hans G., Sachenrecht, Stuttgart 1981
Vieweg, Klaus/Lorz, Sigrid, Sachenrecht, 9. Aufl., Köln 2022
Weber, Ralph, Sachenrecht I, 4. Aufl. Baden-Baden 2015
Westermann, Harm-Peter, BGB-Sachenrecht, 12. Aufl., Heidelberg 2012
Westermann, Harry/Westermann, Harm-Peter/Gursky, Karl-Heinz/Eickmann, Dieter, Sachenrecht, 8. Aufl., Heidelberg 2011
Wieling, Hans Josef/Finkenauer, Thomas, Sachenrecht, 6. Aufl., Berlin 2020

Wilhelm, Jan, Sachenrecht, 7. Aufl., Berlin 2021
Wolf, Ernst, Lehrbuch des Sachenrechts, 2. Aufl., Köln u.a. 1979
Wellenhofer, Marina, Sachenrecht, 37. Aufl., München 2022
Wolff, Martin/Raiser, Ludwig, Lehrbuch des Sachenrechts, 10. Bearb., Tübingen 1957
Wörlen, Rainer/Kokemoor, Axel, Sachenrecht mit Kreditsicherungsrecht, 11. Aufl., München 2020

Fallbearbeitung

Czeguhn, Ignacio/Ahrens, Klaus, Fallsammlung zum Sachenrecht, 2. Aufl., Berlin 2011
Gursky, Karl-Heinz, 20 Probleme aus dem Sachenrecht (ohne EBV), 8. Aufl., Berlin 2014
Gursky, Karl-Heinz, 20 Probleme aus dem Eigentümer-Besitzer-Verhältnis, 9. Aufl., Berlin 2015
Koch, Jens/Löhnig, Martin, Fälle zum Sachenrecht, 7. Aufl., München 2022
Lange, Hermann/Schiemann, Gottfried, Fälle zum Sachenrecht, 6. Aufl., München 2008
Rumpf-Rometsch, Egbert/Dräger, Thomas, Die Fälle: BGB Sachenrecht II, Immobiliarsachenrecht, 6. Aufl., Leverkusen 2021
Schwabe, Winfried, Lernen mit Fällen – Sachenrecht, 14. Aufl., Stuttgart 2021
Vieweg, Klaus/Röthel, Anne, Fälle zum Sachenrecht. Ein Casebook, 5. Aufl., Berlin 2021

Abkürzungsverzeichnis

a.A.	andere(r) Ansicht
a.a.O.	am angegebenen Ort
ABGB	Allgemeines Bürgerliches Gesetzbuch v. 1. Juni 1811 (Österreich)
abl.	ablehnend
Abs.	Absatz
AcP	Archiv für die civilistische Praxis
ADHGB	Allgemeines Deutsches Handelsgesetzbuch
a.E.	am Ende
a.F.	alte(r) Fassung
AG	Amtsgericht
AGB	Allgemeine Geschäftsbedingungen
AktG	Aktiengesetz
ALR	Allgemeines Landrecht für die Preußischen Staaten v. 1794
Alt.	Alternative
a.M.	andere(r) Meinung
Anm.	Anmerkung
AO	Abgabenordnung v. 16.3.1976
AöR	Archiv des öffentlichen Rechts
ArchBürgR	Archiv für Bürgerliches Recht
Art., Artt.	Artikel
AtomG	Gesetz über die friedliche Verwendung der Kernenergie und den Schutz gegen ihre Gefahren (Atomgesetz) i.d.F. der Bek. v. 15.7.1985
Aufl.	Auflage
Baumann/Brehm	Jürgen Baumann/Wolfgang Brehm, Zwangsvollstreckung, 2. Aufl., 1982
BauR	Zeitschrift für das gesamte öffentliche und zivile Baurecht
Baur/Stürner	Jürgen Baur/Rolf Stürner, Lehrbuch des Sachenrechts, 18. Aufl., 2009
BayObLG	Bayerisches Oberstes Landesgericht
BayObLGZ	Entscheidungen des Bayerischen Obersten Landesgerichts in Zivilsachen
BB	Der Betriebs-Berater
BBergG	Bundesberggesetz
Bd.	Band
BDSG	Bundesdatenschutzgesetz
BeckOK BGB	Beck'scher Online-Kommentar BGB (Hrsg.: WolfgangHau/ Roman Posek)
BeurkG	Beurkundungsgesetz
BGB	Bürgerliches Gesetzbuch
BGBl.	Bundesgesetzblatt
BGH	Bundesgerichtshof

Abkürzungsverzeichnis

BGH LM	Nachschlagewerk des BGH in Zivilsachen, begr. v. Fritz Lindenmaier und Philipp Möhring
BGHZ	Entscheidungen des Bundesgerichtshofes in Zivilsachen
BImSchG	Gesetz zum Schutze vor schädlichen Umwelteinflüssen durch Luftverunreinigungen, Geräusche, Erschütterungen und ähnliche Vorgänge (Bundesimmissionsschutzgesetz) i.d.F. der Bek. v. 14.5.1990
BJagdG	Bundesjagdgesetz
BNotO	Bundesnotarordnung
Böttcher	Roland Böttcher, ZVG, 7. Aufl., 2022
Brehm AT	Wolfgang Brehm, Allgemeiner Teil des Bürgerlichen Rechts, 6. Aufl., 2007
Brehm Freiwillige Gerichtsbarkeit	Wolfgang Brehm, Freiwillige Gerichtsbarkeit, 4. Aufl., 2009
BT-Drs.	Bundestags-Drucksache
Bülow	Peter Bülow, Recht der Kreditsicherheiten, 8. Aufl., 2012
BVerfG	Bundesverfassungsgericht
BVerfGE	Entscheidungen des Bundesverfassungsgerichts
BVerwG	Bundesverwaltungsgericht
cic	culpa in contrahendo
DB	Der Betrieb
DCFR	Draft Common Frame of Reference
Demharter	Johann Demharter, Grundbuchordnung, 32. Aufl., 2021
DepotG	Gesetz über die Verwahrung und Anschaffung von Wertpapieren (Depotgesetz) i.d.F. der Bek. v. 11.1.1995
DGVZ	Deutsche Gerichtsvollzieher Zeitung
d.h.	das heißt
DNotZ	Deutsche Notar-Zeitschrift
DSGVO	Datenschutz-Grundverordnung
DVBl	Deutsches Verwaltungsblatt
EDV	elektronische Datenverarbeitung
EG	Europäische Gemeinschaft
EGBGB	Einführungsgesetz zum Bürgerlichen Gesetzbuch
EGZGB	Einführungsgesetz zum DDR-ZGB
EGZPO	Gesetz betreffend die Einführung der Zivilprozeßordnung
EinigungsV	Vertrag zwischen der Bundesrepublik Deutschland und der Deutschen Demokratischen Republik über die Herstellung der deutschen Einheit (Einigungsvertrag) v. 31.8.1990
Einl.	Einleitung
Enneccerus/Nipperdey AT	Ludwig Enneccerus/Hans Carl Nipperdey, Allgemeiner Teil des Bürgerlichen Rechts, 2 Bände, 15. Aufl., 1959/1960
ErbbauRG	Gesetz über das Erbbaurecht
ErbbauVO	Verordnung über das Erbbaurecht (seit 2007 umbenannt in ErbbauRG)
Erman/*Bearbeiter*	Erman, Handkommentar zum Bürgerlichen Gesetzbuch, 16. Aufl., 2020
EuGH	Gerichtshof der Europäischen Gemeinschaften
EVO	Eisenbahnverkehrsordnung
EWGV	Vertrag zur Gründung der Europäischen Wirtschaftsgemeinschaft

Abkürzungsverzeichnis

f./ff.	folgend(e)
FamFG	Gesetz über das Verfahren in Familiensachen und in den Angelegenheiten der freiwilligen Gerichtsbarkeit
FamRZ	Zeitschrift für das gesamte Familienrecht
Festschr.	Festschrift
Flume AT II	Werner Flume, Allgemeiner Teil des Bürgerlichen Rechts, Band II, Das Rechtsgeschäft, 4. Aufl., 1992
Fn.	Fußnote
G	Gesetz
GBl	Gesetzblatt
GBO	Grundbuchordnung
GbR	Gesellschaft bürgerlichen Rechts
GBV	Grundbuchverfügung (Verordnung zur Durchführung der Grundbuchordnung)
GeschGehG	Gesetz zum Schutz von Geschäftsgeheimnissen
GenG	Gesetz betreffend die Erwerbs- und Wirtschaftsgenossenschaften (Genossenschaftsgesetz)
Gerhardt	Walter Gerhardt, Mobiliarsachenrecht, Besitz – Eigentum – Pfandrecht, 5. Aufl., 2000
GewO	Gewerbeordnung
GG	Grundgesetz für die Bundesrepublik Deutschland
GmbH	Gesellschaft mit beschränkter Haftung
GmbHG	Gesetz betreffend die Gesellschaften mit beschränkter Haftung
GRCh	Charta der Grundrechte der Europäischen Union
GRUR	Gewerblicher Rechtsschutz und Urheberrecht
GS	Großer Senat
Gursky	Karl-Heinz Gursky, Sachenrecht, Fälle und Lösungen, 12. Aufl., 2008
Grüneberg/*Bearbeiter*	Bürgerliches Gesetzbuch, 81. Aufl., 2022 (vormals Palandt)
GVG	Gerichtsverfassungsgesetz
GWB	Gesetz gegen Wettbewerbsbeschränkungen
Habersack	Mathias Habersack, Examens-Repetitorium Sachenrecht, 9. Aufl., 2020
Häsemeyer Insolvenzrecht	Ludwig Häsemeyer, Insolvenzrecht, 4. Aufl., 2007
h.M.	herrschende(r) Meinung
Heck	Philipp Heck, Grundriß des Sachenrechts, 2. Aufl., 1930
HGB	Handelsgesetzbuch
Holzer/Kramer Grundbuchrecht	Johannes Holzer/Aksel Kramer, Grundbuchrecht, 2. Aufl., 2004
Hrsg.	Herausgeber
i.d.F.	in der Fassung
i.H.v.	in Höhe von
InsO	Insolvenzordnung
IPR	Internationales Privatrecht
i.S.d.	im Sinne des/der
i.V.m.	in Verbindung mit
JA	Juristische Arbeitsblätter
Jaeger/*Bearbeiter*	Ernst Jaeger, Insolvenzordnung, 1997
Jauernig/*Bearbeiter*	Jauernig, Bürgerliches Gesetzbuch, 18. Aufl., 2021

Abkürzungsverzeichnis

Jauernig/Berger/Kern	Othmar Jauernig/Christian Berger/Christoph A. Kern, Zwangsvollstreckungsrecht, 24. Aufl., 2021
JherJb	Jherings Jahrbücher für die Dogmatik des bürgerlichen Rechts
JR	Juristische Rundschau
Jura	Juristische Ausbildung
JurBlätter	Juristische Blätter
JuS	Juristische Schulung
JW	Juristische Wochenschrift
JZ	Juristenzeitung
Kap.	Kapitel
Kfz	Kraftfahrzeug
KG	Kommanditgesellschaft
KrWG	Gesetz zur Förderung der Kreislaufwirtschaft und Sicherung der umweltverträglichen Bewirtschaftung von Abfällen (Kreislaufwirtschaftsgesetz)
KTS	Zeitschrift für Insolvenzrecht, Konkurs-, Treuhand- und Schiedsgerichtswesen
KunstUrhG	Gesetz betreffend das Urheberrecht an Werken der bildenden Künste und der Photographie (Kunsturhebergesetz)
LAG	Landesarbeitsgericht
Larenz/Canaris	Karl Larenz/Claus Wilhelm Canaris, Lehrbuch des Schuldrechts, Band 2/2: Besonderer Teil, 13. Aufl., 1994
Larenz, Methodenlehre	Karl Larenz, Methodenlehre der Rechtswissenschaft, 5. Aufl., 1983
Lüke	Wolfgang Lüke, Sachenrecht, 4. Aufl., 2018.
LG	Landgericht
lit.	Litera
LM	Nachschlagewerk des BGH in Zivilsachen, begr. v. Fritz Lindenmaier und Philipp Möhring (s.a. BGH LM)
LuftVG	Luftverkehrsgesetz i.d.F der Bek. v. 14. 1. 1981
MoPeG	Gesetz zur Modernisierung des Personengesellschaftsrechts (Personengesellschaftsrechtsmodernisierungsgesetz) v. 17.8.2021
MDR	Monatsschrift für Deutsches Recht
Medicus/Petersen BR	Dieter Medicus/Jens Petersen, Bürgerliches Recht, 28. Aufl., 2021
Motive	Motive der 1. Kommission zu dem Entwurfe eines Bürgerlichen Gesetzbuches für das Deutsche Reich
Mugdan III	„Die gesammten Materialien zum Bürgerlichen Gesetzbuch für das Deutsche Reich" (Hrsg.: Benno Mugdan), Band 3, Sachenrecht
Müller	Klaus Müller, Sachenrecht, 5. Aufl., 2005
MünchKommBGB/ *Bearbeiter*	Münchener Kommentar zum Bürgerlichen Gesetzbuch, Band I bis VII, 9. Aufl., 2021
MünchKommZPO/ *Bearbeiter*	Münchener Kommentar zur Zivilprozessordnung, 6. Aufl., 2020
m.w.N.	mit weiteren Nachweisen
NJW	Neue Juristische Wochenschrift
NJW-RR	NJW-Rechtsprechungs-Report Zivilrecht

Abkürzungsverzeichnis

NotBZ	Zeitschrift für die notarielle Beratungs- und Beurkundungspraxis
NZM	Neue Zeitschrift für Miet- und Wohnungsrecht
Nr.	Nummer
OHG	Offene Handelsgesellschaft
OLG	Oberlandesgericht
OLGZ	(Sammlung der) Entscheidungen der Oberlandesgerichte in Zivilsachen
PartGG	Partnerschaftsgesellschaftsgesetz
Pawlowski AT	Hans-Martin Pawlowski, Allgemeiner Teil des BGB – Grundlehren des bürgerlichen Rechts, 7. Aufl., 2003
Pawlowski Methodenlehre	Hans-Martin Pawlowski, Einführung in die juristische Methodenlehre, 2. Aufl., 2000
Planck/*Bearbeiter*	Plancks Kommentar zum Bürgerlichen Gesetzbuch nebst Einführungsgesetz, I. Band, Allgemeiner Teil, 4. Aufl., 1913
PostG	Gesetz über das Postwesen (Postgesetz)
Protokolle	Protokolle der Kommission für die zweite Lesung des Entwurfs des Bürgerlichen Gesetzbuchs
Prütting	Hanns Prütting, Sachenrecht, 37. Aufl., 2020
RabelsZ	Rabels Zeitschrift für ausländisches und internationales Privatrecht
Rn.	Randnummer
RDi	Recht Digital
RG	Reichsgericht
RGZ	Entscheidungen des Reichsgerichts in Zivilsachen
Rosenberg, Beweislast	Leo Rosenberg, Die Beweislast auf der Grundlage des bürgerlichen Gesetzbuchs und der Zivilprozeßordnung, 5. Aufl., 1965
Rpfleger	Der Deutsche Rechtspfleger
S.	Satz, Seite
s.	siehe
SachenRBerG	Gesetz zur Sachenrechtsbereinigung im Beitrittsgebiet (Sachenrechtsbereinigungsgesetz), Art. 1 des G. zur Änderung sachenrechtlicher Bestimmungen v. 21.9.1994
ScheckG	Scheckgesetz v. 14.8.1933
SchiffRG	Gesetz über Rechte an eingetragenen Schiffen und Schiffsbauwerken v. 15.11.1940 (Schiffsregistergesetz)
SchuldRModG	Gesetz zur Modernisierung des Schuldrechts v. 26.11.2001
Soergel/*Bearbeiter*	Soergel, Bürgerliches Gesetzbuch, Band 14ff., Sachenrecht, 13. Aufl., 2002
sog.	sogenannt(e, en)
Staudinger/*Bearbeiter*	Julius von Staudingers Kommentar zum Bürgerlichen Gesetzbuch, z.T. 13. Aufl., 1993ff., z.T. Neubearbeitungen, 2002ff.
Stein/Jonas/*Bearbeiter*	Stein/Jonas, Kommentar zur Zivilprozessordnung, 23. Aufl., 2014ff.
str.	streitig
TierSchG	Tierschutzgesetz
v.Tuhr, Bd. 1	Andreas von Tuhr, Der Allgemeine Teil des Deutschen Bürgerlichen Rechts, Band 1: Allgemeine Lehren und Personenrecht, 1957

Abkürzungsverzeichnis

UmweltHG	Art. 1 des Gesetzes über die Umwelthaftung (Umwelthaftungsgesetz) v. 10.12.1990
UrhG	Gesetz über das Urheberrecht und verwandte Schutzrechte (Urheberrechtsgesetz)
u.U.	unter Umständen
UWG	Gesetz gegen den unlauteren Wettbewerb
VerbrKrG	Gesetz über Verbraucherkredite
VersorgW	Versorgungswirtschaft
VerwArch	Verwaltungsarchiv
vgl.	vergleiche
Vorbem.	Vorbemerkung
VwGO	Verwaltungsgerichtsordnung
Weber I	Weber, Sachenrecht I, Bewegliche Sachen, 4. Aufl., 2015
WEG	Gesetz über das Wohnungseigentum und das Dauerwohnrecht (Wohnungseigentumsgesetz)
WEMoG	Gesetz zur Förderung der Elektromobilität und zur Modernisierung des Wohnungseigentumsgesetzes (Wohnungseigentumsmodernisierungsgesetz)
Weirich/Ivo	Hans-Armin Weirich/Malte Ivo, Grundstücksrecht, 4. Aufl., 2015
Wellenhofer	Marina Wellenhofer, Sachenrecht, 36. Aufl., 2021
Westermann	Harry Westermann, Sachenrecht, 5. Aufl., 1966
Westermann/*Bearbeiter*	Westermann, Sachenrecht, 8. Aufl., 2011, bearb. v. Harm Peter Westermann, Karl Heinz Gursky, Dieter Eickmann
WG	Wechselgesetz v. 21.6.1933
WHG	Wasserhaushaltsgesetz
Wieling/Finkenauer	Hans Josef Wieling/Thomas Finkenauer, Sachenrecht, 6. Aufl., 2020
Wilhelm	Jan Wilhelm, Sachenrecht, 7. Aufl., 2021
Windscheid/Kipp	Lehrbuch des Pandektenrechts, 9. Aufl., 1906
WM	Zeitschrift für Wirtschafts- und Bankrecht, Wertpapier-Mitteilungen
Wolff/Raiser	Martin Wolff/Ludwig Raiser, Sachenrecht. Ein Lehrbuch, 10. Bearb., 1957
z.B.	zum Beispiel
Zeitschr. f. SchweizR	Zeitschrift für Schweizer Recht
ZEuP	Zeitschrift für Europäisches Privatrecht
ZfIR	Zeitschrift für Immobilienrecht
ZGB	Zivilgesetzbuch der Deutschen Demokratischen Republik
ZGR	Zeitschrift für Unternehmens- und Gesellschaftsrecht
ZGE	Zeitschrift für geistiges Eigentum
ZHR	Zeitschrift für das gesamte Handelsrecht und Wirtschaftsrecht
ZInsO	Zeitschrift für das gesamte Insolvenz- und Sanierungsrecht
ZIP	Zeitschrift für Wirtschaftsrecht
ZPO	Zivilprozessordnung
zust.	zustimmend
zutr.	zutreffend
ZVG	Gesetz über die Zwangsversteigerung und die Zwangsverwaltung
ZZP	Zeitschrift für Zivilprozess

1. Kapitel: Grundlagen

§ 1 Grundlagen

Literatur: *V. Bar*, Gemeineuropäisches Sachenrecht, Bd. I, 2015 (Rezension *Berger*, RabelsZ 2017, 894); *ders.*, Grundfragen europäischen Sachenrechtsverständnisses, JZ 2012, 845; *Benöhr*, Die Grundlagen des BGB – Das Gutachten der Vorkommision von 1874, JuS 1977, 79; *Berger*, Rechtsgeschäftliche Verfügungsbeschränkungen, 1998; *Brinz*, Obligation und Haftung, AcP 80 (1893), 371; *Bucher*, Das subjektive Recht als Normsetzungsbefugnis, 1965; *Buchholz*, Abstraktionsprinzip und Immobiliarrecht, 1978; *Canaris*, Die Verdinglichung obligatorischer Rechte, Festschr. Flume, Bd. 1, 1978, S. 371; *Denk*, Die Relativität im Privatrecht, JuS 1981; *Dnisdrjanskyj*, Dingliche und persönliche Rechte, JherJb 78 (1927/28), 87; *Dulckeit*, Die Verdinglichung obligatorischer Rechte, 1951; *Eichler*, Institutionen des Sachenrechts, Bd. 1, 1954, Bd. 2/1 1957, Bd. 2/2, 1960; *Einsele*, Inhalt, Schranken und Bedeutung des Offenkundigkeitsprinzips, JZ 1990, 1005; *Füller*, Eigenständiges Sachenrecht?, 2006 (Rezension *Brehm* AcP 207 [2007], 268); *Fuchs*, Grundbegriffe des Sachenrechts, 1917; *Girgoleit*, Abstraktion und Willensmängel – Die Anfechtbarkeit des Verfügungsgeschäfts, AcP 199 (1999), 379; *Hadding*, Rechtsverhältnis zwischen Person und Sache? JZ 1986, 926, JZ 1987, 434; *Korves*, Eigentumsunfähige Sachen?, 2014; *Lange*, Zum System des deutschen Vermögensrechts, AcP 147 (1941) 290; *Niehues*, Rechtsverhältnis zwischen Person und Sache, JZ 1987, 453; *Oertmann*, Zur Struktur des subjektiven Privatrechts, AcP 123 (1925), 129; *Pflüger*, Über das Wesen der Dinglichkeit, AcP 79 (1892), 406; *Picker*, Der „dingliche" Anspruch, Festschr. Bydlinsky, 2002, S. 269; *Säcker*, Vom deutschen Sachenrecht zu einem europäischen Vermögensrecht, Festschr. Georgiades, 2005, S. 359; *Schönfeld*, Die logische Struktur der Rechtsordnung, 1927; *Sohm*, Der Gegenstand, 1905; *ders.*, Vermögensrecht. Gegenstand. Verfügung, ArchBürgR 28 (1906), 173; *Stadler*, Gestaltungsfreiheit und Verkehrsschutz durch Abstraktion, 1996; *dies.*, Die Vorschläge des gemeinsamen Referenzrahmens für ein europäisches Sachenrecht, JZ 2010, 380; *Staub*, Die juristische Konstruktion der dinglichen Rechte, ArchBürgR 5 (1891), 12; *Thon*, Rechtsnorm und subjektives Recht. Untersuchungen zur allgemeinen Rechtslehre, 1878; *Wieacker*, Sachbegriff, Sacheinheit und Sachzuordnung, AcP 148 (1943/44), 57; *ders.*, System des deutschen Vermögensrechts, 1941; *Wiegand*, Sachenrechtsmodernisierung, Festschr. H.P. Westermann, 2008, S. 731; *ders.*, Die Entwicklung des Sachenrechts im Verhältnis zum Schuldrecht, AcP 190 (1990), 112; *ders.*, Numerus clausus der dinglichen Rechte. Zur Entstehung und Bedeutung eines zentralen zivilrechtlichen Dogmas, Festschr. Karl Kroeschell, 1987, S. 623; *Weitnauer*, Verdinglichte Schuldverhältnisse, Festschr. Larenz, 1983, S. 705; *Wieling*, Das Abstraktionsprinzip für Europa!, ZEuP 2001, 301; *ders.*, Numerus clausus der Sachenrechte?, Festschr. Hattenhauer, 2003, S. 557.

Studium: *Bayerle*, Trennungs- und Abstraktionsprinzip in der Fallbearbeitung, JuS 2009, 1079; *Lieder/Berneith*, Echte und unechte Ausnahmen vom Abstraktionsprinzip, JuS 2016, 673; *Loose*, Sachenrecht kompakt – ein Überblick für Studienanfänger zum dritten Buch des BGB, JA 2016, 808; *Schreiber*, Die Grundprinzipien des Sachenrechts, Jura 2010, 272; *Strack*, Hintergründe des Abstraktionsprinzips, Jura 2011, 5.
Weitere Literatur zum dinglichen Rechtsgeschäft → § 1 vor Rn. 18.

I. Sachenrecht im Sinne des BGB

1. Sachenrecht als Recht an körperlichen Sachen

1 Das im dritten Buch des Bürgerlichen Gesetzbuchs geregelte Sachenrecht umfasst die Rechtsnormen, welche (subjektive) Rechte an Sachen zum Gegenstand haben. Bemerkenswert ist, dass § 90 BGB unter „Sachen" nur körperliche (also im Wortsinn greifbare) Gegenstände versteht. Nur an körperlichen Gegenständen ist daher auch „Eigentum" (§ 903 BGB) möglich.[1] Eigentum an Rechten und Forderungen kennt das BGB nicht. Auch an Immaterialgüterrechten wie Patent- und Urheberrechten gibt es kein Eigentum im Sinne des BGB.[2]

Die Legaldefinition des Sachbegriffs in § 90 BGB erscheint bei vordergründiger Betrachtung nichtssagend und überflüssig. In Wahrheit handelt es sich aber um eine das BGB grundlegend prägende Vorschrift. Die Bedeutung des nach § 90 BGB engen Sach- und damit Eigentumsbegriffs wird deutlich, wenn man einen Blick in ältere, konzeptionell dem Naturrecht des 17. und 18. Jahrhunderts verbundene Kodifikationen wirft, die im Sachenrecht das gesamte Vermögensrecht geregelt haben (zum Eigentumsbegriff nach dem ZGB der DDR → § 5 Rn. 8). Beispielsweise formuliert § 353 des österreichischen ABGB, das aus dem Jahre 1811 stammt: „Alles was jemanden zugehöret, alle seine körperlichen und unkörperlichen Sachen, heißen Eigentum." Zum Eigentum wird danach alles gerechnet, was einer Person gehören kann. Das „Sachenrecht" umfasst damit neben dem Recht an körperlichen Sachen andere Rechte, insbesondere Forderungen. Weil auch Forderungsrechte Vermögensrechte sind, wurde das Schuldrecht nicht als eigenständiges Rechtsgebiet vom Sachenrecht geschieden, sondern als Bestandteil des Sachenrechts betrachtet. Der dritte Teil des ABGB, der die „Sachenrechte" regelt, enthält nicht nur Vorschriften über das Eigentum, sondern auch Bestimmungen über das Erbrecht und die einzelnen Schuldverträge. Selbst der Vertragsschluss ist im Sachenrecht geregelt.

2. Einteilung der Rechtsverhältnisse als Grundlage der Systematik

2 Die Entscheidung des BGB für einen engen, auf körperliche Sachen begrenzten Sach- und Eigentumsbegriff bedeutete die Abkehr von einem Rechtsbegriff, der sich in vielen Rechtsordnungen des europäischen Kontinents durchgesetzt hatte. Anlass dafür waren nicht Klagen der Richter, Rechtsanwälte oder der rechtsuchenden Bevölkerung. Der enge Sach- und Eigentumsbegriffs war die Folge systematischer Überlegungen in der Rechtswissenschaft des 19. Jahrhunderts, die vor allem von *Friedrich Carl v. Savigny* beeinflusst waren. Er ging von der Grundprämisse aus, es sei Aufgabe des Rechts, die Freiheit der Einzelnen miteinander in Einklang zu bringen. Im Rechtsverhältnis werde dem individuellen Willen einer Person ein Gebiet zugewiesen, in welchem er unabhängig von jedem fremden Willen zu herrschen habe. Grundlage der systematischen Ordnung des Rechtsstoffs war deshalb eine Einteilung der Rechtsverhältnisse nach

---

[1] Zum Zusammenhang von Sachbegriff und Eigentum *Korves*, Eigentumsunfähige Sachen?, 2014, S. 82 ff.

[2] Zuweilen spricht man von „geistigem" Eigentum, das aber kein Eigentum nach dem BGB ist.

dem *Gegenstand* der Willensherrschaft. Theoretische Überlegungen führten *v. Savigny* zu der Überzeugung, dass es nur zwei Gegenstände möglicher Willensherrschaft gibt: „die unfreye Natur und fremde Personen".[3] Die unfreie Natur wird nicht im Ganzen beherrscht. Gegenstand der Herrschaft sind die Sachen als räumlich begrenzte Ausschnitte der Natur. Dem Recht an Sachen stellte *v. Savigny* die Obligation gegenüber, die keine Herrschaft über die fremde Person im Ganzen gewährt, weil sonst die Freiheit der Person aufgehoben würde. Die Obligation ist auf eine einzelne Handlung gerichtet: „diese Handlung wird dann aus der Freyheit des Handelnden ausgeschieden und unserem Willen unterworfen gedacht".[4] Das obligatorische Rechtsverhältnis unterscheidet sich vom dinglichen dadurch, dass eine weitere Person beteiligt ist, während das dingliche Rechtsverhältnis lediglich eine Person und eine Sache rechtlich verbindet.

Diese Systematik führte zu einer Emanzipation des Obligationenrechts vom Sachenrecht. Wenn die Obligation wie das Sachenrecht einen Herrschaftsgegenstand hat, handelt es sich bei obligatorischem und dinglichem Rechtsverhältnis um gleichwertige, wenn auch inhaltlich verschiedene Rechtsverhältnisse. Die älteren Gesetzbücher betrachteten das Schuldverhältnis vorwiegend als Mittel der Erwerbung oder Veränderung dinglicher Rechte. Nach Ansicht der Verfasser des BGB war diese Anschauung und systematische Ordnung wissenschaftlich überholt. Die Motive[5] zum BGB setzen sich kritisch mit der Systematik des französischen Code civil auseinander und geben dabei die Einwände wieder, die *v. Savigny*[6] gegen die Gliederung des französischen Gesetzbuchs erhoben hatte.

Die Unterscheidung zwischen persönlichen Rechtsbeziehungen (Schuldverhältnissen) und dinglichen Rechten war keine Erfindung von *v. Savigny*. Im römischen Recht wurden die *actiones in rem* und *vindicationes* unterschieden von der *actio in personam*. Eine *actio in rem* oder dingliche Klage zeichnete sich dadurch aus, dass sie von dem Berechtigten allein wegen seines Rechts ohne besonderen Verpflichtungsgrund des Beklagten erhoben werden konnte.[7] Der Begriff des dinglichen Rechts ist auch in den von der Philosophie des Naturrechts geprägten Kodifikationen zu finden. Das österreichische ABGB des Jahres 1811 enthält in § 307 eine klassische Definition des dinglichen Rechts: „Rechte, welche einer Person über eine Sache ohne Rücksicht auf gewisse Personen zustehen, werden dingliche Rechte genannt. Rechte, welche zu einer Sache nur gegen gewisse Personen unmittelbar aus einem Gesetze, oder aus einer verbindlichen Handlung entstehen, heißen persönliche Rechte". Das dingliche Recht wird

---

[3] *v. Savigny*, System des heutigen römischen Rechts, Bd. 1, 1840, S. 338.
[4] *v. Savigny*, a.a.O., S. 339.
[5] Motive Bd. and 3, S. 1.
[6] *v. Savigny*, a.a.O., S. 374 mit Fußnote h.
[7] *Thibaut*, System des Pandekten-Rechts, 1833, Bd. 1, § 62, S. 51. Bei den persönlichen Klagen, die einen besonderen Verpflichtungsgrund voraussetzten, wurde nach der römischen Gerichtsverfassung der Beklagte in der Klageformel namentlich erwähnt. Bei den dinglichen Klagen musste der Beklagte nicht genannt werden (*Thibaut* a.a.O.).

verstanden als Rechtsbeziehung einer Person zu einer Sache,[8] während sich das Forderungsrecht gegen eine andere Person richtet. Weil am dinglichen Rechtsverhältnis keine andere Person beteiligt ist, kann der Eigentümer sein Eigentum einseitig durch Dereliktion aufgeben (§ 959 BGB), während beim Forderungsrecht ein einseitiger Verzicht nicht möglich ist; der Erlass setzt einen Vertrag mit dem Schuldner voraus (§ 397 BGB). Die Unterscheidung zwischen dinglichem und obligatorischem Rechtsverhältnis war keine Neuerung, die durch das BGB geschaffen wurde, aber das BGB hat sie zu einem zentralen Gesichtspunkt der Gliederung des Gesetzes erhoben. Die Gliederung spiegelt den Grundgedanken wider, wonach schuldrechtliche Rechtsfolgen von dinglichen Rechtsfolgen streng zu trennen sind. In vielen anderen Rechtsordnungen wird der Kaufvertrag als Erwerbsvoraussetzung betrachtet. Das BGB regelt den Kaufvertrag als reinen Schuldvertrag, der nur Verpflichtungen zwischen den Vertragsparteien erzeugt. Die Übereignung an den Käufer beruht daher nicht auf dem Kaufvertrag, sondern auf einem davon zu trennenden „dinglichen" Rechtsgeschäft (§§ 929, 873 BGB). In dieser Weichenstellung wurzelt der das deutsche Zivilrecht prägende Trennungs- und Abstraktionsgedanke (→ § 1 Rn. 18 ff.).

3. Die Relativität systematischer Ordnung

5   Die Verfasser des BGB waren der Überzeugung, dass ihre Ordnung der Rechtsverhältnisse älteren Systemen überlegen ist. Mit Blick auf den französischen Code civil und das Preußische Allgemeine Landrecht kritisieren die „Motive zum BGB", worin die Grundgedanken des BGB-Entwurfs enthalten sind, die Vermengung obligatorischer und sachenrechtlicher Vorschriften. Man war der Ansicht, eine solche Methode werde den begrifflichen Gegensätzen nicht gerecht; sie erschwere die Einsicht in das Wesen der Rechtsverhältnisse und gefährde hierdurch die richtige Anwendung des Rechts.[9] Diese Auffassung basiert auf der Vorstellung, ein System bringe inhaltliche Zusammenhänge zum Ausdruck und könne mit den Kategorien richtig und falsch gemessen werden. Diese Vorstellung ist zutreffend, sofern man sich der Relativität jeder Ordnung bewusst bleibt. Man kann Gegenstände nach unterschiedlichen Gesichtspunkten gliedern. Welche Merkmale als Unterscheidungskriterien hervorgehoben werden, ist eine Frage der Zweckmäßigkeit und des Ziels der Systematisierung. Wer Bücher sortiert, wird die Farbe zum Ausgangspunkt nehmen, wenn er als Innenarchitekt nur die Raumgestaltung im Blickfeld hat. Für den Benutzer einer Bibliothek ist die Farbe eines Buchs kein taugliches Kriterium. Er wird die Bücher eher nach inhaltlichen Kriterien ordnen. Auch eine inhaltliche Ordnung kann von verschiedenen Standpunkten aus gestaltet werden. Gegenstände, die nach einem Ordnungskriterium streng zu trennen sind, gehören nach einem an-

---

[8] Der Sachbegriff des ABGB umfasst nicht nur körperliche Gegenstände, sondern auch Rechte, vgl. §§ 291, 292 ABGB.
[9] Motive Bd. 3, S. 1.

deren zusammen. Das BGB trennt das Forderungsrecht vom Eigentum an Sachen, weil beide Rechte verschiedene Herrschaftsgegenstände haben; aber von einem anderen Standpunkt aus gehören beide Rechte zusammen: Es handelt sich um Vermögensrechte, die einer Person zugeordnet sind. Die Preisgabe des naturrechtlich geprägten weiten Eigentumsbegriffs, der nicht nur auf körperliche Gegenstände bezogen war, verhinderte eine zusammenhängende Regelung des Vermögensrechts im BGB.[10] Dieses Defizit wird im deutschen Recht dadurch ausgeglichen, dass das Sachenrecht zum „Stellvertreter" des Vermögensrechts erhoben wird. Zahlreiche dogmatische Begriffe des Sachenrechts werden in einem weiteren Sinne verwendet und auch auf den vermögensrechtlichen Aspekt anderer Rechte bezogen. So wird der Vertrag, durch den eine Forderung übertragen wird (§ 398 Satz 1 BGB), als „dinglicher" Vertrag bezeichnet,[11] obwohl kein Sachenrecht betroffen ist.

II. Gesetzliche Regelung

1. Überblick über die Regelungen des Sachenrechts

Das BGB regelt im Sachenrecht das Eigentum als umfassendes dingliches Recht (§ 903 BGB) und die beschränkten („begrenzten"[12]) dinglichen Rechte, die Ausschnitte aus den Eigentümerbefugnissen als selbständiges Recht einer Person zuweisen. Beispielsweise gewährt das Pfandrecht die Befugnis, die Sache bei Pfandreife in eigenem Namen zu veräußern und den Erlös zu behalten (§§ 1228, 1247 BGB). Bei den Nutzungsrechten darf der Berechtigte die Sache insgesamt (Nießbrauch, § 1030 BGB) oder in einzelnen Beziehungen (Dienstbarkeiten, § 1090 BGB) nutzen. Neben den dinglichen Rechten ist im Sachenrecht der Besitz geregelt (§§ 854ff. BGB). Im Sprachgebrauch des BGB bedeutet Besitz die *tatsächliche* Gewalt über eine Sache. Der Eigentumsordnung als definitiver Ordnung ist die Ordnung der Besitzverhältnisse als provisorische Ordnung an die Seite gestellt.[13]

6

Wie wir gesehen haben, ist das dingliche Recht oder Rechtsverhältnis Regelungsgegenstand des Sachenrechts. Dennoch findet man auch im Sachenrecht schuldrechtliche Regelungen: Das Verhältnis zwischen Eigentümer und unrechtmäßigem Besitzer ist vom Gesetz als gesetzliches Schuldverhältnis ausgestaltet. Der unrechtmäßige Besitzer hat kraft Gesetzes eine Stellung, die einem Verwahrer ähnlich ist. Verletzt der Besitzer seine Pflichten durch Beschädigung der Sache, haftet er unter den Voraussetzungen der §§ 989f. BGB auf Schadensersatz (→ § 8 Rn. 41ff.). Bei diesem Schadensersatzanspruch handelt es sich nicht um einen dinglichen Anspruch, sondern um ein schuldrechtliches Forderungsrecht. Übereignet der Eigentümer die Sache, geht der Anspruch auf Schadenser-

7

---

[10] Dazu *Wieacker* AcP 148 (1943), 57, 59; *Fabricius* AcP 162 (1962), 473.
[11] Vgl. etwa Motive Bd. 2, S. 120.
[12] So die Begrifflichkeit in Motive Bd. 3, S. 2.
[13] Vgl. *Heck*, Grundriß, S. 1.

satz nicht auf den Erwerber über.[14] Ein gesetzliches Schuldverhältnis wird auch durch die Verpfändung einer beweglichen Sache begründet (→ § 34 Rn. 18ff.). Der Pfandgläubiger, dem die Sache übergeben wurde, hat die Sache zu verwahren (§ 1215 BGB), und er haftet dem Verpfänder für Pflichtverletzungen. Eine eigentümliche Stellung nimmt die Vormerkung (§§ 883ff. BGB) ein, die den schuldrechtlichen Anspruch auf Einräumung eines dinglichen Rechts an einem Grundstück sichert (→ § 13 Rn. 1ff.). Wird ein Grundstück verkauft, entstehen nur schuldrechtliche Verpflichtungen. Da der Kaufvertrag keine dingliche Wirkung hat, ist der Käufer ungesichert. Der Verkäufer kann die Erwerbsaussicht dadurch zerstören, dass er das Eigentum an einen Dritten überträgt. Dem Sicherungsbedürfnis des Käufers trägt die Vormerkung Rechnung. Wird für den Käufer eine Vormerkung eingetragen, sind vertragswidrige Verfügungen ihm gegenüber unwirksam (§ 883 Abs. 2 Satz 1 BGB).

2. Gesetzessystematik

8   Das Sachenrecht ist in Buch 3 des BGB geregelt. Das Gesetz unterscheidet zwischen beweglichen Sachen und Grundstücken.[15] Die Grundstücke (unbewegliche Sachen) sind wegen ihrer Bedeutung besonderen Bestimmungen unterworfen. Trotz dieser grundlegenden Unterscheidung tritt auch im Sachenrecht das Bestreben des Gesetzgebers hervor, allgemeine Vorschriften „vor die Klammer" zu ziehen. Zu den allgemeinen Vorschriften, die Grundstücke und bewegliche Sachen betreffen, gehören die Normen über den Besitz (§§ 854ff. BGB), den Inhalt des Eigentums (§ 903 BGB) und dingliche Ansprüche (§§ 985, 1004 BGB). Auch für das Grundstücksrecht wurden im zweiten Abschnitt allgemeine Vorschriften geschaffen. Sie regeln Verfügungen, Rangverhältnisse, die materiellrechtliche Wirkung des Grundbuchs und den Widerspruch (§§ 873 bis 902 BGB). Die Klammertechnik ist vor allem bei den Verfügungstatbeständen zu beachten. Neben der allgemeinen Vorschrift des § 873 BGB, die für Verfügungen über dingliche Rechte an Grundstücken eine Einigung und Eintragung in das Grundbuch verlangt, gibt es Sondervorschriften, welche zusätzliche Anforderungen für einzelne Verfügungen formulieren. So regelt § 925 BGB die Form der dinglichen Einigung für die Eigentumsübertragung („Auflassung"). Und § 1117 BGB bestimmt, unter welchen weiteren Voraussetzungen der Hypothekar die Briefhypothek erwirbt. In allen Fällen bildet aber § 873 BGB („Einigung und Eintragung") die „Grundnorm" der Verfügung.

Daneben gibt es sachenrechtliche Regelungen außerhalb des BGB. Das verbreitete Wohnungseigentum ist im WEG geregelt, das Erbbaurecht im ErbbauRG.

---

[14] Anders verhält es sich bei den dinglichen Ansprüchen nach §§ 985, 1004 BGB, die dem *jeweiligen* Eigentümer zustehen.
[15] Vgl. die Titel-Überschriften vor § 925 und vor § 929 BGB.

III. Das dingliche Recht

1. Unmittelbare Berechtigung

Ein Zentralbegriff des Sachenrechts ist das „dingliche" Recht. Es umfasst Eigentum und andere subjektive Sachenrechte (vgl. § 197 Abs. 1 Nr. 2 BGB). Das dingliche Recht ist von schuldrechtlichen Rechtsverhältnissen zu unterscheiden (→ § 1 Rn. 4); beispielsweise regelt § 1094 BGB das „dingliche", § 463 BGB das schuldrechtliche Vorkaufsrecht. Worin liegt nun das wesentliche Merkmal der „Dinglichkeit"? Das dingliche Recht gewährt eine *unmittelbare Berechtigung* an einer Sache.[16] Unmittelbar bedeutet, dass die Rechtsstellung nicht von einer anderen Person abgeleitet ist.[17] Man kann sich den Unterschied zwischen obligatorisch und dinglich Berechtigtem am Beispiel des Eigentümers und Mieters verdeutlichen. Der Mieter ist berechtigt, die gemietete Sache zu nutzen. Grundlage dieses Nutzungsrechts ist ein Vertrag mit dem Vermieter, der verpflichtet ist, dem Mieter den Gebrauch der Sache zu überlassen und zu erhalten (§ 535 Abs. 1 BGB). Wird das Vertragsverhältnis beendet, endet auch das Nutzungsrecht des Mieters. Ganz anders ist die Rechtsstellung des Eigentümers. Er leitet sein Nutzungsrecht nicht aus einem Vertrag mit einer anderen Person ab, sondern unmittelbar aus seiner Rechtsbeziehung zur Sache, die ihm als Eigentum zugewiesen ist. Eigentum ist nicht kündbar. Aus dem Charakter des dinglichen Rechts als unmittelbarer Berechtigung folgt, dass an dem Rechtsverhältnis keine andere Person beteiligt ist. Mit dem Eigentum an einer Sache wird einer Person ein Freiheitsraum zugewiesen, in dessen Grenzen allein ihr Wille maßgeblich ist.

Eine unmittelbare Berechtigung an einer Sache gewähren nicht nur das Eigentum, sondern auch *beschränkte* dingliche Rechte, beispielsweise der Nießbrauch (§ 1030 BGB) oder ein Pfandrecht (§ 1204 BGB). Freilich tritt bei ihnen die unmittelbare Berechtigung nicht so deutlich hervor, weil zwischen dem Eigentümer und dem Inhaber des beschränkten dinglichen Rechts eine Sonderrechtsbeziehung besteht, die durchaus schuldrechtliche Züge aufweist. So hat der Nießbraucher nach § 1041 BGB für die Erhaltung der Sache zu sorgen, und im Falle des § 1045 BGB ist er verpflichtet, eine Versicherung gegen Brandschäden und sonstige Unfälle abzuschließen (→ § 23 Rn. 11). Dass auch beim beschränkten dinglichen Recht eine unmittelbare Berechtigung vorliegt, wird bei Verfügungen deutlich: Der Pfandgläubiger kann sein Recht durch einseitigen Verzicht preisgeben, dem Eigentümer oder Verpfänder steht kein Mitspracherecht zu (§ 1255 BGB); die Aufhebung einer Forderung setzt hingegen einen Erlass*vertrag* mit dem Schuldner voraus (§ 397 BGB). Anders als ein Vermieter

---

[16] Das Merkmal der unmittelbaren Berechtigung wird mitunter falsch verstanden. Es geht nicht um unmittelbare Sachherrschaft oder Zugriffsmöglichkeit, so *Füller*, Eigenständiges Sachenrecht, 2006, S. 37ff., denn hierbei handelt es sich um besitzrechtliche Kategorien.

[17] *Wolff/Raiser* § 1 Fn. 2, die aber betonen, die Unmittelbarkeit entziehe sich streng logischer Erfassung.

(§ 543 Abs. 2 Nr. 2 BGB) kann ein Eigentümer keine Kündigung aussprechen, um dem dinglich Berechtigten, der die Sache nicht ordnungsgemäß nutzt, die Rechtsstellung zu entziehen (vgl. §§ 1051–1054 BGB). Der Inhaber des beschränkten dinglichen Rechts steht mit dem Eigentümer auf einer Stufe, soweit ihm ein Ausschnitt aus dem Eigentum übertragen wurde. Pflichten, die ihm das Gesetz gegenüber dem jeweiligen Eigentümer auferlegt, lassen sich mit den Pflichten vergleichen, die zwischen Eigentümern benachbarter Grundstücke bestehen; gegen eine unmittelbare Berechtigung an der Sache sprechen sie aber nicht.

11 Die dingliche Berechtigung weist die Sache dem Vermögen des dinglich Berechtigten zu. Der Substanzwert des Eigentums bleibt beim Eigentümer, auch wenn er die Sache vermietet hat. Wird ein vermietetes Grundstück von einem Gläubiger im Wege der Zwangsversteigerung verwertet, steht dem Ersteher ein Sonderkündigungsrecht gegenüber Mietern und Pächtern zu (§ 57a ZVG). Die Rechtsstellung der nur obligatorisch Berechtigten wird eingeschränkt, damit sich der Vermögenswert des Grundstücks realisieren lässt. Ein dinglich Berechtigter verliert seine Rechtsstellung durch die Zwangsversteigerung hingegen nur, falls er dem betreibenden Gläubiger im Range nachfolgt.[18] Ein dingliches Nutzungsrecht ist deshalb sicherer als ein Nutzungsrecht, das auf einem schuldrechtlichen Vertrag beruht. Wer sein Recht von einer anderen Person ableitet, trägt stets das Risiko, dass der Vertragspartner solvent bleibt; nach §§ 103 ff. InsO kann ein Insolvenzverwalter die Erfüllung schuldrechtlicher Verträge ablehnen bzw. kündigen, wenn sie nicht schon kraft Gesetzes enden. Ein dinglich Berechtigter wird vom Vermögensverfall des Eigentümers grundsätzlich nicht berührt.

Mit dem Begriff der Dinglichkeit bringt man einen sachenrechtlichen Bezug zum Ausdruck. So spricht man von „dinglichem Anspruch" (Beispiel: § 198 BGB, im Gegensatz zum obligatorischen Anspruch, → § 7 Rn. 1ff.), einem „dinglichen Rechtsgeschäft" (Verfügung, im Gegensatz zum Schuldvertrag, → § 1 Rn. 18ff.), „dinglicher Berechtigung" (Beispiel: § 954 BGB) und „dinglicher Klage" (aus Grundpfandrechten, im Gegensatz zur Klage aus der gesicherten Forderung, § 17 Rn. 18).

2. Wirkungen der Dinglichkeit: Absolutheit, Sukzessionsschutz, Insolvenz- und Vollstreckungsfestigkeit

12 Dingliche Rechte sind absolute Rechte, d.h. sie wirken – im Unterschied zu obligatorischen Rechten wie Forderungen – gegenüber jedermann.[19] So bestimmt § 903 BGB, dass der Eigentümer andere von jeder Einwirkung ausschließen kann. Ganz anders sind Forderungsrechte strukturiert. Das Forderungsrecht richtet sich nur gegen eine Person, den Schuldner, der die Leistung zu erbringen

---

[18] Rechte, die dem betreibenden Gläubiger vorgehen, fallen in das geringste Gebot und bleiben bestehen, vgl. §§ 44, 52 ZVG.
[19] Die Drittwirkung der Sachenrechte zählt auch im europäischen Vergleich zu den Wesensmerkmalen des Sachenrechts, *v. Bar* JZ 2012, 845, 846f.

hat, und es kann deshalb auch nur vom Schuldner verletzt werden. Ein Dritter verletzt das Forderungsrecht selbst dann nicht, wenn er den Leistungsgegenstand zerstört. *Heck* verdeutlichte den Unterschied zwischen absolutem und relativem Recht anhand eines sinnfälligen Beispiels: „Das absolute Recht gleicht einer Ringschanze, die nach allen Richtungen Schutz gewährt, das obligatorische Recht einer Wegsperre, welche nur nach einer Richtung sichert, aber Eingriffe aus anderer Richtung nicht verhindert".[20] Dem umfassenden Schutze des dinglichen Rechts dienen die dinglichen Ansprüche, die Bestandteil des Rechts sind. Wird dem Eigentümer der Besitz entzogen, kann er auf Herausgabe klagen (§ 985 BGB), wird er in anderer Weise in seiner Eigentümerstellung gestört, kann er auf Beseitigung der Störung und auf Unterlassung klagen, falls weitere Beeinträchtigungen zu besorgen sind (§ 1004 BGB). Ist das dingliche Recht verletzt worden, kommen deliktische Schadensersatzansprüche (§§ 823, 989, 990 BGB) in Betracht. Kraft objektiven Rechts hat jedermann die Verhaltenspflicht, fremdes Eigentum zu respektieren. Diese allgemeine Verhaltenspflicht schafft aber noch keine klagbare Rechtsposition. Erst durch die Verletzung und Gefährdung des Rechts entsteht ein Anspruch und eine dem Anspruch korrespondierende klagbare Pflicht.[21]

Dingliche Rechte und absolute Rechte werden vielfach gleichgesetzt. Das darf nicht zu dem Fehlschluss verleiten, nur Sachenrechte seien absolute Rechte. Die Gleichsetzung beruht auf der dogmatischen Stellvertreterfunktion des Sachenrechts (→ § 1 Rn. 5). Zu den absoluten Rechten zählen vor allem die Immaterialgüterrechte (Urheber-, Patent- und Markenrecht). Drittwirkenden Schutz genießen ferner die besonderen Persönlichkeitsrechte (vgl. § 12 BGB) und das allgemeine Persönlichkeitsrecht.

Die unmittelbare Berechtigung gewährt ferner Verfügungs- und *Sukzessionsschutz*: Die Übertragung des Eigentums ist ohne Auswirkung auf die Stellung des Inhabers eines beschränkten dinglichen Rechts an der Sache (z.B. einer Grundschuld). Der Grundschuldgläubiger hat gegenüber dem Erwerber dieselben Rechte, die ihm gegen den früheren Eigentümer zustanden. Obligatorische Rechte geben keinen Sukzessionsschutz; veräußert der Verkäufer die Kaufsache an einen Dritten, kann der Käufer von diesem nicht Übereignung verlangen.

Nur ausnahmsweise wird dem obligatorisch Berechtigten Sukzessionsschutz zuteil. Wenn eine bewegliche Sache nach §§ 929, 931 BGB veräußert wird, kann ein obligatorisch Berechtigter dem Vindikationsanspruch des neuen Eigentümers sein Besitzrecht entgegenhalten, das auf dem Vertrag mit dem früheren Eigentümer beruht (§ 986 Abs. 2 BGB). Wird ein Grundstück nach der Überlassung an den Mieter veräußert, tritt der Erwerber an die Stelle des Vermieters in die sich während der Dauer seines Eigentums aus dem Mietverhältnis ergebenden Rechte und Pflichten ein (§§ 566, 578 Abs. 1 BGB). Man spricht in diesen Fällen von einer „Verdinglichung obligatorischer Rechte" (→ § 7 Rn. 58).[22]

---

[20] *Heck*, Grundriß, S. 2.
[21] Zum Unterschied zwischen allgemeiner Verhaltenspflicht und klagbarer Pflicht vgl. *Brehm* JZ 1972, 225 ff.
[22] *Dulckeit*, Die Verdinglichung obligatorischer Rechte, 1951; *Canaris*, Festschr. Flume I, 1978, S. 371.

14 Dingliche Rechte sind drittens vollstreckungs- und insolvenzfest und setzen sich damit gegen andere Vollstreckungsgläubiger durch. Sie sind Grundlage der Drittwiderspruchsklage (§ 771 ZPO) oder der Klage auf vorzugsweise Befriedigung (§ 805 ZPO) bzw. gewähren in der Insolvenz Aus- und Absonderungsrechte (§§ 47, 49ff. InsO). Wer nur einen schuldrechtlichen Anspruch auf Übereignung einer Sache hat, kann ihrer Pfändung beim Schuldner nicht nach § 771 ZPO widersprechen und wird in der Insolvenz des Schuldners als Insolvenzgläubiger (§ 38 InsO) auf die Insolvenzquote verwiesen. Der Eigentümer kann seine Sache hingegen vom Insolvenzverwalter heraus verlangen („aussondern", § 47 InsO) und einer Pfändung nach § 771 ZPO klageweise widersprechen. Dahinter steht der Gedanke, dass dingliche Rechte eine Sache ihrem Inhaber zuordnen und sie folglich nicht für Verbindlichkeiten Dritter haftet.

Die Kriterien Drittwirkung, Sukzessionsschutz und Insolvenzfestigkeit bilden auch den Maßstab für die Frage, ob Nießbrauch und Pfandrecht an obligatorischen Forderungen dingliche Rechte sind. Dies wird bestritten mit dem Argument, Belastungen eines Rechts teilen die Rechtsnatur des belasteten Rechts.[23] Allerdings haben Belastungen an Forderungen Drittwirkung, sie überdauern die Abtretung der belasteten Forderung und berechtigen in der Insolvenz des Gläubigers der belasteten Forderung zur Absonderung. Sie sind daher dingliche Rechte.[24] Dass sich der Inhalt dieser dinglichen Rechte nach dem belasteten Recht richtet, steht nicht entgegen. So ist das Einziehungsrecht des Pfandgläubigers gegenüber dem Schuldner der verpfändeten Forderung (§ 1282 BGB) seinerseits ein relatives Forderungsrecht. Für ein Pfandrecht an einer Grundschuld (§ 1291 BGB) gilt daher: Es trägt dinglichen Charakter, aber nicht weil die Grundschuld als belastetes Recht ein dingliches Recht ist, sondern weil das Pfandrecht die Merkmale der Dinglichkeit aufweist.

3. Das absolute Recht als Befugnis und Verbietungsrecht

15 Das Eigentum als umfassendes dingliches Recht wird in § 903 BGB positiv und negativ umschrieben: Der Eigentümer darf nach Belieben mit der Sache verfahren („positive" Befugnis), und er kann andere von jeder Einwirkung ausschließen („negative" Befugnis). In der Literatur wurde die Vorstellung, das Eigentum habe eine positive Befugnis zum Inhalt, angegriffen. Die Anhänger der Imperativentheorie gingen davon aus, das absolute Recht erschöpfe sich in einem Komplex von Verhaltensnormen, denen zur Durchsetzung Abwehransprüche zur Seite gestellt sind. Andere betonen die positive Zuweisung der Sache zum Eigentümer.[25] Beide Ansichten beschreiben die Rechtsstellung des Eigentümers aus unterschiedlichem Blickwinkel.[26] Setzt man eine freiheitliche Rechtsordnung (verfassungsrechtlich) als Prämisse, lässt sich das Eigentum durch Verbotsnormen und Abwehransprüche rechtstechnisch darstellen. Es bedarf dann keiner Regelung positiver Eigentümerbefugnisse mehr. Anders verhält es sich

---

[23] *Hauck*, Nießbrauch an Rechten, 2015, S. 199ff.
[24] *Wolff/Raiser* § 175 I; *Baur/Stürner* § 60, Rn. 3 (mit weiterem Beispiel).
[25] Zur Theorie des dinglichen Rechts siehe *v. Tuhr*, Bd. 1, S. 34; *Dernburg*, Pandekten, Bd. 1, 1884, § 18 Anm. 13; *Staub*, ArchBürgR 5, 2.
[26] Ähnlich *Heck*, Grundriß, S. 2.

mit der Verfügungsbefugnis, die von der h.M. zum Inhalt des Rechts gerechnet wird. Sie lässt sich nicht als Reflex von Verbotsnormen und Abwehrrechten deuten.[27] Daher ist die Imperativentheorie um Ermächtigungsnormen zur Verfügung zu ergänzen.

Die positive Beschreibung der Eigentümerbefugnisse in § 903 BGB sollte daher nicht zu dem Missverständnis führen, der Eigentümer übe seine Rechte aufgrund einer besonderen „Erlaubnis" aus. Mit einer Erlaubnis verbindet man die Vorstellung, dass es eine übergeordnete Person gibt, welche die Erlaubnis einräumt. Dabei wird das Wesen des dinglichen Rechts verkannt, das sich dadurch auszeichnet, dass die Rechtsstellung nicht von einer anderen Person abgeleitet ist. Die Beschreibung des absoluten Rechts als „Verbietungsrecht" macht deutlich, dass der Inhaber des Rechts in einem bestimmten Bereich eine Ausschließlichkeitsstellung hat. Das Verbietungsrecht konstituiert die unmittelbare Rechtsbeziehung zur Sache. Zugleich begründet das Ausschließlichkeitsrecht eine Verhandlungsposition beim Abschluss von Schuldverträgen. Nur weil der Eigentümer das Recht hat, andere von der Sache auszuschließen, finden sich Vertragspartner, die bereit sind, für die Gebrauchsüberlassung einen Mietzins zu entrichten.

Die Anhänger der Imperativentheorie gehen von dem Gedanken aus, das Recht habe die Ordnung zwischen Menschen zu regeln. Das dingliche Recht wird deshalb nicht als Beziehung einer Person zur Sache, sondern als Rechtsbeziehung der Person zu allen anderen Menschen aufgefasst.[28] Mit der Anerkennung eines dinglichen Rechts als Rechtsbeziehung zwischen einer Person und einer Sache wird aber nicht geleugnet, dass sich Rechtsnormen an Menschen richten.[29] Das dingliche Recht gewährt kein Recht gegen die Sache. Die Einteilung der Rechtsverhältnisse in dingliche und obligatorische wäre missverstanden, wenn man daraus die Konsequenz ableiten wollte, der Eigentümer könne seinen unfruchtbaren Acker verklagen.[30] Es handelt sich beim dinglichen Recht um die Beschreibung einer Rechtslage, die aber durch Verhaltensnormen konstituiert wird.

Mit dem Begriff des Rechtsverhältnisses werden vor allem Kontinuitätsvorstellungen zum Ausdruck gebracht. Die Übertragung des Eigentums setzt in einer entwickelten Rechtsordnung nicht voraus, dass der bisherige Eigentümer (ähnlich einer Novation) sein Eigentum aufgibt und der Erwerber sich die Sache anschließend aneignet. Bestand und Identität des Rechts werden durch die Übertragung nicht berührt, es wird nur das Subjekt des dinglichen Rechtsverhältnisses ersetzt.[31]

---

[27] Es war deshalb folgerichtig, wenn auf der Grundlage der Imperativentheorie der Versuch unternommen wurde, die Verfügungsbefugnis aus dem Bereich des subjektiven Rechts zu verweisen; *Thon*, Rechtsnorm und subjektives Recht. Untersuchungen zur allgemeinen Rechtslehre, 1878, S. 327 ff.; dazu *Berger*, Rechtsgeschäftliche Verfügungsbeschränkungen, 1998, S. 14 Fn. 38.
[28] Vgl. aus der neueren Literatur *Brinkmann*, Kreditsicherheiten, 2011, S. 228; *Hadding* JZ 1986, 926; *Niehues* JZ 1987, 453 ff.
[29] Auch das englische Recht scheint sich von dieser Vorstellung gelöst zu haben, vgl. *v. Bar*, Gemeineuropäisches Sachenrecht I, § 1, Rn. 4 f.
[30] Ein Beispiel, das *Niehues* JZ 1987, 453, 454 anführt.
[31] Wie bei einer Forderungsabtretung das Schuldverhältnis im engeren Sinne trotz des Wechsels des Gläubigers bestehen bleibt.

4. Dingliche Rechte und Haftungsordnung

17 Die sachenrechtliche Güterzuordnung bestimmt die vermögensrechtliche Haftungsordnung. Unter Haftungsrecht versteht man dabei nicht die Haftung (das „Eintretenmüssen") für unerlaubte Handlungen oder Pflichtverletzungen im Wege des Schadenersatzes. Vielmehr geht es um die Frage, auf welche Rechte der Gläubiger im Wege der Zwangsvollstreckung zugreifen kann, welche Gegenstände also für die Verbindlichkeiten des Schuldners „haften". Grundsätzlich richtet sich die Haftungsordnung nach der dinglichen Zuordnung (vgl. § 35 Abs. 1 InsO): Alle Gegenstände, die dem Schuldner gehören, haften für dessen Verbindlichkeiten; Gegenstände Dritter sind nicht zugriffsunterworfen. Das folgt daraus, dass, würde der Schuldner freiwillig erfüllen wollen, er auch nur die ihm gehörenden Gegenstände veräußern und zu Geld machen könnte, um mit dem Veräußerungserlös seine Gläubiger zu befriedigen. Von dem Grundsatz, dass alle dem Schuldner gehörenden Gegenstände haften, gibt es Ausnahmen: § 811 ZPO sieht unpfändbare Gegenstände vor, und Treugut haftet nicht für Verbindlichkeiten des Treunehmers (→ § 5 Rn. 39).

Verfahrensrechtlich wird die Haftungsordnung wesentlich mitbestimmt durch die Regeln über die Zwangsvollstreckung nach dem 8. Buch der ZPO und dem ZVG. Die vollstreckungsrechtlichen Zugriffstatbestände lehnen sich dabei an die Sachenrechtsordnung an: Die Verpfändung beweglicher Sachen setzt neben der Einigung die Besitzübergabe voraus (§ 1205 BGB), und auch der Gerichtsvollzieher nimmt gepfändete Sachen in Besitz (§ 808 ZPO); die Anordnung der Zwangsversteigerung eines Grundstücks wird im Grundbuch eingetragen (§ 19 GBO). Ist ein Schuldner zahlungsunfähig, kann ein Insolvenzverfahren durchgeführt werden. Inhaber dinglicher Sicherungsrechte können aufgrund ihrer beispielsweise durch Pfandrechte vermittelten dinglichen Rechtsstellung eine gegenüber gewöhnlichen schuldrechtlichen Insolvenzforderungen vorzugsweise („abgesonderte") Befriedigung erwarten (§§ 49–51 InsO). Das dingliche Recht vermittelt haftungsrechtliche Privilegien (zur Problematik → § 30 Rn. 8ff.).

IV. Das dingliche Rechtsgeschäft – Die Verfügung

Literatur: *Baur, Gerd*, Kausale Verfügung und gutgläubiger Erwerb, 1939; *Beyerle*, Der dingliche Vertrag, Festschr. Boehmer, 1954, S. 164; *Buchholz*, Abstraktionsprinzip und Immobilienrecht, 1978; *Dernburg*, Beitrag zur Lehre von der justa causa bei der Tradition, AcP 40, (1857), 1; *Eccius*, Einigung und dinglicher Vertrag im Sachenrecht, Gruchot 47, 51; *Eisenhardt*, Die Einheitlichkeit des Rechtsgeschäfts und die Überwindung des Abstraktionsprinzips, JZ 1991, 271; *Felgentraeger*, Friedrich Carl v. Savignys Einfluß auf die Übereignungslehre, 1927; *Ferrari*, Vom Abstraktionsprinzip und Konsensualprinzip zum Traditionsprinzip, ZEuP 1993, 52; *Grigoleit*, Abstraktionen und Willensmängel. – Die Anfechtbarkeit des Verfügungsgeschäfts, AcP 199 (1999), 378; *Heck*, Das abstrakte dingliche Rechtsgeschäft, 1937; *Joost*, Trennungsprinzip und Konsensprinzip, Festschr. Zöllner, 1998, 116; *Kern*, Abschied vom dinglichen Vertrag?, Festschr. Stürner I, 2013, S. 161; *Kluckhohn*, Die Verfügung zugunsten Dritter, 1914; *Krückmann*, Über abstrakte und kausale Tradition und § 929 BGB, ArchBürgR, 13 (1897), 1; *Lange*, Das kausale Element im Tatbestand der klassischen Eigentumstradition, 1930; *ders.*, Rechtswirklichkeit und Abstraktion, AcP 148 (1943), 188; *Molkenteller*, Die These vom dinglichen Vertrag, 1990; *Neubecker*,

Der abstrakte Vertrag in seinen historischen und dogmatischen Grundzügen, ArchBürgR 22, 34; *Ranieri*, Die Lehre der abstrakten Übereignung in der deutschen Zivilrechtswissenschaft des 19. Jahrhunderts, in: Wissenschaft und Kodifikation, Bd. 2, 1977; *Roth*, Abstraktions- und Konsensprinzip und ihre Auswirkungen auf die Rechtsstellung der Kaufvertragsparteien – Eine rechtsvergleichende Untersuchung zum deutschen, österreichischen, schweizer, französischen und italienischen Recht, ZVglRWiss 92 (1993), 371; *v. Savigny*, Obligationenrecht, Bd. 2, 1853, S. 256 ff.; *ders.*, System des heutigen römischen Rechts, Bd. 3, 1840, S. 312 ff.; *Simon*, Die rechtliche Natur der sachenrechtlichen Einigung, 1907; *Stadler*, Gestaltungsfreiheit und Verkehrsschutz durch Abstraktion, 1996; *Strohal*, Rechtsübertragung und Kausalgeschäft im Hinblick auf den Entwurf eines bürgerlichen Gesetzbuchs für das deutsche Reich, JherJB 27, 335; *Warnkönig*, Bemerkungen über den Begriff der iusta causa bei der Tradition, AcP 6 (1823), 111; *H.P. Westermann*, Die causa im französischen und deutschen Zivilrecht, 1964; *Wieling*, Das Abstraktionsprinzip für Europa!, ZEuP 2001, 301.

Studium: *Haedicke*, Der bürgerlich-rechtliche Verfügungsbegriff, JuS 2001, 966; *Jauernig*, Trennungsprinzip und Abstraktionsprinzip, JuS 1994, 721.

1. Trennungs- und Abstraktionsgrundsatz

Die rechtsgeschäftliche Übertragung und Belastung dinglicher Rechte setzt einen Vertrag[32] voraus, der als dinglicher Vertrag (oder dingliches Rechtsgeschäft) bezeichnet wird.[33] Der dingliche Vertrag wird häufig mit der „Verfügung" (→ § 1 Rn. 34) gleichgesetzt. Verfügungen sind dem Trennungs- und Abstraktionsgrundsatz unterworfen. 18

a) Trennungsgrundsatz

Nach dem Trennungsgrundsatz sind Verpflichtungs- und Verfügungsgeschäft zu unterscheiden. Der Trennungsgrundsatz schreibt die Einteilung dinglicher und obligatorischer Rechtsverhältnis (→ § 1 Rn. 2) für Rechtsgeschäfte fort. Die Tragweite dieses Grundsatzes hängt davon ab, was man unter einem Rechtsgeschäft versteht. Der Ausdruck „Rechtsgeschäft" wird in einem mehrdeutigen Sinn verwendet. Er bezeichnet einmal die von den Parteien getroffene Regelung, zum anderen den Tatbestand, durch den diese Regelung erzeugt wurde. So spricht man von einem Vertrag und meint damit den Vertragsinhalt (Regelungen, beispielsweise Verpflichtungen), der durch den Vertragsschluss (Tatbestand des Vertrags) in Geltung gesetzt wurde. Würde der Trennungsgrundsatz nur betonen, dass bei einem Regelwerk obligatorische und dingliche Rechtsfolgen zu unterscheiden sind, wäre seine Bedeutung gering. Der Trennungsgrundsatz bezieht sich aber nicht nur auf das Rechtsgeschäft im Sinne einer Regelung, sondern auch auf den rechtsgeschäftlichen Tatbestand. Wird eine bewegliche Sache verkauft und übereignet, liegen zwei Rechtsgeschäfte (geregelt in § 433 BGB und in § 929 BGB) vor, selbst wenn Kauf und Übereignung 19

---

[32] Vgl. §§ 873, 929, 1205 usw. BGB (die Einigung ist ein Vertrag).
[33] Der Begriff „dinglicher Vertrag" wird verwendet bei *v. Savigny*, System Bd. 3, S. 313.

eine natürliche Einheit bilden wie beim Handkauf. Wenn aber tatbestandlich zwei Rechtsgeschäfte gegeben sind, muss auch jedes Rechtsgeschäft im Hinblick auf etwaige Unwirksamkeitsgründe gesondert geprüft werden.[34]

Das Zivilgesetzbuch der DDR kannte kein Trennungsprinzip, wie sich aus § 25 ZGB ergab: „Das Eigentum an Sachen kann durch Kauf, Schenkung [...] erworben werden.". Der Kaufvertrag hatte danach eine Doppelwirkung: Verpflichtung und Eigentumsübertragung, wozu nach § 26 ZGB noch die Übergabe erforderlich war. Das BGB verteilt die Entstehung dieser Rechtsfolgen auf zwei rechtsgeschäftliche Tatbestände.

b) Abstraktionsgrundsatz

20 An das Trennungsprinzip anknüpfend stellt sich die Frage, ob zu den Wirksamkeitsvoraussetzungen des Verfügungsgeschäfts auch ein korrespondierender Schuldvertrag zählt. Das ist nach dem Abstraktionsgrundsatz nicht der Fall. Danach führt ein Mangel im Verpflichtungsgeschäft nicht zur Unwirksamkeit des Verfügungsgeschäfts (*äußere Abstraktion*). Ist etwa ein Kaufvertrag nichtig, so folgt allein daraus nicht, dass auch die Übereignung fehlschlägt. Ob der Erwerber Eigentum erworben hat, hängt nur davon ab, ob der Tatbestand des § 929 BGB verwirklicht ist. Liegt eine wirksame dingliche Einigung vor und wurde die Sache übergeben, geht das Eigentum auf den Erwerber über. Weitere Voraussetzungen stellt § 929 BGB nicht auf; von einem Kaufvertrag ist in § 929 BGB nicht die Rede. Gleiches gilt für § 873 BGB. Die Übereignung setzt im deutschen Recht daher keinen Erwerbstitel (Verpflichtungsgeschäft) voraus.[35]

Natürlich darf der Erwerber das Eigentum nicht dauerhaft behalten, zumal er wegen des nichtigen Kaufvertrags nichts bezahlen muss. Fehlt ein wirksamer Schuldvertrag, kann der frühere Eigentümer das Eigentum (und ggf. den Besitz) vom Erwerber nach § 812 Abs. 1 Satz 1 Fall 1 BGB zurückfordern, falls er die Übereignung in der irrigen Annahme vorgenommen hat, er sei dazu verpflichtet gewesen (§ 814 BGB). Abstraktionsgrundsatz und Leistungskondiktion stehen insofern in einem engen funktionalen Zusammenhang. In Rechtsordnungen, welche dem Einheits- oder Kausalprinzip folgen, entsteht infolge des Nichtigkeitsgrunds eine Vindikationslage (§ 985 BGB, → § 7 Rn. 24). Weil das deutsche Recht dem Abstraktionsgrundsatz folgt, hat das Konditionsrecht bei infolge von Mängeln im Schuldverhältnis fehlgeschlagenen Übertragungen eine größere Bedeutung.

c) Grundsatz inhaltlicher Abstraktion

21 Der Abstraktionsgrundsatz, nach dem die Unwirksamkeit des Kausalgeschäfts die Wirksamkeit der Verfügung nicht berührt, betrifft die äußere Abstraktion des Rechtsgeschäfts. Nach dem Grundsatz inhaltlicher Abstraktion[36] ist das Verfügungsgeschäft zudem frei von jeder Zweckvereinbarung.[37] Wer eine Sache

---

[34] *Brehm* AT Rn. 118.
[35] Im Gegensatz zu vielen anderen Rechtsordnungen, vgl. etwa § 424 ABGB (Österreich).
[36] Der Ausdruck wurde von *Jahr* AcP 168 (1968), 14 ff. geprägt.
[37] Es gibt aber auch Verfügungen, die eine Zweckabrede zum Gegenstand haben, → § 34 Rn. 8.

nach § 929 BGB übereignet, erklärt sein Einverständnis allein mit dem Übergang des Eigentums. Das Verfügungsgeschäft enthält nur einen Minimalkonsens. Natürlich wird ein Gegenstand nicht „einfach so" übereignet. Mit einer Übereignung kann der Zweck verfolgt werden, einen Kaufvertrag zu erfüllen, sie kann eine Schenkung zur Grundlage haben oder es kann sich um ein Sicherungsgeschäft handeln, bei dem das Eigentum treuhänderisch auf den Erwerber übertragen wird (Sicherungsübereignung). Der Zweck Übereignung ist aber nicht (und kann auch nicht) Inhalt der Verfügung sein. Vielmehr wird die Verfügung durch das Kausalgeschäft ergänzt, das nicht Bestandteil der Verfügung ist. Ein Dissens über den Zweck einer Verfügung hindert deren Wirksamkeit daher nicht.

Inhaltlich abstrakt sind nicht nur Verfügungsgeschäfte. Auch das abstrakte Schuldversprechen (§ 780 BGB) setzt einzig eine darauf gerichtete Willenserklärungen voraus. Sie enthält keine Zweckvereinbarung und muss daher durch ein weiteres Rechtsgeschäft ergänzt werden. Fehlt es daran, ist das Schuldversprechen zwar wirksam erteilt worden. Der Verpflichtete kann aber nach § 812 Abs. 1 Satz 1 Fall 1 BGB Befreiung von der geleisteten (§ 812 Abs. 2 BGB) Verbindlichkeit verlangen (Erlass) und die Bereicherungseinrede erheben, wenn er in Anspruch genommen wird (§ 821 BGB).

Dass eine inhaltlich abstrakte Vereinbarung allein aufgrund der Willenserklärungen ohne innere causa vom Gesetz anerkannt wird, ist nicht selbstverständlich. Der frühere Art. 1108 franz. Code civil, der durch die Reform des Jahres 2016 abgeschafft wurde,[38] enthielt als eine Grundvoraussetzungen des Vertragsschlusses eine Zweckabrede, die *cause licite*.[39]

2. Ursprung und Reichweite des Abstraktionsgrundsatzes

a) Bedeutungswandel des Grundsatzes

Der Abstraktionsgrundsatz wird von deutschen Juristen tief verinnerlicht, obwohl er dem Alltagsverständnis zuwiderläuft und in kaum einer anderen Rechtsordnung der Welt gilt. Zu seiner Rechtfertigung wird meist der Gedanke der Rechtsklarheit und des Verkehrsschutzes ins Feld geführt.[40] Wenn die Wirksamkeit der Übereignung nicht von der Wirksamkeit des Kausalgeschäfts abhängt, sind Veräußerungen weniger fehleranfällig. Unter der Geltung des Abstraktionsgrundsatzes muss sich niemand beim Erwerb einer Sache um obligatorische Verträge kümmern, die der Veräußerer oder ein früherer Rechtsinhaber abgeschlossen hat. Bei den Überlegungen zum Verkehrsschutz handelt es sich allerdings um nachträgliche Rechtfertigungsversuche.

Der Abstraktionsgrundsatz wurde von *v. Savigny* im Rahmen der Rechtsgeschäftslehre entwickelt. Sein Hauptanliegen zielte auf den Nachweis, dass der

---
[38] Dazu *Babusiaux/Witz*, JZ 2017, 496, 501.
[39] Guter Überblick bei *Weller*, Festschr. Müller-Graff, 2015, S. 109 ff.
[40] Dazu umfassend *Stadler*, Gestaltungsfreiheit und Verkehrsschutz durch Abstraktion, 1996; ferner *Wolff/Raiser* § 38 II.

Vertrag nicht auf den Schuldvertrag verengt werden darf, weil auch andere Rechtsfolgen als Verpflichtungen durch Verträge erzeugt werden. In den meisten Rechtsordnungen des europäischen Kontinents setzte die Übereignung einen gültigen Verpflichtungsgrund (*titulus*, z.B. Kauf) und die Übergabe (*modus*) voraus (→ § 26 Rn. 6). Die Überlegungen, die *v. Savigny* anstellte, sind nur verständlich vor dem Hintergrund der alten Lehre, nach der die Übereignung durch *titulus* und *modus* bewirkt wird. Die Übergabe, die in der Naturrechtslehre als überflüssiges Relikt kritisiert wurde, deutete *v. Savigny* als dinglichen Vertrag, der die Veränderung der dinglichen Rechtslage bewirkt.[41] Die Übergabe als dinglichen Vertrag zu deuten, war nicht revolutionär.[42] Die eigentliche Neuerung lag in der Behauptung, die Änderung der Rechtslage habe *nur* im dinglichen Vertrag ihren Grund, ein Verpflichtungsgeschäft sei für den Erwerb dinglicher Rechte nicht erforderlich. Die *justa causa* oder der schuldrechtliche Erwerbstitel sind bei *v. Savigny* nur noch für die Auslegung des Übergabeaktes von Bedeutung. Bei der Übereignung wird die dingliche Einigung in aller Regel nur konkludent erklärt. Die Übergabe allein rechtfertigt noch nicht den Schluss auf den Willen des Eigentümers, das Eigentum zu übertragen. Wenn der Eigentümer seine Sache aber einem Käufer übergibt, kann man davon ausgehen, dass er bei der Übergabe den Willen hat, in Erfüllung seiner Pflichten als Verkäufer das Eigentum zu übertragen. *v. Savigny* verfolgte nicht das Ziel, Verkehrsschutzprinzipien durchzusetzen,[43] sein Bestreben war eher darauf gerichtet, überflüssige und falsche Vorstellungen zu bekämpfen: „Allein uns umgibt und hemmt von allen Seiten der Schutt falscher und halbwahrer Begriffe und Meynungen".[44] Sein kritisches Ziel war es, grundlose Begriffe und Lehrmeinungen aus dem Weg zu räumen.[45]

25 Das Ziel der Vereinfachung des Rechts schlug deshalb fehl, weil der Gedanke, die Übereignung beruhe auf dem dinglichen Vertrag, fortentwickelt und von seinem Ursprung losgelöst wurde. Würde *v. Savigny* sein Paradebeispiel, an dem er die abstrakte Übereignung demonstrierte, heute in einem Examen vortragen, könnte er damit keine Punkte sammeln. Er würde sich die Rüge einhandeln, er habe den Abstraktionsgrundsatz nur halb verstanden. Eine Übereignung ohne vorausgehende Obligation liegt nach *v. Savigny* vor, wenn jemand

---

[41] *v. Savigny*, System Bd. 3, S. 312.
[42] Die vertragliche Deutung der *traditio* findet sich schon in der Kulturphilosophie von *Kant*, der allerdings noch der Lehre vom *titulus* und *modus* folgte. Auch der österreichische Gesetzeswortlaut aus dem Jahre 1811 legt die Deutung der Übergabe als dinglichen Vertrag nahe: In § 425 ABGB wird die Übergabe umschrieben mit „Übergabe und Übernahme". Es ist deshalb treffend, wenn die Ausführungen *v. Savignys* zum dinglichen Vertrag als „erlösendes Wort" bezeichnet werden, so *Stadler*, Gestaltungsfreiheit und Verkehrsschutz durch Abstraktion, S. 49 im Anschluss an *Felgentraeger*, S. 34.
[43] Der Gedanke des Verkehrsschutzes wird bei ihm eher am Rande, bei der Irrtumslehre erwähnt, vgl. System Bd. 3, S. 355.
[44] *v. Savigny*, System Bd. 1, Vorrede XXXII.
[45] A.a.O., XXXIII. Er bekämpfte vor allem die Lehre von der *justa causa*, die nicht nur im Sachenrecht, sondern auch im Schuldrecht eine Rolle spielte.

einem Bettler ein Geldstück übergibt. Nach heutigem Verständnis erschöpft sich die Großmut des edlen Spenders nicht in der Übereignung des Geldes durch den dinglichen Vertrag. Die inhaltlich abstrakte Übereignung sei vielmehr von einer Kausalabrede begleitet, die bei der Handschenkung als Rechtsgrundabrede in Erscheinung trete.[46] Bei *v. Savigny* bedurfte der dingliche Vertrag keiner weiteren Rechtfertigung.[47] Die rechtsgrundlose Übereignung war ein Problem, das in der Irrtumslehre angesiedelt war.

Nach heutigem Verständnis wird durch die abstrakte Übereignung nur eine formale Rechtsposition übertragen. Der Erwerber wird Eigentümer, aber ob er das Eigentum behalten darf, hängt von den schuldrechtlichen Rechtsbeziehungen ab, die den Behaltensgrund liefern (§ 812 Abs. 1 Satz 1 Fall 1 BGB). Bei der *condictio indebiti* wurden Regel und Ausnahme verkehrt. Nach der Doktrin des 19. Jahrhunderts beruhte der Anspruch aus Leistungskondiktion auf Billigkeitserwägungen, die ausnahmsweise dem Motivirrtum Beachtung schenkten. Im Regelfall war der dingliche Vertrag die Grundlage für die endgültige vermögensrechtliche Neuzuordnung. Den Regelfall, bei dem eine Verfügung ohne Irrtum vorgenommen wird, normierte das BGB in § 814 BGB als Einwendung gegen den Bereicherungsanspruch, die auf das Verbot des venire contra factum proprium zurückgeführt wird.[48]

26

Mit der Entscheidung für das Konzept der Abstraktion, die von Systemüberlegungen getragen ist, sind folgenreiche haftungsrechtliche Wirkungen verbunden, die sich insbesondere in der Insolvenz zeigen. Anders als beim Einheits- oder Kausalprinzip führt die fehlgeschlagene Übereignung unter dem Abstraktionsgrundsatz nicht zu einem dinglichen Vindikationsanspruch (mit Aussonderungskraft) des früheren Eigentümers. Er darf seinen Bereicherungsanspruch nur als Insolvenzforderung geltend machen.[49] Dabei bleibt unklar, weshalb die formale Übertragung ohne innere Rechtfertigung das Eigentum auch haftungsrechtlich dem Erwerber zuweist. Den Vorteil aus dem Abstraktionsgrundsatz ziehen vielmehr die übrigen Insolvenzgläubiger, deren Quote sich aufgrund des haftungsrechtlich der Insolvenzmasse zugerechneten rechtsgrundlosen Erwerbs erhöht. Ändern ließe sich dieser haftungsrechtliche Effekt, wenn man dem Kondiktionsanspruch Aussonderungskraft zuspräche.

b) Abstraktion und Geschäftseinheit

Die Reichweite des Grundsatzes der äußeren Abstraktion ist unklar, obwohl dieser Grundsatz jungen Juristen wie ein Glaubensbekenntnis nahegebracht

27

---

[46] MünchKommBGB/*Koch* § 516 Rn. 2; nachgezeichnet ist die Entwicklung bei BeckOGK/*Harke* BGB (1.10.2021) § 516 Rn. 2 ff.

[47] Der dingliche Vertrag ist bei *v. Savigny* kein inhaltlich abstraktes Rechtsgeschäft im Sinne der heutigen Dogmatik.

[48] BGHZ 73, 205; BGHZ 113, 105.

[49] Dazu schon *Heck*, Das abstrakte dingliche Rechtsgeschäft, 1937, S. 11 ff., 22 ff.; *Brehm*, Festschr. Jelinek, 2002, S. 15; *Stadler*, Gestaltungsfreiheit und Verkehrsschutz durch Abstraktion, 1996, S. 453 ff.; Rechtfertigungsversuche unternimmt *Hager*, Festschr. 50 Jahre BGH, 2000, Bd. 1, S. 780.

wird. Unstreitig ist, dass das BGB die alte Übereignungslehre, nach der die Übertragung des Eigentums einen schuldrechtlichen Erwerbstitel und die Übergabe voraussetzt, aufgegeben hat. Daraus folgt, dass der Erwerbstitel kein Tatbestandsmerkmal des Übereignungstatbestandes ist. Offen ist hingegen die Frage, wie sich der Abstraktionsgrundsatz zum Parteiwillen verhält. Nach § 139 BGB führt die Teilnichtigkeit zur Nichtigkeit des ganzen Rechtsgeschäfts, sofern nicht anzunehmen ist, dass es auch ohne den nichtigen Teil vorgenommen sein würde. Nach einhelliger Meinung ist § 139 BGB nicht nur auf einzelne Rechtsgeschäfte anwendbar, bei denen ein Regelungsbestandteil unwirksam ist, sondern auch in Fällen der Geschäftseinheit, die dann vorliegt, wenn mehrere selbständige Rechtsgeschäfte auf einen einheitlichen Zweck bezogen sind, wenn sie miteinander „stehen und fallen" sollen.[50] Maßgeblich dafür ist der mutmaßliche Parteiwille. Danach steht die äußere Abstraktion unter dem Vorbehalt anderweitigen Pateiwillens, was ihrem zwingenden Charakter zuwiderläuft. Dennoch hat die Rechtsprechung in zahlreichen Entscheidungen eine Geschäftseinheit auch im Verhältnis zwischen Verpflichtungs- und Verfügungsgeschäft angenommen.[51] In der Literatur wird die Anwendung des § 139 BGB dagegen überwiegend abgelehnt, weil dadurch der Abstraktionsgrundsatz praktisch beseitigt würde.[52] Der Abstraktionsgrundsatz diene Verkehrsschutzinteressen und schränke daher die Privatautonomie ein.[53]

28 Ob das Verfügungsgeschäft mit dem Verpflichtungsgeschäft zu einer Geschäftseinheit zusammengefasst werden kann, mit der Folge, dass der mutmaßliche Wille der Parteien darüber entscheidet, ob die Unwirksamkeit des Verpflichtungsgeschäfts nach § 139 BGB zur Nichtigkeit der Verfügung führt, hängt vom Verständnis des Abstraktionsgrundsatzes ab. Bei rein rechtstechnischer Betrachtung führt die Anwendung des § 139 BGB nicht zu einer Durchbrechung des Grundsatzes, dass dingliches und obligatorisches Geschäft gesondert zu prüfen sind. Gegenstand der Beurteilung ist bei Anwendung des § 139 BGB allein das dingliche Rechtsgeschäft.[54] Die Frage nach der Wirksamkeit des Verpflichtungsgeschäfts ist nur eine Vorfrage bei der Prüfung des dinglichen Rechtsgeschäfts. Diese rein rechtstechnische Betrachtung verfehlt aber das Anliegen des Gesetzgebers. Die dem BGB zugrundeliegende Verselbständigung der Verfügungen zwingt zu der Annahme, dass das Gesetz im Interesse des Ver-

---

[50] BGH NJW 1998, 1778, 1780; BeckOGK/*Jakl*, 1.1.2022, BGB § 139 Rn. 59f.
[51] RGZ 57, 96; RGZ 153, 352; BGHZ 38, 193 (obiter dictum); BGH NJW 1967, 1128, 1130; NJW 1979, 1496; BGH NJW 1986, 2642; BGH NJW-RR 2003, 733, 735 lässt eine zurückhaltendere Linie erkennen („höchst selten"); bei Auflassung und Verpflichtung lehnt BGH NJW 2005, 415, 417 unter Hinweis auf § 925 Abs. 2 BGB Geschäftseinheit ab.
[52] *Flume* AT II § 12 III 4, § 32 2 a; MünchKommBGB/*Busche* § 139 Rn. 20; Staudinger/*Roth* § 139 Rn. 54; *Schäfer*, Abstraktionsprinzip beim Vergleich, 1992; Jauernig/*Mansel*, § 139 Rn. 3; für eine Anwendung des § 139 BGB hingegen *Heck*, Grundriß, § 30, 8.
[53] *Stadler*, Gestaltungsfreiheit und Verkehrsschutz durch Abstraktion, S. 94; kritisch *Eisenhardt*, JZ 1991, 271.
[54] *Heck*, Grundriß, § 30, 8.

kehrsschutzes von der dispositiven Regel ausgeht, dingliche Rechtsgeschäfte seien als selbständige Rechtsgeschäfte gewollt. Der Parteiwille ist insofern irrelevant.

c) Bedingung und Bedingungszusammenhang

Der Abstraktionsgrundsatz steht auch im Spannungsverhältnis zur Bedingung (§§ 158ff. BGB). Bei den Gesetzgebungsarbeiten am BGB wurde nicht übersehen, dass sich der Abstraktionsgrundsatz mit Hilfe einer Bedingung abschwächen lässt. Der Vorentwurf zum BGB enthielt eine Regelung, nach der die aufschiebende und auflösende Bedingung bei der dinglichen Einigung unbeachtlich sein sollte.[55] Dieser an sich konsequente Gedanke wurde im Verlauf des Gesetzgebungsverfahrens jedoch fallen gelassen. Lediglich bei der Auflassung hat man an der Bedingungsfeindlichkeit der Einigung festgehalten (§ 925 Abs. 2 BGB). Da der Eintritt eines beliebigen ungewissen künftigen Ereignisses zur Bedingung erhoben werden kann, wird eine Rechtsgestaltung ermöglicht, die dem mit dem Abstraktionsgrundsatz verfolgten Ziel des Verkehrsschutzes zuwiderläuft.[56] Der Gesetzgeber nahm diese Abstriche von der erstrebten Rechtssicherheit in Kauf, um den Bedürfnissen des Rechtsverkehrs Rechnung zu tragen. Die bedingte Übereignung hat eine erhebliche praktische Bedeutung beim Eigentumsvorbehalt erlangt, bei dem die dingliche Einigung unter der aufschiebenden Bedingung der vollständigen Kaufpreiszahlung erklärt wird (→ § 31 Rn. 1).

Den Kernbereich des Abstraktionsgrundsatzes betrifft die Verknüpfung von Kausal- und Verfügungsgeschäft durch einen „Bedingungszusammenhang". Von einem Bedingungszusammenhang spricht man, wenn die Parteien vertraglich vereinbaren, dass die Wirkung des dinglichen Geschäfts nur eintreten soll, wenn das Verpflichtungsgeschäft wirksam ist. Dabei handelt es sich nicht um eine Bedingung im Sinne der §§ 158ff. BGB, die definiert ist als ungewisses *künftiges* Ereignis. Kraft Privatautonomie können die Parteien den Eintritt von Rechtsfolgen aber auch von sog. „unechten Bedingungen" abhängig machen, bei denen der ungewisse Umstand nicht in der Zukunft liegt.[57] Wird die Wirksamkeit des Verpflichtungsgeschäfts zur Bedingung des Verfügungsgeschäfts erhoben, handelt es sich um eine ausdrückliche Regelung für den Fall der Teilnichtigkeit, so dass Überlegungen zum mutmaßlichen Parteiwillen (§ 139 BGB) überflüssig sind. Erkennt man den Bedingungszusammenhang an, wird die Geltung des Abstraktionsgrundsatzes aber zur Disposition der Parteien gestellt. Vielfach geht man davon aus, die *ausdrückliche* Vereinbarung eines Bedingungszusammenhangs sei wirksam, ein stillschweigender Bedingungszusam-

---

[55] Vorentwurf § 137.
[56] Dem Verkehrsschutz wird in § 161 Abs. 3 BGB Rechnung getragen.
[57] Staudinger/*C.Heinze* § 873 Rn. 148 („Gegenwartsbedingung"); BGH NJW-RR 1992, 593, 594f. (für den Fall der Bestellung einer Dienstbarkeit).

menhang sei aber nur zurückhaltend anzunehmen, weil sonst der Abstraktionsgrundsatz praktisch bedeutungslos wäre.[58]

d) Zweckgebundene Verfügungsermächtigungen

31 Zu einer weiteren Bruchstelle des Abstraktionsgrundsatzes führen *zweckgebundene Verfügungsermächtigungen*. Die Einwilligung zu einer Verfügung nach § 185 Abs. 1 BGB ist nicht nur ein äußerlich abstraktes Rechtsgeschäft, sie ist auch frei von Zweckbestimmungen. Dennoch wird der Grundsatz der inhaltlichen Abstraktion bei Verfügungsermächtigungen von der Rechtsprechung kaum beachtet. So ist es anerkannt, dass die Ermächtigung zur Belastung eines Grundstücks „zum Zwecke der Kaufpreisfinanzierung" erfolgen kann (→ § 14 Rn. 9).[59] Auch beim verlängerten Eigentumsvorbehalt (→ § 32 Rn. 1), bei dem der Vorbehaltskäufer zur Weiterveräußerung ermächtigt ist, wird in die Ermächtigung eine Begrenzung hineingedeutet, die auf das Kausalgeschäft bezogen ist: Der Vorbehaltskäufer kann aufgrund der Ermächtigung die Sache nur im „ordnungsgemäßen Geschäftsgang" übereignen. Ob eine Verfügung von der Ermächtigung gedeckt ist, hängt vom Inhalt des Kaufvertrags ab. Wurde die Sache zu einem Schleuderpreis veräußert, ist die Übereignung nicht von der Verfügungsermächtigung erfasst und daher unwirksam.

32 Konstruktiv kann man in diesen Fällen den Grundsatz inhaltlicher Abstraktion aufrechterhalten, indem man in die Verfügungsermächtigung eine Bedingung hineindeutet. Beim verlängerten Eigentumsvorbehalt steht die Verfügungsermächtigung unter der Bedingung, dass ein Kaufvertrag mit geschäftsüblichem Inhalt abgeschlossen wird. Damit rettet man das Prinzip aber nur formal, sachlich bleibt von der inhaltlichen Abstraktion wenig übrig, wenn über die Bedingungskonstruktion eine Zweckbindung erreicht werden kann.

e) Fehleridentität

33 Keine Durchbrechung des Grundsatzes der äußeren Abstraktion (→ § 1 Rn. 20) liegt bei Fehleridentität vor. Von Fehleridentität spricht man, wenn dingliches und obligatorisches Geschäft mit dem selben Mangel behaftet sind. Der Kaufvertrag eines Geschäftsunfähigen ist nach § 105 Abs. 1 BGB nichtig. Die Geschäftsunfähigkeit führt allerdings unmittelbar auch zur Nichtigkeit der Übereignung, weil die dingliche Einigung (§ 929 BGB) ebenfalls nach § 105 Abs. 1 BGB nichtig ist. Obwohl beide Geschäfte unwirksam sind, liegt in den Fällen der Fehleridentität keine Durchbrechung des Abstraktionsgrundsatzes vor, da beide Rechtsgeschäfte getrennt geprüft werden. Die Nichtigkeit des Verfügungsgeschäfts folgt nicht aus der Nichtigkeit des Schuldvertrags, sondern un-

---

[58] Vgl. MünchKommBGB/*Kohler* § 873 Rn. 53; Staudinger/*C Heinze* § 873 Rn. 148; dazu auch *Stadler*, Gestaltungsfreiheit und Verkehrsschutz durch Abstraktion, 1996, S. 82 ff.; *Grigoleit*, AcP 199 (1999), 409; *Brehm* AT Rn. 123 m.w.N.
[59] BGHZ 106, 1. Zur äußeren Abstraktion BGHZ 110, 319.

mittelbar aus § 105 Abs. 1 BGB. Freilich gibt es Fälle der Fehleridentität, bei denen dies nicht so deutlich ist. Bei sittenwidrigen Rechtsgeschäften ergibt sich das Urteil der Sittenwidrigkeit oft erst aus der Gesamtbetrachtung, da bei § 138 BGB nicht allein der Inhalt des Rechtsgeschäfts maßgeblich ist. Auf diese Weise kann die schuldrechtliche Regelung bei der an sich selbständigen Beurteilung des Verfügungsgeschäfts von Bedeutung sein. Ein Beispiel ist die anfängliche Übersicherung, die nach der Rechtsprechung auch zur Unwirksamkeit der Verfügung führt (→ § 33 Rn. 15ff.).

3. Verfügung

Die Zuordnung der Übertragungswirkungen eines Vertrags zu einem gesonderten Rechtsgeschäft (Trennungsprinzip, → § 1 Rn. 19) hat den Begriff der „Verfügung" ausgebildet.[60] Darunter versteht man ein (dingliches) Rechtsgeschäft, durch das ein bestehendes Recht übertragen, belastet, inhaltlich geändert oder aufgehoben wird. Der Erwerb eines Rechts ist hingegen keine Verfügung.[61]

Als Rechtsgeschäft enthält eine Verfügung in der Regel einen Vertrag. Das wird daran deutlich, dass §§ 873, 929 BGB von „Einigung" bzw. „einig" (sein) sprechen. Es gibt aber auch einseitige Verfügungen, bei denen andere Personen nur passiv in der Rolle des Adressaten der Erklärung mitwirken. Sie entscheiden nicht über den Eintritt der Rechtsfolge. Einseitige Verfügungen sieht das Gesetz bei der Aufhebung dinglicher Rechte vor (vgl. § 875 Abs. 1 BGB für dingliche Rechte an Grundstücken allgemein, § 928 Abs. 1 BGB für das Grundeigentum, § 1255 Abs. 1 BGB für das Pfandrecht).

a) Anwendbare Vorschriften

Die Entwicklung des dinglichen Rechtsgeschäfts musste dazu führen, die Vorschriften über Zustandekommen von Verträgen nicht im Schuldvertragsrecht zu regeln. Auf Verfügungen sind die Vorschriften der Rechtsgeschäftslehre des Allgemeinen Teils des BGB anzuwenden (§§ 104ff. BGB), soweit das Sachenrecht keine Sondervorschriften enthält. Die Verfügung eines Geschäftsunfähigen ist daher nichtig (§ 105 BGB); sie bedarf bei einem beschränkt Geschäftsfähigen der Zustimmung des gesetzlichen Vertreters (§§ 106ff. BGB). Die dingliche Einigung kann von einem Stellvertreter erklärt werden (§§ 164ff. BGB), sie kann eine aufschiebende oder auflösende Bedingung enthalten (§§ 158ff. BGB), und sie ist nach allgemeinen Grundsätzen auszulegen (§§ 133, 157 BGB). Auch der Grundsatz *falsa demonstratio non nocet* gilt für das dingliche Rechtsgeschäft. Ob im Falle eines Irrtums (§ 119 BGB) das dingliche Rechtsgeschäft anfechtbar ist, hängt davon ab, ob (auch) die dingliche Erklärung an einem Willensmangel leidet; liegt ein Anfechtungsgrund für das Verpflichtungs- und das Verfügungsgeschäft vor, ist im Zweifel anzunehmen, dass die Anfechtungserklärung (§ 143 BGB) auf beide Rechtsgeschäfte bezogen ist. Der abstrakte Cha-

---

[60] Zur Entwicklung *Berger*, Rechtsgeschäftliche Verfügungsbeschränkungen, 1998, S. 7ff.
[61] BGH NJW 1954, 1325, 1327 unter Hinweis auf *v. Tuhr*.

rakter des dinglichen Geschäfts hindert eine Anwendung des § 138 BGB nicht. Zwar ist ein abstraktes Geschäft sittlich neutral, aber das Urteil der Sittenwidrigkeit wird bei § 138 BGB nicht nur auf den Inhalt des Rechtsgeschäfts bezogen, sondern auch auf Begleitumstände, Motive und Absichten.[62] Nach § 138 BGB ist ein dingliches Rechtsgeschäft daher nichtig, wenn die Sittenwidrigkeit gerade in seinem Vollzug liegt.[63] Auch Vorschriften über Allgemeine Geschäftsbedingungen (§§ 305 ff. BGB) können auf dingliche Verträge anwendbar sein. Weist ein Verkäufer, nach dessen AGB ein Eigentumsvorbehalt vereinbart wird, auf die Geschäftsbedingungen nicht ausreichend hin (§ 305 Abs. 2 Nr. 1 BGB), kommt eine Einigung zustande, deren Wirkung nicht von der Zahlung des Kaufpreises abhängt; allerdings enthält § 449 Abs. 1 BGB eine Auslegungsregel für eine bedingte Einigung, falls der Kaufvertrag einen Eigentumsvorbehalt enthält.

b) Bindungswirkung

36   Der dingliche Vertrag, den das Gesetz *Einigung* nennt, ist nur unter bestimmten Voraussetzungen bindend. Das ergibt sich für Verfügungen über Grundstücke und Rechte an Grundstücken aus § 873 Abs. 2 BGB. Die h.M. schließt daraus, dass auch bei beweglichen Sachen eine Bindung an die Einigung (§ 929 BGB) ausgeschlossen ist.[64] Das bedeutet, dass die Wirkung der Einigung entfällt, wenn sie von einem Teil widerrufen wird. Ein Widerruf scheidet aus, wenn der gesamte rechtsgeschäftliche Verfügungstatbestand erfüllt ist. Nach Übergabe der Sache kann der Veräußerer die Einigung daher nicht mehr widerrufen.

c) Verfügungsbefugnis als Wirksamkeitsvoraussetzung

37   Eine besondere Wirksamkeitsvoraussetzung des dinglichen Vertrags ist die Verfügungsbefugnis.[65] Darunter versteht man die Rechtsmacht, auf ein bestehendes Recht übertragend, aufhebend, belastend oder inhaltsändernd einzuwirken. Man kann die Verfügungsbefugnis auch als ein „gegenstandsbezogenes rechtliches Können" bezeichnen.[66] Schuldverträge setzen keine Verfügungsbefugnis voraus. Kraft der Vertragsfreiheit entfalten sie ihre verpflichtende Wirkung auch dann, wenn sie auf einen fremden Gegenstand gerichtet sind (vgl. §§ 311a Abs. 1, 275 Abs. 1 Fall 1 BGB). Bei Rechtsgeschäften, die unmittelbar rechtsändernd auf bestehende Rechte einwirken, verlangt das Selbstbestimmungsprinzip, dass nur der Rechtsinhaber Verfügungswirkungen herbeiführt. Allein die

---

[62] *Wieling/Finkenauer*, Sachenrecht, § 1 Rn. 27; *Brehm* AT Rn. 326.
[63] Die Rechtsprechung ist mit der Annahme der Nichtigkeit zurückhaltend: BGH NJW 2014, 2790, Rn. 20 (Einigung nach § 929 BGB); BGH NJW 1985, 3006, 3007 (Auflassung nach § 925 BGB); BGH NJW-RR 1992, 593, 594 (Bestellung einer Dienstbarkeit).
[64] Vgl. *Baur/Stürner* § 5 Rn. 36 m.w.N. auch zur Gegenansicht.
[65] Dazu *Berger*, Rechtsgeschäftliche Verfügungsbeschränkungen, 1998, S. 10 ff.
[66] *Thiele*, Die Zustimmungen in der Lehre vom Rechtsgeschäft, 1966, S. 196.

allgemeine Vertragsfreiheit rechtfertigt nicht die Übereignung fremder Sachen. Das Merkmal der Verfügungsbefugnis stellt sicher, dass grundsätzlich nur der Rechtsinhaber Verfügungen wirksam vornehmen kann. Die Verfügung eines Nichtberechtigten wird aber wirksam, wenn der Berechtigte einwilligt (§ 185 Abs. 1 BGB) oder genehmigt, der Verfügende den Gegenstand erwirbt oder wenn er von dem Berechtigten beerbt wird (§ 185 Abs. 2 BGB). Wirksam ist die Verfügung des Nichtberechtigten ferner in den Fällen des gutgläubigen Erwerbs (§§ 892, 932 ff. BGB). Die Verfügungsbefugnis muss im Zeitpunkt des Wirkungseintritts der Verfügung vorliegen. Bei bedingten Verfügungen ist § 161 Abs. 1 BGB zu beachten.

Beispiele: (1) Zwischen Einigung und Übergabe (§ 929 BGB) wird über das Vermögen des Veräußerers das Insolvenzverfahren eröffnet. Die Wirkung der Übereignung wäre mit der Übergabe eingetreten. In diesem Zeitpunkt war der Veräußerer aber nicht mehr verfügungsbefugt (§ 80 Abs. 1 InsO); die Verfügung ist unwirksam (§ 81 Abs. 1 InsO). Deshalb scheidet ein Eigentumserwerb aus.

(2) Der Vorbehaltsverkäufer V übereignet und liefert die Kaufsache an K (unter der aufschiebenden Bedingung der Kaufpreiszahlung, § 449 BGB). Anschließend übereignet V die Kaufsache an einen Dritten D. Zahlt K nun, wird die zunächst wirksame (V war noch Eigentümer!) Zwischenverfügung V/D mit Eintritt der Bedingung (Kaufpreiszahlung) nach § 161 Abs. 1 BGB gegenüber K unwirksam. K erwirbt Eigentum von V, obwohl V sein Eigentum durch die Zwischenverfügung an D zunächst verloren hatte. Hatte D keine Kenntnis von der Verfügung V/K, hat er jedoch nach §§ 161 Abs. 3, 932 BGB dauerhaft Eigentum erworben; K hingegen erwirbt das Eigentum nicht.

d) Dinglicher Vertrag zugunsten Dritter

Streitig ist, ob ein dinglicher Vertrag zugunsten Dritter anzuerkennen ist.[67] Die schuldrechtlichen Vorschriften über den Vertrag zugunsten Dritter (§§ 328 ff. BGB) schränken das rechtsgeschäftliche Konsensprinzip[68] ein. Grundsätzlich können durch Rechtsgeschäft Rechtswirkungen nur erzeugt werden, wenn alle Personen zustimmen, die unmittelbar davon betroffen sind. Nicht entscheidend ist, ob das Rechtsgeschäft mit rechtlichen Nachteilen verbunden ist. Beim Vertrag zugunsten Dritter wird das rechtsgeschäftliche Konsensprinzip abgeschwächt, weil der Dritte ein Forderungsrecht ohne seine Zustimmung erlangt. Aber auch beim Vertrag zugunsten Dritter muss sich der Dritte kein Recht aufdrängen lassen. Das Gesetz sichert sein Mitspracherecht durch das Zurückweisungsrecht nach § 333 BGB. Wegen des Zurückweisungsrechts entsteht beim Vertrag zugunsten Dritter eine Schwebelage wie beim bedingten Rechtsgeschäft.[69] Deshalb scheidet eine Auflassung zugunsten Dritter aus, weil die Auf-

---

[67] Ablehnend RGZ 66, 99; BGH NJW 1993, 2617; bejahend *Wieling/Finkenauer*, Sachenrecht, § 1 Rn. 22; vermittelnd *Wolff/Raiser* § 38 II 3 (bei einem Recht, das eine Leistung aus dem Grundstück zum Inhalt hat).

[68] Dazu *Brehm* AT Rn. 84.

[69] Im Gegensatz zur auflösenden Bedingung ist das Zurückweisungsrecht mit rückwirkender Kraft ausgestattet.

lassung bedingungsfeindlich ist (§ 925 Abs. 2 BGB).[70] Bei der Übereignung beweglicher Sachen ist die praktische Bedeutung der Frage gering, weil auch bei Anerkennung eines dinglichen Vertrags zugunsten Dritter nach § 929 BGB der Besitz auf den Dritten zu übertragen ist. Die Begründung beschränkter dinglicher Rechte (Grundpfandrechte, Dienstbarkeiten) ist nicht bedingungsfeindlich, deshalb sind die Vorschriften über den Vertrag zugunsten Dritter entsprechend anzuwenden. Bei den beschränkten dinglichen Rechten, insbesondere bei Grundpfandrechten, ist auch ein praktisches Bedürfnis für die einstweilige Zuweisung einer Rechtsposition ohne Mitwirkung des Dritten anzuerkennen.[71] Die Anerkennung des dinglichen Vertrags zugunsten Dritter verstößt nicht gegen den zwingenden Charakter der Verfügungstatbestände (→ § 1 Rn. 39), weil die Tatbestandsstruktur nicht verändert wird. Die Erstreckung der Wirkungen der Einigung auf einen Dritten betrifft nur den Inhalt des dinglichen Vertrags. Im Grundbuch ist der Dritte als Rechtsinhaber einzutragen.

V. Beschränkungen der Privatautonomie im Sachenrecht

1. Numerus clausus der Sachenrechte

39 Im Bereich des Schuldrechts können die Parteien ihre Rechtsbeziehungen aufgrund der Vertragsfreiheit beliebig gestalten. Das Gesetz stellt zwar Vertragstypen (Kauf-, Miet-, Werkvertrag usw.) bereit, aber die Parteien sind an diese Typen nicht gebunden. Sie können Vertragstypen mischen (Leasing) oder ganz neuartige Verträge (Lizenzvertrag) konstruieren. Da von der schuldrechtlichen Vereinbarung nur die Parteien betroffen sind, wird der rechtliche Gestaltungsspielraum nicht durch gesetzlich vorgegebene Vertragstypen eingeschränkt. Im Sachenrecht ist die Privatautonomie durch den *Typenzwang* (numerus clausus der Sachenrechte) beschränkt. Durch Rechtsgeschäft können neuartige dingliche Rechte nicht geschaffen werden, und die vom Gesetz bereitgestellten dinglichen Rechte können in ihrem Wesen durch Rechtsgeschäft inhaltlich nicht verändert werden (*Typenfixierung*). So wäre die Vereinbarung eines Nutzpfandrechts an einem Grundstück (sog. *Antichrese*) unwirksam. Das bedeutet nicht, dass das Gesetz das angestrebte Ziel, ein Pfand- und Nutzungsrecht einzuräumen, missbilligt. Die Parteien sind nur gezwungen, bei der Gestaltung ihrer Rechtsverhältnisse auf die vom Gesetz bereitgestellten dinglichen Rechte zurückzugreifen[72]. Der Schuldner kann seinem Gläubiger einen Nießbrauch (§ 1030 BGB) bestellen und zugleich das Grundstück mit einer Hypothek (§ 1113 BGB) belasten.

40 Der Typenzwang ist eine Folge der Drittwirkung der Sachenrechte und dient Verkehrsschutzinteressen. Wenn die Rechtsposition eines dinglich Berechtigten fest umrissen ist, lässt sich die Rechtslage leicht feststellen, ohne Studium um-

---

[70] Nach *Baur/Stürner* § 5 Rn. 28 steht auch die Form des § 925 BGB entgegen.
[71] Vgl. etwa den Fall BayObLG DNotZ 1958, 639.
[72] RGZ 67, 378, 379 (auch zu Grenzen).

fangreicher Klauselwerke.⁷³ Freilich besteht auch im Schuldrecht ein Interesse an Rechtsklarheit. Beispielsweise schreibt der Gesetzgeber in § 492 Abs. 1 BGB genau vor, welche Angaben der Verbraucherdarlehensvertrag enthalten muss. Der Gesetzgeber versucht durch Verbraucherschutzvorschriften, die oft bürokratischen Charakter annehmen, Folgen aufzufangen, die durch die Freiheit der Vertragsgestaltung entstehen, primär zum Schutz des Verbrauchers. Bei Sachenrechten gewinnt der Schutz des Rechtsverkehrs eine besondere Bedeutung, weil die rechtsgeschäftliche Gestaltung der dinglichen Rechtslage auch gegen Dritte wirkt und in der Regel ohne zeitliche Beschränkungen fortbesteht. Der Erfindungsreichtum eines Grundeigentümers bei der Gestaltung dinglicher Belastungen könnte das Grundstück für alle Zeit entwerten. Der numerus clausus der Sachenrechte stellt sicher, dass das Eigentum als umfassendes dingliches Recht unveränderlich ist. Ein Erwerber kann sich also darauf verlassen, dass ein Recht nicht mit unerkennbaren oder in ihrer Reichweite nicht abschätzbaren Belastungen behaftet ist. Er muss beispielsweise nicht damit rechnen, dass sein Vorgänger das Eigentumsrecht in Ober- und Untereigentum gespalten hat oder er einem Lehnsherrn Hand- und Spanndienste leisten muss.

Der Typenzwang bedeutet nicht, dass die Parteien keinen Einfluss auf den Inhalt des Rechts nehmen können. Selbstverständlich können Hypothekar und Eigentümer eine Vereinbarung über den Betrag und die Zinsen treffen. Das Gesetz ermächtigt auch dazu, in Einzelfällen abweichende Regelungen zu vereinbaren, wie beim Pfandverkauf nach § 1245 BGB. 41

Der numerus clausus der Sachenrechte gilt nach h.M. nicht nur bei Grundstücken, sondern auch bei beweglichen Sachen. Eine Mindermeinung will den Grundsatz auf Grundstücke beschränken.⁷⁴ Als Beweis wird § 1007 BGB angeführt, der jedem Inhaber eines Besitzrechts eine dingliche Position verleihe. Dass der zum Besitz Berechtigte gegen Dritte einen Herausgabeanspruch hat, rechtfertigt aber nicht den Schluss, bei beweglichen Sachen gehe das Gesetz nicht von einem Typenzwang aus. Auch bei beweglichen Sachen können die Parteien nicht neue dingliche Rechte schaffen, etwa durch dauerhafte Spaltung des Eigentums in ein Nutzungs- und Verfügungsrecht.

Das Prinzip des numerus clausus der Sachenrechte stand der rechtsfortbildenden Schaffung neuer dinglicher Rechte andererseits nicht immer im Wege. Zur Sicherung von Forderungen sieht das BGB das Pfandrecht an beweglichen Sachen (§ 1204 BGB) vor. Daneben hat die Praxis aber das Sicherungseigentum entwickelt, weil sich das pfandrechtliche Faustpfandprinzip (→ § 34 Rn. 4) als unpraktisch erwiesen hatte. 42

---

⁷³ *Wolff/Raiser* § 2 II 1, S. 9. Vgl. auch *Wiegand*, Festschr. Kroeschell, 1987, S. 623, 631.
⁷⁴ *Wieling/Finkenauer*, Sachenrecht, § 1 Rn. 18 m.w.N.; *Wieling*, Numerus clausus der Sachenrechte?, Festschr. Hattenhauer, 2003, S. 557.

2. Unwirksamkeit dinglicher Verfügungsbeschränkungen

43 Eng mit dem numerus clausus der Sachenrechte verknüpft ist die Vorschrift des § 137 Satz 1 BGB.[75] Danach sind Vereinbarungen nichtig, durch welche die Befugnis zur Verfügung über ein veräußerliches Recht ausgeschlossen wird. Verfügungsbeschränkungen können nach § 137 Satz 2 BGB nur mit obligatorischer Wirkung vereinbart werden. Während der Typenzwang atypische Belastungen verhindert und damit gleichförmige Rechte bereitstellt, sichert § 137 Satz 1 BGB die untrennbare Verknüpfung von Recht und Verfügungsbefugnis.[76] Kraft Privatautonomie lässt sich kein unübertragbares Eigentum schaffen.

Beispiel: A vereinbart mit seinem Nachbarn N, sein Grundstück nicht zu veräußern, um unliebsame Nachbarschaft auszuschließen. Wenn A sein Grundeigentum gleichwohl an den Erwerber E übereignet, ist die Verfügung dinglich wirksam. E wird Eigentümer; er muss sich um die Abrede des A mit N nicht kümmern. Allerdings ist das vereinbarte Veräußerungsverbot schuldrechtlich wirksam; A kann sich gegenüber N daher wegen Pflichtverletzung schadensersatzpflichtig (§ 280 Abs. 1 BGB) gemacht haben.

44 Eine Ausnahme von § 137 Satz 1 BGB enthält § 399 Fall 2 BGB, wonach Gläubiger und Schuldner vereinbaren können, dass eine Forderung nicht abgetreten werde. Ein solches Abtretungsverbot hat „dingliche" Wirkung; die Abtretung ist unwirksam. Über § 413 BGB findet § 399 Fall 2 BGB auch bei „anderen Rechten" Anwendung. Beispielsweise können Grundschuldgläubiger und Eigentümer eine Grundschuld unübertragbar ausgestalten (→ § 18 Rn. 34f.).

Von rechtsgeschäftlichen Verfügungsbeschränkungen sind gesetzliche und behördliche Verfügungsverbote zu unterscheiden. Sie führen zur relativen Unwirksamkeit der Verfügung, wenn durch das Verbot nur bestimmte Personen geschützt sind (§§ 135, 136 BGB).

3. Zwingende Verfügungstatbestände

45 Die Privatautonomie wird im Sachenrecht im Interesse der Verkehrssicherheit ferner durch den Grundsatz beschränkt, dass die Ausgestaltung der Verfügungstatbestände nicht der Parteidisposition unterliegt. Deshalb ist eine Vereinbarung, nach der die Übereignung einer beweglichen Sache eine besondere Form erfordert (vgl. § 127 BGB), unwirksam. Auch können Grundstücke nicht außerhalb des Grundbuchs übertragen oder belastet werden.

VI. Sachenrechtsgrundsätze

46 Das Sachenrecht ist von Grundsätzen beherrscht, die für die Rechtsanwendung von erheblicher Bedeutung sind, sich aber nicht durchweg auf das Sachenrecht beschränken.

---

[75] Zu den Zusammenhängen *Berger*, Rechtsgeschäftliche Verfügungsbeschränkungen, 1998, S. 78f.
[76] *Berger*, Rechtsgeschäftliche Verfügungsbeschränkungen, 1998, S. 79. Zur Bedeutung des § 137 BGB siehe auch BGH JZ 1997, 516 (Anm. *Berger*).

1. Grundsatz der Spezialität

Nach dem Grundsatz der Spezialität bezieht sich ein dingliches Recht auf nur eine (einzige) Sache. Das BGB kennt daher kein Eigentum oder beschränktes dingliches Recht an einer Sachgesamtheit; Eigentum ist beispielsweise nur an einzelnen Büchern, nicht an einer ganzen Bibliothek möglich. Der Spezialitätsgrundsatz ist insbesondere bei Verfügungen zu beachten. Weil jede Sache Gegenstand eines gesonderten Eigentumsrechts ist, muss bei der Übertragung einer Sachgesamtheit der Verfügungstatbestand für jede einzelne Sache verwirklicht sein. Wer ein Unternehmen verkauft, kann für alle Gegenstände, die das Unternehmen umfasst, einen einheitlichen Schuldvertrag schließen. Zur Erfüllung der Verkäuferpflichten ist jede einzelne Sache des Unternehmens (nach §§ 873, 925, 929 ff. BGB) zu übereignen.[77] Es ist also eine Vielzahl von Verfügungsgeschäften erforderlich. Soweit daneben Rechte des Unternehmens (Firma, Forderungen, Immaterialgüterrechte) zu übertragen sind, gilt Entsprechendes. Der Spezialitätsgrundsatz ist deshalb auch bei Verfügungen über andere Vermögensrechte zu beachten.[78] Zur Bestellung des Nießbrauchs an einem Vermögen → § 23 Rn. 26.

47

2. Bestimmtheitsgrundsatz

Vom Spezialitätsgrundsatz ist der Bestimmtheitsgrundsatz zu unterscheiden.[79] Er betrifft die Ausgestaltung dinglicher Rechtsgeschäfte. Nach dem Bestimmtheitsgrundsatz setzt eine Verfügung voraus, dass der Gegenstand der Verfügung klar und eindeutig bestimmt oder doch bestimmbar bezeichnet ist. Werden wie häufig bei Sicherungsgeschäften mehrere Gegenstände zugleich übereignet, genügt eine Sammelbezeichnung („Warenlager"; → § 27 Rn. 3), die die erfassten Gegenstände klar erkennen lässt. Ausreichend ist, wenn auf Grund einfacher äußerer Abgrenzungskriterien für jeden, der die Parteiabreden kennt, ohne weiteres ersichtlich ist, welche individuell bestimmten Sachen übereignet worden sind.[80] Der Bestimmtheitsgrundsatz gilt nicht nur im Sachenrecht. Auch bei der Forderungsübertragung und der Forderungspfändung muss das Recht hinreichend bestimmt bezeichnet werden.[81]

48

---

[77] Man spricht in diesem Fall von *asset deal* im Gegensatz zum *share deal*, bei dem nicht einzelne Gegenstände, sondern Gesellschaftsanteile am Unternehmens*träger* veräußert werden; dazu Jauernig/*Berger* § 453 Rn. 12 ff.

[78] Rein sachenrechtlich ist nur der Grundsatz, dass es kein Eigentum an einer Sachgesamtheit gibt.

[79] Die Terminologie ist uneinheitlich. Zum Teil wird der Bestimmtheitsgrundsatz mit dem Spezialitätsgrundsatz gleichgesetzt, vgl. Soergel/*Stadler* Einl. zum Sachenrecht Rn. 43; *Habersack* Sachenrecht Rn. 17. Die Gleichsetzung ist aber unzutreffend, weil aus dem Bestimmtheitsgrundsatz noch nicht folgt, dass an jeder Sache ein gesondertes Eigentumsrecht besteht.

[80] BGH NJW 1992, 1161; BGH NJW 2000, 2898.

[81] Dazu *Brehm/Kleinheisterkamp* JuS 1998, 781.

3. Der sogenannte Publizitätsgrundsatz

49 Die sachenrechtlichen Verfügungstatbestände enthalten neben der rechtsgeschäftlichen Einigung ein sogenanntes Vollzugselement. Bei der Übertragung des Eigentums an beweglichen Sachen ist die Sache zu übergeben (§ 929 BGB) oder es muss ein Übergabesurrogat vorliegen (§§ 930f. BGB). Bei Grundstücken tritt zur Einigung die Eintragung in das Grundbuch hinzu (§ 873 BGB). Besitz und Grundbuch werden von der h.M. als Publizitätsmittel gedeutet. Ihnen wird die Bedeutung zugeschrieben, die Übertragung äußerlich sichtbar zu machen.[82] Der so verstandene Publizitätsgrundsatz gilt aber bei beweglichen Sachen allenfalls eingeschränkt. Bei den Übergabesurrogaten (§§ 930, 931 BGB) liegen Rechtsgeschäfte vor, die nicht aus erkennbaren Akten bestehen und deshalb auch nichts sichtbar machen. Man kann deshalb darüber streiten, ob es gerechtfertigt ist, das Publizitätsmoment zu einem Grundsatz zu erheben, zumal die Bedeutung des Traditionsprinzips verdunkelt wird, wenn man auf die Sichtbarkeit der Rechtsänderung abstellt. Einzelheiten → § 26 Rn. 11ff.

VII. Öffentliches Sachenrecht

Literatur: *Kromer*, Sachenrecht des öffentlichen Rechts, 1985; *Maunz*, Hauptprobleme des öffentlichen Sachenrechts, 1934; *Moll*, Zur Lehre von den öffentlichen Sachen, Gruchot 54 (1910), 313; *Otto Mayer*, Verwaltungsrecht, Bd. 2, 2. Aufl., 1917, §§ 35ff.; *Papier*, Recht der öffentlichen Sachen, 3. Aufl., 1998; *Peine*, Das Recht der öffentlichen Sachen JZ 1984, 869; *Schmidt-Jortzig*, Vom öffentlichen Eigentum zur öffentlichen Sache, NVwZ 1987, 1025; *Stürner*, Privatrechtliche Gestaltungsformen bei der Verwaltung öffentlicher Sachen, 1969.

50 Eigentümer kann auch der Staat oder eine andere juristische Person des öffentlichen Rechts sein. Vielfach werden Sachen für öffentliche Zwecke verwendet oder sie unterliegen dem Gemeingebrauch. Nach der Lehre vom öffentlichen Eigentum, die von *Otto Mayer* begründet wurde,[83] sind öffentliche Sachen dem Privatrecht vollständig entzogen. Die Verwaltung und Verfügung richtet sich nach Vorschriften des öffentlichen Rechts, ebenso Verträge, die sich auf die öffentliche Sache beziehen. Dahinter steht das Verständnis eines den Bürgern übergeordneten Staats („Subordinationstheorie"), dessen Rechtsinstitute einer der Gleichordnung verpflichteten Privatrechtsordnung entzogen sind. Die überwiegende Ansicht lehnt diese Lehre ab und geht von einem einheitlichen Eigentumsbegriff aus.[84] Danach besteht auch an öffentlichen Sachen Privateigentum. Das Eigentum ist aber belastet mit der öffentlich-rechtlichen Zweckbindung, die durch Widmung begründet wird. Die in Einzelheiten streitige Fi-

---

[82] Vgl. etwa *Baur/Stürner* § 4 Rn. 9; *Vieweg/Lorz* § 1 Rn. 9.
[83] Darstellung, Beispiele und Bewertung bei *Korves*, Eigentumsunfähige Sachen?, 2014, S. 87ff.
[84] *Baur/Stürner* § 3 Rn. 7; OLG Schleswig NJW-RR 2003, 1171 (Meeresstrand); Soergel/*Stadler* Einl. Sachenrecht Rn. 60. Öffentliche Güter können nur in engen Grenzen durch Landesrecht geschaffen werden, z.B. nach Art. 66 EGBGB, vgl. BVerwGE 42, 28.

gur der öffentlichen Sachherrschaft führt zu erheblichen Abgrenzungsproblemen bei der Bestimmung des Rechtswegs. So ist streitig, ob und unter welchen Voraussetzungen das von einem Behördenleiter ausgesprochene Hausverbot nach öffentlichem Recht oder Privatrecht zu beurteilen ist.[85]

VIII. Internationales Sachenrecht

Literatur: *Ferid,* IPR, 3. Aufl., 1989; *Frankenstein,* IPR, Bd. 2, 1929; *Kegel,* IPR 6. Aufl., 1987; *Lüderitz,* IPR, 1987; *Ritterhoff,* Parteiautonomie im internationalen Sachenrecht, 1999; *Staudinger/Stoll,* Internationales Sachenrecht; *Stürner,* Das Grundpfandrecht zwischen Akzessorietät und Abstraktheit und die europäische Zukunft, Festschr. Serick, 1992, S. 377.

Das internationale Sachenrecht ist ein Teilgebiet des internationalen Privatrechts. In Fällen mit Auslandsberührung darf der Richter nicht ohne weiteres deutsches Recht anwenden. Welche Rechtsordnung maßgeblich ist, richtet sich nach internationalem Privatrecht. Das Sachenrecht ist in den Artt. 43-46 EGBGB geregelt. Nach Art. 43 Abs. 1 EGBGB unterliegen die Rechte an einer Sache dem Recht des Staates, in dem sich die Sache befindet (Recht des Lageorts; *lex rei sitae*). Das gilt für Grundstücke und bewegliche Sachen. Anders als bei Schuldverhältnissen (Art. 3 Rom I-VO) ist wegen der Drittwirkung der Sachenrechte eine Rechtswahl nicht möglich. Aus dem Wortlaut des Art. 43 EGBGB geht nicht eindeutig hervor, ob auch dingliche Ansprüche (z.B. § 985 BGB) von der Regel erfasst sein sollen oder ob auf die *lex fori* abzustellen ist.[86] Mit der überwiegenden Ansicht ist davon auszugehen, dass auch dingliche Ansprüche der Regel des Art. 43 Abs. 1 EGBGB unterworfen sind.[87]

51

Den Statutenwechsel regelt Art. 43 Abs. 2 EGBGB. Wenn eine Sache in einen anderen Staat gebracht wird, gilt die Rechtsordnung des Staates, in dem sich die Sache jetzt befindet. Probleme entstehen, wenn zuvor ein dingliches Recht an der Sache begründet worden war, das in dem Staat, in den die Sache verbracht wurde, nicht bekannt ist. Trotz des sachenrechtlichen Typenzwangs besteht das ausländische Sachenrecht weiter, wenn eine Sache nach Deutschland verbracht worden ist; gemäß Art. 43 Abs. 2 EGBGB können die Rechte an der Sache aber nicht in Widerspruch zu der Rechtsordnung des Staates, in den die Sache gelangt ist, ausgeübt werden. Ein Widerspruch besteht nicht, wenn etwa eine besitzlose italienische Autohypothek an der nach Deutschland verbrachten Sache bestand, weil das deutsche Recht das Faustpfandprinzip weitgehend abgeschwächt hat.[88] Die Verwertung erfolgt nach den Grundsätzen der Sicherungsübereignung.

52

---

[85] Dazu *Stürner* JZ 1971, 98 m.w.N.
[86] Es liegt eine bewusste Regelungslücke vor, *Wagner* IPrax 1998, 435.
[87] BGH NJW 2009, 2824, Rn. 7 (einschließlich der Folgeansprüche der §§ 987 ff. BGB); vgl. auch *Spickhoff* NJW 1999, 2214.
[88] BGH NJW 1991, 1415.

53 Eine besondere Regelung enthält Art. 43 Abs. 3 EGBGB für sachenrechtliche Erwerbstatbestände. Ist ein Recht an einer Sache, die in das Inland gelangt, nicht schon vorher erworben worden, so sind für einen solchen Erwerb Vorgänge in einem anderen Staat wie inländische zu berücksichtigen. Wird etwa in Italien mündlich ein Eigentumsvorbehalt vereinbart, so hat dieser dort nur relative Wirkung. Wird die Sache nach Deutschland gebracht, entfaltet die Vereinbarung absolute Wirkungen, weil die Rechtsfolgen der in Italien getroffenen Vereinbarungen nach deutschem Recht zu beurteilen sind.[89] Besondere Regelungen enthält Art. 45 EGBGB für die Rechte an Luft-, Wasser- und Schienenfahrzeugen. Keine Sonderregelung besteht dagegen für Kraftfahrzeuge.

IX. Europäische Rechtsangleichung

Literatur: *Eidenmüller/Grigoleit/Jansen/Wagner/Zimmermann*, Der Gemeinsame Referenzrahmen für das europäische Privatrecht, JZ 2008, 529; *Flessner*, Der Gemeinsame Referenzrahmen im Verhältnis zu anderen Regelwerken, ZEuP 2007, 112; *Jansen*, Traditionsbegründung im europäischen Privatrecht, JZ 2006, 536; *Jansen/Zimmermann*, Was ist und wozu der DCFR, NJW 2009, 3401; *Kieninger*, Das Abtretungsrecht des DCFR, ZEuP 2010, 724; *Kleinschmidt*, Der Gemeinsame Referenzrahmen in der Diskussion: Bericht zu den Diskussionen auf dem ZEuP-Symposium in Graz; ZEuP 2007, 294; *Lieder*, Die rechtsgeschäftliche Sukzession, 2015; *Schulze*, Gemeinsamer Referenzrahmen und acquis communautaire, ZEuP 2007, 130; *Stadler*, Die Vorschläge des Gemeinsamen Referenzrahmens für ein europäisches Sachenrecht – Grundprinzipien und Eigentumserwerb, JZ 2010, 380; *van Vliet*, Acquisition and Loss of Ownership of Goods – Book VIII of the Draft Common Frame of Reference, ZEuP 2011, 292; *Wagner*, Die soziale Frage und der Gemeinsame Referenzrahmen, ZEuP 2007, 180; *Walczak*, Die Eigentumsübertragung beim Kauf beweglicher Sachen nach dem DCFR, 2017.

54 Anders als im Schuldrecht wurden im Sachenrecht bisher unionsweite europäische Regeln kaum geschaffen. Das bedeutet nicht, dass das Sachenrecht von Bestrebungen nach Rechtsharmonisierung verschont wäre. Im Rahmen eines von der Europäischen Union geförderten Forschungsprojekts wurde ein sog. Gemeinsamer Referenzrahmen, genannt „Draft Common Frame of Reference" (DCFR), erarbeitet, der auch sachenrechtliche Gebiete erfasst, allerdings das Grundstücksrecht ausklammert. Der DCFR umfasst eine rechtsvergleichende Bestandsaufnahme und eine Art Modellgesetz mit Begründung. Buch VIII enthält Regelungen über den Erwerb und Verlust des Eigentums an Mobilien[90] und in Buch IX finden sich Regelungsvorschläge für Sicherungsrechte an beweglichen Sachen. Die Verfasser des DCFR haben die verdienstvolle Arbeit geleistet, die Prinzipien der nationalen Rechtsordnungen herauszuarbeiten und wertend zu vergleichen. Dadurch wird einer grenzüberschreitenden rechtsdogmatischen

---

[89] *Spickhoff* NJW 1999, 2214.
[90] Eingehende Analyse vor dem Hintergrund sachenrechtlicher Prinzipien bei *Walczak*, S. 89 ff.; *Lieder*, S. 1139 ff.

Diskussion der Boden bereitet, die erst eine solide rechtspolitische Diskussion ermöglicht.

Inhaltlich weicht der DCFR nicht unerheblich vom deutschen Recht ab, da er weder den Trennungs- noch den Abstraktionsgrundsatz (→ § 1 Rn. 18 ff.) anerkennt, → § 26 Rn. 18. Zu den Mobiliarsicherheiten nach dem DCFR → § 30 Rn. 13. Zur Diskussion um die Harmonisierung der Grundpfandrechte → § 16 Rn. 7.

X. Sache, Bestandteil, Zubehör und Nutzungen

1. Der Sachbegriff

a) Gesetzestechnik

Der „Sachbegriff" des BGB enthält eine grundlegende Weichenstellung für das gesamte Sachenrecht (zur Bedeutung → § 1 Rn. 1). Insbesondere entscheidet er, an welchen Gegenständen Eigentum möglich ist. Der Erste Entwurf zum BGB enthielt eine Definition der Sache noch im dritten Buch.[91] Weil der Sachbegriff aber in allen Rechtsgebieten eine Rolle spiele (z.B. §§ 433, 598, 701, 2023 BGB), hat man während der weiteren Gesetzgebungsarbeiten den Sachbegriff in den Allgemeinen Teil des BGB aufgenommen (§ 90 BGB). Ob diese Ausgliederung angemessen war, mag man bezweifeln, weil die Definition der Sache in § 90 BGB ganz auf die Bedürfnisse des Sachenrechts zugeschnitten ist. Dem ist bei der Auslegung von Normen Rechnung zu tragen, die das Tatbestandsmerkmal „Sache" enthalten. So wird zum Irrtum über eine „Sache" im Sinne des § 119 Abs. 2 BGB auch der Irrtum über einen unkörperlichen Gegenstand gerechnet,[92] weil es keinen Unterschied macht, ob sich der Irrtum auf eine Sache im Sinne des § 90 BGB bezieht oder auf einen anderen Gegenstand. Wenn der BGH ein Computerprogramm als „Sache" bezeichnet und damit die Anwendbarkeit des Mietrechts begründet,[93] legt er nicht den engen sachenrechtlichen Sachbegriff zugrunde.

Bezieht sich eine Rechtsnorm auf einen „Gegenstand" (z.B. §§ 185, 453 BGB), sind damit im Regelfall Sachen und Rechte gemeint. § 453 BGB geht davon aus, dass es noch weitere Gegenstände gibt.[94] Insgesamt ist der Sprachgebrauch nicht einheitlich.

b) Körperliche Gegenstände

Sachen sind nach § 90 BGB *körperliche* Gegenstände. Gegenstand des Sachenrechts ist ein beherrschbarer Ausschnitt aus der physischen Natur, der räumlich

---

[91] Vgl. Motive Bd. 3, S. 32 f.
[92] Allg. Meinung, vgl. Jauernig/*Mansel* § 119 Rn. 12; *Brehm* AT Rn. 208.
[93] BGH NJW 2007, 2394, Rn. 14 ff.
[94] Dazu *Peukert*, „Sonstige Gegenstände" im Rechtsverkehr, in: Leible/Lehmann/Zech (Hrsg.), Unkörperliche Güter im Zivilrecht, 2011, S. 95.

abgrenzbar und sinnlich wahrnehmbar ist. Der Aggregatzustand ist nicht entscheidend. Auch Gase und Flüssigkeiten sind Sachen, sofern sie sich in Behältnissen befinden und beherrschbar sind. Keine Sache ist mangels Beherrschbarkeit dagegen die freie Luft oder das fließende Wasser eines Flusses.

58 Nicht zu den körperlichen Gegenständen gehören Erfindungen und andere Geisteswerke, „digitale Güter" und Computerprogramme.[95] Das Programm als geistige Leistung ist Gegenstand des Urheberrechts (§§ 2 Abs. 1 Nr. 1, 69aff. UrhG). Davon zu unterscheiden ist das einzelne Programmexemplar, das auf einem Datenträger gespeichert ist. Der Datenträger ist eine Sache nach § 90 BGB. Das Computerprogramm ist Bestandteil des beschriebenen Datenträgers, der sich insofern nicht von einem bedruckten Blatt Papier unterscheidet. Auch andere immaterielle Güter wie Kennzeichen, Know-How oder Kundenbeziehungen eines Unternehmens sind keine Sachen.

Häufig diskutiert man die Frage der Sachqualität von „Daten".[96] Den Hintergrund bildet die Frage, ob ein Dateneigentum anzuerkennen ist, um der gestiegenen Bedeutung nicht nur personenbezogener Daten in der Datenwirtschaft Rechnung zu tragen. Dabei sollte man die mit § 90 BGB einhergehende Verengung des Eigentumsbegriffs auf körperliche Sachen nicht vorschnell als überholtes Relikt vergangener Rechtsepochen verwerfen. Anders als Daten und sonstige immaterielle Güter sind körperliche Sachen für den Rechtsverkehr leicht erkennbar und Rechtsverletzungen ohne Aufwand vermeidbar. Es stärkt die Handlungsfreiheit, wenn sie nur durch körperliche Gegenstände anderer eingeschränkt wird, die aufgrund ihrer physischen Daseinsform eine rasche Orientierung erlauben. Hinzu kommt, dass Daten als solche ohne einen Datenträger kaum beherrschbar sind. Auch für Datenverträge benötigt man kein Dateneigentum.[97]

Vergleichbare Fragen stellen sich bei „Kryptowerten", beispielsweise Bitcoins. Ein Bitcoin, als Abschnitt der Blockchain, existiert nur virtuell[98] und ist daher kein körperlicher Gegenstand i.S.v. § 90 BGB.[99] Bemerkenswert ist § 2 Abs. 3 des Gesetzes über elektronische Wertpapiere aus dem Jahre 2021 (eWpG), in dem elektronische Wertpapiere, die durch Eintragung in ein elektronisches Wertpapierregister entstehen, als Sachen nach § 90 BGB fingiert werden. Das elektronische Wertpapier gilt trotz seiner völligen Substanzlosigkeit als Sache und müsste folglich besitz-, eigentums- und verfügungsobjektsfähig sein.[100] Mit diesem ineressanten Versuch möchte der Gesetzgeber erreichen, dass Rechte an elektronischen Wertpapieren denen urkundenbasierter Wertpapiere vollauf entsprechen.

---

[95] Staudinger/*Stieper* § 90 Rn. 12f.
[96] Der 71. Deutsche Juristentag 2016 hat den Gesetzgeber aufgefordert, zu prüfen, ob sich eine Erweiterung des Sachbegriffs des § 90 BGB auf digitale Inhalte, zu denen auch Daten gehören, empfiehlt.
[97] Dazu und zu weiteren Aspekten *Berger* ZGE 2017, 340.
[98] Ausführlich zur Einordnung *Badstuber* DGVZ 2019, 246ff.
[99] Umfassend *Skauradszun* AcP 221 (2021), 353, 360ff., der selbst von einem „sonstigen absoluten Vermögensrecht" ausgeht (S. 367ff.); allerdings unzutreffend, da die infolge der Notwendigkeit des Einsatzes eines Zugangsschlüssels („*private key*") gegebene nur *faktische* ausschließliche Zuordnung und Nutzung des in der Blockchain repräsentierten Vermögenswerts nicht den Schluss auf ein absolutes Recht zulässt.
[100] Dazu *Berger*, Rechtsverkehr mit elektronischen Wertpapieren, Festschr. Gehrlein, 2022, S. 15, 17ff.; *Omlor* RDi 2021, 236.

§ 1 Grundlagen

Der Körper eines lebenden Menschen ist keine Sache.[101] Die Sacheigenschaft des menschlichen Leichnams ist umstritten. Teilweise wird er als „Rest der Persönlichkeit" sachenrechtlichen Regelungen ganz entzogen.[102] Andere qualifizieren ihn als eigentumsunfähige Sache[103] und diskutieren am Willen des Verstorbenen orientierte und an vermögensrechtlichen Strukturen angelehnte Bestimmungsrechte.[104] Vergleichbares mag für die Asche Verstorbener gelten. Daraus geschaffenen „Erinnerungsdiamanten"[105] kommt indes vorbehaltslos Sachqualität zu. Abgetrennte Körperteile[106] (gespendetes Blut, Zähne, Haare) können Gegenstand dinglicher Rechte sein, soweit sie nicht wieder in den Körper zurückgeführt werden sollen (die Eigenblutspende vor einer Operation).[107] Sachen, die in den Körper dauerhaft eingefügt sind (Zahnplombe, Herzschrittmacher), verlieren ihre Sachqualität; ein Eigentumsvorbehalt erlischt. 59

Aus der Definition des § 90 BGB folgt nur die Körperlichkeit, aber noch nicht, welche Ausschnitte aus der körperlichen Natur als selbständige Gegenstände eines Eigentumsrechts anzusehen sind. Das Gesetz unterscheidet *bewegliche* Sachen und *Grundstücke*. Ein Grundstück (unbewegliche Sache) ist ein Teil der Erdoberfläche, dessen Grenzen künstlich festgelegt sind. Zum Rechtsgegenstand wird das Grundstück in der Regel dadurch, dass für die Fläche ein Grundbuchblatt angelegt wird, das auf das Liegenschaftskataster, ein amtliches Verzeichnis der Vermessungseinheiten, verweist (§ 2 Abs. 2 GBO). Die einzelnen Vermessungseinheiten werden Flurstücke genannt. Nicht alle Grundstücke werden im Grundbuch geführt. § 3 Abs. 2 GBO geht beispielsweise für Grundstücke des Bundes, der Länder und der Gemeinden davon aus, dass sie ein Grundbuchblatt nur auf Antrag erhalten. Deshalb ist die Grundbucheintragung kein Begriffsmerkmal des Grundstücks. Ohne Grundbuch ist das Grundstück aber nicht verkehrsfähig. 60

Bewegliche Sachen sind alle körperlichen Sachen, die nicht den Grundstücken zuzurechnen sind. Was als selbständige bewegliche Sache anzusehen und von anderen Sachen zu scheiden ist, lässt sich nicht anhand eines Registers feststellen. Maßgeblich ist die Verkehrsanschauung. Die Frage, welche Bestandteile zu *einer* Sache gehören, bestimmt § 93 BGB (→ § 1 Rn. 63). 61

---

[101] Lesenswert die ironisierenden Ausführungen von *v. Jhering*, Scherz und Ernst, 1892, S. 14f. zu Bestrebungen, auch dem lebenden Menschen Eigentum an seinem Körper zuzuschreiben.
[102] MünchKommBGB/*Stresemann* § 90 Rn. 29.
[103] Die Rechtsentwicklung ist dargestellt bei *Korves*, Eigentumsunfähige Sachen?, 2014, S. 96ff.
[104] *Korves*, Eigentumsunfähige Sachen?, 2014, S. 124ff.: dingliches Recht des vom Verstorbenen in erbrechtlichen Formen bestimmten Totenfürsorgeberechtigten am toten Körper.
[105] Dazu unter der Perspektive der Bestattungspflicht *Spranger* NJW 2017, 3622 (ablehnend).
[106] Dazu BGH NJW 1994, 127.
[107] Für konserviertes Sperma konstatiert BGH NJW 1994, 127, 128 einen „Sonderfall" mit der Folge, dass die Vernichtung keine Eigentumsverletzung, sondern eine Körperverletzung darstellt.

Das Gesetz stellt für besondere Sachen, nämlich vertretbare und verbrauchbare Sachen, allgemeine Definitionen bereit (§§ 91, 92 BGB), die allerdings im Sachenrecht kaum Bedeutung haben. *Vertretbare Sachen* im Sinne des BGB sind bewegliche Sachen, die im Verkehr nach Zahl, Maß oder Gewicht bestimmt zu werden pflegen (Beispiele: Wein, Bier, Benzin, fabrikneue Maschinen). Ob eine Sache vertretbar ist, wird nach der Verkehrsanschauung und somit objektiv bestimmt. Ob eine Sache Gegenstand einer Gattungsschuld (§ 243 BGB) ist, hängt dagegen von der Parteivereinbarung ab. An die Definition des § 91 BGB knüpfen die §§ 607 Abs. 1, 650 Satz 3, 700, 706 Abs. 2 und 783 BGB an. *Verbrauchbare Sachen* im Sinne des BGB sind bewegliche Sachen, deren bestimmungsgemäßer Gebrauch in dem Verbrauch oder in der Veräußerung besteht. Nach § 92 Abs. 2 BGB gelten als verbrauchbar auch bewegliche Sachen, die zu einem Warenlager oder zu einem sonstigen Sachinbegriff gehören, dessen bestimmungsgemäßer Gebrauch in der Veräußerung der einzelnen Sachen besteht. Beispiele für verbrauchbare Sachen sind Geldscheine, Heizmaterial, Nahrungsmittel. An den Begriff der verbrauchbaren Sache knüpfen die §§ 1084, 1814 Satz 2, 2116 Abs. 1 Satz 2, 2325 Abs. 2 Satz 1 BGB an.

62 Nicht zu den Sachen werden *Tiere* gerechnet, aber sie unterliegen den Vorschriften des Sachenrechts, soweit das Gesetz keine Sonderregelungen trifft (§ 90a BGB). Aus § 903 Satz 2 BGB folgt, dass es an Tieren Eigentum gibt. Abzuwarten bleibt, ob Bestrebungen, Tieren subjektive Rechte („Tierrechte") zuzuschreiben, daran etwas ändert. Sondervorschriften für Tiere enthalten § 251 Abs. 2 Satz 2 BGB und §§ 765a Abs. 1 Satz 3, 811 Abs. 1 Nr. 8 ZPO.

2. Wesentliche Bestandteile

a) Allgemeine Regelung

63 Zu einer Sache gehören alle ihre Bestandteile, die voneinander nicht getrennt werden können, ohne dass der eine oder andere Teil zerstört oder in seinem Wesen verändert wird. Diese nennt man nach der Legaldefinition in § 93 BGB „wesentliche Bestandteile". Wesentliche Bestandteile sind zu einer einheitlichen Sache rechtlich verschmolzen. Insbesondere können wesentliche Bestandteile nicht Gegenstand besonderer Rechte sein. Sachenrechte erstrecken sich immer auf alle wesentlichen Bestandteile. So wird sichergestellt, dass die Sache als Zweckeinheit nicht dadurch entwertet wird, dass unterschiedliche Eigentumsrechte an den Einzelteilen bestehen.

Beispielsweise ist der Lack wesentlicher Bestandteil eines Autos; das Eigentum daran erstreckt sich auf die Lackierung. Niemand kann den Lack unter Berufung auf Eigentum entfernen. So wird die wirtschaftliche Einheit erhalten. § 93 BGB steht Miteigentum (§ 1008 BGB) nicht entgegen. Miteigentum bezieht sich aber auf die gesamte Sache. Die Teilung erfolgt durch Verkauf (§ 753 BGB).

64 Nach h.M. kommt es auf die Verkehrsanschauung an, ob ein Bestandteil wesentlich ist oder nicht.[108] Mit einem Verweis auf die Verkehrsanschauung lassen sich Auslegungsergebnisse, die sich in der Rechtspraxis durchgesetzt haben,

---

[108] Vgl. z.B. Jauernig/*Mansel* § 93 Rn. 3.

aber kaum rechtfertigen. Bei der Entscheidung, ob ein Bestandteil selbständig und damit sonderrechtsfähig ist, beachtet die Rechtsprechung Sicherungsinteressen. So wird der Austauschmotor eines Serienfahrzeugs vom BGH nicht als wesentlicher Bestandteil eingeordnet,[109] was in Nichtjuristenkreisen zuweilen Verwunderung hervorruft. Die Begründung, Motor und motorloser Wagen (nach Einbau einer anderen Antriebsmaschine) seien für sich selbständig nutzbar, ist auch eher vordergründig. Die Verselbständigung der einzelnen Teile soll eine Sicherung des Verkäufers des Motors durch einfachen Eigentumsvorbehalt (→ § 31 Rn. 1) ermöglichen. Wäre der Motor wesentlicher Bestandteil des Fahrzeugs, ginge das Eigentum am Austauschmotor trotz des Eigentumsvorbehalts mit dem Einbau in das Fahrzeug nach § 947 Abs. 2 BGB unter[110] und der Lieferant des Motors würde damit ein dingliches Sicherungsrecht verlieren.

b) Sonderregelungen für Grundstücke

Von herausragender Bedeutung sind die Vorschriften über die wesentlichen Bestandteile eines Grundstücks (§§ 94-96 BGB). Nach § 94 Abs. 1 BGB gehören zu den wesentlichen Bestandteilen eines Grundstücks die mit dem Boden fest verbundenen Sachen, insbesondere Gebäude, sowie Erzeugnisse, solange sie mit dem Boden zusammenhängen („Akzessionsprinzip"). Samen wird mit dem Aussäen, eine Pflanze wird mit dem Einpflanzen wesentlicher Bestandteil. § 94 Abs. 2 BGB stellt ausdrücklich klar, dass die zur Herstellung eines Gebäudes eingefügten Sachen den wesentlichen Bestandteilen des Gebäudes zuzurechnen sind.[111] Da das Gebäude in der Regel selbst wesentlicher Bestandteil des Grundstücks ist (§ 94 Abs. 1 Satz BGB), sind auch die zu seiner Herstellung eingefügten Sachen wesentliche Bestandteile des Grundstücks. § 94 BGB hat zur Konsequenz, dass Verfügungsgegenstand nicht das Gebäude, sondern das Grundstück ist; infolge der Sonderrechtsunfähigkeit des Gebäudes (§ 93 BGB) erstreckt sich die Veräußerung des Grundstücks auf das (gesamte) Gebäude. Dem Grundstückserwerber gehört auch das Haus. Ein Gebäude kann nicht Gegenstand von Verfügungsgeschäften sein. Diese Regelung weicht von der Vorstellung juristischer Laien erheblich ab. Zu schuldrechtlichen Ausgleichsansprüchen beim Einbau fremder Sachen → § 28 Rn. 27 ff.

65

Die Entscheidung des BGB für eine einheitliche Betrachtung von Grundeigentum und Gebäude folgt dem römischrechtlichen Grundsatz „*superficies solo cedit*"[112] und war zudem von negativen Erfahrungen geprägt, zu denen frühere Formen des Teileigentums (Stockwerkseigentum) geführt haben. Die Motive führen dazu aus: „Die Unzuträglichkeiten, welche mit dem Vorhandensein mehrerer Haushaltungen unter demselben Dache verbunden sind, finden im

66

---

[109] BGHZ 61, 80, 81.
[110] Sofern man das „Restfahrzeug" als die Hauptsache ansieht. Andernfalls entstünde eine Eigentümergemeinschaft (§ 947 Abs. 1 BGB).
[111] Zum „Verbinden" und „Einfügen" bei § 94 BGB *Gehrlein* ZInsO 2017, 573.
[112] Motive Bd. 3, S. 42 f.; näher Staudinger/*Stieper* § 94 Rn. 1.

1.66

Falle der Miete ihr Korrektiv durch das Recht der Beteiligten, nach Ablauf einer gewissen Zeit das Verhältnis zu lösen. Sie treten dagegen in ihrer ganzen Schärfe hervor, wenn die Inhaber der verschiedenen Stockwerke bzw. Wohnungen durch ein dauerndes Recht an das Haus gefesselt sind. Kommt nun zu dem Sondereigentum an diesen Lokalitäten noch ein Miteigentum an Grund und Boden und an den der gemeinschaftlichen Benutzung gewidmeten Hausteilen hinzu, so hat man eine Gemeinschaft, welche durch ihre eigene *indivision forcée* eine Quelle fortwährender Streitigkeiten eröffnet".[113] Die Bedenken gegen Sondereigentum an einzelnen Wohnungen eines Gebäudes wurden bei Schaffung des Wohnungseigentums im Jahre 1951 zurückgestellt. Nach den Zerstörungen des Krieges suchte man nach Möglichkeiten, den Bau und Erwerb von Immobilien zu fördern (→ § 25 Rn. 4ff.). Eine ähnliche Funktion hatte das Erbbaurecht (→ § 24 Rn. 1), das seit 1919 in der ErbbauVO geregelt war, die 2007 in ErbbauRG umbenannt wurde. Das Erbbaurecht ist das veräußerliche und vererbliche Recht, auf einem Grundstück ein Bauwerk zu errichten (§ 1 Abs. 1 ErbbauRG). Das aufgrund des Erbbaurechts errichtete Gebäude ist wesentlicher Bestandteil des Erbbaurechts und nicht des Grundeigentums (§ 95 Abs. 1 Satz 2 BGB).

Die Verbindung von Grundeigentum und Gebäude war in sozialistischen Rechtsordnungen aus ideologischen Gründen verpönt. In der ehemaligen DDR umfasste das Eigentum am Grundstück zwar auch das Eigentum an den mit dem Boden fest verbundenen Gebäuden (§ 295 Abs. 1 ZGB). Nach § 295 Abs. 2 ZGB konnte durch Rechtsvorschrift aber Eigentum an den Gebäuden unabhängig vom Grundeigentum zugewiesen werden. Was gemäß § 95 Abs. 1 BGB faktisch nur die Ausnahme ist, war in der DDR weit verbreitet: Die aufgrund eines dinglichen Nutzungsrechts auf volkseigenen Grundstücken und genossenschaftlich genutztem Boden errichteten Gebäude standen im persönlichen Eigentum des Nutzungsberechtigten (§§ 288 Abs. 4, 292 Abs. 3 ZGB). Auch die aufgrund eines obligatorischen Nutzungsrechts errichteten Wochenendhäuser gehörten den Nutzungsberechtigten (§ 296 Abs. 1 ZGB). Dieses Gebäudeeigentum war veräußerlich und vererblich (§§ 289, 293 ZGB), ohne dass dem Eigentümer auch das Grundstück gehörte. Daraus erwuchsen erhebliche Probleme beim Wiederaufbau einer bürgerlichen Rechtsordnung. Im vereinten Deutschland hat der Gesetzgeber mit dem SachenRBerG 1994 den Versuch unternommen, den Konflikt zwischen Nutzungsberechtigtem am Gebäude und Grundeigentümer auszugleichen. Ziel des Gesetzes war es, die Nutzungsrechte an den Gebäuden, die nach DDR-Recht entstanden sind, entweder ganz abzulösen oder in das Erbbaurecht zu überführen.[114] Der Nutzungsberechtigte konnte zwischen Bestellung eines Erbbaurechts zur Hälfte des üblichen Zinses und Ankauf des Grundstücks zum halben Verkehrswert wählen (§§ 15f., 68ff. SachenRBerG).[115]

---

[113] Motive Bd. 3, S. 45.
[114] Dazu *Becker-Eberhard*, Der Übergang vom Sachenrecht der DDR zur Sachenrechtsordnung der Bundesrepublik Deutschland in den sog. neuen Bundesländern, Jura 1994, 577.
[115] Einzelheiten → § 36 Rn. 15ff. in der 3. Aufl. dieses Lehrbuchs.

c) Scheinbestandteile

Eine wichtige Ausnahme von § 94 Abs. 1 BGB enthält § 95 Abs. 1 BGB: Zu den Bestandteilen eines Grundstücks gehören solche Sachen nicht, die nur zu einem *vorübergehenden* Zweck mit dem Grund und Boden verbunden sind; vergleichbares gilt für die vorübergehende Einfügung von Sachen in Gebäude (§ 95 Abs. 2 BGB). Wer ein Grundstück nur vorübergehend nutzt, soll Eigentum an verbundenen oder eingefügten Sachen behalten können.[116] Maßgeblich ist der Wille desjenigen, der die Verbindung herstellt. Ein von einem Mieter oder Pächter errichtetes Gebäude wird wegen der zeitlichen Begrenzung der Nutzungsrechte im Regelfall nicht wesentlicher Bestandteil des Grundstücks.[117] Wurde aber vereinbart, dass das Bauwerk nach Ablauf der Mietzeit vom Eigentümer übernommen werden soll, ist regelmäßig keine vorübergehende Zweckbestimmung getroffen worden.[118] Einer Verbindung zu vorübergehendem Zweck steht nicht entgegen, dass eine Sache ihre gesamte wirtschaftliche Lebensdauer auf dem Grundstück verbleiben soll.[119] Nachträgliche Zweckänderungen sind ohne Bedeutung. Nach § 95 Abs. 1 Satz 2 BGB werden auch Bauwerke, die in Ausübung eines dinglichen Rechtes an einem fremden Grundstück mit dem Grundstück verbunden worden sind, nicht wesentlicher Bestandteil des Grundstücks. Unter „Recht" im Sinne der Vorschrift fallen nur dingliche Rechte.[120] Fällt das Recht später weg, ändert sich dadurch die Rechtslage am Gebäude nicht.[121] § 95 BGB hat einschneidende Konsequenzen für Verfügungen: Da Scheinbestandteile nicht dem Grundstück zugeordnet sind, bleiben sie selbständige bewegliche Sachen, die nach §§ 929 ff. BGB übereignet werden. Ein redlicher Erwerb des Scheinbestandteils richtet sich nach §§ 932 ff. BGB. Auch ein Eigentumsvorbehalt bleibt trotz Verbindung wirksam. Andererseits ist mit dem Erwerb des Grundstücks kein Erwerb des Scheinbestandteils verbunden; das schafft Risiken für den Erwerber,[122] zumal sich der öffentliche Glaube des Grundbuchs nicht auf Bestandteile erstreckt.

d) Rechte als Bestandteile eines Grundstücks

Bestandteile eines Grundstücks können auch Rechte sein. Voraussetzung ist, dass das Recht mit dem Eigentum verbunden und nicht trennbar ist (§ 96 BGB). Man nennt diese Rechte subjektiv dingliche Rechte. Dazu gehören das Duldungsrecht beim entschuldigten Überbau (§ 912 Abs. 1 BGB), das Notwegrecht (§ 917 BGB), die Grunddienstbarkeit (§ 1018 BGB) und die zugunsten des jeweiligen Eigentümers eines anderen Grundstücks bestellte Reallast (§ 1105

---

[116] BGH NJW 2017, 2099, Rn. 21.
[117] BGH NJW 1984, 2878, 2879 (Vermutung für vorübergehenden Zweck).
[118] BGH NJW 1988, 2789, 2790.
[119] BGH NJW 2017, 2099, Rn. 14 ff. (Windkraftanlage).
[120] Motive Bd. 3, S. 48.
[121] BGHZ 125, 59.
[122] Anschaulich BGH NJW 2017, 2099, Rn. 14 ff. (mit krit. Anmerkung *Stieper*).

Abs. 2 BGB). Weil diese Rechte wesentlicher Bestandteil eines Grundstücks sind, erstrecken sich Verfügungen über das Grundstück ohne weiteres auch auf diese Rechte; ihre isolierte Abtretung ist nicht möglich, aber auch nicht erforderlich.

3. Zubehör

69 Nach § 97 Abs. 1 BGB sind Zubehör bewegliche Sachen, die, ohne Bestandteil der Hauptsache zu sein, dem wirtschaftlichen Zweck der Hauptsache zu dienen bestimmt sind und zu ihr für diesen Zweck in einem räumlichen Verhältnis stehen. „Hauptsache" können bewegliche oder unbewegliche Sachen sein; „Zubehör" nur bewegliche Sachen. Die Zubehöreigenschaft spielt insbesondere eine Rolle bei der Veräußerung eines Grundstücks und bei der Verwirklichung der Haftung. Das Gesetz berücksichtigt, dass Sachen wirtschaftlich zusammengehören und in einem Organisationsverbund mit dem Grundstück stehen. Ein Fabrikgrundstück mit zahlreichen Maschinen ist mehr wert als die Summe seiner Einzelteile. Dem trägt das Gesetz Rechnung. Die Verpflichtung zur Übereignung und Belastung einer Sache erstreckt sich im Zweifel auf ihr Zubehör (§ 311c BGB). Bei der Grundstücksübereignung geht auch das Eigentum am Zubehör auf den Erwerber über, wenn sich die Einigung darauf erstreckt und der Veräußerer Eigentümer ist; im Zweifel ist anzunehmen, dass das Zubehör von der Veräußerung erfasst ist (§ 926 Abs. 1 BGB). Weil das Grundstück als wirtschaftliche Einheit betrachtet wird, erstreckt § 1120 BGB die Hypothekenhaftung auf Zubehör, das dem Eigentümer gehört (→ § 17 Rn. 37). Die haftungsrechtliche Zuordnung der Zubehörstücke zum Grundstück wird durch § 865 Abs. 2 ZPO sichergestellt. Soweit Gegenstände Zubehör sind und der Hypothekenhaftung unterliegen, ist eine Pfändung ausgeschlossen. Das gilt selbst dann, wenn noch keine Hypothek bestellt wurde. Nicht zum Zubehör gehören Sachen, die nur zur vorübergehenden Nutzung mit der Hauptsache in Verbindung gebracht sind (§ 97 Abs. 2 Satz 1 BGB); umgekehrt hebt die vorübergehende Trennung die Zubehöreigenschaft nicht auf (§ 97 Abs. 2 Satz 2 BGB).

70 Um Zubehör handelt es sich z.B. bei einer Alarmanlage eines Wohnhauses, dem Schlüssel eines Schranks oder der Bierausschankanlage einer Gaststätte. Entscheidend ist die Verkehrsauffassung (§ 97 Abs. 1 Satz 2 BGB). Zu beachten ist, dass derjenige, der die Zubehöreigenschaft bestreitet, im Prozess beweisen muss, dass der Verkehr die Sache nicht als Zubehör ansieht. Diese Beweislastregel folgt aus der Fassung des § 97 Abs. 1 Satz 2 BGB als Ausnahmevorschrift.

71 Kein Zubehör liegt vor, wenn es an einem räumlichen Verhältnis zur Hauptsache fehlt. Daher sind Fahrzeuge einer Gärtnerei, die dem Gütertransport vom Betriebsgrundstück zum Kunden dienen, Zubehör, nicht aber Lkws einer Spedition, die sich ständig auf der Straße bewegen.[123]

---

[123] BGH NJW 1983, 746, 747.

Eine Sonderregelung enthält § 98 BGB für gewerbliches und landwirtschaftliches *Inventar*. Die für das BGB untypisch konkrete Bestimmung spiegelt wirtschaftliche Produktionsbedingungen des 19. Jahrhunderts. Die Bedeutung der Vorschrift erschöpft sich darin, klarzustellen, dass die angeführten Gegenstände dem Zweck der Hauptsache (Fabrikgebäude, Landgut) zu dienen bestimmt sind. Zubehör liegt bei den Inventarstücken deshalb nur vor, wenn auch die weiteren Voraussetzungen des § 97 BGB vorliegen.

4. Nutzungen

Unter Nutzungen versteht § 100 BGB Früchte (§ 99 BGB) und Gebrauchsvorteile. Im Gegensatz zum gemeinen Recht zählen nicht nur Gebrauchsvorteile von Sachen, sondern auch von Rechten zu Früchten und Nutzungen. Das Gesetz unterscheidet Sachfrüchte (§ 99 Abs. 1 BGB), unmittelbare Rechtsfrüchte (§ 99 Abs. 2 BGB) und mittelbare Rechts- und Sachfrüchte (§ 99 Abs. 3 BGB).

Zu den *Sachfrüchten* gehören die Erzeugnisse der Sache und die Ausbeute, die gemäß der Bestimmung der Sache gewonnen wurde. Sachfrüchte sind Früchte des Eigentums.

Erzeugnisse sind beispielsweise geschlagene Bäume eines Waldgrundstücks oder Getreide eines landwirtschaftlich genutzten Grundstücks. Auch der gefällte tragfähige Obstbaum ist ein Erzeugnis im Rechtssinne.[124] Zur Ausbeute können Steine, Sand und Lehm gehören, nicht dagegen ein im Grundstück vergrabener Schatz.

Unmittelbare Rechtsfrüchte sind die Erträge, die ein Recht seiner Bestimmung gemäß gewährt. Der Nießbrauch an einem Grundstück umfasst das Recht der Fruchtziehung. Deshalb sind die vom Nießbraucher geernteten Äpfel Rechtsfrüchte, während die Ernte des Eigentümers den Sachfrüchten zuzuordnen ist. *Mittelbare Rechts- und Sachfrüchte* sind die Erträge, welche eine Sache oder ein Recht aufgrund eines Rechtsverhältnisses gewährt. Vermietet der Eigentümer die Sache, erlangt er aufgrund des Mietverhältnisses einen Mietzinsanspruch[125], der mittelbare Sachfrucht ist. Vermietet der Nießbraucher, ist der Mietzins eine mittelbare Rechtsfrucht.

Die Vorschriften der §§ 99 bis 103 BGB enthalten nur Begriffsbestimmungen und eine Ergänzungsregel für den Zeitraum des Fruchtziehungsrechts (§ 101 BGB) sowie Regelungen über den Ersatz der Gewinnungskosten (§ 102 BGB) und die Lastentragung (§ 103 BGB). Wer Eigentümer der Sachfrüchte wird, ist in §§ 953 ff. BGB geregelt (→ § 29 Rn. 1 ff.). Die Frage, wem Nutzungen und Früchte *gebühren*, ist in verschiedenen Normen bestimmt, z.B. §§ 593, 818 Abs. 1, 987 f. BGB (→ § 8 Rn. 23 ff.).

---

[124] Vgl. *Enneccerus/Nipperdey* AT § 127 II 1.
[125] RGZ 138, 72 (bereits die Forderung ist „Frucht", nicht erst das eingezogene Geld).

2. Kapitel: Besitz und Besitzschutz

§ 2 Der Besitz

Literatur: *Bekker*, Der Besitz beweglicher Sachen, JherJb 34, 1; *Becker*, Die „res" bei Gaius. Vorstufe einer Systembildung in der Kodifikation. Zum Begriff des Gegenstandes im Zivilrecht, 1999; *Bendix*, Besitzlehre nach dem BGB, Recht 1900, 46; *Ernst*, Eigenbesitz und Mobiliarerwerb, 1992; *Canaris*, Die Verdinglichung obligatorischer Rechte, Festschr. Flume 1978, S. 371; *Dedek*, Besitzschutz im römischen, deutschen und französischen Recht – gesellschaftliche Gründe dogmatischen Wandels, ZEuP 1997, 342; *v. Gierke*, Die Bedeutung des Fahrnisbesitzes für streitiges Recht, 1897, 342; *Hartung*, Besitz und Sachherrschaft, 2001; *v. Jhering*, Der Besitzwille. Zugleich eine Kritik der herrschenden Methodenlehre, 1889; *ders.*, Über den Grund des Besitzschutzes – Eine Revision der Lehre vom Besitz, 2. Aufl., 1869; *Kniep*, Der Besitz des Bürgerlichen Gesetzbuches gegenübergestellt dem römischen und gemeinen Recht, 1900; *Kress*, Besitz und Recht, 1909; *Last*, Fragen der Besitzlehre, JherJb 63, 71; *Lüttenberg*, Über den Sinn, die Bedeutung und das Wesen des Besitzes, 2020; *Müller/Erzbach*, Das Recht des Besitzes, AcP 142 (1936), 5; *Pawlowski*, Der Rechtsbesitz im geltenden Sachen- und Immaterialgüterrecht, 1961; *v. Savigny*, Das Recht des Besitzes, 1803; *Schmelzeisen*, Die Relativität des Besitzbegriffs, AcP 136 (1932), 38 und 129; *ders.*, Die Relativität des Besitzes, AcP 138 (1934), 220; *Schubert*, Die Entstehung der Vorschriften des BGB über Besitz und Eigentumsübertragung. Ein Beitrag zur Entstehungsgeschichte des BGB, 1966; *Sosnitza*, Besitz und Besitzschutz, 2003; *Stintzing*, Besitz, Gewere, Rechtsschein, AcP 109 (1912), 347; *Strohal*, Der Sachbesitz nach dem BGB, JherJb 38, 1; *Weitnauer*, Verdinglichte Schuldverhältnisse, Festschr. Larenz, 1983, S. 705; *Wieling*, Voraussetzungen, Übertragung und Schutz des mittelbaren Besitzes, AcP 184 (1984), 438.

Studium: *Omlor/Gies*, Der Besitz und sein Schutz im BGB, JuS 2013, 12; *Petersen*, Grundfragen zum Recht des Besitzes, Jura 2002, 160; *Röthel*, Erbenbesitz und Erbschaftsbesitz, Jura 2012, 947.

Fallbearbeitung: *Kollhosser*, Grundfälle zum Besitz und Besitzschutz, JuS 1992, 215.

I. Begriff des Besitzes

Während in der Umgangssprache die Begriffe Besitz und Eigentum meist nicht unterschieden werden, sind ihnen in der Rechtssprache ganz unterschiedliche Bedeutungen zugeordnet: Eigentum ist das umfassende Herrschaftsrecht an einer Sache und kennzeichnet deren *rechtliche* Zuordnung zu einer Person (vgl. § 903 BGB). Demgegenüber meint der Besitz die *tatsächliche* Gewalt über eine Sache (vgl. § 854 Abs. 1 BGB). Der Eigentümer kann zugleich Besitzer sein, aber es ist ebenso denkbar, dass beide Positionen auseinanderfallen: Wer seine Sache verloren hat, ist zwar weiterhin Eigentümer, aber nicht mehr Besitzer. 1

Auf welcher rechtlichen Grundlage der Besitz beruht, ist unerheblich. Auch der Mieter, der nicht aus Eigentum, sondern aufgrund eines schuldrechtlichen 2

Vertrags die Sache innehat, ist Besitzer. Besitzer ist auch der Dieb, der über kein „Recht" zum Besitz verfügt.

Ältere Kodifikationen (Code civil, ABGB) verwenden einen engeren Besitzbegriff. Sie unterscheiden zwischen bloßer *Innehabung* (Detention) und *possessio*, die sichtbare Ausübung des Eigentums bedeutet. Das BGB hat die Detention zum Besitzbegriff geschlagen und unterscheidet dafür (mit unmittelbarem und mittelbarem Besitz bzw. Eigen- und Fremdbesitz) mannigfache Besitzarten (→ § 3 Rn. 1 ff.). Die vom BGB überwundenen Begriffe (Detention und *possessio*) sind auch heute noch wichtig für die Rechtsvergleichung und bei der historischen Gesetzesauslegung.[1]

II. Funktion des Besitzes

3 Der Besitz ist Voraussetzung für unterschiedliche Rechtsfolgen. Der Besitzer hat nach § 859 BGB Selbsthilferechte. Gemäß § 861 BGB kann der bisherige Besitzer, dem die Sache ohne Willen entzogen wurde (verbotene Eigenmacht, § 858 BGB), Herausgabe verlangen. Bei Störung im Besitz steht ihm nach § 862 Abs. 1 BGB ein Beseitigungs- oder Unterlassungsanspruch zu. Diese Normen entfalten eine *Schutzfunktion für den Besitzer*. Eine besondere Bedeutung kommt dem Besitz ferner bei der Übereignung beweglicher Sachen zu. Nach § 929 BGB setzt die Übereignung neben der Einigung die Übergabe voraus. Das bedeutet, dass der Veräußerer dem Erwerber den Besitz verschaffen muss. Man spricht von der *Publizitätsfunktion* oder auch Zeichenfunktion des Besitzes (→ § 26 Rn. 10 f.). Bei der Abwicklung von Veräußerungsverträgen kann der Besitz ein einfaches *Mittel der Rechtsgestaltung* sein. Wenn das Eigentum mit dem Besitz übergeht, hat es der Veräußerer buchstäblich in der Hand, in welchem Zeitpunkt der Erwerber Eigentümer wird.[2] Als weitere Funktion wird üblicherweise die *Erhaltungs-* oder *Kontinuitätsfunktion* genannt.[3] Es gibt eine ganze Reihe von Normen, die dem Interesse des Besitzers, den Besitz nicht zu verlieren, Rechnung tragen. § 566 BGB schützt den Mieter im Falle der Veräußerung des Grundstücks. Der neue Eigentümer tritt in das Mietverhältnis ein, aber nur wenn dem Mieter die Sache überlassen war.[4] Man nennt das „Sukzessionsschutz", der bei beweglichen Sachen auch nach § 986 Abs. 2 BGB eintritt. Der Besitzer kann sein Besitzrecht, das gegen den bisherigen Eigentümer bestand, nach § 986 Abs. 2 BGB dem neuen Eigentümer entgegenhalten, wenn die Übereignung durch Einigung und Abtretung des Herausgabeanspruchs erfolgt

---

[1] Beispiel: BGHZ 101, 193.
[2] Vgl. auch § 9 Abs. 1 VerlG, danach geht das Recht mit der Ablieferung auf den Verleger über.
[3] *Baur/Stürner* § 6 Rn. 3; *Prütting* Rn. 47. Die Kontinuitätstheorie war ursprünglich ein Erklärungsvorschlag für die Besitzschutzvorschriften und stand in Konkurrenz zur Friedenstheorie, so noch bei *Heck*, Grundriß, § 3, 7 (→ § 4 Rn. 14).
[4] Sonderregelungen für den Fall der Zwangsversteigerung enthalten §§ 57 ff. ZVG, die ebenfalls an die Überlassung anknüpfen. Vgl. ferner § 107 Abs. 1 InsO, danach hängt die Stellung des Vorbehaltskäufers von der Besitzlage ab.

ist (§§ 929, 931 BGB).⁵ Das Erhaltungsinteresse wird ferner durch § 268 Abs. 1 Satz 2 BGB geschützt, der dem Besitzer ein Ablösungsrecht gewährt, wenn gegen den Eigentümer die Zwangsvollstreckung betrieben wird. Zur Erhaltungsfunktion zählt man auch die Vorschriften über die Ersitzung,⁶ die bei beweglichen Sachen unter bestimmten Voraussetzungen an den Besitz, der 10 Jahre währt, den Eigentumserwerb knüpfen (§§ 937ff. BGB).

Die Besitzfunktionen geben nur einen groben Überblick über unterschiedliche Normenkomplexe, bei denen der Besitz als Tatbestandselement eine Rolle spielt. Dabei werden sehr heterogene Normen zusammengefasst. Das gilt insbesondere für die zur Kontinuitätsfunktion angeführten Beispiele. Der Ausdruck „Funktion" wird zudem mit einem wenig präzisen Inhalt verwendet. Es ist nicht die Funktion des Besitzes, geschützt zu sein; der Besitz als Innehabung ist vielmehr Schutzgegenstand.

Auf die Besitzregelungen wird durch das Tatbestandsmerkmal „Besitz" in ganz unterschiedlichen Normen verwiesen. Deshalb handelt es sich bei den Besitzvorschriften nach der Konzeption des BGB um einen *allgemeinen Normenkomplex*, der spezielle Normen ergänzt.⁷ Weil es sich bei den §§ 854ff. BGB um allgemeine Normen handelt, darf das Augenmerk bei der Auslegung nicht von vornherein auf eine Rechtsfolge verengt werden.

III. Gegenstand des Besitzes

Gegenstand des Besitzes sind nur *Sachen* im Sinne des § 90 BGB. Dabei wird nicht zwischen beweglichen Sachen und Grundstücken unterschieden. Das bedeutet freilich nicht, dass der Besitz bei Grundstücken und beweglichen Sachen die gleiche Bedeutung hat. Nur bei beweglichen Sachen setzt die Übereignung die Übergabe des Besitzes oder ein Übergabesurrogat voraus (§§ 929ff. BGB). Bei Grundstücken ist neben der dinglichen Einigung die Eintragung in das Grundbuch erforderlich (§ 873 BGB). Weil der Registereintrag als funktionales Äquivalent zur Übergabe aufgefasst wird, spricht man von *Buchbesitz*, wenn jemand im Grundbuch eingetragen ist.

Im Gegensatz zu dinglichen Rechten, die stets die ganze Sache erfassen, kann der Besitz auf einen Teil einer Sache beschränkt sein. Ein dem § 93 BGB entsprechender Grundsatz, wonach wesentliche Bestandteile nicht Gegenstand besonderer Rechte sein können, gilt nicht für den Besitz (vgl. § 865 BGB). Deshalb kann jemand in einem Mietshaus eine Wohnung besitzen, obwohl diese ein

---

[5] Man spricht von einer Verstärkung obligatorischer Rechte durch den Besitz, *Wolff/Raiser* § 16 I 5; weitergehend *Dulckeit*, Die Verdinglichung obligatorischer Rechte, 1951; ferner *Canaris*, Festschr. Flume, 1978, S. 392ff., 403; *Weitnauer*, Festschr. Larenz, 1983, S. 710.

[6] *Baur/Stürner* § 6 Rn. 9.

[7] Das war die Konzeption der Gesetzesverfasser, vgl. Motive Bd. 3, S. 78. Ein ganz anderes Verständnis will *Ernst*, Eigenbesitz und Mobiliarerwerb, 1992, den §§ 854ff. BGB geben. Sie seien auf den Besitzschutz zugeschnitten, weshalb ihre Übertragung auf andere Tatbestände, insbesondere die Erwerbstatbestände (§§ 929, 932 BGB), nicht ohne weiteres gerechtfertigt sei. Das ist wenig überzeugend, weil dabei der Gesetzgebungsstil des BGB nicht berücksichtigt wird. Siehe dazu auch die entschiedene Kritik bei *Wilhelm*, Rn. 435 Fn. 885.

wesentlicher Bestandteil des Grundstücks ist (vgl. § 94 BGB). Man spricht von *Teilbesitz*, wenn sich der Besitz nur auf einen Teil der Sache bezieht. Da der Besitz auf der Sachherrschaft beruht, gibt es Teilbesitz nur an einem realen Teil einer Sache, nicht an einem ideellen Teil (Miteigentumsanteil).[8] Das Besitzrechtsverhältnis ist im Hinblick auf jede Sache gesondert zu bestimmen. Es gibt keinen Besitz, der sich auf eine Sachgesamtheit bezieht. Rechtlich besitzt man einzelne Bücher, nicht die Bibliothek. Es gilt der Spezialitätsgrundsatz (→ § 1 Rn. 47).

7   Die Besitzvorschriften des BGB sind auf den Sachbesitz zugeschnitten. Daneben kannte man früher Rechtsbesitz (*possessio iuris* im Gegensatz zur *possessio corporis*).[9] Dabei wird freilich Besitz nicht im Sinne einer Herrschaft über das Recht selbst verstanden. Der Besitz äußert sich vielmehr in der Rechtsausübung. Die §§ 1029, 1090 Abs. 2 BGB enthalten für den Inhaber der *Dienstbarkeit* besondere Besitzschutzvorschriften, die auf die Vorschriften des Sachbesitzes verweisen. Voraussetzung des Besitzschutzes ist die Eintragung der Dienstbarkeit im Grundbuch und ihre Ausübung. Ob die Eintragung richtig ist, spielt für den Rechtsbesitz keine Rolle. Für andere Rechte hat das BGB keine Besitzvorschriften geschaffen.[10] Zum Erbschaftsbesitz → § 3 Rn. 27.

IV. Rechtsnatur des Besitzes

8   Der Besitz wird nach § 854 Abs. 1 BGB begründet durch die Erlangung der tatsächlichen Gewalt über eine Sache. Würde man in dieser Bestimmung eine Definition des Besitzes sehen, wäre Besitz ein rein tatsächlicher Zustand. Betrachtet man aber die Besitzschutzvorschriften, wird deutlich, dass dem Besitzer unter gewissen Voraussetzungen ähnliche Ansprüche zur Seite stehen wie dem Eigentümer: Er kann auf Herausgabe, Beseitigung und Unterlassung klagen (§§ 861, 862 BGB). Deshalb wird die Frage diskutiert, ob der Besitz nur eine Tatsache ist, ein Rechtsverhältnis oder ein subjektives Recht.[11] Die Frage war schon im 19. Jahrhundert Gegenstand eines Gelehrtenstreites. Während *v. Savigny*[12] den Besitz als „Factum und Recht" zugleich kennzeichnete, vertrat *Gans* in seinem System des römischen Civilrechts[13] die Ansicht, der Besitz sei ein Recht. Besitz im Sinne von Innehabung ist ein von sozialen Anschauungen geprägter tatsächlicher Befund, der den Tatbestand kennzeichnet, an den die Besitzstellung geknüpft wird. Es gibt aber Besitzerwerbstatbestände, die keine Innehabung voraussetzen (z.B. § 857 BGB). Schon daraus folgt, dass Besitz kein Synonym für

---

[8] BGHZ 85, 265.
[9] Die Formulierung der 3. Aufl. dieses Werks, Rechte können *Gegenstand* des Besitzes sein, ist unter dem Eindruck von *Wilhelm*, Rn. 132, Fn. 233 geändert worden.
[10] Anders § 311 ABGB, das den Besitz ausdrücklich auch auf unkörperliche Gegenstände bezieht.
[11] So *Wolff/Raiser* § 3 III.
[12] Das Recht des Besitzes, 1803, 7. Ausgabe 1864, herausgegeben von Rudorff, S. 44.
[13] *Gans*, System des römischen Civilrechts im Grundrisse, 1827, S. 202.

ein deskriptives Tatbestandsmerkmal ist, sondern ein *Rechtsverhältnis* („Besitzverhältnis"[14]) kennzeichnet, aus dem sich andere Rechtsfolgen ergeben können, für die der Besitz Tatbestandsvoraussetzung ist.[15]

Die Einordnung des Besitzes als Faktum oder als Recht war früher weiter für die Frage von Bedeutung, ob es beim Besitz eine Rechtsnachfolge geben kann.[16] Innehabung als Tatsache ist losgelöst vom Inhaber schwer vorstellbar. Ihre Übertragung erfolgt dadurch, dass der eine seine Gewalt über die Sache aufgibt und der andere ein eigenes Gewaltverhältnis begründet. Begreift man Besitz als Rechtsverhältnis, wird lediglich die rechtliche Inhaberschaft geändert, das Besitzverhältnis bleibt bestehen. Diese auf einer Abstraktion beruhende Kontinuitätsvorstellung liegt den Vorschriften des BGB zugrunde, die eine Übertragung des Besitzes und seine Vererblichkeit vorsehen.[17] Auch die Regelung des § 858 Abs. 2 Satz 2 BGB, wonach der fehlerhafte Besitz bei Besitznachfolge fehlerhaft bleibt, beruht auf dieser Konzeption.[18]

9

---

[14] Art. 233 § 1 EGBGB spricht von Besitzverhältnis.
[15] Dieser Technik bedient sich das Gesetz auch in anderen Bereichen. So werden die Voraussetzungen des Verzugs in § 286 BGB bestimmt. Die konkreten Rechtsfolgen (Schadensersatz, Gefahrtragung usw.) ergeben sich aus anderen Normen.
[16] Siehe dazu *v. Jhering*, Geist des römischen Rechts usw., 1882, 2. Teil, S. 436.
[17] Die wohl h.M. leugnet eine Rechtsnachfolge, vgl. *Prütting* Rn. 57; MünchKommBGB/*Schäfer* § 857 Rn. 4.
[18] Die h.M. fasst allerdings nicht nur derivativen Erwerb unter § 858 Abs. 2 BGB; → § 4 Rn. 5.

§ 3 Besitzarten, Besitzdiener

Literatur: *Bömer*, Besitzmittlungswille und mittelbarer Besitz, 2009; *Bund*, Beiträge der Interessenjurisprudenz zur Besitzlehre, Festschr. Thieme, 1986, S. 363; *Flume*, Die Gesamthand als Besitzer, Freundesgabe für Hans Hengler, 1972, S. 76; *v. Jhering*, Der Besitzwille. Zugleich eine Kritik der herrschenden juristischen Methode, 1889; *Joost*, Besitzbegriff und tatsächliche Sachherrschaft, in: Gedächtnisschrift Dietrich Schulz, 1987, S. 167; *Klinck*, Stellvertretung im Besitzerwerb, AcP 205 (2005), 487; *Lange*, Besondere Fälle des § 857 BGB, Festschr. Felgentraeger, 1969, S. 295; *Martens*, Eigenbesitz als wirtschaftliches Eigentum, NJW 1962, 1849; *Magnus/Wais*, Unberechtigter Besitz und Verjährung, NJW 2014, 1270; *Medicus*, Gedanken zum Nebenbesitz, Festschr. Hübner, 1984, S. 611; *Picker*, Mittelbarer Besitz, Nebenbesitz und Eigentumsvermutung in ihrer Bedeutung für den Gutglaubenserwerb, AcP 188 (1988), 511; *Probst*, Mehrfacher gleichstufiger mittelbarer Besitz und gutgläubiger Eigentumserwerb nach § 934 BGB, ZHR 101, 199; *K. Schmidt*, Abhandenkommen bei Weggabe durch angestellte Besitzdiener?, in: *Zimmermann*, Rechtsgeschichte und Privatrechtsdogmatik, 1999, S. 579; *Steindorf*, Die Besitzverhältnisse bei Gesamthandsvermögen in OHG und KG, Festschr. Kronstein, 1967, S. 151; *Wieling*, Voraussetzungen, Übertragung und Schutz des mittelbaren Besitzes, AcP 184 (1984), 439; *Witt*, Die Rechtsfigur des Besitzdieners im Widerstreit zwischen Bestands- und Verkehrsschutz, AcP 201 (2001), 165.

Studium: *Ebenroth/Frank*, Die Übertragung des Besitzes vom Erblasser auf den Erben, JuS 1996, 794; *Gustorff*, Verbotene Eigenmacht gegen den und innerhalb des mittelbaren Besitzes, JA 2020, 888; *Meier/Jocham*, Der Eigentumserwerb vom Nichtbesitzer, JuS 2017, 1155; *Schreiber*, Mittelbarer Besitz, Jura 2003, 682; *ders.*, Die Besitzformen, Jura 2012, 514; *Szerkus*, Besitzmittlungswille und Besitzmittlungsverhältnis: Begriff und Fallgruppen, Jura 2017, 251; *Tunze*, Derivativer mittelbarer Besitz, JA 2022, 529; *Westermann*, Besitzerwerb und Besitzverlust durch Besitzdiener, JuS 1961, 73.

Fallbearbeitung: *Lettmaier*, Klausur: Freundschaftsdienste, JA 2018, 736.

I. Übersicht

1 Das Gesetz enthält mehrere Arten des Besitzes, die durch unterschiedliche Kriterien geschieden sind. Beim mittelbaren und unmittelbaren Besitz steht die Nähe zur Sache im Vordergrund, beim Allein- und Mitbesitz geht es um die Frage, ob jemand für sich allein oder nur zusammen mit anderen Personen als Besitzer anzusehen ist. Fremd- und Eigenbesitz unterscheiden die Besitzer nach der Willensrichtung, die bei einem Eigentümer, der die Sache als ihm gehörig besitzt, anders als bei einem Mieter ist. Zum Teilbesitz → § 2 Rn. 6.

II. Unmittelbarer Besitz

1. Besitzerwerbs- und Besitzbeendigungstatbestand

Unmittelbarer Besitz wird durch die Erlangung der *tatsächlichen Gewalt* (→ § 3 Rn. 4) erworben (§ 854 Abs. 1 BGB). Dabei wird nicht vorausgesetzt, dass der Besitzer die Gewalt über die Sache ständig ausübt. Wenn unmittelbarer Besitz erworben wurde, behält der Besitzer seine Rechtsstellung bis ein Besitzbeendigungstatbestand erfüllt ist. Das ist nach § 856 Abs. 1 BGB der Fall bei Besitzaufgabe oder anderweitigem Besitzverlust. Deshalb ist es verfehlt, besondere Voraussetzungen der Besitz*erhaltung* zu beschreiben. Der Tatbestand, an den der Besitz (als Besitzverhältnis) anknüpft, ist kein Dauerzustand. Wenn der Bauer, der seinen Pflug über Nacht auf dem Feld stehen lässt, Besitzer bleibt, so liegt dies nicht daran, dass für die Besitzerhaltung ein geringeres Maß an tatsächlicher Gewalt als zur Besitzerlangung erforderlich ist.[1] Der Bauer bleibt Besitzer, weil kein Besitzbeendigungstatbestand erfüllt ist. § 856 Abs. 2 BGB stellt dementsprechend ausdrücklich klar, dass eine ihrer Natur nach vorübergehende Verhinderung in der Ausübung der Gewalt kein Besitzbeendigungstatbestand ist.

2. Erwerb des unmittelbaren Besitzes

a) Übergabe und Besitzergreifung

Bei der Erlangung der tatsächlichen Gewalt werden üblicherweise zwei Fälle unterschieden, die *Besitzübergabe* und die einseitige *Besitzergreifung*. Der Sinn dieser Unterscheidung ist nicht unmittelbar einleuchtend. Bei der Übergabe ergreift der Erwerber die Herrschaft über die Sache und der bisherige Besitzer gibt sie auf. Wenn schon die einseitige Besitzergreifung Besitz begründet, ist es unerheblich, wie der bisherige Besitzer die Sachherrschaft verloren hat. Weshalb soll man die Preisgabe der Sachherrschaft prüfen, wenn doch feststeht, dass der Erwerber Besitzer wurde? Verständlich wird die Unterscheidung nur vor dem Hintergrund der Übereignungstatbestände. § 929 BGB setzt eine Übergabe voraus, die einseitige Besitzergreifung genügt grundsätzlich nicht (→ § 27 Rn. 12). Für andere Rechtsfolgen des Besitzverhältnisses, etwa Besitzschutzansprüche nach §§ 861 ff. BGB, kommt es daher nur auf die Besitzergreifung durch Erlangung der tatsächlichen Sachherrschaft an.

b) Gewalt über die Sache

Ob jemand die *Gewalt* über eine Sache erlangt, lässt sich häufig nicht ohne Rückgriff auf soziale Anschauungen bestimmen. Nach Ansicht des BGH hängt die Frage, ob jemand die tatsächliche Gewalt erlangt hat, „von der Verkehrsanschauung, d.h. von der zusammenfassenden Wertung aller Umstände des jewei-

---

[1] Abweichend *Baur/Stürner* § 7 Rn. 16.

ligen Falles entsprechend den Anschauungen des täglichen Lebens"[2], ab. Die Verfügungsgewalt über eine Sache wird jedenfalls dann begründet, wenn sie in Räumlichkeiten oder Behältnisse gebracht wird, zu denen nur der Besitzerwerber Zugang hat; Beispiele bilden Wohnungen, Gegenstände in Pkws, Tresore. Der Besitzerwerb ist aber nicht nur in diesen Fällen zu bejahen. Es kann ausreichen, wenn die Sache einer Organisation einverleibt wird. Eine präzise Formel, mit deren Hilfe eindeutig zu entscheiden wäre, ob die Gewalt über die Sache erworben wurde, gibt es jedoch nicht.

5   Die Beurteilung der tatsächlichen Gewalt und der Besitzverhältnisse wird unnötig erschwert, wenn man nicht den Besitzerwerb prüft, sondern die Frage aufwirft, ob jemand in einem bestimmten Zeitpunkt die Gewalt über die Sache innehat und somit Besitzer ist. Wenn vor dem Hörsaalgebäude ein Fahrrad steht, das nicht durch ein Schloss gesichert ist, kann jeder, der vorbeikommt, auf das Fahrrad zugreifen. Man könnte deshalb darüber ins Grübeln kommen, wer eigentlich Besitzer ist. Das scheinbar schwierige Problem ist aber leicht zu lösen, wenn man sich bei der Rechtsanwendung die Erkenntnis zunutze macht, dass der Besitz ein Rechtsverhältnis ist, das durch einen Entstehungstatbestand begründet wird und fortbesteht bis ein Erlöschenstatbestand verwirklicht ist (→ § 3 Rn. 2). Zu prüfen ist deshalb, ob ein Beendigungstatbestand erfüllt ist, wenn der Student sein Fahrrad ohne Sicherung vor dem Hörsaalgebäude stehen lässt. Er kann die tatsächliche Gewalt nicht ausüben, während er in der Vorlesung sitzt. Aber nach § 856 Abs. 2 BGB wird der Besitz nicht beendet, wenn eine Verhinderung vorliegt, die ihrer Natur nach vorübergehend ist. Da der Besuch der Vorlesung kein Dauerzustand ist, wurde der Besitz nicht beendet. Dass andere die Möglichkeit haben, auf die Sache zuzugreifen, ändert an diesem Ergebnis nichts. Erst wenn jemand die Sache tatsächlich an sich nimmt, wird der bisherige Besitz beendet (§ 856 Abs. 1 Fall 2 BGB).

6   Streitig ist, ob zum Besitz eine gewisse *Dauer* der Innehabung gehört.[3] *Heck* bejahte einen sogenannten Kurzbesitz, der seiner Ansicht nach bei einem auf der Parkbank ausruhenden Spaziergänger zu bejahen ist.[4] Die Frage kann für die Anwendbarkeit der Besitzschutzvorschriften von Bedeutung sein. Lehnt man den Besitz des Spaziergängers auf der Parkbank ab, so kann er im Falle eines rechtswidrigen Angriffs Notwehr üben, aber das weitergehende Selbsthilferecht des Besitzers (§ 859 BGB) steht ihm nicht zu. Man kann darüber streiten, ob es angemessen ist, dem erschöpften Spaziergänger die Rechte des § 859 BGB zu gewähren. Wo es nicht um die Schutzfunktion des Besitzes geht, kommt es jedenfalls nicht darauf an, wie lange die Gewalt über die Sache dauert. Sonst schlüge eine Übereignung nach § 929 BGB fehl, wenn der Erwerber die Sache

---

[2] BGHZ 101, 186.
[3] BGH NJW-RR 2017, 818, Rn. 18 spricht von „erkennbarer Zeitdauer".
[4] *Heck*, Grundriß, § 6, 5; ebenso MünchKommBGB/*Schäfer* § 854 Rn. 30; *Wieling/Finkenauer*, Sachenrecht, § 4 Rn. 1, vgl. aber § 4 Rn. 22, wo der „Momentanbesitz" als Besitzdienerschaft gedeutet wird. Gegen den Kurzbesitz *Baur/Stürner* § 7 Rn. 7.

sofort weiterveräußert.⁵ Beim Kurzbesitz, der von vornherein auf vorübergehende Innehabung angelegt ist, wird vorgeschlagen, die Bestimmungen über die Besitzdienerschaft entsprechend anzuwenden. Danach hat der Kurzbesitzer zwar die Notrechte nach § 859 BGB, es stehen ihm aber keine Abwehransprüche nach §§ 861, 862 BGB zu, und die endgültige Aneignung ist verbotene Eigenmacht (§ 858 Abs. 1 BGB). Meist lassen sich die zum Kurzbesitz diskutierten Fälle einfach lösen, wenn man sich daran erinnert, dass bei der Frage, ob jemand die Gewalt über eine Sache ausübt, auch soziale Anschauungen eine Rolle spielen. Danach kann bei einer flüchtigen Beziehung zur Sache der Besitz zu verneinen sein, ohne dass man generell für die Besitzergreifung das Merkmal der Dauer fordern müsste.

Nach h.M. gehört zum Besitzerwerb die *Erkennbarkeit*.⁶ Dafür genüge jedes wahrnehmbare Verhalten, aus dem zu schließen ist, dass der Besitzer die Gewalt über die Sache für sich beansprucht. Erkennbarkeit wird deshalb verlangt, weil der Besitz als Publizitätsmittel gedeutet wird. Dahinter steckt die Vorstellung, der Wechsel des Eigentums werde durch die Besitzübertragung sichtbar gemacht. Ein Besitz, der unerkennbar erworben wird, könnte diese Funktion nicht erfüllen (zur Kritik am Publizitätsdogma → § 26 Rn. 13). Ein zusätzliches materiellrechtliches Kriterium der Erkennbarkeit der tatsächlichen Gewalt ist überflüssig, es handelt sich um eine Beweisfrage.⁷

c) Übertragungs- und Erwerbswille

Der Besitzerwerb setzt einen *Erwerbswillen* voraus. Bei rechtsgeschäftlichem Besitzerwerb (§ 854 Abs. 2 BGB) kommt es wie bei jedem Rechtsgeschäft auf den erklärten Willen an. Originärer Besitzerwerb und Besitzerwerb durch Übergabe setzen einen natürlichen Besitzwillen voraus. Das bedeutet, dass auf diesen Willen die Vorschriften über Rechtsgeschäfte keine Anwendung finden. Deshalb kann auch ein geschäftsunfähiges Kind Besitz begründen, sofern es nicht Besitzdiener des gesetzlichen Vertreters ist (§ 855 BGB, → § 3 Rn. 30); beim beschränkt Geschäftsfähigen kommt es nicht auf die Zustimmung der gesetzlichen Vertreter an. Außerdem sind die Vorschriften über die Stellvertretung (§§ 164 ff. BGB) und die Anfechtung von Willenserklärungen (§§ 119 ff. BGB) nicht anwendbar. Bei abgeleitetem und originärem Besitzerwerb begnügt sich die Rechtsprechung mit einem *generellen Willen*, hinter dem sich manchmal nichts anderes als ein mutmaßlicher Wille verbirgt. So wurde in BGHZ 101, 186⁸ darauf abgestellt, der Inhaber eines Lebensmittelgeschäfts habe den generellen Willen, einen von einem Kunden verlorenen Geldschein in Besitz zu nehmen. Dass der Inhaber die Interessen der Kunden wahren wolle, liege auf der

---

⁵ In Fällen des Geheißerwerbs kann die Dauer des Besitzes auf eine juristische Sekunde verkürzt sein oder es wird ganz auf den Besitz verzichtet; → § 27 Rn. 17.
⁶ Vgl. Grüneberg/*Herrler* § 854 Rn. 3.
⁷ MünchKommBGB/*Schäfer* § 854 Rn. 32.
⁸ Dazu *Ernst* JZ 1988, 360. Siehe auch BGHZ 8, 130 (Platzanweiserin); → § 29 Rn. 17.

Hand. Es sei sachgerecht und nachvollziehbar, dass der Ladeninhaber Sachen, die in seinen Geschäftsräumen verloren werden, nicht dem Zugriff Dritter preisgeben, sondern sie auch schon vor deren Entdeckung zur Sicherung der Rechte des Verlierers besitzen wolle. Diese Begründung ist zutreffend, weil sie an einen objektivierten Willen anknüpft. Der Besitzerwerbswille darf nicht als rein subjektive Befindlichkeit verstanden werden. Wer einen Briefkasten an seinem Haus anbringt, erwirbt Besitz an den eingeworfenen Briefen, auch wenn es Tage gibt, an denen er keine Post erhalten will.

9   Die Besitzübertragung durch Übergabe setzt voraus, dass der bisherige Besitzer in die Übertragung des Besitzes einwilligt. Diese Einwilligung hat nach h.M.[9] keinen rechtsgeschäftlichen Charakter. Das bedeutet, dass ihre Wirksamkeit nicht nach den Vorschriften über Willenserklärungen (§§ 104ff. BGB) zu beurteilen ist. Auch die Einwilligung eines Geschäftsunfähigen kann danach wirksam sein, wenn er die nötige Einsichtsfähigkeit in die Bedeutung der Besitzaufgabe hat.

Beispiel (nach BGH NJW 1988, 3260): A richtet bei einer Bank ein Sparkonto ein und unterwirft sich dabei auch für künftige Geschäftsbeziehungen den AGB der Banken. Darin ist bestimmt, dass die Bank an allen Wertgegenständen, die in ihren Besitz gelangen, ein Pfandrecht erwirbt. Jahre später gewährt die Bank A einen Kontokorrentkredit. Auf ihre Veranlassung übergibt A der Bank einige wertvolle Münzen. Zu diesem Zeitpunkt war A geisteskrank. Die Bank macht geltend, sie habe zur Sicherung des Kontokorrentkredits ein Pfandrecht an den Münzen erlangt. A beruft sich auf seine Geschäftsunfähigkeit. Der BGH ging davon aus, die Bank habe ein Pfandrecht erworben, obwohl A bei der Übergabe der Pfandgegenstände geschäftsunfähig gewesen sei. Die dingliche Einigung über die Verpfändung (§ 1205 BGB) sei antizipiert mit den AGB erklärt worden. Bei der späteren Übergabe sei kein rechtsgeschäftlicher Wille erforderlich gewesen, sondern ein natürlicher Wille, der bei dem geisteskranken A vorgelegen habe. Eine nähere Begründung, weshalb A die nötige Einsichtsfähigkeit hatte und worauf diese zu beziehen war, fehlt in dem Urteil. Die Entscheidung über die Verpfändung wurde im Zeitpunkt der Übergabe getroffen. Deshalb musste A die Tragweite dieser rechtlichen Konsequenz überschauen können und nicht nur verstehen, dass er eine Münze, die er aus der Hand gibt, nicht mehr in der Hand hat. Der Schutz des Geschäftsunfähigen ist nur gewährleistet, wenn man entgegen der h.M. einen rechtsgeschäftlichen Übergabewillen verlangt (s. auch → § 27 Rn. 12).

10 Ob die Einwilligung rechtsgeschäftlichen Charakter hat, ist auch für die Frage von Bedeutung, ob eine Sache abhanden gekommen ist (§ 935 Abs. 1 BGB). Konnte der Besitzer keine wirksame Einwilligung erklären, weil er nicht geschäftsfähig war, ist die Sache abhanden gekommen und ein gutgläubiger Erwerb scheidet aus. Die wohl überwiegende Meinung[10] lehnt eine Anwendung der Vorschriften über Rechtsgeschäfte ab und lässt auch hier einen natürlichen Willen genügen. Das wird der Bedeutung des Besitzes als Rechtsscheinstatbestand nicht gerecht (→ § 26 Rn. 15).

---

[9] Vgl. BGH NJW 1988, 3260, 3262; *Wieling/Finkenauer,* Sachenrecht, § 4 Rn. 13; *Wolff-Raiser* § 11 I; nach möglichen nachteiligen Rechtsfolgen differenzierend *Wilhelm* Rn. 471.

[10] Vgl. etwa MünchKommBGB/*Schäfer* § 854 Rn. 51ff.; Staudinger/C. *Heinze* § 935 Rn. 9; *Baur/Stürner* § 52 Rn. 42; anders OLG München NJW 1991, 2571.

Eine Übertragung des Besitzes durch Rechtsgeschäft[11] sieht § 854 Abs. 2 BGB vor. Danach genügt die Einigung, wenn der Erwerber in der Lage ist, die Gewalt über die Sache auszuüben. (Beispiel: Der Besitz an einem Holzstoß im Wald wird durch Einigung im Wirtshaus übertragen). Bei der Übergabe und beim Besitzerwerb nach § 854 Abs. 2 BGB handelt es sich um *derivativen* Erwerb, während die einseitige Besitzergreifung als *originärer* Erwerb bezeichnet wird.

3. Verlust des unmittelbaren Besitzes

Der unmittelbare Besitz wird nach § 856 Abs. 1 BGB dadurch beendet, dass der Besitzer die Gewalt über die Sache aufgibt oder in anderer Weise verliert. § 856 Abs. 2 BGB stellt klar, dass der Besitzbeendigungstatbestand noch nicht erfüllt ist, wenn der Besitzer vorübergehend gehindert ist, die Gewalt über die Sache auszuüben. Der Besitzverlust tritt auch dann ein, wenn die Gewalt über die Sache unfreiwillig verloren geht (Diebstahl). Der Unterschied zwischen freiwilligem und unfreiwilligem Besitzverlust spielt beim Eigentumserwerb vom Nichtberechtigten (§§ 932 ff. BGB) eine Rolle; er ist ausgeschlossen, wenn die Sache gestohlen oder sonst wie abhanden gekommen ist (§ 935 Abs. 1 BGB).

III. Mittelbarer Besitz

1. Kennzeichnung

Wenn der unmittelbare Besitzer sein wirkliches oder vermeintliches Recht zum Besitz von einer anderen Person ableitet, so ist auch diese Person Besitzer (§ 868 BGB). Man spricht von mittelbarem Besitz, weil der Besitz nicht auf der Sachherrschaft beruht, sondern auf dem Rechtsverhältnis, das zum unmittelbaren Besitzer (dem Besitzmittler) besteht. Voraussetzung ist ein Rechtsverhältnis, nach dem der unmittelbare Besitzer auf Zeit zum Besitz berechtigt ist. Dieses Rechtsverhältnis wird Besitzmittlungsverhältnis genannt. Als Beispiele sind in § 868 BGB Miete und Pacht aufgeführt sowie dingliche Rechtspositionen, die auf Zeit zum Besitz berechtigen, wie das Pfandrecht und der Nießbrauch. Wer seine Sache vermietet und sie dem Mieter übergibt, behält danach die Stellung eines Besitzers, selbst dann, wenn ihm der Zugriff auf die Sache verwehrt ist. Der Mieter wird unmittelbarer Besitzer, weil er die Sache innehat; der Vermieter ist mittelbarer Besitzer.

Der mittelbare Besitzer kann nach § 869 BGB die Besitzschutzansprüche geltend machen, er genießt als Eigenbesitzer die Eigentumsvermutung gemäß § 1006 Abs. 3 BGB und ist passiv legitimiert bei einer Herausgabeklage nach § 985 BGB (→ § 7 Rn. 33).

---

[11] H.M. vgl. Soergel/*Stadler* § 854 Rn. 21; a.M. *Wieling/Finkenauer*, Sachenrecht, § 4 Rn. 16.

2. Voraussetzungen des Erwerbs
a) Besitzmittlungsverhältnis

15 Die wichtigste Voraussetzung für den mittelbaren Besitz ist das *Besitzmittlungsverhältnis (Besitzkonstitut)*. Dafür kommt jedes Rechtsverhältnis in Betracht, durch das der unmittelbare Besitzer gegenüber dem mittelbaren Besitzer auf Zeit zum Besitz berechtigt ist. Wesentliches Merkmal ist ein Herausgabeanspruch des mittelbaren Besitzers gegenüber dem unmittelbaren Besitzer. Das Besitzmittlungsverhältnis kann auf dem Gesetz beruhen, wie bei der berechtigten Geschäftsführung ohne Auftrag,[12] auf Vertrag oder Hoheitsakt. Nach der Rechtsprechung ist auch die Ehe ein Besitzmittlungsverhältnis,[13] obwohl sie nicht auf Zeit geschlossen wird. Nicht erforderlich ist ein rechtlich wirksames Besitzmittlungsverhältnis, es genügt, wenn die Beteiligten ihrem Verhalten ein wirksames Rechtsverhältnis zugrunde legen.[14] Begründet wird dies mit dem Gesetz, das darauf abstellt, dass jemand *als* Nießbraucher usw. besitzt.[15] Deshalb wird mittelbarer Besitz begründet, wenn die Sache aufgrund eines nichtigen Mietvertrages übergeben wird. Ein Herausgabeanspruch muss aber nach h.M.[16] wirklich bestehen. Es genügt danach nicht, dass M den V für seinen Vermieter hält und meint, dieser könne die Sache bei Beendigung des Mietverhältnisses herausverlangen, während V weder ein Anspruch nach § 812 BGB noch nach § 985 BGB zusteht. Nicht entscheidend ist, wann der Herausgabeanspruch entsteht und ob die Herausgabepflicht gegenüber dem mittelbaren Besitzer besteht.

16 Die Vereinbarung zwischen mittelbarem und unmittelbarem Besitzer muss keinem gesetzlichen Vertragstyp entsprechen. So genügt bei der Sicherungsübereignung der im BGB nicht geregelte Sicherungsvertrag für die Annahme eines Besitzmittlungsverhältnisses. Nicht ausreichend für die Begründung des mittelbaren Besitzes ist aber ein nur „abstraktes" Besitzmittlungsverhältnis, es muss vielmehr ein *konkretes Besitzmittlungsverhältnis* vereinbart werden. Bei der Begründung eines abstrakten Besitzmittlungsverhältnisses fehlt die Zweckabrede. Es ist nicht erkennbar, weshalb der unmittelbare Besitzer die Sache in seiner Gewalt haben darf, wie bei der nichtssagenden Klausel, dass B für E besitzt. Dass man ein abstraktes Konstitut nicht ausreichen lässt, hängt damit zusammen, dass die Begründung eines Besitzkonstituts die Übergabe bei der

---
[12] RGZ 98, 131, 134 (Besitzbegründungwille des Geschäftsherrn nicht erforderlich).
[13] BGHZ 73, 257.
[14] Das ist im Grundsatz unstreitig, aber das RG nahm nicht bei jedem Unwirksamkeitsgrund ein ausreichendes Besitzmittlungsverhältnis an. Bei Geschäftsunfähigkeit und mangelnder Vertretungsmacht wurde die Begründung mittelbaren Besitzes verneint, vgl. RGZ 98, 131; ebenso Soergel/*Stadler* § 868 Rn. 7.
[15] Die sachliche Rechtfertigung in den Motiven, Bd. 3, S. 98f. ist ganz an der Übereignung nach § 930 BGB orientiert. Die Vereinbarung eines Besitzmittlungsverhältnisses, das die Übergabe ersetzt, wird als ein Indiz der Ernsthaftigkeit verstanden.
[16] BGHZ 10, 88; vgl. auch BGHZ 85, 265; *Baur/Stürner* § 7 Rn. 43; *Wilhelm* Rn. 493. A.A. *Wieling* AcP 184 (1984), 448.

Übereignung ersetzt. Nach § 930 BGB (→ § 27 Rn. 43) kann der bisherige Eigentümer Besitzer der Sache bleiben, wenn er mit dem Erwerber vereinbart, dass er die Sache als Mieter behalten will, sonst müsste die Sache zum Zwecke der Übereignung übergeben werden und der Erwerber hätte die Sache, die er an den bisherigen Eigentümer vermietet hat, sofort wieder zurückzugeben. Das Gesetz wollte durch § 930 BGB für solche Fälle eine Vereinfachung schaffen, aber nicht die Übergabe praktisch zur Disposition der Parteien stellen.[17]

Vom Herausgabeanspruch zu unterscheiden ist der Verschaffungsanspruch. Der Verkäufer hat nach § 433 Abs. 1 BGB die Pflicht, dem Käufer den Besitz an der Sache zu verschaffen. Da es sich hierbei um einen Verschaffungsanspruch handelt, entsteht kein Besitzmittlungsverhältnis und der Käufer wird nicht mit Abschluss des Kaufvertrags mittelbarer Besitzer der Kaufsache. Beim Kauf unter Eigentumsvorbehalt (→ § 32) wird für den *Verkäufer* nach Besitzübergabe an den Käufer mittelbarer Besitz begründet.[18] Der Verkäufer kann zurücktreten und die Sache herausverlangen, wenn der Käufer den Kaufpreis nicht bezahlt (§§ 449 Abs. 2, 346 Abs. 1 BGB). Dieser mögliche Herausgabeanspruch, der die Rücktrittserklärung des Verkäufers voraussetzt, ist für den mittelbaren Besitz ausreichend.

b) Weitere Voraussetzungen

Der mittelbare Besitz setzt voraus, dass der Besitzmittler, mit dem das Besitzmittlungsverhältnis vereinbart wurde, Besitz erlangt hat. Das Besitzmittlungsverhältnis kann schon vorher vereinbart werden (antizipiertes Besitzkonstitut), aber der mittelbare Besitz wird erst begründet, wenn der Besitzmittler unmittelbarer (oder mittelbarer) Besitzer wird. Der unmittelbare Besitzer muss die Sache aufgrund des Besitzmittlungsverhältnisses innehaben, sonst besitzt er nicht *als* Nießbraucher, Pfandgläubiger, Mieter usw. Meint der Besitzer beim Besitzerwerb, die Sache werde ihm zum Zwecke der Übereignung übergeben, wird kein mittelbarer Besitz begründet. Mittelbarer Besitz setzt danach stets voraus, dass ein anderer *Fremdbesitzer* ist. Für den Erwerb des mittelbaren Besitzes ist kein Besitzwille des mittelbaren Besitzers erforderlich.[19]

3. Verlust des mittelbaren Besitzes; Nebenbesitz

Der mittelbare Besitz entfällt, wenn eine für den Erwerb erforderliche Voraussetzung beseitigt wird. Da mittelbarer Besitz eine rechtliche Teilnahme an einer fremden Besitzposition ist, endet der mittelbare Besitz, wenn der unmittelbare Besitzer den Besitz verliert. Wird ein Mietverhältnis beendet, endet damit aber nicht schon der mittelbare Besitz. Das Mietverhältnis ist auch in seinem Ab-

---

[17] Die Übereignung könnte ohne Übergabe mit dem dürren Zusatz zur Einigung erfolgen, der bisherige Eigentümer besitze für den Erwerber.
[18] BGH NJW 1953, 1099; MünchKommBGB/*Schäfer* § 868 Rn. 58.
[19] Streitig; wie hier MünchKommBGB/*Schäfer* § 868 Rn. 21; *Wilhelm* Rn. 498.

wicklungsstadium Besitzmittlungsverhältnis. Nur wenn mit der Rückgabe der Mietsache der Herausgabeanspruch entfällt, endet der mittelbare Besitz des Vermieters. Ein weiterer Beendigungsgrund ist der nach außen dokumentierte Willensentschluss[20] des unmittelbaren Besitzers, das Besitzmittlungsverhältnis nicht mehr anzuerkennen und nicht mehr für den mittelbaren Besitzer zu besitzen, weil er einen anderen als Oberbesitzer anerkennt[21] oder für sich die Eigentümerstellung anmaßt,[22] beispielsweise durch Entfernen der Bibliothekssignatur eines entliehenen Buchs. Dabei ist nicht entscheidend, dass der mittelbare Besitzer davon Kenntnis erlangt.

20 Nach h.M. ist mit der Neubegründung eines Besitzmittlungsverhältnisses durch den unmittelbaren Besitzer die Beendigung des bisherigen mittelbaren Besitzes verbunden.[23] Dabei wird allerdings nicht immer klar unterschieden, ob die Beendigung des früheren Besitzmittlungsverhältnisses aus rechtlichen Gründen eintritt (weil es einen Rechtssatz gibt, wonach ein Besitzmittler nicht zwei gleichstufigen Oberbesitzern den Besitz mitteln könne) oder aus tatsächlichen Gründen (mit der Begründung des zweiten Besitzmittlungsverhältnis entfalle der Wille, den ersten Oberbesitzer weiterhin anzuerkennen). Die Lehre vom Nebenbesitz nimmt hingegen an, dass ein mittelbarer Besitzer den Besitz für zwei Oberbesitzer mitteln kann, die dann, weil nicht Mitbesitzer, gleichstufige Nebenbesitzer sind.[24] Übereignet etwa der Mieter die Mietsache zur Sicherheit an eine Bank, die ihm einen Kredit gewährt hat, bleibt sein erkennbarer Wille darauf gerichtet, die Pflichten aus dem bisherigen Mietverhältnis zu erfüllen, denn er rechnet damit, dass es zum Sicherungsfall nicht kommt, der zum Konflikt zwischen den beiden Besitzmittlungsverhältnissen führen würde. Die Lehre vom Nebenbesitz ist indes mit der Vorstellung von individueller Sachherrschaft unvereinbar. Das Gesetz kennt Mit- und Teilbesitz, nicht aber ein unabhängiges Nebeneinander zweier (mittelbarer) Besitzer. Insbesondere ist sie nicht tragfähig bei Besitzvorschriften, die einen Bezug zum Eigentum haben, wie die Eigentumsvermutung nach § 1006 Abs. 3 BGB und die Ersitzung nach § 937 BGB.[25] Für Besitzschutz ist der Nebenbesitz nicht erforderlich, da es stets mindestens einen Oberbesitzer gibt, der nach § 869 BGB klagen kann; überdies sollten nicht mehrere Oberbesitzer jeweils nach § 869 Satz 2 Halbsatz 2 BGB unmittelbare Besitzeinräumung an sich verlangen können.

---

[20] BGH NJW 1979, 2038.
[21] BGH NJW 2005, 364.
[22] RGZ 135, 75, 78; einschränkend BGHZ 9, 78: nur in den Fällen, in denen der mittelbare Besitz auf einem schuldrechtlichen oder dinglichen Vertragsverhältnis beruht, das von dem Willen der Beteiligten abhängig ist.
[23] Grundlegend RGZ 135, 75, 78; RGZ 138, 265, 267; *Baur/Stürner* § 7 Rn. 59; *Wilhelm* Rn. 508; *Picker* AcP 188 (1988), 511.
[24] Nebenbesitz wird anerkannt von *Wolff/Raiser* § 15 II 2 a a.E.; bis zur 3. Auflage auch in diesem Lehrbuch.
[25] *Wilhelm* Rn. 508.

Zum Nebenbesitz bei einer Übereignung an einen Gutgläubigen nach §§ 931, 934 BGB → § 27 Rn. 56; zur Besitzlage bei der Sicherungsübereignung eines Anwartschaftsrechts → § 31 Rn. 13.

4. Gestufter mittelbarer Besitz

§ 871 BGB erkennt mehrstufigen mittelbaren Besitz an. Voraussetzung sind mehrere Besitzmittlungsverhältnisse hintereinander („Besitzreihe", „Besitzkette", „Besitzleiter"[26]). Erforderlich dafür ist, dass ein mittelbarer Besitzer seinerseits die Sache aufgrund eines Besitzmittlungsverhältnisses besitzt. Es besteht mittelbarer Besitz höherer Stufe. Bei der Untervermietung ist der Untermieter unmittelbarer Fremdbesitzer, der Mieter mittelbarer Fremdbesitzer erster Stufe und der vermietende Eigentümer nach § 871 BGB mittelbarer Eigenbesitzer zweiter Stufe. Veräußert der Eigentümer die untervermietete Sache nach §§ 929, 930 BGB durch Vereinbarung eines weiteren Besitzmittlungsverhältnisses mit dem Erwerber, wird dieser mittelbarer Besitzer dritter Stufe. Ein Besitzer kann mehrfach in der Besitzreihe erscheinen. Der Vollstreckungsschuldner einer vom Gerichtsvollzieher für den Gläubiger gepfändeten Sache ist, wenn die Sache in seinem Gewahrsam verbleibt (§ 808 Abs. 2 ZPO), unmittelbarer Fremdbesitzer und mittelbarer Eigenbesitzer zugleich.[27] Ebenso der Insolvenzschuldner, wenn der Insolvenzverwalter ihm eine Sache aus der Insolvenzmasse leiht.[28] Bestehen die Besitzmittlungsverhältnisse nicht hintereinander, sondern nebeneinander, → § 3 Rn. 20.

21

5. Übertragung des mittelbaren Besitzes

Der mittelbare Besitz kann nach § 870 BGB dadurch auf einen anderen übertragen werden, dass diesem der Herausgabeanspruch, der das Besitzmittlungsverhältnis konstituiert (→ § 3 Rn. 15), abgetreten wird. Die Abtretung erfolgt nach § 398 BGB durch schlichte Einigung. Nach überwiegender Meinung handelt es sich bei der Voraussetzung des § 870 BGB nicht um einen Vollzugsakt, der neben die Einigung über die Besitzübertragung tritt. Mittelbarer Besitz wird allein durch die Abtretung des Herausgabeanspruchs übertragen (anders bei der Eigentumsübertragung gemäß §§ 929, 931 BGB). Der Besitzübergang ist gesetzliche Folge der Abtretung. Der Besitzmittler ist in den Vorgang der Übertragung mittelbaren Besitzes nicht einbezogen,[29] insbesondere muss ihm keine Kenntnis von der Abtretung verschafft werden.[30] Bestand kein Herausgabeanspruch, so

22

---

[26] *Wolff/Raiser* § 8 II, S. 35.
[27] Jauernig/Berger/*Kern* § 18 Rn. 27.
[28] Grüneberg/*Herrler* § 871, Rn. 1.
[29] Anders noch § 804 des ersten Entwurfs zum BGB, wonach eine Anweisung an den Besitzer erforderlich war, die tatsächliche Gewalt fortan für den Besitzerwerber auszuüben („Besitzanweisung"); der Empfänger der Anweisung („Inhaber" der Sache) konnte der Anweisung widersprechen.
[30] BGH NJW 2018, 1471, Rn. 34.

geht die Übertragung ins Leere, weil der Zedent nicht mittelbarer Besitzer war. Wurde zwischen unmittelbarem und mittelbarem Besitzer vereinbart, dass die Abtretung des Herausgabeanspruchs ausgeschlossen ist (§ 399 Fall 2 BGB), scheidet nach h.M. auch eine Übertragung des mittelbaren Besitzes aus.

IV. Eigen- und Fremdbesitz

23 Wer eine Sache als ihm gehörend besitzt, ist Eigenbesitzer (§ 872 BGB). Ob er wirklich Eigentümer ist, spielt keine Rolle; auch ein Dieb kann Eigenbesitzer sein. Fremdbesitzer ist derjenige, der aufgrund eines abgeleiteten Rechts eine in seinen Augen fremde Sache besitzt, beispielsweise der Mieter oder Pächter. Beim gestuften mittelbaren Besitz können Eigenbesitz und Fremdbesitz in einer Person zusammenfallen (→ § 3 Rn. 21). Fremdbesitz wandelt sich in Eigenbesitz, wenn der bisherige Fremdbesitzer eine Eigentümerstellung für sich beansprucht, beispielsweise der Mieter eine Sache unterschlägt. Ein bloßer Gesinnungswandel genügt dafür nicht; es muss nach außen erkennbar werden, dass der Besitzer die Sache nunmehr als ihm gehörig besitzt, beispielsweise wenn der Mieter die Mietsache zur Veräußerung anbietet.

24 Die Unterscheidung zwischen Eigen- und Fremdbesitz ist vor allem bei den Übereignungstatbeständen (§§ 929ff. BGB) und bei der Eigentumsvermutung nach § 1006 BGB von Bedeutung. Die Besitzverschaffung ist nur dann Übergabe im Sinne des § 929 BGB, wenn der Erwerber Eigenbesitz erwirbt. Auch die Eigentumsvermutung des § 1006 BGB gilt nur für Eigenbesitzer.

V. Mitbesitz

25 Während beim Teilbesitz (§ 865 BGB, → § 2 Rn. 6) jeder Besitzer einen Teil der Sache für sich beherrscht, wie bei einem Wohnhaus, in dem jeder Mieter Alleinbesitz an seiner Wohnung hat, besitzen Mitbesitzer (§ 866 BGB) die Sache gemeinschaftlich. Man unterscheidet *gesamthänderischen* (qualifizierten oder kollektiven) und *einfachen* (solidarischen) Mitbesitz. Beim kollektiven Mitbesitz können die Besitzer die Gewalt über die Sache nur gemeinschaftlich ausüben. Kollektiver Mitbesitz besteht z.B., wenn der Zugang zur in einem Tresor verwahrten Sache unterschiedliche Schlüssel voraussetzt, von denen jeder Mitbesitzer einen in der Hand hält. Die Einräumung kollektiven (gesamthänderischen) Mitbesitzes ist nach § 1206 BGB bei der Bestellung eines Pfandrechts Ersatz der Übergabe. Der kollektive Mitbesitz darf nicht mit dem Besitz einer Gesamthandsgemeinschaft verwechselt werden. Nutzen die Gesamthänder (z.B. eine Erbengemeinschaft) die Sache gemeinschaftlich, kann je nach tatsächlicher Ausgestaltung des Mitbesitzes kollektiver oder schlichter Mitbesitz vorliegen. Bei der GbR führt der Besitz durch ihr Organ zum Besitz der Gesellschaft (→ § 3 Rn. 26). Beim schlichten Mitbesitz haben mehrere Personen die Sachherrschaft, ohne dass sie bei der Ausübung zusammenwirken müssen. Wenn eine Wohnung von zwei Personen ohne Aufteilung und Zuordnung der Räume be-

wohnt wird, besteht schlichter Mitbesitz.[31] Im Mitbesitz der Mitbewohner einer Wohngemeinschaft steht auch die Küche, während an den einzelnen Zimmern Teilbesitz besteht. Zum Besitzschutz bei Mitbesitz → § 4 Rn. 2.

VI. Besitz juristischer Personen und Gesellschaften

Juristische Personen, nichtrechtsfähige Vereine und Personengesellschaften des Handelsrechts (OHG, KG) handeln durch ihre Organe. Das Handeln der Organe wird der juristischen Person zugerechnet. Deshalb begründet die Innehabung durch ein Organ rechtlich Besitz der juristischen Person (Organbesitz).[32] Die Person, welche die Organstellung innehat, ist weder Besitzer noch Besitzdiener. Dennoch kann sie für die juristische Person Selbsthilferechte nach § 859 BGB ausüben, weil man ihr Handeln als Handeln der juristischen Person begreift. Die GbR ist nach der Lehre von der Teilrechtsfähigkeit, der sich der BGH für die Außengesellschaft[33] angeschlossen hat, und ab dem Jahre 2024 auf der Grundlage der Neuregelung des Rechts der GbR als rechtsfähige Gesellschaft (§ 705 Abs. 2 Fall 1 BGB in der Fassung des MoPeG) Besitzerin.[34] Bei der Erbengemeinschaft sind die Erben und nicht die Gemeinschaft Besitzer, weil diese nicht rechtsfähig ist.[35] Gleiches gilt für die eheliche Gütergemeinschaft. Zum Insolvenzverwalter → § 3 Rn. 28 a.E.

26

VII. Erbenbesitz und Besitz bei Gesamtrechtsnachfolge

Der Besitz geht nach § 857 BGB auf den Erben über. Dies gilt auch dann, wenn der Erbe die tatsächliche Gewalt über die Sache nicht erwirbt. Auch auf den Willen des Erben kommt es nicht an. Vererbt wird die Besitzlage, die beim Erblasser bestand. War der Erblasser Fremdbesitzer, wird der Erbe ebenfalls Fremdbesitzer. Die Vorschrift des § 857 BGB hat große Bedeutung für den Erwerb vom Nichtberechtigten. Nimmt ein Nichterbe eine zum Nachlass gehörige Sache an sich und veräußert er sie, wird der Erwerber nicht Eigentümer, weil die Sache dem Erben, der mit dem Erbfall unmittelbarer Besitzer wurde, abhanden gekommen ist (§ 935 Abs. 1 BGB; → § 27 Rn. 58). Nur wenn dem vermeintlichen Erben ein Erbschein erteilt worden war, ist seine Verfügung kraft des öffentlichen Glaubens des Erbscheins wirksam (§ 2366 BGB); § 857 BGB steht nicht entgegen.

27

---

[31] Sind die Mitbesitzer Eheleute, kommt es nicht auf den Güterstand an.
[32] Vgl. BGHZ 57, 167. Diese Betrachtungsweise entspricht der Organtheorie; dazu *Brehm* AT Rn. 665.
[33] BGHZ 146, 341; zur Abgrenzung von gewöhnlichen Gesellschaften *K. Schmidt* NJW 2003, 1897, 1903.
[34] MünchKommBGB/*Schäfer* § 718 Rn. 35ff.; *K. Schmidt* Gesellschaftsrecht § 60 II 3.
[35] Vgl. BGH NJW 2002, 3389; *Ulmer* AcP 198 (1998), 113; anders *Grunewald* AcP 197 (1997), 305.

Vom Besitz des Erben ist der *Erbschaftsbesitz* zu unterscheiden. Der Erbschaftsbesitzer wird in § 2018 BGB als eine Person definiert, die aufgrund eines in Wirklichkeit nicht bestehenden Erbrechts etwas aus der Erbschaft erlangt hat. Der Erbschaftsanspruch nach § 2018 BGB verbessert die Rechtsstellung des Erbschaftsbesitzers gegenüber den Ansprüchen des Erben aus §§ 812ff. BGB und §§ 987ff. BGB. Andererseits erstreckt § 2019 BGB den Anspruch auf Surrogate. Verfügt der Erbschaftsbesitzer (als Nichtberechtigter) über Nachlassgegenstände, tritt die Gegenleistung mit dinglicher Wirkung an die Stelle des ursprünglichen Nachlassgegenstands. Anders als der Besitz nach § 854 BGB bezieht sich der Erbschaftsbesitz auf alle Vermögensrechte, nicht nur auf Sachen.

28 § 857 BGB gilt entsprechend in anderen Fällen der Gesamtrechtsnachfolge, z.B. bei einer Verschmelzung von Aktiengesellschaften nach dem Umwandlungsgesetz. Dagegen erlangt der Insolvenzverwalter nicht schon mit Eröffnung des Verfahrens Besitz; es ist vielmehr eine Besitzergreifung erforderlich (§ 148 Abs. 1 InsO). Ist sie erfolgt, besitzt der Verwalter für die Insolvenzmasse (§ 80 Abs. 1 InsO).

VIII. Besitzdiener

29 Die Innehabung einer Sache im Rahmen eines Weisungsverhältnisses begründet bei dem Weisungsunterworfenen keinen Besitz. Er ist vielmehr Besitzdiener. Nach § 855 BGB ist *nur* der Besitzherr Besitzer. Als Weisungsverhältnisse nennt das Gesetz beispielhaft die Besitzausübung eines Gehilfen im Haushalt oder im Erwerbsgeschäft. Man verlangt ein nach außen erkennbares soziales Abhängigkeitsverhältnis, das dem Besitzherrn faktisch die Möglichkeit gibt, seinen Willen hinsichtlich der Sache gegenüber dem Besitzdiener durchzusetzen.[36]

30 § 855 BGB ist eine Zurechnungsnorm. Erwerb der Gewalt über eine Sache durch den Besitzdiener begründet unmittelbaren Besitz des Besitzherrn. Das Handeln des Besitzdieners erzeugt unmittelbare besitzrechtliche Wirkungen und ist mit dem Handeln des auf rechtsgeschäftlicher Ebene tätigen Stellvertreters (§ 164 BGB) vergleichbar.[37] Die Rechtsfolgen des Handelns werden auf den Besitzherrn verlagert. Dennoch darf die Besitzdienerschaft nicht mit der Stellvertretung gleichgesetzt werden. Beim Besitzdiener kommt es zu einer Rechtsfolgenverlagerung, weil die Hilfsperson einen bestimmten Status innehat, während die Stellvertretung rechtsgeschäftlich oder gesetzlich begründete Vertretungsmacht voraussetzt. Der Besitzdiener als solcher ist nicht vertretungsberechtigt.

31 Die Besitzdienerschaft ist nicht das einzige funktionale Äquivalent zur Stellvertretung im Besitzrecht. Die Übergabe an eine Hilfsperson des Erwerbers be-

---

[36] BGH NJW 2014, 1524, Rn. 10ff.; BGH NJW 2020, 3711, Rn. 22 (das Weisungsrecht müsse dem Rechtsverhältnis zwischen Besitzer und Besitzdiener „sein Gepräge" geben, weshalb der Kaufinteressent bei einer Probefahrt nicht Besitzdiener ist).

[37] Zum Besitzerwerb durch Stellvertreter *Ernst*, Eigenbesitz und Mobiliarerwerb, 1992, S. 157ff., der sich mit der h.M. kritisch auseinandersetzt.

gründet Besitz des Prinzipals nicht nur, wenn die Hilfsperson Besitzdiener ist, sondern auch bei Vorliegen eines Besitzmittlungsverhältnisses zwischen der Hilfsperson und dem Erwerber. Die Übergabe an den Besitzmittler begründet mittelbaren Eigenbesitz der Person, welcher der Besitz vermittelt wird.

Beispiel: Eine Sache, die der Eigentümer E derzeit im unmittelbaren Besitz hat, vermietet K an M. E kann an den Vermieter K nach § 929 Satz 1 BGB dadurch übereignen, dass er sich mit K über die Übereignung einigt und die Sache unmittelbar dem Mieter M aushändigt. M wird unmittelbarer Fremdbesitzer und K mittelbarer Eigenbesitzer (→ § 27 Rn. 16). – Ist M Arbeitnehmer des K, ist die Übereignung gemäß § 929 Satz 1 BGB ebenfalls wirksam, weil K nach § 855 BGB Besitz erlangt (→ § 27, Rn. 15).

Der Besitz des Besitzherrn endet, wenn der Besitzdiener die Gewalt über die Sache verliert oder aufgibt. Eine nach außen erkennbare Willensänderung genügt für den Besitzverlust nicht, solange sich die Sache im Organisationsbereich des Besitzherrn befindet. Eignet sich der Besitzdiener die Sache eigenmächtig an, so liegt darin ein unfreiwilliger Besitzverlust des Besitzherrn (verbotene Eigenmacht, § 858 BGB). Ein Erwerb vom Nichtberechtigten scheidet aus, weil die Sache abhanden gekommen ist (§ 935 BGB; → § 27, Rn. 58).[38]

Da der Besitzdiener nicht Besitzer ist, stehen ihm die Besitzschutzansprüche nicht zu; er darf aber das Selbsthilferecht ausüben (§ 860 BGB).

---

[38] Das ist nicht unstreitig, a.M. Staudinger/*C. Heinze* § 935 Rn. 14. Dazu eingehend *K.Schmidt*, in: Rechtsgeschichte und Rechtsdogmatik, 1999, S. 579 ff; *Witt* AcP 201 (2001), 165.

§ 4 Besitzschutz

Literatur: *v. Bressensdorf*, Das private „Hausrecht", 2020; *Canaris*, Die Verdinglichung obligatorischer Rechte, Festschr. Flume, Band 1, 1975, S. 371, 398 (zu § 1007 BGB); *Dedek*, Der Besitzschutz im römischen, deutschen und französischen Recht – gesellschaftliche Gründe dogmatischen Wandels, ZEuP 1997, 342; *Fabricius*, Zur Dogmatik des „sonstigen Rechts" gemäß § 823 Abs. 1 BGB, AcP 160 (1960), 273; *Hager*, Das Erlöschen des possessorischen Anspruchs aufgrund des petitorischen Titels, KTS 1989, 515; *Klinkhammer*, Der Besitz als Gegenstand des Bereicherungsanspruchs, 1997; *Kuschel*, Digitale Eigenmacht, AcP 220 (2020), 98; *Medicus*, Besitzschutz durch Ansprüche auf Schadensersatz, AcP 165 (1965), 115; *Therese Müller*, Besitzschutz in Europa, 2010; *Schünemann*, Selbsthilfe im Rechtssystem, 1985; *Schmitt*, Das private Hausrecht in den Schranken von Vertrag und Verfassung – Überlegungen zur Grenzziehung anlässlich des Thermalbad-Urteils des BGH, ZfPW 2021, 414; *Stamm*, Die Rückführung der verbotenen Eigenmacht und der Selbsthilfe in das Gefüge des Bürgerlichen Gesetzbuchs, Festschr. Vieweg, 2021, S. 603; *Strobel*, Digitaler Fernzugriff und verbotene Eigenmacht, NJW 2022, 2361; *Wacke*, Besitzschutz und Selbsthilfeverbot im deutschen und italienischen Recht – Grenzen des Kumulationsverbots von possessorium und petitorium, Festschr. Jayme, 2004, S. 1607; *Wieling*, Grund und Umfang des Besitzschutzes, Festgabe für Ulrich v. Lübtow, 1980, S. 565; *ders.*, Voraussetzungen, Übertragung und Schutz des mittelbaren Besitzes, AcP 184 (1984), 439; *Wieser*, Zum Schadensersatzanspruch des mittelbaren Besitzers, NJW 1971, 597.

Studium: *Amend*, Aktuelles und historisches zur richterlichen Anerkennung des possessorischen Besitzschutzes, JuS 2001, 124; *Honsell*, Schadensersatz nach verbotener Besitzentziehung, JuS 1983, 531; *Lopau*, Der Rechtsschutz des Besitzers, JuS 1980, 501; *Lorenz*, Privates Abschleppen – Besitzschutz oder „Abzocke"?, NJW 2009, 1025; *Lorenz*, Grundwissen – Zivilrecht: Besitzschutz, JuS 2013, 776; *Omlor/Gies*, Der Besitz und sein Schutz im System des BGB, JuS 2013, 12; *Schreiber*, Possessorischer und petitorischer Besitzschutz, Jura 1993, 440; *Smid*, Die Beziehung von possessorium und petitorium im Verfahren für einstweiligen Rechtsschutz, JuS 1982, 982; *Zeising*, Petitorische Durchbrechung possessorischen Rechtsschutzes, Jura 2010, 248.

Fallbearbeitung: *Bärnreuther/Dittrich*, Klausur: Einen Porsche verleiht man nicht, JA 2021, 189; *Müller/Schmitt*, Klausur: Streit um die Baumaschine, JA 2019, 887; *Omlor/Gies*, Klausurkonstellationen zum Besitzschutzrecht, JuS 2013, 1065; *Saenger/Gustorff*, Klausur: Begehrtes Wohnmobil, JA 2021, 356; *Schmid/Rottmann*, Fortgeschrittenenhausarbeit – Zivilrecht: Besitzschutz bei Fernzugriff auf vernetzte Güter, JuS 2020, 849.

I. Verbotene Eigenmacht

1 Der Besitz ist in besonderer Weise geschützt. Neben Selbsthilferechten (§ 859 BGB) gibt das Gesetz dem Besitzer einen Herausgabeanspruch (§ 861 BGB) sowie Beseitigungs- und Unterlassungsansprüche (§ 862 BGB). Voraussetzung für alle Rechte des Besitzers ist verbotene Eigenmacht. Verbotene Eigenmacht liegt nach § 858 Abs. 1 BGB vor, wenn dem unmittelbaren Besitzer ohne dessen Willen der Besitz *entzogen* oder er im Besitz *gestört* wird. Wer verbotene Eigenmacht

übt, handelt widerrechtlich, sofern nicht das Handeln ausnahmsweise vom Gesetz gestattet ist. Schutzgegenstand der Normen des Besitzschutzes ist nur der unmittelbare Besitz. Dem mittelbaren Besitzer stehen zwar Besitzschutzansprüche zu (§ 869 BGB), aber nicht wegen Verletzung seines mittelbaren Besitzes; Voraussetzung der Ansprüche des mittelbaren Besitzers ist eine verbotene Eigenmacht gegenüber dem unmittelbaren Besitzer. Verbotene Eigenmacht kann auch vom mittelbaren Besitzer gegenüber dem Besitzmittler geübt werden, beispielsweise wenn der Vermieter dem Mieter die Mietsache wegnimmt. Verbotene Eigenmacht setzt kein Verschulden voraus. Deshalb sind die Besitzrechte auch dann begründet, wenn der Störer schuldunfähig ist oder wenn er sich im Irrtum befand.

Besitzentziehung setzt ganzen oder teilweisen Verlust der Sachherrschaft voraus. Sie liegt auch vor, wenn der Vermieter nach Ablauf des Mietverhältnisses die Türschlösser austauscht oder gar den Abbruch des Gebäudes anordnet.[1] Eine *Besitzstörung* liegt beispielsweise bei Lärmbeeinträchtigungen, beeinträchtigender Lichtwerbung oder Rauchen auf dem Nachbarbalkon[2] vor. Parken auf einem fremden Grundstück ist hinsichtlich der Abstellfläche Besitzentziehung und kann hinsichtlich des Restgrundstücks Besitzstörung sein.[3] Das „Zuparken" einer Grundstückseinfahrt ist Besitzstörung hinsichtlich des Grundstücks. Eine Besitzstörung setzt eine Einwirkung auf die tatsächliche Sachherrschaft des Besitzers voraus. Die Unterbrechung von Versorgungsleistungen (Heizung, Strom) durch einen Vermieter mit dem Ziel, den Mieter zum Verlassen der Wohnung zu zwingen („Ausfrieren"), ist keine Störung des Besitzes des Mieters, da diese nicht Bestandteil der tatsächlichen Sachherrschaft sind;[4] der Mieter wird nicht rechtlos gestellt, da er seinen Versorgungsanspruch durch einstweilige Leistungsverfügung[5] (§§ 935, 938 ZPO) sichern kann. Psychische Einwirkungen auf den Besitzer genügen nicht.[6] Hindert jemand den Besitzer durch Bestreiten oder Drohungen an der Ausübung seiner Sachherrschaft, mag darin eine Nötigung liegen, aber keine Störung seines Besitzes.[7] Auch eine Klage gegen den Besitzer stellt keine verbotene Eigenmacht dar.[8]

---

[1] BGH WM 1971, 944.
[2] BGH NJW 2015, 2023.
[3] BGH NJW 2009, 2530, Rn. 13 lässt offen, ob Besitzentziehung oder -störung; zur Selbsthilfe bei verbotswidrigem Parken → § 4 Rn. 7.
[4] BGH NJW 2009, 1949, Rn. 24 ff.; die Gewährleistung von Versorgungsleistungen ergebe sich rein vertragsrechtlich.
[5] Die trotz des Verbots der Vorwegnahme der Hauptsache in diesen Fällen ohne weiteres statthaft ist, Stein/Jonas/*Bruns* Vor § 935 Rn. 50.
[6] A.A. MünchKommBGB/*Schäfer* § 858 Rn. 5; die in Fn. 38 herangezogene Entscheidung OLG Düsseldorf NZM 2007, 582f. eignet sich nicht als Beleg, da sich die vom OLG angestellten Überlegungen auf das „Interesse" des Besitzers nach § 905 Satz 2 BGB bezogen, nicht durch Überschwenken eines Kranauslegers beeinträchtigt zu sein.
[7] A.A. RG JW 1908, 274 und die dazu bis zur 3. Auflage vertretene Meinung. Vgl. auch RG JW 1931, 2905f.: Störung des „ruhigen Besitzes".
[8] Dazu BGHZ 20, 169; das ist für die Anhänger der Friedenstheorie (→ § 4 Rn. 14) zwingend, weil die Klageerhebung das Gewaltmonopol gerade nicht in Frage stellt.

Ungeklärt ist die für den Besitzschutz „digitaler Sachen" grundlegende Frage der Reichweite eines Verbots „digitaler Eigenmacht".[9] Es geht dabei um den unkörperlichen Zugriff auf digital „vernetzte" Sachen, um deren Funktionsfähigkeit einzuschränken oder aufzuheben, ohne dass sie in der Substanz dem Besitzer entzogen wird. Beispiele sind die automatische Stilllegung eines Pkws im Besitz des Leasingnehmers, wenn er Leasingraten nicht mehr bezahlt, die Unterbrechung von Mobilfunkleistungen bei Zahlungsverzug und die Sperrung der Wiederauflademöglichkeit einer gemieteten Autobatterie bei außerordentlicher Vertragsbeendigung.[10] Hier unterscheidet man danach, ob die Sperren nur zum Unterlassen zusätzlicher Leistungen führen, die im Wege des Besitzschutzes nicht erzwungen werden können, oder aber die objektive Funktion beeinträchtigen.[11] Stärker den Besitzschutz betont hingegen die Auffassung, wonach Störungen „von innen" nicht zu verbotener Eigenmacht führen, weil die Sachherrschaft von vornherein mit einer späteren Selbstsperrung der Sache behaftet sei.[12] Die Ergebnisse sind teilweise kaum konsistent: Bei Leasingwagen soll die Aktivierung einer Wegfahrsperre Besitzschutzansprüche auslösen, beim Car-Sharing hingegen keine verbotene Eigenmacht darstellen.[13] Diese Differenzierungen werden dem Charakter des Besitzschutzes nicht gerecht. Verbotene Eigenmacht ist unabhängig davon zu bestimmen, ob der Störer in einem Vertragsverhältnis zum Besitzer steht und durch Sperren bestehende oder vermeintliche Zurückbehaltungsrechte ausübt. Vertragsverhältnisse und daraus abgeleitete mögliche Rechtfertigungen spielen beim Besitzschutz nach § 863 BGB keine Rolle. Eine Leitlinie bildet § 866 BGB: Derjenige, der die Nutzung von Ferne digital kontrolliert und steuert, hat eine einem Mitbesitzer der vernetzten Sache vergleichbare Stellung, ähnlich wie wenn zwei Personen Schlüssel zu einer Sache haben.[14] Gegen Besitzstörungen, die von Mitbesitzern ausgehen, entfällt nach § 866 BGB der Besitzschutz, es sei denn, der Mitbesitz wird vollständig entzogen. Bei automatischen Sperren oder Beschränkungen verbleibt dem Besitzer keine oder nur eine begrenzte Nutzungsmöglichkeit, wohl aber die vor der Sperre bestehende tatsächliche Sachherrschaft. Digitale Eigenmacht ist insofern keine verbotene Eigenmacht. Eine andere Frage ist, ob digitale Eigenmacht vertragsrechtlich zulässig ist. Damit rückt die AGB-Kontrolle in den Mittelpunkt.

3   Die Besitzentziehung muss nach dem Gesetzeswortlaut *ohne Willen* des Besitzers erfolgen. Dabei ist nicht allein auf einen inneren nicht erkennbaren Willen abzustellen, sondern auf den manifestierten Willen. Ohne den Willen des Besitzers ist der Besitz entzogen, wenn weder ausdrücklich noch konkludent das Einverständnis zu dem Besitzentzug erklärt wurde.[15] Ob die Einverständniserklärung Geschäftsfähigkeit voraussetzt, ist streitig. Die h.M. geht davon aus, bei § 858 BGB genüge ein natürlicher Wille, auf den die Vorschriften über Willens-

---

[9] So der Titel des Beitrags von *Kuschel* AcP 220 (2020), 98.
[10] OLG Düsseldorf ZIP 2021, 2541 (dazu Anm. *Paulus* EWiR 2021, 752).
[11] *Kuschel* AcP 220 (2020), 98, 124.
[12] *Fries* NJW 2019, 901, 905.
[13] *A. Wilhelm* WM 2020, 1807, 1812, weil Leasingwagen in die „persönliche Lebensführung" integriert seien.
[14] Vgl. dazu das Beispiel bei *Baur/Stürner* § 7 Rn. 77: Mitbesitz, wenn A und B gemeinsam einen Pkw in der Weise besitzen, dass einer den Wagen-, der andere den Garagenschlüssel hat.
[15] Die Beweislast für die Einwilligung trägt im Besitzschutzprozess der Beklagte, vgl. *Rosenberg*, Beweislast, 5. Aufl. 1981, S. 196.

§ 4 Besitzschutz

erklärungen nicht anwendbar sind.¹⁶ Dem ist zuzustimmen, da auch sonstige Einwilligungen in Rechtsgutverletzungen nicht den Bestimmungen über Rechtsgeschäften unterworfen sind; zum rechtsgeschäftlichen Charakter der Einwilligung bei der Übergabe → § 3 Rn. 9. Das Einverständnis zur Besitzentziehung kann schon vorab erklärt werden, es ist aber jederzeit widerruflich. Eine Einverständniserklärung wirkt bis zum Widerruf fort. Ein Sinneswandel, der verborgen geblieben ist, bleibt unbeachtlich.¹⁷

Ein die verbotene Eigenmacht rechtfertigender Grund liegt nach § 858 Abs. 1 BGB nur vor, wenn ein Gesetz Entziehung oder Störung gestattet. Dabei ist zu beachten: Ein Rechtfertigungsgrund muss dem Handelnden gerade das Recht verleihen, sich über den Willen des unmittelbaren Besitzers eigenmächtig hinwegzusetzen; ein Anspruch oder ein Recht zum Besitz genügen dafür nicht. Daher begeht der Mieter eines Fahrrads verbotene Eigenmacht, wenn er dem Vermieter nach Vertragsschluss und Vorauszahlung des Mietzinses das Fahrrad ohne dessen Einverständnis wegnimmt. Selbst ein rechtskräftiger Herausgabetitel rechtfertigt keine eigenmächtige Besitzentziehung. Eine Handlungsgestattung ergibt sich hingegen aus § 562b BGB, wonach der Vermieter auch ohne gerichtliche Hilfe die Entfernung von Sachen, an denen er ein Vermieterpfandrecht hat, verhindern darf. Eine rechtmäßige Besitzentziehung liegt z.B. auch vor, wenn der Gerichtsvollzieher dem Schuldner eine Sache wegnimmt (§ 808 Abs. 1 ZPO).

4

Keine verbotene Eigenmacht begehen Eltern, die ihrem Kleinkind eine Sache wegnehmen, weil die elterliche Sorge (§§ 1626 ff. BGB), die früher anschaulicher „elterliche Gewalt" genannt wurde, die Befugnis umfasst, die Sache wegzunehmen. Soweit dieses Recht besteht, liegt die Sachherrschaft bei den Eltern. Das Kind hat die Stellung eines Besitzdieners. Anders ist die Rechtsstellung des Insolvenzverwalters und anderer Vermögensverwalter zu beurteilen. Sie haben zwar ein Recht, die ihrer Verwaltung unterliegenden Sachen in Besitz zu nehmen (§ 148 Abs. 1 InsO), aber es handelt sich dabei nicht um ein Gewaltrecht. Verweigert der Gemeinschuldner die Herausgabe, muss die Hilfe des Gerichtsvollziehers in Anspruch genommen werden. Vollstreckungstitel ist der Insolvenzeröffnungsbeschluss (§ 148 Abs. 2 InsO).

II. Der fehlerhafte Besitz

Nach § 858 Abs. 2 Satz 1 BGB ist der durch verbotene Eigenmacht erlangte Besitz fehlerhaft. Die Besitzstörung führt nicht zu fehlerhaftem Besitz. Die Fehlerhaftigkeit ist eine unvollständige Rechtsfolge, eine Rechtslage, ähnlich wie der Besitz als Rechtslage (→ § 2 Rn. 8). Konkrete Rechtsfolgen, die an die Fehlerhaftigkeit des Besitzes anknüpfen, enthalten die §§ 859 Abs. 4, 861 Abs. 1 BGB. Der technische Begriff der Fehlerhaftigkeit soll nicht nur das Gesetz

5

---

¹⁶ MünchKommBGB/*Schäfer* § 858 Rn. 7 m.w.N.; *Wilhelm* Rn. 561 verlangt beschränkte Geschäftsfähigkeit.
¹⁷ Auf die Fortdauer des Willens und nicht auf den Widerruf der Einwilligung stellt hingegen BGH NJW 1977, 1818 ab.

übersichtlicher gestalten, der Makel der verbotenen Eigenmacht wird zum Merkmal des Besitzrechtsverhältnisses, dessen Identität bei Besitznachfolge erhalten bleibt (zur Kontinuitätsvorstellung → § 2 Rn. 9). Der Nachfolger im Besitz muss die Fehlerhaftigkeit gegen sich gelten lassen, wenn er Erbe ist oder wenn er die Fehlerhaftigkeit des Besitzes seines Vorgängers bei dem Erwerb kennt (§ 858 Abs. 2 Satz 2 BGB). Eine Einzelnachfolge in den Besitz nimmt die h.M. nicht nur bei einer Übergabe an (derivativer Besitzerwerb), sondern bei jedem Übergang der Sachherrschaft.

6   Die Fehlerhaftigkeit des Besitzes ist relativ zwischen Täter (einschließlich dessen Besitznachfolger, § 858 Abs. 2 Satz 2 BGB) und vormaligem Besitzer. Das ergibt sich aus §§ 861 Abs. 2, 862 Abs. 2 BGB, die darauf abstellen, *wem gegenüber* der Besitz fehlerhaft ist. Deshalb ist der Besitz des Diebes nur gegenüber dem Bestohlenen und nicht gegenüber Dritten fehlerhaft. Das bedeutet, dass sich ein Dritter nicht auf die Fehlerhaftigkeit des Besitzes des Diebes berufen kann. Nimmt A dem B eine Sache wieder weg, die zuvor B dem A weggenommen hatte, kann B gemäß § 861 Abs. 2 BGB nicht Wiedereinräumung nach § 861 Abs. 1 BGB verlangen, da B zuvor seinerseits gegen A verbotene Eigenmacht begangen hatte; nimmt C die Sache B weg, steht B der Anspruch aus § 861 Abs. 1 BGB zu. Das Selbsthilferecht (§ 859 BGB) ist auch für den fehlerhaften Besitzer nicht ausgeschlossen.[18]

III. Selbsthilferecht des Besitzers

7   Das Gesetz gibt dem Besitzer, gegen den verbotene Eigenmacht verübt wurde, das Recht zur *Besitzwehr* (§ 859 Abs. 1 BGB) und zur *Besitzkehr* (§ 859 Abs. 2 und 3 BGB). *Besitzwehr* ist ein besonderer Fall der Notwehr (§ 227 Abs. 1 BGB). Es gelten die Grenzen des § 227 Abs. 2 BGB; die Verteidigung muss erforderlich sein, um den gegenwärtigen Angriff abzuwehren. Das Recht zur *Besitzkehr* geht über das Recht zur Notwehr hinaus. Die Besitzkehr ist ein Sonderfall der Selbsthilfe (§ 229 BGB), aber die besondere Voraussetzung des § 229 BGB, dass obrigkeitliche Hilfe nicht rechtzeitig zu erlangen ist oder die Vereitelung oder Erschwerung des Anspruchs droht, ist bei der Besitzkehr nicht zu prüfen.[19] Eine bewegliche Sache darf der Besitzer, der Opfer einer verbotenen Eigenmacht geworden ist, dem auf frischer Tat betroffenen oder verfolgten Täter mit Gewalt wieder abnehmen (§ 859 Abs. 2 BGB; „Wiederbemächtigungsrecht"). Wird dem Besitzer eines Grundstücks der Besitz durch verbotene Eigenmacht entzogen, so darf er sich *sofort* nach der Entziehung durch Entsetzung des Täters des Besitzes wieder bemächtigen. „Sofort" bedeutet nicht nur unverzüglich, sondern so schnell wie objektiv möglich; auf Kenntnis oder Verschulden kommt es nicht an. Diese zeitliche Grenze ist wichtig, weil sonst die

---

[18] MünchKommBGB/*Schäfer* § 859 Rn. 3.
[19] *Löwisch/Rieble* NJW 1994, 2596.

Besitzschutzvorschriften entgegen ihrem Zweck zu einer Störung des Rechtsfriedens führen.

Recht großzügig verfährt allerdings die Praxis beim Parken auf fremdem Grundstück. Grundsätzlich liegt darin eine teilweise Besitzentziehung hinsichtlich der in Anspruch genommenen Grundstücksfläche und möglicherweise eine Besitzstörung hinsichtlich der Restfläche.[20] Entfernt der Besitzer des Parkplatzes den Pkw des Falschparkers (er lässt ihn abschleppen), ist der Eigentumseingriff nach § 859 Abs. 3 BGB nur gerechtfertigt, wenn die Besitzkehr „sofort" erfolgt. Nach der Rechtsprechung sind vier Stunden noch „sofort"; der Motor müsse nicht mehr warm sein.[21]

Das Selbsthilferecht nach § 859 BGB wird, soweit es um Grundstücke und Gebäude geht, als „Hausrecht" bezeichnet.[22] Zuweilen wird das Hausrecht als subjektives Schutzrecht der Gebrauchsnutzung gedeutet.[23] Auf §§ 903, 1004 BGB lässt sich das Hausrecht nicht stützen;[24] vermietet der Eigentümer sein Grundstück, bestimmt der besitzende Mieter, wer es betreten darf. Die Befugnis, anderen den Zutritt zu einem Grundstück zu gewähren oder zu verweigern, bemisst sich privatrechtlich eigentums- und besitzrechtlich.[25] Die dogmatische Überhöhung des umgangssprachlichen Begriffs Hausrecht, den das BGB nicht kennt, ist daher überflüssig. Auch „Hausverbot" ist kein privatrechtlicher Begriff. Die Erklärung eines Hausverbots ist die Aufforderung des Besitzers, der Adressat möge ein Grundstück oder Gebäude nicht betreten oder verlassen; hatte der Besitzer zuvor durch Eröffnung eines Geschäfts oder einer Einkaufspassage Kunden das Betreten (konkludent) gestattet, liegt in dem „Hausverbot" zugleich der Widerruf der Gestattung[26] (→ § 7 Rn. 10 f.).

Besitzkehr kann der von der verbotenen Eigenmacht Betroffene nicht nur gegenüber dem Täter, sondern auch gegenüber dem Erben oder bösgläubigen Besitzerwerber als Rechtsnachfolger (§§ 859 Abs. 4, 858 Abs. 2 Satz 2 BGB) üben. Berechtigt zur Ausübung der Notrechte ist auch der Besitzdiener, der selbst nicht Besitzer ist (§ 860 BGB). Da der Besitzherr „Besitzer" ist (§ 855 BGB), kann der Besitzdiener aber keine Gewalt gegen den Besitzherrn ausüben. Auch ein Selbsthilferecht des mittelbaren Besitzers zum Schutze des unmittelbaren Besitzers erkennt der Wortlaut des § 869 Satz 1 BGB nicht an, da er nicht auf § 859 BGB verweist. Gleichwohl soll der mittelbare Besitzer nach h.M. selbst-

8

---

[20] BGH NJW 2009, 2530, Rn. 13 lässt offen (und behandelt auch bereicherungsrechtliche Fragen der Rückforderung der bezahlten Abschleppkosten); BGH NJW 2016, 2407 (für Abschleppkosten Aufwendungsersatzanspruch nach GoA).
[21] LG Frankfurt/M. NJW 1984, 183; nach *Baur/Stürner* § 9 Rn. 15 könne promptes Abschleppen ohne auch nur kürzeres Zuwarten missbräuchliche Besitzkehr sein.
[22] BGH NJW 2006, 377, Rn. 16, 25 (als Grundlage der Sportberichterstattung); BGH NJW 2006, 1054, Rn. 7 (Verweisung aus Flughafen); *Wilhelm* Rn. 514 (aber in Bezug zum Hauseigentümer gesetzt).
[23] *Schulze* JZ 2015, 381; dagegen zutr. *Baldus* JZ 2016, 449.
[24] So aber MünchKommBGB/*Brückner* § 903 Rn. 53.
[25] Bei der Durchsetzung des „Hausrechts" wird dies deutlich, die sich ganz in den Bahnen des Eigentum- und Besitzschutzes bewegt, dazu *v. Bressensdorf*, S. 251 ff.
[26] *Baur/Stürner* § 9 Rn. 14; nach BGH NJW 1994, 188, 189 (Verweigerung der „Taschenkontrolle") ist die Gestattung nicht frei widerruflich.

hilfeberechtigt sein und sich nicht nur auf die allgemeinen Rechte nach §§ 227, 229 BGB berufen können.[27]

IV. Besitzschutzansprüche

1. Die Ansprüche

9   Der Besitzer, dem der Besitz durch verbotene Eigenmacht entzogen wurde, kann Wiedereinräumung von demjenigen verlangen, der ihm gegenüber fehlerhaft besitzt (§ 861 Abs. 1 BGB). Bei anderen Störungen steht dem Besitzer ein Beseitigungs- und Unterlassungsanspruch zu (§ 862 Abs. 1 BGB). Anspruchsinhaber ist der bisherige unmittelbare oder mittelbare Besitzer (§ 869 Satz 1 BGB), nicht dagegen der Besitzdiener. Gibt der Besitzer mit fehlerhaftem Besitz den Besitz auf, muss der Anspruch gegen den Besitznachfolger geltend gemacht werden. Tritt die Besitznachfolge aber während des Prozesses ein, wird der Prozess nach § 265 Abs. 2 Satz 1 ZPO fortgesetzt, und der (analog § 325 Abs. 2 ZPO i.V.m. § 858 Abs. 2 Satz 2 BGB: bösgläubige) Nachfolger muss das Urteil gegen sich gelten lassen (§ 325 Abs. 1 ZPO). Anspruchsgegner kann auch ein mittelbarer Besitzer sein. Hat der Dieb die Sache vermietet und dem Mieter ausgehändigt, erlischt der Besitzschutzanspruch gegen den Dieb nicht. Der bisherige Besitzer kann Herausgabe des mittelbaren Besitzes (§ 870 BGB) verlangen. Da ein Urteil, das auf Herausgabe lautet, taugliche Grundlage für eine Vollstreckung gegen den mittelbaren Besitzer ist (vgl. § 886 ZPO), kann im Prozess ein Herausgabeanspruch geltend gemacht werden, es muss nicht Klage auf Abtretung des Anspruchs gegen den mittelbaren Besitzer erhoben werden. Eine Abtretung des Anspruchs wegen Besitzentziehung nach § 861 BGB ist wirksam; für Ansprüche wegen Störung des Besitzes gilt dies nur, wenn der Besitz auf den Zessionar übertragen wird.[28]

10 Die Besitzschutzansprüche sind ausgeschlossen, wenn der Besitz des Klägers gegenüber dem Beklagten fehlerhaft war und seit der verbotenen Eigenmacht, durch die der fehlerhafte Besitz begründet wurde, noch kein Jahr verstrichen ist (§§ 861 Abs. 2, 862 Abs. 2 BGB). Von dieser Regelung erfasst sind vor allem Fälle wechselseitiger verbotener Eigenmacht (→ § 4 Rn. 6). Hat der Kläger selbst innerhalb eines Jahres vor der Besitzerlangung des Beklagten fehlerhaften Besitz erlangt, kann er sich nicht auf den fehlerhaften Besitz des Beklagten berufen. Für die Besitzschutzklage gibt es eine Klagefrist. Der Anspruch erlischt, wenn die Klage nicht mit Ablauf eines Jahres nach Verübung der verbotenen Eigenmacht erhoben wird (§ 864 Abs. 1 BGB). Zum Erlöschen des Anspruchs bei rechtskräftiger Feststellung des Besitzrechts → § 4 Rn. 11 a.E.

---

[27] *Wolff/Raiser* § 20 I 2; *Baur/Stürner* § 9 Rn. 23; a.A. RGZ 146, 182, 190; Münch-Komm BGB/*Schäfer* § 869 Rn. 7 (unter Hinweis auf die Gefahr einer Verfehlung der Befriedungsfunktion).
[28] BGH NJW 2008, 501.

2. Einwendungsausschluss nach § 863 BGB

Macht ein Eigentümer einen Herausgabeanspruch nach § 985 BGB geltend, kann der Besitzer nach § 986 Abs. 1 Satz 1 BGB einwenden, er sei zum Besitz berechtigt. Deshalb ist eine Klage des Vermieters gegen den Mieter auf Herausgabe der Mietsache während der Mietzeit erfolglos. Ganz anders bei Besitzschutzansprüchen: Der Beklagte kann kein Recht zum Besitz oder zur Vornahme der störenden Handlung geltend machen (§ 863 BGB). Nimmt der Mieter nach Abschluss des Mietvertrags dem Vermieter das Fahrrad weg (→ § 4 Rn. 2) und klagt der Vermieter nach § 861 BGB auf Wiedereinräumung des Besitzes, kann sich der Mieter nicht auf sein Besitzrecht aus dem Mietvertrag berufen und wird zur Herausgabe verurteilt. Deshalb scheidet nach § 866 BGB auch gegenüber Mitbesitzern der Besitzschutz aus, soweit es um die Grenzen geht; möglich ist nur Schutz gegen Besitzentziehung.[29] Weil nur der Besitz – und nicht ein „Recht" dazu – erheblich ist, werden die Besitzschutzansprüche *possessorisch* genannt; sie stehen im Gegensatz zu den *petitorischen* Ansprüchen (→ § 4 Rn. 19ff.), bei denen ein Recht zum Besitz zu prüfen ist.

An § 863 BGB wird deutlich, dass die Besitzschutzansprüche keine Zuweisungsfunktion haben; sie sind Grundlage für eine rasche Entscheidung des Gerichts, die nur vorläufigen Charakter hat. Wäre die Rechtslage immer klar, könnte sofort entschieden werden, wer rechtmäßiger Besitzer ist, also auch der Mietvertrag berücksichtigt werden. Ein Recht zum Besitz ist vom Beklagten schnell behauptet, lässt sich oft aber nur in einem zeitraubenden Verfahren feststellen. Damit der Richter in kurzer Zeit entscheiden kann, klammert § 863 BGB Einwendungen aus einem Besitzrecht aus.[30] Es handelt sich um Kognitionsschranken, die es auch in anderen Verfahren gibt.[31] Da im Besitzschutzprozess nicht die gesamte Rechtslage geprüft wird, muss aber sichergestellt werden, dass das Urteil nur vorläufige Wirkung hat. Das Gesetz ordnet deshalb an, dass die Besitzschutzansprüche erlöschen, wenn nach der verbotenen Eigenmacht ein rechtskräftiges Urteil über das Besitzrecht des Täters ergeht (§ 864 Abs. 2 BGB). Hat der frühere Besitzer einen Herausgabetitel erworben, muss der Besitzberechtigte das Erlöschen des Besitzschutzanspruchs nach § 864 Abs. 2 BGB mit der Vollstreckungsgegenklage nach § 767 ZPO geltend machen.

Ein Recht wird ausnahmsweise auch nach § 863 BGB geprüft, soweit davon der Tatbestand der verbotenen Eigenmacht abhängt. Wie oben gesehen (→ § 4 Rn. 4), entfällt verbotene Eigenmacht, wenn das Gesetz die Handlung gestattet. Nimmt der Vermieter seinem Pfandrecht unterliegende Sachen des auszugswilligen Mieters an sich, ist eine Klage des Mieters nach § 861 Abs. 1 BGB unbegründet, da sich der beklagte Vermieter im Besitzschutzpro-

---

[29] BeckOGK BGB/*Götz* § 866 Rn. 47f.
[30] Vgl. BGHZ 53, 166, 169: „Die gerichtliche Durchsetzung der Besitzschutzansprüche soll deshalb nicht dadurch verzögert werden können, dass zunächst über ein vom Beklagten geltend gemachtes Recht zum Besitz oder zur Besitzstörung verhandelt und in einem möglicherweise langwierigen Verfahren Beweis erhoben wird …".
[31] Z.B. wenn die Frage, ob eine Aufrechnung wirksam war, zunächst ausgeklammert und über die Klageforderung durch Vorbehaltsurteil entschieden wird (§ 302 Abs. 1 ZPO).

zess auf § 562b BGB berufen kann. § 863 BGB steht nicht entgegen, da § 562b BGB nicht nur einen Anspruch einräumt, sondern verbotene Eigenmacht ausschließt.

3. „Besitzschutztheorien": Schutzzweck possessorischer Ansprüche

13   Dass selbst der Eigentümer gegenüber dem unrechtmäßigen Besitzer im Besitzschutzprozess nicht mit der Behauptung gehört wird, die Sache gehöre ihm, als Eigentümer sei er zum Besitz berechtigt, ist erklärungsbedürftig. Man versteht den Einwendungsausschluss des § 863 BGB nur, wenn man sich die Funktion der Besitzschutzansprüche vor Augen hält. Die Ansprüche setzen verbotene Eigenmacht voraus. Wer die Besitzverhältnisse ändern will, weil er meint, er habe ein Recht zum Besitz, darf nicht auf eigene Faust vollstrecken, sondern hat sich der gerichtlichen Verfahren zu bedienen. Gewalt anwenden darf allein der Staat (vgl. § 758 Abs. 3 ZPO). Derjenige, der das für ein Staatswesen grundlegende Gewaltmonopol des Staates missachtet und die Besitzlage eigenmächtig ändert, soll einem Restitutionsanspruch ausgesetzt sein und sich dabei nicht auf ein vermeintliches Recht zur Besitzverletzung berufen können. Es wird zunächst die bisherige Besitzlage wiederhergestellt und erst im Rechtsstreit um das Besitzrecht wird geklärt, wer die Sache endgültig bekommen soll. Die Besitzschutzansprüche sind die Fortsetzung des Notwehr- und Selbsthilferechts und dienen dem *Rechtsfrieden*. Anreize, eigenmächtig den *status quo* der Besitzverhältnisse zu ändern, entfallen, wenn nicht einmal das Eigentum dies rechtfertigt.

14   Der Friedenstheorie, nach der Besitzschutzansprüche das Faustrecht verhindern sollen, setzte *Heck*[32] die *Kontinuitätstheorie* entgegen. Danach ist Besitzschutz Interessenschutz: Für den Besitzer hat die Innehabung einer Sache einen Organisationswert; er stellt sich darauf ein, dass er die Sache zur Verfügung hat. *Heck* schreibt anschaulich: „Der Staatsbürger, der in warmen Kleidern auf der Straße steht, würde in die peinlichste Verlegenheit geraten, wenn er auf einmal stante pede sich seiner ganzen Kleidung entledigen müßte." *Heck* verbindet mit dem Besitz einen rudimentären Zuweisungsgehalt. Das ist aber nicht der Zweck der Besitzschutzvorschriften (→ § 4 Rn. 12). Dass niemand von dem gekleideten Staatsbürger verlangt, sich augenblicklich seiner Kleidung zu entledigen, hängt damit zusammen, dass auch die Rechtsdurchsetzung gewissen Schranken unterworfen ist (vgl. § 765a ZPO). Selbst bei der Vollstreckung eines Herausgabetitels, der aufgrund des besseren Rechts des Vollstreckungsgläubigers erging, würde der Gerichtsvollzieher den Schuldner nicht auf offener Straße entkleiden.

15   *Wilhelm*[33] geht im Anschluss an *v. Savigny* davon aus, Besitzschutz habe die Autonomie der Person zum Gegenstand. Das ist ein Aspekt, der erklären mag,

---
[32] *Heck*, Grundriß, § 3, 7.
[33] Rn. 446. Die Persönlichkeitstheorie wurde auch vertreten von *Puchta*, Pandekten 9. Aufl., 1863, § 122; *Windscheid/Kipp*, Lehrbuch des Pandektenrechts, Bd. 1, 9. Aufl., 1900, § 148.

weshalb das staatliche Gewaltmonopol durch privatrechtliche Ansprüche abgesichert wird und verbotene Eigenmacht nicht als rein polizeirechtliches Problem verstanden werden darf. Zu beachten ist aber, dass *Wilhelm* verbotene Eigenmacht nicht mit Persönlichkeitsverletzung gleichsetzt und auch seiner Deutung nach nur die Verletzung der Person erheblich ist, bei der auch das staatliche Gewaltmonopol verletzt wird. Ohne diese Beschränkung versteht *Wieling* den Besitzschutz: „Die Verletzung des Besitzes ist somit Verletzung des Persönlichkeitsrechts, nicht die Verletzung eines Sachenrechts."[34] In dieser Zuspitzung verkennt die Persönlichkeitstheorie, dass im Grunde in jeder Rechtsverletzung zugleich die Verletzung der Persönlichkeit des Rechtsinhabers liegen kann. Dagegen spricht auch, dass Rechte, die signifikant persönlichkeitsrechtlich geprägt sind, wie beispielsweise das Urheberrecht,[35] Schutzansprüche nicht kennen, die (wie nach § 863 BGB) mit dem Ausschluss eines „Rechts zur Störung" einhergehen.

4. Prozessuale Fragen

Der Beklagte kann im Besitzprozess sein Besitzrecht zwar nicht als Einwendung geltend machen (§ 863 BGB; → § 4 Rn. 11), wohl aber mit einer Widerklage. Nach Ansicht des BGH ist die Besitzklage abzuweisen, wenn beide Klagen gleichzeitig zur Entscheidung reif sind und der Widerklage stattzugeben ist.[36] Zu beachten ist aber, dass nach der Rechtsprechung der Erlass eines Teilurteils über die Besitzschutzklage, die oft vor der Widerklage zur Entscheidungsreife gelangt, nicht wie sonst (§ 301 Abs. 2 ZPO) im Ermessen des Gerichts steht.[37] Andernfalls würde der Besitzschutzanspruch entgegen dem Sinn des § 863 BGB prozessualen Zweckmäßigkeitsüberlegungen geopfert. Gegen die Rechtsprechung, wonach der Besitzschutzanspruch schon bei einer erfolgreichen Widerklage, die zur Entscheidung reif ist, zu verneinen ist, bestehen erhebliche Bedenken, weil § 864 Abs. 2 BGB ein formell rechtskräftiges Urteil voraussetzt;[38] ein vorläufig vollstreckbares Urteil oder eine einstweilige Verfügung genügen nicht.[39] Das bedeutet, dass Besitzschutzansprüche bestehen, bis die Entscheidung über das Besitzrecht unanfechtbar geworden ist.

---

[34] *Wieling*, Festschr. v. Lübtow, 1980, S. 569.
[35] Das Urheberrecht schützt den Urheber in seinen geistigen und persönlichen Beziehungen zum Werk (§ 11 Satz 1 UrhG); Entstehungsvoraussetzung des Urheberrechts ist eine persönliche geistige Schöpfung (§ 2 Abs. 2 UrhG).
[36] BGHZ 53, 166, 169; BGHZ 73, 358; *Amend* JuS 2001, 128. Ähnlich für den Fall, dass eine possessorische Klage als Widerklage gegen eine petitorische Klage erhoben wird, BGH NJW 1999, 425, 427 (bei letztinstanzlicher Entscheidung).
[37] So ausdrücklich BGHZ 53, 169.
[38] *Baur/Stürner* § 9 Rn. 18.
[39] Anders z.B. *Wieling/Finkenauer*, Sachenrecht, § 5 Rn. 21; *Hagen* JuS 1972, 124; BGHZ 73, 358 hat die Frage offengelassen.

Die Einwendungsbeschränkung nach § 863 BGB gilt auch, wenn der gestörte Besitzer seine Besitzschutzansprüche im Wege einer einstweiligen Verfügung sichert.[40] Die auf rasche Wiederherstellung gerichteten Besitzschutzansprüche dürfen gerade im einstweiligen Rechtsschutz, in dem es besonders auf raschen Rechtsschutz ankommt, nicht durch Einwendungen unterlaufen werden.

17 Steht dem Kläger neben dem possessorischen ein petitorischer Anspruch (→ § 4 Rn. 19ff.) z.B. aus § 985 BGB zu, sind wegen der Kognitionsschranken im Besitzschutzprozess (→ § 4 Rn. 11) mehrere Streitgegenstände anzunehmen.[41] Sonst könnte der Richter kein Teilurteil über den Besitzschutzanspruch erlassen, wozu er bei Entscheidungsreife über den Besitzschutzanspruch verpflichtet ist (§ 301 ZPO). Der Erlass eines Teilurteils ist daher geboten, wenn der Kläger auch ein Recht zum Besitz (z.B. Eigentum) behauptet. Voraussetzung ist freilich, dass der Kläger (auch) einen Besitzschutzanspruch überhaupt geltend macht. Das Gericht hat nicht bei jeder Herausgabeklage nach § 985 BGB vorab durch Teilurteil über den Anspruch nach § 861 BGB zu entscheiden, wenn Anhaltspunkte für eine verbotene Eigenmacht vorliegen. Zur Klage nach § 767 ZPO bei Erlöschen des Besitzschutzanspruchs → § 4 Rn. 11.

V. Verfolgungsrecht

18 Ist eine Sache aus der Gewalt des Besitzers auf ein fremdes Grundstück gelangt, so muss ihm der Grundstücksbesitzer nach § 867 BGB die Wegschaffung gestatten, sofern die Sache nicht zwischenzeitlich in Besitz genommen wurde. Der Besitzer des Grundstücks kann Ersatz des Schadens verlangen, der ihm durch die Aufsuchung und Wegschaffung entsteht. Ist ein Schaden zu besorgen, kann der Grundstücksbesitzer die Gestattung der Abholung verweigern, bis ihm Sicherheit geleistet wird. Praktische Bedeutung hat diese Regelung kaum erlangt.

VI. Petitorische Ansprüche des Besitzers

19 Petitorische Ansprüche zeichnen sich dadurch aus, dass der Anspruchssteller – im Gegensatz zu possessorischen Ansprüchen (→ § 4 Rn. 9ff.) – ein dingliches oder obligatorisches Besitzrecht geltend macht.

1. Dingliche Ansprüche

20 Wird der Eigentümer im Besitz gestört oder wird ihm der Besitz entzogen, bestehen Ansprüche nach §§ 985, 1004 BGB (→ § 7 Rn. 5ff.). Dem früheren Besitzer stehen die Ansprüche nach § 1007 BGB zu (→ § 4 Rn. 24).

---

[40] A.A. *Lehmann-Richter* NJW 2003, 1717.
[41] Soergel/*Stadler* § 861 Rn. 2; BeckOK BGB/*Fritzsche* § 861 Rn. 13; anders die wohl h.M. MünchKommBGB/*Schäfer* § 861 Rn. 14.

2. Bereicherungsrechtliche Ansprüche

Der Besitz kann Gegenstand einer Leistung sein. Übereignet jemand eine Sache nach § 929 BGB in Erfüllung eines Übereignungsanspruchs, hat der Empfänger das Erlangte nach § 812 Abs. 1 Satz 1 Fall 1 BGB herauszugeben, wenn sich herausstellt, dass der Anspruch nicht bestand. Zu dem Erlangten gehört nicht nur das Eigentum, sondern auch der Besitz. Von Bedeutung ist dies, wenn auch die Übereignung fehlschlug. Dann richtet sich der Anspruch nicht auf Rückübereignung, sondern ausschließlich auf Herausgabe der Sache. Ist die Herausgabe unmöglich, trifft den Konditionsschuldner gegenüber dem Konditionsgläubiger, der nicht Eigentümer ist, keine Wertersatzpflicht nach § 818 Abs. 2 BGB.[42]

Dagegen gibt es keine Ansprüche aus Eingriffskondiktion nach § 812 Abs. 1 Satz 1 Fall 2 BGB, wenn nur der Besitz (im Gegensatz zu einem Besitzrecht) verletzt wurde.[43] Die Eingriffskondiktion setzt einen Eingriff entgegen dem Zuweisungsgehalt eines Rechtes voraus. Durch die Besitzschutznormen wird die Sache aber nicht zugewiesen (→ § 4 Rn. 12).

3. Deliktische Ansprüche

Ein Schadensersatzanspruch nach § 823 Abs. 1 BGB setzt die Verletzung eines Rechtsguts oder eines absoluten Rechts voraus. Der Besitz lässt sich zwar mit den Rechtsgütern vergleichen (→ § 2 Rn. 8), da er aber keinen Zuweisungsgehalt aufweist (→ § 4 Rn. 12), ist ein Schadensersatzanspruch wegen eines Vermögensschadens regelmäßig nicht begründet.[44] Auch bei der Wegnahme einer Sache ist ein Schadensersatzanspruch aus § 823 Abs. 1 BGB nicht gegeben. Nach h.M.[45] ist der Besitz nach § 823 Abs. 1 BGB nur geschützt, wenn der Besitzer ein Recht zum Besitz hat („berechtigter Besitz"). Es genügt nicht die bloße Innehabung; der Besitzer muss vielmehr aufgrund eines dinglichen oder obligatorischen Rechts zum Besitz berechtigt sein.

Die Einordnung des berechtigten Besitzes unter die sonstigen Rechte i.S.d. § 823 Abs. 1 BGB beruht auf einer Rechtsfortbildung, die zu Problemen führt, wenn der Schädiger einer Sache vom berechtigten Besitzer *und* vom Eigentümer in Anspruch genommen wird wie bei der Beschädigung eines Leasingfahrzeugs. Ansprüche des Besitzers sind durch sein Besitzrecht begrenzt; es kommt deshalb vor allem ein Nutzungsschaden in Betracht,[46] während der Substanzschaden (Reparaturkosten) dem Eigentümer zu ersetzen ist.[47]

---

[42] BGH NJW 2014, 1095, Rn. 12ff.
[43] Für grundsätzlichen Vorrang possessorischer und petitorischer Besitzschutzansprüche gegenüber Nichtleistungskondiktion *Wilhelm* Rn. 538.
[44] *Wilhelm* Rn. 539; nach *Baur/Stürner* § 9 Rn. 34 ist der Besitz ein „sonstiges Recht", wenn dem nichtberechtigten Besitzer die Nutzung durch Rechtsnormen zugewiesen ist (z.B. §§ 721, 765a ZPO).
[45] BGH NJW 2019, 1669, Rn. 13; Jauernig/*Teichmann* § 823 Rn. 16.
[46] Dazu *Medicus* AcP 165 (1965), 115ff.; abl. *Wilhelm* Rn. 542.
[47] Im Einzelnen ist die Frage sehr umstritten, vgl. BGH NJW 2019, 1669, Rn. 18f.

4. Ansprüche nach § 1007 BGB

24 Zwei weitere petitorische Besitzschutzansprüche für bewegliche Sachen regelt § 1007 BGB. Gemeinsames Merkmal ist, dass ein früherer Besitzer vom gegenwärtigen Besitzer Herausgabe der Sache verlangen kann. Nach § 1007 Abs. 1 BGB hat der bösgläubige Besitzer dem früheren Besitzer die Sache herauszugeben, es sei denn, dieser war ebenfalls bei Besitzerwerb bösgläubig (§ 1007 Abs. 3 Satz 1 Fall 1 BGB). Gemäß § 1007 Abs. 2 BGB kann der frühere Besitzer auch von einem gutgläubigen Besitzer Herausgabe verlangen, wenn ihm die Sache – Ausnahme: Geld und Inhaberpapiere – abhanden gekommen ist. Der Anspruch ist ausgeschlossen, wenn der Besitzer ein Recht zum Besitz hat (§§ 1007 Abs. 3 Satz 2, 986 BGB), etwa Eigentum erworben hat. Für Schadensersatz, Nutzungen und Verwendungen verweist § 1007 Abs. 3 Satz 2 BGB auf das Eigentümer-Besitzer-Verhältnis.

25 § 1007 BGB gewinnt nur in den seltenen Fällen Bedeutung, in denen der Besitzer nicht Eigentümer geworden ist und auch kein anderes dingliches oder obligatorisches Recht zum Besitz erlangt hat, aufgrund dessen er von einem anderen Herausgabe der Sache verlangen kann und auch verbotene Eigenmacht nicht vorliegt.

Beispiel (nach *Gursky*)[48]: E leiht sein Buch dem B, der es an C weiterverleiht. C veräußert das Buch an den *bösgläubigen* D. D ist nicht nach §§ 929, 932 BGB Eigentümer geworden. E kann daher das Buch von D nach § 985 BGB herausverlangen. Auch B hat ein Interesse, das Buch von D zurückzufordern, damit er E nicht schadensersatzpflichtig wird (§§ 604, 280 Abs. 1 und 3 BGB). Ein vertraglicher Anspruch steht B gegen D jedoch nicht zu, und auch ein besitzrechtlicher Herausgabeanspruch nach § 861 BGB ist nicht begründet, weil D keine verbotene Eigenmacht (§ 858 Abs. 1 BGB) begangen hat. Hier kann B als früherer Besitzer sein Herausgabebegehren auf § 1007 Abs. 1 BGB stützen.

Unterschlägt der bei B angestellte A das Buch und veräußert es an den *gutgläubigen* D, kann B nach § 1007 Abs. 2 BGB Herausgabe verlangen. Eigentum hat D wegen § 935 Abs. 1 Satz 2 BGB nicht erworben. Ein Anspruch nach § 861 BGB scheidet aus, weil D bei Besitzerlangung redlich war und deshalb die Fehlerhaftigkeit des Besitzes nicht gegen sich gelten lassen muss (§ 858 Abs. 2 Satz 2 Fall 2 BGB).

---

[48] *Westermann/Gursky/Eickmann* § 34 Rn. 1.

3. Kapitel: Eigentum und Eigentumsschutz

§ 5 Eigentum

Literatur: *Böhmer*, Grundfragen der verfassungsrechtlichen Gewährleistung des Eigentums in der Rechtsprechung des BVerfG, NJW 1988, 2561; *Canaris*, Die Verdinglichung obligatorischer Rechte, Festschr. Flume, Bd. 1, 1975, S. 371, 410 ff. (zur Treuhand); *Georgiades*, Eigentumsbegriff und Eigentumsverhältnis, Festschr. Sontis, 1977, S. 149; *Gotthold*, Zur ökonomischen „Theorie des Eigentums", ZHR 144 (1980), 545; *Korves*, Eigentumsunfähige Sachen?, 2014; *Lakkis*, Was summt in der Höhe, was brummt oder gluckert in der Tiefe?, Festschr. Schilken, 2015, S. 61; *Pawlowski*, Substanz- oder Funktionseigentum, AcP 165 (1965), 395; *Peter*, Wandlungen der Eigentumsordnungen und der Eigentumslehre seit dem 19. Jahrhundert, 1949; *Schwab*, in: Geschichtliche Grundbegriffe, Bd. 1 (1975), 65; *Sontis*, Strukturelle Betrachtungen zum Eigentumsbegriff, Festschr. Larenz, 1973, S. 981; *Stein, Erwin*, Zur Wandlung des Eigentumsbegriffs, Festschr. Gebhard Müller, 1970, S. 503; *Timm*, Eigentumsgarantie und Zeitablauf, 1977; *Wieacker*, Sachbegriff, Sacheinheit und Sachzuordnung, AcP 148 (1943/44), 57; *Wiegand*, in: Coing/Wilhelm (Hrsg.), Wissenschaft und Kodifikation des Privatrechts im 19. Jahrhundert, Bd. 3, 1979, S. 118; *ders.*, Festschr. Kroeschell, 1987, 632; *Zech*, Die „Befugnisse des Eigentümers" nach § 903 BGB – Rivalität als Kriterium für eine Begrenzung der Eigentumswirkungen, AcP 219 (2019), 488.

Studium: *Gernhuber*, Die fiduziarische Treuhand, JuS 1988, 355; *Olzen*, Die geschichtliche Entwicklung des Eigentumsbegriffs, JuS 1984, 328.

VII. Der Eigentumsbegriff des BGB

1. Eigentum als umfassendes Sachenrecht

Eigentum ist die *umfassende Berechtigung* an einer Sache. Es bedeutet, dass die verschiedenen Einzelbefugnisse (insbesondere das Recht zur Nutzung und zur Verfügung, → § 5 Rn. 5) ungeteilt und notwendig verbunden in der Hand des Eigentümers liegen. Ältere Gesetzestexte (preußisches ALR, österreichisches ABGB) enthalten noch die Figur des geteilten Eigentums, bei dem das Recht zur Nutzung und das Recht zur Verfügung über die Substanz der Sache verschiedenen Eigentümern zugewiesen sind. 1

Nach ALR I 8 § 16 lag geteiltes Eigentum vor, wenn die darunterfallenden Befugnisse verschiedenen Personen zustanden. Das Verfügungsrecht über die Substanz der Sache, die Proprietät (ALR I 8 § 10), stand dem Eigner (ALR I 8 § 19), dem Obereigentümer (ALR I 18 § 1) zu. Das Nutzungsrecht (ALR I 8 § 11) wurde dem nutzbaren Eigentümer zugewiesen (ALR I 18 § 4). Verfügungen des Obereigentümers über die Proprietät der Sachsubstanz waren nur mit Bewilligung des nutzbaren Eigentümers wirksam (ALR I 18 § 2). Umgekehrt waren Verfügungen über den Gebrauch der Sache nur so weit gültig, als dadurch Rechte des Obereigentümers nicht geschmälert wurden (ALR I 18 § 5). Diese abstrakte

Umschreibung des Ober- und Untereigentums wurde im Lehn, im Erbzinsgut und bei Familien-Fideicommissen konkretisiert.

2 Die Aufteilung des Eigentums in Ober- und Untereigentum entsprach den Rechtsverhältnissen, die im Zeitalter des Feudalismus entstanden waren. Während in Preußen Ober- und Untereigentum erst im Jahre 1850 aufgehoben wurde, verschwand das geteilte Eigentum in Frankreich bereits im Jahre 1796 mit der Abschaffung des Feudalsystems. Der franz. Code civil[1] enthält in Art. 544 schon den modernen Eigentumsbegriff: „La propriété est le droit de jouir et disposer des choses de la manière la plus absolue, pourvu qu'on n'en fasse pas un usage prohibé par les lois ou par les règlements".[2] In Deutschland setzte sich der moderne Eigentumsbegriff in der ersten Hälfte des 19. Jahrhunderts durch.[3] Die Pandektisten erhoben den umfassenden Eigentumsbegriff zum juristischen Axiom: Wenn das Eigentum die umfassende Herrschaft über eine Sache gewährt, kann es neben dem Eigentumsrecht kein gleiches oder höheres Recht geben.[4] Für die Verfasser des BGB war dieser Satz der Rechtswissenschaft schon so selbstverständlich, dass seine Aufnahme in das Gesetz für entbehrlich erachtet wurde.[5] Die Regelung des Eigentums beschränkt sich daher in § 903 BGB auf die Befugnisse des *einen* Eigentümers. Auch Miteigentum (§ 1008 BGB) erstreckt sich auf alle Befugnisse; Miteigentümer sind untereinander gleichgeordnet.

3 Der Inhalt des Eigentums als umfassende Berechtigung an einer Sache steht nicht zur Disposition des Eigentümers. Der Eigentümer kann nur die im Gesetz vorgesehenen beschränkten dinglichen Rechte an seiner Sache begründen, er kann aber nicht mit dinglicher Wirkung Teilbefugnisse *dauerhaft* zu einem Teileigentum verselbständigen. Der numerus clausus der Sachenrechte sichert im Interesse des Rechtsverkehrs die Formenklarheit und verhindert die Entstehung vielfältiger unübersichtlicher Berechtigungsformen an Sachen. § 137 Satz 1 BGB schließt es aus, dass die Verfügungsbefugnis vom Eigentum rechtsgeschäftlich abgespalten und damit unverfügbares Eigentum geschaffen wird.

Der Eigentumsbegriff, der den kontinentaleuropäischen Rechtsordnungen zugrunde liegt, hat sich im englischen Immobiliarsachenrecht nie ganz durchgesetzt. Das englische Recht kennt keine *ownership in land*, sondern nur Herrschaftsrechte (*estates*). Praktische Auswirkungen haben die begrifflichen Anklänge an das Lehensystem freilich nicht. Die *fee simple absolute in possessum* entspricht wirtschaftlich unserem Volleigentum an Grund und Boden.[6]

---

[1] In Kraft getreten im Jahre 1804.
[2] Dazu *v. Bar*, Gemeineuropäisches Sachenrecht I, Rn. 336: „revolutionärer Pomp".
[3] *Thibaut* versuchte im Jahre 1801 den Nachweis, dass das geteilte Eigentum auf ein Missverständnis der Quellen zurückzuführen sei (Versuche über einzelne Theile der Theorie des Rechts, Bd. 2, S. 71 ff.).
[4] *Puchta*, Lehrbuch der Pandekten, 1838, § 123.
[5] Motive Bd. 3, S. 263.
[6] Vgl. *v. Bar*, Gemeineuropäisches Sachenrecht I, Rn. 341.

§ 5 Eigentum

Eigentum ist aber nicht nur „subjektiv" stets ungeteilt, sondern auch hinsichtlich der durch es vermittelten einzelnen Befugnisse. Immaterialgüterrechte normieren einzelne Befugnisse des Inhabers: Nach §§ 15ff. hat der Urheber das ausschließliche Recht zur Vervielfältigung, Verbreitung und öffentlichen Wiedergabe des Werks, der Inhaber eines Patents hat die in § 9 PatG aufgeführten Befugnisse, beispielsweise darf er das patentgeschützte Erzeugnis herstellen, anbieten, in Verkehr bringen oder gebrauchen. § 903 Satz 1 BGB führt hingegen nicht einzelne Befugnisse des Eigentümers auf, sondern überlässt es seinem „Belieben", wie er mit seiner Sache umgehen möchte. Der Eigentümer kann die Sache ergreifen, betreten, nutzen, umgestalten, veräußern und belasten oder auch ungenutzt liegen lassen, preisgeben oder gar vernichten, ohne dass das Gesetz diese Eigentümerrechte ausdrücklich aufzählt. Eigentum ist nicht nur ein Rechtebündel. Im Rahmen einer freiheitlichen Verfassungsordnung ist es auch nicht notwendig, die zivilrechtlichen Befugnisse des Eigentümers gesetzlich ausdrücklich aufzuführen. Konstitutiv sind vielmehr die drittbezogenen Verbotsrechte, die sich daraus ergeben, dass der Eigentümer alle anderen Personen von „jeder" Einwirkung – notfalls durch Klage nach §§ 985, 1004 BGB – ausschließen kann. Diese bewirken das exklusive Recht des Eigentümers, dass allein er alle durch die Sache vermittelten Handlungen vornehmen darf.

2. Eigentum als bürgerliches Freiheitsrecht

Mit der Kennzeichnung des Eigentums als umfassendes Herrschaftsrecht wird ein eher rechtstechnischer Aspekt hervorgehoben. Das bürgerliche Eigentum unterscheidet sich vom früheren Feudaleigentum aber nicht nur rechtstechnisch, sondern inhaltlich. Das Eigentum des BGB ist ein bürgerliches Freiheitsrecht.[7] Solange er Rechte Dritter nicht beeinträchtigt und Gesetze nicht verletzt, kann der Eigentümer mit der Sache nach Belieben verfahren (§ 903 BGB). Dem Eigentümer ist kein Zweck vorgegeben, er entscheidet frei darüber, ob und wie die Sache genutzt wird, und er kann frei über sie verfügen.[8] Anders als rechtsgeschäftliches Handeln im Rahmen der Vertragsfreiheit (§ 138 BGB) ist die Ausübung der Eigentümerfreiheiten nicht einmal der Sittengrenze unterworfen.[9]

Im Zeitalter des Feudalismus unterlag das Grundeigentum hingegen vielfältigen Bindungen, Belastungs- und Veräußerungsbeschränkungen, und es war mit einer Herrschaft über Menschen, namentlich aus dem Bauernstand, verbunden.[10] Das preußische ALR behandelt

---

[7] Dass auch andere Rechtsinstitute individuelle Freiheitssphären schaffen, nimmt dem Sacheigentum nichts von seiner freiheitssichernden Bedeutung; anders *Zech* AcP 219 (2019), 488, 510.

[8] Abzulehnen daher *Zech* AcP 219 (2019), 488, 516, der die durch das Eigentum zugeschriebene Freiheitssphäre unter den Vorbehalt des „ökonomisch Sinnvollen" stellt.

[9] Nur das Schikaneverbot gilt, § 226 BGB.

[10] *Hattenhauer*, Die geistesgeschichtlichen Grundlagen des deutschen Rechts, 4. Aufl. 1996, Rn. 186 betont die rechtliche Organisation der bäuerlichen Unfreiheit in zivil- und nicht in verfassungsrechtlichen Formen.

die Untertanen noch wie Bestandteile des Gutes, zu dem sie „geschlagen sind". Dafür hatten sie einen Anspruch auf Fürsorge durch die Gutsherrschaft. Die Eigentumsordnung war verwoben mit einem Statusrecht, das jedem seinen Platz in der Gesellschaft zuwies. Bäuerliche Untertanen konnten nur mit Erlaubnis der Gutsherrschaft einen bürgerlichen Beruf erlernen oder zum Studium zugelassen werden. In Preußen wurden die feudalen Bindungen und Beschränkungen durch die Stein/Hardenbergschen Reformen[11] beseitigt oder doch gelockert. Anlass für die Reformen waren verheerende Kriegsfolgen, die ganze Landstriche verarmen ließen. Nach der Vorbemerkung zum Edikt über die Bauernbefreiung vom 9. Oktober 1807 wollte man „alles entfernen, was den Einzelnen bisher hinderte, den Wohlstand zu erlangen, den er nach dem Maß seiner Kräfte zu erreichen fähig war." Man erkannte, dass die alten Beschränkungen „auf den Werth des Grund-Eigentums und den Kredit des Grundbesitzers einen höchst schädlichen Einfluss haben". Die Aufhebung der patriarchalischen Verhältnisse[12] führte insbesondere wegen der Ablösungsfrage (die neue Freiheit war nicht umsonst zu haben) nicht eben selten zu einer weiteren Verarmung der Bauern[13] und ließ in den Städten ein Proletariat entstehen. Die sozialen Probleme und Missstände, die das Zeitalter des Frühkapitalismus hervorbrachte, führte zu gegenläufigen Bewegungen und zur Kritik am bürgerlichen Eigentumsbegriff. Innerhalb der Rechtswissenschaft haben vor allem die Germanisten, die in *Otto v. Gierke* ihren prominentesten Vertreter fanden, dem römischrechtlich geprägten liberalen Rechtsdenken ein an deutschrechtliche Traditionen anknüpfendes Gemeinschaftsdenken entgegengesetzt. Radikaler waren die verschiedenen Spielarten des Sozialismus, welche die Forderung erhoben, mit dem Eigentum an Produktionsmitteln die liberale marktwirtschaftliche Wirtschaftsordnung abzuschaffen.

6 Gesetzgeberische Eingriffe in die Eigentumsordnung fanden im BGB keinen Niederschlag. Dennoch entwickelte sich seit dem ersten Weltkrieg in Spezialgesetzen ein Bodenrecht, das Land- und Forstwirtschaftliches Grundeigentum Sonderregelungen unterwirft, über deren Berechtigung man zweifeln kann. Hervorzuheben ist das Grundstücksverkehrsgesetz, nach dem die Veräußerung landwirtschaftlichen Grundeigentums staatlicher Genehmigung bedarf (§ 2 GrdstVG). Ziel des Gesetzes ist es, eine „ungesunde Bodenverteilung" zu verhindern. Die Genehmigung der Veräußerung kann aber auch dann verweigert werden, wenn ein grobes Missverhältnis zwischen dem Wert des Grundstücks und dem versprochenen Entgelt besteht. Eine ähnliche Vertragskontrolle enthält auch das Landpachtverkehrsgesetz. Nach § 4 LPachtVG kann die Behörde den Vertrag beanstanden, wenn der Pachtzins nicht in einem angemessenen Verhältnis zum Ertrag steht. Es ist kein Zufall, dass gerade Landpächtern und Bauern solche Fürsorge zuteil wird. Das preußische ALR schrieb den Gutsherrschaften vor, die Untertanen gegen wucherische Behandlung und Übervorteilung zu schützen. Das Bodenrecht enthält Elemente einer rückwärtsgewandten Ideologie. Das gilt freilich nicht für alle bodenrechtlichen Regelungen.

---

[11] In den Jahren 1807 bis 1821.
[12] Zum gesellschaftlichen Umbruch in der Landwirtschaft im 19. Jahrhundert hat *Max Weber* eine Reihe von Studien vorgelegt, vgl. insbesondere Lage der Landarbeiter im ostelbischen Deutschland, 1892.
[13] Dazu *Hattenhauer*, Die geistesgeschichtlichen Grundlagen des deutschen Rechts, 4. Aufl. 1996, Rn. 185 ff.

Besondere Bedeutung erlangte das Flurbereinigungsgesetz, auf dessen Grundlage die Zersplitterung im ländlichen Grundbesitz beseitigt werden konnte, damit wirtschaftlich vernünftige Wirtschaftseinheiten entstanden. Ein ähnliches Ziel verfolgt die Höfeordnung, die Instrumente bereitstellt, beim Erbgang den Hof als Wirtschaftseinheit zu erhalten. Auch das Siedlungsrecht bezweckte die Schaffung neuer landwirtschaftlicher Betriebe oder die Überführung von Kleinbetrieben in eine betriebswirtschaftlich sinnvolle Betriebsgröße.[14]

Eine deutliche Absage an das liberale Eigentumsverständnis enthielt die Weimarer Reichsverfassung, die in Art. 155 Abs. 3 bestimmte: „Die Bearbeitung und Ausnutzung des Bodens ist Pflicht des Grundbesitzers gegenüber der Gemeinschaft. Die Wertsteigerung des Bodens, die ohne eine Arbeits- und Kapitalaufwendung auf das Grundstück entsteht, ist für die Gesamtheit nutzbar zu machen." Aus der gegenständlichen Verpflichtung des Grundeigentümers, seinen Acker zu bestellen, wurde im Grundgesetz (Art. 14 Abs. 2) der knappe und vieldeutige Satz „Eigentum verpflichtet". Manche leiten daraus die These ab, das Eigentum sei wie die elterliche Sorge ein Pflichtenrecht.[15] Es ist unstreitig, dass das Eigentum durch das Gesetz zahllosen Schranken unterworfen wird und zu unterwerfen ist, aber die Vorstellung, es bestehe eine Pflicht zu „sozial sachgemäßer Rechtsausübung" ist verfehlt. Ob es sinnvoll ist, dass der Bauer seinen Acker bestellt, sollte der Markt entscheiden. Die sozialromantische Deutung des Eigentums als Pflichtenrecht täuscht darüber hinweg, dass sich soziale Gerechtigkeit nicht mit Mitteln des Sachenrechts verwirklichen lässt.

3. Eigentumsordnung nach dem ZGB

In der Eigentumsordnung des ZGB der DDR kam die sozialistische Eigentumsideologie zum Ausdruck: Das ZGB unterschied – ebenso wie Art. 9ff. der Verfassung der DDR – zwischen „sozialistischem Eigentum" und „persönlichem Eigentum". Während das sozialistische Eigentum die ökonomische Grundlage der Entwicklung der Gesellschaft bilden sollte (§ 17 Abs. 1 ZGB[16]), war das persönliche Eigentum privaten Zwecken gewidmet; die Zweckbestimmung war in den Eigentumsbegriff integriert: Anders als in § 90 BGB werden nicht schlicht alle körperlichen Gegenstände als „Sachen" und damit als möglicher Gegenstand des Eigentums benannt. § 23 Abs. 1 Satz 1 ZGB enthält vielmehr eine Aufzählung, wonach Arbeitseinkünfte und Ersparnisse, die Ausstattung der Wohnung und des Haushalts, Gegenstände des persönlichen Bedarfs, die für die Berufsausbildung, Weiterbildung und Freizeitgestaltung erworbenen Sachen sowie Grundstücke und Gebäude zur Befriedigung der Wohn- und Erho-

---

[14] Im 19. Jahrhundert wurden mit dem Siedlungsrecht nicht nur ökonomischen Zwecke verfolgt. Das preußische AnsiedlungsG von 1886 sollte auch der damals befürchteten „Polonisierung" entgegenwirken. Dazu *Torp*, Max Weber und die preußischen Junker, 1998, S. 19.
[15] Vgl. etwa *Prütting* Rn. 323; ferner *Sontis*, Festschr. Larenz, 1973, S. 981; *Georgiades*, Festschr. Sontis, 1973, S. 149; *Böhmer* NJW 1988, 2561.
[16] Aufgehoben durch Gesetz v. 28.6.1990 (GBl. I S. 524).

lungsbedürfnisse des Bürgers und seiner Familie zum persönlichen Eigentum zählen. Bemerkenswert ist ferner, dass § 23 Abs. 1 ZGB ein weiter Eigentumsbegriff zugrunde lag (→ § 1 Rn. 1), der neben körperlichen Gegenständen auch Forderungen und andere Vermögensrechte umfasste.

VIII. Verhältnis des Eigentums zu den beschränkten dinglichen Rechten

9 Der umfassende Eigentumsbegriff schließt es nicht aus, dass einzelne Berechtigungen vom Eigentümer anderen Personen zugewiesen werden. Dafür stehen zwei Instrumente zur Verfügung, der Schuldvertrag und die beschränkten dinglichen Rechte. Will der Eigentümer den Gebrauch der Sache einem anderen überlassen, kann er einen Mietvertrag schließen, durch den der Mieter das Recht erwirbt, die Sache zu besitzen und zu gebrauchen. Der Mietvertrag begründet nur einen schuldrechtlichen Anspruch gegen den Vermieter auf Gebrauchsüberlassung, aber keine dingliche Berechtigung an der Sache. Eine andere Rechtsstellung hat der Nutzungsberechtigte, dem ein beschränktes dingliches Recht eingeräumt ist. Wer z.B. aufgrund eines dinglichen Wohnrechts (§ 1093 BGB) berechtigt ist, ein Gebäude zu nutzen, ist nicht Inhaber einer persönlichen Forderung gegen den Eigentümer. Durch die Belastung des Eigentums mit dem beschränkten dinglichen Recht wird eine Eigentümerbefugnis mit dinglicher Wirkung auf den Inhaber des beschränkten dinglichen Rechts übertragen. Der wesentliche Unterschied zwischen nur persönlicher Berechtigung und dinglicher Berechtigung zeigt sich vor allem in der Zwangsversteigerung. Hat der betreibende Gläubiger einen schlechteren Rang als der dinglich Berechtigte, bleibt dessen Recht bestehen, während der Mieter sich zwar auf sein Besitzrecht aus dem Mietvertrag auch dem Ersteher gegenüber berufen kann (§ 57 ZVG i.V.m. § 566 BGB), aber einem Sonderkündigungsrecht ausgesetzt ist (§ 57a ZVG).

10 Wenn dem Eigentümer die Möglichkeit eröffnet ist, einzelne Befugnisse, die aus dem Eigentum resultieren, durch Begründung beschränkter dinglicher Rechte auf einen anderen zu übertragen, scheint das Eigentumsrecht als umfassendes Sachenrecht doch zur Disposition des Eigentümers zu stehen. Diese Dispositionsfreiheit besteht indes nicht, weil der Gesetzgeber die beschränkten dinglichen Rechte so ausgestaltet hat, dass einzelne Befugnisse nicht dauerhaft und unumkehrbar vom Eigentum abgespalten werden können. Wird ein beschränktes dingliches Recht aufgehoben oder endet es kraft Gesetz, fallen alle Befugnisse des dinglich Berechtigten ohne rechtsgeschäftliche Übertragung auf den Eigentümer zurück. Damit durch Rechtsgestaltung nicht wieder das alte Ober- und Untereigentum geschaffen wird, ist das umfassende dingliche Nutzungsrecht, der Nießbrauch, unvererblich ausgestaltet (§ 1061 BGB).[17] Mit dem Tode des Berechtigten erlischt das dingliche Nutzungsrecht und alle Nutzungs-

---

[17] Zur Problematik immerwährender dinglicher Nutzungsrechte → § 20 Rn. 4.

befugnisse stehen wieder dem Eigentümer zu. Auch beschränkte persönliche Dienstbarkeiten, die einer bestimmten Person das Recht gewähren, ein Grundstück in einzelnen Beziehungen zu nutzen, sind nach §§ 1090 Abs. 2, 1061 BGB unvererblich. Als veräußerbares Recht ist das Eigentum durch § 137 Satz 1 BGB gesichert. Danach kann die Befugnis zur Verfügung über Eigentum nicht mit dinglicher Wirkung vom Eigentum gelöst werden. Auch schuldrechtlich lässt sich die Nutzungsbefugnis vom Eigentum nicht dauerhaft trennen. Gemäß § 567 BGB kann ein Mietverhältnis, das für eine längere Zeit als 30 Jahre geschlossen wurde, nach 30 Jahren gekündigt werden.

Eine Sonderstellung nimmt das *Erbbaurecht* (→ § 24 Rn. 1 ff.) ein. Das Erbbaurecht ist eine dingliche Belastung, die dem Erbbauberechtigten das Recht gewährt, auf dem Grundstück ein Gebäude zu errichten und zu halten. Dieses dingliche Recht, das rechtlich wie ein Grundstück behandelt wird (§ 11 ErbbauRG), ist vererblich und muss nicht zwingend zeitlich beschränkt werden. Mit dem Erbbaurecht wurde eine Ausnahme vom ungeteilten Eigentum gesetzlich anerkannt.[18] Auf der Idee des ungeteilten Eigentums basiert die Regelung des Heimfallanspruchs, der zum Inhalt des Erbbaurechts gemacht werden kann. Aufgrund des Heimfallanspruchs kann der Eigentümer verlangen, dass das Erbbaurecht auf ihn übertragen wird (§ 2 Nr. 4 ErbbauRG). Dieser Anspruch lässt sich vom Grundeigentum nicht trennen (§ 3 ErbbauRG). In der Praxis wird das Erbbaurecht selten zeitlich unbeschränkt bestellt sondern häufig eine Dauer von 99 Jahren vereinbart.

11

Zu einer dauerhaften Abspaltung kann auch die Bestellung eines Dauerwohnrechts nach § 31 WEG führen. Dem Inhaber des Dauerwohnrechts steht das Recht zu, das Grundstück unter Ausschluss des Eigentümers zu nutzen. Auch beim Dauerwohnrecht kann ein etwaiger Heimfallanspruch nicht vom Eigentum getrennt werden. (§ 36 Abs. 1 WEG).

IX. Einschränkungen des Eigentums durch Sonderregelungen

1. Jagd- und Fischereirecht

Bestimmte Befugnisse, die an sich vom Eigentum umfasst sind, werden durch Sondergesetze geregelt. Hierher gehören das Jagdausübungsrecht und die Fischereiberechtigung. Das Jagdrecht steht dem Grundeigentümer zu, aber die sinnvolle Ausübung setzt eine gewisse Größe des Grundeigentums voraus. Deshalb bilden die Grundeigentümer kleinerer Grundstücke eine Jagdgenossenschaft, die Inhaberin des Jagdausübungsrechts ist (§ 8 Abs. 5 BJagdG); die Eigentümer müssen die Jagdausübung dulden.[19] Eine ähnliche Regelung besteht für die Fischereiberechtigung bei Binnengewässern.

12

---

[18] Vgl. Motive Bd. 3, S. 466.
[19] EGMR NJW 2012, 3629 sieht darin einen Verstoß gegen Art. 1 Zusatzprotokoll zur EMRK.

2. Bergwerkseigentum

13 Nach § 905 BGB erstreckt sich das Eigentum an einem Grundstück auf den Erdkörper unter der Oberfläche. Das bedeutet aber nicht, dass dem Eigentümer alle Bodenschätze zustehen. Man unterscheidet grundeigene und bergfreie Bodenschätze. Nur grundeigene Bodenschätze stehen dem Eigentümer zu (§ 3 BBergG). Bergfreie Bodenschätze unterliegen dem Aneignungsrecht des Bergbauberechtigten. Bergfrei sind z.B. Erdöl, Uran und Kohle, aber auch Gold und Silber, nicht indes Kies und Sand (§ 3 Abs. 3 BBergG). Der Ausdruck „bergfrei" entstammt dem früheren Recht. Aufgrund der Bergfreiheit konnte jeder nach Bodenschätzen graben, und im Falle des Erfolges wurde ihm das Bergwerkseigentum verliehen. Heute bedürfen die Suche und der Abbau von Bodenschätzen einer besonderen staatlichen Erlaubnis oder Bewilligung (§§ 6ff. BBergG).

3. Wasserrecht

14 Für die Benutzung der Gewässer enthält das Wasserhaushaltsgesetz Vorschriften, die das Eigentum beschränken. Die Benutzung eines oberirdischen Gewässers und des Grundwassers setzen eine Erlaubnis oder Bewilligung voraus (§ 8 WHG). Davon ausgenommen sind der Gemeingebrauch und der Eigentümergebrauch, der jedoch beschränkt ist.

X. Eigentum und Immaterialgüterrecht

15 Der Eigentümer darf mit der Sache nach Belieben verfahren, soweit nicht Rechte Dritter entgegenstehen (§ 903 BGB). Zu den Rechten Dritter gehören Immaterialgüterrechte wie das Urheber-, Patent- und Markenrecht, das dem Rechtsinhaber das Recht gewährt, die Vervielfältigung, Benutzung oder Veräußerung von Sachen zu verbieten (§§ 16f. UrhG; § 9 PatG; § 14 MarkenG). Immaterialgüterrechte stehen in einem Spannungsverhältnis zum Sachenrecht, das die Verkehrsfähigkeit der Güter sichert. Die aus dem Immaterialgüterrecht abgeleiteten Verbietungsrechte müssen in Einklang mit dem Interesse des Rechtsverkehrs am freien Warenverkehr gebracht werden.[20]

1. Werk und Werkexemplar

16 Gegenstand der Immaterialgüterrechte sind geistige Inhalte. Der Dichter hat ein Urheberrecht an dem von ihm geschaffenen Gedicht, das ein „Werk" im Sinne des Urheberrechts ist (§ 2 Abs. 1 Nr. 1 UrhG). Dabei ist unter Gedicht nicht das Stück Papier zu verstehen, auf dem das Gedicht geschrieben steht. Selbst wenn der Dichter sein Manuskript vernichtet, bleibt das Gedicht als Geistesinhalt und als Rechtsgegenstand erhalten. Vom Werk als Geistesinhalt (Gedicht) ist das Werkexemplar (bedrucktes Papier) zu unterscheiden. Wer ei-

---

[20] Zum Verhältnis von Eigentum und Urheberrecht *Berger* AcP 201 (2001), 411.

nen Gedichtband erwirbt, erwirbt nicht das Werk, es wird ihm auch keine Lizenz an dem Werk eingeräumt, vielmehr erwirbt er eine bewegliche Sache, die als Werkexemplar das Werk verkörpert. Das Sacheigentum am Werkexemplar wird aber vom Urheberrecht beschränkt. Der Eigentümer eines Buches mit urheberrechtlich geschütztem Inhalt darf grundsätzlich keine Vervielfältigungsstücke anfertigen (§ 16 UrhG), weil das Vervielfältigungsrecht allein dem Urheber zusteht. Dem Urheber steht auch allein das Recht zu, das Original oder ein Vervielfältigungsstück in den Verkehr zu bringen (§ 17 UrhG).

2. Der Erschöpfungsgrundsatz

Wenn jede Veräußerung eines Werkexemplars nur mit Zustimmung des Urhebers erlaubt wäre, würde der Rechtsverkehr in kaum erträglicher Weise belastet und das Eigentum an einem Werkexemplar wäre entwertet. Deshalb wird das Recht des Urhebers durch den Erschöpfungsgrundsatz begrenzt.[21] Wenn ein Werkexemplar mit Zustimmung des Urhebers in Verkehr gebracht wurde, ist die Weiterveräußerung ohne seine Zustimmung zulässig (§ 17 Abs. 2 UrhG). Der Erschöpfungsgrundsatz, im anglo-amerikanischen Recht *first sale doctrine* genannt, löst den Konflikt zwischen Sachenrecht und Urheberrecht zugunsten des Sachenrechts. Auch andere Immaterialgüterrechte (Patentrecht, Markenrecht) werden im Interesse des Rechtsverkehrs durch den Erschöpfungsgrundsatz beschränkt. So kann der Inhaber eines Patents nicht verhindern, dass eine Sache, die mit seinem Verfahren berechtigt hergestellt und veräußert wurde, weiterveräußert wird. Der Inhaber einer Marke kann dem Eigentümer eine Umgestaltung des erworbenen Markenartikels nicht verbieten.[22]

Frei vom Urheberrecht ist die *Nutzung* eines Werkexemplars. So begeht der Dieb, der das gestohlene Buch liest, keine Urheberrechtsverletzung. Bei Computerprogrammen erstreckt sich das Verbietungsrecht nach § 69c Nr. 1 UrhG auch auf die Nutzung, aber § 69d UrhG garantiert einen Kernbereich der Nutzungsbefugnis für denjenigen, der das Programmexemplar urheberrechtlich rechtmäßig erworben hat. Deshalb darf der rechtmäßige Erwerber das Programm gebrauchen, auch wenn er keinen Lizenzvertrag mit dem Urheber abgeschlossen hat.

3. Keine dingliche Beschränkung durch Immaterialgüterrechte

Die Beschränkung des Eigentümers durch das Urheberrecht oder andere Immaterialgüterrechte stellt keine dingliche Belastung des Eigentums dar. Die dem Urheber vorbehaltene Befugnis, ein Werkexemplar in Verkehr zu bringen, führt nicht zu einer Beschränkung der Verfügungsbefugnis des Eigentümers. Deshalb

---

[21] Vgl. *Schack*, Urheber- und Urhebervertragsrecht, Rn. 36.
[22] Zum Verhältnis zwischen Eigentum und Namens- und Markenrecht siehe den instruktiven Fall BGH NJW 1995, 1759 (Rolex).

ist die urheberrechtswidrige Übereignung einer Raubkopie, die § 17 UrhG verletzt, wirksam. Da die Berechtigung des Urhebers keine dingliche Berechtigung an der Sache ist, scheidet auch ein lastenfreier gutgläubiger Erwerb aus; § 936 BGB ist nicht anwendbar. Selbst wenn der Erwerber davon ausgehen musste, die Sache werde mit Einverständnis des Urhebers in Verkehr gebracht, bestehen die Rechte des Urhebers fort. Obwohl das Immaterialgüterrecht keine dingliche Berechtigung an Werkexemplaren gewährt, kann der Inhaber mit der Klage nach § 771 ZPO allerdings geltend machen, die Veräußerung im Wege der Zwangsvollstreckung verletze sein Immaterialgüterrecht.[23]

XI. Der Atomismus des Sachenrechts

20 Gegenstand des Eigentums ist ein Ausschnitt aus der physikalischen Welt. Das bedeutet freilich nicht, dass das Recht an einen vorgegebenen naturalistischen Sachbegriff anknüpft. Eine einheitliche Sache im Rechtssinne kann aus vielen elementaren Einzelteilen zusammengesetzt sein wie ein Sandhaufen, ein Bienenschwarm (vgl. § 961 BGB) oder ein Kartenspiel. Dass das Recht nicht jedes einzelne Sandkorn als gesonderten Rechtsgegenstand behandelt, liegt daran, dass Sandkörner als Einzelteile nicht Gegenstand des Rechtsverkehrs sind. Obwohl die Verkehrsfähigkeit für den Sachbegriff wesentlich ist, ist nicht jedes verkehrsfähige Gut ein selbständiges Rechtsobjekt. Selbst wenn mehrere Sachen zusammen eine wirtschaftliche Einheit bilden, bleiben die Einzelsachen rechtlich selbständig.

21 Bei einem Wirtschaftsunternehmen wird der Marktwert wesentlich bestimmt durch die organisatorische Zusammenfassung der einzelnen Sachen, Rechte und unkörperlichen Gegenstände wie Kundenstamm oder technisches *know how*. Trotzdem ist das Unternehmen kein selbständiger Rechtsgegenstand. Der Unternehmer ist Eigentümer einzelner Sachen, Inhaber von Forderungen und Immaterialgüterrechten. Das Recht folgt einer atomistischen Betrachtungsweise und gewährt keine unmittelbare Berechtigung an komplexen Gebilden, sondern an den Elementen, aus denen diese zusammengesetzt sind. Das hat einmal den Vorteil größerer Flexibilität, zum anderen werden Zuordnungskonflikte vermieden. Würde das Recht ein Unternehmenseigentum[24] anerkennen, könnten Zuordnungskonflikte nur dadurch gelöst werden, dass die Einzelsachen ihre Selbständigkeit und Verkehrsfähigkeit verlieren, solange sie in das Unternehmen integriert sind. Der Schutz eines Wirtschaftsgutes wird durch die Zerlegung in juristische Einzelbestandteile meist nicht gemindert. Zur Abwehr von Eingriffen kann sich der Unternehmer auf das Eigentum oder ein Besitzrecht an den einzelnen Sachen berufen. Dieser Schutz versagt aber dort, wo kein Eigentumsrecht bzw. Besitzrecht beeinträchtigt ist wie bei Verstößen gegen die Wett-

---

[23] Dazu *Brehm*, Festschr. Gitter, 1995, S. 149.
[24] Siehe dazu rechtspolitisch *Wieacker* AcP 148 (1943), 60ff.; rechtsvergleichend *v. Bar*, Gemeineuropäisches Sachenrecht I, § 2 Rn. 240ff.

bewerbsordnung. Deshalb gewährt das Recht besondere wettbewerbsrechtliche Abwehransprüche gegen einen Konkurrenten, der die Regeln des fairen Wettbewerbs verletzt (§ 8 UWG). Darüber hinaus wurde von der Rechtsprechung das Recht am eingerichteten und ausgeübten Gewerbebetrieb als sonstiges Recht im Sinne des § 823 Abs. 1 BGB anerkannt. Betriebsbezogene Eingriffe in einen Gewerbebetrieb, wie Boykottaufrufe oder rechtswidrige Streiks führen deshalb zur Schadenshaftung nach § 823 Abs. 1 BGB. Der eingerichtete und ausgeübte Gewerbebetrieb unterscheidet sich vom Eigentumsrecht dadurch, dass er keinen vermögens- und haftungsrechtlichen Zuweisungsgehalt hat. Der Gläubiger des Unternehmers kann den Gewerbebetrieb nicht pfänden. In der Einzelvollstreckung kann er nur auf Einzelgegenstände (Sachen und Rechte) zugreifen. Auch bei der Übertragung eines Unternehmens genügt es in der Regel, dass die einzelnen Sachen übereignet und die Rechte übertragen werden. Es gibt allerdings auch Werte, die weder vom Sacheigentum noch von einem anerkannten Immaterialgüterrecht erfasst werden. Hierzu gehören etwa Daten, der Kundenstamm und Kryptowerte. Inwieweit diese Positionen ganz oder teilweise rechtlich verselbständigt werden können und als Gegenstand eigenständiger Vermögensrechte anzuerkennen sind, ist streitig.[25] Die Anerkennung neuer Vermögensrechte ist nicht grundsätzlich ausgeschlossen (zur Diskussion um Dateneigentum → § 1 Rn. 58), aber man sollte nicht voreilig jedes Gut zum eigenständigen Rechtsobjekt verselbständigen, weil sonst ein Rückfall in die unübersichtliche Formenvielfalt älterer Rechte droht.

XII. Der Grundrechtsschutz des Eigentums

1. Art. 14 GG und bürgerlich-rechtliches Eigentum

Auf den ersten Blick mag es erstaunen, dass sich in Lehrbüchern zum bürgerlich-rechtlichen Sachenrecht teilweise eingehende Ausführungen zum Grundrechtsschutz des Eigentums finden,[26] die man eher in Lehrbüchern zum Verfassungsrecht erwartet. Allerdings beruht die bürgerliche Eigentumsordnung verfassungsrechtlich auf der Eigentumsgewähr des Art. 14 GG. Und das verfassungsrechtliche Eigentumsverständnis strahlt auf das bürgerliche Eigentum aus, beispielsweise in den nachbarrechtlichen Regelungen der §§ 906ff. BGB, die Inhalt und Schranken des Eigentums (Art. 14 Abs. 1 Satz 2 GG) ausgestalten, wenngleich unterdessen öffentlich-rechtliche Normen beispielsweise des Bau- oder Immissionsschutzrechts eine größere Bedeutung erlangt haben.

Nicht übersehen werden sollte in diesem Zusammenhang, dass die Regelungen des Eigentums im BGB ursprünglich eine „verfassungsrechtliche Ersatz-

---

[25] Dazu grundlegend *Pfister*, Das technische Geheimnis (Know how) als Vermögensrecht, 1974, S. 48. Seit 2019 unterfällt *know how* dem Gesetz zum Schutz von Geschäftsgeheimnissen. § 4 GeschGehG stellt Handlungsverbote auf; das Geschäftsgeheimnis ist (noch) kein subjektives Recht (*Ohly* GRUR 2019, 441, 445).
[26] Beispielsweise bei *Wilhelm* Rn. 242–301.

funktion" erfüllten. 1849 war die Paulskirchenverfassung gescheitert, die in § 164 die Unverletzlichkeit und in § 165 die freie Verfügung über Grundeigentum gewährleistete. In Deutschland gab es daher zunächst keine verfassungsrechtliche Absicherung des bürgerlichen Eigentums als Freiheitsrecht. Diese Funktion übernahm mit das BGB. Sie kommt in § 903 BGB deutlich zum Ausdruck. § 137 Satz 1 BGB sicherte die Verfügungsfreiheit.[27] Diese und andere Bestimmungen dienten auch der Überwindung feudaler Eigentums- und Herrschaftsstrukturen. Heute ist Eigentum als Freiheitsrecht grundrechtlich in Art. 14 GG gewährleistet.

2. Der Eigentumsbegriff des Art. 14 GG

24   Art. 14 GG (und auch Art. 17 GRCh[28]) liegt ein anderer Eigentumsbegriff zugrunde als dem des durch den engen Sachbegriff in § 90 BGB (→ § 1 Rn. 56) geprägten § 903 BGB. Nach der Rechtsprechung des Bundesverfassungsgerichts hat Eigentum verfassungsrechtlich die Aufgabe, dem Träger des Grundrechts einen Freiheitsraum im vermögensrechtlichen Bereich zu sichern und ihm dadurch eine eigenverantwortliche Gestaltung seines Lebens zu ermöglichen.[29] Da die freiheitssichernde Funktion des Eigentums im Vordergrund steht, wäre eine Beschränkung der Eigentumsgarantie auf das Sacheigentum des BGB ungerechtfertigt. Dass das BGB im Gegensatz zu älteren Rechten den Eigentumsbegriff auf das Sacheigentum verengt hat, beruht auf rechtssystematischen Erwägungen (→ § 1 Rn. 2ff.), die für den Schutzumfang des Grundrechts keine Rolle spielen können. Deshalb hat schon das Reichsgericht unter der Geltung der Weimarer Reichsverfassung einen weiten Eigentumsbegriff vertreten, der alle Vermögensrechte umfasst.[30] Zum Eigentum im Sinne des Art. 14 GG rechnen insbesondere Forderungsrechte. Das gilt ganz unstreitig für Bankguthaben, die rechtlich Forderungen gegen die Bank sind. Dass das BVerfG folgerichtig auch das schuldrechtlich begründete Recht eines Mieters, die Sache zu besitzen, in den Schutzbereich des Eigentums im Sinne des Art. 14 GG einbezog,[31] war konsequent und hat dennoch manche überrascht.[32] Ob die Einordnung des Mietbesitzes zum Eigentum im Sinne des Art. 14 GG allerdings hilfreich ist, privatrechtliche Interessenkonflikte zwischen vermietendem Sacheigentümer (der sich auch auf Art. 14 GG berufen kann) und Mieter zu lösen, ist eine an-

---

[27] *Kegel*, Festschr. Lange, 1976, S. 927f. sieht in § 137 BGB ein für das Bürgertum siegreiches Gefecht in dem Kampf mit dem Adel um das richtige Privatrecht; zur historisch-politischen Dimension der Vorschrift *Berger*, Rechtsgeschäftliche Verfügungsbeschränkungen, 1998, S. 49ff.
[28] *Vosgerau*, in: Stern/Sachs (Hrsg.), Europäische Grundrechte-Charta GRCh, Art. 17, Rn. 43ff.
[29] BVerfGE 68, 193, 222.
[30] RGZ 109, 312; 137, 167; 139, 182.
[31] BVerfG NJW 1993, 2035.
[32] Vgl. etwa *Depenheuer* NJW 1993, 2561.

dere Frage.³³ Nicht zum Eigentum im Sinne des Art 14 GG rechnet die h.M. dagegen das Vermögen.³⁴ Deshalb wird die unstreitig zulässige Erhebung von Steuern nicht als Enteignung begriffen. Aber aus Art. 14 GG folgt, dass die Besteuerung keine konfiskatorische Wirkung haben darf.³⁵

3. Institutsgarantie

Das Grundgesetz gewährt in Art. 14 Abs. 1 GG nicht nur für den einzelnen Inhaber eines Vermögensrechts ein Abwehrrecht gegen den Staat. Art. 14 GG enthält auch eine Institutsgarantie, die einen Grundbestand von Normen gewährleistet, durch die das Eigentumsrecht im Sinne eines privatnützigen Rechtes ausgestaltet wird. Das Grundgesetz garantiert aber nicht, dass alle Lebensbereiche privatwirtschaftlich organisiert sind. Das ergibt sich aus Art. 15 GG, der die Möglichkeit eröffnet, Grund und Boden, Naturschätze und Produktionsmittel in Gemeineigentum überzuführen.

4. Schranken

Inhalt und Schranken des Eigentums werden durch das einfache Gesetz bestimmt. Trotzdem kann der Staat die Eigentumsordnung nicht beliebig gestalten. Grundrechte haben eine objektiv-rechtliche Funktion, sie begrenzen auch die gesetzgebende Gewalt. Aus dem Wortlaut des Art. 14 GG lassen sich wegen der Verweisung auf die einfachen Gesetze keine Kriterien für die verfassungsrechtliche Überprüfung der Gesetze ableiten.³⁶ Wenn das Eigentum nur in den vom einfachen Gesetzgeber gezogenen Grenzen gewährleistet würde, wäre ein Verstoß des einfachen Gesetzgebers gegen Art. 14 Abs. 1 GG nicht denkbar. Im Verfassungsrecht wurden deshalb besondere Grundsätze für die Inhalts- und Schrankenbestimmung entwickelt, die auch das Ziel haben, die Begrenzung des Eigentums im Rahmen der Sozialbindung von der entschädigungspflichtigen Enteignung (Art. 14 Abs. 3 GG) abzugrenzen. Inhalts- und Schrankenbestimmung müssen dem Grundsatz der Verhältnismäßigkeit entsprechen, sie haben die Eigenart des vermögenswerten Gutes zu berücksichtigen und sie müssen der Bedeutung des Gutes für den Eigentümer Rechnung tragen. So ist beim Grundeigentum die Tatsache zu berücksichtigen, dass Grund und Boden nicht vermehrbar sind. Nach Ansicht des BVerfG verbietet es sich, die Nutzung des Grundeigentums dem unübersehbaren freien Spiel der Kräfte und dem Belieben des Einzelnen vollständig zu überlassen; eine gerechte Rechts- und Gesellschaftsordnung zwinge vielmehr dazu, die Interessen der Allgemeinheit beim

---
³³ *Wilhelm* Rn. 247 sieht den Mieter durch die Inhalts- und Schrankenbestimmungen des Art. 14 Abs. 1 Satz 2 GG hinreichend geschützt.
³⁴ BVerfGE 91, 207, 220.
³⁵ BVerfGE 87, 153, 169.
³⁶ Eine verfassungsrechtliche Grenze ergibt sich aus der Wesensgehaltsgarantie des Art. 19 Abs. 2 GG.

Boden in weit stärkerem Maße zur Geltung zu bringen als bei anderen Vermögensgütern.[37] Wo Eigentum in einer sozialen Funktion steht und Macht über Dritte verleiht, wie beim Eigentum an Produktionsmitteln, geht die Befugnis des Gesetzgebers zur Begrenzung des Eigentums weiter als bei einem Eigentumsrecht, das die Sicherung der persönlichen Freiheit eines einzelnen gewährleisten soll.[38]

5. Die geschichtliche Dimension des Eigentums

27 Die differenzierende Behandlung verschiedener Erscheinungsformen des Eigentums verhindert, dass der Gestaltungsspielraum des Gesetzgebers im Interesse eines Bestandsschutzes unangemessen eingeengt wird und es kann der historischen Dimension des Eigentums Rechnung getragen werden. Eigentumsschutz sichert das in der Vergangenheit Erworbene als Grundlage der Betätigungsfreiheit in der Gegenwart. Das Grundgesetz hat die vorgefundene Verteilung der Güter unter Schutz gestellt. Für den Habenichts bedeutete die Eigentumsgarantie indes den verfassungsrechtlich verbürgten Ausschluss von vorhandenen Gütern. Art. 14 GG schützt nicht nur Eigentum, das durch eigene Arbeit und Leistung erworben wurde. Auch Nachfahren von Großgrundbesitzern, deren Vorfahren Vermögen auf dem Rücken leibeigener Bauern mehren konnten, dürfen sich auf das bürgerliche Freiheitsrecht und das „ewige" Eigentum berufen. Das wirtschaftliche Fundament mancher Unternehmen, die nach 1945 aufblühten und deren Erben sich des Schutzes des Art. 14 GG erfreuen, der auch das Erbrecht umfasst, beruht auf der Ausbeutung von Zwangsarbeitern.

XIII. Besondere Eigentumsformen

Literatur: *Canaris,* Die Übertragung des Regelungsmodells der §§ 125–130 HGB auf die Gesellschaft bürgerlichen Rechts als unzulässige Rechtsfortbildung contra legem, ZGR 2004, 69; *Coing,* Die Treuhand kraft privaten Rechtsgeschäfts, 1973; *Eichler,* Die Struktur des Eigentumsrechts, Festschr. F. Prösler, 1953, S. 220 ff; *Flume,* Gesellschaft und Gesamthand, ZHR 136, 177; *ders.,* Allgemeiner Teil des Bürgerlichen Rechts, Bd. I, 1. Teil, Die Personengesellschaft, 1977; *Hennecke,* Das Sondervermögen der Gesamthand, 1976; *Hüffer,* Die Gesamthandsgesellschaft in Prozeß, Zwangsvollstreckung und Konkurs, Festschr. Stimpel, 1985, S. 165; *John,* Die organisierte Rechtsperson, 1977; *Kunz,* Über die Rechtsnatur der Gemeinschaft zur gesamten Hand, 1963; *Mülbert,* Die rechtsfähige Personengesellschaft, AcP 199 (1999), 38; *K. Schmidt,* Ehegatten-Miteigentum oder „Eigenheimgesellschaft"? – Rechtszuordnungsprobleme bei gemeinschaftlichem Grundeigentum, AcP 182 (1982), 481; *ders.,* Die BGB-Außengesellschaft: rechts- und parteifähig, NJW 2001, 993; *Schulze-Osterloh,* Das Prinzip der gesamthänderischen Bindung, 1972; *Ulmer,* Die Gesamthandsgesellschaft – Ein noch immer unbekanntes Wesen, AcP 198 (1998), 113; *Weber-*

---

[37] BVerfGE 21, 73, 82.
[38] BVerfGE 50, 290 (Mitbestimmung).

Grellet, Die Gesamthand – ein Mysterienspiel?, AcP 182 (1982), 316; *Zöllner*, Die Rechtsfähigkeit der BGB-Gesellschaft – ein Sachverstands- oder Kommunikationsproblem, Festschr. Kraft, 1998, S. 701.

1. Miteigentum nach Bruchteilen

a) Kennzeichnung

Regelungsmodell des § 903 BGB ist der Alleineigentümer. Miteigentum (§§ 1008 ff. BGB) ist eine besondere Eigentumsform. Die Anteile der einzelnen Miteigentümer sind „ideelle" Anteile. Damit wird zum Ausdruck gebracht, dass diesen Anteilen nichts in der Wirklichkeit entspricht. Das Miteigentum bezieht sich nicht auf einen abgrenzbaren realen Teil der Sache; es gibt kein Teileigentum. Wenn zwei Personen Miteigentümer eines Hausgrundstücks sind, erstreckt sich das jeweilige Miteigentum auf das ganze Grundstück; es gehört nicht dem einen die Wohnung im Erdgeschoss und dem anderen die Wohnung im ersten Stockwerk (anders beim Wohnungseigentum, → § 25). Beim Miteigentum werden auch nicht einzelne Eigentümerbefugnisse unterschiedlichen Personen zugewiesen. Ein Miteigentum, bei dem der eine Miteigentümer zur Nutzung, der andere zur Verfügung berechtigt ist, kennt das geltende Recht nicht. Jeder Miteigentumsanteil ist ein selbständiges dingliches Recht, das der Miteigentümer veräußern oder belasten kann. Dem Miteigentümer steht ein bestimmter Bruchteil zu, der bei einer Auseinandersetzung der Miteigentümergemeinschaft den Wertanteil repräsentiert und bei Abstimmungen für das Stimmengewicht maßgeblich ist (§ 745 Abs. 1 Satz 2 BGB). Miteigentum entsteht durch Gesetz (§§ 947, 948, 963 BGB) oder durch Rechtsgeschäft. Es endet, wenn die Bruchteile in einer Hand vereinigt werden.[39]

28

b) Das Innenverhältnis

Da den Miteigentümern alle Eigentümerbefugnisse gemeinsam zustehen, muss das Gesetz Regelungen bereitstellen, welche die Ausübung der Eigentumsrechte im Verhältnis der Miteigentümer zueinander regeln. Maßgeblich sind die §§ 741 ff. BGB, da die Miteigentümergemeinschaft ein Unterfall der Bruchteilsgemeinschaft ist. Daneben sind die sachenrechtlichen Sondervorschriften über das Miteigentum (§§ 1008 ff. BGB) zu beachten. Die §§ 741 ff. BGB enthalten Regelungen über den Gebrauch der Sache, die Verwaltung und Nutzung, die Kostentragung und die Beendigung der Gemeinschaft. Nach § 743 Abs. 2 BGB ist jeder Teilhaber zum Gebrauch der gemeinschaftlichen Sache insoweit befugt, als nicht der Mitgebrauch der übrigen Teilhaber beeinträchtigt ist. Diese Vorschrift bringt keine Selbstverständlichkeit zum Ausdruck, weil sie das Gebrauchsrecht, das andere nicht beeinträchtigt, nicht nur im Rahmen der Quote

29

---

[39] BGH NJW-RR 2010, 1099; Besonderheiten bestehen, wenn die Anteile unterschiedlichen Vermögen zuzuordnen sind, BGH NJW-RR 2004, 1513.

gewährt. Haben mehrere Personen gemeinschaftlich einen Tennisplatz zu gleichen Teilen erworben, ist jeder Bruchteilseigentümer berechtigt, den Platz zu nutzen, solange er frei ist. Stellt sich am Jahresende heraus, dass ein Miteigentümer den Platz häufiger als der andere genutzt hat, findet kein Ausgleich statt. Soweit eine gleichzeitige Nutzung nicht möglich ist, müssen die Miteigentümer eine Regelung über die Nutzung treffen. Damit die Miteigentümergemeinschaft nicht gelähmt wird, wenn sie sich nicht einig ist, kann die Regelung durch Stimmenmehrheit getroffen werden. Bei der Abstimmung wird die Mehrheit nach der Größe der Anteile berechnet (§ 745 Abs. 1 Satz 1 BGB). Das bedeutet, dass sich ein Miteigentümer, dem mehr als die Hälfte zusteht, stets durchsetzen kann. Das Mehrheitsprinzip gilt aber nur für eine der Beschaffenheit des Gegenstandes entsprechende ordnungsgemäße Verwaltung und Nutzung. Die Entscheidung, dass die gemeinschaftliche Tennisanlage zu einem Übungsgrün für Golfer umgestaltet wird, ist von allen Bruchteilseigentümern gemeinschaftlich zu treffen (vgl. § 745 Abs. 3 BGB). Bei notwendigen Erhaltungsmaßnahmen ist das Mehrheitsprinzip zugunsten einer Verwaltungsbefugnis des einzelnen Miteigentümers durchbrochen, der ohne Zustimmung der anderen Teilhaber handeln kann (§ 744 Abs. 2 BGB). Die Lasten- und Kostentragung richtet sich im Verhältnis der Teilhaber nach den Anteilen (§ 748 BGB).

30 Die Mitglieder einer Bruchteilsgemeinschaft sind zu einem Dauerrechtsverhältnis verbunden. Deshalb muss das Gesetz Vorschriften für eine Beendigung der Gemeinschaft bereitstellen. Wenn keine andere Vereinbarung getroffen wurde, kann jeder Teilhaber jederzeit die Aufhebung der Gemeinschaft verlangen (§ 749 Abs. 1 BGB).[40] Haben die Teilhaber das Recht, die Aufhebung der Gemeinschaft zu verlangen, für immer oder auf Zeit ausgeschlossen oder eine Kündigungsfrist bestimmt, so wirkt die Vereinbarung auch gegen die Sondernachfolger (§ 751 Satz 1 BGB), nicht aber gegenüber Gläubigern (§ 751 Satz 2 BGB), damit die Haftungsfunktion des Miteigentums nicht beeinträchtigt werden kann. Wer den Miteigentumsanteil erwirbt, tritt nach der Grundregel des § 751 Satz 1 BGB in die Vereinbarung ein, die von den Miteigentümern geschlossen wurde. Auch Regelungen über die Nutzung und Verwaltung wirken gegen den Sondernachfolger (§ 746 BGB). Für Grundstücke enthält § 1010 BGB eine Sonderregelung. Danach wirken Vereinbarungen über die Verwaltung, Benutzung und Aufhebung der Gemeinschaft gegen den Sondernachfolger des Miteigentümers nur, wenn sie als Belastung des Anteils im Grundbuch eingetragen sind. Auch eine Haftung, die mit dem Erwerb des Anteils verbunden sein kann, trifft den Erwerber eines Miteigentumsanteils an einem Grundstück nur dann, wenn eine Eintragung im Grundbuch erfolgt ist (§ 1010 Abs. 2 BGB).

31 Die Auseinandersetzung der Miteigentümergemeinschaft richtet sich je nach Beschaffenheit der Sache durch Teilung in Natur oder durch Verkauf (§§ 752 ff.

---

[40] Ausnahmsweise kann das Auseinandersetzungsverlangen treuwidrig sein, BGH NZG 2005, 131.

BGB). Bei Grundstücken kann jeder Miteigentümer ohne Vollstreckungstitel die Zwangsversteigerung zum Zwecke der Auseinandersetzung der Gemeinschaft beantragen (§§ 180 ff. ZVG). Das Ausscheiden eines Miteigentümers durch Verzicht auf seinen Anteil analog § 928 BGB ist nicht möglich.[41]

c) Außenverhältnis

Der einzelne Miteigentümer ist Inhaber eines selbständigen dinglichen Rechts, über das er frei ohne Zustimmung der anderen Teilhaber *verfügen* kann. Übertragung und Belastung des Miteigentums erfolgen nach den Vorschriften über Volleigentum. Dagegen erfolgt die Pfändung des Anteils an einer beweglichen Sache nach den Grundsätzen der Rechtspfändung (§ 857 ZPO).[42] Von der Verfügung über den Miteigentumsanteil zu unterscheiden ist die Verfügung über die ganze Sache. Die Verfügungsbefugnis über die Sache steht den Miteigentümern gemeinschaftlich zu. Übertragen sie die Sache an einen Dritten, erwirbt dieser Volleigentum und die Miteigentumsanteile erlöschen. Wird ein Anteil auf mehrere übertragen, bilden diese keine Unterbruchteilsgemeinschaft, der Anteil wird vielmehr in Einzelanteile zerlegt, weil ein Miteigentumsanteil nicht einer Unterbruchteilsgemeinschaft zustehen kann.[43] Eine Ausnahme besteht für die Sonderform des Wohnungseigentums (→ § 25). Bei *Belastungen* ist jeweils zu prüfen, ob sie nach ihrem Inhalt auf die Sache selbst oder auf das Miteigentum bezogen sind. Eine Grunddienstbarkeit (z.B. Wegerecht) soll ein dingliches Recht an der Sache selbst gewähren. Deshalb kann nur die Sache, aber nicht ein Bruchteil mit einer Dienstbarkeit belastet werden.[44] Nach § 1009 Abs. 1 BGB kann die gemeinschaftliche Sache auch zugunsten eines Miteigentümers belastet werden. Der Miteigentümer, für den die Belastung erfolgt, erwirbt ein dingliches Recht am eigenen Anteil. Bei der Belastung der Sache muss der Miteigentümer als Verfügender zusammen mit den anderen Miteigentümern auftreten und zugleich als Erwerber. Aus § 1009 Abs. 1 BGB ergibt sich, dass dieses Rechtsgeschäft nicht vom Verbot des Selbstkontrahierens (§ 181 BGB) erfasst ist.[45]

Nach allgemeinen Grundsätzen kann eine zulässige Klage nur von demjenigen erhoben werden, der prozessführungsbefugt ist. Die Prozessführungsbefugnis steht dem Inhaber des vom Kläger behaupteten Rechts zu. Wird um einen Anspruch aus dem Eigentum gestritten, beispielsweise bei einer Herausgabeklage nach § 985 BGB, ist derjenige prozessführungsbefugt, der behauptet, Eigentümer zu sein. Bei der Miteigentümergemeinschaft müsste danach die Klage, mit der Eigentümerbefugnisse geltend gemacht werden, von allen Mitei-

---

[41] BGHZ 115, 7.
[42] BGH NJW 1993, 935; anders *Marotzke*, Festschr. Schwab, 1990, S. 277. – Bruchteile an Grundstücken unterliegen der Immobiliarvollstreckung (§ 864 Abs. 2 ZPO).
[43] BGHZ 13, 141.
[44] BGHZ 36, 189.
[45] Motive Bd. 3, S. 439. Gegen diese Deutung MünchKommBGB/*K. Schmidt* § 1009 Rn. 1.

gentümern erhoben werden. Das würde die Rechtsverfolgung erheblich erschweren. Deshalb hat das Gesetz Sonderregelungen zugunsten der einzelnen Miteigentümer getroffen. Nach § 1011 BGB kann jeder Miteigentümer Ansprüche aus dem Eigentum in Ansehung der ganzen Sache gelten machen. Herausgabe kann der einzelne Miteigentümer nur an alle Miteigentümer gemeinschaftlich fordern (§ 1011 Satz 2 BGB i.V.m. § 432 BGB). Das Gesetz verleiht dem einzelnen Miteigentümer eine Prozessführungsbefugnis, die über seine Berechtigung hinausgeht. Herausgabe- und Unterlassungsansprüche stehen den Miteigentümern gemeinsam zu. Dennoch kann jeder Miteigentümer als *Prozessstandschafter* für die Gemeinschaft Klage erheben. Auf diese Weise wird die Handlungsfähigkeit der Gemeinschaft gestärkt. Der einzelne ist zur Rechtsverteidigung nicht auf interne Abstimmungsverfahren angewiesen, er kann vielmehr im eigenen Namen für die Gemeinschaft handeln.

Eine Erstreckung der Rechtskraft des vom Prozessstandschafter erstrittenen Urteils für oder gegen die anderen Miteigentümer verneint die h.M, sofern diese nicht ihre Zustimmung zur Prozessführung erteilt haben.[46] Verliert der Miteigentümer seinen Prozess, kann ein anderer erneut klagen und der Beklagte kann dagegen nicht einwenden, der Rechtsstreit sei bereits entschieden. Die h.M. ist abzulehnen. Sie versucht die Folgen einer mangelhaften Prozessführung durch den Prozessstandschafter von den anderen Miteigentümern abzuwenden. Den Nachteil trägt der Prozessgegner, der sich wiederholt auf einen Streit einlassen muss, wenn die Rechtskraft nicht auf die anderen Teilhaber erstreckt wird. Die erweiterte Prozessführungsbefugnis wird dem Miteigentümer vom Gesetz im Interesse der Gemeinschaft gewährt. Die Folgen einer fehlerhaften Prozessführung des Prozessstandschafters sind deshalb im Innenverhältnis zwischen den Miteigentümern durch Schadensersatzansprüche auszugleichen und nicht durch Ablehnung der Rechtskrafterstreckung, die zu Lasten des Prozessgegners geht.[47]

d) Das Wohnungseigentum als Sonderfall des Bruchteilseigentum

34 Ein besonderer Fall der Bruchteilsgemeinschaft entsteht durch die Begründung von Wohnungseigentum nach dem WEG. Bei der Wohnungseigentümergemeinschaft ist das Sondereigentum vom Miteigentum am Grundstück und den Gemeinschaftsanlagen zu unterscheiden. Das Sondereigentum bezieht sich auf eine bestimmte Wohnung und nicht auf einen ideellen Anteil. Das Grundstückseigentum steht den Wohnungseigentümern als Miteigentümer zu. Das Sondereigentum ist kein selbständiges vom Miteigentum am Grundstück losgelöstes Recht. Nach § 6 Abs. 1 WEG kann das Sondereigentum nicht ohne den Miteigentumsanteil veräußert oder belastet werden. Zu Einzelheiten → § 25.

---

[46] BGHZ 92, 354; BGH NJW 1985, 2825.
[47] *Berger*, Die subjektiven Grenzen der Rechtskraft bei der Prozeßstandschaft, 1992, S. 223 ff., 249.

e) Weitere Miteigentümergemeinschaften

Einen besonderen Begründungstatbestand für Miteigentum enthält § 6 Abs. 1 Satz 1 DepotG. Danach entsteht an Wertpapieren, die in Sammelverwahrung genommen werden, Miteigentum nach Bruchteilen.[48] Miteigentum entsteht ferner aufgrund der Mischlagerung und der Sammellagerung, die nur zulässig sind, wenn der Eigentümer zustimmt (§ 419 Abs. 1 HGB).

35

2. Gesamthandseigentum

Das Gesamthandseigentum stellt eine weitere Form der Mitberechtigung an einer Sache dar. Es unterscheidet sich vom Miteigentum aber in wesentlichen Punkten. Gesamthandseigentum ist Vermögen, das Gesamthändern gemeinschaftlich zusteht. Die Berechtigung an dem einzelnen Gegenstand ist vermittelt durch die Beteiligung an dem Vermögen. Gesamthandsvermögen sind der Nachlass, der mehreren Miterben zusteht (§§ 2032ff. BGB), das Gesamtgut bei der Gütergemeinschaft (§§ 1415ff. BGB) und nach dem Gesetz das Gesellschaftsvermögen der Personengesellschaften, OHG (§ 105 Abs. 3 HGB), KG (§ 161 Abs. 3 HGB) und Partnerschaftsgesellschaft (§ 1 Abs. 4 PartGG). Für die GbR gilt das Gesamthandsprinzip nach § 718 BGB jedenfalls bis zum Inkrafttreten des MoPeG im Jahre 2024, das das bisherige gesamthänderische Konzept für die GbR aufhebt. Darüber hinaus können durch Parteivereinbarung keine Gesamthandsgemeinschaften begründet werden.

36

Bei der Verfügung über einen zum Gesamthandsvermögen gehörenden Gegenstand müssen alle Gesamthänder mitwirken, weil sie nur zusammen verfügungsbefugt sind. Der Gesamthänder kann über einen Anteil an einem Vermögensgegenstand nicht verfügen (§§ 719 Abs. 1, 2033 Abs. 2 BGB). Die überwiegende Lehre verneint die Existenz besonderer Mitberechtigungen an den einzelnen Sachen, da sie nach der zwingenden Regelung des § 719 Abs. 1 BGB rechtlich ohnehin nicht in Erscheinung treten. Weil es bei der Gesamthand keine Anteile an einzelnen Gegenständen gibt, über die verfügt werden könnte, werden die Gesamthänder im Grundbuch ohne Angabe einer Beteiligungsquote eingetragen, während beim Miteigentum die Quote eingetragen wird (§ 47 Abs. 1 GBO). In der Vertragspraxis wird die Gestaltung einer Mitberechtigung in Form der Gesamthandsberechtigung zum Teil deshalb gewählt, weil auf diese Weise die Verfügung des einzelnen Mitberechtigten über einen Anteil an den zum Gesamthandsvermögen gehörenden Gegenständen sicher ausgeschlossen werden kann.[49]

37

---

[48] Einzelheiten bei *Horn* WM 2002, Sonderbeilage Nr. 2 zu Heft 20, S. 1, 8; zu den Besitzverhältnissen bei Sammelverwahrung *Berger* WM 2009, 577, 578ff.

[49] Da es sich beim Miteigentum um ein Beziehungsrecht handelt, kommt eine Vinkulierung nach §§ 413, 399 Fall 2 BGB in Betracht, vgl. *Berger*, Rechtsgeschäftliche Verfügungsbeschränkungen, 1998, S. 359; ebenso im Ergebnis Soergel/*Stürner* vor § 1008 Rn. 1.

38 Nach h.M. ist die GbR als sog. Außengesellschaft[50] rechts- und parteifähig. Der BGH schloss sich der auf *Flume*[51] zurückgehenden Neuorientierung des dogmatischen Verständnisses der GbR an, indem er zunächst die Partei- und Rechtsfähigkeit[52] der GbR und schließlich ihre Grundbuchfähigkeit anerkannte.[53] Nach dieser zweifelhaften Rechtsfortbildung contra legem[54] sind nicht mehr die Gesellschafter in ihrer Verbundenheit Eigentümer einer Sache, sondern die Gesellschaft. Danach handelt es sich beim Gesellschaftsvermögen nicht um einen Fall gemeinsamer Berechtigung.[55] Die Verfügungsbefugnis steht nicht den Gesellschaftern gemeinschaftlich zu, sondern der Gesellschaft, die Eigentümerin ist. Veräußern die Gesellschafter eine Sache, handeln sie nicht in eigenem Namen, sondern als Vertreter bzw. Organ der Gesellschaft.[56] Da der gute Glaube an die Vertretungsbefugnis nicht geschützt ist, scheidet gutgläubiger Erwerb aus, wenn z.B. ein dem Erwerber unbekannter Gesellschafter bei notwendiger Gesamtvertretung nicht mitgewirkt hat. Diese verhängnisvolle Konsequenz der neuen Lehre versuchte der Gesetzgeber für das Immobiliarsachenrecht durch Einfügung des § 899a BGB zu beseitigen (→ § 10 Rn. 26). Mit Inkrafttreten des MoPeG am 1.1.2024 wird die Verfassung der GbR auf eine völlig neue Grundlage gestellt. Das Gesamthandsprinzip hat für die GbR dann ausgedient. Zu den Folgen → § 10 Rn. 32 f.

3. Die Treuhand

a) Kennzeichnung

39 Das bürgerliche Eigentum als umfassendes dingliches Recht an einer Sache unterliegt keiner vorgegebenen Zweckbindung. Beschränkungen des Eigentümers mit dem Ziel, die Ausübung der Eigentümerbefugnisse einem bestimmten Zweck unterzuordnen, können nur mit schuldrechtlicher Wirkung begründet werden. Zum Wesen der Treuhand gehört es, dass Eigentum (oder ein sonstiges Vermögensrecht) auf einen anderen mit der Abrede übertragen wird, dass die Ausübung der Eigentümerstellung durch das Treuhandverhältnis begrenzt wird. Der Erwerber ist nach außen hin Volleigentümer, aber gegenüber dem Treugeber schuldrechtlich an die Treuhandabrede gebunden.

---

[50] Weitergehend und folgerichtig *Wilhelm* Rn. 194 (alle Gesellschaften bürgerlichen Rechts seien rechtsfähig).
[51] *Flume*, Allgemeiner Teil des Bürgerlichen Rechts Bd. I, 1. Teil, Die Personengesellschaft, 1977.
[52] BGHZ 146, 341.
[53] BGH NJW 2009, 594.
[54] Kritisch *Canaris* ZGR 2004, 107; *Zöllner*, Festschr. Kraft, 1998, 701; Jauernig/*Stürner* § 705 Rn. 1. Im gesellschaftsrechtlichen Schrifttum hat sich die neue Lehre allgemein durchgesetzt, vgl. z.B. MünchKommBGB/*Schäfer* § 705 Rn. 300.
[55] *Wilhelm* Rn. 201.
[56] Vgl. MünchKommBGB/*Schäfer* § 714 Rn. 14.

Man unterscheidet üblicherweise fremdnützige und eigennützige Treuhand. 40
Bei der *fremdnützigen Treuhand* hat der Treuhänder die Interessen des Treugebers wahrzunehmen, wie bei der Verwaltungstreuhand. Wird ein Vermögensverwalter lediglich mit einer Vollmacht ausgestattet, kann er nach § 164 BGB mit Wirkung für den Vermögensträger alle Rechtshandlungen vornehmen, die von seiner Handlungsmacht erfasst sind, er wird aber nicht Inhaber der Vermögensrechte, die seiner Verwaltung unterstellt sind. Wird das Treugut auf den Treuhänder übertragen, kann dieser aus eigenem Recht als Eigentümer über die ihm anvertrauten Gegenstände verfügen. Seine Handlungsmacht lässt sich gegenüber Dritten nicht wie bei der Vollmacht begrenzen. Die Vereinbarung, nach der die Veräußerung durch den Treuhänder ausgeschlossen ist, entfaltet nach § 137 Satz 1 BGB keine dingliche Wirkung. Mit der Übertragung des Eigentums auf den Treuhänder verliert der Treugeber die Verfügungsbefugnis. Auch diese Folge könnte durch Erteilung einer Vollmacht oder Ermächtigung nicht erreicht werden. Die verdrängende Vollmacht, bei der der Vollmachtgeber neben dem Bevollmächtigten nicht mehr wirksam handeln kann, wird von der h.M. nicht anerkannt.[57]

Zur *eigennützigen Treuhand* wird die Sicherungstreuhand gerechnet. Der Sicherungseigentümer hat an der Eigentümerstellung ein eigenes Interesse. 41
Kommt es zum Sicherungsfall, soll er nach der schuldrechtlichen Abrede mit dem Sicherungsgeber berechtigt sein, das Treugut zu veräußern, um sich aus dem Erlös zu befriedigen. Solange der Kreditnehmer seine Pflichten erfüllt, soll der Sicherungseigentümer von seiner Eigentümerstellung keinen Gebrauch machen (→ § 33 Rn. 1).

Die Rechtsstellung des Treuhänders zeichnet sich dadurch aus, dass sein rechtliches Können weiter reicht als sein durch Treuhand- oder Sicherungsabrede bestimmtes rechtliches Dürfen. Der Sicherungseigentümer verletzt seine Pflichten aus dem schuldrechtlichen Sicherungsvertrag, wenn er das Sicherungseigentum veräußert, obwohl der Sicherungsfall nicht eingetreten ist. Da er Eigentümer ist, sind abredewidrige Verfügungen gleichwohl wirksam. Kennt der Dritte die Pflichtenbindung des Treuhänders, kommt allerdings ein Schadensersatzanspruch nach § 826 BGB in Betracht.[58] 42

b) Die haftungsrechtlichen Besonderheiten des Treuhandeigentums

Aus der Charakterisierung des Treuhandeigentums als rein schuldrechtliche Bindung des Eigentümers ergibt sich, dass das (abstrakte) Sachenrecht Treuhandeigentum nicht kennt. Die Begründung zweckgebundenen Eigentums verstieße gegen den numerus clausus der Sachenrechte (→ § 1 Rn. 39). Dennoch wird Treuhandeigentum bei der Verwirklichung der Haftung besonderen Grundsätzen unterstellt, durch die schuldrechtliche Bindungen aus der Treuhand- 43

---

[57] *Brehm* AT Rn. 451.
[58] BGH NJW-RR 1993, 367.

abrede verdinglicht werden. Gläubiger können im Grundsatz auf alle Vermögensgegenstände zugreifen, die dem Schuldner gehören (→ § 1 Rn. 18). Für die haftungsrechtliche Zuordnung einer Sache ist allein die formale dingliche Eigentümerstellung maßgeblich. Schuldrechtliche Verpflichtungen sind belanglos. Hat ein Eigentümer eine Sache rechtsgrundlos übereignet, können die Gläubiger des Erwerbers im Wege der Zwangsvollstreckung auf den rechtsgrundlos erlangten Gegenstand zugreifen. Der frühere Eigentümer, dem nur ein schuldrechtlicher Rückübereignungsanspruch nach bereicherungsrechtlichen Vorschriften (§ 812 Abs. 1 Satz 1 Fall 1 BGB) zusteht, kann die Zwangsvollstreckung nicht verhindern. Eine Drittwiderspruchsklage nach § 771 ZPO, mit der geltend gemacht wird, der gepfändete Gegenstand gehöre nicht dem Vollstreckungsschuldner, ist daher unbegründet. Anders bei der Treuhand: Dem Verwaltungstreugeber, der eigentlich nur schuldrechtlich berechtigt ist, wird die Drittwiderspruchsklage gewährt, wenn Gläubiger des Treuhänders in das Treuhandeigentum vollstrecken.[59] Der Sicherungstreugeber kann nach § 771 ZPO klagen, wenn ein Gläubiger des Sicherungsnehmers die zur Sicherung übereignete Sache pfändet,[60] und er kann in der Insolvenz des Sicherungsnehmers gemäß § 47 InsO aussondern, sofern er die gesicherte Forderung tilgt.[61] Die Begründung des Treuhandprivilegs knüpft an eine wenig überzeugungskräftige Unterscheidung von nur formalem Eigentum des Treuhänders und wirtschaftlichem Eigentum des Treugebers an.[62] Einschränkende Voraussetzungen sind zudem die Unmittelbarkeit des Erwerbs des Treuguts vom Treugeber[63] und das Merkmal der Offenkundigkeit[64] der treuhänderischen Bindung. Für Grundstücksrechte spricht der BGH Treuhandvereinbarungen überdies nur dann Aussonderungskraft zu, wenn der Anspruch des Treugebers auf Änderung der dinglichen Rechtslage durch eine Vormerkung nach § 883 BGB (→ § 13) gesichert und damit aus dem Grundbuch ersichtlich ist.[65]

c) Verwandte Erscheinungen

44 Von den haftungsrechtlichen Besonderheiten abgesehen, kennt das deutsche Recht kein besonderes Treuhandeigentum. Die Zwecke, die mit einer Treuhand verfolgt werden sollen, können auf unterschiedliche Weise erreicht werden. Ein Mittel zur Verselbständigung und Zweckbindung eines Vermögens ist die Gründung einer juristischen Person. Juristische Personen sind selbständige Rechts-

---

[59] Für die Verwaltungstreuhand anerkannt von RGZ 79, 121 in Fortschreibung früherer Rechtsprechung zu preußischem Recht; dazu *Berger*, Rechtsgeschäftliche Verfügungsbeschränkungen, 1998, S. 150ff.
[60] MünchKommZPO/*K. Schmidt/Brinkmann* § 771 Rn. 26.
[61] Jaeger/*Henckel* InsO § 47 Rn. 58.
[62] Bereits RGZ 45, 80 (Verwaltungstreuhand).
[63] RGZ 79, 121, 123.
[64] Dazu BGH NJW 1993, 2622.
[65] BGH NJW 2003, 3414, 3417f.

subjekte. Sie werden vom Recht aber nicht um ihrer selbst willen anerkannt, sondern im Interesse der Personen, die mit dieser Rechtsgestaltung ihre Interessen verfolgen. Auch durch die Bildung von Gesamthandsvermögen kann eine Zweckbindung erreicht werden. Bei der Erbfolge kann die Vorerbschaft zu einer treuhänderischen Stellung des Erben führen, der nur vorübergehend Inhaber des Nachlasses werden soll. Sofern der Erblasser keine andere Anordnung getroffen hat, kann der Vorerbe nicht über Grundstücke verfügen und er kann keine unentgeltlichen Verfügungen über Nachlassgegenstände treffen (§ 2113 Abs. 1 und 2 BGB). In der Vertragspraxis wird mit Hilfe der Vormerkung eine Bindung an schuldrechtliche Abreden abgesichert. So kann bei der Übereignung eines Grundstücks, das im Familienbesitz bleiben soll, ein Rückauflassungsanspruch für den Fall der Veräußerung an einen Familienfremden vereinbart werden, der durch Vormerkung gesichert wird.[66]

---

[66] Dazu *Berger*, Rechtsgeschäftliche Verfügungsbeschränkungen, 1998, S. 194 ff.

§ 6 Privatrechtliche Eigentumsschranken und Nachbarrecht

Literatur: *Braun* Subjektive Rechtfertigungselemente im Zivilrecht?, NJW 1998, 941; *Horst*, Querverbindung zwischen Aufopferungsanspruch und Gefährdungshaftung einerseits und Aufopferungsanspruch und Eingriffserwerb andererseits, Neue Kölner Rechtswissenschaftliche Abhandlungen, H. 43, 1966, S. 33; *Merkel, Rudolf*, Die Kollision rechtmäßiger Interessen und die Schadensersatzpflicht bei rechtmäßigen Handlungen, 1895; *Regenfus*, Zivilrechtliche Abwehransprüche gegen Überflüge und Bildaufnahmen von Drohnen, NZM 2011, 799; *Rümelin*, Die Gründe der Schadenszurechnung, 1896; *Schünemann*, Selbsthilfe im Rechtssystem, 1985; *Vieweg/Röthel*, Der verständige Durchschnittsmensch im privaten Nachbarrecht, NJW 1999, 969; *Wagner, Gerhard*, Öffentlich-rechtliche Genehmigung und zivilrechtliche Rechtswidrigkeit, 1989; *Würdinger*, Humoristisches Nachbarrecht, NJW 2009, 732.

Studium: *Bruns*, Der nachbarrechtliche Ausgleichsanspruch im Spiegel der BGH-Rechtsprechung, NJW 2020, 3493; *Neuner*, Das nachbarschaftsrechtliche Haftungssystem, JuS 2005, 385.

Fallbearbeitung: *Hennig/Honer*, Grundfälle des bürgerlich-rechtlichen Nachbarrechts, JuS 2016, 591; *Stadler/Klöpfer*, Drohnen über Schloss Sanssouci, JA 2017, 901.

I. Gesetzliche Regelung

1 Das Eigentum unterliegt vielfältigen Beschränkungen. § 903 Satz 1 BGB stellt die Selbstverständlichkeit heraus, dass der Eigentümer seine Befugnisse nur im Rahmen des Gesetzes ausüben darf. Neben den öffentlich-rechtlichen Beschränkungen einschließlich der Bestimmungen des Tierschutzes (§ 903 Satz 2 BGB), die hier ausgeklammert werden, sind vor allem die nachbarrechtlichen Vorschriften von Bedeutung, welche die unterschiedlichen Interessen benachbarter Grundeigentümer auszugleichen suchen (§§ 906–924 BGB). Eine Eigentumsbeschränkung enthält § 904 BGB, der das Verbietungsrecht des Eigentümers ausschließt, wenn im Falle der Güterkollision der Schaden, der dem Eingreifenden droht, gegenüber dem des Eigentümers unverhältnismäßig groß ist. Schließlich wird das Eigentumsrecht durch das Interesse des Eigentümers begrenzt, wenn die Einwirkung in solcher Höhe oder Tiefe vorgenommen wird, dass der Eigentümer nicht beeinträchtigt wird (§ 905 Satz 2 BGB). Das BGB regelt nur einen Teil der privatrechtlichen Eigentumsschranken. Das Nachbarschaftsrecht wurde nur insoweit in das BGB aufgenommen, als lokale Verhältnisse keine Rolle spielen. Neben dem BGB gelten landesrechtliche Nachbarschaftsgesetze.

II. Die räumlichen Schranken des Grundeigentums

1. Das Grundstück als Raum

Das Grundstück wird üblicherweise definiert als Teil der Erdoberfläche, der im Grundbuch als Grundstück geführt wird (→ § 1 Rn. 60). Würde man diese Definition ernst nehmen, wären Grundstücke zweidimensionale Gebilde. Nach dem Gesetz sind Grundstücke jedoch räumliche Rechtsgegenstände. Das Recht des Eigentümers eines Grundstücks erstreckt sich auf den Raum über der Oberfläche und auf den Erdkörper unter der Oberfläche (§ 905 Satz 1 BGB). Manche Kommentare bezeichnen den Raum über der Oberfläche als Luftsäule über dem Grundstück.[1] Das ist ungenau, weil das Eigentumsrecht an dem Raum über dem Boden unabhängig davon besteht, ob dieser mit Luft oder einem anderen Gas gefüllt ist. Auch der räumliche Bereich, in dem ein Vakuum erzeugt wurde, gehört dem Eigentümer. Gegenstand des Eigentumsrechts ist der Raum selbst und nicht sein Inhalt. Kraft seines Eigentums kann der Eigentümer Einwirkungen auf den ihm zugewiesenen räumlichen Bereich abwehren. Ein Eigentumsrecht an der Luft, die sich säulenartig auf dem Grundstück auftürmt, besteht ebenso wenig, wie an Wellen eines Flusses. Eine Einwirkung auf diese Luft kann gleichwohl Verletzung des Eigentums am Grundstück sein, wenn sie sich als Eingriff in den räumlichen Herrschaftsbereich darstellt. Auch der „Erdkörper" (so § 905 Satz 1 BGB) unterhalb der Oberfläche ist als Raum der Herrschaft des Eigentümers unterworfen. Ob dieser Raum mit Erdreich, Wasser, Beton oder Luft gefüllt ist, spielt keine Rolle.[2] Das Eigentumsrecht erstreckt sich deshalb auch auf Höhlen, die sich in dem Erdkörper befinden.

Eine Sonderregelung enthält das Gesetz in § 923 BGB für Grenzbäume; das sind Bäume, die auf der Grundstücksgrenze stehen. Die Früchte und der gefällte Baum stehen den Nachbarn zu gleichen Teilen zu. Vor dem Fällen besteht eine vertikale Eigentumsteilung.[3] Von Bedeutung ist diese Eigentumslage vor allem für die Verkehrssicherungspflicht.

2. Beschränkungen der Eigentümerbefugnisse

Nach § 905 Satz 2 BGB kann der Eigentümer Einwirkungen nicht verbieten, die in solcher Höhe oder Tiefe vorgenommen werden, dass er an der Ausschließung kein Interesse hat. Dabei kommt es nicht auf abstrakte Interessen, sondern auf die konkreten Umstände an.[4] Daher muss unter Umständen das Eindringen des Schwenkarms eines Krans in den Raum über dem Grundstück geduldet werden.[5] Neben dieser allgemeinen Schranke gibt es öffentlich-rechtliche Spezialgesetze. Nach § 1 Abs. 1 LuftVG ist die Benutzung des Luftrau-

---

[1] Vgl. MünchKommBGB/*Brückner* § 905 Rn. 2.
[2] Unzutreffend BVerfG NJW 1982, 745, 749 (linke Spalte).
[3] BGH NJW 2004, 3328.
[4] Staudinger/*Roth* § 905 Rn. 10.
[5] OLG Düsseldorf NZM 2007, 582, 583 (Besitzschutzprozess).

mes durch Luftfahrzeuge frei. Der Grundeigentümer kann deshalb das Überfliegen seines Grundstücks nicht verbieten.[6] Beim Drohnenüberflug nehmen die Konflikte zu.[7]

4 Für den Raum unterhalb der Oberfläche wird das Eigentum durch das BBergG eingeschränkt. Danach unterliegen bestimmte Bodenschätze dem Aneignungsrecht des Bergbauberechtigten (→ § 5 Rn. 13). Nach der früheren Rechtsprechung des BGH erstreckt sich das Eigentum auch auf das Grundwasser.[8] Demgegenüber vertritt das BVerfG die Ansicht, der Gesetzgeber des BGB habe die Regelung des Wasserrechts in vollem Umfang der Landesgesetzgebung vorbehalten, deshalb gelte § 905 BGB für das Grundwasser nicht.[9] Die Frage kann von Bedeutung sein, wenn der Eigentümer wegen eines Eingriffs in das Grundwasser Schadensersatz begehrt. Löst man das Grundwasser vollständig vom Eigentum, kann sich der Eigentümer nicht auf § 823 Abs. 1 BGB berufen, wenn rechtswidrig auf das Grundwasser eingewirkt wird. Neben öffentlich-rechtlichen Beschränkungen des Eigentums gibt es einen zivilrechtlichen Gemeingebrauch am Wald. Nach § 14 Abs. 1 Satz 1 BWaldG ist das Betreten des Waldes zum Zwecke der Erholung gestattet.

III. Angriffsnotstand (§ 904 BGB)

1. Die Regelung des § 904 BGB

5 Der Eigentümer einer Sache ist nach § 904 Satz 1 BGB nicht berechtigt, die Einwirkung eines anderen auf die Sache zu verbieten, wenn die Einwirkung zur Abwendung einer gegenwärtigen Gefahr notwendig und der drohende Schaden gegenüber dem aus der Einwirkung entstehenden Schaden unverhältnismäßig groß ist. Im Falle der Güterkollision wird das Eigentum zugunsten eines höherwertigen Gutes aufgeopfert. Das Gesetz schließt in § 904 Satz 1 BGB aber nur die Primärbefugnis des Eigentümers, das Verbietungsrecht, aus. Der Wert soll ihm erhalten bleiben. Deshalb ordnet § 904 Satz 2 BGB an, dass der durch Notstand gerechtfertigte Eingriff zum Schadensersatz verpflichtet.

6 Der Notstand des § 904 BGB ist ein Sonderfall des rechtfertigenden Notstandes, der in § 34 StGB geregelt ist. Sonderregelungen gegenüber § 904 BGB enthalten § 25 Abs. 2 Nr. 2 LuftVG (Notlandung), § 700 HGB und § 78 Abs. 1 BinnenSchG (große Haverei).

---

[6] Einschränkend Staudinger/*Roth* § 905 Rn. 21: Überflug ist nur hinzunehmen, wenn er nicht mehr Lärm verursacht als nach dem jeweiligen Stand der Technik unvermeidbar.
[7] Dazu *Lakkis*, Festschr. Schilken, 2015, S. 61.
[8] BGHZ 69, 1; anders BGHZ 84, 226, 236.
[9] BVerfG NJW 1982, 745; zustimmend MünchKommBGB/*Brückner* § 905 Rn. 2; kritisch *Hildesheim* JuS 1985, 99.

2. Der Tatbestand des § 904 Satz 1 BGB

a) Einwirkung

§ 904 Satz 1 BGB setzt eine Einwirkung auf das Eigentum voraus. Einwirkung ist jede Handlung, die der Eigentümer aufgrund seines Eigentumsrechts verbieten könnte. Nach der Rechtsprechung des BGH ist § 904 BGB nur anwendbar, wenn sich der Handelnde die Schädigung der Sache zumindest als mögliche Folge seines Eingriffs in den fremden Rechtskreis vorgestellt und sie billigend in Kauf genommen hat.[10] Weil das Vorsatzmoment fehlte, verneinte der VI. Zivilsenat des BGH den Ersatzanspruch eines Verkehrsteilnehmers, auf den ein Pkw-Fahrer deshalb aufgefahren war, weil dieser sein Fahrzeug zur Vermeidung eines Frontalzusammenstoßes auf die Gegenfahrbahn lenkte und dabei den Pkw des Klägers beschädigte. Der Fahrer, der die Gefahrenlage verursacht, und den Kläger zu seinem Ausweichmanöver gezwungen hatte, beging Fahrerflucht und konnte deshalb nicht haftbar gemacht werden. Das von der Rechtsprechung aufgestellte subjektive Erfordernis überzeugt nicht, weil die innere Einstellung zu der Eigentumsverletzung kaum darüber entscheiden kann, ob eine durch § 904 Satz 1 BGB gerechtfertigte Handlung vorliegt, und ob ein Ersatzanspruch nach § 904 Satz 2 BGB entsteht.[11]

7

b) Notwendigkeit der Einwirkung

Der Handelnde ist nur dann gerechtfertigt, wenn die Einwirkung notwendig ist, um eine gegenwärtige Gefahr abzuwenden. Die Einwirkung ist nicht notwendig, wenn es möglich ist, der Gefahr auf andere Weise zu begegnen. Nur wo der Eingriff erforderlich ist, besteht eine Güterkollision, die zur Aufopferung eines Gutes zwingt. Unerheblich ist, wem die Gefahr droht. Auch eine sog. Nothilfehandlung, durch die eine Gefahr von einem Dritten abgewendet wird, ist nach § 904 Satz 1 BGB gerechtfertigt.

8

c) Güterabwägung

Beim Notstand nach § 904 BGB muss der drohende Schaden gegenüber dem Schaden, den die Einwirkung mutmaßlich hervorrufen wird, unverhältnismäßig sein. Bei der Abwägung ist nicht allein auf einen rechnerischen Schaden abzustellen, sondern auf das zu rettende Rechtsgut. Wer eine fremde Sache beschädigen muss, um sein Leben zu retten, handelt nicht rechtswidrig, unabhängig vom Wert der Sache.

9

---

[10] BGHZ 92, 357; vgl. auch RGZ 113, 301.
[11] Vgl. *Braun* NJW 1998, 941.

3. Die Schadensersatzpflicht nach § 904 Satz 2 BGB

10 Der Eigentümer, dessen Recht in fremdem Interesse aufgeopfert wird, kann Ersatz des ihm entstandenen Schadens verlangen (§ 904 Satz 2 BGB). Wer zum Ersatz verpflichtet ist, bestimmt das Gesetz nicht ausdrücklich, deshalb wird die Bestimmung in den Lehrbüchern zur Methodenlehre als Beispiel einer Normlücke angeführt.[12] Wenn der Eingreifende mit dem durch den Eingriff Begünstigten identisch ist, bestehen keine Zweifel. Ersatzpflichtig ist derjenige, der auf fremdes Eigentum eingewirkt hat, um einen Schaden von sich abzuwenden. Wenn der Handelnde nicht der Begünstigte ist, soll nach einer verbreiteten Meinung der Begünstigte und nicht der Handelnde zum Schadensersatz verpflichtet sein.[13] Als Argument wird angeführt, der Einwirkende dürfe nicht dem Risiko der Insolvenz des Begünstigten ausgesetzt sein.[14] Dieses Risiko verwirklicht sich, wenn der Handelnde seine Regressansprüche aus dem Rechtsverhältnis zu dem Begünstigten – in der Regel Geschäftsführung ohne Auftrag – nicht durchsetzen kann. Diese Ansicht ist abzulehnen, weil sie keinen Raum lässt für die Prüfung, ob die Nothilfe dem wirklichen oder mutmaßlichen Willen des Begünstigten entsprach (§ 683 BGB) oder ob eine besondere vertragliche Regelung bestand. Dass der Handelnde haftbar ist und nicht der Begünstigte, liegt daran, dass ihm gegenüber die Duldungspflicht bestand.[15]

Nach der Rechtsprechung ist der begünstigte Dritte ersatzpflichtig, wenn der Handelnde in einem Abhängigkeitsverhältnis zu ihm steht.[16] Abzustellen ist darauf, ob der Handelnde als Gehilfe tätig war. So ist nicht der Arbeitnehmer haftbar, wenn er in Ausübung seiner Dienstpflichten fremdes Eigentum beschädigt, um einen unverhältnismäßig hohen Schaden von seinem Arbeitgeber abzuwenden.

11 Hat der Eigentümer die Gefahrenlage verschuldet, wird der Schaden nach § 254 BGB zwischen Eigentümer und Eingreifendem geteilt. Die bloße Verursachung der Gefahrenlage führt nicht zum Verlust des Anspruchs nach § 904 Satz 2 BGB. Auch eine Einwilligung in die Rechtsverletzung schließt den Anspruch nicht aus, weil der Eigentümer, der in die Notstandshandlung einwilligt, nur zum Ausdruck bringt, dass er die ihm auferlegte Duldungspflicht erfüllen wird. Die Ankündigung rechtstreuen Verhaltens kann nicht zum Ausschluss eines Anspruchs führen. Zweifelhaft ist, ob der Einwirkende auch dann haftbar ist, wenn er gesetzlich zur Hilfe verpflichtet war (§ 323c StGB). Die h.M.[17] bejaht dies, andere wollen die Ersatzpflicht ausnahmsweise dem Begünstigten oder dem Staat auferlegen. Die durch die Zumutbarkeit begrenzte Pflicht zur Hilfeleistung umfasst auch die Pflicht, Eigentum aufzuopfern. Deshalb besteht kein Grund, eine Ausnahme von der Ersatzpflicht des Handelnden zu machen.

---

[12] *Larenz*, Methodenlehre, 6. Kap. 2a; *Pawlowski*, Methodenlehre, Rn. 464.
[13] *Larenz/Canaris*, Schuldrecht Besonderer Teil, Bd. 2, § 85 I 1 b.
[14] MünchKommBGB/*Brückner* § 904 Rn. 18.
[15] *Baur/Stürner* § 25 Rn. 8.
[16] BGHZ 6, 105; RGZ 113, 303.
[17] *Baur/Stürner* § 25 Rn. 8.

§ 6 Privatrechtliche Eigentumsschranken und Nachbarrecht 6.14

Nach h.M. besteht ein Ersatzanspruch nach § 904 Satz 2 BGB auch dann, 12
wenn der Handelnde über die Voraussetzungen der Notstandslage irrte und
fälschlich davon ausging, sein Handeln sei gerechtfertigt. Streitig ist, in welchen
Fällen eine analoge Anwendung des § 904 Satz 2 BGB in Betracht kommt. Die
Analogie wurde vorgeschlagen für die sog. Selbstaufopferung im Straßenverkehr.[18] Die überwiegende Ansicht stützt den Anspruch des Aufopfernden auf
§§ 677, 683 BGB.

Beispiel: Einem Pkw-Fahrer kommt eine Gruppe Schüler auf Fahrrädern entgegen. Ein
Schüler schert mit seinem Fahrrad plötzlich auf die Fahrbahnseite des entgegenkommenden Pkw aus. Um den Schüler nicht zu überfahren, reißt der Pkw-Fahrer sein Fahrzeug
nach rechts und landet in einem Acker. Bei dem Ausweichmanöver verletzt er sich. Der
BGH[19] ging davon aus, dass Ansprüche aus Geschäftsführung ohne Auftrag in Betracht
kommen, wenn der Pkw-Fahrer den Entlastungsbeweis nach § 7 Abs. 2 StVG führen kann.
Es wurde aber nicht der volle Schadensausgleich gewährt, sondern nur eine angemessene
Entschädigung, weil sich der Pkw-Fahrer die vom Fahrzeug ausgehende Gefahr anrechnen
lassen müsse. Die Anwendung der §§ 677, 683 BGB ist einer Notstandshaftung analog
§ 904 Satz 2 BGB vorzuziehen.

Über die enge Fallgruppe der Selbstaufopferung hinaus wird die Schadensersatzregelung des § 904 Satz 2 BGB von den Anhängern des *allgemeinen bürgerlich-rechtlichen Aufopferungsanspruchs* auf andere Fälle der Güterkollision übertragen.[20] 13

IV. Verteidigungsnotstand

Wer eine fremde Sache beschädigt oder zerstört, um eine durch sie drohende 14
Gefahr von sich oder einem anderen abzuwenden, handelt nach § 228 BGB
nicht widerrechtlich, wenn die Zerstörung zur Abwendung der Gefahr erforderlich ist und der Schaden nicht außer Verhältnis zu der Gefahr steht. Der Verteidigungsnotstand des § 228 BGB unterscheidet sich vom Angriffsnotstand
nach § 904 BGB dadurch, dass die zerstörte oder beschädigte Sache die Gefahr
für den Bedrohten hervorgerufen hat. Beim Notstand nach § 904 BGB geht die
Gefahr nicht von der Sache aus, auf die der Täter einwirkt. Wer sich auf den
Verteidigungsnotstand berufen kann, handelt rechtmäßig. Das schließt eine deliktische Haftung nach § 823 Abs. 1 BGB aus. Eine Haftung wegen der Notstandshandlung sieht § 228 Satz 2 BGB nur vor, wenn der Handelnde die Gefahr (nicht die Eigentumsverletzung) verschuldet hat. Der Eigentümer einer gefährlichen Sache muss die Nachteile, die durch die Gefahrenabwehr entstehen,
selbst tragen.

---

[18] Soergel/*Baur* § 904 Rn. 24 mit unklarer Abgrenzung zur Geschäftsführung ohne Auftrag; *Horn* JZ 1960, 350, 352.
[19] BGHZ 38, 270.
[20] Dazu *Konzen*, Aufopferung im Zivilrecht, 1969; MünchKommBGB/*Brückner* § 904 Rn. 23.

Beispiel: A wird von einem Tiger, der aus dem Circus ausgebrochen ist, angegriffen. Um sich zu retten, ergreift A die Pistole des B und erschießt die Raubkatze. In diesem Beispiel treffen aggressiver und defensiver Notstand zusammen. Ein Verteidigungsnotstand lag bei der Tötung des Tieres vor. Da die Gefahr von dem Tier, das insoweit einer Sache gleichzustellen ist, ausging, kommt § 228 BGB zur Anwendung. A haftet gegenüber dem Eigentümer des Tigers nicht. Bei dem Verbrauch der Munition liegt ein Fall des § 904 Satz 1 BGB vor. Deshalb muss A nach § 904 Satz 2 BGB Ersatz leisten.

V. Immissionen (§ 906 BGB)

Literatur: *Hagen,* Der nachbarrechtliche Ausgleichsanspruch nach § 906 Abs. 2 Satz 2 BGB als Musterlösung und Lösungsmuster, Festschr. Lange, 1992, S. 486; *Jauernig,* Zivilrechtlicher Schutz des Grundeigentums in der neueren Rechtsentwicklung, JZ 1986, 605; *ders.,* Zum zivilrechtlichen Schutz des Grundeigentums in der neueren Rechtsentwicklung, Festschr. Heidelberg, 1986, S. 87; *Klöhn,* Zeitliche Priorität als Argument im Nachbarrecht, AcP 208 (2008), 777; *Luttermann,* Nachbarrechtliche Haftungsverfassung für gentechnisch veränderte Organismen, NJW 2011, 431; *Roth,* in: Roth/Lemke/Krohn, Der bürgerlich-rechtliche Aufopferungsanspruch: Ein Problem der Systemgerechtigkeit im Schadensersatzrecht. Juristische Studiengesellschaft Karlsruhe, H. 245 (2001), S. 25; *Schlechtriem,* Nachbarrechtliche Ausgleichsansprüche und Schadenshaftung, Festschr. Gernhuber, 1993, S. 407, *Stresemann,* Versteinert und leicht angestaubt? Von groben, feinen und negativen Immissionen, Festschr. Wenzel, 2005, S. 425; Wagner, Nachbarhaftung für gentechnische Immissionen, VersR 2007, 1017; *Wenzel,* Der Störer und seine verschuldensunabhängige Haftung im Nachbarrecht, NJW 2005, 241.

Studium: *Neuner,* Das nachbarrechtliche Haftungssystem, JuS 2005, 487; *Siems,* Das private Nachbarschaftsrecht zwischen Mietern, JuS 2005, 884.

1. Unwesentliche Immissionen nach § 906 Abs. 1 BGB

a) Der Regelungsgehalt des § 906 Abs. 1 BGB

15 Nach § 906 Abs. 1 Satz 1 BGB kann der Eigentümer eines Grundstücks die Zuführung von Gasen, Dämpfen, Gerüchen, Rauch, Ruß, Wärme, Geräusch, Erschütterungen und ähnliche von einem anderen Grundstück ausgehende Einwirkungen insoweit nicht verbieten, als die Einwirkung die Benutzung seines Grundstücks nicht oder nur unwesentlich beeinträchtigt. Durch die Pflicht des Eigentümers, Beeinträchtigungen zu dulden, wird das Eigentumsrecht eingeschränkt. Zugleich werden aber die Rechte des Eigentümers erweitert, weil der Grundeigentümer seinerseits verlangen kann, dass der andere Eigentümer Beeinträchtigungen durch unwesentliche Immissionen duldet. Könnte der Eigentümer auch geringfügige Beeinträchtigungen abwehren, wäre jeder in der Nutzung seines Grundstücks erheblich beschränkt. Um dies zu vermeiden, sind Belästigungen, die das Grundstück nur unwesentlich beeinträchtigen, wechselseitig zu dulden.

Unabhängig von der Art der Immission ist die Zuführung durch besondere Leitungen unzulässig und vom Eigentümer nicht zu dulden (§ 906 Abs. 3 BGB).

b) Immissionen nach § 906 Abs. 1 BGB

Das Gesetz zählt in § 906 Abs. 1 Satz 1 BGB beispielhaft Einwirkungen auf das Grundstück auf, die einen gemeinsamen Charakter aufweisen. Es handelt sich um Imponderabilien, denen grob-körperliche Immissionen gegenüberstehen. Letztere werden nicht von § 906 Abs. 1 BGB erfasst. Der Betreiber eines Steinbruchs kann sich deshalb nicht auf § 906 Abs. 1 BGB berufen, wenn durch Sprengungen Steinbrocken auf den angrenzenden Grundstücken niedergehen. Nach dem Wortlaut des § 906 Abs. 1 BGB muss die Einwirkung „zugeführt" werden. Daraus wird der Schluss gezogen, dass negative Einwirkungen wie die Versperrung der Aussicht oder ideelle Immissionen, die z.B. durch den Betrieb eines Bordells oder einer Nacktbadeanstalt entstehen, nicht von § 906 Abs. 1 BGB erfasst werden. Die einschränkende Auslegung des § 906 BGB führt aber nicht dazu, dass der Eigentümer negative Immissionen ohne Einschränkung verbieten kann. Die negative Einwirkung auf das Grundstück stellt keinen Eingriff in das Eigentum dar, deshalb scheiden Abwehransprüche von vornherein aus.

16

Beispiel (nach BGHZ 95, 307): Der Kläger ist Eigentümer eines mit einem Reihenhaus bebauten Grundstücks. Das Nachbargrundstück wurde an die Eheleute T vermietet, die mit Billigung des Eigentümers ein Bordell betrieben. Der Kläger verlangt vom Eigentümer des Nachbargrundstücks, dafür Sorge zu tragen, dass auf dem Grundstück nicht mehr der gewerblichen Unzucht nachgegangen wird. Der BGH knüpfte bei der Anwendung des § 1004 BGB, auf den die Unterlassungsklage gestützt war, an den Einwirkungsbegriff des § 906 BGB an und ging davon aus, dass der sich gestört fühlende Grundstückseigentümer nur solche vom Nachbargrundstück ausgehende Einwirkungen verbieten könne, die entweder auf das Grundstück und die dort befindlichen Sachen schädigend einwirken oder auf dem Grundstück sich aufhaltende Personen derart belästigen, dass ihr gesundheitliches Wohlbefinden gestört oder ein körperliches Unbehagen bei ihnen hervorgerufen wird; hingegen seien die §§ 1004 Abs. 1, 906 BGB nicht anwendbar, wenn auf dem Nachbargrundstück nur das Schamgefühl oder das ästhetische Empfinden verletzende Vorgänge sichtbar werden.[21] Das Darbieten eines nur das ästhetische Empfinden des Nachbarn verletzenden Anblicks kann nach Ansicht des BGH nicht nach § 1004 Abs. 1 BGB unterbunden werden.[22] Im Bordell-Fall war das unzüchtige Treiben für den Kläger allerdings nicht sichtbar. Ihn störten das Bewusstsein und die Vorstellung, dass im Nachbarhaus entgeltlicher Sex angeboten wird. Auch einen Anspruch wegen Verletzung des Persönlichkeitsrechts verneinte der BGH. Da durch den Bordellbetrieb der Wert des Grundstücks des Klägers gemindert wurde, prüfte der BGH einen Anspruch nach § 826 BGB. Der Anspruch wurde mit fallbezogener Begründung abgelehnt. In der Literatur wurde die Rechtsprechung des BGH kritisiert.[23]

Voraussetzung für die Duldungspflicht nach § 906 Abs. 1 BGB ist, dass die Einwirkungen die Benutzung des Grundstücks nicht oder nur unwesentlich beeinträchtigen. Zur Beurteilung der wesentlichen Beeinträchtigung stellte die

17

---

[21] Vgl. auch RGZ 76, 130.
[22] BGHZ 51, 396, 398f.
[23] Vgl. *Jauernig* JZ 1986, 605; *Künzl* NJW 1984, 774; Staudinger/*Thole* § 1004 Rn. 216; *Manfred Wolf* NJW 1987, 2647.

Rechtsprechung früher auf den normalen Durchschnittsmenschen ab.[24] Im Froschteichfall wurde der normale Durchschnittsmensch durch den verständigen Menschen ersetzt.[25] Dem „verständigen" Menschen mutet man mehr Lärm zu als einem normalen Menschen, da man von einem verständigen Menschen erwartet, dass er seine Nachtruhe dem Natur- und Artenschutz opfert. Vielfach bestehen für Immissionen Grenz- oder Richtwerte, die in Gesetzen oder Verordnungen festgelegt sind. Werden diese eingehalten, liegt nach § 906 Abs. 1 Satz 2 BGB in der Regel keine wesentliche Beeinträchtigung vor. Gleiches gilt für Werte in allgemeinen Verwaltungsvorschriften, die nach § 48 BImSchG erlassen worden sind und den Stand der Technik wiedergeben (§ 906 Abs. 1 Satz 3 BGB).

Streitig diskutiert wurde die Frage, ob ein Anlieger Kinderlärm, der von einer verkehrsberuhigten Straße in einem Wohngebiet ausgeht, ohne weiteres dulden muss. Das *OLG Düsseldorf*[26] versagte dem gestörten Nachbarn den Schutz und gab ihm den Rat, er möge sich ein anderes Wohnumfeld suchen. Der eine wird die Entscheidung als kinderfreundlich begrüßen, während sich der andere zu Recht fragt, ob es richtig ist, von Kindern keine Rücksichtnahme zu verlangen. Der Gesetzgeber hat sich in § 22 Abs. 1a BImSchG für den Vorrang des Kinderlärms ausgesprochen.

2. Wesentliche Beeinträchtigungen

18   Wesentliche Beeinträchtigungen im Sinne des § 906 Abs. 1 BGB[27], die von einem anderen Grundstück ausgehen, hat der Eigentümer nur zu dulden, wenn sie durch *ortsübliche Benutzung* des anderen Grundstücks herbeigeführt werden und nicht durch Maßnahmen verhindert werden können, die Benutzern dieser Art wirtschaftlich zumutbar sind (§ 906 Abs. 2 Satz 1 BGB). Liegen diese Voraussetzungen nicht vor, kann der Eigentümer wesentliche Beeinträchtigungen nach § 1004 BGB abwehren. Bei der Frage, ob eine Maßnahme zur Verhinderung der Beeinträchtigungen wirtschaftlich zumutbar ist, kommt es nicht auf die individuelle Leistungsfähigkeit des störenden Grundeigentümers an, es ist ein genereller Maßstab anzulegen. Der Einwand des Störers, er habe kein Geld für Lärmschutz, ist daher unerheblich.

19   Hat der Eigentümer danach wesentliche Beeinträchtigungen zu dulden, kann er nach § 906 Abs. 2 Satz 2 BGB von dem *Benutzer* des anderen Grundstücks einen angemessenen Ausgleich in Geld verlangen, wenn die Einwirkung eine ortsübliche Benutzung seines Grundstücks oder dessen Ertrag über das zumutbare Maß hinaus beeinträchtigt. Auf ein Verschulden des Benutzers kommt es nicht an. Ob der Benutzer Eigentümer ist, spielt ebenfalls keine Rolle, wie der

---

[24] BGHZ 111, 63, 65.
[25] BGHZ 120, 255, bestätigt von BGH NJW 2004, 1317; BGHZ 148, 264. Damit ist eine Gleichstellung der wesentlichen Beeinträchtigung nach § 906 Abs. 2 BGB mit den erheblichen Belästigungen nach §§ 1, 3 BImSchG bezweckt.
[26] NJW-RR 1996, 211.
[27] Zu grobkörperlichen Immissionen → § 6 Rn. 20 und 29.

§ 6 Privatrechtliche Eigentumsschranken und Nachbarrecht 6.20

Wortlaut der Norm ergibt; auch Mieter und Pächter kommen in Betracht.[28] Nach der Rechtsprechung des BGH[29] ist der Ausgleich in Geld nicht voller Schadensersatz; ein durchschnittlicher Ertragsausfall ist aber abzudecken. Ist der betroffene Grundstückseigentümer mitsächlich, ist § 254 BGB analog anzuwenden.[30] Nach § 906 Abs. 2 Satz 2 BGB ist nur ein Ausgleich für die Beeinträchtigung des Grundstücks zu leisten. Werden durch die Beeinträchtigungen des Grundstücks bewegliche Sachen oder Personen beschädigt, haftet der Störer nach § 823 BGB und nach dem UmweltHG.

Wird ein Grundstück durch mehrere Störer gleichzeitig beeinträchtigt, haftet jeder Störer, wenn er die Voraussetzungen des § 906 Abs. 2 BGB erfüllt. Oft wird das unzumutbare Maß der Belästigung aber erst dadurch erreicht, dass sich mehrere Störungen, die vereinzelt unwesentlich sind, summieren und zu einer wesentlichen Beeinträchtigung führen. In diesen Fällen kann der Eigentümer alle Störer wahlweise in Anspruch nehmen.[31] Verursachen mehrere Störer Immissionen, die geeignet sind, die wesentliche Beeinträchtigung zu verursachen, ohne dass sich die genaue Verursachung beweisen lässt (alternative Kausalität), ist § 830 Abs. 1 Satz 2 BGB analog anzuwenden. Die Störer haften für den Ausgleich in Geld nach § 906 Abs. 2 Satz 2 BGB als Gesamtschuldner. Steht der Ursachenbeitrag eines Beteiligten fest, haftet dieser allein.

Die Rechtsprechung gewährt einen „nachbarrechtlichen Ausgleichsanspruch" analog § 906 Abs. 2 Satz 2 BGB, wenn die von einem Grundstück auf ein benachbartes Grundstück ausgehenden Beeinträchtigungen rechtswidrig und nicht wie im Falle des § 906 Abs. 2 Satz 1 BGB zu dulden sind, sofern der betroffene Eigentümer[32] gehindert ist, die Störungen nach § 1004 BGB oder § 862 BGB rechtzeitig zu unterbinden („*faktischer Duldungszwang*"[33]), beispielsweise weil sie zunächst nicht erkannt werden.[34] Erfasst sind von diesem Anspruch auch Grobimmissionen.[35] Voraussetzung des Anspruchs ist, dass der Betroffene Nachteile erleidet, die das zumutbare Maß einer entschädigungslos hinzunehmenden Einwirkung überschreiten. Der Anspruch ist gegenüber einem Anspruch nach § 823 BGB subsidiär.[36] Nach der Rechtsprechung ist der nachbarschaftliche Ausgleichsanspruch neben deliktischen Ansprüchen ein selbständiger Streitgegenstand.[37]

20

Der BGH geht sehr weit mit einem Ausgleichanspruch analog § 906 Abs. 2 Satz 2 BGB. Danach muss der Eigentümer auch Brandschäden ersetzen, die ein defektes Küchengerät[38]

---

[28] BGH NJW 2014, 458, Rn. 8.
[29] BGHZ 85, 375, 386; a.M. *Jauernig* JZ 1986, 612.
[30] BGHZ 70, 102, 112.
[31] BGHZ 72, 298.
[32] Anspruchsberechtigt kann nach h.M. auch der Besitzer sein, → § 6 Rn. 27.
[33] BGH NJW 1999, 1029, 1030.
[34] BGH NJW 1999, 1029, 1030 (Sprengungen); BGH NJW-RR 2016, 588, Rn. 21 (in Grenzwand einsickerndes Niederschlagswasser).
[35] BGH NJW 2011, 3294, Rn. 20 (Niederschlags- und Leitungswasser).
[36] BGH NJW 1993, 927.
[37] BGH NJW 2011, 3293; BGH JZ 2001, 1084 mit Anm. *Brehm*.
[38] BGH NJW 2008, 992.

oder ein von ihm beauftragter Handwerker verursacht hat.[39] Voraussetzung ist zwar, dass der Eigentümer zurechenbar den störenden Zustand herbeiführt; allerdings werden diese Zurechnungskriterien weit gezogen (Veranlassung, Gefahrenbeherrschung, Vorteilsziehung[40]). Damit ist die Grenze zur Gefährdungshaftung überschritten.[41]

3. Duldungspflicht nach § 14 BImSchG

21 Eine Sondervorschrift gegenüber § 906 BGB enthält § 14 BImSchG. Danach kann aufgrund privatrechtlicher Ansprüche zur Abwehr benachteiligender Einwirkungen von einem Grundstück auf ein benachbartes Grundstück nicht die Einstellung des Betriebs einer Anlage verlangt werden, deren behördliche Genehmigung unanfechtbar ist. Es können nur Vorkehrungen verlangt werden, die benachteiligende Wirkungen ausschließen. Soweit solche Vorkehrungen nach dem Stand der Technik nicht durchführbar oder wirtschaftlich nicht vertretbar sind, kommt lediglich Schadensersatz in Betracht.

22 Genehmigungsbedürftig ist nach § 4 BImSchG der Betrieb von Anlagen, die in besonderem Maße geeignet sind, schädliche Umwelteinwirkungen hervorzurufen oder in anderer Weise die Allgemeinheit oder die Nachbarschaft zu gefährden, erheblich zu benachteiligen oder erheblich zu belästigen. Im Genehmigungsverfahren prüft die Verwaltungsbehörde nicht nur, ob öffentlich-rechtliche Vorschriften eingehalten sind, sondern auch nachbarschaftliche Belange. Die Bundesregierung kann für die Genehmigungsverfahren Rechtsverordnungen erlassen, in denen u.a. Grenzwerte für Immissionen festgesetzt werden (§ 7 Abs. 1 BImSchG). Die betroffenen Eigentümer der Nachbargrundstücke sind an dem Genehmigungsverfahren beteiligt. Sie können im Verwaltungsverfahren geltend machen, die Errichtung der geplanten Anlage sei unzulässig. Wird die Anlage dennoch genehmigt, können sie Widerspruch einlegen und gegen die Genehmigung Anfechtungsklage beim Verwaltungsgericht erheben. Die Frage, ob der Eigentümer eines Nachbargrundstücks den Betrieb untersagen kann, wird in das Verwaltungsverfahren verlagert, das präventiven Rechtsschutz gewährt. Im Genehmigungsverfahren wird geprüft, welche Beeinträchtigungen durch die Anlage drohen. Stellt sich später heraus, dass die Nachbarn nicht ausreichend vor Nachteilen und Belästigungen geschützt sind, soll die Behörde nachträgliche Anordnungen treffen. Ähnliche Regelungen enthalten § 7 Abs. 6 AtomG und § 11 LuftVG.

23 Der Ausschluss oder die Modifizierung der zivilrechtlichen Abwehransprüche gegen genehmigte Anlagen soll dem Betreiber der Anlage Planungssicherheit gewähren. Wenn die Genehmigung der Anlage bestandskräftig geworden ist, kann er sicher sein, dass ihm der Betrieb der Anlage nicht aufgrund einer zivilrechtlichen Unterlassungsklage untersagt wird. Er riskiert lediglich, dass er

---

[39] BGH NJW 2018, 1542.
[40] BGH NJW 2018, 1542, Rn. 8.
[41] *Roth*, in: Roth/Lemke/Krohn, Der bürgerlich-rechtliche Aufopferungsanspruch als Problem der Systemgerechtigkeit im Schadensersatzrecht, 2001, S. 23 ff.

dazu verurteilt wird, Vorkehrungen gegen Einwirkungen auf ein Nachbargrundstück zu treffen oder dass Ersatzansprüche gegen ihn geltend gemacht werden. § 14 BImSchG schließt den Abwehranspruch nur dann vollständig aus, wenn Vorkehrungen nach dem Stand der Technik nicht durchführbar oder wirtschaftlich nicht vertretbar sind. In allen anderen Fällen wird der Abwehranspruch durch § 14 BImSchG lediglich inhaltlich modifiziert. An die Stelle des Unterlassungsbegehrens tritt das Recht, Vorkehrungen gegen die Einwirkungen zu verlangen.

Bei anderen behördlichen Genehmigungen werden Unterlassungsansprüche nach § 1004 BGB nicht ausgeschlossen, auch wenn die Behörde wie bei der Baugenehmigung verpflichtet ist, im Genehmigungsverfahren nachbarschaftliche Belange zu prüfen.[42] Die Genehmigung gestaltet nur das öffentlich-rechtliche Rechtsverhältnis zwischen dem Träger der Verwaltung und den Beteiligten.

4. Immissionen der öffentlichen Hand

Immissionen, die von einer schlicht hoheitlich betriebenen Anlage ausgehen, sind nach h.M. nicht nach den Vorschriften des BGB zu beurteilen. So kann der Eigentümer Geruchsbelästigungen einer von der Gemeinde betriebenen Kläranlage oder Lärm einer öffentlichen Sportanlage nicht mit einer zivilrechtlichen Klage abwehren. Dass das Handeln des Staates und sonstiger Träger öffentlicher Gewalt vom Anwendungsbereich des bürgerlichen Rechts ausgenommen wird, ist nicht selbstverständlich. In einer Entscheidung des RG[43] aus dem Jahre 1911, die sich mit der Frage befasste, ob der Nachbar eines städtischen Freibads den Lärm der Badeanstalt und den Anblick nackter Menschen, die sich „in schamloser, jedem Anstand und jeder guten Sitte hohnsprechenden Weise" benehmen, dulden muss, wandte das RG ausschließlich die Vorschriften des bürgerlichen Rechts an. Die Anwendbarkeit des BGB war ihm so selbstverständlich, dass es dafür noch nicht einmal eine Begründung gab. Die zivilrechtliche Beurteilung solcher Fälle wird verständlich, wenn man berücksichtigt, dass es damals noch keine allgemeine Verwaltungsgerichtsbarkeit gab. Hätte das RG den Betrieb der Badeanstalt als schlicht hoheitliche Tätigkeit der Stadt eingeordnet, wäre der Kläger ohne Rechtsschutz gewesen, weil die ordentlichen Gerichte nur für bürgerlich-rechtliche Rechtsstreitigkeiten zuständig sind (§ 13 GVG). Erst mit dem Ausbau eines umfassenden Rechtsschutzes gegen hoheitliche Eingriffe wurde der Bereich ausgeweitet, der als schlicht hoheitlich qualifiziert wird. Zur Abwehr von Beeinträchtigungen durch schlicht hoheitliches Handeln kann sich der Betroffene auf den öffentlich-rechtlichen Unterlassungs- oder Folgenbeseitigungsanspruch stützen. Was der Eigentümer zu dulden hat, wird im öffentlichen Recht grundsätzlich nicht anders als im Privat-

---

[42] BGH NJW 1999, 356, 357 (will aber das Fehlen der Genehmigung würdigen); *G. Wagner*, Öffentlich-rechtliche Genehmigung und zivilrechtliche Rechtswidrigkeit, 1989.
[43] RGZ 76, 130.

recht beurteilt. Die Klage ist begründet, wenn der Duldungsrahmen des § 906 Abs. 2 BGB überschritten ist. Dennoch hat die Verdrängung des Privatrechts Konsequenzen. Nach der Rechtsprechung ist der Unterlassungsanspruch gegen eine Anlage, mit der öffentliche Aufgaben wahrgenommen werden, auch dann ausgeschlossen, wenn die Duldungsgrenze überschritten ist. Der Eigentümer kann nicht die Stilllegung der Anlage, sondern lediglich Schutzvorkehrungen verlangen.[44] Hoheitlich betriebene Anlagen, mit denen öffentliche Aufgaben wahrgenommen werden, genießen nach der Rechtsprechung ein Privileg, das sonst nur genehmigten Anlagen nach § 14 BImSchG gewährt wird. Soweit dem Eigentümer ein Sonderopfer auferlegt wird, kann er beim Zivilgericht[45] einen Entschädigungsanspruch aus enteignungsgleichem Eingriff geltend machen. Dem steht nach Ansicht des BGH der Nassauskiesungsbeschluss[46] des BVerfG nicht entgegen, nach dem die Zivilgerichte dem Bürger nur dann eine Entschädigung zusprechen können, wenn dafür eine gesetzliche Anspruchsgrundlage besteht. Der Entschädigungsanspruch findet nach Ansicht des BGH im allgemeinen Aufopferungsgrundsatz der §§ 74, 75 Einl. ALR eine gewohnheitsrechtliche Grundlage.[47] Dass das ALR von 1794 nicht mehr gilt und in vielen Teilen Deutschlands nie gegolten hat, mag man als zu kleinlichen Einwand gegen diese Begründung abtun. Trotzdem kann man daran zweifeln, ob die Begründung mit Vorschriften des ALR richtig ist, weil dadurch das Missverständnis hervorgerufen werden könnte, die §§ 74, 75 Einl. ALR seien noch in Kraft.[48] Das gilt jedenfalls nicht für § 74 Einl. ALR, der eine allgemeine Gemeinwohlklausel enthielt: „Einzelne Rechte und Vortheile der Mitglieder des Staats müssen den Rechten und Pflichten zur Beförderung des gemeinschaftlichen Wohls, wenn zwischen beyden ein wirklicher Widerspruch (Collision) eintritt, nachstehen." In einer Zeit, in der der Staat nur wenige Aufgaben für sich in Anspruch nahm, konnte man das Verhältnis zwischen Gemeinwohl und Individualinteressen in einer Generalklausel regeln. Im modernen Rechtsstaat genügt es für einen hoheitlichen Eingriff in Rechte der Bürger nicht, dass hoheitliches Handeln durch die Beförderung des Gemeinwohls gerechtfertigt wird. Der Staat ist vielmehr an die Gesetze gebunden und darf nur aufgrund einer gesetzlichen Ermächtigungsgrundlage in die Rechte der Bürger eingreifen.

26   Der Entschädigungsanspruch entfällt, wenn der Betroffene den primären Rechtsschutz beim Verwaltungsgericht nicht ergriffen hat.[49]

---

[44] BGHZ 91, 20.
[45] BGHZ 128, 205.
[46] BVerfGE 58, 300.
[47] BGH NJW 1984, 1169, 1171 unter Bezugnahme auf BGH NJW 1952, 972.
[48] Kritisch *Böhmer* NJW 1988, 2565.
[49] BGHZ 90, 31; 110, 14; dazu auch BVerfG NJW 2000, 1402.

5. Rechtsstellung des Besitzers

a) Beschränkung des § 863 BGB

§ 906 BGB regelt das Verhältnis zwischen Grundstückseigentümern. Die Einwirkung geht von einem Grundstück aus und beeinträchtigt die Benutzung des betroffenen Grundstücks. Durch Immissionen werden aber nicht nur Grundstückseigentümer gestört, sondern auch Mieter oder Pächter. Der Besitzer, der gegen seinen Willen in seinem Besitz gestört wird, kann gegen den Störer einen Abwehranspruch nach § 862 Abs. 1 Satz 1 BGB erheben. Im Besitzschutzprozess kann der Beklagte nach § 863 BGB ein Recht zur Vornahme der störenden Handlung nur zur Begründung der Behauptung geltend machen, die Störung sei nicht verbotene Eigenmacht (§ 858 Abs. 1 BGB). Danach wäre eigentlich der Einwand des Beklagten ausgeschlossen, es bestehe eine Duldungspflicht nach § 906 BGB. Das Gesetz wollte aber dem Besitzer keinen weitergehenden Abwehrschutz geben als dem Eigentümer. Deshalb geht die h.M. davon aus, das Abwehrrecht des Besitzers eines Grundstücks bestehe nur in den Schranken des § 906 BGB.[50]

27

b) Ausgleichsanspruch des Besitzers

Der Ausgleichsanspruch nach § 906 Abs. 2 BGB kann vom Besitzer nicht geltend gemacht werden, weil der Besitz als tatsächliche Sachherrschaft eine Schutzposition ohne Zuweisungsgehalt ist. Nach h.M. kann aber dem *berechtigten Besitzer* (Mieter, Pächter) ein Ausgleichsanspruch zustehen.[51] Diese Lösung ist bedenklich, da der vermeintliche Störer mehrfach in Anspruch genommen werden kann.

28

Beispiel: Der Eigentümer eines Grundstücks klagt gegen den Nachbarn auf Entschädigung nach § 906 Abs. 2 Satz 2 BGB. Die Klage wird abgewiesen, weil das Gericht zu dem Ergebnis kommt, die Beeinträchtigung sei unwesentlich und daher nach § 906 Abs. 1 BGB entschädigungslos zu dulden. Nach h.M. könnte der Mieter nochmals auf Entschädigung klagen. – Kommt das Gericht zugunsten des Mieters zu dem Ergebnis, dass eine ausgleichspflichtige wesentliche Beeinträchtigung vorliegt, muss bei der Höhe der Entschädigung die Vertragsbeziehung des Mieters zum Eigentümer berücksichtigt werden. Es wäre unangemessen, dem Mieter einen Ausgleich zu geben, soweit der Mietzins wegen der Störung von vornherein vertraglich oder im Wege der Minderung reduziert worden war.

Gibt man nur dem Eigentümer (Vermieter) den Anspruch nach § 906 Abs. 2 Satz 2 BGB, kann der Mieter vom Vermieter analog § 285 BGB Abtretung des Entschädigungsanspruchs nach § 906 Abs. 2 Satz 1 BGB verlangen, wenn der Vermieter wegen der zu duldenden Immissionen nicht in der Lage ist, dem Mieter das Grundstück in vertragsgemäßem Zustand zu überlassen. Wenn der Mie-

---

[50] BGH NJW 1995, 132.
[51] BGHZ 147, 50 = BGH NJW 2001, 1865 = JZ 2001, 1084 (krit. Anm. *Brehm*). Wohl auch Soergel/*Baur* § 906 Rn. 142. Keine Anwendung findet § 906 Abs. 2 Satz 2 BGB im Verhältnis zwischen Mietern, BGH NJW 2004, 775.

ter den verhaltenen Anspruch nach § 285 BGB geltend macht, hat er den vollen Mietzins zu bezahlen (§ 326 Abs. 3 Satz 1 BGB). Wurde die Beeinträchtigung bereits bei der Festsetzung des Mietzinses berücksichtigt, kann der Mieter weder Rechte gegen den Vermieter noch gegen den Eigentümer des Grundstücks, von dem die Immissionen ausgehen, geltend machen.

6. Das nachbarliche Gemeinschaftsverhältnis

29   Von § 906 BGB werden nicht alle Konflikte erfasst, die durch die Nutzung benachbarter Grundstücke entstehen. Zur Schließung der Lücke entwickelte der BGH als besondere Ausprägung von Treu und Glauben (§ 242 BGB) das nachbarliche Gemeinschaftsverhältnis, das dem Eigentümer unter engen Voraussetzungen erweiterte Duldungspflichten auferlegt. Danach können Einwirkungen auf das Grundstück, die nach § 906 BGB nicht zu dulden sind, weil es sich um grob-körperliche Immissionen handelt, nicht abgewehrt werden, wenn das Unterlassungsbegehren zur Existenzvernichtung des Beklagten führen würde.

Beispiel (nach BGHZ 28, 228): Der Beklagte ist Inhaber eines Steinbruchs, in dem Sprengungen durchgeführt werden. Der Kläger, ein Nachbar des Beklagten, hat behauptet, dass durch die Sprengungen häufig Steine auf sein Grundstück geschleudert würden und ihm durch die Beschädigung der Gebäude sowie durch den Arbeitsausfall im Betriebe während der Sprengzeit fortlaufend Schaden erwachse. Der Kläger hat auf Unterlassung der sein Grundstück gefährdenden Sprengungen, hilfsweise auf Vornahme von Schutzmaßnahmen und Zahlung eines Schadensteilbetrags geklagt. Der BGH ging mit der bisherigen höchstrichterlichen Rechtsprechung davon aus, dass dem nachbarlichen Gemeinschaftsverhältnis Pflichten der Rücksichtnahme entspringen, die bei widerstreitenden nachbarlichen Interessen dazu führen können, die Ausübung gewisser aus dem Eigentum sich ergebender Rechte eines Grundstückseigentümers als unzulässig erscheinen zu lassen. Einen solchen Ausnahmefall bejahte der BGH im Steinbruchfall. Als Ausgleich wurde dem Nachbarn ein verschuldensunabhängiger Ersatzanspruch zugesprochen, der nicht nur eine billige Entschädigung umfasste, sondern den vollen Schadensausgleich.

30   Auch in Fällen, in denen nicht die wirtschaftliche Existenz eines Beteiligten auf dem Spiel steht, greift die Rechtsprechung vereinzelt auf das nachbarliche Gemeinschaftsverhältnis zurück, so wenn Laub, Nadeln oder Tannenzapfen auf das Nachbargrundstück fallen.[52] Erweiterte Abwehrbefugnisse wurden aus dem nachbarlichen Gemeinschaftsverhältnis abgeleitet bei einem Bau an der Grundstücksgrenze, durch den die Fenster des Nachbarn zugebaut worden wären.[53] Der BGH betont aber, dass Einschränkungen der Eigentümerbefugnisse eine aus zwingenden Gründen gebotene Ausnahme bleiben müssen[54] und bei gesetzlich abschließender Regelung des Konflikts zwischen Nachbarn kein Raum für Rechtswirkungen des nachbarliches Gemeinschaftsverhältnisses bleibt.[55] In der

---

[52] OLG Karlsruhe NJW 1983, 2886.
[53] BGH LM Nr. 2 zu § 903 BGB.
[54] BGHZ 101, 290, 293.
[55] BGH NJW 2014, 311, Rn. 24ff. (§ 917 BGB abschließende Regelung für Notwegerecht).

Literatur billigt man die Ergebnisse des BGH zwar überwiegend, übt aber an der Begründung mit dem nachbarlichen Gemeinschaftsverhältnis[56] sowie an der Terminologie[57] Kritik. Pflichten, die auch über § 278 BGB zur Schadensersatzhaftung des Nachbarn führen, lassen sich damit nicht begründen.[58]

VI. Überbau (§ 912 BGB)

1. Rechtswidriger Überbau

Wo die genauen Grundstücksgrenzen verlaufen, lässt sich manchmal erst aufgrund einer Vermessung feststellen. Deshalb kann es vorkommen, dass bei einem Bau die Grundstücksgrenze überschritten und der Grund des Nachbarn in Anspruch genommen wird. Ohne Sonderregelung könnte der Nachbar bei einem rechtswidrigen Überbau Beseitigung des auf seinem Grundstück liegenden Teils des Gebäudes nach § 1004 Abs. 1 BGB und Herausgabe des Grundstücks verlangen;[59] außerdem würde der vom Überbau betroffene Nachbar Eigentümer des auf seinem Grundstück liegenden Gebäudeteils (§§ 946, 94 BGB). Der Eigentumsschutz nach §§ 1004, 985 BGB führte zu einer Wertvernichtung, die der Gesetzgeber nicht hinnehmen wollte.[60] Deshalb wird dem Nachbarn, dessen Grund überbaut wurde, unter bestimmten Voraussetzungen eine Duldungspflicht auferlegt (§ 912 Abs. 1 BGB). Er kann aber vom Eigentümer des „Stammgrundstücks" (das Grundstück, von dem aus der Überbau erfolgt) eine Entschädigung verlangen (§ 912 Abs. 2 BGB).

§ 912 BGB behandelt nur den rechtswidrigen Überbau. Rechtswidrig ist die Überbauhandlung; die Folgen des Überbaus müssen nach § 912 BGB geduldet werden. Zum rechtmäßigen Überbau → § 6 Rn. 39.

2. Voraussetzungen der Duldungspflicht

Die Duldungspflicht trifft den Nachbarn nicht bei jedem rechtswidrigen Überbau. Sonst könnte es sich auszahlen, kalt berechnend das Nachbargrundstück in ein Bauvorhaben einzubeziehen. Das Gesetz unterscheidet zwischen (rechtswidrigem) *entschuldigtem* und *unentschuldigtem* Überbau. Entschuldigt ist der Eigentümer, der bei seinem Bau über die Grenze gebaut hat, ohne dass ihm Vorsatz oder grobe Fahrlässigkeit vorzuwerfen ist (§ 912 Abs. 1 BGB). Der entschuldigte Überbau ist vom betroffenen Nachbarn zu dulden, es sei denn, dass er vor oder sofort nach der Grenzüberschreitung Widerspruch erhoben hat. Der Nachbar hat es deshalb in der Hand, die Duldungspflicht abzuwenden. Der

---

[56] Vgl. etwa *Baur/Stürner* § 25, Rn. 38 („schwammige Figur").
[57] Staudinger/*Roth* § 906 Rn. 241 mit dem Vorschlag, von „Rücksichtnahmegebot" zu sprechen.
[58] *Wilhelm* Rn. 804.
[59] BGH NJW 2011, 1069, Rn. 24 (zu § 985 BGB).
[60] Dazu BGH NJW-RR 2009, 24.

Widerspruch macht den Bauenden nicht notwendig bösgläubig, aber wenn Widerspruch erhoben wird, kann er nicht darauf vertrauen, dass sein Bauwerk Bestand haben wird. Er muss in seinem eigenen Interesse eine Feststellung der Grundstücksgrenze veranlassen.

33 § 912 BGB setzt seinem Wortlaut nach voraus, dass der Eigentümer eines Grundstücks den grenzüberschreitenden Bau errichtet. Ungeregelt ist der Fall, dass ein Scheineigentümer, der zu Unrecht im Grundbuch eingetragen ist, oder ein Mieter oder Pächter für den Überbau verantwortlich ist. Der Normzweck des § 912 BGB, die Vermeidung der Wertvernichtung, trifft auch dann zu, wenn der Bau nicht vom Eigentümer, sondern von einem Bucheigentümer oder Fremdbesitzer durchgeführt wurde. Die h.M. lehnt gleichwohl eine Anwendung des § 912 BGB auf Buch- und Fremdbesitzer ab, da der Überbau zu einer „Belastung" des Eigentümers des Stammgrundstücks mit einer Rentenzahlung führt (§ 913 BGB).[61] Der Eigentümer des Stammgrundstücks könne aber den Überbau analog § 185 BGB genehmigen, wodurch er rechtlich einem Überbau i.S.d. § 912 BGB gleichgestellt sei.[62] Zur analogen Anwendung des § 912 BGB in anderen Fällen → § 6 Rn. 40.

3. Verschuldenszurechnung

34 In aller Regel werden Baumaßnahmen vom Eigentümer nicht persönlich im Detail geplant und ausgeführt. Planung und Bauaufsicht werden einem Architekten übertragen. Die Frage ist, wie sich eine Kenntnis oder grobe Fahrlässigkeit des Architekten auf die Rechtsstellung des Eigentümers auswirkt. Der BGH geht davon aus, das Verschulden des Architekten sei dem bauenden Eigentümer analog § 166 BGB zuzurechnen.[63] Andere wollen § 831 BGB[64] oder § 278 BGB analog[65] anwenden. Das arbeitsteilige Handeln darf nicht zu Lasten des Nachbarn gehen. Deshalb hat der Eigentümer für denjenigen einzustehen, der ihn repräsentiert. Dieser allgemeine Gedanke kommt in § 166 BGB zum Ausdruck, deshalb scheitert der Rückgriff auf § 166 BGB nicht daran, dass diese Vorschrift rechtsgeschäftliches Handeln regelt.

4. Eigentumsverhältnisse

35 Wer Eigentümer des Überbaus wird, hängt davon ab, ob der Überbau entschuldigt ist. Der nicht entschuldigte Überbau wird wesentlicher Bestandteil des Nachbargrundstücks (§§ 946, 94 Abs. 1 Satz 1 BGB) und fällt deshalb in das Eigentum des Nachbarn.[66] Besteht dagegen eine Duldungspflicht nach § 912 BGB,

---

[61] BGHZ 15, 216, 219; Staudinger/*Roth* § 912 Rn. 11.
[62] BGH NJW 1955, 177.
[63] BGHZ 42, 63, 69.
[64] *Baur/Stürner* § 5 Rn. 17.
[65] *Westermann/Gursky/Eickmann* § 64 Rn. 16 a.E.
[66] Vgl. BGH NJW 1985, 790.

wird der Überbau wesentlicher Bestandteil des Stammgrundstücks, von dem der Überbau ausging. Das gilt aber nur für den Bau, nicht für den Grund, der vom Überbau erfasst ist. Der Nachbar kann aber verlangen, dass der Überbauende den überbauten Grundstücksteil abkauft, § 915 BGB (→ § 6 Rn. 37).

5. Die Rente

Die Rente für den Überbau ist dem jeweiligen Eigentümer des Nachbargrundstücks von dem jeweiligen Eigentümer des Stammgrundstücks jährlich im Voraus zu entrichten (§ 913 BGB). Es handelt sich um eine Verbindlichkeit, mit der Besonderheit, dass die Aktiv- und Passivlegitimation vom Eigentum am Stamm- bzw. Nachbargrundstück abhängen. Das Recht auf die Rente geht allen Rechten an dem belasteten Grundstück, auch den älteren, vor (§ 914 Abs. 1 Satz 1 BGB). Das Recht wird nicht im Grundbuch eingetragen. Lediglich zum Verzicht auf das Recht sowie zur Feststellung der Höhe der Rente durch Vertrag ist die Eintragung erforderlich. Im Übrigen finden die Vorschriften Anwendung, die für eine zugunsten des jeweiligen Eigentümers bestehende Reallast gelten (§ 914 Abs. 3 BGB). 36

Der Rentenberechtigte kann jederzeit verlangen, dass der Rentenpflichtige ihm gegen Übertragung des Eigentums an dem überbauten Teil des Grundstücks den Wert ersetzt, den dieser Teil zur Zeit der Grenzüberschreitung gehabt hat (§ 915 BGB). Macht er von dieser Befugnis Gebrauch, so bestimmen sich die Rechte und Verpflichtungen beider Teile nach den Vorschriften über den Kauf (§ 915 Abs. 1 BGB). Bis zur Übertragung des Eigentums ist die Rente fort zu entrichten (§ 915 Abs. 2 BGB). 37

6. Unentschuldigter Überbau

Ist der Überbau nicht zu dulden, kann der Nachbar nach § 1004 BGB Beseitigung und nach § 985 BGB Herausgabe des überbauten Grundstücksteils verlangen. Ein Anspruch auf Nutzungsherausgabe besteht nach §§ 987, 990 BGB. 38

7. Rechtmäßiger Überbau

§ 912 BGB setzt einen rechtswidrigen Überbau voraus. Ist der Nachbar mit der Überbauung seines Grundstücks einverstanden, bietet das Gesetz die Möglichkeit, dem Bauherrn eine Grunddienstbarkeit (§ 1018 Fall 1 BGB) zu bestellen.[67] Das in Ausübung der Grunddienstbarkeit errichtete Gebäude ist gemäß § 95 Abs. 1 Satz 2 BGB nicht wesentlicher Bestandteil des überbauten Grundstücks, sondern gehört dem Inhaber der Grunddienstbarkeit.[68] Die Frage ist, ob sich 39

---

[67] Auch eine beschränkte persönliche Dienstbarkeit, ein Nießbrauch oder ein Erbbaurecht kommen in Betracht, Staudinger/*Roth* § 912 Rn. 70.
[68] BGH NJW 2004, 1237, 1238.

die Beteiligten dieser Rechtsgestaltung bedienen müssen, oder ob bei einer schlichten Einwilligung („Gestattung") des Nachbarn § 912 BGB analog anwendbar ist. Der BGH hat die Analogie zunächst für den Fall bejaht, dass der Gestattungswille des Nachbarn auf Dauer angelegt ist.[69] Die Analogie wurde damit begründet, der rechtmäßige Überbau sei einem entschuldigten Überbau gleich zu stellen. Die analoge Anwendung wurde später auf eine zeitlich beschränkte Gestattung, die auf einem Mietvertrag beruhte, ausgeweitet.[70] Nach Beendigung des Mietvertrags bleibt die dingliche Rechtslage an dem Überbau zwar bestehen, aber schuldrechtlich ist der Mieter verpflichtet, den früheren Rechtszustand wieder herzustellen. Das kann nach Ansicht des BGH durch rechtsgeschäftliche Übertragung des Eigentums an dem Überbau geschehen oder durch Eintragung einer Dienstbarkeit, welche die Ausübung des Abwehranspruchs ausschließt (§ 1018 Fall 3 BGB). Eine Grenze der Beseitigungspflicht kann sich im Einzelfall aus § 275 Abs. 2 BGB ergeben.[71]

Die Rechtsprechung wirft vor allem bei der Rechtsnachfolge Fragen auf. Der BGH geht davon aus, bei der auf Dauer angelegten Gestattung handle es sich um eine „Verdinglichung" der Zustimmung,[72] so dass auch ein neuer Eigentümer daran gebunden ist.[73] Eine derartige verdinglichte Zustimmung kennt das Gesetz jedoch nicht. Willigt ein Eigentümer in eine Beeinträchtigung seines Eigentumsrechtes ein, ist ein Rechtsnachfolger daran nicht gebunden,[74] selbst wenn die Einwilligung unwiderruflich erklärt wurde. Sonst würde dem Eigentümer die Möglichkeit eröffnet, durch bloße Zustimmung eine Art Belastung des Eigentums herbeizuführen, die aus dem Grundbuch nicht ersichtlich und mit dem numerus clausus der Sachenrechte (→ § 1 Rn. 39 und § 5 Rn. 2) unvereinbar ist. Der Gedanke der Werterhaltung, der § 912 BGB zu Grunde liegt, ist keine taugliche Begründung dafür, dass sich die Parteien einer im Sachenrecht nicht vorgesehenen Rechtsgestaltung bedienen können.

8. Entsprechende Anwendung des § 912 BGB

40   Wird durch den Überbau ein Erbbaurecht oder eine Dienstbarkeit an dem Nachbargrundstück beeinträchtigt, so finden die Vorschriften der §§ 912 bis 914 BGB entsprechende Anwendung. Nach der Rechtsprechung ist § 912 BGB auch entsprechend anzuwenden, wenn beide Grundstücke ursprünglich derselben Person gehörten und nach dem Überbau ein Grundstück veräußert wird.[75] Gleiches gilt, wenn die zugelassenen Bauabschnitte überschritten wurden.[76] Zum gestatteten Überbau → § 6 Rn. 39; zum Überbau des Bucheigentümers → § 6 Rn. 33.

---

[69] BGH NJW 1989, 2022.
[70] BGH NJW 2004, 1237, 1238.
[71] BGH NJW 2008, 3122.
[72] BGH NJW 2004, 1237, 1238.
[73] Zustimmend Staudinger/*Roth* § 912, Rn. 69.
[74] BGH NJW-RR 2008, 827.
[75] RGZ 160, 169; BGH NJW 2002, 54; BGH NJW 2004, 1801.
[76] BGH NJW 2004, 1801.

VII. Notweg (§ 917 BGB)

Fehlt einem Grundstück die zur ordnungsgemäßen Benutzung notwendige Verbindung mit einem öffentlichen Weg, so kann der Eigentümer von den Nachbarn verlangen, dass sie bis zur Hebung des Mangels die Benutzung ihrer Grundstücke zur Herstellung der erforderlichen Verbindung dulden (§ 917 BGB). Auch Ver- und Entsorgungsleitungen („Notleitungsrechte") fallen unter § 917 BGB.[77] Die Richtung des Notwegs und der Umfang des Nutzungsrechts werden im Streitfall durch Urteil bestimmt. Die Nachbarn, die den Notweg zu dulden haben, sind durch eine Geldrente zu entschädigen. Die Vorschriften des § 912 Abs. 2 Satz 2 und der §§ 913, 914 und 916 BGB finden entsprechende Anwendung. Die Verpflichtung zur Duldung des Notwegs ist ausgeschlossen, wenn der Grundstückseigentümer die Verbindung zu einem öffentlichen Weg durch eine willkürliche Handlung aufgehoben hat (§ 918 Abs. 1 BGB). Wird im Falle der Teilveräußerung eines Grundstücks ein Teil von dem öffentlichen Weg abgeschnitten, hat der Eigentümer desjenigen Teils, über welchen bisher die Verbindung stattgefunden hat, den Notweg zu dulden (§ 918 Abs. 2 Satz 1 BGB).

Im Prozess sind die Miteigentümer eines Grundstücks, über den der Notweg führen soll, notwendige Streitgenossen nach § 62 ZPO, weil die Gestaltungsentscheidung nur einheitlich ergehen kann.

---

[77] BGH NJW-RR 2018, 913, Rn. 6 ff. (analog).

§ 7 Der Schutz des Eigentums

I. Überblick

1. „Ansprüche aus dem Eigentum"

1   Gemäß § 903 BGB kann der Eigentümer mit der Sache nach Belieben verfahren und alle anderen von Einwirkungen auf die Sache ausschließen. Dritte sind verpflichtet, nicht in die Herrschaftssphäre des Eigentümers einzugreifen. Ansprüche erwachsen aus dieser Norm nicht.

2   Ansprüche gegen Dritte entstehen erst, wenn das Eigentum verletzt wird bzw. eine Verletzung konkret droht. Die §§ 985–1005 BGB sehen zur Durchsetzung der Befugnisse des Eigentümers besondere Ansprüche („Verwirklichungsansprüche")[1] vor, deren Inhalt sich danach richtet, in welcher Weise das Eigentum beeinträchtigt wird: In § 985 BGB den dinglichen Anspruch auf Herausgabe bei Vorenthaltung des Besitzes, in § 1004 BGB den dinglichen Beseitigungs- und Unterlassungsanspruch bei allen anderen eingetretenen bzw. bevorstehenden Beeinträchtigungen des Eigentums.

Ergänzt wird der Schutz des Eigentums in § 1005 BGB durch das Verfolgungsrecht des Eigentümers, das allerdings noch geringere Bedeutung als das Verfolgungsrecht des Besitzers (→ § 4 Rn. 19) hat. Erleichtert wird die gerichtliche Durchsetzung dieser Ansprüche durch die Eigentumsvermutungen des § 1006 BGB (→ § 7 Rn. 58ff.). Für das Eigentum an Grundstücken sind ferner der Grundbuchberichtigungsanspruch nach § 894 BGB und die Vermutung aus § 891 BGB (→ § 10 Rn. 2ff.) zu beachten. Zu § 1007 BGB → § 4 Rn. 24.

2. Bereicherungs- und Deliktsrecht

3   Neben die dinglichen Ansprüche nach §§ 985, 1004 BGB treten delikts- und bereicherungsrechtliche Ausgleichsforderungen. Wer das Eigentum eines anderen widerrechtlich und schuldhaft verletzt, hat den eingetretenen Schaden zu ersetzen, §§ 823 Abs. 1, 249 BGB. Daneben gibt es zahlreiche Gesetze, die dem Schutze des Eigentums dienen, und deren Verletzung in Verbindung mit § 823 Abs. 2 BGB zum Schadensersatz verpflichtet; zu nennen sind vor allem die Strafvorschriften der §§ 242, 246, 249, 259, 303 ff. StGB.

Bei der Anwendung deliktischer Normen ist freilich Vorsicht geboten: Das Eigentümer-Besitzer-Verhältnis entfaltet nach § 993 Abs. 1 Halbsatz 2 BGB eine Sperrwirkung gegenüber § 823 BGB (→ § 8 Rn. 8), und der gutgläubige Erwerb nach §§ 892, 932ff. BGB darf nicht durch Schadensersatzansprüche gegen den leicht fahrlässigen Erwerber unterhöhlt werden (→ § 27 Rn. 36).

---

[1] *Heck*, Grundriß, § 66, S. 271 ff.

Das Eigentum als ein dingliches Recht ordnet die Sache dem Eigentümer exklusiv zu (→ § 1 Rn. 15). Erlangt ein Dritter unter Verletzung dieser Güterzuordnung „etwas" – etwa aufgrund des Verbrauchs der Sache oder einer wirksamen Verfügung – kann daraus ein Anspruch des Eigentümers aus „Eingriffskondiktion" erwachsen, §§ 812 Abs. 1 Satz 1 Fall 2, 816 Abs. 1 BGB; ferner § 951 BGB. Die Ansprüche aus §§ 812 ff. BGB sind insbesondere dann von Bedeutung, wenn ein Verschulden des Verletzers nicht vorliegt bzw. – im Prozess – nicht bewiesen werden kann. 4

Zum verfassungsrechtlichen Schutz des Eigentums → § 5 Rn. 22 ff.

II. Unterlassungs- und Beseitigungsanspruch (§ 1004 BGB)

Literatur: *Armbrüster*, Eigentumsschutz durch den Beseitigungsanspruch nach § 1004 I 1 BGB und durch Deliktsrecht, NJW 2003, 3087; *Bacher*, Die Beeinträchtigungsgefahr als Voraussetzung für Unterlassungsklagen im Wettbewerbsrecht und in anderen Gebieten des Zivilrechts, 1996; *Baur, Fritz*, Der Beseitigungsanspruch aus § 1004, AcP 160 (1962), 465; *Fritzsche*, Unterlassungsanspruch und Unterlassungsklage, 2000; *Gursky*, Zur neueren Diskussion um § 1004 BGB, JR 1989, 397; *Heinze, Meinhard*, Rechtsnachfolge in Unterlassen, 1974; *Henckel*, Vorbeugender Rechtsschutz im Zivilrecht, AcP 174 (1974), 89; *Herrmann*, Der Störer nach § 1004 BGB, 1987; *dies.*, Natureinflüsse und Nachbarrecht (§§ 1004, 906 BGB) – drei Entscheidungen, NJW 1997, 153; *Hohloch*, Die negatorischen Ansprüche und ihre Beziehungen zum Schadensersatzrecht, 1976; *Jabornegg/Strasser*, Nachbarrechtliche Ansprüche als Instrument des Umweltschutzes, 1978; *Jauernig*, Zivilrechtlicher Schutz des Grundeigentums in der neueren Rechtsentwicklung, JZ 1986, 605; *Jehner*, Die Bestimmung des Störers im Sinne von § 1004 I BGB und die Begründung seiner Haftung, 1971; *Katzenstein*, Der Beseitigungsanspruch nach § 1004 Abs. 1 Satz 1 BGB, AcP 211 (2011), 58; *Kübler*, Eigentum verpflichtet – eine zivilrechtliche Generalklausel, AcP 159 (1960), 237; *Lutter/Overrath*, Der Vermieter als Störer nach § 1004 BGB, JZ 1968, 345; *Mager*, Besonderheiten des dinglichen Anspruchs, AcP 193 (1993), 68; *Mertens*, Zum Inhalt des Beseitigungsanspruchs aus § 1004 BGB, NJW 1972, 1783; *Olzen*, Die Bedeutung des wirtschaftlichen Eigentums für die privatrechtliche Störerhaftung, 1975; *Pfister*, Zweigleisige Rechtswidrigkeitsprüfung und Eigentumsschutz, JZ 1976, 156; *Picker*, Der negatorische Beseitigungsanspruch, 1972; *ders.*, Der privatrechtliche Rechtsschutz gegen baurechtswidrige Bauten als Beispiel für die Realisierung von „Schutzgesetzen", AcP 176 (1976), 28; *ders.*, Negatorische Haftung und Geldabfindung. Ein Beitrag zur Differenzierung der Haftungssysteme, Festschr. Hermann Lange, 1992, S. 625; *ders.*, Zur Beseitigungshaftung nach § 1004 BGB – Eine Apologie, Festschr. Gernhuber, 1993, S. 315; *Pleyer*, Die Haftung des Eigentümers für Störungen aus seinem Eigentum, AcP 156 (1957), 291; *ders.*, Die Einstandspflicht des Unternehmers für seine Mitarbeiter im Rahmen des § 1004, AcP 161 (1962), 500; *R. Schmidt*, Unterlassungsanspruch, Unterlassungsklage und deliktischer Ersatzanspruch im Konkurs, ZZP 90 (1977), 38; *Steinbach*, Zum Eigentumsfreiheitsanspruch nach § 1004 im System der Ansprüche zum Schutz des Eigentums, 1993; *Stickelbrock*, Angleichung zivilrechtlicher und öffentlich-rechtlicher Haftungsmaßstäbe beim Störerbegriff des § 1004 BGB, AcP 197 (1997), 456; *Vollkommer*, Analoge Anwendung des § 867 Satz 2 BGB auf die Beseitigungspflicht des Störers nach § 1004 Abs. 1 BGB?, NJW 1999, 3539; *Weick*, Sturmschäden – ein unbewältigtes Haftungsproblem, JR 2011, 6.

Studium: *Buchholz/Radke*, Negatorische Haftung und Billigkeit, Jura 1997, 454; *Christensen*, Taschenkontrolle im Supermarkt und Hausverbot – BGHZ 124, 39, JuS 1996, 873; *Gast*, Das zivilrechtliche System des Eigentumsschutzes, JuS 1985, 611; *Herrmann*, Die Haftungsvoraussetzungen nach § 1004 – Entwicklung und Lösungsvorschlag, JuS 1994, 273; *Lettl*, Die Beeinträchtigung des Eigentums nach § 1004 I 1 BGB, JuS 2005, 871; *Lobinger*, Schadensersatz für schuldlos verursachte Bodenkontaminationen?, JuS 1997, 981; *Schreiber*, Der Beseitigungs- und Unterlassungsanspruch aus § 1004 BGB, Jura 2013, 111; *Walter*, Zivilrechtliche Störerhaftung, JA 2012, 658.

Fallbearbeitung: *Utech/Lang*, Klausur: Warum erholen, wenn man streiten kann, ZJS 2021, 493.

1. Grundgedanken

5   Nach § 903 BGB kann der Eigentümer mit seiner Sache nach Belieben verfahren und Einwirkungen anderer ausschließen. § 1004 BGB bestimmt die Rechte des Eigentümers gegen Dritte, die in die durch § 903 BGB dem Eigentümer zugewiesene Herrschaftssphäre eingreifen. Der Eigentümer kann Beseitigung der Beeinträchtigung verlangen und auf Unterlassung klagen, falls weitere Beeinträchtigungen zu besorgen sind. Der Beseitigungs- und Unterlassungsanspruch nach § 1004 BGB ist ein dem Schutz des Eigentümers dienender dinglicher Anspruch. Ziel des „Abwehranspruchs" ist die Beseitigung eines das Eigentum verletzenden Zustands und der Schutz gegen künftig zu befürchtende Eingriffe.[2] Wie dem Wortlaut des § 1004 Abs. 1 Satz 1 BGB zu entnehmen ist, bildet allerdings § 985 BGB die speziellere Bestimmung. § 1004 BGB ist gleichsam die Generalklausel des Eigentumsschutzes.[3] Anspruchsgegner des § 1004 BGB ist der Störer. Anknüpfungspunkt seiner Haftung ist allein die gegenwärtige Beeinträchtigung des Eigentums. Darin unterscheidet sich der Anspruch aus § 1004 BGB von einem Schadensersatzanspruch, der eine in der Vergangenheit vorgenommene rechtswidrige und schuldhafte Handlung voraussetzt und auf Naturalrestitution gerichtet ist (→ § 7 Rn. 21 ff.).

§ 1004 BGB geht zurück auf die römische *actio negatoria*. Daher spricht man heute bei § 1004 BGB von einem „negatorischen" Anspruch. Die *actio negatoria* richtete sich gegen Beeinträchtigungen eines Grundstücks, das ein Dritter aufgrund eines behaupteten Rechts (meist einer *servitut*[4]) für sich in Anspruch nahm.[5] Noch in § 205 des Vorentwurfs zum Sachenrecht des BGB von *Johow* war die „Eigentumsfreiheitsklage" als Feststellungsklage hinsichtlich der Nichtbeschränkung des Eigentums ausgestaltet: „Der Eigenthümer eines

---

[2] *Mugdan* III, S. 236.
[3] Staudinger/*Thole* § 1004 Rn. 2.
[4] Dazu der österreichische OGH in der Entscheidung v. 21.12.2005 (3 Ob 125/05m): „Die irrige Auffassung, ‚Servitut' sei grammatikalisch sächlichen Geschlechts, kann wohl nur auf schwindende Lateinkenntnisse […] zurückgeführt werden. Nur so ist es erklärlich, dass in diversen Wörterbüchern des Duden-Verlags zwar auf die Tatsache hingewiesen wird, dass in der Schweiz das Wort Servitut weiblich sei, die Tatsache aber völlig ignoriert wird, dass das ABGB durchgehend von ‚der' Servitut (etwa §§ 504, 521 ABGB u.a.) bzw den ‚Servituten' spricht (Überschrift des 7. Hauptstücks, § 475 ABGB uva)."
[5] *Windscheid/Kipp* § 198 Fn. 8.

§ 7 Der Schutz des Eigentums 7.6

Grundstücks kann auf Feststellung der Unbeschränktheit des Eigenthums gegen denjenigen Klage erheben, welcher durch sein Verhalten dem Kläger genügenden Anlaß zu der Annahme giebt, daß er sich ein Recht an dem Grundstück zuschreibe."[6] Die erste Kommission hat die Voraussetzung einer Rechtsberühmung sowie die Beschränkung auf Grundstücke aufgegeben[7] und einen nach §§ 887f., 890 ZPO vollstreckbaren Beseitigungs- und Unterlassungsanspruch vorgesehen. § 1004 Abs. 1 Satz 2 BGB spricht dies freilich noch in den Kategorien eines prozessualen Klagerechts aus. Zunehmend setzt sich jedoch die Ansicht durch, dass § 1004 Abs. 1 Satz 2 BGB einen materiellrechtlichen Unterlassungsanspruch einräumt[8] und nicht nur eine besondere Rechtsschutzform darstellt.[9] Unabhängig vom Leistungsanspruch aus § 1004 BGB kann der Eigentümer nach § 256 ZPO auf Feststellung seines Eigentums und Nichtbestehen einer Belastung klagen.

Der Anspruch nach § 1004 BGB richtet sich gegen den Störer. Der Störerbegriff ist umstritten. Nach h.M. ist Störer, wer gegenwärtig das Eigentum beeinträchtigt oder in der Vergangenheit eine Ursache dafür gesetzt hat (→ § 7 Rn. 19ff.). Wer einen Stein auf des Nachbarn Grundstück warf, hat ihn nach § 1004 BGB wieder zu entfernen. Dem widerspricht mit beachtlichen Gründen *Picker*. Ein Beseitigungsanspruch nach § 1004 Abs. 1 Satz 1 BGB sei nur gegeben, wenn und *solange* der Störer durch sein Verhalten oder durch ihm dinglich zugeordnete Gegenstände auf die fremde Sache einwirke und damit Eigentümerrechte an der fremden Sache („Usurpation" von Eigentümerbefugnissen durch den Störer) in Anspruch nehme. Ebenso wie der Anspruch nach § 985 BGB in dem Augenblick entfalle, in dem der Besitzer den Besitz verliere, ende die Haftung des Störers, wenn er die Inanspruchnahme fremden Eigentums aufgebe. Eine Störung liege nicht mehr vor, wenn das störende Tun beendet werde. Im Unterschied zur h.M. kann danach gemäß § 1004 BGB immer nur die Aufgabe der Beeinträchtigung für die *Zukunft* verlangt werden; nachteilige Folgen der Störung müssen nicht nach § 1004 BGB ausgeglichen werden, sondern nur nach § 823 Abs. 1 BGB, falls den Störer ein Verschulden trifft. Wird das Wehr eines Stausees versehentlich geöffnet und werden dadurch Grundstücke überschwemmt, können deren Eigentümer nur die Schließung des Wehrs verlangen, nicht die Entfernung des Wassers.[10] Läuft aus einem Pkw Öl auf ein fremdes Grundstück, kann der Eigentümer nur die Schließung der undichten Stelle, nicht das Abgraben und Befüllen des verschmutzten Bodens verlangen. – Für diese Lehre sprechen die dogmatischen Bezüge des § 1004 BGB zu § 985 BGB[11]: Auch der Vindikationsanspruch entfällt, wenn der Besitzer den fremden Ring wegwirft und damit keine Eigentümerbefugnisse mehr geltend macht. Der Eigentümer des Rings wird auf Schadensersatzansprüche nach §§ 989, 990 BGB bzw. § 823 BGB verwiesen. Ferner stellt die Konzeption *Pickers* klarere Krite-

---

[6] *Johow*, Vorentwurf Sachenrecht Teil 1, S. 34.
[7] Zur Begründung Motive Bd. 3, S. 236.
[8] *Münzberg* JZ 1967, 689, 692f.; Staudinger/*Thole* § 1004 Rn. 447 m.w.N.
[9] Die Erstbegehungs- und die Wiederholungsgefahr sind daher Voraussetzungen der Begründetheit der Klage, keine Zulässigkeitsvoraussetzungen (h.M.).
[10] *Picker*, Der negatorische Beseitigungsanspruch, S. 153.
[11] Staudinger/*Thole* § 1004 Rn. 288ff.; a.A. *Herrmann* JuS 1994, 273, 277.

rien für die Abgrenzung von Beseitigung und Schadensersatz (→ § 7 Rn. 19ff.) bereit.[12] Die Schwäche dieser Lehre besteht freilich darin, dass sich der Störer durch die schlichte Aufgabe des Eigentums seiner Verantwortlichkeit entziehen kann.[13] Wer Müll auf einem fremden Grundstück ablagert, würde nicht als Störer nach § 1004 BGB haften, sondern nur im Rahmen des Schadenersatzes nach §§ 823, 249 BGB auf Wegschaffung des Mülls in Anspruch genommen werden können. Ein Schadensersatzanspruch setzt aber Verschulden voraus, das nicht immer gegeben sein muss. Darin liegt ein wesentlicher Grund für die Ablehnung der Usurpationslehre durch den BGH.[14]

§ 1004 BGB dient unmittelbar nur dem Eigentumsschutz. Zahlreiche Vorschriften erklären die Bestimmung für andere eigentumsähnliche oder zumindest absolute Rechte für entsprechend anwendbar, insbesondere §§ 1027, 1065, 1090 Abs. 2, 1227 BGB; § 11 Abs. 1 Satz 1 ErbbauRG;[15] § 34 Abs. 2 WEG. Darüber hinaus kehrt die Kombination aus Beseitigungs- und Unterlassungsanspruch bei zahlreichen weiteren absoluten Rechten und Rechtsgütern wieder: § 862 BGB (Besitz), § 12 BGB (Name), § 37 Abs. 2 HGB (Firma), § 97 UrhG (Urheberrecht), § 139 PatG (Patent),[16] § 14 Abs. 5 MarkenG (Marke),[17] usw. In einer Gesamtanalogie zu diesen Bestimmungen hat sich das Prinzip des *negatorischen Rechtsschutzes* herausgebildet. Es besagt, dass auch Rechte und Rechtsgüter, denen das Gesetz nicht ausdrücklich einen Unterlassungsanspruch zur Seite stellt, mit einer Klage auf Unterlassung bewehrt sind, wenn und soweit sie gegen Dritte geschützt sind. Anerkannt sind entsprechende Ansprüche bei den in § 823 BGB genannten Rechten und Rechtsgütern, ferner beim allgemeinen Persönlichkeitsrecht,[18] beim eingerichteten und ausgeübten Gewerbebetrieb[19] und der ehelichen Lebensgemeinschaft[20]. Nach h.M. können sogar „nur" durch Schutzgesetze im Sinne von § 823 Abs. 2 BGB geschützte Interessen vorbeugend verteidigt werden.[21] Man spricht in diesen Fällen von einer „quasinegatorischen" Unterlassungsklage.[22]

---

[12] Vgl. die Verteidigung der Lehre *Pickers* bei *Gursky* JR 1989, 397ff.; Kritik bei *Herrmann* JuS 1994, 273, 276.
[13] Soergel/*Münch* § 1004 Rn. 184.
[14] BGH NJW 2005, 1366; es hatte sich eine in einem Schuppen gelagerte kohlenwasserstoffhaltige Flüssigkeit aus nicht geklärten Umständen auf das Nachbargrundstück ausgebreitet. BGH NJW 2007, 2182 bestätigt die Auffassung, der Eigentümer könne sich nicht durch Dereliktion der Verantwortlichkeit entziehen.
[15] Vgl. auch § 1017 Abs. 2 BGB für vor dem 22.1.1919 begründete Erbbaurechte.
[16] Nur auf Unterlassung gerichtet; der Vernichtungsanspruch nach § 140a PatG bildet eine Ausprägung des Beseitigungsanspruchs.
[17] Beseitigungsgleicher Vernichtungsanspruch in § 18 MarkenG.
[18] BGHZ 106, 229, 233 wendet § 1004 BGB unmittelbar an!
[19] BGH NJW 1998, 205f.
[20] Zum Schutz des „räumlich-gegenständlichen Bereichs der Ehe" grundlegend BGH NJW 1952, 975 (mit etwas überholten Vorstellungen über die eheliche Rollenverteilung), ferner MünchKommBGB/*Roth* § 1353 Rn. 51. Danach kann eine Ehefrau von ihrem Mann die Entfernung der Geliebten aus der Ehewohnung verlangen (OLG Celle NJW 1980, 711). Anders akzentuiert ist das Konzept von *Smid*, Zur Dogmatik der Klage auf Schutz des „räumlich-gegenständlichen Bereichs" der Ehe, 1983, S. 141, der auf Mitbesitz der Ehegatten abstellt.
[21] BGH NJW 1952, 417 (Ehrverletzung); BGH NJW 2008, 3565, Rn. 13 (Kopierschutz für Tonträger nach § 95 Abs. 3 UrhG).
[22] BGHZ 122, 1, 7 (baubehördliche Auflage in Verbindung mit der bauordnungsrechtlichen Ermächtigung als „Schutzgesetz" nach § 823 Abs. 2 BGB).

2. Beeinträchtigung des Eigentums

a) Voraussetzungen

Voraussetzung des Anspruchs aus § 1004 BGB ist eine eingetretene oder bevorstehende Beeinträchtigung des Eigentums. Angesichts der Vielzahl möglicher Verletzungen des Eigentums verzichtet das Gesetz darauf, einzelne Verletzungshandlungen aufzuzählen. Unter den Begriff der Beeinträchtigung fallen alle Eingriffe in die dem Eigentümer durch § 903 BGB zugewiesene Sachherrschaft, namentlich Einwirkungen auf die Sachsubstanz: Beschädigen einer fremden Sache, Betreten oder Bebauen eines fremden Grundstücks, Schuttablagerungen, Immissionen wie Lärm[23] und Abgase oder Einwerfen von Werbematerial in den Briefkasten.[24] Nur die Vorenthaltung des Besitzes fällt nicht unter § 1004 BGB, sondern unter die speziellere Bestimmung des § 985 BGB. Wird der *besitzende* Eigentümer gestört, kann er einen Abwehranspruch auch auf § 862 BGB stützen.

Störungen des Eigentums setzen nicht eine Einwirkung auf die Substanz der Sache voraus. Der Abwehranspruch aus § 1004 BGB ist daher gegeben, wenn ein Bauwerk, Baum usw. in den nach § 905 Satz 1 BGB (→ § 6 Rn. 2) dem Eigentümer des Nachbargrundstücks zugewiesenen Raum hinüber ragt. Das Eigentum an einem Grundstück ist ferner verletzt, wenn der Ausgang oder die einzige Ausfahrt versperrt wird, so dass sie nicht benutzt werden kann; ein Fahrzeug, das die Ein- und Ausfahrt blockiert, beeinträchtigt das Eigentum am Grundstück.[25] – Das Fotografieren fremder Sachen bildet hingegen keine Eigentumsverletzung,[26] sondern kann allenfalls einen Verstoß gegen das urheberrechtliche Vervielfältigungsverbot nach § 16 UrhG (beachte aber § 59 UrhG!) bedeuten. Der BGH hat in der berühmten *Tegeler-Schloss*-Entscheidung die gewerbliche Verwertung einer Ablichtung eines Gebäudes als Eigentumsbeeinträchtigung angesehen.[27] Hiergegen spricht, dass damit ein neues Immaterialgüterrecht anerkannt wird.[28] – Wird die Hauswand eines Gebäudes als Projektionsfläche für Lichtstrahlen benutzt (etwa für Werbebotschaften), liegt hingegen eine Beeinträchtigung vor; zwar wird die Substanz nicht beeinträchtigt, aber das Eigentum umfasst auch die Befugnis, über die äußere Gestaltung der Sache zu entscheiden. – Nach h.M. bilden die Anmaßung eines Rechts an einer Sache und das Bestreiten des Eigentums an der Sache Beeinträchtigungen, gegen die der

---

[23] BGHZ 120, 239: Froschquaken.
[24] BGHZ 106, 229.
[25] Auch das Eigentum am Pkw, der sich auf dem Grundstück befindet (Staudinger/*Thole* § 1004 Rn. 152), wenn es keine zweite Ausfahrt gibt.
[26] BGHZ 44, 288, 293 hat dies offengelassen; BGH NJW 1989, 2251: Keine Eigentumsverletzung jedenfalls dann, wenn von einer frei zugänglichen Stelle aus fotografiert wird; MünchKommBGB/*Raff* § 1004 Rn. 121 ff.
[27] BGH NJW 1975, 778; bestätigt in BGH NJW 2011, 749 (Rn. 15: wenn das Grundstück zum Fotografieren betreten worden war; für bewegliche Sachen – Kunstwerke – gilt diese Rechtsprechung nicht).
[28] Staudinger/*Thole* § 1004 Rn. 230: „Recht am Bild der eigenen Sache".

Eigentümer nach § 1004 BGB im Wege der Unterlassungsklage vorgehen kann.[29] Gegenüber der Feststellungsklage nach § 256 ZPO hat dies den Vorzug, dass ein Unterlassungsurteil nach § 890 ZPO vollstreckbar ist. Freilich stellt ein solches Urteil das Eigentum nicht rechtskräftig fest (§ 322 Abs. 1 ZPO), und es darf den zur Unterlassung Verurteilten daher nicht daran hindern, in einem weiteren Prozess das Eigentum zu bestreiten. – Auch Verfügungen über fremdes Eigentum beeinträchtigen den Eigentümer, der einen Unterlassungsanspruch haben kann, wenn eine solche Verfügung bevorsteht. Hat der Verfügungsempfänger redlich Grundpfandrechte erworben, muss der Eigentümer sie allerdings dulden[30] und kann nur Schadensersatz (§§ 989, 990, 823 BGB) und Herausgabe des Erlangten (§ 816 Abs. 1 BGB) verlangen (→ § 8 Rn. 49).

b) Duldungspflicht

9   Der Anspruch ist ausgeschlossen, wenn der Eigentümer zur Duldung der Beeinträchtigung verpflichtet ist (§ 1004 Abs. 2 BGB). Die Beweislast für das Vorliegen der Voraussetzungen einer Duldungspflicht trifft den Störer. Eine Duldungspflicht kann sich aus einem Vertrag zwischen dem Eigentümer und dem „Störer" ergeben, aus beschränkten dinglichen Rechten, insbesondere einer Dienstbarkeit, oder unmittelbar aus dem Gesetz. Vor allem § 904 BGB und nachbarrechtliche Beschränkungen gemäß §§ 906, 912, 917 BGB (→ § 6 Rn. 1ff.) begründen Duldungspflichten des Eigentümers.

10 Bei obligatorischen Gestattungsverträgen wendet man § 986 Abs. 1 Satz 1 Halbsatz 2 BGB (→ § 7 Rn. 37) analog an:[31] Gestattet der Eigentümer dem Mieter, auf dem Grundstück Handel zu treiben, kann er den Kunden des Mieters nicht den Zugang zum Grundstück verbieten. Veräußert der Eigentümer die vermietete Sache, und hatte er dem Mieter vertraglich eine über die mietvertragliche Nutzung hinausgehende Beeinträchtigung gestattet, so ist der Erwerber im Rahmen der §§ 566, 986 Abs. 2 BGB an die Gestattung gebunden.

11 Die h.M. erkennt neben vertraglichen Duldungspflichten auch eine einseitige Gestattung („Einwilligung") als Grundlage einer Duldungspflicht an,[32] die aber jederzeit widerrufen werden könne.[33] Eine solche Konstruktion ist abzulehnen, da sie eine Abkehr vom Vertragsprinzip bedeutet. Überdies ist eine frei widerrufbare Gestattung als Grundlage einer Duldungs*pflicht* müßig.[34] Selbstverständlich kann der Eigentümer von der Durchsetzung seines Abwehranspruchs absehen.

---

[29] MünchKommBGB/*Raff* § 1004 Rn. 106; *Baur/Stürner* § 12 Rn. 6; einschränkend Staudinger/*Thole* § 1004 Rn. 84ff.
[30] BGH NJW 2001, 1069 (mit missverständlichem Leitsatz).
[31] BGH NJW 1958, 2062; MünchKommBGB/*Raff* § 1004 Rn. 215.
[32] *Baur/Stürner* § 12 Rn. 9.
[33] MünchKommBGB/*Raff* § 1004 Rn. 216.
[34] Zutr. Staudinger/*Thole* § 1004 Rn. 542.

§ 7 Der Schutz des Eigentums

Von einer *bindenden* Gestattung geht der BGH aus, wenn ein Einzelhändler sein Ladengeschäft dem allgemeinen Publikumsverkehr öffnet: Er gestatte dann generell allen Kunden, die sich im Rahmen des „üblichen Käuferverhaltens" bewegen, den Zutritt.[35] Gebe der Kunde vor dem Einkauf seine Tasche nicht ab, sei ein „Hausverbot" (→ § 4 Rn. 7) gerechtfertigt, wenn im Rahmen einer „Hausordnung" rechtlich bindend entsprechende Einschränkungen vorgesehen seien.[36] Im vorliegenden Fall fehlte es an einer bindenden Regelung, weil der Einzelhändler die Taschenkontrolle allzu höflich formulierte: „Der ‚höflichen Bitte' um Abgabe der Taschen kommt ein hinreichend deutlicher Regelungscharakter im Sinne einer verbindlichen Hausordnung nicht zu."[37]

Rechtlich bilden „Hausordnungen" keine einseitigen Regelungen, sondern Einschränkungen der Gestattung des Zutritts zu privatem Grundeigentum. Der Eigentümer kann sie in den Grenzen des Schikaneverbots beliebig ausgestalten.[38] Davon wird Gebrauch gemacht, wenn Eigentümer einer Ladenpassage ein „Rauchverbot" vorsehen. Der Kunde kann sich nicht auf sein allgemeines Persönlichkeitsrecht berufen, solange er sich auf fremdem Eigentum bewegt. Daher ist es problematisch, wenn städtische Einkaufsbereiche unter Abkehr von dem Grundgedanken des öffentlich-rechtlichen Gemeingebrauchs zunehmend privatrechtlich organisiert werden.

§ 1004 BGB gewinnt auch im *Internet* an Bedeutung. Das LG Bonn hatte einen Anspruch nach § 1004 Abs. 1 Satz 2 BGB auf Untersagung des Zugangs zu einem „Internet-Chatroom" zu prüfen. Es zieht dabei eine Querverbindung zu der zum Betreten von Gebäuden ergangenen Rechtsprechung und knüpft die Ausübung eines „virtuellen Hausrechts" an das Vorhandensein verbindlicher Nutzungsbedingungen. Eine rechtswidrige Nutzung der „Chat-Software" komme nur bei einem Verstoß gegen derartige verbindliche Bestimmungen in Betracht.[39] Auf die Frage, ob ein Abwehranspruch auf urheberrechtliche Unterlassungsansprüche hinsichtlich der Software gestützt werden kann (§§ 69a, 16, 97 UrhG), geht das LG Bonn im Rahmen des Eilverfahrens nicht ein.

Umstritten ist, ob die Beeinträchtigung rechtswidrig sein muss.[40] Dabei ist zu beachten, dass unterschiedliche Rechtswidrigkeitsbegriffe (Handlungs-, Erfolgsunrechtslehre) zugrunde gelegt werden und daher beide Ansichten zum selben Ergebnis führen können.

Beispiel (nach BGHZ 66, 37): V gestattet S, auf seinem Grundstück einen Lichtmast aufzustellen. Später veräußert V das Grundstück an E, der von S nach § 1004 Abs. 1 Satz 1 BGB die Beseitigung des Lichtmastes verlangt. Aufgrund der Einwilligung des V handelte S rechtmäßig, als der Mast errichtet wurde. Gleichwohl kann E Beseitigung verlangen, denn er ist an die Gestattung seines Rechtsvorgängers nicht gebunden. Man kann dies mit dem Argument begründen, die Rechtswidrigkeit sei Voraussetzung des § 1004 BGB und sie sei

---

[35] BGHZ 124, 39, 43; vgl. S. 46: „[…] Einverständnis […], an dem sie sich festhalten lassen muß […]".
[36] Nach BGHZ 124, 39, 46 sei es „nicht unbedenklich", den Zutritt nur Kunden zu gestatten, die in eine Taschenkontrolle einwilligen.
[37] BGHZ 124, 39, 45. Weshalb sich Höflichkeit und Rechtsbindung ausschließen sollen, bleibt ebenso unerfindlich wie das Klageziel undeutlich, das auf „Aufhebung des Hausverbots" gerichtet war. Da es sich dabei mangels hoheitlicher Regelung nicht um einen Verwaltungsakt handelt, liegt eine Feststellungsklage vor.
[38] *Christensen* JuS 1996, 873, 874.
[39] LG Bonn NJW 2000, 961 f.
[40] *Wolff/Raiser* § 87 I 2; *Baur/Stürner* § 12, Rn. 8; inzident auch *Pfister* JZ 1976, 156; a.A. *Münzberg* JZ 1967, 689, 690 f.

auf den Zustand der Eigentumsverletzung zu beziehen. Zum selben Ergebnis gelangt, wer auf die Rechtswidrigkeit bei § 1004 BGB verzichtet, wie der BGH in BGHZ 66, 37, 39: „Nicht die Rechtswidrigkeit des Eingriffs, sondern der dem Inhalt des Eigentums (§ 903 BGB) widersprechende Zustand begründet den Abwehranspruch." Nach beiden Ansichten ist entscheidungserheblich, ob E den Lichtmast (etwa aufgrund öffentlich-rechtlicher Vorschriften) zu dulden hat.

13 Das Merkmal der Rechtswidrigkeit ist überflüssig, wenn man es danach bestimmt, ob der Eigentümer den beeinträchtigenden Zustand zu dulden hat. Für einen Verzicht auf die Rechtswidrigkeit als Voraussetzung des § 1004 BGB spricht auch die Parallele zu § 985 BGB, wo die Frage, ob der Besitz rechtswidrig erlangt oder vorenthalten wird, nicht gestellt wird.[41] Auch bei § 1004 Abs. 2 BGB muss nur nach einer Duldungspflicht gefragt werden; ob das Verhalten des Störers rechtswidrig ist, ist belanglos.[42] Dass es rechtswidrige Handlungen gibt, deren Folgen gleichwohl geduldet werden müssen, lehrt das Beispiel des entschuldigten Überbaus (§ 912 Abs. 1 BGB; → § 6 Rn. 31ff.).[43]

3. Störer

14 Zur Beseitigung und Unterlassung verpflichtet ist der Störer. § 1004 BGB sagt nicht, wer Störer ist. Der Störerbegriff ist umstritten. Kriterien wie rechtswidriges oder gar schuldhaftes Verhalten scheiden aus. Man muss sich auch von der Vorstellung frei machen, für jede Beeinträchtigung des Eigentums sei ein anderer als Störer verantwortlich. Ist die Beeinträchtigung auf ein Unglück zurückzuführen, treffen die Folgen den Eigentümer, ohne dass er sie auf einen anderen abwälzen kann.

15 Die h.M. unterscheidet Handlungsstörer und Zustandsstörer.[44] Handlungsstörer ist, wer die Störung durch sein Tun oder Unterlassen verursacht. Der Störer selbst ist die Störungsquelle, während beim Zustandsstörer die Beeinträchtigung von einer Sache ausgeht, und sich der Anspruch gegen denjenigen richtet, der für diese verantwortlich ist.

16 Handlungsstörer ist, wer das fremde Grundstück überquert, Müll darauf ablegt (→ aber § 7 Rn. 9) oder Abwasser darauf ableitet, wer Immissionen in seiner Wohnung oder seinem Betrieb verursacht, wer ein Grundstück so vertieft, dass das Nachbargrundstück abzurutschen droht. Dabei kommt es nicht darauf an, ob der Störer selbst in Person handelt oder die Störung anderer nur veranlasst (mittelbarer Störer). Der Verpächter einer lärmintensiven Gaststätte ist – neben dem Pächter – Störer. Beide können nebeneinander in Anspruch genommen werden. Der Gaststättenbetreiber hat auch für den Lärm der Gäste einzu-

---

[41] *Münzberg* JZ 1967, 689, 691.
[42] *Münzberg* JZ 1967, 689, 690f.
[43] Dies bestreitet auch MünchKommBGB/*Raff* § 1004 Rn. 201 nicht.
[44] Soergel/*Münch* § 1004 Rn. 114; *Baur/Stürner* § 12 Rn. 12ff.; anders MünchKommBGB/ *Raff* § 1004 Rn. 180, der eine Unterscheidung für insgesamt entbehrlich hält.

stehen.⁴⁵ Der Bauunternehmer ist Störer, auch wenn seine Mitarbeiter den lärmenden Bagger bedienen. Ebenso ist einem Anspruch nach § 1004 BGB ausgesetzt, wer die eigentumsverletzende Verteilung von Handzettelwerbung in Briefkästen durch einen anderen veranlasst.⁴⁶

Handeln weisungsgebundene Arbeitnehmer, sind sie neben dem Arbeitgeber ebenfalls als Störer anzusehen.⁴⁷ Der BGH neigt allerdings dazu, weisungsgebundene Arbeitnehmer von der Störerhaftung auszunehmen.⁴⁸ Freilich besteht kein Grund, den Arbeitnehmer von der jedermann treffenden Pflicht freizustellen, anderer Eigentum nicht zu beeinträchtigen. Weisungen des Arbeitgebers, deren Befolgung den Arbeitnehmer zum Störer machen, braucht er nicht zu beachten. Das Risiko einer Fehleinschätzung ist eine arbeitsrechtliche und keine sachenrechtliche Frage. Die problematische Abgrenzung des Arbeitnehmers vom selbständigen Unternehmer, der auch h.M. der Störerhaftung unterliegt, darf den Rechtsschutz des Eigentümers nicht bestimmen. Wird ein Arbeitnehmer vom Eigentümer auf Beseitigung einer Beeinträchtigung in Anspruch genommen, die sich infolge der Ausführung einer weisungsgebundenen Tätigkeit ereignet hat, und entstehen dem Arbeitnehmer hierfür Aufwendungen, steht ihm ein Freistellungsanspruch gegen den Arbeitgeber zu.⁴⁹

Zu beachten ist, dass die bloße Stellung als Eigentümer einer Sache noch keine Störereigenschaft begründet.⁵⁰ Wird infolge starker Niederschläge Schlamm auf ein Grundstück gespült, so ist der Eigentümer des Nachbargrundstücks dafür nicht verantwortlich, es sei denn, die Beeinträchtigung geht mittelbar auf seinen Willen zurück.⁵¹ Daher sind dem Eigentümer des Grundstücks, von dem durch Naturereignisse ausgelöste Störungen ausgehen, diese Beeinträchtigungen nur zuzurechnen, wenn er sie durch eigene Handlungen – wie z.B. durch Anschüttung von Sandmassen, Anschneiden eines Steilhanges beim Hausbau oder durch eine künstliche Veränderung der Grundstücksbeschaffenheit – ermöglicht hat, oder falls die Beeinträchtigung erst durch ein pflichtwidriges Unterlassen herbeigeführt worden ist.⁵² Selbst wenn der Eigentümer eine Ursache für den Zustand geschaffen hat, ist er für Störungen nur im Rahmen des Vorhersehbaren verantwortlich: Der BGH verneint die Störereigenschaft des Eigentümers eines Grundstücks, welcher einen Baum gepflanzt hatte, der von sei-

---

⁴⁵ BGH NJW 1963, 2020.
⁴⁶ BGHZ 106, 229, 235.
⁴⁷ *Westermann/Gursky/Eickmann* § 35 Rn. 15; auf die *Unterlassung*spflicht beschränkt MünchKommBGB/*Baldus* (6. Aufl. 2013) § 1004 Rn. 162f. die Haftung des störenden Arbeitnehmers.
⁴⁸ BGH DB 1979, 544 (für einen eigenverantwortlich handelnden Sprengmeister im konkreten Fall verneint); BGH NJW 1983, 751.
⁴⁹ Vergleichbar dem Freistellungsanspruch bei deliktischer Schädigung, dazu MünchKommBGB/*Spinner* § 611a Rn. 821ff.
⁵⁰ A.A. *Kübler* AcP 159 (1960), 276, wonach das Eigentum als solches verpflichtet; nach der Kausalhaftungstheorie kommt auch eine Haftung für höhere Gewalt in Betracht, außer bei praktischer Unmöglichkeit von Sicherungsmaßnahmen oder soweit der Anspruch im Widerspruch zu § 242 BGB steht, vgl. *Herrmann* JuS 1994, 277, 280.
⁵¹ BGHZ 28, 110, 111.
⁵² BGHZ 90, 255, 266f.

nem Grundstück infolge eines starken Sturmes auf das Nachbargrundstück gefallen ist, wenn der Baum gegenüber normalen Naturkräften widerstandsfähig gewesen ist.[53]

18 Für die Störereigenschaft kommt es auf Delikts- oder gar Geschäftsfähigkeit nicht an. „Störerfähig" ist jede natürliche Person. Handelt ein Organ für eine juristische Person, wird ihr dessen Verhalten analog § 31 BGB – unbeschadet der persönlichen Haftung des Organwalters – zugerechnet. Führt der Insolvenzverwalter ein Unternehmen fort, von dem Störungen ausgehen, ist er neben der Insolvenzmasse als Störer persönlich verantwortlich; handelt es sich um Zustandsstörungen, endet mit der Aufnahme der Betriebsfortführung durch den Verwalter die Verantwortlichkeit des Insolvenzschuldners. Bei Minderjährigen erstreckt man die Pflichten aus § 1004 BGB auf den gesetzlichen Vertreter, der dafür zu sorgen hat, dass der Minderjährige das störende Verhalten aufgibt.[54]

4. Rechtsfolgen

a) Beseitigung

19 Der Störer schuldet nach § 1004 Abs. 1 Satz 1 BGB Beseitigung der Beeinträchtigung. Die Abgrenzung der Beseitigung von der Naturalrestitution nach § 249 BGB ist schwierig, aber erforderlich, weil Schadensersatz gewöhnlich Verschulden voraussetzt. Zudem begründet der Beseitigungsanspruch als *dinglicher* Anspruch anders als ein Schadensersatzanspruch keine Insolvenzforderung (§ 38 InsO); § 1004 BGB ist in der Insolvenz des Störers also uneingeschränkt durchsetzbar.[55]

20 Der Störer hat nach § 1004 Abs. 1 Satz 1 BGB den dem Inhalt des Eigentums entsprechenden Zustand herzustellen. Danach ist jedenfalls die Störungsquelle zu beseitigen. Strömt infolge eines Rohrbruchs Wasser auf das Nachbargrundstück, hat der Störer das Wasser abzupumpen. Im Falle der Bodenverunreinigung muss der Störer die Schadstoffe entfernen. Haben sich die Schadstoffe mit dem Erdboden verbunden und können nicht isoliert entfernt werden, muss der Störer auch das Erdreich ausheben und entsorgen.[56] Durch die Störung entstandene Schäden muss der Störer aber nicht ersetzen. Mit § 1004 BGB soll die Schadensquelle für die Zukunft beseitigt, nicht der bereits eingetretene Schaden ausgeglichen werden.[57] Der BGH formuliert wie folgt: § 1004 BGB „gewährt [...] dem Eigentümer [...] lediglich ein Recht auf Aufhören der Einwirkung für die Zukunft; Beseitigung der bereits eingetretenen Einwirkungsfolgen kann nicht auf Grund von § 1004 BGB, sondern nur – sofern die besonderen Voraussetzungen (Verschulden) erfüllt sind – unter dem Gesichtspunkt des Schadensersatzes

---

[53] BGHZ 122, 283, 284.
[54] Staudinger/*Thole* § 1004 Rn. 333.
[55] Dazu *Gursky* JZ 1996, 683, 685.
[56] BGH NJW 1996, 845, 846.
[57] BGHZ 29, 314, 317.

gemäß §§ 823 ff., 249 ff. BGB verlangt werden."⁵⁸ Die Beseitigung richtet sich danach auf die Beendigung künftiger Einwirkungen auf die Sache, Schadensersatz auf die Beseitigung in der Vergangenheit eingetretener Beeinträchtigungen insbesondere an der Sachsubstanz.⁵⁹ Stürzt infolge mangelhafter Bauausführung ein Gebäude ein, muss der Eigentümer des Gebäudes nach § 1004 BGB die Gebäudeteile vom Nachbargrundstück entfernen, nicht aber die im Erdboden entstandenen Löcher auffüllen oder gar im Sommer Pflanzen setzen, die sich infolge des im Frühling stattfindenden Trümmerhagels nicht entwickeln konnten.

Zu einem anderen Ergebnis führt die Lehre *Pickers* (→ § 7 Rn. 6): Da der Störer mit dem ausgelaufenen Wasser hinsichtlich des überschwemmten Grundstücks in der Gegenwart keine Herrschaftsposition in Anspruch nimmt, die ihm nach der Eigentumsordnung nicht zusteht, und umgekehrt eine Beseitigung einen Eingriff in fremde Rechte nicht erfordert (der Störer beansprucht kein Eigentum am Wasser), kann die Beseitigung des Wassers nicht nach § 1004 BGB gefordert werden. Das Abpumpen kann der Grundstückseigentümer vom Verursacher nach §§ 823, 249 BGB nur verlangen, wenn diesen ein Verschulden trifft, etwa weil er die Rohre nicht sorgfältig gepflegt und überwacht hat.

Von den Schäden, die durch die primäre Störung entstanden sind, und die der Störer nicht nach § 1004 BGB ersetzen muss, unterscheidet der BGH Schäden, die zwangsläufig durch die Beseitigung der Störung entstehen. Beeinträchtigungen, die aus der Störungsbeseitigung erwachsen, sind von der Beseitigungspflicht nach § 1004 Abs. 1 BGB umfasst. Daher hat der Störer nicht nur das Erdreich mit den Schadstoffen auszuheben, sondern muss das Grundstück auch in den früheren Zustand versetzen, also auffüllen und bepflanzen.⁶⁰ 21

Der Beseitigungsanspruch wird mit der Leistungsklage durchgesetzt. Bei Miteigentum (→ § 5 Rn. 28 ff.) kann jeder Miteigentümer nach § 1011 BGB den gesamten Anspruch geltend machen. Welchen Weg der verurteilte Störer zur Beseitigung der Störung ergreift, bleibt ihm überlassen. Die Vollstreckung richtet sich nach §§ 887 f. ZPO. Liegt ein Titel vor, kann der Eigentümer beantragen, den Störer zur Vorauszahlung der Kosten der Beseitigung zu verurteilen (§ 887 Abs. 2 ZPO). Vielfach will der Eigentümer nicht warten, bis ein Vollstreckungstitel erstritten ist und behebt die Störung selbst. Nach h.M. kann er die anfallenden Kosten als Aufwendungen infolge Geschäftsführung ohne Auftrag (§§ 677, 683, 670 BGB)⁶¹ oder nach Bereicherungsrecht (§§ 812, 818 Abs. 2 BGB)⁶² vom Störer ersetzt verlangen.

b) Unterlassen

Nach § 1004 Abs. 1 Satz 2 BGB kann der Eigentümer „auf Unterlassung klagen", wenn „weitere" Beeinträchtigungen zu besorgen sind. Der Wortlaut der Vorschrift setzt voraus, dass bereits eine Störung des Eigentums stattgefunden 22

---
⁵⁸ BGHZ 28, 110, 113.
⁵⁹ Ähnlich *Armbrüster* NJW 2003, 3087, 3089.
⁶⁰ BGH NJW 2005, 1366.
⁶¹ Beseitigung als Geschäftsführung für den dazu nach § 1004 BGB verpflichteten Störer, BGHZ 110, 313, 314 f.
⁶² Bereicherung durch Befreiung von Verpflichtung aus § 1004 BGB, BGHZ 106, 142, 143.

3. Kapitel: Eigentum und Eigentumsschutz

hat (Wiederholungsgefahr). Freilich muss der Eigentümer nicht warten, bis sein Eigentum beeinträchtigt ist. Der Richter weist die Klage nicht mit dem Argument ab, es müsse erst einmal eine Störung eingetreten sein.[63] Für einen Unterlassungsanspruch genügt die konkrete Gefahr, dass eine Beeinträchtigung des Eigentums erfolgen wird (Erstbegehungsgefahr). Ein Unterschied besteht im Prozess hinsichtlich des Beweises: Hat bereits eine Beeinträchtigung stattgefunden, wird die Wiederholungsgefahr vermutet.[64]

BGHZ 106, 229, 232 modifiziert den Unterlassungsanspruch aus § 1004 Abs. 1 Satz 2 BGB beträchtlich: Der Einwurf von Werbematerial (Handzettel) in Briefkästen bedeute keine Eigentumsverletzung, da es auf den ersten Blick als Werbung erkennbar und aus den Postsendungen ohne weiteres auszusondern sei. Eine Beeinträchtigung des Eigentums liege indes vor, wenn der Empfänger – etwa durch einen Hinweis am Briefkasten – ausdrücklich zu erkennen gegeben habe, dass er derartiges Werbematerial nicht zu erhalten wünsche. Diese Umdeutung des § 1004 BGB in einen „verhaltenen Anspruch"[65] ist abzulehnen. § 1004 BGB setzt nicht voraus, dass der Eigentümer seinen Abwehranspruch im Wege eines Hinweises ausdrücklich geltend macht. Nicht in der Begründung, wohl aber im Ergebnis ist dem BGH zu folgen: Das Einwerfen von Werbematerial verletzt das Eigentum am Briefkasten, ist jedoch aufgrund mutmaßlicher Einwilligung gerechtfertigt, es sei denn, der Eigentümer bringt einen gegenteiligen Willen zum Ausdruck.

23 Der Unterlassungsanspruch wird in der Praxis oft im Wege einer einstweiligen Verfügung nach §§ 935, 940 ZPO gesichert. Wird der Störer im Hauptsacheverfahren zur Unterlassung verurteilt, stellt das Urteil das Eigentum nicht rechtskräftig fest, weil Vorfragen nicht verbindlich entschieden werden (§ 322 Abs. 1 ZPO). Überträgt der Zustandsstörer die Verantwortlichkeit für die Störungsquelle (z.B. im Wege der Veräußerung oder Verpachtung eines Betriebs), kann gegen den Nachfolger vollstreckt werden (§§ 727, 731 ZPO).[66] Bei Handlungsstörungen spielt die Rechtsnachfolge keine Rolle. Vollstreckt wird ein Unterlassungstitel nach § 890 ZPO. Mitunter kann einer Verurteilung zur Unterlassung durch positives Tun nachgekommen werden, beispielsweise indem der zur Unterlassung von Lärm verurteilte Unternehmer den Mitarbeiter anweist, die lärmerzeugende Maschine abzudämmen. Auch die Abdämmung selbst kann nach § 890 ZPO vollstreckt werden; der Eigentümer muss daher nicht zusätzlich einen nach §§ 887f. ZPO vollstreckbaren Titel erstreiten.[67]

Ansprüche aus § 1004 BGB unterliegen der dreijährigen Regelverjährung nach § 195 BGB. Bei Störung von Grundstücken wendet der BGH § 902 BGB auf Ansprüche aus § 1004 BGB nicht an.[68] Anders als § 985 BGB, bei dem § 902 BGB anwendbar ist (→ § 7 Rn. 45),

---

[63] Vgl. *Münzberg* JZ 1967, 689 r. Sp.
[64] BGH NJW 1999, 356, 358 f.; für bloße Indizwirkung *Münzberg* JZ 1967, 689, 690.
[65] BGHZ 125, 56, 63 f. Zum Begriff des verhaltenen Anspruchs: *Gernhuber*, Das Schuldverhältnis, 1989, § 7 II 7, S. 138 f.
[66] Dazu *Brehm* JZ 1972, 225 ff.; i.E. auch Staudinger/*Gursky* (2013) § 1004 Rn. 134.
[67] Stein/Jonas/*Bartels* § 890 Rn. 4 ff.; eingehend *Brehm* ZZP 89 (1976), 178 ff.; zustimmend Staudinger/*Thole* § 1004 Rn. 606 ff.; MünchKommBGB/*Raff* § 1004 Rn. 331.
[68] BGH NJW 2011, 1068; BGH NJW 2016, 1735, Rn. 26.

diene § 1004 BGB nicht der Verwirklichung des Eigentumsrechts, sondern bilde nur eine bloße Störung in der Ausübung des Eigentums. Diese Unterscheidung überzeugt nicht, zumal die Abgrenzung zwischen Störung und Besitzvorenthaltung schwierig sein kann. Allerdings bleibt der Eigentümer berechtigt, eine Störung auf eigene Kosten zu beseitigen, auch wenn der Beseitigungsanspruch verjährt ist. Die Verjährung führt also nicht zu einer Duldungspflicht.

III. Der Vindikationsanspruch (§ 985 BGB)

Literatur: *J. Blomeyer,* Das Besitzrecht des Vorbehaltskäufers, JZ 1968, 691; *Derleder,* Zum Herausgabeanspruch des Eigentümers gegen den mittelbaren Besitzer, NJW 1970, 929; *Diederichsen,* Das Recht zum Besitz aus Schuldverhältnissen, 1965; *Effer-Uhe,* Die Folgen der Verjährung des Vindikationsanspruchs, AcP 215 (2015), 245; *Eichler,* Die Konkurrenz der vertraglichen und dinglichen Haftung im deutschen Recht, AcP 162 (1963), 401; *Emmerich,* Das Verhältnis der Vindikation zu anderen Ansprüchen, 1966; *Frank,* Gedanken zur Verjährung des Eigentumsherausgabeanspruchs, Festschr. Stürner I, 2013, S. 113; *Horstmann,* Untersuchungen über die Anwendbarkeit schuldrechtlicher Normen auf dingliche Ansprüche, 1913; *Köbl,* Das Eigentümer-Besitzer-Verhältnis im Anspruchssystem des BGB, 1971; *Müller-Laube,* Herausgabepflicht und Rückgewährschuld, AcP 183 (1983), 215; *Oertmann,* Beiträge zur Lehre von der Abtretung des Eigentums, AcP 113 (1915), 51; *F. Peters,* Das Pfandrecht als Recht zum Besitz, JZ 1995, 390; *Pinger,* Funktion und dogmatische Einordnung des Eigentümer-Besitzer-Verhältnisses, 1973; *Plambeck,* Die Verjährung der Vindikation, 1997; *L. Raiser,* Eigentumsanspruch und Recht zum Besitz, Festschr. M. Wolff, 1952, S. 123; *ders.,* Die Subsidiarität der Vindikation und ihrer Nebenfolgen, JZ 1961, 529; *Scherk,* Die Einrede aus dem Recht zum Besitz gegenüber dem Eigentumsanspruch auf Herausgabe der Sache, JherJb 67, 301; *Seidel,* Das Zurückbehaltungsrecht als Recht zum Besitz im Sinne von § 986 BGB?, JZ 1993, 180; *H. Siber,* Der Rechtszwang im Schuldverhältnis, 1903; *ders.,* Die Passivlegitimation bei der rei vindicatio, 1907; *ders.,* Eigentumsanspruch und schuldrechtliche Herausgabeansprüche vom Standpunkt der Rechtserneuerung, JherJb 89, 1; *M. Wolff,* Das Recht zum Besitze, Festgabe R. Koch, 1903, S. 150; *Zeuner,* Zum Verhältnis zwischen Vindikation und Besitzrecht, Festschr. Felgentraeger, 1969, S. 423.

Studium: *Berg,* Ansprüche aus dem Eigentümer-Besitzer-Verhältnis, JuS 1971, 522, 636; JuS 1972, 83, 193, 323; *Gursky,* Der Vindikationsanspruch und § 281 BGB, Jura 2004, 433; *Kindl,* Das Eigentümer-Besitzer-Verhältnis: Vindikationslage und Herausgabeanspruch, JA 1996; *Petersen,* Grundfragen zum Recht des Besitzes, Jura 2002, 160, 255; *Schreiber,* Das Eigentümer-Besitzer-Verhältnis, Jura 1992, 356, 533; *ders.,* Der Herausgabeanspruch aus § 985 BGB, Jura 2005, 30; *Waltermann,* § 986 Abs. 2 BGB als Ausdruck einer Verdinglichung schuldrechtlicher Rechtspositionen durch das Gesetz?, Jura 1993, 521.

Fallbearbeitung: *Auer,* Klausur: Wie gewonnen, so zerronnen, JuS 2007, 1122; *Hager,* Grundfälle zur Systematik des Eigentümer-Besitzer-Verhältnisses und der bereicherungsrechtlichen Kondiktionen, JuS 1987, 877; *H. Roth,* Grundfälle zum Eigentümer-Besitzer-Verhältnis, JuS 1997, 518, 710, 897, 1087.

1. Der Herausgabeanspruch

a) Grundgedanken

24 Der Besitz an der Sache ist für den Eigentümer von besonderem Interesse. Besitzentziehung und -vorenthaltung bilden gravierende Eingriffe in die durch das Eigentum nach § 903 BGB zugewiesenen Befugnisse. An der Spitze der dinglichen Ansprüche steht daher in § 985 BGB der Herausgabeanspruch („Vindikationsanspruch", abgeleitet von der gemeinrechtlichen *rei vindicatio*) des Eigentümers der Sache gegen den Besitzer. Inhaltlich ist der Herausgabeanspruch auf Besitzeinräumung gerichtet. Die §§ 987 ff. BGB regeln zudem Ansprüche des Eigentümers auf Schadensersatz und Herausgabe von Nutzungen (→ § 8 Rn. 1 ff.).

25 § 985 BGB setzt nicht voraus, dass der Eigentümer früher bereits einmal Besitzer der Sache gewesen ist (anders die Besitzschutzansprüche nach §§ 861, 1007 BGB). Der Käufer eines Grundstücks hat gegen den besitzenden Verkäufer (neben § 433 Abs. 1 BGB auch) einen Anspruch aus § 985 BGB, wenn die Auflassung erklärt und der Käufer im Grundbuch als neuer Eigentümer eingetragen ist. Unerheblich ist ferner, ob dem Eigentümer die Sache gestohlen worden ist oder ob er sie verloren hat.

Auch bei freiwilliger Besitzaufgabe besteht ein Herausgabeanspruch. Gibt der Eigentümer den Besitz an einer Sache auf, weil er sie für wertlos hält, kann er, wenn er sich später eines anderen besonnen hat, Herausgabe vom neuen Besitzer verlangen; bei beweglichen Sachen ist allerdings § 959 BGB zu beachten.

26 Anknüpfungspunkt der Vindikation ist nicht das Verhalten des Besitzers, das zur Besitzbegründung geführt hat, sondern allein der Umstand, dass er eine fremde Sache rechtlos besitzt. Verliert er den Besitz, scheidet auch seine Inanspruchnahme nach § 985 BGB aus. Der Dieb ist dem Anspruch aus § 985 BGB nicht unterworfen, weil er gestohlen hat, sondern weil er besitzt. Davon unterscheidet sich die Haftung wegen unerlaubter Handlung: Wer dem Eigentümer den Besitz entzogen hat, kann wegen dieses Verhaltens schadensersatzpflichtig sein, wenn ihn ein Verschulden trifft. Ein Dieb kann den gegen ihn gerichteten Schadensersatzanspruch nicht zu Fall bringen mit dem Hinweis, er habe die entwendete Sache nicht mehr.

Der Vindikationsanspruch nach § 985 BGB darf nicht verwechselt werden mit der *Patentvindikation* gemäß § 8 PatG.[69] § 8 PatG handelt nicht von der Herausgabe einer *körperlichen Sache* (Gegenstand des Patents ist eine Erfindung). Inhalt ist vielmehr ein Anspruch des Erfinders gegen den Anmelder der Erfindung (beim Patentamt) auf Übertragung des Patents bzw., solange es noch nicht erteilt ist, auf Abtretung des Anspruchs auf Erteilung des Patents.

---

[69] *Kraßer*, „Vindikation" im Patentrecht und rei vindicatio, Festschr. v. Gamm, 1990, S. 405.

b) Rückabwicklung gescheiterter Austauschverträge

Besondere Bedeutung hat der Herausgabeanspruch nach § 985 BGB bei der Rückabwicklung gescheiterter Austauschverträge, bei Veräußerungsgeschäften selbstverständlich nur, wenn auch die dingliche Einigung nichtig ist. Der Vindikationsanspruch tritt hierbei mitunter in Konkurrenz zu anderen Rückabwicklungssystemen, insbesondere zu §§ 812 ff. BGB. Dies wirft neben dem Konkurrenzproblem (→ § 7 Rn. 54 f. und § 8 Rn. 8) die Frage auf, ob spezifische Wertungen des Bereicherungsrechts auf den Vindikationsanspruch ausstrahlen.

Diskutiert wird dies vor allem für § 817 Satz 2 BGB. Ist bei einem Veräußerungsgeschäft der Schuldvertrag wegen Sittenverstoßes nach § 138 Abs. 1 BGB nichtig, steht der Kondiktion § 817 Satz 2 BGB entgegen. Verstößt auch die dingliche Übereignung gegen die guten Sitten, befürworten manche eine entsprechende Anwendung des § 817 Satz 2 BGB bei § 985 BGB.[70] Diese Ansicht wird gestützt auf die Überlegung, dass die Verfügung vielfach nur bei besonders groben Verstößen gegen die Sittenordnung nichtig sei, und es daher einen Wertungswiderspruch bedeute, dem Eigentümer in diesem Fall die Vindikation zu belassen,[71] hingegen bei einem weniger intensiven Sittenverstoß, der „nur" zur Nichtigkeit des obligatorischen Geschäfts führe, die Kondiktion nach § 817 Satz 2 BGB auszuschließen. Der BGH hat bei einem sittenwidrigen Bordellpachtvertrag die Anwendung des § 817 Satz 2 BGB auf die auf § 985 BGB gestützte Räumungsklage allerdings verneint, weil damit das gemäß § 138 BGB nichtige Pachtverhältnis insoweit „legalisiert" werde, als der Pächter in seinem Pachtbesitz geschützt würde und das Bordell wegen Nichtigkeit des Pachtvertrags sogar unentgeltlich nutzen könnte.[72] § 817 Satz 2 BGB steht auch der Herausgabe der vom Pächter aus dem Bordellbetrieb gezogenen Nutzungen nach §§ 987, 990 BGB (→ § 8 Rn. 31 ff.) nicht entgegen, weil die infolge ihres Strafcharakters rechtspolitisch im Übrigen zweifelhafte Bestimmung eine Ausnahmevorschrift des Bereicherungsrechts darstellt.[73]

2. Berechtigter und Anspruchsgegner

a) Eigentümer und Besitzer

Inhaber des Anspruchs nach § 985 BGB ist der die Sache nicht unmittelbar besitzende Eigentümer. Ein Miteigentümer kann nur Einräumung des Mitbesitzes verlangen, und zwar sowohl von anderen Miteigentümern als auch von Dritten. Im Rahmen des § 1011 BGB (→ § 5 Rn. 33) darf der Miteigentümer Herausgabe an alle Miteigentümer fordern, an sich allein nur, wenn die anderen Miteigentümer den Besitz nicht übernehmen wollen oder können.[74] Im Falle des § 986

---

[70] *Baur/Stürner* § 5 Rn. 52; *Wolff/Raiser* § 84 IV 4, S. 326.
[71] Dagegen Staudinger/*Thole* § 985 Rn. 265.
[72] BGHZ 41, 341, 344 f.
[73] BGHZ 63, 365, 368 f.
[74] *Wolff/Raiser* § 84 III 1 b, S. 322.

Abs. 1 Satz 2 BGB ist die Sache an den mittelbaren Besitzer herauszugeben; dies ändert aber nichts daran, dass der Eigentümer Inhaber des Herausgabeanspruchs ist. Zum Nachweis des Eigentums → § 7 Rn. 56.

30 Der Anspruch richtet sich gegen jeden nicht berechtigten (gut- oder bösgläubigen) Besitzer, nicht gegen den Besitzdiener (§ 855 BGB).[75] Welche Form des Besitzes vorliegt, ist dabei gleichgültig: Es kann Eigen- oder Fremdbesitz sein, Allein- oder Mitbesitz, Teilbesitz, unmittelbarer oder mittelbarer Besitz (→ § 3 Rn. 2ff.).

31 Übereignet der Kläger nach Klageerhebung die Sache (§§ 873, 930, 931 BGB), deren Herausgabe er vom Beklagten verlangt, hat dies gemäß § 265 Abs. 2 Satz 1 ZPO auf den Prozess keinen Einfluss. Die h.M. verlangt allerdings, dass der Kläger den Klageantrag auf Herausgabe an den Erwerber umstellt, damit nicht ein sachlich unrichtiges Urteil ergehe („Relevanztheorie").[76]

Dem ist nicht zu folgen. Der Herausgabeprozess wird nach dieser Auffassung mit der Frage belastet, ob die vom Kläger als Erwerber angegebene Person neuer Eigentümer ist; eine Feststellung, die aber gegenüber dem wirklichen neuen Eigentümer, der nicht am Prozess beteiligt ist, nicht in Rechtskraft erwächst[77] und daher überflüssig ist. Der (wirkliche, nicht der vom Kläger im umgestellten Klagantrag benannte) Rechtsnachfolger ist nach § 325 Abs. 1 ZPO an die Rechtskraft des Urteils gebunden und kann die Zwangsvollstreckung betreiben, wenn er sich eine titelübertragende Vollstreckungsklausel nach §§ 727, 731 ZPO erteilen lässt. In diesem Verfahren ist die behauptete Rechtsnachfolge zu prüfen.

32 Überträgt der *Beklagte* den Besitz nach Klageerhebung einem Dritten, wird der Prozess gemäß § 265 Abs. 2 Satz 1 ZPO ebenfalls fortgeführt, ohne dass hier eine Änderung des Klageantrags verlangt wird;[78] die Rechtslage wird so angesehen, als sei die Übertragung nicht erfolgt. Die Rechtskraft des Urteils wirkt auch gegen den neuen Besitzer, gegen den die Klausel nach §§ 727, 732 ZPO erteilt werden kann.

b) Mittelbarer Besitzer

33 Der Eigentümer kann auch vom mittelbaren Besitzer Herausgabe verlangen, wie sich § 991 Abs. 1 a.E. BGB entnehmen lässt. Inhaltlich ist der Herausgabeanspruch jedenfalls auf Einräumung des mittelbaren Besitzes nach § 870 BGB durch Abtretung des Herausgabeanspruchs gerichtet.[79] Die Abtretung gilt mit der Rechtskraft des Urteils als erklärt (§ 894 ZPO). Hat der vormalige mittelbare Besitzer die Sache vor der Abtretung vom unmittelbaren Besitzer wieder zurückerhalten, entfällt der Herausgabeanspruch gegen den mittelbaren Besitzer und die Abtretung nach § 870 BGB geht ins Leere. Der Eigentümer müsste

---

[75] Insoweit a.A. *Heck*, Grundriß, § 66, 5, S. 273f.
[76] Stein/Jonas/*Roth* § 26, Rn. 21; Staudinger/*Thole* § 985 Rn. 91.
[77] BGH NJW 1984, 806 im Anschluss an *Münzberg*.
[78] Staudinger/*Thole* § 985 Rn. 128.
[79] Eingehende Begründung bei *Planck/Brodmann* § 985, Anm. 2 b ß), mit allerdings nicht überzeugender Differenzierung hinsichtlich des Anspruchsinhalts.

nochmals mit geändertem Antrag auf Herausgabe klagen. Um dies zu vermeiden, kann der Eigentümer nach h.M. auch gegen den mittelbaren Besitzer von vornherein schlicht „auf Herausgabe" klagen.[80] Dieser Klageantrag umfasst sowohl die Verschaffung unmittelbaren Besitzes als auch die Einräumung mittelbaren Besitzes nach § 870 BGB. Erst im Vollstreckungsverfahren wird über die Umsetzung des Titels entschieden: Die Zwangsvollstreckung aus dem Herausgabeurteil erfolgt nach § 883 ZPO, wenn der Schuldner unmittelbarer Besitzer ist, indem der Gerichtsvollzieher dem Schuldner die Sache wegnimmt und dem Gläubiger übergibt. Hat der Schuldner die Sache einem Dritten vermietet, verliehen usw., kann nach § 886 ZPO vollstreckt werden, indem der Herausgabeanspruch gepfändet und dem Eigentümer zur Einziehung überwiesen wird.[81] Eine Vollstreckung nach § 894 ZPO ist ausgeschlossen.

3. Recht zum Besitz

a) Grundlagen des Rechts zum Besitz

Häufig hat der Besitzer ein Recht zum Besitz. Dann kann er die Herausgabe nach § 986 Abs. 1 Satz 1 Fall 1 BGB verweigern. Besitzrechte können aus dinglichen Rechten an der Sache folgen, soweit diese den Besitz umfassen. Danach sind der Erbbauberechtigte, der Nießbraucher und der Inhaber eines Faustpfandrechts besitzberechtigt, nicht aber der Hypothekar und der Grundschuldinhaber, weil Grundpfandrechte keine Besitzbefugnis einschließen. 34

Ferner können Besitzrechte aus obligatorischen Rechtsverhältnissen folgen: Mieter und Pächter sind zum Besitz berechtigt, auch der Vorbehaltskäufer aus dem Kaufvertrag. Das obligatorische Rechtsverhältnis muss allerdings dem Eigentümer gegenüber bestehen. Zu § 986 Abs. 2 BGB → § 7 Rn. 38. 35

Beispiel: M mietet vom Dieb D einen Pkw. Hier besteht gegenüber dem Eigentümer E kein Recht zum Besitz nach § 986 BGB, weil der Mietvertrag als obligatorisches Rechtsverhältnis nur im Verhältnis M zu D wirkt.

Beispiel: K kauft bei V einen Pkw unter Eigentumsvorbehalt, der ihm übergeben wird. V kann nicht Herausgabe verlangen, es sei denn, er übt ein Rücktrittsrecht aus (§ 449 Abs. 2 BGB). Auf ein Recht zum Besitz kommt es allerdings nicht mehr an, wenn K seine Pflichten aus § 433 Abs. 2 BGB vollauf erfüllt und daher (nach §§ 929, 158 BGB) Eigentum erworben hat.

Ein Besitzrecht der Ehegatten (an der ehelichen Wohnung) folgt aus der Verpflichtung zur ehelichen Lebensgemeinschaft (§ 1353 Abs. 1 BGB); es endet bei getrenntlebenden Ehegatten erst mit einer Entscheidung im Verfahren nach §§ 200ff. FamFG.[82] Zum Besitz berechtigt sind ferner Vermögensverwalter, etwa 36

---

[80] BGHZ 53, 29, 30f.; *Wolff/Raiser* § 84 III 2, S. 322f.; *Heck*, Grundriß, § 66, 3, S. 273; *Wieling/Finkenauer* § 12 Rn. 7; Staudinger/*Thole* § 985 Rn. 108.
[81] Fehlt ein Herausgabeanspruch, kann der Herausgabetitel nach §§ 727, 731 ZPO auf den Nachfolger im Besitz umgeschrieben werden.
[82] BGHZ 71, 216, 222ff. (zu § 18a HausratsVO).

Testamentsvollstrecker (§ 2205 Satz 2 BGB) und Insolvenzverwalter (§ 148 Abs. 1 InsO).

Kein Recht zum Besitz begründet ein Zurückbehaltungsrecht des Besitzers gegenüber dem Eigentümer nach § 273 BGB.[83] Das zeigt sich in der Rechtsfolge: Die Ausübung eines Zurückbehaltungsrechts führt zur Verurteilung des Besitzers zur Herausgabe, allerdings eingeschränkt „Zug um Zug" gegen Erfüllung des Gegenanspruchs (§ 274 BGB);[84] ein Recht zum Besitz hingegen führt zur Abweisung der Klage als unbegründet. – Das Zurückbehaltungsrecht wegen ersatzfähiger Verwendungen nach § 1000 BGB kann eine *Rechtsfolge* der Vindikationslage sein, nicht aber den Herausgabeanspruch ausschließen.[85] Liegen hingegen die Voraussetzungen des Befriedigungsrechts nach § 1003 BGB vor, kann der Besitzer die Herausgabe der Sache verweigern, um sie zu verwerten.[86]

b) Mittelbares Recht zum Besitz

37 Nach § 986 Abs. 1 Satz 1 Fall 2 BGB kann der unmittelbare Besitzer die Herausgabe der Sache an den Eigentümer verweigern, wenn der mittelbare Besitzer, von dem der unmittelbare Besitzer sein Besitzrecht ableitet, dem Eigentümer gegenüber zum Besitz berechtigt ist. Danach hat der unmittelbare Besitzer ein eigenes Recht zum Besitz gegenüber dem Eigentümer. Weitere Voraussetzung ist, dass der mittelbare Besitzer berechtigt ist, den Besitz an den unmittelbaren Besitzer weiterzugeben (§ 986 Abs. 1 Satz 2 BGB).

Beispiele: (1) K kauft bei V einen Pkw unter Eigentumsvorbehalt und vermietet ihn an M. Weil K dem Eigentümer V gegenüber aus dem Kaufvertrag zum Besitz berechtigt ist, muss M den Pkw nicht an V herausgeben. § 986 Abs. 1 Satz 1 Fall 2 BGB gilt auch bei mehrstufiger Besitzmittlung („Besitzrechtskette"): Bringt M den Pkw zur Reparatur zu U, hat U ebenfalls ein Recht zum Besitz gegenüber V.
(2) Hatte K den Pkw bei V gemietet und war eine Untervermietung nicht gestattet worden (vgl. § 540 Abs. 1 BGB), besteht ein Herausgabeanspruch des V gegen M, allerdings gerichtet auf Herausgabe an den K (§ 986 Abs. 1 Satz 2 BGB).
(3) Hatte K den bei V gemieteten Pkw dem gutgläubigen M verpfändet (§ 1207 BGB), kann M aufgrund eines eigenen Besitzrechts aus dem dinglichen Pfandrecht (→ § 7 Rn. 34) nach § 986 Abs. 1 Satz 1 *Fall 1* BGB die Herausgabe verweigern, ohne dass es auf § 986 Abs. 1 Satz 1 Fall 2 BGB ankommt.

c) § 986 Abs. 2 BGB

38 Das Recht zum Besitz schließt den Herausgabeanspruch nur aus, wenn es dem Eigentümer gegenüber wirkt. Dingliche Besitzrechte (Nießbrauch, Pfandrecht, → § 7 Rn. 34) bestehen gegenüber jedermann und daher stets auch gegenüber dem Eigentümer und dessen Rechtsnachfolger. Obligatorische Besitzrechte wirken nur relativ zwischen den am Rechtsverhältnis Beteiligten. Stellt der Ei-

---

[83] *Baur/Stürner* § 11 Rn. 26a; *Westermann/Gursky* § 30 II 3, S. 190f; MünchKommBGB/*Baldus* § 986 Rn. 53; *Wilhelm* Rn. 595; a.A. BGHZ 64, 122, 124.
[84] Davon geht auch BGHZ 122, 124 aus.
[85] *Wilhelm* Rn. 1200 Fn. 2027.
[86] BGHZ 34, 122, 133.

gentümer sein Grundstück einer Jugendgruppe zur Freizeitgestaltung unentgeltlich zur Verfügung, kann der Erwerber des Grundstücks Herausgabe verlangen, selbst wenn die Kündigung für längere Zeit ausgeschlossen worden war. An einen Mietvertrag über das Grundstück ist der neue Eigentümer hingegen nach § 566 BGB gebunden.

Bei beweglichen Sachen bewirkt § 986 Abs. 2 BGB ähnliches: Der Besitzer einer Sache, die nach § 931 BGB übereignet worden ist, kann sich auch dem neuen Eigentümer gegenüber auf sein Recht zum Besitz berufen, das dem Veräußerer gegenüber bestand.

Beispiel: E stellt ein ihm gehörendes Gemälde dem Museum M fünf Jahre zur Verfügung. Als Gegenleistung darf E Museumseinrichtungen für Werbezwecke nutzen. Alsbald übereignet E das Gemälde der Bank B gemäß §§ 929, 931 BGB zur Sicherheit. Vor Ablauf der 5-Jahresfrist kann B Herausgabe des Gemäldes nach § 986 Abs. 2 BGB nicht verlangen. Ein Schutz des guten Glaubens der B hinsichtlich des Nichtbestehens eines Besitzrechts scheidet aus. Der Herausgabeanspruch ist daher selbst dann ausgeschlossen, wenn E der B erklärt hatte, der Nutzungsvertrag mit M sei wirksam gekündigt worden. – Tritt E nur den *obligatorischen* Herausgabeanspruch aus dem Nutzungsvertrag ab, kann sich M auf § 404 BGB berufen. Gegenüber dem Vindikationsanspruch genügt § 404 BGB nicht,[87] denn dieser ist nicht Verfügungsgegenstand und entsteht in der Person eines jeden Eigentümers neu. – Nach BGHZ 64, 122, 127 f. ist § 407 BGB auch im Rahmen des § 986 Abs. 2 BGB entsprechend anwendbar. Verlängert E den Nutzungsvertrag um weitere fünf Jahre, ohne die Übereignung zuvor M mitzuteilen, wirkt dies zu Lasten der B. Naheliegend ist nach dem Rechtsgedanken des § 816 Abs. 1 BGB ein Bereicherungsausgleich gemäß § 812 Abs. 1 Satz 1 Fall 2 BGB.

§ 986 Abs. 2 BGB begründet nur eine Einwendung gegen den Vindikationsanspruch, jedoch keinen eigenen Herausgabeanspruch. Gibt der Besitzer die Sache dem neuen Eigentümer heraus, kann er später nicht Rückgabe verlangen, sondern bleibt auf den Schadensersatzanspruch gegen den Veräußerer beschränkt. Insofern ist § 986 Abs. 2 BGB „schwächer" als § 566 BGB, der den Erwerber des Grundstücks zur Vertragspartei[88] und damit auch zum Schuldner eines Herausgabeanspruchs macht. Parallelen weisen beide Bestimmungen jedoch insoweit auf, als der Schutz des Mieters voraussetzt, dass dieser den *Besitz* an der dem Erwerber übereigneten Sache erlangt hat. Wird die Sache vor der Besitzerlangung übereignet, hat der Mieter nur Schadensersatzansprüche gegen den Veräußerer. Die Besitzerlangung verfestigt das obligatorische Nutzungsrecht, indem sie es mit Sukzessionsschutz (→ § 1 Rn. 13) ausstattet.[89]

§ 986 Abs. 2 BGB gilt auch für andere Einwendungen des Besitzers, insbesondere ein Zurückbehaltungsrecht nach § 273 BGB.[90] Die Vorschrift ist auch beim Eigentumserwerb

---

[87] Staudinger/*Thole* § 986 Rn. 114.
[88] *Heck*, Grundriß, § 66, 10 b, S. 276: „Vertragssukzession".
[89] Dies ist der Ansatz der von *Dulckeit*, Die Verdinglichung obligatorischer Rechte, 1951, entwickelten Lehre, mit Besitzbegründung lasse sich jedes obligatorische Recht verdinglichen. Dagegen zutr. *Canaris*, Festschr. Flume I, 1978. S. 371, 378 ff.
[90] Staudinger/*Thole* § 986 Rn. 116.

nach § 930 BGB anwendbar, wenn der Veräußerer mittelbarer Besitzer war.[91] Ein Rückgriff auf § 986 Abs. 2 BGB ist bei *dinglichen* Besitzrechten hingegen verfehlt. Veräußert der Eigentümer eine dem G verpfändete Sache nach § 931 BGB, kann sich G auf sein dingliches Besitzrecht aus dem Pfandrecht berufen. Das gilt sogar, wenn der Erwerber gutgläubig war (§ 936 Abs. 3 BGB).

d) Rechtsnatur des § 986 BGB

41 Von geringer Bedeutung ist der Streit um die Frage, ob § 986 BGB dem Besitzer eine Einrede oder Einwendung gibt. Die früher vorherrschende Ansicht, es liege nur eine Einrede vor,[92] stützte sich nicht nur auf den Wortlaut des § 986 BGB;[93] sie war geleitet von der Anschauung, ein nur obligatorischer Anspruch könne das Eigentum (genauer: den Eigentumsschutz) nicht beeinträchtigen.[94] Die heute herrschende Einwendungslehre[95] bedeutet damit eine weitere Abkehr von der Trennung schuldrechtlicher und sachenrechtlicher Elemente im BGB (→ § 1 Rn. 5).[96]

e) Zusendung unbestellter Waren (§ 241a Abs. 1 BGB)

42 Eine eigentümliche Einwendung gegen den Vindikationsanspruch sieht § 241a Abs. 1 BGB vor. Danach wird bei Lieferung unbestellter Waren durch einen Unternehmer (§ 14 BGB) an einen Verbraucher (§ 13 BGB) „ein Anspruch gegen diesen nicht begründet". Die Vorschrift schließt nicht nur den Kondiktionsanspruch hinsichtlich des Besitzes (dessen Bestand wegen § 814 BGB ohnehin zweifelhaft erscheint), sondern auch den Vindikationsanspruch nach § 985 BGB aus. § 241a BGB soll wettbewerbswidriges Zusenden unbestellter Waren zivilrechtlich sanktionieren.[97] Die Regelung führt zu gravierenden Änderungen der Rechtsverhältnisse an den zugesandten Waren: Der Empfänger wird nicht Eigentümer; selbst wenn in der Zusendung ein konkludentes Angebot nach § 929 BGB liegt, ist es durch das Zustandekommen des Kaufvertrags (und Zahlung des Kaufpreises) aufschiebend bedingt. Eigentum und Besitz fallen daher dauerhaft auseinander.[98] Damit wird die Frage aufgeworfen, ob diese Bestim-

---

[91] BGHZ 111, 142, 146f.; *Heck*, Grundriß, § 66, 10 c, S. 277; Staudinger/*Thole* § 986 Rn. 126.
[92] RGZ 127, 8, 9; *Zitelmann* AcP 99 (1906), 1, 33; *Kühne* AcP 140 (1935), 23. Einen Überblick hinsichtlich des Meinungsstandes gibt Staudinger/*Gursky*, 2013, § 986 Rn. 1.
[93] Der durch die Fassung des funktional gleichbedeutenden § 1004 Abs. 2 BGB relativiert wird, vgl. *Heck*, Grundriß, § 66, 11, S. 277; *Raiser*, Festschr. Wolff, 1952, S. 125.
[94] Vgl. die Darlegungen bei *Planck/Brodmann* Anm. 2 vor § 985.
[95] BGHZ 82, 13, 18 (ohne Begründung); *Schreiber* Rn. 204.
[96] *Wiegand* AcP 190 (1990), 112, 121 nennt in diesem Zusammenhang die Durchsetzung des Eigentümer-Besitzer-Verhältnisses mit delikts- und bereicherungsrechtlichen Elementen, worin allerdings eine Einwirkung schuld*vertraglicher* Elemente nicht liegt.
[97] MünchKommBGB/*Finkenauer* § 241a Rn. 3.
[98] Von einem gesetzlichen Eigentumserwerb des Verbrauchers geht hingegen MünchKommBGB/*Finkenauer* § 241a Rn. 36 aus.

mung mit Rücksicht auf Art. 14 GG verfassungsgemäß ist.[99] Jedenfalls sollte § 241a BGB restriktiv ausgelegt werden: Ein Recht zum Besitz nach § 986 BGB begründet die Bestimmung nicht. Gelangt die Ware in die Hand eines Dritten (der Empfänger vermietet sie), kann der Eigentümer von diesem nach § 985 BGB Herausgabe an sich verlangen. Ist der Versender nicht Eigentümer, weil er etwa die zugesandte Ware seinerseits unter Eigentumsvorbehalt mit Verfügungsermächtigung bezogen hatte, begründet § 241a Abs. 1 BGB keine Einwendung gegenüber dem Eigentümer; andernfalls würde der Eigentumsvorbehalt empfindlich entwertet.[100]

4. Inhalt des Vindikationsanspruchs

a) Herauszugebende Sache

Der Anspruch aus § 985 BGB ist gerichtet auf Herausgabe der Sache an dem Ort, wo sie sich gegenwärtig befindet (Einzelheiten → § 7 Rn. 47). Herauszugeben ist selbstredend auch ein Sachzuwachs, der durch die Verbindung mit anderen wesentlichen Bestandteilen entstanden ist, vorbehaltlich des Trennungsrechts nach § 997 BGB (→ § 8 Rn. 78).

Die Vindikation einer Sachgesamtheit findet nicht statt. Der Herausgabeanspruch ist auf das einzelne Buch, nicht die gesamte Bibliothek gerichtet.[101] Im Prozess muss jeder einzelne Gegenstand der Sachgesamtheit bezeichnet werden; es liegt eine objektive Klagehäufung vor (§ 260 ZPO). Erleichtert wird die Benennung durch § 809 BGB und ggf. den Auskunftsanspruch nach § 242 BGB.[102]

§ 985 BGB ist bei beweglichen Sachen und bei Grundstücken anwendbar. Anders als § 859 Abs. 2 und 3 BGB berechtigt § 985 BGB nicht zur Gewaltanwendung. Der Eigentümer benötigt vielmehr einen Herausgabetitel, der nach § 883 ZPO vollstreckt wird, indem der Gerichtsvollzieher dem Schuldner die bewegliche Sache wegnimmt und sie dem Gläubiger übergibt. Sind Grundstücke herauszugeben, hat der Gerichtsvollzieher den Schuldner gemäß § 885 ZPO aus dem Besitz zu setzen und den Gläubiger in den Besitz einzuweisen.

43

44

45

Der Herausgabeanspruch nach § 985 BGB unterliegt bei beweglichen Sachen der 30jährigen Verjährungsfrist nach § 197 Abs. 1 Nr. 2 BGB. Das kann dazu führen, dass Eigentum und Besitz auf Dauer auseinanderfallen, wenn der Besitzer das Eigentum nicht ersessen hat (§§ 900, 927 BGB, → § 28 Rn. 1ff.). Bei Grundstücken verjähren Vindikationsansprüche nicht, wenn der Eigentümer eingetragen ist (§ 902 BGB).

---

[99] Vgl. die Stellungnahme des Bundesrates, BT-DS 14/2920, S. 5.
[100] *Berger* JuS 2001, 649, 651; a.A. Staudinger/*Olzen* § 241a Rn. 18.
[101] Herauszugeben ist das einzelne Tier, nicht die Herde; eine „Herdenvindikation" scheidet aus, *Johow*, Vorentwurf Sachenrecht Teil 1, S. 890; zum Atomismus des Sachenrechts → § 5 Rn. 20.
[102] Staudinger/*Thole* § 985 Rn. 303 ff.

b) Geldvindikation

46 Auch Geldscheine und -münzen sind Sachen und unterliegen der Vindikation. Insoweit ist zu beachten, dass die Vermischung mit Geldzeichen anderer Eigentümer nach §§ 948, 947 BGB zu Mit- oder Dritteigentum, die Übereignung wegen § 935 Abs. 2 BGB auch zum Eigentumsverlust bei gestohlenen Geldzeichen führt. Der bisherige Eigentümer verliert in diesen Fällen seinen dinglichen Vindikationsanspruch, an dessen Stelle obligatorische Bereicherungs- und Schadensersatzansprüche treten (§§ 951, 816, 989, 823 usw. BGB). Eine Geld*wert*vindikation, wonach der bisherige Eigentümer Herausgabe eines entsprechenden Geldwertes vom (früheren) Besitzer gestützt auf einen dinglichen Anspruch verlangen kann, ist abzulehnen.[103] Damit würde der Eigentümer von Geldzeichen gegenüber anderen Sacheigentümern ohne Grund privilegiert, weil er beispielsweise in der Insolvenz aussondern könnte (§§ 47f. InsO).

Als dingliche Ansprüche können Vindikationsansprüche nicht nach §§ 387ff. BGB aufgerechnet werden. Aufrechnungserklärungen von Eigentümern, die gegenseitig Ansprüche auf Herausgabe von Geldzeichen nach § 985 BGB haben, sind unwirksam, können aber als wechselseitige Übereignungen nach § 929 Satz 2 BGB ausgelegt werden. Anders als bei der Aufrechnung (§ 388 BGB) genügt insoweit eine einseitige Erklärung indes nicht. Auch eine Rückwirkung wie bei § 389 BGB ist damit nicht verbunden. – Nach h.M. ist die Aufrechnung mit einer gewöhnlichen *obligatorischen* Geldforderung gegen einen Geldvindikationsanspruch wirksam.[104] Diese Durchbrechung der Voraussetzungen des § 387 BGB („gleichartig") ist abzulehnen. Nicht zu erklären ist auch, wie der bisherige Besitzer Eigentümer der Geldzeichen werden soll. Überdies würde der herausgabepflichtige Besitzer von Geldzeichen auch in der Eigentümer-Insolvenz nach § 94 InsO aufrechnen können und damit zu Lasten der anderen Insolvenzgläubiger nicht nur eine Quotenzahlung erhalten. Es bleibt dem Besitzer daher nur ein Zurückbehaltungsrecht (§ 273 BGB).

c) Abwicklung und Kosten

47 Der Anspruch nach § 985 BGB ist gerichtet auf Herausgabe der Sache. Herausgabe ist mehr als die Unterlassung weiterer Besitzausübung.[105] Der Besitzwille darf nicht nur aufgegeben, sondern der Besitzwechsel muss gerade dem Eigentümer gegenüber erfolgen.[106] Der Besitzer muss den Gegenstand aus seinem Vermögen ausgliedern, indem er dem Eigentümer den Zugang ermöglicht und sich der Entgegennahme nicht entgegenstellt.[107] Zu mehr ist der Besitzer aber nicht verpflichtet. Aufwendungen aus seinem Vermögen muss er nicht bestreiten. Der Besitzer hat den Gegenstand nur in dem Zustand herauszugeben, in dem er sich befindet.

---

[103] Staudinger/*Thole* § 985 Rn. 152ff.
[104] MünchKommBGB/*Baldus* § 985 Rn. 205 (Analogie zu § 387 BGB).
[105] Dazu *Berger*, Festschr. Kreft, 2004, S. 191, 200; teilweise anders noch die 1. Auflage.
[106] Vgl. Motive Band 3, S. 222.
[107] BGHZ 148, 252, 255.

Beispiel: Der in Bayreuth lebende E ist Eigentümer einer alten Fotografie, die sich in den ungeordneten Archivbeständen des A in Leipzig befindet. A muss dem E den Zugang zum Archiv und die Suche nach dem Foto ermöglichen. Zu mehr ist er nicht verpflichtet, insbesondere muss er die Abbildung nicht selbst heraussuchen.

d) Anwendung schuldrechtlicher Bestimmungen, insbesondere § 285 BGB

Der Herausgabeanspruch nach § 985 BGB ist ein dinglicher, „sachenrechtlicher" Anspruch, auf den die Bestimmungen des allgemeinen Schuldrechts (§§ 241–432 BGB) grundsätzlich nicht zur Anwendung kommen. Zum Beispiel scheidet eine vertragliche Schuldübernahme (§§ 414f. BGB) aus, weil für die Herausgabepflicht allein der Besitz maßgeblich ist. Die Folgen zu vertretender Unmöglichkeit richten sich nicht nach § 280 BGB, sondern allein nach §§ 989ff. BGB, damit die mit diesen Bestimmungen bezweckte Privilegierung des Besitzers (§ 993 BGB) nicht unterlaufen wird. Ein Erlass des Vindikationsanspruchs nach § 397 BGB ist nicht möglich; zu prüfen ist jedoch, ob eine Übereignung an den Besitzer nach § 929 Satz 2 BGB gewollt ist. Der Herausgabeanspruch kann nach h.M. nicht gemäß § 398 BGB abgetreten werden (→ § 27 Rn. 32). Zulässig ist nur eine Ermächtigung zur prozessualen Geltendmachung des Anspruchs im Wege der Prozessstandschaft.[108] Auch kann die nicht zulässige Abtretung des Anspruchs aus § 985 BGB in eine Übereignung der Sache nach § 931 BGB umgedeutet werden (§ 140 BGB); abgetreten wird dann ein schuldrechtlicher Herausgabeanspruch. Zur Aufrechnung → § 7 Rn. 46.

Sind die §§ 241ff. BGB danach grundsätzlich nicht auf § 985 BGB anwendbar, so stellt sich doch in einigen Fallgruppen die Frage der Analogie zu bestimmten Vorschriften des Schuldrechts. Systematisch handelt es sich dabei um ein Problem, das sich für alle dinglichen Ansprüche stellt; § 985 BGB bildet aber den Hauptanwendungsfall.

Heck hat sich für die entsprechende Anwendung des Ersatzherausgabeanspruchs nach § 285 BGB (§ 281 BGB a.F.) ausgesprochen.[109] Wenn der Besitzer den Besitz einbüße und an dessen Stelle einen Ersatz erlange, müsse dieser an den Eigentümer herausgegeben werden. Der frühere Besitzer hätte danach einen eventuellen Versicherungsanspruch dem Eigentümer abzutreten, den an ihn geleisteten Schadensersatz herauszugeben, einen Veräußerungserlös an den Eigentümer abzuführen.[110] Dem ist nicht zuzustimmen, wie an folgendem Beispiel gezeigt werden mag:

Beispiel: Der Besitzer B veräußert eine dem E gehörende bewegliche Sache an den bösgläubigen K. Hier kann E von B nicht Herausgabe des Kaufpreises nach § 285 BGB verlangen.

---

[108] § 204 Satz 2 des Vorentwurfs zum Sachenrecht von *Johow* enthielt in § 204 Satz 2 folgende Bestimmung: „Die Abtretung des Anspruchs gilt als Bevollmächtigung zur Geltendmachung desselben."
[109] *Heck*, Grundriß, § 32, 7, S. 127f.; ablehnend die ganz h.M., Staudinger/*Gursky* § 985 Rn. 166 m. zahlr. Nachw.
[110] Diesen letzten Fall erörtert *Heck* allerdings nicht.

Er würde neben dem gegen K gerichteten Vindikationsanspruch einen zweiten Anspruch erhalten. Hierin unterscheidet sich der dingliche Anspruch aus § 985 BGB von den obligatorischen Ansprüchen, die bei Unmöglichkeit jedenfalls auf der Primärleistungsebene erlöschen (§ 275 Abs. 1 BGB). Will E den Erlös von B heraus verlangen, kann er die Verfügung des B genehmigen (§ 185 Abs. 2 Satz 1 Fall 1 BGB), womit ein Anspruch nach § 816 Abs. 1 BGB entsteht. Eine Anwendung des § 285 BGB könnte man allenfalls befürworten, wenn der (frühere) Eigentümer keinen Herausgabeanspruch mehr hat, beispielsweise infolge der Zerstörung der Sache.

51 Umstritten ist auch die (analoge) Anwendung des § 281 BGB auf den Vindikationsanspruch.[111] § 281 Abs. 1 BGB ermöglicht dem Gläubiger, anstelle der Primärleistung das Leistungsinteresse (Schadensersatz statt der Leistung in Geld) geltend zu machen, insbesondere wenn der Erfolg einer Zwangsvollstreckung zweifelhaft ist. Dazu bedarf es der Fristsetzung, die schon im Herausgabeprozess erfolgen kann (§ 255 ZPO). Dieses für die Anspruchsdurchsetzung wichtige Instrument steht auch dem Vindikationsgläubiger zu. Im Rahmen des Schadensersatzes hat er (dem Rechtsgedanken des § 255 BGB folgend) das Eigentum an der Sache dem Schadensersatzpflichtigen zu übertragen.

5. Konkurrenzen

a) Vertragliche Rückgewähransprüche

52 Der Vindikationsanspruch aus § 985 BGB steht neben *schuldrechtlichen* Herausgabeansprüchen des Eigentümers.[112] Hierbei kommen insbesondere obligatorische Rückgewähransprüche aus §§ 546, 604, 667, 732 usw. BGB in Betracht. Hat der Eigentümer eine Sache vermietet, kann er nach Ablauf der vereinbarten Mietzeit oder der Kündigung des Mietvertrags Rückgabe der vermieteten Sache sowohl aus § 546 BGB als auch aus § 985 BGB verlangen.

53 Gegen diese herrschende Auffassung hat sich vor allem *Ludwig Raiser* gewandt.[113] Seiner Ansicht nach bleibt ein Vindikationsanspruch ausgeschlossen, wenn das obligatorische Besitzrecht des Besitzers endet. Die Rückabwicklung beispielsweise eines beendeten Mietverhältnisses richte sich allein nach § 546 BGB. Neben vertraglichen Rückgewähransprüchen bestehe ein Vindikationsanspruch nicht. Der BGH hat sich dieser Meinung nicht angeschlossen. Ausschlaggebend für die Bejahung eines Vindikationsanspruchs war freilich das Bestreben, trotz eines zunächst bestehenden Rechts zum Besitz die Vindikations*folge*ansprüche der §§ 987ff. zugunsten des Besitzers anzuwenden.[114] Die

---

[111] Bejahend BGH NJW 2016, 3235, Rn. 16ff., aber nur beim verklagten oder bösgläubigen Besitzer.
[112] BGHZ 34, 122, 123f.; *Westermann/Gursky/Eickmann* § 29 Rn. 9; *Heck*, Grundriß, § 66, 12, S. 277f.; MünchKommBGB/*Baldus* § 985 Rn. 141; *Prütting* Rn. 523; *H. Roth* JuS 1997, 518, 522; vollständige Nachw. bei Staudinger/*Thole* § 985 Rn. 76.
[113] Grundlegend *Raiser*, Festschr. Wolff, 1952, S. 123.
[114] BGHZ 34, 122, 123f.; diese Auffassung ist geleitet von dem Ziel, dem Besitzer ein Zurückbehaltungsrecht nach § 1000 BGB wegen der getätigten Verwendungen zu geben.

Literaturmeinungen differenzieren: Der Vindikationsanspruch könne durchaus neben obligatorischen Herausgabeansprüchen bestehen (insoweit gegen *Raiser*); allein die Folgeansprüche der §§ 987 ff. BGB werden von den vertraglichen Rückabwicklungsbestimmungen verdrängt (insoweit gegen den BGH; → § 8 Rn. 10). Diese Unterscheidung wird verständlich, wenn man sich die dingliche Natur des Vindikationsanspruchs in Erinnerung ruft. Auf der Basis der Ansicht *Raisers* bestehen für den Eigentümer besondere Gefahren, wenn der Besitzer insolvent wird. Zwar berechtigen ausnahmsweise auch obligatorische Herausgabeansprüche zur Aussonderung nach § 47 InsO,[115] so dass auch der Mieter M vom Untermieter U nach Ablauf des Mietvertrags in der Insolvenz des U die vermietete Sache heraus verlangen kann. Hatte M die Mietsache allerdings mit Einverständnis des E dem U zur Reparatur gegeben,[116] könnte E von U nur Herausgabe verlangen, wenn er sich den obligatorischen Anspruch des M gegen U zuvor abtreten lässt (§ 546 Abs. 2 BGB greift nicht ein), was jedoch voraussetzt, dass insoweit ebenfalls ein (Ersatz-)Aussonderungsrecht besteht. Die absolute Wirkung des Eigentums würde gegenüber dem U nicht zur Geltung kommen. Auch auf die Beweisregeln in §§ 891, 1006 BGB, die bei vertraglichen Ansprüchen nicht gelten, könnte sich der Eigentümer nicht berufen. Aus diesen Gründen ist der h.M. zu folgen, die das Nebeneinander von dinglichem Vindikationsanspruch und obligatorischem Herausgabeanspruch anerkennt.

Bei dem Streit, ob obligatorische Rückgewähransprüche den Vindikationsanspruch aus § 985 BGB verdrängen, geht es nicht nur um die Frage des geeigneten Rückabwicklungsverhältnisses. In der von *Raiser* entwickelten Auffassung liegt unverkennbar eine Abkehr vom Eigentumsbegriff des BGB, was *Raiser* auch offen anspricht: „Der Schlüssel […] liegt darin, daß auch das Eigentumsrecht der ihm gemeinhin zugeschriebenen abstrakten, sich stets gleichbleibenden Natur entkleidet wird, die zwar eine Beschränkung durch dingliche Rechte kennt, aber jede ‚bloß' schuldrechtliche Bindung des Eigentümers als sachenrechtlich irrelevant von sich ableiten läßt." Weiter fordert *Raiser*, den Zweckbindungen des Eigentums durch „Gestaltung des Eigentumsbegriffs Rechnung zu tragen", was nur möglich sei, wenn man wieder auf die „Rechtsstellung des Eig*entü*mers als Grundbegriff" zurückgehe.[117] Mit diesem Anliegen verfolgte *Raiser* einen Bruch mit der strikten Trennung von Schuld- und Sachenrecht und damit eine Abkehr von *Savignys* System der Rechtsverhältnisse (→ § 1 Rn. 2 ff.).

In diesen Zusammenhang gehört auch der Streit um die Frage, ob § 986 BGB dem Besitzer eine Einrede oder Einwendung gibt, → § 7 Rn. 41.

b) Sonstige Ansprüche

Umstritten ist auch das Verhältnis des § 985 BGB zu bereicherungsrechtlichen und deliktischen Ansprüchen des Eigentümers. Hat der Eigentümer eine Sache veräußert und übergeben, kann er sowohl nach § 985 BGB als auch nach § 812 Abs. 1 Satz 1 Fall 1 BGB (Besitzkondiktion) Herausgabe verlangen, wenn beide

---

[115] *Häsemeyer*, Insolvenzrecht, Rn. 11.14; *Berger*, Festschr. Kreft, 2004, S. 191 ff.
[116] Beispiel nach *Raiser* JZ 1961, 529, 531 l. Sp.
[117] *Raiser*, Festschr. Wolff, 1952, S. 137 f.; Kursivdruck nicht im Original.

Rechtsgeschäfte nichtig sind.¹¹⁸ Die Gegenansicht,¹¹⁹ die einen Vorrang der als spezieller angesehenen Leistungskondiktion annimmt, verfolgt das Ziel, durch einen Ausschluss des § 985 BGB das Konkurrenzverhältnis der §§ 987ff. BGB zu §§ 818ff. BGB hinsichtlich der Nutzungen und Verwendungen (→ § 8 Rn. 27ff.) zugunsten einer kondiktionsrechtlichen Lösung zu entscheiden. Beide Fragen sind jedoch zu trennen.¹²⁰ Die Vindikation stärkt die Stellung des Eigentümers nicht nur hinsichtlich der Haftung¹²¹ und der Beweislast, sondern auch in der Insolvenz: Der Vindikationsanspruch ist ein dinglicher Anspruch, der zur Aussonderung nach § 47 InsO berechtigt.

Zwar ist es grundsätzlich nicht ausgeschlossen, auch dem obligatorischen Anspruch aus § 812 Abs. 1 Satz 1 Fall 1 BGB Aussonderungskraft zuzusprechen. Vor allem im Dreipersonenverhältnis schwächt die erforderliche Konstruktion das Eigentum:¹²² Veräußert und übereignet der Eigentümer die Sache an einen Geschäftsunfähigen, der sie an einen Dritten weiterverkauft und übereignet, und fällt der Ersterwerber in die Insolvenz, kann der Eigentümer die Sache vom besitzenden Dritten nur heraus verlangen, wenn man nach § 48 InsO einen Ersatzaussonderungsanspruch des Eigentümers gegen den Ersterwerber annimmt, der gerichtet ist auf die Abtretung des Bereicherungsanspruchs gegen den Dritten. Der Dritte könnte dem Eigentümer allerdings seinen Kondiktionsanspruch hinsichtlich des an den Ersterwerber geleisteten Kaufpreises entgegensetzen, was auf eine Art „Lösungsrecht" hinausliefe (→ § 8 Rn. 59).

55 Ist dem Eigentümer eine Sache gestohlen worden, kann er Herausgabe nicht nur nach § 985 BGB verlangen, sondern zugleich nach §§ 823, 826, 249 BGB (Rückgabe ist Naturalrestitution) und § 812 Abs. 1 Satz 1 Fall 2 BGB.¹²³ Der Vindikationsanspruch aus § 985 BGB kann auch mit Ansprüchen aus §§ 861, 1007 BGB und dem Erbschaftsanspruch nach §§ 2018ff. BGB (vgl. insbesondere § 2029 BGB) zusammentreffen.

Verdrängt wird der Herausgabeanspruch aus § 985 BGB allerdings durch § 771 ZPO. Pfändet ein Gläubiger G des Besitzers B die dem Eigentümer E gehörende Sache, erwirbt G zwar mittelbaren Besitz;¹²⁴ E hat aber keinen Herausgabeanspruch, sondern muss nach § 771 ZPO gegen G klagen und mit dem obsiegenden Urteil gemäß §§ 775 Nr. 1, 776 ZPO verfahren. Nach § 771 Abs. 2 ZPO kann die Drittwiderspruchsklage gegen G mit der Vindikationsklage gegen B verbunden werden.

---

¹¹⁸ H.M., MünchKommBGB/*Baldus* § 985 Rn. 138 ff; *Michalski*, Festschr. Gitter, S. 577, 581; Staudinger/*Thole* § 985 Rn. 82ff.; *Reuter/Martinek*, Ungerechtfertigte Bereicherung, 1983, S. 691.
¹¹⁹ *Wieling/Finkenauer* § 12 Rn. 15; *Prütting* Rn. 568.
¹²⁰ *Staudinger/Thole* § 985 Rn. 82ff.; *Stadler*, Gestaltungsfreiheit und Verkehrsschutz durch Abstraktion, S. 227. Überdies ist ein Vorrang des Vindikations- gegenüber dem Kondiktionsrecht zu befürworten, → § 8 Rn. 27ff.
¹²¹ Der Besitzer haftet nach § 990 BGB schon bei grober Fahrlässigkeit bzgl. des fehlenden Besitzrechts beim Besitzerwerb, nach § 819 Abs. 1 BGB schadet nur Kenntnis vom fehlenden Rechtsgrund.
¹²² Vgl. *Stadler*, Gestaltungsfreiheit und Verkehrsschutz durch Abstraktion, S. 228, die freilich § 48 InsO nicht in Erwägung zieht.
¹²³ A.A. insoweit *Wilhelm* Rn. 538.
¹²⁴ Jauernig/Berger/*Kern* § 18 Rn. 27.

Der Vorrang des § 771 ZPO gegenüber § 985 BGB betrifft nur die Rechtsschutzform, in welcher das Eigentum geltend gemacht werden kann. Entgegen BGHZ 100, 95, 103 f. schließt § 771 ZPO nicht die Möglichkeit einer Vindikationslage aus.[125] Lässt der Vollstreckungsgläubiger eine nicht dem Schuldner gehörende Sache auf seine Kosten vor der Versteigerung reparieren, kann er Ersatz seiner Verwendungen nach § 1001 Satz 1 Fall 2 BGB beanspruchen.

IV. Die Vermutungen des § 1006 BGB

Literatur: *Krebs*, Die Eigentumsvermutung aus § 1006 I 1 BGB beim Auszug aus der gemeinschaftlichen Wohnung, FamRZ 1994, 281; *Medicus*, Ist Schweigen Gold? Zur Widerlegung der Rechtsvermutungen aus §§ 891, 1006 BGB, Festschr. Fritz Baur, 1981, S. 83 ff.

Studium: *Hadding*, Die Eigentumsvermutung nach § 1006 im Herausgabestreit, JuS 1972, 183; *Schreiber*, Die Eigentumsvermutung für den Besitzer, Jura 2003, 392; *Werner*, Grundprobleme des § 1006 BGB, JA 1983, 617.

1. Grundgedanken

Wer auf Herausgabe einer Sache oder wegen Sachbeschädigung auf Leistung von Schadensersatz klagt, muss „Eigentum" beweisen, das Tatbestandsmerkmal der §§ 985, 823 BGB ist. Bei beweglichen Sachen müsste der Kläger einen Erwerbstatbestand (§§ 929 ff. BGB) beweisen, ferner das Eigentum seiner Rechtsvorgänger (oder redlichen Erwerb). Es liegt auf der Hand, dass dies zu Schwierigkeiten führt, zumal wenn die Erwerbsvorgänge lange zurückliegen. Bei Grundstücken greift die Vermutung des § 891 BGB (→ § 10 Rn. 2 ff.), für bewegliche Sachen vermutet § 1006 BGB das Eigentum des Besitzers.

56

Vermutungen sind Rechtssätze, die im Prozess die Beweislast regeln. Sie gestatten den Schluss von einer Vermutungsbasis (Eigenbesitz, Grundbucheintrag) auf ein Tatbestandsmerkmal (Eigentum). Kommt es im Prozess auf die Frage an, ob der Kläger Eigentümer ist, genügt es, wenn er Eigenbesitz behauptet und – falls bestritten (§ 138 Abs. 3 ZPO) – beweist. Vermutungen können durch den Beweis des Gegenteils widerlegt werden (§ 292 ZPO). Dazu muss der volle Hauptbeweis geführt werden (fehlendes Eigentum des Eigenbesitzers); bloße Indizien, die den Richter zweifeln lassen, genügen nicht. – Im *materiellen* Recht haben Vermutungen keine Bedeutung. Der redliche Erwerb beweglicher Sachen lässt sich nicht mit § 1006 BGB begründen.[126]

Die Vermutung des § 1006 BGB knüpft an das Traditionsprinzip (→ § 26 Rn. 11) an. Weil für den Eigentumserwerb der Besitzerwerb Voraussetzung ist, vermutet das Gesetz, dass derjenige, der den Besitz einer Sache erlangt hat, auch ihr Eigentümer geworden ist. § 1006 Abs. 1 BGB ist daher eine *Erwerbs*vermutung. Das Kausalverhältnis ist unerheblich.[127] Die Vermutung gilt nach h.M.

57

---

[125] *Brehm* JZ 1987, 780, 781.
[126] Missverständlich *Wilhelm* Rn. 1178; § 932 BGB knüpft nicht an die Vermutung des § 1006 BGB an, Besitz ist Vermutungsbasis und Voraussetzung des redlichen Erwerbs.
[127] Daher auch bei Schenkung, BGH NJW 2015, 1678, Rn. 12 (dazu *Wilhelm* Rn. 1178 Fn. 1984).

aber nicht, wenn der Besitzer selbst vorträgt, beim Besitzerwerb kein Eigentum erlangt zu haben.[128] In diesem Fall muss der Besitzer den Erwerb des Eigentums nach anderen Vorschriften (etwa gemäß § 929 Satz 2 BGB oder durch Ersitzung) beweisen.

Dagegen ist es im Grunde entbehrlich, § 1006 Abs. 1 BGB eine Vermutung des *Fortbestehens* des Eigentums zu entnehmen.[129] Macht der Beklagte geltend, der Eigenbesitzer habe sein Eigentum verloren, muss er den Tatbestand einer Norm, die diese Rechtsfolge vorsieht, behaupten und ggf. beweisen. Es verhält sich beim Eigentum nicht anders als bei der Forderung: Wer das Erlöschen einer entstandenen Forderung geltend macht, muss nicht eine Vermutung des Fortbestands der Forderung widerlegen, sondern die Voraussetzungen einer Norm beweisen, die das Erlöschen zur Rechtsfolge hat (z.B. §§ 362, 389 BGB).

2. Geltung der Eigentumsvermutungen

58   Da die Vermutung des § 1006 BGB an den Eigentumserwerb anknüpft, gilt sie nur für den (nach § 1006 Abs. 3 BGB auch mittelbaren)[130] *Eigen*besitzer. Wer als Mieter besitzt, für den streitet selbstverständlich keine Eigentumsvermutung. Freilich spricht ein Anscheinsbeweis dafür, dass der Besitzer Eigenbesitzer ist.[131] Nur aufgrund der Verweisungen in §§ 1065, 1227 BGB kann sich auch ein Fremdbesitzer (Nießbraucher, Pfandgläubiger) für sein dingliches Recht auf die Vermutung des § 1006 BGB stützen.

Die Vermutung des § 1006 BGB gilt nicht für Urkunden im Sinne des § 952 BGB, bei denen die Übergabe für die Eigentumsübertragung keine Rolle spielt (→ § 28 Rn. 21ff.). Das Eigentum an diesen Urkunden richtet sich nach dem Recht aus dem Papier, nicht nach §§ 929ff. BGB. § 1006 BGB erfasst ferner nicht den Besitzer des „Fahrzeugbriefs"[132] (→ § 28 Rn. 24), sondern den des Fahrzeugs.[133] Für Orderpapiere gelten spezielle Vermutungen, die zusätzlich zum Besitz eine Kette von Indossamenten voraussetzen (Art. 16 WG, Art. 19 ScheckG).

59   Gegenüber dem Rechtsvorgänger gilt die Vermutung nach § 1006 Abs. 1 Satz 2 BGB nicht, wenn er beweist, dass ihm die Sache abhanden gekommen ist. Die Ausnahme trägt dem Umstand Rechnung, dass bei abhanden gekommenen Sachen ein Eigentumserwerb aufgrund §§ 932ff. BGB nach § 935 Abs. 1 BGB ausscheidet. Die Unterausnahme in § 1006 Abs. 1 Satz 2 BGB für Geld und Inhaberpapiere erklärt sich aus § 935 Abs. 2 BGB. Beweist der nach § 985 BGB Herausgabe verlangende Kläger, dass sein Besitzdiener ein Fahrrad ohne Einwilligung des Klägers veräußert hat, das damit nach § 935 BGB „abhanden ge-

---

[128] Soergel/*Münch* § 1006, Rn. 10.
[129] BGH NJW 1993, 935, 936; *Wellenhofer* § 21 Rn. 12.
[130] Bei mehrstufigem (§ 871 BGB) mittelbaren Besitz allerdings beschränkt auf den höherstufigen Oberbesitzer.
[131] BGHZ 54, 319, 324 geht von einer Vermutung aus.
[132] Zulassungsbescheinigung II, s. § 12 Fahrzeug-Zulassungsverordnung.
[133] BGHZ 156, 310, 319.

kommen" ist (→ § 27 Rn. 58), muss der Beklagte trotz seines Eigenbesitzes einen Erwerbstatbestand (etwa § 185 Abs. 2 BGB) beweisen.

§ 1006 Abs. 2 BGB knüpft die Eigentumsvermutung an den früheren Besitz. 60
Insbesondere bei Vindikationsklagen ist die Vorschrift von Bedeutung. Die Einschränkung „während der Dauer seines Besitzes" ist missverständlich. Darin soll der Vorrang der Vermutung des § 1006 Abs. 1 Satz 1 BGB für den gegenwärtigen Besitzer zum Ausdruck gebracht werden: § 1006 Abs. 1 BGB geht § 1006 Abs. 2 BGB vor. Gelingt es dem früheren Besitzer, die zugunsten des gegenwärtigen Besitzers sprechende Vermutung zu widerlegen, kann er sich für sein Eigentum auf die Vermutung des § 1006 Abs. 2 BGB berufen.

Anders als § 891 BGB wirkt die Vermutung nach § 1006 BGB nur *zugunsten* 61
des Besitzers. Macht der Besitzer Verwendungsersatz (§§ 994 ff. BGB) geltend, kann er sich nicht auf § 1006 Abs. 2 BGB berufen, wenn der Beklagte bestreitet, Eigentümer zu sein.

3. Verhältnis zu § 1362 BGB

§ 1006 BGB wird verdrängt von § 1362 BGB. Ehelicher Hausrat befindet sich 62
allgemein im Mitbesitz der Ehegatten. Die Vermutung des § 1006 BGB würde daher für *Mit*eigentum sprechen. Der nicht schuldende Ehegatte könnte sich also auch im Rahmen der Drittwiderspruchsklage nach § 771 ZPO auf § 1006 BGB berufen. Der Gläubiger des anderen Ehegatten müsste beweisen, dass sein Schuldner Alleineigentümer ist. Dieser Beweis wird kaum gelingen, da der Gläubiger die Verhältnisse der Ehegatten nicht kennt. Zugunsten der Gläubiger vermutet daher § 1362 Abs. 1 BGB, dass die im Besitz der Ehegatten befindlichen Sachen dem Ehegatten gehören, der Vollstreckungsschuldner ist. Der andere Ehegatte hat mit der Drittwiderspruchsklage nur Erfolg, wenn er beweist, dass er Eigentümer ist. Im „Innenverhältnis" der Ehegatten bleibt – vorbehaltlich § 1362 Abs. 2 Fall 1 BGB – § 1006 BGB anwendbar.

Beispiel: Der Gerichtsvollzieher pfändet aus einem Titel gegen den Ehemann den von den Ehegatten gemeinsam benutzten Pkw. Erhebt die Ehefrau Drittwiderspruchsklage (§ 771 ZPO), trifft sie nach § 1362 Abs. 1 BGB die Last, ihr Eigentum zu beweisen. – Verfahrensrechtlich ist die Pfändung nicht zu beanstanden. Zwar kann bei Mitgewahrsam nur mit Zustimmung der Ehefrau gepfändet werden (§ 809 ZPO), jedoch sieht § 739 ZPO eine Sonderregelung vor. Die Erinnerung (§ 766 ZPO) der Ehefrau wäre erfolglos. – Wurde Damenschmuck gepfändet, muss der Gläubiger allerdings das Eigentum des Ehemannes beweisen (§ 1362 Abs. 2 Fall 2 BGB).

§ 8 Das Eigentümer-Besitzer-Verhältnis

Literatur: *Brox,* Die Haftung des Besitzers für Zufallsschäden, JZ 1965, 516; *Canaris,* Das Verhältnis der §§ 994ff. BGB zur Aufwendungskondiktion nach § 812 BGB, JZ 1996, 344; *Dimopoulos-Vosikis,* Die bereicherungs- und deliktsrechtlichen Elemente der §§ 987–1003, 1966; *Emmerich,* Das Verhältnis der Nebenfolgen der Vindikation zu anderen Ansprüchen, 1966; *Fervers,* Die Bösgläubigkeit des Besitzers im Rahmen des § 990 Abs. 1 Satz 1 BGB – immer § 932 Abs. 2 BGB?, AcP 217 (2017), 34; *Kaehler,* Bereicherung und Vindikation, 1972; *Köbl,* Das Eigentümer-Besitzer-Verhältnis im Anspruchssystem des BGB, 1971; *Kohler,* Die gestörte Rückabwicklung gescheiterter Austauschverträge, 1989; *Krause,* Die Haftung des Besitzers nach den §§ 989–993 BGB, 1965; *Lange,* Verzugshaftung des Bereicherungsschuldners und des Besitzers, JZ 1964, 640; *Lorenz,* Mala fides superveniens im Eigentümer-Besitzer-Verhältnis und Wissenszurechnung von Hilfspersonen, JZ 1994, 549; *Michalski,* Anwendungsbereich, Funktion und dogmatische Einordnung des Eigentümer-Besitzer-Verhältnisses, Festschr. Gitter, 1995, S. 577; *Mühl,* Vindikation und Kondiktion, AcP 176 (1976), 396; *Pinger,* Funktion und dogmatische Einordnung des Eigentümer-Besitzer-Verhältnisses, 1973; *ders.,* Die Nebenfolgen der Vindikation im Anspruchssystem des BGB, JR 1973, 268; *ders.,* Die Rechtsnatur der §§ 987–1003, MDR 1974, 184; *Preuß,* Zur analogen Anwendung des § 988 beim rechtsgrundlosen Besitzerwerb, 2013; *Stadler,* Gestaltungsfreiheit und Verkehrsschutz durch Abstraktion, 1996 (S. 228ff. zum Verhältnis von §§ 987ff. BGB zu §§ 818ff. BGB, auch rechtsvergleichend); *Verse,* Verwendungen im Eigentümer-Besitzer-Verhältnis, 1998; *Waltjen,* Das Eigentümer-Besitzer-Verhältnis und Ansprüche aus ungerechtfertigter Bereicherung, AcP 175 (1975), 109; *Wieling,* Die Nutzungen des gutgläubigen Besitzers, AcP 169 (1969), 137; *ders.,* Hereditatis petitio und res iudicata, JZ 1986, 5; *Wieser,* Zum Schadensersatzanspruch des nichtberechtigten Besitzers, NJW 1971, 597; *Wilhelm,* Die Lehre vom Fremdbesitzerexzeß, JZ 2004, 650; (→ ferner Literatur zu § 7 III).

Studium: *Chandna-Hoppe,* Schadensersatzansprüche im EBV, JuS 2019, 965; *Ebenroth/Zeppernick,* Nutzungs- und Schadensersatzansprüche im Eigentümer-Besitzer-Verhältnis, JuS 1999, 209; *Hähnchen,* Notwendige und nützliche Verwendungen im Eigentümer-Besitzer-Verhältnis, JuS 2014, 877; *Hönn,* Nutzungsherausgabe und Verwendungsersatz im Eigentümer-Besitzer-Verhältnisses, JA 1988, 529; *Kindl,* Das Eigentümer-Besitzer-Verhältnis: Schadensersatz und Nutzungen, JA 1996, 115; *Lorenz,* Grundwissen-Zivilrecht: Das Eigentümer-Besitzer-Verhältnis, JuS 2013, 495; *Müller,* Deliktsrechtliche Haftung im Eigentümer-Besitzer-Verhältnis, JuS 1983, 516; *H. Roth,* Das Eigentümer-Besitzer-Verhältnis, JuS 2003, 937; *Schreiber,* Das Eigentümer-Besitzer-Verhältnis, Jura 1992, 356 (Teil 1), 533 (Teil 2); *Schiemann,* Das Eigentümer-Besitzer-Verhältnis, Jura 1981, 631; *Schmolke,* Das Eigentümer-Besitzer-Verhältnis, JA 2007, 101; *Thöne,* Die Grundprinzipien des Eigentümer-Besitzer-Verhältnisses, JuS 2021, 809.

Fallbearbeitung: *Finkenauer,* Referendarexamensklausur: Die verwechselten Grundstücke, JuS 2015, 818; *Hager,* Grundfälle zur Systematik des Eigentümer-Besitzer-Verhältnisses und der bereicherungsrechtlichen Kondiktionen, JuS 1987, 877; *Horn,* Klausur: Die Vogelhändler, JA 2012, 575; *Krumm/Ehlers,* Semesterabschlussklausur: Geldnöte eines Landwirts, JuS 2014, 1090; *Lieder,* Referendarexamensklausur: Dingliches Vorkaufsrecht und EBV – Grundstücksgeschäfte, JuS 2011, 821; *Ranieri,* Referendarexamensklausur: Probleme des Eigentümer-Besitzer-Verhältnisses, JuS 2004, 53; *H. Roth*, Grundfälle zum Eigentümer-Besitzer-Verhältnis, JuS 1997, 518, 710, 897, 1087; *Schulz/Gade*, Klausur: „Neues Heim, Glück allein?", JA 2013, 425.

I. Grundlagen

1. Regelungsgegenstand und Regelungszweck

§§ 987–1003 BGB regeln obligatorische Nebenansprüche des dinglichen Herausgabeanspruchs aus § 985 BGB. Allein mit der Herausgabe der Sache wird das Interesse des Eigentümers nicht vollauf befriedigt, wenn der Besitzer die Sache genutzt oder beschädigt hat. Der Besitzer hat unter den Voraussetzungen der §§ 987 f., 993 Abs. 1 Halbsatz 1 BGB dem Eigentümer neben der Sache auch Nutzungen herauszugeben. Die §§ 989–993 BGB regeln seine Verantwortlichkeit für Schäden an der Sache. Andererseits kann auch der Besitzer gegen den Eigentümer Ansprüche erheben: §§ 994–1003 BGB sehen einen Ausgleich für vom Besitzer auf die Sache getätigte Verwendungen vor, beispielsweise wenn er die Sache hat reparieren lassen. 1

Es handelt sich bei den Ansprüchen der §§ 987 ff. BGB auf Herausgabe von Nutzungen, Leistung von Schadensersatz und Ersatz von Verwendungen um *obligatorische* Nebenansprüche des dinglichen Herausgabeanspruchs. Sie bestimmen nicht den Inhalt des dinglichen Herausgabeanspruchs,[1] sondern bilden eigenständige schuldrechtliche Forderungen, die vom Schicksal des Vindikationsanspruchs unabhängig sind. Wird das Eigentum übertragen, gehen sie nicht automatisch auf den neuen Eigentümer über, sondern sind ihrerseits selbständig abtretbar, verpfändbar und pfändbar (→ § 8 Rn. 22). Systematisch hätten diese Folgeansprüche ebenso gut im Schuldrecht geregelt werden können; sie wurden allein mit Rücksicht auf den Sachzusammenhang zum Vindikationsanspruch im Sachenrecht normiert.[2] Grundlage der Folgeansprüche ist ein gesetzliches Schuldverhältnis[3] im weiteren Sinne,[4] das zwischen dem Eigentümer und dem unberechtigten Besitzer begleitend zum dinglichen Herausgabeanspruch besteht. Daraus folgt beispielsweise die Anwendung des § 278 BGB im Rahmen des Vertretenmüssens des Besitzers nach § 990 BGB (→ § 8 Rn. 53). 2

Das BGB behandelt Fragen der Nutzungsherausgabe, des Schadensersatzes und der Verwendungen auch im Schuldrecht: Der Eigentümer könnte die Nutzungen nach Bereicherungsrecht (§ 812 Abs. 1 Satz 1 Fall 2 BGB) und Schadensersatz nach Deliktsrecht (§ 823 BGB) beanspruchen, der Besitzer Verwendungen bereicherungsrechtlich (§ 812 Abs. 1 BGB, Verwendungskondiktion)[5] oder nach den Grundsätzen der Geschäftsführung ohne Auftrag (§ 683 BGB) 3

---

[1] So das gemeine (*Windscheid/Kipp* § 194), preußische und sächsische Recht im Anschluss an das römische Aktionenrecht, vgl. *Johow*, Vorentwurf Sachenrecht Teil 1, S. 886.
[2] Vgl. die Begründung bei *Johow*, Vorentwurf Sachenrecht Teil 1, S. 887.
[3] *Johow*, Vorentwurf Sachenrecht Teil 1, S. 887.
[4] *Gernhuber*, Das Schuldverhältnis, 1989, § 2 I 1 b S. 7.
[5] *Jauernig/Stadler* § 812 Rn. 80 ff.

ersetzt verlangen. Die Funktion der §§ 987–1003 BGB besteht in erster Linie darin, den zwar objektiv unberechtigten, aber subjektiv auf ein Besitzrecht vertrauenden Besitzer gegenüber den allgemeinen schuldrechtlichen Vorschriften besser zu stellen,[6] die Rechtsstellung des Eigentümers gegenüber dem unredlichen und auf Herausgabe verklagten Besitzer hingegen zu stärken.

Beispiel: Dieb D entwendet das Pferd des E und veräußert es nach §§ 90a Satz 3, 929 Satz 1 BGB an B, der von dem Diebstahl nichts weiß. B erwirbt wegen §§ 90a Satz 3, 935 BGB kein Eigentum. Ein Recht zum Besitz scheidet ebenfalls aus. B muss E zwar das Pferd nach § 985 BGB herausgeben, darf aber die Nutzungen (§ 100 BGB), die ihm der eigene Gebrauch des Pferdes oder dessen Vermietung an einen Reiterverein erbracht haben, grundsätzlich behalten. Ein Anspruch des E auf Herausgabe der Nutzungen besteht nur, falls B entweder bösgläubig hinsichtlich seines Besitzrechts (§§ 987, 990 BGB) ist oder der E ihn auf Herausgabe verklagt hat (§ 987 Abs. 1 BGB). Wird das Pferd bei einem Ausritt zu scharf geritten und kommt es infolge eines Sturzes zu Schaden, muss der redliche, unverklagte B den Schaden nicht ersetzen. Erkrankt das Pferd, kann B von E die Kosten eines Tierarztes ersetzt verlangen (§ 994 Abs. 1 BGB).

Die Besserstellung des redlichen Besitzers in §§ 987 ff. BGB setzt voraus, dass Bestimmungen des Bereicherungs- und Deliktsrechts nicht anwendbar sind. Eine entsprechende Sperrfunktion entfaltet § 993 Abs. 1 Halbsatz 2 BGB. Der Pferdebesitzer B haftet daher nicht nach § 823 Abs. 1 BGB wegen Eigentumsbeschädigung und muss die gezogenen Nutzungen nicht nach §§ 812, 818 Abs. 1 BGB herausgeben. Umgekehrt kann er Ersatz der Verwendungen gemäß § 994 Abs. 1 BGB verlangen, selbst wenn sich der Gesundheitszustand des Pferdes nicht verbessert hat, der Eigentümer also durch die Aufwendungen nicht bereichert ist.

4   Der Zweck der §§ 987 ff. BGB besteht darin, den redlichen Besitzer, der sich für den Eigentümer bzw. berechtigten Fremdbesitzer hält, gegenüber den allgemeinen Vorschriften des Delikts- und Bereicherungsrechts zu privilegieren. Der Grund für die Freistellung des Besitzers von der Haftung nach §§ 823 ff. BGB ist einsichtig.[7] Der redliche Eigenbesitzer hält sich für den Eigentümer der Sache und richtet sein Verhalten darauf ein. Er soll nicht später Ersatzansprüchen ausgesetzt sein, wenn sich herausstellt, dass ein anderer der Eigentümer ist. Niemand, der eine Sache vermeintlich zu Eigentum erworben hat, muss damit rechnen, im Nachhinein einem anderen verantwortlich zu sein, wenn die Sache wegen mangelnder Sorgfalt oder gar vorsätzlich beschädigt oder zerstört wurde. Damit wird nicht nur das Vertrauen des konkreten Eigenbesitzers geschützt, sondern zugleich das Eigentum institutionell gestärkt. Da Erwerbsvorgänge immer mit Unwirksamkeitsrisiken belastet sind, würde ein vorsichtiger Erwerber häufig nicht nach seinem freien Willen, sondern nur im Rahmen eines objektiven Sorgfaltsmaßstabes mit der Sache verfahren. Auch wenn der gutgläu-

---

[6] *Medicus/Petersen* BR Rn. 574; *Wilhelm* Rn. 1231.
[7] Eingehend zu dem hinter §§ 987 ff. BGB stehenden Konzept *Raff*, Die gewöhnlichen Erhaltungskosten, 2017, S. 458 ff.

bige Erwerb einer Sache – etwa wegen § 935 BGB – gescheitert ist, so findet doch ein Gutglaubensschutz hinsichtlich der erworbenen Handlungsmöglichkeiten statt. Wer keinen Grund hat anzunehmen, die Sache gehöre einem anderen, dessen freie Handlung wird nicht später (rückwirkend) an objektiven Sorgfaltsmaßstäben gemessen. Dass der redliche Besitzer die Nutzungen nicht herausgeben muss, bildet eine Form des gutgläubigen Erwerbs zwar nicht hinsichtlich der Sache, wohl aber der daraus gezogenen Nutzungen. Der redliche Besitzer muss nicht befürchten, nachträglich dem Eigentümer über seine Nutzziehung und seine Aufwendungen Rechenschaft ablegen zu müssen. Auch dies stärkt die Handlungsfreiheit.[8] Vergleichbares gilt für Verwendungen. Der redliche Besitzer macht Aufwendungen auf die Sache in der Meinung, sie kämen ihm – weil die Sache ihm gehört – zugute. Niemand, der redlich an sein Eigentum glaubt, soll Gefahr laufen, dass sich Aufwendungen nachträglich als für fremde Rechnung getätigt erweisen.

Die Besserstellung durch das Eigentümer-Besitzer-Verhältnis knüpft an den Besitz an. Redlichkeit ohne Besitz privilegiert nicht. Der tragende Grund für die Besserstellung des gutgläubigen Besitzers liegt in der im deutschen Recht ausgeprägten Bedeutung des Besitzes,[9] der etwa auch beim redlichen Erwerb beweglicher Sachen, bei den Besitzschutzrechten (→ § 4) und der Verdinglichung obligatorischer Rechte[10] (§§ 566 [§ 571 BGB a.F.], 986 Abs. 2 BGB) zum Ausdruck kommt. Bemerkenswert ist daneben eine haftungsrechtliche Funktion der §§ 987 ff. BGB. Die obligatorischen Ansprüche auf Schadensersatz und Herausgabe von Nutzungen nach den allgemeinen Vorschriften der §§ 812 ff. BGB und §§ 823 ff. BGB eröffnen die Gesamtvermögenshaftung des Besitzers. Die Bestimmungen des Eigentümer-Besitzer-Verhältnisses hingegen führen zu einer wechselseitigen *Haftungsbeschränkung auf die Sache*.[11] Der redliche Besitzer ist nur der Vindikation ausgesetzt und haftet insoweit allein mit der Sache, selbst wenn er Nutzungen gezogen hat. Gleiches gilt für die Schadenshaftung, die ebenfalls die Gesamtvermögenshaftung eröffnen würde, nach § 993 Abs. 1 Halbsatz 2 BGB aber den redlichen Besitzer nicht trifft. Auch für Gegenansprüche des redlichen Besitzers gegen den Eigentümer hinsichtlich Verwendungen besteht die Möglichkeit, eine Haftung mit dem gesamten Vermögen auszuschließen: Der Eigentümer kann die Haftung für den Ersatzanspruch auf die Sache beschränken, insbesondere indem er sie an den Besitzer zurückgibt (§ 1001 Satz 2 BGB). Die Bestimmungen des Eigentümer-Besitzer-Verhältnisses hinsichtlich des redlichen Besitzers zielen darauf ab, das durch Auseinanderfallen von Eigentum und Besitz entstandene Spannungsverhältnis haftungs-

---

[8] Zustimmend und den hinter den §§ 987 ff. BGB stehenden Freiheitsgedanken vertiefend *Raff*, Die gewöhnlichen Erhaltungskosten, 2017, S. 462 ff.
[9] Vgl. Staudinger/*Thole* Vor §§ 987–1003 Rn. 13 a.E.
[10] Grundlegend *Dulckeit*, Die Verdinglichung obligatorischer Rechte, 1951; relativierend *Canaris*, Festschr. Flume Band I, 1978, S. 371, 378 f.; → § 1 Rn. 14.
[11] *Westermann/Gursky/Eickmann* § 30 Rn. 22.

rechtlich auf die Sache zu beschränken und das sonstige Vermögen sowohl des Besitzers als auch des Eigentümers davon unberührt zu lassen.

6 Die Vorschriften des Eigentümer-Besitzer-Verhältnisses sind ausgerichtet am Modell des Eigenbesitzers, das bei den Gesetzgebungsarbeiten ganz im Vordergrund stand. Auf den Fremdbesitzer sind sie nur eingeschränkt anwendbar, denn dieser weiß von vornherein, dass er mit der Sache nicht wie ein Eigentümer verfahren darf. Beim Fremdbesitzer gelten die genannten Überlegungen nur im Rahmen seines vermeintlichen Besitzrechts. Soweit der Fremdbesitzer die Grenzen seines vermeintlichen Besitzrechts überschreitet („Fremdbesitzerexzess"; → § 8 Rn. 43), verdient er keinen Schutz, weil er selbst bei Bestehen des Rechts zum Besitz nach allgemeinen Vorschriften vertraglich und deliktisch haften würde. Vergleichbares gilt für Verwendungen, die er auch dann nicht ersetzt verlangen könnte, wenn das angenommene Besitzrecht bestünde.

Wurde Eigentum im Wege der Erbfolge erlangt (§ 1922 BGB), hat der Erbe gegenüber dem Erbschaftsbesitzer (→ § 3 Rn. 27 a.E.) neben dem Anspruch aus § 985 BGB den Erbschaftsanspruch nach §§ 2018 ff. BGB.[12] §§ 2020 ff. BGB regeln die Herausgabe von Nutzungen, den Ersatz von Verwendungen und die Haftung wegen Verschlechterung der Sache oder Unmöglichkeit der Herausgabe teilweise abweichend von §§ 987 ff. BGB: Gemäß § 2022 BGB hat der Erbe alle Verwendungen zu ersetzen, während nach §§ 994, 996 BGB nur die notwendigen und sonstigen, noch werterhöhenden Verwendungen zu ersetzen sind. Dass der redliche unverklagte Erbschaftsbesitzer nach §§ 2020 f. BGB alle gezogenen Nutzungen nach Bereicherungsrecht herausgeben muss, weicht hingegen nicht vom Eigentümer-Besitzer-Verhältnis ab, denn der Erbschaftsbesitzer hat die Sache unentgeltlich erlangt; der unentgeltliche Besitzer haftet nach § 988 BGB. Das Verhältnis der §§ 987 ff. BGB zu §§ 2020 ff. BGB regelt § 2029 BGB: Die Haftung bestimmt sich stets nach den Vorschriften über den Erbschaftsanspruch.[13]

2. Der Anwendungsbereich des Eigentümer-Besitzer-Verhältnisses
a) Geltung der §§ 987 ff. BGB und Konkurrenzen

7 Die in §§ 987 ff. BGB vorgesehenen Regelungen gelten kraft Verweisung in §§ 1065, 1227 BGB auch für den Nießbrauch und das Pfandrecht sowie nach § 1007 Abs. 3 Satz 2 BGB für den Besitzer. Ferner verweist § 292 BGB auf §§ 987 ff. BGB. Bedeutung hat dies insbesondere bei bereicherungsrechtlichen Rückgewähransprüchen: Die Bezugnahme in den §§ 818 Abs. 4, 819 Abs. 1 BGB auf die „allgemeinen Vorschriften" führt über § 292 BGB zu den §§ 987 ff. BGB.[14] Damit werden für den Fall des verklagten und des bösgläubigen Besitzers hinsichtlich der Haftungsfolgen die Konsequenzen des Abstraktionsprinzips (→ § 1 Rn. 20 ff.) relativiert: Ist ein Kaufvertrag nichtig, die Übereignung

---

[12] Dazu *Leipold*, Erbrecht, 22. Aufl. 2020, Rn. 638; *Wieling* JZ 1986, 5 ff.; *Medicus/Petersen* BR Rn. 603a.
[13] MünchKommBGB/*Helms* § 2029 Rn. 1 f.
[14] Ein Beispiel ist BGH NJW 2014, 2790, Rn. 21 ff.

aber wirksam, haftet der bösgläubige Käufer im Ergebnis auf Schadensersatz usw. wie wenn auch die dingliche Einigung nichtig wäre.

Zur Anwendung der §§ 987 ff. BGB bei § 894 BGB → § 10 Rn. 20.

Ist der Geltungsbereich der §§ 987 ff. BGB eröffnet, stellt sich die Frage, ob und in welchem Maße daneben Bereicherungs- und Deliktsrecht anwendbar ist. Von dem in § 993 Abs. 1 Halbsatz 2 BGB normierten Grundsatz einer abschließenden Regelung der §§ 987 ff. BGB werden zahlreiche Ausnahmen angenommen, die im jeweiligen Zusammenhang dargestellt werden sollen. Stets ist jedoch im Auge zu behalten, dass §§ 987 ff. BGB nur für Nutzungen, Verschlechterungen und Verwendungen gelten, nicht jedoch den Verbrauch,[15] die Verarbeitung[16] und die Veräußerung der Sache durch den unberechtigten Besitzer erfassen.[17] In diesen Fällen liegt ein Eingriff in die *Substanz* der Sache vor, und der Besitzer muss das Erlangte nach § 812 Abs. 1 Satz 1 Fall 2 BGB oder (bei wirksamer Veräußerung) gemäß § 816 Abs. 1 BGB herausgeben bzw. nach § 818 Abs. 2 Fall 2 BGB Wertersatz leisten.[18] Eine Ausprägung dieses Grundsatzes bildet § 993 Abs. 1 *Halbsatz 1* BGB:[19] Die dort genannten Früchte werden aus der Substanz gewonnen („Übermaßfrüchte") und sind daher nach bereicherungsrechtlichen Grundsätzen herauszugeben (→ § 8 Rn. 25).

Bei der Anwendung der §§ 987–1003 BGB ist ferner zu berücksichtigen, dass diese Vorschriften auf einem sehr abstrakten Niveau zahlreiche unterschiedliche Konstellationen erfassen. Zugeschnitten sind sie auf den Eigenbesitzer im Zwei-Personen-Verhältnis (Beispiel: Unwirksamer Erwerb bei nichtigem Kaufvertrag). Sie beanspruchen ferner Geltung für den Fremdbesitzer (Beispiel: Mietvertrag ist nichtig). Besonders kompliziert wird ihre Anwendung im Drei-Personen-Verhältnis (Beispiel: Veräußerung oder Vermietung einer abhanden gekommenen Sache durch den Nichteigentümer); der Besitzer ist hier zum einen dem Herausgabeanspruch des Eigentümers ausgesetzt, ferner vertraglichen Ansprüchen desjenigen, von dem er den Besitz erlangt hat. Keineswegs erleichtert wird die Anwendung der §§ 987 ff. BGB überdies dadurch, dass die Vorschriften allein die dingliche Ebene des Eigentums betrachten und nur selten die obligatorischen Rechtsbeziehungen berücksichtigen (Ausnahme § 988 BGB), in die das Verhältnis des Eigentümers zum Besitzer eingebunden ist. Dies wirft namentlich bei der Rückabwicklung unwirksamer Austauschverträge erhebliche Probleme auf, die zu nur schwer auflösbaren Konkurrenzproblemen, insbesondere mit dem Bereicherungsrecht, führen (→ § 8 Rn. 27 ff.).

b) Vindikationslage

Gemeinsame Voraussetzung der §§ 987 ff. BGB ist ein Herausgabeanspruch nach § 985 BGB. Das folgt aus der systematischen Stellung der §§ 987 ff. BGB

---

[15] BGHZ 14, 7, 8.
[16] BGHZ 55, 176, 178 f. („Bullenfall"): §§ 950, 951, 812 ff. BGB werden durch die §§ 987 ff. BGB nicht ausgeschlossen.
[17] Motive Band 3, S. 223.
[18] *Larenz/Canaris* § 74 I 2 a, S. 345.
[19] *Wilhelm* Rn. 1275.

im Anschluss an §§ 985f. BGB, ferner daraus, dass §§ 987ff. BGB an die Unterscheidung anknüpfen, ob der Besitzer hinsichtlich des mangelnden Besitzrechts redlich oder unredlich ist. Einig ist man sich daher, dass die §§ 987ff. BGB anwendbar sind, wenn von Anfang an eine Vindikationslage zwischen Eigentümer und Besitzer bestand („anfängliche Vindikationslage"), ferner dass §§ 987ff. BGB ausscheiden, wenn der Besitzer bis zur Rückgabe zum Besitz berechtigt war. Die Regelungen der Schadensersatzpflicht, der Nutzungen und der Verwendungen richten sich dann nach dem das Besitzrecht begründenden Schuldverhältnis: Der Mieter darf die Nutzungen behalten (selbstredend, weil er dafür den Mietzins entrichtet) und haftet nach § 280 BGB sowie § 823 Abs. 1 BGB auf Schadensersatz, wenn er die Mietsache schuldhaft beschädigt oder zerstört.

10   Umstritten ist hingegen die Frage, ob §§ 987ff. BGB anwendbar sind, falls zunächst ein Recht zum Besitz bestand, dieses aber ex nunc endete, etwa weil das Besitzrecht aus einem Mietvertrag infolge Ablaufs der vereinbarten Mietzeit nicht mehr besteht („nachträgliche Vindikationslage"). Sehr weit geht die Entscheidung BGHZ 34, 122, die allein darauf abstellt, ob zum Zeitpunkt der *Rückforderung* der Sache eine Vindikationslage gegeben ist.[20] §§ 987ff. BGB finden danach auch Anwendung, wenn das ausgleichspflichtige Ereignis – in BGHZ 34, 122 ging es um Verwendungen – stattfand, solange der Besitzer noch berechtigt war, wenn nur das Recht zum Besitz später wegfällt und damit nachträglich eine Vindikationslage entsteht.

Beispiel (nach der oft diskutierten Entscheidung BGHZ 34, 122)[21]: E verkaufte an K einen Bus unter Eigentumsvorbehalt, der bei einem Verkehrsunfall beschädigt wird. K lässt den Bus bei B reparieren. Anschließend wird K zahlungsunfähig. E tritt vom Kaufvertrag mit K zurück und verlangt von B den Bus heraus. B verweigert die Herausgabe unter Hinweis auf die noch offene Reparaturrechnung.

Der BGH hat ein Recht zum Besitz des B aus einem Pfandrecht nach § 647 BGB verneint, weil ein gesetzliches Pfandrecht nicht gutgläubig erworben werden könne (→ § 34 Rn. 43); ein mögliches Pfandrecht am Anwartschaftsrecht des K war erloschen, nachdem das Anwartschaftsrecht infolge des Rücktritts des E vom Kaufvertrag endete. Hingegen könne B nach §§ 994ff. BGB Ersatz der Reparaturaufwendungen verlangen. Allerdings war B zur Zeit der Reparatur berechtigter Besitzer (§ 986 Abs. 1 Satz 1 Fall 2 BGB). § 994 BGB sei hingegen auch anwendbar, wenn B (infolge des Rücktritts des E vom Kaufvertrag mit K, § 449 Abs. 2 BGB) später unrechtmäßiger Besitzer *geworden* und der Vindikationsklage ausgesetzt sei. Ohne Bedeutung sei, ob der Besitzer die Verwendungen bereits zu einem Zeitpunkt gemacht habe, als er noch berechtigter Besitzer war, oder erst nach Eintritt der Vindikationslage. Derjenige, der ursprünglich zum Besitz berechtigt war, dessen Besitzrecht aber weggefallen ist, dürfe nicht schlechter stehen als der von Anfang an nichtberechtigte Fremdbesitzer.[22]

---

[20] So auch BGH NJW 2010, 2664.
[21] Eingehend *Medicus/Petersen* BR Rn. 587ff.
[22] Dem BGH zustimmend *Wilhelm* Rn. 1266; ferner Jauernig/*Mansel* § 647 Rn. 4; *Prütting* Rn. 557 (§ 994 BGB analog); *Wellenhofer* § 23 Rn. 22; Staudinger/*Thole* Vor §§ 994–1003 Rn. 22ff.

Dieser Lösung wird entgegengehalten, dass angesichts der vertraglichen Beziehungen der Beteiligten für die Anwendung der §§ 987ff. BGB kein Raum sei. Auch könne die hinsichtlich Redlichkeit bzw. Unredlichkeit des Besitzers differenzierende gesetzliche Regelung beim berechtigten Besitzer nicht zum Tragen kommen.[23] In der Tat ist die Frage, ob der berechtigte Besitzer redlich oder unredlich ist, gegenstandslos. Der Werkunternehmer ist nicht rechtlos gestellt, denn er kann den Werklohn vom Besteller verlangen. Dass dieser insolvent ist, ändert an dieser Einschätzung nichts: Das Eigentümer-Besitzer-Verhältnis ist kein Instrument, Insolvenzrisiken zu verteilen. Freilich hat der Unternehmer kein Pfandrecht nach § 647 BGB erworben, das ihm in der Insolvenz des Bestellers ein Absonderungsrecht geben würde (§§ 49f. InsO), weil der BGH den gutgläubigen Erwerb eines Unternehmerpfandrechts verneint. Dies ist indes eine spezifisch *werkvertragliche* Problematik, die nicht dadurch bewältigt wird, dass jedem Fremdbesitzer (auch dem Entleiher, Mieter?) ein Verwendungsersatzrecht zugesprochen wird. Die Lösung wird auf der Ebene der Vertragsgestaltung gesucht: Die Kfz-Handwerksbetriebe sind dazu übergegangen, in ihre AGBs eine Verpfändungsklausel aufzunehmen, durch die ein rechtsgeschäftliches Pfandrecht für die Werklohnforderung bestellt wird (→ § 34 Rn. 1ff.). Regelmäßig ist der Vorbehaltskäufer nach den AGBs des Kaufvertrags verpflichtet, die Sache reparieren zu lassen. Darin kann eine Ermächtigung zur Verpfändung liegen (§ 185 Abs. 1 BGB).

In der Literatur ist umstritten, ob die §§ 987ff. BGB von vertraglichen Rückabwicklungsregeln verdrängt werden, wenn zunächst ein Recht zum Besitz bestand und das maßgebliche Ereignis – Nutzziehung, Beschädigung, Verwendung – stattfand, *nachdem* das Recht zum Besitz endete. An dem Vorrang vertraglicher Rückabwicklungsregeln sollte auch in diesem Fall festgehalten werden.[24] Gibt der Mieter die Mietsache verspätet zurück oder beschädigt er sie nach Ablauf der Mietzeit, haftet er nach vertragsrechtlichen Grundsätzen und kann nicht einwenden, eine Schadensersatzpflicht bestehe nicht, weil er nur leicht fahrlässig übersehen habe, dass die vereinbarte Mietzeit abgelaufen ist.[25] Andernfalls werden mögliche vertragliche Haftungsprivilegierungen unterlaufen; ob diese sich auch auf die Zeit nach Ende des Besitzrechts beziehen, ist im Wege der (Vertrags-)Auslegung zu bestimmen. Der Fremdbesitzer ist nach Ablauf des Besitzrechts zwar dem Vindikationsanspruch nach § 985 BGB und eventuellen vertraglichen Rückgewähransprüchen ausgesetzt, nicht aber gelten für ihn die §§ 987ff. BGB, sondern allein die Bestimmungen des Vertrags. Allerdings liegen die Ansichten im Ergebnis nicht weit auseinander, weil auch die Gegenmeinung prüft, ob das Vertragsrecht die Fragen der Nutzungen, der Schadenshaftung und der Verwendungen abschließend regelt.[26]

Ist der das Recht zum Besitz begründende Vertrag infolge Anfechtung nach § 142 Abs. 1 BGB *rückwirkend* nichtig, liegt eine anfängliche Vindikationslage vor, so dass die §§ 987ff. BGB ohne weiteres anwendbar sind. Bei der Frage der

---

[23] *Habersack* Rn. 105; *H.Roth* JuS 1997, 518, 521 r.Sp.
[24] MünchKommBGB/*Raff* Vor §§ 987–1003 Rn. 41; a.A. Staudinger/*Thole* Vor §§ 987–993 Rn. 64ff. m.w.N.; *Habersack* Rn. 105.
[25] *H.Roth* JuS 1998, 518, 522 l.Sp.
[26] Staudinger/*Thole* Vor §§ 987–993 Rn. 69ff.

Redlichkeit (§§ 990 Abs. 1, 994 Abs. 2 BGB) ist § 142 Abs. 2 BGB zu beachten: Kannte der Besitzer die Anfechtbarkeit, ist er unredlich, wenn später angefochten wird.

c) Besitzerstellung

13 §§ 987 ff. BGB dienen dem Schutz des (redlichen) Besitzers. Wer nicht Besitzer ist, haftet nach den allgemeinen Vorschriften. Vermietet der Eigentümer eine Hauswand zur Anbringung von Reklametafeln, hat der Mieter als nicht besitzender Schädiger für jede Fahrlässigkeit einzustehen. Wer nur Besitzdiener (→ § 3 Rn. 29) ist, fällt gleichfalls nicht unter die §§ 987 ff. BGB, sondern haftet etwa bei fahrlässiger Beschädigung nach § 823 BGB. Der BGH verneint eine analoge Anwendung der Regeln des Eigentümer-Besitzer-Verhältnisses auf den Arbeitnehmer, soweit er Besitzdiener des Arbeitgebers ist.[27] Ist der Arbeitgeber redlicher Besitzer einer Sache, die der Arbeitnehmer leicht fahrlässig zerstört, haftet der Arbeitnehmer dem Eigentümer nach § 823 Abs. 1 BGB, weil § 993 Abs. 1 Halbsatz 2 BGB mangels Besitzes des Arbeitnehmers keine Sperrwirkung entfaltet, nicht aber der Arbeitgeber. Bedenklich an dieser Auffassung ist, dass die den Arbeitgeber privilegierenden Bestimmungen der §§ 989 f. BGB im Ergebnis verwässert werden, soweit der Arbeitnehmer einen arbeitsrechtlichen Freistellungsanspruch[28] hat. Die Konstellation erinnert an die Figur der „gestörten Gesamtschuld". Nach dem Normzweck des Schutzgedankens des §§ 993 Abs. 1 Halbsatz 2 BGB sollte dessen Sperrwirkung auch auf den Arbeitnehmer erstreckt werden, auch wenn dieser nur Besitzdiener ist.[29] Damit entfällt die Haftung des bösgläubigen Arbeitnehmers, ein Ergebnis, das (für Nutzungen) auch § 991 Abs. 1 BGB zugrunde liegt. Die Alternative, den Arbeitnehmer ohne die Aussicht auf Freistellung im Außenverhältnis haften zu lassen, unterläuft die sozialpolitische Funktion des arbeitsrechtlichen Freistellungsanspruchs.

3. Die Arten des Besitzers

a) Überblick

14 Die Vorschriften des Eigentümer-Besitzer-Verhältnisses sollen den unrechtmäßigen Besitzer gegenüber den allgemeinen Vorschriften insbesondere des Delikts- und Bereicherungsrechts privilegieren. Jedoch ist nicht jeder Besitzer gleich schutzwürdig. Der Besitzer, der sich redlich für den Eigentümer hält, muss anders behandelt werden als der bösgläubige Besitzer und der Dieb. Die §§ 987 ff. BGB differenzieren danach, ob der Besitzer redlich (§ 993 Abs. 1 Halbsatz 2 BGB) oder unredlich (§§ 990 Abs. 1, 994 Abs. 2 BGB), auf Heraus-

---

[27] BGH NJW 1984, 852, 854 r.Sp.
[28] Vgl. Jauernig/*Mansel* § 619a Rn. 4 ff.
[29] In diese Richtung *Magnus* NJW 2017, 1201; Staudinger/*Thole* Vor §§ 987–993 Rn. 31.

gabe verklagt (§§ 987, 989, 994 Abs. 2 BGB) oder mit der Herausgabe in Verzug (§ 990 Abs. 2 BGB) ist, schließlich, ob er den Besitz unentgeltlich (§ 988 BGB) oder durch verbotene Eigenmacht bzw. eine Straftat (§§ 992, 1000 Satz 2 BGB) erlangt hat.

b) (Un-)redlicher Besitzer

(1) Die Abgrenzung zwischen dem redlichen und dem unredlichen Besitzer ist außerordentlich bedeutsam: Der redliche Besitzer muss weder Nutzungen herausgeben noch Schadensersatz leisten; notwendige Verwendungen kann er stets ersetzt verlangen. Die Redlichkeit bezieht sich auf das Besitzrecht. Der Eigenbesitzer muss sich für den Eigentümer halten, der Fremdbesitzer muss an ein Recht zum Besitz als Mieter, Pfandgläubiger, Pächter usw. glauben.[30]

Die Voraussetzungen der Unredlichkeit werden in § 990 Abs. 1 BGB in Anlehnung an § 932 Abs. 2 BGB normiert[31]: Unredlich ist, wer beim Besitzerwerb weiß oder infolge grober Fahrlässigkeit nicht weiß, dass er nicht zum Besitz berechtigt ist. Ist der Besitzer beim Erwerb redlich, verliert er die Privilegien ab dem Zeitpunkt, in dem er erfährt, dass er kein Recht zum Besitz hat; *nachträgliche* grob fahrlässige Unkenntnis schadet hingegen nicht.

Nach der Rechtsprechung ist der Besitzer bereits dann bösgläubig, wenn er über den Mangel seines Rechts in einer Weise aufgeklärt worden ist, dass ein redlich Denkender, der vom Gedanken an den eigenen Vorteil nicht beeinflusst ist, sich der Überzeugung seiner Nichtberechtigung nicht verschließen würde.[32]

(2) Handelt der *gutgläubige* Besitzer nicht selbst, sondern durch einen Besitzdiener (§ 855 BGB), oder erlangt er mittelbaren Besitz (§ 868 BGB), stellt sich die Frage, ob er sich die Kenntnis der Hilfspersonen zurechnen lassen muss. Der BGH wendet § 166 BGB analog an, wenn der Besitzdiener im Rahmen der ihm zur freien Entscheidung zugewiesenen Tätigkeit den Besitz für den Besitzherrn erworben hat.[33] *Baur/Stürner* hingegen greifen auf eine Analogie zu § 831 BGB zurück[34] mit der Begründung, bei § 990 BGB handele es sich um einen deliktsähnlichen Tatbestand. Für § 990 BGB trifft das zu. Die Frage der Wissenszurechnung stellt sich aber auch für Nutzungs- und Verwendungsersatzansprüche und sollte einheitlich analog § 166 BGB behandelt werden. Der Besitzer kann sich danach nicht analog § 831 Abs. 1 Satz 2 BGB exkulpieren.

---

[30] *Heck* § 68, 2 b, S. 283.
[31] Kritisch *Fervers* AcP 217 (2017), 34 (S. 40 ff. mit dem Vorschlag, bei Grundstücken den Maßstab des § 892 Abs. 1 Satz 1 BGB heranzuziehen).
[32] BGHZ 32, 76, 92.
[33] Grundlegend BGHZ 32, 53, 56 ff.; BGHZ 135, 202, 205 ff. (Wissenszurechnung eines Bankmitarbeiters bei Annahme eines Schecks); zustimmend Staudinger/*Schilken* (2009) § 166 Rn. 11; Staudinger/*Thole* § 990 Rn. 68; differenzierend *Wellenhofer* § 22, Rn. 10; *Habersack* Rn. 108.
[34] *Baur/Stürner* § 5 Rn. 15; ebenso *Heck* § 69, 6, S. 289 f.; *Wilhelm* Rn. 1291; *Medicus/Petersen* BR Rn. 581.

Redlichkeit des Besitzdieners schützt hingegen nicht immer. Der *bösgläubige Besitzer* haftet trotz eines redlichen Besitzdieners nach § 990 Abs. 1 BGB. Anders als bei § 166 Abs. 2 BGB kommt es auf eine Weisung nicht an. Die Frage der Kenntniszurechnung ist zu unterscheiden von der Verschuldenszurechnung nach § 278 BGB (→ § 8 Rn. 53).

18 (3) Ist ein beschränkt geschäftsfähiger Besitzer unredlich, sein gesetzlicher Vertreter hingegen gutgläubig, stellt die h.M. für die Frage der Unredlichkeit im Rahmen der §§ 987ff. BGB in Anlehnung an § 828 Abs. 3 BGB darauf ab, ob der Minderjährige nach seinem Entwicklungsstand fähig ist, seine aus der fehlenden Besitzberechtigung folgende Verantwortlichkeit für die Sache zu erkennen.[35] Nur im Rahmen der Rückabwicklung von infolge §§ 107ff. BGB unwirksamen Verträgen sei allein auf die Kenntnis des gesetzlichen Vertreters abzustellen, weil der Minderjährige vor den Folgen seines rechtsgeschäftlichen Handelns geschützt werden müsse.[36] Erwirbt der Minderjährige rechtsgrundlos eine Sache, ist die Verfügung an ihn rechtlich vorteilhaft und daher wirksam. Die Rückabwicklung richtet sich nach Bereicherungsrecht. Die Frage der Zurechnung der Bösgläubigkeit bei Minderjährigen sollte, wenn auch die Verfügung nichtig ist, im Rahmen der §§ 987ff. BGB nicht anders als bei § 819 Abs. 1 BGB behandelt werden.[37] Erstreckt man den Schutz der §§ 104ff. BGB über die rechtsgeschäftlichen Wirkungen der Willenserklärung hinaus auf die Folgen der bereicherungsrechtlichen Rückabwicklung,[38] darf für §§ 987ff. BGB nicht anders entschieden werden. Hat der beschränkt geschäftsfähige Besitzer die Sache im Rahmen einer vertraglichen Leistungsbeziehung erlangt, ist für die Bösgläubigkeit allein auf den gesetzlichen Vertreter abzustellen. Das gilt aber nicht nur bei der Rückabwicklung eines infolge der §§ 104ff. BGB unwirksamen Vertrags, sondern auch im Mehrpersonenverhältnis: Erwirbt der Minderjährige eine abhanden gekommene bewegliche Sache, ist für die Haftung dem Eigentümer gegenüber auf die Kenntnis bzw. grob fahrlässige Unkenntnis des gesetzlichen Vertreters abzustellen, unabhängig davon, ob er die Rechtsgeschäfte genehmigt hat. Hat der Minderjährige den Besitz deliktisch oder im Wege verbotener Eigenmacht erlangt, haftet er ohnehin nach §§ 823ff., 828f. BGB (§ 992 BGB).

---

[35] Staudinger/*Thole* § 990 Rn. 89; *Baur/Stürner* § 11 Rn. 7; MünchKommBGB/*Raff* § 990 Rn. 33; *Müller* Rn. 471. Eine „Bösglaubensfähigkeit" entwickelt *Schilken*, Wissenszurechnung im Zivilrecht, S. 287ff. Allein auf die Bösgläubigkeit des gesetzlichen Vertreters stellt *Pinger* MDR 1974, 184, 187 r.Sp. ab, weil die haftungsverschärfende Zustellung einer rechtshängigkeitsbegründenden Klageschrift nach § 171 Abs. 1 ZPO (§ 170 Abs. 1 ZPO n.F.) an den Vertreter erfolgen müsse.
[36] Staudinger/*Thole* § 990 Rn. 90.
[37] Freilich ist die Frage für § 819 BGB nicht weniger umstritten, und es werden ähnliche Differenzierungen wie zu § 990 BGB vertreten, vgl. Jauernig/*Stadler* § 819 Rn. 5 mit Nachw.
[38] *Larenz/Canaris* § 73 II 2 a.

c) Prozess- und Verzugsbesitzer

Der vom Eigentümer auf Herausgabe verklagte Besitzer haftet ab dem Zeitpunkt der Klageerhebung verschärft (§§ 987, 989 BGB). Er muss sich darauf einstellen, dass er den Prozess verliert. Klagt der Eigentümer auf Feststellung seines Eigentums (§ 256 ZPO), sind §§ 987, 989 BGB ebenfalls einschlägig, wenn ein Recht zum Besitz nicht besteht.[39] Die Klageerhebung erfolgt nach §§ 253 Abs. 1, 261 Abs. 2 ZPO. § 167 ZPO kommt nicht zur Anwendung, denn es geht nicht um Fristwahrung, sondern um (handlungsbezogene) Haftungsverschärfung, die nicht rückwirkend eintreten darf.

Die Klageerhebung kann ebenso wie eine Mahnung den Verzug begründen (§ 286 Abs. 1 Satz 2 BGB); liegen die übrigen Voraussetzungen des Verzugs vor, haftet der Verzugsbesitzer nach den allgemeinen Vorschriften der §§ 286 ff. BGB, § 990 Abs. 2 BGB. Das vermutete Verschulden kann trotz Kenntnis des Besitzers vom fehlenden Recht zum Besitz widerlegt werden, wenn er nachweist, dass er ohne Fahrlässigkeit nicht wusste, dass der Kläger Eigentümer ist.[40]

d) Deliktsbesitzer

Wer sich den Besitz durch schuldhaft verbotene Eigenmacht (§ 858 BGB) oder eine Straftat verschafft hat, haftet dem Eigentümer nach den allgemeinen Vorschriften (§ 992 BGB). Er verdient keine Privilegierung.[41]

4. Rechtsnatur der Nutzungs-, Schadens- und Verwendungsersatzansprüche

Die Ansprüche auf Nutzungs-, Schadens- und Verwendungsersatz setzen zwar einen dinglichen Herausgabeanspruch voraus, sind aber selbständige obligatorische Ansprüche und können unabhängig vom Vindikationsanspruch geltend gemacht werden.[42] Anders als der dingliche Vindikationsanspruch berechtigen sie nicht zur Aussonderung (§ 47 InsO), sondern sind einfache Insolvenzforderungen (§§ 38, 45 InsO). Sie sind isoliert (unabhängig vom Herausgabeanspruch) Verfügungsgegenstand, können also abgetreten, ver- und gepfändet werden, ohne dass die Sache übereignet, verpfändet bzw. gepfändet (§ 809 Fall 2 ZPO) wird. Wird das Eigentum übertragen, gehen bereits entstandene Nebenansprüche nicht auf den Erwerber über.[43] Im Prozess bilden der Vindikationsanspruch und die Folgeansprüche mehrere Streitgegenstände. Für die Nebenansprüche

---

[39] A.A. Staudinger/*Thole* § 987 Rn. 6 ff.
[40] *Wolff/Raiser* § 85 Fn. 11.
[41] *Baur/Stürner* § 11 Rn. 8 („keine Gnade").
[42] Darin liegt eine dogmatische Neukonzeption des BGB gegenüber dem gemeinen Recht und dem ALR, welche die Folgeansprüche als Erweiterungen des dinglichen Herausgabeanspruchs verstanden. Zugleich findet darin die Abkehr vom aktionenrechtlichen Denken einen Ausdruck, vgl. *Johow*, Vorentwurf Sachenrecht Teil 1, S. 886.
[43] A.A. noch *Planck/Brodmann* Vor § 987 Anm. 2.

gilt der Gerichtsstand des § 26 ZPO. Die Verjährung der Folgeansprüche richtet sich nach §§ 195, 199 BGB, die des Vindikationsanspruch gemäß § 197 Abs. 1 Nr. 2 BGB; zu § 992 BGB → § 8 Rn. 38.

II. Der Anspruch auf Herausgabe von Nutzungen

Zum Begriff der Nutzungen → § 1 Rn. 74ff.

1. Redlicher Besitzer

a) Unverklagter redlicher Besitzer

23 Ohne die besonderen Bestimmungen des Eigentümer-Besitzer-Verhältnisses müsste der redliche Besitzer dem Eigentümer die gezogenen Nutzungen bereicherungsrechtlich herausgeben (§§ 812 Abs. 1, 818 Abs. 1 Fall 1 BGB) und den Wert der Gebrauchsvorteile ersetzen (§ 818 Abs. 2 BGB), soweit er noch bereichert ist (§ 818 Abs. 3 BGB). Im Anwendungsbereich der §§ 987ff. BGB gilt hingegen, dass der redliche Besitzer gemäß § 993 Abs. 1 Halbsatz 2 BGB die gezogenen Nutzungen grundsätzlich behalten darf. In diesem Schutz des redlichen, unverklagten Besitzers liegt eine wichtige Funktion des Eigentümer-Besitzer-Verhältnisses (→ § 8 Rn. 4).

Beispiel: D entwendet das Pferd des E und veräußert es an den redlichen B; dort kommt ein Fohlen zur Welt. B muss zwar die Mutterstute an E herausgeben (§§ 90a Satz 3, 985 BGB), nicht aber das Jungtier. Wer Eigentümer des Fohlens ist, ergibt sich nicht aus §§ 987ff. BGB, sondern aus §§ 90a Satz 3, 953ff. BGB (→ § 29 Rn. 1ff.); hier hat B nach §§ 90a Satz 3, 955 BGB Eigentum am Fohlen erworben. – Hatte B die Stute einem Reiterverein vermietet, darf er den Mietzins (mittelbare Sachfrucht, § 99 Abs. 3 BGB) behalten. Auch für die durch gelegentliches eigenes Reiten des Pferdes erlangten Gebrauchsvorteile (§ 100 Fall 2 BGB) schuldet er keine Vergütung. Jedoch kann B wegen der gewöhnlichen Erhaltungskosten (z.B. Futterkosten, regelmäßige tierärztliche Untersuchungen) von E nach § 994 Abs. 1 Satz 2 BGB keinen Ersatz verlangen (→ § 8 Rn. 63).

24 Der Grundsatz, dass der redliche Besitzer die gewöhnlichen Nutzungen behalten darf, ist begründungsbedürftig. Immerhin wurden die Nutzungen aus einer fremden Sache gewonnen, und es liegt daher nahe, diese als dem Eigentümer gebührend anzusehen. Besonders deutlich wird die Frage bei Nutzungen, die zu Lasten der Substanz gezogen werden: Fährt der redliche Besitzer den fremden Pkw 400 000 km, ist das Fahrzeug selbst bei süddeutscher Provenienz weithin wertlos. Bei der Analyse der gesetzlichen Regelungen dürfen die im 19. Jahrhundert vorherrschenden wirtschaftlichen und sozialen Verhältnisse nicht unbeachtet bleiben. Im Vordergrund der Überlegungen des Gesetzgebers stand vor allem die Land- und Forstwirtschaft.[44] Sachfrüchte können in diesem Bereich gewonnen werden, ohne dass die Substanz der Sache Einbußen erleidet: Ein Feld kann jedes Jahr neu bestellt werden, und der Ernteertrag hängt ent-

---

[44] *Johow*, Vorentwurf Sachenrecht Teil 1, S. 896 (Weinberg), S. 891 (Landgut).

scheidend von der Qualität des Saatguts und der Menge des eingesetzten Düngers ab. In den Gesetzesmaterialien werden überdies Beweisschwierigkeiten erwähnt, die entstehen, wenn der redliche Besitzer die Nutzungen herausgeben müsste, denn er habe regelmäßig keinen Anlass zur Dokumentation seiner – als abzugsfähig unterstellten – Aufwendungen.[45] Letztlich ist in § 993 Abs. 1 Halbsatz 2 BGB ein redlicher Erwerb eines Nutzungsrechts verankert, der unabhängig von § 935 BGB stattfindet.[46]

Allerdings trifft auch den redlichen Besitzer die Pflicht zur Herausgabe der sog. „Übermaßfrüchte", § 993 Abs. 1 *Halbsatz 1* BGB. Der redliche Besitzer eines Waldgrundstücks darf daher nur den gewöhnlichen, einer ordnungsgemäßen Waldwirtschaft entsprechenden Holzeinschlag behalten. Rodet er den Wald, muss er das Holz nach bereicherungsrechtlichen Grundsätzen herausgeben. Verständlich wird dies, wenn man bedenkt, dass die Übermaßfrüchte zu Lasten der Sachsubstanz gezogen werden[47] und auch der redliche Besitzer bei Sachverbrauch bereicherungsrechtlich zum Wertersatz (→ § 8 Rn. 8) verpflichtet ist.[48]

§ 993 Abs. 1 Halbsatz 1 BGB erfasst nur die Übermaßfrüchte, nicht Übermaßgebrauchsvorteile. Der redliche Besitzer muss Gebrauchsvorteile nicht herausgeben, die zu Lasten der Sachsubstanz gewonnen werden. Ein Beispiel bildet der Pkw, mit dem der redliche Besitzer 400 000 km gefahren ist. Ohnehin könnte der Eigentümer nicht allzu viel erwarten, weil der redliche Besitzer alle Aufwendungen auf die Sache nach § 818 Abs. 3 BGB absetzen kann.

b) „Rechtsgrundloser" redlicher Besitzer

Veräußert der Eigentümer eine Sache und ist der Kaufvertrag nichtig, kann der Veräußerer nach § 812 Abs. 1 Satz 1 Fall 1 BGB das geleistete Eigentum und nach § 818 Abs. 1 Fall 1 BGB die vom Besitzer gezogenen Nutzungen herausverlangen. Sind hingegen sowohl der Kaufvertrag als auch die Übereignung nichtig (Doppelmangel), kann der Veräußerer, der Eigentümer geblieben ist, nur die Herausgabe der Sache verlangen; ein Anspruch auf Herausgabe der Nutzungen scheidet hingegen nach § 993 Abs. 1 Halbsatz 2 BGB aus.[49] Der Käufer, der Eigentümer geworden ist, steht danach schlechter als der Käufer, der nur den Besitz erlangt; auf der anderen Seite steht besser, wer Besitz *und* Eigentum verloren hat, gegenüber dem, der nur Besitz rechtsgrundlos überträgt,

---

[45] *Johow*, Vorentwurf Sachenrecht Teil 1, S. 897.
[46] *Wilhelm* Rn. 1231 spricht vom gutgläubigen Erwerb eines Habens- und Nutzungsrechts.
[47] *Planck/Brodmann* § 993 Anm. 1a.
[48] *H.Roth* JuS 1997, 897, 900f.; *Wilhelm* Rn. 1275 (Übermaßfruchtziehung als Teilverbrauch).
[49] Anders die Ansicht, die die Rückabwicklung eines Vertrags nur nach Bereicherungsrecht durchführen will und den Vindikationsanspruch sowie §§ 987ff. BGB durch §§ 812ff. BGB verdrängt sieht, vgl. *Wieling/Finkenauer* § 12 IV 1, Rn. 42.

aber Eigentümer bleibt. Dieses Ergebnis wird zu Recht als unbefriedigend angesehen.[50] Es eröffnen sich grundsätzlich zwei Ansätze der Korrektur: (1) Man könnte § 818 Abs. 1 Fall 1 BGB auf den Besitzer, der zugleich Eigentum erworben hat, nicht anwenden. Damit würde sich die Privilegierung des redlichen Besitzers nach dem Eigentümer-Besitzer-Verhältnis auch im Bereicherungsrecht durchsetzen. (2) Der andere Weg besteht darin, entgegen § 993 Abs. 1 Halbsatz 2 BGB den rechtsgrundlosen Besitzer bereicherungsrechtlich auf Herausgabe der Nutzungen haften zu lassen. In diesem Fall setzt sich die bereicherungsrechtliche Bewertung, wem Nutzungen gebühren, durch. Die h.M. hat sich für den zweiten Weg ausgesprochen,[51] der freilich rechtstechnisch unterschiedlich umgesetzt wird: Die Rechtsprechung stellt den rechtsgrundlosen Besitzer dem unentgeltlichen Besitzer gleich mit der Folge, dass der Eigentümer vom Besitzer analog § 988 BGB Herausgabe der Nutzungen verlangen kann, wenn das obligatorische Geschäft nichtig ist.[52] In der Literatur herrscht hingegen die Auffassung, trotz § 993 Abs. 1 Halbsatz 2 BGB hafte der rechtsgrundlose Besitzer bereicherungsrechtlich auf Herausgabe der Nutzungen nach § 818 Abs. 1 Fall 1 BGB.[53] Methodisch liegt beide Male eine Durchbrechung des § 993 Abs. 1 Halbsatz 2 BGB vor: Die Rechtsprechung behauptet eine Regelungslücke, die Literatur verneint die Sperrwirkung gegenüber dem Bereicherungsrecht.

28 Das verwundert auf den ersten Blick, wird doch der allseits betonte Normzweck der §§ 987 ff. BGB, den redlichen Besitzer besser zu stellen, im selben Atemzug geradewegs preisgegeben. Es handelt sich dabei keineswegs nur um eine Randkorrektur. Jeder Vindikationsbesitz ist bereicherungsrechtlich betrachtet rechtsgrundlos.

29 Der Rechtsanwender befindet sich in einem Dilemma: Will er Vindikations- und Kondiktionsschuldner gleich behandeln, muss er entweder bei der Kondiktion dem besitzenden Eigentümer gegenüber § 818 Abs. 1 Fall 1 BGB ignorieren oder sich über die Sperrwirkung des § 993 Abs. 1 Halbsatz 2 BGB hinwegsetzen. Jeder „Erst-recht"-Schluss verbietet sich:[54] Weder kann aus § 818 Abs. 1 Fall 1 BGB geschlossen werden: Wenn schon der Kondiktionsgläubiger die Nutzungen vom Besitzer verlangen könne, müsse erst recht der Eigentümer sie heraus verlangen können; ebenso gut kann man formal argumentieren: Wenn

---

[50] Vgl. nur *Wolff/Raiser* § 85 II 6, S. 333; Staudinger/*Thole* Vor §§ 987–993 Rn. 114 ff.; *Larenz/Canaris* § 74 I 1, S. 339; Staudinger/*Lorenz* Vor §§ 812 ff. Rn. 39; *Vieweg/Lorz* § 8 Rn. 30.
[51] A.A. aber *Wieling* AcP 169 (1969), 137, 155 f.; gegen ihn *Michalski*, Festschr. Gitter, 1995, S. 577, 591; nach dem Grund der Nichtigkeit der Verfügung differenzierend *Stadler*, Gestaltungsfreiheit und Verkehrsschutz durch Abstraktion, S. 231 ff.
[52] Grundlegend RGZ 163, 348 ff.; BGHZ 32, 76 ff.; BGH NJW 2008, 221.
[53] Staudinger/*Thole* Vor §§ 987–1003 Rn. 131 mit zahlr. Nachw. Zum selben Ergebnis gelangt *Michalski*, Festschr. Gitter, 1995, S. 577, 594 ff. unter der Prämisse eines Vorrangs der Leistungskondiktion.
[54] Zutr. *Wieling* AcP 169 (1969), 137, 155.

§ 8 Das Eigentümer-Besitzer-Verhältnis 8.30

schon der redliche Besitzer nach § 993 Abs. 1 Halbsatz 2 BGB die Nutzungen behalten darf, müssten sie erst recht dem Eigentümer belassen werden.

Die besseren Gründe sprechen dafür, entgegen der ganz h.M. dem redlichen Vindikationsbesitzer die Nutzungen zu belassen:[55] (1) Ausschlaggebend für die unterschiedliche Regelung der Nutzungen in §§ 812 ff. BGB und §§ 997 ff. BGB ist eine Fehlleistung des Gesetzgebers, der die während der Gesetzgebungsarbeiten überaus umstrittene Frage der Nutzungsherausgabe nicht bewältigt hat: Im ersten Entwurf zum BGB wurde in § 740 Abs. 2 auch für die bereicherungsrechtliche Haftung des Eigentümers hinsichtlich der Nutzungen auf das Eigentümer-Besitzer-Verhältnis verwiesen; danach waren Nutzungen nicht herauszugeben (§ 930 erster Entwurf zum BGB). Erst der zweite Entwurf sah die später in § 818 Abs. 1 Fall 1 BGB Gesetz gewordene Pflicht zur Herausgabe der Nutzungen vor. Die Frage war innerhalb der zweiten Kommission allerdings sehr umstritten. Die Mehrheit setzte ihre Linie unter Hinweis auf den Erbschaftsanspruch durch, der eine Pflicht zur Herausgabe der Nutzungen vorsah (heute § 2020 BGB).[56] Der Rückgriff auf die Lösung beim Erbschaftsanspruch übersieht freilich einen wesentlichen Punkt. Der Erbschaftsbesitzer erlangt den Nachlass ohne Gegenleistung und ist daher unentgeltlicher Besitzer. Den unentgeltlichen Besitzer trifft auch vindikationsrechtlich nach § 988 BGB die Pflicht zur Herausgabe von Nutzungen. Für den entgeltlichen Besitzer hingegen besagt die Regelung beim Erbschaftsanspruch nichts. (2) Ferner wurde die Pflicht zur Herausgabe gezogener Nutzungen in § 818 Abs. 1 Fall 1 BGB nicht mit dem Abstraktionsprinzip abgestimmt. Das Abstraktionsprinzip führt zu einer bereicherungsrechtlichen Rückabwicklung bei nichtigem Kausalverhältnis,[57] während das Kausal- und das Konsensprinzip eine Rückabwicklung nach Vindikationsrecht zur Folge haben. Sieht man im Verkehrsschutz einen Grund für die Einführung und Beibehaltung des Abstraktionsprinzips,[58] so ist es nicht folgerichtig, dem redlichen Besitzerwerber den Vorteil des § 993 Abs. 1 Halbsatz 2 BGB abzuschneiden. (3) Die Abkehr von der vindikationsrechtlichen Lösung provoziert Streitigkeiten. Konditionsrechtlich kann der redliche Besitzer nach § 818 Abs. 3 BGB (auch nicht notwendige und nicht werterhöhende) Verwendungen bereicherungsmindernd absetzen. Freilich muss er damit im praktischen Ergebnis Rechenschaft über die Bewirtschaftung der Sache ablegen, obgleich er für eine Buchführung keinen Anlass hatte. Die Lösung des § 994 Abs. 1 Satz 2 BGB, die Nutzungen als mit den gewöhnlichen Erhaltungskosten ipso iure zu verrechnen, ist demgegenüber praktikabler und erspart uferlose

30

---

[55] So noch *Windscheid/Kipp* II S. 879; ferner *Wieling* AcP 169 (1969), 137 ff.; vorsichtig zustimmend MünchKommBGB/*Raff* § 988 Rn. 11 und *ders.*, Die gewöhnlichen Erhaltungskosten, 2017, S. 77 ff.
[56] Motive Bd. 2, S. 1186.
[57] Es sei denn, der Nichtigkeitsgrund liegt auch auf der Ebene des dinglichen Vertrags vor (sog. Fehleridentität).
[58] *Stadler*, Gestaltungsfreiheit und Verkehrsschutz durch Abstraktion, zusammenfassend S. 728 ff.; → § 1 Rn. 23.

Streitigkeiten, Bewertungsfragen und Sachverständigengutachten. (4) Der hier befürwortete Vorrang der vindikationsrechtlichen Behandlung von Nutzungen kann (und muss) mit dem Bereicherungsrecht harmonisiert werden. Er hat zur Folge, dass § 818 Abs. 1 Fall 1 BGB in den Fällen der Leistungskondiktion weithin an Bedeutung verliert: Ist nur der Kaufvertrag nichtig, nicht aber die dingliche Übereignung der Kaufsache, darf der „rechtsgrundlose" Eigentümer – entgegen § 818 Abs. 1 Fall 1 BGB – die Nutzungen behalten; damit wird erreicht, dass der Käufer als Eigentümer nicht schlechter steht als der bloße Besitzer. Auch für die aus der Gegenleistung gezogenen Nutzungen gilt der Vorrang der vindikationsrechtlichen Rückabwicklung: Der Verkäufer hat nur die Substanz bzw. den Wert der Gegenleistung herauszugeben, nicht aber die daraus gezogenen Nutzungen. Im Ergebnis wird diese Lösung nur selten zu von der h.M. abweichenden Ergebnissen führen. Unter gewöhnlichen wirtschaftlichen Verhältnissen ist der Wert der von den Beteiligten des gegenseitigen Vertrags gezogenen Nutzungen gleich hoch. Sie werden daher die nach der Auffassung der h.M. bestehenden Ansprüche durch Aufrechnung zum Erlöschen bringen.

Beispiel: (nach RGZ 163, 348 ff.): E ist unerkannt geschäftsunfähig und veräußert sein Grundstück an B; Kauf und Übereignung sind nichtig. B bestellt das Feld und erntet. Stellt man den rechtsgrundlosen Erwerb dem unentgeltlichen gleich, so muss B die Ernte herausgeben, kann aber die Aufwendungen hierfür nach § 818 Abs. 3 BGB absetzen. Ebenso nach der Literaturmeinung, die die Leistungskondiktion trotz § 993 Abs. 1 Halbsatz 2 BGB zulässt und den B nach §§ 812 Abs. 1 Fall 1, 818 Abs. 1 Fall 1 BGB auf Herausgabe der Nutzungen haften lässt, wiederum unter Abzug der Aufwendungen für die Fruchtziehung. Folgt man der hier vertretenen Ansicht, kann der redliche B die Nutzungen behalten und muss nur das Grundstück herausgeben. Hatte B die Gegenleistung bar erbracht, muss E nach h.M. sowohl das Kapital als auch die Nutzungen (Zinsen) herausgeben. Bei wirtschaftlich beständigen Verhältnissen werden E und B jedoch – nachdem die Höhe der gezogenen Nutzungen und die davon abzusetzende Bereicherung aufwendig berechnet worden war – aufrechnen. Hat B nicht oder schlampig gearbeitet, kann er die Folgen seines Müßiggangs[59] nach h.M. nachträglich auf den E abwälzen, es sei denn, man korrigiert das Ergebnis über § 818 Abs. 3 BGB. Nach der hier vertretenen Ansicht geben die Beteiligten den Besitz wieder zurück; eine Rechnungslegung wird nicht erforderlich. Der Müßiggänger kann die Folgen seiner Untätigkeit nicht abwälzen. Dies gilt auch, wenn nicht Bargeld geleistet, sondern der Kaufpreis auf ein Bankkonto überwiesen worden war.

Beispiel: D verkauft ein dem E gestohlenes Fahrrad an den redlichen B. Der Kaufvertrag ist nichtig. – Dieses Beispiel unterstreicht die Unterschiede zwischen der Rechtsprechung und der herrschenden Literaturmeinung. Setzt man mit der Rechtsprechung den rechtsgrundlosen Erwerb dem unentgeltlichen gleich, muss B dem E das Fahrrad und analog § 988 BGB die Nutzungen herausgeben. Den geleisteten Kaufpreis muss B bei D kondizieren. Diese Lösung hat bedenkliche Schwächen. Die Durchbrechung des § 993 Abs. 1 Halbsatz 2 BGB in § 988 BGB beruht auf dem Gedanken, dass der unentgeltliche Besitzer für die Sache keine Gegenleistung erbracht hat. Der rechtsgrundlose Besitzer hingegen tätigt durchaus eigene Leistungen (Zahlung des Kaufpreises).[60] Diese kann er zwar vom Verkäufer nach

---

[59] Vgl. im hier zu erörternden Zusammenhang *Wieling* AcP 169 (1969), 137, 157 f.
[60] Anders bei nichtiger Schenkung, die aber vorbehaltlos unter § 988 BGB fällt.

§ 812 Abs. 1 Satz 1 Fall 1 BGB zurückfordern, trägt indes das Risiko der Durchsetzung des Anspruchs. Hat der Besitzer vom Eigentümer rechtsgrundlos erworben, kann er zwar den Anspruch auf Rückzahlung des Entgelts dem Anspruch aus § 988 BGB analog entgegenhalten und (auch in der Insolvenz, § 94 InsO) aufrechnen. Wurde die Sache wie im Beispiel aber von einem nicht mit dem Eigentümer identischen Verkäufer erworben, trägt der Besitzer das Insolvenzrisiko des Verkäufers.[61]

Folgt man der herrschenden Literaturmeinung, kann E zwar das Fahrrad vindizieren, nicht aber die Nutzungen kondizieren. Die Nutzungen soll allein D kondizieren dürfen, und dessen Bereicherungsanspruch kann B den Rückforderungsanspruch hinsichtlich des Kaufpreises entgegensetzen. Begründet wird der im „Dreiecksverhältnis" dem Eigentümer versagte Zugriff auf die Nutzungen mit dem Vorrang des Leistungsverhältnisses gegenüber der Nichtleistungskondiktion.[62] Allerdings werden die von B gezogenen Nutzungen nicht von D geleistet. Zieht jemand aus einem fremden Gegenstand Früchte und Gebrauchsvorteile, bilden die Nutzungen eine Bereicherung in sonstiger Weise zu Lasten des Eigentums.[63] Sie sind nach § 812 Abs. 1 Satz 1 *Fall 2* BGB *primärer* Bereicherungsgegenstand und nicht erst aufgrund § 818 Abs. 1 Fall 1 BGB herauszugeben.[64] Nach der hier vertretenen Lösung bedarf es keiner Zuordnung der vom Besitzer gezogenen Nutzungen zu einer der Kondiktionsformen. Der von der herrschenden Literaturmeinung erreichte Schutz des redlichen Besitzers folgt ohne weiteres aus § 993 Abs. 1 Halbsatz 2 BGB: Der B kann die Nutzungen behalten. Freilich muss er seinerseits dem D die aus dem Kaufpreis gezogenen Zinsen belassen, es sei denn, D ist bösgläubig oder hat (als Dieb oder Hehler) eine Straftat begangen.

c) Verklagter redlicher Besitzer

Allein durch die Klage auf Herausgabe einer Sache wird der „Prozessbesitzer" nicht notwendig bösgläubig; er kann ja weiterhin von seinem Eigentum bzw. seinem Besitzrecht überzeugt sein. Allerdings entsteht durch die Klageerhebung eine Ungewissheitslage, und der Besitzer muss mit der Möglichkeit rechnen, zur Herausgabe verurteilt zu werden. Denkbar wäre, dass während des Prozesses die umstrittene Sache bis zur rechtskräftigen Entscheidung in die Hand eines neutralen Verwalters („Sequester") gegeben wird, der die Nutzungen zieht und später an den Prozessgewinner (zusammen mit der Sache) herauszugeben hätte.[65] Diese Lösung würde Kosten verursachen. § 987 BGB behan-

---

[61] Die noch von RGZ 163, 348, 360 vertretene Auffassung, der analog § 988 BGB in Anspruch genommene rechtsgrundlose Besitzer könne die an den Verkäufer rechtsgrundlos erbrachte Gegenleistung dem Eigentümer gegenüber im Rahmen des § 818 Abs. 3 BGB bereicherungsmindernd anrechnen, wird heute allgemein abgelehnt.
[62] *Wilhelm* Rn. 1279; *H.Roth* JuS 1997, 897, 899f.
[63] Vgl. *Wieling/Finkenauer* § 12 Rn. 41ff.; *Larenz/Canaris*, Schuldrecht II/2, § 74 I 2 b, Fn. 19, S. 345; auch *H.Roth* JuS 1997, 518, 520 l.Sp.
[64] Zum Unterschied MünchKommBGB/*Schwab* § 818 Rn. 20.
[65] Vgl. *Johow*, Vorentwurf Sachenrecht Teil 1, S. 900.

delt den Besitzer nach Klageerhebung wie den „Verwalter einer fremden Sache".[66] Der Besitzer muss alle Nutzungen herausgeben, die er nach Eintritt der Rechtshängigkeit zieht, wenn er zur Herausgabe der Sache verurteilt wird. Besteht allerdings die Gefahr, dass der Besitzer die Sache nicht ordnungsgemäß verwalten wird, kann das Gericht nach § 938 Abs. 2 ZPO im Wege einer einstweiligen Verfügung die Herausgabe der Sache an einen Sequester anordnen.

Beispiel: Wird ein Fohlen erst nach Zustellung der Klage auf Herausgabe der Mutterstute geboren, erwirbt der Besitzer zwar unter den Voraussetzungen der §§ 90a Satz 3, 955 BGB Eigentum am Jungtier, muss es aber nach § 987 Abs. 1 BGB dem Eigentümer der Mutterstute herausgeben. Herausgabe bedeutet in diesem Fall Übereignung, nicht nur Besitzverschaffung. Die Kosten eines bei der Geburt hinzugezogenen Tierarztes kann der Besitzer allerdings im Rahmen des § 102 BGB ersetzt verlangen. Geht das Fohlen ein, wird der Besitzer nach § 275 BGB frei, trifft ihn ein Verschulden, haftet er auf Schadensersatz nach §§ 280, 283 BGB.[67]

Beispiel: E verleiht seinen Hengst an B zu Zuchtzwecken. B setzt das Pferd abredewidrig auch zur Feldarbeit ein. – Hier ist B aufgrund des Leihvertrags zum Besitz berechtigt, aber er überschreitet die Befugnisse, die ihm sein Besitzrecht aus dem Leihvertrag gab. Man spricht von einem „*Nicht so berechtigten*" Besitzer.[68] § 988 BGB ist infolge des Rechts zum Besitz direkt nicht anwendbar. Die h.M. lehnt auch die analoge Anwendung des § 988 BGB ab.[69] B muss die vertragswidrig gezogenen Nutzungen (Feldarbeit) allerdings aus Eingriffskondiktion nach § 812 Abs. 1 Satz 1 Fall 2 BGB herausgeben.[70]

32 Herauszugeben sind auch die Nutzungen, die der redliche, aber verklagte Besitzer nach Rechtshängigkeit schuldhaft entgegen den Regeln ordnungsgemäßer Wirtschaft nicht zieht (§ 987 Abs. 2 BGB). Die Wertersatzpflicht für schuldhaft nicht gezogene Nutzungen folgt aus dem Gedanken, der verklagte Besitzer soll wie ein Verwalter einer fremden Sache (→ § 8 Rn. 31) haften. Der Vindikationsbeklagte hat keine Möglichkeit, sich der Pflicht zur Nutzziehung zu entledigen. Die Hinterlegung und der Selbsthilfeverkauf sind nur unter den Voraussetzungen der §§ 372, 383 BGB statthaft.

Beispiel: Beendet der redliche Besitzer die Vermietung des Pferdes nach Klageerhebung, muss er gleichwohl den Wert der entgangenen Mieterträge nach §§ 90a Satz 3, 987 Abs. 2 BGB herausgeben. Daneben kann ein Anspruch auf Schadensersatz bestehen: Erkrankt das Pferd, weil es nicht mehr geritten wird, haftet der Besitzer nach §§ 90a Satz 3, 989 BGB.

d) Unentgeltlicher redlicher Besitzer

33 Wer eine Sache als redlicher Eigen- oder Fremdbesitzer besitzt, hat dem Eigentümer nach § 988 BGB alle gezogenen Nutzungen herauszugeben, wenn er für die Besitzerlangung keine Gegenleistung erbracht hatte. Die gleiche Verpflich-

---

[66] Motive Bd. 3, S. 978 = Denkschrift S. 132.
[67] Staudinger/*Thole* § 987 Rn. 27 (str.).
[68] BGH NJW 2002, 60.
[69] BGHZ 59, 51, 58; *Baur/Stürner* § 11 Rn. 27.
[70] Vgl. BGH NJW 2002, 60, 61, der die Anspruchsgrundlage offenlässt.

tung trifft den rechtmäßigen Besitzer, der seinen Besitz nach Ablauf der Besitzzeit gutgläubig und unentgeltlich fortsetzt.[71] Unter die unentgeltliche Besitzerlangung fallen (unwirksame) Schenkungen, Leihverträge[72] und Vermächtnisse. Das Gesetz erachtet es als unangemessen, jemandem, der keine eigenen Aufwendungen zur Besitzerlangung erbracht hat, die Nutzungen zu Lasten des Eigentümers zu belassen.[73] Der Grundgedanke dieser Bestimmung entspricht § 816 Abs. 1 Satz 2 BGB. Da der unentgeltliche Erwerber dem früheren Eigentümer das gutgläubig erlangte Eigentum einschließlich gezogener Nutzungen (§ 818 Abs. 1 Fall 1 BGB) wieder herausgeben muss, ist es konsequent, den unentgeltlichen Besitzer ebenfalls zur Herausgabe der Nutzungen zu verpflichten.

Beispiel: D verschenkt das dem E *gestohlene* Pferd an den gutgläubigen K, der es an den Reitverein R e.V. vermietet. K ist Gläubiger des Mietzinsanspruchs und wird Eigentümer der Geldzeichen, die er von R übereignet bekommt. Der Mietzinsanspruch ist nach §§ 90a Satz 3, 988 BGB an E abzutreten,[74] das Geld an ihn zu übereignen. Nicht gezogene Nutzungen hat der unentgeltliche, unverklagte Besitzer nicht herauszugeben; ab Klageerhebung bzw. Kenntniserlangung von der fehlenden Besitzberechtigung haftet K nach §§ 90a Satz 3, 987, 990 Abs. 1 Satz 2 BGB. – Hätte D das von E *gemietete* Pferd dem gutgläubigen K geschenkt, könnte E nach § 816 Abs. 1 Satz 2 BGB Übereignung und nach § 818 Abs. 1 Fall 1 BGB Nutzungsherausgabe verlangen.

§ 988 BGB enthält eine Rechtsfolgenverweisung auf das Bereicherungsrecht.[75] Dies dient dem Schutz des Besitzers. Der Besitzer kann sich insbesondere auf § 818 Abs. 3 BGB berufen. Vor allem kann der Besitzer die Kosten der Gewinnung der Nutzungen bereicherungsmindernd abziehen. Umstritten ist, ob der Besitzer auch Aufwendungen, die der Hauptsache zugutekommen, ohne jedoch Fruchtziehungskosten zu sein, im Rahmen des § 818 Abs. 3 BGB bereicherungsmindernd geltend machen kann. Der BGH bejaht dies und kommt damit den Interessen des Besitzers entgegen. Für bereicherungsmindernde Aufwendungen komme es allein darauf an, ob sie in innerem Zusammenhang mit den durch die Nutzungen der Sache gezogenen Vorteilen stehen, was bei Aufwendungen auf die Sache grundsätzlich der Fall sei.[76] Der Besitzer ist daher für den Ausgleich nicht auf die engeren §§ 994ff. BGB angewiesen.[77] Nicht ersatzfähige Verwendungen können danach im Rahmen des § 818 Abs. 3 BGB geltend gemacht werden.

34

Beispiel: Der unentgeltliche Besitzer des Pferdes kann von den Mieterträgen die Kosten des Transportes zum Reitverein R e.V. abziehen. Nach der Rechtsprechung mindern auch die Kosten einer tierärztlichen Operation die Bereicherung. War die Operation notwendig,

---

[71] BGH NJW 2008, 221.
[72] § 988 BGB gilt entgegen dem zu engen Wortlaut auch bei einem vermeintlichen schuldrechtlichen Nutzungsrecht, BGHZ 71, 216, 225; *Baur/Stürner* § 11 Rn. 52.
[73] BGH NJW 1998, 989, 990 r.Sp.
[74] Zutr. *Müller* Rn. 494a.
[75] *H.Roth* JuS 1997, 897, 899 l.Sp.; Staudinger/*Thole* § 988 Rn. 24.
[76] BGH NJW 1998, 989, 990f.
[77] So aber Staudinger/*Thole* § 988 Rn. 33f.

kann für die Kosten auch nach der Gegenansicht gemäß §§ 90a Satz 3, 994 Abs. 1 BGB Ersatz verlangt werden. Der Unterschied zeigt sich bei § 1001 BGB: Aufrechnen kann der Besitzer erst, wenn der Eigentümer die Sache wieder erlangt oder die Verwendungen genehmigt, während sie im Rahmen der §§ 988, 818 Abs. 3 BGB einen sofort abziehbaren Rechnungsposten bilden.

2. Unredlicher Besitzer

a) § 990 Abs. 1 BGB

35 Der unredliche Besitzer hat nach §§ 990 Abs. 1, 987 BGB dem Eigentümer alle gezogenen und schuldhaft nicht gezogenen Nutzungen herauszugeben. Regelmäßig wird der bösgläubige Besitzer wegen § 955 Abs. 1 Satz 2 Fall 2 BGB nicht Eigentümer der Sachfrüchte. Dann besteht ein Vindikationsanspruch und ein Eigentümer-Besitzer-Verhältnis hinsichtlich der Muttersache und hinsichtlich der Frucht.

Beispiel: E verkauft und übereignet B eine Stute. Kaufvertrag und Übereignung werden später von E wirksam angefochten (§ 142 Abs. 1 BGB). Kannte B den Anfechtungsgrund von Anfang an, ist er nach § 142 Abs. 2 BGB als bösgläubig zu behandeln. B erwirbt daher das Eigentum an einem Fohlen nach § 955 Abs. 1 Satz 2 BGB nicht, sondern gemäß § 953 BGB E. Der Anspruch auf Nutzungsherausgabe aus § 987 BGB ist dann der Vindikationsanspruch als dinglicher Anspruch (§ 985 BGB). Verstirbt das Fohlen infolge mangelhafter Pflege des B, kann E nach §§ 990 Abs. 1, 989 BGB Schadensersatz verlangen.

36 § 991 Abs. 1 BGB schränkt den Anspruch auf Herausgabe der Nutzungen gegen den bösgläubigen Besitzmittler ein, der Nutzungen nur herauszugeben hat, wenn der mittelbare Besitzer unredlich oder verklagt ist. Diese Begünstigung kommt zwar dem unmittelbaren Besitzer zugute, sie dient aber dem Schutz des redlichen, dem Eigentümer nach § 993 Abs. 1 Halbsatz 2 BGB nicht zur Herausgabe von Nutzungen verpflichteten mittelbaren Besitzers, der vor Regressansprüchen des Besitzmittlers aus dem zwischen ihnen bestehenden schuldrechtlichen Rechtsverhältnis geschützt werden soll.

Beispiel: Der redliche D verpachtet einen dem E gehörenden Acker an den B, der grob fahrlässig das Eigentum des E bei der Übergabe des Ackers nicht erkennt. Ohne § 991 Abs. 1 BGB müsste B das geerntete Getreide nach § 987 BGB an E herausgeben, könnte aber bei D wegen eines Rechtsmangels nach §§ 581 Abs. 2, 536, 536a BGB Rückgriff nehmen, insbesondere den Pachtzins zurückverlangen. Der redliche D würde im Ergebnis die Nutzungen (Pachtzins) verlieren, obgleich er sie dem Eigentümer gegenüber nach §§ 993 Abs. 1 Halbsatz 2, 990, 987 BGB nicht herausgeben muss. – Kennt B das Eigentum des E, schließen §§ 581 Abs. 2, 536b Satz 1 BGB den Anspruch gemäß §§ 536, 536a BGB aus. Entgegen dem zu weiten Wortlaut kommt § 991 Abs. 1 BGB in diesem Fall nicht zur Anwendung.[78] Von all dem unberührt bleibt der Anspruch des E gegen B auf Herausgabe des Grundstücks; insoweit privilegiert § 993 Abs. 1 BGB den redlichen Besitzer ohnehin nicht.

---

[78] MünchKommBGB/*Raff* § 991 Rn. 7; *H. Roth* JuS 1997, 897, 898 r.Sp.; a.A. Staudinger/*Gursky* (2013) § 991 Rn. 3, unter Hinweis auf die Entstehungsgeschichte der Vorschrift.

b) Verzugsbesitzer, § 990 Abs. 2 BGB

§ 990 Abs. 2 BGB verschärft die Haftung des Besitzers, der sich mit der Herausgabe in Verzug befindet. Der Verzugsbesitzer hat nach §§ 280 Abs. 1 und 2, 286 BGB den gesamten Schaden des Eigentümers zu ersetzen; dazu gehört – anders als bei § 987 Abs. 2 BGB – auch der Ausgleich für Nutzungen, die nicht der Besitzer, sondern nur der Eigentümer ziehen konnte. Den Besitzer trifft ferner die Zufallshaftung nach § 287 Satz 2 BGB. Die Verzugshaftung setzt voraus, dass der Besitzer unredlich ist, also weiß, dass er nicht zum Besitz berechtigt ist. Durch die bloße Mahnung bzw. Klageerhebung wird ein gutgläubiger Besitzer nicht notwendig unredlich.[79] Er kann ja gleichwohl weiterhin von seinem Recht zum Besitz überzeugt sein. Für eine Verzugshaftung erforderlich ist ferner das Vorliegen der allgemeinen Voraussetzungen des Verzugs (§ 286 BGB), insbesondere Mahnung bzw. Klageerhebung und Verschulden. Zu beachten ist, dass auch ein unredlicher Besitzer ohne Verschulden handelt, wenn er zwar weiß, dass er nicht zum Besitz berechtigt ist, die Sache aber an einen Dritten herausgab, den er ohne Fahrlässigkeit für den Eigentümer gehalten hat.[80]

3. Deliktsbesitzer

Wer sich den Besitz durch eine gegen das Eigentum gerichtete Straftat oder durch verbotene Eigenmacht verschafft hat, haftet auf Schadensersatz gemäß §§ 823ff. BGB, wie § 992 BGB ausdrücklich klarstellt. Naturalrestitution nach § 249 BGB bedeutet, dass der Besitzer den Eigentümer so zu stellen hat, als habe er ihm den Besitz nicht vorenthalten. Zu ersetzen sind also die Nutzungen, die der Eigentümer gezogen hätte.

Weithin wird vertreten, dass der Besitzer auch diejenigen gezogenen Nutzungen zu erstatten habe, die der Eigentümer niemals hätte ziehen können.[81] Eine solche schadensunabhängige Nutzungsherausgabe lässt sich mit § 249 BGB nicht begründen, wohl aber mit dem Gedanken, der Deliktsbesitzer dürfe nicht besser als der unredliche Besitzer (§§ 990, 987 BGB) stehen.[82]

4. Inhalt des Herausgabeanspruchs

Die Herausgabe der Nutzungen erfolgt bei noch vorhandenen Sach- und Rechtsfrüchten in Natur. Der Besitzer hat sie dem Eigentümer der Hauptsache zu übereignen und den Besitz daran zu verschaffen. Ist der Eigentümer der Hauptsache nach § 953 BGB auch Eigentümer der Früchte geworden, weil der Besitzer unredlich ist (§ 955 Abs. 1 Satz 2 BGB), ist der Herausgabeanspruch ein dinglicher Anspruch nach § 985 BGB (→ § 8 Rn. 35). Bei verbrauchten

---

[79] BGHZ 120, 204, 214.
[80] *Wolff/Raiser* § 85 in Fn. 11, S. 331; *Staudinger/Thole* § 990 Rn. 110.
[81] *Baur/Stürner* § 11, Rn. 14; *Wolff/Raiser* § 85 II 4, S. 332 f.
[82] *Baur/Stürner* § 11, Rn. 14.

Früchten, Gebrauchsvorteilen und schuldhaft nicht gezogenen Nutzungen (§ 987 Abs. 2 BGB) trifft den Besitzer eine Pflicht zur Wertvergütung.

40 Der Besitzer ist dem Eigentümer nach § 260 BGB zur Auskunft über die gezogenen Nutzungen verpflichtet, wenn der Herausgabeanspruch dem Grunde nach besteht.[83]

III. Anspruch auf Schadensersatz aus dem Eigentümer-Besitzer-Verhältnis

1. Redlicher Besitzer

a) Unverklagter redlicher Besitzer

41 Ist eine Vindikationslage gegeben, haftet der Besitzer auf Schadensersatz wegen Verschlechterung der Sache oder Unvermögen zur Herausgabe nach §§ 823 ff. BGB nur unter den Voraussetzungen des § 992 BGB; im Übrigen schließt § 993 Abs. 1 Halbsatz 2 BGB eine Schadenshaftung des unverklagten, redlichen Besitzers aus. Die Haftungsfreistellung erfasst auch den unentgeltlichen Besitzer, der in § 988 BGB nur hinsichtlich der Nutzungen anders als der entgeltliche Besitzer behandelt wird. Redlich ist, wer beim Besitzerwerb ohne grobe Fahrlässigkeit an sein Besitzrecht glaubt und auch später nicht Kenntnis vom fehlenden Besitzrecht erlangt. Unter diesen Voraussetzungen haftet der Besitzer auch nicht bei vorsätzlicher Sachbeschädigung oder -zerstörung; die Bereicherungshaftung wegen Veräußerung oder Verbrauch der Sache bleibt unberührt (→ § 8 Rn. 8).

b) § 991 Abs. 2 BGB

42 Auch der redliche Fremdbesitzer haftet dem Eigentümer nach § 991 Abs. 2 BGB auf Schadensersatz, soweit er einem mittelbaren Besitzer verantwortlich ist. Die Haftungsprivilegierung des § 993 Abs. 1 Halbsatz 2 BGB tritt zurück, wenn der Besitzmittler damit rechnen muss, für die schädigende Handlung in Anspruch genommen zu werden, wenn auch nicht vom Eigentümer, so doch von dem mittelbaren Besitzer.

Beispiel: V vermietet einen dem Eigentümer E gestohlenen Pkw an den redlichen M. M beschädigt den Pkw bei einem Verkehrsunfall, den er fahrlässig verursachte. § 823 BGB ist ausgeschlossen (§ 993 Abs. 1 Halbsatz 2 BGB). M haftet dem E ferner nicht nach §§ 989, 990 BGB, weil er weder verklagt noch unredlich ist. Allerdings wusste M, dass die Sache nicht ihm gehörte, sondern dass er sie nur gemietet hatte. Soweit M dem V gegenüber aus dem Mietvertrag haftet, trifft ihn auch eine Haftung gegenüber dem Eigentümer. Dabei kommen M auch im Vertrag vereinbarte Haftungsprivilegien zugute. – Ansprüche des V aus dem Mietvertrag (§§ 546 Abs. 1, 280 BGB) bleiben von § 991 Abs. 2 BGB unberührt; der Schaden des V kann darin bestehen, dass er seinerseits dem E wegen der Beschädigung haftet, aber auch daraus entstanden sein, dass er einen Verwendungsersatzanspruch gegen E

---

[83] BGHZ 32, 76, 93.

nicht geltend machen kann. Leistet der nach wie vor redliche M Schadensersatz in Geld an V, wird er analog § 851 BGB gegenüber E frei,[84] und E kann sich nur an V halten (neben Ansprüchen aus dem Eigentümer-Besitzer-Verhältnis auch nach § 816 Abs. 2 BGB).

c) „Fremdbesitzerexzess"

Nicht ausdrücklich im Gesetz geregelt ist der Fall, dass der redliche Fremdbesitzer mit der Sache in einer Weise verfährt, die ihn bei Bestehen des Besitzrechts zum Schadensersatz verpflichten würde.

43

Beispiel: M mietet vom Eigentümer E einen Pkw. Der Mietvertrag ist nichtig. Infolge Unachtsamkeit verursacht der von der Wirksamkeit des Vertrags ausgehende M einen Unfall, bei dem der Pkw beschädigt wird. Hier haftet M nicht nach §§ 990, 989 BGB, weil er an sein Recht zum Besitz glaubt und nicht verklagt ist. § 823 Abs. 1 BGB käme wegen der Sperrwirkung des § 993 Abs. 1 Halbsatz 2 BGB ebenfalls nicht zur Anwendung. Freilich ist kein Grund ersichtlich, den M hier besser zu stellen als er stünde, wenn der Mietvertrag wirksam wäre; in diesem Fall würde er nach § 823 Abs. 1 BGB und § 280 BGB zum Schadensersatz verpflichtet sein. Der unrechtmäßige Fremdbesitzer haftet dem Eigentümer daher auf Schadensersatz, weil er auch bei Bestehen des angenommenen Besitzrechts haften würde[85] (zum Verwendungsersatz in diesem Fall → § 8 Rn. 67). – Umstritten ist die Frage, ob die Haftung des Fremdbesitzers im Exzess auf § 823 Abs. 1 BGB, § 991 Abs. 2 BGB analog[86] oder §§ 990 Abs. 1, 989 BGB[87] zu stützen ist.

d) Verklagter redlicher Besitzer

Mit Klageerhebung verschärft sich die Haftung des unrechtmäßigen Besitzers: Er hat nach § 989 BGB für jedes Verschulden einzustehen, auch für leichte Fahrlässigkeit. Die Verschuldensfähigkeit richtet sich nach § 276 Abs. 1 Satz 2 BGB. Verschulden des gesetzlichen Vertreters und von Erfüllungsgehilfen („Bewahrungsgehilfen") muss sich der Besitzer nach § 278 BGB zurechnen lassen.[88] Ob der Besitzer durch die Klageerhebung unredlich geworden ist oder weiterhin an sein Besitzrecht glaubt, ist (anders als beim Verzugsbesitzer, → § 8 Rn. 37) unerheblich. Der Grundgedanke der Vorschrift ist derselbe wie bei § 987 BGB (→ § 8 Rn. 31): Mit Klageerhebung muss sich der Besitzer auf die Herausgabe einstellen und wird wie ein Verwalter der Sache behandelt.

44

Geht der Eigentümer im Prozess vom Herausgabeantrag auf den Schadensersatzanspruch über, liegt eine nach § 264 Nr. 3 ZPO zulässige Klageänderung vor.

---

[84] H.M., *Wolff/Raiser* § 85 III 5 b β, Fn. 36; MünchKommBGB/*Raff* § 991 Rn. 19, wonach bei Grundstücken § 893 BGB analog zur Anwendung komme; insoweit a.A. Staudinger/*Thole* § 991 Rn. 30.
[85] *Medicus/Petersen* BR Rn. 586.
[86] *Wilhelm* JZ 2004, 650, 652.
[87] *Wolff/Raiser* § 85 III 5 β, S. 336.
[88] *Planck/Brodmann* § 990 Anm. 1; MünchKommBGB/*Raff* § 989 Rn. 16; *Wilhelm* Rn. 1258; *Müller* Rn. 541; *Prütting* Rn. 543; a.A. *Baur/Stürner* § 15 Rn. 5 (§ 831 BGB).

2. Unredlicher Besitzer

45 Der unredliche Besitzer wird in § 990 Abs. 1 BGB dem Prozessbesitzer gleichgestellt. Er haftet für jedes Verschulden, durch das die Sache verschlechtert wird oder infolge Zerstörung oder aus einem anderen Grunde (insbesondere Weitergabe an Dritte) nicht herausgegeben werden kann. Auch die übrigen Haftungsvoraussetzungen entsprechen denen bei § 989 BGB (→ § 8 Rn. 44). Die Haftungsverschärfung beim unredlichen Besitzer tritt mit Rücksicht auf dessen Kenntnis bzw. grob fahrlässige Unkenntnis vom Fehlen des Besitzrechts ein: Wer weiß, dass er nicht zum Besitz berechtigt ist (oder sich dieser Einsicht beim Besitzerwerb grob fahrlässig verschließt), den trifft gegenüber dem Eigentümer eine gesteigerte Verantwortlichkeit. Zu beachten ist, dass die Schadenshaftung nach § 990 BGB mitunter schärfer ist als gemäß §§ 823 ff. BGB: Der Besitzer hat Verschulden seiner Erfüllungsgehilfen und gesetzlichen Vertreter ohne die Möglichkeit des Entlastungsbeweises nach § 278 BGB zu vertreten.[89] Zur Wissenszurechnung analog § 166 BGB → § 8 Rn. 17.

46 Bei *Verzug* mit der Herausgabe der Sache haftet der Besitzer nach §§ 990 Abs. 2, 287 BGB sogar für Zufall, es sei denn, der Schaden wäre auch beim Eigentümer entstanden. Zum zu ersetzenden Schaden des Besitzers im Verzug gehört auch der Vorenthaltungsschaden (→ § 8 Rn. 50).

3. Deliktsbesitzer

47 Hat der Besitzer die Sache durch eine strafbare Handlung oder durch verbotene Eigenmacht erlangt, haftet er nach §§ 823 ff. BGB auf Schadensersatz. Er verdient keine Schonung. § 992 BGB hebt die Sperre des § 993 Abs. 1 Halbsatz 2 BGB auf und bildet daher eine Tatbestandsverweisung auf das Deliktsrecht, keine eigenständige Anspruchsgrundlage.[90]

48 Als strafbare Handlungen kommen gegen das Eigentum gerichtete Straftaten in Betracht (Diebstahl, Unterschlagung,[91] Hehlerei). Die verbotene Eigenmacht muss schuldhaft begangen worden sein.[92]

4. Inhalt des Schadensersatzanspruchs nach §§ 989, 990 BGB

49 Grundvoraussetzung der Haftung nach §§ 989, 990 BGB ist die Vindikationslage; soweit der auf Schadensersatz in Anspruch Genommene berechtigter Besitzer oder Besitzdiener ist, kommen als Anspruchsgrundlage einer deliktischen Haftung nur §§ 823 ff. BGB in Betracht. Der verklagte oder unredliche Besitzer haftet für Verschlechterung, Untergang der Sache und sonstige Gründe für die

---

[89] KG NJW-RR 1996, 495; offen gelassen von BGH NJW-RR 2004, 45, 46.
[90] H.M., Staudinger/*Thole* § 992 Rn. 3 („Rechtsgrundverweisung").
[91] Str., a.A. Westermann/*Gursky*/Eickmann § 31 Rn. 20, weil sich § 246 StGB nicht gegen die Art der Besitzverschaffung richte.
[92] H.M., Staudinger/*Thole* § 992 Rn. 16.

nicht erfolgte Herausgabe (→ § 8 Rn. 51). Verschlechterung ist jede Beeinträchtigung der Substanz oder der Funktionsfähigkeit der Sache.

Unter §§ 989, 990 BGB fällt nach h.M. auch die Belastung der Sache mit einem (Grund-)Pfandrecht durch den Besitzer aufgrund §§ 892, 1207, 932 ff. BGB.[93] Problematisch ist allerdings der Inhalt des Schadensersatzanspruchs,[94] wenn nicht absehbar ist, ob die Sache vom Pfandgläubiger verwertet wird (und dem Eigentümer nur der Übererlös verbleibt) oder ob das Pfandrecht infolge späterer Tilgung der gesicherten Forderung erlöschen wird (bzw. zur Eigentümergrundschuld wird) und eine Naturalrestitution (Aufhebung des Pfandrechts) mangels Mitwirkung des Pfandgläubigers ausscheidet. Nach *Gursky* soll der Eigentümer Schadensersatz für die infolge der Pfandrechtsbestellung entstandene Wertminderung der Sache nur Zug um Zug gegen die Verpflichtung erhalten, die Ersatzleistung bei einer späteren Enthaftung der Sache zurück zu gewähren.[95] Bei Grundpfandrechten könnte dem ersatzpflichtigen Besitzer Zug um Zug gegen Ersatz der Wertminderung ein vormerkungsgesicherter Übertragungsanspruch hinsichtlich des entstehenden Eigentümergrundpfandrechts eingeräumt werden.

Nicht zu ersetzen ist nach §§ 989, 990 Abs. 1 BGB der sog. Vorenthaltungsschaden:[96] Darunter versteht man den Nachteil, den der Eigentümer allein durch die *verspätete* Herausgabe erlitten hat,[97] etwa weil zwischenzeitlich der Wert der Sache gesunken ist. Diesen Schaden hat der Besitzer nur unter den Voraussetzungen der §§ 990 Abs. 2, 992, 823 ff. BGB (→ § 8 Rn. 45) auszugleichen. 50

Beispiel: B hat vom unerkennbar geschäftsunfähigen (vgl. §§ 104 Nr. 2, 105 Abs. 1 BGB) E Aktien erworben. Später erfährt B von der Nichtigkeit der Geschäfte. Fällt der Wert der Aktien zwischen Kenntniserlangung und Rückgabe, hat B die Kursdifferenz nicht zu tragen. Anders, wenn der Betreuer des E (§ 1902 BGB) den bösgläubigen B gemahnt oder verklagt hat.

Untergegangen ist die Sache, wenn sie physisch vernichtet worden ist (das Auto verbrennt), ferner, wenn sie nach Rechtshängigkeit mit anderen Sachen verbunden oder vermischt wird.[98] „Sonstige Gründe" der Nichtherausgabe meint alle Umstände, die zum Besitzverlust des verklagten Besitzers geführt haben. Hierzu gehört vor allem die Veräußerung der Sache; erlangt der Erwerber (gutgläubig oder aufgrund § 185 BGB) Eigentum, konkurriert mit dem Anspruch aus § 989 BGB der Erlösherausgabeanspruch nach § 816 Abs. 1 BGB. Der Schadensersatzanspruch wird nicht dadurch ausgeschlossen, dass der Eigentümer die Möglichkeit hat, die Sache vom neuen Besitzer (auch über § 727 ZPO) herauszuverlangen. 51

Hat der Besitzer über die Sache (zunächst unwirksam) verfügt, darf der Eigentümer durch die Schadensersatzleistung nicht bessergestellt werden als er ohne die Verfügung stünde. Um zu verhindern, dass der Eigentümer vom Be- 52

---

[93] BGH NJW 2001, 1069.
[94] Dazu *Canaris* NJW 1991, 2513.
[95] Staudinger/*Gursky* (2013) § 989 Rn. 33.
[96] BGH NJW 2016, 3235, Rn. 10; Soergel/*Stadler* § 989 Rn. 17.
[97] Staudinger/*Thole* § 989 Rn. 12; MünchKommBGB/*Raff* § 989 Rn. 4; *Müller* Rn. 536a.
[98] Wieling/Finkenauer § 12 Rn. 28.

sitzer Schadensersatz erlangt *und* zudem beim Erwerber nach § 985 BGB vindiziert, muss der Eigentümer entsprechend § 255 BGB daher dem schadenersatzpflichtigen früheren Besitzer das Eigentum übertragen.[99] Ist dies erfolgt, wird die Verfügung des früheren Besitzers nach § 185 Abs. 1 Satz 2 Fall 2 BGB wirksam.

53 Das nach § 989 BGB erforderliche Verschulden bestimmt sich nach § 276 BGB, umfasst also Vorsatz und jede Form von Fahrlässigkeit, wobei sich der Eigentümer nach § 254 BGB ein Mitverschulden anrechnen lassen muss.[100] Mit Klageerhebung treffen den Besitzer Verwahrungs- und Obhutspflichten gegenüber dem Eigentümer; für Verschulden gesetzlicher Vertreter und Erfüllungsgehilfen hat er nach § 278 BGB einzustehen.[101] Insoweit ist seine Verantwortlichkeit schärfer als nach § 831 BGB, der den Entlastungsbeweis zulässt. Für Organverschulden gilt § 31 BGB. Betreiben Gläubiger des Besitzers die Zwangsvollstreckung in die Sache (vgl. § 808 Abs. 1 ZPO), liegt ein Verschulden nicht allein aufgrund der Regel vor, dass Geldmangel nicht entschuldigt.[102] Schuldhaft handelt der Besitzer aber, wenn er den Eigentümer nicht von der Zwangsvollstreckung unterrichtet und deshalb die Drittwiderspruchsklage nach § 771 ZPO nicht oder nur verspätet erhoben werden konnte.[103]

IV. Ersatz von Verwendungen

1. Überblick

54 Hatte der herausgabepflichtige Besitzer Aufwendungen getätigt, um die Sache zu erhalten oder zu verbessern, wird er bemüht sein, sie ersetzt zu bekommen. Der Eigentümer hingegen will Verwendungen regelmäßig nicht erstatten, die er nicht selbst veranlasst hatte. Ohne die Sonderregelung in §§ 994 ff. BGB würde der Besitzer gegenüber dem Vindikationsanspruch einen Ausgleich nur nach Bereicherungsrecht (bei Eigentumsverlust an zu wesentlichen Bestandteilen gewordenen Gegenständen über § 951 BGB) verlangen können; maßgeblich wäre danach allein, ob der Eigentümer durch die Verwendungen etwas erlangt hat (§ 818 Abs. 1 Satz 1 BGB) und noch bereichert ist (§ 818 Abs. 3 BGB). Ein Aufwendungsersatzanspruch des Besitzers nach den Grundsätzen der Geschäftsführung ohne Auftrag setzt voraus, dass die Verwendungen dem tatsächlichen oder mutmaßlichen Willen des Eigentümers entsprechen (§ 683 BGB).

55 Der Interessenausgleich im Rahmen des Eigentümer-Besitzer-Verhältnisses setzt bei der Differenzierung zwischen „notwendigen" (§ 994 BGB) und sog.

---

[99] MünchKommBGB/*Raff* § 989 Rn. 9.
[100] Staudinger/*Thole* § 989 Rn. 64f.
[101] Planck/*Brodmann* § 990 Anm. 1; *Heck* § 69, 6, S. 290; MünchKommBGB/*Raff* § 989 Rn. 16; *Wilhelm* Rn. 1258; a.A. *Baur/Stürner* § 5 Rn. 15 (§ 831 BGB).
[102] MünchKommBGB/*Raff* § 989 Rn. 14; a.A. noch MünchKommBGB/*Baldus* (2013) § 989 Rn. 14.
[103] Staudinger/*Thole* § 989 Rn. 33f.

§ 8 Das Eigentümer-Besitzer-Verhältnis   8.56

„nützlichen" Verwendungen (§ 996 BGB) an. Notwendige Verwendungen (z.B. Wartung eines Kfz) sind dem redlichen Besitzer stets zu ersetzen, nützliche (z.B. Effektlackierung eines Kfz) nur, wenn die Wertsteigerung bei der Rückgabe der Sache an den Eigentümer noch vorhanden ist. Für den unredlichen und den Prozessbesitzer bestimmt sich der Ersatz notwendiger Verwendungen nach den Grundsätzen der Geschäftsführung ohne Auftrag; es kommt vor allem auf den tatsächlichen oder mutmaßlichen Willen des Eigentümers/Geschäftsherrn (§§ 994 Abs. 2, 683 BGB) an. Sonstige Verwendungen werden dem unredlichen oder Prozessbesitzer nicht ersetzt. Der ersatzberechtigte Besitzer hat gegenüber dem Herausgabeanspruch des Eigentümers ein Zurückbehaltungsrecht (§ 1000 BGB). Ein *Anspruch* auf Ersatz besteht nur, wenn der Eigentümer die Sache entweder wiedererlangt oder die Verwendungen genehmigt (§ 1001 BGB). Wird die Genehmigung nicht erteilt, kann sich der Besitzer aus der Sache wegen der Verwendungen ähnlich wie ein Pfandgläubiger befriedigen (§ 1003 Abs. 1 Satz 2 BGB).

Anders als das Bereicherungsrecht dient der Verwendungsersatz nicht dazu, einen beim Eigentümer infolge der Verwendungen entstanden Vermögensvorteil abzuschöpfen.[104] Das folgt aus § 994 BGB, wonach auch Verwendungen ersetzt werden müssen, die sich für den Eigentümer nicht werterhöhend ausgewirkt haben; bei § 996 BGB ist die vorhandene Werterhöhung nicht Grund, sondern Obergrenze des Verwendungsersatzes. Es geht beim Verwendungsersatz nach §§ 994 ff. BGB vielmehr darum, beim Besitzer infolge der Verwendungen eingetretene Vermögensnachteile auf den Eigentümer abzuwälzen.[105] Ebenso wie die Beschränkungen der Ansprüche des Eigentümers hinsichtlich Schadensersatzes und Nutzungen knüpfen die Vorschriften über den Verwendungsersatz an die Überlegung an, den redlichen Besitzer, der sich für den Eigentümer der Sache hält, in seinem Vertrauen hierauf zu schützen. Nach Rückgabe der Sache soll er an seinem übrigen Vermögen keine Beeinträchtigungen erlitten haben (→ § 8 Rn. 5).

56

Verwendungen nach §§ 994 ff. BGB werden ohne Rechtsgrund erbracht und erfüllen damit zugleich den Tatbestand der Verwendungskondiktion nach § 812 Abs. 1 Satz 1 Fall 2 BGB. Jedoch verdrängen §§ 994 ff. BGB Bereicherungsansprüche auch hinsichtlich der Verwendungen,[106] wie nicht allein das Wörtchen „nur" in § 996 Abs. 1 Satz 1 BGB belegt: Könnte auch ein bösgläubiger Besitzer Ansprüche gegen den Eigentümer wegen Verwendungen geltend machen, würde das von den §§ 987 ff. BGB verfolgte Ziel, beim Auseinanderfallen von Eigentum und unberechtigtem Besitz eine Haftungsbeschränkung auf die Sache herbeizuführen (→ § 8 Rn. 5), unterlaufen, denn gegenüber einem Verwendungsersatzanspruch aus § 812 Abs. 1 Satz 1 Fall 2 BGB kann sich der Eigentümer nicht durch Rückgabe

---

[104] Anders noch § 939 Abs. 1 des ersten Entwurfs zum BGB.
[105] BGHZ 131, 220, 223 im Anschluss an Staudinger/*Gursky* (2013) Vor §§ 994–1003 Rn. 25; zustimmend Staudinger/*Thole* Vor §§ 994–1003 Rn. 7.
[106] BGHZ 39, 186, 188f.; BGHZ 41, 157, 158; Baur/Stürner § 11 Rn. 55; Staudinger/*Thole* Vor §§ 994–1003 Rn. 83; Wieling/Finkenauer § 12 Rn. 66; Vieweg/Lorz § 8 Rn. 58ff.; a.A. *Canaris* JZ 1996, 344 ff.; *Wilhelm* Rn. 1106.

der Sache befreien (vgl. § 1001 Satz 2 BGB). Die Anwendung von Bereicherungsrecht würde die in §§ 994 BGB vorgesehene differenzierende Abwägung der Interessen des Eigentümers und des Besitzers unterhöhlen; der Eigentümer würde gezwungen, unter Umständen erhebliche Geldmittel aufzuwenden, um das auf einen Bereicherungsanspruch gestützte Zurückbehaltungsrecht (§ 273 Abs. 2 BGB) des Besitzers abzuwenden.[107] Die Ablehnung von konkurrierenden Bereicherungsansprüchen führt keineswegs zu untragbaren Ergebnissen, wenn man dem weiten Verwendungsbegriff folgt (→ § 8 Rn. 57). Ist der Besitzer bösgläubig, widerspricht ein bereicherungsrechtlicher Verwendungsersatzanspruch dem Gedanken des § 814 BGB (der unmittelbar nicht anwendbar ist, weil keine Leistung kondiziert wird).

2. Verwendungen

a) Verwendungsbegriff

57   Der Verwendungsbegriff ist umstritten. Er entscheidet über die Anwendbarkeit der §§ 994 ff. BGB. In der Literatur herrscht ein weiter Verwendungsbegriff vor. Verwendungen sind alle freiwilligen Vermögensopfer, die der Sache zugutekommen.[108] Der BGH vertritt hingegen einen engen Verwendungsbegriff. Danach dürfen die Aufwendungen nicht zu einer grundlegenden Umgestaltung der Sache führen.[109] Die Frage gewinnt insbesondere bei der Bebauung eines Grundstücks Bedeutung. Dient die Bautätigkeit dazu, eine bereits vorhandene Bebauung zu erhalten oder zu verbessern, liegt auch nach dem restriktiven Verwendungsbegriff des BGH eine im Rahmen der §§ 994, 996 BGB ersatzfähige Verwendung vor. Die Aufwendungen für die Bebauung eines bislang unbebauten Grundstücks bilden nach der Rechtsprechung hingegen keine Verwendungen gemäß §§ 994 ff. BGB.[110] Der enge Verwendungsbegriff bewirkt, dass der Eigentümer die regelmäßig besonders hohen Aufwendungen für eine Bebauung durch den redlichen Besitzer nicht nach § 994 BGB ersetzen muss. Diese Rechtsprechung ist abzulehnen: Der Grundgedanke der §§ 987 ff. BGB, das Vertrauen des redlichen Besitzers hinsichtlich der Aufwendungen auf sein vermeintliches Eigentum zu schützen, wird verkannt, wenn der Besitzer ausgerechnet bei hohen Aufwendungen keinen Ersatz soll verlangen können und auf sein Wegnahmerecht nach § 997 BGB verwiesen wird. § 996 BGB stellt nicht auf die durch die Aufwendungen entstandene Zweckänderung der Sache ab, sondern allein auf den wirtschaftlichen Wert der Sache. Dem redlichen Besitzer wird auch bei Zweckänderungen ein Verwendungsersatz gewährt, wenn sich die Verwendung wenigstens objektiv werterhöhend auf die Sache auswirkt. Übersteigen die umgestaltenden Verwendungen den Wert der Sache, muss der

---

[107] Medicus/Petersen BR Rn. 897 will den Eigentümer nach den Regeln einer „aufgedrängten Bereicherung" weiterhelfen.
[108] Staudinger/Thole Vor §§ 994–1003 Rn. 44; H. Roth JuS 1997, 1087, 1089; MünchKommBGB/Raff § 994 Rn. 10; Baur/Stürner § 11 Rn. 55; Schreiber Jura 1992, 533, 535; Wieling/Finkenauer § 12 Rn. 55.
[109] BGHZ 10, 171, 178; BGHZ 41, 157, 160.
[110] BGHZ 41, 157, 160 f.

Eigentümer schlimmstenfalls auf die Herausgabe verzichten oder die Sache zurückgeben (§ 1001 Satz 2 BGB). Darin liegt kein übermäßiges Opfer, wenn man bedenkt, dass der Eigentümer bei der Zerstörung der Sache durch den redlichen Besitzer ebenfalls leer ausgeht (§§ 993 Abs. 1 Halbsatz 2, 989, 990 BGB).[111]

Beispiel (nach BGHZ 41, 157): Der redliche B hat bei der Errichtung eines Wohngebäudes über die Grenze gebaut; ein Teil des neuen Gebäudes steht auf dem Grundstück des E. Gegenüber dem Herausgabeanspruch des E macht B ein Zurückbehaltungsrecht wegen der Bauaufwendungen in Höhe von 500 000 Euro geltend. Nach Ansicht des BGH besteht ein Zurückbehaltungsrecht aus §§ 996, 1000 BGB nicht, denn die Aufwendungen des B dienten nicht nur zur Erhaltung oder Wiederherstellung eines vorhandenen Gebäudes, sondern änderten den Zustand des Grundstücks. Auch einen Anspruch des B wegen der Baumaterialien nach §§ 951, 812 BGB verneint der BGH, weil § 994 BGB insoweit eine abschließende Regelung darstellt. Stattdessen könne B den Teil des Hauses, der auf das Grundstück des E hinüberreiche, abbrechen (§ 997 BGB) und das Material anderweitig verwenden. Regelmäßig werden die Abbruchkosten höher sein als der Wert des Bauschutts. B bleibt nach der Ansicht des BGH sogar dann ohne Ausgleich, wenn E bei der Veräußerung des Grundstücks infolge der Bebauung einen höheren Preis erzielt. Auf Grundlage des weiten Verwendungsbegriffs könnte B hingegen unter der Voraussetzung, dass E das Grundstück wieder erlangt oder die Verwendungen genehmigt, Ersatz verlangen. – Zu der Frage, wer Eigentümer des Überbaus ist und zur Duldungspflicht → § 6 Rn. 31ff.

Folgt man dem weiten Verwendungsbegriff, darf bei beweglichen Sachen § 950 BGB nicht übersehen werden (→ § 28 Rn. 14). Schaffen die Aufwendungen eine *neue* Sache, erwirbt der Besitzer daran Eigentum und ist einem Anspruch nach § 951 BGB ausgesetzt. 58

Beispiel: Der redliche B erwirbt von D einen dem E gestohlenen schlichten goldenen Ring. Poliert B den Ring, kann er auch nach Ansicht des BGH die Aufwendungen hierfür ersetzt verlangen. Gestaltet B den Ring sehr aufwendig um und versieht er ihn mit Ziersteinen, kommt es nach dem engen Verwendungsbegriff darauf an, ob nur der Bestand verbessert oder der Zustand verändert wurde.[112] Hat B den Ring zu Ohrschmuck gefertigt, kann er nach § 950 Abs. 1 BGB Eigentum erworben haben, wenn nach der maßgeblichen Verkehrsauffassung eine neue Sache hergestellt wurde. E hat nur einen Wertersatzanspruch nach § 951 BGB.

Zu den Verwendungen nach §§ 994ff. BGB zählen beispielsweise Aufwendungen für die Instandhaltung, etwa Wartungskosten für den Pkw und Fütterungskosten für ein Tier, Kosten der Unterstellung (Garagen-, Stallmiete), Aufwendungen für Reparatur[113] und Verbesserung der Sache. Nach der Rechtsprechung fallen auch Arbeitsleistungen unter den Verwendungsbegriff, soweit sie einen Vermögenswert darstellt.[114] Verwendungen liegen mangels eines Vermögensop- 59

---

[111] Vgl. *Canaris* JZ 1996, 344, 348 l.Sp.
[112] So die Abgrenzung bei BGHZ 10, 171, 178.
[113] BGHZ 34, 122, 127.
[114] BGHZ 131, 220, 224ff.; enger teilweise die Literatur, etwa Staudinger/*Gursky* (2013) Vor §§ 994–1003, Rn. 12ff., der einen infolge der Arbeitsleistung eintretenden anderweitigen Verlust von Einnahmen verlangt. Allerdings werde dies zur Vermeidung von Beweisschwierigkeiten vermutet.

fers nicht vor, wenn der Besitzer mit der Sache eigene Sachen verbindet, ohne dass er das Eigentum daran verliert.[115] Der Einbau eines Austauschmotors, der nicht wesentlicher Bestandteil des Autos wird (→ § 1 Rn. 63) ist daher keine Verwendung auf das Auto;[116] der Besitzer kann ihn ausbauen. Keine Verwendungen bilden auch die Aufwendungen für den Erwerb der Sache. Der Besitzer kann vom Eigentümer nicht Ersatz des an den Dieb bezahlten Kaufpreises verlangen. Das würde auf ein „Lösungsrecht" hinauslaufen, welches im ersten Entwurf zum BGB vorgesehen,[117] jedoch von der zweiten Kommission verworfen worden war.

b) Arten der Verwendungen

60   §§ 994, 996 BGB unterscheiden zwischen „notwendigen" und „andere(n) als notwendige(n) Verwendungen". Notwendig sind Verwendungen, die objektiv erforderlich sind, um die Sache in ihrem wirtschaftlichen Bestand einschließlich ihrer Nutzungsfähigkeit zu erhalten oder wiederherzustellen. Die Notwendigkeit richtet sich nach einem objektiven Maßstab aus einer ex-ante-Betrachtung.[118] Notwendige Verwendungen sind daher auch Aufwendungen für einen fehlgeschlagenen Rettungsversuch (tierärztliche Honorare, obgleich das Pferd verendet); ferner kommt es nicht darauf an, ob die Sache zum Zeitpunkt der Rückgabe noch werterhöht ist. Das Merkmal der fortdauernden Werterhöhung ist kein Gesichtspunkt, der den Verwendungsbegriff bestimmt, sondern eine Einschränkung des Ersatzanspruchs (Obergrenze) im Rahmen des § 996 BGB.

61   Alle anderen Verwendungen werden nur unter den Voraussetzungen des § 996 BGB ersetzt. Man bezeichnet die ersatzfähigen nicht notwendigen Verwendungen als „nützliche" Verwendungen, was nicht weiter schädlich ist, wenn man sich vor Augen hält, dass es nicht auf die subjektiven Vorstellungen des Eigentümers, sondern auf einen objektiven Maßstab ankommt.[119]

3. Ersatz von Verwendungen

a) Redlicher Besitzer

62   Notwendige Verwendungen kann der redliche Besitzer (→ § 8 Rn. 15) nach § 994 Abs. 1 Satz 1 BGB stets ersetzt verlangen. Unerheblich ist, ob die Verwendung zu einer Wertsteigerung der Sache geführt hat. Auch kommt es nicht darauf an, ob der Eigentümer eigene Aufwendungen erspart hat. Lässt der redliche Besitzer das einsturzgefährdete Haus durch Sicherungsmaßnahmen abstützen, kann er die Kosten dafür ersetzt verlangen, auch wenn das Haus später

---

[115] *Wilhelm* Rn. 1314 (str.).
[116] A.A. *Baur/Stürner* § 11, Rn. 60.
[117] §§ 939, 940 erster Entwurf zum BGB.
[118] BGHZ 131, 220, 223.
[119] *Westermann/Gursky/Eickmann* § 32 Rn. 13.

doch einstürzt oder wenn der Eigentümer es ohnehin abreißen wollte. Der Besitzer steht hier sehr viel besser als nach Bereicherungsrecht.

§ 994 Abs. 1 Satz 1 BGB wird in der Literatur als rechtspolitisch verfehlt bezeichnet.[120] Bedenkt man den Zweck der §§ 987ff. BGB, den redlichen Besitzer in seinem Vertrauen auf seine vermeintliche Eigentümerstellung zu schützen (→ § 8 Rn. 4), ist dieser Kritik nicht zu folgen. Das Risiko des Eigentümers wird dadurch begrenzt, dass er auf die Herausgabe der Sache verzichten oder die Sache zurückgeben kann (§ 1001 BGB, → § 8 Rn. 73).

Da der redliche, unverklagte, entgeltliche Besitzer die Nutzungen behalten darf (→ § 8 Rn. 23), muss er nach § 994 Abs. 1 Satz 2 BGB auch die gewöhnlichen Erhaltungskosten selbst tragen. Voraussetzung ist, dass der Besitzer die Nutzungen auch tatsächlich ziehen konnte. Insofern kommt es auf eine objektive Nutzungsmöglichkeit an.[121] Unter § 994 BGB fallen die zur Erhaltung der Sache erforderlichen typischerweise regelmäßig wiederkehrenden Ausgaben.[122] Es wäre unbillig, dem Eigentümer die Nutzungen vorzuenthalten und ihn zudem noch mit den laufenden Ausgaben, die gewöhnlich zur Gewinnung der Nutzungen erforderlich sind, zu belasten. Der redliche Besitzer wird nicht schlechter gestellt, als wenn er seiner Vorstellung gemäß Eigentümer der Sache wäre; träfe seine Vorstellung zu, müsste er ebenfalls die laufenden Erhaltungskosten aus den Nutzungen bestreiten. 63

Beispiel: B ist redlicher Besitzer eines Pkws, den er tageweise vermietet. Die Kosten für Inspektion, Pflege und Unterstellung in einer Garage kann B nicht vom Eigentümer E ersetzt verlangen. Das gilt auch dann, wenn die laufenden Erhaltungskosten höher als die Nutzungen sind. Die Folgen unwirtschaftlichen Verhaltens würden den B auch als Eigentümer treffen.

Für Lasten der Sache trifft § 995 BGB eine besondere Regelung. Unter Lasten versteht man die mit der Sache verbunden Zahlungspflichten, etwa Sachsteuern, Versicherungsprämien oder Zahlungen auf Grundpfandrechte. Diese sind dem redlichen Besitzer nach Maßgabe des § 994 Abs. 1 Satz 1 BGB grundsätzlich wie Verwendungen zu ersetzen, entsprechend § 994 Abs. 1 Satz 2 BGB jedoch nicht diejenigen Aufwendungen, die als laufende Ausgaben zu verstehen sind. 64

Alle nicht unter §§ 994f. BGB fallenden Verwendungen sind dem redlichen Besitzer zu ersetzen, soweit sie den Wert der Sache zur Zeit der Wiedererlangung durch den Eigentümer noch erhöhen (§ 996 BGB). Der Besitzer trägt also das Risiko, dass die von ihm gemachten Verwendungen den Wert der Sache im Zeitpunkt der Rückgabe an den Eigentümer nicht mehr erhöhen. Die h.M. stellt den Annahmeverzug des Eigentümers der Wiedererlangung gleich.[123] Zu ersetzen sind auch solche Aufwendungen, die zunächst als wertlos erscheinen, sich 65

---

[120] *Heck* § 70, 3, S. 292; ihm folgend *Westermann/Gursky/Eickmann* § 32 Rn. 11.
[121] Erman/*Hefermehl* § 994 Rn. 8; MünchKommBGB/*Raff* § 994 Rn. 47; Staudinger/*Thole* § 994 Rn. 33ff.
[122] Eingehend zum Begriff *Raff*, Die gewöhnlichen Erhaltungskosten, 2017, S. 95ff.
[123] Staudinger/*Thole* § 996 Rn. 6.

später jedoch als wertsteigernd erweisen.[124] Der Sachwert muss infolge der Verwendung erhöht worden sein, nicht aufgrund anderer Wertsteigerungen; umgekehrt geht eine allgemeine Wertsenkung zu Lasten des Eigentümers.

66 Die Wertbestimmung erfolgt objektiv.[125] Ob sich die Sache infolge der Verwendungen für den Eigentümer persönlich (subjektiv) als brauchbar erweist, ist unerheblich. Auch Werterhöhungen, die der Eigentümer nicht für sich persönlich ausnutzen kann, sind zu erstatten.[126] Darin kann eine große Härte für den Eigentümer liegen,[127] die jedoch als Folge der von §§ 994 ff. BGB gewollten Besserstellung des redlichen Besitzers in Kauf genommen wird. Danach ist der Besitzer vermögensmäßig so zu stellen, als sei seine Vorstellung, Eigentümer zu sein, zutreffend. Die Zurücksetzung der Willensherrschaft des Eigentümers darf nicht in Zweifel gezogen werden, wenn sie sich als „hart" erweist.

Beispiel: Der redliche, an den Rollstuhl gebundene B ist Besitzer eines Grundstücks und baut das darauf stehende Haus barrierefrei um. Hier kann er vom Eigentümer Ersatz nach § 996 BGB verlangen, auch wenn dieser mit den eingebauten Behinderteneinrichtungen nichts anfangen kann.

67 Einschränkungen erfährt der Verwendungsersatzanspruch beim Fremdbesitzer, der nur nach Maßgabe seines vermeintlichen Besitzrechts Ersatz verlangen kann.[128] Der unrechtmäßige Fremdbesitzer soll nicht bessergestellt werden, als er stünde, wenn das von ihm angenommene Besitzrecht entstanden wäre (zu diesem Gedanken → § 8 Rn. 43).

b) Unredlicher und verklagter Besitzer

68 Der unredliche und der verklagte Besitzer können nur den Ersatz notwendiger Verwendungen verlangen. § 994 Abs. 2 BGB verweist zudem auf die Vorschriften der Geschäftsführung ohne Auftrag. Erforderlich ist danach, dass der Eigentümer die notwendigen Verwendungen entweder genehmigt (§ 684 Satz 2 BGB) oder sie seinem wirklichen oder mutmaßlichen Willen entsprechen (§ 683 BGB), was bei notwendigen Verwendungen oft, aber nicht ausnahmslos der Fall ist. § 994 Abs. 2 BGB bildet eine partielle Rechtsgrundverweisung.[129] Ein Fremdgeschäftsführungswille, der bei Eigenbesitzern nicht gegeben ist, ist entbehrlich.

---

[124] MünchKommBGB/*Raff* § 996 Rn. 3.
[125] Staudinger/*Thole* § 996 Rn. 11; *Müller* Rn. 588.
[126] A.A. *Wellenhofer* § 23 Rn. 11; MünchKommBGB/*Raff* § 996 Rn. 6; *Weber* I § 16, Rn. 76 (erst wenn der Eigentümer den höheren Marktwert auch ausnutze); eine nicht ganz klare Abstufung der Rechtsfolgen erwägt *Wilhelm* Rn. 1106 ff: Subjektive Werterhöhung sei stets, objektive im Rahmen normaler Wirtschaft zu ersetzen, darüber hinaus sei bei gravierenden Dispositionsstörungen auf der Seite des Eigentümers (zu geringes Einkommen) die Rechtsfolge abzumildern und Nutzungsentschädigung zu gewähren.
[127] MünchKommBGB/*Raff* § 996 Rn. 6.
[128] *Baur/Stürner* § 11 Rn. 56 f.; *Wolff/Raiser* § 86 II, S. 340 f.; grundsätzlich auch Staudinger/*Thole* Vor §§ 994–1003 Rn. 22 ff.; a.A. MünchKommBGB/*Raff* § 994 Rn. 67.
[129] Staudinger/*Thole* § 994 Rn. 44.

Beispiel: B ist redlicher, aber vom Eigentümer E auf Herausgabe verklagter Besitzer eines mit einem einsturzgefährdeten Haus bebauten Grundstücks. B ergreift Maßnahmen, um den Einsturz abzuwenden. Wollte E das Haus ohnehin abreißen, kann B keinen Ersatz verlangen, da die notwendigen Verwendungen nicht dem Willen des E entsprachen. Ob B den Willen des E erkennen konnte, spielt keine Rolle. Der entgegenstehende Wille des E ist allerdings nach §§ 683 Satz 2, 679 BGB unbeachtlich, wenn E aus bauordnungsrechtlichen Gründen zur Abstützung des Hauses verpflichtet war. Unter dieser Voraussetzung kann B Verwendungen auch ersetzt verlangen, die sich als erfolglos erwiesen haben, etwa wenn das Haus trotz der Maßnahmen eingestürzt ist.

Liegen die genannten Voraussetzungen der Geschäftsführung ohne Auftrag nicht vor, kann der Besitzer gleichwohl nach §§ 994 Abs. 2, 684 Satz 1 BGB Herausgabe des Wertes der notwendigen Verwendungen nach Bereicherungsrecht verlangen.[130] Gemäß § 818 Abs. 3 BGB kommt es also darauf an, ob der Eigentümer noch objektiv bereichert ist. 69

Andere als notwendige Verwendungen kann der unredliche oder verklagte Besitzer nicht ersetzt verlangen, selbst wenn die Sache dadurch erheblich an Wert gewonnen hat.[131] Ihm bleibt nur ein Wegnahmerecht (§ 997 BGB). Eine Ausnahme bildet § 998 BGB für nicht vom landwirtschaftlichen Grundstück getrennte Früchte[132] (sonst § 102 BGB), der auch für den unredlichen und verklagten Besitzer gilt.[133] 70

4. Rechtsfolgen des Verwendungsersatzes

Kann der Besitzer Verwendungen ersetzt verlangen, bedeutet das nicht ohne weiteres, dass er schon einen entsprechenden Anspruch auf Zahlung gegen den Eigentümer hat. Ein Anspruch auf Ersatz der Verwendungen setzt nach § 1001 BGB voraus, dass der Eigentümer die Sache entweder wiedererlangt oder die Verwendungen genehmigt (→ § 8 Rn. 73 ff.). Der Eigentümer soll nicht gegen seinen Willen Verwendungen ersetzen müssen, falls er die Sache nicht wieder erhalten hat. Ohne die Genehmigung hat der Besitzer allerdings ein Zurückbehaltungsrecht nach § 1000 BGB (→ § 8 Rn. 72) und ein Befriedigungsrecht gemäß § 1003 BGB (→ § 8 Rn. 75). 71

a) Zurückbehaltungsrecht

Ein Zurückbehaltungsrecht aus § 273 Abs. 1, Abs. 2 BGB steht dem Besitzer wegen ersatzfähiger Verwendungen nicht zu, wenn sein Anspruch mangels Genehmigung der Verwendungen nicht fällig ist (§ 1001 Satz 1 BGB). Der Besitzer 72

---

[130] H.M., MünchKommBGB/*Raff* § 994 Rn. 43; *Müller* Rn. 503; *Wilhelm* Rn. 1324 (nach den Grundsätzen über die aufgedrängte Bereicherung); a.A. unter Hinweis auf die Herausgabepflicht bei subjektiv nutzlosen Verwendungen Staudinger/*Gursky* (2013) § 994 Rn. 27. Differenzierend Staudinger/*Thole* § 994 Rn. 49 ff.
[131] *Westermann/Gursky/Eickmann* § 32 Rn. 18.
[132] Beispiel: Getreide auf dem Feld.
[133] MünchKommBGB/*Raff* § 998 Rn. 1.

hat allerdings nach § 1000 Satz 1 (Ausnahme: Satz 2) BGB das Recht, die Herausgabe der Sache zu verweigern, bis er wegen der ersatzfähigen Verwendungen befriedigt wird. Bei Tieren soll das Zurückbehaltungsrecht wegen § 1 TierSchG entfallen.[134] Die Ausübung des Zurückbehaltungsrechts führt analog § 274 Abs. 1 BGB zur Verurteilung des Besitzers auf Herausgabe der Sache Zug um Zug gegen Ersatz der Verwendungen. Zur Zwangsvollstreckung vgl. §§ 756, 765 ZPO. Ein Recht zum Besitz folgt aus dem Zurückbehaltungsrecht nicht (→ § 7 Rn. 36). Der Eigentümer kann die Ausübung des Zurückbehaltungsrechts analog § 273 Abs. 3 BGB durch Sicherheitsleistung abwenden.

b) Ersatzanspruch

73 (1) Einen Ersatzanspruch und damit das Recht, vom Eigentümer Wertersatz zu verlangen, hat der Besitzer nach § 1001 Satz 1 BGB nur, wenn der Eigentümer entweder die Sache wiedererlangt und damit die eventuellen Vorteile der Verwendungen nutzen kann oder die Verwendungen genehmigt. Erlangt ist die Sache mit der Inbesitznahme (wenn auch erstmals) durch den Eigentümer. Stellt der Eigentümer, der die Verwendungen nicht genehmigt hat, nach der Wiedererlangung der Sache fest, dass die Verwendungen für ihn uninteressant sind oder den Wert der Sache übersteigen, kann er die Sache wieder zurückgeben und wird nach § 1001 Satz 2 BGB von der Ersatzpflicht frei. Die Rückgabe lässt die Rechte des Besitzers nach §§ 1000, 1003 BGB unberührt; der Besitzer kann sich für die Verwendungen aus der Sache befriedigen. Mit der Rückgabe kann der Eigentümer also seine durch § 1001 Satz 1 BGB zunächst entstandene Gesamtvermögenshaftung für Verwendungen auf die Sache beschränken (→ § 8 Rn. 5).[135] Das Eigentum wird durch die Rückgabe nicht übertragen: Wird die Sache nach § 1003 Abs. 1 Satz 2 BGB versteigert, gebührt der Übererlös daher dem vormaligen Eigentümer.

Hat der Besitzer dem Eigentümer die Sache zurückgegeben, so erlischt der Verwendungsersatzanspruch in den Fristen des § 1002 BGB.

74 (2) Mit der Genehmigung nach § 1001 Satz 1 Fall 2 BGB erklärt sich der Eigentümer mit den Verwendungen einverstanden. Die Genehmigung ist keine Willenserklärung nach § 184 BGB, denn sie bezieht sich nicht auf ein Rechtsgeschäft. Es handelt sich bei der Genehmigung um eine geschäftsähnliche Handlung,[136] so dass die Vorschriften des Allgemeinen Teils des BGB analog zur Anwendung kommen können. Die Genehmigung wird wirksam mit Zugang (analog § 130 BGB); sie kann von einem Stellvertreter erklärt werden (analog § 164 BGB); der Eigentümer darf sie wegen eines Irrtums über verkehrswesentliche Eigenschaften der Verwendungen anfechten (analog § 119 Abs. 2 BGB).

---

[134] AG Bad Homburg NJW-RR 2002, 894 (Hund).
[135] Staudinger/*Thole* § 1001 Rn. 27: „Sachwert".
[136] *Wolff/Raiser* § 86 IV 2 a, S. 343.

Der Betrag des Verwendungsersatzanspruchs ist nicht Inhalt der Genehmigung. Der Eigentümer muss ihn auch nicht kennen. Genehmigt der Eigentümer Verwendungen, deren Ersatz nicht verlangt werden kann (er hält den unredlichen Besitzer für gutgläubig), so wird allein durch die Genehmigung ein Anspruch auf Verwendungsersatz nicht begründet.

Nimmt der Eigentümer die ihm vom Besitzer unter Vorbehalt des Verwendungsersatzanspruchs angebotene Sache zurück, fingiert § 1001 Satz 3 BGB die Genehmigung. Daher ist Vorsicht geboten: Der Eigentümer verliert die Möglichkeit, die Haftung für Verwendungen nach § 1001 Satz 2 BGB durch Rückgabe der Sache zu beschränken, wenn er die ihm vom Besitzer unter Vorbehalt der Verwendungen angebotene Sache zurücknimmt. Ein Vorbehalt des *Eigentümers* ist unerheblich. Allerdings wird man die Anfechtung der fingierten Genehmigung zulassen müssen, wenn der Besitzer den Eigentümer etwa über den Wert der Verwendungen arglistig getäuscht hat (analog §§ 123, 142 BGB).

c) Befriedigungsrecht

Genehmigt der Eigentümer die Verwendungen nicht, hat der Besitzer der Sache keinen Anspruch auf den Ersatz der Verwendungen. Er kann sich allerdings nach § 1003 BGB aus der Sache nach den Vorschriften der Pfandverwertung befriedigen. Ein echtes Pfandrecht erlangt der Besitzer nicht; es fehlt an einer Forderung. Voraussetzung der Befriedigung ist die Aufforderung an den Eigentümer, die Verwendungen innerhalb einer bestimmten Frist zu genehmigen; ferner muss der Besitzer den verlangten Betrag der Verwendungen angeben. Lässt der Eigentümer die Frist verstreichen, kann der Besitzer die Sache verwerten.

75

Bestreitet der Eigentümer die Höhe des Betrags der Verwendungen, muss der Besitzer auf Feststellung des Betrags klagen (§ 1003 Abs. 2 BGB). Auch diese Vorschrift ist für den Eigentümer überaus gefährlich: Setzt der Besitzer die Frist nach § 1003 Abs. 1 BGB und erklärt sich der Eigentümer nicht oder verweigert er die Genehmigung, kann er die Sache nicht mehr heraus verlangen, weil das Befriedigungsrecht ein Recht zum Besitz gibt.[137] Überdies kann der Eigentümer nach h.M. den Grund und den Betrag der Verwendungen nicht mehr bestreiten.[138]

d) Eigentümer- und Besitzerwechsel

Veräußert der Besitzer die Sache und erwirbt der Erwerber (z.B. wegen § 935 Abs. 1 BGB) kein Eigentum, kann der Erwerber nach § 999 Abs. 1 BGB auch solche Verwendungen ersetzt verlangen, für die der Vorbesitzer Ersatz verlangen konnte.

76

Beim Eigentümerwechsel kann der Besitzer dem neuen Eigentümer gegenüber auch Verwendungen geltend machen, die er vor dem Erwerb des jetzigen Eigentümers vorgenommen hat (§ 999 Abs. 2 BGB). Diese Bestimmung ist bedenklich, wenn der Erwerber den Wert der Verwendungen bereits im Kaufpreis

77

---
[137] BGHZ 34, 122, 133f.
[138] Staudinger/*Thole* § 1003 Rn. 10.

entrichtet hat. Daher sollte der Erwerber wenigstens nicht an die vom Rechtsvorgänger erteilte Genehmigung der Verwendungen gebunden sein.[139] Hat der Rechtsvorgänger die Verwendungen genehmigt, bleibt allein er Schuldner des Verwendungsersatzanspruchs.[140] In der Zwangsversteigerung besteht keine Erwerberhaftung (§ 93 Abs. 2 ZVG).

5. Abtrennungsrecht

78 Der Besitzer kann eine Sache, die er mit der herauszugebenden Sache als wesentlichen Bestandteil verbunden hat, nach § 997 Abs. 1 BGB abtrennen und sich aneignen. Für dieses Recht kommt es weder auf die Redlichkeit des Besitzers noch darauf an, ob überhaupt eine Verwendung vorliegt, noch auf ihre Art. Bedeutend ist das Trennungsrecht vor allem für Besitzer, die keinen Verwendungsersatz verlangen können. Freilich darf auch der nach §§ 994, 996 BGB ersatzberechtigte Besitzer die verbundene Sache abtrennen; insofern hat er ein Wahlrecht zwischen Verwendungsersatz und Abtrennung.

79 Voraussetzung des § 997 Abs. 1 BGB ist, dass die verbundene Sache wesentlicher Bestandteil der herauszugebenden Sache wird, weil nur unter dieser Voraussetzung der Besitzer sein Eigentum nach §§ 946 f. BGB verliert (→ § 28 Rn. 5 ff.). Ist dies nicht der Fall, bleibt der Besitzer Eigentümer der verbundenen Sache und kann sie ohne weiteres wieder an sich nehmen.[141] Gehört die verbundene Sache nicht dem Besitzer, darf der frühere Eigentümer sie nach § 951 Abs. 2 Satz 2 BGB wegnehmen.[142]

80 Nach § 997 Abs. 1 Satz 1 BGB kann der Besitzer die verbundenen Bestandteile abtrennen; eine Eigentumsverletzung liegt darin nicht. Allerdings muss der Abtrennungsberechtigte nach §§ 997 Abs. 1 Satz 2, 258 BGB die Sache auf eigene Kosten wieder in den vorherigen Zustand versetzen. Ist der Eigentümer (oder ein Dritter) im Besitz der Sache, kann der Wegnahmeberechtigte Duldung der Trennung verlangen; unter den Voraussetzungen des § 258 Satz 2 BGB ist er zur Sicherheitsleistung verpflichtet.

81 Ausgeschlossen ist das Abtrennungsrecht nach § 997 Abs. 2 BGB, wenn die Verwendung zu den gewöhnlichen Erhaltungskosten zählte und der Besitzer die Nutzungen behalten darf (Einbau einer zerbrochenen Scheibe), ferner wenn die Trennung für den Besitzer keinen Nutzen hat (Tapeten und Farbe) und schließlich, wenn der Eigentümer sein Abwendungsrecht ausübt, indem er dem Besitzer den Wert der Sache ersetzt, den sie nach der Abtrennung hat.

82 Unklar ist die Bedeutung des Aneignungsrechts in § 997 Abs. 1 Satz 1 a.E. BGB. Ergreift der Aneignungsberechtigte den Eigenbesitz an der abgetrennten Sache, wird er Eigentümer. Nach h.M. gilt dies auch, wenn der Besitzer zum

---

[139] Staudinger/*Thole* § 999 Rn. 17.
[140] MünchKommBGB/*Raff* § 999 Rn. 14.
[141] *Planck/Brodmann* § 997 Anm. 2.
[142] *Wieling/Finkenauer* § 12 Rn. 80.

Zeitpunkt der Verbindung nicht Eigentümer der verbundenen Sache war.[143] Dem ist nicht zu folgen. Zur Wegnahme berechtigt ist in diesem Fall nach § 951 Abs. 2 Satz 2 BGB der Dritte. Der Besitzer hat nur ein Abtrennungs-, kein Aneignungsrecht. Das Eigentum steht nach der Trennung wieder dem früheren Eigentümer zu.[144]

Bei Pflanzen entsteht ein Konflikt zwischen Wegnahmerecht und Nutzziehungsrecht. Pflanzen werden wesentlicher Bestandteil des Grundstücks (§ 94 Abs. 1 Satz 2 BGB), zugleich sind sie Erzeugnis (§ 99 Abs. 1 BGB). Hat der redliche Besitzer einen Baum gepflanzt, den er nach Erhebung der Herausgabeklage wieder ausgräbt und an sich nimmt, müsste er ihn als Nutzung nach § 987 Abs. 1 BGB herausgeben. Freilich unterscheidet § 997 BGB nicht zwischen Erzeugnissen und anderen Bestandteilen. Überzeugender ist folgende Lösung: Der Besitzer behält das Trennungsrecht, muss aber den Wertzuwachs ausgleichen, den die Pflanze zwischen Klageerhebung und Ausgraben erfahren hat.

---

[143] *Planck/Brodmann* § 997 Anm. 4; *Wolff/Raiser* § 79 I, Fn. 4.
[144] MünchKommBGB/*Raff* § 997 Rn. 38; Staudinger/*Thole* § 997 Rn. 36 ff.

4. Kapitel: Erwerb und Verlust von Grundstücksrechten

§ 9 Allgemeine Vorschriften zu Verfügungen über Grundstücksrechte

Literatur: *Baur*, Grundstücksrecht, 1955; *Bernhöft*, Einigung, Antrag und Eintragungsbewilligung im Liegenschaftsrecht, 1931; *Beyerle*, Der dingliche Vertrag, Festschr. Boehmer, 1954, S. 165; *Böttcher*, Verfügungsbeschränkungen, Rpfleger 1984, 377; 1985, 1, 381; *Gergen*, Wie kommt das Gewollte in das Grundbuch? Zur inhaltlichen Bezugnahme auf die Einigung (§§ 873, 874 BGB), AcP 206 (2006), 625; *Gotzler*, Notwendiger Zusammenhang zwischen Einigung und Eintragung im Grundbuch?, NJW 1973, 2014; *Lange, Heinrich*, Rechtsgrundabhängigkeit der Verfügung im Boden- und Fahrnisrecht, AcP 146 (1941), 28; *ders.*, Rechtswirklichkeit und Abstraktion, AcP 148 (1943/44), 188; *Locher*, Neugestaltung des Liegenschaftsrechts, 1942; *Medicus*, Die Anwartschaft des Auflassungsempfängers, DNotZ 1990, 275; *Münzberg*, Abschied von der Pfändung der Auflassungsanwartschaft, Festschr. Schiedermair, 1976, S. 439; *Strecker*, Folgen der Nichtübereinstimmung von Grundbucheintragung und Einigung, Recht 1924, 84; *Streuer*, Die Grundbucheintragung als Voraussetzung der Rechtsänderung, Rpfleger 1988, 513; *Wieling*, Die Grundbucheintragung. Ihr Zusammenhang mit der dinglichen Einigung, ihr Verbrauch und der rechtliche Fortschritt, AcP 209 (2009), 357.

Studium: *Armgardt*, Das Anwartschaftsrecht – dogmatisch unbrauchbar, aber examensrelevant, JuS 2010, 486; *Habersack*, Das Anwartschaftsrecht des Auflassungsempfängers – gesicherter Bestand des Zivilrechts oder überflüssiges Konstrukt der Wissenschaft?, JuS 2000, 1145; *Keller*, Grundstücksschenkung an Minderjährige, JA 2009, 561; *Westermann, H. P.*, Allgemeine Lehren des Grundstücksrechts, Jura 1979, 225.

Fallbearbeitung: *Eickelmann*, Grundstücksschenkung an einen Minderjährigen, JuS 2011, 997; *Obergfell/Hauck*, „Riskante Schenkung", JA 2012, 178.

Weitere Literatur zum dinglichen Rechtsgeschäft → § 1 vor Rn. 18.

I. Übersicht

Die §§ 873 ff. BGB enthalten allgemeine Vorschriften, die Verfügungen über Rechte an Grundstücken regeln: § 873 BGB erfasst die Übertragung und Belastung eines Grundstücksrechts, § 877 BGB die Inhaltsänderung und § 875 BGB die Aufhebung. Für Verfügungen über das Eigentum an Grundstücken werden diese Bestimmungen ergänzt durch Regelungen über den Erwerb (§ 925 BGB) und die Aufgabe (§ 928 BGB) des Grundeigentums. 1

Zur Eigentumsübertragung und Belastung eines Grundstücks sowie zur Übertragung und Belastung eines beschränkten dinglichen Rechts an einem Grundstück sind die *Einigung* zwischen den Beteiligten und die *Eintragung* der Rechtsänderung in das Grundbuch erforderlich (§ 873 Abs. 1 BGB). Die Eini- 2 gung ist ein dinglicher Vertrag (→ § 1 Rn. 18ff.). Sie ist grundsätzlich formfrei. Nur bei der Übereignung eines Grundstücks, die das Gesetz „Auflassung" nennt, bedarf sie der Form des § 925 Abs. 1 BGB (→ § 14 Rn. 12).

3 Zu den materiellrechtlichen Vorschriften, dem *materiellen Grundstücksrecht*, treten verfahrensrechtliche Vorschriften, das *formelle Grundstücksrecht*, hinzu, für die eigene Grundsätze und Formvorschriften gelten. Nach materiellem Recht kann sich der Grundeigentümer mit seinem Gläubiger mündlich über die Bestellung einer Grundschuld einigen. Dadurch entsteht die Grundschuld allerdings noch nicht, weil der Verfügungstatbestand erst erfüllt ist, wenn die Eintragung in das Grundbuch hinzutritt. Das Grundbuchverfahren ist ein Antragsverfahren (§ 13 GBO). Würde der Grundeigentümer allein aufgrund einer mündlichen Einigung beim Grundbuchamt den Antrag auf Eintragung der Grundschuld stellen, hätte er damit wenig Erfolg, weil die Eintragung eine Bewilligung voraussetzt (§ 19 GBO), die förmlich nachzuweisen ist. Nach § 29 Abs. 1 Satz 1 GBO sollen Eintragungen nur vorgenommen werden, wenn die zum Eintrag erforderlichen Erklärungen durch öffentliche oder öffentlich beglaubigte Urkunden nachgewiesen werden. Die Unterscheidung zwischen formellem und materiellem Grundstücksrecht ist für das Verständnis des Immobiliarsachenrechts von grundlegender Bedeutung. Wurde etwa eine Grundschuld irrtümlich eingetragen, obwohl der Eigentümer keine Bewilligung nach § 19 GBO erteilt hatte, so hindert das den Erwerb des Grundpfandrechts nicht. Ob das Grundpfandrecht entstanden ist, richtet sich allein nach den Vorschriften des materiellen Rechts. Sind die Voraussetzungen des § 873 Abs. 1 BGB erfüllt, so ist die Verfügung auch dann wirksam, wenn das Grundbuchamt Verfahrensvorschriften der GBO verletzt hat.

In der DDR vollzog sich der Erwerb des persönlichen Eigentums an Grundstücken (§ 23 ZGB) nach §§ 25, 26 Abs. 2 ZGB durch einen Erwerbstitel (z.B. Kauf, Schenkung, gerichtliche oder behördliche Entscheidung, Gesetz) und die konstitutive Eintragung im Grundbuch (vgl. § 297 Abs. 2 ZGB). Verfügungen über Grundstücke waren grundsätzlich an eine staatliche Genehmigung gebunden (§§ 285, 297 Abs. 1 Satz 2 ZGB).

II. Die Einigung

1. Die Einigung als dinglicher Vertrag

4 Die Einigung nach § 873 Abs. 1 BGB ist ein dinglicher Vertrag und enthält als inhaltlich abstraktes Rechtsgeschäft nur die Verfügungswirkungen (Übertragung oder Belastung), aber keinen Zweck. Der Zweck ergibt sich aus dem Verpflichtungsgeschäft (Kausalgeschäft). Beim Grundstückserwerb sind deshalb zwei Rechtsgeschäfte zu trennen, die Einigung (Auflassung, → § 14 Rn. 12ff.) und der schuldrechtliche Vertrag (z.B. Kaufvertrag, Schenkung). Ist der Kaufvertrag nichtig, berührt dies die dingliche Einigung nach dem Grundsatz äußerer Abstraktion (→ § 1 Rn. 18ff.) nicht. Gleiches gilt für andere Verfügungen über Grundstücksrechte. So erwirbt der Gläubiger die Grundschuld, wenn die

§ 9 Allgemeine Vorschriften zu Verfügungen über Grundstücksrechte 9.6

Voraussetzungen des § 873 BGB vorliegen, auch wenn eine Verpflichtung zur Grundschuldbestellung nicht wirksam begründet wurde. Der fehlende Rechtsgrund führt aber zu einem Anspruch auf Rückübertragung nach § 812 Abs. 1 Satz 1 Fall 1 BGB, wenn die Grundschuld in der irrigen Annahme einer Verpflichtung bestellt wurde. Die Einigung unterliegt keinem Formzwang; eine Sondervorschrift besteht aber für die Auflassung (§ 925 Abs. 1 BGB). Auf die Einigung sind die allgemeinen Vorschriften über Rechtsgeschäfte anzuwenden (§§ 104 bis 185 BGB). Eine Einigung kann deshalb unter einer aufschiebenden oder auflösenden Bedingung oder befristet erklärt werden (§§ 158 ff. BGB). Nur die Auflassung kann keine Bedingung oder Zeitbestimmung enthalten (§ 925 Abs. 2 BGB).

2. Bindende Einigung

a) Voraussetzung und Wirkung

Vor der Eintragung ist die dingliche Einigung nicht bindend. Das bedeutet, dass jeder Teil seine Einigungserklärung einseitig widerrufen kann. Das gibt die Möglichkeit, unbedachte Verfügungen über Grundstücksrechte zu vermeiden.[1] Der Schutz ist allerdings begrenzt, soweit ein ebenfalls formloser Schuldvertrag bindend ist (nicht bei § 311b Abs. 1 BGB). Nach § 873 Abs. 2 BGB tritt aber eine Bindung ein, wenn die Erklärungen notariell beurkundet oder vor dem Grundbuchbeamten abgegeben oder bei diesem eingereicht sind oder wenn der Berechtigte dem anderen Teile eine den Vorschriften der Grundbuchordnung entsprechende Eintragungsbewilligung (§ 19 GBO) ausgehändigt hat. Die Beobachtung einer besonderen Form (notarielle Beurkundung), die für die Verfügungswirkung nach § 873 Abs. 1 BGB nicht erforderlich ist, führt zu einer materiellrechtlichen Wirkung, der Bindung an die Einigung. Die Bindung schließt nur den einseitigen Widerruf aus. Die Parteien können eine bindende Einigung jederzeit durch formlosen Vertrag aufheben.[2] Auch zu einer Verfügungsbeschränkung führt die Bindung nicht (→ § 9 Rn. 10).[3]

5

b) Anwartschaft

Durch die bindende Einigung erlangt der Erwerber noch keine rechtlich gesicherte Erwerbsposition, da der Rechtsinhaber nicht gehindert ist, über das Recht anderweitig zu verfügen. Einigt sich der Rechtsinhaber zunächst mit A notariell beurkundet über die Übertragung eines Grundstücksrechts und anschließend mit B, sind beide Einigungen wirksam. Ob A oder B das Recht erwirbt, hängt davon ab, wer zuerst im Grundbuch eingetragen wird. Mit der Eintragung ist der Verfügungstatbestand vollendet und das Recht geht auf den

6

---
[1] BGHZ 46, 399.
[2] Das gilt auch für die Auflassung, vgl. BGH NJW 1993, 3326.
[3] BGH NJW 1982, 1639, 1640; MünchKommBGB/*Kohler* § 873 Rn. 87.

187

Erwerber über. Damit verliert der Veräußerer die Verfügungsbefugnis, ein Mangel, über den § 878 BGB nicht hinweghilft.[4] Bei einer Belastung (z.B. der Bestellung einer Grundschuld) wird der Rechtserwerb nicht dadurch vereitelt, dass zuvor für einen anderen ein Recht eingetragen wird. Aber das früher eingetragene Recht hat gegenüber dem später eingetragenen den Vorrang (§ 879 Abs. 1 BGB). Eine *rechtlich* gesicherte Erwerbsposition entsteht erst, wenn der schuldrechtliche Anspruch auf Einräumung oder Übertragung des Rechts durch eine Vormerkung (→ § 13) gesichert wird, da vormerkungswidrige Verfügungen unwirksam sind, soweit sie den geschützten Anspruch vereiteln würden (§ 883 Abs. 2 BGB). Bei einer Belastung sichert die Vormerkung den Rang (§ 883 Abs. 3 BGB).

7 Eine *faktische* Sicherheit kann der Erwerber dadurch begründen, dass er, ausgestattet mit der bindenden Einigung (§ 873 Abs. 2 BGB) und der Eintragungsbewilligung nach § 19 GBO,[5] einen eigenen Eintragungsantrag nach § 13 Abs. 1 Satz 2 GBO stellt; einen vom Erwerber gestellten Antrag kann der Veräußerer nicht zurücknehmen. Da das Grundbuchamt die Anträge nach der Reihenfolge ihres Eingangs erledigen muss (§ 17 GBO), wird sichergestellt, dass ein späterer Eintragungsantrag seinen Rechtserwerb nicht hindern kann. Verletzt das Grundbuchamt allerdings § 17 GBO, ist der Erwerber nicht geschützt, da das materielle Recht nur auf die Eintragung abstellt (§ 873 BGB), für die Verfahrensfehler beim Grundbuchamt unerheblich sind.

8 Auch die nur faktische Erwerbsaussicht, die der Erwerber durch die bindende Einigung, die Bewilligung und den eigenen Eintragungsantrag erlangt, stellt nach der Rechtsprechung ein Anwartschaftsrecht dar.[6] Ein solches liegt vor, wenn von dem mehraktigen Entstehungstatbestand eines Rechtes schon so viele Erfordernisse erfüllt sind, dass die Rechtsposition des Erwerbers nicht mehr einseitig zerstört werden kann.[7] Das Anwartschaftsrecht wird von der Rechtsprechung als ein dem Volleigentum wesensähnliches Recht angesehen, das übertragbar und (ver-)pfändbar ist und deliktsrechtlich Schutz genießt.[8] Verlangt man für das Bestehen eines Anwartschaftsrechts eine gesicherte Erwerbsaussicht, muss zudem geprüft werden, ob im Zeitpunkt der Antragstellung andere Anträge anhängig sind, deren vorrangige Erledigung den Rechtserwerb vereiteln würde.[9] Darüber hinaus geht die überwiegende Meinung davon aus, ein Anwartschaftsrecht entstehe auch dann, wenn der Anspruch auf Rechts-

---

[4] H.M. vgl. Staudinger/*C. Heinze* § 878 Rn. 18; *Baur/Stürner* § 19 Rn. 33.
[5] Die Bewilligung nach § 19 GBO wird dabei oft nicht genannt. Der Hintergrund ist, dass die Anwartschaft für die Auflassung entwickelt wurde, bei der nach früher h.M. wegen § 20 GBO keine Bewilligung erforderlich war; so zutreffend Staudinger/*C. Heinze* § 873 Rn. 184.
[6] BGHZ 45, 190; BGHZ 106, 108; *Baur/Stürner* § 19 Rn. 15.
[7] BGHZ 83, 395, 399; BGH NJW 1991, 2019, 2020.
[8] BGH NJW 1991, 2019f.
[9] Vgl. auch *Baur/Stürner* § 19 Rn. 15 Fn. 1: ein Anwartschaftsrecht sei zu verneinen, wenn der Antrag zurückgewiesen werden kann.

§ 9 Allgemeine Vorschriften zu Verfügungen über Grundstücksrechte

änderung durch eine *Vormerkung* (§ 883 BGB) gesichert sei.[10] Da die Vormerkung den Rechtserwerb sichert, muss ein Erwerberantrag nach § 13 GBO nicht vorliegen. Zur Auflassungsanwartschaft → § 14 Rn. 20 ff.

Allein die bindende Einigung (ohne Antrag und ohne Vormerkung) verschafft noch keine sichere Rechtsposition. Dennoch wird in der Literatur zum Teil angenommen, diese *schwache Anwartschaft* könne übertragen und gepfändet werden.[11]

Die Übertragung des Anwartschaftsrechts erfolgt durch Einigung bzw. Auflassung.[12] Die Zwischeneintragung des Inhabers des Anwartschaftsrechts ist nicht erforderlich. Der Zessionar erwirbt das Vollrecht unmittelbar vom Verfügenden ohne Durchgangserwerb.[13] Die Pfändung erfolgt nach § 857 ZPO; zu den Besonderheiten der Auflassungsanwartschaft → § 14 Rn. 20 ff.

Nach der Rechtsprechung ist das Anwartschaftsrecht nicht nur Verfügungsobjekt, sondern ein sonstiges Recht i.S.d. § 823 Abs. 1 BGB und genießt somit deliktischen Schutz.[14] Ein Schadensersatzanspruch kann auch Substanzschäden an einem Gebäude erfassen. Dabei ist allerdings zu beachten, dass sich der Veräußerer vor Eintragung des Erwerbers als Eigentümer ebenfalls auf § 823 Abs. 1 BGB berufen kann. Nach der Rechtsprechung des BGH ist allein der Anwartschaftsberechtigte Anspruchsinhaber, wenn er im Zeitpunkt der Schädigung Anwartschaftsberechtigter war und wenn feststeht, dass der daraus folgende Schaden (z.B. wegen Gefahrtragungsregeln) allein bei ihm bestehen bleibt.[15] Wie man die Konkurrenz der Anspruchsinhaber in anderen Fällen auflösen soll, ist streitig.[16]

Das Anwartschaftsrecht kann Gegenstand der *Kondiktion* (§ 812 Abs. 1 BGB) sein. Von Bedeutung kann dies z.B. werden, wenn ein Grundstückskaufvertrag formunwirksam ist, aber eine wirksame Auflassung erteilt ist, die entsprechend § 873 Abs. 2 BGB bindend ist. Der Erwerber könnte jederzeit seinen endgültigen Rechtserwerb herbeiführen, weil mit seiner Eintragung der Formfehler des Grundgeschäfts geheilt würde (§ 311b Abs. 1 Satz 2 BGB). Dem Veräußerer kann vor Eintragung des Erwerbers ein Bereicherungsanspruch zustehen, weil dieser ein Anwartschaftsrecht ohne rechtlichen Grund erlangt hat. Zur Sicherung dieses Anspruchs kann der Veräußerer im Wege der einstweiligen Verfügung ein „Erwerbsverbot" beantragen.[17] Freilich wird in der Regel dieser Weg nicht zum Erfolg führen, weil ein Bereicherungsanspruch ausscheidet, wenn der Mangel des rechtlichen Grundes bei Vornahme der Leistung bekannt war (§ 814 BGB).

---

[10] BGH NJW 1991, 2019; *Baur/Stürner* § 19 Rn. 15; MünchKommBGB/*Ruhwinkel* § 925 Rn. 40. Dagegen Staudinger/*C. Heinze* § 873 Rn. 184; *Wilhelm* Rn. 2332.
[11] Staudinger/*C. Heinze* § 873 Rn. 183; *Münzberg*, Festschr. Schiedermair, 1976, S. 439.
[12] BGHZ 114, 164.
[13] BGHZ 49, 205.
[14] BGH NJW 1991, 2019.
[15] BGH NJW 1991, 2019. Damit wird ein Rückgriff auf die Drittschadensliquidation umgangen.
[16] *Baur/Stürner* § 19 Rn. 20 gibt verschiedene Lösungsvorschläge.
[17] *Baur/Stürner* § 15 Rn. 32.

c) Schutz vor Verfügungsbeschränkungen, § 878 BGB

11 Ist die Einigung bindend geworden (§ 873 Abs. 2 BGB) und wurde ein Eintragungsantrag gestellt, hat dies nach § 878 BGB zur Folge, dass es unschädlich ist, wenn der Berechtigte in der Verfügung beschränkt wird. § 878 BGB durchbricht den allgemeinen Grundsatz, dass die Verfügungsbefugnis noch im Zeitpunkt der Vollendung des Verfügungstatbestandes vorliegen muss. Dabei ist es unerheblich, ob die Verfügung durch den Rechtsinhaber oder von einem Stellvertreter oder Ermächtigten[18] vorgenommen wurde. Nicht von § 878 BGB erfasst ist eine Beschränkung oder ein Verlust der Geschäftsfähigkeit. Die Geschäftsfähigkeit als „persönliche" Fähigkeit zu rechtsgeschäftlichem Handeln muss bei der Abgabe der Willenserklärung vorliegen. Es ist unerheblich, wenn der Erklärende nach Abgabe der Erklärung geschäftsunfähig wird oder stirbt (§ 130 Abs. 2 BGB). Mit § 878 BGB trägt das Gesetz dem Umstand Rechnung, dass das Eintragungsverfahren Zeit in Anspruch nimmt und bis zur Eintragung das Risiko bestünde, dass der Veräußerer z.B. durch Eröffnung eines Insolvenzverfahrens (§ 80 Abs. 1 InsO) in der Verfügung beschränkt wird. § 878 BGB erfasst nur Verfügungsbeschränkungen, aber nicht den vollständigen Verlust der Verfügungsbefugnis infolge Übertragung des Rechts. § 878 BGB gilt nur bei rechtsgeschäftlichen Erwerbstatbeständen und entsprechend bei der Bewilligung einer Vormerkung.[19] Deshalb muss sich ein Gläubiger, der im Wege der Zwangsvollstreckung auf das Grundstück zugreift, eine Verfügungsbeschränkung entgegenhalten lassen.[20] § 878 BGB gilt auch nicht bei einem Erwerbsverbot (→ § 9 Rn. 10), das durch eine einstweilige Verfügung ausgesprochen wurde, weil es nicht den Verfügenden, sondern den Erwerber trifft.[21]

Die Einigung geht in aller Regel der Eintragung voraus. Es ist aber denkbar, dass zunächst die Eintragung erfolgt und die Einigung nachfolgt. Die Verfügung wird in diesen Fällen noch nicht mit der Eintragung wirksam, sondern erst mit der Einigung. Nach dem Grundsatz, dass die Verfügungsbefugnis bei Vollendung des Verfügungstatbestandes vorliegen muss, scheitert die Verfügung, wenn der Verfügende zwischen Eintragung und Einigung in der Verfügung beschränkt wird. § 878 BGB findet hier keine Anwendung.

12 § 878 BGB schütz den Erwerber vor Verfügungsbeschränkungen, die nach Antragstellung wirksam werden. Die Vorschrift weist damit vordergründig eine gewisse Ähnlichkeit mit § 892 Abs. 2 BGB auf. Danach kommt es beim redlichen Erwerb (→ § 10 Rn. 6) für den Zeitpunkt des guten Glaubens auf die Antragstellung und nicht auf die Vollendung des Erwerbstatbestands an.[22] Diese Ähnlichkeit der beiden Vorschriften darf nicht darüber hinwegtäuschen, dass

---

[18] Nach h.M. ist hier § 878 BGB analog anzuwenden, vgl. Staudinger/*C. Heinze* § 878 Rn. 59 m.w.N. Dagegen scheidet § 878 BGB aus, wenn während des Eintragungsverfahrens die Ermächtigung widerrufen wurde (str.), wie hier Staudinger/*C. Heinze* § 878 Rn. 67.
[19] BGH NJW 2006, 2559.
[20] BGHZ 9, 250.
[21] Vgl. RGZ 120, 120.
[22] Sofern die Einigung der Eintragung vorausgeht, → § 10 Rn. 15.

sie unterschiedliche Regelungsgegenstände haben. In der Regel schließen sich die Vorschriften aus. Hat ein im Grundbuch eingetragener Scheineigentümer über das Grundstück verfügt und wird nach Antragstellung über sein Vermögen das Insolvenzverfahren eröffnet, so wird er zwar nach § 81 InsO in der Verfügung beschränkt. Davon ist aber das Grundstück nicht betroffen, weil es nicht zur Insolvenzmasse gehört. Deshalb kommt hier nur § 892 BGB zur Anwendung und nicht zusätzlich § 878 BGB.[23]

III. Die Eintragung

1. Bedeutung

Die Eintragung in das Grundbuch ist Akt der freiwilligen Gerichtsbarkeit und zugleich Element des Verfügungstatbestandes. Die Vorschriften über Rechtsgeschäfte finden auf die Eintragung keine Anwendung, weil nur die Einigung rechtsgeschäftlichen Charakter trägt. Solange die Eintragung nicht vollzogen ist, treten die Wirkungen einer Verfügung nach § 873 BGB nicht ein. Man spricht vom „Eintragungsprinzip".[24] Die Eintragung wurde vom Gesetzgeber zum Merkmal des Verfügungstatbestandes erhoben, um die Richtigkeit des Grundbuchs und damit die Rechtsklarheit zu gewährleisten. Wäre die Eintragung lediglich ein deklaratorischer Akt, müssten die Beteiligten – ähnlich wie beim Handelsregister nach § 14 HGB – durch Androhung von Zwangsmitteln angehalten werden, eine rechtsgeschäftlich herbeigeführte Rechtsänderung beim Grundbuchamt anzumelden, damit die richtige Rechtslage dokumentiert werden kann. Es müsste zudem ein Beamtenapparat geschaffen werden, der die Rechtsvorgänge überwacht und die Beteiligten notfalls auffordert, ihrer Anmeldepflicht nachzukommen. Dieser bürokratische Aufwand wird erspart, wenn die Eintragung Tatbestandsvoraussetzung einer Verfügung ist. Die Parteien werden im Eigeninteresse die Eintragung beantragen, damit die gewünschte Rechtsänderung eintritt.

13

Die Eintragung ist zwar Bestandteil des Verfügungstatbestandes. Ohne Eintragung ist die Verfügung unvollendet und entfaltet keine Wirkung. Aber die Eintragung ist keine rechtsgestaltende Verfügung des Gerichts, durch die eine Rechtsänderung konstitutiv angeordnet wird. Fehlt eine wirksame Einigung, ändert die Eintragung an der bisherigen Rechtslage nichts. Gleiches gilt, wenn die Eintragung von der Einigung inhaltlich abweicht. Das Grundbuch wird durch die Eintragung ohne ausreichende Einigung unrichtig.

14

Beispiel: Der geisteskranke Grundeigentümer E erklärt beim Notar die Auflassung, um sein Grundstück an K zu übereignen. K legt die Auflassung beim Grundbuchamt vor und beantragt seine Eintragung als Eigentümer. Wenn das Grundbuchamt dem Antrag des K entspricht, verliert E sein Eigentum nicht. Voraussetzung für die Übereignung ist die wirk-

---

[23] Anders verhält es sich in besonderen Fallkonstellationen, bei denen die Verfügung zugleich die Masse betrifft, dazu Staudinger/*C. Heinze* § 878 Rn. 6 m.w.N.
[24] BGH NJW 2020, 1360, Rn. 15 (daher kein Rechtserwerb kraft Gewohnheitsrecht).

same Einigung (Auflassung) und die Eintragung (§§ 873, 925 BGB). Da E geisteskrank war, konnte er nach §§ 104 Nr. 2, 105 Abs. 1 BGB keine wirksame Willenserklärung abgeben. Die Auflassung war deshalb nichtig, und K konnte trotz seiner Eintragung kein Eigentum erwerben.

2. Verhältnis zur Einigung

15 Die Eintragung ist kein rechtsgeschäftlicher Akt, aber sie gehört zum Tatbestand des Verfügungsgeschäfts. Deshalb muss der Verfügende im Zeitpunkt einer nachfolgenden Eintragung noch verfügungsbefugt sein. Um die Eintragung als Tatbestandsteil der Verfügung zu charakterisieren, fassen manche Einigung und Eintragung zusammen und bezeichnen die Eintragung als Teil des dinglichen Vertrags.[25] Dabei wird aber der Ausdruck Vertrag im Sinne des Verfügungstatbestandes verwendet und nicht als rechtsgeschäftlicher Akt, der Rechtsfolgen durch übereinstimmende Willenserklärungen in Geltung setzt. Der Streit um die Frage, ob Einigung und Eintragung den dinglichen Vertrag ausmachen oder ob die Einigung für sich einen Vertrag darstellt, geht deshalb nicht um Sachprobleme, sondern um die Wortwahl.[26]

16 Einigung und Eintragung müssen inhaltlich übereinstimmen. Einigen sich die Parteien über eine Belastung des Grundstücks A mit einer Grundschuld und erfolgt die Eintragung beim Grundstück B, ist keine Grundschuld entstanden. Wenn sich die Eintragung nur teilweise mit der Einigung deckt, ist entsprechend § 139 BGB[27] zu bestimmen, ob der Teil, für den der Verfügungstatbestand vollendet wurde, für sich Bestand haben soll. Praktische Beispiele einer „Teilnichtigkeit" sind die Eintragung einer Sicherungshypothek an Stelle einer Buchhypothek[28] und die Eintragung eines zeitlich beschränkten Wohnrechts, obwohl die Einigung keine Beschränkung enthielt.[29] Von den Fällen der „Teilnichtigkeit" zu unterscheiden sind unerledigte Anträge. Wird ein Grundstück im natürlichen Sinne im Grundbuch als zwei Grundstücke geführt und wurde für beide die Auflassung erklärt, aber nur eines eingetragen, so ist der Erwerber Eigentümer des Grundstücks geworden, bei dem er eingetragen wurde. Im Übrigen ist der Eintragungsantrag unerledigt.

3. Erfordernis der Eintragung

17 Die Eintragung ist nur bei *rechtsgeschäftlichen* Rechtsänderungen erforderlich. Bei einem Erwerb durch Gesetz oder Hoheitsakt ist die Eintragung nicht Tat-

---

[25] *Wolff/Raiser* § 38 II; *Enneccerus/Nipperdey*, BGB AT, § 146 II 2. Nach *Neuner* AT § 28 Rn. 7 ist die Eintragung Wirksamkeitsvoraussetzung.

[26] Das scheint verkannt zu sein bei *Prütting* Rn. 150.

[27] Eine unmittelbare Anwendung scheidet aus, weil keine Nichtigkeit vorliegt, wenn der Tatbestand des Rechtsgeschäfts nicht vollendet ist; gegen die Anwendung des § 139 BGB *Prütting* Rn. 151.

[28] RGZ 123, 169.

[29] BGH NJW 1990, 112, 114.

§ 9 Allgemeine Vorschriften zu Verfügungen über Grundstücksrechte

bestandsvoraussetzung. So wird der Erbe mit dem Erbfall Eigentümer eines Grundstücks des Erblassers (§ 1922 Abs. 1 BGB), ohne dass die Eintragung im Grundbuch erforderlich ist; das Grundbuch ist aber unrichtig und muss berichtigt werden. Auch bei der OHG und der KG führen Gesellschafterwechsel nicht zu einer Rechtsübertragung an Grundstücken.[30] Wird ein Grundstück dagegen von einer Gesamthand auf eine andere übertragen, ist § 873 BGB anzuwenden, selbst wenn die Personen jeweils identisch sind.[31]

4. Inhalt der Eintragung

Im Grundbuch eingetragen wird die Rechtsänderung und die Grundlage, auf der diese Änderung beruht. Wird ein Grundstück übereignet, wird in der Eigentümerspalte der neue Eigentümer eingetragen und daneben in einer eigenen Spalte die Grundlage der Rechtsänderung (z.B. Auflassung vom 10.10.1990 und das Datum der Eintragung).[32] Damit das Grundbuch nicht überlastet wird, kann in der Eintragung auf die Eintragungsbewilligung Bezug genommen werden (§ 874 BGB). Soweit auf eine Urkunde zulässigerweise Bezug genommen ist, wird die Urkunde zum Grundbuchinhalt und nimmt am öffentlichen Glauben des Grundbuchs teil. 18

Der Inhalt der Eintragung ist notfalls durch Auslegung zu bestimmen. Dabei ist vorrangig auf Wortlaut und Sinn der Grundbucheintragung und der in Bezug genommenen Eintragungsbewilligung abzustellen, wie er sich für einen unbefangenen Betrachter ergibt; Umstände außerhalb dieser Urkunden dürfen insoweit mit herangezogen werden, als sie nach den besonderen Verhältnissen des Einzelfalls für jedermann ohne weiteres erkennbar sind.[33]

IV. Aufhebung eines Rechts an einem Grundstück

1. Allgemeine Vorschriften

§ 873 BGB regelt die Übertragung und Belastung von Grundstücksrechten. Für die Aufhebung eines Rechts an einem Grundstück, die ebenfalls Verfügungscharakter hat, gelten die §§ 875, 876 BGB. Nach § 875 BGB sind zur Aufhebung eines Rechts an einem Grundstück die *einseitige* Erklärung des Berechtigten, dass er das Recht aufgebe, und die Löschung des Rechts im Grundbuch erforderlich. Die Erklärung unterliegt keiner Form, ist aber empfangsbedürftig und kann entweder gegenüber dem Begünstigten oder gegenüber dem Grundbuchamt abgegeben werden. Begünstigt ist derjenige, der durch den Wegfall des Rechts *rechtlich* begünstigt wird; bei der Aufgabe eines Nießbrauchs ist es der Eigentümer, da die Belastung seines Grundstücks künftig entfällt. Als Bestandteil der Verfügung ist die Erklärung abstrakt und muss vom Verfügungsbefug- 19

---

[30] Vgl. BGHZ 86, 367.
[31] RGZ 136, 402; BGHZ 92, 295.
[32] Vgl. § 9 GBV.
[33] BGH NJW-RR 2003, 1236.

ten abgegeben werden. Vor der Löschung ist die Aufhebungserklärung nur bindend, wenn sie dem Grundbuchamt gegenüber abgegeben oder wenn dem Begünstigten eine Löschungsbewilligung ausgehändigt wurde (§ 875 Abs. 2 BGB). Die Bindung führt zu keiner Verfügungsbeschränkung. Bei der Löschung handelt es sich um einen Sonderfall der Eintragung. Sie darf nicht mit der Rötung – der gelöschte Eintrag wird rot unterstrichen – verwechselt werden, die nur grundbuchtechnische Bedeutung hat.

20   Grundsätzlich müssen an Verfügungen alle mitwirken, die unmittelbar davon betroffen sind. Das gilt auch dann, wenn die Verfügung rechtlich vorteilhaft ist. So setzt der Erlass einer Forderung einen Erlassvertrag voraus (§ 397 Abs. 1 BGB). Einen einseitigen Verzicht auf das Forderungsrecht kennt das Gesetz nicht. Dass das BGB im Sachenrecht in § 875 BGB nur eine einseitige Erklärung verlangt, beruht auf dem Verständnis des dinglichen Rechts. Das dingliche Recht bezieht sich unmittelbar auf eine Sache und berührt keine andere Person als Beteiligten (→ § 1 Rn. 9 ff.). Wer sein Grundstück mit einem beschränkten dinglichen Recht belastet, hat dem Erwerber ein dingliches Recht verschafft, das losgelöst von persönlichen Rechtsbeziehungen zum Eigentümer fortbesteht. Deshalb hat der Eigentümer kein Mitspracherecht bei der Entscheidung des dinglich Berechtigten, auf sein beschränktes dingliches Recht zu verzichten.

21   Ausnahmsweise können aber auch Dritte von der Aufhebung eines Rechts betroffen sein. Das ist insbesondere der Fall, wenn ein Recht an einem Grundstück belastet ist. Wurde z.B. eine Grundschuld verpfändet, kann der Grundschuldgläubiger nicht ohne Zustimmung des Pfandgläubigers wirksam auf sein Recht verzichten, da dann auch das Pfandrecht erlischt. Das Gesetz stellt dies in § 876 Satz 1 BGB ausdrücklich klar. Steht das aufzuhebende Recht dem jeweiligen Eigentümer eines anderen Grundstücks zu, muss die Zustimmung auch von den Inhabern beschränkter dinglicher Rechte, die an dem herrschenden Grundstück bestehen, eingeholt werden, außer deren Recht wird durch die Aufhebung nicht berührt (§ 876 Satz 2 BGB). Die Zustimmung ist gegenüber dem Grundbuchamt oder gegenüber dem Begünstigten zu erklären und ist unwiderruflich. Wurde das Recht (verfahrensrechtlich unzulässig) ohne Zustimmung des Dritten gelöscht, ist die Verfügung unwirksam und das Grundbuch unrichtig.

Der Verzicht auf ein Grundstücksrecht ist zu unterscheiden von der schuldrechtlichen Abrede, aus der die Verpflichtung zur Aufhebung des Rechts erfolgt, und darf auch nicht mit der Löschungsbewilligung (§ 19 GBO) verwechselt werden, die nur verfahrensrechtliche Bedeutung hat. Zu beachten ist aber, dass ein Erklärungsakt mehrere Erklärungen im rechtlichen Sinne enthalten kann. Die Löschungsbewilligung kann regelmäßig so ausgelegt werden, dass der Bewilligende auch die materiellrechtliche Verzichtserklärung abgeben will.

2. Sonderregeln

22   Für die Aufgabe des Eigentums enthält § 928 Abs. 1 BGB eine Sondervorschrift. Der Eigentümer kann das Eigentum an seinem Grundstück dadurch

aufgeben, dass er den Verzicht gegenüber dem Grundbuchamt erklärt und eine Eintragung in das Grundbuch erfolgt. Grundpfandgläubiger haben kein Mitspracherecht. Das ist deshalb unschädlich, weil ihre Rechte von der Aufgabe des Eigentums unberührt bleiben.

Die Aufgabe des Eigentums an einem Grundstück ist insbesondere dann in Betracht zu ziehen, wenn es weit über dem Wert mit Grundpfandrechten belastet ist oder der Eigentümer die damit verbundenen Unterhaltskosten nicht mehr tragen kann oder möchte.[34] Mit der Aufgabe wird das Grundstück herrenlos. Das Recht zur Aneignung steht dem Fiskus zu (§ 928 Abs. 2 BGB).

Sonderregelungen enthält das Gesetz ferner für die Aufhebung von Grundpfandrechten (§§ 1183, 1192 BGB). Danach muss der Eigentümer zustimmen, wenn der Grundpfandgläubiger das Grundpfandrecht nach § 875 BGB aufheben will. Die Mitwirkung des Eigentümers ist deshalb vorgeschrieben, weil dieser durch das Erlöschen des Grundpfandrechts in seiner Rechtsstellung betroffen ist, denn er verliert die Aussicht des Erwerbs einer Eigentümergrundschuld und nachrangige Rechte rücken im Rang auf, wenn das im Rang vorgehende Recht aufgehoben wird. Von der Aufhebung eines Grundpfandrechts zu unterscheiden ist der Verzicht auf eine Hypothek nach § 1168 Abs. 1 BGB, der einseitig erfolgen kann. Der Eigentümer ist durch den Verzicht in seiner Rechtsstellung nicht berührt, weil das Grundpfandrecht auf ihn übergeht und keine Änderung der Rangverhältnisse eintritt.

Für die Aufhebung von Rechten an Grundstücksrechten (Nießbrauch, Pfandrecht) gelten die §§ 1072, 1273 BGB; keine Anwendung findet § 875 BGB.

V. Inhaltsänderung

Die Vorschriften der §§ 873, 874, 876 BGB finden entsprechende Anwendung auf die Änderung des Inhalts eines Rechts an einem Grundstück (§ 877 BGB). Zu den Änderungen rechnen alle Verfügungen, die nicht von der Übertragung, Belastung oder Aufhebung erfasst sind. Wegen des Typenzwangs im Sachenrecht (→ § 1 Rn. 39) ist eine beliebige Inhaltsänderung nicht möglich; beispielsweise können die Beteiligten nicht eine frei übertragbare Dienstbarkeit schaffen (vgl. § 1092 Abs. 1 BGB). Der neue Inhalt des Rechts muss einem vom Gesetz bereitgestellten Typ entsprechen. Eine zulässige Inhaltsänderung ist die Umwandlung einer Hypothek in eine Grundschuld und umgekehrt (§ 1198 Satz 1 BGB). Ranggleiche oder nachrangig Berechtigte müssen dieser Umwandlung nicht zustimmen (§ 1198 Satz 2 BGB), denn ihre Rangverhältnisse bleiben von der Umwandlung unberührt.

---

[34] Dazu und zu Fragen auch aus Gläubigersicht *Ehlenz/Hell* ZfIR, 2014, 171.

§ 10 Die materiellrechtliche Bedeutung des Grundbuchs

Literatur: *Altmeppen*, Disponibilität des Rechtsscheins, 1993; *Biermann*, Widerspruch und Vormerkung, 1901; *Demelius*, Berichtigungsklage und Löschungsklage, AcP 157 (1958/59), 361; *Demharter*, Guter Glaube an Gemeinschaftseigentum, DNotZ 1991, 28; *Ebel*, Gutgläubiger Erwerb einer Auflassungsvormerkung vom eingetragenen Scheinerben und Erbfall, NJW 1982, 724; *Furtner*, Verhältnis der grundbuchrechtlichen Rechtsbehelfe zu der Klage aus dem sachenrechtlichen Anspruch, DNotZ 1963, 196; *Hager*, Ablösung von Grundpfandrechten und redlicher Erwerb, ZIP 1997, 133; *ders.*, Verkehrsschutz durch redlichen Erwerb, 1990; *Hildesheim*, Die vorweggenommene Erbfolge im Anwendungsbereich des § 892 BGB, Rpfleger 1997, 12; *Lutter*, Die Grenzen des sogenannten Gutglaubensschutzes im Grundbuch, AcP 164 (1964), 122; *Medicus*, Ist Schweigen Gold? Zur Widerlegung der Rechtsvermutungen aus §§ 891, 1006 BGB, Festschr. Baur, 1981, S. 63; *ders.*, Widerspruch, Vormerkung und Beschwerde, AcP 163 (1964), 1; *Mende*, Zur Frage der Übertragbarkeit und Pfändbarkeit des Berichtigungsanspruchs, JherJb 70, 151; *Schönfeld*, Verfügungsbeschränkungen und öffentlicher Glaube des Grundbuchs, JZ 1959, 140; *Stürner*, Grundstücksregister in Europa: Unterschiedliche Inhalts, unterschiedliche Zwecke, gemeinsame Zukunft in einem Common European Land Market?, Festschr. Prütting, 2018, S. 143; *Taupitz*, Rechtsprobleme der teilweisen Unwirksamkeit des Grundbuchs, WM 1983, 1150; *Tiedtke*, Gutgläubiger Erwerb im bürgerlichen Recht, im Handels- und Wertpapierrecht sowie in der Zwangsvollstreckung, 1985; *ders.*, Zahlung des Grundeigentümers an den nichtberechtigten, im Grundbuch aber eingetragenen Gläubiger eines Grundpfandrechts, NJW 1997, 851 (gegen BGH NJW 1996, 1207); *Wacke*, Gutgläubiger Vormerkungserwerb und Konfusion, NJW 1981, 1577; *Weirich/Ivo*, Grundstücksrecht, 4. Aufl., 2015; *Wieacker*, Zur Struktur des Berichtigungsanspruchs, DJZ 1936, 989; *Wittkowski*, Die Lehre vom Verkehrsgeschäft, 1990.

Studium: *Daniel*, Der Anspruch auf Grundbuchberichtigung, JA 2017, 1; *Görmer*, Gutglaubensschutz beim Erwerb einer Auflassungsvormerkung, JuS 1991, 1011; *Köbler*, Der Grundbuchberichtigungsanspruch, JuS 1982, 181; *Kohler*, Gutglaubensschutz im Grundstücksrecht bei Erwerb kraft Gesetzes, Jura 2008, 321, 481; *Latta/Rademacher*, Der gutgläubige Zweiterwerb, JuS 2008, 1052; *Möritz*, Schließt die Doppelbuchung eines Grundstücks den Anspruch aus § 894 BGB aus?, Jura 2008, 245; *Petersen*, Der Grundbuchberichtigungsanspruch, JA 2016, 872; *Westermann*, Die Grundlagen des Gutglaubensschutzes, JuS 1963, 1; *Wiegand*, der öffentliche Glaube des Grundbuchs, JuS 1975, 205; *ders.*, Rechtsableitungen vom Nichtberechtigten, JuS 1978, 145.

Fallbearbeitung: *Hengemühle*, Wirbel um das Villengrundstück, JA 2015, 177; *Kaiser*, Vormerkung, Bedingung und Leistung durch Dritte, JuS 2015, 337; *Nick*, „Grundstückssorgen", JA 2013, 888.

Literatur zu § 899a BGB → vor § 10 Rn. 26.

I. Das Grundbuch als Register

1 Wegen der besonderen Bedeutung des Grundeigentums und der dinglichen Rechte sind die am Rechtsverkehr Beteiligten auf verlässliche Informationen

über die Rechtsverhältnisse an Grundstücken angewiesen. Deshalb wird für Grundstücke ein öffentliches Register (Grundbuch) geführt, das die dinglichen Rechtsverhältnisse dokumentiert. Das Grundbuch ist bei einem rechtlichen Interesse einsehbar (§ 12 GBO); auch Notare dürfen den Inhalt mitteilen (§ 133a GBO). Im Grundbuch eingetragen werden Eigentumsverhältnisse, beschränkte dingliche Rechte (Belastungen, z.B. Nießbrauch oder Grundschuld), bestimmte Verfügungsbeschränkungen (z.B. Insolvenzvermerk, §§ 32, 81 InsO) und relative Veräußerungsverbote (z.B. §§ 935, 938 Abs. 2 ZPO). Damit das Grundbuch die Rechtslage zuverlässig widerspiegelt, ist die Eintragung Bestandteil des Verfügungstatbestandes (§ 873 BGB; → § 9 Rn. 13). Konstitutiv ist die Eintragung aber nur bei rechtsgeschäftlichem Erwerb. Wenn sich die Rechtsverhältnisse kraft Gesetzes ändern (z.B. Erbfolge), vollzieht sich der Rechtserwerb außerhalb des Grundbuchs, das bis zur Berichtigung unrichtig ist. Unrichtig kann das Grundbuch auch dadurch werden, dass der rechtsgeschäftliche Teil des Verfügungstatbestandes, die Einigung, an einem Mangel leidet. Ist z.B. die Auflassung nach § 105 BGB nichtig, weil der Eigentümer geisteskrank war, erlangt der Erwerber kein Eigentum, auch wenn er eingetragen wurde. Zum Aufbau des Grundbuchs → § 11.

II. Die Vermutungswirkung des Grundbuchs

1. Bedeutung

Wegen der Zuverlässigkeit des Grundbuchs sind die Rechtsverhältnisse an den Grundstücken meist unstreitig. Dennoch wurde das Grundbuch vom Gesetz in § 891 BGB mit einer Vermutungswirkung ausgestattet. Ist im Grundbuch für jemand ein Recht eingetragen, so wird vermutet, dass ihm das Recht zusteht. Ist im Grundbuch ein eingetragenes Recht gelöscht, so wird vermutet, dass das Recht nicht besteht. Die Vermutung ist eine besondere *Beweislastregel* und kommt nur zur Anwendung, wenn der Sachverhalt im Prozess nicht aufklärbar ist. Die beweisbelastete Partei muss dann nur die Vermutungsbasis (Grundbucheintragung) beweisen. Die Vermutung ist aber widerleglich; der Gegner kann beweisen, dass die Grundbucheintragung unrichtig ist. Außerhalb eines Verfahrens ist § 891 BGB nicht anzuwenden, ein redlicher Erwerb bestimmt sich allein nach § 892 BGB.

2. Gegenstand und Inhalt der Vermutung

Die Vermutung erfasst nur das *Eigentum*, eintragungsfähige *beschränkte dingliche Rechte* und die *Vormerkung*. Da sich die Vermutung nur auf die dingliche Rechtslage bezieht, wird nicht vermutet, dass die durch Vormerkung gesicherte Forderung besteht. Auch bei der Hypothek gilt die Vermutung nur für das dingliche Recht, nicht die Forderung. Die Vermutung erstreckt sich auf die Forderung nur für die Hypothek (§ 1138 BGB). Das bedeutet, dass sich der Hypothekengläubiger auf das Grundbuch berufen kann, sofern Streitgegenstand die Duldung der Zwangsvollstreckung aus der Hypothek ist. Wird zugleich die persönliche Forderung geltend gemacht, kann sich der Gläubiger nicht auf § 891 BGB stützen (→ § 17 Rn. 78ff. Gelingt es ihm nicht, seine Forderung nachzuweisen, wird seine Klage insoweit abgewiesen. Alle Rechte, die nicht eintragungsfähig sind, sowie rein tatsächliche Angaben, sind nicht Gegenstand der Vermutung.

Eine Besonderheit besteht für den sich aus dem Liegenschaftskataster ergebenden Grenzverlauf. Auf ihn erstreckt sich die Vermutung, weil im Rechtsverkehr Klarheit darüber herrschen muss, welchen Teil der Erdoberfläche das Grundstück erfasst.[1] Eingetragene Verfügungsbeschränkungen (Nacherbschaft, Testamentsvollstreckung, Insolvenzvermerk) nehmen an der Vermutungswirkung nicht teil.

4 Nach der *positiven* Vermutung des § 891 Abs. 1 BGB hat der Richter bei einem *non liquet* davon auszugehen, dass der Eingetragene das Recht mit der Eintragung erworben hat. § 891 BGB enthält eine Rechtsvermutung, bei der das Bestehen eines Rechts oder Rechtsverhältnisses vermutet wird. Es wird nicht vermutet, dass ein konkreter Erwerbstatbestand erfüllt ist. Nach der *negativen* Vermutung des § 891 Abs. 2 BGB wird vermutet, dass ein gelöschtes Recht nicht besteht. Wie weit die Vermutung reicht, hängt davon ab, ob die Löschung zur Berichtigung des Grundbuchs vorgenommen wurde oder zur Aufhebung eines Rechts. Wurde ein Recht aufgehoben, so wird vermutet, dass es bis zum Zeitpunkt der Löschung bestand.[2] Die Vermutung bezieht sich ausschließlich auf Eintragungsakte (Eintragung und Löschung). Ist streitig, ob ein nicht eingetragenes Recht besteht, findet § 891 BGB keine Anwendung, weil ein Bezug zu einer Eintragung bzw. Löschung fehlt. Daraus folgt, dass § 891 BGB keine Vermutung der Vollständigkeit des Grundbuchs gibt.

5 Die Vermutung des § 891 BGB gilt nicht nur für den Eingetragenen, sondern auch gegen ihn. Begünstigt oder benachteiligt kann jeder sein, in dessen Rechtsstreit die Rechtslage an einem Grundstück eine Rolle spielt. Dadurch unterscheidet sich § 891 BGB von der Vermutung des § 1006 BGB, die nur zugunsten des Besitzers gilt. Wurde ein Widerspruch in das Grundbuch eingetragen (§ 899 BGB), so wird dadurch zwar der öffentliche Glaube des Grundbuchs beseitigt, aber nicht die Vermutungswirkung des § 891 BGB. Die Vermutung ist widerlegt, wenn der Beweis des Gegenteils geführt ist. Das ist dann der Fall, wenn ein vom Vermutungsgegner behaupteter und andere konkret in Betracht kommende Erwerbsgründe widerlegt sind.[3] Auch bei Offenkundigkeit der Unrichtigkeit des Grundbuchs gilt die Vermutung nicht (§ 291 ZPO). Enthält das Grundbuch widersprüchliche Eintragungen, heben sich die widerstreitenden Vermutungen auf.[4]

---

[1] BGH WM 2014, 32; NJW-RR 2006, 663 m.w.N.
[2] BGHZ 52, 358.
[3] Vgl. BGH NJW-RR 1999, 376, 377; enger *Medicus*, Festschr. Baur, 1981, S. 81.
[4] RGZ 56, 60.

III. Öffentlicher Glaube und Erwerb vom Nichtberechtigten

1. Grundlagen

Grundsätzlich sind Verfügungen nur wirksam, wenn sie vom Berechtigten vorgenommen werden. Im Wortlaut des § 873 BGB kommt dies deutlich zum Ausdruck. Würde dieser Grundsatz keine Ausnahmen erleiden, wäre der Rechtsverkehr mit erheblichen Risiken belastet, die dem Erwerber vor allem bei Grundstücksgeschäften kaum zugemutet werden können. Man denke an einen Durchschnittsverdiener, der seine gesamten Ersparnisse für den Erwerb eines Eigenheims aufgewendet und zur Finanzierung des Kaufpreises in beträchtlichem Umfang Kredite aufgenommen hat. Er würde nicht mehr ruhig schlafen, wenn er damit rechnen müsste, dass ihm das Eigentum an dem erworbenen Grundstück mit der Begründung streitig gemacht wird, er habe vom Nichtberechtigten erworben. Die meisten Rechtsordnungen schützen den Erwerber eines Grundstücks vor den Risiken, die durch den Erwerb vom Nichtberechtigten entstehen. Bei der Ausgestaltung dieses Schutzes schlagen die einzelnen Rechtsordnungen unterschiedliche Wege ein. Die einfachste Lösung wird in den Vereinigten Staaten von Amerika praktiziert. Dort gibt es spezielle Versicherungen, die den Schaden ausgleichen, der dadurch entsteht, dass beim Erwerb eines Grundstücks die Eigentumsverhältnisse falsch beurteilt wurden. In Mitteleuropa (Deutschland, Österreich) wurden Grundbücher geschaffen, die Grundlage des gutgläubigen Erwerbs sind. Der gutgläubige Erwerber wird nicht nur in Geld entschädigt, er darf das Grundstück behalten, weil er endgültig Eigentümer geworden ist. Dieser Schutz geht freilich zu Lasten des bisherigen Eigentümers, der sein Eigentum verliert, wenn ein Nichtberechtigter wirksam verfügt. Der frühere Eigentümer wird auf Bereicherungsansprüche verwiesen (§ 816 Abs. 1 Satz 1 BGB; → § 10 Rn. 17).

Gutgläubigen Erwerb gibt es nicht nur bei der Eigentumsübertragung, sondern auch bei der Bestellung dinglicher Rechte, insbesondere bei Grundpfandrechten. Da der Gläubiger die Grundschuld oder Hypothek selbst dann erwirbt, wenn der im Grundbuch Eingetragene nicht Eigentümer ist, sind Grundpfandrechte geschätzte Sicherungsmittel.

2. Ausgestaltung des gutgläubigen Erwerbs

Wenn ein Nichtberechtigter verfügt, liegen alle Tatbestandsvoraussetzungen der Verfügung vor, es fehlt lediglich die Rechtsinhaberschaft, aus der die Verfügungsbefugnis abzuleiten ist. Rechtstechnisch kann dieses Defizit beim gutgläubigen Erwerb auf unterschiedliche Weise ausgeglichen werden. Viele Rechtsordnungen bedienen sich einer Fiktion, durch die dem Erwerb zur Wirksamkeit verholfen wird. Auch das BGB regelt den Erwerb vom Nichtberechtigten mit Hilfe einer Fiktion. Nach § 892 BGB *gilt* der Inhalt des Grundbuchs als richtig, wenn eine Verfügung vorgenommen wird. Daraus ergibt sich, dass beim Erwerb vom Nichtberechtigten alle Voraussetzungen des Erwerbstatbestandes vorliegen müssen. Zugunsten des Gutgläubigen wird lediglich unterstellt, dass die im Grundbuch ausgewiesene Rechtslage die wahre Rechtslage sei. § 892 BGB wirkt nur *zugunsten* des Erwerbers. Eine unrichtige Grundbucheintragung ist deshalb materiellrechtlich unbeachtlich, wenn der wahre Berechtigte verfügt. Dass die Fiktion des § 892 BGB nur zugunsten des Erwerbers wirkt, bedeutet nicht, dass sich nur der Erwerber auf das Grundbuch berufen kann mit der Folge, dass ein relativer Erwerb stattfindet. Das Recht wird vielmehr unter den Voraussetzungen des § 892 BGB gültig und jedermann gegenüber wirksam erworben.[5]

Die Fiktion des § 892 BGB ist von der Vermutung der Richtigkeit des Grundbuches nach § 891 BGB zu unterscheiden. Die Vermutung greift ein, wenn der Richter den Sachverhalt im Prozess nicht aufklären kann. Die Fiktion des § 892 BGB entfaltet ihre Wirkung unabhängig von einem Verfahren bei der Vornahme einer Verfügung. Beim redlichen Erwerb spielt § 891 BGB daher keine Rolle.

3. Öffentlicher Glaube und guter Glaube

8   Die in § 892 BGB angeordnete Fiktionswirkung nennt man den *öffentlichen Glauben* des Grundbuchs. Davon zu unterscheiden ist der *gute Glaube* des Erwerbers, der zu dem öffentlichen Glauben des Grundbuchs hinzutreten muss. Nach § 892 BGB scheidet der Erwerb vom Nichtberechtigten aus, wenn der Erwerber bösgläubig ist. Bösgläubig ist der Erwerber nur, wenn ihm die Unrichtigkeit des Grundbuchs bekannt ist. Der Erwerb scheidet ferner aus, wenn im Grundbuch ein Widerspruch (§ 899 BGB) eingetragen war. Durch den Widerspruch wird nicht der gute Glaube des Erwerbers, sondern der öffentliche Glaube des Grundbuchs zerstört. Der Erwerber kann trotz eines Widerspruchs von der Richtigkeit des Grundbuchs überzeugt sein. § 892 BGB gehört zu den Rechtsscheintatbeständen, die zweigliedrig aufgebaut sind. Dass der Schein an die Stelle der wahren Rechtslage tritt, setzt zunächst voraus, dass derjenige, der die Rechtsfolgen des Rechtsscheintatbestandes für sich in Anspruch nimmt, schutzwürdig ist. Schutzwürdig ist er nicht, wenn er bösgläubig ist, weil er die wahre Rechtslage kennt. Der gutgläubige Erwerb im Immobiliarsachenrecht beruht aber nicht allein auf dem guten Glauben. Es muss stets der öffentliche Glaube des Grundbuchs hinzutreten. Der Verfügende muss im Grundbuch eingetragen sein, und es darf der öffentliche Glaube des Grundbuchs nicht zerstört sein. Diese weitere Voraussetzung, die zu dem guten Glauben hinzutreten muss, dient vor allem dem Schutz des Berechtigten. Er kann verhindern, dass er durch die Verkehrsschutzvorschriften einen Rechtsverlust erleidet. Ist ein Nichtberechtigter im Grundbuch eingetragen, kann er Grundbuchberichtigung verlangen (§ 894 BGB). Vor der endgültigen Entscheidung des Gerichts kann er einen Widerspruch eintragen lassen und so den öffentlichen Glauben des

---

[5] Vgl. Motive Bd. 3, S. 215. Aber es können relative Rangverhältnisse entstehen, wenn ein Grundpfandrecht nicht eingetragen ist und nach einem eingetragenen ein weiteres Pfandrecht bestellt wird. Vgl. das Beispiel bei Jauernig/*Berger* § 892 Rn. 5.

Grundbuchs zerstören (§ 899 BGB; → § 10 Rn. 24). Den guten Glauben eines Erwerbers kann der Berechtigte nur schwer beeinflussen, aber er kann den öffentlichen Glauben des Grundbuchs steuern.

Die Grundbucheintragung ist nach deutschem Recht nicht Grundlage des guten Glaubens. Der Erwerber wird nicht geschützt, weil er sich auf das Grundbuch verlassen hat.[6] Er wird geschützt, weil er gutgläubig war, und dem Berechtigten wird der Rechtsverlust zugemutet, weil er von der Möglichkeit, den öffentlichen Glauben des Grundbuchs zu zerstören, keinen Gebrauch gemacht hat. Deshalb kommt es für den gutgläubigen Erwerb nicht darauf an, ob der Erwerber Einblick in das Grundbuch genommen hat.[7] Im Prozess ist der Einwand des früheren Eigentümers, der redliche Erwerber habe zuvor nicht in das Grundbuch gesehen und damit nicht auf seinen Inhalt „vertraut", mithin unerheblich.

4. Umfang des Schutzes

Beim Umfang des Schutzes sind zwei Fragen zu trennen: (1) Welche Angaben im Grundbuch sind vom öffentlichen Glauben erfasst und (2) bei welchen Rechtsgeschäften wird der Gutgläubige geschützt.

a) Maßgeblicher Grundbuchinhalt

Der Erwerber kann sich nach § 892 Abs. 1 Satz 1 BGB darauf verlassen, dass eingetragene *dingliche Rechte* bestehen und nicht eingetragene oder gelöschte dingliche Rechte (z.B. Belastungen) nicht bestehen. Daraus folgt, dass das Grundbuch als richtig und vollständig gilt. Bestehende *Verfügungsbeschränkungen*, die nicht eingetragen sind, bleiben bei dem Erwerbsvorgang nach § 892 Abs. 1 Satz 2 BGB unbeachtlich. Zu beachten ist, dass die Richtigkeitsfiktion des Grundbuchs insofern eingeschränkt ist, als eingetragene Verfügungsbeschränkungen ausgenommen sind.

Beispiel: Im Grundbuch ist ein Insolvenzvermerk eingetragen (§ 32 InsO). In Wahrheit wurde die Eröffnung des Insolvenzverfahrens über das Vermögen des Eigentümers im Beschwerdeverfahren (§ 34 Abs. 2 InsO) aufgehoben. Der Insolvenzverwalter, dessen Amt erloschen ist, begründet unter Vorlage seiner Bestellungsurkunde (§ 56 Abs. 2 Satz 1 InsO) der Bank B eine Grundschuld. Die Bank erwirbt das Recht nicht, weil bei *eingetragenen* Verfügungsbeschränkungen die Richtigkeitsfiktion nicht gilt. Nur bei bestehenden, aber nicht eingetragenen Verfügungsbeschränkungen wird der Erwerber nach § 892 Abs. 1 Satz 2 BGB geschützt. Auch die vom Gericht ausgehändigte Urkunde nützt B nichts, weil diese Urkunde nicht mit öffentlichem Glauben versehen ist. – Wurde der Insolvenzvermerk hingegen nicht eingetragen,[8] kann der Erwerber vom Schuldner als Eigentümer trotz der fehlenden Verfügungsbefugnis (§§ 80, 81 InsO) nach § 892 Abs. 1 Satz 2 BGB redlich erwerben.

---
[6] Irreführend *Baur/Stürner* § 23 Rn. 3.
[7] BGH NJW 2007, 3206; BGHZ 104, 143; *Hager*, Verkehrsschutz durch redlichen Erwerb, 1990, S. 419ff.
[8] § 32 InsO regelt die Eintragung insolvenzverfahrensrechtlich.

11 Nicht am öffentlichen Glauben nehmen tatsächliche Angaben im Grundbuch,[9] persönliche Verhältnisse und nicht eintragungsfähige Rechte teil. Wurde z.B. fälschlich ein Mietverhältnis in das Grundbuch mit einer jährlichen Kündigungsfrist eingetragen, darf sich der Erwerber darauf nicht verlassen. Das Mietverhältnis ist als obligatorisches Rechtsverhältnis nicht eintragungsfähig. Ein Grundstückserwerber tritt nach § 566 BGB in ein bestehendes Mietverhältnis ein. Hatte er beim Erwerb des Grundstücks keine Kenntnis von dem Mietverhältnis, schützt ihn das Grundbuch nicht. Damit ein Grundstückserwerber die obligatorischen Rechtsverhältnisse überschauen kann, bedarf ein Mietvertrag, der für längere Zeit als ein Jahr geschlossen wird, der Schriftform (§ 566 BGB). Auch öffentlich-rechtliche Belastungen sind aus dem Grundbuch nicht ersichtlich. Dazu zählen auch Baulasten, die in ein gesondertes Baulastenverzeichnis eingetragen werden,[10] das mit dem Grundbuch nichts zu tun hat. Bei altrechtlichen Dienstbarkeiten, die vor 1900 begründet wurden, kommt es darauf an, ob nach Landesrecht eine Eintragungspflicht bestand.[11]

b) Maßgebliche Rechtsvorgänge

12 Geschützt nach § 892 BGB ist der *rechtsgeschäftliche* Erwerb eines dinglichen Rechts an einem Grundstück oder eines Rechts an einem Grundstücksrecht. § 893 BGB erstreckt den Schutz auf alle Verfügungen (z.B. Rangänderung, Inhaltsänderung, Rechtsaufhebung, Kündigung des Grundpfandrechts[12]) und auf Leistungen, die aufgrund eines Rechts an den im Grundbuch Eingetragenen bewirkt werden. Danach wird der Grundeigentümer frei, wenn er an den eingetragenen Scheingrundschuldgläubiger zahlt. Die Befreiung tritt nur ein, wenn auf das dingliche Recht geleistet wurde. Von der persönlichen Forderung, die durch das dingliche Recht gesichert wurde (Grundschuld), wird der Schuldner nicht frei.[13] Zum gutgläubigen Erwerb einer Vormerkung → § 13 Rn. 31ff. Keinen Schutz gewährt das Grundbuch bei gesetzlichem Erwerb oder beim Erwerb einer Zwangshypothek (§ 867 ZPO) in der Zwangsvollstreckung. Wird aber die Verpflichtung zur Verfügung im Wege der Zwangsvollstreckung durchgesetzt, ist § 892 BGB anwendbar (§ 898 ZPO). Beim Erwerb von einem vermeintlichen Erben ist § 892 BGB anzuwenden, falls er eingetragen war. Ohne Eintragung kommt nur ein Schutz aufgrund eines Erbscheins in Betracht, der nach § 2366 BGB öffentlichen Glauben genießt.

13 Nach h.M.[14] sind die §§ 892, 893 BGB nur bei sog. *Verkehrsgeschäften* anwendbar. Dazu gehört auch der Erwerb eines Miteigentumsanteils unter Mitei-

---

[9] Außer sie bezeichnen das Grundstück als Rechtsgegenstand, → § 10 Rn. 3.
[10] Vgl. beispielsweise § 83 Sächsische Bauordnung.
[11] Zur Löschung einer altrechtlichen Dienstbarkeit BGHZ 104, 139.
[12] Vgl. auch § 1141 Abs. 1 Satz 2 BGB.
[13] BGH NJW 1996, 1207. Zur Hypothek → § 17 Rn. 78.
[14] BGH NJW 2007, 3204; *Baur/Stürner* § 23 Rn. 24; *Wieling/Finkenauer* § 20 Rn. 61.

gentümern.[15] Bei personeller oder wirtschaftlicher Identität zwischen Veräußerer und Erwerber bedarf es keines Verkehrsschutzes. Übereignet der Alleingesellschafter einer GmbH ein Grundstück an die GmbH, ist gutgläubiger Erwerb ausgeschlossen, auch wenn der Geschäftsführer gutgläubig war. Aus dem Gesetz ergibt sich diese Beschränkung nicht, sie folgt aus einer teleologischen Reduktion der §§ 892, 893 BGB.

5. Der gute Glaube

Der gutgläubige Erwerb nach § 892 BGB ist ausgeschlossen, wenn dem Erwerber die Unrichtigkeit des Grundbuchs *bekannt* ist. Anders als bei § 932 Abs. 2 BGB genügt eine grob fahrlässige Verkennung der Rechtslage nicht, um den Erwerb zu hindern. Kenntnis liegt nicht vor, wenn der Erwerber lediglich die Tatsachen kannte, aus denen die Unrichtigkeit des Grundbuchs folgt. Bösgläubig ist er erst, wenn er aus den Tatsachen auch die richtigen Schlüsse gezogen hat. Die Kenntnis der Tatsachen kann aber ausreichendes Indiz für die Kenntnis der wahren Rechtslage sein (§ 286 ZPO). Handelt auf der Erwerberseite ein Vertreter, ist dessen Kenntnis nach § 166 Abs. 1 BGB maßgeblich.

14

Nach allgemeinen Grundsätzen müssen die Voraussetzungen des gutgläubigen Erwerbs, welche die fehlende originäre Verfügungsmacht des Verfügenden überbrücken, noch bei Vollendung des Verfügungstatbestandes vorliegen. Davon macht § 892 Abs. 2 BGB eine Ausnahme für den Fall, dass der Erwerb wie bei § 873 BGB eine Eintragung voraussetzt. Nach § 892 Abs. 2 BGB kommt es für die Kenntnis auf den Zeitpunkt der Antragstellung an, falls die übrigen Voraussetzungen des Erwerbstatbestandes bereits vorlagen. Damit soll verhindert werden, dass die Dauer des Eintragungsverfahrens dem Erwerber zum Nachteil gereicht. Keine Anwendung findet § 892 Abs. 2 BGB, wenn nach der Eintragung noch weitere Voraussetzungen zur Erfüllung des Erwerbstatbestandes erforderlich sind, wie etwa die Übergabe des Hypothekenbriefs (§ 1117 BGB). Dagegen gehören öffentlich-rechtliche Genehmigungen als Wirksamkeitsvoraussetzungen nicht zum Verfügungstatbestand. Deshalb schadet es nicht, wenn der Erwerber nach Antragstellung, aber vor der Genehmigung von der Unrichtigkeit der Eintragung Kenntnis erlangt. Bei *bedingtem Erwerb* muss Redlichkeit im Zeitpunkt des Bedingungseintritts nicht mehr vorliegen.[16] Wenn die Einigung dem Antrag nachfolgt, kommt es auf die Einigung an.

15

§ 892 Abs. 2 BGB regelt den Zeitpunkt, in dem der *gute Glaube* vorliegen muss. Für den *öffentlichen Glauben* des Grundbuchs gilt die Vorschrift nicht. Wird vor dem Vollzug einer Eintragung der öffentliche Glaube durch Eintragung eines Widerspruchs beseitigt, scheitert der Erwerb.

Beruht eine Vormerkung auf einer Bewilligung vom Nichtberechtigten (→ § 13 Rn. 31) oder einer Verurteilung zur Bewilligung (§§ 894, 898 ZPO), ist eine

16

---
[15] BGH NJW 2007, 3204.
[16] BGHZ 10, 69.

Kenntniserlangung nach Erwerb der Vormerkung für den Erwerb des Rechts, dessen Erwerb die Vormerkung sichern sollte, unschädlich. Da auf die Vormerkung § 892 Abs. 2 BGB anzuwenden ist, kommt es auch für den Erwerb des Rechts darauf an, wann der Antrag auf Eintragung der Vormerkung gestellt wurde.[17] Dieses Ergebnis folgt nicht zwingend aus dem Gesetzeswortlaut, es trägt aber dem praktischen Bedürfnis Rechnung, den Schutzumfang der Vormerkung möglichst umfassend zu gestalten.

6. Schuldrechtliche Ausgleichsansprüche

17 Durch den gutgläubigen Erwerb verliert der bisher Berechtigte sein Recht oder es wird durch eine Belastung geschmälert. Als Ausgleich gewährt ihm § 816 Abs. 1 BGB einen Bereicherungsanspruch, der sich gegen den Verfügenden richtet. Gegen den Erwerber besteht ein Anspruch nur bei unentgeltlichem Erwerb (§ 816 Abs. 1 Satz 2 BGB). Im Übrigen ist der redliche Erwerber keinen Ansprüchen nach § 812 oder § 823 BGB ausgesetzt. Deliktische Ansprüche kommen aber gegen den Verfügenden in Betracht, wenn er schuldhaft über ein fremdes Recht verfügt hat. Bei bewusstem Eingriff in eine fremde Rechtssphäre haftet er zudem nach § 687 Abs. 2 BGB.

Bei Leistungen an den eingetragenen Nichtberechtigten, die nach § 893 Fall 1 BGB befreien, steht dem Rechtsinhaber ein Anspruch aus § 816 Abs. 2 BGB zu.

IV. Schutz des Berechtigten

1. Grundbuchberichtigung

a) Berichtigungsanspruch nach § 894 BGB

18 Weil die Unrichtigkeit des Grundbuchs den Berechtigten mit Blick auf den Redlichkeitserwerb nach § 892 BGB gefährdet, gibt § 894 BGB gegen den zu Unrecht Eingetragenen einen Anspruch auf Grundbuchberichtigung. Die Regelung ist auf das Grundbuchverfahren bezogen und ist nur verständlich, wenn man das Berichtigungsverfahren kennt. Ist im Grundbuch eine materiellrechtlich unrichtige Eintragung enthalten, kann der Berechtigte das Grundbuch berichtigen lassen. Dazu benötigt er nach § 19 GBO die Bewilligung des Eingetragenen. Wird die Bewilligung freiwillig erklärt, bedarf es keines Prozesses, damit das Grundbuch berichtigt werden kann. Probleme entstehen, wenn der Eingetragene bestreitet, dass er nur Buchberechtigter ist und die Ansicht vertritt, er sei der wahre Berechtigte. Für diesen Fall gibt das Gesetz den Berichtigungsanspruch nach § 894 BGB, der inhaltlich auf Abgabe der Bewilligungserklärung gerichtet ist. Voraussetzung ist, dass im Grundbuch ein Grundstücksrecht, ein Rechte an einem Grundstücksrecht oder eine Verfügungsbeschränkung im Sinne des § 892 Abs. 1 BGB unrichtig eingetragen ist. Berichtigung kann auch

---

[17] Soergel/*Stürner* § 892 Rn. 39 zur Auflassungsvormerkung.

verlangt werden, wenn eine Vormerkung oder ein Widerspruch zu Unrecht eingetragen ist.

Der Anspruch richtet sich gegen alle Personen, deren Bewilligung im Berichtigungsverfahren vorzulegen ist.[18] Auch ein Berechtigter kann verpflichtet sein, an der Grundbuchberichtigung mitzuwirken, wenn sein Recht zu Unrecht ohne Belastung eingetragen ist. Anspruchsinhaber ist derjenige, der durch den unrichtigen Grundbuchstand in seiner dinglichen Rechtsstellung beeinträchtigt wird. Ist die falsche Person als Grundschuldgläubiger eingetragen, steht der Berichtigungsanspruch dem wahren Inhaber zu und nicht dem Eigentümer.[19] Inhaltlich ist der Anspruch auf Abgabe einer grundbuchrechtlichen Erklärung gerichtet, die in der Zwangsvollstreckung einer Willenserklärung gleichzustellen ist. Das Urteil wird deshalb nach § 894 ZPO durch Fiktion der Abgabe vollstreckt. Der Anspruch auf Grundbuchberichtigung ist wie der Herausgabeanspruch nach § 985 BGB und der Abwehranspruch nach § 1004 BGB Bestandteil des dinglichen Rechts und kann deshalb nicht isoliert abgetreten oder verpfändet werden. Zulässig ist die Ermächtigung zur prozessualen Geltendmachung des Anspruchs im eigenen Namen (gewillkürte Prozessstandschaft). Der Anspruch kann zur Ausübung gepfändet werden (§ 857 Abs. 3 ZPO).[20] Das ist dann von Bedeutung, wenn der Gläubiger zur Durchsetzung seines Anspruchs eine Berichtigung des Grundbuchs erzwingen muss.[21] Der Anspruch unterliegt nicht der Verjährung (§ 898 BGB).[22]

Zwischen dem wahren Berechtigten und dem Buchberechtigten besteht eine der Vindikationslage vergleichbare Rechtslage. Deshalb wendet die h.M. wegen einer Verschlechterung des Grundstücks (Belastungen!) und wegen der Nutzungen und Verwendungen die §§ 987 ff. BGB entsprechend an. Nach h.M. kann der Buchbesitzer auch ein Zurückbehaltungsrecht gemäß § 1000 BGB oder nach § 273 Abs. 2 BGB[23] geltend machen.

Konkurrierende Ansprüche auf Berichtigung des Grundbuchs können sich aus §§ 812, 823 BGB oder aus Vertrag ergeben. Bei diesen Ansprüchen handelt es sich aber um rein schuldrechtliche Ansprüche, während der Berichtigungsanspruch nach § 894 BGB den dinglichen Ansprüchen zuzurechnen ist.

b) Berichtigung nach § 22 GBO

Ein besonderes Verfahren zur Berichtigung des Grundbuchs sieht § 22 GBO vor. Danach wird das Grundbuch auf Antrag berichtigt, ohne dass eine Bewilligung des Betroffenen vorzulegen ist. Voraussetzung ist, dass die Unrichtigkeit

---

[18] BGHZ 41, 32.
[19] BGH NJW 2000, 2021.
[20] Stein/Jonas/*Würdinger* § 857 Rn. 3.
[21] Das Antragsrecht des Gläubigers nach § 14 GBO genügt nicht, wenn die Berichtigung zu erzwingen ist.
[22] Zur Verwirkung BGHZ 122, 314.
[23] So BGHZ 70, 293.

des Grundbuchs durch öffentliche oder öffentlich beglaubigte Urkunden nachgewiesen wird.

23 Nach einer verbreiteten Meinung ist eine Klage nach § 894 BGB wegen fehlendem Rechtsschutzbedürfnis unzulässig, wenn die Berichtigung nach § 22 GBO erwirkt werden kann.[24] Das ist unzutreffend, weil das Grundbuchverfahren nach § 22 GBO nicht mit einer rechtskraftfähigen Entscheidung abschließt, an der der Kläger interessiert sein kann.[25]

2. Widerspruch

a) Bedeutung und Voraussetzungen

24 Der Berechtigte, der durch eine unrichtige Grundbucheintragung gefährdet ist, muss nicht bis zur Entscheidung über die Grundbuchberichtigung in einem vielleicht langwierigen Prozess das Risiko tragen, dass sein Recht dadurch vereitelt wird, dass der Eingetragene darüber verfügt. Das Gesetz gibt ihm mit dem Widerspruch (§ 899 BGB) ein besonderes Sicherungsmittel an die Hand. Wird gegen die Richtigkeit des Grundbuchs ein Widerspruch eingetragen, wird dadurch der öffentliche Glaube (nicht der „gute Glaube" eines potentiellen Erwerbers) zerstört. Das ergibt sich aus der Ausnahmeregelung des § 892 Abs. 1 Satz 1 BGB, nach der redlicher Erwerb ausscheidet, wenn ein Widerspruch gegen die Richtigkeit des Grundbuchs eingetragen ist. Die Eintragung des Widerspruchs erfolgt im Grundbuchverfahren auf Antrag (§ 13 GBO) und nur, wenn der Betroffene die Eintragung bewilligt (§ 899 Abs. 2 Satz 1 Fall 2 BGB). Verweigert der Buchberechtigte die Bewilligung, kann der Berechtigte eine einstweilige Verfügung beantragen, die nicht voraussetzt, dass eine Gefährdung des Rechts glaubhaft gemacht wird (§ 899 Abs. 2 Satz 2 BGB). Das ist eine Ausnahmevorschrift zu §§ 936, 920 Abs. 2 ZPO. Eine besondere Glaubhaftmachung der Gefährdung des Rechtsinhabers ist deshalb überflüssig, weil das unrichtige Grundbuch stets eine Gefahr darstellt. Glaubhaft zu machen ist aber die Unrichtigkeit des Grundbuchs. Das Gericht ist nach § 941 ZPO befugt, das Grundbuchamt um die Eintragung des Widerspruchs zu ersuchen (vgl. auch § 38 GBO). Einer einstweiligen Verfügung bedarf es nicht, wenn ein vorläufig vollstreckbares Urteil vorliegt, an das § 895 ZPO die Fiktion der Bewilligung knüpft.

b) Wirkung

25 Der Widerspruch gegen eine unrichtige Eintragung zerstört den öffentlichen Glauben des Grundbuchs zugunsten des Rechts, das gesichert werden soll. Für

---

[24] Staudinger/*Picker* § 894 Rn. 6; Jauernig/*Berger* § 894 Rn. 2.
[25] Die Rechtskraft erstreckt sich allerdings nur auf den Anspruch auf Abgabe der Bewilligung. Der Kläger kann aber ohne weitere Voraussetzungen durch Zwischenfeststellungsklage (§ 256 Abs. 2 ZPO) auch das dingliche Recht feststellen lassen.

andere Eintragungen bleibt der öffentliche Glaube des Grundbuchs bestehen. Die Eintragung eines Widerspruchs gegen den Widerspruch ist unzulässig, weil ein Widerspruch den öffentlichen Glauben des Grundbuches nur zerstören, aber nicht wiederherstellen kann.[26] Der Widerspruch wirkt nur, wenn er zugunsten gerade des Berechtigten eingetragen ist.[27] Hat ein Nichteigentümer, der das Eigentum zu Unrecht für sich in Anspruch nimmt, einen Widerspruch eintragen lassen, entfaltet der Widerspruch keine Wirkung. Der nicht eingetragene wahre Eigentümer darf sich deshalb nicht in Sicherheit wiegen, wenn von einem Scheinberechtigten die Eintragung eines Widerspruchs erwirkt wurde, sondern muss seinerseits einen Widerspruch eintragen lassen. Der Amtswiderspruch nach § 53 GBO vernichtet ebenfalls den öffentlichen Glauben des Grundbuchs (genauer: einer Grundbucheintragung). Eine ähnliche Wirkung wie der Widerspruch hat der Rechtshängigkeitsvermerk, der den gutgläubigen Erwerb nach § 325 Abs. 2 ZPO hindert.[28] Dagegen ist der Widerspruch nach §§ 18 Abs. 2, 23, 24 GBO ein Schutzvermerk, der nicht die Wirkungen des § 899 BGB entfaltet.

V. Sonderregelung für die Gesellschaft bürgerlichen Rechts

Literatur: *Altmeppen*, Die Dogmatik der Grundbuchfähigkeit der GbR, ZIP 2011, 1937; *Kohler*, Gutgläubiger Immobiliarrechtserwerb von nicht bestehender GbR?, NZG 2012, 441; *Lautner*, Die rechtsfähige GbR in der notariellen Praxis, DNotZ 2011, 643; *Reymann*, Rechtsscheinshaftung und Bereicherungsausgleich beim Gutglaubenserwerb nach § 899a BGB, Festschr. Reuter, 2010, S. 271; *Tolani*, Grundbuchfähigkeit der Gesellschaft bürgerlichen Rechts – Publizität und Rechtssicherheit, JZ 2013, 224; *Ulmer*, Die rechtsfähige GbR: auf Umwegen im Grundbuch angekommen, ZIP 2011, 1689; *Wilhelm*, Die Grundbuchfähigkeit der Gesamthandsgesellschaft bürgerlichen Rechts, NZG 2011, 801.

Studium: *Lieder*, Die BGB-Gesellschaft im Grundstücksverkehr, Jura 2012, 335; *D. Schmidt*, Der gute Glaube an die Gesellschafterstellung nach § 899a BGB, Jura 2012, 7; *Weiss*, § 899a BGB – Gutgläubiger Erwerb ohne Konditionsschutz?, JuS 2016, 494; *Wellenhofer*, Grundstücksgeschäfte mit der BGB-Gesellschaft, JuS 2010, 1048.

Fallbearbeitung: *Teichmann/Schaub*, Referendarexamensklausur Zivilrecht: Gesellschaftsrecht und Sachenrecht – Der aktive Ex-Gesellschafter, JuS 2011, 723.

1. Ausgangslage

Nach der älteren Gesamthandslehre sind die Gesellschafter einer GbR (§§ 705 ff. BGB) in ihrer Verbundenheit Rechtsinhaber. Bei Verfügungen können sie *im eigenen Namen* handeln, da ihnen die aus dem Eigentum folgende originäre Verfügungsbefugnis gemeinsam zusteht (→ § 5 Rn. 36 ff.). Dieses Mo-

26

---

[26] RGZ 117, 352.
[27] BGH NJW 1985, 3070. Daher kann und muss beim Widerspruch im Grundbuch ein „Begünstigter" eingetragen werden, OLG München RPfleger 2019, 140.
[28] Er wird aufgrund einer Bewilligung oder entsprechend § 899 BGB aufgrund einer einstweiligen Verfügung eingetragen, BGH Rpfleger 2013, 377.

dell gemeinschaftlicher Berechtigung lag dem BGB zugrunde; deshalb wurden als Eigentümer die Gesamthänder in das Grundbuch eingetragen (§ 47 a.F. GBO). Besondere materiellrechtliche Regelungen waren nicht erforderlich, weil die §§ 891, 892 BGB ohne weiteres auf die gemeinschaftliche Rechtsinhaberschaft anzuwenden waren. Über hundert Jahre führte diese Rechtslage zu keinen besonderen Problemen. Das änderte sich, als die Dogmatiker des Gesellschaftsrechts zu der Erkenntnis gelangten, in Wahrheit sei das Gesellschaftsvermögen nicht, wie es § 718 BGB bestimmt, gemeinschaftliches Vermögen der Gesellschafter, vielmehr sei die Gesellschaft als teilrechtsfähiges Gebilde selbst Inhaberin der Vermögensrechte. Nach anfänglichem Zögern schloss sich der BGH dieser neuen Lehre an, indem er zunächst die Partei- und Rechtsfähigkeit[29] und schließlich die Grundbuchfähigkeit[30] der GbR anerkannte. Einzutragen waren nun nicht mehr die Gesellschafter, sondern die Gesellschaft unter ihrem Namen. Lediglich wenn der Gesellschaftsvertrag keine Bezeichnung der GbR vorsah, sollten die Gesellschafter zur *Bezeichnung* der Gesellschaft eingetragen werden. Die Anerkennung der Rechts- und Grundbuchfähigkeit der Gesellschaft hatte verhängnisvolle Konsequenzen. Da nunmehr die GbR selbst Eigentümerin war, konnten Organe oder Vertreter der GbR Verfügungen nur noch als Vertreter (§ 164 BGB) *in fremdem* Namen treffen. Damit war der Erwerber seines Schutzes durch § 892 BGB beraubt, denn § 892 BGB schützt nicht den guten Glauben an die Vertretungsmacht, und ein Register mit einer dem § 15 Abs. 3 HGB vergleichbaren Verkehrsschutzbestimmung existiert für die GbR nicht. Waren zur Bezeichnung der Gesellschaft A und B eingetragen und haben diese namens der Gesellschaft das Grundstück veräußert, konnte der Erwerber das Eigentum nicht erlangen, wenn sich herausstellte, dass ein weiterer Gesellschafter C vorhanden war, dem nach §§ 709, 714 BGB zusammen mit A und B die Vertretungsbefugnis für die Gesellschaft zustand. Damit waren Grundstücke einer GbR weitgehend entwertet. Wer erwirbt schon ein Grundstück, wenn er nicht sicher sein kann, dass er Eigentümer wird, und wer gibt sich mit einer Grundschuld als Sicherheit zufrieden, wenn unsicher ist, ob derjenige, der die Grundschuld bewilligt hat, dazu befugt war?[31] Der BGH hat diese Probleme, die für den Rechtsverkehr entstehen, nicht verkannt. Er meinte, die Schwierigkeiten seien die zwangsläufig hinzunehmende Folge der Anerkennung der Teilrechtsfähigkeit der GbR und der damit geschaffenen Möglichkeit des Grunderwerbs durch die GbR.[32] Der BGH glaubte, dem Bürger die Folgen

---

[29] BGH NJW 2001, 1056.
[30] BGH NJW 2009, 594.
[31] *Altmeppen* NJW 2011, 1909f. weist diese Befürchtungen als „absurd" zurück; er meint, der Erwerber könne sich den Gesellschaftsvertrag vorlegen lassen. Was aber, wenn dieser Vertrag vor Jahren geschlossen wurde? Wer glaubt, die GbR habe den öffentlichen Glauben des Grundbuchs nicht nötig, sollte folgerichtig fordern, bei der GbR auf die Eintragung zu verzichten.
[32] BGH NJW 2009, 594, Rn. 12.

juristischer Konstruktionslust[33] aufbürden zu können, weil er gleichzeitig der Erwartung Ausdruck verlieh, der Gesetzgeber werde einschreiten, um die geschaffenen Schwierigkeiten zu beseitigen.[34] Die Erwartung wird mit Wirkung ab 1.1.2024 in Erfüllung gehen (→ § 10 Rn. 33).

2. Die Regelung des § 899a BGB

Der Gesetzgeber reagierte auf die Rechtsprechung und versuchte zunächst eine Regelung zu schaffen, die sicherstellen sollte, dass die Vermutung und der öffentliche Glaube des Grundbuchs auch für Grundstücksrechte einer GbR gelten. Zunächst wurde in § 47 Abs. 2 GBO bestimmt, dass bei der Eintragung einer GbR alle Gesellschafter einzutragen sind. Damit wurde der vom BGH eingeschlagene Weg, wonach die GbR unter dem im Gesellschaftsvertrag gewählten Namen eingetragen werden konnte, verworfen. Diese formellrechtliche Bestimmung sollte den Unterbau für die materiellrechtliche Regelung des neu geschaffenen § 899a BGB bilden, der die Vermutung und Fiktionswirkung der §§ 891, 892, 893 BGB auf die eingetragenen Gesellschafter überträgt. In Ansehung eines eingetragen Rechts wird vermutet, dass die eingetragenen Personen Gesellschafter sind und dass darüber hinaus keine weiteren Gesellschafter vorhanden sind. Bei Verfügungen wird nach §§ 899a Satz 2, 892, 893 BGB fingiert, dass nur die Eingetragenen Gesellschafter sind.

27

Der Gesetzgeber hat mit der Schaffung des § 899a BGB den Versuch unternommen, einerseits den neueren Entwicklungen des Gesellschaftsrechts Rechnung zu tragen und andererseits die unvertretbaren Konsequenzen der Doktrin von der Teilrechtsfähigkeit der GbR zu vermeiden. Um die Wirkungsweise des § 899a Satz 2 i.V.m. § 892 BGB beim gutgläubigen Erwerb zu verstehen, muss man sich vergegenwärtigen, dass der Gesetzgeber davon ausging, die GbR sei Eigentümerin und das Handeln der Gesellschafter sei ein Handeln in fremdem Namen. Durch die Fiktion, dass die Eingetragenen Gesellschafter sind und darüber hinaus keine weiteren Gesellschafter vorhanden sind, gilt die Gesellschaft als ordnungsgemäß vertreten. Das folgt aus dem Grundsatz der Selbstorganschaft, wonach bei einer GbR Geschäftsführer und Vertreter nur Gesellschafter sein können. Wenn als Gesellschafter A und B eingetragen sind, ist eine dingliche Einigung jedenfalls wirksam, wenn beide Gesellschafter im Namen der Gesellschaft gehandelt haben. Ob die Vertretungsbefugnis nach dem Gesellschaftsvertrag beiden, oder nur einem Gesellschafter zustand, kann dahinstehen. Daran würde sich nichts ändern, wenn ein weiterer Gesellschafter C, der nicht im

28

---

[33] In der Konstruktionsjurisprudenz des 19. Jahrhunderts war die Erklärung einer rechtlichen Erscheinung mit Hilfe eines fingierten Rechtssubjekts eine gängige Methode, die *R. v. Jhering* so trefflich verspottet hat, vgl. Scherz und Ernst in der Jurisprudenz, 5. Aufl., 1892, S. 12f.
[34] Schon in einer früheren Entscheidung wurde ein Eingreifen des Gesetzgebers angemahnt, BGH NJW 2008, 1379. Eine Rechtsfortbildung, die ohne Beispiel ist!

Grundbuch eingetragen ist, zur alleinigen Vertretung der Gesellschaft berufen wäre. Nach der wirklichen Rechtslage könnten A und B nicht wirksam für die Gesellschaft handeln. Bei einer Verfügung ist nach der Fiktion des § 899a Satz 2 i.V.m. § 892 BGB jedoch davon auszugehen, dass es nur die Gesellschafter A und B gibt. Damit bleibt die Tatsache, dass die beiden Gesellschafter nicht vertretungsbefugt sind, ausgeblendet, denn eine Gesellschaft, bei der kein Gesellschafter für die Gesellschaft handeln kann, gibt es wegen des Grundsatzes der Selbstorganschaft nicht.

29 In der Fiktion der ordnungsgemäßen Vertretung erschöpft sich die Bedeutung des § 899a Satz 2 i.V.m. § 892 BGB nicht. Wenn die eingetragene Gesellschaft nicht existiert, wird bei der Beurteilung eines Verfügungsgeschäfts ihre Existenz fingiert.[35] Von Bedeutung wird dies, wenn alle Gesellschaftsanteile auf einen Gesellschafter übertragen wurden und die GbR damit endet, aber im Grundbuch noch die Gesellschafter eingetragen sind. Die Fiktion einer Gesellschaft, die nicht Eigentümerin ist, genügt allerdings nicht, um einen Erwerb vom Nichtberechtigten zu begründen. Es ist zusätzlich § 892 BGB unmittelbar anzuwenden.

30 Keine Anwendung findet § 899a BGB, wenn die falsche Gesellschaft mit dem richtigen Gesellschafterbestand eingetragen ist. Eine Fiktion der ordnungsgemäßen Vertretung hilft nicht weiter, wenn die eingetragene Gesellschaft, bestehend aus den Gesellschaftern A und B ein Grundstück veräußert, das in Wahrheit der Gesellschaft C und D gehört. Hier ist unmittelbar § 892 BGB anzuwenden. § 889a Satz 2 i.V.m. § 892 BGB ist neben § 892 BGB anzuwenden, wenn der Gesellschafterbestand der zu Unrecht eingetragenen Gesellschaft unvollständig im Grundbuch verlautbart ist.

Sind im Grundbuch zu Unrecht die Gesellschafter A und B eingetragen, weil das Grundstück der Gesellschaft mit den Gesellschaftern C und D gehört, kann zweifelhaft sein, ob § 892 BGB unmittelbar anzuwenden ist oder ob der redliche Erwerb mit § 899a BGB zu begründen ist. Das hängt davon ab, ob rechtlich zwei Gesellschaften bestehen oder ob die eingetragene Gesellschaft mit der aus C und D bestehenden Gesellschaften identisch ist. Identitätsprobleme lassen sich nicht lösen, wenn man auf die Personen abstellt.[36] Auszugehen ist von dem Rechtsverhältnis, das zwischen den Personen besteht. Über dessen Entstehungstatbestand (Vertrag) lässt sich das Rechtsverhältnis leicht identifizieren. Haben A und B einen Gesellschaftsvertrag geschlossen und ihre Anteile später auf C und D übertragen, bleibt das Rechtsverhältnis mit sich selbst identisch, obwohl die Personen ausgewechselt wurden. Hier ist deshalb § 899a BGB anzuwenden. Anders verhält es sich, wenn durch selbstständige Gesellschaftsverträge eine A/B-Gesellschaft und eine C/D-Gesellschaft gegründet wurden. Sind A und B im Grundbuch eingetragen, obwohl das Grundstück der C/D-Gesellschaft gehört, findet § 892 BGB unmittelbare Anwendung.

---

[35] Vgl. BT-Drs. 16/13437 S. 27; a.M. *Bestelmeyer* Rpfleger 2010, 174; *Kohler* NZG 2012, 441 m.w.N.

[36] Anders BGH NJW 2011, 1958, jedoch im Zusammenhang mit dem Erwerb durch eine GbR.

Streitig ist, ob die Vermutung und Fiktion des § 899a BGB auch auf das *schuldrechtliche* Geschäft zu erstrecken ist.[37] Von Bedeutung ist dies für die wirksame Sicherung des Erwerbers durch eine Vormerkung und für etwaige bereicherungsrechtliche Ansprüche der Gesellschaft. Die Vormerkung sichert einen Anspruch auf dingliche Rechtsänderung. Handeln die eingetragenen Gesellschafter auch beim Abschluss des Kaufvertrags namens der Gesellschaft, ist der Vertrag eigentlich schwebend unwirksam (§ 177 BGB), wenn sie nicht berechtigt waren, die Gesellschaft zu vertreten. Eine für den Erwerber eingetragene Vormerkung wäre nach Verweigerung der Genehmigung des Schuldgeschäfts unwirksam. Bei nichtigem Kausalgeschäft könnte die Gesellschaft zudem nach § 812 Abs. 1 Satz 1 Fall 1 BGB das vom Redlichen erworbene Recht zurückfordern. Zwar ist der gutgläubige Erwerb nach der Wertung des § 816 Abs. 1 Satz 1 BGB dem Erwerber gegenüber grundsätzlich bereicherungsfest, aber dies gilt nur für die Nichtleistungskondiktion. In den Fällen des § 899a BGB ist die Übereignung eine Leistung, die auf dem Kaufvertrag beruht. Gleichwohl sollte man die Wertung des § 816 Abs. 1 Satz 1 BGB bei der Auslegung des § 899a Satz 2 BGB berücksichtigen und den dinglichen Erwerb kondiktionsfest ausgestalten. Der Gesetzgeber wollte mit Schaffung des § 899a BGB im Ergebnis den früheren Rechtszustand[38] wieder herstellen,[39] hat aber die schuldrechtliche Dimension der Frage übersehen. Damit steht es nicht im Einklang, den Erwerb dinglich zu ermöglichen, ihn aber einem Bereicherungsanspruch auszusetzen. Rechtstechnisch lässt sich dies durch die Erstreckung des § 899a Satz 2 BGB auf das Verpflichtungsgeschäft erreichen. Dann kann auch eine Vormerkung wirksam sein.

§ 899a Satz 2 BGB wirft weitere Schwierigkeiten beim Bereicherungsausgleich auf. Wer als Nichtberechtigter über einen Gegenstand wirksam verfügt, ist dem Berechtigten gegenüber zur Herausgabe des durch die Verfügung Erlangten verpflichtet (§ 816 Abs. 1 Satz 1 BGB). Diese Vorschrift ist anzuwenden, wenn eine Gesellschaft zu Unrecht im Grundbuch eingetragen war und über ein Grundstücksrecht nach § 892 BGB wirksam verfügt hat (→ § 10 Rn. 30). Keine Anwendung findet § 816 Abs. 1 Satz 1 BGB indes, wenn das Geschäft aufgrund der Fiktion ordnungsgemäßer Vertretung der Gesellschaft nach § 899a Satz 2 BGB wirksam ist. Die Gesellschaft kann nicht Anspruchsinhaberin sein, weil sie selbst verfügt hat, denn die Gesellschafter haben nicht im eigenen Namen, sondern als Vertreter gehandelt. Etwaige Ansprüche muss die Gesellschaft gegen die Gesellschafter auf eine Verletzung des Gesellschaftsvertrags stützen.

Nach § 899a Satz 2 BGB sind auch die §§ 893 bis 899 BGB entsprechend anzuwenden. Wird aufgrund des eingetragenen Rechts eine Leistung an die eingetra-

---

[37] Bejahend *Böttcher* NJW 2010, 1655; *Schöner/Stöber*, Grundbuchrecht, Rn. 4264; a.M. MünchKommBGB/*Kohler* § 899a Rn. 16 m.w.N.
[38] Unzutreffend MünchKommBGB/*Kohler* § 899a Rn. 16, der meint, auch nach der alten Gesamthandslehre sei der Schuldvertrag unwirksam gewesen. Er übersieht, dass die Gesamthänder nicht im eigenen Namen gehandelt haben.
[39] Nach *Wellenhofer* § 19 Rn. 40 „muss er eben nachbessern". Unerfindlich bleibt, weshalb diese Auslegung des § 899a Satz 2 BGB dem Abstraktionsprinzip zuwider laufe, denn die Wirksamkeit der Verfügung wird gerade nicht vom Kausalgeschäft abhängig gemacht.

genen Gesellschafter erbracht, wird der Schuldner frei. Auch sind Verfügungen, die keinen Rechtserwerb im Sinne des § 892 BGB zum Gegenstand haben, wirksam (§ 893 BGB). Nach § 899a Satz 2 BGB besteht ein Grundbuchberichtigungsanspruch, wenn die Gesellschafter unvollständig oder falsch eingetragen sind. Ist X zu Unrecht eingetragen, weil er nicht Gesellschafter ist, kann die Gesellschaft gegen X einen Berichtigungsanspruch geltend machen.[40] Die Bewilligung hat X zu erklären.[41] Wenn ein Gesellschafter nicht eingetragen ist, besteht der Berichtigungsanspruch des Einzutragenden gegen die Gesellschaft. Der öffentliche Glaube des Grundbuchs kann auch im Anwendungsbereich des § 899a BGB durch einen Widerspruch aufgehoben werden.

3. Aufhebung des § 899a BGB zum 1.1.2024

33 Das Gesetz zur Modernisierung des Personengesellschaftsrechts (MoPeG) hebt § 899a BGB mit Wirkung vom 1.1.2024 auf. Damit entfallen die oben dargestellten schwierigen Rechtsfragen. Die künftig nach Maßgabe des § 705 Abs. 2 Fall 1 BGB (in der Fassung des MoPeG) rechtsfähige GbR soll nach dem ebenfalls neuen § 47 Abs. 2 GBO nur dann in das Grundbuch eingetragen werden, wenn sie zuvor in das ebenfalls neu geschaffene Gesellschaftsregister eingetragen worden ist. Um ins Grundbuch eingetragen zu werden, muss die GbR also zuvor ins Gesellschaftsregister eingetragen werden, das nach dem durch das MoPeG neu eingefügten § 707a Abs. 3 BGB Publizität nach Maßgabe des § 15 HGB genießt.

---

[40] Daneben kommt eine *actio pro socio* der einzelnen Gesellschafter in Betracht, so MünchKommBGB/*Kohler* § 899a Rn. 33.
[41] Thür. OLG Rpfleger 2011, 660 (bei Ausscheiden eines Gesellschafters); a.M. OLG Hamm Rpfleger 2011, 663 (Bewilligung durch alle eingetragenen Gesellschafter).

§ 11 Formelles Grundstücksrecht

Literatur: *Böhringer*, Die verschiedenen maßgeblichen Zeitpunkte im Grundbucheintragungsverfahren, ZfIR 2020, 13; *Böttcher*, Bedeutung von Bedingungen im Grundbucheintragungsverfahren, ZfIR 2020, 1; *Brehm*, Freiwillige Gerichtsbarkeit, 4. Aufl., 2009, Rn. 682 ff.; *Demharter*, Grundbuchordnung (Kommentar), 32. Aufl., 2021; *Eickmann/Böttcher*, Grundbuchverfahrensrecht, 5. Aufl., 2019; *Grolle*, Die Eintragungsbewilligung. Ihre rechtsgeschichtliche Entwicklung nach preußischem Recht und Reichsgrundbuchrecht, 1989; *Hammer*, Die Geschichte des Grundbuchs in Bayern, 1961; *Holzer/Kramer*, Grundbuchrecht, 2. Aufl., 2004; *Meikel*, Grundbuchrecht (Kommentar) 12. Aufl., 2020; *Schöner/Stöber*, Grundbuchrecht, 16. Aufl., 2020; *Weirich/Ivo*, Grundstücksrecht, 4. Aufl., 2015; *Wiggers*, Das Gesetz zur Einführung eines Datenbankgrundbuchs und seine Auswirkungen für die Praxis, FGPrax 2013, 235; *Wunderlich*, Die Eintragungsbewilligung des heutigen Grundbuchrechts, 1906.

I. Grundbuch und Grundbuchblatt

Als Grundbuch wird das staatliche Register bezeichnet, in dem die Grundstücke verzeichnet sind. Davon zu unterscheiden ist das Grundbuch im Sinne der Vorschriften des BGB. Nach § 3 Abs. 1 Satz 1 GBO erhält jedes Grundstück im Grundbuch eine besondere Stelle, die Grundbuchblatt bezeichnet wird. Das Grundbuchblatt ist nach § 3 Abs. 1 Satz 2 GBO für das Grundstück das Grundbuch im Sinne der materiellrechtlichen Vorschriften. Von der Bezeichnung Grundbuchblatt darf man sich nicht irreführen lassen. Beim Loseblattgrundbuch (vgl. § 1 GBO) besteht das Grundbuchblatt nicht aus einem einzigen Blatt, sondern aus mehreren Karteikarten. Zum elektronischen Grundbuch → § 11 Rn. 12.

1

II. Die Bestandteile des Grundbuchblatts

Würde jedes Grundbuchamt bei der Darstellung der Rechtsverhältnisse an den Grundstücken nach eigenem Gutdünken gestalterische Kreativität zur Geltung bringen, wäre die Orientierung schwierig. Deshalb wird das Grundbuch nach einheitlichen Formularen geführt. Wie diese Formulare aussehen, ist in der Grundbuchverfügung (GBV) genau geregelt.[1] Nach § 4 GBV besteht jedes Grundbuchblatt aus der Aufschrift, dem Bestandsverzeichnis und drei Abteilungen. Für jedes Element wird eine Karteikarte angelegt. Zur besseren Orientierung sind die Karteikarten in unterschiedlichen Farbtönen gehalten.

2

---

[1] Die amtlichen Formulare sind den Anlagen zur GBV zu entnehmen, abrufbar unter www.beck-online.de.

1. Aufschrift

3   Die Aufschrift enthält das Amtsgericht, den Grundbuchbezirk, die Nummer des Bandes und des Blattes (§ 5 GBV).

2. Bestandsverzeichnis

4   Das Bestandsverzeichnis hat die Aufgabe, das Grundstück so zu beschreiben, dass es zweifelsfrei identifiziert werden kann. Das könnte eine Beschreibung nach örtlichen Gegebenheiten kaum leisten. Würde im Grundbuch ein Grundstück als „die Wiese hinter dem Bach" bezeichnet, wäre nicht nur unklar, wo die Grundstücksgrenzen verlaufen. Auch eine Veränderung der Nutzungsart könnte zu Zweifeln darüber führen, welches Grundstück gemeint ist. Deshalb werden die Grundstücke nach einem amtlichen Verzeichnis, dem Liegenschaftskataster, benannt. Das Liegenschaftskataster erfasst alle Grundstücke und bezeichnet sie vermessungstechnisch zweifelsfrei. Darauf nimmt das Bestandsverzeichnis Bezug. Es enthält die Gemarkung (Vermessungsbezirk) und das Flurstück. Das Flurstück ist eine vermessungstechnische Einheit.

5   Nach § 3 Abs. 1 GBO erhält jedes Grundstück ein besonderes Grundbuchblatt. Zur Vereinfachung kann ein gemeinschaftliches Grundbuch für mehrere Grundstücke angelegt werden, die einer Person gehören (§ 4 Abs. 1 GBO). Die einzelnen Grundstücke werden im Bestandsverzeichnis mit einer laufenden Nummer versehen, die in einer Spalte am linken Rand des Formulars eingetragen wird. Im Bestandsverzeichnis wird die Wirtschaftsart und Lage des Grundstücks näher beschrieben. Würde das Grundstück nur vermessungstechnisch bezeichnet, wäre eine schnelle Orientierung kaum möglich. Bei der Lagebeschreibung wird die Adresse angegeben. Im Bestandsverzeichnis wird außerdem die Größe des Grundstücks vermerkt.

6   Auf Antrag werden in das Bestandsverzeichnis subjektiv-dingliche Rechte eingetragen (§ 9 Abs. 1 Satz 1 GBO). Dabei handelt es sich um Rechte, die dem jeweiligen Eigentümer eines Grundstücks zustehen, z.B. ein dingliches Vorkaufsrecht nach § 1094 Abs. 2 BGB (→ § 15 Rn. 8). Zu beachten ist aber, dass dieser sog. Aktivvermerk keine konstitutive Wirkung hat und keinen öffentlichen Glauben genießt.[2]

3. Abteilung I

7   In Abteilung I des Grundbuchs sind der Eigentümer und der dingliche Erwerbsgrund eingetragen (§ 9 GBV). Eintragungsfähig sind natürliche und juristische Personen sowie Personengesellschaften des Handelsrechts (OHG, KG). Gleiches gilt für politische Parteien[3] und Gewerkschaften[4]. Bei einer GbR, die

---

[2] Zur Bedeutung des Aktivvermerks *Brehm*, Freiwillige Gerichtsbarkeit, § 25 Rn. 23.
[3] OLG Zweibrücken Rpfleger 1999, 531; siehe auch *Schulte-Trux* NJW 1992, 2058.
[4] *K. Schmidt* NJW 1984, 2251.

selbst eingetragen werden kann, sind die Gesellschafter einzutragen; es genügt nicht mehr die Eintragung der Gesellschaft unter einem Namen, der ihr im Gesellschaftsvertrag zugewiesen wurde (§ 47 Abs. 2 GBO).[5] Die Eintragung der Gesellschafter ist für die Anwendung des § 899a BGB von Bedeutung (→ § 10 Rn. 26ff.). Zur näheren Identifizierung können der Name der Gesellschaft oder ihr Sitz eingetragen werden (vgl. § 15 Abs. 1 GBV). Bisher war streitig, ob der nichtrechtsfähige Verein grundbuchfähig ist.[6] Trotz der Aufwertung der GbR ist die Grundbuchfähigkeit des nichtrechtsfähigen Vereins zu verneinen, da es für ihn kein Register gibt, aus dem sich die Organe zuverlässig entnehmen lassen.

Die Wohnungseigentümergemeinschaft ist teilrechtsfähig,[7] soweit sie bei der Verwaltung des gemeinschaftlichen Eigentums am Rechtsverkehr teilnimmt (→ § 25 Rn. 9). Insoweit ist sie auch grundbuchfähig. Das spielt eine praktische Rolle für die Eintragung einer Zwangshypothek zugunsten der Wohnungseigentümergemeinschaft. Darüber hinaus hat die Grundbuchfähigkeit der Wohnungseigentümergemeinschaft kaum Bedeutung.[8]

Steht das Eigentum mehreren Personen zu, ist die Art der Gemeinschaft einzutragen (Bruchteilsgemeinschaft, Erbengemeinschaft, § 47 Abs. 1 GBO). Bei der Bruchteilsgemeinschaft ist der Bruchteil anzugeben. Bei Gesamthandsgemeinschaften werden nur die Gesamthänder mit dem maßgeblichen Rechtsverhältnis aufgeführt.

4. Abteilung II

Abteilung II enthält die Belastungen mit Ausnahme der Grundpfandrechte. Auch Verfügungsbeschränkungen des Eigentümers, Widersprüche und Vormerkungen, die das Eigentum betreffen (z.B. eine Auflassungsvormerkung) sind in der zweiten Abteilung aufgeführt.

5. Abteilung III

Für die Eintragung von Hypotheken, Grund- und Rentenschulden wurde eine besondere Abteilung III geschaffen, da Grundpfandrechte wirtschaftlich besonders bedeutsam sind. Auch Widersprüche und Vormerkungen, die sich auf die Grundpfandrechte beziehen (vgl. §§ 11, 12 Abs. 1 lit. b, c und Abs. 2 GBV), werden in Abteilung III eingetragen.

---

[5] Eingefügt durch Gesetz vom 18.8.2009 (BGBl I 2713). Damit ist die bisherige Rechtsprechung (BGH NJW 2009, 594) überholt. Zur Reform durch das MoPeG → § 10 Rn. 33.
[6] Dagegen *Baur/Stürner* § 15 Rn. 45b m.w.N.
[7] BGH NJW 2005, 2061.
[8] Ebenso *Demharter* NZM 2005, 602.

III. Das elektronische Grundbuch

12 Das Grundbuch ist eine Datenbank. Deshalb liegt es nahe, für die Führung des Grundbuchs die Möglichkeiten elektronischer Datenverarbeitung nutzbar zu machen. Erste Ansätze für die Einführung eines elektronischen Grundbuchs wurden Anfang der achtziger Jahre unternommen, aus Kostengründen aber zunächst nicht weiterverfolgt. Einen Impuls zur Wiederbelebung der alten Pläne zur Einführung eines elektronischen Grundbuchs brachte die Wiedervereinigung Deutschlands im Jahre 1991. In den neuen Bundesländern mussten viele Grundbücher neu angelegt werden, deshalb bot es sich an, die Register von vornherein als elektronische Datenbanken zu führen. Eine Änderung der Grundbuchordnung durch das Registerverfahrensbeschleunigungsgesetz im Jahre 1993 schuf den Ländern die Möglichkeit, ein elektronisches Grundbuch als „maschinell geführtes Grundbuch" zu schaffen. Das maschinell geführte Grundbuch wird als „automatisierte Datei" geführt (§ 126 GBO). Die überkommene Gliederung des Papiergrundbuchs wurde zunächst beibehalten. Das maschinell geführte Grundbuch tritt für ein Grundbuchblatt an die Stelle des bisherigen Grundbuchs (§ 128 GBO). „Grundbuch" im Sinne des BGB ist bei einem maschinell geführten Grundbuch allerdings der in den dafür bestimmten Datenspeicher aufgenommene und auf Dauer unverändert in lesbarer Form wiedergabefähige *Inhalt* des Grundbuchblatts (§ 62 Abs. 1 GBV). Seit 2009 ist der elektronische Rechtsverkehr in Grundbuchsachen möglich, so dass beispielsweise Eintragungsanträge elektronisch gestellt werden können (§§ 135 ff. GBO) und das maschinell geführte Grundbuch dem Online-Abruf der Grundbuchinhalte offensteht (§ 139 GBO). Im Jahre 2013 wurden die Möglichkeiten elektronischer Datenverarbeitung durch die Einführung eines Datenbankgrundbuchs erweitert.[9] Das Grundbuch kann in „strukturierter Form mit logischer Verknüpfung der Inhalte" (§ 126 Abs. 1 GBO) geführt werden und auch andere Darstellungsformen vereinnahmen. Damit sind erweiterte Recherche- und Auskunftsmöglichkeiten (§ 86a GBV) verbunden.

IV. Verfahrensart und Zuständigkeit

13 Das Grundbuchverfahren ist eine besondere Verfahrensart der freiwilligen Gerichtsbarkeit, die nicht die Streitentscheidung, sondern eine privatrechtsbezogene Verwaltungstätigkeit zum Gegenstand hat.[10] Nach § 1 Abs. 1 GBO ist die Führung des Grundbuchs den Amtsgerichten übertragen. Angelegenheiten der freiwilligen Gerichtsbarkeit, die den Gerichten übertragen sind, fallen nach § 1 FamFG in den Anwendungsbereich des FamFG. Für das Grundbuchverfahren wird das FamFG jedoch weitgehend verdrängt, da die GBO für das Grundbuchverfahren eine eigenständige Verfahrensordnung enthält. Ein Rückgriff auf

---

[9] Dazu *Wiggers* FGPrax 2013, 235.
[10] Zum Begriff der freiwilligen Gerichtsbarkeit *Brehm*, Freiwillige Gerichtsbarkeit, 4. Aufl., 2014, § 1 Rn. 1 ff.; Stein/Jonas/*Brehm* Einl. Rn. 300 ff.

§ 11 Formelles Grundstücksrecht

das FamFG kommt nur in Betracht, soweit die Eigenart des Grundbuchverfahrens dem nicht entgegensteht.[11]

Örtlich zuständig ist das Amtsgericht, in dessen Bezirk das Grundstück belegen ist (§ 1 Abs. 1 GBO). Funktionell ist der Rechtspfleger zuständig, dem Grundbuchsachen in vollem Umfang übertragen sind (§ 3 Nr. 1 lit. h RPflG). Der Richter wird in der ersten Instanz nur noch tätig, wenn ihm eine Sache nach § 5 RPflG vorgelegt wird (ein seltener Fall). Auf die Rechtsmittel hat die funktionelle Zuständigkeit des Rechtspflegers keine Auswirkungen mehr. Nach § 11 Abs. 1 RPflG sind gegen die Entscheidungen des Rechtspflegers die Rechtsmittel gegeben, die nach den allgemeinen verfahrensrechtlichen Vorschriften statthaft sind (→ § 11 Rn. 32f.).

V. Antragsgrundsatz

1. Antrag

Das Grundbuchamt wird bei Eintragungen grundsätzlich nichts amtswegig, sondern nur auf Antrag tätig (§ 13 Abs. 2 Satz 1 GBO). Der Antrag wird in bestimmten Fällen durch das Ersuchen eines Gerichts oder einer Behörde ersetzt (§ 38 GBO). Der Antrag ist eine Verfahrenshandlung und an keine Form gebunden, sofern er nicht weitere Erklärungen enthält, die Voraussetzung für die Eintragung sind (sog. gemischte Anträge). § 13 Abs. 2 Satz 1 GBO schreibt (vor dem Hintergrund des § 17 GBO) vor, dass der Zeitpunkt, in welchem der Antrag beim Grundbuchamt eingeht, auf dem Antrag zu vermerken ist. Daraus folgt mittelbar, dass der Antrag in einem Schriftstück enthalten sein muss. Aber es ist unschädlich, wenn die Unterschrift fehlt, sofern der Antragsteller ersichtlich ist. Der Antrag ist bedingungs- und befristungsfeindlich (§ 16 Abs. 1 GBO). Nach § 16 Abs. 2 GBO kann der Antragsteller aber bestimmen, dass eine Eintragung nicht ohne eine andere vorgenommen werden soll. Aus dem Antrag müssen die Person des Antragstellers und die begehrte Eintragung ersichtlich sein. Das Gericht ist an den Antrag gebunden, es darf keine Eintragung vornehmen, die vom Antrag nicht gedeckt ist.

2. Antragsbefugnis

Antragsbefugt ist nach § 13 Abs. 1 Satz 2 GBO jeder, dessen Recht von der Eintragung betroffen wird oder zu dessen Gunsten die Eintragung erfolgen soll. Danach bestehen konkurrierende Antragsrechte des verlierenden und des gewinnenden Teils. Das ist von Bedeutung, wenn ein Antrag zurückgenommen wird. Den Antrag des Erwerbers kann der Veräußerer nicht zurücknehmen; darauf beruht der Gedanke der Anwartschaft (→ § 9 Rn. 6). Eine Erweiterung des Antragsrechts enthält § 14 GBO für Vollstreckungsgläubiger.

---
[11] Vgl. BeckOK GBO/*Holzer* § 1 Rn. 36.

3. Stellvertretung

17 Der Antrag kann von einem Stellvertreter gestellt werden. Die Vollmacht unterliegt keinen Formvorschriften. Nur bei gemischten Anträgen, die weitere Erklärungen (z.B. die Eintragungsbewilligung) enthalten, ist nach § 30 GBO die Form des § 29 GBO einzuhalten. Die gesetzliche Vertretungsmacht ist nach § 29 Abs. 1 Satz 2 GBO durch eine öffentliche Urkunde nachzuweisen.

18 Eine Vermutung der Vertretungsbefugnis des Notars enthält § 15 GBO. Wenn die zu einer Eintragung erforderliche Erklärung (z.B. Eintragungsbewilligung, Auflassung) von einem Notar beurkundet oder beglaubigt wurde, gilt dieser als ermächtigt, im Namen aller Antragsberechtigten die Eintragung zu beantragen. Die Beurkundung des Kaufvertrags genügt nicht, weil er keine zur Eintragung erforderliche Erklärung enthält. Handelt der Notar als Bevollmächtigter, sind daran besondere verfahrensrechtliche Folgen geknüpft. Dem Notar sind Entscheidungen bekannt zu machen, und er kann ohne Vollmachtsnachweis Beschwerde einlegen. Nach § 24 Abs. 3 Satz 1 BNotO wird die Vermutung des § 15 GBO auf die Rücknahme des Antrags erstreckt. Will der Notar diese Folgen vermeiden, muss er den Antrag als Bote übermitteln.

4. Materiellrechtliche Wirkungen des Antrags

19 An die Antragstellung knüpft das Gesetz materiellrechtliche Wirkungen. Eine vom Berechtigten nach §§ 873, 875, 877 BGB abgegebene Erklärung wird nicht dadurch unwirksam, dass der Berechtigte in der Verfügung beschränkt wird, wenn die Erklärung bindend geworden ist (vgl. § 873 Abs. 2 BGB) und der Antrag auf Eintragung bei dem Grundbuchamt gestellt worden ist (→ § 9 Rn. 11). Die Antragstellung ist ferner maßgeblich für den Zeitpunkt, in dem der gute Glaube noch vorliegen muss, sofern nicht ausnahmsweise die Einigung später erklärt wird (§ 892 Abs. 2 BGB). Durch die Ausgestaltung des Grundbuchverfahrens ist der Antrag von entscheidender Bedeutung für den Rang. Da der früher gestellte Antrag zuerst erledigt wird, geht das eingetragene Recht den Rechten im Rang vor, deren Eintragung später beantragt wurde (§§ 17, 45 GBO und → § 879 BGB; § 12 Rn. 4ff.). Dass sich die Ranganwartschaft verwirklicht, setzt voraus, dass das Grundbuchamt die §§ 17, 45 GBO beachtet. Wenn der Erwerber nach der dinglichen Einigung und Eintragungsbewilligung (§ 19 GBO) den Antrag stellt, entsteht für ihn eine *Anwartschaft*, weil der Erwerb nur noch davon abhängt, dass die Eintragung vollzogen wird. Der Veräußerer kann den Erwerb nicht hindern, weil er den Antrag des Erwerbers nicht zurücknehmen kann (→ § 9 Rn. 6).

5. Rücknahme und Änderung des Antrags

20 Der Antrag kann zurückgenommen und geändert werden. Die Rücknahmeerklärung ist formbedürftig (§ 31, 29 Abs. 1 Satz 1 GBO). Wird die Eintragung vollzogen, obwohl der Antrag zurückgenommen wurde, liegt nur ein Verfahrensverstoß vor, der den Rechtserwerb oder die Rechtsänderung nicht hindert.

VI. Bewilligungsgrundsatz

1. Das formelle Konsensprinzip

Das Grundbuch sollte die Rechtsverhältnisse an Grundstücken möglichst richtig wiedergeben. Dafür wäre an sich erforderlich, dass das Grundbuchamt alle materiellrechtlichen Voraussetzungen einer Verfügung prüft. Das ist indes nicht der Fall. Damit das Grundbuchverfahren vereinfacht und beschleunigt wird, ist bei einer Eintragung nicht zu prüfen, ob die nach materiellem Recht erforderliche dingliche Einigung vorliegt. Die Eintragung setzt nach § 19 GBO nur voraus, dass derjenige sie bewilligt, dessen Recht von ihr betroffen ist. Das Grundbuchamt begnügt sich mit der Bewilligung des Betroffenen (sog. formelles Konsensprinzip). Eine Bewilligung ist rascher geprüft als die dingliche Einigung. Die Bewilligung ist in der Form des § 29 GBO zu erklären und muss den Berechtigten, das Grundstück und etwaige Belastungen bestimmt bezeichnen. Die Bewilligung wird zwar an Stelle der dinglichen Einigung geprüft, dennoch enthält § 19 GBO keine Beweisregel,[12] weil im Grundbuchverfahren die Einigung nicht zu beweisen ist.

Eine wichtige Ausnahme vom formellen Konsensprinzip enthält § 20 GBO. Im Falle der Auflassung sowie im Falle der Bestellung, Änderung des Inhalts oder Übertragung eines Erbbaurechts darf die Eintragung nur erfolgen, wenn die erforderliche Einigung des Berechtigten und des anderen Teils erklärt ist. In den Fällen des § 20 GBO begnügt sich das Gesetz nicht mit einer Bewilligung, das Grundbuchamt hat vielmehr die dingliche Einigung zu prüfen. § 20 GBO ist *lex specialis* gegenüber § 19 GBO. Deshalb muss neben der Auflassung keine Bewilligung des Veräußerers vorgelegt werden.[13]

Die Eintragungsbewilligung kann für den Inhalt des Grundbuchs von Bedeutung sein, wenn bei einer Eintragung zulässig auf die Bewilligung verwiesen wurde (vgl. §§ 874, 877, 885 Abs. 2, 1115 BGB; § 49 GBO). Ist auf die Bewilligung Bezug genommen, lässt sich der Inhalt des Grundbuchs erst durch Einsicht in die Grundakten feststellen.

2. Rechtsnatur der Bewilligung

Die Rechtsnatur der Bewilligung ist streitig. Manche sehen in ihr eine Erklärung mit materiellrechtlichem Gehalt,[14] andere gehen davon aus, es handle sich um eine reine Verfahrenshandlung. Die Bedeutung der Streitfrage ist nicht groß, weil auch die Anhänger der verfahrensrechtlichen Theorie Vorschriften des materiellen Rechts analog anwenden.[15] Anwendbar sind insbesondere die Vor-

---

[12] Anders *Holzer/Kramer*, 4. Teil Rn. 90.
[13] Das ist streitig. Im Ergebnis wie hier *Demharter* § 20 Rn. 2 (Auslegung); zur Gegenansicht *Behmer* Rpfleger 1984, 306, 307. Zu den praktischen Zwecken, die mit der Bewilligung verfolgt werden, siehe *Brehm*, Freiwillige Gerichtsbarkeit, § 26 Rn. 28.
[14] Nachweise bei *Brehm*, Freiwillige Gerichtsbarkeit, § 26 Rn. 40.
[15] Vgl. *Baur/Stürner* § 16 Rn. 26.

schriften über die Stellvertretung (§ 164 BGB) und die Verfügungsermächtigung (§ 185 Abs. 1 BGB). Keine Anwendung findet nach überwiegender Meinung § 130 BGB. Die Erklärung wird wirksam, wenn sie dem Grundbuchamt vorgelegt oder dem Begünstigten ausgehändigt wird.[16] Nach allen Ansichten ist die Eintragungsbewilligung streng zu trennen von der materiellrechtlichen Erklärung, die Bestandteil der Verfügung ist, insbesondere der dinglichen Einigung nach § 873 BGB. Die Eintragungsbewilligung ist eine abstrakte Erklärung. Das bedeutet, dass ihre Wirksamkeit nicht von der Wirksamkeit eines Kausalgeschäfts abhängig ist. Von der Bewilligung nach § 19 GBO sind die Bewilligungen des materiellen Rechts nach §§ 885, 899 Abs. 2 BGB zu unterscheiden.

3. Prüfung des Grundbuchamts

25 Das Grundbuchamt hat nur zu prüfen, ob der Tatbestand der Erklärung nach § 19 GBO vorliegt. Etwaige rechtshindernde oder rechtsvernichtende Einwendungen sind nur zu berücksichtigen, wenn das Grundbuchamt konkrete Anhaltspunkte dafür hat.[17] Zu Ermittlungen ist der Grundbuchbeamte nicht verpflichtet. Das gilt auch für die Verfügungsbeschränkung nach § 1365 BGB. Das Grundbuchamt prüft nicht, ob der Antragsteller verheiratet ist, in welchem Güterstand er lebt und ob die Verfügung bei wirtschaftlicher Betrachtungsweise das gesamte Vermögen erfasst. Auch eine Prüfung nach den Maßstäben der §§ 305 ff. BGB kommt nur eingeschränkt in Betracht. Allgemeine Geschäftsbedingungen, die im Schuldvertrag enthalten sind, werden schon deshalb nicht geprüft, weil das Grundbuchamt nur die Eintragungsvoraussetzungen zu prüfen hat, zu denen der Kausalvertrag nicht gehört. Soweit sich AGB auf den Inhalt des dinglichen Rechts beziehen oder auf Darlehensbedingungen bei einer Hypothek, auf die in der Bewilligung Bezug genommen ist,[18] darf die Eintragung nur bei einem eindeutigen Verstoß gegen die §§ 305 ff. BGB abgelehnt werden. Das Grundbuchverfahren ist nicht der geeignete Ort, über die schwierigen Wertungen, die eine Inhaltskontrolle Allgemeiner Geschäftsbedingungen verlangt, zu entscheiden.[19]

4. Der Betroffene

26 Nach § 19 GBO muss derjenige die Eintragung bewilligen, dessen Recht von der Eintragung betroffen ist. Wenn dem Rechtsinhaber die Verfügungsbefugnis nicht zusteht (Insolvenzverfahren, §§ 80, 81 InsO; Testamentsvollstreckung,

---

[16] *Schöner/Stöber* Rn. 107.
[17] Eine erweiterte Prüfung ergibt sich auch nicht aus § 139 BGB, der im Grundbuchverfahren nicht anzuwenden ist, BayObLG Rpfleger 1997, 151, 152.
[18] Erst durch die Bezugnahme wird die Bedingung Bestandteil der Eintragung, *Baur/Stürner* § 16 Rn. 62.
[19] Dazu *Ertl* DNotZ 1981, 49; *Eickmann* Rpfleger 1978, 1.

§ 2211 Abs. 1 BGB) hat der Verwalter die Bewilligung zu erklären. Entscheidend ist, wer durch die Eintragung einen Rechtsverlust erleiden würde. Streitig ist, ob dabei auf die materielle Rechtslage oder auf die Buchberechtigung abzustellen ist. Diejenigen, die auf die materielle Rechtslage abstellen,[20] bestimmen den Berechtigten durch die Vermutung des § 891 BGB und gehen deshalb vom Inhalt des Grundbuchs aus.[21] Unstreitig ist, dass bei der Berichtigungsbewilligung der zu Unrecht Eingetragene die Bewilligung erklären muss. Auch wer mittelbar in seiner Rechtsstellung beeinträchtigt wird, ist Betroffener im Sinne des § 19 GBO. Zu den mittelbar Betroffenen gehören diejenigen, die nach materiellem Recht zustimmen müssen, damit die Rechtsänderung eintreten kann, (z.B. §§ 876, 1183 BGB). Bei Löschung eines Grundpfandrechts ist die Bewilligung des mittelbar betroffenen Eigentümers neben der Bewilligung des Gläubigers erforderlich (§ 27 GBO).

VII. Grundsatz der Voreintragung

Nach § 39 Abs. 1 GBO darf eine Eintragung nur vorgenommen werden, wenn die Person, deren Recht durch sie betroffen wird, als Berechtigte eingetragen ist. Dadurch wird bezweckt, dass das Grundbuchamt den Berechtigten, der die Bewilligung zu erklären hat, an Hand des Grundbuchs feststellen kann. Außerdem wird sichergestellt, dass die Entwicklung der Rechte in allen Entwicklungsstufen aus dem Grundbuch ersichtlich ist.[22] Eine Ausnahme vom Grundsatz der Voreintragung besteht für den Erben einer eingetragenen Person. Nach § 40 Abs. 1 GBO ist § 39 Abs. 1 GBO nicht anzuwenden, wenn der Erbe verfügt oder wenn der Eintragungsantrag durch die Bewilligung des Erblassers oder eines Nachlasspflegers oder durch einen gegen den Erblasser oder Nachlasspfleger vollstreckbaren Titel begründet wird. Zur Bewilligung des Testamentsvollstreckers siehe § 40 Abs. 2 GBO.

27

Bei der *Kettenauflassung* ist nicht jeder Erwerber in das Grundbuch einzutragen. Dabei handelt es sich aber nicht um eine Durchbrechung des Grundsatzes der Voreintragung. Wird an einen Erwerber die Auflassung erklärt, kann dieser, ohne zuvor seine Eintragung zu bewirken, im eigenen Namen das Grundstück an einen Dritten auflassen. Er verfügt dabei aber nicht über sein Eigentum, weil er nicht eingetragen war, sondern über das Eigentum des Eingetragenen.[23] Die Auflassung ist wirksam, wenn der Berechtigte seine Zustimmung nach § 185 BGB erklärt. Diese Zustimmung kann auch in einer Auflassung kon-

28

---

[20] Z.B. *Baur/Stürner* § 16 Rn. 32 (für die Änderungsbewilligung). Dagegen *Holzer/Kramer*, 4. Teil Rn. 138. Wegen des Voreintragungsgrundsatzes spielt der Streit keine nennenswerte Rolle.

[21] Ist die Vermutung des § 891 BGB widerlegt, nützt die Bewilligung des wahren nicht eingetragenen Berechtigten nichts wegen des Grundsatzes der Voreintragung, § 39 Abs. 1 GBO.

[22] RGZ 133, 279, 283; BGHZ 16, 101.

[23] Verfügungsgegenstand ist nicht ein Anwartschaftsrecht, das durch die Auflassung allein nicht begründet wird, BGH NJW 1989, 1093.

kludent enthalten sein. Bei der Kettenauflassung erwirbt der einzutragende Enderwerber das Eigentum unmittelbar von dem im Grundbuch Eingetragenen (dem ersten Glied in der Kette). Von der Kettenauflassung zu unterscheiden ist die Übertragung des Anwartschaftsrechts, das aber einen Erwerberantrag beim Grundbuchamt voraussetzt (→ § 9 Rn. 6).

VIII. Beweismittelbeschränkung

29 Im Grundbuchverfahren gilt für die Eintragungsbewilligung und die sonstigen zu der Eintragung erforderlichen Erklärungen eine Beweismittelbeschränkung. Als Beweismittel sind nur öffentliche oder öffentlich beglaubigte Urkunden zugelassen. Andere Voraussetzungen sind durch öffentliche Urkunden nachzuweisen, sofern sie nicht beim Grundbuchamt offenkundig sind (§ 29 GBO). In der Form des § 29 GBO sind auch die Erklärungen nachzuweisen, durch die eine Erklärung erst wirksam wird, wie die Vollmacht bei Bewilligung durch einen Stellvertreter oder die Ermächtigung bei Verfügung eines Nichtberechtigten nach § 185 BGB.

IX. Entscheidung und Rechtsbehelfe

30 Das Grundbuchamt ordnet die Eintragung an, wenn die Eintragungsvoraussetzungen vorliegen. Andernfalls wird der Antrag zurückgewiesen, sofern nicht behebbare Eintragungshindernisse vorliegen. Bei behebbaren Eintragungshindernissen erlässt das Grundbuchamt eine Zwischenverfügung, in der dem Antragsteller aufgegeben wird, die fehlenden Unterlagen beizubringen (§ 18 Abs. 1 GBO). Die Zurückweisung des Antrags hätte einen Verlust der Ranganwartschaft zur Folge (§ 17 GBO). Erlässt das Grundbuchamt dagegen nur eine Zwischenverfügung, bleibt die Ranganwartschaft erhalten. Später eingehende Anträge werden zwar erledigt, aber es wird zugunsten des früher gestellten Antrags von Amts wegen eine Vormerkung oder ein Widerspruch eingetragen (§ 18 Abs. 2 GBO).

31 Erkennt das Grundbuchamt, dass Verfahrensvorschriften verletzt wurden, darf es keine Berichtigung von Amts wegen vornehmen. Durch die Eintragung wurde das materielle Recht geändert, in das der Grundbuchbeamte nicht eingreifen darf. Eine Löschung von Amts wegen ist aber zulässig, wenn eine Eintragung von vornherein unzulässig war (§ 53 Abs. 1 Satz 2 GBO). Das Grundbuchamt darf z.B. ein Mietrecht, das nicht eintragungsfähig ist, löschen, wenn es irrtümlich eingetragen wurde. Wurde eine Eintragung unter Verletzung gesetzlicher Vorschriften vorgenommen, und ist das Grundbuch dadurch unrichtig geworden, wird ein Amtswiderspruch eingetragen, damit der öffentliche Glaube des Grundbuchs zerstört wird (§ 53 Abs. 1 Satz 1 GBO). Die Gesetzesverletzung muss feststehen. Für die Unrichtigkeit des Grundbuchs genügt die Glaubhaftmachung, also eine überwiegende Wahrscheinlichkeit, die nicht an die Gewissheit heranreichen muss.

Gegen die Entscheidung des Grundbuchamts ist die Beschwerde statthaft 32
(§ 71 Abs. 1 GBO) über die das OLG entscheidet, in dessen Bezirk das Grundbuchamt seinen Sitz hat (§ 72 GBO). Eine Frist gibt es für die Einlegung der Beschwerde nicht (mit Ausnahme der Beschwerde nach § 89 GBO und den befristeten Beschwerden nach § 105 und 110 GBO, die dem FamFG unterliegen). Unzulässig ist die Beschwerde gegen eine Eintragung (§ 71 Abs. 2 Satz 1 GBO), weil ein materiellrechtliches Ergebnis nicht verfahrensrechtlich korrigiert werden kann. Im Wege der Beschwerde kann jedoch verlangt werden, dass das Grundbuchamt angewiesen wird, nach § 53 GBO einen Widerspruch einzutragen oder eine Löschung vorzunehmen.

Gegen die Entscheidung des Beschwerdegerichts ist die Rechtsbeschwerde 33
zum BGH zulässig, wenn sie vom Beschwerdegericht zugelassen wurde (§ 78 GBO). Sie ist binnen einer Frist von einem Monat nach der schriftlichen Bekanntgabe des angefochtenen Beschlusses einzulegen (§§ 78 Abs. 1 GBO i.V.m. § 71 Abs. 1 FamFG).

§ 12 Die Rangordnung der Grundstücksrechte

Literatur: *Böttcher*, Das Rangverhältnis im Grundbuchverfahren, BWNotZ 1988, 73; *Fabricius*, Zur Löschung eines ausgeübten Rangvorbehalts, Rpfleger, 1956, 155; *Friedrich*, Zur Frage, ob Bereicherungsansprüche auf Rangänderung gegeben sind, wenn Grundstücksrechte in unrichtiger Reihenfolge eingetragen sind, DNotZ 1932, 756; *Gursky*, Auflassungsvormerkung, Rangänderung und Wirksamkeitsvermerk, DNotZ 1998, 273; *Jansen*, Rangvorbehalt und Zwangsvollstreckung, AcP 152 (1952/53), 508; *Jungwirth*, Der vereinbarte Rang von Grundstücksrechten, 1990; *Stadler*, Der Rang im Immobiliarsachenrecht – ein noch immer ungelöstes Problem?, AcP 189 (1989), 425; *Wilhelm*, Der Rang der Grundstücksrechte aufgrund des Verfügungstatbestands, insbesondere Einigung und Eintragung, JZ 1990, 501.

Studium: *Hoche*, Bereicherungsanspruch bei fehlerhafter Rangeintragung im Grundbuch, JuS 1962, 60; *Weirich*, Der Rang im Grundbuch, Jura, 1983, 337.

I. Bedeutung und Verwirklichung des Rangs

1   An einem Grundstück können mehrere beschränkte dingliche Rechte bestehen. So kann der Eigentümer sein Grundstück zugunsten verschiedener Gläubiger mit Grundpfandrechten (Hypotheken oder Grundschulden) belasten. Tritt der Verwertungsfall ein und reicht der Verwertungserlös nicht für alle Gläubiger, muss das Gesetz Regeln für die Verteilung vorsehen. Eine denkbare Lösung ist die Gleichbehandlung der Gläubiger. Sie ist aber mit dem Nachteil verbunden, dass ein dinglich Berechtigter stets befürchten müsste, dass sein Recht durch die spätere Bestellung weiterer dinglicher Rechte entwertet wird. Das Gesetz sieht deshalb für die beschränkten dinglichen Rechte eine Rangfolge vor. Wird das Grundstück versteigert, erhält der erstrangige Gläubiger zunächst den ihm gebührenden Anteil am Erlös. An Nachrangige wird nur etwas ausgekehrt, wenn der vorrangige Gläubiger voll befriedigt ist. Für das Zwangsversteigerungsverfahren bestimmt § 10 ZVG eine *verfahrensrechtliche* Befriedigungsreihenfolge, die freilich nicht nur dinglich Berechtigte umfasst. Auch obligatorische Forderungen beispielsweise auf Grundsteuern sind zu berichtigen (§ 10 Abs. 1 Nr. 3 ZVG). Die dinglich Berechtigten stehen in der verfahrensrechtlichen Rangklasse des § 10 Abs. 1 Nr. 4 ZVG. Bestehen an dem Grundstück mehrere beschränkte dingliche Rechte, richtet sich die Befriedigungsreihenfolge nach dem *materiellrechtlichen* Rangverhältnis (§ 11 Abs. 1 ZVG), das in § 879 BGB geregelt ist.

Beispiel: Ein erstrangiger Grundpfandgläubiger betreibt die Zwangsversteigerung. Mit dem Erlös werden zunächst etwaige Ansprüche nach § 10 Abs. 1 Nr. 1 bis 3 ZVG befriedigt. Dann wird der erstrangige Grundpfandgläubiger bedient. Ein zweitrangiger Grundpfandgläubiger „fällt aus", wenn der Erlös nur für den erstrangigen Gläubiger ausreicht. Das bedeutet nicht nur, dass der Zweitrangige nichts bekommt; er verliert sein dingliches Recht, weil es durch die Zwangsversteigerung erlischt (§ 52 Abs. 1 Satz 2 ZVG).

Der schlechtere Rang hindert einen Grundpfandgläubiger nicht, sein Verwertungsrecht geltend zu machen. Er kann selbstständig das Zwangsversteigerungsverfahren beantragen. Beteiligt sich der vorrangige Grundpfandgläubiger nicht am Verfahren, wird sichergestellt, dass das bessere Recht durch die Zwangsveräußerung nicht beeinträchtigt wird. Das im Rang vorgehende Recht fällt in das „geringste Gebot" (§ 44 Abs. 1 ZVG) und bleibt bestehen (§ 52 Abs. 1 Satz 1 ZVG). Der Fortbestand des rangbesseren Rechts entspricht der materiellen Rechtslage. Verfügungen, die Nachrangige vornehmen, können vorrangige Rechte nicht beeinträchtigen. Die Vorschriften des ZVG stellen sicher, dass ein Nachrangiger nicht über vorrangige Rechte verfügen kann. 2

Beispiel: Ein Grundstück ist mit einer erstrangigen Grundschuld über 300 000 Euro und einer zweitrangigen Hypothek über 200 000 Euro belastet. Die Darlehensraten, die der erstrangige Gläubiger zu fordern hat, werden vom Eigentümer pünktlich bezahlt, aber seine Mittel reichen nicht aus, um auch das Darlehen, das der Hypothekar gewährt hat, zu tilgen. Der Hypothekar kann, nachdem er einen Titel auf Duldung der Zwangsvollstreckung erstritten hat (§ 1147 BGB), die Zwangsversteigerung aus der Hypothek betreiben. Wird das Grundstück einem Erwerber zugeschlagen, übernimmt dieser die erstrangige Grundschuld. Stellt der frühere Eigentümer seine Zahlungen an den Grundschuldinhaber ein, ist der neue Eigentümer genötigt, die Grundschuld abzulösen (vgl. § 1142 BGB), um eine Zwangsversteigerung zu verhindern.

Rangverhältnisse gibt es nicht nur zwischen gleichartigen Rechten, sondern auch zwischen Rechten mit unterschiedlichem Inhalt. So kann ein Wegerecht (Grunddienstbarkeit, → § 21 Rn. 2) einer Grundschuld im Rang vorgehen. Bei der Zwangsversteigerung wird der Rang dadurch berücksichtigt, dass das Wegerecht durch die Veräußerung nicht berührt wird. Das vorrangige Recht fällt auch hier in das geringste Gebot und bleibt bestehen (§§ 44, 52 Abs. 1 Satz 1 ZVG), d.h. der Erwerber kann das Grundstück in der Zwangsversteigerung nur mit diesen Belastungen erwerben. Wenn die Dienstbarkeit (z.B. ein Wegerecht) im Rang nachgeht, erlischt sie durch die Zwangsversteigerung. 3

Die sachenrechtliche Rangordnung bezieht sich nur auf beschränkte dingliche Rechte, nicht auf andere Eintragungen, wie Verfügungsbeschränkungen (z.B. ein Insolvenzvermerk). Auch das Eigentum hat keinen Rang im Sinne des § 879 BGB.[1] Dass beschränkte dingliche Rechte dem Eigentum vorgehen, ergibt sich schon daraus, dass sie Belastungen des Eigentums sind und damit das Eigentum begrenzen.[2] Ob auf die Vormerkung die Vorschriften über den Rang unmittelbar anzuwenden sind, ist streitig[3] (→ § 13 Rn. 24).

II. Die materielle Rangordnung des § 879 BGB

Beschränkte dingliche Rechte entstehen durch Verfügungen. Man kann sich die Begründung eines beschränkten dinglichen Rechtes als zeitweilige Abspaltung 4

---
[1] *Stadler* AcP 189 (1989), 425, 431 ff. m.w.N. zur Gegenansicht; a.M. BGHZ 46, 124.
[2] *Stadler* AcP 189 (1989), 425, 433.
[3] Die h.M. erkennt eine Rangordnung an, vgl. etwa BGH NJW-RR 1990, 206; dagegen *Stadler* AcP 189 (1989), 431, 434 m.w.N.

einer Berechtigung vom Eigentum vorstellen. Nach der Rechtsregel „nemo plus juris in alium transferre potest quam ipse habet"[4] kann eine spätere Verfügung die frühere nicht beeinträchtigen, weil durch die Verfügung die Verfügungsmacht auf den Erwerber übergegangen ist (Prioritätsgrundsatz im engeren Sinne).[5] Der Prioritätsgrundsatz wird ergänzt und erweitert durch verfahrensrechtliche Vorschriften. Nach § 17 GBO darf die später beantragte Eintragung nicht vor der Erledigung des früher gestellten Antrags erfolgen. Handelt das Grundbuchamt vorschriftsmäßig, wird sichergestellt, dass die Rechte nach der zeitlichen Reihenfolge der *Antragstellung* entstehen. Im Grundbuch werden die Belastungen in Abteilung II und III eingetragen. Nach § 21 Abs. 3 GBV sind sämtliche Eintragungen an der zunächst freien Stelle in unmittelbarem Anschluss an die vorhergehende Eintragung derselben Spalte vorzunehmen. Dadurch wird sichergestellt, dass die Rangverhältnisse durch die räumliche Anordnung der Eintragungen sofort erkennbar werden. Die ganz unten stehende Grundschuld hat den schlechtesten Rang, und die räumlich an erster Stelle eingetragene Hypothek geht allen übrigen im Rang vor. Vor dem Hintergrund dieser verfahrensrechtlichen Regelungen ist die Vorschrift des § 879 BGB zu verstehen. Nach § 879 Abs. 1 Satz 1 BGB gilt für Rechte, die in derselben Abteilung eingetragen sind, das Locusprinzip. Entscheidend ist die Reihenfolge der Eintragungen. Sind die Rechte in verschiedenen Abteilungen eingetragen, hat das unter Angabe des früheren Tages eingetragene Recht den Vorrang (Tempusprinzip; § 879 Abs. 1 Satz 2 Halbsatz 1 BGB). Die unter Angabe desselben Tages eingetragenen Rechte sind ranggleich (§ 879 Abs. 1 Satz 2 Halbsatz 2 BGB).

5   Die Regelung des § 879 Abs. 1 BGB führt zu einem Rang nach zeitlicher Priorität, wenn bei der Eintragung keine Fehler unterlaufen sind. Zwei verfahrensrechtliche Fehler können allerdings zu Rangverhältnissen führen, die dem Prioritätsgrundsatz widersprechen, wenn man die Vorschrift des § 879 Abs. 1 BGB wörtlich nimmt: (1) Es ist denkbar, dass der Grundbuchbeamte versehentlich das falsche Datum einträgt. Der Wortlaut des § 879 Abs. 1 BGB stellt nicht auf den tatsächlichen Eintragungszeitpunkt ab, sondern auf das eingetragene Datum. Danach würde eine Hypothek im Rang einer schon bestehenden Dienstbarkeit vorgehen, wenn der Grundbuchbeamte bei der Hypothek ein Datum einträgt, das vor dem der Dienstbarkeit liegt. (2) Bei der Rangordnung nach dem Locusprinzip (räumliche Anordnung der Eintragungen) führte eine Verletzung des § 21 Abs. 3 GBV zu Rangveränderungen. Lässt der Grundbuchbeamte bei der Eintragung der zweiten Hypothek entgegen § 21 Abs. 3 GBV einen Zwischenraum zur ersten Eintragung und trägt er die dritte Hypothek in diese Lücke ein, stimmt die räumliche Anordnung nicht mehr mit dem Prioritätsgrundsatz überein. Dazu gehört auch der Fall, dass bei der vorbereiteten Eintragung zunächst die Unterschrift des Grundbuchbeamten fehlte und spä-

---

[4] „Niemand kann mehr Rechte übertragen, als er selbst hat."
[5] Motive Bd. 3, S. 225 begründen die materielle Rangfolge mit dem Satz der „Rechtslogik", dass niemand mehr Rechte auf einen anderen übertragen kann, als er selbst hat.

ter, nachdem das Grundstück mit weiteren Grundpfandrechten belastet wurde, nachgeholt wird.

Wie diese sicher seltenen Fälle zu beurteilen sind, ist streitig. Die früher h.M. ging von dem Wortlaut des § 879 Abs. 1 BGB aus, der anscheinend keinen Auslegungsspielraum lässt. Maßgeblich ist der Grundbucheintrag; eine Grundbuchberichtigung kommt bei einem Versehen des Grundbuchamtes nicht in Betracht, weil das Grundbuch der materiellen Rechtslage entspricht. Dagegen hat sich *Heck* gewandt.[6] Er war der Ansicht, die wörtliche Auslegung des § 879 BGB führe zu einem Ergebnis, das mit dem Grundbuchsystem des BGB unvereinbar sei. Für ein Register, das verlässlich sein soll, gibt es zwei Regelungsmodelle. Der Gesetzgeber kann anordnen, dass eine Eintragung auch dann konstitutiven Charakter hat, wenn die Eintragung dem materiellen Recht widerspricht. *Heck* nennt dieses Modell das System der formellen Rechtskraft. Bei einem Grundbuch, das dem System der formellen Rechtskraft folgt, kann sich der Betroffene mit Rechtsbehelfen gegen eine Eintragung wehren. Bleibt er damit erfolglos, wird die Eintragung rechtskräftig und endgültig. Ein Grundbuch, dessen Eintragungen durch Ablauf einer Rechtsmittelfrist richtig werden, bildet für den Rechtsverkehr eine verlässliche Grundlage. Das BGB beruht nicht auf diesem Regelungsmodell. Die Verlässlichkeit des Grundbuchs wird durch den öffentlichen Glauben des Grundbuchs sichergestellt. Die unrichtige Eintragung wird nicht durch Ablauf einer Rechtsmittelfrist richtig, es wird lediglich bei Verfügungen zugunsten des Gutgläubigen unterstellt, dass die Eintragung mit der wirklichen Rechtslage übereinstimmt (§ 892 BGB). Verfügt z.B. der eingetragene Nichteigentümer über das Grundstück, fehlt ihm nach materiellem Recht die Verfügungsbefugnis. Bei einer Veräußerung wird aber für den redlichen Erwerber unterstellt, der Eingetragene sei Eigentümer. Deshalb kann der Unberechtigte über das Grundstück verfügen, und wenn die Eintragung des redlichen Erwerbers erfolgt, wird das Grundbuch wieder richtig. Der bisher Berechtigte verliert sein Recht. Fehlerhafte Eintragungen ändern nach dem System des BGB die materielle Rechtslage zunächst nicht, sie können zu einem Rechtsverlust nur im Rahmen des gutgläubigen Erwerbs führen. Damit steht aber der Wortlaut des § 879 Abs. 1 BGB in Widerspruch, der allein auf das eingetragene Datum oder auf die räumliche Stelle der Eintragung abstellt und somit auch der falschen Eintragung konstitutive Wirkung verleiht. Im Anschluss an *Heck* wurde einer systemkonformen Auslegung des § 879 Abs. 1 BGB das Wort geredet.[7] Danach kommt es für den Rang allein auf die zeitliche Priorität an, und das materielle Recht wird durch fehlerhafte Eintragungen nicht verändert. Der Grundbuchstand ist aber maßgeblich, wenn ein Gutgläubiger ein Recht erwirbt. Nach dieser Auslegung des § 879 BGB bestimmt sich der Rang nach dem Prioritätsgrundsatz; die Regelung des § 879 BGB bestimmt nur den Rang beim gutgläubigen Erwerb.

---

[6] Sachenrecht Exkurs 4, S. 496 ff.
[7] Vgl. *Baur/Stürner* § 17 Rn. 18; *Stadler* AcP 189 (1989), 425, 443 ff.

7 Diese Auslegung scheint gegenüber der früher h.M. vorzugswürdig zu sein, denn sie vermeidet, dass durch Büroversehen des Grundbuchamtes weitreichende materiellrechtliche Folgen eintreten. Wurde etwa eine Grunddienstbarkeit am 10. Januar 1999 eingetragen und trägt der Grundbuchbeamte noch in alter Gewohnheit beim Datum das alte Jahr 1998 ein, ginge das eingetragene Recht allen Rechten vor, die nach dem 10. Januar 1998 eingetragen wurden, wenn § 879 Abs. 1 BGB konstitutive Bedeutung hätte. In anderen Fällen führen fehlerhafte Eintragungen nicht zu einer Veränderung der materiellen Rechtslage. Wird vom Grundbuchamt versehentlich als Eigentümer Herr Müller eingetragen, obwohl es an Frau Meier aufgelassen wurde, ist das Grundbuch unrichtig geworden. Der bisherige Eigentümer ist Eigentümer geblieben und kann Grundbuchberichtigung verlangen (§ 894 BGB). Trotzdem bestehen Zweifel, ob die von *Heck* vorgeschlagene Auslegung richtig ist. Die Frage ist zunächst, welche Bedeutung der Rangregel des § 879 BGB eigentlich zukommt, wenn beim Rang der allgemeine Grundsatz der zeitlichen Priorität gilt. Man hat die Vorschrift des § 879 BGB als eine „Leseanweisung" bezeichnet. Ein sehr umständliches Grundbuchsystem könnte für jedes beschränkte dingliche Recht einen Rangvermerk vorsehen, der die Rangverhältnisse zu allen anderen Rechten klarstellt. Dann müssten bei jeder Neueintragung die Rangvermerke aktualisiert werden. Um das zu vermeiden, werden im Grundbuch die Rangverhältnisse indirekt nach Maßgabe des § 879 Abs. 1 BGB angegeben. Werden zwei Grundpfandrechte untereinandergeschrieben, hat dies die Bedeutung, dass das an unterer Stelle verzeichnete Recht dem oberen nachgeht. Interpretiert man § 879 BGB als Leseanweisung, dann ergibt sich aus der Rangfolge dieser Bestimmung nur, welcher Rang im Grundbuch eingetragen ist; ob der Eintrag richtig ist, muss nach dem materiellen Rangprinzip der Priorität beurteilt werden. Diese Interpretation des § 879 BGB vermeidet zwar einen Bruch mit dem System des öffentlichen Glaubens, aber sie muss eine andere Systemwidrigkeit in Kauf nehmen. Vorschriften, die bestimmen, wie das Grundbuch zu lesen ist, gehören nicht in das BGB, sondern eher in die Grundbuchordnung. Die *Heck*'sche Auslegung des § 879 BGB ist vor allem nicht mit dem formellen Grundbuchrecht kompatibel. Stellt man mit *Heck* für den Rang nach materiellem Recht auf die Priorität ab, kann nicht nur der Tag der Eintragung maßgeblich sein, es käme vielmehr darauf an, ob das eine Recht eine Minute früher als das andere eingetragen wurde.[8] Dann muss es aber überraschen, dass die pedantischen Regelungen über die Führung des Grundbuchs zwar die Frage regeln, ob im Grundbuch radiert werden darf (§ 21 Abs. 1 GBV), aber nicht sicherstellen, dass sich der Entstehungszeitpunkt und der Rang des Rechts später feststellen lassen. Bei der Eintragung ist nur das Datum anzugeben, eine Angabe der Eintragungszeit ist nicht vorgesehen. Unverständlich wäre auch § 45 Abs. 1 GBO. Danach ist im Grundbuch zu vermerken, dass Eintragungen in derselben Abteilung gleichen Rang haben, wenn die *Anträge* gleichzeitig gestellt wurden.

---

[8] So konsequent *Stadler* AcP 189 (1989), 425, 448.

Käme es für den Rang auf die minutengenaue zeitliche Reihenfolge der *Eintragung* an, würde der Grundbuchbeamte durch § 45 Abs. 1 GBO angehalten, falsche Rangverhältnisse einzutragen. Ein weiterer Gesichtspunkt spricht gegen die von *Heck* vorgeschlagene Auslegung des § 879 BGB. Wenn die räumliche Anordnung der Eintragungen nur Bedeutung für den gutgläubigen Erwerber hätte, würde in den Fällen, in denen ein Recht später in einen Zwischenraum eingetragen wird, meist der gute Glaube zu verneinen sein, weil die Eintragung mit dem Datum versehen ist und daraus hervorgeht, dass ein Zwischenraum ausgefüllt wurde. Deshalb hätte § 879 Abs. 1 Satz 1 BGB praktisch keinen Anwendungsbereich.

Folgt man der Ansicht von *Heck*, wird das Grundbuch durch eine Eintragung mit falschem Datum oder an falscher räumlicher Stelle unrichtig. Der von der unrichtigen Eintragung Betroffene kann einen Grundbuchberichtigungsanspruch geltend machen. Dabei ist zu beachten, dass der Eintragungsvermerk Bestandteil einer öffentlichen Urkunde ist, die über die bezeugte Tatsache (Eintragung an dem angegebenen Tag) vollen Beweis erbringt (§ 418 Abs. 1 ZPO). Wer sich auf das Eintragungsdatum beruft, muss deshalb nicht beweisen, dass der Grundbuchbeamte das richtige Datum angegeben hat. Es ist Sache des Gegners, den Beweis der Unrichtigkeit zu führen.

Im Interesse der Rechtssicherheit stellt § 879 Abs. 2 BGB klar, dass die Eintragung für das Rangverhältnis auch dann maßgeblich ist, wenn die für den Rechtserwerb erforderliche Einigung erst nach der Eintragung zustande gekommen ist. Jedenfalls § 879 Abs. 2 BGB bedarf keiner korrigierenden Auslegung, weil die Vorbeziehung des Rangs auf die Eintragung nicht zu einem Eingriff in eine schon bestehende Rechtslage führt. Es wird durch die Eintragung bereits ein Rang belegt, der durch spätere Verfügungen nicht mehr beeinträchtigt wird.

Umstritten ist, ob Fehler des Grundbuchbeamten zu Bereicherungsansprüchen führen können. Wird nur das Verfahrensrecht verletzt (§§ 17, 45 GBO), ist das Grundbuch richtig, ein Berichtigungsanspruch kommt nicht in Betracht. Entstehen durch Fehler des Grundbuchamtes falsche Rangverhältnisse, ist die Rechtslage nach h.M. endgültig und unterliegt nicht der Kondiktion nach § 812 BGB.[9] Der BGH stellt auf § 879 BGB und den Zweck des Grundbuchs ab. Derjenige, der ein Recht erwirbt, soll nicht prüfen müssen, ob bei der Eintragung gegen § 45 GBO verstoßen wurde. Ein Eingriff in ein bestehendes Recht liegt dann vor, wenn sein Rang durch eine spätere Eintragung verschlechtert wird. Das ist der Fall, wenn der Grundbuchbeamte bei der späteren Eintragung ein falsches Datum einträgt oder eine räumliche Lücke ausfüllt (anders, wenn man der *Heck*'schen Lehre folgt). Der BGH[10] lehnt aber auch in diesen Fällen einen Bereicherungsanspruch im Interesse des Verkehrsschutzes zutreffend ab. Der Benachteiligte wird auf Ansprüche gegen den Staat verwiesen (§ 839 BGB, Art. 34 GG).

---

[9] BGHZ 21, 98; *Wilhelm* JZ 1990, 509; a.M. *Baur/Stürner* § 17 Rn. 18.
[10] BGHZ 21, 98.

III. Rangvereinbarungen

1. Ursprüngliche Rangvereinbarung

10 Ein beschränktes dingliches Recht, das der Eigentümer begründet, ist mit dem gesetzlichen Rang ausgestattet, ohne dass es einer besonderen Vereinbarung bedürfte. Die Beteiligten können aber auch eine Vereinbarung über den Rang treffen, die der Eintragung ins Grundbuch bedarf (§ 879 Abs. 3 BGB). Von praktischer Bedeutung ist die ursprüngliche Rangvereinbarung, wenn zwei Rechte gleichzeitig bestellt werden sollen.

Beispiel: Wenn der Eigentümer dem A eine Grunddienstbarkeit und dem B eine Grundschuld bestellt, erhalten die Rechte gleichen Rang, falls die Rechte unter dem gleichen Tag eingetragen werden (§ 879 Abs. 1 Satz 2 BGB). Das Gesetz vergröbert den Prioritätsgrundsatz und stellt nicht wie sonst auf den exakten Zeitpunkt der Verfügung ab, sondern gibt allen Verfügungen, die an einem Tag getroffen werden, den gleichen Rang. Wollen die Beteiligten, dass andere Rangverhältnisse eintreten, setzt dies eine Einigung voraus und die Eintragung eines Rangvermerks (§ 879 Abs. 3 BGB). § 45 Abs. 1 und 2 GBO gelten nicht, wenn von den Antragstellern ein abweichendes Rangverhältnis bestimmt wird. Die Angaben über den Rang werden nach § 18 GBV bei allen beteiligten Rechten eingetragen.

11 Die Rangvereinbarung gehört zur dinglichen Einigung. Entsteht durch ein Versehen des Grundbuchamts ein falscher Rang, decken sich Einigung und Eintragung nicht. Deshalb ist aber die Bestellung des dinglichen Rechts nicht notwendig unwirksam. Nach h.M. ist § 139 BGB anzuwenden (→ § 9 Rn. 16).[11] Im Zweifel ist anzunehmen, dass der dinglich Berechtigte das Recht auch mit schlechterem Rang erwerben will.

12 Verpflichtet sich der Eigentümer, ein Recht mit einem bestimmten Rang zu bestellen, so liegt teilweises Unvermögen vor, wenn es ihm nicht gelingt, dem Vertragspartner das Recht mit dem vorgesehenen Rang zu verschaffen. Er haftet auf Schadensersatz nach §§ 280, 283, 311a Abs. 2 BGB.

2. Nachträgliche Rangänderung

13 Die Beteiligten können ein Rangverhältnis gemäß § 880 Abs. 1 BGB nachträglich ändern. Das Gesetz hat dies ausdrücklich ausgesprochen, weil es davon ausging, dass die „rechtsgeschäftliche Aktionsfreiheit" im Sachenrecht grundsätzlich keine Geltung habe.[12] Zur Rangänderung ist die Einigung zwischen zurücktretendem und vortretendem Berechtigten und die Eintragung in das Grundbuch erforderlich (§ 880 Abs. 2 Satz 1 BGB). Die §§ 873 Abs. 2, 878 BGB gelten für die Rangänderung entsprechend. Soll ein Grundpfandrecht (Grundschuld, Hypothek oder Rentenschuld) zurücktreten, ist außerdem die Zustimmung des Eigentümers erforderlich (§ 880 Abs. 2 Satz 2 BGB), weil dessen künftiges Eigentümergrundpfandrecht (§ 1163 Abs. 1 Satz 2 BGB) betroffen ist. Ist das zurück-

---

[11] BGH NJW-RR 1990, 206; *Baur/Stürner* § 17 Rn. 26.
[12] Motive Bd. 3, S. 229.

tretende Recht mit dem Recht eines Dritten belastet, muss auch der Dritte zustimmen (§ 880 Abs. 3 BGB).

Die Rangänderung führt zu einem Rangtausch, der Zwischenrechte nicht berührt (§ 880 Abs. 5 BGB). Weist das zurücktretende Recht einen höheren Betrag als das Vortretende auf, besteht der Vorrang gegenüber den Zwischenrechten nur in dem bisherigen Umfang. Erlischt das vortretende Recht, erhält das Recht, das zurückgetreten war, den ursprünglichen Rang zurück, damit nicht Zwischenrechte aufrücken. Wenn das zurückgetretene Recht *durch Rechtsgeschäft* aufgehoben wird, behält das vortretende Recht seine Rangstellung (§ 880 Abs. 4 BGB). Diese Regelung soll sicherstellen, dass die Stellung des durch den Rangtausch Begünstigten nicht durch Verfügung des zurücktretenden Rechtsinhabers beeinträchtigt wird. Erlischt das zurücktretende Recht auf andere Weise, verliert das vorgetretene Recht seinen Vorrang und Zwischenrechte rücken auf.

IV. Rangvorbehalt

Der Eigentümer kann sich bei der Belastung seines Grundstücks mit einem Recht die Befugnis vorbehalten, ein anderes, dem Umfang nach bestimmtes Recht mit dem Range vor jenem Recht einzutragen zu lassen (§ 881 Abs. 1 BGB). Der Rangvorbehalt muss bei dem zurücktretenden Recht eingetragen werden (§ 881 Abs. 2 BGB). Im Falle der Veräußerung des Grundstücks geht die vorbehaltene Befugnis auf den Erwerber über (§ 881 Abs. 3 BGB).

Die durch den Rangvorbehalt geschaffene Lage ist einfach, wenn das begünstigte Recht und das mit dem Nachrang belastete Recht nicht durch Zwischenrechte getrennt sind. Werden Zwischenrechte eingetragen, die nicht mit einem Rangvorbehalt belastet sind, entstehen relative Rangverhältnisse, die man nach Möglichkeit vermeiden sollte.

Über die Aufhebung des Rangvorbehalts enthält das Gesetz keine ausdrückliche Regelung. Teils wird ein einseitiger Verzicht und die Löschung für ausreichend erachtet, andere verlangen eine Einigung (§ 877 BGB).[13]

Statt einen Rangvorbehalt mit einem Grundpfandgläubiger zu vereinbaren, kann der Eigentümer einen Vorrang dadurch sichern, dass er für sich vor der Bestellung des Grundpfandrechts eine ursprüngliche Eigentümergrundschuld eintragen lässt (§ 1196 BGB). Dieser Weg ist bei Grundpfandrechten üblich (→ § 18 Rn. 46).

---

[13] *Baur/Stürner* § 17 Rn. 37.

§ 13 Die Vormerkung

Literatur: *Assmann,* Die Vormerkung, 1998; *J.F. Baur,* Die Durchsetzung einer gutgläubig erworbenen Auflassungsvormerkung, JZ 1967, 437; *Biermann,* Widerspruch und Vormerkung, 1901; *Berger,* Sicherung bedingter und künftiger Ansprüche durch Vormerkung – Anmerkung zur „Rechtsbodentheorie", Festschr. Kollhosser, Bd. 2, 2004, S. 35; *Bötticher,* Das wertlose Grundbuch bei Vormerkungen, NotBZ 2008, 401; *Canaris,* Die Verdinglichung obligatorischer Rechte, Festschr. Flume, Bd. 1, 1975, S. 371, 381 ff. (zur Vormerkung); *Denck,* Die Auflassungsvormerkung für den Versprechensempfänger und der Schutz des unbenannten Dritten, NJW 1984, 1009; *Furtner,* Gutgläubiger Erwerb einer Vormerkung, NJW 1963, 1484; *Gursky,* Verwendungsersatzanspruch und Nutzungsherausgabepflicht des Dritterwerbers, der einem Vormerkungsgläubiger oder Vorkaufsberechtigten weichen muß, JR 1984, 3; *ders.,* Auflassungsvormerkung, Rangänderung und Wirksamkeitsvermerk, DNotZ 1998, 273; *Hepting,* Der Gutglaubensschutz bei Vormerkungen für künftige Ansprüche, NJW 1987, 865; *Holderbaum,* Zulässigkeit und Wirkung ranggleicher Auflassungsvormerkungen, JZ 1965, 712; *Kesseler,* Segen und Fluch der „Wiederverwendbarkeit" einer Vormerkung, NJW 2012, 2765; *Kohler,* Vormerkbarkeit eines durch abredewidrige Veräußerung bedingten Rückerwerbsanspruchs, DNotZ 1989, 339; *ders.,* Alte Auflassungsvormerkung und neuer Anspruch, DNotZ 2011, 808; *Kupisch,* Auflassungsvormerkung und guter Glaube, JZ 1977, 486; *Lichtenberger,* Die Vormerkung zur Sicherung künftiger oder bedingter Ansprüche, NJW 1977, 1755; *Ludwig,* Die Auflassungsvormerkung und der noch zu bestimmende Dritte, Rpfleger 1986, 345; *ders.,* Die gutgläubig erworbene Vormerkung und der anschließende Erwerb des vorgemerkten Rechts, DNotZ 1987, 403; *Medicus,* Vormerkung, Widerspruch und Beschwerde, AcP 163 (1964), 1; *Merren,* Sicherung vertraglicher Verfügungsverbote, JR 1993, 53; *Mülbert,* Der redliche Vormerkungserwerb, oder die Vormerkung als akzessorisches Recht, AcP 197 (1997), 335; *ders.,* Erwerberschutz bei gestreckten Erwerbsvorgängen, AcP 214 (2014), 309; *Paulus,* Deliktsschutz für den Vormerkungsberechtigten? JZ 1993, 555; *Preuß,* Die Vormerkbarkeit künftiger und bedingter Ansprüche, AcP 201 (2001), 580; *Prinz,* Der gutgläubige Vormerkungserwerb und seine rechtlichen Wirkungen, 1989; *Reinicke,* Der Schutz des guten Glaubens beim Erwerb einer Vormerkung, NJW 1964, 2373; *Rosien,* Schutz des Vormerkungsberechtigten, 1994; *Schneider,* Rangfähigkeit und Rechtsnatur der Vormerkung, DNotZ 1982, 523; *Tiedtke,* Zur Wirksamkeit einer auf die Lebenszeit des Berechtigten beschränkten Auflassungsvormerkung bei dessen Tod (zu BGH NJW 1992, 1683), DNotZ 1992, 539; *Timm,* Außenwirkung vertraglicher Verfügungsverbote?, JZ 1989, 13; *Trupp,* Die Rechtsnatur der Vormerkung in veränderter Sichtweise, JR 1990, 184; *Voß,* Alternativen zu Vormerkung und Anwartschaftsrecht? – Schutzstrategien beim Grunderwerb und ihre Konsequenzen im internationalen Vergleich, ZVglRWiss 120 (2021), 69; *Wacke,* Gutgläubiger Vormerkungserwerb und Konfusion, (zu BGH NJW 1981, 447), NJW 1981, 1577; *ders.,* Vorgemerkter Schwarzkauf und Bestätigung oder Novation, DNotZ 1995, 507; *ders.,* Die Rückauflassungsvormerkung für den Fall des vom Beschenkten verübten groben Undanks, JZ 2003, 179; *Weirich,* Abschied von der Auflassungsvormerkung, DNotZ 1982, 669; *ders.,* Von der Auflassungsvormerkung zur Eigentumsvormerkung, NJW 1989, 1979; *Wunner,* Gutglaubensschutz und Rechtsnatur der Vormerkung, NJW 1969, 113; *Zimmer,* Neue Eigentumsvormerkung ohne neue Eintragung?, NJW 2000, 2978.

Studium: *Görmer*, Gutglaubensschutz bei Erwerb einer Auflassungsvormerkung, JuS 1991, 1011; *Hager*, Die Vormerkung, JuS 1990, 429; *Kempf*, Zur Rechtsnatur der Vormerkung, JuS 1961, 22; *Knöpfle*, Die Vormerkung, JuS 1981, 157; *Latta/Rademacher*, Der gutgläubige Zweiterwerb, JuS 2008, 1052 (1054 zur Auflassungsvormerkung); *Löhnig/Gietl*, Grundfälle zur Vormerkung, JuS 2007, 102; *Löhnig/Gietl*, Grundfälle zur Vormerkung: Die Handlungsmöglichkeiten des Auflassungsvormerkungsinhabers, JuS 2008, 102; *G. Lüke*, Auflassungsvormerkung und Heilung des formnichtigen Kaufvertrags – BGHZ 54, 56, JuS 1971, 341; *Michaelis*, Vormerkung für einen Anspruch auf Übertragung eines Erbanteils, JuS 1963, 231; *Schwerdtner*, Die Auflassungsvormerkung, Jura 1985, 316; *Tiedtke*, Die Auflassungsvormerkung, Jura 1981, 354.

Fallbearbeitung: *Auer*, Referendarexamensklausur: Vormerkung und EBV – Wie gewonnen, so zerronnen, JuS 2007, 1122; *Berger/Skamel*, Referendarexamensklausur: Vormerkung, Verbrauchsgüterkauf, Versäumnisurteil, JuS 2005, 923; *Fehrenbacher/Kharag*, Fortgeschrittenenklausur: Vormerkung und Leistungsstörungsrecht, JuS 2009, 930; *Gergen*, Klausur: Zum Problem der erneuten Bewilligung einer inhaltsgleichen Auflassungsvormerkung, JuS 2005, 523; *Jotzo*, Referendarexamensklausur: Vormerkungserwerb und Gefälligkeitshaftung, JuS 2019, 622; *Kaiser*, Referendarexamensklausur: Scheingeschäft und Vormerkung, JuS 2012, 341; *Kaiser*, Referendarexamensklausur: Vormerkung, Bedingung und Leistung durch Dritte, JuS 2015, 337; *Körber/Resch*, Referendarexamensklausur: Die verhinderten Vormerkungen, JuS 2020, 241; *Nick*, Klausur: Grundstückssorgen, JA 2013, 888; *Ohly/Werner*, Fortgeschrittenenklausur: Grundprobleme der Auflassungsvormerkung, JuS 2007, 449; *Stamm*, Die examensrelevanten Probleme der Vormerkung in der Fallösung, JuS 2003, 48; *Temming/Orlowksi*, Klausur: Vertraust du noch oder merkst Du schon vor?, JA 2021, 814; *Thomale*, Fortgeschrittenenklausur: Vormerkung und ungerechtfertigte Bereicherung – Todtnauberg, JuS 2013, 42; *Thümmler*, Referendarexamensklausur: Gutgläubiger Ersterwerb einer Vormerkung, JuS 2009, 635; *Witt*, Fortgeschrittenenklausur: Schicksal einer Auflassungsvormerkung, JuS 2004, 48.

I. Bedeutung und Zweck

Verpflichtet sich jemand zur Verfügung über ein Grundstück oder ein dingliches Recht an einem Grundstück, erwirbt der Vertragspartner nur einen schuldrechtlichen Anspruch auf Rechtsänderung; die dingliche Rechtslage ändert sich durch den Schuldvertrag nicht (Trennungsgrundsatz; → § 1 Rn. 19). Der bisherige Rechtsinhaber bleibt nach Abschluss des Verpflichtungsgeschäfts deshalb verfügungsbefugt, und er kann durch eine vertragswidrige Verfügung den Erwerb seines (ersten) Vertragspartners vereiteln. Diese Schwäche der schuldrechtlichen Position wird durch die Vormerkung nach § 883 BGB ausgeglichen. Sie schützt den obligatorisch Berechtigten vor Verfügungen des Rechtsinhabers. Vormerkungswidrige Verfügungen sind dem Vormerkungsgeschützten gegenüber unwirksam (§ 883 Abs. 2 BGB). Für ihn ist der bisherige Eigentümer weiterhin Rechtsinhaber und kann den schuldrechtlichen Anspruch erfüllen.

Beispiel: Der Eigentümer E schließt mit K beim Notar einen notariellen Kaufvertrag über ein Villengrundstück ab. Durch den Kaufvertrag wird E verpflichtet, dem K das Eigentum an dem Grundstück zu verschaffen (§ 433 Abs. 1 Satz 1 BGB). Eigentümer wird K aber erst, wenn die Auflassung (dingliche Einigung) erklärt und K als Eigentümer in das Grundbuch eingetragen ist (§§ 873 Abs. 1, 925 BGB). Vor diesem Zeitpunkt könnte E als Eigentümer anderweitig über das Grundstück verfügen. Überträgt E das Eigentum auf D, kann K zwar Schadensersatzansprüche gegen E nach §§ 280, 283 BGB geltend machen, aber damit ist ihm nicht gedient, wenn er auf das Grundstück angewiesen ist. Deshalb wird K eine Vormerkung zur Sicherung seines Übereignungsanspruchs in das Grundbuch eintragen lassen. Die Vormerkung ist vor allem für den Käufer ein unverzichtbares Sicherungsinstrument, der den Kaufpreis bezahlt, ehe er als Eigentümer in das Grundbuch eingetragen ist. Das wird insbesondere in der Insolvenz des Verkäufers deutlich. Nach § 106 Abs. 1 InsO kann der Käufer für seinen Auflassungsanspruch volle Befriedigung aus der Insolvenzmasse verlangen. Durch die Vormerkung wird der gesicherte Verschaffungsanspruch insolvenzfest, weil ihm damit Aussonderungskraft zukommt (→ § 13 Rn. 16).[1]

2   Mit der Vormerkung erfährt die obligatorische Rechtsposition aus dem Kaufvertrag eine „Verdinglichung". Überträgt der Verkäufer eines Grundstücks das Eigentum nicht an den Käufer, sondern an einen Dritten, kann sich der Käufer, der durch eine Auflassungsvormerkung geschützt war, auf den Standpunkt stellen, das Eigentum sei wegen § 883 Abs. 2 Satz 1 BGB nicht auf den Dritten übergegangen. Das allein genügt zum Schutze des Käufers allerdings noch nicht. Erklärt nämlich der Verkäufer nun die Auflassung an den Käufer, wird sich das Grundbuchamt vor dem Hintergrund des § 39 GBO (Voreintragungsgrundsatz, → § 11 Rn. 27) weigern, den Käufer einzutragen, weil als Eigentümer der Dritte eingetragen ist. Damit der Vormerkungsgeschützte seine Eintragung gegen den Willen des vormerkungswidrig Eingetragenen erreichen kann, gibt § 888 Abs. 1 BGB gegen den Dritten einen Anspruch auf Bewilligung der Eintragung (§ 19 GBO).

Die Vormerkung dient der Vertragspraxis zur Errichtung dinglicher Verfügungsbeschränkungen. Im Rahmen eines Grundstückskauf- oder -übergabevertrags begründet man vormerkungsgesicherte Rückforderungsrechte des Verkäufers für den Fall, dass der Käufer über das Grundstück verfügt. Übereignet der Käufer das Grundstück an Dritte, kann der vormalige Eigentümer das Grundstück vom Käufer zurückverlangen. Wegen der eingetragenen Vormerkung wird sich schon kaum ein Dritterwerber finden. Diese Rechtsgestaltung kann zu dauerhaften Verfügungsbeschränkungen führen, die vor dem Hintergrund des § 137 Satz 1 BGB bedenklich sind.[2] Grundstücke werden der Zwangsvollstreckung entzogen, wenn der vormerkungsgesicherte Rückforderungsanspruch auch für den Fall eines Gläubigerzugriffs entsteht.[3]

II. Der gesicherte Anspruch

1. Persönliche Ansprüche

3   Die Vormerkung kann eingetragen werden zur Sicherung *persönlicher* (obligatorischer) Ansprüche auf Einräumung (Begründung oder Übertragung) oder

---

[1] Jaeger/*Jacoby* § 106 Rn. 1.
[2] Zum Thema *Berger*, Rechtsgeschäftliche Verfügungsbeschränkungen, 1998, S. 193 ff.
[3] Zur Vormerkung zur Abwehr des Gläubigerzugriffs *Berger*, Rechtsgeschäftliche Verfügungsbeschränkungen, 1998, S. 206 ff.; weniger kritisch *Foerste*, Festschr. Ahrens, 2016, S. 483 und *ders.*, DNotZ 2017, 583.

Aufhebung eines Rechts an einem Grundstück oder an einem das Grundstück belastenden Recht, auf Änderung des Inhalts oder des Rangs eines beschränkten dinglichen Rechts. In der Praxis haben sich besondere Vormerkungsarten herausgebildet, bei denen es sich um Kennzeichnungen nach dem Inhalt des gesicherten Anspruchs handelt. Bei der *Auflassungsvormerkung* wird der Anspruch auf Übereignung gesichert; die *Löschungsvormerkung* (vgl. § 1179 BGB) sichert den Anspruch auf Löschung eines beschränkten dinglichen Rechts. Ob der gesicherte Anspruch auf Rechtsgeschäft oder auf Gesetz beruht, spielt keine Rolle. Entscheidend ist der Inhalt des Anspruchs. Er muss auf eine dingliche Rechtsänderung gerichtet sein. Zu den obligatorischen Ansprüchen, die durch Vormerkung gesichert werden können, gehören nicht nur Ansprüche, die im Schuldrecht geregelt sind. Auch für Ansprüche aus einem Vermächtnis kann nach dem Erbfall (§§ 2174, 2176 BGB) eine Vormerkung eingetragen werden.[4]

Sicherungsfähig sind auch *künftige* und *bedingte* Ansprüche (§ 883 Abs. 1 Satz 2 BGB). Künftige Ansprüche müssen nach Inhalt, Gegenstand und Berechtigtem bestimmbar sein,[5] z.B. aufgrund eines bindenden Vertragsangebots. Diese Einschränkung wird damit begründet, die Eintragung reiner „Hoffnungsvormerkungen" führe zur Überlastung des Grundbuchs und halte in einem Zwangsversteigerungsverfahren Bieter ab.[6] Wurde ein formnichtiger Kaufvertrag geschlossen, genügt die Heilungsmöglichkeit nach § 311b Abs. 1 Satz 2 BGB nicht, weil sie nicht zurückwirkt.[7] Auch wenn die Entstehung von der reinen Willkür des künftig *Verpflichteten* abhängt,[8] kommt die Eintragung einer Vormerkung nicht in Betracht; anders, wenn die Entstehung des Anspruchs vom Willen des Berechtigten abhängt[9] wie beim bindenden Vertragsangebot. Zulässig ist auch die Eintragung einer Vormerkung, die den künftigen Anspruch sichert, der durch Rücktritt entsteht.[10] Wann eine hinreichend gesicherte Grundlage des Anspruchs besteht, kann im Einzelfall zweifelhaft sein. Nach der Rechtsprechung muss ein sicherer „Rechtsboden"[11] für den künftigen Anspruch vorhanden sein.[12] Bei bedingten Ansprüchen bedarf es der gesonderten Prüfung einer gesicherten Grundlage nicht. Bei einer auflösenden Bedingung besteht der Anspruch ohnehin, und bei einer aufschiebenden Bedingung hat der künftige Anspruch, der mit Bedingungseintritt entsteht, seine Rechtsgrundlage in dem aufschiebend bedingten Rechtsgeschäft.

4

---

[4] BGH JZ 1991, 986 mit Anm. *Leipold*.
[5] BGHZ 61, 211; BGHZ 151, 122.
[6] Dazu Staudinger/*Kesseler* § 883 Rn. 205. Für die Vormerkung müsste, wenn ein Nachrangiger die Zwangsversteigerung betreibt, entsprechend § 51 ZVG ein Zuzahlungsbetrag festgesetzt werden; dazu und zum Problem der Feststellung des gesicherten Anspruchs in der Zwangsversteigerung BGH NJW 2012, 2654.
[7] BGH NJW 1983, 1545; BGHZ 150, 138.
[8] BGH NJW 2006, 2409 und NJW 1997, 862.
[9] BGH NJW 2006, 2409.
[10] BGH JZ 1997, 516.
[11] BGH NJW 1970, 1541, 1542 (nicht bei formnichtigem Grundstückskaufvertrag).
[12] Zur Rechtsbodentheorie *Berger*, Festschr. Kollhosser, Bd. 2, 2004, S. 35.

2. Akzessorietät der Vormerkung

5   Die Vormerkung ist akzessorisch.[13] Entstehen, Fortdauer und Rechtsinhaberschaft richten sich nach der Forderung. Die Vormerkung entsteht nicht, wenn der zu sichernde Anspruch nicht besteht. Wurde eine Vormerkung eingetragen, obwohl der Anspruch nicht bestand, ist das Grundbuch unrichtig[14] und kann berichtigt werden. Gleiches gilt, wenn ein zunächst bestehender Anspruch erlischt. Wird der gesicherte Anspruch abgetreten, geht die Vormerkung als Nebenrecht auf den Rechtsnachfolger analog § 401 BGB ohne besondere Vereinbarung über.

Steht dem Anspruch eine dauernde Einrede entgegen, erlischt die Vormerkung nicht, der Rechtsinhaber kann aber nach § 886 BGB „Beseitigung" der Vormerkung verlangen. Dafür genügt die Löschung nicht, weil die Aufhebung nach § 875 BGB die Erklärung des Vormerkungsberechtigten voraussetzt, dass er sein Recht aufgibt.

6   Durch die Vormerkung kann nur derjenige geschützt werden, dem die Gläubigerstellung zukommt. Es muss deshalb eine Personenidentität zwischen Vormerkungsberechtigtem und Anspruchsinhaber bestehen. Bei einem echten Vertrag zugunsten Dritter (§ 328 Abs. 1 BGB) kann der Dritte als Anspruchsinhaber gesichert werden, es kommt aber auch die Eintragung des Versprechensempfängers in Betracht. Bei einem unechten oder ermächtigenden Vertrag zugunsten Dritter erlangt der Dritte nach dem Willen der Vertragsparteien keine Gläubigerstellung, deshalb kann seine nur faktische Erwerbsaussicht nicht durch eine Vormerkung geschützt werden.[15]

7   Der durch Vormerkung gesicherte Anspruch muss sich gegen denjenigen richten, dessen Recht von der geschuldeten Rechtsänderung betroffen ist[16] (*Identitätsgebot*).

III. Entstehung der Vormerkung

1. Bewilligung und Eintragung

8   Die Entstehung der Vormerkung setzt die Bewilligung des Betroffenen und die Eintragung in das Grundbuch (§ 885 Abs. 1 Satz 1 Fall 2 BGB) voraus; ohne Bewilligung kann die Vormerkung aufgrund einer einstweiligen Verfügung eingetragen werden (885 Abs. 1 Satz 1 Fall 1 BGB; → § 13 Rn. 12). Bei der Bewilligung handelt es sich um eine materiellrechtliche Willenserklärung, die nicht mit der Bewilligung des § 19 GBO gleichgesetzt werden darf. Freilich kann ein Erklärungsakt die verfahrensrechtliche Bewilligung und die materiellrechtliche Bewilligung enthalten. Die Unterscheidung kann bedeutend sein, wenn allein

---

[13] *Wilhelm* Rn. 2231 kritisiert die Bezeichnung „akzessorisch", ohne in der Sache abzuweichen.
[14] BayObLG NJW-RR 1997, 1445.
[15] BGH NJW 2009, 357.
[16] BGH JZ 1997, 516.

die Bewilligung nach § 19 GBO unwirksam ist. Die materiellrechtliche Erklärung ist formlos wirksam, während die Bewilligung dem Grundbuchamt in der Form des § 29 GBO vorzulegen ist. Eine privatschriftliche Bewilligung genügt nicht den Anforderungen des formellen Rechts. Dennoch entsteht die Vormerkung, wenn der Grundbuchbeamte unter Verletzung der Verfahrensvorschriften die Eintragung vornimmt. Für die Frage, ob die Vormerkung entstanden ist, kommt es nur darauf an, ob eine Bewilligung nach § 885 Abs. 1 Satz 1 BGB vorliegt. Erklärungsempfänger der materiellrechtlichen Bewilligung ist das Grundbuchamt oder der Anspruchsinhaber (analog §§ 875 Abs. 1 Satz 2, 876 Satz 3 BGB).[17] Streitig ist, ob behördliche Genehmigungen, die für die Eintragung des gesicherten Rechtes erforderlich sind, vorgelegt werden müssen. Das ist zu verneinen, weil ohne Genehmigung ein sicherungsfähiger künftiger Anspruch vorliegt.[18] Freilich darf durch die Eintragung der Vormerkung der Zweck des Genehmigungserfordernisses nicht vereitelt werden,[19] was in der Regel nicht anzunehmen ist. Die h.M. geht davon aus, dass eine Genehmigung des Familiengerichts nach § 1821 Abs. 1 Nr. 1 BGB vorzulegen ist.

Wird der gesicherte Anspruch von den Parteien aufgehoben, erlischt die Vormerkung. Begründen die Parteien einen neuen inhaltsgleichen Anspruch (Novation), genügt nach der Rechtsprechung[20] zum Entstehen einer neuen Vormerkung die materiellrechtliche Bewilligung. Eine neue Eintragung ist nicht erforderlich. Dies wird damit begründet, dass die Einigung der Eintragung nachfolgen könne.[21] Der Rang der Vormerkung, die aufgrund der neuen Bewilligung entsteht, richtet sich entgegen § 879 Abs. 2 BGB nicht nach der (alten) Eintragung, sondern nach dem Zeitpunkt, in dem die neue Bewilligung zuging.[22] Da die materiellrechtliche Bewilligung nicht notwendig dem Grundbuchamt zugehen muss, lässt sich der Rang anhand der Grundakten nicht ohne weiteres feststellen.[23]

Die Wiederverwendung einer eingetragenen Vormerkung (auch „Aufladung" genannt) kommt jedoch nur in Betracht, wenn der neue zu sichernde Anspruch und die Eintragung kongruent sind. Das setzt voraus, dass der zu sichernde Anspruch inhaltlich die gleiche Rechtsänderung wie die vorausgegangene Eintragung betrifft.[24] So scheidet die Wiederverwendung einer erloschenen Vormerkung, die einen Rückauflassungsanspruch sichern sollte, aus, wenn mit ihr ein Auflassungsanspruch aus einem Kaufvertrag mit einem Dritten gesichert werden soll.

---

[17] BGH NJW-RR 1989, 199.
[18] Zutreffend MünchKommBGB/*Kohler* § 885 Rn. 24.
[19] Staudinger/*Kesseler* § 885 Rn. 31.
[20] BGH NJW 2000, 806, dazu *Gergen* JuS 2005, 525. Auch bei einer nichtigen Übereignung bedarf es keiner Neueintragung, wenn die Auflassung ordnungsgemäß nachgeholt wird.
[21] BGH NJW 2000, 806.
[22] BGH NJW 2000, 806, 807.
[23] BGH NJW 2000, 806 empfiehlt die Eintragung eines Rangvermerks.
[24] BGH NJW 2012, 2654.

11 Die Rechtsprechung zur Wiederverwendung der erloschenen Vormerkung wurde in der Literatur zu Recht heftig kritisiert, da sie darauf hinausläuft, dass die Akzessorietät der Vormerkung abgeschwächt wird[25] und Dritte beeinträchtigt werden. Liegt ein unerledigter Antrag vor, führte der später eingegangene Antrag auf Neueintragung der Vormerkung wegen § 17 GBO zu einem schlechteren Rang. Verzichtet man mit dem BGH auf einen Antrag auf Neueintragung der Vormerkung, kann der Vormerkungsberechtigte einen besseren Rang erwerben, wenn nur die Bewilligung vor Erledigung des anhängigen Antrags abgegeben wird.

2. Einstweilige Verfügung

12 Die Bewilligung kann durch eine einstweilige Verfügung ersetzt werden. Ihr Erlass setzt nach § 885 Abs. 1 Satz 2 BGB nicht voraus, dass eine Gefährdung des zu sichernden Anspruchs glaubhaft gemacht wird. Die Vorschrift muss vor dem Hintergrund der §§ 936, 920 Abs. 2 ZPO gelesen werden, nach denen eine einstweilige Verfügung nur erlassen werden kann, wenn die Gefährdung des Rechts glaubhaft gemacht wird. Eine einstweilige Verfügung wird unabhängig davon erlassen, ob die Parteien einen Anspruch auf Einräumung der Vormerkung vereinbart haben. Die Regelung des § 885 Abs. 1 BGB geht davon aus, dass mit einem durch Vormerkung sicherungsfähigen Anspruch kraft Gesetzes ein Anspruch auf Bewilligung einer Vormerkung entsteht. Verfügungsanspruch ist aber nicht der Anspruch auf Einräumung der Vormerkung, sondern der zu sichernde Anspruch auf dingliche Rechtsänderung. Dieser Anspruch ist glaubhaft zu machen. Wird die einstweilige Verfügung aufgehoben, so erlischt die Vormerkung,[26] auch wenn sie nicht gelöscht wurde. Bei der Entstehung ist die Eintragung konstitutiv. Der Erlass der einstweiligen Verfügung allein reicht für die Entstehung der Vormerkung nicht aus.

Von der einstweiligen Verfügung zur Eintragung der Vormerkung zu unterscheiden ist ein im Wege der einstweiligen Verfügung erlassenes Veräußerungsverbot (§ 938 Abs. 2 ZPO). Verbotswidrige Verfügungen sind dem Antragsteller gegenüber ebenfalls relativ unwirksam (§§ 135 Abs. 1, 136 BGB). Es bestehen aber auch Unterschiede:[27] beispielsweise ist das gerichtliche Veräußerungsverbot nicht insolvenzfest (§ 80 Abs. 2 InsO).

---

[25] Siehe dazu Staudinger/*Kesseler* § 883 Rn. 449.
[26] BGHZ 39, 21.
[27] Dazu MünchKommBGB/*Kohler* § 883 Rn. 9.

IV. Wirkungen der Vormerkung

1. Relative Unwirksamkeit nach § 883 Abs. 2 BGB

a) Gesetzliche Regelung

Eine Verfügung, die nach Eintragung der Vormerkung über das Grundstück oder das dingliche Recht getroffen wird, ist insoweit unwirksam, als sie den Anspruch oder das Recht vereiteln oder beeinträchtigen würde (§ 883 Abs. 2 Satz 1 BGB). Es handelt sich dabei um eine relative Unwirksamkeit, die sich dadurch auszeichnet, dass sich nur der Geschützte darauf berufen kann.[28] Übereignet der Verkäufer sein Grundstück an einen Dritten, obwohl der Übereignungsanspruch durch eine Auflassungsvormerkung gesichert war, wird der Dritte Eigentümer, aber nicht gegenüber dem durch die Vormerkung Geschützten.

13

Beispiel: E verkauft sein Grundstück an K und lässt eine Auflassungsvormerkung eintragen. Danach übereignet er das Grundstück an D. D klagt gegen den Besitzer B des Grundstücks auf Herausgabe nach § 985 BGB. B kann im Prozess nicht einwenden, der Erwerb des D sei vormerkungswidrig, und deshalb sei D nicht Eigentümer. Der Herausgabeanspruch des D ist daher begründet.

Klagt K gegen den Verkäufer E, der vormerkungswidrig verfügt hat, aus dem Kaufvertrag (nicht aus der Vormerkung!) auf Auflassung, kann dieser nicht einwenden, mangels Rechtsinhaberschaft sei ihm die Erfüllung subjektiv unmöglich. Nach § 883 Abs. 2 Satz 1 BGB ist E im Verhältnis zum vormerkungsgeschützten K weiterhin Eigentümer und damit verfügungsbefugt. E kann also gegenüber K eine *wirksame* Auflassungserklärung abgeben. Weil § 275 Abs. 1 BGB den E nicht befreit, bleibt K der Primärleistungsanspruch erhalten; ohne § 883 Abs. 2 Satz 1 BGB könnte K nur Schadensersatz verlangen (§§ 280, 283, 275 BGB).

Die Vormerkung bewirkt kein Veräußerungsverbot (vgl. § 888 Abs. 2 BGB) und keine „Grundbuchsperre"; das Grundbuchamt lehnt die Eintragung vormerkungswidriger Verfügungen nicht ab. Das Grundbuch wird durch die Eintragung einer vormerkungswidrigen Verfügung auch nicht unrichtig; K kann nicht Grundbuchberichtigung verlangen. Die Vormerkung begründet ferner keine Ansprüche gegen den Schuldner des gesicherten Anspruchs (dieser bleibt aus dem vormerkungsgesicherten Anspruch verpflichtet, nicht aus der Vormerkung). Auch gehen die Leistungspflichten des Schuldners nicht im Wege einer Schuldübernahme auf den vormerkungswidrigen Erwerber über; dieser ist nur nach § 888 BGB verpflichtet.

14

§ 883 Abs. 2 Satz 1 BGB erfasst Verfügungen. Gleichgestellt ist die Bewilligung einer Vormerkung.[29] Vor Beeinträchtigungen durch andere Rechtsgeschäfte ist der Vormerkungsberechtigte nicht geschützt. Deshalb ist ein Mietvertrag uneingeschränkt wirksam, obwohl der Erwerber in das Mietverhältnis nach § 566 BGB eintritt.[30] Der Mieter steht also besser als ein Nießbraucher.

15

---

[28] BGH NJW 2009, 357.
[29] Nicht erfasst ist die Bewilligung eines Widerspruchs gegen die von der Vormerkung betroffene Rechtsposition, vgl. Staudinger/*Kesseler* § 883 Rn. 245 m.w.N.
[30] BGH NJW 1989, 451; BGHZ 13, 1 (str.).

16 Die Vormerkung sichert ihren Inhaber auch gegenüber den Gläubigern des Schuldners, da Zwangsvollstreckungsmaßnahmen oder Arrestvollziehungen und Verfügungen des Insolvenzverwalters (§ 80 Abs. 1 InsO) dem Inhaber der Vormerkung gegenüber unwirksam sind (§ 883 Abs. 2 Satz 2 BGB). Über § 106 InsO verleiht die Vormerkung dem gesicherten obligatorischen Anspruch Aussonderungskraft (§ 47 InsO); der Verwalter kann nicht nach § 103 InsO Erfüllung ablehnen.

17 Die Verfügung ist trotz Bestehens einer Vormerkung voll wirksam, wenn der Vormerkungsgläubiger seine Zustimmung (§§ 182 ff. BGB) erklärt.

b) Dogmatische Einordnung

18 Mit der relativen Unwirksamkeit soll erreicht werden, dass der Schuldner zur Erfüllung des gesicherten Anspruchs seine Verfügungsmacht behält. Streitig ist, wie die Rechtsfolgeanordnung des § 883 Abs. 2 BGB dogmatisch einzuordnen ist. Die im neueren Schrifttum vertretene *Ermächtigungstheorie*[31] versucht der Sache nach die Rechtsfolge der Unwirksamkeit zu vermeiden,[32] damit keine gespaltene Rechtszuständigkeit entsteht. Sie geht davon aus, der Erwerber erlange das Recht jedermann (auch dem vormerkungsgesicherten Gläubiger) gegenüber, aber der Schuldner sei kraft Gesetzes ermächtigt, zur Erfüllung des gesicherten Anspruchs über das Recht zu verfügen, das ihm nicht mehr gehört. Wurde das Grundstück vormerkungswidrig belastet, erstreckt sich die Ermächtigung auf die Aufhebung des beschränkten dinglichen Rechts. Grundlage der Verfügungsmacht des Anspruchsschuldners ist danach nicht die ursprüngliche Verfügungsbefugnis aufgrund der dem vormerkungsgeschützten Gläubiger gegenüber fortbestehenden Rechtsinhaberschaft, sondern eine im Wege gesetzlicher Ermächtigung neu begründete Verfügungsbefugnis. Die Gegenposition,[33] die man als *Unwirksamkeitstheorie* bezeichnen könnte, benötigt keine Ermächtigung des Vormerkungsschuldners, weil das vormerkungswidrige Rechtsgeschäft für den Vormerkungsgläubiger unwirksam ist. Deshalb besteht die ursprüngliche Verfügungsbefugnis fort.

Beispiel: E verkauft sein Grundstück an K und lässt für diesen eine Auflassungsvormerkung eintragen. Danach übereignet er das Grundstück an D. K kann von E die Auflassung verlangen, und diese Auflassung ist nach der Ermächtigungstheorie auch wirksam, weil E als ermächtigt gilt, über das Eigentum des D zu verfügen. Nach der Unwirksamkeitstheorie besteht die ursprüngliche Verfügungsbefugnis des V fort, da die Übereignung dem K gegenüber unwirksam war. Die beiden Theorien unterscheiden sich hier nur in der konstruktiven Begründung der Verfügungsbefugnis des Vormerkungsschuldners. Sie führen

---

[31] Staudinger/*Kesseler* § 883 Rn. 289 m.w.N.
[32] Trotzdem verwenden die Anhänger dieser Lehre den Begriff der Unwirksamkeit.
[33] Sie entspricht der traditionellen Lehre, vgl. etwa *Wolff/Raiser* § 48 III 1; *Baur/Stürner* § 20 Rn. 35; *Wilhelm* Rn. 2239. – Eine dritte Ansicht deutet die Zustimmung in § 888 BGB materiellrechtlich und kommt so zur Wirksamkeit der Verfügung, durch die der gesicherte Anspruch erfüllt wird, so früher Staudinger/*Seuffert* (11. Aufl.) § 883 Rn. 48.

aber zu abweichenden Konsequenzen bei *beeinträchtigenden* Verfügungen, wie das folgende Beispiel zeigt.

Beispiel: E hat wie im Ausgangsbeispiel sein Grundstück an K verkauft und eine Auflassungsvormerkung bewilligt, die auch eingetragen wurde. Danach bestellt E für seinen Gläubiger G eine Grundschuld. Die Belastung des Grundstücks mit der Grundschuld hindert E nicht, wirksam die Auflassung zu erklären und K das Eigentum zu verschaffen. Aber K hat einen Anspruch auf unbelastetes Eigentum (§ 433 Abs. 1 Satz 2 BGB) und daher einen Anspruch gegen E auf Aufhebung der Grundschuld (→ § 14 Rn. 7). Die Aufhebung setzt nach § 875 BGB die Erklärung des Berechtigten, dass er das Recht aufgebe, und die Löschung voraus. Berechtigter ist aber nicht E, sondern der Grundschuldinhaber G. Nach der Ermächtigungstheorie kann E aufgrund der Vormerkung wirksam die Aufhebung erklären.[34] Mit der Aufhebung des Grundpfandrechts erlangt K unbelastetes Eigentum, weil die Grundschuld erlischt. Nach der Unwirksamkeitstheorie ist die Bestellung des Grundpfandrechts dem K gegenüber unwirksam, und er kann nach § 888 Abs. 1 BGB von G verlangen, dass G in die Löschung einwilligt. Mit der Löschung des Grundpfandrechts endet die Berechtigung des G jedermann gegenüber.

Die relative Unwirksamkeit erhält die *ursprüngliche* Verfügungsmacht des Schuldners zur Erfüllung des gesicherten Anspruchs. Bei wirkungsvereitelnden Verfügungen (Übereignung an Dritten trotz Auflassungsvormerkung) verliert der Dritte automatisch seine Rechtsstellung, wenn der Vormerkungsschuldner aufgrund seiner verbliebenen Verfügungsbefugnis zur Erfüllung des Anspruchs über das Recht verfügt. Wie bei beeinträchtigenden Verfügungen die Belastung beseitigt wird, wurde im Gesetz nicht ausdrücklich geregelt. Auch hier ist von einem automatischen Wegfall der Belastung auszugehen, wenn der Vormerkungsgläubiger sein Recht durchsetzt (§ 888 BGB). Die Ansicht, die Belastung bedürfe einer rechtsgeschäftlichen Aufhebung durch den Schuldner (so die Ermächtigungstheorie), ist abzulehnen, da sie den Gläubiger u.U. zu einem zweiten Prozess gegen den Vormerkungsschuldner zwingt.

2. Inhaltliche Beschränkung der Unwirksamkeit

Die Unwirksamkeit ist nicht nur relativ, d.h. in subjektiver Hinsicht begrenzt, sondern auch dem Umfang nach. Verfügungen sind nur insoweit unwirksam, als sie den vorgemerkten Anspruch vereiteln würden. Auszugehen ist von der Rechtslage im Zeitpunkt der Eintragung der Vormerkung. Nur wenn die Stellung des Berechtigten verschlechtert würde, ist die Verfügung unwirksam.

Beispiel: E hat sein Grundstück mit einer Eigentümergrundschuld belastet (§§ 1177 Abs. 1 Satz 1, 1196 Abs. 1 BGB). Danach verkauft er es an K und lässt für K eine Auflassungsvormerkung eintragen. Nach Eintragung der Vormerkung überträgt E die Eigentümergrundschuld auf seine Bank zur Sicherung eines Kredits. Die Übertragung der Grundschuld auf die Bank ist gegenüber K nicht unwirksam, wenn sein Anspruch aus dem Kaufvertrag von vornherein nur auf die Übertragung belasteten Eigentums gerichtet war.[35]

---

[34] Staudinger/*Kesseler* § 888 Rn. 31, 43; MünchKommBGB/*Kohler* § 883 Rn. 50.
[35] BGHZ 64, 316.

3. Der Anspruch gegen den Dritten

21 Damit der Vormerkungsgeschützte seinen Anspruch durchsetzen kann, gibt ihm das Gesetz gegen den Erwerber, der ein Recht vormerkungswidrig erworben hat, einen unverjährbaren[36] Anspruch auf Zustimmung zu seiner Eintragung (§ 888 Abs. 1 BGB). Inhaltlich handelt es sich nach h.M. dabei um einen Anspruch auf die formelle Erklärung nach § 19 GBO,[37] nicht um Erteilung der Zustimmung nach § 185 BGB und schon gar nicht um einen Anspruch auf Erfüllung der vormerkungsgesicherten Forderung. § 888 BGB ist ein dinglicher Hilfsanspruch. Isoliert abtretbar und pfändbar ist der Anspruch nicht; er entsteht nach Abtretung der vormerkungsgesicherten Forderung in der Person des Zessionars. Ebenso wie der vormerkungsgesicherte Anspruch in der Insolvenz des Vormerkungsverpflichteten gegenüber dem Insolvenzverwalter durchsetzbar ist (§ 106 InsO), kann der Anspruch aus § 888 BGB in der Insolvenz des vormerkungswidrig Eingetragenen durchgesetzt werden.

Beispiel: E hat sein Grundstück verkauft und eine Auflassungsvormerkung für den Käufer K eintragen lassen. Noch ehe der Kaufvertrag erfüllt wird, bestellt E zugunsten der Bank B eine Grundschuld. K kann von E weiterhin Auflassung fordern und aufgrund der Vormerkung von B nach § 888 BGB verlangen, dass sie die Löschung der Grundschuld bewilligt. Natürlich wird die mit der Vormerkung gesicherte Übereignung durch die Belastung nicht vereitelt. Wegen des Anspruchs auf lastenfreies Eigentum (§ 433 Abs. 1 Satz 2 BGB) ist bei der Auflassungsvormerkung jedoch jede Belastung vormerkungswidrig. Hatte B die Grundschuld übertragen, richtet sich der Zustimmungsanspruch gegen den Erwerber.

4. Ausgleichs- und Ersatzansprüche

22 Gegenüber dem Vormerkungsberechtigten ist der Dritterwerber, der vormerkungswidrig erworben hat, nie Berechtigter geworden. Bei der Auflassungsvormerkung stellt sich die Frage, ob der durch Vormerkung geschützte Käufer gegen den Dritterwerber einen Anspruch auf Nutzungsersatz entsprechend § 987 BGB hat. Die Literatur verneint die entsprechende Anwendung des § 987 BGB überwiegend.[38] Dagegen hat der BGH[39] die Anwendung des § 987 für den Fall bejaht, dass dem Vormerkungsgeschützten auch gegenüber dessen Schuldner die Nutzungen nach § 292 BGB zustehen. Der Vormerkungsgeschützte kann vom Eingetragenen bei verzögerter Zustimmungserteilung ferner einen Schadensersatzanspruch gemäß §§ 280, 286, 288 BGB geltend machen.[40] Hat der Dritterwerber Verwendungen getätigt, kann er dafür analog § 994 Abs. 2 BGB Ersatz verlangen.[41]

---

[36] Analog § 906 I 1 BGB, BGH NJW 2022, 1167, Rn. 20ff.
[37] Soergel/*Stürner* § 888 Rn. 3 m.w.N.
[38] Staudinger/*Kesseler* § 888 Rn. 81.
[39] BGH NJW 2000, 2899.
[40] BGH NJW 2016, 2104, Rn. 8ff. (Aufgabe von BGH NJW 1968, 788).
[41] BGHZ 75, 288, 291.

*Beispiel:*⁴² Vater V überträgt ein Grundstück auf seinen Sohn S mit der Bestimmung, dass S nicht berechtigt sein soll, das Grundstück zu Lebzeiten des V zu veräußern. Für den Fall der verbotswidrigen Veräußerung wird ein Rückübereignungsanspruch vereinbart, der durch Vormerkung gesichert wird. S veräußert das Grundstück an D. Daraufhin erhebt V Klage auf Rückauflassung und verlangt von D die Bewilligung nach § 888 BGB. Nach Ansicht des BGH hatte D ab dem Zeitpunkt der Rechtshängigkeit der Klage gegen S Nutzungsersatz analog § 987 BGB zu leisten, da S auch nach § 292 BGB (Rechtshängigkeit) zur Nutzungsherausgabe verpflichtet war.

Da die Vormerkung eine sichere Erwerbsaussicht gewährt, hat der Vormerkungsberechtigte den Schutz eines Anwartschaftsberechtigten (→ § 9 Rn. 6). Er kann entsprechend § 1004 BGB auf Unterlassung klagen und Ansprüche nach § 823 Abs. 1 geltend machen. Zum Problem der konkurrierenden Berechtigung des Eigentümers → § 9 Rn. 10.

5. Die Rangwirkung (§ 883 Abs. 3 BGB)

Der Rang des Rechts, auf dessen Eintragung der Anspruch gerichtet ist, bestimmt sich nach der Eintragung der Vormerkung (§ 883 Abs. 3 BGB). Das Recht wird so behandelt, als sei es statt der Vormerkung eingetragen worden. Sichert eine Vormerkung den Anspruch auf Bestellung eines beschränkten dinglichen Rechts (z.B. eines Grundpfandrechts), wird der Vormerkungsgläubiger durch nachfolgende Belastungen nicht beeinträchtigt, weil sein Grundpfandrecht auf den Zeitpunkt der Eintragung der Vormerkung zurückbezogen wird. Wegen der Rangwirkung sind die späteren Belastungen nicht vormerkungswidrig. Des Schutzes durch § 883 Abs. 2 BGB bedarf es wegen der Rangwirkung nicht, auch § 888 BGB ist unanwendbar. Technisch wird die Rangwirkung durch § 12 Abs. 1 lit. b GBV sichergestellt.

6. Der Rang der Vormerkung

Von dem Rang des Rechts, welches die Vormerkung sichert, ist die Frage des Rangs der Vormerkung zu unterscheiden. Ob auf Vormerkungen die Vorschriften über den Rang entsprechend anwendbar sind, ist streitig. Während ein Teil der Literatur der Vormerkung die Rangfähigkeit abspricht,⁴³ geht die h.M. davon aus, auch der Vormerkung komme ein Rang zu.⁴⁴ Die Frage, ob der Vormerkung ein Rang zustehen kann, ist nicht einheitlich zu beantworten. Die Annahme eines Ranges ist nur dort sinnvoll, wo die Vormerkung den Erwerb eines rangfähigen Rechts schützt. Die Frage ist von praktischer Bedeutung bei Rangvereinbarungen (→ § 12 Rn. 10ff.).

---

⁴² Nach BGH NJW 2000, 2899.
⁴³ *Stadler* AcP 189 (1989), 431 m.w.N.
⁴⁴ BGH NJW 1986, 578; NJW 1999, 2275; *Wilhelm* Rn. 608a (einschränkend); Staudinger/*Kesseler* § 883 Rn. 341 m.w.N.

26 Vereinbarungen über den Rang der Vormerkung zielen bei *Belastungen* darauf ab, dem später einzutragenden beschränkten dinglichen Recht einen von § 883 Abs. 3 BGB abweichenden Rang zu geben.

Beispiel: Der Eigentümer E bestellt eine Vormerkung, die für G1 einen Anspruch auf Bestellung einer Grundschuld sichern soll. Später einigt sich E mit G2 über ein Darlehen, das durch eine Grundschuld gesichert werden soll, die der Grundschuld des G1 im Rang vorgeht. Wenn die Grundpfandrechte ohne Rangvereinbarung eingetragen werden, erhält die Grundschuld des G1 wegen der Rangwirkung des § 883 Abs. 3 BGB gegenüber der Grundschuld des G2 den besseren Rang. Die Beteiligten können diese Rangfolge durch eine Rangvereinbarung nach § 880 BGB ändern. Dieses Ergebnis können sie schon vor Eintragung des gesicherten Rechts erreichen, indem eine Vereinbarung getroffen wird, nach der die spätere Belastung gegenüber der *Vormerkung* den Vorrang hat. Die Vereinbarung über den Rang der Vormerkung zielt letztlich darauf ab, den Rang des vorgemerkten Rechts zu bestimmen. Eine Vereinbarung, die sich unmittelbar auf den Rang des künftigen Rechts bezieht, scheidet aus, weil § 880 Abs. 1 BGB von einem bestehenden Rangverhältnis ausgeht, das durch die Rangvereinbarung geändert wird. Zudem stößt eine Rangvereinbarung über ein künftiges Recht auf grundbuchrechtliche Schwierigkeiten.[45] Deshalb wird die Rangvereinbarung auf die Vormerkung als Platzhalter des künftigen Rechts bezogen. Dies rechtfertigt die Annahme, der Vormerkung komme selbst ein Rang zu, wenn ein rangfähiges Recht gesichert werde.

27 Anders verhält es sich, wenn die Vormerkung den Erwerb eines nicht rangfähigen Rechts schützt, wie es bei der *Auflassungsvormerkung* der Fall ist. Die Auflassungsvormerkung sichert den Erwerb des Eigentums, das keinen Rang hat. Deshalb ist § 883 Abs. 3 BGB unanwendbar. Dennoch wird in der Vertragspraxis auch die Auflassungsvormerkung als rangfähiges Recht behandelt, um späteren vormerkungswidrigen Belastungen zur Wirksamkeit zu verhelfen. Anders als bei Belastungen wird bei einer Rangvereinbarung über die Auflassungsvormerkung nicht die Rangfolge des § 883 Abs. 3 BGB geändert, vielmehr zielt die Vereinbarung darauf ab, dass die spätere vormerkungswidrige Belastung nicht nach § 883 Abs. 2 BGB unwirksam ist. Dass die Auflassungsvormerkung späteren Belastungen vorgeht, ergibt sich nicht aus einer Rangfolge, sondern unmittelbar aus § 883 Abs. 2 BGB. Der Vormerkungsgläubiger kann aber seine Zustimmung zu einer späteren Belastung erklären, dann wird die Verfügung nicht von § 883 Abs. 2 BGB erfasst. Um die Wirksamkeit der späteren Verfügung im Grundbuch zu dokumentieren, wird ein Wirksamkeitsvermerk bei der Auflassungsvormerkung und dem Grundpfandrecht eingetragen.[46] Einer Rangvereinbarung bedarf es neben der Zustimmung nicht.[47]

Beispiel:[48] E verkauft sein Grundstück an K und sichert den Eigentumserwerb durch eine Auflassungsvormerkung. Zur Finanzierung benötigt K einen Kredit, den die Bank nur gegen die Bestellung einer Grundschuld gewähren will. Da K über keinen Grundbesitz ver-

---

[45] Vgl. Staudinger/*Gursky* (2013) § 883 Rn. 279.
[46] BGH NJW 1999, 2275.
[47] Dazu *Schubert* DNotZ 1999, 967.
[48] Nach BGH NJW 1999, 2275.

fügt, den er belasten könnte, bevollmächtigt ihn E, das Kaufgrundstück mit einer Grundschuld zu belasten. Bei dieser Grundschuldbestellung handelt es sich um eine vormerkungswidrige Verfügung, die aber entgegen § 883 Abs. 2 BGB voll wirksam ist, weil der Vormerkungsgläubiger seine Zustimmung erklärt hat.

Auch beim Zusammentreffen zweier Auflassungsvormerkungen besteht kein Rangverhältnis. Hat der Eigentümer zunächst für K1 eine Auflassungsvormerkung eintragen lassen und danach für K2, ist die spätere Vormerkung nach § 883 Abs. 2 BGB relativ unwirksam. Die Vormerkungen stehen nicht in einem Rangverhältnis, sondern in einer Wirksamkeitsreihenfolge.[49]

28

Nicht einheitlich beantwortet wird die Frage, ob „ranggleiche" Auflassungsvormerkungen eingetragen werden können. Die h.M. wendet auf die Auflassungsvormerkung § 45 Abs. 1 Halbsatz 2 GBO an. Danach ist bei gleichzeitiger Antragstellung im Grundbuch zu vermerken, dass die Eintragungen gleichen Rang haben. Folglich sei die Eintragung ranggleicher Auflassungsvormerkungen zulässig[50]. Streitig ist, wie der Konflikt bei der Erfüllung der Ansprüche zu lösen ist. Nach der Prioritätstheorie wird derjenige Eigentümer, an den zuerst übereignet wurde. Die Ausgleichstheorie nimmt an, dass die Vormerkungsgläubiger Bruchteilseigentum erlangen.[51] Beide Lösungen lassen sich mit dem Gesetz nicht begründen. Rang- oder wirkungsgleiche Auflassungsvormerkungen neutralisieren sich. Deshalb ist eine ranggleiche Eintragung abzulehnen.[52]

V. Verfügung über die Vormerkung

Da die Vormerkung akzessorisch ist, kann sie nicht ohne die Forderung abgetreten werden. Sie geht entsprechend §§ 401, 412 BGB kraft Gesetzes mit der Abtretung des Anspruchs auf den neuen Gläubiger über,[53] dem auch der Anspruch nach § 888 Abs. 1 BGB zusteht. Die Eintragung des neuen Gläubigers ist nicht Voraussetzung des Erwerbs der Vormerkung. Wird der Zessionar in das Grundbuch eingetragen, so handelt es sich dabei lediglich um eine Grundbuchberichtigung. Die Parteien können vereinbaren, dass eine Vormerkung im Falle der Übertragung des gesicherten Anspruchs nicht auf den Erwerber übergeht. Dann erlischt die Vormerkung im Falle der Abtretung.

29

Wird die Forderung durch Rechtsgeschäft aufgehoben, erlischt auch die Vormerkung. Diese Wirkung tritt ohne Löschung im Grundbuch ein. Davon zu unterscheiden ist die Aufhebung der Vormerkung, für die §§ 875, 876 BGB analog gelten.[54]

30

---

[49] Staudinger/*Kesseler* § 883 Rn. 345.
[50] OLG Naumburg NJW-RR 2000, 1185; Staudinger/*Kesseler* § 883 Rn. 343 m.w.N.; a.M. *Baur/Stürner* § 20 Rn. 49.
[51] *Lemke* JuS 1980, 514, 516f.
[52] *Baur/Stürner* § 20 Rn. 49.
[53] BGHZ 25, 23.
[54] BGHZ 60, 46.

VI. Gutgläubiger Erwerb der Vormerkung

31 Die Vormerkung ist zwar kein „Recht" an einem Grundstück (→ § 13 Rn. 34). Gleichwohl diskutiert man den gutgläubigen Erwerb einer Vormerkung analog §§ 892, 893 BGB, wenn ein im Grundbuch zu Unrecht eingetragener Rechtsinhaber eine Vormerkung bewilligt. Dabei sind verschiedene Fälle zu unterscheiden. Ein gutgläubiger Erwerb wird von der ganz überwiegenden Meinung beim *Ersterwerb* bejaht. Verkauft der im Grundbuch als Eigentümer eingetragene Nichteigentümer das Grundstück und bewilligt er eine Auflassungsvormerkung, erwirbt der Käufer Forderung und Vormerkung. Die persönliche Forderung entsteht durch den Kaufvertrag und setzt keine Verfügungsbefugnis voraus. Dagegen hat die Bewilligung der Vormerkung Verfügungscharakter. Deshalb erwirbt der Käufer die Vormerkung nur, wenn er redlich ist (entsprechend §§ 892, 893 BGB). Lässt der wahre Eigentümer das Grundbuch berichtigen, nachdem die Vormerkung gutgläubig erworben worden war, entstehen für den Vormerkungsgeschützten Probleme bei der Durchsetzung seines Rechts. Der gutgläubige Erwerb der Auflassungsvormerkung bewirkt nicht, dass sich der Anspruch auf Übereignung gegen den Eigentümer richtet. Die Übereignung schuldet allein der Nichteigentümer als Verkäufer. Der Nichteigentümer kann zwar die Auflassung erklären, aber diese Auflassung ist für die Eintragung des neuen Eigentümers nicht ausreichend, weil die Zustimmung des inzwischen eingetragenen wahren Eigentümers fehlt (→ § 11 Rn. 24). Die h.M. wendet beim redlichen Erwerb der Vormerkung § 888 BGB analog an.[55] Danach muss der wahre Eigentümer seine Zustimmung zur Eintragung des vormerkungsgeschützten Käufers als neuer Eigentümer geben. Der Erwerb wird auch nicht dadurch gehindert, dass der Vormerkungsgeschützte inzwischen Kenntnis von der wahren Rechtslage erlangt.

Wurde die Vormerkung nicht bewilligt, sondern aufgrund einer einstweiligen Verfügung oder eines Vollstreckungstitels eingetragen, ist gutgläubiger Erwerb ebenfalls zu bejahen,[56] obwohl der Erwerb nicht auf Rechtsgeschäft beruht. Bei einem Erwerb im Wege der Zwangsvollstreckung ist gutgläubiger Erwerb nicht von vornherein ausgeschlossen, wie § 898 ZPO zeigt.

32 Beim Erwerb einer *eingetragenen* Vormerkung (*Zweiterwerb*) ist zu unterscheiden: (1) Bestand die eingetragene Vormerkung nicht, weil ein zu sichernder *Anspruch nicht existierte* (zur Akzessorietät → § 13 Rn. 5), kommt ihr gutgläubiger Erwerb nicht in Betracht. Der Erwerb nach §§ 401, 412 BGB setzt den Bestand der gesicherten Forderung voraus. Der schuldrechtliche Anspruch auf Einräumung eines dinglichen Rechts an einem Grundstück kann auch dann nicht gutgläubig erworben werden, wenn er durch Vormerkung gesichert war. Ist z.B. ein Grundstückskaufvertrag nichtig, weil der Verkäufer geschäftsunfähig war (§ 105 Abs. 1 BGB), entsteht kein Auflassungsanspruch. Tritt der Käu-

---

[55] Vgl. etwa MünchKommBGB/*Kohler* § 883 Rn. 79.
[56] MünchKommBGB/*Kohler* § 885 Rn. 47; a.M. *Baur/Stürner* § 20 Rn. 63.

fer den scheinbar bestehenden Auflassungsanspruch an einen Zessionar ab, erwirbt dieser kein Recht. Daran ändert sich nichts, wenn für den Käufer eine Auflassungsvormerkung eingetragen war. (2) Bestand der zu sichernde Anspruch und war nur die *eingetragene Vormerkung nicht wirksam entstanden*, findet ein gutgläubiger Erwerb der Vormerkung hingegen statt.[57] Der Erwerber der Forderung ist hier ebenso schutzwürdig wie beim Ersterwerb. Konstruktive Bedenken lassen sich überwinden.

Beispiel: E ist Eigentümer eines Grundstücks. Der im Grundbuch als Eigentümer eingetragene N verkauft das Grundstück an K und bewilligt eine Vormerkung, die eingetragen wird. K weiß allerdings, dass E Eigentümer ist. Tritt K die Forderung aus dem Kaufvertrag an D ab (§ 398 BGB), erwirbt D neben der Forderung analog §§ 892, 893 BGB auch die im Grundbuch dafür eingetragene (aber wegen der Bösgläubigkeit des K nicht entstandene) Vormerkung. Das dagegen erhobene Bedenken, dass die Vormerkung kraft Gesetzes (§§ 401, 412 BGB) und nicht durch Rechtsgeschäft erworben wird, ist vordergründig, weil der gesetzliche Übergang an ein Rechtsgeschäft gebunden ist. Auch die Hypothek wird nur mittelbar durch Abtretung der Forderung übertragen, und dennoch sieht das Gesetz einen gutgläubigen Erwerb vor (§ 1138 BGB).

In allen Fällen des gutgläubigen Erwerbs ist der öffentliche Glaube des Grundbuchs Grundlage des Erwerbs. Der öffentliche Glaube kann durch die Eintragung eines Widerspruchs (§ 899 BGB) zerstört werden, womit auch ein gutgläubiger Erwerb einer Vormerkung ausscheidet.

VII. Die Rechtsnatur der Vormerkung

Die Vormerkung sichert die Erfüllung eines obligatorischen Anspruchs und gibt dem Geschützten zur Durchsetzung seiner Forderung Rechte gegen Dritte (§ 888 Abs. 1 BGB). Trotz dieser „Drittwirkung" handelt es sich bei der Vormerkung nicht um ein dingliches Recht. Die Vormerkung, die sich nur schwer in das geltende System einfügt und deshalb von der ersten Kommission noch abgelehnt wurde, wird meist als Sicherung „sui generis" bezeichnet. Das ist eine Einordnung, die bewusst unverbindlich bleiben will. Dass zahlreiche Schriftsteller die „hybride Gestalt"[58] als Herausforderung begriffen haben und sich auf die Suche nach dem „Wesen der Vormerkung" begeben haben, ist nicht verwunderlich. Aber begriffliche Ableitungen sind bei einer Rechtseinrichtung, die aus praktischen Gründen gegen doktrinäre Bedenken eingeführt wurde, kaum überzeugend. Man muss sich daher damit begnügen, dass die Vormerkung mit § 888 Abs. 1 BGB und ihrer verfügungsbeschränkenden Wirkung[59] gewisse Drittwirkungen entfaltet und darum mit Blick auf den gesicherten Anspruch

---

[57] BGHZ 25, 16, 23 = JZ 1957, 627 (Anm. *Baur*); MünchKommBGB/*Kohler* § 885 Rn. 44; a.M. *Medicus* AcP 163 (1964), 8; *Canaris*, Festschr. Flume I, 1975, S. 389; *Kupisch* JZ 1977, 486.
[58] MünchKommBGB/*Kohler* § 883 Rn. 5. Zur Diskussion *Füller*, Eigenständiges Sachenrecht?, S. 98 ff.
[59] Dazu *Berger*, Rechtsgeschäftliche Verfügungsbeschränkungen, 1998, S. 193 ff.

dem Phänomen der „Verdinglichung obligatorischer Rechte" (→ § 1 Rn. 14) zuzurechnen ist.

VIII. Die grundbuchrechtliche Amtsvormerkung

35 Mit der Vormerkung nach § 883 BGB darf die grundbuchrechtliche Amtsvormerkung nicht verwechselt werden. Die Amtsvormerkung wird eingetragen, wenn das Grundbuchamt eine Zwischenverfügung erlässt und danach einen später gestellten Antrag erledigt (§ 18 Abs. 2 GBO). Die Amtsvormerkung sichert den Rang, aber keinen Anspruch auf dingliche Rechtsänderung.

IX. Das Veräußerungsverbot

36 Verfügungen, die gegen gesetzliche oder behördliche Veräußerungsverbote verstoßen, sind nach §§ 135, 136 BGB relativ unwirksam. Wie bei der Vormerkung benötigt der Berechtigte von dem Dritterwerber eine Bewilligung, damit er ins Grundbuch eingetragen werden kann. Deshalb gibt § 888 Abs. 2 BGB auch für diese Fälle einen Anspruch auf Bewilligung.

§ 14 Eigentumserwerb und Kauf

Literatur: *Brambring*, Mitbeurkundung der Auflassung beim Grundstückskaufvertrag?, Festschr. Hagen, 1999, S. 251; *Dieckmann*, Zum Schutz des Auflassungsempfängers, der sich mit dem Berechtigten geeinigt und den Eintragungsantrag gestellt hat, Festschr. Schiedermair, 1976, S. 93; *Eckhardt*, Die Aufhebung des Grundstückskaufvertrages, JZ 1996, 934; *Hoffmann*, Die Gefährdung der Abwicklung des Verkaufs eines grundpfandbelasteten Grundstücks durch Pfändung des Kaufpreisanspruchs, NJW 1987, 3153; *ders.*, Das Recht des Grundstückskaufs – eine rechtsvergleichende Untersuchung, 1982; *Jula*, Grundstücksgeschäfte durch einen vollmachtlosen Vertreter?, Betrieb 1995, 2358; *Knopp*, Absicherungsstrategie beim Grundstückskauf und betriebsinterne Vorsorge, NJW 1992, 2657; *Konzen*, Das Anwartschaftsrecht des Auflassungsempfängers in der Judikatur des Bundesgerichtshofs, Festschr. BGH, 2000, S. 872; *Lange*, Rechtsgrundlosigkeit der Verfügung im Boden- und Fahrnisrecht, AcP 146 (1941), 28; *Moller-Christensen*, Grundstückskauf in Europa auch ohne Notar, MDR 1996, 775; *Müller-Michaels*, Formfreie Aufhebung eines Grundstückskaufvertrags trotz Bestehens eines Anwartschaftsrechts? (zu BGH NJW 1993, 3323), NJW 1994, 2742; *Niemeier*, Erwerb eines Grundstücks zur Bebauung – Erwerb eines bebauten Grundstücks, NJW 1982, 73; *Pohlmann*, Formbedürftigkeit und Heilung der Aufhebung eines Grundstückskaufvertrags, DNotZ 1993, 355; *Raiser, Ludwig*, Dingliche Anwartschaften, 1961; *Streuer*, Auflassung und Einwilligung zur Weiterveräußerung, Rpfleger 1998, 314; *Tiedtke*, Das Anwartschaftsrecht des Auflassungsempfängers und die Formbedürftigkeit der Aufhebung eines Grundstückskaufvertrags, NJW 1982, 2281; *Wilhelm*, Das Merkmal „lediglich rechtlich vorteilhaft" bei Verfügungen über Grundstücksrechte, NJW 2006, 2352; *Wolf*, Rechtsgeschäfte im Vorfeld von Grundstücksübertragungen und ihre eingeschränkte Beurkundungsbedürftigkeit, DNotZ 1995, 179.

Studium: *Armgardt*, Das Anwartschaftsrecht – dogmatisch unbrauchbar, aber examensrelevant, JuS 2010, 486; *Berger, Florian*, Der Immobilienkaufvertrag, JA 2011, 849; *Habersack*, Das Anwartschaftsrecht des Auflassungsempfängers – gesicherter Bestand des Zivilrechts oder überflüssiges Konstrukt der Wissenschaft, JuS 2000, 1145; *Hager*, Die Anwartschaft des Auflassungsempfängers, JuS 1991, 1; *Keller*, Grundstücksschenkung an Minderjährige, JA 2009, 561.

Fallbearbeitung: *Eickelmann*, Anfängerhausarbeit: Grundstücksschenkung an einen Minderjährigen, JuS 2011, 997; *Heese*, Referendarexamensklausur: You only buy twice – Man kauft nur zweimal, JA 2007, 176; *Obergfell/Hauck*, Klausur: Riskante Schenkung, JA 2012, 178.

I. Verpflichtungsgeschäft

1. Trennungs- und Abstraktionsgrundsatz

Die rechtsgeschäftliche Veräußerung eines Grundstücks stellt eine abstrakte Verfügung dar. Als inhaltlich abstraktes Rechtsgeschäft enthält sie keine Regelung über Zweck und Motiv der Übereignung.[1] Die Übereignung wird in der

---
[1] Zum dinglichen Rechtsgeschäft → § 1 Rn. 18 ff.

Regel im Hinblick auf eine rechtsgeschäftlich begründete Verpflichtung vorgenommen. Als Kausalgeschäft kommt neben dem Kaufvertrag ein Schenkungsversprechen, ein Tausch oder ein Gesellschaftsvertrag in Betracht, durch den sich ein Gesellschafter verpflichtet, ein Grundstück als Einlage auf die Gesellschaft zu übertragen. Grundstücke werden vielfach auch zur Erfüllung von Vermächtnissen oder Erbauseinandersetzungsverträgen übereignet.

Zu beachten ist, dass die Rechtsprechung zwischen Kausalvertrag und Auflassung unter Hinweis auf § 925 Abs. 2 BGB eine Geschäftseinheit im Sinne des § 139 BGB (→ § 1 Rn. 27) verneint;[2] die Auflassung ist also unabhängig vom Parteiwillen nicht unwirksam, weil der Kaufvertrag mangelhaft ist.

2. Form des Verpflichtungsgeschäfts

2   Der schuldrechtliche Vertrag, durch den eine Verpflichtung zur Veräußerung oder zum Erwerb eines Grundstücks begründet wird, bedarf der notariellen Beurkundung (§ 311b Abs. 1 Satz 1 BGB). Sinn der Formvorschrift ist es, den Parteien die Beratung (§ 17 BeurkG) durch einen Notar als unparteiischen Fachmann zu sichern. Die professionelle Abwicklung der Grundstücksgeschäfte vermeidet Streitigkeiten, die in vielen Fällen entstünden, wenn die Parteien ihr Klauselwerk selbst formulierten. Die Formvorschrift erfüllt neben einer Warn- und Beratungsfunktion die Aufgabe der Beweissicherung. Bei der notariellen Beurkundung wird vom Notar eine Niederschrift (§ 8 BeurkG) errichtet, die als öffentliche Urkunde beweisrechtlich privilegiert ist (vgl. § 415 ZPO). Wird das Grundstück in der Urkunde irrtümlich falsch bezeichnet, gilt nach dem Grundsatz *„falsa demonstratio non nocet"* das von den Parteien übereinstimmend Gewollte.[3]

3   Die Aufhebung eines Grundstückskaufvertrags ist grundsätzlich nicht formbedürftig. Eine Ausnahme besteht nach der Rechtsprechung dann, wenn die Auflassung erklärt und vom Erwerber der Eintragungsantrag gestellt oder eine Auflassungsvormerkung eingetragen ist,[4] weil in diesen Fällen bereits ein Anwartschaftsrecht begründet wurde (→ § 14 Rn. 20). Vor erklärter Auflassung bedarf die Aufhebung selbst dann keiner Form, wenn eine Vormerkung eingetragen war.[5] Formbedürftig sind Vertragsänderungen, sofern es sich nicht lediglich um Vereinbarungen über die Vertragsabwicklung handelt, die den Vertrag selbst unberührt lassen.[6]

---

[2] BGH NJW 2005, 415, 417.
[3] BGHZ 87, 150, 152 (versehentliches Unterbleiben der Aufnahme eines nach übereinstimmendem Parteiwillen mitverkauften Flurstücks in die Niederschrift), dazu *Wieling* JZ 1983, 760.
[4] Vgl. BGHZ 83, 399.
[5] BGHZ 103, 179: weil das Bestehen eines Anwartschaftsrechts eine Auflassung voraussetze.
[6] BGH NJW 2001, 1932.

Die Verletzung der Formvorschrift wird geheilt, wenn Auflassung und Eintragung erfolgt sind (§ 311b Abs. 1 Satz 2 BGB). Weitere Voraussetzungen bestehen nicht. Vollständige „Erfüllung" des formunwirksamen Vertrags (beispielsweise Übergabe des Grundstücks und Erbringung der Gegenleistung) ist nicht erforderlich. Andererseits genügt die Eintragung einer Auflassungsvormerkung nicht. Mit der Heilung soll Rechtssicherheit geschaffen werden; die Parteien sollen nicht bis zum Ablauf der Verjährungsfrist Kondiktionsansprüchen ausgesetzt sein.[7] Mit der grundbuchrechtlichen „Richtigkeitsgewähr" hat die Heilung indes nichts zu tun,[8] da schuldrechtliche Kondiktionsansprüche nicht zur Unrichtigkeit des Grundbuchs führen. Der Vertrag wird seinem ganzen Inhalt nach wirksam.[9] Geheilt wird er aber nur hinsichtlich des Formmangels; andere Unwirksamkeitsgründe bleiben unberührt. Die Heilung wirkt nicht zurück („wird"[10]). Daher tritt für die Vergangenheit kein Verzug ein, und auch eine Auflassungsvormerkung wirkt nicht für die Vergangenheit[11].

4

Um eine Heilung durch Auflassung und Eintragung zu verhindern, wird von der Rechtsprechung ein sog. „Erwerbsverbot" anerkannt.[12] Danach kann dem Käufer im Wege der einstweiligen Verfügung (§§ 935, 938 ZPO) aufgegeben werden, den Eintragungsantrag nicht zu stellen oder nicht weiter aufrecht zu erhalten. Ein Erwerbsverbot ist auch vom Grundbuchamt als Eintragungshindernis zu beachten. Wird gleichwohl eingetragen, soll der Verkäufer kondizieren können.[13]

3. Besondere Regelungen beim Grundstückskauf

a) Preisgefahr

Für den Grundstückskauf enthielt § 446 Abs. 2 a.F. BGB eine besondere Gefahrtragungsregel: Wurde der Käufer eines Grundstücks vor der Übergabe in das Grundbuch eingetragen, ging die Gefahr des zufälligen Untergangs und der zufälligen Verschlechterung auf den Käufer über. Deshalb verlor der Verkäufer seinen Kaufpreisanspruch nicht, wenn das Gebäude vor der Übergabe durch eine Explosion zerstört wurde, falls der Käufer schon eingetragen war. Die Vorschrift des § 446 Abs. 2 a.F. BGB wurde durch das Schuldrechtsmodernisierungsgesetz des Jahres 2001 ersatzlos und ohne Begründung aufgehoben. Deshalb gilt für den Grundstückskauf die allgemeine Gefahrtragungsregel des § 446 BGB, die an die Übergabe anknüpft. § 446 BGB regelt die Preisgefahr und ist eine Ausnahmevorschrift zu § 326 Abs. 1 BGB. Der Käufer hat wegen nach Besitzverschaffung eintretender zufälliger Verschlechterungen keine Mängelrechte.

5

---

[7] BGH NJW 1978, 1577.
[8] So aber BeckOGK BGB/*Schreindorfer* § 311b Rn. 315.
[9] BGH NJW 1978, 1577 (auch Leibrentenversprechen).
[10] BGH NJW 1970, 1541, 1543.
[11] BGH NJW 1970, 1541, 1543 (auch kein „künftiger" Anspruch i.S.d. § 883 Abs. 1 Satz 2 BGB).
[12] RGZ 117, 287; RGZ 120, 118.
[13] RGZ 117, 287, 294f.

b) Sachmängelhaftung

6 Die Sachmängelhaftung (§§ 437ff. BGB)[14] wird in der notariellen Praxis beim Kaufvertrag über bebaute Grundstücke weitgehend ausgeschlossen. Auf den Haftungsausschluss kann sich der Verkäufer nicht berufen, wenn er den Mangel arglistig verschwiegen hat (§ 444 BGB). Ein arglistiges Verschweigen setzt keine Täuschungsabsicht voraus, es genügt die Kenntnis von dem Mangel. Wenn der Verkäufer eines Grundstücks zur Herstellung eines Gebäudes verpflichtet war, richtet sich die Gewährleistung nach §§ 650u, 633f. BGB.[15]

c) Pflicht zur Übertragung lastenfreien Eigentums

7 Nach §§ 433 Abs. 1 Satz 2, 435 BGB hat der Verkäufer dem Käufer lastenfreies Eigentum zu verschaffen. Der Verkäufer schuldet auf seine Kosten die Beseitigung (Nacherfüllung: §§ 437 Nr. 1, 439 Abs. 1 Fall 1 BGB) bestehender beschränkter dinglicher Rechte wie Dienstbarkeiten, Grundpfandrechte usw., selbst wenn der Käufer sie kennt (§ 442 Abs. 2 BGB). Ein Rechtsmangel liegt auch vor, wenn im Grundbuch nicht bestehende Rechte eingetragen sind (§ 435 Satz 2 BGB). Diese muss der Verkäufer ebenfalls beseitigen, da insofern redlicher Erwerb (§ 892 BGB) droht.

8 Die Vorschriften über die Verpflichtung zur Verschaffung lastenfreien Eigentums werden in der Vertragspraxis oft abbedungen. Wenn ein Grundstück mit einer Grundschuld belastet ist, können die Parteien vereinbaren, dass die Grundschuld unter Anrechnung auf den Kaufpreis „übernommen" wird. Insoweit liegt kein Rechtsmangel vor (§ 435 Satz 1 Fall 2 BGB). Durch eine solche Übernahmevereinbarung[16] wird die persönliche Schuld nicht berührt. Die Parteien können aber mit Zustimmung des Gläubigers eine privative Schuldübernahme vereinbaren (§§ 414ff. BGB).

Beispiel: E will sein Grundstück, das zugunsten der Bank B mit einer Grundschuld in Höhe von 300 000 Euro belastet ist, an K für 800 000 Euro verkaufen. Folgende Gestaltungen sind denkbar: (1) K verpflichtet sich, den vollen Kaufpreis zu bezahlen, dafür bekommt er ein unbelastetes Grundstück. E muss sich mit B in Verbindung setzen und sie bewegen, gegebenenfalls gegen eine Ersatzsicherheit die Grundschuld aufzuheben. (2) Denkbar ist aber auch eine Vertragsgestaltung, bei der die Grundschuld bestehen bleibt. Da K ein belastetes Grundstück bekommt, wird die Belastung auf den Kaufpreis angerechnet, der dann nur 500 000 Euro beträgt. Dabei ist aber zu beachten, dass E weiterhin Zahlungen aufgrund des Darlehens an B schuldet. Klare Verhältnisse werden geschaffen, wenn es gelingt, eine befreiende Schuldübernahme zu vereinbaren (§ 414 BGB). Dazu benötigen die Parteien die Zustimmung der Bank (§ 415 Abs. 1 Satz 1 BGB; § 416 BGB erleichtert das).[17]

---

[14] Dazu *Litzenbuerger* NJW 2002, 1244; *Tettinger* AcP 205 (2005), 1.
[15] Zum früheren Recht vgl. BGHZ 87, 117.
[16] Natürlich geht die Grundschuld nicht kraft einer Übernahmevereinbarung auf den Erwerber über. Als dingliche Belastung wird von ihr der jeweilige Grundstückseigentümer betroffen.
[17] § 416 BGB ist bei der Grundschuld analog anzuwenden, Jauernig/*Stürner* § 416 Rn. 3.

d) Kaufpreisfinanzierung

Der Käufer eines Grundstücks benötigt zur Finanzierung des Kaufpreises meist ein Darlehen, das ihm die Bank nur gewährt, wenn er eine dingliche Sicherheit anbieten kann. Häufig hat der Käufer keine Sicherheiten als das noch zu erwerbende Grundstück, das ihm aber noch nicht gehört. Damit der Käufer das zu erwerbende Grundstück schon vor der Übereignung mit Grundpfandrechten zur Kaufpreisfinanzierung belasten kann, bevollmächtigt der Verkäufer den Käufer, Grundpfandrechte auf dem noch ihm gehörenden Grundstück zu bestellen. Zur Sicherung des Verkäufers hinsichtlich seiner Kaufpreisforderung werden die Ansprüche gegen das Kreditinstitut auf Auszahlung des Kredits an den Verkäufer abgetreten. An Stelle der Vollmacht kann der Verkäufer auch eine Ermächtigung nach § 185 Abs. 1 BGB zur Belastung des Grundstücks erteilen. Nach der Rechtsprechung des BGH kann diese Ermächtigung wie eine Vollmacht begrenzt werden.[18] Wird die Ermächtigung überschritten, indem die Zweckvereinbarung bei der Grundschuldbestellung auch auf andere Forderungen erstreckt wird, ist die Grundschuldbestellung unwirksam. – Zum „Rangrücktritt" einer Auflassungsvormerkung bei nachträglicher Belastung → § 13 Rn. 24.

9

e) Abwicklung des Kaufvertrags

Wie bei anderen gegenseitigen Verträgen schuldet der Verkäufer die Übereignung nur *Zug um Zug* gegen Zahlung des Kaufpreises (§ 320 BGB). Grundstückskaufverträge sehen besondere Gestaltungen vor, die sicherstellen, dass keine Partei zur Vorleistung gezwungen wird, insbesondere der Verkäufer sein Eigentum nicht verliert, ehe der Kaufpreis bezahlt ist, und andererseits der Käufer sicher sein kann, wenn er bezahlt hat, auch das Eigentum am Grundstück zu erlangen. Ein Eigentumsvorbehalt wie beim Kauf beweglicher Sachen (§ 449 BGB) scheidet aus, da die Auflassung nicht bedingt erklärt werden kann (§ 925 Abs. 2 BGB). Die Zurückbehaltung des Eigentums kann der Verkäufer auf einfachem Weg dadurch sichern, dass er die Auflassung erst erklärt, wenn der Eingang des Kaufpreises gewährleistet ist. In der Praxis wird allerdings bei der Beurkundung des Kaufvertrags oft die Auflassung als besondere Klausel in die Kaufvertragsurkunde mit aufgenommen, obwohl sie rechtlich ein eigenständiges Rechtsgeschäft ist. Auf diese Weise kann man den Parteien einen zweiten Gang zum Notar für die Auflassung (§ 925 Abs. 1 Satz 2 BGB) ersparen. Ein Vertrag, der bereits die Auflassung enthält, ist aber so zu gestalten, dass der Käufer nicht vertragswidrig vor Zahlung des Kaufpreises seine Eintragung bewirken kann. Würde ihm die beurkundete Auflassung ausgehändigt, könnte er unter Vorlage der Auflassung (§ 20 GBO) nach § 13 Abs. 1 Satz 2 GBO den

10

---

[18] BGHZ 106, 1; → § 1 Rn. 31.

Eintragungsantrag stellen.[19] Im Eintragungsverfahren wird vom Grundbuchbeamten nicht geprüft, ob dem Antragsteller ein durchsetzbarer Anspruch auf Übertragung des Eigentums zusteht. Deshalb muss der Notar im Vertrag Vorsorge treffen, dass der Käufer sein Antragsrecht nicht vertragswidrig ausüben kann, sondern erst nach Entrichtung des Kaufpreises. Folgende Praxis der Abwicklung ist verbreitet:[20] Der Käufer K wird durch die Bewilligung und Eintragung einer Vormerkung gegen anderweitige Verfügungen des Verkäufers V gesichert. V stundet den Kaufpreis, bis die Vormerkung eingetragen ist. Nachdem die Vormerkung eingetragen ist, zahlt K den Kaufpreis. Erst wenn dem Notar die Zahlung nachgewiesen worden ist, stellt er namens der Vertragsparteien (§ 15 Abs. 2 GBO) den Antrag, den Käufer als Eigentümer einzutragen. Mit Eintragung wird der Käufer Eigentümer des Grundstücks.

Damit der Käufer die Abwicklung nicht durch einen vorgezogenen Antrag auf Eintragung unterlaufen kann, verzichtet er auf ein eigenes Antragsrecht.[21] Der Verzicht auf das Antragsrecht der Beteiligten zielt im Ergebnis darauf ab, dem Notar eine verdrängende Vollmacht zu erteilen. Dagegen könnte man Bedenken erheben, weil eine verdrängende Vollmacht unzulässig ist. Dieser Grundsatz gilt aber im Verfahrensrecht nur eingeschränkt.

11 Der Verkäufer kann seine Kaufpreisforderung durch ein Grundpfandrecht absichern. Wenn er selbst den Eintragungsantrag stellt und dabei bestimmt, dass die Eintragung des Käufers nicht ohne Eintragung des Grundpfandrechts erfolgen soll (§ 16 Abs. 2 GBO), ist ein später vom Käufer gestellter Eintragungsantrag unschädlich, weil der frühere Antrag zuerst erledigt werden muss (§ 17 GBO). Der Anspruch des Käufers auf Übertragung des Eigentums wird regelmäßig durch eine Vormerkung (§ 883 BGB) gesichert (→ § 13 Rn. 1).

II. Die Auflassung

1. Bedeutung

12 Die dingliche Einigung nach § 873 BGB nennt man bei der Übertragung des Eigentums an einem Grundstück „Auflassung" (§ 925 BGB). Die Auflassung ist nicht nur für das materiellrechtliche Verfügungsgeschäft (§ 873 BGB) von Bedeutung, sondern auch für das Grundbuchverfahren. Das Grundbuchamt prüft, ob eine Auflassung vorliegt, wenn ein neuer Eigentümer in das Grundbuch eingetragen werden soll (§ 20 GBO; → § 11 Rn. 21).

---

[19] Zur Frage, ob neben der Auflassung eine Bewilligung des Veräußerers vorzulegen ist, → § 11 Rn. 21. Die Praxis, die eine Bewilligung fordert, versucht damit die mit der Aushändigung bewirkten Gefahren zu beseitigen.
[20] Vgl. auch das Vertragsmuster bei Beck'sche Online-Formulare Vertrag 60. Edition 2022 Stand: 1.3.2022 Nr. 8.1.1.
[21] Soweit neben der Auflassung eine Eintragungsbewilligung nach § 19 GBO verlangt wird, bedarf es einer derartigen Klausel nicht, weil der Käufer keine Bewilligung vorlegen kann. Dazu *Brehm*, Freiwillige Gerichtsbarkeit, § 26 Rn. 28.

Sind auf der Erwerberseite mehrere Personen beteiligt, ist anzugeben, welche Mitberechtigung angestrebt wird (Gesamthand oder Miteigentum). Eine Auflassungserklärung ohne Angaben zur Mitberechtigung ist unwirksam.

2. Form

Die Auflassung ist nach § 925 Abs. 1 Satz 1 BGB bei gleichzeitiger Anwesenheit der Beteiligten vor einer „zuständigen Stelle" zu erklären; zuständig ist insbesondere der Notar (§ 925 Abs. 1 Satz 2 BGB, § 20 Abs. 2 BNotO). Wirksam ist auch eine Auflassung, die in einem gerichtlichen Vergleich oder einem Insolvenzplan enthalten ist (§ 925 Abs. 1 Satz 3 BGB). Für die materielle Wirksamkeit reicht es aus, dass die Erklärungen mündlich abgegeben werden. Die mündliche Erklärung ist aber aus praktischen Gründen nicht ausreichend, weil die Auflassung im Eintragungsverfahren durch öffentliche oder öffentlich beglaubigte Urkunde nachgewiesen werden muss (§§ 20, 29 GBO). Deshalb wird beim Notar eine Urkunde über die Auflassung errichtet. Der Unterschied zwischen formellen und materiellen Anforderungen an die Form der Auflassung wird dann erheblich, wenn im Eintragungsverfahren entgegen § 29 GBO keine öffentliche oder öffentlich beglaubigte Urkunde verlangt wurde. Verfahrensfehler bei der Eintragung hindern den Eigentumserwerb nicht. Entscheidend ist nur, dass die materiellrechtlichen Voraussetzungen der Übereignung vorliegen. Nach § 873 Abs. 1 BGB muss zu der Eintragung die Einigung treten, die wirksam ist, wenn die Form des § 925 BGB eingehalten wurde. Fehlt die notarielle Beurkundung oder ist sie fehlerhaft, wird die Wirksamkeit der Auflassung nicht berührt, wenn die Voraussetzungen des § 925 BGB vorliegen.

13

Die Form des § 925 BGB ist nur gewahrt, wenn Veräußerer und Erwerber ihre Erklärungen bei *gleichzeitiger* Anwesenheit abgeben. Eine Ausnahme besteht, wenn eine Partei durch ein gerichtliches Urteil zur Auflassung verurteilt wurde (§ 894 ZPO). Hier genügt es, wenn die andere Partei mit dem Urteil beim Notar erscheint und ihre Erklärung abgibt.[22]

14

Nach § 925a BGB soll die Erklärung einer Auflassung vom Notar nur entgegen genommen werden, wenn die nach § 311b Abs. 1 Satz 1 BGB erforderliche Urkunde über den Schuldvertrag vorgelegt oder gleichzeitig errichtet wird. Dabei handelt es sich um eine Vorschrift des formellen Rechts, deren Verletzung die Wirksamkeit der Auflassung nicht berührt.

3. Stellvertretung und Ermächtigung

Die Vorschrift des § 925 Abs. 1 Satz 1 BGB, nach der Veräußerer und Erwerber gleichzeitig anwesend sein müssen, zwingt die Beteiligten nicht, persönlich beim Notar zu erscheinen. Sie können sich vertreten lassen. Wenn Stellvertreter eingeschaltet werden, müssen diese gleichzeitig anwesend sein. Dagegen genügt es für § 925 BGB nicht, wenn ein Bote erscheint, weil dieser die Erklärung nicht

15

---

[22] BayObLG Rpfleger 1983, 390; Stein/Jonas/*Bartels* § 894 Rn. 27.

abgibt, sondern übermittelt. Tritt ein Vertreter ohne Vertretungsmacht auf, hängt die Wirksamkeit der Auflassung von der Genehmigung des Vertretenen ab (§ 177 Abs. 1 BGB).

16 Auf der Veräußererseite kann auch eine Person auftreten, die nicht Eigentümerin des Grundstücks ist. Die vom Nichtberechtigten erklärte Auflassung entfaltet keine Wirkung, weil die Auflassung wirksam nur vom Verfügungsbefugten vorgenommen werden kann. Etwas anderes gilt, wenn er vom Eigentümer ermächtigt wurde, die Auflassung zu erklären. Nach § 185 Abs. 1 BGB ist die mit Einwilligung des Berechtigten vorgenommene Verfügung eines Nichtberechtigten wirksam. Auch durch nachträgliche Zustimmung (Genehmigung) wird die Auflassung des Nichtberechtigten wirksam (§ 185 Abs. 2 Satz 1 BGB). Verfügt ein Ermächtigter, ist im Grundbuchverfahren neben der Auflassung die Ermächtigung in der Form des § 29 GBO nachzuweisen. Gleiches gilt für die Vollmacht.

4. Bedingungsfeindlichkeit

17 Die Auflassung, die unter einer Bedingung oder Zeitbestimmung erfolgt, ist unwirksam (§ 925 Abs. 2 BGB). Der Ausschluss der Bedingung und Befristung dient der Rechtsklarheit hinsichtlich der Eigentümerstellung. Auch ein Bedingungszusammenhang zwischen Grundgeschäft und Verfügungsgeschäft, der bei der Übereignung beweglicher Sachen für zulässig erachtet wird (→ § 1 Rn. 29), ist ausgeschlossen. Keine unzulässige Bedingung ist die Rechtsbedingung, die nur auf gesetzliche Voraussetzungen für den Eintritt einer Rechtsfolge Bezug nimmt. Deshalb schadet es nicht, wenn das Grundstück unter der „Bedingung" aufgelassen wird, dass eine erforderliche behördliche Genehmigung erteilt wird.

18 Auch der Eintragungsantrag im Grundbuchverfahren kann nicht unter eine Bedingung gestellt werden (§ 16 Abs. 1 GBO). Der Antragsteller kann aber bestimmen, dass eine Eintragung nicht ohne eine andere erfolgen soll (§ 16 Abs. 2 GBO).

5. Erstreckung auf Zubehör

19 Sind sich Erwerber und Veräußerer darüber einig, dass die Veräußerung auch das Zubehör (§§ 97, 98 BGB) erfassen soll, erlangt der Erwerber auch an den Zubehörstücken Eigentum, die im Eigentum des Veräußerers standen (§ 926 Abs. 1 Satz 1 BGB). Im Zweifel ist anzunehmen, dass sich die Veräußerung auf das Zubehör erstreckt (§ 926 Abs. 1 Satz 2 BGB), und im Zweifel erstreckt sich auch das Verpflichtungsgeschäft auf Zubehör (§ 311c BGB). Diese Vorschriften dienen der Erhaltung der wirtschaftlichen Einheit von Grundstück und Zubehör; an den wesentlichen Bestandteilen des Grundstücks, insbesondere den Gebäuden, erlangt der Erwerber rechtsnotwendig (§ 93, 94 BGB) Eigentum. Nach § 926 BGB umfasst die Auflassung auch die Einigung, die zur Übereignung be-

weglicher Sachen nötig ist. § 926 BGB hat eine doppelte Bedeutung: (1) Einmal wird der Umfang der dinglichen Einigung im Zweifelsfall geregelt; (2) zum anderen ergibt sich aus der Vorschrift, dass bewegliche Sachen, die Zubehör sind und dem Grundeigentümer gehören, ausnahmsweise nach Grundstücksrecht übereignet werden können. Der Erwerber wird daher mit der Eintragung im Grundbuch Eigentümer der Zubehörstücke, auf eine „Übergabe" wie in § 929 BGB kommt es nicht an. War der Veräußerer nicht Eigentümer der mitveräußerten Zubehörstücke, kann sich der Erwerber für einen gutgläubigen Erwerb aber nicht auf das Grundbuch berufen, weil Zubehör im Grundbuch nicht eingetragen ist. Deshalb enthält § 926 Abs. 2 BGB eine Sondervorschrift für den gutgläubigen Erwerb, die auf die §§ 932 ff. BGB verweist. Für den gutgläubigen Erwerb ist danach Besitzerlangung erforderlich.

6. Die Auflassungsanwartschaft

Durch die Auflassung erlangt der Erwerber zwar noch kein Eigentum, da erst die Eintragung den Erwerbstatbestand vollendet, aber seine Erwerbsaussicht verfestigt sich, wenn die Auflassung entsprechend § 873 Abs. 2 BGB bindend ist (→ § 9 Rn. 6 ff.). Im Grundbuchverfahren ist auch der Erwerber antragsberechtigt (§ 13 Abs. 1 Satz 2 Fall 2 GBO), und deshalb kann der Erwerber, der eine Auflassung in Händen hat, jederzeit seine Eintragung bewirken.

20

Nach der Rechtsprechung entsteht für den Erwerber aufgrund der Auflassung ein Anwartschaftsrecht, wenn entweder der Eintragungsantrag gestellt oder eine Vormerkung eingetragen ist (→ § 9 Rn. 6).[23] Dagegen begründet die bindende Auflassung allein noch kein Anwartschaftsrecht, da sie keine verfügungsbeschränkenden Wirkungen entfaltet. Zu beachten ist, dass bei Stellung des Eintragungsantrags durch den Erwerber das Anwartschaftsrecht als dingliches Recht durch verfahrensrechtliche Bestimmungen konstituiert wird. Weist das Grundbuchamt den Eintragungsantrag zurück, erlischt das Anwartschaftsrecht.[24]

21

Das Anwartschaftsrecht ist als sonstiges Recht im Sinne des § 823 Abs. 1 BGB anerkannt (→ § 9 Rn. 10).[25] Es kann verpfändet und gepfändet werden (§ 857 ZPO). Durch die Verpfändung erlangt der Pfandgläubiger eine Sicherungshypothek, wenn der Anwartschaftsberechtigte das Eigentum erwirbt (analog § 1287 Satz 2 BGB). Bei der Pfändung entsteht entsprechend § 848 Abs. 2 Satz 2 ZPO eine Sicherungshypothek. Die Verpfändung erfolgt durch Einigung in der Form des § 925 BGB. Eine Eintragung ist nicht erforderlich. Die Übertragung des Anwartschaftsrechts richtet sich nach § 925 BGB. Auf einen Schuldvertrag, der auf Übertragung des Anwartschaftsrechts gerichtet ist,

22

---

[23] BGH NJW 1989, 1093. Siehe dazu die Darstellung von *Konzen*, Festschr. BGH, 2000, Bd. 1, S. 871 m.w.N.
[24] BGH DNotZ 1976, 96; deshalb wird in diesen Fällen die Figur der Anwartschaft kritisiert, vgl. *Habersack* JuS 2000, 1145 f.
[25] Dazu BGHZ 114, 161, 163.

findet § 311b Abs. 1 BGB entsprechende Anwendung; zur Vertragsaufhebung bei Bestehen einer Anwartschaft → § 14 Rn. 3. Liegt lediglich eine Auflassung vor, besteht nach der Rechtsprechung kein Recht, das übertragbar oder pfändbar wäre.[26] Der Erwerber kann aber nach § 185 Abs. 1 BGB über das Grundstück verfügen, so dass unmittelbar der Dritterwerber in das Grundbuch eingetragen werden kann. Die Verfügungsermächtigung wird im Zweifel konkludent mit der Auflassung erklärt. Zur Kettenauflassung → § 11 Rn. 28.

---

[26] BGH NJW 1989, 1093.

§ 15 Das dingliche Vorkaufsrecht

Literatur: *Amann*, Das dingliche Vorkaufsrecht an Grundstücken – eine Belastung ohne Ende?, NotBZ 2010, 201; *Gayring*, Das Vorkaufsrecht in der Teilungsversteigerung, Rpfleger 1985, 392; *Gursky*, Verwendungsersatzansprüche und Nutzungsherausgabepflicht eines Dritterwerbers, der einem Vormerkungsgläubiger oder Vorkaufsberechtigten weichen muß, JR 1984, 3; *Herrler*, Dingliches Vorkaufsrecht, Form und Heilung […], Festschr. Krüger, 2017, 165; *Kottke*, Zur Rechtsnatur des gesetzlichen Vorkaufsrechts, MDR 1967, 975; *Waldner*, Das auf einen Vorkaufsfall beschränkte Vorkaufsrecht, MDR 1986, 110.

Studium: *Hageböke/Englich/Horst*, Die examensrelevanten Vorkaufsrechte, JuS 2020, 815; *Omlor/Diebel*, Das dingliche Vorkaufsrecht, JuS 2017, 1160; *Schreiber*, Die Vorkaufsrechte des BGB, Jura 2012, 114.

I. Überblick

1. Bedeutung und Unterschied zum schuldrechtlichen Vorkaufsrecht

§§ 1094–1104 BGB regeln das dingliche Vorkaufsrecht. Es handelt sich dabei um ein dingliches Erwerbsrecht: Das Vorkaufsrecht räumt dem Berechtigten die Befugnis ein, das belastete Grundstück zu Konditionen zu erwerben, die der Verpflichtete in einem Kaufvertrag mit einem Dritten (dem Käufer) vereinbart hat. Den Abschluss des Kaufvertrags mit dem Dritten nennt man den Vorkaufsfall. Der Eintritt des Vorkaufsfalls ist Voraussetzung für die Ausübung des Vorkaufsrechts. Durch die Ausübung des aus dem Vorkaufsrecht folgenden Gestaltungsrechts kommt ein Rechtsverhältnis zwischen dem Vorkäufer und dem Verpflichteten mit dem Inhalt zustande, den der Verpflichtete mit dem Käufer in dem Kaufvertrag vereinbart hatte (§§ 1098 Abs. 1, 464 Abs. 2 BGB). In diesem Punkte ist das dingliche Vorkaufsrecht vergleichbar mit dem schuldrechtlichen Vorkaufsrecht nach §§ 463 ff. BGB. Das *dingliche* Vorkaufsrecht unterscheidet sich jedoch insoweit, als der Berechtigte nach § 1098 Abs. 2 BGB wie ein Vormerkungsgläubiger Schutz genießt: Hat der Verpflichtete das Grundstück an den Käufer übereignet, ist diese Verfügung dem Vorkäufer gegenüber unwirksam (§ 883 Abs. 2 BGB); dieser kann vom Käufer nach § 888 Abs. 1 BGB Zustimmung zu seiner Eintragung als Eigentümer verlangen. Beim schuldrechtlichen Vorkaufsrecht hingegen hat der Berechtigte gegen den Verpflichteten nur Rechte wegen zu vertretenden Unvermögens (§§ 275 Abs. 1 und 4, 280, 283 BGB). Die dingliche Ebene des Vorkaufsrechts nach § 1094 BGB zeigt sich ferner darin, dass der Berechtigte das Vorkaufsrecht auch beim Verkauf durch den Insolvenzverwalter (§ 1098 Abs. 1 Satz 2 BGB; vgl. zum schuldrechtlichen Vorkaufsrecht § 471 BGB) und gegenüber einem Rechtsnachfolger des Eigentümers des belasteten Grundstücks ausüben kann.

1

Beispiel: Hat der Eigentümer E sein zugunsten des B mit einem dinglichen Vorkaufsrecht belastetes Grundstück an seine Tochter T verschenkt, kann B das Vorkaufsrecht gegenüber T ausüben, nachdem sie das Grundstück verkauft hat.

2   Möglich ist auch die Bestellung des dinglichen Vorkaufsrechts für mehrere oder alle Verkaufsfälle (vgl. § 1097 Halbsatz 2 BGB); es kann dann gegenüber jedem Eigentümer ausgeübt werden. Ein schuldrechtliches Vorkaufsrecht bindet hingegen nur den Vertragspartner.

3   Ein weiterer Unterschied zum schuldrechtlichen Vorkaufsrecht besteht darin, dass das dingliche Vorkaufsrecht nicht zu einem von vornherein feststehenden Preis begründet werden kann. Das verbietet der sachenrechtliche Typenzwang (→ § 1 Rn. 39), während § 464 Abs. 2 BGB insoweit dispositiv ist. Dingliche Vorkaufsrechte können nur an Grundstücken, Miteigentumsanteilen an Grundstücken (§ 1095 BGB), Wohnungseigentum und sonstigen grundeigentumsgleichen Rechten bestellt werden, schuldrechtliche Vorkaufsrechte hingegen an allen Gegenständen, insbesondere auch an beweglichen Sachen. Schuldrechtliches und dingliches Vorkaufsrecht können nebeneinander bestehen, etwa um dem Berechtigten jedenfalls für den ersten Vorkaufsfall einen festen Preis zu sichern. Wird der (bedingte) Übereignungsanspruch aus einem *schuldrechtlichen* Vorkaufsrecht durch eine Vormerkung nach § 883 BGB (→ § 13 Rn. 1 ff.) gesichert, lassen sich weithin – wenn auch nicht vollkommen – gleiche Rechtsverhältnisse herstellen.

4   Das dingliche Vorkaufsrecht ist kein Sicherungsrecht bezüglich des schuldrechtlichen Vorkaufsrechts. Auch bildet das schuldrechtliche Vorkaufsrecht nicht den Rechtsgrund des dinglichen Vorkaufsrechts. Wird das dingliche Vorkaufsrecht im Hinblick auf eine vermeintliche Verpflichtung aus einem Vermächtnis, Mietvertrag, Schenkungsvertrag bestellt, kann es kondiziert werden, wenn der Schuldvertrag unwirksam ist.

In der Praxis werden dingliche Vorkaufsrechte bei langfristigen Miet- und Pachtverträgen zugunsten der Mieter oder Pächter eines Grundstücks begründet. Ferner bietet sich das dingliche Vorkaufsrecht an, um einem Eigentümer die Möglichkeit zu eröffnen, das benachbarte Grundstück zu erwerben, wenn es zu einem späteren Zeitpunkt verkauft wird. Auf diesem Wege kann sich ein Unternehmen die zukünftige Erweiterung des Betriebsgeländes sichern. Wird ein dingliches Vorkaufsrecht zugunsten von Familienmitgliedern bestellt, kann ein Grundstück „in der Familie" gehalten werden. Zwischen Erbbauberechtigtem und Grundstückseigentümer werden häufig wechselseitig Vorkaufsrechte eingeräumt.[1]

5   Das dingliche Vorkaufsrecht ist eine Belastung des Grundstücks. Für den Eigentümer hat die Belastung zunächst jedenfalls keine Folgen, denn er kann das Grundstück weiterhin vollauf nutzen und darüber verfügen. Seine Verfügungsfreiheit ist jedoch insoweit beschnitten, als er beim Verkauf das Grundstück möglicherweise nicht an den Käufer, sondern an den Vorkaufsberechtigtem übereignen muss. Der Eigentümer entscheidet nur noch über das „Ob", nicht mehr über das „An wen" der Veräußerung.

---

[1] *Weirich/Ivo* Rn. 1750.

Mit der Bestellung des Vorkaufsrechts ist daher durchaus eine Minderung des Verkehrswerts verbunden, denn die Kosten und Mühen des Kaufvertrags und der erforderlichen Finanzierungsgespräche können sich im Nachhinein als vergebens erweisen; vielfach verzögern sich Abschluss und Abwicklung des Kaufvertrags, was manchen Interessenten abschrecken mag.

2. Rechtsnatur

Die Rechtsnatur des dinglichen Vorkaufsrechts ist umstritten.[2] Ähnlich wie bei der Vormerkung (→ § 13 Rn. 1 ff.) handelt es sich um ein Rechtsinstitut, das schuldrechtliche und dingliche Elemente verbindet und sich daher einer Einordnung entzieht. Das dingliche Vorkaufsrecht lässt sich nicht als ein durch Eintritt des Vorkaufsfalls und Ausübung des Vorkaufsrechts doppelt bedingter Kauf begreifen, weil damit § 1098 Abs. 2 BGB nicht erfasst wird. Ein dingliches Anwartschaftsrecht auf Erwerb des Grundstücks liegt ebenfalls nicht vor, weil der Erwerb nicht *allein* vom Berechtigten abhängt. Das dingliche Vorkaufsrecht erschöpft sich ferner nicht in einem Gestaltungsrecht, wenn auch nicht zu übersehen ist, dass darin ein wesentlicher Inhalt des Vorkaufsrechts liegt.[3] Am besten lässt sich das dingliche Vorkaufsrecht als bedingtes Erwerbsrecht verstehen, ohne dass aus dieser Einordnung Rechtsfolgen abgeleitet werden können.

6

3. Abgrenzung

Das dingliche Vorkaufsrecht unterscheidet sich von einem Ankaufsrecht, das einen Vorkaufsfall nicht voraussetzt. Dieses kann etwa dadurch begründet werden, dass zugunsten des Ankaufsberechtigten ein (auch aufschiebend bedingter) Übereignungsanspruch vereinbart und durch eine Vormerkung gesichert wird. Je nachdem, ob eine Bedingung vorgesehen ist und wie sie ausgestaltet wird, kann der Ankaufsberechtigte das Grundstück erwerben. Auf einen zuvor getätigten Verkauf durch den Eigentümer kommt es nicht an.

7

Vom dinglichen Vorkaufsrecht nach § 1094 BGB zu unterscheiden sind ferner *gesetzliche* Vorkaufsrechte[4] etwa der Gemeinden nach §§ 24 ff. BauGB, die der Sicherung der Bauplanung dienen.

II. Begründung, Übertragung und Erlöschen des dinglichen Vorkaufsrechts

Das dingliche Vorkaufsrecht entsteht nach § 873 BGB durch Einigung und Eintragung im Grundbuch des belasteten Grundstücks. Das als subjektiv-dingliches Recht zugunsten des jeweiligen Eigentümers eines anderen Grundstücks

8

---

[2] Darstellung z.B. bei Staudinger/*Schermaier* Einl. zu §§ 1094 ff. Rn. 8 m.w.N.
[3] Von einem Gestaltungsrecht geht auch BGHZ 67, 395, 398 aus, ohne zum Theorienstreit Stellung zu beziehen.
[4] Dazu *Weirich/Ivo* Rn. 1146 ff.

bestellte Vorkaufsrecht (§ 1094 Abs. 2 BGB; vgl. auch § 1103 BGB) wird nach § 9 GBO auf Antrag auch auf dem Grundbuchblatt des anderen Grundstücks vermerkt. Grundsätzlich gilt das Vorkaufsrecht nur für einen Verkaufsfall (§ 1097 Halbsatz 1 BGB), es kann aber für mehrere oder gar alle Verkaufsfälle bestellt werden (§ 1097 Halbsatz 2 BGB); möglich ist auch die Bestellung nur für den Fall des Verkaufs durch den derzeitigen Eigentümer, nicht aber durch seine Erben. Sind an einem Grundstück mehrere dingliche Vorkaufsrechte begründet worden,[5] geht der rangbessere Vorkaufsberechtigte vor. Der Nachrangige hat nach dem Rechtsgedanken des § 442 BGB keinen Ersatzanspruch gegen den Verpflichteten.

9 Die dingliche Einigung nach § 873 BGB zur Bestellung eines Vorkaufsrechts bedarf nicht der notariellen Beurkundung,[6] wohl aber gemäß § 311b Abs. 1 Satz 1 BGB die Verpflichtung zur Bestellung eines dinglichen Vorkaufsrechts,[7] denn das Vorkaufsrecht begründet die doppelt „bedingte" (Kaufvertrag, Ausübung) Verpflichtung des Eigentümers, das Grundstück an den Vorkaufsberechtigten zu übereignen. Eine Heilung gemäß § 311b Abs. 1 Satz 2 BGB tritt nach der Rechtsprechung schon mit Eintragung des Vorkaufsrechts,[8] nicht erst mit Auflassung und Eintragung des Vorkaufsberechtigten im Grundbuch als Eigentümer ein.[9]

10 Besonderheiten gelten für die Übertragung des Vorkaufsrechts: Das subjektiv-dingliche Vorkaufsrecht (§ 1094 Abs. 2 BGB) ist wesentlicher Bestandteil (§§ 93, 96 BGB) des „herrschenden Grundstücks" und daher nicht isoliert, sondern nur zusammen mit diesem übertragbar. Das subjektiv-persönliche Vorkaufsrecht (§ 1094 Abs. 1 BGB) ist grundsätzlich nur im Rahmen des § 1098 Abs. 3 BGB abtretbar. Es kann aber durch eine (im Grundbuch eingetragene) Vereinbarung übertragbar gestaltet werden (§§ 1098 Abs. 1, 473 BGB). Der mit der Ausübung des Vorkaufsrechts entstehende Übereignungsanspruch ist hingegen stets übertragbar, es sei denn, seine Abtretung wurde nach § 399 Fall 2 BGB vertraglich ausgeschlossen.

11 Das dingliche Vorkaufsrecht kann aus mannigfachen Gründen erlöschen: Das für nur einen Vorkaufsfall bestellte Vorkaufsrecht erlischt mit Eintritt des Vorkaufsfalls, sei es, dass es wirksam ausgeübt wurde, sei es, dass die Ausübungsfrist abgelaufen (§§ 1098 Abs. 1, 469 Abs. 2 BGB) ist. Das grundsätzlich nicht vererbliche (vgl. §§ 1098 Abs. 1, 473 BGB) subjektiv-persönliche Vorkaufsrecht endet mit dem Tode des Berechtigten. Jedes dingliche Vorkaufsrecht erlischt ferner aufgrund Aufgabeerklärung und Löschung (§ 875 BGB), schließlich mit Eintritt einer auflösenden Bedingung.

---

[5] BGHZ 35, 146. Nach OLG Hamm NJW-RR 1989, 912 sind sogar mehrere gleichrangige dingliche Vorkaufsrechte eintragungsfähig; ablehnend *Baur/Stürner* § 21 Rn. 28.
[6] BGH NJW 2016, 2035, Rn. 14ff.
[7] BGH NJW 2016, 2035, Rn. 12.
[8] Vgl. BGH NJW 2016, 2035, Rn. 19.
[9] So unter Hinweis auf die mit § 925 BGB verbundene Beteiligung eines Notars *Wais* NJW 2017, 1569, 1573.

Vom Erlöschen des Vorkaufsrechts ist der vereinbarte Verzicht auf die Ausübung des Gestaltungsrechts in einem einzelnen Vorkaufsfall zu unterscheiden.

III. Inhalt und Ausübung

1. Der Vorkaufsfall

Das dingliche Vorkaufsrecht begründet ein bedingtes Gestaltungsrecht. Der Berechtigte kann durch einseitige Erklärung ein Kaufrechtsverhältnis zwischen sich und dem Verpflichteten ins Leben rufen. Vielfach wird auch das Gestaltungsrecht selbst „Vorkaufsrecht" genannt.

Bedingung des Gestaltungsrechts ist der Verkauf des Grundstücks durch den Verpflichteten an einen Dritten (Eintritt des Vorkaufsfalls). Das Gestaltungsrecht entsteht erst mit dem formwirksamen (§ 311b Abs. 1 Satz 1 BGB) Abschluss des Kaufvertrags. Wird der Formmangel des Kaufvertrags nach § 311b Abs. 1 Satz 2 BGB geheilt, entsteht das Gestaltungsrecht erst zu diesem Zeitpunkt; der Käufer ist nach §§ 1098 Abs. 2, 888 BGB verpflichtet. Ist der Käufer aufgrund eines vertraglich vorbehaltenen Rücktrittsrechts vom Kaufvertrag zurückgetreten, bleibt das Gestaltungsrecht unberührt.[10] Übt es der Vorkaufsberechtigte aus, entsteht das Kaufrechtsverhältnis; das Rücktrittsrecht steht jetzt dem Berechtigten zu.

Nur der Verkauf an einen „Dritten" (vgl. den Wortlaut von § 463 BGB) begründet das Gestaltungsrecht. Dritte sind nicht Gesamthands- und Bruchteilseigentümer. Wird deren Gemeinschaft durch Veräußerung des Grundstücks an einen Teilhaber aufgelöst, kann das Vorkaufsrecht nicht ausgeübt werden.[11] Das Vorkaufsrecht als Gestaltungsrecht entsteht auch nicht beim Verkauf an einen gesetzlichen Erben bei der vorweggenommenen Erbfolge (§§ 1098 Abs. 1, 470 BGB), ferner nicht bei der Zwangsversteigerung[12] (§§ 1098 Abs. 1, 471 BGB), wohl aber, wenn der Insolvenzverwalter das Grundstück freihändig veräußert (§ 1098 Abs. 1 Satz 2 BGB).

Wird das Grundstück nicht verkauft, sondern verschenkt oder getauscht, kann das Vorkaufsrecht nicht ausgeübt werden. „Eine einfallsreiche Kautelarpraxis hat seit jeher Versuche unternommen, Vorkaufsrechte zu unterlaufen."[13] Um das Vorkaufsrecht nicht umgehen zu können, erstreckt der BGH den Begriff des Kaufvertrags im Sinne von § 463 BGB auf kaufähnliche Verträge, die einem Kaufvertrag nahezu gleichkommen.[14]

---

[10] BGHZ 67, 395.
[11] BGHZ 13, 133.
[12] Es sei denn, es liegt eine Teilungsversteigerung vor.
[13] BGHZ 115, 335, 339.
[14] BGH NJW 1998, 2137; BGHZ 115, 335, 340. Es wurde vereinbart: Ein unbefristetes, unwiderrufliches Kauf*angebot* mit Auflassungsvormerkung, unbefristete und unwiderrufliche Veräußerungs- und Belastungsvollmacht unter gleichzeitiger Bestellung eines Nießbrauchs und einer Grundschuld mit sofortigem Besitzübergang.

16 Ausgeübt wird das Vorkaufsrecht durch formlose Erklärung gegenüber dem verkaufenden Eigentümer (§§ 1098 Abs. 1, 464 Abs. 1 BGB). Der Verkäufer ist zur Mitteilung des Kaufvertrags verpflichtet; das Vorkaufsrecht kann nur innerhalb einer Frist von zwei Monaten nach Zugang der Mitteilung ausgeübt werden (§§ 1098 Abs. 1, 469, 1099 BGB). Die Regelung des § 469 Abs. 1 BGB ist abschließend.

2. Rechtsfolgen der Ausübung

a) Rechtsbeziehungen der Beteiligten

17 Übt der Berechtigte das Vorkaufsrecht (genauer: das Gestaltungsrecht, nicht das Vorkaufsrecht als Rechtsverhältnis) aus, „kommt der Kauf zwischen dem Berechtigten und Verpflichteten unter den Bestimmungen zustande, welche der Verpflichtete mit dem Dritten vereinbart hat" (§§ 1098 Abs. 1, 464 Abs. 2 BGB). Ein „Eintritt" des Vorkäufers in den zwischen dem Verpflichteten und dem Dritten geschlossenen Kaufvertrag mit der Folge eines Wechsels der Vertragsparteien findet danach nicht statt. Vielmehr entsteht durch die Ausübung ein *weiteres* Rechtsverhältnis zwischen dem Vorkäufer und dem Verpflichteten, das sich inhaltlich nach den Bestimmungen des Kaufvertrags richtet (Kaufrechtsverhältnis).[15] Daraus ergibt sich der Anspruch des Vorkaufsberechtigten auf Übereignung des Grundstücks.

Nach der Ausübung des Vorkaufsrechts müssen daher drei Rechtsbeziehungen unterschieden werden: (a) Zwischen dem Berechtigten und dem Eigentümer des Grundstücks besteht das dingliche Vorkaufsrecht und – nachdem es wirksam ausgeübt wurde – das Kaufrechtsverhältnis. (b) Der Kaufvertrag selbst kommt zwischen dem Verpflichteten (das ist regelmäßig der Eigentümer des Grundstücks) und dem Dritten als Käufer zustande. (c) Schließlich kann der Vorkaufsberechtigte gegen den Käufer einen Anspruch nach §§ 1098 Abs. 2, 888 BGB haben.

b) Rechtsverhältnis des Vorkäufers zum Verpflichteten

18 Der Vorkäufer kann vom Verpflichteten nach wirksamer Ausübung des Vorkaufsrechts gemäß §§ 1098 Abs. 1, 464 Abs. 2, 433 Abs. 1 BGB die Übereignung und Übergabe des Grundstücks verlangen. Das gilt auch, wenn das Grundstück bereits dem Käufer übereignet worden war, denn die Übereignung ist dem Verpflichteten gemäß §§ 1098 Abs. 2, 883 Abs. 2 BGB nicht unmöglich geworden (relative Unwirksamkeit). Der Käufer ist nach §§ 1098 Abs. 2, 888 BGB zur Bewilligung der Eintragung des Vorkäufers verpflichtet.

Die Haftung des Verpflichteten gegenüber dem Vorkäufer auf Schadensersatz (etwa aus §§ 280 Abs. 1 und 2, 286 BGB) wurde von einer früher weit verbreiteten Ansicht auf das

---

[15] Das gilt auch für einen in dem Kaufvertrag begründeten Anspruch auf Maklerprovision, BGH NJW 1996, 654.

Grundstück beschränkt.¹⁶ Verständlich wird dies, wenn man berücksichtigt, dass das *dingliche* Vorkaufsrecht eine Belastung des Grundstücks darstellt und damit – wie andere Belastungen auch – haftungsrechtlich den Zugriff nur auf den belasteten Gegenstand eröffnet. Die heute h.M. erachtet den Verkäufer nach §§ 1098 Abs. 1, 464 Abs. 2, 433 Abs. 1 BGB als zur Übereignung und Übergabe *persönlich* verpflichtet mit der Folge, dass ein Sekundäranspruch nach §§ 280, 281, 283 BGB nach allgemeinen Grundsätzen die Gesamtvermögenshaftung eröffnet. Die dogmatische Prämisse, dingliche Rechte begründen keine Leistungspflichten, ist eingeschränkt. Noch deutlicher wird dies bei der Reallast, → § 19 Rn. 1ff.

Umgekehrt ist der Vorkäufer dem Verkäufer zur Zahlung des Kaufpreises verpflichtet. Die Höhe richtet sich nach den Vereinbarungen zwischen dem Verkäufer und dem Käufer. Der Vorkäufer kann nicht einwenden, der Kaufpreis sei ihm zu hoch. Der Kaufpreis ist grundsätzlich an den Verpflichteten zu zahlen; das gilt auch, wenn der Käufer bereits den Kaufpreis oder einen Teil davon entrichtet hat. War der Käufer jedoch bereits als Eigentümer im Grundbuch eingetragen, hat er ein Zurückbehaltungsrecht (§ 1100 BGB). Zahlt der Vorkäufer an den Käufer, wird er auch dem Verkäufer gegenüber befreit (§ 1101 BGB).

c) Rechtsverhältnis des Vorkäufers zum Käufer

Ist der Käufer noch nicht im Grundbuch eingetragen, ist seine Mitwirkung bei der Eigentumsverschaffung an den Vorkäufer nicht erforderlich. Der eingetragene Käufer hat gegenüber dem Vorkäufer eine Einrede nach § 1100 BGB: Er kann die nach §§ 1098 Abs. 2, 888 BGB geschuldete Bewilligung und die Herausgabe des Grundstücks verweigern, bis ihm der an den Verkäufer bereits geleistete Kaufpreis erstattet wurde. § 1100 BGB lässt sich entnehmen, dass der Vorkäufer schon vor seiner Eintragung als Eigentümer im Grundbuch gegen den Käufer einen Herausgabeanspruch hat.¹⁷

Auf das Verhältnis zwischen dem Vorkäufer und dem besitzenden Käufer finden hinsichtlich der Nutzungen und des Verwendungsersatzes §§ 987ff. BGB Anwendung.¹⁸ Das gilt auch für die Zeit vor der Eintragung des Vorkäufers als Eigentümer. Der Käufer ist nicht erst nach Ausübung des Vorkaufsrechts, sondern dem Gedanken des § 142 Abs. 2 BGB entsprechend bereits ab dem Zeitpunkt als unredlich anzusehen, in dem er Kenntnis vom Vorkaufsrecht erlangt (in der Praxis spätestens im Notartermin).¹⁹

---

¹⁶ Z.B. *Wolff/Raiser* § 126 V 2a ß, S. 505; a.A. *Westermann/Gursky/Eickmann* § 124 II 5, S. 945ff.
¹⁷ BGH NJW 1992, 236, 238.
¹⁸ BGHZ 87, 296; *Baur/Stürner* § 21 Rn. 29; Staudinger/*Schermaier* § 1100 Rn. 10f.; a.A. MünchKommBGB/*H.P. Westermann* § 1100 Rn. 5ff.; ablehnend für Nutzungen *Westermann/Gursky/Eickmann* § 124 II 5, S. 947f. Die Gegenansicht wendet §§ 987ff. BGB erst nach Rechtshängigkeit an (§ 292 BGB).
¹⁹ BGHZ 87, 296, 298ff.

d) Rechtsverhältnis des Verkäufers zum Käufer

22 Der Kaufvertrag zwischen dem Verpflichteten und dem Käufer wird durch die Ausübung des Vorkaufsrechts nicht berührt. Grundsätzlich hat der Käufer daher weiterhin den Anspruch auf Eigentums- und Besitzverschaffung aus § 433 Abs. 1 BGB, den der Verkäufer infolge §§ 1098 Abs. 2, 883 Abs. 2 BGB aber nicht vollauf erfüllen kann, wenn das Vorkaufsrecht ausgeübt wird. Rechte des Käufers gegen den Verkäufer wegen Rechtsmängelhaftung (§§ 435, 437 BGB) sind allerdings regelmäßig nach § 442 BGB ausgeschlossen; oft wird in der Praxis ohnehin ein durch die Ausübung des Vorkaufsrechts auflösend bedingter Kaufvertrag[20] geschlossen.[21]

---

[20] Die Bedingung ist dem Vorkaufsberechtigten gegenüber unwirksam (§§ 1098 Abs. 1, 465 BGB).
[21] *Weirich/Ivo* Rn. 1136 schlagen einen vertraglichen Ausschluss von Schadensersatzansprüchen vor, *Amann* NotBZ 2010, 201 rät zur Vereinbarung eines Rücktrittsrechts.

5. Kapitel: Grundpfandrechte

§ 16 Übersicht

Literatur: *Becker-Eberhard*, Die Forderungsgebundenheit der Sicherungsrechte, 1993; *Buchholz*, Zur Entstehung und Entwicklung der „abstrakten Hypothek": Die Grundschuld als Sonderform der Hypothek im ostelbischen Raum, in: Coing/Wilhelm (Hrsg.), Wissenschaft und Kodifikation des Privatrechts im 19. Jahrhundert, 1976, S. 218; *Habersack*, Die Akzessorietät – Strukturprinzip der europäischen Zivilrechte und eines künftigen europäischen Grundpfandrechts, JZ 1997, 857; *Hachenburg*, Beiträge zum Hypotheken- und Grundschuldrecht des Entwurfs eines BGB, 1895; *Hadding/Welter* (Hrsg.), Realkredit und Grundstücksverkehr in den europäischen Ländern, Bd. II, 1998; *Horn/Pleyer*, Handelsrecht und Recht der Kreditsicherheiten in Osteuropa; *Kohls*, Die Hypothek im französischen und deutschen Recht, 1999; *v. Lübtow*, Die Struktur der Pfandrechte und Reallasten, Festschr. Heinrich Lehmann, Bd. I, 1956, S. 328; *Köndgen/Stöcker*, Die Eurohypothek – Akzessorietät als Gretchenfrage, ZBB 2005, 112; *Schnauder*, Schuldrechtliche Grundlagen von Hypothek und Grundschuld. Die Entwicklung des Grundkredits vom Partikularrecht zum BGB, Festschr. H. Roth, 2020, S. 73; *Stöcker*, Die Eurohypothek, 1992; *Wachter*, Die Eurohypothek, WM 1999, 57; *Welter/Breier/Ketzel*, Der Realkredit in den Ländern der EG, 1994; *Wiegand*, Akzessorietät und Spezialität. Zum Verhältnis zwischen Forderung und Sicherungsgegenstand, in: *ders.* (Hrsg.), Probleme der Kreditsicherung, 1982, S. 35; *Wolfsteiner/Stöcker*, Nichtakzessorisches Grundpfandrecht für Mitteleuropa, DNotZ 1999, 451.

Studium: *v. Bismarck*, Grundpfandrechte: Einführung in die Rechtsverhältnisse und den Ersterwerb, JA 2011, 572.

I. Einführung

1. Überblick

Die im Abschnitt 7 des dritten Buchs des BGB unter den Begriffen „Hypothek, Grundschuld, Rentenschuld" geregelten Rechte an Grundstücken bezeichnet man als „Grundpfandrechte". Der anschließende Abschnitt 8 behandelt das Pfandrecht an beweglichen Sachen und an Rechten (→ § 34 Rn. 1 ff.). 1

Gesetzestechnisch beginnt das BGB mit der Regelung der Hypothek (§§ 1113–1190 BGB). Für die Grundschuld verweist § 1192 BGB auf das Hypothekenrecht, für die Rentenschuld § 1200 BGB auf Bestimmungen des Hypotheken- und Grundschuldrechts, so dass sich der Gesetzgeber insoweit auf wenige besondere Vorschriften beschränken konnte (§§ 1191–1203 BGB). 2

Grundpfandrechte sind dingliche Rechte (→ § 1 Rn. 9 ff.) an einem Grundstück. Gemeinsames Merkmal ist, dass an den Berechtigten „eine bestimmte Geldsumme zu zahlen ist", und zwar „aus dem Grundstück" (vgl. den Wortlaut 3 der §§ 1113, 1191, 1199 BGB). Damit ist selbstverständlich nicht gemeint, dass das Geld den Bodenbestandteilen des Grundstücks entnommen werden soll. Die Wendung, eine Geldsumme sei „aus dem Grundstück zu zahlen", bringt vielmehr die *Haftung* des Grundstücks in Höhe des Geldbetrags zum Ausdruck. Realisiert wird die Haftung des Grundstücks nach § 1147 BGB im Wege der Zwangsvollstreckung, also durch Zwangsversteigerung oder Zwangsverwaltung. Der Inhaber des Grundpfandrechts darf demnach das (fremde) Grundstück im Wege der Zwangsvollstreckung verwerten und sich aus dem Erlös in Höhe des Geldbetrags seines Grundpfandrechts befriedigen. Das Verfahren richtet sich nach dem ZVG (Einzelheiten → § 17 Rn. 63 ff.).

2. Bedeutung der Grundpfandrechte als Kreditsicherungsmittel

4   Grundpfandrechte dienen der Kreditsicherung. Sie geben dem Gläubiger einer Forderung ein dingliches Verwertungsrecht an dem Grundstück, auf das er zurückgreifen kann, wenn der Schuldner seine Verbindlichkeiten nicht erfüllt. Zwar kann ein Gläubiger auch ohne ein Grundpfandrecht in das Grundstück seines Schuldners vollstrecken; das Grundstück unterliegt wie alle anderen Vermögensrechte ohne weiteres dem Haftungszugriff (→ § 1 Rn. 17). Allerdings besteht das Risiko, dass sich das Grundstück zum Zeitpunkt der Fälligkeit der Forderung (und der Erlangung eines Vollstreckungstitels) nicht mehr im Vermögen des Schuldners befindet, weil dieser es veräußert hat. Denkbar ist ferner, dass ein anderer Gläubiger zuvorgekommen ist; auch bei der Zwangsvollstreckung in Grundstücke gilt das Prioritätsprinzip (§ 11 Abs. 2 ZVG). Nachrangige Gläubiger gehen leer aus, wenn der Versteigerungserlös nicht für alle ausreicht. Besonders misslich ist die Situation in der Insolvenz des Schuldners: Werden die verbliebenen Vermögensrechte der Insolvenzmasse auf die Insolvenzgläubiger (§ 38 InsO) im Verhältnis ihrer Forderungen anteilig verteilt, erhält jeder Gläubiger einen (in der Praxis ganz geringen) Bruchteil (selten mehr als 10%) seiner Forderung ausbezahlt. Von all diesen Risiken bleibt der Inhaber eines Grundpfandrechts weithin verschont: Als dingliches Recht gibt das Grundpfandrecht auch dann ein Verwertungsrecht, wenn das Grundstück veräußert worden war (zum Sukzessionsschutz → § 1 Rn. 13). Gegenüber Gläubigern obligatorischer Forderungen genießt der Grundpfandrechtsgläubiger (nach § 10 Abs. 1 Nr. 4 ZVG gegenüber § 10 Abs. 1 Nr. 5 ZVG) den Vorrang. In der Insolvenz ist der Grundpfandrechtsgläubiger zur abgesonderten Befriedigung berechtigt (§ 49 InsO); er wird aus dem Erlös der Verwertung des Grundstücks vor den übrigen Insolvenzgläubigern befriedigt. Hinzu kommt, dass die Grundpfandrechte auf dem besonders zuverlässigen Grundbuchsystem beruhen: Ihr Erwerb steht unter dem Schutz des öffentlichen Glaubens des Grundbuchs (§ 892 BGB), und für den eingetragenen Grundpfandrechtsgläubiger gilt die Vermutung des § 891 BGB.

Neben diese rechtlichen Vorzüge der Grundpfandrechte treten wirtschaftliche Gesichtspunkte. Da Grund und Boden nicht vermehrt werden kann, haben sich Grundstücke im

Laufe der Zeit als überdurchschnittlich wertbeständige Vermögensgegenstände erwiesen. Zwar unterliegen auch Grundstückspreise den Gesetzen von Angebot und Nachfrage. Gleichwohl bieten Grundpfandrechte gewöhnlich eine höhere Sicherheit als Sicherungsrechte an beweglichen Sachen und Rechten. Im Übrigen hat es der Grundpfandrechtsgläubiger in der Hand, das Ausfallrisiko durch eine vorsichtige Prognose des zukünftigen Verkaufserlöses und eine Beleihung des Grundstücks unter dem Verkehrswert (Beleihungsgrenze) überschaubar zu halten.

Grundpfandrechte haben aufgrund ihrer hohen Werthaltigkeit in der Praxis der Kreditsicherung eine überragende Bedeutung. Zum September 2021 waren in Deutschland für Kreditinstitute insgesamt ca. 1653 Milliarden Euro Grundpfandrechte eingetragen. Der Gesamtbetrag der Bankkredite in Deutschland betrug zu diesem Zeitpunkt ca. 3093 Milliarden Euro.[1]

Man zählt die Grundpfandrechte zusammen mit dem Pfandrecht an beweglichen Sachen und Rechten sowie dem Eigentumsvorbehalt und der Sicherungsübereignung zu den Realsicherheiten.[2] Dem werden die Personalsicherheiten gegenübergestellt. Hierunter fällt insbesondere die Bürgschaft (§§ 765 ff. BGB). Personalsicherheiten gewähren dem Gläubiger kein dingliches Recht an einem bestimmten Gegenstand, sondern verschaffen ihm eine weitere Forderung gegen einen Dritten (etwa gegen den Bürgen), bei deren Durchsetzung der Sicherungsnehmer allerdings mit anderen Gläubigern des Dritten konkurriert. Der Wert einer Personalsicherheit bemisst sich folglich nach der Bonität des Dritten.

3. Historischer Abriss

Die römische *hypotheca* bildete neben dem *pignus* (Faustpfand) ein Verwertungsrecht an einer fremden Sache.[3] Zur Bestellung der *hypotheca* genügte ein Vertrag, Publizitätsakte wie Besitzübertragung oder Bucheintragung waren nicht erforderlich. Die *hypotheca* konnte an beweglichen und unbeweglichen Sachen bestellt werden. Zudem kannte man Generalhypotheken, die das gesamte gegenwärtige und künftige Vermögen belasteten.[4] Das frühe deutsche Recht war vom Publizitätsprinzip beherrscht: Zunächst gab es Pfandrechte, die den Besitz des Gläubigers am Grundstück voraussetzten („Satzung"); später dienten die Stadtbücher als Publizitätsmittel auch für Belastungen. Es bildeten sich mit dem Nutzungspfand – der Gläubiger war bis zur Ablösung zur Nutzziehung berechtigt – und dem Substanzpfand – zunächst als Verfall-, später als Verkaufspfand – zwei Formen der Pfandrechte an Grundstücken heraus. Mit der Rezeption des römischen Rechts in Deutschland setzte sich die Verknüpfung des Pfandrechts mit einer Forderung durch, ohne dass strenge Akzessorietät herrschte.[5] Im mecklenburgischen Recht entwickelte sich eine von der Forderung unabhängige Hypothek, die vom preußischen Recht übernommen und

---
[1] Quelle: Deutsche Bundesbank, Monatsbericht Dezember 2021, S. 32 („Hypothekarkredite").
[2] Man spricht auch von „Realkredit", Motive Bd. 3, S. 599; *Baur/Stürner* § 36 Rn. 4.
[3] Vgl. die Hinweise bei *Wolff/Raiser* § 129.
[4] Knappe Darstellung bei Motive Bd. 3, S. 597 f.
[5] Vgl. *Becker-Eberhard*, Die Forderungsgebundenheit der Sicherungsrechte, 1993, S. 174 f.

später in der heutigen Grundschuld aufgegangen ist.[6] Der BGB-Gesetzgeber hat sich gegen Generalhypotheken[7] und Besitzgrundpfandrechte, wohl aber für Publizität aufgrund eines Grundbuchsystems entschieden.[8] Im Übrigen wurde mit der Hypothek ein akzessorisches, mit der Grundschuld ein forderungsunabhängiges Grundpfandrecht anerkannt;[9] die Rentenschuld hat erst der „zweite Entwurf" in das BGB eingefügt.

6   Die Grundpfandrechte des BGB berechtigen ihren Inhaber nicht zum Besitz des Grundstücks oder zur Nutzziehung.[10] Ein Nutzpfandrecht („*antichrese*"), wie es das preußische Recht vorsah,[11] ist vom BGB nicht übernommen worden. Daher steht dem Grundpfandgläubiger kein Herausgabeanspruch gegen einen unberechtigten Besitzer zu.

Das in der DDR am 1.1.1976 in Kraft getretene ZGB kannte als Grundpfandrecht die Hypothek (§§ 452 ff. ZGB). Sie war akzessorisch, ausnahmslos Buchrecht und konnte sich nicht in ein Eigentümergrundpfandrecht verwandeln. Einen Unterfall bildete die Aufbauhypothek, die auf Antrag staatlicher Organe für staatlich festgesetzte Baumaßnahmen angeordnet werden konnte und der Vorrang vor anderen Hypotheken zukam (§§ 456 Abs. 3, 457 ZGB). Hypotheken nach dem ZGB blieben nach dem 2.10.1990 grundsätzlich mit dem bisherigen Inhalt und Rang bestehen (Art. 233 § 3 EGBGB). Dies bedeutet insbesondere, dass mit dem Erlöschen der Forderung auch die Hypothek erlischt, § 454 Abs. 2 ZGB; es entsteht keine Eigentümergrundschuld (wie das §§ 1163 Abs. 1 S. 2, 1177 BGB für die BGB-Hypothek vorsehen). Für die Übertragung gelten die Bestimmungen über Sicherungshypotheken, Art. 233 § 6 EGBGB. – Auf Grundpfandrechte, die in der DDR vor dem 1.1.1976 entstanden waren, blieb nach § 6 Abs. 1 EGZGB das BGB anwendbar. Für die Ausübung der Rechte und deren Übertragung waren gemäß § 6 Abs. 2 EGZGB die allgemeinen Bestimmungen des ZGB anwendbar. Soweit dies der Fall war, findet nach Art. 233 § 6 Abs. 1 EGBGB seit dem 3.10.1990 darauf (wieder) das BGB Anwendung.

4. Europäischer Ausblick

7   (1) Innerhalb der Europäischen Union wird seit Jahrzehnten über die Einführung eines einheitlichen „europäischen" Grundpfandrechts diskutiert. Hinsichtlich der rechtstechnischen Ausgestaltung stehen dabei die Frage der Akzessorietät (→ § 16 Rn. 18 ff.) und die Möglichkeit von *Eigentümer*grundpfandrechten im Mittelpunkt. Die meisten EU-Staaten kennen nur forderungsgebundene Grundpfandrechte.[12] Die diskutierten Vorschläge zielen darauf ab, die gewachsenen Formen der Grundpfandrechte in den einzelnen EU-Staaten beizubehalten und zusätzlich als weitere Rechtsform eine „Eurohypothek" zur Verfügung

---

[6] *Buchholz* S. 218 ff.
[7] Begründung Motive Bd. 3, S. 597.
[8] Motive Band 3, S. 600.
[9] Dargestellt bei *van Vliet* Edinburgh Law Review 16.2 (2012), 147, 149 ff.
[10] Erst im Rahmen der Verwertung durch Zwangsverwaltung nach §§ 146 ff. ZVG gebühren dem Gläubiger die Erträge der Nutzungen.
[11] ALR I 20 §§ 139 ff.
[12] Eine Darstellung der Grundpfandrechte im europäischen Vergleich findet sich bei *v. Bar*, Gemeineuropäisches Sachenrecht I, 2015, Rn. 424 ff.

zu stellen. Dieses europäische Grundpfandrecht soll sich an den – nicht akzessorischen – Schweizer Schuldbrief anlehnen.[13] Die zukünftige Eurohypothek wird insbesondere den unterschiedlichen Grundbuchsystemen innerhalb der Mitgliedsstaaten Rechnung tragen müssen. Der Entwurf eines Gemeinsamen Referenzrahmens[14] (DCFR, → § 1 Rn. 54) klammert Grundpfandrechte aus (vgl. DCFR I. – 1:101[2 f]).

Der Schweizer Schuldbrief kann ebenso wie die Grundschuld des BGB als Eigentümergrundpfandrecht begründet werden und als solches auch entstehen, wenn die zu sichernde Forderung erlischt. Damit wird das Nachrücken nachrangiger Gläubiger verhindert. Der Schuldbrief entsteht durch einen Errichtungsvertrag bzw. für den Fall des Eigentümerschuldbriefes durch einseitige Verfügung und Eintragung ins Grundbuch, Art. 799 Schweizer ZGB. Im Gegensatz zur deutschen Grundschuld sieht der Schweizer Schuldbrief kumulativ sowohl eine persönliche als auch eine dingliche Haftung vor.

II. Erscheinungsformen der Grundpfandrechte

1. Hypothek – Grundschuld

Das BGB kennt als Grundpfandrechte die Hypothek, die Grundschuld und die (praktisch bedeutungslose) Rentenschuld. Der Gesetzgeber hat mit der Anerkennung mehrerer Formen von Sicherungsrechten an Grundstücken den in den deutschen Ländern historisch gewachsenen Unterschieden Rechnung tragen wollen.[15] In der Kreditpraxis der institutionellen Kreditgeber (Banken, [Bau-] Sparkassen und öffentliche Hand) steht heute die Grundschuld ganz im Vordergrund.[16] Die Hypothek als Sicherungsmittel wird noch im „privaten Bereich" bevorzugt, etwa zur Sicherung von Ausgleichszahlungen bei Erbteilungs- und Übergabeverträgen.[17]

Die Ursachen der Verdrängung der Hypothek durch die Grundschuld liegen darin, dass die nichtakzessorische Grundschuld (insbesondere aus Sicht der Kreditinstitute, die ihre Interessen regelmäßig durchsetzen können[18]) einfacher zu handhaben ist. Bei der Grundschuld entfallen (die nach § 1115 BGB für die Hypothek erforderlichen) Eintragungen hinsichtlich der Forderung (→ § 17 Rn. 8). Auch ist eine Auswechslung der durch eine Grundschuld gesicherten Forderung ohne Eintragung im Grundbuch durch schlichte Änderung der Sicherungsabrede möglich; bei der Hypothek sind dingliche Einigung und Eintragung erforderlich (§ 1180 Abs. 1 Satz 2 BGB). Vor allem aber ist bei der

---

[13] *Stöcker*, Die „Eurohypothek", S. 230 ff.; vgl. ferner *Stöcker/Stürner*, Flexibilität, Sicherheit und Effizienz der Grundpfandrechte in Europa, Band III, 3. Aufl. 2012.
[14] Dazu Schulze/v. Bar/Schulte-Nölke (Hrsg.), Der akademische Entwurf für einen Gemeinsamen Referenzrahmen, 2008.
[15] Motive Bd. 3, S. 604 ff.
[16] Die Motive Bd. 3, S. 597 sahen die Hypothek als das wichtigere Recht an.
[17] *Weirich/Ivo* Rn. 1300.
[18] Eingehend zu den Vorteilen aus Sicht der Kreditinstitute *Stöcker*, Die „Eurohypothek", S. 30 ff.

Grundschuld die „Neuvalutierung" und die Erstreckung der Sicherheit auf andere Forderungen einfacher und billiger (→ § 18 Rn. 11). Freilich können bei der Hypothek teilweise ähnliche Effekte erzielt werden, wenn die Hypothek für eine Forderung aus einem abstrakten Schuldanerkenntnis bestellt wird (→ § 16 Rn. 26).

2. Briefgrundpfandrecht – Buchgrundpfandrecht

10 Grundpfandrechte können als Briefrechte oder als Buchrechte bestellt werden. Der gesetzliche Normalfall ist § 1116 Abs. 1 BGB: Über die Hypothek wird ein Hypothekenbrief erteilt; es handelt sich daher um eine „Briefhypothek". Die Parteien können die Brieferteilung nach § 1116 Abs. 2 BGB aber ausschließen und eine „Buchhypothek" begründen.[19] Gleiches gilt nach § 1192 Abs. 1 BGB für die Grundschuld. Beide Formen der Grundpfandrechte unterscheiden sich vor allem bei der Übertragung. Der Gesetzgeber stärkt beim Briefgrundpfandrecht die Verkehrsfähigkeit. Es kann übertragen werden, ohne dass die Übertragung im Grundbuch eingetragen werden muss: Nach § 1154 Abs. 1 BGB wird die hypothekarisch gesicherte Forderung (die akzessorische Hypothek folgt gemäß § 1153 Abs. 1 BGB) „außerhalb des Grundbuchs" durch Abtretung (Einigung), schriftliche Abtretungserklärung und Übergabe des Hypothekenbriefs übertragen. Eine Eintragung („Umschreibung") im Grundbuch ist nicht Voraussetzung der Übertragung. Ist die Erteilung des Briefs hingegen ausgeschlossen worden, liegt also eine Buchhypothek vor, erfolgt die Abtretung der Forderung nach § 1154 Abs. 3 BGB durch Einigung und Eintragung. In diesem Fall ist die Eintragung des Zessionars konstitutiv.

11 Bedeutung erlangt die Unterscheidung zwischen Brief- und Buchgrundpfandrecht ferner bei der Begründung des Grundpfandrechts. Die Briefhypothek erwirbt der Gläubiger nach § 1117 Abs. 1 BGB erst mit der Briefübergabe (oder deren Ersetzung durch Aushändigungsabrede, § 1117 Abs. 2 BGB). Auch die (Ver-)Pfändung setzt die Übergabe des Hypothekenbriefs voraus (§ 1274 BGB, § 830 ZPO). Schließlich muss zur Geltendmachung der Briefhypothek der Brief vorgelegt werden (§ 1160 BGB).

12 §§ 56–70 GBO enthalten ergänzende (vor allem verfahrensrechtliche) Vorschriften über den Hypotheken-, Grundschuld- und Rentenschuldbrief. Der Brief wird vom Grundbuchamt erteilt (§ 56 Abs. 1 Satz 1 GBO) und regelmäßig dem Eigentümer ausgehändigt (§ 60 Abs. 1 GBO), der ihn dann gegen Auszahlung der Darlehenssumme dem Gläubiger übergeben kann. Den Inhalt und die Form des Briefs regeln §§ 56 Abs. 1 Satz 2, Abs. 2, 57 GBO. Das Eigentum an dem Brief steht nach § 952 Abs. 2 BGB dem jeweiligen Inhaber des Grundpfandrechts zu. Zur Bestimmung des Eigentums am Brief darf daher nicht auf §§ 929 ff. BGB abgestellt werden (→ § 28 Rn. 21 ff.). § 1117 Abs. 1 S. 2 BGB

---

[19] Die Sicherungshypothek ist nach § 1185 Abs. 1 BGB stets Buchhypothek, → § 17 Rn. 105.

steht nicht entgegen; danach finden §§ 929 S. 2, 930, 931 BGB nur auf die „Übergabe" entsprechend Anwendung, nicht auf eine „Einigung".

Beispiel: E bestellt G eine Briefhypothek für eine Verbindlichkeit des S. Das Grundbuchamt trägt die Hypothek ein und übergibt E den Hypothekenbrief (§ 60 Abs. 1 GBO). E ist als Inhaber eines Eigentümergrundpfandrechts (§ 1163 Abs. 2 BGB) Eigentümer des Briefs. Übergibt E den Brief an G, erwirbt dieser die Hypothek (§ 1117 Abs. 1 BGB) und damit auch das Eigentum am Brief (*gesetzlicher* Eigentumserwerb nach § 952 Abs. 2 BGB, nicht § 929 BGB). – Haben E und G eine Vereinbarung nach § 1117 Abs. 2 BGB getroffen („Aushändigungsabrede"), erwirbt G die Hypothek und damit das Eigentum am Brief. G kann vom Grundbuchamt Herausgabe des Briefs allerdings nur verlangen, wenn E das Grundbuchamt entsprechend angewiesen hat („Bestimmung" des Eigentümers, § 60 Abs. 2 GBO). § 60 GBO verdrängt § 985 BGB.[20] – Hat E den G befriedigt und gehen daher die Forderung nach § 1143 Abs. 1 BGB und die Hypothek nach § 1153 Abs. 1 BGB auf ihn über, kann E als Eigentümer des Hypothekenbriefs (§ 952 Abs. 2 BGB) von G nach § 985 BGB Herausgabe verlangen.

III. Dogmatische Grundlagen der Grundpfandrechte

1. Verwertungsrecht

Grundpfandrechte sind Verwertungsrechte. Der Inhaber eines Grundpfandrechts kann sich aus dem Grundstück und den mithaftenden Gegenständen (→ § 17 Rn. 27ff.) wegen eines Geldbetrags befriedigen. Dazu darf er das Grundstück verwerten. Ein Anspruch auf Herausgabe des Grundstücks steht dem Grundpfandgläubiger nicht zu. Die Verwertung erfolgt durch Zwangsvollstreckung (§ 1147 BGB), die nach dem ZVG auf Veräußerung (Zwangsversteigerung) und Nutzung (Zwangsverwaltung) des Grundstücks gerichtet ist. Der Gläubiger wird befriedigt, indem er den ihm gebührenden Geldbetrag dem Vollstreckungserlös entnimmt. Das Wesen des Grundpfandrechts besteht danach im Recht zur Sachverwertung und Erlösentnahme. Es bildet zugleich den Rechtsgrund im Sinne des Kondiktionsrechts (§ 812 BGB).

13

Der Begriff „Verwertungsrecht" wird freilich missverstanden, wenn man annimmt, damit solle ein Recht an dem „Wert" einer Sache zum Ausdruck gebracht werden.[21] Es geht vielmehr darum, dass der Grundpfandrechtsgläubiger das Grundstück im Wege der Zwangsvollstreckung *verwerten* darf und der Erlös ihm haftungsrechtlich gebührt.

Der Eigentümer als solcher ist hingegen *nicht verpflichtet*, den dem Inhaber des Grundpfandrechts gebührenden Geldbetrag zu bezahlen. Der Eigentümer schuldet dem Hypothekar oder Grundschuldgläubiger *aus dem Grundpfandrecht* nichts. Bezahlt der Eigentümer an den Inhaber des Grundpfandrechts, so nicht zur Erfüllung einer Verbindlichkeit, sondern in Ausübung seines Ablösungsrechts, um die Zwangsvollstreckung in das belastete Grundstück abzu-

14

---

[20] Vgl. MünchKommBGB/*Lieder* § 1116 Rn. 33.
[21] Vgl. *v. Bar*, Gemeineuropäisches Sachenrecht I, Rn. 413.

wenden (→ § 17 Rn. 54ff.).[22] Nach § 1142 Abs. 1 BGB ist der Eigentümer daher auch nur „berechtigt" – nicht: „verpflichtet" –, den Gläubiger zu befriedigen. Ist der Eigentümer des belasteten Grundstücks zugleich auch persönlicher Schuldner der gesicherten Forderung, so ist er als Schuldner der *Forderung* zur Zahlung *verpflichtet*. Seine Leistungspflicht beruht in diesem Fall allein auf der obligatorischen Verbindlichkeit.

15 Eine Minderansicht in der Literatur bejaht hingegen eine Zahlungspflicht des (jeweiligen) Eigentümers des belasteten Grundstücks.[23] Die Auffassung wird in verschiedenen Varianten vertreten:[24] Nach der Theorie von der Realobligation schuldet der Eigentümer die Leistung „aus der Sache",[25] nach der Lehre der dinglichen Schuld mit beschränkter Haftung schuldet der Eigentümer den Geldbetrag, haftet aber nur mit dem Grundstück.[26] Diese Auffassung stützt sich vor allem auf den Wortlaut des § 1113 BGB („Zahlung ... verlangen"). Die Auseinandersetzung über das richtige Verständnis des Grundpfandrechts wird mit einer durchaus scharfen Wortwahl geführt, wenn etwa *Wolfsteiner* der h.M. „dogmatischen Starrsinn" vorhält.[27] Allerdings geht es nicht um ein Festhalten an überkommenen Strukturen, sondern um eine möglichst einfache und klare Darstellung der Rechtsnatur der Grundpfandrechte. Als dingliche Rechte geben sie ihrem Inhaber eine nicht von einer anderen Person abgeleitete, sondern durch einen unmittelbaren Bezug zur Sache qualifizierte Befugnis (→ § 1 Rn. 9). Beim Nießbrauch schuldet der jeweilige Eigentümer nicht die Erbringung der Nutzungen aus der Sache; vielmehr ist es das Recht des Nießbrauchers, sich die Nutzungen selbst zu verschaffen. Bei der Dienstbarkeit darf der Berechtigte das belastete Grundstück selbst gebrauchen, der Eigentümer schuldet ebenfalls nichts. Es ist kein Grund ersichtlich und für das Verständnis des Pfandrechts als absolutes Recht abträglich, die Struktur einer unmittelbaren, d.h. nicht vom Eigentümer abgeleiteten Berechtigung an der Sache allein bei den Grundpfandrechten zu leugnen. Die dingliche Wirkung der Grundpfandrechte kann mit einem obligatorischen Zahlungsanspruch auch nicht erklärt werden. Als Inhaber eines schuldrechtlichen Anspruchs müsste der Inhaber des Grundpfandrechts stets Insolvenzgläubiger sein; § 52 InsO sieht dies aber einschränkend nur vor, wenn der Schuldner auch persönlich haftet. Ist eine nachrangige Forderung (§ 39 InsO) mit einem Grundpfandrecht gesichert, müsste das Nachrangverhältnis auch auf die Befriedigung aus dem Grundpfandrecht ausstrahlen; der Nachrang einer Forderung steht der abgesonderten Befriedigung

---

[22] Motive Bd. 3, S. 676.
[23] Staudinger/*Wolfsteiner* (2015) Einl. zu §§ 1113ff. Rn. 39ff.; MünchKommBGB/*Lieder* § 1147 Rn. 4ff.
[24] Vgl. auch Motive Bd. 3, S. 676.
[25] Staudinger/*Wolfsteiner* (2015) Einl. zu §§ 1113ff. Rn. 37.
[26] Eingehend zu der Streitfrage Planck/*Strecker* Vorbem. 3 zu § 1113 mit zahlr. Nachweisen aus der älteren Literatur; *Wolff/Raiser* § 131.
[27] Staudinger/*Wolfsteiner* (2015) Einl. zu §§ 1113ff. Rn. 40. Die h.M. wolle das positive Recht nur als der Dogmatik nachgeordnete Rechtsquelle ansehen.

aus dem Grundpfandrecht aber nicht im Wege.[28] Wird der Grundpfandgläubiger in der Zwangsvollstreckung mangels ausreichenden Erlöses nicht befriedigt, stellt sich die Frage, weshalb die (behauptete) Forderung untergeht; nach allgemeinen Grundsätzen erlischt eine Verbindlichkeit nicht, falls der Verpflichtete über keine Haftungsmasse mehr verfügt. In Schwierigkeiten gerät die Ansicht, die eine Zahlungspflicht des Eigentümers annimmt, ferner, wenn das belastete Grundstück herrenlos ist:[29] Angenommen, der Eigentümer gibt nach § 928 BGB das Eigentum auf, weil das Grundstück weit über den Verkehrswert hinaus belastet ist. Wie alle anderen Belastungen bleiben trotz Aufgabe des Eigentums auch Grundpfandrechte bestehen. Wer aber soll zur Zahlung verpflichtet sein, wenn es keinen Eigentümer gibt, der jedenfalls nach der Theorie der Realobligation mit dem Verpflichteten identisch ist? Gegen die Annahme eines schuldrechtlichen Anspruchs des Inhabers des Grundpfandrechts gegen den Eigentümer spricht schließlich auch die Möglichkeit von Eigentümergrundpfandrechten, bei denen ein Anspruch infolge Konfusion erlöschen müsste. Vor diesem Hintergrund sollte der Wortlaut des § 1113 BGB („zahlen") und des § 952 Abs. 2 BGB („Leistung gefordert") nicht überbetont werden, zumal § 1204 BGB, bei dem sich dieselbe Frage nach der Zahlungspflicht des Pfandeigentümers stellt, (zutreffend) von „Befriedigung" spricht.

Die h.M. wird auch nicht durch den Wortlaut des § 1137 BGB widerlegt. Zwar spricht die Vorschrift von „Einreden", die gegen die Hypothek erhoben werden können.[30] Einreden werden gewöhnlich nur „Ansprüchen" entgegen gesetzt. Der Begriff Einrede erklärt sich in diesem Zusammenhang daraus, dass der Inhaber des Grundpfandrechts wegen seines Befriedigungsrechts einen Vollstreckungstitel gegen den Eigentümer benötigt (§ 1147 BGB).[31] Hat sich der Eigentümer nicht in einer notariellen Urkunde (§ 794 Abs. 1 Nr. 5 ZPO) der Zwangsvollstreckung unterworfen, kann der Gläubiger den Titel nur durch Klage erlangen. In dieser prozessualen Lage ist die Einrede nicht ein Gegenrecht gegen einen Zahlungsanspruch, sondern das Recht, der Geltendmachung des Grundpfandrechts zu widersprechen (vgl. § 1160 BGB).

Auch die Annahme eines *Anspruchs* auf „Duldung der Zwangsvollstreckung" als Inhalt des Grundpfandrechts ist im Grunde entbehrlich. Das wird schon daraus deutlich, dass ein entsprechender Duldungstitel nach § 890 ZPO zu vollstrecken wäre, man jedoch einmütig davon ausgeht, dass sich die Zwangsvollstreckung aus dem Grundpfandrecht nach dem ZVG vollzieht. Ebenso wie der Eigentümer die Nutzung seines Grundstücks durch den Nießbraucher zu dulden hat, hat selbstverständlich der Eigentümer des mit einem Grundpfandrecht belasteten Grundstücks alles zu unterlassen, was der Befriedigung des Gläubigers im Wege steht. Es ist aber unnötig, entsprechende Ansprüche als primären Inhalt der dingli-

---

[28] BGH NJW 2008, 3064 (für Zinsen nach Insolvenzeröffnung); dazu *Berger*, Besicherung nachrangiger Forderungen, KTS 2020, 1.
[29] Vgl. Planck/*Strecker* Vorbem. 3 zu § 1113.
[30] Auch bei der Grundschuld ist die Vorstellung von Einreden gegen das dingliche Recht (aus der Sicherungsabrede) geläufig, → § 18 Rn. 26.
[31] Vgl. *Wolff/Raiser* § 131, S. 530.

chen Rechte zu postulieren. Niemand spricht davon, Inhalt des Eigentums sei ein Anspruch auf Duldung der Ausübung der Eigentümerbefugnisse durch Dritte. Etwas anderes folgt auch nicht aus § 1147 BGB: Die Bestimmung ordnet lediglich an, wie die Befriedigung des Gläubigers zu erfolgen hat (eben durch Zwangsvollstreckung, etwa im Gegensatz zu § 1233 Abs. 1 BGB oder § 1282 BGB);[32] ein Anspruch kann der Vorschrift nicht entnommen werden. Daher ist es im Grunde ungenau (wenn auch unschädlich), den Eigentümer zur „Duldung der Zwangsvollstreckung" zu verurteilen. Die Titulierung: „Der Kläger darf sich wegen eines Betrags von ... aus dem Grundstück befriedigen"[33] genügt.

2. Dinglichkeit

17 Grundpfandrechte sind *dingliche* Verwertungsrechte. Grundpfandrechte weisen die drei Merkmale der Dinglichkeit (→ § 1 Rn. 9ff.) auf:[34] Sie genießen deliktischen Schutz nach § 823 Abs. 1 BGB (allerdings durch §§ 1134f. BGB modifiziert), werden durch die Veräußerung des belasteten Grundstücks nicht beeinträchtigt, unterfallen also dem Sukzessionsschutz, und bleiben in der Zwangsvollstreckung eines persönlichen oder nachrangigen Gläubigers unberührt (§ 10 Abs. 1 Nr. 4 und Nr. 5, §§ 44, 52 ZVG) bzw. ermöglichen in der Insolvenz abgesonderte Befriedigung (§ 49 InsO).

Beispiel: A bestellt H eine Hypothek an seinem mit einem Wohnhaus bebauten Grundstück, das er später an B übereignet. Ein persönlicher Gläubiger G des B betreibt die Zwangsvollstreckung in das Grundstück. C verursacht fahrlässig einen Brand, sodass das Wohnhaus abbrennt. Hier steht H die Hypothek trotz Übereignung des Grundstücks an B weiterhin zu, weil sie als dingliche Belastung des Grundstücks Sukzessionsschutz genießt. Das kommt auch in § 800 ZPO zum Ausdruck, wonach eine vollstreckbare Urkunde errichtet werden kann, die die Zwangsvollstreckung gegen den „jeweiligen" Eigentümer ermöglicht. Bei der Verteilung des Versteigerungserlöses ist H in der Rangklasse des § 10 Abs. 1 Nr. 4 ZVG vor dem persönlichen Gläubiger G aus Rangklasse § 10 Abs. 1 Nr. 5 ZVG zu berücksichtigen. Hat H infolge des Brandes einen Ausfall erlitten, kann er von C Schadensersatz verlangen; seine Hypothek ist ein „sonstiges Recht" nach § 823 Abs. 1 BGB (→ § 17 Rn. 46).

Vor dem Hintergrund des Sukzessionsschutzes der Grundpfandrechte ist § 1136 BGB zu sehen.[35] Ein rechtsgeschäftliches Veräußerungs- oder Belastungsverbot, das der Hypothekar mit dem Eigentümer hinsichtlich des Grundstücks vereinbart, ist entgegen § 137 Satz 2 BGB nichtig. Ein Veräußerungsverbot ist nicht notwendig, da die Hypothek bei einer Verfügung über das belastete Grundstück infolge Sukzessionsschutzes und des Rangprinzips unberührt bleibt (→ § 17 Rn. 52).

---

[32] Die Verwertung des Pfandrechts an der Forderung erfolgt durch Einziehung der verpfändeten Forderung, nicht aufgrund eines Anspruchs auf Duldung der Zwangsvollstreckung gegen den Verpfänder.
[33] *Wolff/Raiser* § 139 I, S. 573.
[34] Vgl. Motive Bd. 3, S. 603.
[35] Dazu *Berger*, Rechtsgeschäftliche Verfügungsbeschränkungen, 1998, S. 108 ff.

3. Akzessorietät

a) Bedeutung

Nach § 1113 Abs. 1 BGB wird die Hypothek (nur) zur Befriedigung „wegen einer Forderung" bestellt. Darin kommt die Akzessorietät der Hypothek zum Ausdruck: Ohne die Forderung kann die Hypothek nicht bestehen. Die Hypothek ist daher von der Forderung abhängig, zu deren Sicherung sie dient.

Die Akzessorietät ist ein rechtstechnisches Prinzip, welches die Abhängigkeit eines Rechts (des Nebenrechts) von einem anderen (dem Hauptrecht) zum Ausdruck bringt. Das Akzessorietätsprinzip tritt vor allem bei Sicherungsrechten hervor.[36] Unter Akzessorietät versteht man die unmittelbare Verknüpfung der gesicherten Forderung (Hauptrecht) mit dem Sicherungsrecht (Nebenrecht).[37] Sie kommt darin zum Ausdruck, dass sich das Sicherungsrecht in Entstehung, Umfang und Durchsetzbarkeit, Untergang sowie Rechtsinhaberschaft stets nach der gesicherten Forderung richtet.

Deutlich wird dies bei einem Vergleich der akzessorischen Hypothek mit der nichtakzessorischen Grundschuld: Nach § 1113 Abs. 1 BGB ist eine Geldsumme „wegen einer ihm (dem Hypothekar) zustehenden Forderung" zu zahlen. Die Hypothek ist daher zwingend mit einer Forderung verbunden. Ohne die Forderung entsteht die Hypothek für den Gläubiger nicht (§ 1163 Abs. 1 Satz 1 BGB). Die Grundschuld ist hingegen von einer Forderung unabhängig, wie § 1192 Abs. 1 Halbsatz 2 BGB zeigt. Es kann daher eine Grundschuld bestellt werden, die keine Forderung sichern soll. Auch der Untergang der Hypothek richtet sich nach der Forderung: Erlischt die Forderung, so verliert der Hypothekar die Hypothek, und sie geht auf den Eigentümer als Eigentümergrundschuld über (§§ 1163 Abs. 1 Satz 2, 1177 Abs. 1 BGB).

Das Akzessorietätsprinzip bei der Hypothek darf nicht dahingehend missverstanden werden, dass ohne die Forderung kein Grundpfandrecht entsteht. Ohne eine zu sichernde Forderung besteht keine Hypothek, wohl aber kann eine Grundschuld für den Eigentümer des Grundstücks bestehen (§ 1163 BGB). Insoweit unterscheidet sich die Hypothek vom Pfandrecht an beweglichen Sachen und Rechten, das ein Eigentümerpfandrecht nicht kennt (zur Eigentümergrundschuld → § 18 Rn. 46ff.).

Die Akzessorietät der Hypothek manifestiert sich ferner beim Inhalt und Umfang des Sicherungsrechts: Der Betrag der Hypothek, also die Geldsumme, die der Hypothekar beitreiben kann, richtet sich nach dem Betrag der Forderung (der deshalb nach § 1115 Abs. 1 BGB im Grundbuch einzutragen ist); Einreden gegen die Forderung kann der Eigentümer des mit der Hypothek belasteten Grundstücks nach § 1137 Abs. 1 Satz 1 BGB auch dem Hypothekar entgegenhalten. Bei der Grundschuld sieht das Gesetz eine entsprechende Erstreckung

---

[36] Akzessorisch sind auch Vormerkung, Bürgschaft und Vertragsstrafeversprechen, denen auch eine Sicherungsfunktion innewohnt.
[37] *Becker-Eberhard*, Die Forderungsgebundenheit der Sicherungsrechte, 1993, S. 60f.; *Habersack* JZ 1997, 862.

der Einreden grundsätzlich (wichtige Ausnahme in § 1192 Abs. 1a BGB) nicht vor; sie wird für die Sicherungsgrundschuld in der Sicherungsabrede (→ § 18 Rn. 16ff.) vereinbart. Schließlich zeigt sich die Akzessorietät auch bei der Übertragung der gesicherten Forderung: Nach § 1153 Abs. 1 BGB geht die Hypothek auf den Zessionar über, wenn die Forderung übertragen wird. Die Hypothek folgt der Forderung. Bei der nichtakzessorischen (Sicherungs-)Grundschuld hingegen kann die Forderung ohne die Grundschuld abgetreten werden.

22 Die Akzessorietät darf nicht mit dem Trennungs- und Abstraktionsprinzip vermengt werden. Die Einigung über die Bestellung der Hypothek ist äußerlich abstrakt (→ § 1 Rn. 20ff.; zur erforderlichen Zweckabrede bei der Verpfändung → § 34 Rn. 8). Vom dinglichen Vertrag zu trennen ist die Verpflichtung, eine Hypothek zu bestellen.

Beispiel: Eigentümer E kann sich verpflichten, für eine Darlehensverbindlichkeit seiner Tochter T eine Hypothek an seinem Grundstück für den Gläubiger G zu bestellen. Ist diese Verpflichtung unwirksam, kann E die Hypothek nach § 812 Abs. 1 Satz 1 Fall 1 BGB kondizieren. Besteht die Darlehensforderung hingegen nicht, steht E eine Eigentümergrundschuld zu (§ 1163 Abs. 1 Satz 1 BGB).

b) Funktion des Akzessorietätsprinzips

23 Soweit ein Recht akzessorisch ausgestaltet ist, wird damit zugleich sein Anwendungsbereich festgeschrieben. Die Hypothek kann – ebenso wie das Pfandrecht und die Bürgschaft – von den Parteien ausschließlich als Instrument zur Sicherung einer Forderung eingesetzt werden.[38] Demgegenüber ist die Grundschuld „zweckfrei", wenngleich sie in der Praxis in der Regel als *Sicherungs*grundschuld bestellt wird, also zur Sicherung einer Forderung.

24 Mit dem Akzessorietätsprinzip geht einher eine Schutzwirkung für die „Passivseite" akzessorischer Sicherungsrechte,[39] den Bürgen bzw. den Eigentümer bei der Hypothek und dem Pfandrecht. Der Gläubiger kann aus dem akzessorischen Sicherungsrecht nur Befriedigung suchen, wenn die gesicherte Forderung nicht untergegangen ist, ihr keine Einrede entgegensteht und sie ihm auch noch zusteht (also nicht abgetreten oder gepfändet worden war). All diese Wirkungen treten kraft Gesetzes ein. Bei nichtakzessorischen Sicherungsrechten hingegen muss der Schutz der Schuldner bzw. Eigentümer innerhalb des Sicherungsvertrags *rechtsgeschäftlich* gestaltet werden. Betrachtet man die Vielzahl der Einzelheiten, die in einem Sicherungsvertrag geregelt werden müssen, um einen dem Akzessorietätsprinzip gleichwertigen und der Sicherungsfunktion Rechnung tragenden Schutz des Eigentümers des belasteten Grundstücks zu erreichen, wird die Vereinfachungsfunktion deutlich, die mit dem Akzessorietäts-

---

[38] Vor allem *Heck* S. 327ff. betont die von den Parteien gewollten und mit dem akzessorischen Pfand verfolgten Zwecke; dazu krit. *Becker-Eberhard*, Die Forderungsgebundenheit der Sicherungsrechte, 1993, S. 180ff.
[39] Zutr. *Habersack* JZ 1997, 862f.

prinzip verbunden ist:⁴⁰ Mit den akzessorischen Sicherungsrechten erbringt der Gesetzgeber eine „Dienstleistung" für den Privatrechtsverkehr.

Beispiel: E hat für eine Verbindlichkeit des S gegenüber G eine Hypothek an seinem Grundstück bestellt. Hat S die Verbindlichkeit getilgt, verliert G infolge des Akzessorietätsprinzips gleichsam automatisch auch seine Hypothek, die nach §§ 1163 Abs. 1 Satz 2, 1177 Abs. 1 BGB ohne weiteres E als Eigentümergrundschuld zufällt. Die Eintragung des E als Inhaber der Grundschuld im Grundbuch ist bloße Grundbuchberichtigung. – War zur Sicherung des G hingegen eine Grundschuld bestellt worden, bleibt diese auch nach Zahlung durch S für G bestehen. E kann und muss die Grundschuld von G zurückfordern. Anspruchsgrundlage ist der Sicherungsvertrag. Die Rückübertragung erfolgt nach § 873 BGB durch Einigung und konstitutive Eintragung.

Beispiel: Das Grundstück des E ist für G wegen einer Forderung gegen S mit einer Sicherungsgrundschuld belastet. Ein Gläubiger des G pfändet die Forderung (§§ 803, 829 ff. ZPO), nicht aber die Grundschuld. Mangels Akzessorietät der Grundschuld erstreckt sich das Pfändungspfandrecht (§ 804 ZPO) an der Forderung nicht auf die Grundschuld. Der Gläubiger muss diese selbstständig pfänden (nach § 857 Abs. 6 ZPO), möglicherweise nachrangig, falls ihm ein anderer Gläubiger zuvorgekommen ist. Wurde die Grundschuld bereits abgetreten, geht eine Pfändung ins Leere. – Anders ist die Rechtslage bei der Hypothek: Wird in die Forderung (nach §§ 830, 837 ZPO) vollstreckt, erstrecken sich infolge der Akzessorietät die Wirkungen von Pfändung und Überweisung der Forderung automatisch auf die Hypothek, ohne dass der Gläubiger diese pfänden muss.

c) Zur Dogmatik der Akzessorietät

Bis heute wird das exakte Verhältnis zwischen gesicherter Forderung und dem Pfandrecht keineswegs einheitlich bestimmt. Die Pandektistik des 19. Jahrhunderts sah die Forderung als *begriffliche Voraussetzung* des Pfandrechts an. In diesem Sinne wurde das Akzessorietätsprinzip auch in den Motiven zum BGB verstanden,⁴¹ wie §§ 1113, 1204 BGB belegen. Das setzt sich fort in der Anschauung über das Erlöschen des Pfandrechts: Zahlt der Schuldner, erlischt die Forderung, und als Folge des Erlöschens der Forderung erlischt das Pfandrecht. Die Forderung ist das Primäre, das Pfandrecht das Sekundäre. In Schwierigkeiten gerät diese Lehre, wenn die Forderung beschränkt ist, ohne dass dies das Pfandrecht beeinträchtigt: Nach § 216 Abs. 1 BGB hindert die Verjährung der Forderung nicht die Befriedigung aus dem Pfand, obgleich nach dem Akzessorietätsprinzip der Eigentümer des Pfandes streng genommen alle Einreden des Schuldners geltend machen kann. Werden in einem Insolvenzplan Forderungen herabgesetzt, bleibt nach § 254 Abs. 2 InsO eine Hypothek in Höhe der ursprünglichen Forderung bestehen. *Heck* hat sich entschieden gegen die von den Pandektisten geprägte Formel gewandt, das Pfandrecht setze seinem Begriffe

---

⁴⁰ *Becker-Eberhard*, Die Forderungsgebundenheit der Sicherungsrechte, 1993, S. 204; davon wird eine Ordnungsfunktion unterschieden, die vor allem die Zuständigkeitsakzessorietät betrifft, *Habersack* JZ 1997, 862 f.
⁴¹ Vgl. Motive Band 3, S. 797 f. zum Pfandrecht.

nach eine Forderung voraus.[42] *Heck* sieht in dem Verhältnis zwischen Forderung und Pfandrecht vielmehr eine *Zweckgemeinschaft befriedigungshalber*: Der Gläubiger habe mit Forderung und Pfandrecht zwei Mittel, durch die seine Aussicht auf die Leistung doppelt gesichert werde; er soll die Leistung aber nur einmal erhalten.[43] Dieser Ansatz bietet eine Erklärung für die „Versagensfälle" des Akzessorietätsprinzips (§ 216 Abs. 1 BGB, § 254 Abs. 2 InsO): Das Pfandrecht bleibt in diesen Fällen vollauf bestehen, weil der Zweck, den es verfolgt (Leistung an den Gläubiger), noch nicht erreicht ist. Der Untergang des Pfandrechts wird von *Heck* nicht als Folge des Erlöschens der Forderung gedeutet, sondern als eine eigenständige Wirkung der Befriedigung des Gläubigers. Gegen eine solche gleichstufige Zweckgemeinschaft von Forderung und Pfandrecht spricht vor allem, dass sich der dem Gläubiger gebührende Betrag sowie mögliche Gegenrechte gemäß §§ 1113, 1137 BGB nach der Forderung richten. Gleiches gilt für die Übertragung: Verfügungsgegenstand ist allein die Forderung, welcher die Hypothek folgt (§ 1153 Abs. 1 BGB). Vergleichbare Bedenken begegnen der von *v. Lübtow* entwickelten Lehre, wonach nicht die Forderung, sondern ein „Anrecht" auf die Leistungserbringung gesichert werde.[44] Einen anderen dogmatischen Ansatz verfolgt *Becker-Eberhard*:[45] Auch er sieht in der Forderung und dem Sicherungsrecht eine Zweckgemeinschaft, die allerdings durch den Zweck der Forderung bestimmt werde, dem Bekommensollen („Sollenselement") der Leistung. Dieser Ansatz vermag vor allem die „Versagensfälle" des herkömmlichen Akzessorietätsprinzips (§ 216 Abs. 1 BGB, § 254 Abs. 2 InsO) zu erfassen, ohne dass diese als Ausnahme vom Akzessorietätsgrundsatz gedeutet werden müssen. Der Abhängigkeitsgrundsatz könne nur insoweit gelten, wie der Zweck der Forderung reiche; nicht aber könne die Forderung den Gläubiger vor dem Vermögensverfall des Schuldners schützen. Nur in diesem Punkt gehe der Zweck des Sicherungsrechts über die Forderung hinaus mit der Folge, dass insoweit die Führungsrolle der Forderung ende.[46] Die Sicherungsrechte bleiben bestehen, weil ihr Sicherungszweck trotz Erlöschens oder fehlender Durchsetzbarkeit des Einziehungselementes der Forderung fortdauert.

d) Akzessorietätsersatz kraft Vereinbarung

26   Im Wege der Vertragsgestaltung hat man den Versuch unternommen, für die nicht akzessorische Grundschuld auf vertraglichem Wege eine Art „Akzessorietätsersatz" zu konstruieren. Wird die Einigung über die Bestellung der Grundschuld mit der aufschiebenden Bedingung der Entstehung der gesicherten For-

---

[42] *Heck* § 78, S. 323 ff., an dieser Stelle gegen *Windscheid* gerichtet.
[43] *Heck* § 78, S. 327.
[44] *V. Lübtow*, Festschr. Lehmann I, 1956, S. 328 ff.
[45] *Becker-Eberhard*, Die Forderungsgebundenheit der Sicherungsrechte, 1993, S. 223 ff.
[46] *Becker-Eberhard*, Die Forderungsgebundenheit der Sicherungsrechte, 1993, S. 477 ff.; zustimmend *Habersack* JZ 1997, 863.

derung verknüpft, entsteht die Grundschuld nur, wenn auch die Forderung besteht.[47] Gleiches lässt sich hinsichtlich des Erlöschens der Forderung durch eine der Grundschuldbestellung beigefügte auflösende Bedingung erreichen. Die Zuständigkeitsakzessorietät versucht man dadurch herzustellen, dass die Forderung nach § 399 Fall 2 BGB und die Grundschuld nach §§ 413, 399 Fall 2 BGB unabtretbar ausgestaltet werden; möglich sind auch Abtretungsbeschränkungen, indem die Zession der Forderung an die gleichgerichtete Abtretung der Grundschuld gebunden wird. Dabei darf freilich nicht übersehen werden, dass sich eine echte Akzessorietät rechtsgeschäftlich nicht begründen lässt: Nach § 851 Abs. 2 ZPO kann eine Forderung trotz einer Beschränkung der Abtretung gepfändet werden; das Pfandrecht erstreckt sich aber nicht auf die Grundschuld.

Umgekehrt erreicht man eine Lockerung der Akzessorietät, indem die Hypothek nicht für die Darlehensforderung, sondern für ein selbständiges abstraktes Schuldversprechen oder -anerkenntnis (§§ 780f. BGB) bestellt wird, das der Darlehensschuldner dem Hypothekar zusätzlich erteilt. Hier entsteht die Hypothek, wenn nur das Schuldanerkenntnis wirksam ist; auf die Darlehensforderung kommt es nicht an. Besteht sie nicht, hat der Schuldner freilich eine Einrede gegen die Forderung aus dem Schuldanerkenntnis, auf die sich nach § 1137 Abs. 1 BGB auch der Eigentümer berufen kann. Diese Gestaltung führt zu einer Umkehr der Beweislast, weil der Eigentümer das Nichtbestehen der Darlehensforderung beweisen muss (und nicht der Hypothekar das Bestehen der Darlehensforderung als Voraussetzung der Hypothek). Eine entsprechende Klausel in Allgemeinen Geschäftsbedingungen verstößt nicht gegen § 309 Nr. 12 BGB.[48]

4. Rangverhältnisse

Ist ein Grundstück mit mehreren beschränkten dinglichen Rechten belastet, stehen diese regelmäßig in einem Rangverhältnis zueinander (→ § 12 Rn. 1). Bei Grundpfandrechten entscheidet der Rang über die Verteilung des Erlöses. Ist das Grundstück bis zum zu prognostizierenden Versteigerungserlös oder sogar darüber hinaus belastet, müssen nachrangige Gläubiger befürchten, bei der Verteilung des Erlöses auszufallen. Wirtschaftlich betrachtet sind nachrangige Grundpfandrechte für den Inhaber folglich riskanter als erstrangige. Daher muss der Kreditnehmer, der ein Darlehen nicht mit einem erstrangigen Grundpfandrecht absichern kann, jedenfalls für ein auf dem freien Kapitalmarkt aufgenommenes Darlehen ein höheres Entgelt (etwa einen höheren Zinssatz) bezahlen, welches das gesteigerte Risiko des Kreditgebers ausgleichen soll.[49] Vor diesem Hintergrund ist es verständlich, dass das BGB in diesem Fall das Prinzip der beweglichen Rangordnung[50] durchbricht und ein nachrangiges Recht *nicht*

---

[47] Bedenken äußert *Medicus* JuS 1971, 503, weil damit entgegen § 1192 Abs. 1 BGB die Grundschuld von der Forderung abhängig gemacht werde.
[48] BGHZ 99, 274, 285 (zu § 11 Nr. 15 AGBG).
[49] *Baur/Stürner* § 17 Rn. 4.
[50] *Heck* § 24, 4, S. 92f.

aufrücken lässt, wenn eine vorrangige Belastung entfällt (Grundsatz fester Rangstellen). Rechtstechnisch wird dies erreicht, indem das Grundpfandrecht nicht erlischt, sondern als Eigentümergrundschuld fortbesteht (§ 1163 Abs. 1 Satz 2 BGB) und damit den Rang blockiert (→ § 16 Rn. 28). Da der nachrangige Grundpfandgläubiger ein besonderes Entgelt für sein höheres Risiko erhält, erscheint sein Verbleiben im schlechteren Rang folgerichtig; ein Aufrücken würde einen beim Abschluss des Kreditgeschäfts nicht in Erwägung gezogenen Vorteil bedeuten. Für den Eigentümer besteht zudem der Vorzug, die nach der Rückzahlung des durch eine erstrangige Hypothek gesicherten Darlehens entstehende erstrangige Eigentümergrundschuld erneut als (risiko- und damit kostengünstiges) Kreditsicherungsmittel einsetzen zu können.

In der Kreditpraxis hatten sich allerdings die Banken und Sparkassen, die nachrangige Grundpfandrechte innehatten, rechtsgeschäftlich vom Eigentümer einen Löschungsanspruch hinsichtlich vorrangiger, infolge Darlehenstilgung entstandener Eigentümergrundschulden einräumen und ihn durch eine Vormerkung (§ 883 BGB, → § 13 Rn. 1 ff.) sichern lassen. Diese Praxis hat der Gesetzgeber in § 1179a BGB übernommen (→ § 17 Rn. 97 ff.) und ist damit im wirtschaftlichen Ergebnis zum Prinzip beweglicher Rangverhältnisse zurückgekehrt.

5. Eigentümergrundpfandrechte

28 Eng mit dem Prinzip fester Rangstellen verknüpft ist das Eigentümergrundpfandrecht. Es verhindert ein rangverbesserndes Aufrücken nachrangiger Grundpfandrechte, wenn das vorrangige Grundpfandrecht erlischt. Erlischt die gesicherte Forderung, erwirbt nach § 1163 Abs. 1 Satz 2 BGB der Eigentümer die Hypothek, die nach § 1177 BGB zur Eigentümergrundschuld wird. Sie sperrt den Rangplatz gegenüber nachrangigen Grundpfandrechten, allerdings eingeschränkt durch § 1179a BGB (→ § 17 Rn. 97). Die Eigentümergrundschuld hat darüber hinaus weitere Vorzüge, die den Gesetzgeber veranlasst haben, sie in das BGB aufzunehmen. So kann sich der Eigentümer eine *ursprüngliche* Briefeigentümergrundschuld bestellen und diese durch Einigung und Briefübergabe zur Sicherung abtreten (§§ 1192 Abs. 1, 1154 BGB), ohne dass das Sicherungsgeschäft aus dem Grundbuch ersichtlich wird (→ § 18 Rn. 48 ff.).

§ 17 Die Hypothek

Literatur: *Fehl,* Identität von Besteller und Grundstückseigentümer bei der Bauhandwerkersicherungshypothek, „Formaljuristische" oder „wirtschaftliche" Betrachtungsweise?, BB 1987, 2039; *Heinze,* Die abstrakte Verkehrshypothek, AcP 211 (2011), 105; *Petersen/Rothenfüßer,* Der Schutz des Schuldners bei Trennung von Hypothek und Forderung, WM 2000, 657; *Schanbacher,* Die verlorene Regreßhypothek: Regreßverteilung bei der Gesamthypothek, WM 1998, 1806; *Wehrens,* Überlegungen zu einer Eurohypothek, WM 1992, 557; *Wilhelm,* Das Anwartschaftsrecht des Vorbehaltskäufers im Hypotheken- und Grundschuldverband, NJW 1987, 1785.

Studium: *Alexander,* Gemeinsame Strukturen von Bürgschaft, Pfandrecht und Hypothek, JuS 2012, 481; *Braun/Schultheiß,* Grundfälle zu Hypothek und Grundschuld, JuS 2013, 871; *Büdenbender,* Grundsätze des Hypothekenrechts, JuS 1996, 665; *Fervers,* Die wichtigsten Fälle zu Hypothek und Grundschuld, JA 2019, 658 ff., 741 ff.; *Klinckhammer/Rancke,* Die Hauptprobleme des Hypothekenrechts, JuS 1993, 665; *Klose,* Leistungen an den (Alt-)Gläubiger von Hypothek oder Sicherungsgrundschuld, JA 2013, 568; *Lieder/Selentin,* Die forderungslose Hypothek, JuS 2017, 1052; *Medicus,* Durchblick: Die Akzessorietät im Zivilrecht, JuS 1971, 497; *Plander,* Die Erstreckung der Hypothekenhaftung auf bewegliche Sachen und deren Enthaftung nach §§ 1121f., 135 II, 136, 932f., 936 BGB, JuS 1975, 345; *Preuß,* Eigentümergrundschuld und Eigentümerhypothek, Jura 2002, 548; *Schreiber,* Hypothekenrecht, Jura 2002, 109; *Schwab,* Der Löschungsanspruch des nachrangigen Grundpfandgläubigers, JuS 2010, 385; *Schwerdtner,* Grundprobleme des Hypotheken- und Grundschuldrechts, Jura 1986, 259 und 370; *Wagner,* Happy Hypo(thekenbrief), Zur Formbedürftigkeit der Abtretungserklärung nach § 1154 I BGB, JA 2014, 13.

Fallbearbeitung: *Bögeholz,* Fortgeschrittenenklausur: Sachenrecht – Von Masthühnern, Milchkühen und Kartoffeln, JuS 2018, 360; *Ditler/Eder,* Referendarexamensklausur: Die Folgen der Hypothek, JuS 2017, 535; *Georg,* Montgomerys Moneten, JA 2018, 419; *Kern/Klett,* Referendarexamensklausur: Abtretung und Schuldübernahme bei hypothekarisch gesicherter Forderung, JuS 2013, 541; *Servatius,* Folgenschweres Missverständnis, JA 2006, 692; *Tratt,* Referendarexamensklausur: Sachenrecht, Kreditsicherungsrecht – Mehr Schein als Sein, JuS 2017, 764; *Weller/Zimmermann,* Referendarexamensklausur: Darlehen, Grundpfandrechte, IPR – Von Schwaben und Grundpfändern, JuS 2018, 265.

Weitere Literatur → § 16.

I. Entstehung der Hypothek

Voraussetzungen des Erwerbs der Hypothek durch den Gläubiger sind nach §§ 873, 1113 BGB Einigung, Eintragung, Bestehen der Forderung und Übergabe des Hypothekenbriefs (Briefhypothek, § 1117 BGB) bzw. rechtsgeschäftlicher Ausschluss der Hypothekenbrieferteilung und Eintragung des Briefausschlusses im Grundbuch (Buchhypothek, § 1116 Abs. 2 BGB). 1

Man unterscheidet die Bestellung der Hypothek als (Eigentümer-)Grundpfandrecht (Voraussetzung: Einigung und Eintragung) und den Erwerb der 2

Hypothek als Fremdhypothek (zusätzliche Voraussetzungen: Bestehen der Forderung und [falls keine Buchhypothek] Übergabe des Briefs) in der Hand des Hypothekars.[1] Im Einzelnen:

1. Belastungsgegenstand

3   Hypotheken können nur an Grundstücken (§ 1113 BGB), Miteigentumsanteilen an Grundstücken (§ 1114 BGB, hierzu zählt auch das Wohnungseigentum [→ § 25]) und grundeigentumsgleichen Rechten wie einem Erbbaurecht (§ 11 ErbbauRG) *bestellt* werden. *Belastet* sind aber nicht nur das Grundstück und seine wesentlichen Bestandteile, sondern auch die sog. „mithaftenden Gegenstände", z.B. das Zubehör des Grundstücks (§ 1120 BGB). Diese Haftungserstreckung ist gesetzliche Folge der rechtsgeschäftlichen Hypothekenbestellung.

Grundpfandrechte am gesamten Vermögen sind unzulässig. Die früheren „Generalhypotheken" (→ § 16 Rn. 5) sind mit dem Spezialitätsprinzip und dem insolvenzrechtlichen Gedanken der Gläubigergleichbehandlung nicht vereinbar und wurden durch die Konkursordnung von 1879 weitestgehend und mit dem Inkrafttreten des BGB im Jahre 1900 endgültig abgeschafft.

2. Einigung

4   Grundvoraussetzung der Hypothek sind nach der allgemeinen Vorschrift des § 873 BGB (→ § 9) die Einigung über die Hypothekenbestellung und die Eintragung der Hypothek im Grundbuch. Die Beteiligten müssen sich über die Person des Gläubigers, den Betrag der Forderung sowie deren Schuldgrund einigen. Die Bestellung der Hypothek ist eine Verfügung. Verfügungsbefugt ist der Eigentümer des belasteten Grundstücks; er kann einen Dritten zur Bestellung der Hypothek ermächtigen oder dessen Verfügung genehmigen (§ 185 BGB). Der Erwerb vom Nichtberechtigten richtet sich nach § 892 BGB (→ § 10 Rn. 7).

5   Der Gläubiger der gesicherten Forderung muss mit dem Hypothekar identisch sein, nicht aber der Eigentümer mit dem Schuldner der gesicherten Forderung. In der Praxis belasten Eigentümer Grundstücke häufig zur Sicherung von Verbindlichkeiten Dritter, beispielsweise wenn ein Gesellschafter den der Gesellschaft erteilten Kredit durch eine Hypothek an seinem Privatgrundstück absichert oder ein Ehegatte für ein Darlehen des anderen Ehegatten eine solche Bestellung vornimmt. Der Hypothekar kann daher zwei Beteiligten gegenüberstehen: Dem Schuldner der Forderung und dem Eigentümer des belasteten Grundstücks. Beide Rechtsbeziehungen sind genau zu unterscheiden: Das Rechtsverhältnis zum Schuldner richtet sich allein nach der Forderung, die Hypothek besteht gegenüber dem Eigentümer.

---

[1] *Heck*, Grundriß, § 86, 1.

Heftig umstritten ist, ob bei einer mangelhaften Einigung nicht wenigstens eine Eigentümergrundschuld entsteht, wenn eine Hypothek eingetragen worden ist.[2] Diskutiert werden unterschiedliche Fallgruppen: Die „einseitige" Bestellung einer Hypothek durch den Eigentümer,[3] die Nichtigkeit nur der Willenserklärung des Erwerbers (beispielsweise infolge Geschäftsunfähigkeit) und die Gesamtnichtigkeit der Einigung (§ 138 Abs. 2 BGB, beispielsweise weil die Hypothek für ein Wucherdarlehen bestellt werden soll).[4] Eine Hypothek entsteht in all diesen Fällen nicht. Es stellt sich indes die Frage, ob dem Eigentümer nicht zumindest eine Eigentümergrundschuld zusteht. Hierfür spricht sein gegen ein rangmäßiges Aufrücken später eingetragener Belastungen gerichtetes Interesse.[5] Nach § 1196 Abs. 2 BGB setzt die Eigentümergrundschuld allerdings eine materiellrechtliche Erklärung des Eigentümers gegenüber dem Grundbuchamt voraus, die in einer Einigungserklärung gegenüber dem Gläubiger nicht enthalten ist. Gleichwohl soll analog §§ 1163, 1196 BGB eine Eigentümergrundschuld entstehen, weil der Fall eines Einigungsmangels dem Nichtentstehen oder Erlöschen der gesicherten Forderung gleichzusetzen sei.[6] Andere entnehmen die nach § 1196 Abs. 2 BGB erforderliche Erklärung der Eintragungsbewilligung oder einem vom Eigentümer gestellten Eintragungsantrag im Wege der ergänzenden Auslegung.[7] Ob man diesen Versuchen, dem Eigentümer die Eigentümergrundschuld zu sichern, folgen soll, erscheint zweifelhaft.[8] Mit § 1179a BGB hat der Gesetzgeber das Eigentümerinteresse am Verhindern des Aufrückens später eingetragener Grundpfandrechte zurückgesetzt. Mitunter kommt ein Bereicherungsanspruch des Eigentümers in Betracht: War vereinbart worden, dass der Gläubiger G für seine Forderung eine Hypothek im zweiten Rang – nach einer erstrangigen Hypothek bestimmter Höhe – erhalten soll, kann der Eigentümer von G nach § 812 Abs. 1 Satz 1 BGB Rangrücktritt verlangen, wenn die erstrangige Hypothek nicht wirksam entstanden ist.

Die Einigung kann mit einer Bedingung versehen werden. Daher ist zu unterscheiden die „bedingte" Hypothek[9] für eine unbedingte Forderung[10] von der „unbedingten" Hypothek für eine bedingte Forderung (vgl. § 1113 Abs. 2 BGB). Letztere ist Eigentümergrundschuld,[11] erstere entsteht erst mit Bedingungseintritt und ist zuvor keine Eigentümergrundschuld. Ist eine aufschiebend bedingte Hypothek eingetragen worden, erhält eine später eingetragene weitere unbedingte Hypothek auch vor Bedingungseintritt nur den zweiten Rang. Das

6

---

[2] Dafür Staudinger/*Wolfsteiner* (2015) Einl. zu §§ 1113ff. Rn. 108; *Heck* § 84 I (Eigentümergrundschuld auch bei Geschäftsunfähigkeit des Eigentümers).
[3] *Baur/Stürner* § 36 Rn. 108 (§ 1163 Abs. 1 Satz 1, Abs. 2 BGB analog, wenn der Eigentümer „eine Hypothek eintragen lässt").
[4] Hier ist die Einigung nichtig, BGH NJW 1982, 2767; die Rechtsprechung verneint die Entstehung einer Eigentümergrundschuld, RGZ 106, 136, 139, OLG Karlsruhe, FGPrax 2013, 253, 254 (sorgfältig begründet).
[5] MünchKommBGB/*Lieder* § 1196 Rn. 5.
[6] MünchKommBGB/*Lieder* § 1196 Rn. 5 (nicht aber bei Nichtigkeit auch der Erklärung des Eigentümers).
[7] *Wolff/Raiser* § 145 I 3, S. 601 f.
[8] Anders noch die 3. Aufl. dieses Lehrbuchs.
[9] Der Sprachgebrauch ist ungenau: Bedingt ist das Rechtsgeschäft, nicht das Recht.
[10] BGH NZM 2012, 176.
[11] A.A. *Wilhelm* Rn. 1447ff.: Bereits Hypothek in der Hand des Gläubigers, der etwa nach § 1134 BGB klagen kann.

folgt mittelbar aus § 879 Abs. 2 BGB. Nach § 48 ZVG wird die bedingte Hypothek wie eine unbedingte behandelt.[12]

Die Einigung ist auch bei der Hypothek ein äußerlich abstraktes Rechtsgeschäft und von dem Vertrag zu unterscheiden, durch den sich der Eigentümer zur Bestellung der Hypothek verpflichtet (→ § 16 Rn. 22).

3. Eintragung

7 Die Eintragung erfolgt nach allgemeinen Bestimmungen des Grundbuchrechts (→ § 9 Rn. 13 ff.). § 1115 BGB schränkt die Möglichkeit der Bezugnahme nach § 874 BGB auf die Bewilligung ein, weil Gläubiger, Geldbetrag (auch von Nebenleistungen) und Zinsen eingetragen werden müssen; das größtmögliche Ausmaß der Hypothek soll unmittelbar dem Grundbuchvermerk entnommen werden können.[13] Bezugnahme ist aber auch bei der Hypothek möglich (und erforderlich), etwa für den Schuldgrund.[14] Fehlen notwendige Angaben, entstehen weder Hypothek noch Eigentümergrundschuld. Der Geldbetrag kann in Euro, der Währung eines EU-Staates, in Schweizer Franken oder in US-$ eingetragen werden.[15]

4. Forderung

8 Die Hypothek dient der Sicherung einer Forderung. Die Entstehung der Forderung ist Voraussetzung für den Erwerb der Hypothek durch den Gläubiger. Solange die Forderung nicht besteht, handelt es sich um eine Eigentümergrundschuld (§ 1163 Abs. 1 Satz 1 BGB). Erlischt die Forderung, erwirbt der Eigentümer eine Eigentümergrundschuld (§ 1163 Abs. 1 Satz 2 BGB). Der Gläubiger der Forderung muss der Hypothekengläubiger sein.

Nach § 1113 Abs. 2 BGB kann eine Hypothek auch für eine künftige oder eine bedingte Forderung bestellt werden.[16] Wird im Grundbuch zunächst eine Hypothek für eine aufschiebend bedingte Forderung eingetragen, später eine Grundschuld, geht die Hypothek im Range auch dann der Grundschuld vor (§ 879 BGB), wenn die Bedingung erst nach der Eintragung der Grundschuld eintritt. Allerdings besteht nach h.M. bis zum Eintritt der Bedingung gemäß § 1163 Abs. 1 Satz 1 BGB eine Eigentümergrundschuld.[17] Bei der Frage, ob eine „künftige Forderung" vorliegt, verfährt die h.M. überaus großzügig:[18] Falls die künf-

---

[12] Zur Verteilung vgl. § 120 ZVG.
[13] BGHZ 41, 44.
[14] *Westermann/Gursky/Eickmann* § 94 Rn. 10.
[15] VO über Grundpfandrechte in ausländischer Währung und in Euro vom 30.10.1997, BGBl I, 2683.
[16] Davon zu trennen ist eine bedingte Hypothek zur Sicherung einer unbedingten Forderung (→ § 17 Rn. 6).
[17] *Becker-Eberhard*, Die Forderungsgebundenheit der Sicherungsrechte, 1993, S. 308 ff.; MünchKommBGB/*Lieder* § 1113 Rn. 64; Planck/*Strecker* § 1113, Anm. 5 g); Erman/*Wenzel* § 1113 Rn. 15; a.A. *Wilhelm* Rn. 1517.
[18] Eingehend und zustimmend *Becker-Eberhard*, Die Forderungsgebundenheit der Sicherungsrechte, 1993, S. 269 ff.

tige Forderung hinreichend bestimmt bezeichnet ist, genügt es, wenn die Forderung überhaupt noch entstehen kann; ein bestimmter Grad an Gewissheit wird nicht verlangt.

Ist der (vermeintlich) forderungsbegründende Darlehensvertrag nicht zustande gekommen oder nichtig, die Valuta aber ausbezahlt worden, stellt sich die Frage, ob eine Hypothek entsteht, die den Bereicherungsanspruch des Gläubigers aus § 812 Abs. 1 Satz 1 Fall 1 BGB sichert. Das ist zu bejahen, wenn sich aus Einigung und Eintragung(-sbewilligung) ein entsprechender Parteiwille entnehmen lässt.[19] Viele Stimmen in der Literatur verzichten jedoch auf das Willensmoment und befürworten den Erwerb einer Hypothek unabhängig vom Parteiwillen,[20] weil sich die Parteien zur Rückzahlung des „Kapitals als solchem" verpflichtet haben.[21] Keine Hypothek entsteht jedoch bei dem nach § 138 Abs. 2 BGB nichtigen Wucherdarlehen, weil auch die Einigung zur Hypothekenbestellung nichtig ist: Der Wucherer erhält für seinen Bereicherungsanspruch keine hypothekarische Sicherung (→ § 17 Rn. 5).[22]

Bei der gesicherten Forderung muss es sich um eine Geldforderung handeln (arg. § 1115 BGB) oder jedenfalls um einen Anspruch, der in eine Geldforderung übergehen kann; das Grundstück haftet dann nur für die Geldforderung.[23] Daher kann beispielsweise nicht der Anspruch aus § 433 Abs. 1 BGB auf Lieferung und Übereignung einer Kaufsache, wohl aber der entsprechende Sekundäranspruch aus §§ 280, 281, 283 BGB gesichert werden.[24]

5. Übergabe des Hypothekenbriefs

Die Verkehrshypothek ist ein Briefgrundpfandrecht (§ 1116 Abs. 1 BGB), wenn nicht die Erteilung eines Hypothekenbriefs ausgeschlossen wird (§ 1116 Abs. 2 BGB; → § 16 Rn. 10 ff.). Die Briefhypothek entsteht erst mit Übergabe des Hypothekenbriefs an den Gläubiger (§ 1117 Abs. 1 Satz 1 BGB). Bis zur Übergabe des Briefs steht die Hypothek dem Eigentümer als Eigentümergrundschuld zu (§ 1163 Abs. 2 BGB). Der Eigentümer hat es daher buchstäblich in der Hand, den Zeitpunkt der Entstehung der Hypothek exakt zu steuern; der Hypothekenbrief kann Zug um Zug gegen Auszahlung des Darlehens übergeben werden.

Auf die Übergabe finden die §§ 929 Satz 2, 930, 931 BGB entsprechend Anwendung (§ 1117 Abs. 1 Satz 2 BGB). Händigt das Grundbuchamt beispielsweise entgegen § 60

---

[19] Bereits RG JW 1911, 653; *Baur/Stürner* § 37 Rn. 48.
[20] Insbesondere *Westermann/Gursky/Eickmann* § 94 Rn. 14 ff., der auf die „Funktion der Hypothek" und dem „Sicherungsbedürfnis des Leistenden" abstellt und sogar Ansprüche aus §§ 121 und 826 BGB als gesichert ansieht.
[21] Soergel/*Konzen* § 1113 Rn. 11.
[22] *Baur/Stürner* § 37 Rn. 51.
[23] *Wolff/Raiser* § 134 I, S. 543 in Fn. 5.
[24] MünchKommBGB/*Lieder* § 1113 Rn. 48: als bedingter Anspruch nach § 1113 Abs. 2 BGB, obgleich die Voraussetzungen der §§ 280, 281, 283 BGB keine „Bedingungen" darstellen.

GBO (→ § 16 Rn. 11) den Hypothekenbrief einem Dritten aus, kann der Eigentümer des Grundstücks und des Briefs (§ 952 Abs. 2 BGB) seinen Herausgabeanspruch gegen den Dritten an den Gläubiger abtreten, der damit bereits die Hypothek erwirbt, wenn die Forderung schon entstanden ist. – In der Praxis wird freilich regelmäßig eine *Aushändigungsabrede* nach § 1117 Abs. 2 BGB getroffen.[25] Dann erwirbt der Gläubiger die Hypothek doch schon mit der Eintragung, immer vorausgesetzt, die Forderung besteht. Auf die Übergabe des Briefs kommt es nicht an. Wird der Brief dem Eigentümer des Grundstücks überreicht (etwa weil ein Antrag nach §§ 60 Abs. 2, 29 Abs. 1 Satz 1 GBO nicht gestellt wurde), kann der Gläubiger als Eigentümer des Briefs Herausgabe nach §§ 985, 952 Abs. 2 BGB verlangen; daneben besteht ein Herausgabeanspruch aus der schuldrechtlichen Hypothekenbestellungsabrede.

Ist der Gläubiger Besitzer des Briefs, wird die Übergabe vermutet (§ 1117 Abs. 3 BGB). Im Prozess muss also der Gegner des Besitzers beweisen, dass die Übergabe nicht erfolgt ist (vgl. § 292 ZPO). Für das Bestehen der Hypothek selbst gelten die Vermutungen der §§ 1138, 891 BGB.

12 Ist die Erteilung eines Hypothekenbriefs ausgeschlossen (§ 1116 Abs. 2 BGB), entsteht die *Buchhypothek* bereits mit der Eintragung im Grundbuch. Voraussetzung ist neben dem Bestehen der Forderung die Einigung über den Briefausschluss und die Eintragung des Ausschlusses im Grundbuch. Eine Buchhypothek kann in eine Briefhypothek (§ 1116 Abs. 3 BGB), eine Briefhypothek in eine Buchhypothek (§ 1116 Abs. 2 Satz 2 BGB) umgewandelt werden.

6. Sonstige Entstehungstatbestände

13 Hypotheken können ferner im Wege der Zwangsvollstreckung entstehen. Der wichtigste Fall ist die Zwangsvollstreckung wegen einer Geldforderung in ein Grundstück (§§ 866, 867 ZPO).[26] Der Gläubiger erlangt mit der auf seinen Antrag erfolgenden Eintragung eine Sicherungshypothek; die Einigung ist im Zwangsvollstreckungsverfahren nicht erforderlich. Die Zwangshypothek sichert den Gläubiger zunächst nur; die Befriedigung erfolgt im Wege der Zwangsversteigerung oder Zwangsverwaltung (vgl. § 867 Abs. 3 ZPO). Davon zu unterscheiden ist die Zwangsvollstreckung wegen eines Anspruchs auf Einräumung einer Hypothek (etwa nach § 650e BGB [§ 648 BGB a.F.]). Hier ersetzt das rechtskräftige Urteil nach § 894 ZPO die Einigungserklärung und die Bewilligung.

Kraft Gesetzes entsteht die Hypothek als „Surrogationshypothek" nach § 1287 Satz 2 BGB und § 848 Abs. 2 Satz 2 ZPO.

---

[25] Grundbuchrechtlich ist § 60 Abs. 2 GBO zu beachten.
[26] Vgl. ferner § 932 ZPO (Arresthypothek), §§ 322, 324 AO, § 128 ZVG.

II. Der Umfang der hypothekarischen Haftung

1. Forderung und Hypothek

Der betragsmäßige Umfang der Haftung des belasteten Grundstücks richtet sich aufgrund des Akzessorietätsprinzips nach der Forderung. Hinsichtlich des Geldbetrags der Forderung, den Zinsen und sonstiger Nebenleistungen ist die Eintragung im Grundbuch maßgeblich (§ 1115 Abs. 1 BGB). Auch ohne Eintragung im Grundbuch haftet das Grundstück gemäß § 1118 BGB zudem für gesetzliche Zinsen der Forderung (z.B. §§ 288 Abs. 1, 291 BGB),[27] die Kosten der Kündigung (§ 1141 BGB) und der Durchsetzung der Hypothek (nicht der Forderung!). Dazu zählen Kosten der dinglichen Klage und Zwangsvollstreckung (vgl. § 1147 BGB), soweit sie der zweckentsprechenden Rechtsverfolgung dienen. Überdies haftet das Grundstück nach § 1146 BGB für Verzugszinsen, wenn dem Eigentümer gegenüber die Verzugsvoraussetzungen vorliegen.

14

Es ist also zu unterscheiden: Ist nur der Schuldner in Verzug, folgt die Haftung des Grundstücks für Verzugszinsen aus § 1118 BGB; liegen nur dem Eigentümer gegenüber die Verzugsvoraussetzungen vor, haftet das Grundstück nach § 1146 BGB. § 1146 BGB spricht nicht vom „Verzug" des Eigentümers, sondern von den „Voraussetzungen, unter denen ein Schuldner in Verzug kommt", weil der Eigentümer nichts schuldet (→ § 16 Rn. 14).

Soll die Haftung erweitert werden, ist eine neue Hypothek zu bestellen, die allerdings bereits bestehenden Rechten im Rang nachgeht. Möglich ist auch eine Haftungserweiterung im Range der bisherigen Hypothek durch eine Inhaltsänderung nach §§ 873, 877 BGB; Voraussetzung ist jedoch die Zustimmung nachrangiger Gläubiger. Das gilt grundsätzlich auch für Erhöhungen des Zinssatzes. Davon macht § 1119 BGB eine Ausnahme: Haftungserweiterungen für Zinsen bis zum Betrag von 5% bedürfen nicht der Zustimmung nachrangiger Berechtigter. Damit sollte dem Eigentümer die Möglichkeit gegeben werden, die Geltendmachung der nicht oder niedrig verzinsten Hypothek und damit die Versteigerung seines Grundstücks durch eine nachträgliche Verzinsungsabrede abzuwenden.[28] Änderungen allein der Forderung haben für die Hypothek keine Bedeutung.

15

Nicht der Zustimmung nachrangiger Gläubiger bedürfen Änderungen der Fälligkeit und des Zahlungsortes (§ 1119 Abs. 2 BGB) sowie die Auswechslung der Forderung insgesamt (§ 1180 BGB).

16

2. Einwendungen und Einreden des Eigentümers

a) Prozessuale Perspektive und Beweislast

Prozesse um die Haftung des Grundstücks nach § 1147 BGB können in mehreren Konstellationen auftreten. Seltener ist der Fall, dass der Hypothekar Klage

17

---

[27] Für wiederkehrende Leistungen beschränkt § 10 Abs. 1 Nr. 4 ZVG die Befriedigung im Rang der Hypothek auf die Rückstände (vgl. § 13 ZVG) der letzten zwei Jahre.
[28] Motive Bd. 3, S. 646.

auf Befriedigung aus dem Grundstück erhebt. Häufiger hat sich der Eigentümer nach §§ 794 Abs. 1 Nr. 5, 800 ZPO in einer notariellen Urkunde der Zwangsvollstreckung unterworfen und wehrt sich im Wege der Vollstreckungsgegenklage gemäß § 767 ZPO gegen die Zwangsvollstreckung aus der Urkunde in sein Grundstück. Um den Bestand der Hypothek wird ferner gestritten, wenn der Eigentümer nach § 894 BGB von demjenigen, der zu Unrecht als Hypothekar eingetragen ist, Grundbuchberichtung verlangt.

18   Die Beweislast im Prozess bestimmt § 891 BGB. Ist eine Hypothek im Grundbuch eingetragen, wird vermutet, dass sie besteht und dem als Gläubiger Eingetragenen zusteht. § 1155 BGB „verlängert" die Vermutung auf den Briefbesitzer, der durch eine ununterbrochene Kette öffentlich beglaubigter Abtretungserklärungen legitimiert ist. § 1138 BGB erstreckt die Vermutung auf das Bestehen und die Höhe der Forderung. Die Vermutung für das Bestehen der eingetragenen (vgl. § 1115 BGB) Forderung ergibt sich nicht schon aus § 891 BGB.[29] Maßgeblich ist § 1138 BGB. § 1138 BGB gilt aber nur „für die Hypothek", also für die Frage der Haftung des Grundstücks, *nicht* „für die Forderung", also für die persönliche Haftung des Schuldners.

Folglich kann die dingliche Klage Erfolg haben, wenn das Bestehen der Forderung („für die Hypothek") nach §§ 1138, 891 BGB zu vermuten ist, die persönliche Klage aber erfolglos bleiben, weil das Bestehen der Forderung nicht „für die Forderung", sondern eben nur „für die Hypothek" vermutet wird, und der Gläubiger die Forderung nicht anderweit beweisen kann.

19   Nach § 891 BGB muss der Gläubiger nur die Vermutungsvoraussetzungen („Vermutungsbasis") beweisen. Das erfolgt regelmäßig durch die Vorlage eines Grundbuchauszugs. Es ist dann Sache des Eigentümers, den Beweis des Gegenteils zu führen, durch Behauptung und – wenn der Gegner wirksam bestreitet – (vollen) Beweis von Einwendungen, also von Tatsachen, wonach das Recht nicht entstanden ist, untergegangen ist oder einem anderen zusteht. Dies gilt unabhängig von der Parteirolle, also der Frage, ob der Eigentümer Kläger nach § 767 ZPO ist oder als Beklagter auf Duldung der Zwangsvollstreckung in Anspruch genommen wird. Für Einreden gegen die Hypothek, mit der er deren Geltendmachung vorübergehend oder dauerhaft entgegentreten kann (Leistungsverweigerungsrechte), trägt er ohnehin die Beweislast.

Dabei ist zu unterscheiden zwischen solchen Einwendungen und Einreden, die der Eigentümer aus eigener Person gegenüber der Hypothek erhebt (→ § 17 Rn. 20–22), und forderungsbezogenen Einreden, die in der Person des Schuldners begründet sind und auf die sich der Eigentümer aufgrund des Akzessorietätsprinzips berufen kann (→ § 17 Rn. 23–25). Die Grundsätze gelten aber auch, wenn Eigentümer und Schuldner identisch sind.

---

[29] Staudinger/*Wolfsteiner* § 1138 Rn. 1.

b) Eigentümerbezogene Einwendungen und Einreden

Aus eigenem „Recht" kann der Eigentümer ohne weiteres *Einwendungen* (also Umstände, kraft derer ein Recht nicht oder nicht mehr besteht) gegen die Hypothek geltend machen. Hierzu zählen rechtshindernde Einwendungen, etwa die Unwirksamkeit der Einigung nach §§ 873, 1113 BGB, die fehlende Eintragung der Hypothek oder die Nichtübergabe des Hypothekenbriefs. Da der Bestand der gesicherten Forderung ein Tatbestandsmerkmal der Hypothek ist (§ 1113 BGB), kann der Eigentümer auch geltend machen, die Forderung sei nicht entstanden oder erloschen und die Hypothek stehe daher ihm zu (vgl. § 1163 BGB). Schließlich kann der Eigentümer die Aktivlegitimation rügen mit der Behauptung, die Hypothek sei infolge Abtretung der Forderung (§ 1153 BGB) auf den Zessionar übergegangen.

Einreden (Leistungsverweigerungsrechte) des Eigentümers – die von denen des Schuldners scharf zu unterscheiden sind – können mit dinglicher Wirkung vereinbart werden, setzen dafür aber die Eintragung im Grundbuch voraus. Ein Beispiel bildet die Stundung der Hypothek. Wird eine solche Abrede nach der Entstehung der Hypothek getroffen, ändert sie den Inhalt der Hypothek und bedarf der Eintragung ins Grundbuch (§§ 877, 873 BGB). Wird das Grundstück übereignet, kann sich auch der neue Eigentümer auf die Stundung berufen.

Eine Einrede kann aber auch persönlich nur für den Eigentümer ohne Eintragung im Grundbuch begründet werden; der Einzelrechtsnachfolger des Eigentümers kann sich darauf nicht berufen. In keinem Fall wirkt die Stundung der Hypothek für den Schuldner.

c) Schuldnerbezogene Einreden

Einwendungen aus der Person des Schuldners richten sich gegen den Bestand der Forderung und begründen infolge des Akzessorietätsprinzips zugleich *eigene* Einwendungen des Eigentümers gegen die Hypothek (vgl. § 1163 BGB). Das gilt beispielsweise für die Behauptung, der Schuldner habe den forderungsbegründenden Kaufvertrag wirksam angefochten.

Nach § 1137 Abs. 1 Satz 1 BGB kann der Eigentümer gegen den Anspruch aus der Hypothek (§ 1147 BGB) alle dem Schuldner gegen die Forderung zustehenden Einreden geltend machen (ferner die Bürgeneinreden nach § 770 BGB, → § 17 Rn. 25). Die Vorschrift entspricht §§ 768 Abs. 1 Satz 1, 1211 BGB und ist Ausdruck der Akzessorietät, die in § 1137 Abs. 2 BGB durchbrochen wird: Ein Verzicht des Schuldners auf eine Einrede wirkt nicht gegenüber dem Eigentümer. Der Schuldner soll nicht die Möglichkeit haben, durch Rechtsgeschäft den Inhalt der Hypothek zu Lasten des Eigentümers zu verändern. Zu den schuldnerbezogenen Einreden nach § 1137 Abs. 1 Satz 1 BGB zählen beispielsweise die Stundung der Forderung, Zurückbehaltungsrechte und die Einrede des nichterfüllten Vertrags, wenn die gesicherte Forderung aus einem gegenseitigen Vertrag stammt (§ 320 BGB). Die bürgschaftsrechtliche Einrede der Vorausklage nach § 771 BGB steht dem Eigentümer hingegen nicht zu.

Beispiel: S hat bei der Bank B ein Darlehen aufgenommen und zusätzlich ein abstraktes Schuldanerkenntnis in Höhe der Darlehenssumme abgegeben. Für die Forderung aus dem Schuldanerkenntnis hat E an seinem Grundstück eine Hypothek bestellt und sich der Zwangsvollstreckung unterworfen (§ 794 Abs. 1 Nr. 5 ZPO). Obgleich S das Darlehen zurückbezahlt hat, beantragt B die Anordnung der Zwangsversteigerung des Grundstücks. Hier muss E tätig werden und nach § 767 ZPO gegen B klagen. Hat S nur auf die Darlehensforderung geleistet, ist die Forderung aus dem Schuldanerkenntnis nicht erloschen. S kann gegenüber seiner Inanspruchnahme aus dem Schuldanerkenntnis aber eine Einrede erheben,[30] auf die sich E nach § 1137 Abs. 1 Satz 1 BGB ebenfalls berufen darf.

25   Solange der Schuldner das forderungsbegründende Rechtsgeschäft anfechten oder der Gläubiger gegen den Schuldner aufrechnen kann, geben §§ 1137 Abs. 1 Satz 1, 770 BGB dem Eigentümer ein Leistungsverweigerungsrecht; die Gestaltungsrechte des Schuldners kann der Eigentümer hingegen nicht ausüben. § 770 Abs. 1 BGB gilt auch hier analog für andere Gestaltungsrechte des Schuldners, insbesondere das Rücktrittsrecht[31] und die Aufrechnungsbefugnis allein des Schuldners.[32] Übt der Schuldner ein Gestaltungsrecht nicht aus, etwa indem er die Anfechtungsfrist verstreichen lässt, muss der Eigentümer dies hinnehmen.[33]

Aufmerksamkeit verdient das Verhältnis von Akzessorietät und materieller Rechtskraft. Erstreitet der Gläubiger gegen den persönlichen Schuldner ein obsiegendes Urteil, ist der vom Schuldner verschiedene Eigentümer an dessen Rechtskraft nicht gebunden.[34] Das ergibt sich schon daraus, dass der Eigentümer nicht „Partei" des Prozesses war (§ 325 Abs. 1 ZPO). Hypothekenrechtlich lässt sich die Nichtbindung mit § 1137 Abs. 2 BGB und dem Gedanken untermauern, die Nichtgeltendmachung von Einwendungen und Einreden im Prozess durch den Schuldner sei einem Einredeverzicht gleichzustellen. Anders wird man entscheiden können, wenn der Eigentümer in Kenntnis der rechtskräftigen Verurteilung des Schuldners die Hypothek bestellt und im Hypothekenbestellungsvertrag auf die Einrede (konkludent) verzichtet. – Wird umgekehrt die Zahlungsklage des Gläubigers gegen den Schuldner abgewiesen, kann sich der Eigentümer hierauf nach § 1137 Abs. 1 Satz 1 BGB berufen.[35]

d) Ausgeschlossene Einreden

26   § 1137 Abs. 1 Satz 1 BGB wird durchbrochen von § 216 Abs. 1 BGB. Der Eigentümer kann sich nicht auf die Verjährung der gesicherten Forderung berufen. Eine Unterausnahme bildet § 216 Abs. 3 BGB für Ansprüche auf Zinsen

---

[30] Deren Grundlage (Kausalverhältnis oder § 812 BGB) ist umstritten, dazu MünchKommBGB/*Habersack* § 780 Rn. 47.
[31] Jauernig/*Stadler* § 770 Rn. 2.
[32] MünchKommBGB/*Lieder* § 1137 Rn. 21 ff. (sonst würde sich das Aufrechnungsverbot des § 393 BGB zugunsten des Gläubigers auswirken).
[33] Nach h.M. bezieht sich § 1137 Abs. 2 BGB nicht auf Einreden des § 770 BGB. Verzichtet der Schuldner auf ein Gestaltungsrecht, erlischt die Einrede des Eigentümers, Staudinger/*Wolfsteiner* § 1137 Rn. 22.
[34] MünchKommBGB/*Lieder* § 1137 Rn. 32.
[35] Stein/Jonas/*Althammer* § 325 Rn. 99 unter Hinweis auf das frühere Verständnis der Rechtskraft als Einrede (vgl. Motive Bd. 3, S. 699).

und wiederkehrende Leistungen. Ferner kann der Eigentümer nicht die beschränkte Erbenhaftung geltend machen, weil die Hypothek gerade auch für diesen Fall bestellt wird (§ 1137 Abs. 1 Satz 2 BGB). Derselbe Gedanke steht hinter § 254 Abs. 2 InsO: Werden in einem Insolvenzplan Forderungen der hypothekarisch gesicherten Insolvenzgläubiger herabgesetzt, berührt dies nicht ihr Recht zur Verwertung des Grundstücks. Das Akzessorietätsprinzip wird durchbrochen,[36] weil die Hypothek gerade in der Insolvenz und auch für den Fall eines Insolvenzplans Sicherheit geben soll. Wenn das belastete Grundstück allerdings zur Insolvenzmasse zählt, kann die Hypothek auch von den Regelungen im Insolvenzplan betroffen sein.

III. Die Gegenstände der Hypothekenhaftung

1. Übersicht

Gegenstand der hypothekarischen *Belastung* ist das Grundstück einschließlich seiner wesentlichen Bestandteile. Die *Haftung* umfasst das Grundstück als wirtschaftliche Einheit und damit auch bestimmte bewegliche Sachen und Rechte: Gemäß § 1120 BGB erstreckt sich die Hypothek auf getrennte Erzeugnisse, sonstige Bestandteile und Zubehörstücke des Grundstücks, ferner nach §§ 1123 Abs. 1, 1126, 1127 BGB auf Miet- und Pachtzinsforderungen, Ansprüche auf wiederkehrende Leistungen aus subjektiv-dinglichen Rechten sowie auf Versicherungsforderungen. Man bezeichnet diese Gegenstände zusammenfassend als den *Haftungsverband* der Hypothek. Neben diese Vorschriften tritt eine Reihe von komplizierten Bestimmungen über die „Enthaftung" dieser Gegenstände (§§ 1121f., §§ 1123 Abs. 2, 1124, § 1127 Abs. 2 BGB; → § 17 Rn. 32ff.; Rn. 42f.).   27

Verständnis für diese Regelungen verschafft ein Blick auf die Interessenlage:[37] Der Hypothekar ist an einem möglichst hohen Verwertungserlös interessiert. Um dieses Ziel zu erreichen, wird das Grundstück nicht nur im rechtlichen Sinne, sondern in seinem *wirtschaftlichen* Bestand der Hypothekenhaftung unterworfen. Die Hypothek erfasst danach nicht nur das Grundstück einschließlich seiner wesentlichen Bestandteile. Vielmehr unterfallen auch Gegenstände der Haftung, die der Nutzung des Grundstücks dienen (Zubehör), ferner die Produkte wirtschaftlicher Tätigkeit (Erzeugnisse des Grundstücks, Rechtsfrüchte wie Miet- und Pachtzinsen). Sind haftende Gegenstände gegen Zerstörung, Beschädigung usw. versichert, erhöht es augenscheinlich den wirtschaftlichen Wert der Hypothek, wenn auch die Forderung gegen den Versicherer dem Zugriff des Hypothekars unterliegt. Sie gleicht Werteinbußen am Grundstück aus. Die Regelungen über die *Enthaftung* tragen hingegen den Interessen des Eigentümers des belasteten Grundstücks Rechnung: Würden alle Gegenstände   28

---

[36] *Häsemeyer*, Insolvenzrecht, Rn. 28.82.
[37] Dazu auch *Plander* JuS 1975, 345.

des Haftungsverbands ohne zeitliche Grenze der Haftung unterfallen, könnte der Eigentümer nicht mehr sinnvoll wirtschaften. Aus dem Grundstück gewonnene Erzeugnisse würden keine Abnehmer finden, wenn sie auch fortan dem Zugriff des Hypothekars unterlägen; Zubehörstücke könnten nicht ohne die Belastung durch die Hypothek veräußert und durch neue ersetzt werden; Forderungen könnten nicht eingezogen werden. Die Vorschriften über die Enthaftung tragen dem Eigentümerinteresse Rechnung, indem sie die Haftung begrenzen, wenn belastete Gegenstände unter bestimmten Voraussetzungen veräußert bzw. entfernt werden. Ohne eine Enthaftung würde der Eigentümer in seiner wirtschaftlichen Bewegungsfreiheit erheblich beeinträchtigt, weil er zu jeder Verfügung die Zustimmung des Hypothekars einholen müsste. Zugleich schützen Bestimmungen über die Enthaftung Erwerberinteressen. Die Haftungserstreckung würde allerdings weithin leerlaufen, falls eine Enthaftung auch dann noch möglich wäre, wenn der Hypothekar die Zwangsvollstreckung betreibt. Daher begrenzt die *Beschlagnahme* des Grundstücks (§§ 20, 146 ZVG) die Möglichkeit einer Enthaftung.

2. Das Grundstück und seine wesentlichen Bestandteile

29 Die Hypothek ergreift das Grundstück und seine wesentlichen Bestandteile (→ § 1 Rn. 63 ff.). Dazu zählen nach § 94 BGB insbesondere Gebäude, falls sie nicht nur zu einem vorübergehenden Zweck oder in Ausübung eines Rechts mit dem Grundstück verbunden worden sind (§ 95 BGB, „Scheinbestandteile"). Auch nach der Bestellung der Hypothek auf dem Grundstück errichtete Bauwerke unterfallen der Hypothekenhaftung.

Wird das Grundstück geteilt („abgeschrieben", § 2 Abs. 3 GBO), bleibt die Hypothek als Gesamthypothek (→ § 17 Rn. 110) an beiden Grundstücken bestehen, neue Hypotheken ergreifen nur das jeweilige Grundstück. Wird ein Grundstück einem belasteten Grundstück zugeschrieben (§ 890 Abs. 2 BGB), so erstrecken sich die Hypotheken am Hauptgrundstück auf das zugeschriebene Grundstück (§ 1131 Satz 1 BGB). Auf dem zugeschriebenen Grundstück lastende beschränkte dingliche Rechte gehen vor (§ 1131 Satz 2 BGB). Die Vereinigung von Grundstücken (§ 890 Abs. 1 BGB) lässt die Haftung der früheren Teilgrundstücke unberührt, nur neue Hypotheken ergreifen das gesamte Grundstück.

Zu den wesentlichen Bestandteilen des Grundstücks zählen auch die subjektiv-dinglichen Rechte, die mit dem Grundstück verbunden sind (§§ 96, 93 BGB). Besteht beispielsweise zugunsten des jeweiligen Eigentümers des mit einer Hypothek belasteten Grundstücks ein Wegerecht am Nachbargrundstück in Form einer Dienstbarkeit (§ 1018 BGB), erstreckt sich die Hypothek auch hierauf. Ist das Recht auf wiederkehrende Leistungen gerichtet, etwa eine Reallast (§§ 1105 Abs. 2, 1107 BGB), so erfasst die Hypothek in den Grenzen des § 1126 BGB die entsprechenden Forderungen.

Eine Enthaftung des Grundstücks ist (selbstverständlich) nicht möglich. Die Veräußerung des Grundstücks lässt die Hypothek unberührt (zum Sukzessionsschutz → § 16 Rn. 4).

3. Sonstige Bestandteile und Erzeugnisse

a) Umfang der Hypothekenerstreckung

Erzeugnisse (Obst) und sonstige Bestandteile (Gebäudeteile) des Grundstücks unterliegen als wesentliche Bestandteile (§ 94 BGB) vor der Trennung vom Grundstück ohne weiteres der Hypothek. Ihre Trennung vom Grundstück (Obsternte, Abbruch des Gebäudes) ändert daran nichts. Gemäß § 1120 Fall 1 BGB erstreckt sich die Hypothek auch auf getrennte Erzeugnisse (abgeerntetes Obst) und sonstige Bestandteile (Abbruchsmaterialien eines Gebäudes) des Grundstücks. Diese verlieren mit der Trennung ihre Bestandteilseigenschaft und werden selbstständige bewegliche Sachen, bleiben aber der Hypothekenhaftung unterworfen. Voraussetzung ist jedoch, dass sie nach der Trennung Eigentum des Eigentümers des Grundstücks oder des Eigenbesitzers werden (§§ 953, 955 BGB). Eine Enthaftung der dem Eigentümer gehörenden Erzeugnisse und Bestandteile bestimmt sich nach §§ 1121 f. BGB.

30

Erzeugnisse und Bestandteile können als bewegliche Sachen für andere Gläubiger gepfändet werden (§§ 808, 865 Abs. 2 Satz 2 ZPO). Das kann die Hypothek beeinträchtigen. Schon vor der Trennung sind Früchte (noch wesentliche Bestandteile!) nach § 810 Abs. 1 ZPO pfändbar; der Hypothekar kann aber nach §§ 810 Abs. 2, 771 ZPO widersprechen oder nach § 805 ZPO nur vorzugsweise Befriedigung suchen.[38] Werden Früchte und Bestandteile nach der Trennung gepfändet, kann der Hypothekar ebenfalls nach §§ 771, 805 ZPO klagen.[39] Nach Beschlagnahme ist eine Pfändung ausgeschlossen (§ 865 Abs. 2 Satz 2 ZPO).

Erwirbt der Eigentümer (oder Eigenbesitzer) die Erzeugnisse und Bestandteile hingegen nicht, werden sie sogleich mit der Trennung hypothekenfrei. Der besitzende Pächter erlangt gemäß § 956 BGB das Eigentum an dem geernteten Obst, und zwar nach § 1120 Fall 1 BGB nicht mit der Hypothek belastet; andernfalls würde ein hypothekarisch belastetes Grundstück keinen Pächter finden. Der Verlust an Haftungsmasse aber wird ausgeglichen durch § 1123 Abs. 1 BGB. Danach haftet die Pachtzinsforderung.

31

Ist das Grundstück mit einem Nießbrauch (§ 1030 BGB) belastet, erwirbt der Nießbraucher nach §§ 1120 Fall 1, 954 BGB ebenfalls unbelastetes Eigentum an den getrennten Früchten. Das gilt nach h.M. auch bei einem der Hypothek nachrangigen Nießbrauch.[40] Anders als bei der Verpachtung (§ 1123 Abs. 1 BGB) tritt beim Nießbrauch an die Stelle der Früchte indes keine Forderung. Der Hypothekar muss durch Zwangsverwaltung (→ § 17 Rn. 70) auf die Früchte des Grundstücks zugreifen.

b) Enthaftung

Dem Eigentümer gehörende getrennte Erzeugnisse und Bestandteile können nicht ewig der Hypothekenhaftung unterworfen sein. Der Eigentümer ist daran

32

---

[38] Stein/Jonas/*Würdinger* § 810 Rn. 15.
[39] Grüneberg/*Herrler* § 1120 Rn. 4.
[40] *Wolff/Raiser* § 135 II, S. 548; *Baur/Stürner* § 39 Rn. 26; Soergel/*Konzen* § 1120 Rn. 3.

interessiert, sie lastenfrei zu veräußern, der Käufer, sie frei von der Hypothekenhaftung zu erwerben. Daher sehen §§ 1121 f. BGB spezielle Regelungen für eine Entlassung der Erzeugnisse und Bestandteile aus der Hypothekenhaftung vor. Das die Enthaftung prägende Merkmal ist die *Entfernung* des Erzeugnisses vom Grundstück.

33 Die Grenze der Enthaftung bildet die *Beschlagnahme* (§§ 20, 146 ZVG), mit der der Hypothekar den haftungsrechtlichen Zugriff auf das Grundstück verwirklicht. Die Beschlagnahme ist die entscheidende Zäsur, nach der der Haftungsverband grundsätzlich nicht mehr aufgelöst werden kann. Von dem Zeitpunkt der Beschlagnahme an tritt das Interesse des Eigentümers an der freien Verfügung über mithaftende Gegenstände hinter die Belange des Hypothekars zurück.

Zu beachten ist, dass sich die Beschlagnahme bei der Zwangs*versteigerung* nicht auf getrennte land- und forstwirtschaftliche Erzeugnisse erstreckt (§ 21 Abs. 1 ZVG). Anders, wenn auch die Zwangs*verwaltung* angeordnet wird (§ 148 Abs. 1 Satz 1 ZVG). Da die Erzeugnisse mit der Trennung selbstständige bewegliche Sachen werden, können sie anschließend auch gepfändet (§§ 803 ff. ZPO) werden, wenn sie nicht sind Zubehör des Grundstücks sind (§ 865 Abs. 2 Satz 1 ZPO).

34 In den Einzelheiten ist die Enthaftung kompliziert. Nach dem Grundtatbestand des § 1121 Abs. 1 BGB tritt Enthaftung ein, wenn die Erzeugnisse veräußert und vom Grundstück entfernt werden. Auf die zeitliche Reihenfolge kommt es nicht an. Unter Veräußerung ist dabei die dingliche Übereignung zu verstehen, nicht der Kaufvertrag.[41] „Entfernung" meint die auf Dauer angelegte Fortschaffung vom Grundstück. Das Getreide, das geerntet, dem Müller veräußert und zur Mühle abtransportiert wurde, ist aus dem Haftungsverband ausgeschieden. Eine nachfolgende Beschlagnahme erfasst die enthafteten Gegenstände nicht mehr (vgl. §§ 20 Abs. 2, 148 ZVG).

35 Nach § 1122 Abs. 1 BGB erlischt die Haftung auch ohne Veräußerung allein aufgrund Entfernung, etwa wenn Getreide vor der Beschlagnahme in ein Lagerhaus geschaffen wird. Die Vorschrift hat zur Folge, dass vom Grundstück zum Zwecke der Veräußerung abtransportierte Erzeugnisse nicht mehr zurückgeführt werden müssen, wenn vor ihrer Veräußerung die Beschlagnahme erfolgt. Vorausgesetzt wird nur, dass die Trennung (nicht die Entfernung) den Grundsätzen einer ordnungsgemäßen Wirtschaft folgt.[42] Zu beachten ist, dass „Enthaftung" nach § 1122 Abs. 1 BGB nur bedeutet, dass sich die *Hypothek* nicht mehr auf die entfernten Erzeugnisse erstreckt. Nicht ausgeschlossen ist, dass der Gläubiger sie nach §§ 808 f. ZPO (bzw. nach Einlagerung gemäß § 847 ZPO) pfändet. Die allgemeine Vermögenshaftung erstreckt sich nach wie vor auf die dem Eigentümer gehörenden Erzeugnisse, auch wenn sie vom Grundstück entfernt wurden.

---

[41] RGZ 143, 241.
[42] Ist dies nicht der Fall, kommt Enthaftung nur nach § 1121 Abs. 1 BGB in Betracht.

Nach einer erfolgten *Beschlagnahme* kann eine reguläre Enthaftung nicht mehr erfolgen. Freilich ist stets zu prüfen, ob sich die Beschlagnahme auf die fraglichen Gegenstände erstreckt, was hinsichtlich getrennter Erzeugnisse nur bei Zwangsverwaltung der Fall ist (§ 148 ZVG), hinsichtlich des Zubehörs jedoch auch bei Zwangsversteigerung (§§ 20 Abs. 2, 21 Abs. 1 ZVG). Im Umfang der Beschlagnahme geht das Verwertungsinteresse des Hypothekars den Interessen des Eigentümers und des Erwerbers vor. Rechtstechnisch wird dies durch ein Veräußerungsverbot erreicht (§ 23 Abs. 1 ZVG): Gemäß §§ 136, 135 Abs. 1 BGB ist der Erwerb dem Hypothekar gegenüber unwirksam, es sei denn, der Erwerber ist gutgläubig (§ 135 Abs. 2 BGB). 36

Der Bezugspunkt der Gutgläubigkeit wird in § 1121 Abs. 2 BGB präzisiert. Der Erwerber kann sich nicht darauf berufen, die *Hypothek* nicht gekannt zu haben (§ 1121 Abs. 2 Satz 1 BGB); § 936 BGB ist ausgeschlossen.[43] Maßgeblich ist vielmehr der gute Glaube hinsichtlich der *Beschlagnahme*, und zwar zum Zeitpunkt der Entfernung (§ 1121 Abs. 2 Satz 2 BGB). Dem Erwerber schadet nicht nur Kenntnis oder grob fahrlässige Unkenntnis von der Beschlagnahme, sondern nach § 23 Abs. 2 ZVG schon die Kenntnis vom Versteigerungsantrag und der eingetragene Versteigerungsvermerk.

Belässt der Erwerber den Gegenstand auf dem Grundstück im Besitz des Veräußerers (etwa aufgrund einer Sicherungsübereignung nach §§ 929, 930 BGB) und erfolgt anschließend die Beschlagnahme, bleibt der Gegenstand verhaftet, wenn der Erwerber nach § 1121 Abs. 2 Satz 2 BGB bei der *Entfernung* nicht in gutem Glauben ist. Das mutet merkwürdig an: Der Erwerber hat Eigentum erworben, das infolge einer später erfolgten Beschlagnahme noch der Zwangsvollstreckung gegen den Veräußerer unterliegt. Ausschlaggebend dafür ist, dass die erworbenen Erzeugnisse nicht vom belasteten Grundstück entfernt worden sind. Der Erwerber, der die beschafften Erzeugnisse auf dem belasteten Grundstück belässt, geht danach ein erhebliches Risiko ein.

4. Zubehör

a) Reichweite der Haftung

Die Hypothek erstreckt sich auch auf das dem Eigentümer des belasteten Grundstücks gehörende Zubehör (§ 1120 Fall 2 BGB). Das gilt auch für Zubehörstücke, die erst nach der Begründung der Hypothek angeschafft werden.[44] Was Zubehör ist, bestimmt § 97 BGB (→ § 1 Rn. 69). Die Einbeziehung des Zubehörs in den Haftungsverband stärkt die Befriedigungsaussichten des Hypothekars, denn das Grundstück kann als wirtschaftliche Einheit verwertet werden. Es liegt auf der Hand, dass ein Grundstück, auf dem sich ein Gewerbebetrieb befindet, einen sehr viel höheren Verwertungserlös verspricht, wenn es zusammen mit den Maschinen und sonstigen Einrichtungsgegenständen versteigert wird. 37

Untermauert wird dies durch § 865 Abs. 2 Satz 1 ZPO, wonach (andere) Gläubiger Zubehör nicht im Wege der Einzelzwangsvollstreckung pfänden können. Um Zubehörstücke

---

[43] MünchKommBGB/*Lieder* § 1121 Rn. 27.
[44] BGH ZfIR 2008, 863, Rn. 3 (Milchkühe einer Landwirtschaft).

haftungsrechtlich verwerten zu können, muss daher der Weg der Immobiliarvollstreckung gegangen werden, und der Hypothekar wird im Range vor nicht dinglich gesicherten Gläubigern befriedigt (§ 10 Abs. 1 Nr. 4 ZVG).

38 Voraussetzung der Zubehörhaftung ist, dass es sich um Zubehör handelt, das dem Eigentümer des belasteten Grundstücks gehört. Die Zwangsversteigerung erstreckt sich nach § 55 Abs. 2 ZVG zwar auch auf Zubehörstücke im Eigentum Dritter, wenn der Eigentümer des beschlagnahmten Grundstücks sie im Besitz hat. Die Bestimmung ist Ausdruck eines Gedankens, der auch § 808 ZPO zugrunde liegt: In Verfahren der Zwangsvollstreckung sollen die Eigentumsverhältnisse nicht geprüft werden, wenn der Schuldner Sachen im Gewahrsam hat. Dem Eigentümer obliegt es, sein Recht nach §§ 771, 775 Nr. 1 ZPO geltend zu machen. Die Zwangsversteigerung ist dann zu beschränken.

39 Erwirbt der Eigentümer des Grundstücks Zubehörstücke unter Eigentumsvorbehalt, fallen sie nicht in den Haftungsverband. Erst der Bedingungseintritt (Zahlung des Kaufpreises, §§ 449 Abs. 1, 158 Abs. 1 BGB) führt den Eigentumserwerb herbei (→ § 31 Rn. 1). Tritt der Vorbehaltsverkäufer vom Kaufvertrag wirksam zurück und wird anschließend das Grundstück beschlagnahmt (vgl. § 20 Abs. 2 ZVG), kann der Vorbehaltsverkäufer sein Eigentum nach § 771 ZPO geltend machen.

40 In den Haftungsverband der Hypothek fällt allerdings das Anwartschaftsrecht des Vorbehaltskäufers (→ § 31 Rn. 5ff.). Dies lässt sich am besten an einem Beispiel erläutern.

Beispiel (nach BGHZ 35, 85): R betrieb auf seinem mit einem Grundpfandrecht der Beklagten B belasteten Grundstück ein Hotel und hatte Einrichtungsgegenstände unter Eigentumsvorbehalt von A erworben. Zur Sicherung eines Kredits hatte R das Zubehör an den K zur Sicherheit nach §§ 929, 930 BGB übereignet und anschließend den Kaufpreis an A bezahlt. Später betrieb B die Zwangsversteigerung des Grundstücks. Da sie die Einrichtungsgegenstände nicht freigab, klagte K nach § 771 ZPO. Die Klage hatte keinen Erfolg.

41 Übertrug R an K das *Eigentum* an den Einrichtungsgegenständen, war die Verfügung zunächst unwirksam, solange R nicht den Kaufpreis voll bezahlt hatte. Ein redlicher Erwerb des K scheidet mangels Übergabe aus (§ 933 BGB). Erst mit Zahlung (Bedingungseintritt) erwirbt R das Eigentum und gemäß § 185 Abs. 2 Satz 1 Fall 2 BGB K, allerdings „belastet" mit der hypothekarischen Haftung. Hat R dem K sein *Anwartschaftsrecht* übertragen (zur Umdeutung → § 27 Rn. 55), erstarkt das Anwartschaftsrecht mit Bedingungseintritt zum Vollrecht und K erwirbt unmittelbar vom Vorbehaltsverkäufer A. In diesem Fall wird R zu keinem Zeitpunkt Eigentümer. Der Erwerb des K vollzieht sich nicht nach § 185 Abs. 2 Satz 1 Fall 2 BGB. Nach BGHZ 35, 85, 88ff. erstreckt sich die Hypothekenhaftung jedoch auch auf das Anwartschaftsrecht des Vorbehaltskäufers hinsichtlich der Zubehörstücke. K hat das Anwartschaftsrecht „belastet" erworben. Zahlt der Käufer den Kaufpreis, wandelt sich das Anwartschaftsrecht zu Eigentum, bleibt allerdings der Hypothekenhaftung unterworfen.

Der BGH entwickelt in dieser Entscheidung die Gleichstellung von Eigentum und Anwartschaftsrecht konsequent fort: Wenn das Anwartschaftsrecht dem Eigentümer des belasteten Grundstücks zur Kreditsicherung zur Verfügung steht, muss es auch dem Hypothekenhaftungsverband unterliegen. Im Ergebnis bedeutet es keinen Unterschied, ob der Eigentümer über das zukünftige Eigentum am Zubehör oder das gegenwärtige Anwartschaftsrecht verfügt.

Wohl unter dem Eindruck der Entscheidung BGHZ 35, 85 suchten die Beteiligten der Entscheidung BGHZ 92, 280 eine andere rechtliche Gestaltung, um die Haftung des unter Eigentumsvorbehalt gelieferten Zubehörs zu umgehen. Der Vorbehaltskäufer hatte nicht über das Anwartschaftsrecht verfügt. Vielmehr hatte der *Verkäufer* in Absprache mit dem Eigentümer des Grundstücks dem Sicherungsnehmer *unmittelbar* das Eigentum am Zubehör zur Sicherheit für die Verbindlichkeiten des Käufers übertragen. Zuvor war das Anwartschaftsrecht durch Vereinbarung zwischen Käufer und Verkäufer aufgehoben worden. Diese Aufhebung des Anwartschaftsrechts war wirksam, obgleich damit eine Enthaftung eintrat. Nach BGHZ 92, 280 ist zur Aufhebung des Anwartschaftsrechts die Zustimmung des Grundpfandgläubigers (analog § 1276 BGB) nicht erforderlich. Damit wird freilich die von BGHZ 35, 85 in den Vordergrund gerückte Gleichwertigkeit von Eigentum und Anwartschaftsrecht aufgegeben. Die Entscheidung bildet überdies ein eindrucksvolles Beispiel für die Wechselbeziehung zwischen Rechtsprechung und Kautelarjurisprudenz.

b) Enthaftung

Die Voraussetzungen der Enthaftung von Zubehör (und des Anwartschaftsrechts am Zubehör) entsprechen denen der Enthaftung von Erzeugnissen und Bestandteilen (→ § 17 Rn. 32). Enthaftung erfolgt durch Veräußerung und Entfernung vom Grundstück vor der Beschlagnahme (§ 1121 Abs. 1 BGB). Ferner tritt Enthaftung ein durch Aufhebung der Zubehöreigenschaft im Rahmen ordnungsgemäßer Wirtschaft (§ 1122 Abs. 2 BGB). Die Stilllegung des Betriebs durch den Insolvenzverwalter hebt zwar die Zubehöreigenschaft des Inventars auf; dies erfolgt allerdings nicht im Rahmen ordnungsgemäßer Wirtschaft und führt nicht zur Enthaftung.[45] Nach der Beschlagnahme kommt eine Enthaftung nur in Betracht, wenn der Erwerber bei Entfernung gutgläubig ist (§ 1121 Abs. 2 Satz 2 BGB). Nach Eintragung des Versteigerungsvermerks schließt die Fiktion des § 23 Abs. 2 Satz 2 ZVG den gutgläubigen Erwerb aus.

42

Zu beachten ist, dass eine Beschlagnahme nur im Wege der Immobiliarvollstreckung erfolgen kann, denn § 865 Abs. 2 Satz 1 ZPO schließt die Pfändung von Zubehör durch den Gerichtsvollzieher aus. Die Beschlagnahme umfasst stets auch Zubehör (§ 20 Abs. 2 ZVG).[46]

5. Miet- und Pachtzinsforderungen

Ist das belastete Grundstück vermietet oder verpachtet, haften für die Hypothek nach § 1123 Abs. 1 BGB auch die Forderungen aus dem Miet- oder Pachtvertrag. Die Haftung der Forderungen bildet den Ausgleich dafür, dass die vom

43

---

[45] BGHZ 56, 298.
[46] Anders bei Erzeugnissen, § 21 Abs. 1 ZVG; die Beschlagnahme der Erzeugnisse erfolgt durch Anordnung der Zwangsverwaltung, § 148 ZVG.

Mieter und Pächter gezogenen Nutzungen dem Zugriff des Hypothekars entzogen sind.

Beispiel: E verpachtet ein mit einer Hypothek für H belastetes landwirtschaftliches Grundstück an P. P erntet Obst. Das Obst fällt nicht nach § 1120 BGB in den Haftungsverband der Hypothek, da es nach der Ernte nicht E gehört, sondern dem das Grundstück besitzenden P (§ 956 Abs. 1 BGB). Allerdings kann H auf die Forderung des E gegen P auf Pachtzins (§ 581 Abs. 1 Satz 2 BGB) zugreifen. Der Zugriff erfolgt nicht durch Zwangsversteigerung (vgl. § 21 Abs. 2 ZVG), sondern durch Anordnung der Zwangsverwaltung (§ 148 Abs. 1 ZVG); der Verwalter ist an den Pachtvertrag gebunden (§ 152 Abs. 2 ZVG), er zieht die Forderung ein (§ 152 Abs. 1 ZVG).

44 Der Umfang der Haftung ist bei Miet- und Pachtrückständen zeitlich begrenzt: Forderungen werden frei, wenn die Beschlagnahme nicht ein Jahr nach der Fälligkeit erfolgt (§ 1123 Abs. 2 BGB).

Miet- und Pachtzinsforderungen werden enthaftet, wenn über sie vor der Beschlagnahme durch Einziehung verfügt wird (§ 1124 Abs. 1 BGB). Das eingezogene Geld haftet nicht. Wird die Forderung abgetreten, scheidet sie aus dem Haftungsverband aus, wird sie verpfändet, geht das Pfandrecht der Hypothek vor. *Voraus*verfügungen über die Forderung sind jedoch nur in den Grenzen des § 1124 Abs. 2 BGB möglich: Der Mieter, der den Mietzins im Voraus bezahlt, muss also für den nach Beschlagnahme beginnenden Monat und die Folgemonate nochmals (an den Zwangsverwalter) zahlen; nach dem 15. Tag eines Monats kann immerhin für den kommenden Monat geleistet werden, wenn bis dahin die Beschlagnahme nicht erfolgt ist. Diese Grenzen gelten auch für die Aufrechnung, § 1125 BGB.

6. Versicherungsforderungen

45 Die Hypothekenhaftung kennt kein allgemeines Surrogationsprinzip. Wird eine der Hypothekenhaftung unterliegende Sache beschädigt, erstreckt sich die Hypothek *nicht* auf eine Schadensersatzforderung;[47] jedoch kann der Hypothekar einen eigenen Schadensersatzanspruch aus § 823 BGB haben (→ § 17 Rn. 46). Ist ein Gegenstand allerdings versichert, erstreckt sich nach § 1127 Abs. 1 BGB die Hypothek (und die Beschlagnahme, § 20 Abs. 2 ZVG) auf die Versicherungsforderung. Damit wird eine Wertminderung, die infolge der Beschädigung oder Zerstörung haftender Gegenstände eintritt, ausgeglichen. Folglich scheidet die Forderung aus der Haftung aus, wenn der versicherte Gegenstand wiederhergestellt ist oder Ersatz beschafft wurde, § 1127 Abs. 2 BGB.

Bei der Rechtsstellung des Hypothekars gegenüber dem Versicherer ist zwischen Gebäudeversicherungen (§ 1128 BGB) und sonstigen Versicherungen (§ 1129 BGB) zu unterscheiden. Für letztere ordnet § 1129 BGB die Anwendung der §§ 1123 Abs. 2 Satz 1, 1124 Abs. 1, Abs. 3 BGB an; danach kann der Versicherer vor der Beschlagnahme an den Versicherten leisten. Bei der Gebäudeversicherung ist die Stellung des Hypothekars stärker, weil er nach § 1128 Abs. 3 BGB wie ein Pfandgläubiger behandelt wird. Der Versicherer kann vor Fälligkeit der Hypothekenforderung nach § 1281 BGB nur an den Versicherten und den Hypothekar gemeinschaftlich, nach Fälligkeit gemäß § 1282 BGB an den Hypothekar

---

[47] BGH NJW 1989, 2123, 2124.

§ 17 Die Hypothek   17.48

allein zahlen, wenn nicht die Voraussetzungen der §§ 1128 Abs. 1, Abs. 2, 1130 BGB vorliegen. Eine Beschlagnahme des Grundstücks ist also nicht erforderlich, um die Forderung einziehen zu können. Ergänzt wird der Schutz des Hypothekars durch § 94 VVG.

IV. Der Schutz der Hypothek

1. Schadensersatzansprüche

Als absolutes Recht fällt die Hypothek unter § 823 Abs. 1 BGB.[48] Beispielsweise hat der fahrlässige Brandstifter dem Hypothekar Schadensersatz zu leisten, soweit das auf dem Grundstück errichtete Wohnhaus infolge des Brandes einen Wertverlust erleidet und der Hypothekar aus diesem Grunde bei der Zwangsvollstreckung einen Ausfall erleidet.   46

Einen Herausgabeanspruch gegen einen unrechtmäßigen Besitzer hat der Hypothekar – im Gegensatz zum Inhaber eines Faustpfandrechts (§§ 1227, 985 BGB) – nicht, da die Hypothek nicht zum Besitz des Grundstücks berechtigt.

2. Besondere Schutzvorschriften

Darüber hinaus sehen §§ 1133–1135 BGB besondere hypothekenrechtliche Rechtsbehelfe vor.[49] Diese unterscheiden zwischen einer eingetretenen und einer bevorstehenden Beeinträchtigung des Grundstücks. Bei einer erst *drohenden* Verschlechterung des Grundstücks hat der Hypothekar nach § 1134 Abs. 1 BGB einen verschuldensunabhängigen (negatorischen) Unterlassungsanspruch, wenn eine Beeinträchtigung der Sicherheit der Hypothek zu befürchten ist. Der Anspruch richtet sich gegen den Störer; das kann sowohl der Eigentümer als auch ein Dritter sein. Daneben wird auch ein Beseitigungsanspruch angenommen.[50] Unter den Voraussetzungen des § 1134 Abs. 2 BGB kann der Gläubiger die Anordnung gerichtlicher Schutzmaßnahmen beantragen.   47

Ist die Verschlechterung des Grundstücks bereits *eingetreten* und dadurch die Sicherheit der Hypothek beeinträchtigt, kann der Gläubiger nach Ablauf einer gesetzten Frist vorzeitig und ohne Rücksicht auf die Fälligkeit der Forderung Befriedigung aus der Hypothek suchen (§ 1133 BGB). Das Sonderkündigungsrecht besteht nicht, wenn der Eigentümer die Gefährdung der Hypothek durch Verbesserung des Grundstücks beseitigt oder eine andere Hypothek bestellt.   48

---

[48] BGH NJW 1976, 189 (Schadensersatzhaftung eines Architekten dem Grundpfandgläubiger gegenüber).
[49] In der Kreditpraxis werden diese Rechtsbehelfe zugunsten der Banken ergänzt durch weitere schuldrechtliche Pflichten (Erhaltungspflicht, Versicherungspflicht, Besichtigungsrecht für Gläubiger) und Kündigungsrechte, die weit in die Bewirtschaftungsfreiheit des Eigentümers eingreifen, vgl. das Beispiel von *Weber*, Kreditsicherheiten, § 11 V 6, S. 211.
[50] BGHZ 105, 230, 237; *Westermann/Gursky/Eickmann* § 98 Rn. 3; a.A. *Wolff/Raiser* § 138 II 2 Fn. 12, S. 571.

49 Gemeinsame Voraussetzung der §§ 1133f. BGB ist eine Verschlechterung des Grundstücks, die zu einer Gefährdung der Hypothek führt. Eine Grundstücksverschlechterung setzt eine wertmindernde Veränderung des Bodens bzw. der Bestandteile des Grundstücks voraus. Hierzu zählen namentlich Beschädigungen an Bauwerken, ferner umweltgefährdende Grundstücksbelastungen, etwa giftige Produktionsrückstände.[51] Vorhersehbare Werteinbußen – etwa infolge des Alterns der Bausubstanz – fallen nicht darunter, weil sich der Hypothekar darauf einstellen und durch Laufzeitvereinbarungen sichern kann.[52] Auch Wertminderungen infolge der allgemeinen Wirtschaftslage erfüllen nicht den Tatbestand der §§ 1133f. BGB. Die Verschlechterung führt zu einer Gefährdung der Hypothek, wenn sich die Befriedigungschancen des Hypothekars mindern. Das hängt von dem Gesamtwert des Grundstücks sowie dem Betrag und dem Rang der Hypothek ab.

50 Die Rechtsbehelfe nach §§ 1133f. BGB bestehen gemäß § 1135 BGB auch, wenn Zubehörstücke verschlechtert oder den Regeln ordnungsgemäßer Wirtschaft zuwider entfernt werden. Verkauft der Eigentümer des Hotelgrundstücks sämtliches Zubehör entgegen den Regeln einer ordnungsgemäßen Wirtschaft, kann der Hypothekar nach §§ 1135, 1134 Abs. 2 BGB ein gerichtliches Veräußerungsverbot (§ 938 ZPO) im Wege einer einstweiligen Verfügung beantragen, worin dem Eigentümer die Veräußerung und Entfernung des Zubehörs verboten wird. Eine Entfernung im Rahmen der ordnungsgemäßen Wirtschaft muss der Hypothekar jedoch hinnehmen.

51 Den *Motiven* zum BGB kann man entnehmen, der Eigentümer könne im Rahmen des § 1134 Abs. 2 BGB zu einem *positiven* Tun *nicht* gezwungen werden.[53] Der Eigentümer, der das auf dem belasteten Grundstück stehende Gebäude hat abreißen lassen, ist hypothekenrechtlich nicht zum Wiederaufbau verpflichtet. Dahinter steht der Gedanke, dass die Hypothek als dingliches Recht keine persönlichen Pflichten begründet (→ § 16 Rn. 14). Zugleich soll die Bewirtschaftungsfreiheit des Eigentümers nicht beeinträchtigt werden.[54]

BGHZ 105, 230, 237f. behandelt die Frage, ob der Insolvenzverwalter einem Grundpfandgläubiger nach § 82 KO (jetzt § 60 InsO) haftet, wenn er eine Feuerversicherung für ein in der Insolvenzmasse befindliches Hausgrundstück nicht abschließt. Eine solche Pflicht kann allenfalls insolvenzrechtlich begründet sein, nicht aber auf das Grundpfandrecht gestützt werden.

52 Dem Schutz der wirtschaftlichen Bewegungsfreiheit des Eigentümers dient auch § 1136 BGB.[55] Mit dem Hypothekar getroffene Vereinbarungen, das Grundstück nicht zu veräußern oder weiter zu belasten, sind (entgegen § 137 Satz 2 BGB) nichtig; die dingliche Wirksamkeit einer Verfügung kann wegen

---

[51] *Baur/Stürner* § 40 Rn. 12.
[52] MünchKommBGB/*Lieder* § 1133 Rn. 7.
[53] Motive Bd. 3, S. 670.
[54] Motive Bd. 3, S. 672.
[55] Dazu *Berger*, Rechtsgeschäftliche Verfügungsbeschränkungen, 1998, S. 108ff.

§ 137 Satz 1 BGB ohnehin nicht ausgeschlossen werden. Die Bank soll den Eigentümer nach § 1136 BGB nicht vertraglich in der Möglichkeit beschränken, weitere Grundpfandrechte (bei einem anderen Kreditinstitut!) aufzunehmen oder das Grundstück zu veräußern. Der Hypothekar ist bei Verfügungen des Eigentümers infolge des Sukzessionsschutzes (→ § 16 Rn. 4) und der Rangwirkung hinreichend geschützt.[56] § 1136 BGB greift nicht ein, wenn der Hypothekar etwa als Pächter des Grundstücks ein Interesse an dem Veräußerungsverbot hat.

In der Kreditpraxis wird die Verfügungsfreiheit des Eigentümers dadurch beschnitten, dass sich der Hypothekar ein Kündigungsrecht für den Fall der Veräußerung oder Belastung des Grundstücks vorbehält. Damit steht der Eigentümer noch schlechter als bei Veräußerungsverboten, denn er muss Kredite kostspielig umschulden, wogegen ein Ersatzanspruch bei verbotswidriger Verfügung mangels Schadens kaum einmal entstehen würde. Gleichwohl werden diese Kündigungsklauseln von der Rechtsprechung für wirksam erachtet.[57]

V. Die freiwillige Befriedigung des Gläubigers

1. Identität von Eigentümer und persönlichem Schuldner

Ist die gesicherte Forderung fällig, kann der Hypothekar die Zwangsvollstreckung in das Grundstück betreiben (§ 1147 BGB). Sehr oft wird er jedoch vom Schuldner der gesicherten Forderung freiwillig befriedigt. Dann erlischt die Forderung nach § 362 BGB. Die Hypothek hingegen erlischt nicht, sondern wird nach § 1163 Abs. 1 Satz 2 BGB vom Eigentümer des belasteten Grundstücks erworben. Da eine Hypothek ohne Forderung nicht bestehen kann, wandelt sich die Hypothek in eine Eigentümergrundschuld (§ 1177 Abs. 1 BGB). Der Fortbestand der Hypothek als Eigentümergrundschuld verhindert, dass nachrangige Belastungen des Grundstücks „aufrücken" und einen besseren Rangplatz erhalten (→ § 16 Rn. 27). Erheblich eingeschränkt wird dieses Prinzip fester Rangstellen freilich durch § 1179a BGB (→ § 17 Rn. 97).

Zahlt der Schuldner nur einen Teilbetrag, geht die Hypothek auch nur zu dem entsprechenden Teil auf den Eigentümer über. Nach § 1176 BGB genießt der beim Gläubiger verbleibende Teil der Hypothek (dinglich) Vorrang vor dem Grundpfandrecht des Eigentümers. Dahinter steht ein allgemeiner Rechtsgedanke (vgl. §§ 268 Abs. 3 Satz 2, 426 Abs. 2 Satz 2, 774 Abs. 1 Satz 2 BGB). Reicht der Versteigerungserlös nicht aus, ist zunächst die Resthypothek vollauf zu bedienen, erst dann die Eigentümergrundschuld.

---

[56] *Baur/Stürner* § 40 Rn. 14 weisen auf die Gefahr hin, dass der neue Eigentümer nicht so sorgfältig wirtschafte wie der alte. Damit lässt sich nicht erklären, weshalb § 1136 BGB auch weitere Belastungen erfasst.
[57] BGHZ 76, 371, 373f.; allerdings wird die Ausübung des Kündigungsrechts im Einzelfall einer Billigkeitskontrolle unterworfen. Gegen die Wirksamkeit dieser Gestaltung *Baur/Stürner* § 40 Rn. 15.

2. Schuldner und Eigentümer sind verschiedene Personen

a) Das Ablösungsrecht des Eigentümers

54 Schuldner der hypothekarisch gesicherten Forderung und Eigentümer des belasteten Grundstücks können personenverschieden sein, beispielsweise wenn der Eigentümer für eine fremde Schuld eine Hypothek an seinem Grundstück bestellt (Gesellschafter für Verbindlichkeiten der Gesellschaft, Eltern für Kinder) oder das belastete Grundstück veräußert hatte. Droht der Gläubiger mit der Zwangsvollstreckung, könnte der nicht mit dem Schuldner identische Eigentümer als Dritter nach § 267 Abs. 1 BGB die Forderung zum Erlöschen bringen und die Hypothek als Eigentümergrundschuld nach §§ 1163 Abs. 1 Satz 2, 1177 Abs. 1 BGB erwerben. § 1142 BGB gibt dem Eigentümer ein eigenes Ablösungsrecht, mit dem er den Verlust des Grundstücks aufgrund der Zwangsversteigerung abwenden kann. Der Eigentümer ist aber nicht zur Zahlung verpflichtet. Befriedigt der Eigentümer den Gläubiger nach § 1142 BGB, zahlt er auf die Forderung.[58] § 267 Abs. 2 BGB ist ausgeschlossen. Der Gläubiger kann die Zahlung nicht ablehnen. Das Ablösungsrecht ist Inhalt der Hypothek und unabdingbar.[59]

Voraussetzung des Ablösungsrechts nach § 1142 Abs. 1 Fall 1 BGB ist die Fälligkeit der Forderung gegenüber dem Eigentümer. Die Forderung kann entweder aufgrund einer vertraglichen Vereinbarung des Fälligkeitszeitpunkts oder infolge einer Kündigung fällig sein. Dabei ist § 1141 BGB zu beachten: Für die Fälligkeitskündigung kommt es nicht auf die Kündigung gegenüber dem Schuldner, sondern auf die Kündigung gegenüber dem Eigentümer (auch dem Bucheigentümer, § 1141 Abs. 1 Satz 2 BGB) oder des Eigentümers gegenüber dem Gläubiger an. Nach § 1142 Abs. 1 Fall 2 BGB kann der Eigentümer auch ablösen, wenn der Schuldner zur Leistung berechtigt ist. Bei verzinslichen Forderungen ist eine vorfällige Zahlung abweichend von § 271 Abs. 2 BGB freilich ausgeschlossen.

55 Nach § 1142 Abs. 2 BGB kann die Befriedigung auch durch Hinterlegung (§ 372 BGB) und Aufrechnung (§ 387 BGB) erfolgen. Der Eigentümer rechnet mit einer ihm zustehenden Forderung gegen die Gläubigerforderung auf, die gegen den Schuldner gerichtet ist. Damit wird das Gegenseitigkeitserfordernis durchbrochen.[60] Mit einer Forderung des Schuldners gegen den Gläubiger kann der Eigentümer hingegen nicht aufrechnen, wohl aber nach §§ 1137 Abs. 1, 770 Abs. 2 BGB eine Einrede erheben, wenn der Gläubiger aufrechnen kann.

b) Erwerb der Forderung durch den Eigentümer

56 Hat der Eigentümer die für eine fremde Verbindlichkeit bestellte Hypothek abgelöst, kann er beim Schuldner Regress nehmen. Anspruchsgrundlage ist z.B. ein Aufwendungsersatzanspruch aus einem Auftrag (§ 670 BGB). § 1143 Abs. 1

---

[58] A.A. Staudinger/*Wolfsteiner* § 1142 Rn. 2 (Zahlung auf die Hypothek).
[59] BGHZ 108, 372, 378f.
[60] RGZ 78, 384.

§ 17 Die Hypothek

BGB stärkt den Rückgriff beim Schuldner, weil der Eigentümer die gesicherte Forderung erwirbt. Mit der Forderung geht nach § 1153 Abs. 1 BGB auch die Hypothek auf den Eigentümer über,[61] die gemäß § 1177 Abs. 2 BGB wie eine Eigentümergrundschuld behandelt wird.

Umstritten sind die Regressverhältnisse, wenn neben der Hypothek weitere Sicherungsrechte für die Forderung bestehen. Nach §§ 1143 Abs. 1, 412, 401 Abs. 1 BGB scheinen auch andere akzessorische Sicherungsrechte (Bürgschaft, Pfandrecht, andere Hypotheken) unbeschränkt auf den leistenden Eigentümer überzugehen. Zahlt allerdings ein Bürge zuerst an den Gläubiger der hypothekarisch gesicherten Forderung, erwirbt er nach §§ 774 Abs. 1 Satz 1, 412, 401 Abs. 1 BGB mit der Forderung auch die Hypothek. Dies führt zu Zufallsergebnissen: Wer zuerst zahlt, kann den jeweils anderen Sicherungsgeber vollauf in Anspruch nehmen; ist der Hauptschuldner nicht leistungsfähig, hat der in Anspruch genommene Sicherungsgeber den Ausfall insgesamt alleine zu tragen. Dies wird zu Recht als unbillig angesehen. Wie sich der Ausgleich unter mehreren Sicherungsgebern vollzieht, ist allerdings umstritten.[62] Während eine Ansicht gestützt auf den Gedanken des § 776 BGB oder den mutmaßlichen Parteiwillen allein ein Rückgriffsrecht des Bürgen annimmt (und dem Eigentümer versagt),[63] befürwortet die h.M. entsprechend den Regeln der Gesamtschuld (§ 426 Abs. 1 BGB) einen anteiligen Ausgleich der Sicherungsgeber untereinander.[64] Diese Lösung liegt auf der Linie des § 774 Abs. 2 BGB, der für den Fall mehrerer Bürgen auf § 426 BGB verweist. Selbstverständlich kann die Frage der Haftungsverteilung unter den Sicherungsgebern auch vertraglich abweichend geregelt werden.[65]

Der Schuldner kann dem Eigentümer, der gemäß § 1143 Abs. 1 BGB Inhaber der Forderung geworden ist, nach §§ 412, 404 BGB gegen die Forderung alle Einwendungen entgegensetzen, die auch dem Gläubiger gegenüber bestanden. Darüber hinaus stehen dem Schuldner Einwendungen aus dem Innenverhältnis zum Eigentümer zu. Diese spielen insbesondere eine Rolle, wenn der Schuldner das zunächst ihm gehörende Grundstück hypothekarisch belastet und anschließend an den späteren Eigentümer veräußert, der sich im Kaufvertrag dem Schuldner gegenüber zur Übernahme auch der persönlichen Schuld verpflichtet, die Schuldübernahme vom Gläubiger aber nicht genehmigt wird (§§ 416, 415 BGB).

Beispiel: V hat sein Hausgrundstück an E verkauft. Auf dem Grundstück lastet eine Hypothek für G in Höhe von 100 000 Euro, die eine Darlehensrückzahlungsverpflichtung des V gegenüber G sichert. Der Verkehrswert des Grundstücks beträgt nach einer gutachtlichen Schätzung 400 000 Euro. Da die Hypothek weiterhin auf dem Grundstück lastet, einigen

---
[61] *Wilhelm* Rn. 1670 wendet §§ 412, 401 BGB an.
[62] Eingehende Auseinandersetzung bei *Hüffer* AcP 171 (1971), 472 ff.; *Wilhelm* Rn. 1675 ff.
[63] Soergel/*Konzen* § 1143 Rn. 7; *Baur/Stürner* § 38 Rn. 103.
[64] BGHZ 108, 179 ff. (Verhältnis Bürgschaft – Grundschuld); MünchKommBGB/*Lieder* § 1143 Rn. 20.
[65] Vgl. BGH NJW-RR 1991, 170, 171, wo ein Vorrang des Bürgen aufgrund einer Vereinbarung zwischen Gläubiger und Eigentümer angenommen worden ist.

sich V und E „in Anrechnung der Hypothek" auf einen Kaufpreis von 300 000 Euro. Zugleich verpflichtet sich E zur Übernahme der persönlichen Schuld des V. V teilt die Schuldübernahme G mit (§ 416 BGB), der die Genehmigung dazu allerdings verweigert. Die Schuldübernahme ist mithin nicht wirksam (§ 415 BGB). Zahlt E 100 000 Euro an G, kann E bei V nicht Regress nehmen, weil E nach § 415 Abs. 3 BGB gegenüber V ohnehin zur Befriedigung des G verpflichtet war. Die h.M. wendet daher § 1143 BGB nicht an, weil E infolge der Verpflichtung dem V gegenüber zur Schuldtilgung ohnehin keine Ausgleichsansprüche hat; E erwirbt danach nur eine Eigentümergrundschuld nach § 1163 Abs. 1 Satz 2 BGB.[66] Gesetzesnäher und daher vorzugswürdig ist die Annahme einer auf § 415 Abs. 3 BGB gestützten Einwendung des V gegenüber E aus §§ 1143 Abs. 1 Satz 2, 774 Abs. 1 Satz 3 BGB;[67] die Rechte des E an der erworbenen Hypothek bestimmen sich nach § 1177 Abs. 2 BGB.

c) Erwerb der Hypothek durch den Schuldner

59   Zahlt im *Beispiel Schuldübernahme* (→ § 17 Rn. 58) der von G in Anspruch genommene persönliche Schuldner V an G, kann er bei E Regress nehmen, weil dieser seiner Pflicht, den G zu befriedigen (§ 415 Abs. 3 BGB), nicht nachgekommen ist. In diesem Fall wandelt sich die Hypothek nicht in eine Eigentümergrundschuld, sondern geht nach § 1164 Abs. 1 BGB auf den persönlichen Schuldner über und sichert dessen Rückgriffsanspruch. Dogmatisch handelt es sich dabei um einen gesetzlichen Forderungswechsel.[68] Verzichtet der Gläubiger auf die Hypothek, kann er auch den Schuldner nicht mehr in Anspruch nehmen (§ 1165 BGB). Wegen § 1166 BGB sollte der Gläubiger den persönlichen Schuldner von der Zwangsversteigerung in Kenntnis setzen.

3. Ablösungsrecht Dritter

60   Auch Dritte haben nach §§ 1150, 268 BGB ein Ablösungsrecht, wenn sie Gefahr laufen, durch die Zwangsvollstreckung in das hypothekarisch belastete Grundstück ein Recht zu verlieren. Dazu zählen insbesondere Inhaber nachrangiger Rechte, die bei einer Zwangsversteigerung nicht in das „geringste Gebot" fallen und daher erlöschen (§§ 44, 52 Abs. 1 Satz 2 ZVG). Ablösungsberechtigt ist ferner der Inhaber einer „nachrangigen" Vormerkung,[69] obgleich die Vormerkung kein Recht „an" dem Grundstück ist. Nach §§ 1150, 268 Abs. 1 Satz 2 BGB kann auch der besitzende Mieter des belasteten Grundstücks zur Ablösung berechtigt sein. Zwar tritt der Ersteher nach § 57 ZVG in den Mietvertrag ein; er hat jedoch nach Maßgabe der § 57a ZVG ein einmaliges Sonderkündigungsrecht, sodass Besitzverlust droht.

61   Nach § 1150 BGB entsteht das Ablösungsrecht schon mit dem Leistungsverlangen des Gläubigers, nicht erst mit dem Beginn der Zwangsvollstreckung (vgl.

---

[66] *Baur/Stürner* § 40 Rn. 17; *Wieling/Finkenauer* § 27 IV Rn. 46.
[67] *Wolff/Raiser* § 140 V 1, S. 580; *Wilhelm* Rn. 1673.
[68] MünchKommBGB/*Lieder* § 1164 Rn. 15.
[69] BGH NJW 1994, 1475 (Auflassungsvormerkung).

demgegenüber § 268 BGB). Befriedigt der ablösungsberechtigte Dritte den Gläubiger, erwirbt er nach §§ 1150, 268 Abs. 3 Satz 1 BGB die Forderung und nach §§ 412, 401, 1153 BGB die Hypothek.

Der Ablösungsberechtigte genießt den Schutz des § 893 BGB. Zahlt der Mieter M aufgrund § 1150 BGB an den im Grundbuch als Inhaber einer Buchhypothek eingetragenen N, so ist die Leistung gegenüber dem Inhaber der Hypothek wirksam. Eine andere Frage ist, ob M auch die Forderung (mitsamt Hypothek, §§ 412, 401, 1153 BGB) erwirbt. Das ist mit der h.M. zu bejahen. Der Forderungserwerb erfolgt zwar auf gesetzlicher Grundlage (§ 268 Abs. 3 BGB), bildet aber mit der Leistung eine Einheit. Das Argument, § 892 BGB schütze nur den rechtsgeschäftlichen Erwerb, tritt daher zurück.[70]

4. Aushändigung des Hypothekenbriefs und anderer Urkunden

Der zahlende Eigentümer hat Anspruch auf Quittung und Schuldurkunde (§§ 268, 371 BGB). Zudem kann der Eigentümer nach § 1144 BGB vom Gläubiger *Zug um Zug* gegen Befriedigung die Aushändigung des Hypothekenbriefs – das Eigentum daran steht ihm erst nach der Zahlung zu (§ 952 Abs. 2 BGB) – und (insbesondere) Berichtigungs- oder Löschungsbewilligung (§§ 19, 29 GBO) verlangen. § 1144 BGB trägt dem Entstehen der Eigentümergrundschuld nach § 1163 Abs. 1 Satz 2 BGB bzw. (wenn der Eigentümer nicht mit dem Schuldner identisch ist) dem Übergang der Forderung und der Hypothek auf den Eigentümer nach §§ 1143 Abs. 1 Satz 1, 1153, 412, 401 BGB Rechnung. Um Verfügungen des noch im Grundbuch eingetragenen früheren Gläubigers über das Grundpfandrecht zu verhindern, die nach §§ 1138, 892, 1155 BGB wirksam werden, wenn der Erwerber redlich ist, muss der Eigentümer das Grundbuch berichtigen lassen können; Briefbesitz des Eigentümers verhindert faktisch den gutgläubigen Erwerb der Briefhypothek aus der Hand des früheren Inhabers (vgl. § 1155 BGB). Bei teilweiser Befriedigung gilt § 1145 BGB. Dieselben Rechte haben der ablösungsberechtigte Dritte (§ 1150 BGB) und der Schuldner, wenn die Forderung nach § 1164 BGB auf ihn übergeht (§ 1167 BGB).

VI. Die zwangsweise Durchsetzung der Hypothek

1. Überblick

Wird der Gläubiger nicht freiwillig befriedigt, muss er die Hypothek zwangsweise im Wege der Zwangsvollstreckung (§ 1147 BGB) in das Grundstück und in die mithaftenden Gegenstände durchsetzen. Zur Fälligkeit nach § 1141 BGB → § 17 Rn. 54. § 866 Abs. 1 ZPO sieht dafür Zwangsversteigerung und Zwangsverwaltung vor, die sich nach dem ZVG richten; die Eintragung einer Zwangshypothek ist hingegen gegenstandslos, da der Gläubiger mit der Hypothek bereits eine dingliche Sicherung am Grundstück hält.

---

[70] MünchKommBGB/*Lieder* § 1150 Rn. 36; *Baur/Stürner* § 38 Rn. 114; (für die Frage des einredefreien Erwerbs) a.A. BGH NJW 1986, 1487.

64 Das Recht des Hypothekars zur Zwangsvollstreckung kann nicht mit dinglicher Wirkung ausgeschlossen werden. Andererseits können der Eigentümer und der Gläubiger nach § 1149 BGB *vor* Fälligkeit der Forderung eine Verfallklausel und eine andere Art der Verwertung nicht vereinbaren. Nicht ausgeschlossen, wohl aber formbedürftig nach § 311b Abs. 1 BGB, sind Verfallabreden nach Fälligkeit der Forderung, die der Eigentümer dann in Kenntnis des Werts des Grundstücks und der Höhe der Forderung vereinbart.

§ 1149 BGB dient dem Schutz des Eigentümers. BGHZ 130, 101, 104 führt dazu aus: „Die eigentümliche Gefahr einer solchen Vereinbarung (gemeint ist die Verfallabrede) liegt unter anderem darin, daß der Schuldner, um in der Gegenwart Kredit zu erhalten, in den Verlust der meist wertvolleren Pfandsache, für den in der Zukunft liegenden und von ihm nicht ernst genommenen Fall der Zahlungsschwierigkeiten, einwilligt in der trügerischen Hoffnung, er werde vor dem Verfalltag durch Zahlung das Pfand einlösen können. […] Die Verfallabrede eröffnet damit einen Weg zur Knebelung des unvorsichtigen oder in einer Notlage befindlichen Schuldners." Gleichwohl verbietet § 1149 BGB nach BGHZ 130, 101, 106 eine Vereinbarung nicht, worin sich der Eigentümer zur Übertragung des Grundstücks an einen *nicht* hypothekarisch gesicherten Gläubiger verpflichtet. Diese Unterscheidung ist wenig überzeugend.[71] Da § 1149 BGB dem Schutze des leichtfertigen, beim Vertragsschluss die zukünftige Entwicklung möglicherweise nicht zutreffend einschätzenden Eigentümers dient, greift dieser Gedanke auch bei einer isolierten Verfallklausel.[72] Im Übrigen wird mit Verfallklauseln die Frage einer Übersicherung und der Herabsetzung nach § 343 BGB aufgeworfen.

2. Vollstreckungstitel

65 Wie jede andere Zwangsvollstreckung setzt § 1147 BGB einen Vollstreckungstitel voraus. Als Vollstreckungstitel des Hypothekars kommen neben Urteilen (§ 704 Abs. 1 ZPO; → § 17 Rn. 67) vor allem vollstreckbare Urkunden (§ 794 Abs. 1 Nr. 5 ZPO; → § 17 Rn. 66) in Betracht.

a) Vollstreckbare Urkunden

66 In der Praxis der Kreditsicherung unterwirft sich der Schuldner regelmäßig in einer notariellen Urkunde der Zwangsvollstreckung wegen der Hypothek in sein Grundstück (§ 794 Abs. 1 Nr. 5 ZPO). Die Unterwerfung kann auch zu Lasten eines späteren Eigentümers erfolgen und muss im Grundbuch eingetragen werden (§ 800 ZPO).[73] Das Beurkundungsverfahren richtet sich nach §§ 6ff. BeurkG. Es ist zwischen der „dinglichen" Unterwerfungserklärung und der Unterwerfung unter die Zwangsvollstreckung wegen der persönlichen

---

[71] Vgl. auch Soergel/*Konzen* § 1149 Rn. 4; ferner *Gaul* AcP 168 (1968), 368ff.
[72] Dem BGH hingegen zustimmend *Baur/Stürner* § 40 Rn. 26 mit dem ergänzenden Hinweis, Grundpfandrechte müssten ihre Leistungsfähigkeit im Wettbewerb mit kautelarjuristischen Gestaltungsformen beweisen.
[73] Dies erspart dem Gläubiger eine titelumschreibende Vollstreckungsklausel nach §§ 727, 731 ZPO. Vgl. auch § 800 Abs. 2 ZPO.

Schuld (regelmäßig aus einem Schuldanerkenntnis; → § 16 Rn. 26) zu unterscheiden. Die dingliche Unterwerfung schafft einen dinglichen Titel, der zur Zwangsvollstreckung nur in das Grundstück berechtigt, allerdings mit der Rangklasse des § 10 Nr. 4 ZVG. Die Unterwerfungserklärung hinsichtlich der persönlichen Schuld begründet einen Zahlungstitel. Der Gläubiger kann auf das gesamte Vermögen des Schuldners zugreifen. Die vollstreckbare Ausfertigung erteilt der Notar (§ 797 Abs. 2 ZPO). Materiellrechtliche Einwendungen (z.B. die Hypothek sei infolge Zahlung zur Eigentümergrundschuld geworden) sind nach §§ 795, 767 ZPO mit der Vollstreckungsgegenklage zu verfolgen. Da die notarielle Urkunde nicht in Rechtskraft erwächst, gilt § 767 Abs. 2 ZPO nicht (§ 797 Abs. 4 ZPO).

b) Urteile

Wurde eine vollstreckbare Urkunde nicht errichtet, muss der Hypothekar zunächst gegen den Eigentümer auf Duldung der Zwangsvollstreckung in das belastete Grundstück klagen. Örtlich zuständig ist nach § 24 ZPO das Amts- oder Landgericht (vgl. § 23 Nr. 1 GVG), in dessen Bezirk das Grundstück „belegen" ist. An dem Gerichtsstand der dinglichen Klage kann nach § 25 ZPO auch die (persönliche) Zahlungsklage aus der gesicherten Forderung erhoben werden, selbst wenn für den persönlichen Schuldner ein allgemeiner Gerichtsstand dort nicht begründet ist (vgl. § 12 ZPO). Bei einer „isolierten" Schuldklage gilt § 25 ZPO nicht. Im Prozess streitet die Vermutung des § 891 BGB für den eingetragenen Inhaber der Buchhypothek; bei der Briefhypothek kann sich der Inhaber des Hypothekenbriefs unter den Voraussetzungen des § 1155 BGB auf die Vermutung des § 891 BGB stützen.

67

Zugunsten des Hypothekars fingiert § 1148 BGB den im Grundbuch eingetragenen Eigentümer als Eigentümer des haftenden Grundstücks. Der eingetragene Eigentümer kann nicht einwenden, er sei nicht Eigentümer des belasteten Grundstücks. Die Vorschrift soll die Durchsetzung der Hypothek von dem Streit um die Passivlegitimation entlasten; sie gilt daher auch, wenn der Hypothekar den richtigen Eigentümer kennt. Dieser kann mit der Drittwiderspruchsklage (§ 771 ZPO) das Eigentum am Grundstück nicht geltend machen; nach § 1148 Satz 2 BGB sind aber Einwendungen gegen die Hypothek möglich. Der Hypothekar kann aber auch gleich gegen den nicht im Grundbuch eingetragenen Eigentümer klagen und nach Grundbuchberichtigung (vgl. §§ 14, 22 GBO) die Zwangsvollstreckung betreiben.[74]

3. Zwangsversteigerung

Die Zwangsversteigerung dient dazu, den Substanzwert des Grundstücks im Wege der Veräußerung zu realisieren. Das Grundstück wird auf Antrag des Gläubigers (§ 16 ZVG) vom Vollstreckungsgericht versteigert. Das Vollstre-

68

---

[74] Klagt der Hypothekar gegen den Bucheigentümer und wird das Grundbuch später berichtigt, kann der Titel nach § 727 ZPO umgeschrieben werden.

ckungsgericht prüft die allgemeinen Voraussetzungen der Zwangsvollstreckung („Titel, Klausel, Zustellung"). Der Schuldner muss als Eigentümer im Grundbuch eingetragen sein (§ 17 Abs. 1 ZVG). Das Vollstreckungsgericht ordnet die Zwangsversteigerung an (§ 15 ZVG). Der Anordnungsbeschluss beschlagnahmt das Grundstück für den Gläubiger (§ 20 Abs. 1 ZVG). Er erstreckt sich (vorbehaltlich § 21 ZVG) nach § 20 Abs. 2 ZVG auch auf mithaftende Gegenstände (→ § 17 Rn. 30 ff.) und bewirkt zugunsten des Gläubigers ein Veräußerungsverbot (§ 23 Abs. 1 ZVG). Über bewegliche Sachen des Haftungsverbands kann der Eigentümer nur noch im Rahmen ordnungsgemäßer Bewirtschaftung verfügen (§ 23 Abs. 1 Satz 2 ZVG); sie können nicht mehr vom Gerichtsvollzieher für einen anderen Gläubiger gepfändet werden (§ 865 Abs. 2 Satz 2 ZPO). Das Vollstreckungsgericht bestimmt einen Versteigerungstermin. Maßgeblich sind die Versteigerungsbedingungen, die gesetzlich (aber dispositiv, § 59 ZVG) in §§ 44 ff. ZVG geregelt sind. Dabei gilt das Übernahmeprinzip: Der Ersteigerer hat die rangbesseren dinglichen Rechte, die dem die Zwangsvollstreckung betreibenden Recht des Gläubigers vorgehen, zu übernehmen. Diese fallen in das „geringste Gebot" (§ 44 ZVG) und erlöschen nicht (§ 52 Abs. 1 ZVG; → § 12 Rn. 2). Da der Ersteigerer diese Belastungen übernimmt, muss er weniger für das Grundstück bezahlen: Nach § 49 ZVG umfasst der vom Ersteher zu entrichtende Geldbetrag (Bargebot) neben den Kosten der Zwangsvollstreckung im Wesentlichen nur sein Meistgebot abzüglich des geringsten Gebots. Wirtschaftlich entspricht dies dem Verkauf eines belasteten Grundstücks unter Anrechnung der Grundpfandrechte auf den Kaufpreis.

Beispiel: Das zugunsten des H mit einer zweitrangigen Hypothek in Höhe von 30 000 Euro belastete Grundstück ist erstrangig mit einer Grundschuld in Höhe von 50 000 Euro belastet. Der Schätzwert des Grundstücks beträgt 100 000 Euro. Der Ersteigerer E erhält auf ein Bargebot von 30 000 Euro[75] den Zuschlag (§§ 74a, 85a ZVG greifen nicht ein). Insgesamt muss E jedoch mit einer Gesamtbelastung von 80 000 Euro rechnen, denn er übernimmt die Grundschuld, für deren Ablösung er 50 000 Euro aufbringen muss.

69 Durch den Zuschlag erwirbt der Meistbietende (§ 81 ZVG) das Eigentum am Grundstück (§ 90 Abs. 1 ZVG) und an allen Gegenständen, auf die sich die Versteigerung gemäß den Versteigerungsbedingungen und der Beschlagnahme erstreckt (§§ 90 Abs. 2, 55, 20 Abs. 2 ZVG). Rechte, die nicht in das geringste Gebot fallen, erlöschen (§§ 91 Abs. 1, 52 ZVG), setzen sich aber nach dem Surrogationsprinzip am Erlös fort. Auf der Grundlage eines Teilungsplans (§ 113 ZVG) ist der Versteigerungserlös nach der Rangordnung der §§ 10–12 ZVG auszuzahlen (§ 117 ZVG).

4. Zwangsverwaltung

70 Bei der Zwangsverwaltung erfolgt die Befriedigung des Gläubigers aus den Nutzungen des Grundstücks. Das Verfahren folgt nach § 146 ZVG grundsätz-

---

[75] Im Termin wird nur das Bargebot geboten, *Böttcher* ZVG § 49 Rn. 3.

lich den Bestimmungen der Zwangsversteigerung, soweit §§ 147–151 ZVG keine besonderen Regelungen enthalten. Die Beschlagnahme umfasst auch die Gegenstände des § 21 ZVG, insbesondere Miet- und Pachtzinsforderungen (§ 148 ZVG). Es wird ein Zwangsverwalter bestellt, der das Grundstück zu verwalten und die gezogenen Nutzungen zu verteilen hat (§§ 150, 152, 155ff. ZVG).

5. Insolvenz

In der Insolvenz hat der Hypothekar ein Recht auf *abgesonderte Befriedigung*, die sich nach dem ZVG richtet (§ 49 InsO). Die Zwangsvollstreckung kann vom Insolvenzverwalter (§ 165 InsO), aber auch vom Hypothekar betrieben werden.[76] Nach § 10 Nr. 1a ZVG muss sich der Hypothekar einen Abzug in Höhe von 4% des Wertes der mithaftenden *beweglichen* Sachen (insbesondere Zubehör) anrechnen lassen. Nach § 30d ZVG kann der Insolvenzverwalter die einstweilige Einstellung der Zwangsversteigerung beantragen,[77] insbesondere wenn er das Grundstück für die Fortführung des Schuldnerunternehmens braucht, das Grundstück für die Veräußerung der Betriebsgesamtheit benötigt oder die Versteigerung die Durchführung eines Insolvenzplans gefährdet. Zum Ausgleich sind dem Hypothekar aus der Insolvenzmasse Zinsen und ein nutzungsbedingter Wertausgleich zu leisten (§ 30e ZVG). Wegen der persönlichen Forderung ist der Hypothekar nur in Höhe seines erlittenen Ausfalls (oder bei Verzicht auf die abgesonderte Befriedigung) Insolvenzgläubiger und wird anteilig befriedigt (§ 52 Satz 2 InsO).

Ein Insolvenzplan kann die Rechte des Hypothekars modifizieren, wenn dies ausdrücklich bestimmt wird (vgl. §§ 217, 223 Abs. 2 InsO). Alle absonderungsberechtigten Gläubiger bilden eine besondere Gruppe (§ 222 Abs. 1 Nr. 1 InsO) die mehrheitlich dem Plan zustimmen muss (§ 244 Abs. 1 InsO). Auch bei Ablehnung kann der Plan bestätigt werden (§§ 248ff. InsO), wenn Gläubiger gegen das Obstruktionsverbot verstoßen haben (§ 245 InsO).

VII. Verfügungen

1. Überblick: Gegenstand und Modus der Übertragung

Die Hypothek ist ein Vermögensrecht und kann daher Gegenstand von Verfügungen sein. Vorbehaltlos gilt dies aber nur für die Inhaltsänderung (→ § 17 Rn. 93) und die Aufhebung der Hypothek. Bei Übertragungen hat das BGB die Folgerungen aus dem Akzessorietätsprinzip (→ § 16 Rn. 18ff.) gezogen, wonach die Hypothek nur ein „Anhängsel" der gesicherten Forderung ist. Das wirkt sich bei der Abtretung aus: Gegenstand der *Abtretung* ist allein die *Forderung*, nicht die Hypothek. Die Hypothek geht vielmehr nach § 1153 Abs. 1

---

[76] In der Praxis schließen Insolvenzverwalter und absonderungsberechtigte Grundpfandrechtsgläubiger Verwertungsvereinbarungen, dazu Jaeger/Eckardt § 165 Rn. 51ff.

[77] Bei Zwangsverwaltung gilt § 153b ZVG.

BGB infolge der Abtretung der Forderung auf den neuen Gläubiger über ("Zuständigkeitsakzessorietät").

Eine § 1153 Abs. 1 BGB entsprechende Regelung enthält § 401 Abs. 1 BGB. § 401 Abs. 1 BGB ist allerdings abdingbar.[78] Die Verknüpfung von Forderung und Hypothek nach § 1153 BGB ist hingegen zwingend.[79] Beim Pfandrecht an beweglichen Sachen gilt § 1250 Abs. 2 BGB: Wird der Übergang ausgeschlossen, erlischt das Pfandrecht.

73 Nach §§ 398 ff. BGB gibt es bei der Abtretung einer Forderung keinen Verkehrsschutz. Überträgt beispielsweise der vermeintliche Gläubiger einer Forderung diese an den gutgläubigen Zessionar, kann der Schuldner die vor der Abtretung an den Zedenten erbrachte Leistung auch dem Zessionar gegenüber einwenden (§§ 404, 362 BGB). Bei hypothekarisch gesicherten Forderungen erreicht § 1154 BGB Verkehrsschutz, indem die Vorschrift die Abtretung der Forderung (!) an Publizitätserfordernisse knüpft bzw. grundbuchrechtlichen Prinzipien unterstellt: Die Übertragung einer buchhypothekarisch gesicherten Forderung erfolgt durch (formlose) Einigung und Eintragung im Grundbuch (§ 1154 Abs. 3 BGB). Bei der briefhypothekarisch gesicherten Forderung ist neben der Abtretungserklärung in Schriftform die Übergabe des Hypothekenbriefs erforderlich (§ 1154 Abs. 1 BGB), der Grundlage des öffentlichen Glaubens sein kann (§ 1155 BGB). Damit bleibt das BGB einerseits formal dem Akzessorietätsdogma treu, schafft andererseits aber die Grundlage für Erwerberschutz nach § 892 BGB. Im Einzelnen:

2. Abtretung

74 Für die Abtretung der Forderung ist daher zwischen Buch- und Briefhypothek zu unterscheiden: Die Abtretung einer Forderung, für die eine *Buchhypothek* (ein Hypothekenbrief existiert nicht; → § 16 Rn. 10 ff.) bestellt ist, unterstellt § 1154 Abs. 3 BGB den grundbuchrechtlichen Erfordernissen (§ 873 BGB): Voraussetzung ist, neben der an keine Form gebundenen Abtretung der Forderung (§ 398 BGB), die Eintragung im Grundbuch.

75 Die *briefhypothekarisch* gesicherte Forderung wird hingegen nach § 1154 Abs. 1 BGB durch Erteilung einer Abtretungserklärung in Schriftform (vgl. § 126 BGB) und Übergabe des Hypothekenbriefs übertragen. Zu beachten ist, dass nur die Erklärung des Zedenten schriftlich erteilt werden muss, die – selbstverständlich erforderliche – Annahmeerklärung des Zessionars kann formfrei erfolgen. Die Schriftform ist auch bei einer Blanketterklärung gewahrt, wenn der Zedent einen Dritten zur Benennung des Erwerbers der Forderung und zur entsprechenden Ergänzung der Abtretungsurkunde ermächtigt.[80] Der Benannte erwirbt die Forderung mit der Ergänzung der Urkunde ex nunc, sofern er die Annahme der Abtretung (auch konkludent) erklärt hat. Gemäß

---

[78] Staudinger/*Busche* § 401 Rn. 16.
[79] Wolff/Raiser § 136 II Fn. 5.
[80] BGHZ 22, 128, 132.

§ 1154 Abs. 2 BGB kann die Form der Abtretungserklärung (nicht die Übergabe des Briefs!) ersetzt werden durch Eintragung der Abtretung ins Grundbuch.

Nach § 1154 Abs. 1 Satz 1 Halbsatz 2 BGB findet auf die Übergabe § 1117 BGB Anwendung: Hat der bisherige Hypothekar den Brief beispielsweise bei einer Bank verwahrt, kann die Übergabe ersetzt werden durch Abtretung des Herausgabeanspruchs (§ 1117 Abs. 1 Satz 2 BGB); liegt der Brief noch beim Grundbuchamt, kann an die Stelle der Übergabe eine Aushändigungsabrede treten (§ 1117 Abs. 2 BGB); ist der Zessionar im Briefbesitz, wird die Übergabe vermutet (§ 1117 Abs. 3 BGB).[81] Bei einer Teilübertragung der Forderung kann zuvor ein Teilhypothekenbrief erstellt werden, § 1152 BGB.

Gemäß § 1154 Abs. 1 Satz 2 BGB kann der Zessionar vom bisherigen Gläubiger öffentliche Beglaubigung der Abtretungserklärung (vgl. § 129 BGB) verlangen. Der Zweck dieses Anspruchs ergibt sich aus §§ 1155, 1160 BGB.

76

Ist die Forderung abgetreten worden, muss der Eigentümer (etwa nach § 1142 BGB) an den neuen Gläubiger als Hypothekar leisten. Bei einer Buchhypothek wird sich der Eigentümer durch einen Blick ins Grundbuch über die Inhaberschaft informieren; § 893 BGB schützt ihn, wenn er in Unkenntnis der wahren Gläubigerschaft an den zu Unrecht eingetragenen Hypothekar leistet. Bei einer Briefhypothek wird der Eigentümer nach § 1160 BGB auf die Vorlegung des Hypothekenbriefs und der Urkunden aus § 1155 BGB bestehen, was ebenfalls zur Folge hat, dass er gegenüber dem wirklichen Inhaber der Hypothek frei wird. Auf den Schutz des von der Abtretung in Unkenntnis gebliebenen Schuldners nach § 407 BGB kann sich der Eigentümer hingegen gemäß § 1156 BGB ebenso wenig berufen wie auf §§ 406, 408 BGB. Das ist konsequent, weil der gesamte Vorgang der Übertragung der Hypothek sachenrechtlichen Grundsätzen unterworfen ist. Der neue Inhaber der Hypothek soll nicht Gefahr laufen, dass seine Rechtsstellung nach dem Erwerb durch Rechtshandlungen zwischen dem alten Gläubiger und dem Eigentümer beeinträchtigt wird. Eine Ausnahme bildet § 1156 Satz 2 BGB für die Kündigung durch den Eigentümer.

77

Beispiel: E hat G für eine Forderung eine Briefhypothek an seinem Grundstück bestellt. G tritt die Forderung wirksam an Z ab (§ 1154 Abs. 1 BGB). Ein Vertreter des E, der von der Abtretung nicht informiert worden war, zahlt später an den ihm gut bekannten G, ohne sich den Hypothekenbrief vorlegen zu lassen. Hier kann Z von E nach § 1147 BGB Duldung der Zwangsvollstreckung verlangen. Die Zahlung an den G befreit E nach § 407 Abs. 1 BGB nur wegen der persönlichen Forderung, nicht aber „in Ansehung der Hypothek" (§ 1156 Satz 1 BGB). Sind Eigentümer und persönlicher Schuldner verschiedene Personen, muss gleiches gelten: Zahlt der Schuldner, wird er nach § 407 BGB frei, nach § 1156 Satz 1 BGB bleibt die Hypothek davon unberührt (Fortbestehungsfiktion).

---

[81] Während die Vermutung seiner Inhaberschaft sich nach § 1155 BGB bestimmt.

3. Gutgläubiger Erwerb
a) Nichtbestehen von Forderung oder Hypothek

78 Das BGB stärkt die Kreditsicherung mit Grundpfandrechten institutionell, weil § 892 BGB nicht nur den redlichen *Erst*erwerb der Hypothek vom (vermeintlichen) Eigentümer ermöglicht (→ § 10 Rn. 6 ff.). Unter § 892 BGB fällt auch der gutgläubige Erwerb der Hypothek vom vermeintlichen Hypothekar, wenn die Forderung, nicht aber die Hypothek besteht.

Beispiel: Der im Grundbuch zu Unrecht als Eigentümer eingetragene N bestellt dem bösgläubigen G zur Sicherung einer bestehenden Forderung des G gegen S eine Buchhypothek. G tritt die Forderung an den redlichen Z nach § 1154 Abs. 3 BGB ab. Hier erwirbt der Z nicht nur die bestehende Forderung, sondern nach § 892 BGB auch die im Grundbuch eingetragene Hypothek.

79 Konstruktive Schwierigkeiten bereitet der gutgläubige Erwerb der Hypothek, wenn die Forderung nicht besteht, denn §§ 398 ff. BGB schützen den redlichen Forderungserwerber nicht. Andererseits setzt eine Hypothek nach dem Akzessorietätsprinzip eine Forderung voraus. Diese Lücke zu schließen ist Aufgabe des § 1138 BGB: Für die Hypothek gelten §§ 891–899 BGB auch in Ansehung der Forderung. Auch wenn der Zessionar das Nichtbestehen der Forderung nicht kennt, kann er die Hypothek erwerben. § 1138 BGB muss sehr genau und in Kenntnis des Akzessorietätsprinzips gelesen werden: Danach schützt der öffentliche Glaube nach § 892 BGB den redlichen Erwerber hinsichtlich der Forderung nur „für die Hypothek". Nach § 1138 BGB kann der Eigentümer seine Inanspruchnahme also nicht unter Hinweis auf das Akzessorietätsprinzip und die fehlende Forderung verweigern. Ein redlicher Erwerb der persönlichen Forderung findet aber nicht statt: Allein „für die Forderung" gelten §§ 1138, 892 BGB nicht.

Beispiel: Der Eigentümer E hat dem Gläubiger G eine Buchhypothek an seinem Grundstück bestellt. Die Forderung des G gegen den persönlichen Schuldner S ist aber nicht entstanden (das Darlehen wurde nicht ausbezahlt) oder erloschen (S hat es zurückbezahlt). G tritt die (vermeintliche) Forderung an den redlichen Z ab. Allein § 892 BGB würde hier nicht weiterhelfen: Mangels Forderung könnte Z die Hypothek nicht nach § 1154 BGB erwerben. Weil aber § 1138 BGB den öffentlichen Glauben des Grundbuchs auf die Forderung erstreckt („in Ansehung der Forderung"), hat Z die („forderungsentkleidete") Hypothek[82] erworben. Nicht hingegen kann Z von S Zahlung aus der Forderung verlangen. § 1138 BGB ermöglicht keinen Erwerb der Forderung. Nur eine Klage nach § 1147 BGB gegen E, nicht die Klage gegen S auf Zahlung nach § 488 Abs. 1 Satz 2 BGB hat Erfolg.

Beispiel: Die Bestellung der Buchhypothek durch den Eigentümer E ist nichtig, auch die Forderung gegen S besteht nicht. Hier hilft § 892 BGB dem redlichen Erwerber zunächst über den Mangel der Hypothek hinweg, und §§ 1138, 892 BGB gleichen die fehlende For-

---

[82] *Baur/Stürner* § 38 Rn. 25; nach *Wolff/Raiser* § 137 II 3 erwirbt er mangels Forderung eine Grundschuld.

derung aus. § 892 BGB kommt also doppelt zur Anwendung, der Erwerber muss hinsichtlich Hypothek und Forderung gutgläubig sein.

Beispiel: E bestellt G zur Sicherung einer bestehenden Forderung eine Buchhypothek. G tritt die Forderung nach § 1154 Abs. 3 BGB an Z ab, dieser an A, dieser an B. Ist Z geschäftsunfähig, hat zwar nicht A (§ 892 BGB schützt *nicht* den guten Glauben an die Geschäftsfähigkeit), wohl aber B nach §§ 1138, 892 BGB die Hypothek erworben. Da § 1138 BGB aber nicht für die Forderung gilt, bliebe diese noch bei G. Gläubiger der Forderung und der Hypothek fielen damit auseinander. Um dies zu verhindern, soll nach h.M. B auch die Forderung erwerben („Einheitstheorie").[83]

Da § 1138 BGB den Schutz des guten Glaubens hinsichtlich der Hypothek auf die Forderung erstreckt, ist es konsequent, dass der Eigentümer nach §§ 1138, 894 BGB Berichtigung des Grundbuchs verlangen und nach §§ 1138, 899 BGB den öffentlichen Glauben des Grundbuchs durch Widerspruch wegen der Nichtexistenz der *Forderung* zerstören kann. § 1139 BGB erleichtert bei der Buchhypothek die Eintragung des Widerspruchs, der unter den Voraussetzungen des § 1139 Satz 2 BGB sogar zurückwirkt.[84] Umgekehrt gilt die Vermutung der §§ 1138, 891 BGB für den Gläubiger, aber nur „für die Hypothek", nicht für die Forderung: Ist eine Hypothek im Grundbuch eingetragen, die Auszahlung der Forderung aber im Prozess nicht aufklärbar, hat der Gläubiger mit der Klage nach § 1147 BGB Erfolg, die persönliche Zahlungsklage aber wird abgewiesen.

80

b) Redlichkeitsschutz hinsichtlich von Einreden und Einwendungen

Wird der Eigentümer vom Zessionar der Forderung aus der Hypothek in Anspruch genommen, kann er alle gegen die *Forderung* bestehenden Einreden auch der Hypothek entgegensetzen. Das folgt unmittelbar aus § 1137 Abs. 1 Satz 1 BGB (→ § 17 Rn. 24), der auch nach Abtretung der hypothekarisch gesicherten Forderung gilt. Handelt es sich um eine Einrede gegen die *Hypothek*, kann der Eigentümer sie nach § 1157 Satz 1 BGB dem Zessionar entgegenhalten.

81

Beispiel: Der ursprüngliche Gläubiger hat dem Schuldner die mit einer Hypothek am Grundstück des E gesicherte Forderung gestundet. Die Stundungseinrede kann der Schuldner nach § 404 BGB dem Zessionar entgegensetzen, folglich nach § 1137 Abs. 1 Satz 1 BGB auch der Eigentümer, wenn er aus der Hypothek in Anspruch genommen wird. Auf § 1157 Satz 1 BGB muss sich der Eigentümer berufen, wenn der frühere Gläubiger allein die Hypothek gestundet hatte.

Die besonders für die Refinanzierung wichtige Verkehrsfähigkeit der Hypothek würde indes erheblich in Mitleidenschaft gezogen, wenn sich der neue Gläubiger der Hypothek auch Einwendungen und Einreden entgegenhalten

82

---
[83] *Wieling/Finkenauer* § 27 II 4 b bb, Rn. 26, da die Forderung wegen der Einrede des E aus § 1161 BGB ohnehin ohne Wert sei.
[84] Der fristgemäße Widerspruch vereitelt den gutgläubigen Erwerb eines zuvor eingetragenen Hypothekenerwerbers.

lassen müsste, die er beim Erwerb nicht kannte. Hinsichtlich von Einwendungen, die den Bestand des dinglichen Rechts betreffen, greift § 892 Abs. 1 BGB unmittelbar ein. § 1157 Satz 2 BGB erstreckt den Schutz des redlichen Erwerbers nach § 892 BGB auf eigentümerbezogene Einreden. § 1138 Fall 2 BGB schließlich schützt den redlichen Erwerber „für die Hypothek" im Hinblick auf ihm unbekannte schuldnerbezogene Einreden.

Beispiel: Ist die mit dem Eigentümer hinsichtlich der Hypothek getroffene Stundungsabrede nicht im Grundbuch eingetragen worden, kann sie dem Erwerber nach § 1157 Satz 2, 892 BGB nicht entgegengehalten werden, wenn er sie nicht kannte. Wurde nur die persönliche Forderung gestundet, kann sich der Eigentümer nicht auf §§ 1137, 404 BGB berufen, wenn diese Vereinbarung nicht eingetragen oder dem Erwerber nicht bekannt war (§ 1138 Fall 2 BGB). Auch bezüglich der Einreden gilt § 1138 BGB nur „für die Hypothek" (→ § 17 Rn. 79). Nimmt der Zessionar den Schuldner persönlich in Anspruch, kann dieser sich auf § 404 BGB berufen. Unkenntnis schützt den Zessionar insoweit nicht, weil es einen gutgläubigen einredefreien Erwerb nicht verbriefter Forderungen grundsätzlich nicht gibt.

83 Um den öffentlichen Glauben des Grundbuchs hinsichtlich dieser Einreden zerstören zu können, sind sie im Grundbuch eintragungsfähig.[85] Ist die Eintragung unterblieben, hat der Eigentümer einen Grundbuchberichtigungsanspruch und es kann ein Widerspruch eingetragen werden (§ 1138 Fall 2 bzw. § 1157 Satz 2 BGB, jeweils i.V.m. §§ 894, 899 BGB).

Beispiel: E hat an seinem Grundstück für eine Forderung des G gegen den S eine Buchhypothek bestellt. Die Forderung war von G dem S zunächst gestundet worden. Nachdem S aber eine Erbschaft in Aussicht gestellt bekam, wurde die Stundungsabrede wieder aufgehoben. Später tritt G die Forderung an Z ab, der die gesamte Vorgeschichte kennt. Geht Z gegen E nach § 1147 BGB vor, kann sich E auf die Stundungsabrede berufen, weil der Verzicht nicht gegenüber E wirkt (§ 1137 Abs. 2 BGB). Da Z bösgläubig war, schützen ihn auch §§ 1138 Fall 2, 892 BGB nicht. E kann von Z im Wege der Grundbuchberichtigung die Eintragung der Stundung verlangen (§§ 1138 Fall 2, 894 BGB); dass es sich um eine schuldrechtliche Abrede handelt, ändert an der Eintragungsfähigkeit nichts.[86] Droht eine weitere Abtretung der Forderung, mag E mittels einer einstweiligen Verfügung einen Widerspruch hinsichtlich der nicht eingetragenen Stundungsabrede ins Grundbuch eintragen lassen (§§ 1138 Fall 2, 899 BGB). – War die Forderung dem S nicht gestundet, sondern von G erlassen worden, kann der redliche Z die Hypothek nach §§ 1138 Fall 1, 892 BGB erwerben, nicht aber die Forderung (→ § 17 Rn. 79).

c) Redlichkeitsschutz bei der Briefhypothek

84 Bei der Briefhypothek (→ § 16 Rn. 10) stellt sich die Frage, wie sich Divergenzen zwischen Grundbuch und Hypothekenbrief auf den redlichen Erwerb auswirken. Grundlage des öffentlichen Glaubens bleibt auch hier allein das Grundbuch. Der Hypothekenbrief genießt keinen öffentlichen Glauben. Hinsichtlich der Person des Inhabers der Hypothek fingiert § 1155 BGB jedoch, dass der

---

[85] MünchKommBGB/*Lieder* § 1138 Rn. 19; *Baur/Stürner* § 38 Rn. 73, hinsichtlich schuldrechtlicher Abmachungen.
[86] Anders wohl noch BGHZ 21, 34.

durch eine ununterbrochene Kette öffentlich beglaubigter Abtretungserklärungen ausgewiesene Besitzer des Briefs als Gläubiger im Grundbuch eingetragen sei (→ § 17 Rn. 85ff.). Nach § 1140 BGB kann der Hypothekenbrief den öffentlichen Glauben des Grundbuchs zerstören (→ § 17 Rn. 90).

(1) Die Briefhypothek wird übertragen nach § 1154 Abs. 1 Satz 1 BGB durch Abtretung der Forderung mittels Einigung, schriftlicher Abtretungserklärung und Übergabe des Hypothekenbriefs an den Zessionar. Eine Eintragung im Grundbuch ist nach § 1154 Abs. 2 BGB zwar möglich, aber nicht erforderlich. Erfolgt sie nicht, ist das Grundbuch unrichtig, weil der eingetragene Zedent nicht mehr Gläubiger ist. Eine Weiterübertragung der Hypothek durch den Zessionar würde nicht am Schutz des § 892 BGB teilhaben, weil der Verfügende nicht als Berechtigter im Grundbuch eingetragen ist. Um zu verhindern, dass die Parteien auch bei der Briefhypothek aus Gründen des Erwerberschutzes eine Eintragung herbeiführen, fingiert § 1155 BGB den Briefbesitzer als eingetragenen Gläubiger. Voraussetzung ist, dass er durch eine ununterbrochene Reihe von öffentlich beglaubigten Abtretungserklärungen legitimiert ist, die auf den eingetragenen (früheren) Gläubiger zurückführen.

Beispiel: G ist im Grundbuch als Inhaber einer Briefhypothek eingetragen und tritt diese nach § 1154 Abs. 1 Satz 1 BGB an den D ab. Auf Verlangen des D wird die Abtretungserklärung öffentlich beglaubigt (§ 1154 Abs. 1 Satz 2 BGB). D tritt die Forderung in gleicher Weise an den C ab. Die Abtretung G an D ist nichtig. Hier hat der gutgläubige C die Hypothek erworben. Zwar kann er sich nicht unmittelbar auf § 892 BGB berufen, denn der D ist nicht im Grundbuch als Hypothekar eingetragen. Weil sich jedoch das Gläubigerrecht des D aus der öffentlich beglaubigten Abtretungserklärung ergibt und diese von dem eingetragenen G stammt, genießt der Erwerber den öffentlichen Glauben des § 892 BGB. Gleiches gilt, wenn C die Hypothek an den B abtritt, D aber geschäftsunfähig war.

Der bloße Besitz des Hypothekenbriefs genügt für die Legitimation nicht. Voraussetzung ist stets eine auf den eingetragenen Veräußerer zurückführende Kette öffentlich beglaubigter Abtretungserklärungen. Das Gesetz ist hier nicht folgerichtig. Zur Übertragung der Forderung genügt die schriftliche Abtretungserklärung, für die Legitimation des Zessionars gegenüber dem Eigentümer (§ 1160 Abs. 1 BGB), dem Folgeerwerber (§ 1155 BGB) und dem Grundbuchamt (§ 39 Abs. 2 GBO) sind jedoch öffentlich beglaubigte Abtretungserklärungen erforderlich. Die Ursache für die Diskrepanz liegt darin, dass die Kommission die im Ersten Entwurf des BGB in § 1112 Abs. 1 Satz 2 BGB-E I vorgesehene notarielle Beglaubigung mit Rücksicht auf das damalige Recht in Preußen und Mecklenburg zugunsten der bloßen Schriftform verändert hat,[87] für den Schutz des redlichen Erwerbers aber wegen des geringeren Fälschungsrisikos die öffentliche Beglaubigung voraussetzte.[88]

§ 1155 Satz 2 BGB stellt die öffentlich beglaubigte Abtretungserklärung auf eine Stufe mit dem gerichtlichen Überweisungsbeschluss (§§ 835 Abs. 1, 837

---

[87] Protokolle, S. 4593.
[88] Protokolle, S. 4605.

ZPO)⁸⁹ und dem öffentlich beglaubigten Anerkenntnis einer Legalzession. Die *letzte* Abtretungserklärung kann in all diesen Fällen schriftlich erfolgen, wenn der Veräußerer nach § 1155 BGB legitimiert ist: Die öffentliche Beglaubigung der Abtretungserklärung schafft die Legitimation des verfügenden Nichtberechtigten (§ 1155 BGB). Die privatschriftliche Abtretungserklärung genügt für den Erwerb des Verfügungsempfängers vom Berechtigten (§ 1154 Abs. 1 BGB).

88 Zu beachten ist, dass § 1155 BGB nur den öffentlichen Glauben des Grundbuchs (§ 892 BGB) erweitert, an den sonstigen Erwerbsvoraussetzungen der Hypothek jedoch nichts ändert. Pfändet ein Vollstreckungsgläubiger beim nach § 1155 BGB legitimierten Schuldner die Hypothekenforderung, die in Wahrheit einem Dritten zusteht, so greift § 892 BGB nicht, weil die Vorschrift *rechtsgeschäftlichen* Erwerb voraussetzt. Wurde dem Gläubiger die Hypothekenforderung an Zahlungs statt überwiesen (§§ 835 Abs. 2, 837 ZPO), kann er sie als Nichtberechtigter (!) weiter abtreten (§ 1155 Satz 2 BGB). Anders bei einer Überweisung zur Einziehung, die den Gläubiger nur zur Geltendmachung der Forderung gegenüber dem Drittschuldner, nicht aber zur Abtretung ermächtigt.

Nicht einheitlich beantwortet wird die Frage, ob ein redlicher Erwerb der Hypothek nach § 1155 BGB stattfindet, wenn die Kette der öffentlich beglaubigten Abtretungserklärungen an einer Stelle unterbrochen ist, die betreffende Verfügung jedoch aus anderen Gründen wirksam ist.

*Beispiel:*⁹⁰ Der als Hypothekar eingetragene G zediert öffentlich beglaubigt an B; B zediert privatschriftlich an C, C wiederum öffentlich beglaubigt an D und dieser an E. Hat E die Hypothek erworben, wenn die Verfügung C an D nichtig war? D ist Nichtberechtigter. E kann also nur nach § 1155 BGB erworben haben. Die Voraussetzungen sind aber nicht gegeben, weil die Kette bei der Verfügung B an C unterbrochen ist. Charakteristisch für diese Fälle ist, dass die fehlerhafte Verfügung nicht an der Stelle stattfand, wo die Kette öffentlich beglaubigter Abtretungserklärungen unterbrochen ist, sondern auf einer späteren Stufe. Mit der h.M. ist ein Erwerb der Hypothek durch den E in analoger Anwendung des § 1155 BGB gleichwohl zu bejahen.⁹¹

89 Eine weit verbreitete Ansicht wendet § 1155 BGB auch bei einer gefälschten Abtretungserklärung an, wenn die Fälschung nicht erkennbar ist;⁹² andernfalls würde die Verkehrsfähigkeit der Briefhypothek beeinträchtigt, weil ein Erwerber, der sichergehen will, stets auf die Eintragung des Veräußerers bestehen würde. Dagegen spricht, dass § 1155 BGB den öffentlichen Glauben des Grundbuchs auf die Abtretungserklärungen erstreckt und auch eine „gefälschte" Grundbucheintragung keinen öffentlichen Glauben genießt. Es ist zu differen-

---

⁸⁹ Nur bei der seltenen Überweisung an Zahlungs statt, denn bei der Überweisung zur Einziehung ist der Gläubiger nicht zur Weiterabtretung berechtigt, vgl. MünchKommBGB/*Lieder* § 1155 Rn. 10.
⁹⁰ Vgl. *Wolff/Raiser* § 142 VIII 3, S. 590.
⁹¹ *Wilhelm* Rn. 1631a; *Wolff/Raiser* § 142 VIII 3, S. 590; *Prütting* Rn. 689.
⁹² RGZ 85, 58, 61; MünchKommBGB/*Lieder* § 1155 Rn. 13; Soergel/*Konzen* § 1155 Rn. 9; a.A. *Baur/Stürner* § 38 Rn. 34.

zieren: Wenn der Beglaubigungsvermerk gefälscht ist (die Unterschrift des Notars wird von einem Dritten gefälscht und die Urkunde mit einem gestohlenen Siegel versehen, vgl. § 39 BeurkG), scheidet der Schutz des § 1155 BGB aus, weil dies der Fälschung des Grundbuchs gleichzustellen ist. Stammt hingegen die Unterschrift nicht von der Person, die im Beglaubigungsvermerk als Unterzeichner benannt wird, genießt der Erwerber Schutz nach § 1155 BGB.[93]

Nach § 1155 BGB kann sich der durch eine Kette von Abtretungserklärungen ausgewiesene Gläubiger auch auf die Vermutung des § 891 BGB berufen; für Leistungen an den Gläubiger gilt § 893 BGB.

(2) Öffentlichen Glauben genießt allein das Grundbuch, nicht der Hypothekenbrief. Ist im Grundbuch die Hypothek zutreffend mit 10 000 Euro eingetragen, ergibt sich aus dem Brief jedoch eine Höhe von 20 000 Euro, erwirbt der Zessionar die Hypothek nach § 892 BGB nur in Höhe von 10 000 Euro.[94] Ein gewissenhafter Zessionar wird also vor dem Erwerb der Briefhypothek nicht nur den Brief, sondern zusätzlich das Grundbuch einsehen. Nach § 1140 BGB kann der Hypothekenbrief allerdings den öffentlichen Glauben des Grundbuchs aufheben. Ist im Grundbuch die Hypothek zu Unrecht mit 20 000 Euro eingetragen, sind im Hypothekenbrief jedoch zutreffend 10 000 Euro ausgewiesen, erwirbt der Zessionar die Hypothek nur in Höhe von 10 000 Euro. Auch ein handschriftlicher Vermerk auf dem Brief kann den öffentlichen Glauben ausschließen, insbesondere Teilzahlungsvermerke nach § 1145 Abs. 1 Satz 2 BGB, ferner ein Widerspruch auf dem Brief.

Beispiel: G tritt die Briefhypothek über 10 000 Euro an Z ab. Die Abtretung an Z wird auf dem Brief vermerkt, der allerdings nach §§ 1154 Abs. 1 Satz 1 Halbsatz 2, 1117 Abs. 1 Satz 2, 930 BGB im unmittelbaren Besitz des G verbleibt. Tritt G die Forderung an Y ab, wird dieser trotz der Eintragung des G im Grundbuch als Inhaber der Hypothek nicht Hypothekar.

4. Abtretung von Zinsen und anderen Nebenleistungen

§ 1159 BGB unterwirft die Abtretung von Forderungen auf *rückständige* Zinsen und andere Nebenleistungen dem Recht der Forderungszession (§§ 398 ff. BGB). Das ist folgerichtig, weil im Grundbuch nur der Zinssatz eingetragen wird, nicht die Höhe der einzelnen Zinsforderung[95] (vgl. § 1115 BGB); für Nebenforderungen haftet das Grundstück auch ohne Eintragung (§ 1118 BGB). Da diese Forderungen im Grundbuch der Höhe nach nicht eingetragen sind und daher insoweit ein Gutglaubensschutz ausscheidet, werden sie nach § 1159 BGB durch schlichten Vertrag abgetreten (§ 398 BGB), Briefübergabe oder Grundbucheintrag erfolgen nicht. Der Eigentümer kann dem Zessionar auch Einwendungen entgegen halten, die dieser nicht kennt (§§ 1159, 404 BGB);

---

[93] Staudinger/*Wolfsteiner* § 1155 Rn. 19; *Wilhelm* Rn. 1631a.
[94] § 62 GBO soll eine Übereinstimmung von Buch und Brief sicherstellen.
[95] Motive Band 3, S. 713.

kennt der Eigentümer die Abtretung nicht, kann er befreiend an den Zedenten zahlen (§§ 1159, 407 BGB). Zu beachten ist, dass auch § 401 BGB zur Anwendung kommt, wenn er nicht ausdrücklich abbedungen wird.[96] Mit der Zinsforderung geht auch die Hypothek für die Zinsen über („Zinsrückstandshypothek").[97]

Für die Übertragung *künftiger* Forderungen auf Zinsen und Nebenleistungen enthält § 1158 BGB eine spezielle Bestimmung nur für das Rechtsverhältnis zwischen dem Eigentümer und dem Zessionar, das sich nach §§ 406 bis 408 BGB richtet. § 1158 BGB dient dem Schutz des Eigentümers, der die Abtretung nicht kennt. Er muss nicht vor jeder Zinszahlung wegen § 893 BGB das Grundbuch einsehen. Das gilt sogar für Zinsen, die in dem Quartal nach Kenntnisnahme fällig werden. Nicht hingegen verändert § 1158 BGB den Modus der Abtretung der Forderungen auf künftige Zinsen und Nebenleistungen, der sich nach § 1154 BGB richtet.

5. Sonstige Verfügungen

a) Verpfändung und Pfändung

92 Auch bei der Verpfändung der hypothekarisch gesicherten Forderung ist Verfügungsgegenstand allein die Forderung. Mit dem Pfandrecht an der Forderung entsteht aufgrund des Akzessorietätsdogmas das Pfandrecht an der Hypothek.[98] Die Bestellung eines Pfandrechts an Rechten erfolgt gemäß § 1274 BGB nach den für die Übertragung des Rechts geltenden Vorschriften (→ § 34 Rn. 37). Bei der Verpfändung einer Buchhypothek sind danach Einigung (über die Verpfändung) und Eintragung im Grundbuch (vgl. § 1154 Abs. 3 BGB), bei einer Briefhypothek Einigung, schriftliche Verpfändungserklärung und Übergabe des Hypothekenbriefs (vgl. § 1154 Abs. 1 Satz 1 BGB) erforderlich (zum seltenen Nießbrauch an einer hypothekarisch gesicherten Forderung → § 23 Rn. 22). Zu beachten ist, dass die Verpfändung einer hypothekarisch gesicherten Forderung keine Anzeige an den Schuldner voraussetzt. § 1280 BGB (→ § 34 Rn. 38) greift nicht ein, weil die Forderung nicht allein durch einen Abtretungsvertrag, sondern eben nach § 1154 BGB übertragen werden muss.[99] Nach Pfandreife (also nach Fälligkeit der durch das Pfandrecht gesicherten Forderung; → § 34 Rn. 38) kann der Pfandgläubiger die Forderung einziehen und die Rechte aus der Hypothek geltend machen (§§ 1282f. BGB).

Auch bei der Zwangsvollstreckung in hypothekarisch gesicherte Forderungen gilt, dass die Forderung der „Verfügungs"gegenstand ist, die Voraussetzungen jedoch sachenrechtlichen Prinzipien folgen. Die Pfändung der durch eine Briefhypothek gesicherten Forderung erfolgt durch Pfändungsbeschluss und Übergabe des Hypothekenbriefs (§§ 803, 829, 830 Abs. 1 Satz 1 ZPO); bei einer Buchhypothek ist Eintragung der Pfändung im Grundbuch

---

[96] *Wolff/Raiser* § 149 I 1, S. 620.
[97] Soergel/*Konzen* § 1159 Rn. 2.
[98] Man wendet § 1153 BGB analog an, MünchKommBGB/*Lieder* § 1153 Rn. 6.
[99] Gleichwohl wird in der Praxis der Sicherungsabtretung auch bei der hypothekarisch gesicherten Forderung der Vorzug gegeben.

§ 17 Die Hypothek

erforderlich (§ 830 Abs. 1 Satz 3 ZPO), die auf Antrag des Gläubigers erfolgt. Anders als bei der Pfändung einer nicht hypothekarisch gesicherten Forderung (§ 829 Abs. 3 ZPO) ist die Zustellung des Pfändungsbeschlusses an den Drittschuldner nicht Voraussetzung der Pfändung. Wird der Pfändungsbeschluss allerdings vor der Briefübergabe bzw. Grundbucheintragung dem Drittschuldner zugestellt, gilt die Pfändung ihm gegenüber als bewirkt (§ 830 Abs. 2 ZPO).[100]

Die Verwertungsbefugnis bei der Verpfändung knüpft allein an die Pfandreife; bei der Zwangsvollstreckung tritt mit der Überweisung noch ein weiterer Akt hin, der dem Gläubiger erst die Einziehung ermöglicht (vgl. § 836 Abs. 1 ZPO). Wiederum genügt die Aushändigung des Hypothekenbriefs an den Vollstreckungsgläubiger (§ 837 Abs. 1 Satz 1 ZPO), während bei der Überweisung ungesicherter Forderungen an den Drittschuldner zugestellt werden muss (§ 835 Abs. 3 Satz 1 ZPO). Bei der Buchhypothek muss nur die Überweisung an Zahlungs statt, die zur Vollübertragung der Forderung führt, im Grundbuch eingetragen werden (§ 837 Abs. 1 Satz 2 ZPO).

b) Inhaltsänderung

Änderungen des Inhalts der Hypothek können den Zinssatz, Kündigungsvoraussetzungen oder den Ausschluss des gesetzlichen Löschungsanspruchs nach § 1179a Abs. 5 BGB betreffen. Sie vollziehen sich gemäß § 877 BGB durch Einigung und Eintragung (§ 873 BGB). Verfügungsgegenstand ist die Hypothek, nicht die Forderung. Führt die Änderung der Hypothek zu einer Erweiterung der Haftung, müssen gleich- und nachrangige Berechtigte zustimmen, soll die Haftung verringert werden, müssen die Inhaber von Rechten an der Hypothek zustimmen (§§ 877, 876 BGB). Ausnahmen von der Mitwirkung sehen mangels Beeinträchtigung bei Umwandlungen der Hypothek die §§ 1116 Abs. 3, 1186, 1198 BGB vor (zu § 1119 → § 17 Rn. 15). Eine Inhaltsänderung stellt auch die Auswechslung der gesicherten Forderung nach § 1180 BGB dar.

93

c) Teilung der Hypothek

Die Hypothek kann durch Teilung der Forderung geteilt werden. Gründe für die Teilung sind vor allem gewillkürte oder gesetzliche Teilabtretungen der Forderung (auch bei Teilbefriedigung des Gläubigers nach § 1143 BGB). Möglich ist auch eine Teilung der Hypothek durch eine auf einen Teil beschränkte Inhaltsänderung, wenn etwa ein Teil einer Buchhypothek in eine Briefhypothek umgewandelt wird.[101]

94

Die in Folge rechtsgeschäftlicher Teilung entstandenen Hypotheken haben denselben Rang.[102] Nach § 1151 BGB ist zu einer Änderung des Rangs der Teilhypotheken unterein-

---

[100] Freilich muss die Pfändung später tatbestandlich durch Eintragung oder Briefübergabe durchgeführt werden. Erfolgt dies nicht, kann sich der Drittschuldner nur auf § 836 Abs. 2 ZPO berufen, BGH NJW 1994, 3225, 3226.
[101] Soergel/*Konzen* § 1151 Rn. 1.
[102] Bei §§ 1163f. BGB ist § 1176 BGB zu beachten, ebenso bei §§ 1143 Abs. 1 Satz 2, 774 Abs. 1 Satz 2 BGB, §§ 1150, 268 Abs. 3 Satz 2 BGB: Der (hinsichtlich der übergegangenen Teilforderung: Alt-) Gläubiger genießt den Vorrang.

ander (nicht bei einer Rangänderung mit anderen Belastungen) entgegen § 880 Abs. 2 Satz 2 BGB die Zustimmung des Eigentümers nicht erforderlich. Auch zur Bildung von Teilhypothekenbriefen ist die Zustimmung des Eigentümers nach § 1152 BGB nicht erforderlich. Die Errichtung von Teilbriefen[103] ist aber nicht Voraussetzung der Teilung der Hypothek. Der ursprüngliche Hypothekenbrief („Stammbrief") steht nach § 952 BGB im Miteigentum der Hypothekare.[104]

d) Inhaltsänderung gemäß § 1198 BGB

95 Bei der Umwandlung einer Hypothek in eine Grundschuld (und umgekehrt) handelt es sich um eine Inhaltsänderung, die sich nach § 877 BGB durch Einigung und Eintragung vollzieht. Die Forderung bleibt davon unberührt. Die Zustimmung der gleich- und nachrangigen Berechtigten sowie des persönlichen Schuldners ist nicht erforderlich (§ 1198 Satz 1 BGB), da die Umwandlung die Haftung nicht erweitert. Bei Briefgrundpfandrechten ist der Brief dem Grundbuchamt vorzulegen (§§ 41, 42 GBO). Die Rechtsänderung wird auf dem Brief vermerkt (§ 65 Abs. 1 GBO).

VIII. Beendigung der Hypothek

1. Entstehung einer Eigentümergrundschuld

a) Überblick

96 Wegen des Grundsatzes fester Rangstellen (→ § 16 Rn. 27f.) führt die Befriedigung des Gläubigers durch den Eigentümer, den Schuldner oder einen Dritten nicht zum Untergang des Grundpfandrechts, das als Eigentümergrundschuld fortbesteht (§§ 1163 Abs. 1 Satz 2, 1177 Abs. 1 BGB) oder die übergegangene Forderung sichert (§§ 1150, 1164, 1143, 1177 Abs. 2 BGB). Davon zu unterscheiden sind Fälle, in denen das Grundpfandrecht vollständig wegfällt (z.B. § 1183 BGB) mit der Folge, dass nachrangige Belastungen im Range aufrücken (→ § 17 Rn. 102).

b) Löschungsansprüche nach- oder gleichrangiger Berechtigter

Literatur: *Hadding/Welter*, Zum Anspruch auf „Löschung" gemäß § 1179a BGB, JR 1980, 89; *Kollhosser*, Die neuen gesetzlichen Löschungsansprüche (§§ 1179a, b, 1191 BGB), JA 1979, 176; *Rambold*, Ausgewählte Probleme des gesetzlichen Löschungsanspruchs, Rpfleger 1995, 284; *Rein*, Die Verwertbarkeit der Eigentümergrundschuld trotz des Löschungsanspruchs gemäß § 1179a BGB, 1992.

97 Der Grundsatz fester Rangstellen (→ § 16 Rn. 27f.) ist mit § 1179a Abs. 1 Satz 1 BGB eingeschränkt worden. Danach kann der Gläubiger einer Hypothek kraft Gesetzes die Aufhebung (das Gesetz spricht ungenau von „Löschung", vgl.

---

[103] Das Verfahren regelt § 61 GBO.
[104] *Wolff/Raiser* § 136 I, S. 560.

§ 875 BGB) einer gleich- oder vorrangigen Eigentümergrundschuld verlangen. Zur Sicherung dieses Anspruchs fingiert § 1179a Abs. 1 Satz 3 BGB eine Vormerkung. Der erst im Jahre 1977 in das BGB eingefügte vormerkungsgesicherte Aufhebungsanspruch läuft den mit dem Prinzip der festen Rangstellen verfolgten Zwecken offensichtlich zuwider: Befriedigt der Eigentümer oder Schuldner den Gläubiger einer Hypothek, erwirbt der Eigentümer zwar nach § 1163 Abs. 1 Satz 2 BGB die Hypothek als Eigentümergrundschuld (§ 1177 BGB) mit der Folge, dass die nachrangige Hypothek *nicht kraft Gesetzes* aufrückt. Allerdings kann der nachrangige Hypothekar vom Eigentümer gemäß § 1179a BGB die rechtsgeschäftliche Aufhebung der Eigentümergrundschuld verlangen. Dem Eigentümer wird damit die Möglichkeit genommen, die vorrangige Eigentümergrundschuld einem anderen Darlehensgeber als (infolge des Ranges: gute) Sicherungsgrundlage anzubieten. Vielmehr kommt der bessere Rang nach der Aufhebung der Eigentümergrundschuld den zuvor nachrangigen Gläubigern zugute, die sich für ihre (zunächst) rangschlechtere Hypothek freilich im Regelfall einen höheren Zins ausbedungen hatten und diesen auch weiterhin beanspruchen können. Einen neuen Kredit kann der Eigentümer nur im Wege einer nachrangigen Hypothek zu entsprechend schlechteren Konditionen sichern.

Mit § 1179a BGB reagiert der Gesetzgeber auf die zuvor rechtsgeschäftlich begründeten und durch Eintragung im Grundbuch vormerkungsgesicherten Löschungsansprüche, die sich nachrangige Grundpfandgläubiger nahezu ausnahmslos hatten einräumen lassen. Im Grundbuch war eine Vielzahl von Löschungsvormerkungen eingetragen, was das Grundbuchamt sehr belastete und das Grundbuch unübersichtlich erscheinen ließ.[105] Der zur Lösung dieses Problems eingeschlagene Weg stellt die Interessen der Eigentümer zurück, die den möglichen Ausschluss des Löschungsanspruchs (§ 1179a Abs. 5 BGB) durchsetzen und bezahlen müssen. Anstatt die komplizierten Regelung in §§ 1179a f. BGB einzuführen hätte der Gesetzgeber das Prinzip fester Rangstellen aufgeben sollen.[106]

Gläubiger des Aufhebungsanspruchs ist der jeweilige Inhaber der nach- oder gleichrangigen Hypothek.[107] Das kann auch eine Zwangshypothek (§ 867 ZPO) sein, die daher auch dann zweckmäßig ist, wenn das Grundstück mit (wegen § 1196 Abs. 3 BGB: nachträglichen) Eigentümergrundschulden bereits belastet ist. Der Aufhebungsanspruch geht mit der Übertragung der Hypothek auf den neuen Hypothekar über; er kann nicht isoliert abgetreten werden. Schuldner ist der Eigentümer zur Zeit der Eintragung der Hypothek. Er bleibt es auch nach Veräußerung des Grundstücks für die dann entstehende Fremdgrundschuld (§ 1179a Abs. 1 Satz 2 BGB).

Beispiel: E hat G eine erstrangige Hypothek über 30 000 Euro, H eine zweitrangige Hypothek bestellt. E zahlt an G 10 000 Euro und veräußert das belastete Grundstück an K, der als Eigentümer eingetragen wird und die Hypothek des G vollständig tilgt. H kann von E

---

[105] Nach *Baur/Stürner* § 46 Rn. 35 wurden jährlich etwa 1 Million Löschungsvormerkungen eingetragen.
[106] *Wieling/Funkenauer* § 30, IV a, Rn. 6.
[107] Zum Rangrücktritt einer vorrangigen Hypothek vgl. § 1179 a Abs. 4 BGB.

wegen der Fremdgrundschuld über 10 000 Euro und von K wegen der Eigentümergrundschuld über 20 000 Euro die Aufhebung verlangen.

99 Ein Aufhebungsanspruch hinsichtlich einer Eigentümergrundschuld besteht nicht, falls ein Fremdgrundpfandrecht noch entstehen kann: So nach § 1179a Abs. 2 BGB bei vorläufigen Eigentümergrundschulden, wenn die Forderung noch nicht entstanden ist oder der Hypothekenbrief noch nicht übergeben worden ist, ferner nach § 1196 Abs. 3 BGB bei der ursprünglichen Eigentümergrundschuld.

100 Der Schuldner des Anspruchs nach § 1179a Abs. 1 BGB ist zur Aufhebung nach § 875 BGB verpflichtet. Der Anspruch gilt als durch eine Vormerkung gesichert (§ 1179a Abs. 1 Satz 3 BGB).

Beispiel: E hat G eine erstrangige Hypothek über 30 000 Euro und H eine zweitrangige Hypothek bestellt. Die erstrangige Hypothek wird vollständig getilgt. E tritt die Eigentümergrundschuld (§§ 1163 Abs. 1 Satz 2, 1177 BGB) an die Bank B ab. Diese Verfügung ist H gegenüber nach §§ 1179a Abs. 1 Satz 3, 883 Abs. 2 BGB relativ unwirksam; H kann von der eingetragenen B nach § 888 BGB die Bewilligung der Löschung der Grundschuld verlangen.

101 Bei anderen Rechten am Grundstück als Grundpfandrechten (z.B. einem Nießbrauch) besteht kein gesetzlicher, vormerkungsgesicherter Aufhebungsanspruch hinsichtlich vorrangiger Eigentümergrundschulden. Hier muss der Löschungsanspruch vereinbart werden, der nach § 1179 BGB mit einer einzutragenden Vormerkung gesichert werden kann.

2. Vollständiger Untergang der Hypothek

102 Anders als der Verzicht (§ 1168 BGB; → § 9 Rn. 19)[108] führt die Aufhebung der Hypothek nicht zu einer Eigentümergrundschuld, sondern zum völligen Wegfall der Belastung; nachrangige Rechte rücken ohne weiteres im Rang auf. Daher genügt die Aufhebung nach § 875 BGB allein durch den Hypothekar nicht; vielmehr muss ihr der Eigentümer nach § 1183 BGB zustimmen.

Die Hypothek erlischt ferner, wenn der Gläubiger „aus dem Grundstück" oder den mithaftenden Gegenständen im Wege der Zwangsvollstreckung befriedigt wird (§ 1181 Abs. 1, Abs. 3 BGB). Wird der Gläubiger freiwillig befriedigt, bleibt es bei den allgemeinen Regeln (§§ 1143, 1163 Abs. 1 Satz 2 BGB; → § 17 Rn. 53, 56). Bei der Zwangsversteigerung erlischt die Hypothek am Grundstück im Regelfall bereits durch den Zuschlag, wenn sie nicht in das geringste Gebot fällt (§§ 91, 52, 44 ZVG), und setzt sich nach dem Surrogationsprinzip am Erlös fort. Eigenständige Bedeutung hat § 1181 BGB bei der Zwangsverwaltung.[109] Das Aufrücken nachrangiger Rechte infolge des Erlöschens der Hypothek nach § 1181 BGB wird mit der Verminderung des Werts des Grundstücks durch die Befriedigung des vorrangigen Gläubigers begründet.

---

[108] Vgl. aber § 1175 Abs. 1 Satz 2 BGB.
[109] Soergel/*Konzen* § 1181 Rn. 9.

IX. Besondere Formen der Hypothek

1. Sicherungshypothek

a) Bedeutung

§ 1184 Abs. 1 BGB definiert die Sicherungshypothek als eine Hypothek, bei der sich das Recht des Hypothekars nur nach der Forderung richtet und er sich zum Beweis der Forderung nicht auf die Eintragung im Grundbuch berufen kann. Der Wortlaut des § 1184 Abs. 1 BGB ist missverständlich: Kraft des Akzessorietätsprinzips (→ § 16 Rn. 12) bestimmt sich im Grunde jede Hypothek nach der Forderung. Was gemeint ist, lässt § 1185 Abs. 2 BGB erkennen, der die Anwendung des § 1138 BGB bei der Sicherungshypothek ausschließt: Der Hypothekar kann sich hinsichtlich der Forderung nicht auf das Grundbuch berufen. Bei der Sicherungshypothek erstreckt sich der öffentliche Glaube des Grundbuchs nicht auf die Forderung. Die Sicherungshypothek richtet sich allein nach dem wirklichen Bestand der Forderung, nicht nach der Eintragung. Das Akzessorietätsprinzip wird streng gewahrt.

103

Beispiel: Im Grundbuch ist für G eine Sicherungshypothek über 10 000 Euro zu Lasten des Grundstücks des E eingetragen. Bestreitet der nach § 1147 BGB in Anspruch genommene E das Entstehen der Forderung, hat G diese zu beweisen. Er kann sich nicht auf die Vermutung nach §§ 1138, 891 BGB berufen (vgl. § 1184 Abs. 1 Halbsatz 2 BGB). Bei einer Verkehrshypothek träfe E die Beweislast, dass die Forderung nicht besteht (§§ 1138, 891 BGB). – Überträgt G die im Grundbuch eingetragene (vgl. § 1185 Abs. 1 BGB), aber nicht valutierte Sicherungshypothek an den gutgläubigen Z (§ 1154 Abs. 3), bleibt es bei der Eigentümergrundschuld nach § 1163 Abs. 1 BGB. Eine Verkehrshypothek würde Z gutgläubig nach §§ 1138, 892 BGB erwerben. – Wurde die Forderung dem persönlichen Schuldner gestundet, kann sich E darauf nach § 1137 Abs. 1 BGB auch einem gutgläubigen Hypothekenerwerber gegenüber berufen; § 1138 Fall 2 BGB findet keine Anwendung.

Der Ausschluss des öffentlichen Glaubens hinsichtlich der Forderung stärkt die Rechtsstellung des Eigentümers. Die Sicherungshypothek wird vor allem bestellt, wenn die Beteiligten eine Abtretung des Grundpfandrechts nicht in Betracht ziehen. Zu beachten ist, dass auch bei der Sicherungshypothek §§ 891 ff. BGB hinsichtlich des *dinglichen* Rechts zur Anwendung kommen. Besteht die Forderung, ist aber die eingetragene Sicherungshypothek mangels wirksamer Einigung nicht entstanden, kann ein redlicher Zessionar die Hypothek nach § 892 BGB erwerben. Im Prozess kann sich der Hypothekar auf § 891 BGB berufen, wenn die Einigung nach § 873 BGB bestritten wird. Auch § 1157 Satz 2 BGB ist anwendbar.

104

b) Entstehung der Sicherungshypothek

Jede Hypothek kann als Sicherungshypothek begründet oder später in eine solche umgewandelt (§ 1186 Satz 1 Fall 2 BGB) werden. Die Einigung muss auf die Entstehung einer Sicherungshypothek gerichtet sein, die als solche im Grundbuch einzutragen ist (§ 1184 Abs. 2 BGB). Die Sicherungshypothek kann nur

105

als Buchhypothek begründet werden (§ 1185 Abs. 1 BGB). Das ist konsequent, weil ihre Verkehrsfähigkeit wegen § 1185 Abs. 2 BGB ohnehin stark beeinträchtigt ist. Hypotheken für Inhaber- und Orderpapierforderungen (§§ 1187f. BGB; → § 17 Rn. 118) und die Höchstbetragshypothek (§ 1190 Abs. 3 BGB; → § 17 Rn. 117) sind stets Sicherungshypotheken.

106 Eine Sicherungshypothek entsteht ferner im Wege der Zwangsvollstreckung (§§ 866 Abs. 1 Fall 1, 867 ZPO). Die „Zwangshypothek" ist den Regeln des BGB unterworfen, vorbehaltlich vollstreckungsrechtlicher Besonderheiten. Besteht die titulierte Forderung nicht oder erlischt sie später, erwirbt der Eigentümer eine Eigentümergrundschuld (§ 1163 Abs. 1 BGB). Tritt der Titelinhaber die nicht bestehende, aber titulierte Forderung ab, erwirbt der Zessionar wegen § 1185 Abs. 2 BGB, der die Anwendung des § 1138 BGB ausschließt, keine Hypothek.

107 Auch die Arresthypothek nach § 932 ZPO ist Sicherungshypothek. § 867 Abs. 3 ZPO findet keine Anwendung, weil der Arrest nur der Sicherung, nicht der Befriedigung des Gläubigers dient (vgl. § 932 Abs. 2 ZPO).

108 Gesetzliche Entstehungstatbestände für eine Sicherungshypothek sind § 1287 Satz 2 Fall 1 BGB und § 848 Abs. 2 Satz 2 ZPO bei der Verpfändung bzw. Pfändung von Ansprüchen, die auf die Übereignung von Grundstücken gerichtet sind. Die Eintragung der Sicherungshypothek im Grundbuch ist in diesen Fällen Grundbuchberichtigung.

§ 650e BGB gibt nur einen Anspruch auf Begründung einer Sicherungshypothek („Bauhandwerkerhypothek") für die Forderung des Werkunternehmers gegen den Besteller. In der Praxis hat § 650e BGB nur geringe Bedeutung, weil das Grundstück bereits durch Grundpfandrechte für die den Bau finanzierenden Banken belastet ist. – Bei beweglichen Sachen entsteht hingegen das Werkunternehmerpfandrecht unmittelbar (§ 647 BGB).

c) Wirkungen der Sicherungshypothek

109 Für die Sicherungshypothek gelten grundsätzlich dieselben Vorschriften wie für die Verkehrshypothek, soweit sich nicht aus §§ 1184f. BGB Besonderheiten ergeben. § 1185 Abs. 2 BGB schließt nicht nur § 1138 BGB aus (→ § 17 Rn. 100), sondern auch den darauf aufbauenden § 1139 BGB: Weil sich die Sicherungshypothek auch gegenüber einem gutgläubigen Zessionar nur nach der Forderung richtet, ist der Eigentümer auf eine Zerstörung des öffentlichen Glaubens des Grundbuchs mittels Widerspruchs (§§ 892, 899 BGB) nicht angewiesen. Entgegen § 1141 BGB ist eine Kündigung der Sicherungshypothek gegenüber dem Eigentümer nicht erforderlich; die Kündigung der Forderung führt zugleich die Fälligkeit der Sicherungshypothek herbei. Auch § 1156 BGB ist ausgeschlossen: Zahlt der Eigentümer in Unkenntnis von der Abtretung der Forderung an den Zedenten, entsteht nach § 1163 Abs. 1 Satz 2 BGB eine Eigentümergrundschuld. Ist die Abtretung nichtig, stellt sich die Frage, ob der Eigentümer nach § 893 BGB frei wird, wenn er in Unkenntnis der Nichtigkeit der Abtretung an den Zessionar geleistet hat. Dies wird von der h.M. mit dem Argument verneint, der Sicherungshypothek sei „wesenseigen", dass sich die In-

haberschaft allein nach der Forderung richte.[110] Zweifelsfrei ist dieses Ergebnis nicht, denn die Sicherungshypothek dient gerade der Stärkung der Rechtsstellung des Eigentümers, führt bei der Leistung aber zu einer Verschlechterung gegenüber der Verkehrshypothek.

Beispiel: E hat für eine Verbindlichkeit des S zugunsten des G wirksam eine Sicherungshypothek an seinem Grundstück bestellt. G tritt die Forderung an den geschäftsunfähigen Z ab. E löst die Hypothek durch Zahlung an den später bestellten Betreuer (§§ 1896 ff. BGB) des Z ab. Nach h.M. kann sich E nicht auf § 893 BGB berufen, da sich die Legitimation ausschließlich nach der Forderung richtet. G kann E weiterhin in Anspruch nehmen; E verbleibt gegen Z nur ein Kondiktionsanspruch aus § 812 Abs. 1 Satz 1 Fall 1 BGB.

2. Gesamthypothek

a) Bedeutung

Die Gesamthypothek nach § 1132 Abs. 1 BGB bietet sich als Kreditsicherungsmittel an, wenn wegen der Höhe der Forderung mehrere Grundstücke belastet werden müssen. Hat der Eigentümer zwei Grundstücke im Wert von jeweils etwa 40 000 Euro, wird der Gläubiger einer Forderung von 60 000 Euro nur eine Sicherheit akzeptieren, die den Zugriff auf beide Grundstücke zulässt. Das Akzessorietätsprinzip schließt es nach h.M. aus, dass für eine Forderung mehrere *selbstständige* Hypotheken bestellt werden,[111] nicht aber, dass für eine Forderung eine Gesamthypothek nach § 1132 Abs. 1 BGB (früher: „Korrealhypothek") an verschiedenen Grundstücken bestellt wird. Der Gläubiger kann – ähnlich wie bei der Gesamtschuld – nach seinem Belieben jedes der Grundstücke für die gesamte Forderung in Anspruch nehmen, aber den Geldbetrag nur einmal verlangen.

110

Davon zu unterscheiden ist die Teilung der Forderung und die Belastung jedes der Grundstücke mit einer selbstständigen *Einzel*hypothek für eine Teilforderung (vgl. § 1132 Abs. 2 BGB).

Besonders nachteilig kann sich die Gesamthypothek auf nachrangige Einzelhypotheken auswirken. Ob deren Inhaber Befriedigung finden, hängt nicht nur vom Wert der Grundstücke ab, sondern vor allem davon, welches Grundstück der Gesamthypothekar in Anspruch nimmt.

111

Beispiel: G hat gegen S eine Forderung von 60 000 Euro. E bestellt G eine Gesamthypothek an Grundstück I und an Grundstück II. Der Titelgläubiger T lässt sich anschließend für eine Forderung von 10 000 Euro am Grundstück I eine Zwangshypothek eintragen (§ 867 ZPO). Grundstück II ist bereits mit einer anderen zweitrangigen Hypothek für A belastet. In der Zwangsversteigerung entfällt auf jedes der Grundstücke ein Versteigerungserlös in Höhe von 60 000 Euro (vgl. auch § 112 ZVG). Ob T oder A Aussicht auf Befriedigung haben, hängt davon ab, ob G nach § 1132 Abs. 1 Satz 2 BGB den Erlös des Grund-

---

[110] MünchKommBGB/*Lieder* § 1185 Rn. 13 m.w.N.; *Baur/Stürner* § 42 Rn. 16.
[111] RGZ 132, 136, 138 befürchtet, dass bei einer Doppelsicherung durch Hypotheken eine Vervielfachung der Forderung eintreten könne; ferner sei Grundbuchverwirrung zu besorgen.

stücks I oder II in Anspruch nimmt. Daher wird rechtsgeschäftlich nach einer Gesamthypothek kaum einmal eine Einzelhypothek bestellt, sondern allenfalls eine weitere Gesamthypothek.

b) Entstehung der Gesamthypothek

112 Rechtsgeschäftlich wird die Gesamthypothek begründet im Wege der Verfügung über jedes einzelne Grundstück nach § 873 BGB durch Einigung und Eintragung. Die Gesamthypothek entsteht erst, wenn sie bei sämtlichen belasteten Grundstücken eingetragen ist.[112] Eine nachträgliche Gesamthypothek entsteht, wenn eine Forderung bereits durch eine Hypothek gesichert ist, der Eigentümer aber aufgrund Drängens des Gläubigers ein weiteres Grundstück der Haftung unterstellt. Der „Mithaftvermerk" nach § 48 GBO hat keine konstitutive Bedeutung. Die Grundstücke müssen weder dem Schuldner noch *einem* Eigentümer gehören. Für eine Schuld des Sohnes S können daher der Vater V und die Mutter M eine Gesamthypothek an jedem ihrer Grundstücke bestellen. Möglich ist auch die Belastung mehrerer Miteigentumsanteile an einem Grundstück durch eine Gesamthypothek. Hingegen muss es sich um ein und denselben Gläubiger handeln.

Gesetzlich entsteht die Gesamthypothek bei der Teilung eines mit einer Einzelhypothek belasteten Grundstücks. Auf jedem der infolge der Teilung entstandenen Grundstücke lastet die Hypothek als Gesamthypothek.

c) Wirkungen der Gesamthypothek

113 Die Gesamthypothek belastet jedes der verhafteten Grundstücke in Höhe der gesicherten Forderung. Der Gläubiger hat die Wahl, aus welchem Grundstück er Befriedigung sucht. Er kann eines, mehrere oder alle Grundstücke zur Zwangsversteigerung bringen. Ist der Gläubiger aus einem Grundstück befriedigt, erlöschen auch die Belastungen auf den übrigen Grundstücken (§ 1181 Abs. 2 BGB). Waren Grundstücke verschiedener Eigentümer verhaftet und kann der Eigentümer des zur Befriedigung herangezogenen Grundstücks beim anderen Eigentümer Regress nehmen, geht die Hypothek auf den regressberechtigten Eigentümer über („Rückgriffshypothek", § 1182 BGB).

114 Wird der Gläubiger vom Eigentümer der haftenden Grundstücke *freiwillig* befriedigt, erwirbt dieser nach §§ 1163 Abs. 1 Satz 2, 1177 Abs. 1 BGB eine Gesamteigentümergrundschuld. Gehören die belasteten Grundstücke verschiedenen Eigentümern, so steht das Gesamtgrundpfandrecht nach Befriedigung des Gläubigers den Eigentümern in Bruchteilsgemeinschaft[113] gemeinschaftlich zu (§ 1172 Abs. 1 BGB). Jeder Eigentümer kann gemäß § 1172 Abs. 2 BGB Zuteilung der Eigentümergrundschuld nach dem Verhältnis der Werte der haftenden

---

[112] A.A. *Baur/Stürner* § 43 Rn. 9.
[113] Soergel/*Konzen* § 1172 Rn. 3 m.w.N.; OLG Frankfurt DNotZ 1961, 411 geht von einer Gesamthandsgemeinschaft aus.

Grundstücke verlangen. Dies gilt auch in den übrigen Fällen des § 1163 BGB, ferner, wenn der Hypothekar auf die Gesamthypothek an allen Grundstücken verzichtet (§ 1175 BGB).

Gehören die mit der Gesamthypothek belasteten Grundstücke verschiedenen Eigentümern und befriedigt *einer* der Eigentümer den Gläubiger, so erwirbt er die Hypothek an seinem Grundstück (§ 1173 Abs. 1 Satz 1 Halbsatz 1 BGB). Ebenso wie bei § 1163 Abs. 1 Satz 2 BGB steht dahinter der Gedanke, dem leistenden Eigentümer den Rangplatz zu erhalten. Die Belastung an den Grundstücken der Eigentümer, die nichts zur Befriedigung beigetragen haben, erlischt hingegen (§ 1173 Abs. 1 Satz 1 Halbsatz 2 BGB). Kann der leistende Eigentümer jedoch von einem anderen Eigentümer Ersatz verlangen, so sichert die Hypothek an dessen Grundstück die Regressforderung und bildet zusammen mit der Eigentümerhypothek ein Gesamtgrundpfandrecht (§ 1173 Abs. 2 Halbsatz 2 BGB). Dies entspricht § 1182 BGB.

Beispiel: G hat eine Forderung über 100 000 Euro gegen A und B, die gesamtschuldnerisch haften. An dem Grundstück des A und dem Grundstück des B wird für die Forderung eine Gesamthypothek bestellt. A zahlt an G 100 000 Euro. In Höhe von 50 000 Euro erwirbt A an seinem Grundstück das Grundpfandrecht (§ 1173 Abs. 1 Satz 1 BGB). In Höhe von weiteren 50 000 Euro geht die Gesamthypothek nach § 1173 Abs. 2 BGB auf A über und sichert dessen Regressforderung aus § 426 Abs. 2 BGB gegen B. Im Übrigen – also in Höhe von 50 000 Euro – erlischt die Gesamthypothek am Grundstück des B.

Leistet der vom Eigentümer verschiedene persönliche Schuldner (sonst gelten §§ 1172, 1163 Abs. 1 Satz 2 BGB, → § 17 Rn. 114) und hat er einen Ersatzanspruch gegen alle Eigentümer, geht die Gesamthypothek nach § 1164 BGB auf ihn über. Kann der Schuldner nicht alle Eigentümer in Regress nehmen, so erwirbt er nach § 1174 Abs. 1 BGB die Gesamthypothek nur an den Grundstücken der regresspflichtigen Eigentümer; die Gesamthypothek an den übrigen Grundstücken erlischt.

3. Höchstbetragshypothek

Nach § 1190 Abs. 1 BGB kann eine Hypothek in der Weise bestellt werden, dass nur der Höchstbetrag, bis zu dem das Grundstück haften soll, bestimmt und in das Grundbuch eingetragen wird, der genaue Umfang der Hypothek jedoch der (späteren) Feststellung der gesicherten Forderung vorbehalten bleibt. Entgegen dem Grundsatz des § 1113 BGB, wonach die Forderung und ihre Höhe bestimmt sein müssen, genügt bei der Höchstbetragshypothek die Angabe der größtmöglichen Haftung des Grundstücks. Mit der Höchstbetragshypothek können Forderungen wechselnder Höhe und unterschiedlichen Rechtsgrundes (ohne Forderungsauswechslung nach § 1180 BGB) gesichert werden. Dies kommt vor allem bei Dauerschuldverhältnissen in Betracht, so wenn der Gläubiger und der Schuldner eine Kontokorrentabrede getroffen haben, ein Darlehen ratenweise ausbezahlt wird oder die Bank dem Kunden einen „Dispositionskredit" einräumt.

Die Höchstbetragshypothek hat keine große praktische Bedeutung, weil sie für den Gläubiger einige Nachteile aufweist: Nach § 1190 Abs. 3 BGB ist die Höchstbetragshypothek stets Sicherungshypothek mit der Folge, dass der Gläubiger die Forderung beweisen muss (→ § 17 Rn. 103). Da die Höhe der Forderung nicht feststeht, scheidet eine Unterwerfung nach § 794 Abs. 1 Nr. 5 ZPO aus. Zinsen werden nicht eingetragen, sondern müssen von vornherein in die Höchstbetragshypothek mit eingerechnet werden, § 1190 Abs. 2 BGB. Daher wird sie in der Praxis von der Sicherungsgrundschuld verdrängt.[114]

Der Umfang der Belastung des Grundstücks selbst ist konstant. Soweit vor der Feststellung eine Forderung nicht besteht, steht die Höchstbetragshypothek nach § 1163 Abs. 1 Satz 1 BGB dem Eigentümer als vorläufige Eigentümergrundschuld zu.[115] Verändert sich die Höhe der Forderung, etwa im Rahmen einer Kontokorrentbeziehung, schwankt auch das Betragsverhältnis zwischen Eigentümergrundschuld und Hypothek: Erhöht sich die Forderung, erhöht sich auch die Hypothek und es sinkt der Betrag der Eigentümergrundschuld entsprechend; vermindert sich die Forderung, steigt der Betrag der Eigentümergrundschuld. Dies erfolgt ohne Grundbucheintrag gleichsam automatisch. Der Eigentümer kann während der Dauer der Höchstbetragshypothek keine Grundbuchberichtigung verlangen, weil damit ein Ansteigen der Hypothek verhindert werden würde; nachrangige Hypothekare haben keinen Aufhebungsanspruch nach § 1179a BGB. Erst wenn die endgültige Höhe der gesicherten Forderung festgestellt ist, sei es durch Vertrag, sei es inzident im Urteil (auf Klage des Gläubigers gegen den Eigentümer nach § 1147 BGB), steht der Umfang der Haftung des Grundstücks fest. Das Grundbuch kann dementsprechend berichtigt werden.

Auch die Höchstbetragshypothek kann nach §§ 1154 Abs. 3, 1153 BGB übertragen werden. Zudem ermöglicht § 1190 Abs. 4 BGB die isolierte Abtretung der Forderung nach § 398 BGB, die dann in der Hand des Zessionars nicht mehr hypothekarisch gesichert ist. Der bis dahin zu ihrer Sicherung dienende Teil der Höchstbetragshypothek wird (ebenfalls) zur Eigentümergrundschuld.

4. Wertpapierhypothek

118   Nach § 1187 BGB können Forderungen aus Inhaberschuldverschreibungen (§§ 793 ff. BGB) und Orderpapieren (Art. 11 WG, Art. 14 ScheckG, § 363 HGB) mittels einer Wertpapierhypothek gesichert werden. Nur die Sicherung der Forderung aus dem Papier, nicht die Sicherung der etwa dem Wechsel zugrunde liegenden „Kausalforderung", fällt unter § 1187 BGB. Auch die Wertpapierhypothek wird in der Praxis von der Sicherungsgrundschuld verdrängt.

Vor die Aufgabe gestellt, die Übertragung der Wertpapierhypothek zu regeln, entschied sich der Gesetzgeber für die „wertpapierrechtliche" Lösung: Nach § 1187 Satz 2 BGB ist die Wertpapierhypothek stets Sicherungshypothek, also Buchhypothek. Ein Konflikt zwischen Wertpapier und Hypothekenbrief ist damit ausgeschlossen. Ferner schließt § 1187 Satz 3 BGB die Übertragung nach Liegenschaftsrecht durch Einigung und Eintragung aus. Vielmehr wird die Wertpapierhypothek durch Übertragung der Forderung abgetreten, die ihrerseits wertpapierrechtlichen Grundsätzen folgt: Inhaberpapiere werden nach § 929 BGB durch Einigung und Übergabe, Orderpapiere durch Indossament und Übergabe übertragen. Nach § 1153 BGB folgt die Hypothek der Forderung.

---

[114] *Weirich/Ivo* Rn. 1480.
[115] MünchKommBGB/*Lieder* § 1190 Rn. 8.

§ 18 Die Grundschuld

Literatur: *Buchholz,* Zur Entstehung und Entwicklung der „abstrakten Hypothek": Die Grundschuld als Sonderform der Hypothek im ostelbischen Raum, in: Coing/Wilhelm (Hrsg.), Wissenschaft und Kodifikation des Privatrechts im 19. Jahrhundert, 1976, S. 218; *ders.,* Abstraktionsprinzip und Immobiliarrecht – Zur Geschichte der Auflassung und der Grundschuld, 1978; *ders.,* Abtretung der Grundschuld und Wirkungen der Sicherungsvereinbarung, AcP 187 (1987), 107; *Clemente,* Recht der Sicherungsgrundschuld, 4. Aufl. 2008; *Eickmann,* Die in der Zwangsversteigerung bestehenbleibende Grundschuld, Festschr. Merz, 1992, S. 49; *ders.,* Aktuelle Rechtsfragen zur Sicherungsgrundschuld, ZIP 1989, 137; *Hager,* Ablösung von Grundpfandrechten und redlicher Erwerb, ZIP 1997, 133; *Huber,* Die Sicherungsgrundschuld, 1965; *ders.,* Einreden gegen die Grundschuld, Festschr. Serick, 1992, S. 195; *Kiehnle,* Ein Widerspruch zwischen § 1192 Abs. 1a und § 1156 Satz 1 BGB?, BKR 2009, 157; *Maetschke,* Der Zeitpunkt bei Kündigung des Grundschuldkapitals bei der Sicherung von Immobiliardarlehen, AcP 211 (2011), 287; *Peters,* Grundschuldzinsen, JZ 2001, 1017; *Puntschart,* Der Grundschuldbegriff, 1900; *Reithmann,* Der Rückübertragungsanspruch bei Grundschulden, DNotZ 1994, 168; *Stürner,* Der Darlehensrückzahlungsanspruch der Banken und der Schutz des Eigentümers belasteter Grundstücke, JZ 2010, 774; *van Vliet,* The German Grundschuld, Edinburgh Law Review 16.2 (2012), 147 (auch historisch); *Hansjörg Weber,* Der Rückübertragungsanspruch bei der nichtvalutierten Sicherungsgrundschuld, AcP 169, 237.

Studium: *Braun/Schultheiß,* Grundfälle zu Hypothek und Grundschuld, JuS 2013, 871; *Fervers,* Die wichtigsten Fälle zu Hypothek und Grundschuld, JA 2019, 658ff., 741ff.; *Klose,* Leistungen an den (Alt-)Gläubiger von Hypothek oder Sicherungsgrundschuld; JA 2013, 568; *Kehrberger,* Der Rückgewähranspruch bei nichtakzessorischen Kreditsicherheiten, JuS 2016, 776; *Kollhosser,* Neue Probleme bei der Abtretung und Verpfändung von Grundschulden, JA 1979, 232; *Oehler,* Sicherungsgrundschuld – Folgen der Zahlung durch den Eigentümer, JuS 1989, 604; *Plander,* Haftung und Enthaftung von Zubehör für eine Eigentümergrundschuld, JuS 1981, 565; *Schur,* Grundprobleme der Wirkungsweise von Akzessorietätsprinzip und Sicherungsvertrag, Jura 2005, 361; *Schwab,* Der Löschungsanspruch des nachrangigen Grundpfandgläubigers, JuS 2010, 383; *Seibert,* Tilgungsbestimmung, Anrechnungsvereinbarung und Grundschuld, JuS 1984, 526; *Tiedtke,* Die Sicherungsgrundschuld, Jura 1980, 497; *Weiß,* Grundpfandrecht, Jura 2017, 121; *Weller,* Die Sicherungsgrundschuld, JuS 2009, 969.

Fallbearbeitung: *Pressel,* Klausur: Von Grundschuldbriefen, Jura 2015, 618; *Unberath/Cziupka,* Referendarexamensklausur: Im Strudel der Finanzkrise, JuS 2010, 619, *Vogel,* Klausur: Die Grundschuldzession nach dem Risikobegrenzungsgesetz, JA 2012, 887.

Weitere Literaturhinweise → § 16.

I. Bedeutung und gesetzliche Regelung

§ 1191 Abs. 1 BGB definiert die Grundschuld als eine Belastung des Grundstücks in der Weise, dass an den Berechtigten eine bestimmte Geldsumme aus dem Grundstück zu zahlen ist. Die Grundschuld zählt danach zu den Realsi- 1 cherheiten und umfasst ebenso wie die Hypothek ein dingliches Verwertungsrecht (→ § 16 Rn. 13). Die Legaldefinition der Grundschuld unterscheidet sich von der Begriffsbestimmung der Hypothek in § 1113 Abs. 1 BGB nur dadurch, dass die Worte „wegen einer ihm zustehenden Forderung" in § 1191 Abs. 1 BGB nicht enthalten sind. Darin kommt zum Ausdruck, dass die Grundschuld, im Unterschied zur Hypothek, ein nicht akzessorisches Recht ist (zum Akzessorietätsprinzip → § 16 Rn. 18 ff.). Eine Grundschuld besteht unabhängig von einer Forderung. Das schließt nicht aus, dass die Grundschuld dazu verwendet wird, eine Forderung zu sichern; dies ist sogar die weitaus häufigste Anwendung einer Grundschuld, die § 1192 Abs. 1a BGB „Sicherungsgrundschuld" nennt (→ § 18 Rn. 10 ff.). Die Sicherung einer Forderung ist in diesen Fällen aber nur der Anlass der Bestellung der Grundschuld, nicht ist die Forderung Entstehungsvoraussetzung. Selten ist die Bestellung einer „isolierten" Grundschuld. Sie kann Gegenstand einer Schenkung, eines Vermächtnisses oder einer Sacheinlage bei einer Gesellschaft sein.[1] Verwerten Gläubiger einer isolierten Grundschuld das Grundstück, kann der Eigentümer dies durch Befriedigung abwenden (§§ 1192 Abs. 1, 1142 BGB). Möglich ist auch eine Treuhandgrundschuld, beispielsweise mit Blick auf eine später geplante Darlehensgewährung.

Die Grundschuld ist eine Ausprägung des hohen Mobilisierungsgrads, den die Grundstücke wie auch andere Vermögensrechte im 19. Jahrhundert erreicht haben.[2] Lässt sich der Eigentümer an seinem Grundstück eine Briefgrundschuld (als Eigentümergrundschuld) bestellen, kann er den wirtschaftlichen Wert seines Grundstücks ganz oder zum Teil in seiner Brieftasche mit sich umhertragen und jederzeit „mit seinem Grundstück bezahlen" (→ § 18 Rn. 46). Dieses Beispiel mag in Zeiten des elektronischen Zahlungsverkehrs antiquiert erscheinen; für die auf Mobilität von Kapital angewiesene aufkommende Industriegesellschaft des 19. Jahrhunderts war dies gegenüber den Bindungen des Grundeigentums in der Feudalgesellschaft ein beachtlicher Gewinn.

2 In der Praxis spielt die Grundschuld (in der Form der Sicherungsgrundschuld) eine viel größere Rolle als die Hypothek (→ § 16 Rn. 10 ff.). Anders ist das Verhältnis von Hypothek und Grundschuld innerhalb des BGB gewichtet: Die Regelungen im BGB über die Entstehung, den Schutz, die Abtretung und den Untergang der Grundschuld folgen nach § 1192 BGB grundsätzlich den Bestimmungen für die Hypothek, allerdings nur insoweit, als die Grundschuld eine Forderung nicht voraussetzt. Dieser Vorbehalt soll zum Ausdruck bringen, dass hypothekenrechtliche Bestimmungen, die an die Akzessorietät anknüpfen, bei der Grundschuld nicht anwendbar sind. Ein Beispiel bildet § 1153 Abs. 1 BGB: Wird die durch die Sicherungsgrundschuld gesicherte Forderung abgetreten, folgt die Grundschuld der Forderung nicht nach. Nicht anwendbar ist ferner § 1163 *Abs. 1* BGB: Da die Grundschuld eine Forderung nicht voraussetzt, steht sie unabhängig vom Entstehen oder dem Erlöschen einer Forderung als

---

[1] Vgl. *Wilhelm* Rn. 1731a.
[2] Eingehend zur historischen Entwicklung *Buchholz*, Abstraktionsprinzip und Immobiliarrecht, S. 395 ff.

Fremdgrundpfandrecht stets ihrem Inhaber zu; sie wandelt sich nicht zu einer Eigentümergrundschuld, wenn die Forderung nicht besteht. Andererseits findet § 1163 *Abs. 2* BGB bei der Briefgrundschuld ohne weiteres Anwendung, weil diese Bestimmung mit der Forderung nichts zu tun hat: Solange der Grundschuldbrief nicht übergeben ist, besteht eine Eigentümergrundschuld. Mitunter sind Vorschriften des Hypothekenrechts „entsprechend" anwendbar: § 1154 Abs. 1 Satz 1 BGB ist auf die Grundschuld nicht direkt anwendbar, weil die Bestimmung an die Übertragung der Forderung anknüpft, der die Hypothek nach § 1153 Abs. 1 BGB folgt. Gleichwohl gilt der Übertragungs*modus* des § 1154 Abs. 1 BGB auch bei der Grundschuld. Die Briefgrundschuld wird übertragen durch Einigung, schriftliche Abtretungserklärung und Briefübergabe. § 1154 Abs. 1 BGB ist mithin anwendbar mit der Maßgabe, dass statt „Forderung" „Grundschuld" zu lesen ist. Ähnlich ist § 1143 BGB zu behandeln: Nicht die Forderung, wohl aber die Grundschuld geht auf den Eigentümer über, der den Inhaber der Grundschuld befriedigt.

Wir können also im Hinblick auf die Grundschuld drei Gruppen von Vorschriften des Hypothekenrechts unterscheiden: (1) Regelungen, die auf die Grundschuld nicht anwendbar sind, weil sie an die Forderungsakzessorietät der Hypothek anknüpfen (§§ 1137, 1138, 1139, 1141 Abs. 1 Satz 1, 1153, 1161, 1163 Abs. 1, 1164–1166, 1173 Abs. 1 Satz 2, 1174, 1177, 1184–1187, 1190 BGB); (2) Normen, die unmittelbar auch für die Grundschuld gelten, weil sie sich allein auf das dingliche Recht beziehen (§§ 1116, 1117, 1119, 1120–1130, 1131–1136, 1140, 1144, 1145, 1147, 1148, 1157, 1160, 1163 Abs. 2, 1168–1173, 1175, 1176, 1178, 1181, 1183 BGB); (3) Bestimmungen, die analog anzuwenden sind, indem statt „Forderung" „Grundschuld" gesetzt wird (§§ 1118, 1142, 1143, 1150, 1151, 1154 BGB, wegen § 857 Abs. 6 ZPO auch §§ 830, 837 ZPO, zur Verpfändung s. § 1291 BGB). Selbstredend gelten für alle Formen der Grundpfandrechte die allgemeinen Vorschriften des Liegenschaftsrechts (§§ 873 ff. BGB).

II. Fremdgrundschuld

Vor der Erläuterung der in der Praxis der Kreditsicherung wichtigen Sicherungsgrundschuld (→ § 18 Rn. 10 ff.), ist es sinnvoll, zunächst knapp die allgemeinen Vorschriften der Grundschuld zu behandeln.

1. Entstehung

Die Entstehung der Grundschuld setzt nach § 873 BGB Einigung und Eintragung von Gläubiger, Geldbetrag und Zinssatz[3] der Grundschuld (nicht der Forderung, vgl. §§ 1192 Abs. 2, 1115 Abs. 1 Halbsatz 1 BGB) voraus, ferner die Übergabe des Grundschuldbriefs (§§ 1192 Abs. 1, 1117 BGB), wenn nicht seine Erteilung ausgeschlossen ist (§§ 1192 Abs. 1, 1116 Abs. 2 BGB). Solange der Grundschuldbrief nicht übergeben ist, besteht eine Eigentümergrundschuld

---

[3] Die Grundschuldzinsen sichern auch das Kapital der gesicherten Forderung; zur Problematik *Peters* JZ 2001, 1017.

(§§ 1192 Abs. 1, 1163 Abs. 2 BGB). Eine Forderung wird im Grundbuch nicht eingetragen. Ihre Entstehung ist nicht Voraussetzung der Grundschuld; § 1163 Abs. 1 BGB ist eine Ausprägung des Akzessorietätsprinzips und daher bei der Grundschuld nicht anwendbar. Soll die Grundschuld eine – in Wahrheit nicht bestehende – Forderung sichern, kann der Eigentümer Rückgewähr der Grundschuld aus dem Sicherungsvertrag verlangen (→ § 18 Rn. 16 ff.), wenn die Forderung nicht mehr entstehen wird. Eine Grundschuld entsteht ferner durch Umwandlung einer Hypothek (§ 1198 BGB; → § 17 Rn. 95).

2. Gegenstände der Haftung

4   Mögliche Belastungsobjekte, der Umfang der Haftung und die Durchsetzung der Grundschuld bestimmen sich nach den Vorschriften über die Hypothek: Belastungsgegenstand kann nach §§ 1192 Abs. 1, 1113 f. BGB ein Grundstück oder ein Miteigentumsanteil am Grundstück (auch Wohnungseigentum) sein. Der Umfang der Haftung erstreckt sich nach §§ 1192 Abs. 1, 1120 ff. BGB auf Erzeugnisse, Bestandteile, Zubehör, ferner Mietzins- und Versicherungsforderungen (→ § 17 Rn. 30 ff.). Haften mehrere Grundstücke, entsteht eine Gesamtgrundschuld, §§ 1192 Abs. 1, 1132 BGB (→ § 17 Rn. 110 ff.). Der Schutz der Grundschuld richtet sich nach §§ 1192 Abs. 1, 1133 ff. BGB (→ § 17 Rn. 46 ff.).

3. Verfügungen

5   Da die Grundschuld nicht akzessorisch ist, findet § 1153 BGB keine Anwendung. Verfügungsgegenstand ist unmittelbar die Grundschuld. Die Buchgrundschuld wird übertragen nach §§ 1192 Abs. 1, 1154 Abs. 3 BGB durch Einigung und Eintragung, die Briefgrundschuld nach §§ 1192 Abs. 1, 1154 Abs. 1 BGB durch Einigung, schriftliche Abtretungserklärung und Briefübergabe. Dies sind auch die Voraussetzungen für Belastungen der Grundschuld (vgl. §§ 1291, 1274 BGB). Für die Zwangsvollstreckung in die Grundschuld verweist § 857 Abs. 6 ZPO auf die Bestimmungen über die Pfändung und Überweisung einer hypothekarisch gesicherten Forderung (§§ 830, 836 ZPO).

6   Der gutgläubige Erwerb der Grundschuld vom eingetragenen Gläubiger richtet sich nach § 892 BGB; §§ 1192 Abs. 1, 1155 BGB erstrecken den öffentlichen Glauben auf den Erwerb von dem durch öffentlich beglaubigte Abtretungserklärungen legitimierten Besitzer des Grundschuldbriefs. Auf § 1138 BGB darf hingegen nicht abgestellt werden, denn die Bestimmung ist Ausdruck des Akzessorietätsprinzips (→ § 17 Rn. 79).

4. Verwirklichung der Haftung

7   Für die Verwertung des Grundstücks im Wege der Zwangsvollstreckung gelten die zu § 1147 BGB ausgeführten Grundsätze (→ § 17 Rn. 63 ff.). Im Prozess (auch nach § 767 ZPO, wenn der Grundschuldgläubiger aus einer Urkunde

nach § 794 Abs. 1 Nr. 5 ZPO vollstreckt) kann sich der Eigentümer mit allen Einwendungen verteidigen, die auch gegen eine Hypothek möglich sind. Zu beachten ist allerdings, dass Mängel des Entstehungstatbestands dem gutgläubigen Erwerber der Grundschuld gegenüber nach § 892 BGB unbeachtlich sind. Einreden des Eigentümers gegen die Grundschuld können sich ergeben aus einer vertraglichen Vereinbarung mit dem Grundschuldgläubiger, etwa der Stundung der Grundschuld. Ist die Grundschuld rechtsgrundlos geleistet worden, kann der Eigentümer die Einrede der ungerechtfertigten Bereicherung erheben.[4] Wurde die Grundschuld durch eine unerlaubte Handlung erlangt, kann der geschädigte Eigentümer die Inanspruchnahme verweigern.[5] Nach §§ 1192 Abs. 1, 1157 BGB bestehen diese Einreden auch dem Zessionar der Grundschuld gegenüber, der freilich bei Gutgläubigkeit nach §§ 1192 Abs. 1, 892 BGB geschützt wird. Bei einer Sicherungsgrundschuld bestehen allerdings erhebliche Einschränkungen des Gutglaubensschutzes (→ § 18 Rn. 32).

Ohne weiteres möglich ist auch die freiwillige Zahlung an den Grundschuldgläubiger; zum Zahlungsort vgl. § 1194 BGB. Die Fälligkeit der Grundschuld richtet sich nach der Parteivereinbarung (§ 1193 Abs. 2 Satz 1 BGB), sonst nach § 1193 Abs. 1 BGB. Die Kündigungsfrist beträgt sechs Monate (§ 1193 Abs. 1 Satz 3 BGB). Im praktisch häufigen Fall einer Sicherungsgrundschuld (→ § 18 Rn. 10ff.) ist diese Frist unabdingbar (§ 1193 Abs. 2 Satz 2 BGB). Befriedigt der Eigentümer den Grundschuldgläubiger, geht nach allgemeiner Meinung die Fremdgrundschuld auf ihn als Eigentümergrundschuld über. Die Begründung hierfür ist umstritten: Die h.M. wendet §§ 1192 Abs. 1, 1143 Abs. 1 Satz 1 BGB an,[6] andere § 1163 Abs. 1 Satz 2 BGB[7] oder §§ 1168, 1170 BGB.[8] Für die h.M. spricht der Sachzusammenhang mit § 1142 BGB. Zahlt ein Dritter aufgrund eines Ablösungsrechts, erwirbt er nach §§ 1192 Abs. 1, 1150, 268 BGB die Grundschuld. Zu Besonderheiten der Tilgung bei der Sicherungsgrundschuld → § 18 Rn. 36ff.

5. Erlöschen

Die Erlöschenstatbestände der (Fremd-)Grundschuld gleichen denen der Hypothek (→ § 17 Rn. 102). In Betracht kommen Aufhebung (§§ 1192 Abs. 1, 1183 BGB), Verzicht (§§ 1192 Abs. 1, 1168 BGB) und Gläubigerbefriedigung durch Zwangsvollstreckung (§§ 1192 Abs. 1, 1181 BGB).

---

[4] *Wolff/Raiser* § 154 VI 1, S. 641 f.
[5] Vgl. § 853 BGB für Forderungen.
[6] BGH NJW 1986, 2108, 2111; MünchKommBGB/*Lieder* § 1191 Rn. 125; *Baur/Stürner* § 44 Rn. 23 f.; *Wieling/Finkenauer* § 32 III 3, Rn. 12.
[7] Unter Hinweis auf die Entstehungsgeschichte *Wilhelm*, Festschr. Baums, 2017, S. 1434 ff.
[8] *Wolff/Raiser* § 156 Fn. 11; *Prütting* § 66 II 4.

III. Sicherungsgrundschuld

1. Begriff und Bedeutung

10 Die Sicherungsgrundschuld (§ 1192 Abs. 1a BGB) ist eine Grundschuld, die nach dem (in einem „Sicherungsvertrag" [→ § 18 Rn. 16] zum Ausdruck kommenden) Parteiwillen der Sicherung einer Forderung dient. Der Inhaber der Sicherungsgrundschuld kann das haftende Grundstück verwerten, um sich aus dem Erlös zu befriedigen, wenn der Schuldner seine Verbindlichkeit nicht erfüllt. Die Sicherungsgrundschuld ist gleichwohl kein akzessorisches Recht. Der Sicherungsnehmer erlangt die Sicherungsgrundschuld auch dann, wenn die Forderung, die gesichert werden soll, nicht entstanden ist. Die Verknüpfung der Grundschuld mit der Forderung erfolgt vielmehr allein aufgrund eines schuldrechtlichen Sicherungsvertrags.

Trotz der ähnlichen Begriffsbildung darf die Sicherungsgrundschuld nicht mit der streng akzessorischen Sicherungs*hypothek* (→ § 17 Rn. 103) verwechselt werden.

11 Dass die Sicherungsgrundschuld in der Praxis der Kreditsicherung die Hypothek verdrängt hat, beruht darauf, dass sie für den Gläubiger – in der Regel die kreditgewährende Bank – Vorteile hat:[9] Unsicherheiten hinsichtlich der Entstehung und des Fortbestands der Forderung wirken sich mangels Akzessorietät nicht auf das dingliche Sicherungsrecht aus. Ist das Darlehen ausbezahlt, der Darlehensvertrag aber nichtig, kann die Bank gleichwohl eine Grundschuld erhalten, während es bei der Hypothek eine Frage des Parteiwillens ist, ob die Hypothek auch den Bereicherungsanspruch sichert (→ § 17 Rn. 9). Auch erscheint die Grundschuld insoweit flexibler, als sie ohne weiteres Kreditlinien mit wechselnder Höhe oder unterschiedliche Forderungen sichern kann. Dabei ist zu beachten, dass alle diese Aufgaben auch durch die Hypothek erfüllt werden können. Allerdings erfordert dies einen erhöhten Gestaltungsaufwand: Der mögliche Bereicherungsanspruch bei nichtigem Darlehensvertrag kann ausdrücklich auch hypothekarisch als bedingte Forderung (§ 1113 Abs. 2 BGB) gesichert werden, in der Höhe und im Rechtsgrund wechselnde Forderungen lassen sich mit der Höchstbetragshypothek (§ 1190 BGB, → § 17 Rn. 117) sichern. Einen Vorzug hat die Sicherungsgrundschuld gegenüber der Hypothek dadurch, dass Erweiterungen oder Änderungen der Zweckbestimmung allein durch Änderung des schuldrechtlichen Sicherungsvertrags möglich sind; Modifikationen auf dinglicher Ebene, die im Grundbuch eingetragen werden müssen, entfallen. Die Grundschuld ist daher einfacher zu handhaben als die Hypothek. Vor allem behält die Bank auch nach Rückzahlung des *Darlehens* die Grundschuld, die sich nicht in eine Eigentümergrundschuld verwandelt. Der gesetzliche Aufhebungsanspruch nach § 1179a BGB (→ § 17 Rn. 97) entsteht bei Zahlung auf die Forderung nicht, so dass weiterer Kreditbedarf mit der erstrangigen Grundschuld gesichert werden kann („Revalutierung"). Tritt als Kre-

---

[9] Dazu *Rimmelspacher/Stürner* § 16 Rn. 85 ff.

ditgeber eine andere Bank auf, etwa im Rahmen einer Umschuldung, kann der bisherige Inhaber die Grundschuld an den neuen Darlehensgeber abtreten.

2. Die Beteiligten und ihre Rechtsbeziehungen

An der Sicherungsgrundschuld „beteiligt" sind ihr Inhaber und der Eigentümer des belasteten Grundstücks. Regelmäßig wird die Sicherungsgrundschuld dem Gläubiger der zu sichernden Forderung bestellt. Beide sind damit jedenfalls zu Anfang identisch, mangels Akzessorietät jedoch nicht dauerhaft, wenn Forderung und Sicherungsgrundschuld bei der isolierten Abtretung (→ § 18 Rn. 29) verschiedene Wege gehen. Wie bei der Hypothek können auch bei der Sicherungsgrundschuld der Schuldner der gesicherten Forderung und der Eigentümer des belasteten Grundstücks personenverschieden sein.

Hinsichtlich der Rechtsbeziehungen der Beteiligten ist zu unterscheiden zwischen der Sicherungsgrundschuld, der Forderung und dem Sicherungsvertrag. Der Sicherungsvertrag bildet gleichsam die Schaltstelle. Aus ihm ergibt sich vor allem, unter welchen Voraussetzungen der Gläubiger die Grundschuld verwerten darf. Macht der Gläubiger die Sicherungsgrundschuld vor Eintritt des Sicherungsfalls geltend, kann der Eigentümer eine Einrede aus dem Sicherungsvertrag erheben.

Beispiel: E hat zur Sicherung einer Verbindlichkeit seines Sohnes S gegenüber G an seinem Grundstück eine Sicherungsgrundschuld bestellt und sich der sofortigen Zwangsvollstreckung unterworfen (§ 794 Abs. 1 Nr. 5 ZPO). Obgleich S seine Verpflichtungen aus dem Darlehensvertrag gegenüber G vollauf erfüllt, kündigt G die Grundschuld und beantragt die Zwangsversteigerung des Grundstücks. Hier kann E die Einrede erheben, G sei nach den Vereinbarungen in dem Sicherungsvertrag nicht zur Ausübung der Rechte aus der Grundschuld befugt, soweit S seinen Verpflichtungen nachkommt. Prozessual hat dies im Wege der Vollstreckungsgegenklage nach § 767 ZPO zu erfolgen. Hat S die Verbindlichkeit erfüllt, hat E aus dem Sicherungsvertrag hinsichtlich der Sicherungsgrundschuld einen Rückgewähranspruch gegen G, der mit der Leistungsklage zu verfolgen ist.

Von der Steuerungsfunktion des Sicherungsvertrags hinsichtlich der Grundschuld zu unterscheiden ist eine Grundschuld*beschaffungs*vereinbarung, in der sich der Schuldner zur Bestellung der Grundschuld (oder zu ihrer Erweiterung) verpflichtet.[10]

Beispiel: S möchte sich als Unternehmer selbstständig machen und verhandelt mit der Bank G über die Erteilung eines „Existenzgründerdarlehens". Vater E hat dem S gegenüber erklärt, er werde sein Grundstück als Sicherheit zur Verfügung stellen. G ist bereit, das Darlehen gegen Einräumung einer erstrangigen Grundschuld zu gewähren. In dem Darlehensvertrag mit S verpflichtet sich G zur Auszahlung Zug um Zug gegen Verschaffung der Grundschuld. Die Verpflichtung des S kann dadurch erfüllt werden, dass auf seine Bitte hin E unmittelbar G die Sicherungsgrundschuld bestellt. Damit hat S seine Pflicht, die Grund-

---

[10] *Wieling/Finkenauer* § 33 I 2 c aa, Rn. 7; hingegen rücken *Westermann/Gursky/Eickmann* § 114 II 1, S. 867 die Pflicht zur Bestellung der Sicherungsgrundschuld in den Vordergrund.

schuld zu beschaffen, erfüllt (§ 267 BGB). Eine entsprechende Pflicht traf E jedenfalls gegenüber G nicht. Gleichwohl kann der Sicherungsvertrag zustande kommen zwischen G und E. – Möglich ist auch, dass E den S ermächtigt (§ 185 Abs. 1 BGB), im eigenen Namen die Sicherungsgrundschuld zu bestellen; den schuldrechtlichen Sicherungsvertrag kann er als Bevollmächtigter (§ 164 BGB) des E abschließen. – Eine dritte Variante besteht darin, dass E dem S eine Grundschuld bestellt und S die Grundschuld an G zur Sicherheit abtritt, ohne dass zwischen E und G ein Sicherungsvertrag geschlossen wird. Rückgewähr der Grundschuld kann in diesem Fall nur S verlangen.

15 In der Praxis tritt regelmäßig neben die Darlehensforderung ein abstraktes Schuldversprechen (§ 780 BGB), das der Darlehensschuldner dem Gläubiger gegenüber erklärt. Das Schuldanerkenntnis verbessert die Darlegungs- und Beweislast zugunsten der Bank: Zwar trifft den Eigentümer ohnehin die Beweislast hinsichtlich der Rückzahlung des Kredits (rechtsvernichtende Einwendung nach § 362 BGB), wenn die Bank aus § 488 Abs. 1 Satz 2 BGB Zahlung verlangt. Geht der Gläubiger aus dem Schuldanerkenntnis vor, muss der Eigentümer jedoch auch eventuelle Mängel des Darlehensvertrags sowie mögliche Einwendungen gegen die vertragsgemäße Auszahlung der Darlehensvaluta behaupten und ggf. beweisen. Grundlage dieser Einreden gegen die *Forderung* aus dem Schuldanerkenntnis ist die dem zugrundeliegende Zweckvereinbarung, die von dem auf die *Grundschuld* bezogenen Sicherungsvertrag zu unterscheiden ist.

Gewöhnlich unterwirft sich der Schuldner hinsichtlich der Forderung aus dem Schuldanerkenntnis der sofortigen Zwangsvollstreckung in sein gesamtes Vermögen (§ 794 Abs. 1 Nr. 5 ZPO). Dies erfolgt vielfach in Allgemeinen Geschäftsbedingungen und verstößt nach der Rechtsprechung weder gegen § 307 Abs. 1 Satz 1 BGB noch gegen § 309 Nr. 12 BGB.[11] Die Bank kann auf dieser Grundlage auch in andere Gegenstände des Schuldners vollstrecken.

3. Der Sicherungsvertrag

a) Bedeutung

16 § 1192 Abs. 1a BGB regelt den Sicherungsvertrag als Grundlage für Einreden des Eigentümers. Die Bedeutung des Sicherungsvertrags (auch: Sichrungsvereinbarung, Sicherungsabrede, Zweckabrede) ist jedoch umfassender: Der schuldrechtliche Sicherungsvertrag beschränkt die dingliche Rechtsmacht des Grundschuldgläubigers.[12] Der Sicherungsvertrag bestimmt den Umfang der gesicherten Forderung(en) (Sicherungszweck), ferner die Zulässigkeit der Verwertung (Sicherungsfall) und der Abtretung der Grundschuld, schließlich die Voraussetzungen ihrer Rückübertragung an den Eigentümer. Ist die Forderung nicht fällig, kann der Eigentümer aus dem Sicherungsvertrag eine Einrede gegen die Grundschuld erheben. Ist das Darlehen zurückbezahlt, erwächst aus dem

---

[11] BGHZ 99, 274, 283 ff. (zu §§ 9, 11 Nr. 15 AGBG); a.A. *Stürner* JZ 1977, 431, 432.
[12] Deutlich RGZ 132, 136, 137.

Sicherungsvertrag ein Anspruch auf Rückübertragung der Grundschuld. Die Beispiele lassen erkennen, dass Aufgaben, die bei der Hypothek mit dem Akzessorietätsdogma (→ § 16 Rn. 18) gelöst werden, bei der Sicherungsgrundschuld rechtsgeschäftlich mittels des Sicherungsvertrags bewältigt werden.

Das Bestehen des Sicherungsvertrags ist nicht Voraussetzung der Entstehung einer Sicherungsgrundschuld.[13] Die Sicherungsgrundschuld ist gegenüber dem Sicherungsvertrag äußerlich abstrakt. Ist der Sicherungsvertrag nichtig, kann die Sicherungsgrundschuld nach § 812 Abs. 1 Satz 1 Fall 1 BGB zurückgefordert werden. Der Sicherungsvertrag ist der Rechtsgrund der Bestellung der Sicherungsgrundschuld. Man spricht insoweit auch von Zweckabrede oder Zweckerklärung.

Die Forderung ist hingegen nicht Rechtsgrund der Sicherungsgrundschuld. Besteht die Forderung (noch) nicht, wohl aber ein wirksamer Sicherungsvertrag, kann der Eigentümer die Sicherungsgrundschuld nicht kondizieren. Steht endgültig fest, dass die Forderung nicht mehr entstehen wird, weil etwa der Darlehensvertrag nichtig ist, besteht hinsichtlich der Sicherungsgrundschuld ein vertraglicher Rückgewähranspruch aus dem Sicherungsvertrag, aber kein gesetzlicher Kondiktionsanspruch.

Der Sicherungsvertrag ist kein gegenseitiger Vertrag im Sinne der §§ 320ff. BGB.[14] Zwischen der vom Eigentümer zu erbringenden Leistung, der Bestellung der Grundschuld, und der Pflicht des Gläubigers, die Grundschuld nur zur Sicherung der Forderung zu verwenden und später zurückzugewähren, besteht keine synallagmatische Abhängigkeit.[15] Jedoch kann die Auslegung der Vereinbarungen ergeben, dass die Parteien den Anspruch auf Auszahlung des Darlehens und die Bestellung der Sicherungsgrundschuld in ein Gegenseitigkeitsverhältnis stellen wollen.

b) Entstehung und Wirksamkeit des Sicherungsvertrags

(1) Parteien des Sicherungsvertrags sind regelmäßig der Gläubiger der gesicherten Forderung und der Eigentümer des belasteten Grundstücks, der nicht mit dem Schuldner der gesicherten Forderung identisch sein muss (Sicherung einer Fremdverbindlichkeit). Eine bereits bestehende Grundschuld kann ihrerseits als Sicherheit dienen; dann liegen zwei Sicherungsverhältnisse vor.

Beispiel: E bestellt G eine Sicherungsgrundschuld an seinem Grundstück. G hat seinerseits Verbindlichkeiten bei der Bank B und sichert diese durch eine Sicherungsabtretung der Grundschuld (§§ 1192 Abs. 1, 1154 BGB) am Grundstück des E. Hier sind zwei Sicherungsverträge zu unterscheiden. Hat E seine Verbindlichkeiten gegenüber G getilgt, kann nur er von G aus dem Sicherungsvertrag Rückgewähr der Grundschuld verlangen. Gegenüber B hat er keinen Rückgewähranspruch. Den Rückgewähranspruch gegen G kann E der B allerdings einredeweise entgegenhalten (§ 1192 Abs. 1a BGB). Kann G die Grundschuld

---
[13] Zumindest missverständlich insoweit *Weber/Weber*, Kreditsicherungsrecht, § 2 III, S. 9.
[14] *Wilhelm* Rn. 1423a.
[15] A.A. *Prütting* Rn. 767.

dem E nicht zurückübertragen, weil sie an B abgetreten worden war, kann E von G Schadensersatz nach §§ 275 Abs. 4, 280 Abs. 1 und 3, 283 BGB[16] oder nach § 285 BGB Abtretung des Rückgewähranspruchs aus dem Sicherungsvertrag des G mit B verlangen. Möglicherweise hat sich G auch wegen Verletzung des Sicherungsvertrags schadensersatzpflichtig gemacht, wenn eine Abtretung der Sicherungsgrundschuld vor Eintritt des Sicherungsfalls (schuldrechtlich, § 137 Satz 2 BGB) ausgeschlossen worden war (→ § 18 Rn 34f.).

21 Zu beachten ist, dass eine nach der Bestellung der Sicherungsgrundschuld erfolgte Übereignung des Grundstücks die Beteiligtenverhältnisse an dem Sicherungsvertrag nicht ändert. Der Erwerber eines mit einer Sicherungsgrundschuld belasteten Grundstücks muss sich daher den sicherungsvertraglichen Rückgewähranspruch abtreten lassen; aus eigenem Recht kann er die Rückübertragung nicht verlangen.

22 (2) Der Sicherungsvertrag ist vom Darlehensvertrag zu unterscheiden. Gleichwohl können beide Verträge zeitgleich geschlossen werden. Dies ist nicht der Fall, wenn eine bereits bestehende Darlehensforderung auf Verlangen des Gläubigers nachträglich durch eine Grundschuld, häufig gegen Stundung der Forderung, gesichert wird. Der Sicherungsvertrag kann formlos und konkludent geschlossen werden. Eine Eintragung des Sicherungsvertrags im Grundbuch ist nicht Voraussetzung der Entstehung. Der Sicherungsvertrag ist daher nicht eintragungsfähig. Auch sicherungsvertragliche Einreden können wegen § 1192 Abs. 1a BGB nicht eingetragen werden;[17] zur früheren Rechtslage → § 18 Rn. 28.

23 (3) In der Kreditpraxis werden Sicherungsvereinbarungen von Banken mit ihren Kunden einheitlich und vorformuliert auf der Grundlage von Allgemeinen Geschäftsbedingungen geschlossen. Sie unterliegen der Einbeziehungs- und Inhaltskontrolle nach §§ 305 ff. BGB. Im Mittelpunkt der Problematik steht die in Allgemeinen Geschäftsbedingungen vereinbarte spätere Erweiterung des Kreises der gesicherten Forderungen. Eine formularmäßige Ausdehnung des Haftungsumfangs einer Grundschuld über den Anlass des Sicherungsvertrags hinaus auf alle gegenwärtigen und zukünftigen Verbindlichkeiten eines *Dritten* bildet grundsätzlich eine überraschende Klausel nach § 305c Abs. 1 BGB und wird nicht Vertragsbestandteil.[18] Keine Bedenken bestehen hingegen gegen die Einbeziehung *eigener* künftiger Verbindlichkeiten des Sicherungsgebers, weil er selbst es dann in der Hand hat, ob er weitere Verbindlichkeiten begründet.[19]

Beispiel: Die Ehegatten M und F sind Miteigentümer eines Grundstücks und bestellen jeweils an ihrem Miteigentumsanteil der Bank B eine Sicherungsgrundschuld.[20] Sicherungsvertraglich wird vereinbart, dass alle bestehenden und künftigen Forderungen der Bank gegen M und F durch die Grundschuld gesichert sein sollen. Diese Vereinbarung wird in-

---

[16] BGH NJW 2013, 2894.
[17] MünchKommBGB/*Lieder* § 1192 Rn. 13.
[18] BGHZ 109, 197; BGH NJW 1996, 191, 192 (zu § 3 AGBG).
[19] BGHZ 106, 19, 25.
[20] Ähnlich BGHZ 106, 19, wo eine Gesamtgrundschuld vereinbart war.

§ 18 Die Grundschuld 18.25

soweit nach § 305c Abs. 1 BGB nicht Vertragsbestandteil, als sie auch künftige Verbindlichkeiten des jeweils anderen Ehegatten umfasst. Wirksam ist jedoch die Erstreckung der Haftung auf eigene künftige Verbindlichkeiten des jeweiligen Miteigentümers.

Nur in engen Grenzen findet Verbraucherschutzrecht Anwendung. Ein Sicherungsvertrag kann ein „Verbrauchervertrag" im Sinne des § 310 Abs. 3 BGB sein, beispielsweise wenn der Eigentümer zu privaten Zwecken mit einer Bank kontrahiert. Freilich nimmt § 312 Abs. 2 Nr. 2 BGB Verträge, die auf die Begründung von dinglichen Rechten an Grundstücken gerichtet sind, von wesentlichen Verbraucherbestimmungen aus. Darunter fallen auch Sicherungsverträge, die zur Grundschuldbestellung verpflichten.[21] Insbesondere das Widerrufsrecht aus § 312b BGB entfällt. 24

Ferner hat der BGH die Anwendung des früheren VerbrKrG auf einen Sicherungsvertrag verneint, weil darin kein Kreditvertrag (heute: „Darlehensvertrag", § 488 BGB) zu sehen sei.[22] Ist der Verbraucherdarlehensvertrag gemäß § 494 Abs. 1 BGB wegen eines Formmangels nichtig, kann über § 139 BGB allerdings auch der Sicherungsvertrag nichtig sein. Wird der Verbraucherdarlehensvertrag nach § 494 Abs. 2 BGB geheilt, sichert die Grundschuld nur den niedrigeren Zinsanspruch.

c) Fehlen oder Unwirksamkeit des Sicherungsvertrags

Die Rechtsfolgen des Fehlens oder der Unwirksamkeit des Sicherungsvertrags unterscheiden sich danach, in welcher „Phase" sich das Sicherungsgeschäft befindet. Ist der Sicherungsvertrag nicht wirksam zustande gekommen, ist der Eigentümer zur Bestellung der Grundschuld nicht verpflichtet. Ist die Sicherungsgrundschuld gleichwohl begründet worden, hat der Eigentümer einen Bereicherungsanspruch nach § 812 Abs. 1 Satz 1 Fall 1 BGB. Den Bereicherungsanspruch kann der Eigentümer gegenüber der Grundschuld auch einredeweise erheben, wenn der Gläubiger die Grundschuld geltend macht („Bereicherungseinrede", vgl. § 821 BGB). Obgleich diese Einrede nicht auf dem (nichtigen!) Sicherungsvertrag beruht, kann der Eigentümer sie analog § 1192 Abs. 1a BGB dem Erwerber entgegenhalten.[23] 25

Der Inhalt des Bereicherungsanspruchs richtet sich nach Wahl des Eigentümers auf Verzicht auf die Grundschuld (mit der Folge der §§ 1192 Abs. 1, 1168 BGB), auf Aufhebung (Löschung) der Grundschuld (§§ 1192 Abs. 1, 1183, 875 BGB) oder auf Abtretung der Grundschuld (§§ 1192 Abs. 1, 1154 BGB).[24] Zur Bedeutung des Wahlrechts → § 18 Rn. 44.

---

[21] § 312 Abs. 2 Nr. 2 BGB umfasst das schuldrechtliche und das dingliche Geschäft, MünchKommBGB/*Wendehorst* § 312 Rn. 57.
[22] BGH NJW 1996, 1441, 1443.
[23] Sehr str., wie hier *Lüke* § 19 IV 2, Rn. 778; MünchKommBGB/*Lieder* § 1192 Rn. 9; *Zetzsche* AcP 209 (2009), 543, 564; a.A. *Baur/Stürner* § 45 Rn. 67g; *Weller* JuS 2009, 969, 974 (Wortlautargument).
[24] BGHZ 108, 237, 244.

d) Ansprüche und Einreden aus dem Sicherungsvertrag

26 Der Sicherungsvertrag bestimmt, ob und unter welchen Voraussetzungen der Grundschuldgläubiger die Grundschuld verwerten darf. Ist die gesicherte Forderung nicht entstanden oder durch Erfüllung untergegangen, kann der Eigentümer sich nicht mit einer Einwendung gegen den Bestand der Grundschuld als dingliches Recht wenden; anders als die Hypothek (vgl. § 1163 BGB) ist die Grundschuld unabhängig von der Forderung. Allerdings folgt aus der Sicherungsvereinbarung die Zweckbindung der Grundschuld. Aus dem Sicherungsvertrag ergibt sich daher eine Einrede gegen die Geltendmachung der Grundschuld: Da die Forderung nicht besteht, soll die zu ihrer Sicherung bestellte Grundschuld nicht verwertet werden. Ist das gesicherte Darlehen nicht ausbezahlt worden, spricht man von der „Einrede der Nichtvalutierung". Gleiches gilt, wenn die Forderung später erloschen ist, etwa durch Erfüllung (§ 362 BGB). Steht dem Schuldner eine Einrede gegen die *Forderung* zu, die ihre Durchsetzung hindert (Beispiel: der Gläubiger hat die Forderung gestundet), begründet dies in der Regel auch eine Einrede gegen die Grundschuld. Der Sicherungsgeber trägt die Beweislast für die der Verwertung entgegenstehenden Tatsachen, auch wenn er nicht Schuldner der Forderung ist.

27 Ist die gesicherte Forderung fällig, tritt der „Sicherungsfall" ein.[25] Der Gläubiger darf die Sicherungsgrundschuld verwerten. Die Verwertung kann einmal durch Zwangsvollstreckung in das Grundstück (§§ 1192 Abs. 1, 1147 BGB) erfolgen, aber auch durch Veräußerung der Grundschuld. Freilich ist der Gläubiger nicht verpflichtet, zunächst Befriedigung aus der Grundschuld zu suchen, bevor er die Forderung (für die das gesamte Schuldnervermögen haftet!) durchsetzt,[26] es sei denn, der Sicherungsvertrag sieht dies vor.

4. Übertragung von Sicherungsgrundschuld und Forderung

a) Fortbestand der Einreden

28 Bei der Übertragung der Grundschuld kommen mangels Akzessorietät §§ 1153, 401 BGB nicht zur Anwendung. Die Abtretung der Sicherungsgrundschuld richtet sich nach §§ 1192 Abs. 1, 1154f. BGB (› § 18 Rn. 2), die Abtretung der gesicherten Forderung nach §§ 398ff. BGB. Der Sicherungsvertrag bleibt von der Abtretung unberührt. Allerdings kann der Schuldner nach § 404 BGB gegenüber dem Zessionar gegen die *Forderung* alle Einwendungen erheben, die auch dem Zedenten gegenüber begründet waren. Einreden des Eigentümers gegen die *Sicherungsgrundschuld* bleiben gemäß §§ 1192 Abs. 1a Satz 1, 1157 Satz 1 BGB ebenfalls erhalten. Hierunter fallen alle Einreden „auf Grund des Sicherungsvertrags", insbesondere Nichtvalutierung, Erlöschen und mangelnde Fälligkeit der gesicherten Forderung. Der Eigentümer kann daher auch

---
[25] Beim Pfandrecht spricht man von „Pfandreife".
[26] Anders bei der Bürgschaft (§ 771 BGB).

gegenüber dem neuen Inhaber der Grundschuld geltend machen, dass die gesicherte Forderung nicht zur Entstehung gelangt, durch Erfüllung erloschen oder der Sicherungsfall (beispielsweise mangels Fälligkeit der Forderung) nicht eingetreten ist. Ein redlicher einredefreier Erwerb der Sicherungsgrundschuld kommt gemäß §§ 1192 Abs. 1a Satz 1 Halbsatz 2 BGB nicht in Betracht, der § 1157 Satz 2 BGB ausschließt. Zudem erfasst § 1192 Abs. 1a Satz 1 BGB auch Einreden, die sich „aus dem Sicherungsvertrag ergeben" (→ § 18 Rn. 32). Darunter fallen sicherungsvertragliche Einreden, deren Tatbestand sich erst nach Abtretung der Sicherungsgrundschuld erfüllt. Daher kann der Eigentümer dem Zessionar der Sicherungsgrundschuld auch Zahlungen an den Inhaber der gesicherten Forderung entgegenhalten, die erst nach der Abtretung der Sicherungsgrundschuld erfolgt sind. Zur Bereicherungseinrede bei nichtigem Sicherungsvertrag → § 18 Rn. 25.

Die Rückübertragung der Sicherungsgrundschuld vom Zessionar kann der Eigentümer hingegen aus dem Sicherungsvertrag nicht verlangen, weil dieser Anspruch sich trotz Abtretung der Grundschuld weiterhin allein gegen den Zedenten richtet. Wenn jedoch gegen die Grundschuld eine dauernde Einrede besteht (Beispiel: Das Darlehen ist vollständig zurückbezahlt worden), folgt ein Anspruch des Eigentümers auf Verzicht auf die Grundschuld aus §§ 1192 Abs. 1, 1169 BGB.

b) Isolierte Abtretung

Da die Grundschuld nicht akzessorisch ist, kann der Gläubiger Forderung und Grundschuld durch „isolierte" Abtretung eines der Rechte trennen, sei es, dass er Forderung und Grundschuld an unterschiedliche Personen abtritt, sei es, dass er nur die Forderung oder nur die Grundschuld überträgt. Darin kann zwar ein Verstoß gegen den Sicherungsvertrag liegen, wenn entsprechende Abtretungsverbote vereinbart sind. Die Wirksamkeit der Verfügungen wird davon jedoch nicht berührt (§ 137 Satz 1 BGB). Die Abtretung der Sicherungsgrundschuld ohne die Forderung begründet auch keine Einrede aus dem Sicherungsvertrag, die der Eigentümer nach § 1192 Abs. 1a Satz 1 BGB gegen die Grundschuld dem Zessionar gegenüber erheben kann.[27]

Sind der Gläubiger der Forderung und der Inhaber der Grundschuld infolge einer isolierten Abtretung verschiedene Personen, gewährt § 404 BGB einen gewissen Schutz gegen die doppelte Inanspruchnahme des Schuldners. Verlangt der Zessionar der Forderung Zahlung, kann der Schuldner nach § 404 BGB alle Einreden geltend machen, die auch dem Zedenten gegenüber bestanden. Nach dem Sicherungsvertrag ist der Schuldner zur Zahlung auf die Forderung nur Zug um Zug gegen Aushändigung der zur Löschung oder Grundbuchberichtigung erforderlichen Urkunden verpflichtet,[28] wozu der Zessionar, der nicht auf

---

[27] BGH NJW 2018, 3441, Rn. 24 ff.
[28] Vgl. § 1144 BGB, der über § 1192 Abs. 1 BGB auch bei der Grundschuld anwendbar ist (BGH NJW 1988, 3260, 3261), aber unmittelbar nur für die Zahlung durch den Eigentümer gilt.

Inhaber der Grundschuld ist, vielfach nicht in der Lage ist. – Zahlt der Schuldner in Unkenntnis der Zession auf die Forderung, kann er dies dem Zessionar nach § 407 BGB entgegenhalten. Zahlt der Eigentümer nur auf die Grundschuld, ergibt sich eine entsprechende sicherungsvertragliche Einrede gegen die Forderung aus § 404 BGB; dass sich der Tatbestand der Einrede (Zahlung auf die Grundschuld) erst nach der Abtretung verwirklicht hat, schließt die Anwendung des § 404 BGB nicht aus, denn ihre rechtliche Grundlage der Einrede (der Sicherungsvertrag) war schon zuvor gelegt worden.[29]

31   Schwieriger war die Lage des Eigentümers, wenn er nach isolierter Abtretung der Grundschuld auf die Forderung bezahlt hatte. Nach BGHZ 85, 388, 390 konnte sich der Eigentümer nicht auf § 1157 Satz 1 BGB berufen, da diese Vorschrift voraussetzt, dass schon bei der Abtretung der Grundschuld der gesamte Einredetatbestand verwirklicht war. Einreden, die nach der Abtretung entstehen, musste sich der neue Grundschuldgläubiger nach § 1157 Satz 1 BGB nicht entgegenhalten lassen.

32   Diese Rechtslage wurde für die Sicherungsgrundschuld durch das Risikobegrenzungsgesetz im Jahre 2008 einschneidend geändert. Nach § 1192 Abs. 1a BGB kann der Eigentümer dem Erwerber der Sicherungsgrundschuld alle sicherungsvertraglichen Einreden entgegenhalten, die entweder bei der Übertragung der Sicherungsgrundschuld bereits vollauf entstanden waren (das ergab sich schon aus § 1157 Satz 1 BGB) oder erst nach der Übertragung entstanden sind („sich aus dem Sicherungsvertrag ergeben"). Darunter fällt insbesondere der wichtige Fall, dass der Eigentümer nach der Übertragung der Sicherungsgrundschuld an den Forderungsgläubiger auf die Forderung bezahlt. Die aufgrund der Zahlung aus dem Sicherungsvertrag entstehende Einrede gegen die Inanspruchnahme aus der Sicherungsgrundschuld (→ § 18 Rn. 30) kann der Eigentümer dem neuen Inhaber der Sicherungsgrundschuld entgegenhalten. Das gilt auch, wenn der Altgläubiger nicht nur die Sicherungsgrundschuld, sondern auch die Forderung abgetreten hatte. Zahlt der Eigentümer in Unkenntnis der Abtretung auf die Forderung an den Altgläubiger, kann er die Einrede des § 407 BGB dem neuen Inhaber der Sicherungsgrundschuld entgegenhalten.

Hintergrund des Risikobegrenzungsgesetzes des Jahres 2008 war der Umstand, dass Kreditinstitute vielfach Forderungen und Sicherungsgrundschulden abgetreten haben, unabhängig davon, ob die Eigentümer ihre Verbindlichkeiten erfüllt hatten oder auch weiter erfüllten. Der Gesetzgeber wollte den Schutz der Kreditnehmer stärken.[30] Von den Änderungen des Risikobegrenzungsgesetzes sind nur Sicherungsgrundschulden erfasst, die nach dem 19.8.2008 erworben wurden (Art. 229 § 18 Abs. 2 EGBGB). Für Sicherungsgrundschulden, die zuvor erworben wurden, gilt die Änderung durch das Risikobegrenzungsgesetz nicht.

33   Umstritten ist, ob § 1192 Abs. 1a Satz 1 BGB auch zur Anwendung kommt, wenn der Sicherungsvertrag nichtig ist. Der in diesem Fall dem Eigentümer zu-

---

[29] Jauernig/*Stürner* § 404 Rn. 4.
[30] Kritisch *Baur/Stürner* § 45 Rn. 67l.

stehende bereicherungsrechtliche Rückgewähranspruch kann einredeweise geltend gemacht werden (→ § 18 Rn. 25). Allerdings ist dies keine Einrede „aus dem Sicherungsvertrag", denn der ist gerade unwirksam. Gleichwohl sollte man § 1192 Abs. 1a Satz 1 BGB in diesem Fall entsprechend anwenden.[31] Der Eigentümer ist bei nichtigem Sicherungsvertrag und der sich daraus ergebenden bereicherungsrechtlichen „Fundamentaleinrede" jedenfalls nicht weniger schutzwürdig als wenn er die Forderung getilgt hat.

c) Beschränkungen der Abtretung der Grundschuld

Die Risiken, die aus der Übertragung von Sicherungsgrundschuld oder Forderung erwachsen, lassen sich weiter reduzieren, wenn Eigentümer und Grundschuldgläubiger die Abtretung der Forderung und der Grundschuld ausschließen. So kann sicherungsvertraglich vereinbart werden, dass der Gläubiger die Grundschuld nicht vor Eintritt des Sicherungsfalls veräußern darf. Diese Abrede wirkt gemäß § 137 Satz 2 BGB indes nur obligatorisch: Wird abredewidrig verfügt, ist die Verfügung nach § 137 Satz 1 BGB wirksam, jedoch kann sich der frühere Gläubiger schadensersatzpflichtig gemacht haben (§ 280 Abs. 1 BGB). 34

Die Vereinbarung, der Gläubiger werde über Forderung und Grundschuld nicht verfügen, lässt sich darüber hinaus mit dinglicher Wirkung begründen. Grundlage ist § 399 Fall 2 BGB für die Forderung[32] und §§ 413, 399 Fall 2 BGB für die Sicherungsgrundschuld.[33] § 137 Satz 1 BGB steht einer solchen Vereinbarung nicht entgegen.[34] Hinsichtlich der Sicherungsgrundschuld ist Voraussetzung für eine dingliche Verfügungsbeschränkung allerdings deren Eintragung im Grundbuch.[35] Eine gegen die Verfügungsbeschränkung verstoßende Abtretung der Grundschuld oder der Forderung ist absolut unwirksam; der Zedent bleibt Gläubiger. 35

Nach h.M. soll es hingegen nicht zulässig sein, ein Auseinanderfallen von Forderung und Sicherungsgrundschuld dadurch zu verhindern, dass die Abtretung der Sicherungsgrundschuld an die gleichzeitige und gleichgerichtete Zession der gesicherten Forderung gebunden wird. Diese Konstruktion verstoße gegen den nichtakzessorischen Charakter der Grundschuld.[36] Damit wird das Akzessorietätsdogma nicht nur als dispositives Prinzip

---

[31] MünchKommBGB/*Lieder* § 1192 Rn. 9; *Wellenhofer* § 28 Rn. 61; a.A. *Rimmelspacher/Stürner* § 16 Rn. 104 (keine planwidrige Regelungslücke).

[32] Soweit ein Handelsgeschäft im Sinne der §§ 343, 344 HGB vorliegt, ist § 354a HGB zu beachten, wonach die Verfügung über die Forderung trotz des Abtretungsausschlusses zwar wirksam ist, der Schuldner aber gleichwohl an den Zedenten leisten kann.

[33] Vgl. Soergel/*Konzen* § 1191 Rn. 23, 29; Staudinger/*Wolfsteiner* § 1191 Rn. 16; a.A. *Maurer* Jus 2004, 1045, 1047 (mit sehr formaler Argumentation).

[34] Die Grundschuld vermittelt nicht nur ein unmittelbares Verwertungsrecht an der Sache, sondern begründet zugleich zwischen Grundschuldgläubiger und Eigentümer ein relatives Rechtsverhältnis, das die tragfähige Grundlage für die Beschränkung der Verfügungsmacht bildet, näher *Berger*, Rechtsgeschäftliche Verfügungsbeschränkungen, 1998, S. 360.

[35] OLG Hamm NJW 1968, 1289, 1290.

[36] Soergel/*Konzen* §§ 1191, 1192 Rn. 22; a.A. *Berger*, Rechtsgeschäftliche Verfügungsbeschränkungen, 1998, S. 360f.

verstanden; es wird darüber hinaus angenommen, akzessorietäts-ähnliche Figuren können nicht privatautonom begründet werden; zwingend ist diese zweite Schlussfolgerung nicht.

5. Tilgung von Sicherungsgrundschuld und Forderung

36 Die Rechtsfolgen der Tilgung bestimmen sich zum einen danach, ob „auf die Forderung" oder „auf die Grundschuld" bezahlt wird. Ferner ist zu unterscheiden, wer die Zahlung leistet: Der mit dem Eigentümer identische persönliche Schuldner der Forderung („Eigentümerschuldner"), der vom Schuldner verschiedene Eigentümer des belasteten Grundstücks („Nur-Eigentümer") oder der nicht mit dem Eigentümer identische Schuldner („Nur-Schuldner").[37]

a) Leistung durch den Eigentümerschuldner

37 (1) Die Rechtsfolgen der Zahlung durch den Eigentümerschuldner richten sich danach, ob die Forderung oder die Grundschuld getilgt wird (zur Tilgungsbestimmung → § 18 Rn. 38). Bei Zahlung (nur) auf die Forderung erlischt diese nach § 362 BGB. Die Grundschuld bleibt bestehen (mangels Akzessorietät ist § 1163 Abs. 1 Satz 2 BGB nicht anwendbar), allerdings erlangt der Eigentümerschuldner aufgrund des Sicherungsvertrags einen Rückgewähranspruch (→ § 18 Rn. 26). Zahlt der Eigentümerschuldner (nur) auf die Grundschuld, geht diese nach §§ 1192 Abs. 1, 1143 BGB auf ihn über (→ § 18 Rn. 8). Aufgrund einer in der Sicherungsvereinbarung in der Regel enthaltenen Tilgungsabrede erlischt auch die persönliche Forderung.[38] Darüber ist man sich im Ergebnis einig; BGHZ 105, 154, 157 begründet dies allerdings mit § 362 BGB: „... auch ohne ausdrückliche Bestimmung (sei) in der Regel davon auszugehen, dass zugleich die gesicherte Forderung erfüllt" werde.[39] Der Weg der Deutung der Zahlung auf die Grundschuld als Zahlung zugleich auf die Forderung ist allerdings versperrt, falls dem eine bindende Tilgungsbestimmung entgegensteht.

38 Soeben wurde deutlich, dass die Rechtsfolgen divergieren, je nachdem, ob der Eigentümerschuldner die Forderung oder die Grundschuld tilgt. Es stellt sich daher die Frage, nach welchen Regeln eine Zahlung der Forderung bzw. der Grundschuld zuzuordnen ist. Maßgeblich ist nach dem Rechtsgedanken des § 366 Abs. 1 BGB[40] die Bestimmung, die der Eigentümerschuldner bei der Leistung trifft. Liegt eine ausdrückliche oder konkludente Leistungsbestimmung nicht vor, kann man nach der Interessenlage davon ausgehen, dass der Eigentümerschuldner auf Forderung *und* Grundschuld zahlt.[41] Stets vorrangig ist je-

---

[37] Zur Terminologie vgl. Jauernig/*Berger* § 1191 Rn. 10.
[38] Ohne Begründung auch *Westermann/Gursky/Eickmann* § 116 III, S. 882; *Wilhelm* Rn. 1825 weist auf die erfolgte Befriedigung aus dem Sicherungsgut hin.
[39] *Baur/Stürner* § 45 Rn. 46 unterstellen einen „Willen zur Doppeltilgung".
[40] Eine direkte Anwendung des § 366 BGB kommt nicht in Betracht, da die Vorschrift nur Schuldverhältnisse betrifft.
[41] Differenzierend *Rimmelspacher/Stürner* § 17 Rn. 17ff.

doch eine – vielfach im Sicherungsvertrag enthaltene – Tilgungsvereinbarung ("Verrechnungsabrede"), die das Bestimmungsrecht des Leistenden aus § 366 Abs. 1 BGB bei der Zahlung aufhebt.[42] In Allgemeinen Geschäftsbedingungen der Banken ist regelmäßig vorgesehen, dass Zahlungen ausschließlich auf die Forderung erfolgen, damit ein Übergang der Grundschuld auf den Eigentümer (vgl. §§ 1192 Abs. 1, 1143 BGB) nicht stattfindet. Nach h.M. kann von einer Tilgungsvereinbarung zwar nicht einseitig, wohl aber einverständlich abgewichen werden. So soll die vertragswidrige Zahlung auf die Grundschuld angerechnet werden, wenn der Gläubiger einer entsprechenden Bestimmung des Eigentümerschuldners nicht widerspricht.[43] Das schafft erhebliche Rechtsunsicherheit, weil die Frage offen bleibt, bis zu welchem Zeitpunkt der Widerspruch erfolgt sein muss. Eine *nach* der Zahlung erfolgte einverständliche Änderung der Leistungsbestimmung wird ebenfalls für zulässig angesehen; sie kann aber nicht rückwirkend getroffen werden. Diese Grundsätze gelten auch für die Zahlung des Nur-Schuldners und des Nur-Eigentümers.

b) Leistung durch den Nur-Schuldner

Leistet der mit dem Eigentümer des belasteten Grundstücks nicht identische Schuldner auf die Forderung,[44] tritt Erfüllung nach § 362 BGB ein. Wiederum erwächst aus dem Sicherungsvertrag ein Rückgewähranspruch hinsichtlich der Grundschuld. Gläubiger des Rückgewähranspruchs ist allerdings regelmäßig die Partei des Sicherungsvertrags. Das kann der Eigentümer sein, aber auch der Schuldner oder ein Dritter, etwa wenn das Grundstück nach Bestellung der Grundschuld veräußert worden war. 39

Beispiel: S bestellt der Bank B für eigene Verbindlichkeiten eine Sicherungsgrundschuld an seinem Grundstück. Das Grundstück wird später an E veräußert. Die übernommene Grundschuld wird auf den Kaufpreis angerechnet. Das bedeutet, dass E dem S gegenüber zur Befriedigung der B verpflichtet ist, dafür allerdings einen um den Betrag der Sicherungsgrundschuld reduzierten Kaufpreis bezahlen muss. Wird S von B auf Zahlung in Anspruch genommen, kann er aufgrund des Sicherungsvertrags von B die Rückübertragung der Grundschuld verlangen. Um dem E im Falle der Zahlung auf die Forderung die Rückforderung der Grundschuld zu ermöglichen, entnimmt die Rechtsprechung der Anrechnungsvereinbarung eine stillschweigende Abtretung des Rückgewähranspruchs aus dem Sicherungsvertrag, jedoch unter der aufschiebenden Bedingung, dass der Erwerber an den Gläubiger leistet.[45] Möglich wäre auch, den Sicherungsvertrag als Vertrag zugunsten Dritter zu gestalten, indem als Gläubiger des Rückgewährungsanspruchs derjenige bezeichnet wird, der Eigentümer des Grundstücks zum Zeitpunkt der Zahlung ist (→ § 18 Rn. 43).

Kann der die Forderung tilgende Schuldner vom Eigentümer Ersatz verlangen, weil im Innenverhältnis der Eigentümer dem Schuldner gegenüber zur Befrie- 40

---

[42] Vgl. BGHZ 91, 375, 379f.
[43] BGH MDR 1971, 120.
[44] Leistet er auf die Grundschuld, ist er "Dritter", → § 18 Rn. 8.
[45] BGH NJW 1991, 1821, 1822.

digung des Gläubigers verpflichtet war, ist § 1164 BGB bei der Grundschuld mangels Akzessorietät nicht entsprechend anwendbar. Vielmehr gibt man dem Schuldner gegen den Eigentümer das Recht, die Abtretung des Rückgewähranspruchs zu verlangen; ist dieser bereits erfüllt worden, soll der Schuldner vom Eigentümer die Übertragung der Eigentümergrundschuld fordern dürfen.[46] Diese kann freilich durch den Löschungsanspruch nach § 1179a BGB (→ § 17 Rn. 97) entwertet sein. Eine Minderansicht stellt den Schuldner besser, denn sie räumt ihm einen Direktanspruch auf Abtretung der Grundschuld gegen den Gläubiger ein.[47]

c) Leistung durch den Nur-Eigentümer

41 Ist das Grundstück mit einer *Hypothek* belastet, geht nach § 1143 BGB die Forderung auf den Eigentümer über, wenn er den Gläubiger befriedigt; zugleich erwirbt der Eigentümer nach § 1153 Abs. 1 BGB die Hypothek. Ist das Grundstück mit einer *Sicherungsgrundschuld* belastet und befriedigt der Nur-Eigentümer den Gläubiger, geht nach §§ 1192 Abs. 1, 1143 BGB zunächst nur das *Grundpfandrecht* auf ihn über (→ § 18 Rn. 8). Anders als bei der Identität von Eigentümer und Schuldner berührt die Ablösung der Grundschuld durch den Nur-Eigentümer den Bestand der Forderung nicht.[48] Der Eigentümer erwerbe die *Forderung* nicht im Wege der Legalzession,[49] sondern nur, wenn sie ihm vom Gläubiger abgetreten werde. Ist allerdings der Eigentümer im Innenverhältnis zum Schuldner zur Befriedigung des Sicherungsnehmers verpflichtet, soll die Forderung erlöschen. Die Gegenansicht wendet § 1143 BGB auch auf die Forderung an.[50] Hierfür spricht, dass ein *Anspruch* auf Abtretung der Forderung nicht begründet werden kann, wenn der Eigentümer nicht an dem Sicherungsvertrag beteiligt ist, etwa weil er erst später das Grundstück erworben hat.[51] Ist der Schuldner nicht an dem Sicherungsvertrag beteiligt, stellt sich die Frage, welche Einwendung er gegen die Forderung erheben kann, falls der Gläubiger – der bereits vom Eigentümer befriedigt worden ist – nochmals Leistung verlangt. Der BGH gibt dem Schuldner eine Einrede aus § 242 BGB,[52] damit der Gläubiger nicht zweimal Zahlung erhält. Daraus wird deutlich, dass die vormals durch die Grundschuld gesicherte Forderung in der Hand des Gläubigers keine Bedeutung (mehr) hat. Auch einem Zessionar gegenüber kann der Schuldner

---
[46] *Baur/Stürner* § 45 Rn. 88; MünchKommBGB/*Lieder* § 1191 Rn. 140.
[47] *Wieling/Finkenauer* § 33 I 4 a Rn. 16.
[48] BGHZ 80, 228, 230; von *Westermann/Gursky/Eickmann* § 116 III, S. 882 als „allgemeine Auffassung" bezeichnet.
[49] BGHZ 105, 154, 157 unter Hinweis darauf, dass § 1143 BGB eine Ausprägung des Akzessorietätsprinzips bilde; hiergegen *Wilhelm* Rn. 1797.
[50] *Wilhelm* Rn. 1829ff.; MünchKommBGB/*Lieder* § 1191 Rn. 144.
[51] Es sei denn, der Anspruch wird aus einem Vertrag zugunsten des jeweiligen Eigentümers abgeleitet, → § 18 Rn. 43.
[52] BGHZ 105, 154, 158.

sich auf § 242 BGB berufen, nicht aber dem rückgriffsberechtigten Eigentümer gegenüber. Die gesicherte Forderung erlischt nach h.M. bei Zahlung durch den Nur-Eigentümer allein deshalb nicht, um dem Eigentümer nach Abtretung eine (weitere) Grundlage für den Rückgriff beim Schuldner zu sichern. Bedeutung hat die Frage vor allem, wenn die Forderung mit weiteren akzessorischen Sicherheiten gesichert war, auf die der Eigentümer (jedenfalls anteilig, → § 17 Rn. 57) zugreifen kann. Unter diesen Voraussetzungen liegt es näher, auf die rechtsgeschäftliche Zession der Forderung zu verzichten und diese im Wege der Legalzession nach §§ 1192 Abs. 1, 1143 BGB auf den Eigentümer übergehen zu lassen. § 1143 Abs. 1 BGB kommt also doppelt zur Anwendung, wenn der Nur-Eigentümer den Gläubiger befriedigt: Einmal hinsichtlich der Grundschuld, ferner hinsichtlich der Forderung, soweit der Eigentümer vom Schuldner Regress verlangen kann. Steht dem Eigentümer kein Regressanspruch zu, erlischt die Forderung aufgrund der sicherungsvertraglichen Verrechnungsabrede (→ § 18 Rn. 38). Ist der Schuldner an dem Sicherungsvertrag nicht beteiligt (→ § 18 Rn. 20), bereitet die Begründung des Erlöschens der Forderung Schwierigkeiten. Es liegt nahe, mit § 267 BGB zu argumentieren: Wenn ein Dritter ohne Mitwirkung des Schuldners mit befreiender Wirkung an den Gläubiger leisten kann, mag der vom Schuldner verschiedene Eigentümer auch eine Tilgungsvereinbarung hinsichtlich der Forderung treffen können.

6. Der Rückgewähranspruch aus dem Sicherungsvertrag

Der Sicherungsvertrag begründet einen Anspruch auf Rückgewähr der Grundschuld, wenn (nur) die gesicherte Forderung getilgt ist. Ob bei einer teilweisen Tilgung ein Anspruch besteht, die Grundschuld *teilweise* zurückzuübertragen, bestimmt ebenfalls der Sicherungsvertrag. Dabei ist zu beachten, dass die Sicherung einer geringen Restforderung mit einer hohen Grundschuld zur Übersicherung führen kann.[53] Ein Rückübertragungsanspruch besteht ferner, wenn die Darlehenssumme nicht ausbezahlt wurde und feststeht, dass dies auch in Zukunft nicht mehr erfolgen wird.

Inhaber des Rückgewähranspruchs ist der Eigentümer, der den Sicherungsvertrag mit dem Gläubiger der Forderung geschlossen hat. Wurde das Grundstück nach Bestellung der Grundschuld übereignet, tritt der Erwerber nicht automatisch in die Rechte und Pflichten aus dem Sicherungsvertrag ein. Vielmehr muss ihm der zukünftige oder bereits entstandene Rückgewähranspruch abgetreten werden. Eine Abtretung ist überflüssig, wenn der Rückgewährungsanspruch zugunsten des jeweiligen Eigentümers des belasteten Grundstücks im Wege eines berechtigenden Vertrags zugunsten Dritter begründet wurde. Fehlt es daran (wie in der Praxis regelmäßig), und wurde der Anspruch auch nicht ab-

---

[53] BGH NJW 2022, 2544, Rn. 22f. (endgültige Übersicherung); *Baur/Stürner* § 45 Rn. 33 übertragen die Grundsätze aus BGH NJW 1998, 617ff. zur Übersicherung bei revolvierenden Globalsicherheiten (→ § 33 Rn. 17) auf die Sicherungsgrundschuld; a.A. *Prütting* Rn. 767a.

getreten, bleibt der *Veräußerer* des belasteten Grundstücks berechtigt, Rückübertragung der Grundschuld an sich zu verlangen; eine Eigentümergrundschuld entsteht in dieser Konstellation nicht. Der Anspruch auf Rückübertragung der Grundschuld kann mit einer Vormerkung (§ 883 BGB) gesichert werden. Da die Vormerkung nach § 883 Abs. 1 Satz 2 BGB auch für künftige Ansprüche bestellt werden kann, ist ihre Eintragung nach Bestellung der Sicherungsgrundschuld möglich.

44 Der Inhalt des Rückgewähranspruchs ist ebenso wie der Bereicherungsanspruch (→ § 18 Rn. 25) nach Wahl des Eigentümers auf Verzicht, Aufhebung oder Abtretung der Grundschuld gerichtet.[54] Das Wahlrecht gewinnt Bedeutung, wenn die Rückgewährforderung gepfändet und überwiesen oder abgetreten wird: Wählt der neue Gläubiger bzw. Einziehungsermächtigte die Abtretung der Grundschuld, ist diese nicht an den Eigentümer, sondern an den Gläubiger bzw. Einziehungsermächtigten zu übertragen. Dies hat zur Folge, dass mangels einer Eigentümergrundschuld der gesetzliche Löschungsanspruch nachrangiger Grundpfandgläubiger aus § 1179a BGB (→ § 17 Rn. 93) nicht entsteht.[55] Regelmäßig wird der Rückgewähranspruch daher bereits bei der Bestellung nachrangiger Grundpfandrechte zugunsten ihrer Inhaber abgetreten.[56] Freilich darf der Rückgewähranspruch in der Hand nachrangiger Grundpfandberechtigter nur dazu dienen, deren Interesse an der Verbesserung ihres Ranges zu wahren, hingegen nicht zur Eintragung der erstrangigen Grundschuld und Verwertung des Grundstücks berechtigen. Inhaltlich ist der Anspruch in der Hand nachrangiger Zessionare daher nur auf Löschung der vorrangigen Grundschuld gerichtet. Zu beachten ist, dass mit der Übertragung des nachrangigen Grundpfandrechts der Rückgewähranspruch als Nebenrecht nicht kraft Gesetzes mit übergeht, sondern es einer expliziten rechtsgeschäftlichen Abtretung bedarf.[57]

Beispiel: E bestellt dem G zur Sicherung eines Darlehens eine erstrangige Sicherungsgrundschuld; später tritt E den Rückgewähranspruch an die Bank B ab, die eine zweitrangige Hypothek an dem Grundstück des E hat. Nach der Rückzahlung des Darlehens vereinbaren E und G eine Erweiterung des Sicherungszwecks der Grundschuld, die auch noch offene Kaufpreisforderungen des G sichern soll. Diese Zweckerweiterung beeinträchtigt den Rückgewähranspruch. Sie wirkt daher nicht gegen B, es sei denn, G kannte die Abtretung des Rückgewähranspruchs nicht (§ 407 Abs. 1 BGB).[58] Dem Zessionar des Rückgewähranspruchs ist daher zu raten, die andere Partei des Sicherungsvertrags von der Abtretung in Kenntnis zu setzen.

45 Wurde das Grundstück verwertet und der auf die Grundschuld entfallene Teil des Versteigerungserlöses an den Gläubiger ausbezahlt, steht dem Eigentümer aufgrund des Sicherungsvertrags ein Anspruch auf Herausgabe des Erlöses zu.

---

[54] BGHZ 108, 237, 244.
[55] *Westermann/Gursky/Eickmann* § 116 II 3, S. 879.
[56] Vgl. z.B. OLG München DNotZ 1999, 744.
[57] BGHZ 104, 26, 29.
[58] Zutr. *Eickmann* DNotZ 1999, 746.

Dieser Anspruch kann auch schon im Verteilungsverfahren geltend gemacht werden (§§ 105 ff., 114 ZVG). In der Insolvenz des Inhabers der Grundschuld kann der Eigentümer auf der Grundlage eines fälligen Rückgewähranspruchs aussondern (§ 47 InsO),[59] weil der Sicherungsvertrag eine treuhänderische Bindung des Gläubigers begründet. Zur Treuhand → § 5 Rn. 39 ff.

IV. Eigentümergrundschuld

1. Die ursprüngliche Eigentümergrundschuld

§ 889 BGB erfasst nur die *nachträgliche* Vereinigung von Eigentum am Grundstück und beschränktem dinglichen Recht. § 1196 BGB ermöglicht hingegen die Begründung einer *ursprünglichen* Grundschuld für den Eigentümer des belasteten Grundstücks. Bei beweglichen Sachen und sonstigen Rechten ist ein Pfandrecht des Eigentümers ausgeschlossen.

46

Die ursprüngliche Eigentümergrundschuld ist Ausdruck der Mobilisierung des Bodenwertes (→ § 18 Rn. 2). Mit dem Grundschuldbrief kann der Eigentümer den Wert seines Grundstücks gleichsam „in der Tasche" tragen und flexibel und rasch entstehenden Finanzierungsbedarf abdecken. Die Motive[60] führen dazu aus: „Bedarf z.B. jemand, dem ein von Hypotheken und Grundschulden nicht belastetes Gut im Wert von 100 000 M. gehört, eine Summe von 20 000 M., so kann er dieses Kapital für denjenigen, welcher ihm dasselbe gibt, nur an der ersten Stelle der betr. Abteilung des Grundbuchblattes eintragen lassen. Dies ist aber gegen sein berechtigtes Interesse, wenn die Verhältnisse des Geldmarktes so liegen, dass das Kapital zu mäßigen Bedingungen auch gegen Eintragung mit dem Range nach 40 000 M. zu bekommen gewesen wäre. Wird dagegen dem Eigentümer gestattet, die Grundschuld für sich selbst zu bestellen, so kann er den ganzen Gutswert durch Schaffung solcher Grundschulden erschöpfen und davon zunächst die minder sicheren unterzubringen versuchen, die besseren aber zur Benutzung in schwierigen Zeiten zurücklegen." Bis heute dient die Eigentümergrundschuld insbesondere zur Rangsicherung für künftige Kredite.[61]

Die Eigentümergrundschuld entsteht nach § 1196 Abs. 2 BGB durch einseitige Erklärung des Eigentümers gegenüber dem Grundbuchamt und Eintragung im Grundbuch. Das für Belastungen des Grundstücks grundsätzlich vorgesehene „Vertragsprinzip" des § 873 BGB muss hier nicht eingehalten werden, weil von der Begründung der Eigentümergrundschuld nur der Eigentümer betroffen ist, der daher allein handeln kann. Auch Inhaltsänderungen und der Ausschluss der Brieferteilung erfolgen abweichend von §§ 1192 Abs. 1, 877, 1116 Abs. 2 Satz 3 BGB durch einseitige Erklärung. Die Erklärung nach § 1196 Abs. 2 BGB ist eine einseitige amtsempfangsbedürftige Willenserklärung (vgl. § 130 Abs. 3 BGB), die von der grundbuchverfahrensrechtlichen Bewilligung nach § 19 GBO zu unterscheiden ist. Ist der Erklärende zu Unrecht im Grundbuch als Eigentümer eingetragen, scheidet ein gutgläubiger Erwerb der Eigentümergrundschuld aus,

47

---

[59] Näher *Rimmelspacher/Stürner* § 17 Rn. 85 ff.
[60] Motive Bd. 3, S. 792.
[61] MünchKommBGB/*Lieder* § 1196 Rn. 1.

weil es sich nicht um ein Verkehrsgeschäft (→ § 10 Rn. 13) handelt. Wird die daher nicht entstandene, aber im Grundbuch eingetragene Eigentümergrundschuld übertragen, kann der Erwerber eine Fremdgrundschuld nach § 892 BGB gutgläubig erwerben.

48 Die Eigentümergrundschuld ist kein mit dem Eigentum am Grundstück im Sinne des § 96 BGB verbundenes Recht. Die Eigentümergrundschuld kann daher isoliert übertragen werden und verwandelt sich auf diesem Wege in eine Fremdgrundschuld. Veräußert der Eigentümer das mit der Eigentümergrundschuld belastete Grundstück, wird die Eigentümergrundschuld ebenfalls zur Fremdgrundschuld, steht aber nach wie vor dem Veräußerer des Grundstücks als früherem Eigentümer zu.

Beispiel: E hat sich an seinem Grundstück eine erstrangige Eigentümergrundschuld über 100 000 Euro bestellt, um den Rangplatz zu sichern. Später überträgt er die Eigentümergrundschuld zur Sicherung einer Forderung dem G. Die Grundschuld ist Fremdgrundschuld. E bezahlt 60 000 Euro auf die Grundschuld, die damit nach §§ 1192 Abs. 1, 1143 BGB zur (verdeckten) Eigentümergrundschuld wird. Anschließend überträgt E das Grundstück dem A. Das Grundstück des A ist belastet mit einer Grundschuld des G über 40 000 Euro und einer weiteren Grundschuld des E über 60 000 Euro (zum Verhältnis s. § 1176 BGB).

49 Inhaltlich gewährt die Eigentümergrundschuld grundsätzlich dieselben Rechte wie die Fremdgrundschuld. Allerdings ist der Eigentümer durch § 1197 Abs. 1 BGB beschränkt. Er kann die Zwangsvollstreckung aus der Grundschuld nicht betreiben. Damit soll verhindert werden, dass der Eigentümer sein Grundstück versteigern lässt und selbst zu einem geringen Preis ersteigert allein mit dem Ziel, nachrangige Belastungen abzuschütteln, die nicht in das geringste Gebot fallen und erlöschen (§§ 91 Abs. 1, 52 Abs. 1 Satz 2 ZVG). § 1197 Abs. 1 BGB gilt nur für den Eigentümer: Die Beschränkung des § 1197 Abs. 1 BGB entfällt, wenn die Eigentümergrundschuld abgetreten wird. § 1197 Abs. 1 BGB hindert ferner nicht den Vollstreckungsgläubiger, der die Eigentümergrundschuld gepfändet hat,[62] die Zwangsversteigerung in das Grundstück zu betreiben. Gleiches gilt für den Insolvenzverwalter im Insolvenzverfahren über das Vermögen des Eigentümers.[63] Zur Verhinderung von Gestaltungsmissbrauch greift § 1197 Abs. 1 BGB allerdings ein, wenn das Grundstück dem Alleingesellschafter einer GmbH gehört und die Grundschuld für die Gesellschaft bestellt ist (und umgekehrt).[64]

Nach § 1197 Abs. 2 BGB kann der Inhaber grundsätzlich keine Zinsen verlangen, da ihm als Eigentümer ohnehin die Nutzungen gebühren. Der gesetzliche Löschungsanspruch aus §§ 1179a f. BGB (→ § 17 Rn. 97) entsteht nach § 1196 Abs. 3 BGB nur, wenn die Eigentümergrundschuld zunächst einem anderen Gläubiger zustand, also nicht bei der ursprünglichen Eigentümergrundschuld.

---

[62] BGHZ 103, 30, 37 f.
[63] BGH NJW 2016, 3239, Rn. 14 f.
[64] Vgl. MünchKommBGB/*Lieder* § 1197 Rn. 3.

2. Weitere Fälle der Entstehung einer Eigentümergrundschuld

Der Begründung der Eigentümergrundschuld durch Erklärung des Eigentümers und Eintragung nach § 1196 Abs. 2 BGB treten andere Fälle der Entstehung einer Eigentümergrundschuld zur Seite, die bereits angesprochen wurden. Nach § 1163 Abs. 1 Satz 1 BGB steht dem Eigentümer das Grundpfandrecht zu, wenn die Forderung, welche die Hypothek sichern soll, nicht entstanden ist (→ § 17 Rn. 8). Gleiches gilt gemäß § 1163 Abs. 2 BGB bis zur Übergabe des Hypothekenbriefs (→ § 17 Rn. 11). Der Eigentümer des belasteten Grundstücks erwirbt die Hypothek als Eigentümergrundschuld (§ 1177 Abs. 1 BGB), wenn die gesicherte Forderung erlischt (→ § 17 Rn. 8). Eine Eigentümergrundschuld entsteht ferner nach §§ 1143, 1153 BGB (→ § 17 Rn. 56) und bei der fehlgeschlagenen Bestellung einer Hypothek (→ § 17 Rn. 5). Schließlich entsteht eine Eigentümergrundschuld, wenn aufgrund eines Vollstreckungstitels eine Zwangshypothek eingetragen worden war und später der Titel oder seine Vollstreckbarkeit aufgehoben wird (§ 868 ZPO). In diesen Fällen spricht man von einer *verdeckten* Eigentümergrundschuld, solange der Eigentümer nicht als Inhaber seiner Grundschuld im Grundbuch eingetragen ist.

50

Die Pfändung verdeckter Eigentümergrundschulden bereitet der h.M. Schwierigkeiten, weil sie auf dieses Recht nach § 857 Abs. 6 ZPO Hypothekenrecht anwendet: Erforderlich ist neben der Pfändung die Eintragung im Grundbuch bzw. die Übergabe des Hypothekenbriefs.[65] Regelmäßig ist aber der frühere Hypothekar im Grundbuch noch eingetragen bzw. im Besitz des Briefs. Daher muss im Wege der Hilfspfändung der Grundbuchberichtigungsanspruch des Eigentümers bzw. der Anspruch auf Briefherausgabe gepfändet und dem Gläubiger zur Einziehung überwiesen werden. Diesen überaus umständlichen Weg vermeidet die Gegenansicht, die die Eigentümergrundschuld als „drittschuldnerloses" Recht schlicht nach § 857 Abs. 2 ZPO durch einfachen Beschluss pfänden lassen will.[66]

3. Verfügungen über die Eigentümergrundschuld

Soweit eine Hypothek für eine künftige oder bedingte Forderung bestellt wird und die zu sichernde Forderung noch nicht entstanden (§ 1163 Abs. 1 S. 1 BGB) oder der Brief noch nicht übergeben worden ist (§ 1163 Abs. 2 BGB), besteht für diesen Übergangszeitraum eine Eigentümergrundschuld. Der Eigentümer kann über seine vorläufige Eigentümergrundschuld nach §§ 1192, 1154 BGB durch Einigung, schriftliche Abtretungserklärung und Übergabe des Hypothekenbriefs verfügen,[67] etwa um eine Zwischenfinanzierung zu sichern.[68]

51

---

[65] Beiläufig BGHZ 58, 298, 302; ferner Soergel/*Konzen* § 1163 Rn. 25; MünchKommBGB/*Lieder* § 1163 Rn. 61.
[66] Stein/Jonas/*Würdinger* § 857 Rn. 61; *Baur/Stürner* § 46 Rn. 12.
[67] Bei einer Buch-Eigentümergrundschuld scheitert eine Verfügung am Grundsatz der Voreintragung (§ 39 GBO).
[68] Eingehend *Baur/Stürner* § 46 Rn. 22 ff.

Kommt die Forderung später zur Entstehung, wird die Verfügung über die vorläufige Eigentümergrundschuld analog § 161 Abs. 1 BGB unwirksam.[69]

Ist dem Darlehensgeber bereits der Brief übergeben worden, kann dieser durch Abtretung der zukünftigen Forderung in der Form des § 1154 BGB über sein Anwartschaftsrecht verfügen. Der Zessionar erwirbt die Hypothek mit dem Entstehen der Forderung, beispielsweise wenn der Zedent später die Darlehenssumme an den Eigentümer auszahlt.

V. Inhabergrundschuld

52 Nach § 1195 Satz 1 BGB kann der Grundschuldbrief auf den jeweiligen, nicht namentlich genannten Inhaber ausgestellt werden. Die Bestellung der Grundschuld erfolgt nach §§ 1192 Abs. 1, 1188 BGB. § 1195 Satz 2 BGB verweist für einen solchen Fall auf die Bestimmungen über die Inhaberschuldverschreibung in §§ 793 ff. BGB. Wie alle Inhaberpapiere wird der Inhabergrundschuldbrief nach den Regeln über bewegliche Sachen, also nach §§ 929 ff., §§ 932 ff. BGB übertragen. Die Inhabergrundschuld folgt dem Eigentum am Inhabergrundschuldbrief.[70] Damit hat der Gesetzgeber eine Grundschuld geschaffen, die nach fahrnisrechtlichen Vorschriften zirkulieren kann. Einwendungen und Einreden können nur nach § 796 BGB erhoben werden. In der Praxis hat diese Form der Grundschuld keine Bedeutung erlangt.

VI. Anhang: Die Rentenschuld

53 Die in §§ 1199–1203 BGB geregelte Rentenschuld ist eine besondere Form der Grundschuld. Die Rentenschuld gibt dem Gläubiger allerdings kein Recht auf Zahlung einer *einmaligen* Geldsumme, wie dies bei der Grundschuld der Fall ist (vgl. § 1191 Abs. 1 BGB). Vielmehr ist eine Geldrente in regelmäßig wiederkehrenden Terminen zu zahlen (§ 1199 Abs. 1 BGB). Eine zeitliche Grenze ist nicht vorgesehen, so dass die Rentenschuld ewig auf dem Grundstück lastet. Allerdings kann der Eigentümer (nicht der Gläubiger!) die Rentenschuld durch Zahlung eines einmaligen Geldbetrags nach vorhergehender Kündigung (§ 1202 BGB) ablösen (§ 1201 BGB).

Die Rentenschuld verdankt ihre Aufnahme in das BGB der im letzten Jahrhundert vor allem in ländlichen Kreisen vorherrschenden Ansicht, dass die Belastung agrarisch genutzten Grundbesitzes nur im Hinblick auf die Früchte, nicht hinsichtlich der Substanz des Grundstücks erfolgen solle.[71] In der Praxis hat die Rentenschuld keine Bedeutung gewonnen. Da der *Gläubiger* über kein Kündigungsrecht verfügt, eignet sich die Rentenschuld nicht zur Sicherung von Darlehen. Allenfalls könnte die Zahlung regelmäßig wiederkehrender Geldbeträge, etwa Unterhaltsrenten, gesichert werden. Hierfür hat sich jedoch die Reallast als günstiger erwiesen, die nach § 1108 BGB auch die persönliche Haftung des jeweiligen Eigentümers eröffnet (→ § 19 Rn. 16).

---

[69] *Baur/Stürner* § 46 Rn. 21. Direkt ist die Vorschrift nicht anwendbar, denn die Bestellung der *Hypothek* erfolgt nicht unter einer aufschiebenden Bedingung.
[70] Es gilt der Satz: „Das Recht aus dem Papier folgt dem Recht am Papier."
[71] Vgl. Planck/Strecker Anm. 2 d vor § 1113.

§ 19 Die Reallast

Literatur: *Amann*, Durchsetzung der Reallast ohne Verlust der Reallast, DNotZ 1993, 222; *Beyerle*, Ertragsbeteiligung als dingliches Recht, JZ 1955, 259; *Lange-Parpart*, Die Reallast als Sicherungsmittel in der notariellen Praxis, RNotZ 2008, 377; *v. Lübtow*, Die Struktur der Pfandrechte und Reallasten, Festschr. Lehmann I, 1956, S. 328.

Studium: *Becker*, Das Anspruchssystem der privatrechtlichen Reallast (§§ 1105 ff. BGB), JA 2013, 171.

I. Übersicht

1. Die Struktur der Reallast

Die Reallast ist eine Grundstücksbelastung des Inhalts, dass an den Berechtigten „wiederkehrende Leistungen aus dem Grundstücke" zu entrichten sind (§ 1105 Abs. 1 Satz 1 BGB). Der Wortlaut ist missverständlich: Mit den Leistungen „aus dem Grundstück" sind nicht nur Erzeugnisse oder Bodenbestandteile gemeint. Inhalt der Reallast können auch Geld-, sonstige Sach- und sogar Dienstleistungen sein. Nicht anders als bei § 1113 Abs. 1 BGB ist mit den Worten „aus dem Grundstück" die dingliche *Haftung des Grundstücks* für die zu erbringenden Leistungen gemeint. Rechtstechnisch wird dies dadurch erreicht, dass § 1107 BGB für die einzelnen Leistungen auf das Recht der Hypothekenzinsforderung verweist. Der Reallastberechtigte kann sich nach § 1147 BGB wegen der einzelnen Leistungen aus dem Grundstück durch Zwangsvollstreckung befriedigen. Sie ist damit – ebenso wie die Hypothek und die Grundschuld – ein dingliches Sicherungsrecht.[1]

Gegenüber den (Grund-)Pfandrechten weist die Reallast allerdings eine bemerkenswerte Besonderheit auf: Nach § 1108 BGB tritt neben das dingliche Verwertungsrecht die persönliche Haftung des Eigentümers für die aus dem Grundstück zu erbringende Leistung (→ § 19 Rn. 16).

Bei der Reallast sind mithin drei Rechtsverhältnisse zu unterscheiden (Einzelheiten → § 19 Rn. 13 ff.): Die Reallast(-berechtigung) als das Stammrecht (§ 1105 BGB), der daraus erwachsende „verdinglichte" Anspruch auf die einzelne Leistung (§ 1107 BGB), der zur Verwertung des Grundstücks berechtigt, und der schuldrechtliche Anspruch gegen den Eigentümer des Grundstücks (§ 1108 BGB). Darüber hinaus kann aus dem der Bestellung der Reallast zugrundeliegenden Vertrag ein weiterer obligatorischer Anspruch folgen.

---

[1] MünchKommBGB/*Mohr* § 1105 Rn. 6 f.; etwas anders *Baur/Stürner* § 35 Rn. 7: Mittelstellung zwischen Nutzungs- und Sicherungsrecht. Aber zur Nutzziehung ist der Reallastberechtigte nicht befugt, vgl. *Westermann/Gursky/Eickmann* § 123 II 3, S. 935.

4   Die Unterscheidung ist wichtig für die Person und den Umfang der Haftung, wie folgendes Beispiel verdeutlicht:

Beispiel: Landwirt L übergibt seinem Sohn S den Hof. In dem Altenteilsvertrag verpflichtet sich S, dem L monatlich 1000 Euro Unterhalt in bar zu bezahlen. Dem S wird das Eigentum am Hofgrundstück übertragen und zugleich für L eine Reallast bestellt. Daraus kann L gemäß § 1107 BGB die Haftung des Grundstücks für die monatliche Unterhaltsleistung geltend machen, also in das Grundstück vollstrecken, wenn S seiner Unterhaltsverpflichtung nicht nachkommt. Ferner schuldet S nach § 1108 BGB als neuer Eigentümer des Grundstücks auch *persönlich* die Leistungen, die während der Dauer seines Eigentums fällig werden. Veräußert S das Hofgrundstück, kann L auch vom Erwerber nach § 1108 BGB Zahlung der Rente verlangen. Es handelt sich dabei um einen schuldrechtlichen Anspruch, der den Zugriff auf das *gesamte Vermögen* des Eigentümers eröffnet. Schließlich hat L gegen S noch einen schuldrechtlichen Zahlungsanspruch aus dem Hofübergabevertrag. Hierfür haftet der Erwerber des Hofgrundstücks nicht, es sei denn, es liegt eine wirksame Schuldübernahme (§§ 414, 415 BGB) vor.

5   Aufgrund der eigentümlichen Verknüpfung von dinglichem Verwertungsrecht und schuldrechtlichen Einzelansprüchen entzieht sich die Reallast der widerspruchsfreien Einordnung in das System obligatorischer und dinglicher Rechte (→ § 1 Rn. 2ff.). Das ist ohne weiteres verständlich, wenn man sich vor Augen führt, dass die Systembildung unter dem Einfluss römisch-rechtlichen Denkens erfolgte, die Reallast aber im römischen Recht unbekannt war (→ § 19 Rn. 6). *Heck* hat sich für eine Doppelnatur ausgesprochen:[2] Obligatorisches Sachenrecht und dinglich geschützte Obligation. Dingliche Merkmale prägen die Struktur der Reallast, etwa hinsichtlich Entstehung, Rang, Durchsetzung usw. Auch bei anderen dinglichen Rechten ist ein Legalschuldverhältnis nicht unbekannt. Während es aber etwa beim Nießbrauch und der Dienstbarkeit nur Nebenpflichten beinhaltet, schafft § 1107 BGB eine Forderung auf die Hauptleistung.[3] Diese ist in ihrer Entstehung „verdinglicht", weil sie sich gegen den jeweiligen Eigentümer richtet, folgt in der Durchsetzung allerdings obligationsrechtlichen Grundsätzen, insbesondere mit der Gesamtvermögenshaftung.

2. Bedeutung

6   Anders als viele andere beschränkte dingliche Rechte ist die Reallast nicht römisch-rechtlichen Ursprungs. Ihre historischen Vorläufer wurzeln vielmehr im Mittelalter, wo die „Grundlast" als zu Anfang rein persönliche, später mit dem Grund und Boden verknüpfte Leistungspflicht in Form von bäuerlichen Zehnten, Grundzinsen und Fronden des „Hintersassen" zugunsten des Grundherrn eine erhebliche Rolle spielte.[4] Diese vielfach drückenden und jede Initiative läh-

---

[2] *Heck* § 109, 2, S. 440.
[3] Dogmatisch unterscheiden *Wolff/Raiser* § 128 II 2 b, S. 514 noch zwischen dem neben dem Recht stehenden Begleitschuldverhältnis und dem aus der Reallast erwachsenden Anspruch.
[4] Dazu *Wolff/Raiser* § 127 II, S. 510f.

menden Pflichten wurden im Zuge der Bauernbefreiung und der Bodenmobilisierung zurückgedrängt und weithin aufgehoben. Der BGB-Gesetzgeber stand der Reallast unter Hinweis auf „volkswirtschaftliche Rücksichten" skeptisch gegenüber,[5] konnte sich zu einer Nichtaufnahme dieses Rechtes in das BGB aber nicht durchringen. Freilich überließ er es in Artt. 113, 115 EGBGB dem Landesgesetzgeber, die Reallast landesrechtlich abweichend vom BGB zu regeln oder ihre Neubegründung auszuschließen.

Heute hat die Reallast Bedeutung vor allem bei landwirtschaftlichen Hofübergabeverträgen:[6] In einem sog. „Altenteilsrecht" (Leibgeding, Leibzucht, Auszug, vgl. § 49 GBO) verspricht der Übernehmer des Hofes dem Übergebenden die Leistung von Unterhalt in Geld und/oder Naturalien, das Recht, in dem Hofgebäude zu wohnen und die Pflege „in alten und kranken Tagen". Die Erbringung dieser Leistungen kann durch eine Reallast gesichert werden, das Wohnrecht nach § 1093 BGB. Mitunter sichert man auch Leibrentenverträge (§§ 759ff. BGB) durch eine Reallast, weil diese eine Wertsicherung ermöglicht (§ 1105 Abs. 1 Satz 2 BGB). Daneben werden durch Reallasten gesichert Rechte auf Energiebezug (Industriereallasten), Geldrenten als Gegenleistung für Grundstücksübertragungen[7] und Verpflichtungen zur Unterhaltung von Anlagen.

II. Entstehung und Inhalt

Die Reallast ist eine Grundstücksbelastung und entsteht daher nach § 873 BGB durch Einigung und Eintragung. Die Reallast kann nicht nur als Personalrecht, sondern auch als Realrecht (§ 1105 Abs. 2 BGB) bestellt werden. Geeigneter Belastungsgegenstand ist ein Grundstück, Miteigentumsanteile an einem Grundstück (§ 1106 BGB), ferner grundeigentumsgleiche Rechte wie Wohnungseigentum und Erbbaurecht; der Erbbauzins kann als Reallast eingetragen werden (§ 9 Abs. 1 ErbbauRG).

Inhaltlich setzt die Reallast „wiederkehrende Leistungen" voraus. Es kann sich um Geld-, Sach- und Dienstleistungen handeln. Hierin unterscheidet sich die Reallast von der Rentenschuld, die nur auf Geldzahlungen gerichtet ist. Anders als Dienstbarkeiten kann die Reallast Unterlassungen nicht zum Inhalt haben. Es muss sich bei der Reallast um *wiederkehrende* Leistungen handeln, ohne dass diese wie bei der Rentenschuld „regelmäßig" wiederkehren müssen. Eine einmalige Zahlung kann nur durch eine Hypothek oder Grundschuld gesichert werden.[8]

---

[5] Motive Bd. 3, S. 579.
[6] Vgl. *Weirich/Ivo* Rn. 1181 ff.
[7] Vgl. BGHZ 58, 191; BGHZ 111, 324.
[8] Auch eine einmalige Leistung kann ausnahmsweise Inhalt einer Reallast sein, wenn sie – insbesondere im Zusammenhang mit einem Leibgedinge – als Nebenleistung im „Gesamtzusammenhang" wiederkehrender Leistungen vereinbart wird (dazu BGH NJW 2014, 1000, Rn. 7 [teilweise Erlösauskehr bei Grundstücksveräußerung]).

10   Für die Reallast gilt der sachenrechtliche Bestimmtheitsgrundsatz (→ § 1 Rn. 48). Für den Eigentümer, seine Rechtsnachfolger und nachrangige Grundpfandrechtsgläubiger ist der Geldwert der Leistungen ausschlaggebend. Freilich genügt es, wenn er aufgrund objektiver Umstände *bestimmbar* ist.[9] Das wird zuweilen großzügig gehandhabt: So können Kosten einer „standesgemäßen und ortsüblichen Beerdigung" und für die „üblichen" Gottesdienste durch Reallast gesichert werden. § 1105 Abs. 1 Satz 2 BGB[10] ermöglicht die Anpassung an veränderte Umstände. Mögliche Bezugsgrößen sind dabei etwa die Höchstpension eines bayerischen Notars,[11] das Grundgehalt einer bestimmten Besoldungsgruppe eines Beamten einer bestimmten Dienstaltersstufe[12] oder ein bestimmter Lebenshaltungsindex.[13]

III. Übertragung

11   Bei der Übertragung der Reallast ist zu unterscheiden zwischen der Reallastberechtigung als Stammrecht und den Einzelansprüchen. Handelt es sich beim Stammrecht um eine subjektiv-dingliche Reallast, ist sie Bestandteil eines Grundstücks (§ 96 BGB) und kann nicht isoliert Gegenstand einer Verfügung sein. Die subjektiv-persönliche Reallast ist nach § 873 BGB übertragbar, es sei denn, der Anspruch auf die einzelne Leistung ist nicht übertragbar (§ 1111 Abs. 2 BGB). Praktisch wichtig ist die Unübertragbarkeit nach § 400 BGB infolge der Unpfändbarkeit beim Altenteil (§ 850b Abs. 1 Nr. 3 ZPO).

12   Der Einzelanspruch wird nach § 1107 BGB wie eine Hypothekenzinsforderung behandelt. *Fällige* Einzelansprüche sind daher nach §§ 1159 Abs. 1, 398 BGB abtretbar (→ § 17 Rn. 91); die Eintragung im Grundbuch ist nicht erforderlich.

IV. Durchsetzung und Schutz der Reallast

13   Bei der Reallast sind drei Rechte zu trennen (→ § 19 Rn. 3): Die Reallastberechtigung als „Stammrecht" (§ 1105 BGB), das dingliche Recht auf die einzelnen Leistungen (§ 1107 BGB) und der persönliche Anspruch gegen den Eigentümer (§ 1108 BGB). Davon zu unterscheiden ist ein eventueller Anspruch aus dem der Bestellung der Reallast zugrundeliegenden Schuldverhältnis.

---

[9] BGHZ 130, 342, 345.
[10] Eingefügt durch Art. 11a Abs. 2 Nr. 2 des Euro-Einführungsgesetzes v. 9.6.1998, BGBl I, 1254.
[11] BGHZ 22, 54, 58.
[12] BGHZ 111, 324.
[13] OLG Düsseldorf OLGZ 67, 461.

1. Die Reallastberechtigung als Stammrecht

Die Reallastberechtigung ist das Stammrecht, aus dem die Rechte auf die einzelnen Leistungen erwachsen, ähnlich wie das Schuldverhältnis im weiteren Sinne „Quelle" der daraus fließenden Forderungen ist. Das Stammrecht selbst gibt nur dann ein Recht auf die kapitalisierten Leistungen, wenn es abgelöst wird; die Ablösung richtet sich nach Landesrecht. Die Reallast als Stammrecht ist ein absolutes Recht und begründet Ansprüche gegen Störer auf Unterlassung und Beseitigung von Beeinträchtigungen (§ 1004 BGB analog). Nach h.M. beruhen sie auf §§ 1134f. BGB,[14] obgleich § 1107 BGB nur für die Einzelleistungen auf Hypothekenrecht verweist.[15] Ferner kann der Reallastberechtigte bei schuldhafter Schädigung nach § 823 Abs. 1 BGB Schadensersatz verlangen, ist das Grundbuch unrichtig, folgt aus § 894 BGB ein Grundbuchberichtigungsanspruch.

2. Recht auf Einzelleistungen

Für die Durchsetzung der aus dem Grundstück zu entrichteten einzelnen Leistungen verweist § 1107 BGB auf die für Zinsen einer Hypothekenforderung geltenden Vorschriften. Das bedeutet in erster Linie, dass die Leistungsrechte im Wege der Zwangsvollstreckung (§ 1147 BGB) in das belastete Grundstück und die nach §§ 1120ff. BGB mithaftenden Gegenstände durchgesetzt werden. Voraussetzung ist ein Duldungstitel. Selbst wenn es sich um Leistungen handelt, die aus dem Grundstück „erbracht" werden könnten, wie etwa das Recht auf Sachfrüchte (Obsternte) oder Erzeugnisse (Kies, Sand, Torf), kann der Reallastberechtigte nur das Verwertungsrecht ausüben. Er hat hingegen keinen Anspruch auf Realerfüllung. Der Eigentümer ist zur Leistung berechtigt (§§ 1107, 1142 BGB), aus § 1107 BGB aber nicht verpflichtet.

3. Persönlicher Anspruch auf die Leistung

Nach § 1108 BGB hat der Reallastberechtigte gegen den Eigentümer einen obligatorischen Anspruch auf die Einzelleistungen. Der Anspruch kann ausgeschlossen oder inhaltlich eingeschränkt werden. Der Eigentümer haftet persönlich mit seinem gesamten Vermögen. Er schuldet aber nur diejenigen Leistungen, die während der Dauer seines Eigentums fällig werden. Wird das Grundstück übereignet, bleiben diese Altverpflichtungen allerdings unberührt. Neue Verbindlichkeiten entstehen nicht.

Beispiel: A ist im Jahre 2020 Eigentümer eines mit einer Reallast belasteten Grundstücks, wonach jährlich 1000 Euro an den Berechtigten R zu zahlen sind. Im Jahre 2021 ist B Eigentümer, im Jahre 2022 C. Hier schulden A und B nach wie vor 1000 Euro persönlich (Klage auf Zahlung!); C schuldet ebenfalls 1000 Euro für das Jahr 2022 persönlich. Darüber

---

[14] *Westermann/Gursky/Eickmann* § 123 III 1, S. 936.
[15] *Wolff/Raiser* § 128 II 1 Fn. 15 wenden § 1134 BGB, nicht aber § 1133 BGB an.

hinaus kann R wegen 3000 Euro die Zwangsvollstreckung in das Grundstück betreiben (Klage auf Duldung der Zwangsvollstreckung!). Die dingliche Haftung des Grundstücks bleibt also in voller Höhe bestehen, auch wenn das Eigentum am Grundstück wechselt. Auf das Verhältnis zwischen A, B und C wendet man die Regeln über die Gesamtschuld (§§ 421 ff. BGB) entsprechend an.[16]

---

[16] *Wolff/Raiser* § 128 II 2 c, S. 515.

6. Kapitel: Dienstbarkeiten

§ 20 Übersicht

Literatur: *Heß,* Dienstbarkeit und Reallast im System dinglicher Nutzungs- und Verwertungsrechte, AcP 198 (1998), 489; *Stürner,* Dienstbarkeit heute, AcP 194 (1994), 265.

I. Einführender Überblick

Im fünften Abschnitt des Sachenrechts normiert das BGB das Recht der Dienstbarkeiten (im weiteren Sinne). Es unterscheidet (als Dienstbarkeiten im engeren Sinne) die Grunddienstbarkeit (§§ 1018–1029 BGB), die beschränkte persönliche Dienstbarkeit (§§ 1090–1093 BGB) und den Nießbrauch (§§ 1030–1089 BGB). Dienstbarkeiten berechtigen zur Nutzung eines fremden Gegenstands, allerdings in sehr unterschiedlichem Umfang: Dem Nießbraucher gebühren sämtliche Nutzungen (§ 100 BGB) des belasteten Gegenstands, der Inhaber sonstiger Dienstbarkeiten darf das belastete Grundstück „in einzelnen Beziehungen" (§ 1018 BGB) benutzen.[1] Der Nießbrauch kann an allen Gegenständen (Sachen, Rechten) und sogar an einem Vermögen (§§ 1085 ff. BGB) bestellt werden, die Grunddienstbarkeit und die beschränkte persönliche Dienstbarkeit nur an Grundstücken und grundstücksgleichen Rechten. Grunddienstbarkeit und beschränkte persönliche Dienstbarkeit unterscheiden sich durch den Berechtigten: Die Grunddienstbarkeit steht dem jeweiligen Inhaber eines anderen Grundstücks zu, ist also ein „Realrecht" oder „subjektiv-dingliches" Recht; die auf dem „dienenden" Grundstück lastende Grunddienstbarkeit ist nach § 96 BGB Bestandteil des „herrschenden" Grundstücks. Die beschränkte persönliche Dienstbarkeit ist nicht Bestandteil eines Grundstücks, sondern besteht zugunsten einer bestimmten Person.

Mit der Qualifizierung der Dienstbarkeiten als Nutzungsrechte[2] ist ihr wesentlicher Kern zutreffend erfasst. Die Grunddienstbarkeit und die beschränkte persönliche Dienstbarkeit können nach §§ 1018 Fall 2 und 3, 1090 BGB jedoch auch zum Inhalt haben, dass der Eigentümer des belasteten Grundstücks auf seinem Grundstück bestimmte Handlungen nicht vornehmen darf (Beispiel: Bebauungsverbot) oder nicht berechtigt ist, Abwehrrechte gegenüber dem Inhaber der Dienstbarkeit auszuüben (Beispiel: Verbot, immissionsrechtliche Unterlassungsansprüche auszuüben).

---

[1] Zu sonstigen Befugnissen des Dienstbarkeitsberechtigten → § 21 Rn. 11 ff.
[2] *Wolff/Raiser* § 105 I, S. 430.

3   Dienstbarkeiten sind *dingliche* Nutzungsrechte. Der Unterschied zu obligatorischen Nutzungsrechtsverhältnissen wie Miete oder Pacht zeigt sich namentlich in der Zwangsvollstreckung und der Insolvenz. Wird beispielsweise das vermietete Grundstück zwangsversteigert, kann der Mieter sein Besitzrecht verlieren. Gemäß § 57 ZVG tritt der Ersteigerer zwar nach § 566 BGB in das Mietverhältnis ein; ihm steht jedoch aus § 57a ZVG ein Sonderkündigungsrecht zu. Gleiches gilt nach § 111 InsO, wenn der Insolvenzverwalter das vom Insolvenzschuldner vermietete Grundstück veräußert. Dingliche Nutzungsrechte sind hingegen „vollstreckungsfest", wenn sie einen besseren Rang aufweisen als das Recht des Gläubigers (§§ 52 Abs. 1, 44, 10, 11 ZVG). Wird das Recht des Nutzungsberechtigten von Dritten beeinträchtigt, finden nach §§ 1065, 1027 BGB die Vorschriften über den Schutz des Eigentums Anwendung. Als nur obligatorische Nutzungsberechtigte genießen Mieter und Pächter Dritten gegenüber keine Rechte; allerdings wird dieser Grundsatz durchbrochen, wenn man den berechtigten Besitz unter die absoluten Rechte nach § 823 Abs. 1 BGB fasst (→ § 4 Rn. 23).

II. Die Problematik immerwährender dinglicher Nutzungsrechte

4   Dingliche Nutzungsrechte stellen den Gesetzgeber vor besondere Schwierigkeiten. Anders als obligatorische Schuldverhältnisses wie Miete oder Pacht (§ 542 BGB) können sie nicht „gekündigt" werden. Das Eigentum umfasst insbesondere die Nutzung und das Recht zur Verfügung über die Sache. Unkündbare Nutzungsrechte begründen die Gefahr, dass das Eigentum auf Dauer von der Nutzungsbefugnis getrennt wird. Das Eigentum wird zu einer „leeren Hülse", wenn man das Recht zur Nutzung der Sache dauerhaft abspaltet. Letztlich wird das Eigentum entwertet: Dem Eigentümer verbleibt zwar noch das Recht zur Verfügung über die Sache. Praktisch wird er jedoch keinen Erwerber finden, weil er nicht das Recht zum Gebrauch der Sache verschaffen kann. Das dauerhafte Auseinanderfallen von Nutzung und Verfügung schwächt daher das Eigentum. Andererseits erlangt der dinglich Nutzungsberechtigte nicht das Recht zur Verfügung über die Sache. Immerwährende dingliche Nutzungsrechte teilen daher die Befugnisse hinsichtlich der Sache auf Dauer. Freilich sind dingliche Nutzungsrechte nicht zuletzt aus ökonomischen Gründen wünschenswert. Der Erwerb eines bloßen Nutzungsrechts an einem Gegenstand ist vielfach preisgünstiger als das Eigentum.

5   Das BGB schließt daher dingliche Nutzungsrechte nicht aus, sondern versucht eine dauerhafte Spaltung von Eigentum und Nutzungsbefugnis in anderer Weise zu vermeiden: Nach § 1061 Satz 1 BGB erlischt der Nießbrauch zwingend mit dem Tode des Nießbrauchers. Auf diesem Wege wird sichergestellt, dass zu einem – wenn auch ungewissen – Zeitpunkt das Eigentum an der mit dem Nießbrauch belasteten Sache wieder mit der Nutzungskomponente „vereinigt" wird. Um zu verhindern, dass der Nießbrauch beispielsweise kurz vor dem Tode des Inhabers auf einen anderen, jüngeren Berechtigten übertragen

wird, schließt § 1059 Satz 1 BGB die Übertragung des Nießbrauchs aus. Möglich ist nach § 1059 Satz 2 BGB nur die Überlassung zur Ausübung. Das Ausübungsrecht erlischt als bloßes obligatorisches Nutzungsrecht mit der Beendigung des Nießbrauchs.

Probleme bereitet das Erlöschen bei juristischen Personen. § 1061 Satz 2 BGB knüpft das Ende des Nießbrauchs an das Erlöschen der juristischen Person. Formal wird damit der Gedanke des § 1061 Satz 1 BGB auch auf juristische Personen übertragen. Da diese jedoch „ewig" währen können, ist ein Rückfall der Nutzungsbefugnisse bei juristischen Personen als Nießbraucher nicht sichergestellt. Unabdingbare zeitliche Grenzen sieht das BGB nicht vor. Im Gegenteil: In §§ 1059a-1059e BGB wird die Übertragbarkeit des Nießbrauchs bei juristischen Personen sogar noch erleichtert.

Die erforderliche Beschränkung dinglicher Nutzungsrechte erfolgt bei der Grunddienstbarkeit in anderer Weise. Anders als der Nießbrauch, der alle Nutzungen umfasst, darf der jeweilige Eigentümer des herrschenden Grundstücks das belastete Grundstück nur in „einzelnen" Beziehungen benutzen. Für den Eigentümer des belasteten Grundstücks soll eine wirtschaftlich sinnvolle Benutzungsmöglichkeit bestehen bleiben. Ferner muss die Grunddienstbarkeit dem herrschenden Grundstück einen „Vorteil" bieten (§ 1019 BGB). Es soll keine zwecklosen Grundstücksbelastungen geben. Fehlt es an einem Vorteil, entsteht die Grunddienstbarkeit nicht; entfällt er später, erlischt sie.

§ 21 Die Grunddienstbarkeit

Literatur: *Amann,* Sicherungsdienstbarkeit, DNotZ 1986, 578; *Münch,* Die Sicherungsdienstbarkeit zwischen Gewerberecht und Kartellrecht, ZHR 157 (1993), 559; *Stürner,* Dienstbarkeit heute, AcP 194 (1994), 265.

Studium: *G. Lüke,* Der gutgläubige Erwerb einer Grunddienstbarkeit, JuS 1988, 524.

I. Übersicht und Bedeutung

1 Eine Grunddienstbarkeit belastet das „dienende" Grundstück zugunsten des Eigentümers des „herrschenden" Grundstücks. § 1018 BGB sieht drei Varianten vor: Das Recht zur Benutzung des dienenden Grundstücks in einzelnen Beziehungen, das Recht zum Verbot der Vornahme gewisser Handlungen auf dem dienenden Grundstück und der Ausschluss von Befugnissen, die sich aus dem Eigentum an dem dienenden gegenüber dem herrschenden Grundstück ergeben. Einen anderen Inhalt können die Parteien der Dienstbarkeit nicht geben. Das folgt aus dem Prinzip der Typenfixierung der Sachenrechte (→ § 1 Rn. 39ff.). Ausgeschlossen ist insbesondere die Begründung einer Pflicht zu einem positiven Tun, es sei denn, es handelt sich um bloße Nebenpflichten (→ § 21 Rn. 16).

2 Die Grunddienstbarkeit dient dazu, die Befugnisse des Eigentümers des herrschenden Grundstücks gegenüber dem dienenden Grundstück zu erweitern. Der Herrschaftsbereich des Eigentümers endet an der Grenze des Grundstücks. Wird jedoch am Nachbargrundstück ein Wegerecht in Form einer Grunddienstbarkeit begründet (§ 1018 Fall 1 BGB), kann der Eigentümer auch das Nachbargrundstück überqueren, etwa um zum öffentlichen Straßennetz zu gelangen. Möglich ist zwar auch eine schuldrechtliche Duldungsabrede gleichen Inhalts zwischen den Eigentümern der betroffenen Grundstücke. Diese bindet jedoch (ohne Schuldübernahme) weder den Einzelrechtsnachfolger des dienenden noch berechtigt sie (ohne Abtretung) den Erwerber des herrschenden Grundstücks. Als Grunddienstbarkeit besteht das Wegerecht für alle Zeiten zugunsten und zu Lasten der jeweiligen Grundstückseigentümer. Es bedeutet eine mittelbare Verbesserung der Rechtslage am herrschenden Grundstück, wenn dessen jeweiliger Eigentümer gemäß § 1018 Fall 2 BGB dem jeweiligen Eigentümer des dienenden Grundstücks die Vornahme gewisser Handlungen untersagen kann, die sich nach § 903 BGB zunächst aus dem Eigentum am dienenden Grundstück ergeben, etwa die Art und Weise oder die Höhe der Bebauung des dienenden Grundstücks. Nach § 1018 Fall 3 BGB kann die Ausübung von Rechten ausgeschlossen werden, die sich aufgrund des Nachbarrechts zugunsten des Eigentümers des dienenden Grundstücks gegenüber dem jeweiligen Eigentümer des herrschenden Grundstücks ergeben; danach darf der Eigentümer des herrschenden Grundstücks etwa Immissionen ausstoßen, die nach § 906

BGB nicht zulässig wären. Das dienende Grundstück und das herrschende Grundstück müssen nicht aneinandergrenzen.

Der Begriff Dienstbarkeit stammt vom römischen „servitut"; im deutschen Recht sprach man von „Gerechtigkeit". An den Inhalten der in der Praxis gebräuchlichen Dienstbarkeiten lässt sich der soziale Wandel von einer Agrar- hin zu einer Industrie- und zuletzt Dienstleistungsgesellschaft nachzeichnen: Spielten zunächst Wegerechte (Recht zu gehen, reiten, zum Viehtrieb), Wasserleitungsrechte, Weide- (Recht, Vieh auf fremdem Boden weiden zu lassen) und Waldgerechtigkeiten (Recht zum Holzschlag, Pilze sammeln) eine Rolle,[1] deren Fortbestand nach Inkrafttreten des BGB sich nach Artt. 184, 187 EGBGB richtet („altrechtliche Dienstbarkeiten"; → § 21 Rn. 23), rückten später etwa Gleisanschlussrechte und Bau- und Gewerbebeschränkungen sowie Energiegewinnungs-[2] und -leitungsrechte in den Vordergrund. Moderne Entwicklungen sind Dienstbarkeiten wettbewerbsrechtlichen Inhalts, etwa Vertriebsverbote oder Energiebezugsrechte.[3] Partiell wird das Recht der privatrechtlichen Dienstbarkeit überlagert von einer öffentlichrechtlichen Regelung der Materie, etwa durch das Bau- und Immissionsschutzrecht: Beispielsweise dienen die in den Bauordnungen vieler Bundesländer vorgesehenen öffentlichrechtlichen Baulasten[4] gleichen Zwecken wie Dienstbarkeiten, allerdings mit dem praktisch wichtigen Unterschied, dass die Baulast dem Nachbarn keine subjektiven Rechte gibt, sondern nur der Baubehörde ggf. eine Rechtsgrundlage zum Einschreiten gewährt.[5]

II. Entstehung, Änderung und Erlöschen der Grunddienstbarkeit

1. Rechtsgeschäftliche Begründung

Die Grunddienstbarkeit entsteht nach § 873 BGB durch Einigung und Eintragung in Abteilung II des Grundbuchblatts des belasteten („dienenden") Grundstücks. Zugleich kann sie im Bestandsverzeichnis des Grundbuchs des herrschenden Grundstücks, als dessen Bestandteil die Grunddienstbarkeit gilt (§ 96 BGB), (deklaratorisch) eingetragen werden (§ 9 GBO, § 7 GBV). Für die Vermutung des § 891 BGB und den öffentlichen Glauben des Grundbuchs nach § 892 BGB ist allein die Eintragung beim belasteten Grundstück maßgeblich.[6]

3

Die Rechtsprechung musste sich mit der Frage befassen, ob eine Grunddienstbarkeit (Wegerecht) gewohnheitsrechtlich entstehen oder im Wege der Ersitzung erworben werden könne. Der BGH hat diesen Entstehungsgrund unter Bezugnahme auf die mit der Grundbucheintragung verfolgten Rechtsklarheit zutreffend verneint.[7] Nicht ausgeschlossen ist indes die konkludente Vereinbarung schuldrechtlicher Nutzungsgestattungen, wenn ein vermeintliches Recht jahrzehntelang einvernehmlich ausgeübt worden war.

---

[1] Vgl. die Zusammenstellung bei *Wolff/Raiser* § 110, S. 449f.
[2] Dazu *Mohr* VersorgW 2017, 326.
[3] Überblick bei MünchKommBGB/*Mohr* Vor § 1018 Rn. 6ff.
[4] Dazu *Weisemann* NJW 1997, 2857.
[5] BGHZ 88, 97, 100; BGHZ 94, 160, 165.
[6] MünchKommBGB/*Kohler* § 892 Rn 6; vgl. dazu die Besprechung der interessanten Entscheidung BayObLG NJW-RR 1987, 789 durch *G. Lüke* JuS 1988, 524.
[7] BGH NJW 2020, 1360, Rn. 15; lesenswert dazu *K. Schmidt* JuS 2020, 888.

4   Den Inhalt der Grunddienstbarkeit können – und müssen – die Parteien in den Grenzen des § 1018 BGB bestimmen. In dieser Obliegenheit zur Inhaltsbestimmung unterscheidet sich die Dienstbarkeit von anderen beschränkten dinglichen Rechten, die streng dem Grundsatz der Typenfixierung (→ § 1 Rn. 39) unterliegen (z.B. Nießbrauch, Vorkaufsrecht). Der vereinbarte Inhalt der Dienstbarkeit muss im Grundbuch wenigstens schlagwortartig wiedergegeben werden („Wegerecht"; „Leitungsrecht"), jedoch so genau, dass für einen Dritten die höchstmögliche Belastung des Grundstücks erkennbar ist.[8] Hinsichtlich der näheren inhaltlichen Ausgestaltung kann nach § 874 BGB auf die Eintragungsbewilligung Bezug genommen werden.[9]

5   Obgleich dies im BGB für die Grunddienstbarkeit nicht vorgesehen ist, wird (heute) ihre Bestellung durch den Eigentümer des dienenden Grundstücks zugelassen („Eigentümerdienstbarkeit"; → § 22 Rn. 2).[10] Sie erfolgt (entgegen § 873 BGB) analog § 1196 Abs. 2 BGB durch einseitige Erklärung des Eigentümers gegenüber dem Grundbuchamt und Eintragung im Grundbuch. Auf diesem Wege kann der Eigentümer vor der Veräußerung seines Grundstücks beispielsweise den baulichen Charakter mehrerer parzellierter Grundstücke dauerhaft festlegen.[11]

6   Die Entstehung der Grunddienstbarkeit setzt kein Kausalgeschäft voraus. Eine Verpflichtung zur Bestellung einer Grunddienstbarkeit kann formfrei begründet werden. Der schuldrechtliche Anspruch auf Bestellung der Grunddienstbarkeit ist nach § 399 Fall 1 BGB grundsätzlich nicht abtretbar (und damit auch nicht pfändbar, § 851 Abs. 1 ZPO). Möglich ist nur die Abtretung an den Erwerber des Grundstücks.

Von der Verpflichtung zur Bestellung einer Grunddienstbarkeit streng zu unterscheiden ist die Pflicht, etwas zu dulden oder zu unterlassen, was Inhalt der Grunddienstbarkeit sein könnte. Verspricht A dem Nachbarn B, sein Grundstück nicht zu bebauen, veräußert es dann aber an C, der ein Gebäude errichtet, so hat B allenfalls schuldrechtliche Ansprüche gegen A. Verpflichtet sich A zur Bestellung einer Grunddienstbarkeit entsprechenden Inhalts, so hat er erfüllt, wenn sie entstanden ist. Errichtet C gleichwohl ein Gebäude, hat B Ansprüche aus § 1027 BGB gegen C, nicht gegen A.[12]

2. Änderung und Untergang der Grunddienstbarkeit

7   Die Grunddienstbarkeit gilt nach § 96 BGB als Bestandteil des herrschenden Grundstücks, und zwar als wesentlicher Bestandteil (analog § 93 BGB), weil sie nicht vom Grundstück trennbar ist.[13] Sie ist daher nicht isoliert Verfügungsge-

---

[8] OLG München NJW-RR 2011, 1461.
[9] BGHZ 35, 378, 382.
[10] BGHZ 41, 209 (für § 1090 BGB); *Wolff/Raiser* § 108 I 1 b, S. 442f.
[11] BGHZ 41, 209, 211.
[12] Beispiel nach *Wolff/Raiser* § 108 I 1, S. 444.
[13] BGH NZM 2012, 471, Rn. 8; kritisch zur Unterscheidung bei Rechten nach § 96 BGB, *Wilhelm* Rn. 45.

genstand. Vielmehr erstrecken sich Verfügungen über das herrschende Grundstück notwendig auf die Grunddienstbarkeit; diese unterliegt beispielsweise der Hypothekenhaftung (→ § 17 Rn. 29), kann isoliert aber nicht belastet werden. Möglich ist eine schuldrechtliche Ausübungsgestattung: Verpachtet beispielsweise der Eigentümer das herrschende Grundstück, kann der Pächter zur Ausübung des Wegerechts am dienenden Grundstück befugt sein.

Änderungen des Inhalts der Grunddienstbarkeit erfolgen nach §§ 877, 873 BGB durch Einigung und Eintragung. Sie können erforderlich sein, wenn etwa die Ausübungsstelle eines Wegerechts verlegt werden soll. §§ 1025f. BGB regeln Auswirkungen auf die Grunddienstbarkeit bei Teilung des herrschenden und des dienenden Grundstücks.

Von rechtsgeschäftlichen Änderungen der Grunddienstbarkeit zu unterscheiden ist der Wandel des Inhalts der Grunddienstbarkeit infolge geänderter wirtschaftlicher oder technischer Voraussetzungen ihrer Ausübung. Die Grunddienstbarkeit währt ewig. Dies wirft die Frage auf, in welchem Maß sich ihr Umfang den Änderungen tatsächlicher Verhältnisse anpasst. Grundsätzlich liegt der Umfang einer Grunddienstbarkeit nicht von vornherein für alle Zeiten fest, sondern kann sich nach dem jeweiligen Bedürfnis des herrschenden Grundstücks ändern und mit einer Bedarfssteigerung auch wachsen.[14] Wurde beispielsweise ein Wegerecht Jahrzehnte mit einem Pferdefuhrwerk ausgeübt, kann heute das dienende Grundstück mit einem Kraftfahrzeug befahren werden,[15] selbst wenn damit eine stärkere Beeinträchtigung (Lärm und Abgase) verbunden ist. Jedoch ist nicht jede Erweiterung hinzunehmen, sondern nur Bedarfssteigerungen, die sich in den Grenzen einer der Art nach gleichbleibenden Benutzung des herrschenden Grundstücks halten und auf eine zur Zeit der Dienstbarkeitsbestellung nicht vorausehbare oder willkürliche Bedarfssteigerung zurückzuführen sind.[16] Die Grenzziehung ist nicht einfach: Muss der Eigentümer die Überfahrt hunderter Pkws zu einem Parkplatz eines Einkaufszentrums dulden, nachdem vor Jahrzehnten ein Wegerecht bestellt wurde, um den damals kaum motorisierten Kunden eines Tante-Emma-Ladens die Zufahrt zu ermöglichen?

Die Grunddienstbarkeit erlischt durch einseitige Aufgabeerklärung und Löschung (§ 875 BGB), ferner infolge des Eintritts einer auflösenden Bedingung, nicht jedoch, wenn der Eigentümer des herrschenden Grundstücks das dienende Grundstück erwirbt (§ 889), abgesehen von § 1028 Abs. 1 Satz 2 BGB[17] auch nicht durch Nichtausübung der Grunddienstbarkeit, wohl aber durch Wegfall des Vorteils (§§ 1019, 1025 Satz 2 BGB; → § 21 Rn 17 ff.).

---

[14] BGHZ 44, 171, 172f.
[15] BGH NJW 1967, 1610.
[16] BGHZ 44, 171, 172f.
[17] Die Verjährungsfrist gemäß § 1028 BGB beträgt auch nach der Verkürzung der Regelverjährung auf drei Jahre durch das SchuldrechtsmodernisierungsG weiterhin 30 Jahre, BGH NJW 2014, 3780, Rn. 22 ff.

III. Inhalt der Grunddienstbarkeit

1. Benutzungsdienstbarkeit (§ 1018 Fall 1 BGB)

11 Nach § 1018 Fall 1 BGB kann eine Grunddienstbarkeit des Inhalts bestellt werden, dass der Berechtigte das belastete Grundstück in einzelnen Beziehungen benutzen darf. Der Eigentümer des dienenden Grundstücks muss die Benutzung dulden („*pati*"). Der sonst gegebene Unterlassungsanspruch ist nach § 1004 Abs. 2 BGB ausgeschlossen.

12 Es darf sich dabei immer nur um die Nutzung des dienenden Grundstücks in „einzelnen Beziehungen" handeln. Die vollständige Nutzung des fremden Grundstücks kann nur im Wege eines (im Gegensatz zur Grunddienstbarkeit nach § 1059 Satz 1 BGB zeitlich begrenzten) Nießbrauchs erfolgen. Als Nutzung kommen Gebrauchsvorteile oder die Fruchtziehung in Betracht (§ 100 BGB). Gebrauchsvorteile bilden etwa ein Wege-, Überfahrts- oder Wasserleitungsrecht, die Fruchtziehung kann das Recht auf Entnahme von Bodenbestandteilen wie Kies, Sand oder Steine umfassen. In diesen Fällen erwirbt der Dienstbarkeitsberechtigte das Eigentum an den gewonnenen Erzeugnissen nach § 954 BGB mit ihrer Trennung vom Grundstück (→ § 29 Rn. 3).

2. Unterlassungsdienstbarkeit (§ 1018 Fall 2 BGB)

13 Das dienende Grundstück kann im Wege der Dienstbarkeit gemäß § 1018 Fall 2 BGB dahin belastet werden, dass der Eigentümer auf dem Grundstück bestimmte tatsächliche Handlungen nicht vornehmen darf. Der Eigentümer – auch der Mieter oder Pächter des dienenden Grundstücks[18] – muss Handlungen unterlassen, die er sonst aufgrund seines Eigentums vornehmen dürfte („*non facere*"). Hierher gehören insbesondere Baubeschränkungen, etwa das Verbot, das dienende Grundstück nicht[19] oder zur Sicherung des Wohncharakters eines Gebietes („Villengegend") nur in bestimmter Weise zu bebauen,[20] die Höhe der Bebauung – zur Erhaltung einer reizvollen Aussicht – zu begrenzen, eine vorhandene Bebauung nicht zu verändern[21] oder Abstandsflächen einzuhalten.[22] Eine große Rolle spielen ferner Gewerbeverbote, die planungsrechtlichen und immissionsschutzrechtlichen Zwecken dienen können. Zur wettbewerbsbeschränkenden Dienstbarkeit, die wegen des Vorteilserfordernisses des § 1019 BGB regelmäßig als beschränkte persönliche Dienstbarkeit bestellt wird, → § 22 Rn. 4 ff.

14 Auch die Unterlassungsdienstbarkeit kann nur die Vornahme „gewisser Handlungen" verbieten, nicht jedoch alle möglichen Nutzungen des Grundstücks er-

---

[18] Auch jeder sonstige Dritte, *Wolff/Raiser* § 105 Fn. 5.
[19] BGHZ 90, 181; BGH NJW 1964, 2296; BGH WM 1967, 582; OLG Celle NJW 1958, 1096; BayObLG DNotZ 1966, 538.
[20] BGHZ 41, 209; BGH JZ 1967, 322; BGH DNotZ 1970, 348; BGH WM 1971, 529.
[21] BGH JZ 1967, 322 (V ZR 67/64).
[22] RGZ 61, 338.

fassen. Der Eigentümer des dienenden Grundstücks darf nicht von jeglicher wirtschaftlich sinnvollen Nutzung des Grundstücks ausgeschlossen werden.[23] Zulässig ist aber die Verknüpfung von Benutzungs- und Unterlassungsdienstbarkeit: Der Eigentümer des herrschenden Grundstücks kann zur Holzgewinnung auf dem dienenden Grundstück berechtigt sein, wogegen dem Eigentümer des dienenden Grundstücks dies im Wege der Grunddienstbarkeit untersagt ist. Auf diesem Wege wird ein *ausschließliches* Holzschlagrecht für den Eigentümer des herrschenden Grundstücks begründet.

Ausgeschlossen werden dürfen nur „auf dem Grundstück" vorzunehmende Handlungen. Grundstücksbezogen sind nur tatsächliche Handlungen. Rechtsgeschäfte können nicht Inhalt einer Dienstbarkeit sein. Folglich kann ein Verbot, das belastete Grundstück nicht zu veräußern, nicht Inhalt einer – nach § 137 BGB ohnehin nur schuldrechtlich wirkenden – Dienstbarkeit sein.[24]

3. Ausschluss von Abwehrrechten (§ 1018 Fall 3 BGB)

Nach § 1018 Fall 3 BGB kann eine Grunddienstbarkeit schließlich zum Inhalt haben, dass der Eigentümer des dienenden Grundstücks Rechte nicht ausüben darf, die sich aus dem Eigentum am dienenden Grundstück dem herrschenden Grundstück gegenüber ergeben. Es handelt sich dabei um nachbarrechtliche Abwehrrechte. Im Wege der Dienstbarkeit kann daher die Pflicht zur Duldung nach § 906 BGB eigentlich unzulässiger Immissionen (→ § 6 Rn. 15 ff.) begründet werden. Auch die §§ 907 ff. BGB können modifiziert werden. Die Grunddienstbarkeit nach § 1018 Fall 3 BGB ist damit eine sichere Grundlage für „vereinbartes Nachbarrecht".[25]

15

4. Positives Tun als Nebenpflicht

Die Verpflichtung zu positivem Tun kann nicht Gegenstand der Grunddienstbarkeit sein. Möglich ist die Begründung von Handlungspflichten nur im Wege der Reallast. Unberührt davon bleibt die Zulässigkeit von Handlungspflichten als Nebenpflichten einer Grunddienstbarkeit, beispielsweise zur Unterhaltung einer Anlage auf dem belasteten Grundstück (§§ 1021 f. BGB). Darüber hinaus ist es gestattet, den Eigentümer des dienenden Grundstücks zu verpflichten, das Grundstück in einem der Dienstbarkeit entsprechenden Zustand zu erhalten. Daher ist es zulässig, die Erhaltung eines Waldstreifens zum Schutze vor Wind nicht nur durch ein Abholzverbot, sondern auch im Wege eines Aufforstgebots zu sichern;[26] möglich ist auch eine Dienstbarkeit, eine Hecke nicht über eine be-

16

---

[23] MünchKommBGB/*Mohr* § 1018 Rn. 35.
[24] *Berger*, Rechtsgeschäftliche Verfügungsbeschränkungen, 1998, S. 106 f.; a.A. *Stürner* AcP 194 (1994), 280.
[25] *Westermann/Gursky/Eichmann* § 121 II, S. 913.
[26] *Wolff/Raiser* § 106 VI 3, S. 439.

stimmte Höhe wachsen zu lassen, auch wenn damit mittelbar die Pflicht zum Zurückschneiden der Hecke verbunden ist.[27]

IV. Das Vorteilserfordernis

17 Voraussetzung der Grunddienstbarkeit ist, dass sie der Benutzung des herrschenden Grundstücks einen „Vorteil" bietet (§ 1019 BGB). Fehlt der Vorteil von Anfang an, ist die Grunddienstbarkeit nichtig, entfällt er später (die Tongrube ist vollständig abgebaut), erlischt die Grunddienstbarkeit; der Eigentümer kann die Berichtigung des Grundbuchs verlangen.

18 Der Gesetzgeber wollte mit § 1019 BGB den Zweck der Grunddienstbarkeit zur Voraussetzung ihres Bestehens erheben. Man spricht von einer *causa pertua*.[28] Die Grunddienstbarkeit wird auf diese Weise in ihrem Bestand und ihrer Reichweite begrenzt. Das Eigentum am dienenden Grundstück soll nicht ewig mit nutzlosen Grunddienstbarkeiten belastet sein.[29] Das Vorteilserfordernis ist bemerkenswert, weil damit ein „Interesse" zur Voraussetzung eines Rechts erhoben wird. Die bloße Willenseinigung genügt nicht.

19 Die Grunddienstbarkeit muss dem *jeweiligen* Eigentümer im Hinblick auf die Benutzung des Grundstücks einen Vorteil bieten. Es kommt also auf eine objektivierte, grundstücksbezogene Nützlichkeit an. Befindet sich auf dem herrschenden Grundstück ein Gewerbebetrieb, so wird ein grundstücksbezogener Vorteil angenommen, wenn das Grundstück dauerhaft für den Betrieb eingerichtet ist oder in absehbarer Zeit[30] eingerichtet werden soll. Wird der Gewerbebetrieb endgültig eingestellt, erlischt auch die Grunddienstbarkeit.

Ist beispielsweise der Eigentümer eines Grundstücks auf einen Rollstuhl angewiesen, kann ein Befahrungsrecht auf dem gut ausgebauten Weg des benachbarten Grundstücks mangels eines grundstücksbezogenen Vorteils nicht als Grunddienstbarkeit begründet werden. Es besteht nur die Möglichkeit einer beschränkten persönlichen Dienstbarkeit. Anders, wenn auf dem herrschenden Grundstück eine Rehabilitationsklinik betrieben wird und die Patienten über das Nachbargrundstück zu einer Parkanlage gelangen können.

V. Ausübung der Grunddienstbarkeit

20 Der Berechtigte hat die Grunddienstbarkeit nach § 1020 BGB schonend auszuüben. Die Bestimmung bildet nicht nur eine inhaltliche Begrenzung der Grunddienstbarkeit, sondern begründet ein gesetzliches, allerdings vertraglich abänderbares[31] Schuldverhältnis zwischen den Eigentümern des dienenden und des

---

[27] MünchKommBGB/*Mohr* § 1018 Rn. 47.
[28] Motive Bd. 3, S. 481.
[29] BGHZ 41, 209, 215.
[30] BGHZ 106, 348, 351: Die Grunddienstbarkeit kann auch für einen *künftigen* Bedarf des herrschenden Grundstücks bestellt werden.
[31] BGH NJW 1994, 2758.

herrschenden Grundstücks.[32] Der Grundsatz schonender Ausübung verpflichtet zu einer umfassenden Interessenabwägung.[33] Verschulden von Erfüllungsgehilfen bei der Ausübung hat der Eigentümer des herrschenden Grundstücks nach § 278 BGB zu vertreten.

Eine Ausprägung des Grundsatzes schonender Ausübung bildet das unabdingbare Verlegungsrecht nach § 1023 BGB. Will der Eigentümer des dienenden Grundstücks an der Stelle ein Gebäude errichten, an der ein Wegerecht ausgeübt wird, kann er verlangen, dass die Ausübung des Wegerechts an anderer Stelle des Grundstücks erfolgt; in Ausnahmefällen soll sogar die Verlegung auf ein anderes Grundstück des Eigentümers verlangt werden können (§ 242 BGB).[34] § 1023 BGB gibt einen Anspruch auf Änderung der Grunddienstbarkeit, welche die Eintragung im Grundbuch voraussetzt, wenn die bisherige Ausübung eingetragen ist.[35]

VI. Schutz der Grunddienstbarkeit

Grundlage des Schutzes der Grunddienstbarkeit bilden die §§ 1027–1029 BGB. Dabei springt ins Auge, dass der Gesetzgeber, anders als bei §§ 1065, 1227 BGB, nicht auf das Vindikationsrecht der §§ 985, 987ff. BGB verweist. Stattdessen räumt § 1027 BGB einen Anspruch auf Beseitigung und Unterlassung möglicher Beeinträchtigungen ein und § 1029 BGB verweist unter besonderen Voraussetzungen auf das possessorische Besitzschutzrecht der §§ 858ff. BGB (→ § 4 Rn. 1ff.). Hintergrund dieser heute allgemein als verfehlt angesehenen Regelungen bildet die Vorstellung des Gesetzgebers, der Inhaber der Grunddienstbarkeit sei nicht Besitzer des dienenden Grundstücks oder der sich in Ausübung der Grunddienstbarkeit darauf befindenden Anlagen.[36] Soweit diese Voraussetzung nicht gegeben ist, der Dienstbarkeitsberechtigte also zum Besitz berechtigt ist, kann er nach § 985 BGB Herausgabe der Anlagen und nach §§ 987ff. BGB Herausgabe von Nutzungen und Schadensersatz verlangen.[37] Umgekehrt muss der gutgläubige, nichtberechtigte Besitzer des dienenden Grundstücks oder der Anlagen bei leichter Fahrlässigkeit keinen Schadensersatz leisten (§ 993 BGB).[38]

Hinsichtlich des Besitzschutzes sah der Gesetzgeber, wiederum ausgehend von der Prämisse, der Inhaber der Dienstbarkeit sei nicht Besitzer, in § 1029

---

[32] BGHZ 95, 144; MünchKommBGB/*Mohr* § 1020 Rn. 3 begründet die Nichteinbeziehung des Schuldverhältnisses in den Rechtsinhalt mit dem sachenrechtlichen Abstraktionsprinzip.
[33] MünchKommBGB/*Mohr* § 1020 Rn. 5.
[34] MünchKommBGB/*Joost* (6. Aufl.) § 1023 Rn. 6; a.A. MünchKommBGB/*Mohr* (8. Aufl.) § 1023 Rn. 9.
[35] A.A. *Wolff/Raiser* § 107 II, S. 441 (tatsächliche Änderung möglich).
[36] Motive Bd. 3, S. 489.
[37] BGH NJW-RR 2012, 1048; MünchKommBGB/*Mohr* § 1027 Rn. 10f.; entgegen *Wilhelm* Rn. 1008 besteht durchaus ein Anwendungsbereich für Besitzvorenthaltung, wenn der Dienstbarkeitsberechtigte beispielsweise eine Anlage auf dem dienenden Grundstück halten darf.
[38] A.A. *Wolff/Raiser* § 109 II 3, S. 448.

BGB den Schutz des Rechtsbesitzes vor (→ § 2 Rn. 7). Voraussetzung ist allerdings, dass der Berechtigte Besitzer des herrschenden Grundstücks ist und dass er oder eine befugte Person die Dienstbarkeit innerhalb eines Jahres mindestens einmal ausgeübt hat. Ferner muss die Dienstbarkeit im Grundbuch eingetragen sein. Ein possessorischer Besitzschutz entgegen der Grundbuchverlautbarung soll nicht stattfinden. Wird die Dienstbarkeit zu Unrecht gelöscht, kann sich der Berechtigte nicht auf § 1029 BGB berufen. Allerdings ist § 1029 BGB nicht abschließend:[39] War der Inhaber der Grunddienstbarkeit auch Besitzer, so kann er sich bei Besitzstörungen unmittelbar auf §§ 858ff. BGB berufen.

VII. Altrechtliche Dienstbarkeiten

23   Bei Dienstbarkeiten kann es sich um „ewige Rechte" handeln. Daher spielen auch heute noch Rechte aus der Zeit vor dem Inkrafttreten des BGB eine Rolle. Diese altrechtlichen Dienstbarkeiten bleiben nach Art. 184 EGBGB grundsätzlich mit dem Inhalt bestehen, den sie am 1.1.1900 hatten. Vielfach entstanden altrechtliche Grunddienstbarkeiten ohne Eintragung in ein Register. Nach Art. 187 EGBGB setzen sich nicht eingetragene Grunddienstbarkeiten auch gegen den öffentlichen Glauben des Grundbuchs durch, falls das Landesrecht nichts anderes bestimmt.

---

[39] Grundlegend *Heck* § 16, 3, S. 61f.

§ 22 Die beschränkte persönliche Dienstbarkeit

Literatur: *Amann*, Steuerung des Bierabsatzes durch Dienstbarkeiten, DNotZ 1982, 396; *Baetge*, Wettbewerbsbeschränkende Dienstbarkeiten in Europa, RabelsZ 59 (1995), 645; *Bassenge*, Die Übertragbarkeit von beschränkten persönlichen Dienstbarkeiten nach der Neuregelung durch Gesetz vom 17. Juli 1996, NJW 1996, 2777; *Münch*, Die Sicherungsdienstbarkeit zwischen Gewerberecht und Kartellrecht; ZHR 157 (1993), 599; *Prütting*, Beschränkungen des Wettbewerbs durch Dienstbarkeiten, in: Gedächtnisschrift für Dietrich Schultz, 1987, S. 287; *Stiegele*, Die Mietsicherungsdienstbarkeit, 1995; *Stürner*, Dienstbarkeit heute, AcP 194 (1994), 265; *Walter/Maier*, Die Sicherung von Bezugs- und Abnahmeverpflichtungen durch Dienstbarkeiten, NJW 1988, 377.

I. Übersicht

Die beschränkte persönliche Dienstbarkeit ist eine der Grunddienstbarkeit weithin vergleichbare Grundstücksbelastung. § 1090 Abs. 1 BGB verweist hinsichtlich des möglichen Inhalts auf § 1018 BGB, § 1090 Abs. 2 BGB ordnet die entsprechende Anwendung einer Vielzahl von Bestimmungen der Grunddienstbarkeit und des Nießbrauchs an. Der wesentliche Unterschied besteht darin, dass der Inhaber der Grunddienstbarkeit der *jeweilige* Eigentümer des herrschenden Grundstücks ist, während die beschränkte persönliche Dienstbarkeit nur einer bestimmten Person zusteht. Bei der beschränkten persönlichen Dienstbarkeit ist kein Raum für eine Vorteilsprüfung nach § 1019 BGB. Grundsätzlich ist die beschränkte persönliche Dienstbarkeit nicht vererblich (§§ 1090 Abs. 2, 1061 BGB) und nicht übertragbar (§ 1092 Abs. 1 BGB). Allerdings existieren Sonderregelungen für den Fall, dass Inhaber der Dienstbarkeit eine juristische Person oder eine rechtsfähige Personengesellschaft ist (§ 1092 Abs. 2 und Abs. 3 BGB[1]). 1

II. Entstehung

Für die Entstehung der beschränkten persönlichen Dienstbarkeit gelten die allgemeinen Bestimmungen der §§ 873 ff. BGB. Der aus der Dienstbarkeit Berechtigte kann zugleich Eigentümer des belasteten Grundstücks sein (→ § 21 Rn. 5). Als Voraussetzung der ursprünglichen Eigentümerdienstbarkeit verlangt man ein „Bedürfnis" des Eigentümers.[2] Dieses Erfordernis soll verhindern, dass überflüssige Eigentümerdienstbarkeiten eingetragen und das Grundbuch infolgedessen unübersichtlich wird. Ein Bedürfnis ergibt sich insbesondere aus der be- 2

---

[1] Die Vorschrift dient der Versorgungswirtschaft, MünchKommBGB/*Mohr* § 1092 Rn. 14.
[2] BGHZ 41, 209.

absichtigten Veräußerung des Grundstücks, womit die Eigentümer- zur Fremddienstbarkeit mutiert.

Zweifelhaft ist allerdings, ob man *de lege ferenda* an der Bedürfnisprüfung festhalten soll; § 1196 BGB sieht eine solche bei der Eigentümergrundschuld nicht vor. Die Gefahr, dass das Grundbuch wegen einer Vielzahl von Eigentümerdienstbarkeiten unübersichtlich wird, ist mit Rücksicht auf die im Grundbuchverfahren anfallenden Kosten gering.

III. Inhalt

1. Kein Vorteilserfordernis

3   Der Gegenstand der beschränkten persönlichen Dienstbarkeit bestimmt sich nach § 1018 BGB. § 1090 Abs. 2 BGB verweist nicht auf § 1019 BGB. Daraus folgt, dass die beschränkte persönliche Dienstbarkeit dem Berechtigten keinen „Vorteil" bieten muss. § 1091 BGB, wonach sich der Umfang nach dem Bedürfnis des Inhabers bemisst, ist nur eine Auslegungsregel.[3] Sie greift nicht ein, wenn die Beteiligten den Umfang eindeutig bestimmen. Die Frage des Vorteils ist zu unterscheiden von der objektiven Unmöglichkeit der Ausübung der Dienstbarkeit, bei der die Dienstbarkeit nicht entsteht.[4]

2. Insbesondere: Wettbewerbsbeschränkende Dienstbarkeiten

4   Eine große Bedeutung hat die beschränkte persönliche Dienstbarkeit bei der Durchsetzung wettbewerbsbeschränkender Abreden in der Brau-, Mineralöl- und Energiewirtschaft gewonnen. Die Dienstbarkeit verfolgt das Ziel, Bezugs- und Ausschließlichkeitsbindungen für Getränke oder Treibstoffe dinglich abzusichern. Verträge, bestimmte Waren ausschließlich bei *einem* Lieferanten zu beziehen, können allerdings gegen Wettbewerbsrecht verstoßen.[5] Als schuldrechtliche Vereinbarungen binden sie stets nur den Vertragspartner. Veräußert der Tankstellen- oder Gaststätteninhaber seinen Betrieb, kann der Erwerber ohne Vertragsverletzung bei einem anderen Lieferanten einkaufen und damit „die Marke wechseln". Eine Pflicht des jeweiligen Eigentümer des Grundstücks zum Bezug der Waren allein bei einem bestimmten Lieferanten kann auch nicht im Wege einer Dienstbarkeit „verdinglicht" werden, da eine Pflicht zum positiven Tun nicht Inhalt einer Dienstbarkeit sein kann.[6]

---

[3] BGHZ 41, 209, 214 beruft sich zur Begründung auf die Motive Bd. 3, S. 567. Jedoch ist der zitierten Stelle das Gegenteil zu entnehmen: Man betont nicht zu Unrecht, dass eine bloße Auslegungsregel den Umfang der beschränkten persönlichen Dienstbarkeit mangels Eintragung im Grundbuch für Dritte nicht erkennbar mache.

[4] Vgl. BGH NJW 1985, 1025: Bimsabbau durch Dienstbarkeitsberechtigten mangels behördlicher Genehmigung rechtlich unzulässig. Allerdings trennt der BGH „Vorteilserfordernis" und „Unmöglichkeit" nicht.

[5] Art. 101, 102 AEUV, §§ 1, 19 GWB; dazu MünchKommBGB/*Mohr* § 1090 Rn. 23.

[6] Zu Nebenpflichten → § 21 Rn. 16.

Man hat daher zunächst versucht, eine Dienstbarkeit des Inhalts zu begründen, dass dem jeweiligen Eigentümer der Vertrieb anderer Waren als die eines bestimmten Lieferanten verboten ist. Eine Pflicht zum positiven Tun wird auf diesem Wege nicht begründet; faktisch jedoch soll dem Betreiber der Tankstelle oder Gaststätte nichts anderes übrig bleiben, als Waren bei einem bestimmten Lieferanten zu beziehen. BGHZ 29, 244 hat diesen Ansatz allerdings in Grenzen gewiesen. Dienstbarkeiten sind unzulässig, soweit sie verbieten, andere Waren als die eines bestimmten Herstellers zu vertreiben. Die Wettbewerbsfreiheit hatte zunächst gesiegt.

5

Die Begründung des Urteils ist freilich nicht überzeugend ausgefallen: Der BGH geht davon aus, dass Wettbewerbsverbote als Inhalt einer Dienstbarkeit nach §§ 1090, 1018 BGB grundsätzlich zulässig sind. Dementsprechend hatte man keine Bedenken geäußert, wenn sich der Betreiber eines Unternehmens eine Dienstbarkeit des Inhalts einräumen lässt, dass auf dem belasteten (Nachbar-)Grundstück ein Konkurrenzunternehmen nicht betrieben werden darf.[7] Von diesem Ansatz aus, wonach Totalverbote zulässig sind,[8] erscheint es schwer zu begründen, weshalb ein weniger weitgehendes Verbot (immerhin bleibt der Verkauf *bestimmter* Waren möglich) nicht zulässig sein soll. Der BGH differenziert wie folgt: Die Dienstbarkeit lasse nur die Beschränkung von (tatsächlichen) Handlungen zu, die sich als Ausfluss des Eigentumsrechts am Grundstück ergeben; nicht hingegen könne die rechtliche (Verfügungs-)Freiheit eingeschränkt werden.[9] Diese Unterscheidung zwischen im Wege der Dienstbarkeit unbeschränkbarer allgemeiner Handlungsfreiheit und beschränkbarer Eigentümerfreiheit ist kaum haltbar:[10] Die Verbotsdienstbarkeit verbietet Handlungen nicht nur dem Eigentümer, sondern jedermann. Das zeigt sich daran, dass der Dienstbarkeitsberechtigte auch einem „Hausbesetzer" Handlungen untersagen kann, die Inhalt der Verbotsdienstbarkeit sind, obgleich dieser als nichtberechtigter Besitzer das Eigentumsrecht nicht ausübt. Das Ergebnis des BGH hätte daher anders begründet werden müssen.

Kautelarjuristen besannen sich eines anderen Ansatzes: Dem Eigentümer wird im Wege der Dienstbarkeit der Betrieb einer Tankstelle oder Gaststätte *dinglich* gänzlich verboten; jedoch stellt man ihn *schuldrechtlich* von dem Verbot frei, falls er die erforderlichen Waren ausschließlich bei dem Inhaber der Dienstbarkeit oder einem von diesem benannten Hersteller bezieht. Ein solches dingliches Totalverbot mit schuldrechtlichem Erlaubnisvorbehalt hat BGHZ 74, 293 für zulässig erachtet: Dingliches und obligatorisches Recht müssten klar unterschieden werden; auch sonst sei anerkannt, dass dingliche Rechtspositionen eingeräumt werden, die aufgrund obligatorischer Verpflichtung vorerst nicht wahrgenommen werden dürfen, etwa bei der Treuhand.[11]

6

Das sachenrechtliche Trennungsprinzip wird in einer Art und Weise instrumentalisiert, die mit seiner ursprünglichen Funktion wenig zu tun hat.[12] Die Dienstbarkeit verfolgt in diesen

---

[7] Vgl. etwa *Heck* § 75 e, S. 313: „Unterlassung konkurrenzfördernder Benutzung".
[8] BGH NJW 1998, 2286.
[9] BGHZ 29, 244, 248 f.
[10] Vgl. *Prütting* Rn. 894.
[11] BGHZ 74, 293, 296 f.
[12] Kritisch unter der Perspektive des Abstraktionsprinzips MünchKommBGB/*Mohr* § 1090 Rn. 23.

Fällen allein den Zweck, den Eigentümer des Grundstücks zum Erwerb von Waren bei einem bestimmten Hersteller zu veranlassen. Dass dieser Zwang nicht unmittelbar Inhalt der Dienstbarkeit ist (was nach BGHZ 29, 244 unzulässig ist), sondern mittelbar auf einer zusätzlichen, schuldrechtlichen Abrede beruht, ist dabei unerheblich.

7   In späteren Entscheidungen hat der BGH solche Rechtsgestaltungen der Dogmatik der Sicherungsrechte unterworfen:[13] Die Dienstbarkeit diene der Sicherung von Bezugsverpflichtungen; Grundlage könne daher eine Sicherungsabrede sein; bestehe die schuldrechtliche Bierbezugsverpflichtung nicht (mehr), habe der Eigentümer des dienenden Grundstücks einen Anspruch auf Löschung der Dienstbarkeit aus der Sicherungsabrede bzw. aus Bereicherungsrecht. Die aus § 138 Abs. 1 BGB abgeleitete zeitliche Begrenzung von Bierbezugspflichten auf regelmäßig 15 Jahre lässt daher die Dienstbarkeit dinglich unberührt (ein Anspruch aus § 894 BGB besteht nicht), wohl aber kann Aufhebung der Dienstbarkeit nach § 875 BGB verlangt werden.[14]

8   Die Ansichten über diese Entwicklung der Dienstbarkeit sind geteilt.[15] Der Kern der Kritik besteht darin, dass die Dienstbarkeit entgegen dem Grundsatz, dass Pflichten zum positiven Tun nicht begründet werden dürfen, den Eigentümer eben doch mittelbar zu dem gewünschten Verhalten veranlasst. Dies ist aber nicht das Ergebnis der rechtlichen Konstruktion, sondern Folge der bereits vorgefundenen *faktischen* Nutzung des Grundstücks als Tankstelle, Gaststätte usw. Ist auf dem dienenden Grundstück hingegen ein Wohnhaus oder ein Krankenhaus errichtet, würde ein Vertriebsverbot mit schuldrechtlicher Freistellung nicht als Pflicht zum positiven Tun gedeutet werden. Stets vorausgesetzt, dass dem Eigentümer des dienenden Grundstücks noch andere wirtschaftlich sinnvolle Möglichkeiten der Nutzung des Grundstücks verbleiben (→ § 21 Rn. 17), ist die Konstruktion aus *sachenrechtlichen* Gründen des Rechts der Dienstbarkeit nicht zu beanstanden. Soweit diese Gestaltung allerdings *wettbewerbsrechtlich* unzulässig ist, kann die Begründung der Dienstbarkeit nach §§ 134, 138 BGB nichtig sein,[16] auch sachenrechtliche Rechtsgeschäfte unterliegen diesen Beschränkungen.[17]

3. Insbesondere: Wohnungsrecht (§ 1093 BGB)

9   Eine besondere Form der beschränkten persönlichen Dienstbarkeit sieht § 1093 BGB vor. Das sog. Wohnungsrecht ist das Recht, ein Gebäude oder einen Gebäudeteil als Wohnung unter Ausschluss des Eigentümers zu benutzen. Das Wohnungsrecht bildet eine Kombination von Nutzungsdienstbarkeit (der Be-

---

[13] BGH NJW-RR 1992, 593, 594.
[14] BGH NJW 1988, 2364; BGH NJW 1998, 2286, 2287.
[15] *Westermann/Gursky/Eickmann* § 122, 1, S. 929: „eklatanter funktionswidriger Gebrauch der Dienstbarkeit"; *Wilhelm* Rn. 1989: „Nötigungs- statt Sicherungsdienstbarkeit"; *Stürner* AcP 194 (1994), 265, 283: „geniale Rechtsfortbildung".
[16] Zu der Thematik eingehend *Münch* ZHR 157 (1993), 559.
[17] MünchKommBGB/*Mohr* § 1090 Rn. 24.

rechtigte darf das Gebäude als Wohnung nutzen) und Verbotsdienstbarkeit (der Eigentümer darf es nicht nutzen). Der Gesetzgeber hat das Wohnungsrecht im BGB geregelt, weil er es für zweifelhaft erachtete, ob es einen Fall der eine *beschränkte* Nutzung einräumenden Dienstbarkeit oder des die Nutzung des *gesamten* Grundstücks gewährenden Nießbrauchs bildet. § 1093 BGB stellt klar, dass es sich um eine beschränkte persönliche Dienstbarkeit handelt. Die Folge besteht insbesondere darin, dass das Wohnungsrecht nicht übertragbar ist; und sogar die Ausübungsüberlassung muss, anders als beim Nießbrauch, nach § 1092 Abs. 1 Satz 2 BGB besonders gestattet werden. Allerdings darf der Inhaber des Wohnungsrechts nach § 1093 Abs. 2 BGB Familienmitglieder und Bedienstete sowie Pflegepersonen in die Wohnung aufnehmen. Zu den Familienmitgliedern zählen nach h.M. auch Partner nichtehelicher Lebensgemeinschaften[18] und eingetragener Lebenspartnerschaften.[19] Wegen des umfassenden Charakters des Wohnungsrechts ordnet § 1093 Abs. 1 Satz 2 BGB allerdings die Geltung wichtiger Regeln des Nießbrauchs an.

In der Praxis bildet das Wohnungsrecht nicht selten einen Bestandteil von Altenteilsverträgen. Darunter versteht man ein Bündel von Vereinbarungen, die insbesondere im landwirtschaftlichen Bereich bei sog. Hofübergabeverträgen geschlossen werden. § 49 GBO erleichtert in diesen Konstellationen die Bezugnahmemöglichkeit. Dabei ist darauf zu achten, dass infolge der Nichtvererblichkeit des Wohnungsrechts beim Tode eines (übergebenden) Elternteils (§§ 1093, 1090 Abs. 2, 1061 BGB) der überlebende Elternteil nicht rechtlos dasteht. Das mietvertragliche Eintrittsrecht des überlebenden Ehegatten aus § 563 BGB findet auf Wohnungsrecht keine Anwendung. In der Praxis bestellt man das Wohnungsrecht daher für die Eltern als „Gesamtberechtigte" nach § 428 BGB.[20]

Die Zerstörung des Gebäudes führt grundsätzlich nur zum Ruhen des Wohnungsrechts, da das Wohnungsrecht das Grundstück als solches belastet. Ein anderes Ergebnis ergibt sich nur, wenn der Wiederaufbau dauernd unmöglich ist,[21] etwa weil die erforderliche Baugenehmigung nicht erteilt wird.

4. Insbesondere: Die Mietsicherungsdienstbarkeit

Die beschränkte persönliche Dienstbarkeit erlangt auch als sog. Mietsicherungsdienstbarkeit Bedeutung. Sie soll zugunsten des Mieters oder Pächters Schwächen des schuldrechtlichen Miet- oder Pachtvertrags ausgleichen. Nicht selten tätigt der Mieter hohe Investitionen, deren wirtschaftlicher Zweck trotz eines langfristig abgeschlossenen Mietvertrages bei einem Eigentumsübergang des Grundstücks in Frage gestellt wird, soweit der Sukzessionsschutz aus § 566 BGB nicht eingreift, weil das Grundstück nicht übergeben worden war oder die

---

[18] BGHZ 84, 36.
[19] MünchKommBGB/*Mohr* § 1093 Rn. 12.
[20] Das ist nach BGHZ 46, 253 zulässig.
[21] Grüneberg/*Herrler* § 1093 Rn. 19.

Kündigung nach § 57a ZVG bzw. § 111 InsO droht. Die Mietsicherungsdienstbarkeit soll für den Mieter ein „Ersatznutzungsrecht"[22] für den Fall bereitstellen, dass der Mietvertrag vorzeitig endet oder das Gebrauchsrecht anderweitig beeinträchtigt wird. Kernpunkt der Gestaltung ist ein Sicherungsvertrag, der die Voraussetzungen der Ausübung der Mietsicherungsdienstbarkeit regelt.[23] Dass die Beteiligten nicht sogleich eine Dienstbarkeit bestellen, liegt daran, dass der Miet- oder Pachtvertrag inhaltlich freier gestaltet werden kann, weil er als schuldrechtlicher Vertrag nicht an den sachenrechtlichen Grundsatz der Typenfixierung gebunden ist.

---

[22] *Stiegele*, Die Mietsicherungsdienstbarkeit, S. 27.
[23] Eingehend *Stiegele*, Die Mietsicherungsdienstbarkeit, S. 144 ff.

§ 23 Der Nießbrauch

Literatur: *Bender*, Nießbrauch und Unterbeteiligung an Personengesellschaften, DB 1979, 1445; *Friedrich*, Nießbrauch in neuem Gewand, NJW 1996, 32; *Hauck*, Nießbrauch an Rechten, 2015; *Nußbaum*, Das Nießbrauchsrecht des BGB, 1919; *Reiff*, Die Dogmatik der Schenkung unter Nießbrauchsvorbehalt und ihre Auswirkungen auf die Ergänzung des Pflichtteils und die Schenkungssteuer, 1989; *Schön*, Der Nießbrauch an Sachen, 1992 (Rezension *Meincke* AcP 194 [1994], 98); *Schön*, Der Nießbrauch am Gesellschaftsanteil, ZHR 158 (1994), 229; *Schöner*, Zur Abgrenzung von Dienstbarkeit und Nießbrauch, DNotZ 1982, 416.

Studium: *Strobel*, Der Nießbrauch, Jura 2007, 512.

I. Überblick

Nach § 1030 BGB kann eine Sache in der Weise belastet werden, dass der Berechtigte die Nutzungen der Sache ziehen darf. Im Unterschied zur Dienstbarkeit nach § 1018 Fall 1 BGB, die nur zur Benutzung in „einzelnen" Beziehungen berechtigt, umfasst der Nießbrauch alle Nutzungen des belasteten Gegenstands. Um das Eigentum jedoch nicht auf Dauer auszuhöhlen, ist der Nießbrauch grundsätzlich unveräußerlich (§ 1059 BGB) und unvererblich (§ 1061 BGB) (→ § 20 Rn. 5 ff.). 1

Der Nießbrauch kann nicht nur an Sachen, sondern nach § 1068 BGB auch an Rechten (Forderung, Grundschuld, Gesellschaftsanteil) bestellt werden. Der „Nießbrauch an einem Vermögen" lässt sich dem Spezialitätsprinzip zufolge nur an den einzelnen Sachen und Rechten des Vermögens begründen (§ 1085 BGB, → § 23 Rn. 27). 2

Praktischer Hauptanwendungsfall ist der Nießbrauch an einem Grundstück.[1] Nicht selten liegen seiner Bestellung steuerrechtliche Erwägungen zugrunde:[2] Wird an einem vermieteten Grundstück der Nießbrauch bestellt, fallen die Erträge nicht beim Eigentümer, sondern beim vielleicht einem geringeren Steuersatz unterliegenden Nießbraucher an.[3] Zunehmend wichtig wird der Nießbrauch an Gesellschaftsanteilen.[4] Als sog. „Vorbehaltsnießbrauch" spielt der Nießbrauch eine Rolle bei der „vorweggenommenen Erbfolge": Noch zu seinen Lebzeiten überträgt der Eigentümer das Grundstück an seine zukünftigen Erben oder an Dritte, will sich aber lebenslang die Nutzungen vorbehalten, insbesondere darauf wohnen bleiben. Mit dem Tode erlischt der Nießbrauch (§ 1061 BGB). Das Grundstück steht jetzt auch hinsichtlich der Nutzziehung 3

---

[1] Vgl. *Weirich/Ivo* Rn. 1022 ff.
[2] Dazu *Weirich/Ivo* Rn. 1063 ff.
[3] *Baur/Stürner* § 32 Rn. 8; § 42 AO ist als Gestaltungsgrenze zu beachten.
[4] *Bender* DB 1979, 1445.

dem Nachfolger zu. Dieser Vorgang vollzieht sich rein sachenrechtlich; Erbrecht ist nicht betroffen. Bei dem sog. „Vermächtnisnießbrauch" wird dem Erben mit einem Vermächtnis (§ 2174 BGB) die Verpflichtung auferlegt, zugunsten des Bedachten einen Nießbrauch am gesamten Nachlass (§ 1089 BGB) oder einzelnen Gegenständen zu bestellen. Beispielsweise werden auf diesem Wege Kinder als Erben eingesetzt, allerdings mit dem Nießbrauchsvermächtnis zugunsten des den Erblasser überlebenden Ehegatten belastet. Im Immaterialgüterrecht hat man den „Lizenzsicherungsnießbrauch" entwickelt, der die Nutzung des lizenzierten Rechts auch in der Insolvenz des Lizenzgebers ermöglicht.[5]

Im Folgenden steht der Nießbrauch an Sachen im Vordergrund; zu einzelnen Besonderheiten des Nießbrauchs an Rechten und an einem Vermögen → § 23 Rn. 21ff.

II. Entstehung

4 Die rechtsgeschäftliche Bestellung des Nießbrauchs folgt den für den jeweiligen Gegenstand auch sonst im BGB vorgesehenen Verfügungstatbeständen. Der Nießbrauch an beweglichen Sachen entsteht nach § 1032 BGB durch Einigung zwischen Eigentümer und Nießbraucher über die Nießbrauchsbegründung und Übergabe der Sache, an welcher der Nießbrauch entstehen soll. Zum Nießbrauch an Rechten → § 23 Rn. 22. Für den Nießbrauch an Grundstücken (und grundstücksgleichen Rechten) gilt § 873 BGB: Er entsteht durch Einigung und Eintragung im Grundbuch in Abteilung II des belasteten Grundstücks. Die Einigung über die Nießbrauchsbestellung kann (anders als die Auflassung, § 925 Abs. 2 BGB) bedingt erfolgen.

Ähnlich wie beim Eigentumsvorbehalt macht man sich dies in der Praxis zunutze, um die vereinbarte Gegenleistung zu sichern: Die Bestellung des Nießbrauchs erfolgt unter der aufschiebenden Bedingung der Erbringung der Gegenleistung bzw. unter der auflösenden Bedingung des Verzugs mit der Gegenleistung. Ist der Nießbraucher in Verzug geraten, erlischt der Nießbrauch und muss ggf. neu bestellt werden. Um diesen, insbesondere bei wiederkehrenden Gegenleistungen, beschwerlichen Weg auszuschließen, soll nur die *Ausübung* des Nießbrauchs auflösend bedingt werden können. Das ist abzulehnen,[6] denn eine Bedingung kann nur einem Rechtsgeschäft, nicht einer Handlungsbefugnis (Realakt) beigefügt werden. Möglich ist jedoch die Bestellung eines *Eigentümer*nießbrauchs (→ § 23 Rn. 6) und die Begründung eines hinsichtlich der Erbringung der Gegenleistung auflösend bedingten (schuldrechtlichen) Ausübungsrechts (§ 1059 Satz 2 BGB; → § 23 Rn. 15).

5 Im Wege der aufschiebenden Bedingung versucht man ferner entgegen § 1061 Satz 1 BGB im Ergebnis eine Art der „Vererblichkeit" des Nießbrauchs herzustellen: Es wird ein Nießbrauch für den zukünftigen Berechtigten unter der aufschiebenden Bedingung des Todes des Erstberechtigten bestellt. Rechtlich handelt es sich allerdings um zwei verschiedene Rechtsgeschäfte (und damit auch

---

[5] Dazu *Berger* GRUR 2004, 20.
[6] *Schön*, Der Nießbrauch an Sachen, 1992, S. 336 f.

Rechte): Die Pfändung des ersten Nießbrauchs setzt sich nach Bedingungseintritt nicht am anderen Nießbrauch fort.

Der Nießbrauch kann auch durch den Eigentümer selbst bestellt werden (Eigentümernießbrauch). Erforderlich ist dazu analog § 1196 Abs. 2 BGB eine Erklärung des Eigentümers gegenüber dem Grundbuchamt und die Eintragung im Grundbuch. Umstritten ist, ob für diese Gestaltung daneben noch ein „besonderes Interesse" des Eigentümers erforderlich ist.[7]

Nicht selten wird ein Grundstück unter „Vorbehalt des Nießbrauchs" übertragen, etwa im Rahmen der „vorweggenommenen Erbfolge". Ein Nießbrauch kann auf zweierlei Wegen vorbehalten werden:[8] Erstens vor der Übereignung des Grundstücks im Wege des Eigentümernießbrauchs, der sich mit der Übereignung in einen Nießbrauch am fremden Grundstück wandelt; zweitens indem zunächst das Grundstück übereignet und erst daran anschließend der Nießbrauch für den früheren Eigentümer bestellt wird; eine entsprechende Pflicht des Erwerbers kann durch eine Vormerkung gesichert werden. Bei der Antragstellung sollte nach § 16 Abs. 2 GBO bestimmt werden, dass die Eintragung des neuen Eigentümers nicht ohne die Vormerkung erfolgen soll.

Wegen des zwischen dem Eigentümer und dem Nießbraucher entstehenden Legalschuldverhältnisses und der daraus erwachsenden Pflichten (→ § 23 Rn. 11) ist der Erwerb eines Nießbrauchs nicht nur lediglich rechtlich vorteilhaft im Sinne des § 107 BGB (str.). Gleiches gilt (selbstverständlich), wenn der Minderjährige als Eigentümer den Nießbrauch bestellen soll. Wird dem Minderjährigen jedoch im Wege der vorweggenommenen Erbfolge ein Grundstück unter „Nießbrauchsvorbehalt" von den Eltern übertragen, ist die Bestellung eines Ergänzungspflegers zur Begründung des Nießbrauchs zugunsten der Eltern trotz § 181 BGB nicht erforderlich: Der Vorbehalt des Nießbrauchs berührt den rechtlichen Vorteil der Grundstückszuwendung nicht.[9]

III. Inhalt

Der Nießbraucher ist befugt, alle Nutzungen des belasteten Gegenstands zu ziehen. Zu den Nutzungen zählen nach § 100 BGB die Früchte (§ 99 BGB) und die Gebrauchsvorteile (→ § 1 Rn. 73 ff.). Bei Sachen ist der Nießbraucher zum Besitz berechtigt (§ 1036 Abs. 1 BGB).

Ist Gegenstand des Nießbrauchs ein Grundstück, kann es der Nießbraucher selbst bewirtschaften, etwa das darauf errichtete Gebäude bewohnen, Bodenprodukte abbauen oder ein Wegerecht ausüben, das als Grunddienstbarkeit wesentlicher Bestandteil des nießbrauchbelasteten Grundstücks ist (§§ 96, 93 BGB). Der Nießbraucher kann das Grundstück auch vermieten oder verpachten; Mieter oder Pächter erlangen für die Zeit des Nießbrauchs ein Recht zum Besitz ge-

---

[7] Mit Recht ablehnend *Westermann/Gursky/Eickmann* § 120 II, S. 898 f. m.w.N.; BGH NJW 2011, 3517 – Vgl. für *bewegliche* Sachen § 1063 Abs. 2 BGB.
[8] Dazu *Reiff*, Die Dogmatik der Schenkung unter Nießbrauchsvorbehalt, S. 99 ff.
[9] H.M., RGZ 148, 321; *Wilhelm* Rn. 1919; einschränkend BGH NJW 2005, 415 mit Anm. *Wilhelm* NJW 2006, 2353.

genüber dem Eigentümer (§ 986 Abs. 1 Satz 1 Fall 2 BGB); für die Zeit danach tritt der Eigentümer in das Mietverhältnis ein, kann es nach § 1056 Abs. 2 Satz 1 BGB aber kündigen.[10] War das Grundstück bei Nießbrauchsbestellung bereits vermietet, wird der Nießbraucher nach §§ 567, 566 BGB Partei des Mietvertrags. Früchte erwirbt der Nießbraucher mit der Trennung (gleichgültig durch wen) zu Eigentum (§ 954 BGB).

10 Dem Nießbraucher gebühren nur die Nutzungen des belasteten Gegenstands. Auf die Substanz darf er nicht zugreifen, die nach wie vor dem Eigentümer zugeordnet ist. Übermaßfrüchte gehören zwar dem Nießbraucher (§ 1039 Abs. 1 Satz 1 BGB), sie gebühren ihm aber nicht, denn schuldrechtlich hat er bei Beendigung des Nießbrauchs deren Wert zu ersetzen (§ 1039 Abs. 1 Satz 2 BGB). Trifft den Nießbraucher ein Verschulden (Holzabbau entgegen den Regeln der ordnungsgemäßen Wirtschaft), hat er sogleich nach § 823 BGB und wegen Verletzung des gesetzlichen Schuldverhältnisses (→ § 23 Rn. 11) Schadensersatz zu leisten.

Hinsichtlich der Nutzziehung stellt sich die Frage, ob der Nießbraucher berechtigt ist, gravierende Umgestaltungen der Sache vorzunehmen, um sie besser oder intensiver nutzen zu können. Hat der Nießbraucher beispielsweise eine Kiesgrube völlig ausgebeutet, mag er in Erwägung ziehen, die Grube nach ihrer Flutung als Wasserfläche zu Freizeitzwecken gewerblich zu vermieten. Gemäß § 1036 Abs. 2 BGB muss der Nießbraucher die vom Eigentümer gesetzte bisherige wirtschaftliche Zweckbestimmung aufrechterhalten. Umgestaltungen und wesentliche Änderungen sind nach § 1037 Abs. 1 BGB verboten, zu errichtende Anlagen zur Gewinnung von Bodenbestandteilen dürfen nach § 1037 Abs. 2 BGB die bisherige wirtschaftliche Bestimmung des Grundstücks nicht grundlegend ändern. Der Nießbrauch an einem Waldgrundstück berechtigt daher nicht zur Nutzung als Gemüseanbaufläche, ein bislang als Wohnhaus genutztes Gebäude darf nicht zu gewerblichen Zwecken genutzt werden. Damit soll sichergestellt werden, dass der Eigentümer die Sache nach Beendigung des Nießbrauchs nicht von Grund auf wirtschaftlich verändert wiedererhält. Die wirtschaftliche Zweckbestimmung der Sache steht mithin auch dann dem Eigentümer zu, wenn ein Nießbrauch bestellt ist.

Die Befugnisse des Nießbrauchers gegenüber dem Eigentümer grenzt man mit der Formel ab, der Nießbraucher sei zu Nutzungen berechtigt, die ohne Eingriffe in die Substanz möglich seien.[11] Der Nießbraucher darf danach die belastete Sache insbesondere nicht vernichten oder über sie verfügen. Die Erhaltung der Substanz gehört zu den Wesensmerkmalen des Nießbrauchs. Dem hat *Schön* widersprochen:[12] Nicht der Substanzbegriff, sondern allein die vom Eigentümer gesetzte Zweckbestimmung grenze die Befugnisse des Eigentümers und des Nießbrauchers ab. Bedeutung hat diese Frage vor allem für die Reichweite inhaltlicher Gestaltungsfreiheit beim Nießbrauch: Nach *Schön* ist ein (substanzentziehender) Dispositionsnießbrauch (→ § 23 Rn. 20) zulässig, wenn die Zweckbestimmung der Sache auf Veräußerung gerichtet ist.[13]

---

[10] BGH NJW 2011, 61.
[11] Vgl. *Schön*, Der Nießbrauch an Sachen, 1992, S. 5.
[12] *Schön*, Der Nießbrauch an Sachen, 1992, S. 51 ff.
[13] *Schön*, Der Nießbrauch an Sachen, 1992, S. 292.

IV. Das Legalschuldverhältnis zwischen Nießbraucher und Eigentümer

Der Nießbrauch erzeugt eine Vielzahl von Pflichten des Nießbrauchers gegenüber dem Eigentümer: Der Nießbraucher ist zur Erhaltung der Sache (§§ 1041–1045 BGB) verpflichtet, ferner hat er sie zu versichern, wenn dies einer ordnungsgemäßen Wirtschaft entspricht (§§ 1045f. BGB). Überdies hat der Nießbraucher im Innenverhältnis gegenüber dem Eigentümer die öffentlichen (z.B. Grundsteuern) und die bei Nießbrauchsbestellung bestehenden privaten Lasten zu tragen (§ 1047 BGB). Der Eigentümer kann Sicherheitsleistung verlangen, falls aufgrund des Verhaltens des Nießbrauchers die Gefahr besteht, dass Eigentümerrechte erheblich verletzt werden (§ 1051 BGB). Schließlich trifft den Nießbraucher eine Schadensersatzpflicht, wenn er schuldhaft Rechte des Eigentümers verletzt (vgl. § 1039 Abs. 1 Satz 2 BGB). Der Eigentümer kann gegen den Nießbraucher nach Abmahnung auch auf Unterlassung klagen, wenn dieser seine Befugnisse überschreitet (§ 1053 BGB). Ein Recht zur Kündigung hat der Eigentümer hingegen nicht; als dingliches Recht ist der Nießbrauch nicht kündbar (→ § 1 Rn. 10). Nach Beendigung des Nießbrauchs hat der Nießbraucher die Sache an den Eigentümer herauszugeben (§ 1055 BGB). Umgekehrt kann der Nießbraucher vom Eigentümer unter den Voraussetzungen des § 1049 Satz 1 BGB Verwendungsersatz verlangen.

Die genannten Pflichten, Ansprüche und Handlungsrechte fasst man zu einem gesetzlichen Schuldverhältnis im weiteren Sinne zusammen. Dieses entsteht mit der Bestellung des Nießbrauchs zwischen dem Nießbraucher und dem Eigentümer. Darin unterscheidet sich der Nießbrauch vom Pfandrecht, wo das Legalschuldverhältnis nach §§ 1215ff. BGB zwischen Besteller und Pfandgläubiger zustande kommt (→ § 34 Rn. 18). Besteller des Nießbrauchs und Eigentümer der belasteten Sache müssen nicht identisch sein, etwa beim gutgläubigen Erwerb des Nießbrauchs oder bei seiner Begründung aufgrund einer Ermächtigung nach § 185 Abs. 1 BGB; sie können nachträglich auseinanderfallen, wenn der Eigentümer die nießbrauchsbelastete Sache veräußert. Von dem gesetzlichen Schuldverhältnis zu unterscheiden ist das der Bestellung zugrunde liegende Kausalverhältnis zwischen dem Besteller und dem Nießbraucher.

Da das Legalschuldverhältnis zwischen Eigentümer und Nießbraucher besteht, könnte der Nießbraucher dem Besteller gegenüber nicht wirksam handeln. Jedoch gilt zugunsten des gutgläubigen Nießbrauchers der Besteller nach § 1058 BGB als Eigentümer. Vergleichbar § 407 BGB wirken aufgrund dieser Fiktion Leistungen und Rechtsgeschäfte zwischen Nießbraucher und Besteller gegenüber dem Eigentümer. Zieht der Nießbraucher schuldhaft Übermaßfrüchte, so wird der Nießbraucher frei, wenn er Schadensersatz nach § 1039 Abs. 1 Satz 2 BGB an den Besteller leistet. Frei wird der Nießbraucher ferner, wenn er nach Beendigung des Nießbrauchs die Sache an den Besteller zurückgibt (§ 1055 Abs. 1 BGB). § 1058 BGB gilt auch für die Prozessführung: Wird eine Klage des Bestellers auf Schadensersatz gegen den Nießbraucher abgewiesen, wirkt die Rechtskraft des Urteils auch gegenüber dem Eigentümer.

V. Übertragung und Ausübungsüberlassung

1. Grundsatz der Unübertragbarkeit

13 Nach § 1059 Satz 1 BGB ist der Nießbrauch grundsätzlich nicht übertragbar und damit auch nicht mit einem Pfandrecht oder Nießbrauch belastbar (§ 1069 Abs. 2, 1274 Abs. 2 BGB). Ferner ist der Nießbrauch nicht vererblich (§ 1061 BGB).

14 Die Unfähigkeit des Nießbrauchs zum Subjektswechsel ist jedenfalls in erster Linie *nicht* eine Ausprägung eines „Vertrauensverhältnisses" zwischen dem Eigentümer und dem Nießbraucher;[14] andernfalls müsste man die Unübertragbarkeit für abdingbar halten und die Überlassung zur Ausübung an einen Dritten (§ 1059 Satz 2 BGB) ausschließen, die den Ausübungsberechtigten in den Besitz der Sache bringen kann. Vielmehr soll die Unübertragbarkeit sicher stellen, dass die Nutzungsrechte am Grundstück nicht ewig vom Grundeigentum abgespaltet werden können[15] und auf diesem Wege „geteiltes Eigentum" geschaffen wird (→ § 20 Rn. 4). Freilich verwässern die Möglichkeit der Nießbrauchsbestellung zugunsten juristischer Personen (§ 1061 Satz 2 BGB) und die Ausnahmen der Übertragbarkeit (§ 1059a BGB) dieses Ziel.

§ 1059a BGB erleichtert die Restrukturierung juristischer Personen, rechtsfähiger Personengesellschaften und Unternehmen, beispielsweise bei der „übertragenden Sanierung" durch den Insolvenzverwalter.[16] Diese soll nicht daran scheitern, dass der Nachfolger nicht Inhaber des Nießbrauchs werden kann.

2. Ausübungsüberlassung

15 Die in § 1059 Satz 2 BGB vorgesehene Ausübungsüberlassung ermöglicht es, die Nutzziehung der belasteten Sache einem Dritten (das kann auch der Eigentümer sein) einzuräumen. Die Ausübungsüberlassung erfolgt durch schlichte Einigung.[17] Eine Eintragung im Grundbuch scheidet aus. § 892 BGB findet keine Anwendung.[18] Der Dritte erwirbt nicht den Nießbrauch, sondern das Ausübungsrecht. Der Ausübungsberechtigte ist aber auch dem Eigentümer gegenüber zum Besitz (§ 986 Abs. 1 Satz 1 Fall 2 BGB) und zur Nutzziehung (Eigentumserwerb an Früchten nach § 956 Abs. 2 BGB) berechtigt. Partei des Legalschuldverhältnisses (→ § 23 Rn. 11) bleibt der Nießbraucher. Das Ausübungsrecht endet zeitgleich mit dem Nießbrauch, sei es, dass der Nießbraucher verstirbt (vgl. § 1061 BGB), sei es, dass Nießbraucher und Eigentümer den Nießbrauch einverständlich aufheben (§ 875 BGB). Mit der Figur der Aus-

---

[14] Vgl. aber MünchKommBGB/*Pohlmann* § 1059 Rn. 1.
[15] *Baur/Stürner* § 32 II 4 a.
[16] Dazu *Hoffmann/Danylak* NZI 2020, 705.
[17] MünchKommBGB/*Pohlmann* § 1059 Rn. 7; unklar *Wolff/Raiser* § 118 I, S. 476: Überlassung erfolge durch Übertragung der Besitz- und Nutzungsrechte, wozu die Übergabe der Sache erforderlich sei.
[18] BGHZ 62, 133, 140.

übungsüberlassung wird sichergestellt, dass die Nutzziehung verkehrsfähig bleibt, andererseits aber gewährleistet ist, dass der Eigentümer die Nutzungsbefugnisse zurückerhält.

Das dogmatische Verständnis der Ausübungsüberlassung bereitet Schwierigkeiten. Nach heute h.M. begründet die Ausübungsüberlassung keine dingliche Position, sondern wirkt nur schuldrechtlich,[19] während man früher ein dingliches Recht annahm.[20]

Zutreffend ist, dass die Ausübungsüberlassung nur ein relatives Recht gegenüber dem Nießbraucher begründet. Dritten gegenüber hat der Ausübungsberechtigte keine Abwehrrechte analog § 1004 BGB, er kann bei der Verletzung seines Ausübungsrechts nicht nach § 823 BGB Schadensersatz verlangen. Freilich sollte man nicht verkennen, dass die Ausübungsüberlassung eine Verfügung über den Nießbrauch bildet, die einzelne Befugnisse (mit Wirkung gegenüber dem Nießbraucher) dem Ausübungsberechtigten überträgt. Nur so ist es zu erklären, dass nach h.M. der vertragliche Ausschluss der Ausübungsüberlassung „dinglich" wirkt, wenn er (beim Grundstücksnießbrauch) ins Grundbuch eingetragen ist.[21] Von der in diesem Falle unwirksamen Ausübungsüberlassung zu unterscheiden ist der schuldrechtliche Vertrag, der den Nießbraucher zur Bestellung des Ausübungsrechts verpflichtet.[22] Dieser bleibt von einem wirksamen Ausschluss der Ausübungsüberlassung unberührt.

3. Pfändung

Der Nießbrauch – nicht ein davon zu unterscheidender Anspruch des Nießbrauchers auf Ausübung[23] – unterliegt der Zwangsvollstreckung, da er zur Ausübung überlassen werden kann (vgl. § 857 Abs. 3 ZPO). Die Pfändung wird nicht ins Grundbuch eingetragen (Umkehrschluss aus § 857 Abs. 6 ZPO).[24] Die Verwertung erfolgt nach § 857 Abs. 4 ZPO; regelmäßig bestellt das Vollstreckungsgericht einen Verwalter, der die Nutzungen in Geld umsetzt und den Erlös dem Gläubiger übergibt. Einen Anspruch auf Räumung und Herausgabe des belasteten und von dem Nießbraucher genutzten Grundstücks hat der Pfändungsgläubiger jedoch nicht.[25]

VI. Schutz des Nießbrauchs

Nach § 1065 BGB genießt der Nießbraucher bei Beeinträchtigungen seines Rechts Schutz wie ein Eigentümer.[26] Der Nießbraucher kann vom nichtberech-

---

[19] *Westermann/Gursky/Eickmann* § 120 V 2, S. 906.
[20] *Wolff/Raiser* § 118 I, S. 476 m.w.N.
[21] BGHZ 95, 99.
[22] Vgl. BGHZ 62, 133, 138.
[23] BGHZ 62, 133. Folglich ist die Aufhebung des Nießbrauchs nach Pfändung dem Gläubiger gegenüber nach §§ 135f. BGB unwirksam.
[24] BGHZ 62, 133, 140.
[25] BGH NJW 2006, 1124.
[26] Vgl. zum Pfandrecht § 1227 BGB (→ § 34 Rn. 21).

tigten Besitzer analog § 985 BGB Herausgabe der Sache verlangen. Auch beim Nießbrauch ist zu beachten, dass der gutgläubige unverklagte Besitzer privilegiert wird: § 1065 BGB verweist auf §§ 987ff. BGB für Nutzungsherausgabe und Schadensersatz, der Besitzer kann für Verwendungen nach §§ 994ff. BGB Ersatz verlangen („Nießbraucher-Besitzer-Verhältnis"). Gegenüber dem Eigentümer sind §§ 987ff. BGB unanwendbar, weil die Bestimmungen des Legalschuldverhältnisses vorgehen.[27]

VII. Sonderformen des Nießbrauchs

1. Uneigentlicher Nießbrauch

19 Der Nießbrauch an verbrauchbaren Sachen (§ 92 BGB) wird als „uneigentlicher Nießbrauch" bezeichnet. Der bestimmungsgemäße Zweck dieser Sachen (z.B. Heizölvorrat, Umlaufvermögen beim sog. „Unternehmensnießbrauch")[28] besteht in ihrem Verbrauch oder der Veräußerung und damit im Zugriff auf die Substanz der Sache. Ein Nießbrauch im eigentlichen Sinne, der stets nur die Nutzungen erfasst und den Substanzzugriff gerade ausschließt (→ § 23 Rn. 10), kann daher nicht bestellt werden.[29] Einigen sich die Beteiligten auf den Nießbrauch, erwirbt der Nießbraucher kraft Gesetzes Eigentum. Bei Beendigung des „Nießbrauchs" hat der Nießbraucher dem Besteller nach § 1067 Abs. 1 Satz 1 Halbsatz 2 BGB den Wert der Sache zu ersetzen, den sie bei Begründung des Nießbrauchs hatte, nicht jedoch Sachen gleicher Art zurück zu übereignen. Der Ersatzanspruch ist lediglich ein schuldrechtlicher Anspruch. Wird über das Vermögen des Nießbrauchers das Insolvenzverfahren eröffnet, kann der Besteller nicht aussondern.

2. Dispositionsnießbrauch

20 Verfügungen über den belasteten Gegenstand kann der Nießbraucher nicht treffen.[30] Es ist auch nicht möglich, eine entsprechende Verfügungsbefugnis zum Inhalt des Nießbrauchs zu erheben. Ein Interesse an dieser Gestaltung mag freilich im Einzelfall bestehen, etwa wenn beim Vermächtnisnießbrauch (→ § 23 Rn. 3) der überlebende Ehegatte auch zu Verfügungen über die belastete Sache berechtigt sein soll. Ein solcher *Dispositionsnießbrauch* würde aber dazu führen, dass sich der Eigentümer sämtlicher Befugnisse hinsichtlich der belasteten Sache begeben müsste. Der Dispositionsnießbraucher würde zum „Eigentümer auf Zeit". Würde ein Dispositionsnießbrauch für eine juristische Person

---

[27] MünchKommBGB/*Pohlmann* § 1065 Rn. 9f.
[28] *Wieling/Finkenauer* § 14 III Rn. 17.
[29] *Schön*, Der Nießbrauch an Sachen, 1992, S. 51ff.
[30] *Baur/Stürner* § 32 Rn. 14; *Wolff/Raiser* § 116 IV, S. 467f.; a.A. *Schön*, Der Nießbrauch an Sachen, 1992, S. 289ff. (zu dessen Konzeption → § 23 Rn. 10); *Friedrich* NJW 1996, 32.

bestellt, könnte das Eigentum sogar auf Dauer hinsichtlich Nutzung und Verfügung ausgehöhlt werden.[31]

VIII. Nießbrauch an Rechten

Nach § 1068 Abs. 2 BGB folgt der Nießbrauch an Rechten grundsätzlich den Bestimmungen über den Sachnießbrauch, soweit sich nicht aus §§ 1069 ff. BGB Besonderheiten ergeben, die hier nur in den Grundzügen dargestellt werden. Zur Rechtsnatur des Nießbrauchs an obligatorischen Rechten → § 1 Rn. 14.

1. Entstehung des Nießbrauchs an Rechten

Gegenstand des Nießbrauchs kann jedes übertragbare (§ 1069 Abs. 2 BGB) Recht sein, etwa eine Grundschuld, eine Forderung, Mitgliedschaftsrechte wie GmbH-Anteile, Erbteile oder Immaterialgüterrechte.[32] Mangels Übertragbarkeit scheidet der Nießbrauch selbst jedoch aus.

Als Teilübertragung der Befugnisse des Berechtigten folgt die Bestellung des Nießbrauchs an Rechten den für die Übertragung des Rechts geltenden Vorschriften (§ 1069 Abs. 1 BGB). Der Nießbrauch an einer briefhypothekarisch gesicherten Forderung wird daher nach § 1154 Abs. 1 BGB durch Einigung über die Nießbrauchsbestellung, Nießbrauchsbestellungserklärung in schriftlicher Form und Übergabe des Hypothekenbriefs begründet; der Nießbrauch an einem GmbH-Anteil nach § 15 Abs. 3 GmbHG durch notariell beurkundete Einigungserklärung.

Im Gegensatz zur Verpfändung einer Forderung (§ 1280 BGB) ist für die Bestellung des Nießbrauchs die Anzeige an den Schuldner nicht erforderlich. Zugunsten des Schuldners finden §§ 404 ff. BGB Anwendung (§ 1070 BGB). Das Recht kann nicht ohne die Zustimmung des Nießbrauchers aufgehoben oder zum Nachteil des Nießbrauchers geändert werden (§ 1071 BGB). Der Erlass der nießbrauchsbelasteten Forderung (§ 397 BGB) setzt daher die Zustimmung des Nießbrauchers voraus.

2. Inhalt des Nießbrauchs an Rechten

Der Inhalt des Rechtsnießbrauchs richtet sich nach den Nutzungen, die das belastete Recht abwirft. Ist Gegenstand des Nießbrauchs eine Forderung, kann sie der Nießbraucher einziehen (§ 1074 BGB). Da ihm als Nießbraucher jedoch nur die Nutzungen, nicht die Substanz des Rechts gebührt, erwirbt er an dem geleisteten Gegenstand wiederum (nur) den Nießbrauch; das Eigentum am geleisteten Gegenstand fällt dem Gläubiger der Forderung zu (§ 1075 Abs. 1 BGB). Ist die Forderung verzinslich, gelten §§ 1076 ff. BGB: Dem Nießbrau-

---

[31] *Schön*, Der Nießbrauch an Sachen, 1992, S. 294 postuliert denn auch eine Wertersatzpflicht des Nießbrauchers gegenüber dem früheren Eigentümer nach Ablauf des Nießbrauchs.
[32] Zum Nießbrauch an Immaterialgüterrechten *Berger* GRUR 2004, 20.

cher gebühren nur die Zinsen als Nutzungen, das Kapital kann nur an Nießbraucher und Gläubiger gemeinsam geleistet werden (§ 1077 BGB) und muss erneut zinsbringend angelegt werden (§ 1079 BGB).

25 Ein Nießbrauch an einem GmbH-Anteil gibt dem Nießbraucher ein Recht auf den Gewinnanteil. Die nicht abspaltbaren Mitgliedschaftsrechte bleiben jedoch beim Gesellschafter, nach h.M. insbesondere das Stimmrecht.[33]

IX. Nießbrauch an einem Vermögen

26 §§ 1085–1088 BGB behandeln den Nießbrauch an einem Vermögen. Dieser kommt nicht häufig vor; die Verpflichtung dazu bedarf nach § 311b Abs. 3 BGB der notariellen Beurkundung. § 1089 BGB verweist auf §§ 1085 ff. BGB für den bedeutenderen Nießbrauch an einer Erbschaft. Schuldrechtliche Grundlage dafür ist regelmäßig ein Vermächtnis, mit dem die Erben zugunsten des überlebenden Ehegatten des Erblassers beschwert sind.

27 Die Begründung des Nießbrauchs an einem Vermögen und an einem Nachlass folgt dem Spezialitätsprinzip (→ § 1 Rn. 47). Das stellt § 1085 BGB ausdrücklich klar. Der Nießbrauch „an einem Nachlass" wird daher bestellt an dem zugehörigen Grundstück nach § 873 BGB durch Einigung und Eintragung, an beweglichen Sachen durch Einigung und Übergabe (§ 1032 BGB), an Forderungen des Nachlasses durch Einigung (§§ 1069, 398 BGB). Davon zu unterscheiden ist der Nießbrauch an dem Erbteil, den ein einzelner Miterbe bestellt.

28 Auch der Inhalt des Nießbrauchs besteht nur an den einzelnen Gegenständen, nicht an dem Vermögen (oder Nachlass) insgesamt. Gelangen später Gegenstände in das Vermögen, besteht daran kein Nießbrauch. Daher kann auch ein Nießbrauch an einem Unternehmen (vgl. § 22 HGB) nur als Nießbrauch an den einzelnen Gegenständen bestellt werden; er bildet kein absolutes Recht am „Unternehmen" als solchem.[34]

Wird an einem Vermögen der Nießbrauch bestellt, können die Gläubiger des Bestellers zwar noch auf die Gegenstände zugreifen, jedoch geht der Nießbrauch als dingliches Recht späteren Pfändungen und Beschlagnahmen vor. Diese Gefährdung der Gläubiger schließt § 1086 BGB aus: Gläubiger, die bei Nießbrauchsbestellung bereits Inhaber einer Forderung waren, können Befriedigung aus den belasteten Gegenständen verlangen, ohne dass der Nießbraucher sich auf den Nießbrauch berufen kann. Der Nießbraucher ist danach zur Duldung der Zwangsvollstreckung verpflichtet (vgl. §§ 737 f. ZPO).

---

[33] A.A. OLG Stuttgart ZIP 2013, 624; im Einzelnen sehr str., Einzelheiten MünchKommGmbHG/*Weller/Reichert* § 15 Rn. 338 f.
[34] *Westermann/Gursky/Eickmann* § 140, 5, S. 1039; a.A. MünchKommBGB/*Pohlmann* § 1085 Rn. 10, deren steuerrechtliche Betrachtung jedoch sachenrechtlich unerheblich ist.

7. Kapitel: Erbbaurecht und Wohnungseigentum

§ 24 Das Erbbaurecht

Literatur: *Demharter*, Zur Begründung von Wohnungserbbaurechten an einem Gesamterbbaurecht, DNotZ 1986, 457; *Demmer*, Kaufzwangklauseln in Erbbaurechtsverträgen, NJW 1983, 1636; *Erman*, Untererbbaurecht, AcP 126 (1926), 214; *Furtner*, Die rechtsgeschäftliche Verfügungsbeschränkung und ihre Sicherung, NJW 1966, 182; *Götz*, Beleihbarkeit von Erbbaurechten, DNotZ 1980, 3; *Haegele*, Streitfragen und Probleme des Erbbaurechts, Rpfleger 1971, 283; *Henseler*, Die Teilung des Erbbaurechts, AcP 161 (1962), 44; *Knothe*, Das Erbbaurecht, 1987; *Chr. Mohrbutter*, Die Eigentümerrechte und der Inhalt des Erbbaurechts bei dessen Zwangsversteigerung, 1995; *Stahl-Sura*, Formen der Bestellung eines Erbbaurechts, DNotZ 1981, 604; *Tradt*, Der Erbbauzins und die Zwangsversteigerung, DNotZ 1984, 370.

I. Begriff, Bedeutung und gesetzliche Regelung

Das Erbbaurecht ist nach der Legaldefinition in § 1 Abs. 1 ErbbauRG das veräußerliche und vererbliche Recht, auf oder unter der Oberfläche eines Grundstücks ein Bauwerk zu haben. Dieses Bauwerk bildet gemäß § 12 Abs. 1 ErbbauRG einen wesentlichen Bestandteil (→ § 1 Rn. 63) des Erbbaurechts, nicht des Grundstücks. Das Erbbaurecht umfasst danach das Recht, ein fremdes Grundstück als Baugrund zu benutzen, verbunden mit dem Eigentum an dem Bauwerk. Der Eigentümer des Grundstücks muss die Nutzung als Baugrund dulden; er kann nicht Herausgabe des Bauwerks verlangen.

Historisch beruht das Erbbaurecht auf der *superficies* des römischen und gemeinen Rechts. Ein ähnliches Rechtsinstitut bildete die *Bauleihe* des deutschen Rechts.[1] Diese Institute spalteten das Grundeigentum in ein formales (Ober-)Eigentum und ein Nutz- oder Untereigentum. Die historische Rechtsschule des 19. Jahrhunderts wandte sich gegen eine Teilung des Eigentums. Sie unterschied streng zwischen Eigentum am Grundstück und (inhaltlich und zeitlich begrenzter) Belastung des Grundstücks (→ § 5 Rn. 1 ff.). Der BGB-Gesetzgeber hat durchaus erkannt, dass das Erbbaurecht dazu führt, „dass vererbliche und veräußerliche Benutzungsrechte begründet werden könnten, welche das Eigentum der belasteten Sache auf die Dauer in weitem Umfang schwächen, ja erschöpfen (würden)".[2] Gleichwohl hat man das Erbbaurecht in das BGB übernommen, nicht zuletzt um dem Bauherrn eine „feste wirtschaftliche Grundlage"[3] zu geben.

---

[1] Vgl. Staudinger/*Rapp* Einl. zum ErbbauRG Rn. 3.
[2] Motive Bd. 3, S. 466.
[3] Motive Bd. 3, S. 466.

3   Die ursprüngliche gesetzliche Regelung des Erbbaurechts in den §§ 1012–1017 BGB fiel knapp und lückenhaft aus. Insbesondere sah das BGB kein (auch die jeweiligen Rechtsnachfolger bindendes) gesetzliches Schuldverhältnis zwischen Erbbauberechtigtem und Eigentümer vor, das Fragen der Instandhaltung, Lastentragung oder Versicherung des Gebäudes regelte; unklar blieben ferner die Möglichkeiten der dinglichen Sicherung des Erbbauzinses und das Schicksal des Gebäudes nach Ende des Erbbaurechts. Infolge dieser unvollkommenen rechtlichen Ausgestaltung eignete sich das Erbbaurecht nicht als Kreditgrundlage.[4] Der Gesetzgeber hat auf diese vielbeklagten Lücken reagiert. Die §§ 1012–1017 BGB wurden aufgehoben und ersetzt durch die am 22.1.1919 in Kraft getretene ErbbauVO[5] (2007 ohne inhaltliche Änderung umbenannt in ErbbauRG), die das Erbbaurecht eingehend regelt. Für die bis zu diesem Tage entstandenen Erbbaurechte gelten nach § 38 ErbbauRG jedoch weiterhin die §§ 1012–1017 BGB.

4   Ausschlaggebend für die Reform des Erbbaurechts war nicht zuletzt, dass man Erbbaurechte zur sozialen Städtebauwohnungsförderung nutzen wollte. Finanziell minder bemittelten Bevölkerungskreisen – die nicht im Blickfeld der BGB-Gesetzgeber gestanden hatten – konnte der Bau eines Wohnhauses ermöglicht werden, da sie aufgrund des Erbbaurechts nur die Kosten für das Bauwerk, nicht aber für das Grundstück aufbringen mussten. Der Nießbrauch eignete sich dafür nicht, weil er nach § 1061 Satz 1 BGB mit dem Tode des Nießbrauchers erlischt und zudem nach § 1059 BGB unübertragbar ist. Unübertragbar ist auch das Wohnungsrecht nach §§ 1093, 1092 BGB. Viele Großstädte gingen nach der rechtlichen Neuordnung des Erbbaurechts dazu über, städtischen Grundbesitz im Wege des Erbbaurechts an gemeinnützige Wohnungsbaugesellschaften oder unmittelbar in private Hände zu vergeben.[6] Damit sollte zugleich der Bodenspekulation („Geländeschacher") Einhalt geboten werden, denn über Grund und Boden kann der Erbbauberechtigte nicht verfügen. Langfristig war damit auch der Effekt verbunden, dass Wertsteigerungen der Grundstücke nach Ablauf des im Regelfall befristeten Erbbaurechts den Städten als Eigentümer zufielen. Die Rechtsstellung des Eigentümers wurde ferner dadurch gestärkt, dass der Erbbauzinsanspruch mit einer Wertsicherungsklausel versehen wurde. Ähnlich verfuhren auch Kirchen. An dieser Vergabepraxis wird Kritik geübt, die sich insbesondere dagegen richtet, dass die öffentliche Hand das Eigentum am Grundstück dauerhaft behalten will. Man verlangt von den Ausgebern des Erbbaurechts, zugunsten des Erbbauberechtigten ein Ankaufsrecht hinsichtlich des Grundstücks vorzusehen, das dieser ausüben

---

[4] Vgl. *Wolff/Raiser* § 104 I, S. 421 in Fn. 4; Staudinger/*Rapp* Einl. zum ErbbauRG Rn. 5.
[5] Verordnung des Reichsarbeitsamts über das Erbbaurecht vom 15.1.1919, bestätigt durch Übergangsgesetz v. 4.3.1919.
[6] Staudinger/*Rapp* Einl. zur ErbbauRG Rn. 3 nennt die Städte Leipzig, Halle, Elberfeld, Essen, Dresden und Ulm; weit. Nachw. bei *Wolff/Raiser* § 104 I Fn. 3.

kann, wenn der Kredit für das Bauwerk abbezahlt ist.[7] Beschränkend wirken den Erbbauberechtigten gängelnde Vorgaben hinsichtlich der Art und Weise der Bebauung und Nutzung (nur „Kleinbauten", Vermietung nur an kinderreiche Familien), die nach § 2 Nr. 1 ErbbauRG mit dinglicher Wirkung begründet werden können.

Das Erbbaurecht ist nicht auf die Errichtung von Wohnungsbauten beschränkt. Heute bildet es darüber hinaus die rechtliche Grundlage für den Bau von Sportstätten, Gewerbegebäuden und Wissenschaftseinrichtungen[8] auf fremdem Grund und Boden.

II. Rechtsnatur und Abgrenzung

Nach § 11 ErbbauRG finden auf das Erbbaurecht grundsätzlich die sich auf Grundstücke beziehenden Vorschriften (Ausnahme: §§ 925, 927, 928 BGB) Anwendung, soweit sich im ErbbauRG keine abweichende Regelung findet. In den Grundzügen wird das Erbbaurecht daher wie das Grundeigentum behandelt: Für das Erbbaurecht ist ein besonderes Erbbaugrundbuch anzulegen (§ 14 Abs. 1 ErbbauRG); der Schutz des Erbbaurechts bestimmt sich nach §§ 891, 894, 985, 1004 BGB; das Bauwerk gilt als wesentlicher Bestandteil des Erbbaurechts (§ 12 ErbbauRG); die Verpflichtung zur Bestellung bzw. zum Erwerb des Erbbaurechts bedarf der Form des § 311b Abs. 1 BGB (§ 11 Abs. 2 ErbbauRG); die Zwangsvollstreckung in das Erbbaurecht folgt den Bestimmungen über die Zwangsvollstreckung in Grundstücke.[9] Man spricht daher beim Erbbaurecht von einem grundstücksgleichen Recht, besser: grund*eigentums*gleichen Recht.[10]

Das Erbbaurecht unterscheidet sich von den Dienstbarkeiten dadurch, dass es nur für Bauwerke bestellt werden kann, ferner ist das Erbbaurecht als grundeigentumsgleiches Recht grundsätzlich übertragbar und belastbar. Das Dauerwohnrecht (§ 31 WEG) bezieht sich nur auf bestimmte Räume, das Erbbaurecht auf das gesamte Gebäude. Das Wohnungseigentum (§ 1 Abs. 2 WEG) ist Miteigentum am Grundstück verbunden mit Sondereigentum an abgeschlossenen Räumen; der Erbbauberechtigte ist Eigentümer des gesamten Gebäudes, nicht aber des Grundstücks. Die Erbpacht ist abgeschafft worden (vgl. den früheren Art. 63 EGBGB);[11] gleichwohl wird der Begriff von juristischen Laien gelegentlich als Synonym für das Erbbaurecht gebraucht.

---

[7] Staudinger/*Rapp* Einl. zum ErbbauRG Rn. 4.
[8] Die Universität Leipzig hatte an einem ihrer Grundstücke zugunsten eines britischen Investors ein Erbbaurecht bestellt, der auf dieser Grundlage ein Einkaufszentrum und das neue *Juridicum* der Juristenfakultät errichtete.
[9] Vgl. § 24 ErbbauRG, § 864 Abs. 1 ZPO.
[10] Vgl. *Wieling/Finkenauer* § 24, Rn. 1 („grundeigentumsähnlich").
[11] Dazu *Wolff/Raiser* § 104 XIII, S. 429.

III. Entstehung des Erbbaurechts
1. Einigung

7   Wie jedes andere beschränkte dingliche Recht an Grundstücken entsteht auch das Erbbaurecht nach § 873 BGB durch Einigung und Eintragung im Grundstücks-Grundbuch (→ § 24 Rn. 15).[12] Die Einigung ist materiellrechtlich formfrei wirksam, bedarf gemäß §§ 20, 29 GBO aus grundbuchverfahrensrechtlichen Gründen jedoch der öffentlichen Beglaubigung.

8   Die dingliche Einigung ist zu unterscheiden von einem schuldrechtlichen Bestellungsvertrag, der insbesondere die Grundlage für den regelmäßig ausbedungenen Erbbauzins bildet. Der Bestellungsvertrag bedarf nach § 11 Abs. 2 ErbbauRG der Form des § 311b Abs. 1 BGB. Infolge des Abstraktionsprinzips ist der Bestand eines Schuldverhältnisses jedoch nicht Voraussetzung der Bestellung des Erbbaurechts.

9   Inhaltlich muss sich die Einigung über das Erbbaurecht beziehen auf das „Haben" eines bestehenden oder künftig noch zu errichtenden Bauwerks auf dem belasteten Grundstück. Der Begriff „Bauwerk" ist umfassender als „Gebäude": Dazu zählen neben Häusern, Wirtschaftsgebäuden, Brücken und gemauerten Brunnen auch bauliche Anlagen wie Sportplätze. Ein Golfplatz kann ein Bauwerk sein, weil zu seiner Errichtung nicht nur Erdarbeiten erforderlich sind.[13] Reine Bepflanzungen scheiden hingegen als Gegenstand eines Erbbaurechts aus;[14] daher kann die landwirtschaftliche Nutzung eines Grundstücks nicht aufgrund eines Erbbaurechts erfolgen, falls nicht ein Bauwerk wirtschaftlich die Hauptsache bildet.

Die Rechtslage hinsichtlich des Bauwerks bestimmt § 12 ErbbauRG. Die Vorschrift fingiert das Bauwerk als wesentlichen Bestandteil des Erbbaurechts (eine Sache ist wesentlicher Bestandteil eines Rechts!). § 95 Abs. 1 Satz 2 BGB lässt sich nur entnehmen, dass das Gebäude nicht wesentlicher Bestandteil des *Grundstücks* ist, wenn es im Hinblick auf das Erbbaurecht errichtet wurde. Beim Erbbaurecht wird das Gebäude aber nicht wie andere Scheinbestandteile des Grundstücks als bewegliche Sache behandelt (→ § 1 Rn. 67), sondern als wesentlicher Bestandteil des Erbbaurechts. Das Bauwerk haftet daher nicht für auf dem Grundstück lastende Grundpfandrechte; die Haftung bereits bestehender Bauwerke erlischt mit der Eintragung des Erbbaurechts (§ 12 Abs. 1 Satz 3 ErbbauRG).[15] Folgen hat die dingliche Rechtslage am Bauwerk auch für Verfügungen: Bei Scheinbestandteilen nach § 95 Abs. 1 Satz 2 BGB ist Gegenstand der Verfügung die Sache, die gemäß §§ 929 ff. BGB übertragen und gemäß §§ 1032, 1205 BGB belastet wird. Besteht hingegen ein Erbbaurecht, kann über das Bauwerk selbst nicht verfügt werden, da es wesentlicher Bestandteil des Erb-

---

[12] Für die *Begründung* des Erbbaurechts hat § 925 BGB keine Bedeutung (a.A. *Wilhelm* Rn. 1114). Der Ausschluss dieser Vorschrift in § 11 Abs. 1 Satz 1 ErbbauRG ist relevant nur für die *Übertragung*, die beim Erbbaurecht – anders als beim Grundeigentum – keine Auflassung voraussetzt.
[13] BGH NJW 1992, 1681.
[14] MünchKommBGB/*Heinemann* § 1 ErbbauRG Rn. 13 a.E.
[15] Die Bestimmung hat freilich keine große Bedeutung, da das Erbbaurecht grundsätzlich nur erstrangig bestellt werden kann (§ 10 Abs. 1 Satz 1 ErbbauRG).

baurechts ist. Verfügungsgegenstand ist vielmehr das Erbbaurecht selbst (vgl. § 11 ErbbauRG); die Wirkungen der Verfügung erstrecken sich wie bei allen wesentlichen Bestandteilen auch auf das Bauwerk.

Das Erbbaurecht ist – anders als in vielen ausländischen Rechtsordnungen[16] – von Gesetzes wegen zeitlich nicht begrenzt. Seine Bestellung wird in der Praxis aber häufig auf 66 oder 99 Jahre befristet. Ein „ewiges Erbbaurecht" trennt das Eigentum am Grundstück auf Dauer von einer wesentlichen Nutzungsbefugnis, was mit dem Eigentumsbegriff des BGB (→ § 5 Rn. 1 ff.) nicht in Einklang steht. So ist zu erklären, dass in der Literatur die Nichtigkeit ewiger Erbbaurechte nach § 138 BGB erwogen wird.[17]

Nach § 1 Abs. 4 ErbbauRG kann das Erbbaurecht nicht durch eine auflösende Bedingung beschränkt werden. Mit dieser ungenauen Formulierung (durch eine Bedingung wird nicht das Recht, sondern die Wirkung eines Rechtsgeschäfts begrenzt, § 158 BGB) soll die Beleihbarkeit des Erbbaurechts gestärkt werden, die bei einem „unsicheren Recht" nicht gegeben ist. Vor Inkrafttreten des ErbbauRG wurde nicht selten die Nichtzahlung des Erbbauzinses (dazu → § 24 Rn. 13) als auflösende Bedingung vereinbart. Wird heute diese oder eine andere Bedingung verabredet, ist die Bestellung des Erbbaurechts nichtig. Möglich ist jedoch die Vereinbarung eines Heimfallanspruchs (§ 2 Nr. 4 ErbbauRG) auch für den Fall des Verzugs mit der Zahlung des Erbbauzinses; wird das Erbbaurecht daraufhin an den Eigentümer übertragen, erlischt es nicht, sondern bleibt als Eigentümererbbaurecht bestehen. Das ist wichtig, weil nach § 889 BGB (Konsolidation) die Belastungen des Erbbaurechts nicht untergehen.

Vereinbarungen über die Errichtung, die Nutzung, die Versicherung und die Lastentragung des Bauwerks können nach § 2 ErbbauRG zum „Inhalt" des Erbbaurechts erhoben werden. Diese Abreden wirken nicht nur schuldrechtlich zwischen Eigentümer und dem ersten Erbbauberechtigten als Vertragspartner, sondern werden „verdinglicht" und binden auch die Rechtsnachfolger des Eigentümers und des Erbbauberechtigten. Andere als die in § 2 ErbbauRG bezeichneten Gegenstände können mit Rücksicht auf den sachenrechtlichen Typenzwang (→ § 1 Rn. 39) nicht Inhalt des Erbbaurechts sein.

Im Katalog des § 2 ErbbauRG ist die Abrede über die für das Erbbaurecht zu erbringende Gegenleistung, die vielfach nicht als einmalige Entgeltzahlung, sondern in wiederkehrenden Leistungen besteht, nicht vorgesehen. Der Erbbauzins zählt daher nicht zum Inhalt des Erbbaurechts. Vielmehr sieht § 9 ErbbauRG vor, dass zugunsten des Eigentümers des belasteten Grundstücks die Vorschriften über die Reallast (→ § 19 Rn. 1 ff.) entsprechende Anwendung finden. Die Reallast am Erbbaurecht dient der Sicherung des Erbbauzinsanspruchs und kann nach § 9 Abs. 3 ErbbauRG „versteigerungsfest" ausgestaltet werden.

---

[16] Österreich: höchstens 80 Jahre; England: 99 Jahre; Portugal: Soweit keine andere Festlegung getroffen worden ist, 10 Jahre; Holland: Nach 25 Jahren kann bei Vorliegen besonderer Umstände auf Aufhebung geklagt werden.
[17] MünchKommBGB/*Heinemann* § 1 ErbbauRG Rn. 73.

Sie entsteht nicht ipso iure, sondern muss von den Beteiligten bestellt und im Erbbaugrundbuch eingetragen werden. Zahlt der Erbbauberechtigte den Zins nicht, kann der Eigentümer das auf seinem Grundstück lastende Erbbaurecht im Wege der Zwangsvollstreckung verwerten lassen (§§ 1107, 1147 BGB). Schuldner des Erbbauzinsanspruchs aus dem Bestellungsvertrag bleibt der Vertragspartner (der in der Regel erster Inhaber des Erbbaurechts ist) des Eigentümers, wenn nicht der Erwerber des Erbbaurechts nach §§ 414, 415 BGB die Verpflichtung übernommen hat. Daneben haftet der jeweilige Inhaber des Erbbaurechts nach § 1108 BGB aufgrund der Reallast auch persönlich.

14 Das Erbbaurecht kann nach § 10 Abs. 1 Satz 1 ErbbauRG nur erstrangig bestellt werden; spätere Rangänderungen sind unwirksam. Diese Bestimmung dient dem Schutze des Erbbauberechtigten und seiner Gläubiger, zu deren Gunsten das Erbbaurecht belastet ist: Wird das Grundstück zwangsversteigert, fällt das Erbbaurecht in das „geringste Gebot" und bleibt nach §§ 52, 44 ZVG bestehen (→ § 17 Rn. 68).

§ 10 Abs. 1 ErbbauRG verbietet nur die *rechtsgeschäftliche* Bestellung nachrangiger Erbbaurechte. Die Vorschrift verhindert nicht, dass aufgrund *gesetzlicher* Bestimmungen das Erbbaurecht im Range nach anderen Belastungen des Grundstücks steht. In BGHZ 51, 59 hatte der Erbbauberechtigte gegenüber dem Eigentümer auf das Erbbaurecht verzichtet. Es wurde vom Grundbuchamt aufgrund einer Löschungsbewilligung gelöscht. Später wurde das Grundstück mit Grundpfandrechten belastet. Allerdings war die Löschung des Erbbaurechts zu Unrecht erfolgt, weil die nach § 1365 BGB erforderliche Zustimmung des anderen Ehegatten nicht vorlag. Zugunsten der Grundpfandgläubiger galt freilich das Grundbuch nach § 892 BGB als richtig. Die Grundpfandrechte hatten gegenüber dem Erbbaurecht daher den besseren Rang. Das Erbbaurecht war nicht erloschen, sondern bestand nachrangig fort. § 10 ErbbauRG steht dem nicht entgegen, weil es sich nicht um die rechtsgeschäftliche Begründung nachrangiger Erbbaurechte handelt. Schwierigkeiten bereitet der nachrangige Fortbestand allerdings wegen § 12 ErbbauRG, wonach das Bauwerk wesentlicher Bestandteil des Erbbaurechts ist. Der BGH musste sich nicht mit der Frage auseinandersetzen, ob § 12 ErbbauRG auch bei gutgläubigem Vorrangerwerb gilt. Würde man dies bejahen, stellte man den gutgläubigen Erwerber schlechter, weil der Wert des Grundstücks angesichts des nicht zu seinen wesentlichen Bestandteilen zählenden Gebäudes erheblich geringer ist. Der öffentliche Glaube des Grundbuchs nach § 892 BGB bezieht sich jedoch nicht auf die Bestandteile des Grundstücks (→ § 10 Rn. 11). Daher bleibt das Bauwerk wesentlicher Bestandteil des Erbbaurechts, auch wenn dieses infolge gutgläubigen Erwerbs späteren Belastungen im Range nachfolgt.

2. Eintragung

15 Liegt die Einigung vor, entsteht das Erbbaurecht durch die Eintragung im Grundbuch des belasteten Grundstücks. Das Grundbuchamt hat von Amts wegen nach § 14 ErbbauRG für das Erbbaurecht ein weiteres Grundbuchblatt anzulegen, das Erbbaugrundbuch. Die Anlegung des Erbbaugrundbuchs ist jedoch nicht Voraussetzung für die Entstehung des Erbbaurechts. Das Erbbaugrundbuch ist für das Erbbaurecht das Grundbuch im Sinne des BGB (§ 14 Abs. 3 ErbbauRG). Man muss daher zwei Grundbücher unterscheiden: Das

Grundstücks-Grundbuch und das Erbbaugrundbuch. Für die Entstehung, das Erlöschen und den Rang des Erbbaurechts ist allein die Eintragung im Grundstücks-Grundbuch maßgeblich. Verfügungen über das Erbbaurecht setzen die Eintragung im Erbbaugrundbuch voraus, das auch für den Inhalt des Erbbaurechts maßgeblich ist.

Auch bezüglich der Vermutung und des öffentlichen Glaubens (§§ 891ff. BGB) sind beide Grundbücher zu unterscheiden. 16

Beispiel: Auf dem Grundstücks-Grundbuch wurde das eingetragene Erbbaurecht zu Unrecht gelöscht, das Erbbaugrundbuch blieb hingegen unverändert. Hier kann der Erwerber das Grundstück frei von der Belastung durch das Erbbaurecht erwerben, denn nach § 892 Abs. 1 Satz 1 BGB gilt zu seinen Gunsten das zu Unrecht gelöschte Erbbaurecht als nicht bestehend. Da es sich um einen Erwerbsvorgang handelt, der sich allein auf das Grundstück bezieht, schadet die Eintragung des Erbbaurechts im Erbbaugrundbuch dem Grundstückserwerber nicht.

Der Erwerber des Erbbaurechts hingegen muss sich hinsichtlich des öffentlichen Glaubens am Erbbaugrundbuch orientieren. Wurde etwa eine Belastung des *Erbbaurechts* zu Unrecht gelöscht, erwirbt der gutgläubige Erwerber das Erbbaurecht unbelastet. Besondere Vorsicht ist hinsichtlich des *Bestands* des Erbbaurechts veranlasst: Da sich dieser nach dem Grundstücks-Grundbuch richtet, muss es der Erwerber des Erbbaurechts einsehen; er kann sich insoweit nicht auf das Erbbaugrundbuch verlassen.[18] Hinsichtlich der Person des Erbbauberechtigten ist jedoch das Erbbaugrundbuch maßgeblich.[19] Dementsprechend ist ein Widerspruch gegen den Bestand des Erbbaurechts beim Grundstücks-Grundbuch und eine Vormerkung auf Übertragung des Erbbaurechts beim Erbbaugrundbuch einzutragen. 17

IV. Verfügungen über das Erbbaurecht

Das Erbbaurecht ist – als grundeigentumsähnliches Recht (→ § 24 Rn. 5) – nach § 1 Abs. 1 ErbbauRG grundsätzlich „veräußerlich". Die Verweisung in § 11 ErbbauRG auf das Grundstücksrecht bezieht sich jedoch nicht auf § 925 BGB. Die Übertragung erfolgt daher nicht im Wege der Auflassung, sondern nach § 873 BGB durch schlichte Einigung und Eintragung in das *Erbbau*grundbuch. Der Vermerk nach § 14 Abs. 3 Satz 2 ErbbauRG in dem Grundstücks-Grundbuch ist nur deklaratorischer Natur. Die Übertragung kann nach § 11 Abs. 1 Satz 2 ErbbauRG weder bedingt noch befristet werden (wohl aber ist die befristete *Bestellung* des Rechts wirksam und sogar die Regel, → § 24 Rn. 10). Für den Verpflichtungsvertrag gilt § 311b Abs. 1 BGB (vgl. § 11 Abs. 2 ErbbauRG). 18

Nach § 5 ErbbauRG kann als Inhalt des Erbbaurechts vereinbart werden, dass die Veräußerung des Erbbaurechts der Zustimmung des Eigentümers des belasteten Grundstücks bedarf. Wird die Zustimmung nicht erteilt, ist die Ver- 19

---

[18] Staudinger/*Rapp* § 14 ErbbauRG Rn. 10.
[19] Unklar Staudinger/*Rapp* § 14 ErbbauRG Rn. 10.

fügung über das Erbbaurecht unwirksam (§ 6 Abs. 1 ErbbauRG). § 5 Abs. 1 ErbbauRG erlaubt es, abweichend von § 137 Satz 1 BGB, aber auf der Linie der §§ 413, 399 Fall 2 BGB, Verfügungsbeschränkungen mit dinglicher Wirkung zu begründen. Auch hierin unterscheidet sich das Erbbaurecht vom Eigentum. Der Eigentümer des mit dem Erbbaurecht belasteten Grundstücks kann sich auf diesem Wege eine Mitsprache hinsichtlich der Person des Erwerbers vorbehalten, die namentlich im Hinblick auf nach § 2 ErbbauRG begründete Pflichten eine Rolle spielt. Andererseits besteht für den Erbbauberechtigten vielfach das Interesse, das Erbbaurecht zu übertragen. Den Ausgleich zwischen Eigentümerbelangen und Verkehrsfähigkeit sucht der Gesetzgeber über § 7 ErbbauRG herzustellen, der dem Erbbauberechtigten einen Anspruch auf Erteilung der Zustimmung zur Veräußerung einräumt, wenn die Interessen des Eigentümers nicht wesentlich beeinträchtigt werden. Durchzusetzen ist der Anspruch im Verfahren der freiwilligen Gerichtsbarkeit (§ 7 Abs. 3 Satz 2 ErbbauRG). Die Verfügungsbeschränkung gilt auch bei der Zwangsvollstreckung in das Erbbaurecht. Der Gläubiger kann den Zustimmungsanspruch im Wege der Hilfspfändung pfänden.

Zum Schutze des Erbbauberechtigten vor Schadensersatzansprüchen erklärt § 6 Abs. 1 ErbbauRG auch den Verpflichtungsvertrag für unwirksam, solange die Zustimmung nicht erteilt wird. Gleichwohl kann der Anspruch aus dem schwebend unwirksamen Vertrag durch eine Vormerkung gesichert werden, da er einen künftigen Anspruch im Sinne von § 883 Abs. 1 Satz 2 BGB darstellt.

20 Das Erbbaurecht kann grundsätzlich mit allen Rechten belastet werden, die an einem Grundstück bestellt werden können. Hierzu zählen insbesondere Grundpfandrechte, die der Erbbauberechtigte vergibt, um das für die Errichtung des Bauwerks aufgenommene Darlehen zu sichern. Ferner sind Dienstbarkeiten, ein Vorkaufsrecht und sogar ein Untererbbaurecht[20] (Erbbaurecht am Erbbaurecht) möglich. Auch die Belastung kann nach § 5 Abs. 2 ErbbauRG an die Zustimmung des Eigentümers des Grundstücks gebunden werden.

V. Erlöschen des Erbbaurechts

21 Das Erbbaurecht wird durch einseitige Aufhebungserklärung des Erbbauberechtigten[21] und Löschung des Erbbaurechts im Grundstücks-Grundbuch aufgehoben. Die Schließung des Erbbaugrundbuchs nach § 16 ErbbauRG wirkt hingegen nicht konstitutiv. Zur Aufhebung ist die Zustimmung des Eigentümers erforderlich (§ 26 Satz 1 ErbbauRG). Das Erbbaurecht erlischt ferner durch Zeitablauf, wenn eine Befristung vorgesehen war (→ § 24 Rn. 10).

22 Mit dem Erlöschen des Erbbaurechts werden das Bauwerk sowie Rechte i.S. des § 96 BGB,[22] die zuvor wesentliche Bestandteile des Erbbaurechts waren,

---

[20] BGHZ 62, 179.
[21] Nicht durch Vertrag, unklar *Weirich/Ivo* Überschrift zu Rn. 1762.
[22] BGH NJW-RR 2012, 845.

wesentliche Bestandteile des Grundstücks (§ 12 Abs. 3 ErbbauRG). Hierin unterscheidet es sich von Scheinbestandteilen nach § 95 Abs. 1 Satz 2 BGB, deren dingliche Rechtslage sich durch den Wegfall des Rechts am Grundstück nicht verändert.[23] Hatte der Erbbauberechtigte einen Miet- oder Pachtvertrag geschlossen, findet nach § 30 ErbbauRG der § 566 BGB Anwendung. Wenn das Erlöschen auf Zeitablauf beruhte, gewährt § 30 Abs. 2 ErbbauRG dem Eigentümer ein einmaliges Sonderkündigungsrecht. Der Mieter oder Pächter ist hier weniger schutzwürdig als bei einer vertraglichen Aufhebung des Erbbaurechts, weil er die Befristung aus dem Grundbuch ersehen konnte.

Erlischt das Erbbaurecht durch *Zeitablauf*, hat der frühere Erbbauberechtigte ferner einen in den Grenzen des § 27 Abs. 2 ErbbauRG abdingbaren Anspruch auf Zahlung einer Entschädigung für das Bauwerk. Für diese Forderung haftet das Grundstück, wie der unglücklich formulierte § 28 ErbbauRG („Entschädigungsforderung haftet auf dem Grundstück") zum Ausdruck bringen soll. Nicht geregelt ist die Rechtsnatur dieser Belastung. Vieles spricht dafür, sie als (im Wege der Grundbuchberichtigung eintragungsfähige) Sicherungshypothek (→ § 17 Rn. 103) zu behandeln.[24] Für die rechtsgeschäftliche Aufhebung des Erbbaurechts ist ein gesetzlicher Entschädigungsanspruch nicht vorgesehen, weil hier die Beteiligten die Möglichkeit haben, die Frage des Wertersatzes für das Bauwerk vertraglich zu regeln.

---

[23] BGHZ 56, 59f.
[24] Staudinger/*Rapp* § 28 ErbbauRG Rn. 1; a.A. MünchKommBGB/*Heinemann* § 28 ErbbauRG Rn. 1: dingliches Recht eigener Art; OLG Hamm DNotZ 2007, 750.

§ 25 Das Wohnungseigentum

Literatur: *Bärmann*, Zur Theorie des Wohnungseigentums, NJW 1989, 1057; *Börner*, Das Wohnungseigentum und der Sachbegriff des Bürgerlichen Rechts, Festschr. Dölle, 1963, S. 201; *Bub*, Die Anforderungen an die Abgeschlossenheit von Räumen als Voraussetzung für die Begründung von Wohnungseigentum, Festschr. Bärmann und Weitnauer, 1990, S. 69; *Ehmann*, Die Einzelklagebefugnis des Wohnungseigentümers, Festschr. Bärmann und Weitnauer, 1990, S. 145; *Jacoby*, Grundlagen der rechtsfähigen Gemeinschaft, ZWE 2020, 17; *Merle*, Das Wohnungseigentum im System des bürgerlichen Rechts, 1979; *Pick*, die Haftung des Erwerbers von Wohnungseigentum für rückständige Lasten und Kosten des Veräußerers, Festschr. Bärmann und Weitnauer, 1990, S. 65; *Thümmel*, Abschied vom Stockwerkseigentum(?), JZ 1980, 125; *Weitnauer*, Das Wohnungseigentumsgesetz, JZ 1951, 161; *ders*. Miteigentum – Gesamthand – Wohnungseigentum, Festschr. Seuß, 1987, S. 295.

Literatur zur Reform 2020 (WEMoG): *Bruns*, Nachbarschutz im Lichte der WEG-Novelle 2020, NZM 2020, 909; *Elzer*, WEG-Reform 2020 – auf dem Weg zum Wohnungseigentumsmodernisierungsgesetz (WEModG), ZMR 2020, 81; *Greiner*, Das Verhältnis des Verwalters zur rechtsfähigen Gemeinschaft und zu den Wohnungseigentümern, ZWE 2020, 260; *Mediger*, Neue Regeln für bauliche Veränderungen im RefE WEModG oder: „weniger ist mehr", NZM 2020, 269; *Zschieschack*, Das neue Wohnungseigentumsrecht, NZM 2020, 897.

Fallbearbeitung: *Armbrüster*, Grundfälle zum Wohnungseigentumsrecht, JuS 2002, 141, 245, 348, 450, 564, 665.

I. Begriff

1 Das Wohnungseigentum ist nach der Legaldefinition in § 1 Abs. 2 WEG das Sondereigentum an einer Wohnung in Verbindung mit dem Miteigentumsanteil an dem gemeinschaftlichen Eigentum, zu dem das Sondereigentum gehört. Unter gemeinschaftlichem Eigentum versteht § 1 Abs. 5 WEG das Grundstück und das Gebäude, soweit sie nicht im Sondereigentum oder im Eigentum Dritter stehen. Sondereigentum bedeutet nach § 3 Abs. 1 WEG das Eigentum an einer bestimmten Wohnung (oder anderen Räumen) in einem auf dem Grundstück errichteten Gebäude.

2 Das Wohnungseigentum soll „echtes" Eigentum an Wohnungen verschaffen. In Anlehnung an § 903 BGB bestimmt § 13 Abs. 1 WEG, dass jeder Wohnungseigentümer mit seinem Sondereigentum nach Belieben verfahren darf und andere von Einwirkungen ausschließen kann. Die Konstruktion des Sondereigentums durchbricht §§ 94, 93 BGB, wonach ein Gebäude wesentlicher Bestandteil des Grundstücks ist und die zur Herstellung des Gebäudes eingefügten Sachen wesentliche Bestandteile des Gebäudes sind (→ § 1 Rn. 65). Danach steht grundsätzlich das gesamte Gebäude im Eigentum des Grundstückseigentümers.

Sollen mehrere Personen Eigentümer des Grundstücks und des Gebäudes sein, so kommt die Begründung von Miteigentum (§ 1008 BGB) in Betracht. Auf der Grundlage einer Benutzungsvereinbarung könnten die Miteigentümer mehrere Wohnungen eines Gebäudes untereinander „aufteilen", indem sie das gemeinschaftliche Gebrauchsrecht (vgl. § 743 Abs. 2 BGB) entsprechend ausgestalten und sich wechselseitig *ausschließlich* zur Nutzung von getrennten Wohnungen berechtigen. Solche Vereinbarungen wirken auch gegenüber dem Rechtsnachfolger in den Miteigentumsanteil, wenn sie im Grundbuch eingetragen worden sind (§§ 1010, 746 BGB). Über schuldrechtliche Verwaltungs- und Benutzungsvereinbarungen können allerdings keine *dinglichen* Rechte an der einzelnen Wohnung begründet werden. Diesen Weg eröffnet das WEG. Vom Gegenstand des Miteigentums, welcher nach §§ 94, 93 BGB das Grundstück mitsamt allen Gebäudebestandteilen umfasst, werden (gedanklich) die einzelnen Wohnungen abgetrennt und zum Gegenstand von Sondereigentum erhoben. Über das Sondereigentum ist der einzelne Wohnungseigentümer unmittelbar *dinglich* an der Wohnung berechtigt.

Der Unterschied zwischen Sondereigentum an Wohnungen und bloßem Miteigentum zeigt sich namentlich in der Zwangsvollstreckung. Der Miteigentumsanteil an Grundstücken unterliegt der Immobiliarzwangsvollstreckung (§ 864 Abs. 2 ZPO). Der Gläubiger des einzelnen Miteigentümers kann den Anspruch auf Aufhebung der Miteigentümergemeinschaft pfänden und die Aufhebung der Miteigentümergemeinschaft selbst dann betreiben, wenn diese von den Miteigentümern ausgeschlossen worden war (§ 751 Satz 2 BGB).[1] Der Gläubiger kann auf diesem Wege bewirken, dass das gesamte Grundstück versteigert wird (§ 753 BGB) und alle Miteigentümer ihre Berechtigung daran verlieren. Beim Wohnungseigentum hingegen ist die Aufhebung der Gemeinschaft für Wohnungseigentümer und ihre Gläubiger ausgeschlossen (§ 11 Abs. 1 und Abs. 2 WEG). Gegenstand der Zwangsvollstreckung ist daher immer nur die „Wohnung", genauer: der Miteigentumsanteil an dem Grundstück mit dem Sondereigentum an der Wohnung.

§ 1 Abs. 3 WEG unterscheidet vom Wohnungseigentum das Teileigentum. Das Teileigentum ist ähnlich strukturiert wie das Wohnungseigentum (vgl. § 1 Abs. 6 WEG); der Unterschied besteht darin, dass Teileigentum das Sondereigentum an nicht zu Wohnzwecken dienenden Räumen ist, vor allem also an gewerblich oder freiberuflich genutzten Räumen (Garage, Keller oder ein Ladenlokal). – Das Dauerwohnrecht nach § 31 WEG ist eine Belastung des Grundstücks, das den Inhaber zur Nutzung einer Wohnung berechtigt („dingliche Miete"). Das Dauerwohnrecht ähnelt dem Wohnungsrecht gemäß § 1093 BGB (→ § 22 Rn. 9); es ist aber nach § 33 WEG veräußerlich und vererblich. Das Dauerwohnrecht hat keine praktische Bedeutung erlangt.

3

---

[1] Stein/Jonas/*Bartels* § 864 Rn. 14.

II. Historische Entwicklung

4 Das Wohnungseigentum hat einen historischen Vorläufer im Stockwerkseigentum, das insbesondere in den süddeutschen Ländern Baden, Württemberg und Bayern verbreitet war.[2] Danach konnten die Stockwerke eines Gebäudes jeweils verschiedenen Eigentümern gehören. Ausschlaggebend für die horizontale Teilung des Gebäudes waren Bodenknappheit und Erbteilung. Das BGB hat diese Eigentumsform nicht übernommen, weil das Stockwerkseigentum nicht in Einklang mit dem auf vollständige Zuordnung einer Sache zu einer Person ausgerichteten Sach- und Eigentumsbegriff (→ § 5 Rn. 1) vereinbar war.[3]

Offensichtlich hatte man mit dem Stockwerkseigentum keine guten Erfahrungen gemacht: „Die Unzuträglichkeiten, welche mit dem Vorhandensein mehrerer Haushaltungen unter demselben Dache verbunden sind, finden in dem Falle der Miete ihr Korrektiv durch das Recht der Beteiligten, nach einer gewissen Zeit das Verhältnis zu lösen. Sie treten dagegen in ihrer ganzen Schärfe hervor, wenn die Inhaber der verschiedenen Stockwerke bzw. Wohnungen durch ein dauerndes Recht an das Haus gefesselt sind. Kommt nun zu dem Sondereigentume an diesen Lokalitäten noch ein Miteigentum an dem Grund und Boden und an den der gemeinschaftlichen Benutzung gewidmeten Hausteilen hinzu, so hat man eine Gemeinschaft, die durch ihre eigene *indivision forcée* eine Quelle fortwährender Streitigkeiten eröffnet".[4] Das BGB hat deshalb der Neubegründung dieser „Streithäuser"[5] ein Ende bereitet. Altes Stockwerkseigentum blieb nach Art. 182 EGBGB jedoch bestehen.

5 Erst die Wohnungsnot und die Geldknappheit nach dem zweiten Weltkrieg ließen das Bedürfnis unmittelbarer Berechtigungen an Wohnungen wieder aufleben. Besondere Faszination übte der Gedanke aus, mit dem Wohnungseigentum echtes *Eigentum* zu schaffen, ohne dass der Eigentümer das gesamte Gebäude, sondern nur einen Teil, seine Wohnung, finanzieren muss. Entsprechende Überlegungen wurden durch das WEG des Jahres 1951 umgesetzt. Wohnungseigentum hat sich unterdessen durchgesetzt. Ausschlaggebend dafür war insbesondere, dass Kreditinstitute nach anfänglichem Zögern Eigentumswohnungen als Sicherungsmittel akzeptiert haben.[6] Heute schätzt man die Zahl der Eigentumswohnungen auf über 10 Millionen.[7] Nach einer kleinen Reform im Jahre 2007 hat der Gesetzgeber im Jahre 2020 das Wohnungseigentumsrecht durch das Wohnungseigentumsmodernisierungsgesetz (WEMoG) modernisiert und das WEG 2021 neu bekannt gemacht.[8]

---

[2] Einzelheiten Motive Bd. 3, S. 44f.; *Merle*, Das Wohnungseigentum im System des bürgerlichen Rechts, 1979, S. 17ff.; *Thümmel* JZ 1980, 125.
[3] Vgl. Motive Bd. 3, S. 45.
[4] Motive Bd. 3, S. 45f.
[5] *Baur/Stürner* § 29 Rn. 5.
[6] MünchKommBGB/*Krafka* Vor § 1 WEG Rn. 6.
[7] Dazu *Bruns* NZM 2020, 909.
[8] BGBl I, 34.

III. Die Struktur des Wohnungseigentums

1. Sachenrechtliche Komponenten

§ 1 Abs. 2 WEG definiert das Wohnungseigentum als das Sondereigentum an einer Wohnung in Verbindung mit dem Miteigentumsanteil an dem gemeinschaftlichen Eigentum, zu dem es gehört. § 6 Abs. 1 WEG verknüpft Sondereigentum und Miteigentum unlösbar. Auch wenn für den Wohnungseigentümer wirtschaftlich das Sondereigentum an der Wohnung im Vordergrund steht, *rechtlich* gesehen ist der Miteigentumsanteil am Grundstück maßgeblich. Dies wird insbesondere daran erkennbar, dass nach § 7 Abs. 1 WEG das Wohnungsgrundbuch *für den Miteigentumsanteil* angelegt wird. Das Sondereigentum bildet ein „Anhängsel" des Miteigentums.[9] Wohnungseigentum ist danach nichts anderes als Miteigentum am Grundstück, das mit Sondereigentum an einer Wohnung unauflösbar verbunden ist. § 6 Abs. 2 WEG gewährleistet, dass Rechte am Miteigentum stets auch Rechte am Sondereigentum sind.

Das Wohnungseigentum ist „echtes" Eigentum, wenn auch beschränkt durch das Wohnungseigentum anderer. Das Wohnungseigentum ist Verfügungsobjekt, es kann veräußert und belastet werden und ist Gegenstand der Zwangsvollstreckung. Als Vermögensrecht geht das Wohnungseigentum im Erbfall nach § 1922 BGB auf den oder die Erben über. Gegenüber Dritten genießt der Wohnungseigentümer den Schutz der §§ 823, 894, 985, 1004 BGB bei Beeinträchtigungen seines Eigentums.

Wird der Wohnungseigentümer in seinem Besitz gestört, hat er Dritten gegenüber die Rechte aus §§ 858 ff. BGB. Besitzschutz findet nach § 865 BGB statt, soweit es um die Gegenstände des *Sonder*eigentums geht, also insbesondere hinsichtlich der Wohnung. Im Hinblick auf die Gegenstände des *Gemeinschafts*eigentums, die sich im Mitbesitz der Wohnungseigentümer befinden, gelten für den Besitzschutz die Beschränkungen des § 866 BGB.

2. Die Gemeinschaft der Wohnungseigentümer

Gegenstand des Wohnungseigentums ist neben dem Sondereigentum an der Wohnung auch das gemeinschaftliche Eigentum an Grundstück und Gebäude (§ 1 Abs. 5 WEG). Die Wohnungseigentümer bilden aber nicht nur eine Bruchteilsgemeinschaft nach § 1008 BGB, sondern eine „Gemeinschaft der Wohnungseigentümer" (§ 9a Abs. 1 WEG; → § 25 Rn. 32 ff.), die Rechte und Verbindlichkeiten haben kann und von einem Verwalter vertreten wird (§ 9b WEG). Die Wohnungseigentümergemeinschaft verwaltet das gemeinschaftliche Eigentum (§ 18 Abs. 1 WEG), entscheidet über bauliche Veränderungen (§ 20 WEG) sowie die Bestellung und Abberufung des Verwalters. Jeder Wohnungseigentümer haftet für die Verbindlichkeiten der Gemeinschaft nach dem Verhältnis seines Miteigentumsanteils (§ 9a Abs. 4 WEG).

---

[9] BGHZ 49, 250, 251.

Zu der Frage, wie die Wohnungseigentümergemeinschaft einzuordnen ist, hat sich ein „Theorienstreit" entwickelt:[10] Das Wohnungseigentum wird als „dreigliedrige Einheit" aus Miteigentum, Sondereigentum und Mitgliedschaft,[11] als besonders ausgestaltete Bruchteilsgemeinschaft,[12] als grundstücksgleiches Recht[13] oder gesellschaftsrechtlich[14] gedeutet bzw. als „Gebilde eigener Art" jeder Einordnung entzogen.[15] Die Schwierigkeit dogmatischer Grundlegung besteht darin, dass das Wohnungseigentum unterschiedliche Gegenstände (Grundstück, Wohnung, Vermögen, etwa die Instandhaltungsrückstellungen), Handlungsrechte (Stimmrecht in der Wohnungseigentümerversammlung) und auch Pflichten (zur Kosten- und Lastentragung) umschließt, die einer einheitlichen Erfassung schwer zugänglich sind. Die Reform des Jahres 2020 hat die gesellschaftsrechtlichen Strukturen des Wohnungseigentumsrechts stärker hervorgehoben.

3. Wohnungseigentum als „echtes" Eigentum?

10 § 13 WEG ist § 903 BGB nachgebildet. Gleichwohl ist umstritten, ob Wohnungseigentum „echtes" Eigentum ist. Die Frage ist keineswegs allein akademischer Natur. Beispielsweise hat das OLG Frankfurt a.M. seine Ansicht, rechtsgeschäftliche Beschränkungen der Belastungen von Wohnungseigentum seien nicht von § 12 WEG gestützt und daher unwirksam, mit dem Argument untermauert, „dem Wohnungseigentümer (sei) ein echtes Eigentumsrecht im Sinne des Bürgerlichen Gesetzbuchs" gewährt.[16] Die Neufassung des § 3 Abs. 1 WEG des Jahres 2020 spricht explizit von „Eigentum" an einer Wohnung.[17] Auch in der Literatur wird das Wohnungseigentum als Eigentum im Sinne des BGB verstanden.[18] Jedenfalls in der Anfangszeit des WEG mag dahinter auch das Motiv gestanden haben, potentiellen Bauherren das „Eigenheim in der Etage"[19] attraktiv erscheinen zu lassen.

11 Das Wohnungseigentum ist eigentumsähnlich ausgestaltet, erreicht jedoch nicht die Qualität des bürgerlich-rechtlichen Eigentums. Bestimmend für den Eigentumsbegriff des BGB ist die Totalität des Eigentums, die auch darin zum Ausdruck kommt, dass der Eigentümer in keiner rechtlichen Beziehung zu anderen Personen steht, die seine Rechtsstellung beeinträchtigt (→ § 5 Rn. 5). Diese gesetzliche Ausgestaltung des Eigentums kann durch Parteiwillkür nicht geändert werden. Das ist beim Sondereigentum grundlegend anders: Die Wohnungseigentümer können Vereinbarungen über den Gebrauch treffen. Solche

---

[10] Eingehende Darstellung der „Wohnungseigentumstheorien" bei Staudinger/*Rapp* Einl. zum WEG Rn. 1 ff.
[11] *Bärmann* NJW 1989, 1057.
[12] *Weitnauer*, Festschr. Seuß, 1987, S. 302 ff.
[13] *Merle*, Das Wohnungseigentum im System des bürgerlichen Rechts, 1979, S. 171 ff.
[14] *Junker*, Die Gesellschaft nach dem Wohnungseigentumsgesetz, 1993.
[15] Zutreffend die Kritik von *Weitnauer*, Festschr. Seuß, 1987, S. 306.
[16] Vgl. die Darstellung bei BGHZ 37, 203, 205.
[17] Womit verdeutlicht werden soll, dass es sich um Eigentum im Sinne des BGB handelt (BT-Drs. 19/18791, S. 38).
[18] *Merle*, Das Wohnungseigentum im System des bürgerlichen Rechts, 1979, S. 62 ff.
[19] *Weitnauer*, Festschr. Seuß, 1987, S. 314.

Vereinbarungen wirken – anders als beim BGB-Eigentum – nicht nur schuldrechtlich, sondern können als „Inhalt des Sondereigentums" (§ 5 Abs. 4 WEG) insbesondere Rechtsnachfolger binden (§ 10 Abs. 3 WEG). § 17 WEG erlaubt sogar die „Enteignung" des Wohnungseigentümers. § 12 WEG ermöglicht Veräußerungsbeschränkungen mit dinglicher Wirkung, die beim BGB-Eigentum nach § 137 Satz 1 BGB unwirksam sind.

Die Strukturunterschiede zum Eigentum des BGB lassen erkennen, dass das Wohnungseigentum grundlegend anders gestaltet ist und nicht mit dem Eigentum des BGB gleichgesetzt werden kann. Dies belegt etwa der Argumentationsansatz in BGH NJW 1995, 2036, 2037: Die Frage, ob Hundehaltung in der Wohnung durch Mehrheitsbeschluss der Wohnungseigentümer ausgeschlossen werden kann, bejaht der BGH, weil die Hundehaltung nicht zum „dinglichen Kernbereich des Wohnungseigentums" zähle. Interessant ist, dass der BGH zur Begründung darauf abstellt, „daß in der überwiegenden Zahl von Wohnungen keine Hunde gehalten werden". Argumentativ wird angesetzt bei der „Verkehrsüblichkeit" der Nutzung von Eigentum, nicht hingegen beim *Willen* des Eigentümers, wie es dem liberalen Eigentumsbegriff (→ § 5 Rn. 5) entspräche.[20]

IV. Begründung von Wohnungseigentum

1. Vertrag der Miteigentümer

§ 2 WEG sieht zwei Wege zur Begründung von Wohnungseigentum vor: Vertrag oder Teilung. Erfolgt die Begründung von Wohnungseigentum durch Vertrag der Miteigentümer (§ 3 WEG), muss das Eigentum am Grundstück zuvor bereits in ideelle Miteigentumsanteile gegliedert worden sein. Durch vertragliche Begründung des Sondereigentums beschränken die Miteigentümer ihren Miteigentumsanteil. Aus dem ideellen Anteil eines jeden Miteigentümers werden eine oder mehrere Wohnungen als Sondereigentum ausgegliedert und jeweils einem anderen Miteigentümer allein zugeordnet. Im Gegenzug wächst dem verlierenden Miteigentümer eine (andere) Wohnung als Sondereigentum zu, die ihm fortan allein „gehört". Die Begründung von Wohnungseigentum durch Miteigentümer ist damit eine wechselseitige Beschränkung aller Miteigentumsanteile verbunden mit der „Freigabe" einer Wohnung zu alleiniger Zuordnung.

Die Einräumung von Sondereigentum und damit die Beschränkung des Miteigentumsanteils erfolgt nach § 4 Abs. 1 und Abs. 2 WEG durch Einigung in Form der Auflassung (§ 925 BGB) und Eintragung im Wohnungsgrundbuch. Dieses Wohnungsgrundbuch ist vom Grundstücks-Grundbuch zu unterscheiden. Nach § 7 Abs. 1 WEG wird bei der Begründung von Wohnungseigentum für jeden Miteigentumsanteil von Amts wegen ein Wohnungsgrundbuch als besonderes Grundbuchblatt angelegt. Zugleich wird das Grundstücks-Grund-

---
[20] Bärmann/*Suilmann* WEG § 10 Rn. 102 sieht in dem Verbot der Haustierhaltung oder des Musizierens (vgl. BGHZ 139, 288) keine Beschränkung des Eigentums, sondern einen Verzicht auf ein Freiheitsrecht, dessen sich der Wohnungseigentümer begeben kann.

buch geschlossen. Als Eigentümer des Wohnungseigentums wird in Abteilung I des Wohnungsgrundbuchs der jeweilige Miteigentümer eingetragen, der damit zum Wohnungseigentümer wird.

2. Teilung durch Alleineigentümer („Vorratsteilung")

14 § 8 WEG ermöglicht die Begründung von Wohnungseigentum durch den Eigentümer des Grundstücks mittels einseitiger Erklärung (Teilungserklärung) gegenüber dem Grundbuchamt und Eintragung im Wohnungsgrundbuch. Dieser Weg ist in der Praxis bei weitem der häufigste. Der Eigentümer des Grundstücks kann bereits vor der Errichtung eines Gebäudes Wohnungseigentum begründen und für die einzelnen Wohnungen anschließend Käufer suchen, wie das bei Bauträgergesellschaften vielfach vorkommt. Der Weg über § 8 WEG hat ferner den Vorzug, dass der Eigentümer allein die Abgrenzung von Sonder- und Gemeinschaftseigentum vornehmen und in der Teilungserklärung die Gemeinschaftsordnung (nach § 10 Abs. 1 Satz 2 WEG) bestimmen kann.[21] Man nennt die Begründung nach § 8 WEG daher auch Vorratsteilung. Sie ist materiellrechtlich formfrei wirksam (§ 8 Abs. 2 WEG verweist nicht auf § 4 Abs. 2 Satz 1 WEG), bedarf aber nach § 29 GBO aus grundbuchverfahrensrechtlichen Gründen der öffentlichen Beglaubigung.

15 Der Eigentümer kann und muss die Größe der Miteigentumsanteile festlegen, die insbesondere den Anteil des einzelnen Wohnungseigentümers an der Kosten- und Lastentragung bestimmt (§ 16 Abs. 2 WEG). Die Miteigentumsanteile werden bei größeren Wohnanlagen vielfach in Tausendstel-Bruchteilen ausgedrückt (Beispiel nach BGHZ 109, 179: $^{1.758,89}/_{10.000}$).

16 Auch bei der Vorratsteilung wird ein Wohnungsgrundbuch gebildet (§§ 8 Abs. 2, 7 WEG). Mit der Anlegung des Wohnungsgrundbuchs (§ 9a Abs. 1 Satz 2 WEG) entsteht eine „Ein-Personen-Wohnungseigentümergemeinschaft"[22]. Da es sich nicht um ein Verkehrsgeschäft handelt (→ § 10 Rn. 13), findet ein gutgläubiger Erwerb nicht statt.

3. Gegenstände von Gemeinschaftseigentum und Sondereigentum

17 Die Grenzziehung zwischen Sondereigentum (Alleineigentum des Wohnungseigentümers) und gemeinschaftlichem Eigentum kann nicht beliebig erfolgen. Gemäß § 1 Abs. 5 WEG ist zunächst das Grundstück zwingend Gemeinschaftseigentum, ferner nach § 5 Abs. 2 WEG („Bestand und Sicherheit") die tragenden Teile des Gebäudes einschließlich Fundament und Dach. Zudem zählen zum Gemeinschaftseigentum Anlagen und Einrichtungen, die dem gemeinschaftlichen Gebrauch dienen, wie Heizungsanlage, Aufzug und eine „Satellitenempfangsschüssel". Darüber hinaus können die Wohnungseigentümer (bzw.

---

[21] *Baur/Stürner* § 29 Rn. 21.
[22] BT-Drs. 19/18791, S. 45; *Zschieschack* NZM 2020, 897, 899.

der Alleineigentümer bei der Teilungserklärung) sondereigentumsfähige Gebäudebestandteile zum Gemeinschaftseigentum erklären (§ 5 Abs. 3 WEG).

Sondereigentum bestimmt sich nach § 3 WEG. Es muss sich um eine Wohnung oder um sonstige Räume handeln, zu denen auch „Stellplätze" zählen (§ 3 Abs. 1 WEG). Sondereigentum kann auf Grundstücksteile erstreckt werden, die außerhalb des Gebäudes liegen, beispielsweise Terrassen und Gartenflächen (§ 3 Abs. 2 WEG). Nach § 5 Abs. 1 Satz 1 WEG gehören – abweichend von § 94 BGB – zwingend diejenigen Bestandteile des Gebäudes zum Sondereigentum, die verändert, beseitigt oder eingefügt werden können, ohne dass das Sondereigentum anderer oder das Gemeinschaftseigentum beeinträchtigt wird. Sondereigentum ist danach mehr als der „Luftraum innerhalb der Ummauerung";[23] es umfasst etwa auch nichttragende Mauern innerhalb der Wohnung, Heizkörper und Waschbecken. Für Sondereigentum an außerhalb des Gebäudes liegenden Flächen verbleibt es hingegen bei § 94 BGB (§ 5 Abs. 1 Satz 2 WEG). Danach sind Gebäude insgesamt Gegenstand des Sondereigentums, die mit dem Teil des Grundstücks fest verbunden sind, auf den sich das Sondereigentum erstreckt.

Nach § 3 Abs. 3 Satz 1 WEG, der gemäß § 8 Abs. 2 WEG auch bei der Vorratsteilung gilt, soll Sondereigentum nur an *abgeschlossenen* Wohnungen und Räumen bestellt werden. Das Abgeschlossenheitserfordernis soll eine klare Zuordnung der einzelnen Bestandteile des Gebäudes zu einer Wohnung sicherstellen und damit Streit vermeiden. Man verlangt eine Abgeschlossenheit durch Trennwände und Decken. Das Wohnungsgrundbuch wird nur eröffnet, wenn eine Abgeschlossenheitsbescheinigung der Baubehörde vorliegt (§ 7 Abs. 4 Nr. 1 WEG). Andere Beweismittel sind im Grundbuchverfahren nicht zulässig.

Für Stellplätze und außerhalb des Gebäudes liegende Grundstücksflächen kommt es auf die Abgeschlossenheit nicht an. Die Bestimmung des Umfangs des Sondereigentums muss im Aufteilungsplan durch Maßangaben (Größe, Entfernung zu Grundstücksgrenzen) bestimmt erfolgen (§ 3 Abs. 3 WEG). Eine Markierung ist nicht erforderlich.[24]

Sonstige Beschränkungen hinsichtlich des Sondereigentums bestehen nicht. Insbesondere muss das Gebäude für die Wohnungen nicht *horizontal* geteilt werden. Daher ist es auch möglich, auf *einem* einheitlichen Grundstück stehende Doppel- oder Reihenhäuser und sogar freistehende Einfamilienhäuser zu Sondereigentum zu erklären.[25] Bauträger machen von dieser Möglichkeit Gebrauch, die kostengünstiger sein kann als eine Grundstücksteilung, welche eine katastermäßige Abmessung des zu teilenden Grundstücks voraussetzt.

---

[23] So noch MünchKommBGB/*Röll* § 1 WEG Rn. 8 (3. Aufl. 1997), im Anschluss an *Bärmann*.
[24] Anders noch § 3 Abs. 2 Satz 2 WEG a.F. für „Garagenstellplätze".
[25] Vgl. BGHZ 50, 56, 57.

4. Mängel bei der Begründung von Wohnungseigentum

21 Auf die Rechtsgeschäfte nach §§ 3, 8 WEG finden die Bestimmungen des Allgemeinen Teils des BGB Anwendung. Die Begründung von Wohnungseigentum ist nichtig, wenn ein nicht voll Geschäftsfähiger nicht gesetzlich vertreten oder die gemäß § 4 Abs. 2 WEG gebotene Form der Auflassung (§ 925 BGB) nicht eingehalten worden ist. Das Wohnungsgrundbuch ist dann unrichtig, genießt allerdings öffentlichen Glauben nach § 892 BGB. Erwirbt ein gutgläubiger Käufer Wohnungseigentum, so *entsteht* jedenfalls das erworbene Wohnungseigentumsrecht durch seine Eintragung als Wohnungseigentümer. BGHZ 109, 179, 183 geht davon aus, dass mit dem gutgläubigen Erwerb *eines* Wohnungseigentums der Fehler beim Abschluss des Gründungsgeschäfts insgesamt geheilt werde mit der Folge, dass auch die übrigen Wohnungseigentumsrechte entstehen. Das ist im Grundsatz nichts Besonderes: Ist die Veräußerung eines Bruchteils eines Grundstücks aus der Hand des Alleineigentümers nichtig, aber im Grundbuch eingetragen, kann dieser vermeintliche Bruchteil von einem Dritten gutgläubig erworben werden. Hier entsteht mit dem gutgläubigen Erwerb Bruchteilseigentum zu Lasten des früheren Alleineigentümers; diesem verbleibt nur Bruchteilseigentum.

5. Rechtsfolgen der Entstehung von Wohnungseigentum

22 An den Miteigentumsanteilen bestehende Belastungen setzen sich am Wohnungseigentum fort. War das Grundstück vor der Begründung von Wohnungseigentum nach § 8 WEG bereits mit einer Grundschuld belastet, entsteht eine Gesamtgrundschuld (§§ 1192 Abs. 1, 1132 Abs. 1 BGB; → § 17 Rn. 110ff.) an allen Wohnungseigentumsrechten.[26] Das Gesamtgrundpfandrecht lastet in *voller* Höhe der ursprünglichen Grundschuld auf dem Wohnungseigentum (zur Bedeutung → § 17 Rn. 113). Regelmäßig verpflichtet sich der Gläubiger der Grundschuld (die den Bau finanzierende Bank) aber zur Freistellung.

V. Verfügungen über das Wohnungseigentum

1. Veräußerung und Belastung

23 Wohnungseigentum ist ein grundeigentumsgleiches (Vermögens-)Recht und daher Verfügungsgegenstand. Die Übertragung des Wohnungseigentums erfolgt gemäß § 4 Abs. 1 WEG durch Einigung und Eintragung im Wohnungsgrundbuch; die Einigung bedarf nach § 4 Abs. 2 WEG der Form der Auflassung (§ 925 BGB). Eine isolierte Verfügung nur über Sondereigentum oder nur über den Miteigentumsanteil ist nicht statthaft (§ 6 WEG). Möglich ist jedoch die Aufhebung von Sondereigentum (§ 4 Abs. 1 WEG).

---

[26] BGH NJW 1976, 2340, 2341.

Nach § 12 WEG kann die Veräußerung von Wohnungseigentum an die Zustimmung anderer Wohnungseigentümer oder Dritter, insbesondere des Verwalters, gebunden werden. Erforderlich ist dafür eine Vereinbarung (oder im Falle des § 8 WEG eine Bestimmung), die als Inhalt des Sondereigentums nach § 7 Abs. 3 Satz 2 WEG in das Wohnungsgrundbuch eingetragen worden ist. Möglich ist eine Differenzierung der Zustimmungsbindung nach der Person des Erwerbers;[27] überdies empfiehlt es sich, die Erstveräußerung durch den aufteilenden Alleineigentümer (§ 8 WEG) von der Bindung auszunehmen.[28] Die Zustimmungsbindung kann nach § 12 Abs. 4 WEG durch Mehrheitsbeschluss aufgehoben werden.

Liegt die erforderliche Zustimmung nicht vor, sind die Veräußerung und der entsprechende Verpflichtungsvertrag gemäß § 12 Abs. 3 Satz 1 WEG schwebend unwirksam. Regelmäßig wird bereits das Grundbuchamt die Eintragung des Erwerbers verweigern, wenn die Zustimmung nicht nachgewiesen wird. Eine Grundbuchsperre begründet § 12 WEG jedoch nicht;[29] das Grundbuchamt hat nach § 18 GBO eine Zwischenverfügung zu erlassen, die dem Antragsteller den Vorrang vor anderen Anträgen und Eintragungen innerhalb der gesetzten Frist sichert.

Die Vinkulierung in § 12 WEG dient den Interessen der übrigen Wohnungseigentümer, die sich eine Mitsprache hinsichtlich künftiger Wohnungseigentümer vorbehalten können. Das erklärt die Durchbrechung des § 137 Satz 1 BGB.[30] Die Zustimmung darf allerdings nur aus wichtigem Grunde versagt werden (§ 12 Abs. 2 Satz 1 WEG). Ein wichtiger Grund kann sich insbesondere aus der Person des Erwerbers ergeben, mit dem die Wohnungseigentümer in Zukunft unter einem Dach leben müssen. Auch die Gefahr, dass der künftige Wohnungseigentümer seinen Zahlungsverpflichtungen nicht nachkommt, kann die Verweigerung der Zustimmung rechtfertigen. Unzulässig ist jedoch die Zustimmungsversagung, weil der *Veräußerer* seine Zahlungspflichten gegenüber der Eigentümergemeinschaft nicht erfüllt hat und der Erwerber sie nicht übernimmt;[31] § 12 WEG dient nicht dazu, Forderungen gegen den Veräußerer durchzusetzen.[32]

---

[27] Beispiel BGHZ 113, 374: „Die Veräußerung bedarf der Zustimmung des Verwalters. Dies gilt nicht im Falle der Veräußerung an den Ehegatten, Verwandte in gerader Linie oder Verwandte zweiten Grades in der Seitenlinie oder bei einer Veräußerung des Wohnungseigentums im Wege der Zwangsvollstreckung, durch den Konkursverwalter oder einen Grundpfandgläubiger, der das Wohnungseigentum im Wege der Zwangsvollstreckung erworben hat und dieses alsdann veräußert".
[28] Ist dies nicht der Fall, ist nach BGHZ 113, 374 die Erstveräußerung unwirksam, wenn der Verwalter die erforderliche Zustimmung nicht erteilt hat. Der Gesetzgeber hat frühere Veräußerungen mit § 61 WEG a.F. „geheilt".
[29] A.A. Bärmann/*Pick* WEG § 12 Rn. 18.
[30] Zu Verfügungsbeschränkungen bei „relativ" strukturierten Sachenrechten *Berger*, Rechtsgeschäftliche Verfügungsbeschränkungen, 1998, S. 351 ff.
[31] BayObLGZ 1977, 40.
[32] MünchKommBGB/*Röll* § 12 WEG Rn. 8 (3. Aufl. 1997).

Die Bindung an die Zustimmung gilt auch bei der Zwangsversteigerung und der Veräußerung durch den Insolvenzverwalter (§ 12 Abs. 3 Satz 2 WEG). Das kann schon die Belastung des Wohnungseigentums mit Grundpfandrechten erschweren, wenn die kreditgebenden Banken befürchten, vor dem Zuschlag in der Zwangsversteigerung die Zustimmung der Wohnungseigentümer einholen zu müssen. Daher empfiehlt man, diesen Fall von der Vinkulierung auszunehmen.[33] Ist dies nicht geschehen, kann der Gläubiger in den Anspruch des Schuldners auf Erteilung der Zustimmung gegen die übrigen Wohnungseigentümer im Wege der Hilfspfändung vollstrecken.

27 Die *Belastung* des Wohnungseigentums kann nicht an die Zustimmung gebunden werden. Entsprechende Abreden wirken nach § 137 Satz 2 BGB nur schuldrechtlich. Hierin unterscheidet sich § 12 WEG von § 5 Abs. 2 ErbbauRG (→ § 24 Rn. 19). Der Grund besteht darin, dass das Erbbaurecht nach Ausübung des Heimfallrechts zum Eigentümererbbaurecht wird (→ § 24 Rn. 11) und der Grundstückseigentümer daher ein Interesse hat, mögliche Belastungen abzuwehren.

28 Auch die Wirksamkeit eines Mietvertrags kann nicht gemäß § 12 WEG an die Zustimmung der übrigen Wohnungseigentümer gebunden werden. Indes ist nach § 10 Abs. 1 Satz 2 WEG eine Vereinbarung möglich, wonach ein Wohnungseigentümer zur Überlassung der Wohnung aufgrund eines Mietvertrags der Zustimmung der übrigen Wohnungseigentümer bedarf.[34] Ein gleichwohl geschlossener Mietvertrag ist zwar wirksam, allerdings können aus der zustimmungslosen Vermietung Schadensersatzansprüche erwachsen und – im Extremfall – nach § 17 WEG der Entzug des Wohnungseigentums erfolgen.

2. Inhaltsänderung

29 Eigentum nach § 903 BGB kann auf rechtsgeschäftlichem Wege inhaltlich nicht geändert werden. Das verbietet der sachenrechtliche Grundsatz der Typenfixierung (→ § 1 Rn. 39). Anders verhält es sich beim Wohnungseigentum: Nach § 5 Abs. 4 WEG können Vereinbarungen der Wohnungseigentümer über die Verwaltung zum Inhalt des Sondereigentums erhoben werden. Diese Vereinbarungen wirken gegen Dritte, wenn sie im Wohnungsgrundbuch eingetragen werden (§ 10 Abs. 3 WEG). Änderungen eingetragener Verwaltungsvereinbarungen sind mithin Änderungen des Sondereigentums.

3. Aufhebung

30 Nach § 11 Abs. 1 WEG hat ein Wohnungseigentümer grundsätzlich keinen Anspruch auf Aufhebung der Gemeinschaft. Einverständlich erfolgt die Aufhebung von Sondereigentum nach § 4 WEG durch Einigung in der Form der Auflassung und Eintragung ins Wohnungsgrundbuch. Die Wohnungsgrundbücher

---

[33] So geschehen im Falle BGHZ 113, 374.
[34] BGHZ 37, 203, 206 ff.

werden geschlossen (§ 9 Abs. 1 Nr. 1 WEG), für das Grundstück wird ein Grundbuchblatt eröffnet (§ 9 Abs. 3 WEG).

4. Zwangsvollstreckung in das Wohnungseigentum

Das Wohnungseigentum ist als grundeigentumsgleiches Recht Gegenstand der Zwangsvollstreckung in das unbewegliche Vermögen nach § 864 Abs. 1 ZPO. Der Umfang der Zwangsvollstreckung bestimmt sich gemäß § 865 ZPO und umfasst daher auch Zubehör. Die Zwangsvollstreckung erfolgt nach § 866 ZPO durch Zwangsversteigerung, Zwangsverwaltung oder Eintragung einer Zwangshypothek. Ein wesentlicher Unterschied zur Zwangsvollstreckung in Grundstücke besteht darin, dass mit Rücksicht auf § 12 Abs. 3 Satz 2 WEG die Zustimmung anderer Wohnungseigentümer erforderlich sein kann.

31

VI. Verwaltung des Wohnungseigentums

1. Wohnungseigentümergemeinschaft

a) Grundlagen und Kompetenzen

Bereits im Jahre 2005 hatte der BGH die Rechtsfähigkeit der Wohnungseigentümergemeinschaft anerkannt,[35] die der Gesetzgeber mit der Novellierung des WEG im Jahre 2007 in § 10 Abs. 6 WEG a.F. übernommen hatte. Seit der Reform des Wohnungseigentumsrechts des Jahres 2020 begründet § 9a Abs. 1 Satz 1 WEG die materielle Rechts- und prozessuale Parteifähigkeit[36] der Gemeinschaft der Wohnungseigentümer. Die Gemeinschaft kann Rechte und Verbindlichkeiten haben (§ 9a Abs. 1 Satz 1 WEG) und ist Träger des Gemeinschaftsvermögens (§ 9a Abs. 3 WEG). Ein Insolvenzverfahren über das Gemeinschaftsvermögen ist jedoch ausgeschlossen (§ 9a Abs. 5 WEG).

32

Die Wohnungseigentümergemeinschaft entsteht gemäß § 9a Abs. 1 Satz 2 WEG mit der Anlegung der Wohnungsgrundbücher (§ 7 WEG), und zwar auch bei Teilung durch den Eigentümer (§ 8 WEG). Ab diesem Zeitpunkt nimmt die Wohnungseigentümergemeinschaft als solche am Rechtsverkehr teil und wird nach §§ 10ff. WEG verwaltet.[37]

33

Die Wohnungseigentümergemeinschaft übt Rechte aus dem gemeinschaftlichen Eigentum aus, ferner – im Wege gesetzlicher Prozessstandschaft – solche Rechte der Wohnungseigentümer, die eine einheitliche Rechtsverfolgung erfordern (§ 9a Abs. 2 WEG). Zu den Rechten aus dem gemeinschaftlichen Eigentum zählen insbesondere Ansprüche aus § 1004 BGB. Die Einzelklagebefugnis nach § 1011 BGB entfällt. Die Erforderlichkeit einheitlicher Rechtsverfolgung

34

---

[35] BGH NJW 2005, 2061.
[36] Unzutreffend BT-Drs. 19/18791, S. 45 („Prozessfähigkeit").
[37] Das von der Rechtsprechung entwickelte Konzept einer „Vor- oder werdende Wohnungseigentümergemeinschaft" (→ § 25 Rn. 27 der 3. Aufl.) ist damit überholt (BT-Drs. 19/18791, S. 46).

nach § 9a Abs. 2 WEG ist einzelfallabhängig. Die vom BGH geprägte Formel, wonach eine Rechtsausübung durch die Gemeinschaft der Wohnungseigentümer erforderlich ist, „wenn schutzwürdige Belange der Wohnungseigentümer oder des Schuldners an einer einheitlichen Rechtsverfolgung das grundsätzlich vorrangige Interesse des Wohnungseigentümers, seine Rechte selbst und eigenverantwortlich auszuüben und prozessual durchzusetzen, deutlich überwiegen"[38] soll die Anwendung des § 9a Abs. 2 WEG auch in Zukunft bestimmen.[39] Bedeutung hat dies namentlich für die Verfolgung von Gewährleistungsrechten beim Kauf vom Bauträger.[40] Die Wohnungseigentümer können die Befugnisse der Wohnungseigentümergemeinschaft nicht durch Mehrheitsbeschluss zu Lasten einzelner Eigentümer erweitern. Möglich bleibt aber die Abtretung entsprechender Ansprüche und die Ermächtigung zur gewillkürten Prozessstandschaft.

b) Haftungsverfassung

35 Hinsichtlich der praktisch überaus wichtigen Frage der persönlichen Haftung der Eigentümer für Verbindlichkeiten der Gemeinschaft hat sich der Gesetzgeber nicht für das weitgreifende personengesellschaftsrechtliche (gesamtschuldnerische) Haftungsmodell (§§ 128 ff. HGB) entschieden, sondern nur eine teilschuldnerische Außenhaftung begründet. Der einzelne Wohnungseigentümer haftet für vertragliche und gesetzliche Verbindlichkeiten der Gemeinschaft nach Maßgabe seines Miteigentumsanteils (§ 9a Abs. 4 WEG). Das bedeutet, dass Wohnungseigentümer wie Teilschuldner (§ 420 BGB) jeweils nur für einen Anteil der Verbindlichkeit haften, der sich nach der Miteigentumsquote bemisst. Das Risiko der Insolvenz einzelner Eigentümer trägt danach der Gläubiger der Gemeinschaft, nicht die übrigen Eigentümer.

2. Organe und Organkompetenzen

36 Im Innenverhältnis steht die Verwaltung des Wohnungseigentums den Wohnungseigentümern gemeinschaftlich zu. Beschlussorgan ist die Wohnungseigentümerversammlung. Der Verwalter ist ausführendes Organ. Beratende Funktion hat der fakultative Verwaltungsbeirat.

a) Wohnungseigentümerversammlung

37 Mit dem Wohnungseigentum ist die Mitgliedschaft in der Wohnungseigentümergemeinschaft untrennbar verbunden. Handlungsformen der Wohnungseigentümergemeinschaft sind die Vereinbarung und der Beschluss. An einer Ver-

---

[38] Vgl. BGH, NJW 2015, 2874, Rn. 13.
[39] BT-Drs. 19/18791, S. 46.
[40] Dazu BGH NJW 2007, 1952, Rn. 20; diese Rechtsprechung soll unter § 9a Abs. 2 WEG unberührt bleiben (BT-Drs. 19/18791, S. 47).

einbarung müssen alle Wohnungseigentümer mitwirken, der Beschluss setzt Stimmenmehrheit voraus (§ 25 Abs. 1 WEG). Vereinbarungen bedürfen der Eintragung ins Wohnungsgrundbuch, damit sie dem Einzelrechtsnachfolger gegenüber wirken (§ 10 Abs. 3 Satz 1 WEG); Beschlüsse gemäß § 10 Abs. 3 Satz 1 WEG binden und berechtigen Sondernachfolger ebenfalls nur bei Eintragung. Das gilt auch für rechtswidrige Beschlüsse, die nicht innerhalb der Monatsfrist des § 45 Abs. 1 WEG angefochten worden und daher nicht für nichtig erklärt worden sind.

§ 19 Abs. 1 WEG ermächtigt die Wohnungseigentümerversammlung zur Beschlussfassung über Verwaltung und Benutzung des gemeinschaftlichen Eigentums und des Sondereigentums. Dazu zählen insbesondere die in § 19 Abs. 2 WEG aufgeführten Angelegenheiten. § 20 WEG regelt die bauliche Veränderung gemeinschaftlichen Eigentums, die grundsätzlich einen Mehrheitsbeschluss erfordert. Einzelne Wohnungseigentümer haben nach § 20 Abs. 2 WEG Individualansprüche auf Vornahme privilegierter baulicher Veränderungen, die mit der Beschlussersetzungsklage durchgesetzt werden können (§ 44 Abs. 1 Satz 2 WEG). 38

Es liegt auf der Hand, dass die Möglichkeit, gestützt auf § 19 Abs. 1 WEG, Gebrauchsregeln auch hinsichtlich des *Sonder*eigentums mit Mehrheitsbeschluss zu fassen, zu erheblichen Konflikten führen kann. Die Rechtsprechung hatte sich insbesondere mit Fragen der Tierhaltung und des Musizierens in der Wohnung zu befassen. Dabei ist zu beachten, dass der Grundsatz des § 13 Abs. 1 WEG, wonach der Wohnungseigentümer mit dem Sondereigentum nach Belieben verfahren darf, nicht zur Disposition steht. Eingriffe in den Kernbereich des Wohnungseigentums sind daher unwirksam.[41] Musizieren, das außerhalb der Wohnung wahrnehmbar ist, kann zwar grundsätzlich durch Beschluss geregelt und zeitlich begrenzt werden; ein generelles Verbot darf aber nicht beschlossen werden.

b) Verwalter

Der Verwalter ist das ausführende Organ der Wohnungseigentümergemeinschaft. Die Wohnungseigentümerversammlung beschließt über die Bestellung und Abberufung des Verwalters (§§ 19 Abs. 2 Nr. 6, 26 WEG). Es ist grundsätzlich ein „zertifizierter" Verwalter (§ 26a WEG) zu bestellen. Das Amt erlangt der Verwalter durch Annahme. Die Bestellung darf auf höchstens fünf Jahre vorgenommen werden, bei der ersten Bestellung nach Begründung des Wohnungseigentums für maximal drei Jahre (§ 26 Abs. 2 Satz 1 WEG). Allerdings ist eine wiederholte Bestellung zulässig (§ 26 Abs. 2 Satz 2 WEG). Damit soll ausgeschlossen werden, dass sich Bauträger bereits in der Teilungserklärung (§ 8 WEG) selbst „auf ewig" zum Verwalter bestellen. Vom Bestellungsakt zu unterscheiden ist der Anstellungsvertrag (Verwaltervertrag) zwischen der Wohnungseigentümergemeinschaft und dem Verwalter, der auch die Vergütung des Verwalters regelt. Der Verwalter kann unbeschadet seiner Rechte aus dem Ver- 39

---

[41] BGH NJW 2004, 937, 941 (kein ausnahmsloses Verbot von Parabolantennen).

waltervertrag jederzeit abberufen werden; der Vertrag endet dann spätestens sechs Monate nach Abberufung (§ 26 Abs. 3 WEG).

40   Die Aufgaben des Verwalters sind in § 27 WEG geregelt. Sie können durch Beschlüsse der Wohnungseigentümerversammlung erweitert oder beschränkt werden. Die Vertretungsmacht des Verwalters ergibt sich aus § 9b WEG. Sie umfasst die gerichtliche und außergerichtliche Vertretung, mit Ausnahme von Grundstückskauf- und Darlehensverträgen. Die Vertretungsmacht kann nicht mit Außenwirkung beschränkt werden (§ 9b Abs. 1 Satz 3 WEG).

8. Kapitel: Erwerb und Verlust des Eigentums an Fahrnis

§ 26 Übersicht

Literatur: *Bauer, Marianne*, Zur Publizitätsfunktion des Besitzes bei Übereignung von Fahrnis, Festschr. Bosch, 1976, S. 1; *Behr*, Wertverfolgung, 1986, S. 32; *Ernst*, Eigenbesitz und Mobiliarerwerb, 1992; *Füller*, Eigenständiges Sachenrecht, 2006; *Hager*, Verkehrsschutz durch redlichen Erwerb, 1990; *Hinderling*, Die Bedeutung der Besitzübertragung für den Rechtserwerb im Mobiliarsachenrecht, Zeitschr. f. SchweizR 111 (1970), 159; *Hübner*, Der Rechtsverlust im Mobiliarsachenrecht, 1955; *Kohler, Josef*, Zwölf Studien zum Bürgerlichen Recht, ArchBürgR, 18, 1; *Krause*, Das Einigungsprinzip und die Neugestaltung des Sachenrechts, AcP 145 (1938/39), 312; *Lieder*, Die rechtsgeschäftliche Sukzession, 2015; *Martinek*, Traditionsprinzip und Geheißerwerb, AcP 188 (1988), 573; *Nolte*, Zur Reform der Eigentumsübertragung, 1941; *Quantz*, Besitz und Publizität im Recht der beweglichen Sachen, 2005; *Röthlisberger*, Traditionsprinzip und Konsensprinzip bei der Mobiliarübereignung, 1982; *v. Savigny*, System des heutigen römischen Rechts, Bd. 3, 1840; *Stadler*, Gestaltungsfreiheit und Verkehrsschutz durch Abstraktion, 1996; *Süss*, Das Traditionsprinzip – ein Atavismus des Sachenrechts, Festschr. M. Wolff, 1952, S. 141; *Wacke*, Eigentumserwerb durch Konsens oder Übergabe?, ZEuP 2000, 254; *ders.*, Besitzkonstitut als Übergabesurrogat in Rechtsgeschichte und Rechtsdogmatik, 1974.

Rechtsvergleich und ausländisches Recht: *Bucher, Eugen*, Die Eigentums-Translativwirkung von Schuldverträgen: Das „Woher" und „Wohin" dieses Modells des Code Civil, ZEuP 1998, 615; *v. Caemmerer*, Rechtsvergleichung und Reform der Eigentumsübertragung, RabelsZ 12, 675; *Ockinghaus*, Kaufvertrag und Übereignung beim Kauf beweglicher Sachen im deutschen und französischen Recht, 1973; *Stadler*, Die Vorschläge des Gemeinsamen Referenzrahmens für ein europäisches Sachenrecht – Grundprinzipien und Eigentumserwerb, JZ 2010, 380; *Walczak*, Die Eigentumsübertragung beim Kauf beweglicher Sachen nach dem DCFR, 2017; *Weller*, Die französische causa-Lehre – Ende eines Mythos?, Festschr Müller-Graff, 2015, S. 109.

Literatur für Studium und Fallbearbeitung → § 27.

I. Die Erwerbstatbestände

Man unterscheidet den Erwerb des Eigentums durch *Rechtsgeschäft*, durch *Hoheitsakt* und durch *Gesetz*. In allen Fällen kann der Erwerb *originär* oder *derivativ* sein. Von derivativem Erwerb spricht man, wenn die Eigentümerstellung von einem Rechtsvorgänger abgeleitet ist, wie bei der Übereignung nach § 929 BGB; originärer Erwerb liegt vor, wenn es auf die Rechtsstellung eines Vorgängers nicht ankommt, wie bei der Aneignung einer herrenlosen Sache (§ 958

1

Abs. 1 BGB).[1] Für die Rechtsanwendung ist es von Bedeutung, ob jemand kraft Sukzession ein bisher schon bestehendes (identisches) Eigentumsrecht erwirbt oder ob das alte Eigentumsrecht erlischt und ein neues Eigentumsrecht entsteht. Wenn eine Sache nach §§ 929, 932 BGB vom Nichtberechtigten erworben wird, geht das Eigentum des bisher Berechtigten über.[2] Deshalb bleiben Belastungen (z.B. ein Vermieterpfandrecht) bestehen, außer der gutgläubige Erwerb erstreckt sich auch auf die Lastenfreiheit (§ 936 Abs. 1 und 2 BGB).

Erwerb und Verlust des Eigentums setzen die Vollendung eines Erwerbs- oder Verlusttatbestandes voraus. Der Erwerbstatbestand begründet die Eigentümerstellung, die so lange andauert, bis ein Verlusttatbestand verwirklicht ist. Deshalb ist der Beweis des Eigentums im Prozess auf den Erwerb gerichtet. Solange der Gegner nicht bewiesen hat, dass ein Verlusttatbestand verwirklicht wurde, geht das Gericht vom Fortbestand des Eigentums aus, ohne dass der Eigentümer dies behaupten und beweisen muss.[3]

2   Die *rechtsgeschäftliche* Übertragung des Eigentums an beweglichen Sachen ist in §§ 929 ff. BGB geregelt. *Gesetzliche* Erwerbstatbestände enthalten die §§ 946 ff. BGB (Verbindung, Vermischung und Verarbeitung), § 937 BGB (Ersitzung) und § 973 BGB (Fund). Zu den gesetzlichen Erwerbsgründen gehören ferner die Erbfolge (§ 1922 BGB) und die dingliche Surrogation (§§ 718 Abs. 2, 1066 Abs. 3, 1075 Abs. 1, 1219 Abs. 2 Satz 1, 1247 Satz 2, 1258 Abs. 3, 1287 Satz 1, 2019 Abs. 1, 2041 Satz 1, 2111 Abs. 1 Satz 1 BGB). Auch soweit die dingliche Surrogation an ein Rechtsgeschäft geknüpft ist, handelt es sich um gesetzlichen Erwerb, weil die Surrogationsvorschriften den Inhalt des Rechtsgeschäfts überlagern. So fällt eine Sache, die der Erbschaftsbesitzer mit Mitteln der Erbschaft erwirbt, unmittelbar in den Nachlass (§ 2019 Abs. 1 BGB).

II. Die Übereignungstatbestände

3   Nach dem Grundtatbestand des § 929 Satz 1 BGB, auf dem alle anderen Tatbestände aufbauen, ist zur Übertragung des Eigentums an einer beweglichen Sache erforderlich, dass der Eigentümer die Sache dem Erwerber übergibt und beide darüber einig sind, dass das Eigentum übergehen soll. Die *Einigung* ist ein dinglicher und daher inhaltlich abstrakter (→ § 1 Rn. 21) Vertrag. Das bedeutet, dass der Zweck der Übereignung nicht Regelungsgegenstand dieses Vertrags ist. Der Grund der Übereignung ist in einem gesonderten Rechtsgeschäft, der Zweckabrede, zu regeln. Deshalb verlangt § 929 BGB neben der Einigung keine weitere Abrede für die Eigentumsübertragung. Zur Einigung

---
[1] Darauf sollte man das Begriffspaar originär und derivativ beziehen. Die Verwendung der Ausdrücke ist uneinheitlich; vgl. *Baur/Stürner* § 53 Rn. 1, die gesetzlichen Erwerb mit originärem Erwerb gleichsetzen. Der Erwerb des gesetzlichen Erben (§ 1922 BGB) ist derivativ (vgl. Staudinger/*Kunz* § 1922 Rn. 15).
[2] *Wolff/Raiser* § 69 IV.
[3] Dazu *Rosenberg*, Beweislast, 5. Aufl., S. 115 f. Das gilt für alle anderen Rechte und Rechtsverhältnisse ebenso, beispielsweise beim Besitz (→ § 3 Rn. 2).

muss die *Übergabe* hinzutreten; das ist die Übertragung des Besitzes (Einzelheiten → § 27 Rn. 12 ff.).

Der Grundtatbestand wird durch die übrigen Tatbestände (§§ 930–931 BGB) modifiziert. Das rechtsgeschäftliche Element, die Einigung, ist allen Tatbeständen gemeinsam. Nur für die Übergabe werden unterschiedliche Bestimmungen getroffen. Auf sie wird in § 929 Satz 2 BGB ganz verzichtet, wenn der Erwerber schon im Besitz der Sache ist. Wenn ein Dritter im Besitz der Sache ist, wird die Übergabe dadurch ersetzt, dass dem Erwerber der Anspruch auf Herausgabe abgetreten wird (§ 931 BGB). Es handelt sich dabei um die Übertragung des mittelbaren Besitzes (§ 870 BGB). Einen weiteren Übergabeersatz enthält § 930 BGB. Wenn der Eigentümer im Besitz der Sache ist, kann die Übergabe dadurch ersetzt werden, dass zwischen ihm und dem Erwerber ein Rechtsverhältnis vereinbart wird, durch das der Erwerber mittelbarer Besitzer wird (§ 868 BGB). Das Eigentum wird durch zwei Rechtsgeschäfte übertragen, die dingliche Einigung (nach § 929 BGB) und eine schuldrechtliche Vereinbarung, durch die der Eigentümer ein Besitzrecht erlangt (z.B. Mietvertrag). Damit wird der Übertragungsvorgang vereinfacht, wenn der bisherige Eigentümer die Sache beispielsweise als Mieter weiter nutzen will. Ohne § 930 BGB hätte der Veräußerer die Sache dem Erwerber zu übergeben, der sie sofort aufgrund des Mietvertrags zurückzugeben hätte.

Beispiele für die einzelnen Übereignungsformen (Einzelheiten → § 27 Rn. 28 ff.): (1) Der Eigentümer hat seine Sache vermietet und will sie dem Mieter übereignen. Für die Übereignung genügen die dingliche Einigung und die Beendigung des Mietverhältnisses, eine Übergabe ist nicht erforderlich, weil der Erwerber schon im Besitz der Sache ist (§ 929 Satz 2 BGB). (2) Der Eigentümer, der seine Sache vermietet hat, will sie ohne Mitwirkung des Mieters an einen Dritten übereignen. Eine Übergabe nach § 929 BGB kommt hier nicht in Betracht, aber der Vermieter kann seinen (künftigen) Herausgabeanspruch (§ 546 BGB) an den Erwerber abtreten (§ 931 BGB). (3) Der Eigentümer will das Eigentum an seiner Sache zur Sicherung einer Forderung an die Bank übertragen, ohne den Besitz preiszugeben. Die Übereignung erfolgt nach § 930 BGB durch Einigung und Vereinbarung einer Leihe (→ § 33 Rn. 1).

Nach welchem Tatbestand die Übereignung vollzogen wird, ist von erheblicher Bedeutung, wenn der Veräußerer Nichtberechtigter ist, weil die Voraussetzungen des gutgläubigen Erwerbs (§§ 932 bis 934 BGB) für die einzelnen Übereignungstatbestände unterschiedlich geregelt sind (Einzelheiten → § 27 Rn. 39 ff.). Während beim Erwerb vom Berechtigten am Übergabeerfordernis Abstriche gemacht werden, setzt das Gesetz beim gutgläubigen Erwerb stets die Übergabe der Sache voraus. Lediglich bei § 931 BGB genügt die Übertragung des mittelbaren Besitzes (§ 934 BGB).

III. Die Entwicklung der Übereignungstatbestände

In romanistischer Tradition war es Anfang des 19. Jahrhunderts auf dem europäischen Kontinent vorherrschende Lehre, dass Eigentum durch Abschluss eines Schuldvertrags (*titulus*) und durch die Übergabe (*modus*) übertragen wird. Diese Lehre fand auch in verschiedenen Gesetzbüchern (z.B. im ALR und ABGB) ihren Niederschlag.[4] So heißt es in § 425 ABGB: „Der bloße Titel gibt noch kein Eigenthum. Das Eigenthum und alle dinglichen Rechte überhaupt können, außer den in dem Gesetze bestimmten Fällen, nur durch die rechtliche Uebergabe und Uebernahme erworben werden".

7 Die Einheit des kontinentalen Rechts wurde durch zwei in unterschiedliche Richtungen verlaufende Entwicklungen aufgehoben. Der französische Code Civil aus dem Jahre 1804, eines der einflussreichsten Gesetzeswerke, schaffte die Übergabe als Voraussetzung der Eigentumsübertragung ab. Nach Art. 1138 franz. Code Civil (seit 2016: Art. 1196 Abs. 1 franz. Code Civil[5]) wird der Gläubiger der Sachlieferung durch den obligatorischen Vertrag Eigentümer. Dieser Vertrag setzt nur den Konsens voraus, eine Übergabe ist nicht erforderlich. Die Übergabe ist allerdings von Bedeutung bei Mehrfachveräußerungen. Wurde die Sache nicht übergeben, geht das Eigentum durch einen nachfolgenden Kaufvertrag auf den Zweitkäufer über, wenn diesem die Sache übergeben wurde (Art. 1196 Abs. 2 franz. Code Civil).[6] Will der Erstkäufer also den redlichen Erwerb durch den Zweitkäufer ausschließen, muss er sich die Kaufsache übergeben lassen. Und will ein Käufer sichergehen, Eigentümer zu werden, muss er sich die Kaufsache ebenfalls übergeben lassen. Dem Regelungsmodell des französischen Rechts haben sich andere Rechtsordnungen angeschlossen (z.B. Italien, Polen, Luxemburg, Belgien, Portugal).[7]

8 Eine andere Entwicklung wurde in Deutschland durch die Ausbildung der im Parteiwillen verankerten Rechtsgeschäftslehre eingeleitet. Rechtsfolgen werden entweder unmittelbar durch Gesetz oder durch ein Rechtsgeschäft erzeugt. Nach der alten *titulus-und-modus*-Lehre und nach den Bestimmungen des französischen Code Civil beruht der Eigentumswechsel nicht unmittelbar auf einem Rechtsgeschäft, sondern auf dem Gesetz,[8] das dem Schuldvertrag translatorische Wirkung verleiht. Die älteren Rechte setzten den Vertrag weitgehend mit dem Schuldvertrag gleich. Deshalb werden die Fragen der Vertragslehre im französischen Recht im Obligationenrecht abgehandelt.[9] Gegen die Gleichsetzung des Vertrags mit dem Schuldvertrag wandte sich *v. Savigny*, der in seinem „System des heutigen römischen Rechts" eine übergreifende Rechtsgeschäftslehre entwickelte. Dabei konnte er auf die Erkenntnisse der Pandektenwissenschaft zurückgreifen, die den allgemeinen Begriff des Vertrags herausgebildet

---

[4] *Larenz*, Lehrbuch des Schuldrechts, II/1, 13. Aufl. 1986, § 39 II, S. 17ff. schlägt vor, zur *titulus-und-modus*-Lehre zurückzukehren. Ähnlich *Füller*, Eigenständiges Sachenrecht, 2006, S. 548f.; dazu kritisch *Brehm* AcP 207 (2007), 268ff.

[5] Zur Reform des Code Civil 2016, *Babusiaux/Witz* JZ 2017, 49.

[6] In der Ursprungsfassung 1804 Art. 1141 franz. Code Civil. Im Grunde ist die Übereignungsregelung des Code Civil nur eine Modifikation der alten *titulus-und-modus*-Lehre.

[7] Lesenswert *Bucher* ZEuP 1998, 615.

[8] *Babusiaux/Witz* JZ 2017, 496, 501.

[9] Buch III Titel III: „Die Quellen schuldrechtlicher Verbindlichkeiten", Art. 1100–1303–4.

hatte.¹⁰ Um die Übereignung auf ein rechtsgeschäftliches Fundament zu stellen, deutete *v. Savigny* die Übergabe (*traditio*) als Vertrag: „So ist die Tradition ein wahrer Vertrag, … denn sie enthält von beiden Seiten die auf gegenwärtige Übertragung des Besitzes und des Eigenthums gerichtete Willenserklärung, und es werden die Rechtsverhältnisse der Handelnden dadurch neu bestimmt".¹¹ Nach der Konzeption von *v. Savigny* handelt es sich beim dinglichen Vertrag um einen Realvertrag, der von einer äußeren Handlung, der Besitzverschaffung, begleitet ist. Weil die dingliche Rechtsfolge auf dem dinglichen Vertrag beruht, verliert der schuldrechtliche Erwerbsgrund seine Bedeutung für die Übereignung. Der Titel oder die *justa causa* sinken zu einem Motiv des dinglichen Vertrags herab. Der Rechtsgrund ist nur noch bei der *condictio indebiti*, einem Fall des Motivirrtums, von Bedeutung. Ohne Irrtum verleiht der dingliche Vertrag dem Eigentumserwerb Bestandskraft.

Der erste Entwurf des BGB lehnte sich an die Konzeption von *v. Savigny* an, ohne allerdings die Frage zu entscheiden, ob die Übergabe als Form des dinglichen Vertrags anzusehen ist.¹² Dieses Formerfordernis wird in den Motiven mit dem Publizitätsgedanken gerechtfertigt. „Wie im Immobilienrechte das Eintragungsprinzip der Richtigerhaltung des Grundbuchs und damit der Kundbarmachung des zeitigen Rechtsbestandes dient, so dient im Mobilienrechte das Traditionsprinzip ähnlichen Zwecken, indem es ein Auseinanderfallen von Besitz und Eigentum tunlichst verhütet und in einer, wenn auch dem Grundbuche gegenüber unvollkommenen, aber doch immer von großem praktischen Werte bleibenden Weise zur Kundbarmachung des zeitigen Rechtszustandes beiträgt".¹³ Mit der Deutung der Übergabe als funktionalem Äquivalent zu einer Registereintragung versuchte man das Traditionsprinzip mit der abstrakten Übereignung in Einklang zu bringen. Nach der alten Lehre, die für die Übereignung einen schuldrechtlichen Erwerbstitel und die Übergabe verlangte, war die Übergabe ein auf das obligatorische Geschäft bezogener Vollzugsakt. Die Übergabe löste das Versprechen ein, das durch den Schuldvertrag begründet wurde.

9

Im Laufe der Gesetzgebungsarbeiten am BGB wurde die Übergabe von der Einigung getrennt und zum selbständigen Tatbestandsmerkmal erhoben. Zugleich wurde der Zusammenhang zwischen Besitz und Eigentum dadurch gelöst, dass man den gemeinrechtlichen Besitzbegriff, der einen Fremdbesitz ablehnte,¹⁴ aufgab. Das schuf Raum für die Ersetzung der Übergabe durch Verschaffung mittelbaren Besitzes (vgl. §§ 930, 931 BGB). Damit war das Tradi-

10

---

[10] So heißt es bei *Thibaut*: „Vertrag ist die von mehreren Personen wechselseitige gegebene Einstimmung über die Begründung rechtlicher Verhältnisse", *Thibaut*, System des Pandekten-Rechts, 1833, Bd. 2, § 444, S. 4.
[11] System Bd. 3, S. 312.
[12] Dazu Motive Bd. 3, S. 336.
[13] Motive Bd. 3, S. 333.
[14] Dazu und zu den Gesetzgebungsabreiten am BGB Staudinger/*Gutzeit* Vorb. §§ 854–872 Rn. 6ff.

tionsprinzip im Kern in Frage gestellt, da die Sachübergabe nicht mehr durchweg erforderlich ist. Dennoch hat man die Deutung des Traditionsprinzips als funktionales Äquivalent für ein Register beibehalten. Dass die herrschende Lehre bis heute auch im Mobiliarsachenrecht den Publizitätsgrundsatz anerkennt, liegt daran, dass dem Grundsatz kein präziser Inhalt beigelegt wird, der zu Konsequenzen zwingt.

IV. Das Traditionsprinzip

11 Das Traditionsprinzip, also die Übergabe der Sache als Voraussetzung ihrer Übereignung, erfüllt beim Erwerb vom Berechtigten andere Aufgaben als beim gutgläubigen Erwerb. Dafür gibt schon die Gesetzesfassung einen ersten Anhaltspunkt. Das Traditionsprinzip ist beim Erwerb vom Nichtberechtigten strenger durchgeführt, und die Übergabe steht nicht notwendig im Zusammenhang mit der Veräußerung. So genügt für den Eigentumserwerb nach §§ 929 Satz 2, 932 Abs. 1 Satz 2 BGB eine der Übereignung vorausgehende Übergabe zur Erfüllung eines Mietvertrags. Die Frage nach dem Sinn und Zweck des Traditionsprinzips ist deshalb für die Grundtatbestände (§§ 929 bis 931 BGB) und für die Verkehrsschutztatbestände (§§ 932 bis 934 BGB) gesondert zu beantworten.

1. Erwerb vom Berechtigten

12 Das Erfordernis der Übergabe war nach der alten *titulus-und-modus*-Lehre insofern schlüssig und folgerichtig, als die *traditio* nicht unverbunden neben dem Kausalgeschäft stand, sondern dessen Vollzug darstellte.[15] Allerdings kommt im Erfordernis der Übergabe ein Misstrauen gegen die Rechtsgestaltung durch bloße Willensäußerung zum Ausdruck. Es ist deshalb nicht verwunderlich, dass das Traditionsprinzip in der Philosophie des Naturrechts als eine mit der Vernunft nicht zu rechtfertigende Formalität kritisiert wurde.[16] Es hätte nahegelegen, mit der Anerkennung des dinglichen Vertrags die bisher auf den Schuldvertrag bezogene Übergabe abzuschaffen. Es waren in erster Linie Beharrungskräfte, die den Gesetzgeber hinderten, diese Konsequenz zu ziehen. *Johow*[17] schreibt im Vorentwurf: „Für das deutsche bürgerliche Gesetzbuch kann daher nur das Beharren auf alter und wohlbegründeter heimischer Rechtsanschauung empfohlen werden". Der Versuch, die Übergabe als funktionales Äquivalent eines Registereintrags zu deuten (Publizitätsgrundsatz), führte zu Konsequen-

---

[15] Eine historische Verzahnung von Publizität und Abstraktion lässt sich insofern nicht nachweisen, so aber *Stadler*, Gestaltungsfreiheit und Verkehrsschutz durch Abstraktion, 1996, S. 123.
[16] Siehe dazu *J. Kohler* ArchBürgR 18, 1. Die Erkenntnis von *Süss*, Das Traditionsprinzip, Festschr. M. Wolff, 1952, S. 141, das Übergabeerfordernis sei ein Atavismus, ist deshalb nicht neu. Zur Naturrechtslehre siehe auch *Bucher* ZEuP 1998, 615 (mit wörtlichen Zitaten).
[17] Vorentwurf, S. 754.

zen, die den Bedürfnissen des Rechtslebens widerstreiten und von der Theorie und Praxis nicht gezogen werden. Die Darstellungen des Mobiliarsachenrechts greifen dennoch auf den Publizitätsgrundsatz als Erklärungsmodell für das Traditionsprinzip zurück. Dabei wird das Übergabeerfordernis meist im Hinblick auf den gutgläubigen Erwerb erörtert. Das Gesetz verlangt aber nicht nur beim gutgläubigen Erwerb, sondern auch beim Erwerb vom Berechtigten eine Übergabe oder ein Übergabesurrogat. Das Erfordernis der Übergabe lässt sich auch nicht damit rechtfertigen, dass die Eigentumsübertragung durch den Besitzwechsel erkennbar wird (→ § 26 Rn. 13). Die Ausgestaltung der Übereignungstatbestände sollte einen Gleichlauf von Besitz und Eigentum erzwingen. Es sollte sichergestellt werden, dass Nichtberechtigte Verfügungen nicht vornehmen können, weil sie nicht in der Lage sind, Besitz zu übertragen.[18] Die Motive haben folgerichtig angenommen, ein Eigentümer, der nicht im Besitz der Sache sei, könne nicht verfügen, er müsse sich erst Besitz verschaffen, wie der Eigentümer eines Grundstücks für seine Eintragung im Grundbuch sorgen muss. Diese Konsequenz wird heute abgelehnt. Wenn sich die Sache in der Hand eines Diebes befindet, kann der Eigentümer nach h.M. das Eigentum durch bloße Einigung übertragen (→ § 27 Rn. 33). Noch in einem weiteren Punkte wurde die ursprüngliche Konzeption aufgegeben: Die Übergabe setzt nach h.M. nicht voraus, dass der Erwerber Besitz erlangt (→ § 27 Rn. 23). Es genügt, wenn die Sache auf Geheiß des Erwerbers einem Dritten übergeben wird, der diesem keinen Besitz vermittelt. Damit wurde der Zweck, Eigentum und Besitz zusammenzuhalten, preisgegeben und mit ihm der Gedanke der Publizität. Die Übergabe ist wie in der alten Lehre ein Vollzugsakt, der zu dem dinglichen Vertrag hinzutreten muss, weil man dem Übereignungsgeschäft, das ohne Folgen bleibt, misstraut. Durch die Anerkennung des dinglichen Vertrags wurde das Misstrauen noch verstärkt, weil die Einigung ein abstrakter Vertrag ist, der keine Zweckabrede enthält. Die Übergabe und die Übergabesurrogate sollen sicherstellen, dass die dingliche Wirkung nur dort eintritt, wo ein wirklicher Veräußerungsvorgang vorliegt,[19] damit die Haftungsfunktion des Eigentums (→ § 1 Rn. 17) durch abstrakte Scheinübertragungen nicht gefährdet wird („Seriositätsindiz"). Die Übergabe, die Abtretung des Herausgabeanspruchs und die Begründung eines Besitzmittlungsverhältnisses sind Anzeichen dafür, dass ein wirklicher Veräußerungsvorgang vorliegt und nicht nur „Haftungsmanagement" betrieben wird.

Viele Darstellungen des Traditionsprinzips versuchen das Übergabeerfordernis damit zu rechtfertigen, dass bei einem absoluten Recht die Rechtsveränderung nach außen sichtbar sein müsse; deshalb verlange das Gesetz eine Verlaut-

---
[18] *Cosack*, in: Beiträge zur Erläuterung und Beurteilung des Entwurfs eines Bürgerlichen Gesetzbuches für das Deutsche Reich, Bd. 2, Sachenrecht, 1889, S. 22.
[19] Damit wird in den Motiven das Erfordernis eines konkreten Besitzkonstituts begründet, Motive Bd. 3, S. 98f. Durch die Angabe des Rechtsgrundes für das Besitzrecht sollte der Veräußerungsvorgang nachvollziehbar sein. Zum Besitzkonstitut → § 27 Rn. 29.

barung oder ein Rechtszeichen.[20] Eine Deutung des Traditionsprinzips als Publizität ist nicht nur ahistorisch, sie ist mit dem Gesetz nicht zu vereinbaren, und sie verkennt, dass der Publizitätsgedanke auf der Idee beruht, durch das Traditionsprinzip könne ein funktionales Äquivalent zu einem Register geschaffen werden. Eine Rechtfertigung des Traditionsprinzips, die nur die Übergabe im Sinne des § 929 BGB im Blickfeld hat, kann nicht erklären, weshalb die Übereignung nach §§ 930, 931 BGB keine Übergabe voraussetzt. Die „Vollzugshandlungen", die bei §§ 930, 931 BGB neben der dinglichen Einigung verlangt werden, sind Rechtsgeschäfte. Ihr Abschluss ist nach außen für Dritte gerade nicht sichtbar.[21] Selbst beim Grundtatbestand des § 929 Satz 1 BGB führt die Gleichsetzung von Publizität mit Sichtbarkeit in die Irre. Bei Veräußerungsketten wird eine Übergabe zwischen den einzelnen Gliedern der Kette angenommen, selbst wenn vom ersten Glied (Hersteller) unmittelbar an das letzte Glied (Endabnehmer) ausgeliefert wird und die Zwischenglieder (Händler) die Sache nie in Händen hatten (→ § 27 Rn. 23).

Wo die Übereignung durch tatsächliche Besitzverschaffung erfolgt, kann das Übergabeerfordernis Hilfsmittel der Rechtsgestaltung sein. Der Veräußerer weiß, dass er sein Eigentum erst verliert, wenn er die Sache aus der Hand gibt. Der Vorentwurf, der die Übergabe noch als Form des dinglichen Vertrags behandelte, begründete das Übergabeerfordernis mit der Klarstellungsfunktion.

2. Erwerb vom Nichtberechtigten

14 Das Traditionsprinzip wird beim Erwerb vom Nichtberechtigten strenger durchgeführt als bei den Grundtatbeständen. Ein gutes Beispiel ist § 930 BGB, der eine Übereignung durch Einigung und Vereinbarung eines Besitzmittlungsverhältnisses genügen lässt. Bei der Übereignung nach § 930 BGB ohne Übergabe kann Eigentum aber nur vom Berechtigten erworben werden. Verfügt ein Nichtberechtigter, erlangt der Erwerber nur im Falle der Übergabe Eigentum (§ 933 BGB).

15 Bei den Tatbeständen, die den Erwerb vom Nichtberechtigten regeln, handelt es sich um *Verkehrsschutztatbestände*, die dem Umstand Rechnung tragen, dass manche Rechtsvoraussetzungen nur schwer erkennbar sind. Deshalb wird unter bestimmten vom Gesetzgeber festgelegten Voraussetzungen derjenige geschützt, der ein Rechtsgeschäft im guten Glauben vorgenommen hat. Verkehrsschutzvorschriften setzen sich über die Belange des Berechtigten hinweg und opfern dessen Rechte auf. Der Eigentümer einer Sache verliert sein Eigentum, wenn sie von einem Nichtberechtigten an einen Gutgläubigen veräußert wird. Dass ihm gegen den Verfügenden Ersatzansprüche (nach §§ 823 Abs. 1, 989, 816 Abs. 1 BGB; → § 27 Rn. 73) zustehen, ist für ihn in vielen Fällen nur ein

---

[20] Vgl. etwa *Martinek* AcP 188 (1988), 576; gegen diese Begründung zutreffend *Füller*, Eigenständiges Sachenrecht, 2005, S. 250; *Wilhelm* Rn. 859.
[21] Das wird auch nicht verkannt, *Martinek* AcP 188 (1988), 576, 580.

schwacher Trost. Der Rechtsverlust ist dem Eigentümer nur zuzumuten, wenn er das Risiko, sein Eigentum durch einen unberechtigten Veräußerungsvorgang zu verlieren, steuern kann. Deshalb verlangt das Gesetz nicht nur den guten Glauben des Erwerbers, sondern ein weiteres Tatbestandsmerkmal, den Besitz des Veräußerers oder eines Dritten, der an dem Übertragungsvorgang mitwirkt (§ 934 Fall 2 BGB). Verkehrsschutztatbestände, die eine zweigliedrige Struktur aufweisen und neben dem guten Glauben ein weiteres Merkmal enthalten, nennt man *Rechtsscheinstatbestände*. Voraussetzung für den Verkehrsschutz ist in diesen Fällen neben dem guten Glauben das Vorliegen der Rechtsscheinsbasis. Vielfach wird die Rechtsscheinsbasis als eine Art Vertrauensbasis charakterisiert, oder sie wird in die Nähe eines Indizes für das wirkliche Recht gerückt.[22] Dabei wird ihre Funktion jedoch verdunkelt. Der Besitz als Rechtsscheinsbasis ist nicht Erkenntnisgrundlage für die Rechtslage, und er hat keine Indizfunktion. Bei beweglichen Sachen wäre der Schluss von der Innehabung auf das Eigentum heute ohnehin höchst zweifelhaft. Viele Sachen sind zur Sicherung an die Bank übereignet, gemietet, geleast, oder sie wurden unter Eigentumsvorbehalt erworben. Da beim guten Glauben alle konkreten Umstände und Indizien zu prüfen sind, von denen der Erwerber ausgehen musste, wäre es unverständlich, dass ein Erwerber, der sich auf handfeste Indizien für das Eigentum des Veräußerers verlassen hat, nur deshalb kein Eigentum erwirbt, weil beim Veräußerer das „Indiz" des Besitzes fehlte, das im konkreten Fall den Schluss auf das Eigentum gar nicht rechtfertigte. Der Besitz des Veräußerers als Rechtsscheinsbasis hat eine andere Funktion. Er schützt den Eigentümer. Den Vorschriften über den gutgläubigen Erwerb liegt das Veranlassungsprinzip zugrunde. Danach kann der Eigentümer das Eigentum jedenfalls nicht ohne eigenes Zutun an einen redlichen Erwerber verlieren. Das kommt in § 935 BGB zum Ausdruck, vor dessen Hintergrund die Übergabevorschriften zu sehen sind. Danach scheidet gutgläubiger Erwerb grundsätzlich aus, wenn die Sache abhandengekommen ist (→ § 27 Rn. 58). Wer das Risiko, Eigentum durch redlichen Erwerb zu verlieren, reduzieren will, kann den Besitz behalten oder den Besitzer, dem er die Sache anvertraut, sorgfältig aussuchen.[23]

Die §§ 932ff. BGB verlangen aber nicht nur, dass der Veräußerer Besitzer ist, vielmehr setzt gutgläubiger Erwerb regelmäßig die *Übergabe* voraus. Das Übergabeerfordernis ist plausibel, soweit dem Besitz eine Legitimationsfunktion zukommt,[24] weil mit der Übergabe die äußere Legitimation übertragen wird. Als Rechtsscheinsbasis würde eigentlich Besitz des Veräußerers ausreichen, wenn eine bis zum Eigentümer reichende Übertragungskette vorliegt. Dass das Gesetz außer dem Besitz die Übergabe verlangt, ist nur damit zu erklä- 16

---

[22] Vgl. *Hager*, Verkehrsschutz durch redlichen Erwerb, 1990, S. 240ff.; ähnlich für den DCFR PEL/*Luger/Faber* Acq. Own. Chapter 3 B Rn. 12 (S. 892).
[23] MünchKommBGB/*Oechsler* § 932 Rn. 7: „Risikoentscheidung" des Eigentümers.
[24] Gleiches gilt, soweit die Übergabe Klarstellungsfunktion (Rechtsgestaltungsfunktion) hat, wie es im Vorentwurf vorgesehen war.

ren, dass die verschiedenen Funktionen des Besitzes vom Gesetzgeber nicht geschieden wurden.[25] Besonders augenfällig wird dies bei Verkehrsschutztatbeständen, die auf die §§ 932 ff. BGB verweisen, wie §§ 135 Abs. 2, 136, 161 Abs. 3 BGB. In diesen Fällen kann der Berechtigte die Gefahren des Rechtsverlustes aufgrund der Verkehrsschutzvorschriften durch den Besitz nicht steuern. Der Besitz kann deshalb seine Funktion als Rechtsscheinstatbestand nicht erfüllen. Dennoch setzt der „lastenfreie" Erwerb nach § 135 Abs. 2 BGB durch die Verweisung auf §§ 932 ff. BGB die Übergabe voraus.

V. Das Konzept des DCFR

17 Art. VIII – 2:101 des *Draft Common Frame of Reference* (DCFR)[26] enthält einen Übereignungstatbestand für bewegliche Sachen, der in mehrfacher Hinsicht von den Regeln des BGB abweicht.[27] Zunächst ist die Übergabe oder ein Übergabesurrogat keine zwingende Voraussetzung für die Übertragung des Eigentums. An Stelle der Übergabe (*delivery*) oder eines Übergabeersatzes genügt eine Vereinbarung über den Zeitpunkt des Eigentumsübergangs. Die Übereignung ist außerdem im Gegensatz zum deutschen Recht kausal ausgestaltet. Nach Art. VIII – 2.101 Abs. 1 lit. d) muss der Erwerber einen Anspruch auf Übereignung haben, der durch Rechtsgeschäft, gerichtliche Verfügung oder durch das Gesetz begründet sein kann. Schließlich beruht nach der Begründung der Verfasser die Übereignung nicht auf einem dinglichen Vertrag, sie ist vielmehr wie im französischen Recht ein Seiteneffekt des Schuldvertrags oder es fehlt jede rechtsgeschäftliche Grundlage, wenn der Übereignungsanspruch auf dem Gesetz beruht.

18 Überzeugend an der Lösung des Entwurfs ist die Abschwächung des *Traditionsprinzips* beim Erwerb vom Berechtigten[28]. Nicht nur für deutsche Juristen[29] kaum verständlich ist jedoch die Ablehnung eines *dinglichen Vertrags*, durch den die Übereignung auf eine rechtsgeschäftliche Basis gestellt würde. Die Verfasser kommen zu dem Schluss, es bestehe für den dinglichen Vertrag keine praktische Notwendigkeit.[30] Der Schutz beider Parteien vor einer ungewollten Übertragung des Eigentums sei dadurch gewährleistet, dass die Übergabe ein Willensmoment enthalte.[31] Sofern dieses Willensmoment auf den Eigentumserwerb gerichtet ist, liegt in Wahrheit ein dinglicher Vertrag vor, wo der

---

[25] *Hager*, Verkehrsschutz durch redlichen Erwerb, 1990, S. 240 ff. sieht in der „Besitzverschaffungsmacht" den Rechtsscheinstatbestand. Ähnlich schon *Gernhuber* JZ 1956, 544.
[26] Dazu → § 1 Rn. 54.
[27] Analyse bei *Walczak*, Die Eigentumsübertragung beim Kauf beweglicher Sachen nach dem DCFR, 2017, S. 89 ff.; *Lieder*, Die rechtsgeschäftliche Sukzession, 2015, S. 1125 ff.
[28] Beim Erwerb vom Nichtberechtigten setzt Art. VIII – 3:101 Abs. 1 lit. b) eine Übergabe oder ein Übergabesurrogat voraus.
[29] Siehe die überzeugende Kritik des Niederländers *Lars van Vliet* ZEuP 2011, 297.
[30] *Lurger/Faber*, PEL Acq.Own. Chapter 2 Article VIII 2:101 Rn. 81 (S. 452).
[31] *Lurger/Faber*, PEL Acq.Own. Chapter 2 Article VIII 2:101 Rn. 73 (S. 446).

Wille aber nur den Besitzerwerb umfasst, gibt es keinen Schutz vor einer Eigentumsübertragung ohne Einverständnis der Parteien, denn die Besitzübertragung muss nicht notwendig auf einen Veräußerungsvertrag, sie kann auch auf einen Gebrauchsüberlassungsvertrag bezogen sein.[32] Wird das Eigentum nicht durch Rechtsgeschäft übertragen, können die Parteien auch keine Bedingung für den Eigentumswechsel vereinbaren. Gleichwohl sieht der Entwurf die bedingte Übereignung vor (Art. VIII 2:203). Das ist ein Widerspruch,[33] der ohne nähere Begründung mit dem Hinweis abgetan wird, die Rechtsvergleichung zeige, dass Rechtsordnungen, welche keinen dinglichen Vertrag kennen, mit dem Eigentumsvorbehalt zurechtkämen.[34] Der Hinweis auf die Rechtsvergleichung entkräftet Zweifel an der inneren Folgerichtigkeit der Entscheidung gegen den dinglichen Vertrag nicht; denn die Tatsache, dass es Rechtsordnungen gibt, in denen sich Juristen ohne klare dogmatische Grundlagen durchwursteln, beweist noch nichts. Auch bei der Verfügungsermächtigung zeigt sich die Schwäche des Entwurfs. Die Ermächtigung bedeutet Zustimmung zu einem Rechtsgeschäft. Beruht die Übereignung nicht auf einem Rechtsgeschäft, fehlt der Bezugspunkt für die Zustimmung. Gleiches gilt für die Vollmacht zur Übertragung des Eigentums.

Die Ablehnung des dinglichen Vertrags nimmt den Parteien die Möglichkeit, die Übereignung abstrakt auszugestalten. Für diese Beschränkung der Privatautonomie sind Gründe nicht ersichtlich. Weshalb soll ein Streit um die Wirksamkeit eines Kaufvertrags vom Verkäufer nicht dadurch beendet werden können, dass er die Sache an den Käufer übereignet, ohne die Wirksamkeit des Kaufvertrags anzuerkennen? Eine andere Frage ist es, ob das Gesetz den Parteien zwingend eine abstrakte Übereignung vorschreiben sollte. Wer eine Sache in Erfüllung eines Kaufvertrags übereignet, will die Eigentumsübertragung in der Regel nur, wenn der Kaufvertrag auch wirksam ist. Deshalb bedeutet auch die obligatorische abstrakte Ausgestaltung des dinglichen Vertrags eine Beschränkung der Privatautonomie,[35] die rechtfertigungsbedürftig ist. Die abstrakte Ausgestaltung der Verfügungen wird in der deutschen Literatur meist mit Verkehrsschutzinteressen begründet. Soweit das Gesetz bei beweglichen Sachen einen gutgläubigen Erwerb vorsieht, wie Art. VIII 3:101, zwingen Verkehrsschutzinteressen nicht, das dingliche Rechtsgeschäft abstrakt auszugestalten.

Bei der Entscheidung für eine kausale oder abstrakte Übereignung sind schließlich die haftungsrechtlichen Konsequenzen zu bedenken, denn mit der Übereignung wird die Sache auch haftungsrechtlich neu zugeordnet. Der Abstraktionsgrundsatz des deutschen Rechts führt dazu, dass eine versehentliche Übereignung ohne Rechtsgrund den Gläubigern des Erwerbers den Zugriff auf

---

[32] Zutreffend *van Vliet* ZEuP 2011, 297.
[33] Ebenso *van Vliet* ZEuP 2011, 298.
[34] *Lurger/Faber*, PEL Acq.Own. Chapter 2 Article VIII 2:101 Rn. 74 (S. 447).
[35] Zutreffend *van Vliet*, Iusta causa Traditionis and its History in European Private Law, European Review of Private Law, 2003, 376.

die Sache eröffnet. Im Insolvenzverfahren kann der Bereicherungsgläubiger kein Aussonderungsrecht geltend machen, wenn der Anspruch vor Eröffnung des Verfahrens entstanden ist. Setzt die Übereignung dagegen einen wirksamen Schuldgrund voraus, kann der Veräußerer aussondern, weil er Eigentümer geblieben ist, wenn der Erwerber die Übereignung nicht fordern konnte. Dies scheint für das Konzept der kausalen Übereignung zu sprechen. Aber auch die kausale Übereignung führt im Insolvenzfall und in der Einzelzwangsvollstreckung zu unbefriedigenden Ergebnissen. Wenn ein nichtiger Kaufvertrag von beiden Teilen erfüllt wurde, indem die Sache dem Käufer übergeben wurde und – wie es heute üblich ist – der Kaufpreis auf das Konto des Verkäufers überwiesen wurde, können die Gläubiger des Verkäufers auf die Kaufsache zugreifen und zusätzlich auf den gezahlten Kaufpreis in Gestalt eines Guthabens gegen die Bank.

21 Insgesamt vermag die Übereignungsregelung des DCFR nicht zu überzeugen. Am schwersten wiegt der Mangel an systematischer Folgerichtigkeit, ohne die ein modernes Recht nicht auskommt. Die Regelung der Übereignung beweglicher Sachen ist nicht nur in sich widersprüchlich, sie weicht auch ohne Not von der Übertragung sonstiger Rechte ab, bei denen nach Art. III – 5:104 lit. e) ein Verfügungsgeschäft vorausgesetzt wird.

§ 27 Rechtsgeschäftlicher Eigentumserwerb

Literatur: *Bielefeld*, Anforderungen an die Übereignung beweglicher Sachen nach § 931 BGB – zugleich ein Beitrag zur Lehre von der Anspruchsnormenkonkurrenz, ZfPW 2021, 457; *Braun*, § 935 I 2 BGB ist zu eng formuliert, JZ 1993, 391; *v. Caemmerer*, Übereignung durch Anweisung zur Übergabe, JZ 1963, 586; *Derleder*, Die Auslegung und Umdeutung defizitärer mobiliarsachenrechtlicher Übereignungsabreden, JZ 1999, 176; *Giehl*, Der gutgläubige Mobiliarerwerb – Dogmatik und Rechtswirklichkeit, AcP 161 (1961), 357; *Hager*, Streckengeschäft und redlicher Erwerb, ZIP 1993, 1446; *Hoffmann*, Der Rückerwerb des Nichtberechtigten, AcP 215 (2015), 794; *Kindl*, Gutgläubiger Mobiliarerwerb und Erlangung mittelbaren Besitzes, AcP 201 (2001), 391; *Kindl*, Rechtsscheintatbestände und ihre rückwirkende Beseitigung, 1999; *v. Lübtow*, Das Geschäfts für den, den es angeht und das sog. antezipierte Besitzkonstitut, ZHR 112, 227; *Martinek*, Traditionsprinzip und Geheißerwerb, AcP 188 (1988), 511; *Michalski*, Versuch einer Korrektur der Inkongruenz von § 933 und § 934 BGB, AcP 181 (1981), 385; *Müller*, Das Geschäft für den, den es angeht, JZ 1982, 777; *Peters, Frank*, Der Entzug des Eigentums an beweglichen Sachen durch gutgläubigen Erwerb, 1991; *Piekenbrock*, Der (Rück-)Erwerb des Nichtberechtigten – rechtsvergleichende Überlegungen zu einem Klassiker des Sachenrechts, Festschr. Kronke, 2020, S. 1197; *Thorn*, Mobiliarerwerb vom Nichtberechtigten: Neue Entwicklungen in rechtsvergleichender Perspektive, ZEuP 1997, 442; *Tiedtke*, Gutgläubiger Erwerb im bürgerlichen Recht, im Handels- und Wertpapierrecht sowie in der Zwangsvollstreckung, 1985; *Wacke*, Das Besitzkonstitut als Übergabesurrogat in Rechtsgeschichte und Rechtsdogmatik, 1977; *Wadle*, Die Übergabe auf Geheiß und der rechtsgeschäftliche Erwerb des Mobiliareigentums, JZ 1974, 689; *Wiegand*, Die Entwicklung des Sachenrechts im Verhältnis zum Schuldrecht, AcP 190 (1990), 112; *Wieling*, Empfängerhorizont: Auslegung der Zweckbestimmung und Eigentumserwerb, JZ 1977, 291; *Witt*, Die Rechtsfigur des Besitzdieners im Widerstreit zwischen Bestands- und Verkehrsschutz, AcP 201 (2001), 165; *Zweigert*, Rechtsvergleichend Kritisches zum gutgläubigen Mobiliarerwerb, RabelsZ 23, 1.

Studium: *Bartels/Nißing*, Zum gutgläubig lastenfreien Erwerb einer abhanden gekommenen Sache, Jura 2011, 252; *Frahm/Würdinger*, Der Eigentumserwerb an Kraftfahrzeugen, JuS 2008, 14; *Gerdemann/Helmes*, Aktuelle Rechtsprechung zum gutgläubigen Erwerb beim Gebrauchtwagenkauf, JA 2019, 856; *Kindler/Paulus*, Redlicher Erwerb – Grundlagen und Grundprinzipien, JuS 2013, 393ff. und 490ff.; *Lorenz/Eichhorn*, Der gutgläubige Erwerb, JuS 2017, 822; *Meier/Jocham*, Der Eigentumserwerb vom Nichtbesitzer, JuS 2017, 1155; *Mohamed*, Der rechtsgeschäftliche Erwerb an beweglichen Sachsen, JA 2017, 419; *Musielak*, Der Rückerwerb des Eigentums durch den nichtberechtigten Veräußerer, JuS 2010, 377; *Petersen*, Der Dritte im Mobiliarsachenrecht, Jura 2012, 1177; *Röthel*, Der lastenfreie Erwerb, Jura 2010, 241; *Schlinker/Zickgraf*; Gutgläubiger Erwerb im Erbrecht, JuS 2013, 876; *Schreiber*, Die Verfügungsbefugnis, Jura 2010, 599; *Staake*, Zum sorglosen Umgang mit der „Gutgläubigkeit", Jura 2016, 1352; *Szerkus*, Zum Problem des Rückerwerbs durch den „Nichtberechtigten", Jura 2018, 443; *Temming*, Der Ausschluss des gutgläubigen Erwerbs bei abhandengekommenen Sachen, JuS 2018, 108; *Vogel*, Eigentumserwerb an einem unterschlagenen Kfz bei Auftreten des Veräußerers unter dem Namen des Eigentümers, Jura 2014, 419; *Weber*, Gutgläubiger Erwerb des Eigentums an beweglichen Sachen gem. §§ 932ff. BGB, JuS 1999, 1; *Wiegand*, Der gutgläubige Erwerb beweglicher Sachen nach § 932 BGB, JuS 1974, 201; *Wüstenberg/von der Ohe*, Die zivilrechtliche Systematik des Rechtsscheins in Examensklausuren, JA 2018, 820; *Zeranski*, Prinzipien und Systematik des gutgläubigen Erwerbs beweglicher Sachen, JuS 2002, 340.

Fallbearbeitung: *Adam/Gerding/Hofmann*, Klausur: Das lukrative Geschäft mit dem Fußballtor, JA 2018, 175; *Bärnreuther/Dittrich*, Klausur: Der Terrier-Welpe Bona und der saudische Raumfahrer, Jura 2020, 1360; *Eckebrecht*, Klausur: Bequemlichkeit hat ihren Preis, JA 2005, 184; *Eisfeld*, Klausur: Kecke Ricke und Wütender Keiler, JA 2010, 416; *Enneking/Wöffen*, Anfängerklausur: Sachenrecht – Probefahrt, JuS 2021, 650; *Fröde*, Klausur: Mobiliarsachenrecht, JuS 2008, 232; *Hoeren/Neurauter*, Anfängerklausur: Eigentum an Pfandflaschen, JuS 2010, 412; *Jäckel/Tonikidis*, Klausur: Die Perle in der Auster, JA 2012, 339; *Kadner/Graziano/Keinert*, Klausur: Ein Erlkönig auf dem Genfer Autosalon, Jura 2014, 1153; *Knauth/Wilke*, Klausur: Deins, Meins, Unseres?, JA 2020, 168; *Koch/Wallimann*, Fortgeschrittenenklausur: Schuldrecht und Sachenrecht – Münzbetrug am Spielplatz, JuS 2014, 912; *Magnus/Osterholzer/Hundsdorfer*, Fortgeschrittenenklausur: Mobiliarsachenrecht, JuS 2019, 452; *Matzke/Palenker*, Die Kohl-Tonbänder, Jura 2017, 951; *Müller*, Klausur: Baumaschinenvermieter auf Abwegen, JA 2007, 258; *Rußmann*, Referendarexamensklausur: Scheingeheißerwerb, Ausgleich unter verschiedenartigen Sicherungsgebern, Haustürwiderrufsrecht des Bürgen, JuS 2012, 1008; *Schirmer*, Klausur: Streit um ein paar Stückchen Papier, Jura 2013, 719; *Witt*, Der praktische Fall: Gutgläubiger Erwerb antiquarischer Bücher, JuS 2003, 1091.

I. Der Grundtatbestand, § 929 Satz 1 BGB

1 Nach dem Grundtatbestand des § 929 Satz 1 BGB setzt die Übereignung beweglicher Sachen voraus, dass der Eigentümer die Sache dem Erwerber übergibt und beide darüber einig sind, dass das Eigentum übergehen soll. Der Gesamttatbestand zerfällt in zwei Teile, den *dinglichen Vertrag* und die *Übergabe*. Die Einigung ist als dinglicher Vertrag ein Rechtsgeschäft, auf das die Vorschriften des Allgemeinen Teils des BGB Anwendung finden (→ § 1 Rn. 35),[1] während die Übergabe von der h.M. als Realakt eingeordnet wird. Die besonderen Tatbestände der §§ 930, 931 BGB modifizieren lediglich das Moment der Übergabe. Deshalb sind Probleme der Einigung, die typischerweise bei der Sicherungsübereignung nach § 930 BGB auftreten, beim Grundtatbestand des § 929 BGB zu erörtern.

Nach §§ 929 ff. BGB wird auch *Miteigentum* übertragen (→ § 5 Rn. 28); beim *Gesamthandseigentum* gibt es keine übertragbaren Anteile an den einzelnen zum Gesamthandsvermögen gehörigen Gegenständen (→ § 5 Rn. 36). Die §§ 929 ff. BGB sind ferner auf Inhaberpapiere anzuwenden, beispielsweise Inhaberaktien (§ 19 Abs. 1 AktG) und Schuldverschreibungen auf den Inhaber (§ 793 BGB).

---

[1] Das ist unstr., BGH NJW 2016, 1887, Rn. 9; *Baur/Stürner* § 51 Rn. 6.

II. Einigung als Bestandteil des Verfügungstatbestandes

1. Einigung

Die Einigung nach § 929 BGB ist ein dinglicher Vertrag, auf den die Vorschriften des Allgemeinen Teils des BGB Anwendung finden (→ § 1 Rn. 35). Sie ist vom zugrundeliegenden Schuldvertrag zu trennen, wenngleich beide häufig einen einheitlichen Vorgang bilden, beispielsweise beim Barkauf. Als abstraktes Rechtsgeschäft ist die Einigung auch bei einem nichtigen Kausalgeschäft wirksam (→ § 1 Rn. 20ff.). Ist der Kaufvertrag nach § 138 Abs. 1 BGB nichtig, hat dies nicht die Nichtigkeit des „sittlich neutralen" Übereignungsgeschäfts zur Folge. Nichtig ist die Übereignung jedoch, wenn die Unsittlichkeit gerade im Vollzug der Leistung liegt.[2]

2

2. Bestimmtheits- und Spezialitätsgrundsatz

Die Einigung muss sich auf eine ganz bestimmte Sache beziehen. Das folgt aus dem *Bestimmtheitsgrundsatz*, der für alle Verfügungen gilt (→ § 1 Rn. 48). Der Bestimmtheitsgrundsatz gehört dem materiellen Recht an; deshalb ist es für die Wirkungen der Verfügung unerheblich, falls aufgrund später eintretender Umstände Unklarheiten und Beweisschwierigkeiten entstehen.[3] Eine Vereinbarung, durch welche ein Teil („die Hälfte") aller im Warenlager befindlichen Sachen übereignet werden soll, ist dinglich unwirksam, weil die Einigung zu unbestimmt ist; es bleibt offen, an welcher „Hälfte" Sicherungseigentum begründet werden soll. Schuldrechtlich kann eine solche Vereinbarung wirksam sein. Dem sachenrechtlichen Bestimmtheitserfordernis ist hingegen Genüge getan, wenn *alle* derzeit in einem Raum lagernden Sachen zum Gegenstand der Übereignung gemacht werden („All-Formel"[4]). Wegen des *Spezialitätsgrundsatzes* (→ § 1 Rn. 47) liegt im Hinblick auf jede einzelne Sache rechtlich jeweils eine Einigungserklärung vor, auch wenn tatsächlich nur eine Gesamterklärung abgegeben wurde. Nicht ausreichend ist es nach der Rechtsprechung, wenn die Parteien vereinbaren, dass nur die Gegenstände übertragen werden sollen, an denen der Veräußerer Eigentum hat;[5] dagegen ist die Übereignung eines Warenlagers wirksam, falls offengelegt wird, dass an manchen nicht näher bezeichneten Gegenständen nur ein Anwartschaftsrecht besteht,[6] das mitübertragen wird. Da die Einigung *antizipiert*, also vor der Übergabe erklärt werden kann, besteht die Möglichkeit, den dinglichen Vertrag auf eine noch nicht existierende oder erst zu individualisierende Sache zu richten. Wirksam kann die Einigung allerdings

3

---

[2] BGH NJW 2014, 2790, Rn. 20 (Zusatzzahlungen des Käufers an Vertriebsleiter des Verkäufers führen nur zur Nichtigkeit des Kaufvertrags).
[3] Vgl. BGHZ 73, 255.
[4] BGH NJW 1986, 1985, 1986.
[5] BGH NJW 1986, 1985, 1986; das ist bemerkenswert, weil echte und unechte Bedingungen sonst für zulässig erachtet werden, → § 1 Rn. 29.
[6] BGHZ 28, 16; vgl. auch BGHZ 117, 200.

erst werden, wenn die Sache existiert oder aus einem Vorrat ausgesondert oder anderweitig individualisiert wird. Durch „Raumsicherungsklauseln" können deshalb auch Gegenstände in die Übereignung einbezogen werden, die erst künftig in den Raum gelangen und dadurch individualisiert werden; so lässt sich auch ein Warenlager „mit wechselndem Bestand" übereignen. Zur Bestimmtheit verlangt der BGH, dass aufgrund eines nach außen erkennbaren Geschehens in dem für den *Eigentumsübergang maßgebenden Zeitpunkt* für jeden Dritten, der die Parteivereinbarungen kennt, ohne weiteres ersichtlich ist, welche Sachen übereignet werden.[7] Dem Bestimmtheitserfordernis ist auch durch einen sog. Markierungsvertrag Genüge getan, nach dem die künftig zu erwerbenden Sachen in ein Inventar aufgenommen werden.

4   Bei der Rechtsprechung zur Raumsicherungsklausel fällt auf, dass für die Bestimmtheit darauf abgestellt wird, dass ein *Dritter* ohne weiteres feststellen kann, welche Sachen von der Übereignung erfasst sind.[8] Bei der Einigung handelt es sich um einen Vertrag, dessen Inhalt nicht davon abhängig ist, wie ein Dritter die Erklärungen der Vertragsparteien versteht. Unklar ist auch, weshalb der BGH bei der Sicherungsübereignung eines Warenlagers mit wechselndem Bestand für die Erkennbarkeit der übereigneten Gegenstände nicht wie sonst auf den Vertragsschluss, sondern auf den Zeitpunkt des Eigentumsübergangs abstellt. Der BGH vermengt hier die spätere Individualisierung durch das festgelegte Verfahren (Verbringung in den Raum, Markierung) mit der bestimmten Bezeichnung im dinglichen Vertrag.[9]

Ein Beispiel für eine *Raumsicherungsklausel* enthält BGHZ 117, 200: „sämtliche Waren, insbesondere Möbel und Möbelteile sowie Kunstgewerbegegenstände, die sich gegenwärtig in den Sicherungsräumen – nämlich den Geschäfts- und Lagerräumen in L., Hauptstraße 94 – befinden oder künftig dorthin verbracht werden". Derartige Klauseln sind nicht nur im Hinblick auf die Bestimmtheit problematisch. Wenn der Inhaber des Warenlagers Mieter war, ist das Konkurrenzverhältnis zwischen Vermieterpfandrecht und Sicherungsübereignung bei den künftig erworbenen Sachen zu klären.[10] Außerdem kann durch die Einbeziehung künftig eingebrachter Sachen Übersicherung eintreten. Wurde keine Freigabeklausel vereinbart, nimmt die Rechtsprechung im Wege der ergänzenden Vertragsauslegung eine ermessensunabhängige Freigabepflicht an, da sonst von einer Nichtigkeit wegen Sittenwidrigkeit auszugehen wäre.[11]

3. Verfügungsbefugnis

5   Wirksamkeitsvoraussetzung der dinglichen Einigung ist die *Verfügungsbefugnis* (→ § 1 Rn. 37). Die Verfügungsbefugnis steht dem Eigentümer zu. Daher

---

[7] BGH NJW 1986, 1985, 1986.
[8] Die Erkennbarkeit für Dritte verlangt der BGH auch in anderen Fällen, in denen sich die Einigung auf eine Sachgesamtheit bezieht, vgl. BGH NJW 1992, 1163.
[9] Deutlich BGH NJW 1986, 1985, 1986 (unter I.2.a.aa), wo zunächst von der „gültigen Einigung", dann aber von der „Bestimmtheit der zu übereignenden Sachen" gesprochen wird.
[10] Dazu BGHZ 117, 200: Kein unmittelbarer Erwerb beim Sicherungseigentümer.
[11] BGH GSZ Beschl. v. 27.11.1997, NJW 1998, 671 (zur Globalsicherung); → § 33 Rn. 15.

verlangt § 929 BGB, dass sich der „Eigentümer" mit dem Erwerber einigt. Daneben ist das (positive) Vorliegen der Verfügungsbefugnis kein zusätzliches Merkmal des § 929 BGB. Allerdings kann dem Eigentümer die Verfügungsbefugnis fehlen, beispielsweise wenn über sein Vermögen das Insolvenzverfahren eröffnet worden und die Verfügungsbefugnis daher auf den Insolvenzverwalter übergegangen ist (§ 80 InsO). Verfügungen des Eigentümers nach Insolvenzeröffnung sind mangels Verfügungsbefugnis unwirksam (§ 81 Abs. 1 Satz 1 InsO). Die Verfügungsbefugnis muss im Zeitpunkt der *Vollendung des Übereignungstatbestandes* vorliegen.[12] Folgt die Übergabe der Einigung nach, muss der Veräußerer bei Übergabe verfügungsbefugt sein. Das folgt aus dem allgemeinen Grundsatz, dass für den Zeitpunkt, in dem die Verfügungsbefugnis vorliegen muss, nicht die Erklärungs*handlung* maßgeblich ist, sondern der Zeitpunkt, in dem die Erklärung *wirksam* wird und der gesamte Verfügungstatbestand vorliegt. Bei Verfügungstatbeständen, die nur aus einer Willenserklärung bestehen (z.B. § 398 BGB), kommt es auf den Zugang (§ 130 BGB) an, bei § 929 BGB treten die Rechtsfolgen erst mit der nachfolgenden Übergabe ein; deshalb muss die Verfügungsbefugnis noch in diesem Zeitpunkt vorliegen.[13]

4. Stellvertretung und Ermächtigung

Da die dingliche Einigung ein Rechtsgeschäft ist, kann für den Eigentümer und den Erwerber jeweils ein Stellvertreter handeln. Grundlage der Vertretungsmacht können auch bei § 929 BGB Vollmacht oder Gesetz sein. § 164 Abs. 1 BGB verlagert die Wirkungen der dinglichen Einigung auf den Vertretenen. Wird der Erwerber vertreten, erwirbt er Eigentum, nicht der Vertreter. Wird der Veräußerer vertreten, bestimmen sich die persönlichen Voraussetzungen der Willenserklärung (Geschäftsfähigkeit usw.) nach der Person des Vertreters; die Verfügungsbefugnis als gegenstandbezogene Wirksamkeitsvoraussetzung einer Verfügung muss jedoch in der Person des Vertretenen gegeben sein.[14] Zur Übergabe bei Vertretung → § 27 Rn. 25.

Der Stellvertreter hat nach dem Offenkundigkeitsgrundsatz offen zu legen, dass er in fremdem Namen handelt. Davon wird beim verdeckten *Geschäft für den, den es angeht* eine Ausnahme gemacht,[15] die von der h.M. vor allem bei Bargeschäften des tägliches Lebens mit der Begründung anerkannt wird, dem Geschäftspartner sei es in diesen Fällen gleichgültig, mit wem er kontrahiere. Man glaubt, mit einer teleologischen Reduktion des Offenkundigkeitsgrundsatzes die Ausnahme rechtfertigen zu können.[16] Dabei wird aber der Offenkundigkeitsgrundsatz aus seinem Sinnzusammenhang gelöst. Nach der Rechtsge-

6

7

---

[12] Dass das Gesetz davon ausgeht, ergibt sich aus der Ausnahmevorschrift des § 878 BGB.
[13] BGHZ 27, 366.
[14] Insofern ist es ungenau, von einer Wirkungsverlagerung nur der Rechtsfolgen zu sprechen.
[15] BGH NJW 1991, 2283; kritisch *Brehm* AT Rn. 445; *Pawlowski* AT Rn. 643.
[16] Vgl. etwa *K.Schmidt* JuS 1987, 429.

schäftslehre tritt die Rechtsfolge in Kraft, die in dem Rechtsgeschäft bestimmt ist. Der Offenkundigkeitsgrundsatz bringt nur diesen allgemeinen Grundsatz zum Ausdruck. Der Vertreter muss offenlegen, dass er für einen anderen handelt, weil die Fremdwirkung zum Inhalt des Rechtsgeschäfts gehört. Die h.M. kommt beim Geschäft für den, den es angeht zu Rechtsfolgen, die im Widerspruch zum Inhalt des Rechtsgeschäfts stehen.[17] Konstruktiv lässt sich das Geschäft für den, den es angeht allenfalls dadurch retten, dass man im Wege ergänzender Vertragsauslegung die Vereinbarung entnimmt, der verdeckt handelnde Vertreter dürfe einseitig den Vertragspartner bestimmen. Übereignet wird an den „Vertreter" oder nach dessen Wahl an einen Vertretenen.[18]

8   Eine Einigungserklärung eines Nichtberechtigten ist von Anfang an wirksam, wenn die Einwilligung des Eigentümers vorlag (§ 185 Abs. 1 BGB) oder wenn der Eigentümer nachträglich genehmigt (§§ 185 Abs. 2 Satz 1 Fall 1 BGB). Bei der Einwilligung zu einer Verfügung („Verfügungsermächtigung") gilt der Offenkundigkeitsgrundsatz nicht. Partei des dinglichen Vertrags ist der zur Verfügung Ermächtigte, der die Verfügung im eigenen Namen (über eine fremde Sache) vornimmt. Die Verfügungsermächtigung spielt beim verlängerten Eigentumsvorbehalt und bei der Sicherungsübereignung eine große Rolle. Wird ein Warenlager mit wechselndem Bestand zur Sicherung übereignet, muss für den Sicherungsgeber die Möglichkeit bestehen, Gegenstände zu veräußern, sonst wäre sein Geschäftsbetrieb lahmgelegt. Deshalb wird er vom Sicherungsnehmer (dem Eigentümer) ermächtigt, über die Sachen im Rahmen des ordnungsgemäßen Geschäftsbetriebes zu verfügen. Auch der Eigentumsvorbehalt wird mit einer Verfügungsermächtigung verknüpft, wenn an einen Händler geliefert wird, der die Ware im Rahmen seines Geschäftsbetriebs weiterveräußert (→ § 32 Rn. 5).

Die Verfügung des Nichtberechtigten wird ferner wirksam, wenn der Verfügende das Eigentum erwirbt (Konvaleszenz) oder wenn er von dem Berechtigten beerbt wird und dieser für die Nachlassverbindlichkeiten unbeschränkt haftet (§ 185 Abs. 2 Satz 1 BGB). Die Wirksamkeit tritt in diesen Fällen anders als bei der Genehmigung mit Wirkung ex nunc ein. Bei widersprechenden Verfügungen gilt der Prioritätsgrundsatz (§ 185 Abs. 2 Satz 2 BGB).

9   Die Vorschriften über Stellvertretung und Ermächtigung beziehen sich nur auf die Einigung. Die Übergabe durch einen Stellvertreter oder Ermächtigten muss dem Eigentümer besitzrechtlich zugerechnet werden (→ § 27 Rn. 25).

---

[17] *Wolff/Raiser* § 66 I 1 b γ.
[18] In diese Richtung BGH NJW 2016, 1887, Rn. 12, der die im Bereitstellen von Altpapier vor der Haustür zur Abholung durch eine Sammelorganisation liegende Erklärung als Angebot an eine unbekannte Person deutet; auf das Geschäft für den, den es angeht, kommt es dann nicht mehr an. Zur Figur des unbekannten Vertreters *Brehm* AT Rn. 442.

5. Form

Die Einigung unterliegt keiner gesetzlichen Form. Die Übergabe ist nicht Form der Einigung, sondern eigenständiges Tatbestandsmerkmal. Fehlt die Übergabe, ist die Übereignung nicht nach § 125 Satz 1 BGB nichtig, sondern der Tatbestand des § 929 BGB liegt nicht vor. Der Verfügungstatbestand kann auch nicht durch Formvereinbarungen (vgl. § 127 BGB) modifiziert werden (→ § 1 Rn. 45).

10

6. Keine Bindung

Die Einigung ist nicht bindend,[19] solange der Verfügungstatbestand noch nicht vollendet ist (→ § 1 Rn. 36), also die Übergabe nicht erfolgt ist. Das bedeutet, dass die Wirkung der Einigung entfällt, wenn zuvor ein Widerruf erklärt wird. Die Einigung liegt vor, wenn der dingliche Vertrag geschlossen wurde; sie setzt kein über den Vertragsschluss hinausdauerndes „Einigsein" in der Brust der Vertragsparteien als weiteres Tatbestandsmerkmal des § 929 BGB voraus. Die Lösung von der Einigung erfolgt durch ein selbständiges Rechtsgeschäft, den Widerruf, der die Wirkungen des dinglichen Vertrags einseitig aufhebt, solange der Tatbestand nicht vollendet ist. Wer sich darauf beruft, hat die Voraussetzungen dieses Rechtsgeschäfts zu beweisen. Deshalb bedarf es für den Fortbestand der Einigung weder einer Vermutung zur Umkehr der Beweislast, noch einer Anscheinsregel für den Anscheinsbeweis, der den Beweis erleichtern soll.

11

III. Übergabe

1. Grundsatz

Übergabe bedeutet die *einverständliche* Übertragung des *unmittelbaren* Besitzes. Erforderlich ist, dass der Erwerber die tatsächliche Sachherrschaft erlangt. Der Veräußerer muss jeden „Besitzrest" verlieren; die Einräumung von Mitbesitz genügt daher nicht.[20] Bei Alltagsgeschäften bereitet es regelmäßig keine Mühe, die Voraussetzungen der Übergabe festzustellen. Schwierigkeiten entstehen, wenn Dritte beteiligt sind, weil Stellvertretungsrecht (§§ 164ff. BGB) bei Realakten keine Anwendung findet (→ § 27 Rn. 25ff.). Einverständliche Besitzverschaffung liegt vor, wenn Veräußerer und Erwerber darüber *einig* sind, dass der Besitz übergehen soll.[21] Die einseitige Begründung der tatsächlichen Sachherrschaft durch Wegnahme genügt nicht. Die Übergabe kann aber auch in der Weise vollzogen werden, dass der Veräußerer den Erwerber *ermächtigt*, die Sache an sich zu nehmen. Kann der Erwerber die Gewalt über die Sache ausüben, genügt die Einigung über den Besitzwechsel (§ 854 Abs. 2 BGB).

12

---

[19] H.M., BGH NJW 1978, 696; Staudinger/*Heinze* § 929 Rn. 80; *Lüke* § 4 II 1, Rn. 170ff.
[20] BGH NJW 1979, 714, 714, 715.
[21] BGH NJW 2014, 2790, Rn. 8 („Konsens"); MünchKommBGB/*Oechsler* § 929 Rn. 49 („Konsens über den Wechsel im Eigenbesitz"; im Anschluss an *Ernst*).

Die Ergreifung der tatsächlichen Gewalt durch den Erwerber ist ein Realakt. Auf der Erwerberseite genügt daher ein natürlicher Wille, der als genereller Erwerbswille in Erscheinung treten kann. Nach h.M. reicht auch für das Einverständnis des Veräußerers zur Begründung des Besitzes durch den Erwerber ein natürlicher Wille aus. Daher ist eine Übereignung auch dann wirksam, wenn der Veräußerer nach der Einigung aber vor der Übergabe geschäftsunfähig wird.[22] Die Gegenansicht verweist auf die Bedeutung des Besitzes als Rechtsscheinsbasis. Mit der Übergabe entscheide der bisherige Besitzer, dass er die Sache Verkehrsrisiken aussetze (gutgläubiger Erwerb); daher genüge ein natürlicher Wille nicht (→ § 3 Rn. 9). Damit sind die §§ 105 ff. BGB auf das Einverständnis des Veräußerers entsprechend anwendbar.[23]

2. Das Zweckmoment

13 Streitig ist, ob eine Übergabe im Sinne des § 929 BGB nur dann vorliegt, wenn die Übertragung des Besitzes zu Übereignungszwecken erfolgt. Ein Teil der Lehre[24] geht davon aus, die Übergabe müsse durch den Eigentumserwerb motiviert sein.[25] Danach würde der Eigentumserwerb ausscheiden, wenn die Sache zur Miete oder Leihe übergeben wurde. Nach der vorzugwürdigen Gegenansicht kommt es auf die Zweckrichtung der Übergabe nicht an.[26] Dafür sprechen der Abstraktionsgedanke und § 929 Satz 2 BGB: Folgt die Einigung der Übergabe nach, genügt unstreitig die vorangegangene Übergabe in Vollzug eines Mietverhältnisses. Daher sollte es auch bei § 929 Satz 1 BGB nicht auf die Übergabe zu Übereignungszwecken ankommen. In der Übergabe einer Sache als Mietsache liegt aber der konkludente Widerruf einer zuvor erklärten dinglichen Einigung.

3. Beteiligung eines Besitzdieners

14 Bei der Mitwirkung eines Besitzdieners (§ 855 BGB) an der Übergabe ist zu unterscheiden: Übergibt der *Besitzdiener des Veräußerers* die Sache, wird dadurch Besitz des Erwerbers begründet. Ob darin eine Übergabe im Sinne des § 929 BGB liegt, hängt davon ab, ob der bisherige Besitzer (Besitzherr) mit dem Besitzwechsel einverstanden ist. Allein Kraft seiner Stellung als Besitzdiener ist niemand zur Übertragung des Besitzes befugt. Die Übertragung des Besitzes durch den Besitzdiener ist nicht Regelungsgegenstand des § 855 BGB. Der Besitzdiener kann den Besitz seines Besitzherrn durch Übergabe nur übertragen, wenn der Besitzherr einverstanden ist.

---

[22] BGH NJW 1988, 3260, 3262 („der ... Besitzverschaffungswille ... ist kein rechtsgeschäftlicher, sondern nur ein natürlicher Wille, den auch ein Geschäftsunfähiger haben kann" [für die Übergabe bei einer Verpfändung]; → § 3 Rn. 9).
[23] MünchKommBGB/*Oechsler* BGB § 929 Rn. 62.
[24] *Wolff/Raiser* § 66 Fn. 27 (dazu Staudinger/*Heinze* § 929 Rn. 77); *Martinek* AcP 188 (1988), 582.
[25] So auch BGHZ 67, 209; gleiches gilt für die nachträgliche Genehmigung, BGH JZ 1978, 106: die Voraussetzungen der Übergabe müssen im Zeitpunkt des tatsächlichen Besitzwechsels vorliegen.
[26] Staudinger/*Wiegand* § 929 Rn. 88 (2017).

Die Übergabe an einen *Besitzdiener des Erwerbers* steht der Übergabe an den Erwerber gleich. Die tatsächliche Gewalt, die der Besitzdiener erlangt, führt nach § 855 BGB zum Besitz des Besitzherrn, wenn der Besitzdiener in seinem objektiv zu bestimmenden Rechtskreis (Haushalt, Erwerbsgeschäft) tätig war. Es genügt der generelle Erwerbswille des Besitzherrn.

Bezahlt ein Kunde in einem Geschäft die Ware, indem er das Geld der Verkäuferin aushändigt, überträgt er die tatsächliche Gewalt an den Geldscheinen auf die Angestellte, die Besitzdienerin ist. Ihre Besitzergreifung ist Realakt. Die Entgegennahme des Geldes gehört zum Geschäftskreis der Ladenangestellten, deshalb erwirbt der Inhaber den Besitz (§ 855 BGB). Eines Rückgriffs auf rechtsgeschäftliche Zurechnungsnormen (§ 164 BGB, § 56 HGB) bedarf es nicht, soweit der Besitzerwerb in Frage steht, wohl aber für die Einigung nach § 929 BGB und den Kaufvertrag nach § 433 BGB.

4. Beteiligung eines Besitzmittlers

Eine Übergabe liegt nach h.M. auch dann vor, wenn der Besitzmittler (Mieter, Pächter, vgl. § 868 BGB) auf Veranlassung des Eigentümers die Sache dem Erwerber übergibt oder wenn der Veräußerer den Besitz auf einen Besitzmittler des Erwerbers überträgt. Wie die Besitzdienerschaft erfüllt auch der mittelbare Besitz die Aufgaben der besitzrechtlichen Zurechnung.[27] Bei der Übergabe an den Besitzmittler erlangt der Erwerber nur mittelbaren Besitz. Das ist dann ausreichend, wenn der Veräußerer jeden Besitzrest verliert.[28] Eine Übergabe an einen Besitzmittler liegt nur vor, wenn das Besitzmittlungsverhältnis zwischen Besitzmittler und Erwerber im Zeitpunkt der Übergabe bereits bestand (antizipiertes Besitzkonstitut).

Dass *auf Seiten des Veräußerers* ein Besitzmittler tätig sein kann, folgt schon daraus, dass § 929 BGB keine eigenhändige Übergabe verlangt. Wird die Sache durch ein Transportunternehmen angeliefert, erfolgt die Übergabe durch den Besitzmittler (Transportunternehmer). Die Übergabe *an den Besitzmittler* führt nur zum mittelbaren Besitz des Erwerbers: Hat der künftige Eigentümer die Sache schon vermietet, kann die Übergabe unmittelbar an den Mieter erfolgen. Dieser wird unmittelbarer Fremdbesitzer und der Vermieter (Erwerber) mittelbarer Eigenbesitzer.

Wenn die Übergabe an den vom Käufer beauftragten Transporteur für § 929 BGB ausreicht, kann dies Auswirkungen auf die Anwendung der kaufrechtlichen Gefahrtragungsregeln (§§ 446f. BGB) haben. Gefahrtragungsregeln kommen nämlich nicht mehr zur Anwendung, wenn bereits vollständig erfüllt ist. Dabei ist aber zu beachten, dass Erfüllung beim Kaufvertrag nicht schon eintritt, wenn das Eigentum übergeht, sondern erst mit der Übergabe im Sinne des § 433 Abs. 1 BGB. Ob die Vereinbarung eines Übergabesurrogats zum Zwecke der Übereignung (§§ 930, 931 BGB) auch die kaufrechtliche Übergabepflicht verkürzt oder gleichwohl Verschaffung des unmittelbaren Besitzes geschuldet ist, hängt von der Vereinbarung der Parteien ab.

---

[27] *Ernst*, Eigenbesitz und Mobiliarerwerb, 1992, S. 157 ff. geht von der unmittelbaren Anwendbarkeit des Stellvertretungsrechts aus. Das trifft auf den Zurechnungsgrund nicht zu.

[28] Darin unterscheidet sich § 929 BGB von § 930 BGB.

5. Geheißerwerb und Übergabe an den Benannten
a) Übersicht

17 Nach h.M. liegt eine Übergabe auch dann vor, wenn der unmittelbare Besitzer die Sache auf *Geheiß des Veräußerers* übergibt, auch wenn ihn kein Besitzmittlungsverhältnis mit diesem verbindet.[29]

Beispiel: Bei der Übereignung zwischen Händler und Abnehmer weist der Händler den Hersteller an, an den Abnehmer auszuliefern. Unmittelbarer Besitzer ist der Hersteller, der Händler wird durch den Kaufvertrag mit dem Hersteller auch nicht mittelbarer Besitzer. Obwohl der Händler nicht Besitzer der Sache ist, kann er nach § 929 BGB darüber verfügen. Der Übergabe durch den Händler steht es gleich, wenn sich der Hersteller der Weisung des Händlers unterwirft und die Sache unmittelbar an den Endabnehmer ausliefert.

18 Auch bei der Entgegennahme der Sache kann ein Dritter beteiligt sein, wenn der Erwerber die Sache nicht selbst entgegennehmen will, weil sie unmittelbar an einen Kunden auszuliefern ist (*Übergabe an den Benannten*).

Im obigen *Beispiel* wurde die Übereignung zwischen Händler und Endabnehmer mit dem Geheißerwerb begründet. Bei Übereignung zwischen Hersteller und Händler liegt eine Übergabe an den Benannten vor. Der Hersteller liefert nicht an den Händler aus, wie es der Wortlaut des § 929 BGB eigentlich erfordern würde, sondern an einen Dritten, der dem Händler noch nicht einmal mittelbaren Besitz vermittelt. Gleichwohl nimmt man Eigentumserwerb des Händlers an.

19 Für beide Fälle hat sich der Ausdruck Geheißerwerb eingebürgert, obwohl sie grundverschieden sind. Bei der Übergabe an den Benannten verfügt der Besitzer, es wird lediglich der Übergabeakt verkürzt oder modifiziert. Dagegen wird bei der Übergabe auf Geheiß des Veräußerers auf dessen Besitz als äußere Legitimation verzichtet. Dem Besitzer wird derjenige gleichgestellt, der den Besitzer erfolgreich anweist, die Sache aus der Hand zu geben.

b) Kettenveräußerungen

20 Mit der Figur des Geheißerwerbs und der Übergabe an den Benannten werden bei *Kettenveräußerungen* die Veräußerungsvorgänge so konstruiert, als sei an jedes Glied in der Kette übereignet worden, ein Ergebnis zu dem Rechtsordnungen, die den Eigentumsübergang (nur) an den Kaufvertrag knüpfen, ohne weiteres kommen. Der Hersteller übereignet an den Händler, indem er an den Endabnehmer liefert. Der Händler überträgt sein Eigentum an den Endabnehmer, indem er den Hersteller anweist, die Sache auszuliefern. Ein Liefervorgang enthält rechtlich zwei Übergaben im Sinne des § 929 BGB. Hinzutreten müssen selbstredend die Einigungen zwischen Hersteller und Händler sowie zwischen Händler und Endabnehmer.

---

[29] Zum Geheißerwerb siehe v. *Caemmerer* JZ 1963, 586; *Wadle* JZ 1974, 689; *Tiedtke* JZ 1989, 179; *Padeck* Jura 1987, 460; *Martinek* AcP 188, 573; *Wieling* JZ 1977, 291; *K.Schmidt* JuS 1982, 585.

Bei den Kettenlieferungen könnte der bisherige Eigentümer (Hersteller) auch unmittelbar an den Endabnehmer übereignen. Diese Gestaltung ist aber mit erheblichen Nachteilen verbunden. Ein zwischen Händler und Endabnehmer vereinbarter Eigentumsvorbehalt geht nämlich ins Leere, wenn der Hersteller die Sache unmittelbar dem Endabnehmer übereignet. Da er die Vertragsbedingungen zwischen Händler und Endabnehmer nicht kennt, wird er keinen Eigentumsvorbehalt erklären. Für den Hersteller ist es noch nicht einmal sicher, ob der Endabnehmer überhaupt Eigentümer werden soll; u.U. wurde zwischen Händler und Endabnehmer nur ein Mietvertrag geschlossen. Für ihn besteht deshalb keine Veranlassung, das Eigentum unmittelbar an den Endabnehmer zu übertragen. Er will mit der Auslieferung der Ware den Kaufvertrag mit dem Händler erfüllen und das Eigentum auf diesen übertragen. Diese Überlegungen sind bei der Auslegung zu berücksichtigen.

c) Rechtsprechung

Die Rechtsprechung behandelt verschiedenste Konstellationen:

Um die Einschaltung eines Dritten auf der Veräußererseite ging es in der Entscheidung BGHZ 36, 56 („Koks-Fall"): Ein Hauseigentümer (H) hatte einen Vertrag über die Lieferung von Koks nach Abruf mit einem Kohlehändler (K) geschlossen. Der Hausmeister des H bestellte bei K eine Lieferung Koks zu einem Zeitpunkt, in dem K sein Geschäft bereits aufgegeben hatte und deshalb aus eigenen Beständen nicht mehr liefern konnte. K bat den Lieferanten L, den bestellten Koks bei H anzuliefern. Der Hauseigentümer H hatte keine Kenntnis davon, dass K den Lieferanten L beauftragt hatte. Der Koks wurde von L in einem Lkw angeliefert, der die Firmenaufschrift des L trug. Der Lieferschein, den der Hausmeister des H unterschrieb, enthielt L als Lieferant und außerdem einen Eigentumsvorbehalt bis zur vollständigen Bezahlung. Der Koks wurde im Haus des H verheizt. L verlangte Bezahlung von H. Dieser wendete ein, er habe bereits an K, der sein Vertragspartner sei, bezahlt.
Da zwischen H und L kein Vertrag geschlossen wurde, kam nur ein bereicherungsrechtlicher Anspruch oder ein Anspruch nach §§ 990, 989 BGB in Betracht. Beide Ansprüche scheiden aus, wenn H das Eigentum an dem Koks gutgläubig vom Nichtberechtigten K nach §§ 929, 932 BGB erworben hat. Der BGH ging davon aus, es liege eine Übereignung zwischen K und H vor. Da im Revisionsverfahren der gute Glaube des H zu unterstellen war, kam er zum Eigentumserwerb des H. Dass die Sache nicht von K übergeben wurde, ist nach Ansicht des BGH unerheblich. Es genüge, wenn ein Dritter, der dem Veräußerer keinen Besitz vermittle, auf Geheiß des Veräußerers die Sache übergebe. Die Vorschrift des § 932 BGB schütze den Erwerber, der aufgrund der Besitzlage an das Eigentum des Veräußerers glauben dürfe. Vom Erwerber aus gesehen übe auch derjenige die Gewalt über die Sache (§ 854 BGB) aus, auf dessen Weisung die Sache dem Erwerber durch einen Dritten ausgeliefert wird. Die Besitzübertragung auf Geheiß eines Dritten wird dabei der Übergabe des Veräußerers gleichgestellt.
Mit der Funktion der Übergabe als Seriositätsindiz (→ § 26 Rn. 12) ist der Geheißerwerb vereinbar, weil die Übergabe durch eine Geheißperson anzeigt, dass ein ernsthafter Veräußerungsvorgang vorliegt. Auch die Steuerungsfunktion des Besitzes im Rahmen der Verkehrsschutztatbestände (§§ 932ff. BGB) ist gewahrt. Entscheidend ist, dass der bisherige Besitzer die Sache freiwillig aus der Hand gibt. Die eigentlich kritische Frage war aber

in dem Koks-Fall, ob sich der Eigentümer wirklich dem Geheiß des K unterworfen hatte. Er war der Ansicht, er trete als Lieferant auf. Nur aus der Sicht des Hauseigentümers H musste die Lieferung als Leistung des K erscheinen, wenn man die Kenntnisse des Hausmeisters (Lieferschein) außer Acht lässt.[30]

Mit einem *Streckengeschäft* setzt sich die Entscheidung BGH NJW 1986, 1166 auseinander:[31] Der Kläger hatte Ware bei D gekauft und an T weiterverkauft. D übergab die Ware dem vom Kläger beauftragten Spediteur, der sie in einem Lager des T ablieferte. Der BGH stellt in der Entscheidung fest, bei einem derartigen Streckengeschäft vollziehe sich die Eigentumsübertragung zwischen den einzelnen Vertragspartnern in der Weise, dass die jeweils Beteiligten die dingliche Einigung bereits mit Abschluss des Kaufvertrags stillschweigend erklären, und dass die Besitzverschaffung dadurch vollzogen werde, dass der jeweilige Veräußerer den Lieferanten als unmittelbaren Besitzer anweise, seinen Besitz auf den Letztkäufer zu übertragen und dass der Verkäufer sich im voraus mit dieser Form der Besitzübertragung einverstanden erkläre und den Letztkäufer zur Inbesitznahme anweise. Als alternative Begründung für den Eigentumserwerb des Klägers wurde vom BGH erwogen, den Spediteur bei der Einigung als Vertreter des Klägers anzusehen und bei der Übergabe als dessen Besitzmittler. Wo ein Spediteur eingeschaltet ist, benötigt man die Figur des Geheißerwerbs bzw. Übergabe an den Benannten regelmäßig nicht, weil beim ersten Übertragungsakt eine Übergabe an den Besitzmittler (Spediteur) des Erstkäufers erfolgt. Mit der Übergabe an den Spediteur wird der Erstkäufer Besitzer und Eigentümer nach § 929 Satz 1 BGB. Die Übergabe an den Zweiterwerber wird vom Besitzmittler im Auftrag des besitzenden Ersterwerbers vollzogen. Da die vom mittelbaren Besitzer veranlasste Übergabe durch den Besitzmittler ausreicht, liegt auch im Verhältnis zwischen Erst- und Zweiterwerber der Tatbestand des § 929 Satz 1 BGB vor. Bei der Begründung des BGH wird darauf abgestellt, dass der Letztabnehmer zur Inbesitznahme angewiesen werde. Das ist irreführend, weil dadurch der Eindruck entsteht, der Endabnehmer sei Geheißperson wie ein Dritter, der aufgrund einer Weisung des Veräußerers übergibt.

Dass durch Regeln über den Geheißerwerb die Übergabe zur Fiktion herabsinken kann, zeigt folgender Fall:[32] K kauft bei V 50 000 Tonnen Gasöl, die *unausgesondert* in einem Tank des V lagern. K veräußert das erworbene Gasöl an X weiter, der es schließlich an Y verkauft. Im Vertrag zwischen V und K war vereinbart, dass K dem V mitteilen wird, an wen die Lieferung erfolgen soll. K weist V an, an den Endabnehmer Y auszuliefern. Daraufhin wird die Lieferung in einen Tanklastzug abgefüllt und zu Y gebracht. Bei der ersten Übereignung zwischen V und K wird die Übergabe dadurch vollzogen, dass V an den von K benannten Empfänger ausliefert (kein Geheißerwerb, sondern Übergabe an den Benannten, weil der Eigentümer Besitzer ist und seinen Besitz überträgt). Bei der Übereignung zwischen K und X ist V Geheißperson: K übergibt dadurch an X, dass ein Dritter (V) seiner Weisung folgend, die Sache liefert. Eigentlich müsste die Lieferung an X erfolgen, damit dieser Besitzer wird. Aber auch hier genügt die Übergabe an den vom Erwerber Benannten, das ist Y. Es treffen echter Geheißerwerb und Übergabe an den Benannten zusammen: Die Geheißperson des Veräußerers liefert an den vom Erwerber Benannten. Bei der Übereignung zwischen X und Y liegt wieder ein Geheißerwerb vor: Der Besitzer V liefert auf Geheiß des Veräußerers X an Y. Problematisch an dieser Konstruktion ist die Annahme, V habe sich der Weisung des X unterworfen. In Wahrheit folgte V nur der Weisung des K, von

---

[30] Zutreffend lehnen *Medicus/Petersen* BR Rn. 564 den gutgläubigen Erwerb hier ab.

[31] Dass sich das Revisionsgericht mit diesem Fall befassen musste, liegt an der Missachtung elementarer Grundsätze des Zivilprozessrechts durch das Berufungsgericht, die schon an Rechtsbeugung grenzt.

[32] Frei nach BGH NJW 1982, 2371 = JuS 1982, 858 (*K.Schmidt*).

der Existenz des X hatte V vielleicht keine Kenntnis. Einfacher ist die Kettenveräußerung zu begründen, wenn man annimmt, zwischen V und K sei ein Besitzmittlungsverhältnis mit einem Herausgabeanspruch des K begründet worden.[33] Dann kann die Sache durch Abtretung des Herausgabeanspruchs nach § 931 BGB an beliebig viele Personen in einer Veräußerungskette übertragen werden. Bei dieser Lösung verliert der bisherige Eigentümer sein Eigentum allerdings nicht erst mit der Lieferung, sondern schon mit dem Kaufvertrag, in dem die Verfügung konkludent enthalten ist. Die Parteien können aber auch bei der Übertragung nach §§ 929, 931 BGB die Wirkung der Verfügung aufschieben.

d) Geheißerwerb und Traditionsprinzip

Der Geheißerwerb entspricht den Erfordernissen des Rechtsverkehrs und wird von der h.M. anerkannt. Streitig ist aber, wie diese Erwerbsform mit dem Traditionsprinzip in Einklang zu bringen ist. Manche wollen den Rechtsgedanken des § 934 Fall 2 BGB verallgemeinern.[34] Danach wird der gutgläubige Erwerber bei einer Übereignung nach § 931 BGB Eigentümer, wenn er den Besitz der Sache von dem Dritten, der angeblich zur Herausgabe verpflichtet ist, erlangt. Diese Begründung mag ein schlechtes Restgewissen des Rechtsanwenders beseitigen. Sie liefert keinen soliden Beweis dafür, dass der Geheißerwerb mit der Funktion des Traditions- und Publizitätsprinzips vereinbar ist. Wenn man das Publizitätsprinzip als funktionales Äquivalent für ein Register deutet (→ § 26 Rn. 12), kann man den Geheißerwerb kaum anerkennen.[35] Beim *echten Geheißerwerb* übereignet eine Person, die nicht im Besitz der Sache ist. Der Besitz als äußere Legitimation wird ersetzt durch eine tatsächliche Dispositionsbefugnis, die durch die Unterwerfung des Dritten unter den Geheiß begründet wird (Unterwerfungsmacht). Bei der *Übergabe an den Benannten* verliert die Übergabe die Funktion, die durch den Besitz begründete äußere Legitimation auf den Erwerber zu übertragen, damit Besitz und Eigentum tatsächlich verknüpft bleiben. Diese Überlegungen zwingen freilich nicht, die Figur des Geheißerwerbs zu verwerfen, aber man sollte Abschied nehmen von einem Verständnis der Publizität im Sinne eines Registerersatzes. Die Übergabe war unter Geltung der *titulus-und-modus*-Lehre Erfüllung des Kausalgeschäfts und hatte die Aufgabe, den ernsthaften Veräußerungswillen anzuzeigen. Auch bei einer abstrakten Übereignung ohne Erwerbstitel kann das Übergabeerfordernis als Seriositätsindiz begriffen werden (→ § 26 Rn. 12). Mit dem Traditionsprinzip in diesem ursprünglichen Sinn ist die Konstruktion des Geheißerwerbs ohne weiteres vereinbar.[36]

Das Übergabeerfordernis büßt auch beim Erwerb vom Nichtberechtigten seine Funktion (→ § 26 Rn. 16) nicht ein. Beim *echten Geheißerwerb* und bei

---
[33] Für diese Lösung *Baur/Stürner* § 51 Rn. 17. Kritisch *Tiedtke* JZ 1989, 170, der dies für eine gekünstelte Konstruktion hält.
[34] *Wolff/Raiser* § 66 I 1 a; *Wadle* JZ 1974, 693; dagegen *Martinek* AcP 188, 603.
[35] Das wird auch eingeräumt von *Martinek* AcP 188, 618 für die Veräußerungsketten.
[36] Ähnliche Begründung bei *Staudinger/Wiegand* § 929 (2017) Rn. 55.

der *Übergabe an den Benannten* gibt der Besitzer die Sache freiwillig aus der Hand, der gutgläubige Erwerb vollzieht sich nicht ohne seine Mitwirkung.

6. Vertretungs- und andere Repräsentationsfälle

a) Auf der Veräußererseite

25 Der Tatbestand des § 929 BGB setzt sich aus einer rechtgeschäftlichen Einigung und der Übergabe als Realakt zusammen. Handelt ein Dritter, kann dessen rechtsgeschäftliche Einigungserklärung dem Eigentümer nach § 164 BGB zugerechnet werden. Für die Übergabe bedarf es einer anderen Zurechnungsnorm. Der Dritte kann Besitzdiener, mittelbarer Besitzer oder Geheißperson sein. Die Besitzkonstruktionen allein rechtfertigen die Übergabe nicht. § 855 BGB rechnet die tatsächliche Sachherrschaft dem Besitzherrn zu, nicht die Übergabe der Sache durch den Besitzdiener an den Erwerber. Auch der mittelbare Besitz ist eine reine „statische" Zurechnungsnorm. Grundlage der Zurechnung der Übergabe durch den unmittelbaren Besitzer oder den Besitzdiener ist das Einverständnis des Eigentümers, welches die Übergabe besitzrechtlich legitimiert. In der Bevollmächtigung eines Dritten zur Übereignung liegt regelmäßig auch das Einverständnis zur Übergabe.[37]

Die Rückwirkung der Genehmigung (§ 184 Abs. 1 BGB) der Verfügung eines Nichtberechtigten im eigenen Namen (§ 185 Abs. 2 Satz 1 Fall 1 BGB) oder der Verfügung eines Vertreters ohne Vertretungsmacht (§ 177 Abs. 1 BGB) bezieht sich auf den Zeitpunkt der Vornahme der Verfügung, die bei § 929 BGB Einigung und Übergabe umfasst. Nach Genehmigung treten die Verfügungswirkungen bezogen auf den Zeitpunkt der Übergabe ein, wenn sie der Einigung nachfolgt.

26 Gleiches gilt bei der Verfügung eines Ermächtigten im eigenen Namen (§ 185 Abs. 1 BGB). Die Einwilligung des Eigentümers zur Verfügung umfasst auch das Einverständnis zur Übergabe. Parteien kraft Amtes (beispielsweise Insolvenzverwalter, Testamentsvollstrecker), die Verfügungen ebenfalls im eigenen Namen vornehmen, sind gesetzlich zur Übergabe ermächtigt. Eine gesetzliche Ermächtigung zur Übergabe begegnet auch bei typisierter Vertretungsmacht.

Beispiel: Der Prokurist wird von seinem Geschäftsherrn ausdrücklich angewiesen, eine bestimmte Sache nicht zu veräußern. Der Prokurist setzt sich über diese Weisung hinweg und übereignet die Sache nach § 929 Satz 1 BGB. Die Einigung ist wirksam, weil eine Beschränkung der Vertretungsmacht des Prokuristen gegenüber Dritten unwirksam ist (§ 50 Abs. 1 HGB). Mit der Stellung des Prokuristen als Besitzdiener kann man nicht begründen, dass die tatsächliche Übergabe dem Geschäftsherrn zuzurechnen ist, denn die Besitzdienerschaft umfasst nicht die Befugnis, den Besitz aufzuheben. Wohl aber umfasst die Prokura nach § 49 HGB auch die Berechtigung des Prokuristen zur Übergabe, die vom Geschäftsherrn ebenfalls nicht mit Drittwirkung eingeschränkt werden kann.[38]

---

[37] Anders die 3. Auflage dieses Lehrbuchs: Bevoll- und Ermächtigte seien Veräußerer nach § 929 BGB; einer Zurechnung der Übergabe zum Eigentümer bedürfe es nicht.

[38] Anders die 3. Auflage dieses Lehrbuchs.

b) Auf der Erwerberseite

Die Einschaltung einer Hilfsperson auf der Erwerberseite bereitet keine Probleme, weil die Übergabe nicht notwendig an den Erwerber erfolgen muss. Ist der Dritte auf Erwerberseite Besitzdiener oder mittelbarer Besitzer, genügt dies für den Besitz des Erwerbers; §§ 855, 868 BGB rechnen den Besitz des Dritten dem Erwerber zu. Zudem genügt die Übergabe an einen vom Erwerber Benannten (→ § 27 Rn. 18).[39]

IV. Übereignung durch schlichte Einigung (§ 929 Satz 2 BGB)

Ist der Erwerber im Besitz der Sache, genügt die Einigung über den Eigentumswechsel (§ 929 Satz 2 BGB). Es ist also nicht erforderlich, dass der Erwerber die Sache dem Eigentümer zunächst zurückgibt, nur um sie wieder übergeben zu bekommen. Man spricht von Übereignung „kurzer Hand",[40] eine freie Übersetzung der römischrechtlichen *brevi manu traditio*, die allerdings die Besitzübertragung auf einen Detentor (→ § 2 Rn. 2) betraf. Im Falle des § 929 Satz 2 BGB wird das Traditionsprinzip zugunsten des Konsensprinzips durchbrochen; es genügt die Einigung zur Übertragung des Eigentums. Unerheblich ist, ob der Erwerber unmittelbarer oder mittelbarer Besitzer ist,[41] und von wem bzw. wie er den Besitz erlangt hat. Voraussetzung für den Eigentumserwerb ist wie bei § 929 Satz 1 BGB (→ § 27 Rn. 12) nur, dass der Veräußerer jeden Besitzrest verliert. Deshalb setzt die Übereignung an einen Besitzmittler des Veräußerers (z.B. Mieter) die Aufhebung des Besitzmittlungsverhältnisses voraus.

V. Übergabesurrogate

1. Besitzkonstitut (§ 930 BGB)

Die Übergabe (nicht die dingliche Einigung) kann dadurch ersetzt werden, dass zwischen Veräußerer und Erwerber ein Besitzmittlungsverhältnis begründet wird, durch das der Erwerber Besitz erlangt. Soll etwa eine Sache gekauft und vom Veräußerer „zurückgemietet" werden, ist es nicht nötig, dass der Veräußerer den Besitz zunächst auf den Erwerber überträgt, der die Sache in Erfüllung des Mietvertrags umgehend dem zum Mieter herabgesunkenen Veräußerer zurückgibt. § 930 BGB setzt nicht voraus, dass der Veräußerer unmittelbarer Besitzer ist. Deshalb kann ein Vermieter (mittelbarer Besitzer) die Sache dadurch übereignen, dass er mit dem Erwerber ein Mietverhältnis vereinbart, durch das der Erwerber Vermieter, der Veräußerer Hauptmieter und der bisherige Mieter Untermieter wird.

---

[39] Anders *Baur/Stürner* § 51 Rn. 17, die ein Besitzmittlungsverhältnis auch beim Geheißerwerb (Übergabe an den Benannten) verlangen.
[40] Vgl. etwa *Baur/Stürner* § 51 Rn. 20.
[41] BGH NJW 1971, 1453, 1454.

Die Besitzübertragung durch Besitzkonstitut (*constitutum possessorium*) wurde im römischen Recht als ein Fall der Stellvertretung konstruiert. Der bisherige Besitzer sollte Detentor werden und für den Erwerber den Besitz ergreifen.[42] Obwohl die Partikulargesetzgebung des 19. Jahrhunderts dem *constitutum possessorium* zum Teil ablehnend gegenüberstand, hat es sich letztlich durchgesetzt, weil es einem praktischen Bedürfnis entsprach. Heute spielt die Übereignung nach §§ 929, 930 BGB vor allem bei der Sicherungsübereignung eine große Rolle (→ § 33 Rn. 1 ff.). Ein Unternehmer, der seinen Fuhrpark zur Sicherung an die Bank übereignet, will weiter im Besitz der Fahrzeuge bleiben. Auch die Bank hätte keinen Vorteil, wenn dem Kreditschuldner notwendige Betriebsgegenstände entzogen würden.

30 Das Besitzkonstitut ist in der Regel ein vertragliches Rechtsverhältnis, durch das der mittelbare Besitzer einen Herausgabeanspruch erlangt. Der Vertrag muss nicht wirksam sein, es genügt, wenn ein Herausgabeanspruch besteht.[43] Neben vertraglichen Rechtsverhältnissen sind gesetzliche Rechtsverhältnisse als Besitzkonstitut anerkannt (Verhältnis zwischen Kind und Eltern, Ehe). Wird ein Besitzkonstitut vereinbart, genügt nach h.M. nicht die Abrede, dass der Veräußerer für den Erwerber besitzt; es muss vielmehr ein konkretes Besitzmittlungsverhältnis vereinbart werden.[44] Bei der Sicherungsübereignung wird deshalb regelmäßig ein Leihvertrag geschlossen. Das Besitzmittlungsverhältnis kann durch Insichgeschäft vereinbart werden, wenn dies gestattet wurde (§ 181 BGB). Man spricht in diesen Fällen von einem „Insichkonstitut". Wie die Übergabe der Einigung vorausgehen kann, können die Parteien das Konstitut schon vor der Einigung begründen. Das vorweggenommene Besitzkonstitut wird antizipiertes[45] Besitzkonstitut genannt. Früher verlangte die Rechtsprechung beim antizipierten Besitzkonstitut zusätzlich einen Akt der Kenntlichmachung.[46] Diese Ansicht kann als überwunden gelten. Eine Kenntlichmachung kann aber erforderlich sein, um dem Bestimmtheitsgrundsatz zu genügen. Auch das Insichgeschäft muss nach außen in Erscheinung treten.

Das antizipierte Konstitut ist von Bedeutung, wenn die Übereignung bei Einschaltung eines mittelbaren Stellvertreters zu begründen ist: A beauftragt B, bei E eine Sache zu kaufen. Übergibt E die Sache an den beauftragten B, erwirbt dieser den Besitz im Rahmen seines Auftragsverhältnisses, das Besitzmittlungsverhältnis ist. Da B dem A den Besitz vermittelt, erwirbt A zugleich mittelbaren Besitz (nicht erst eine „logische" Sekunde nach dem Besitzerwerb des B). Das Eigentum erlangt A aber von B, weil zwischen dem Veräußerer E und A keine Einigung vorliegt. Etwas anderes gilt nur, wenn man die Grundsätze des Geschäfts für den, den es angeht heranzieht, die zum Direkterwerb des A führen. Beide Figuren wurden vom Reichsgericht kombiniert. In RGZ 100, 190 (192) wird bei der *Einigung* auf das Geschäft für den, den es angeht abgestellt (der Wille des Veräußerers komme nur in Be-

---

[42] Dazu *Kohler* AcP 18, 1.
[43] → § 3 Rn. 15.
[44] → § 3 Rn. 16.
[45] Zuweilen spricht man von antezipiertem Konstitut (Vorschlag von *Baur*). Zur Diskussion um die Sprachfassungen *Baur/Stürner* § 51 Rn. 31 Fn. 3.
[46] RGZ 73, 415; 140, 223, 231; vgl. auch BGHZ 21, 52.

tracht, wenn für ihn ein besonderes Interesse bestehe,[47] gerade an den Vertragspartner zu übereignen). Dass eine *Übergabe* an den „Hintermann" vorliegt, wird damit begründet, dass der Beauftragte Besitzmittler ist.[48]

Neben der Sicherungsübereignung, die regelmäßig nach § 930 BGB vollzogen wird, spielt diese Übertragung eine Rolle beim *nachträglich* vereinbarten Eigentumsvorbehalt: Der Verkäufer hat die Ware in Erfüllung des Kaufvertrags unbedingt übereignet. Erst danach vereinbaren Käufer und Verkäufer, dass der Kauf den Regeln des Eigentumsvorbehalts unterworfen werden soll. Da der Käufer bereits Eigentümer ist, kommt nur eine Rückübertragung des Eigentums an den Verkäufer nach § 930 BGB in Betracht. Besitzmittlungsverhältnis ist der geänderte Kaufvertrag. Die Rückübereignung erfolgt unter der auflösenden Bedingung der Bezahlung des Kaufpreises. Das Problem des nachträglichen Eigentumsvorbehalts liegt nicht in der Konstruktion; zweifelhaft ist, ob dieser Eigentumsvorbehalt dem echten Eigentumsvorbehalt gleichzustellen ist, der insolvenzrechtlich zur Aussonderung berechtigt (§ 47 InsO), oder der Sicherungsübereignung, die im Insolvenzverfahren nur ein Absonderungsrecht gewährt (§ 51 Nr. 1 InsO).

War der Veräußerer bei der Übereignung nach § 930 BGB nicht Eigentümer, erwirbt der Erwerber kein Eigentum. Nur wenn ihm die Sache übergeben wird, geht das Eigentum auf ihn über, sofern er im Zeitpunkt der Übergabe gutgläubig war (§ 933 BGB). Das ist eine Zurücksetzung des Erwerbs durch Besitzkonstitut, die nur historisch zu erklären ist (→ § 27 Rn. 44). Die gesetzliche Regelung ist dennoch folgerichtig, weil in allen Fällen des Erwerbs vom Nichtberechtigten die Übertragung des mittelbaren oder unmittelbaren Besitzes verlangt wird. 31

2. Abtretung des Herausgabeanspruchs (§ 931 BGB)

Nach § 931 BGB wird die Übergabe der Sache dadurch ersetzt, dass der bisherige Eigentümer seinen Herausgabeanspruch gegen einen Dritten an den Erwerber abtritt. Erfasst ist zunächst der Fall, dass der bisherige Eigentümer *mittelbarer Besitzer* (§ 868 BGB) ist und den Anspruch aus dem Besitzmittlungsverhältnis abtritt. Die Abtretung des Herausgabeanspruchs überträgt den mittelbaren Besitz (§ 870 BGB) auf den Erwerber. Die Abtretung des Anspruchs richtet sich nach § 398 BGB. Eine Anzeige an den Herausgabepflichtigen (Publizität) ist nicht erforderlich. Nach § 931 BGB kann übereignet werden auch durch Abtretung eines bedingten, einredebehafteten oder künftigen Herausgabeanspruchs;[49] daher kann der Vorbehaltsverkäufer die im Besitz des Käufers befindliche Sache wirksam an einen Dritten durch Abtretung seines Anspruchs aus §§ 449 Abs. 2, 346 BGB übereignen. 32

Beispiel: Der Vermieter will seine Sache veräußern, ohne das Mietverhältnis zu kündigen. Er einigt sich mit dem Erwerber über den Eigentumswechsel (§ 929 BGB) und tritt diesem den (künftigen) Herausgabeanspruch aus dem Mietverhältnis (§ 546 BGB) gegen den Mieter ab (§§ 870, 398 BGB). Dadurch geht das Eigentum nach §§ 929, 931 BGB auf den Er-

---

[47] Das RG überspielt nicht die Tatsache, dass der erklärte Wille des Veräußerers (der Inhalt der Einigungserklärung) übergangen wird.
[48] Danach liegt eine Übereignung nach § 929 Satz 1 BGB vor.
[49] BeckOGK BGB/*Klinck* § 931 Rn. 22.

werber über. Der bisherige Eigentümer hat seinen mittelbaren Besitz verloren, aber er bleibt Partei des Mietverhältnisses. Die Abtretung des Herausgabeanspruchs führt nicht zu einer Auswechslung des Vermieters als Vertragspartei. Der Mieter ist deshalb weiterhin verpflichtet, den Mietzins an den früheren Eigentümer zu zahlen, und er kann dem neuen Eigentümer alle Einwendungen entgegensetzen, die ihm gegen den bisherigen Eigentümer zustanden (§ 986 Abs. 2 BGB). Insbesondere kann er dem Herausgabeverlangen des neuen Eigentümers sein aus dem Mietvertrag folgendes Besitzrecht entgegensetzen.

33 Die Übereignung nach § 931 BGB kommt auch in Betracht, wenn der Besitzer dem Eigentümer den Besitz *nicht vermittelt*. Abgetreten werden in diesen Fällen gesetzliche Herausgabeansprüche aus §§ 812, 823, 861 BGB. Dagegen scheidet nach h.M. eine Abtretung des Herausgabeanspruchs nach § 985 BGB aus, weil der Herausgabeanspruch als dinglicher Anspruch dem jeweiligen Eigentümer zusteht und nicht losgelöst vom Eigentum übertragen werden kann. Der Herausgabeanspruch nach § 985 BGB ist ein Hilfsanspruch, der die Interessen des Eigentümers schützen soll. Bei isolierter Übertragung auf einen Nichteigentümer könnte der Anspruch die ihm zugedachte Funktion nicht mehr erfüllen. Die h.M. lässt deshalb eine Einigung über den Eigentumswechsel genügen, wenn dem Eigentümer kein schuldrechtlicher Herausgabeanspruch zusteht[50] (*Schulbeispiel*: Übereignung einer Sache, die im Besitz eines Diebs ist). Ist die Sache besitzlos, genügt ebenfalls die schlichte Einigung (*Schulbeispiel*: Ring auf dem Meeresgrund[51]).

Beim *gutgläubigen Erwerb*, der auf einer Eigentumsübertragung nach § 931 BGB beruht, unterscheidet § 934 BGB beide Fälle: Ist der Veräußerer mittelbarer Besitzer, wird der gutgläubige Erwerber schon mit der Abtretung des Herausgabeanspruchs Eigentümer. War der Veräußerer nicht mittelbarer Besitzer, setzt der Eigentumserwerb voraus, dass der Erwerber den Besitz von dem Dritten erlangt (→ § 27 Rn. 45 ff.).

34 Wurde zwischen den Parteien des Besitzmittlungsverhältnisses vereinbart, dass der Herausgabeanspruch *unabtretbar* (oder die Abtretung durch Formvereinbarungen beschränkt) ist (§ 399 Fall 2 BGB), ist fraglich, ob diese Abreden auch die Übereignung nach § 931 BGB hindern. Verfügungsbeschränkungen können nach § 137 Satz 1 BGB nicht mit dinglicher Wirkung vereinbart werden. Der BGH berücksichtigt gleichwohl Abtretungsverbote nach § 399 Fall 2 BGB,[52] so dass die Übereignung nach § 931 BGB ausscheidet. Der Ausschluss der Abtretung des Herausgabeanspruchs führt zwar nicht zu Unveräußerlichkeit der Sache, weil sie vom Eigentümer nach § 930 BGB übereignet werden kann. Die Regelung des § 137 Satz 1 BGB garantiert auch nicht, dass jeder Übertragungstatbestand zur Verfügung steht, aber sie soll sicher stellen, dass sich ein Erwerber

---

[50] Im ersten Entwurf wurde diese Durchbrechung des Traditionsprinzips noch abgelehnt; vgl. Motive Bd. 3, S. 334.
[51] Ob beim verkauften Ring auf dem Meeresgrund Teilunmöglichkeit (§ 275 BGB) vorliegt, richtet sich danach, ob der Verkäufer zur Besitzverschaffung verpflichtet ist; das ist durch Auslegung des Kaufvertrags zu ermitteln.
[52] BGH NJW 1979, 2037, 2038 (schriftliche Erklärung); a.M. MünchKommBGB/*Oechsler* § 931 Rn. 20.

für die *sachenrechtlichen* Folgen des Verfügungsgeschäftes nicht um schuldrechtliche Abreden kümmern muss, die der bisherige Eigentümer mit einem Dritten getroffen hat. Schlägt ein Erwerb nach § 931 BGB fehl, weil der Herausgabeanspruch unabtretbar gestaltet war, scheidet ein gutgläubiger Erwerb aus, weil die §§ 932 ff. BGB nur anwendbar sind, wenn der Verfügende nicht Eigentümer ist. Der gute Glaube an den Besitz oder ein Besitzsurrogat oder die Abtretbarkeit eines Heraugabeanspruchs wird nicht geschützt.[53]

Die Berücksichtigung von Verfügungsbeschränkungen nach § 399 Fall 2 BGB bei der Übereignung nach § 931 BGB widerspricht Verkehrsinteressen. Den Verkehrsinteressen stehen aber die Interessen des Schuldners gegenüber, der durch die Vereinbarung nach § 399 Fall 2 BGB sicherstellen wollte, dass er die Herausgabe nur an den bisherigen Gläubiger bewirken muss. Der Interessenkonflikt kann dadurch ausgeglichen werden, dass man für den Rechtserwerb die Abtretung des unabtretbaren Anspruchs genügen lässt, dem Schuldner aber den Einwand gestattet, er sei nur zur Herausgabe an den bisherigen Gläubiger verpflichtet. Das entspricht der Regelung des § 986 Abs. 2 BGB, nach der alle Einwendungen, die gegen den bisherigen Gläubiger bestanden, erhalten bleiben.

35

Die Pfändung des Herausgabeanspruchs zugunsten eines Gläubigers des Eigentümers (§§ 846, 829 ff. ZPO) hindert die Übereignung nach § 931 BGB nicht. Nach h.M. ist die Abtretung des Herausgabeanspruchs dem Pfändungsgläubiger gegenüber jedoch unwirksam (§ 829 Abs. 1 ZPO mit §§ 135, 136 BGB). Deshalb kann sich der Erwerber gegenüber dem Gläubiger nicht auf den Eigentumserwerb berufen. Die Sache ist an einen Gerichtsvollzieher herauszugeben, der sie für den Gläubiger verwertet (§ 847 ZPO).

VI. Erwerb vom Nichtberechtigten

1. Verkehrsschutz

Nach allgemeinen Grundsätzen ist eine Verfügung nur wirksam, wenn sie vom Rechtsinhaber vorgenommen wurde oder wenn dieser zustimmt (§ 185 BGB). Würde dieser Grundsatz uneingeschränkt gelten, wäre der Erwerber Risiken ausgesetzt, weil er die Rechtsinhaberschaft des Veräußerers kaum zuverlässig überprüfen kann, zumal auch dessen Eigentümerstellung davon abhängt, dass er vom Eigentümer erworben hat. Ein Register, das ähnlich wie das Grundbuch öffentlichen Glauben genießt, gibt es für bewegliche Sachen nicht. Zur Verminderung der Risiken, die mit dem Erwerb beweglicher Sachen verbunden sind, hat sich das Gesetz zu einer radikalen Lösung entschieden: Der Gutgläubige wird unter bestimmten Voraussetzungen auch dann Eigentümer, wenn dem Veräußerer das Eigentum nicht zustand. Der bisherige Eigentümer wird enteignet und auf schuldrechtliche Kondiktions- oder Schadensersatzansprüche gegen den Verfügenden verwiesen (§§ 816 Abs. 1, 989, 823 Abs. 1 BGB; → § 27 Rn. 73).

36

---

[53] Insoweit richtig BGH NJW 1979, 2037.

443

8. Kapitel: Erwerb und Verlust des Eigentums an Fahrnis

Das gemeine Recht kannte römischen Vorbildern folgend keinen redlichen Erwerb, sondern nur die Ersitzung bei kurzen Ersitzungsfristen. Dem stand das deutschrechtliche Prinzip gegenüber, das einen Erwerb vom Nichteigentümer anerkennt, wenn der Erwerber redlich ist und die Sache dem Eigentümer nicht gestohlen worden war. Ein weiteres Modell war ein „Lösungsrecht" zugunsten des Erwerbers, der die Herausgabe an den Eigentümer verweigern kann, wenn dieser ihm nicht den Kaufpreis erstattet.[54]

Zur Terminologie: Das Gesetz spricht in §§ 932 ff. BGB von „Eigentümer", „Veräußerer" und „Erwerber". Der Eigentümer ist „Berechtigter", der Veräußerer „Nichtberechtigter" im Sinne der §§ 185, 816 BGB. Eine Verfügungsermächtigung verschafft dem Ermächtigten (abgeleitete) Verfügungsbefugnis, macht ihn aber nicht zum „Berechtigten"; das ist nur der Rechtsinhaber.

2. Schutz des Eigentümers

37 Die Vorschriften über den Erwerb vom Nichtberechtigten (Grundtatbestand ist § 932 BGB) setzen neben dem guten Glauben des Erwerbers grundsätzlich voraus, dass an dem Erwerbsvorgang ein Besitzer mitgewirkt hat, dem die Sache vom Eigentümer (oder einem Besitzmittler des Eigentümers) anvertraut wurde. Nach § 935 Abs. 1 BGB scheidet gutgläubiger Erwerb nämlich aus, wenn die Sache dem Eigentümer (oder einem Besitzer, dem er die Sache überlassen hat) gestohlen worden, verloren oder sonst abhandengekommen war. Abhandengekommen ist eine Sache, wenn der Besitzer den Besitz ohne seinen Willen verloren hat (Einzelheiten → § 27 Rn. 58). Es muss regelmäßig eine bis zum Eigentümer oder dessen Besitzmittler reichende Besitzerwerbskette vorliegen, die nicht durch einen Akt eigenmächtiger Besitzergreifung unterbrochen sein darf. Das *Veranlassungsprinzip*, das den §§ 932 ff. BGB zugrunde liegt (→ § 26 Rn. 15), ermöglicht es dem Eigentümer, das Risiko des Rechtsverlustes zu steuern, weil er (oder der von ihm ausgesuchte Besitzmittler) darüber befindet, wem er die Sache anvertraut.

38 Im Interesse des Rechtsverkehrs wird dem Eigentümer bei Geld, Inhaberpapieren und bei der öffentlichen Versteigerung ein größeres Risiko aufgebürdet. Nach § 935 Abs. 2 BGB ist gutgläubiger Erwerb in diesen Fällen selbst dann möglich, wenn die Sachen gestohlen wurden (→ § 27 Rn. 63 ff.). Trotz dieser Akzentverlagerung zugunsten des Verkehrs ist auch im Falle des § 935 Abs. 2 BGB der Besitz Instrument der Risikosteuerung. Der Eigentümer, der seine Sache sicher verwahrt und dem Zugriff Unbefugter entzieht, kann keinen Rechtsverlust durch die Vorschriften über den Erwerb vom Nichtberechtigten erleiden.

Der Eigentümer kann die Risiken des Rechtsverlustes über den Besitz steuern, oder er kann dafür sorgen, dass ein möglicher Erwerber nicht gutgläubig ist. So kann ein Stempel in einem Buch, der auf eine Bibliothek als Eigentümerin hinweist, bei jedem Erwerber den guten Glauben zerstören. Bei der Sicherungsübereignung von Kraftfahrzeugen verlangen die

---

[54] Übersichten bei Motive Bd. 3, S. 341 ff.; *Wolff/Raiser* § 68; MünchKommBGB/*Oechsler* § 932 Rn. 1 f.

Banken die Übergabe des „Kraftfahrzeugbriefs".[55] Dadurch wird verhindert, dass der Besitzer das Fahrzeug unrechtmäßig veräußert, weil ein Erwerber in der Regel bösgläubig ist, wenn er sich den Fahrzeugbrief nicht vorlegen lässt.[56] Der Besitz am Fahrzeugbrief betrifft aber nur den guten Glauben. Er ist nicht die Rechtsscheinsbasis des Erwerbs. Insofern kommt es auf den Besitz am Fahrzeug an.

3. Die einzelnen Tatbestände

a) Übersicht

Jedem Tatbestand des Erwerbs vom Eigentümer stellt das Gesetz einen Tatbestand über den gutgläubigen Erwerb zur Seite. Bei der Übereignung nach § 929 Satz 1 BGB richtet sich der gutgläubige Erwerb nach § 932 Abs. 1 Satz 1 BGB. Voraussetzung sind wie beim Grundtatbestand Einigung und Übergabe. Wurde nach § 929 Satz 2 BGB durch schlichte Einigung übereignet, muss der Erwerber den Besitz vom Veräußerer erlangt haben (§ 932 Abs. 1 Satz 2 BGB). Wurde nach § 930 BGB übereignet, wird der Erwerber erst Eigentümer, wenn er den Besitz vom Veräußerer erlangt hat (§ 933 BGB). Bei der Übereignung nach § 931 BGB genügt die Übertragung des mittelbaren Besitzes (§ 934 Fall 1 BGB). War der Veräußerer nicht mittelbarer Besitzer, wird der Erwerber nur Eigentümer, wenn er die Sache von dem Dritten, gegen den der angebliche Herausgabeanspruch besteht, tatsächlich erlangt (§ 934 Fall 2 BGB).

39

b) Redlicher Erwerb nach §§ 929, 932 BGB

Wird eine Sache nach dem Grundtatbestand des § 929 Satz 1 BGB übereignet, ist für den redlichen Erwerb nur zu prüfen, ob der Erwerber gutgläubig ist. Der Übereignungstatbestand selbst wird für den Erwerb vom Nichtberechtigten nicht modifiziert. Auch bei der Übergabe auf Geheiß des Veräußerers (→ § 27 Rn. 22) liegt eine Übergabe nach § 929 Satz 1 BGB vor. Deshalb ist für den gutgläubigen Erwerb § 932 Abs. 1 Satz 1 BGB maßgeblich. Zu beachten ist, dass eine Übergabe auf Geheiß nur vorliegt, wenn die Übergabe *auf Veranlassung* des Veräußerers erfolgt. Macht der Dritte, der die Sache übergibt, bei der Übergabe deutlich, dass er selbst zum Zwecke der Übereignung den Besitz übertragen will, ist sein Handeln dem Veräußerer nicht zuzurechnen.

40

Im *Koks-Fall* (→ § 27 Rn. 22) hatte H bei K Koks bestellt. Da K sein Geschäft aufgegeben hatte, bat er den Kokshändler L, den Koks an H zu liefern. L meinte, dass er das Geschäft unmittelbar mit H abwickeln und erklärte auf dem Lieferschein einen Eigentumsvorbehalt. H hatte bereits an K bezahlt und musste annehmen, L werde im Rahmen des Vertrags zwischen K und H tätig und liefere auf Veranlassung des K. Nach der Rechtsprechung kommt es darauf an, wie der Empfänger die Lieferung aufzufassen hat.[57] Das wird zu Recht kriti-

---

[55] Zulassungsbescheinigung II, s. § 12 Fahrzeug-Zulassungsverordnung.
[56] Vgl. BGH NJW 1991, 1416.
[57] BGH NJW 1974, 1133 („Hemdenfall").

siert,⁵⁸ weil der Anschein eines Geheißes nicht genügt. Das einseitige Abstellen auf die (objektive) Sicht des Empfängers führt dazu, dass ein Dritter die Bedeutung einer Handlung bestimmen kann, indem er bei dem Empfänger einen Irrtum hervorruft. Auch wo der normative Empfängerhorizont maßgeblich ist, dürfen nur solche Umstände berücksichtigt werden, die auch vom anderen Teil erkennbar oder ihm zurechenbar sind.⁵⁹

41 Bei der Übereignung nach § 929 Satz 2 BGB setzt die Übereignung lediglich eine Einigung voraus. Die Übergabe ist nicht erforderlich, weil der Erwerber bereits im Besitz der Sache ist. Für den gutgläubigen Erwerb ist die Einigung aber nur dann ausreichend, wenn der Erwerber den Besitz *von dem Veräußerer* erlangt hatte (§ 932 Abs. 1 Satz 2 BGB). Ohne diese Einschränkung könnte jedermann über Sachen verfügen, die der Eigentümer aus der Hand gegeben hat.

Beispiel: Eigentümer E hat seinen Rasenmäher an M vermietet. Der völlig unbeteiligte X macht den M glauben, er habe das Eigentum am Rasenmäher von E erworben und übereignet die Sache nach § 929 Satz 2 BGB an M. Gutgläubiger Erwerb scheidet aus, weil M den Besitz am Rasenmäher von E und nicht vom Veräußerer X erlangt hat.

42 § 929 Satz 2 BGB findet auch dann Anwendung, wenn der Erwerber nur mittelbarer Besitzer ist. Gutgläubiger Erwerb setzt aber voraus, dass der Besitz vom Veräußerer erlangt ist und der Veräußerer seinen Besitz vollständig (→ § 27 Rn. 12) verliert.

Die Vorschrift des § 932 Abs. 1 Satz 2 BGB zeigt im Übrigen, dass die verbreitete Vorstellung, der Besitz sei Vertrauensgrundlage des redlichen Erwerbs oder gar Indiz für das Eigentum, unzutreffend ist. Der Besitz muss nämlich nicht im Zusammenhang mit dem Erwerbsvorgang erlangt sein.

Beispiel: Mieter M übergibt die Sache an den Untermieter U, der weiß, dass der Mieter nicht Eigentümer ist. Später übereignet M die Sache nach § 929 Satz 2 BGB an U. Aufgrund konkreter Umstände durfte U davon ausgehen, dass M inzwischen Eigentümer geworden war. Hier erwirbt U gutgläubig, sofern der Veräußerer M jeden Besitzrest verliert. Das ist der Fall, wenn das Mietverhältnis zwischen U und M aufgelöst wird.

c) Redlicher Erwerb nach §§ 929, 930, 933 BGB

43 Bei der Übereignung nach § 930 BGB wird die Übergabe durch die Begründung eines Besitzmittlungsverhältnisses ersetzt (→ § 27 Rn. 29). Für den Erwerb vom Nichtberechtigten genügt das Übergabesurrogat nicht. § 933 BGB setzt voraus, dass dem Erwerber die Sache *von dem Veräußerer* übergeben wird. Die Übergabe im Sinne des § 933 BGB hat die gleiche Bedeutung wie die Übergabe nach § 929 BGB.⁶⁰ Es genügt deshalb die Übergabe auf Geheiß des Veräußerers (→ § 27 Rn. 17).

---

⁵⁸ *Medicus/Petersen* BR Rn. 564; *Olshausen* JZ 1975, 30f.; *Picker* NJW 1974, 1794; *Weitnauer* NJW 1974, 1729; *v. Caemmerer* JZ 63, 586.
⁵⁹ Vgl. dazu *Brehm* AT Rn. 405.
⁶⁰ RGZ 137, 25; BGHZ 67, 208.

Nicht aber genügt die eigenmächtige Wegnahme durch den Erwerber, selbst wenn das vertraglich vereinbart war. Klauseln, die den Sicherungsnehmer ermächtigen, das Sicherungsgut bei Eintritt des Sicherungsfalles einseitig wegzunehmen, hat der BGH daher die sachenrechtliche Wirkung abgesprochen.

Beispiel: S übereignete an U zur Sicherheit Kompressoren, die er schon zuvor an die Bank nach § 930 BGB übereignet hatte. Nach Eintritt des Sicherungsfalles nahm U die Kompressoren ohne Beteiligung des S an sich. Grundlage dieser einseitigen Besitzergreifung war eine Vertragsklausel mit folgendem Inhalt: „Die Fa. U ist berechtigt, die Geräte in unmittelbaren Besitz zu übernehmen, wenn die Fa. S ihren vertraglichen Verpflichtungen nicht nachkommt". U verwertete das Sicherungsgut. Die Bank verlangte Herausgabe des Erlöses nach § 816 Abs. 1 Satz 1 BGB. Der Anspruch wäre ausgeschlossen, wenn U durch die einseitige Wegnahme gutgläubig Eigentum erworben hätte, weil § 816 Abs. 1 Satz 1 BGB die Verfügung eines Nichtberechtigten voraussetzt. Der BGH verneinte den Eigentumserwerb, weil keine Übergabe vorliege.[61]

Mit dem Veranlassungsprinzip (→ § 26 Rn. 15) wäre es vereinbar gewesen, wenn der Gesetzgeber den Erwerb vom Nichtberechtigten an den Grundtatbestand des § 930 BGB geknüpft hätte. § 930 BGB setzt voraus, dass der Veräußerer im Besitz der Sache ist, und da sie nicht abhandengekommen sein darf, liegt regelmäßig eine Besitzübertragungskette vor, die bis zum Eigentümer reicht. Die Diskriminierung des Besitzkonstituts ist vor allem historisch zu erklären. Die Übereignung durch Besitzkonstitut wurde im 19. Jahrhundert deshalb bekämpft, weil sie die Übereignungsform bei betrügerischen heimlichen Übertragungen oder Verpfändungen war. Die Eigentumsübertragung ohne Besitzübertragung schien suspekt und wurde in die Nähe des Scheingeschäfts gerückt. Heute hat die Übereignung nach § 930 BGB den Makel des Anrüchigen verloren. Sie spielt vor allem bei der Sicherungsübereignung eine große Rolle (→ § 33 Rn. 1). Die Entscheidung des Gesetzgebers, bei der Übereignung nach § 930 BGB den gutgläubigen Erwerb von der Besitzübertragung abhängig zu machen, war von nachhaltigem Einfluss auf die Auslegung der Übereignungsvorschriften und hat das richtige Verständnis der §§ 932ff. BGB versperrt. Das Dogma, eine Übergabe im Sinne der §§ 929ff. BGB setze voraus, dass der Veräußerer jeden Besitzrest verliert, beruht auf der rechtspolitisch zweifelhaften Regelung des § 933 BGB.[62]

44

d) Redlicher Erwerb nach §§ 929, 931, 934 BGB

Keine Besonderheiten gibt es beim Erwerb vom Nichtberechtigten, wenn der Veräußerer bei der Übereignung nach § 931 BGB mittelbarer Besitzer war. Nach § 934 Fall 1 BGB genügt die Übertragung des mittelbaren Besitzes, eine Übergabe ist nicht erforderlich. Diese Regelung ist mit dem Veranlassungsprinzip (→ § 26 Rn. 15) vereinbar, insbesondere setzt die Übereignung die Mitwir-

45

---

[61] BGHZ 67, 207.
[62] *Baur/Stürner* § 52 Rn. 17 rechtfertigen die Regelung des § 933 mit dem „Besitzrestdogma".

kung eines Besitzers voraus, der in einer zum Eigentümer reichenden Besitzübertragungskette steht.

46 War der Veräußerer nicht mittelbarer Besitzer, erlangt der Erwerber das Eigentum nur, wenn er den Besitz von dem Dritten erlangt (§ 934 Fall 2 BGB). Ohne diese Einschränkung könnte das Eigentum ohne Mitwirkung einer Person, welcher die Sache anvertraut wurde, übertragen werden.

Die unterschiedliche Behandlung der Übereignung nach § 931 BGB und § 930 BGB wird vielfach kritisiert, weil beide Übertragungsarten auf der Verschaffung (Übertragung bzw. Einräumung) des mittelbaren Besitzes beruhen und austauschbar sind. *Boehmer*[63] hat die Kritik an folgendem Beispiel veranschaulicht: Ein Student verleiht ein Buch, das er selbst in der Universitätsbibliothek ausgeliehen hat, an einen Kommilitonen. Da er aufgrund der Leihe einen Herausgabeanspruch erlangt hat, kann er das Buch an einen Antiquar nach §§ 929, 931 BGB übereignen. Dabei wird der Antiquar Eigentümer, wenn er im Zeitpunkt der Einigung und Abtretung des Herausgabeanspruchs im guten Glauben war, § 934 BGB. Da die Sache nicht körperlich übergeben werden muss, wird der Antiquar selbst dann Eigentümer, wenn das Buch einen dicken Stempel der Universitätsbibliothek trägt.[64] Würde das Buch dagegen nach § 930 BGB übereignet, könnte der Antiquar Eigentum erst mit der Übergabe erlangen, wenn er in diesem Zeitpunkt noch im guten Glauben ist. Bei der Entgegennahme würde er aber erkennen, dass es sich um ein Buch der Universität handelt. Sein guter Glaube würde durch den Eigentümerstempel zerstört, so dass ein Erwerb ausschiede. Es gab Versuche, durch korrigierende Auslegung des Gesetzes die Unterschiede zwischen § 933 BGB und § 934 BGB zu beseitigen oder abzuschwächen, denen der BGH die Gefolgschaft jedoch verweigert hat.

Soweit Korrekturversuche den gutgläubigen Erwerb nach § 934 BGB einzuschränken suchen, weil bei § 934 Fall 1 BGB die Übertragung des mittelbaren Besitzes ausreicht, setzen sie am falschen Punkt an. Wie das Beispiel des Buches, das von der Universität entliehen wurde, zeigt, wird der Schutz des Eigentümers vor Verlust durch gutgläubigen Erwerb gemindert, wenn für die Übertragung mittelbarer Besitz ausreicht. Ist unmittelbarer Besitz zu übertragen, kann der Eigentümer sein Verlustrisiko nicht nur durch die Besitzverhältnisse (Rechtsscheinsbasis) steuern, sondern auch über das Merkmal „Gutgläubigkeit", die durch Anbringen von Eigentumshinweisen an der Sache beim Erwerber zerstört werden kann (→ § 27 Rn. 38). Aber das Gesetz beschränkt den Eigentümer darauf, durch Bestimmung der Besitzverhältnisse die Verkehrsrisiken zu steuern. Diese Entscheidung des Gesetzgebers ist nicht zu kritisieren. Dagegen entbehrt das dem Gesetz zugrunde liegende Dogma, dass gutgläubiger Erwerb nur stattfindet, wenn der Veräußerer jeden Besitzrest aufgibt, der inneren Rechtfertigung, weil Rechtsscheinsbasis nicht die Besitzübertragung, sondern der Besitz ist (→ § 26 Rn. 15).

Zum Teil wurde versucht, die mit § 933 BGB verbundenen Risiken dadurch zu beseitigen, dass bei der tatsächlichen Abwicklung ein anderer Übereignungstatbestand vollzogen wird. Überträgt jemand sein Warenlager durch Übereignung nach § 930 BGB an die Bank, erwirbt diese kein Eigentum an den eingelagerten Gegenständen, wenn der Veräußerer nicht Eigentümer war. Der Erwerb würde nach § 933 BGB die Übergabe voraussetzen. Wird das Warenlager hingegen ausgegliedert und mit einem Lagerhalter ein Lagervertrag

---

[63] Grundlagen der Bürgerlichen Rechtsordnung, Zweites Buch, 2. Abteilung, 1952, S. 32ff. Damit setzt sich der BGH in BGHZ 50, 51 auseinander. Die von *Boehmer* vorgetragenen Bedenken sind nach Ansicht des BGH rechtspolitischer Natur.

[64] Außer man postuliert Erkundigungspflichten.

abgeschlossen, kann die Übereignung nach § 931 BGB vollzogen werden. Da der Veräußerer mittelbarer Besitzer ist, erwirbt der Erwerber Eigentum.[65]

Manche versuchen, die unterschiedliche Bewertung der Übereignung nach § 930 BGB und § 931 BGB im Fall der Weiterveräußerung von Sicherungsgut zu verhindern: Der Schuldner (Nichteigentümer) übereignet eine Sache zur Sicherung an den Gläubiger G nach § 930 BGB. G überträgt das Sicherungseigentum nach § 931 BGB weiter an seinen Gläubiger. Nach *Wolff/Raiser*[66] liegt kein wirksames Besitzmittlungsverhältnis vor, weil sich die Unwirksamkeit der Übereignung nach § 139 BGB auch auf das Besitzmittlungsverhältnis erstrecke. Deshalb scheitere auch der Erwerb des zweiten Sicherungsnehmers, dem die Sache nicht übergeben wurde. Zum Problem des Nebenbesitzes → § 27 Rn. 56.

4. Der gute Glaube

a) Bezugspunkt

Nach § 932 Abs. 1 Satz 1 BGB ist ein Erwerb vom Nichtberechtigten ausgeschlossen, wenn der Erwerber nicht im guten Glauben ist. Der Erwerber ist nicht im guten Glauben, falls ihm bekannt oder infolge grober Fahrlässigkeit unbekannt ist, dass die Sache nicht dem Veräußerer gehört (§ 932 Abs. 2 BGB). *Bezugspunkt* des guten Glaubens ist das *Eigentum* und nicht eine abgeleitete Verfügungsbefugnis oder andere Erwerbsvoraussetzungen. Nur wenn ein Kaufmann im Betrieb seines Handelsgeschäfts eine fremde bewegliche Sache veräußert, wird nach § 366 HGB der gute Glaube an die Verfügungsmacht geschützt.

47

Beispiel: Der Eigentümer E eines wertvollen Bildes hat H eine Urkunde übergeben, in der dieser ermächtigt wird (§ 185 Abs. 1 BGB), das Bild im eigenen Namen zu veräußern. H übereignet das Bild an K. Bei der Übereignung legt er die Urkunde vor. E hatte zu diesem Zeitpunkt die Ermächtigung bereits widerrufen (§ 183 BGB). Hier kann der Eigentumserwerb des K nicht auf §§ 929, 932 BGB gestützt werden. Veräußerer war H, und K wusste aufgrund der Urkunde, dass H nicht Eigentümer ist. Das genügt für den Ausschluss des guten Glaubens nach § 932 Abs. 2 BGB. Eine ganz andere Frage ist es, ob ausnahmsweise der Glaube des K an die Ermächtigung geschützt ist. Ausdrückliche Vorschriften enthält das Gesetz nicht. Einen vergleichbaren Fall regelt § 172 Abs. 2 BGB für die Vollmachtsurkunde. Diese Bestimmung lässt sich analog auf die Ermächtigung anwenden, denn der Schutz des K sollte nicht davon abhängen, ob H im eigenen oder im Namen des Eigentümers veräußert.

Beispiel: Eigentümer E verkauft sein Fahrrad an D. Noch vor der Übereignung wird über das Vermögen des E das Insolvenzverfahren eröffnet. Die anschließende Übereignung von E an D, der die Insolvenzeröffnung nicht kannte, ist unwirksam, da E die Verfügungsbefugnis über sein Eigentum mit Insolvenzeröffnung verloren hatte (§§ 80 Abs. 1, 81 Abs. 1 Satz 1 InsO). Der gute Glaube des D an den Fortbestand der Verfügungsbefugnis des E genießt keinen Schutz.

---

[65] Zu den Umgehungsversuchen *Boehmer*, Grundlagen der Bürgerlichen Rechtsordnung, Zweites Buch, 2. Abteilung, 1952, S. 34; *Michalski* AcP 181 (1981) 384, 420ff.
[66] § 69 II d (mit Fn. 18); kritisch *Baur/Stürner* § 52 Rn. 21.

48 Die §§ 932 ff. BGB sind analog anzuwenden, wenn ein mittelbarer oder unmittelbarer Besitzer einen Dritten zur Übereignung nach § 185 Abs. 1 BGB ermächtigt.[67] Die direkte Anwendung der §§ 932 ff. BGB ist ausgeschlossen, da der Verfügende (der Ermächtigte) bei einer *offenen* Ermächtigung erkennbar nicht Eigentümer ist.[68] Bei der Übereignung durch einen Ermächtigten sind zwei Rechtsgeschäfte zu unterscheiden: die Übereignung und die Zustimmung (§ 185 Abs. 1 BGB) zu diesem Rechtsgeschäft. Bei der analogen Anwendung der §§ 932 ff. BGB auf die Ermächtigung des nichtberechtigten Besitzers wird der gute Glaube auf das Eigentum und nicht auf die Ermächtigung bezogen. Es genügt aber nicht, dass der Ermächtigende Besitzer ist, er muss seinen Besitz zugunsten des Erwerbers aufgeben.[69]

Beispiel: Eigentümer E leiht L ein Buch. L ermächtigt seinen Freund F, das Buch an K zu übereignen. Solange L Besitzer des Buches ist, kann F die Übereignung nicht durch Einigung und Übertragung des unmittelbaren Besitzes (§ 929 BGB) vornehmen. Es genügt aber, wenn L die Sache an den Erwerber herausgibt.[70] Behält L seinen Besitz oder einen Besitzrest, geht das Eigentum nicht auf K über. Wenn L lediglich die Richtung seines Besitzwillens ändert und nunmehr dem K den Besitz vermitteln will, der ebenfalls mit L einen Leihvertrag abgeschlossen hat, genügt dies nicht für den gutgläubigen Erwerb.

b) Grobe Fahrlässigkeit

49 Grobe Fahrlässigkeit liegt vor, wenn dem Erwerber unbekannt ist, dass die Sache nicht dem Veräußerer gehört, weil der Erwerber die Sorgfalt in ungewöhnlich großem Maße verletzt und dasjenige unbeachtet lässt, was im gegebenen Fall jedem hätte einleuchten müssen.[71] Wo sich Verdachtsmomente aufdrängen, der Besitzer sei nicht Eigentümer, besteht eine *Erkundungspflicht*, deren Verletzung den Vorwurf grober Fahrlässigkeit begründet.

Besondere Umstände, die eine Erkundigungspflicht auslösen, können sein: Nichtvorhandensein des „Kfz-Briefs" bei einem Fahrzeugkauf unter Privatleuten; ein besonders günstiger Preis bei neuwertigen Sachen, die außerhalb eines Geschäfts angeboten wurden; Drängen auf rasche Barabwicklung,[72] Veräußerung neuer Sachen durch einen Privaten, die gewöhnlich (branchenüblich) unter Eigentumsvorbehalt erworben werden. Die Beispiele sind weder abschließend noch vollständig. Es kommt auf alle Umstände des Einzelfalls an.

---

[67] Vgl. BGH NJW 1971, 1453, 1454; BeckOGK BGB/*Klinck* § 932 Rn. 89.
[68] Legt der Verfügende nicht offen, dass er als Ermächtigter handelt, sind die §§ 929, 932 BGB unmittelbar anzuwenden.
[69] Wegen § 935 BGB muss er außerdem in einer Besitzübertragungskette stehen.
[70] Es liegt dann ein Geheißerwerb vor, → § 27 Rn. 17.
[71] BGH NJW 2005, 1365, 1366.
[72] Ein Beispiel ist OLG Schleswig NJW 2007, 3007: Drängen des Verkäufers eines Pkws auf schnelle Abwicklung des Geschäfts an einem Sonntag, auf der Straße und zu einem sehr günstigen Preis.

c) Maßgeblicher Zeitpunkt

Maßgeblicher *Zeitpunkt*, in dem der gute Glaube noch vorliegen muss, ist die Vollendung des Verfügungstatbestandes. Wurde die Übereignung unter aufschiebender Bedingung vorgenommen, schadet es nicht, wenn der Erwerber nach Vollendung des Übereignungstatbestandes, aber vor Bedingungseintritt erfährt, dass der Veräußerer nicht Eigentümer ist.[73] Von Bedeutung ist dies vor allem beim Kauf unter Eigentumsvorbehalt. Gutgläubiger Eigentumserwerb wird nicht dadurch ausgeschlossen, dass der Vorbehaltskäufer nach Vollendung des Erwerbstatbestandes (bei § 929 BGB Einigung und Übergabe), aber vor Zahlung der letzten Kaufpreisrate (Bedingungseintritt, § 158 Abs. 1 BGB) erfährt, dass der Veräußerer nicht Eigentümer ist.

50

d) Guter Glaube bei Stellvertretung (§ 166 BGB)

Handelt für den Erwerber ein *Stellvertreter*, kommt es nach dem Rechtsgedanken des § 166 Abs. 1 BGB darauf an, ob der Stellvertreter gutgläubig war. War nur der Vertretene bösgläubig, wird der Erwerb vom Nichtberechtigten nicht gehindert. Diese Regelung beruht auf dem Prinzip der Repräsentation, auf dem das Recht der Stellvertretung basiert.[74] Danach ist rechtsgeschäftlich Handelnder nicht der Vertretene, sondern der Vertreter. Die Folgen des Vertreterhandelns werden nach § 164 BGB auf den Vertretenen verlagert. Eine Durchbrechung des Repräsentationsprinzips enthält § 166 Abs. 2 BGB. Der Vertretene, der dem Vertreter bestimmte Weisungen erteilt, kann sich auf die Unkenntnis des Vertreters (guten Glauben) nicht berufen. Ist auf der Erwerberseite ein *Besitzdiener* eingeschaltet, findet § 166 BGB keine Anwendung, wenn nur der Besitzdiener bösgläubig war.[75]

51

e) Sonderregelung für anfechtbare Rechtsgeschäfte (§ 142 BGB)

Wird ein *anfechtbares* Rechtsgeschäft angefochten, ist es als von Anfang an nichtig anzusehen (§ 142 Abs. 1 BGB). Das Rechtsgeschäft wird fiktiv *rückwirkend* als nichtig behandelt, obwohl es zunächst wirksam war. Die Fiktion führt zu Problemen bei der Anwendung der §§ 932 ff. BGB.

52

Veräußert A an B eine bewegliche Sache nach § 929 BGB, so ist B Eigentümer geworden; die bloße Anfechtbarkeit der Einigung A/B hindert dies nicht. Erwirbt nun C in Kenntnis der Anfechtbarkeit der Übereignung A/B von B Eigentum, konnte sich im Zeitpunkt des Erwerbs des C die Frage seiner Gut- oder Bösgläubigkeit nicht stellen, weil der Veräußerer B Eigentümer war. Deshalb wird der Bezugspunkt des guten Glaubens in § 142 Abs. 2 BGB modifiziert: Wer die Anfechtbarkeit kannte oder kennen musste, wird, wenn die Anfechtung erfolgt, so behandelt, wie wenn er die durch die Anfechtung bewirkte Nichtigkeit

---

[73] BGHZ 10, 72; BGHZ 30, 377.
[74] Dazu *Brehm* AT Rn. 431 ff.
[75] RGZ 137, 27 f.

des Rechtsgeschäfts gekannt hätte oder kennen musste. Erklärt A gegenüber B die Anfechtung, wird der Erwerb des B rückwirkend nichtig (§ 142 Abs. 1 BGB), und auch der redliche Erwerb des C wird rückwirkend unwirksam, weil er die Anfechtbarkeit kannte (§§ 932, 142 Abs. 2 BGB).

53 Die Vorschrift des § 142 Abs. 2 BGB enthält eine allgemeine Regelung, die den Maßstab für Bösgläubigkeit nicht vorgibt. Für § 932 BGB ist mindestens grobe Fahrlässigkeit erforderlich, obwohl der Wortlaut des § 142 Abs. 2 BGB auf einfache Fahrlässigkeit hinzudeuten scheint.

f) Beweislast

54 Aus der Gesetzesfassung des § 932 Abs. 1 BGB („es sei denn, dass") ergibt sich die Beweislast für den guten Glauben, die im Prozess relevant ist. Der Erwerber muss nur den Grundtatbestand (§ 929 BGB: Einigung und Übergabe) beweisen. Macht der Prozessgegner geltend, der Erwerber sei nicht Eigentümer geworden, weil der Veräußerer nicht Eigentümer gewesen sei, so ist das nur erheblich, wenn zugleich behauptet wird, der Erwerber sei bösgläubig gewesen. Die Bösgläubigkeit hat derjenige zu beweisen, der dartun will, die Übereignung sei an der Berechtigung des Veräußerers gescheitert. Deshalb ist es im Grunde ungenau (aber unschädlich), wenn von gutgläubigem Erwerb geredet wird. Der gute Glaube ist nämlich keine Erwerbsvoraussetzung, die im Prozess zur richterlichen Überzeugung festzustellen wäre, es gibt lediglich eine Erwerbshinderung durch bösen Glauben. Lässt sich böser Glaube nicht feststellen, ist vom Eigentum des Erwerbers auszugehen.

5. Einzelfragen

a) Umdeutung bei Bestehen eines Anwartschaftsrechts

55 Durch die aufschiebend bedingte Übereignung (§§ 929, 158 Abs. 1 BGB) entsteht ein Anwartschaftsrecht, das vom Erwerber weiterübertragen werden kann (→ § 31 Rn. 5 ff.). Dagegen kann der Anwartschaftsberechtigte nicht über das beim Eigentümer verbliebene Eigentum verfügen. Überträgt im häufigen Fall eines Vorbehaltskaufs der Vorbehaltskäufer gleichwohl das Eigentum und nicht nur sein Anwartschaftsrecht, geht das Eigentum auf den Erwerber über, falls die Voraussetzungen der §§ 929, 932 ff. BGB vorliegen. Überträgt der Vorbehaltskäufer die Kaufsache zur Sicherung an die Bank nach §§ 929, 930 BGB, scheidet gutgläubiger Erwerb der Bank nach § 933 BGB aus, weil die Sache nicht übergeben wird. Die unwirksame Eigentumsübertragung kann aber in eine Übertragung des Anwartschaftsrechts umgedeutet werden (§ 140 BGB). Die Bank erwirbt das Anwartschaftsrecht und kann notfalls durch Zahlung des Restkaufpreises bewirken, dass ihr Anwartschaftsrecht zum Vollrecht erstarkt.

b) Nebenbesitz

Eine Übergabe im Sinne des § 929 Satz 1 BGB liegt vor, wenn die Sache einem Besitzmittler des Erwerbers (z.B. Mieter) übergeben wird (→ § 27 Rn. 16). War die Sache schon vom Veräußerer vermietet worden, liegt eine Übergabe vor, wenn das Mietverhältnis zwischen Veräußerer und Mieter gelöst wird und ein Mietverhältnis des Mieters mit dem Erwerber begründet wird. Einfacher ist die Übereignung in diesen Fällen freilich mit § 931 BGB zu begründen. Für diesen Tatbestand genügt die Abtretung des Herausgabeanspruchs; eine Auflösung des Mietverhältnisses ist nicht erforderlich. War der Veräußerer aber nicht mittelbarer Besitzer, sondern ein Dritter, genügt die Abtretung des Herausgabeanspruchs nicht, weil § 934 Fall 2 BGB die Übergabe voraussetzt. Hier erhebt sich die Frage, ob das Merkmal der Übergabe erfüllt ist, wenn ein Besitzmittler sich von seinem bisherigen Besitzmittlungsverhältnis löst und nunmehr für den Erwerber besitzen will. Die h.M. lässt es genügen, dass der Besitzer seinen Besitzwillen ändert. Dadurch verliert der bisherige mittelbare Besitzer seinen Besitz vollständig und der Erwerber wird mittelbarer Besitzer.

56

Beispiel: E hat seinen Pkw bei R zur Reparatur gegeben. Nichteigentümer N übereignet das Fahrzeug nach §§ 929, 931 BGB an K. Da N nicht mittelbarer Besitzer ist, erwirbt K das Eigentum nur, wenn ihm der Besitz übertragen wird (§ 934 Fall 2 BGB). Dafür genügt es, dass der unmittelbare Fremdbesitzer R dem K den Besitz vermittelt. Schließt also R mit K einen Vertrag, nach dem R das Fahrzeug für K repariert und an diesen herausgeben wird, erlangt K Eigentum, sofern er gutgläubig ist.[76] Die Besonderheit ist, dass die Beziehung zum bisherigen Besitzer völlig gelöst wurde.

Schwieriger ist der Fall zu beurteilen, wenn die Besitzbeziehung zum bisherigen mittelbaren Besitzer nicht vollständig gelöst wurde. Diskutiert wird der Fall, dass sich der Besitzmittler ambivalent verhält, indem er ein neues Besitzmittlungsverhältnis begründet und dennoch auch den Weisungen des bisherigen Vertragspartners folgt.

57

Beispiel: E hat Waren beim Lagerhalter L eingelagert. E übereignet die Waren unter Eigentumsvorbehalt an K nach §§ 929, 931, 398, 158 BGB. Die Übereignung ist so gestaltet, dass nicht nur die Einigung bedingt erklärt wird, sondern auch die Übertragung des Herausgabeanspruchs unter der Bedingung vollständiger Bezahlung des Restkaufpreises gestellt wird.[77] K veräußert die Ware weiter an X, der sich mit L in Verbindung setzt und einen Vertrag abschließt über die Lagerung „seiner" Güter. Dennoch hält sich L an den mit E abgeschlossenen Vertrag, indem er Waren nach Weisung des E ausliefert.
Durch die erste Übereignung ging das Eigentum nicht an K über, weil die Übereignung aufschiebend bedingt war. K hat auch keinen Herausgabeanspruch erlangt, weil auch die Abtretung des Herausgabeanspruchs aufschiebend bedingt war. Deshalb war K nicht mittelbarer Besitzer geworden. Seine Übereignung nach § 931 BGB konnte daher nach § 934 Fall 2 BGB nur wirksam werden, wenn der Erwerber X von dem Dritten (das ist L) den Be-

---

[76] Siehe dazu auch das Beispiel bei *Baur/Stürner* § 52 Rn. 23.
[77] Diese Gestaltung ist nicht zwingend. Für den Eigentumsvorbehalt würde es ausreichen, dass die Einigung bedingt erklärt wird.

sitz erlangt hat. Das setzt keine Übergabe voraus; es genügt die Begründung eines Besitzmittlungsverhältnisses zwischen L und X, durch das X mittelbarer Besitzer wird.

Die Frage ist, ob die von § 934 Fall 2 BGB geforderte Besitzverschaffung durch den Besitzer (im Beispiel L) voraussetzt, dass keine weitere Person außer dem Besitzer (L) und dem Erwerber (X) eine Besitzposition hat. Dies ist nach der überwiegenden Meinung in der Literatur zu bejahen.[78] Geht man davon aus, dass durch das ambivalente Verhalten des L der bisherige mittelbare Besitzer E zumindest noch mittelbarer *Nebenbesitzer*[79] war, scheidet eine ausreichende Besitzverschaffung und damit der gutgläubige Erwerb des X aus. Dagegen wurde von der Rechtsprechung der Eigentumserwerb in solchen Fällen anerkannt.[80] Die Rechtsprechung nimmt allerdings nicht an, eine Besitzverschaffung liege auch dann vor, wenn ein Dritter noch eine Besitzposition hat; vielmehr werden die Besitzverhältnisse anders beurteilt: Nach Ansicht des BGH liegt kein Nebenbesitz vor, wenn ein neues Besitzmittlungsverhältnis begründet wird. Mit dem Abschluss des neuen Vertrags wird nach außen die Lösung vom bisherigen Besitzmittlungsverhältnis dokumentiert. Ein *innerer Wille*, daneben auch den bisherigen Vertrag zu vollziehen, ist rechtlich unbeachtlich. Manche in der Literatur vorgeschlagene Konstruktion beruht auf einer Sachverhaltsschilderung, die so unklar ist, dass sie von einem Gericht als unsubstantiiert zurückgewiesen würde. Die Annahme, der Besitzer verhalte sich ambivalent, beruht meist auf einer „Gesamtschau", die nicht maßgeblich ist. Ob der Besitzer seine bisherige Besitzstellung in einem bestimmten Zeitpunkt aufgegeben hat, kann nicht davon abhängen, wie er sich *anschließend* verhält.

Die Figur des Nebenbesitzes wird in der Literatur vor allem bemüht, um den gutgläubigen Erwerb nach § 934 BGB einzuschränken. *Medicus*[81] weist dem sog. Nebenbesitz folgerichtig keine besitzrechtliche Komponente zu, es werden lediglich der Erwerb nach § 934 BGB und die Vermutung nach § 1006 Abs. 3 BGB ausgeschlossen.

6. Ausschluss des gutgläubigen Erwerbs nach § 935 BGB

a) Die Regelung des § 935 Abs. 1 BGB

58 Gutgläubiger Erwerb scheidet aus, wenn die Sache dem Eigentümer oder dem Besitzmittler des Eigentümers gestohlen worden, verloren gegangen oder sonstwie abhandengekommen ist (§ 935 Abs. 1 BGB). Die freiwillige Besitzübertragung durch den Eigentümer ist Grundvoraussetzung eines späteren gutgläubigen Erwerbs. Der Eigentümer hat es damit in der Hand, ob er seine Sache der Verkehrsgefahr (Eigentumsverlust durch gutgläubigen Erwerb) aussetzt (→ § 26 Rn. 15). § 935 Abs. 1 Satz 1 BGB stellt darauf ab, dass der Eigentümer den *unmittelbaren* Besitz *unfreiwillig* verliert. Der Schutz wird aber in § 935 Abs. 1 Satz 2 BGB erweitert für den Fall, dass der Eigentümer mittelbarer Besitzer war, und dem Besitzmittler (z.B. Mieter) die Sache abhandengekommen ist. „Abhandenkommen" umfasst als Oberbegriff die Tatbestandsalternativen „gestohlen" und „verloren", die das Gesetz beispielhaft nennt. Entscheidend ist, dass der Wille fehlte, den Besitz aufzugeben, der Besitzverlust also *ohne* (nicht

---

[78] *Baur/Stürner* § 52 Rn. 24 m.w.N.
[79] Zum Problem des Nebenbesitzes → § 3 Rn. 20; *Michalski* AcP 181 (1981), 398ff.; *Medicus*, Festschr. Hübner, 1984, S. 611; *Picker* AcP 188 (1988), 533ff.
[80] RGZ 135, 138; BGH NJW 1979, 2037.
[81] *Medicus*, Festschr. Hübner, 1984, S. 611, 617.

notwendig „gegen") den Willen des unmittelbaren Besitzers erfolgte. Oder anders formuliert: „Abhandenkommen" ist der unfreiwillige Besitzverlust des bisherigen unmittelbaren Besitzers.

Abhandengekommen ist daher das dem besitzenden Eigentümer E oder dem Mieter M gestohlene Fahrrad; der Dieb D kann dem Erwerber X kein Eigentum verschaffen. Anders, wenn der unmittelbar besitzende M das Fahrrad unterschlägt und veräußert. Da für das „Abhandenkommen" der Wille des unmittelbaren Besitzers entscheidet, ist der entgegenstehende Wille des E unbeachtlich. In diesem Fall realisiert sich das Risiko, das der E durch die Übergabe des Fahrrads an M eingegangen ist. – Da es auf eine „positive" Entscheidung des Besitzers ankommt, mit der er das Risiko redlichen Dritterwerbs eingeht, sind „vergessene" Sachen abhandengekommen, auch wenn man nicht mehr weiß, wo sie sich befinden.[82] – Umstritten ist, ob eine Sache abhandengekommen ist, wenn ein Besitzdiener sie unterschlägt und veräußert. Die h.M. stellt auf § 855 BGB ab; danach ist nur der Besitzherr Besitzer und folglich für das Abhandenkommen allein dessen Wille maßgeblich.[83] Die Gegenansicht behandelt bei § 935 BGB den Besitzdiener und den Besitzmittler gleich, weil beide schwer abgrenzbar sein können und der Eigentümer auch bei der Weggabe der Sache an den Besitzdiener das Illoyalitätsrisiko eingehe.[84] Eine vermittelnde Lösung bejaht Abhandenkommen, wenn für Dritte erkennbar ist, dass der Gewalthaber Besitzdiener ist.[85] Hat der Besitzdiener aber Vertretungsmacht, ist die Sache nicht abhandengekommen.

Bei unmittelbarem *Mitbesitz* genügt unfreiwilliger Verlust des Mitbesitzes. 59

Beispiel: A und B sind Miteigentümer eines Segelboots, das sie nach Absprache individuell nutzen. Beide haben jeweils einen Kabinenschlüssel. Veräußert A das Boot ohne Wissen des B, wird der Erwerber X nicht Eigentümer, da das Boot dem Mitbesitzer B abhandengekommen ist. – § 935 Abs. 1 BGB stellt darauf ab, dass gerade der Eigentümer (oder ein Besitzmittler des Eigentümers) den Besitz verliert. Der Tatbestand ist nicht erfüllt, wenn ein Dritter die Sache von einem Mitbesitzer erlangt, der Alleineigentümer ist.[86] Das fehlende Einverständnis des Mitbesitzers, der nicht auch Miteigentümer ist, ist irrelevant. Stand das Segelboot im Alleineigentum des A, ist es trotz des Mitbesitzes des B nicht abhandengekommen, wenn A es an C verleiht, der es an X veräußert. Haben jedoch A und B das Segelboot gemeinsam von E gemietet, ist es abhandengekommen, wenn A das Boot ohne Wissen des B an X veräußert.

Zu beachten ist, dass der unfreiwillige Besitzverlust der Sache wie ein Makel anhaftet und bei jedem späteren Veräußerungsvorgang den gutgläubigen Erwerb ausschließt. 60

Beispiel: Dem Eigentümer wird ein Fahrrad gestohlen. Der Dieb leiht es seinem Freund. Dieser übereignet es an den gutgläubigen A, der es an den gutgläubigen B weiterveräußert und übergibt. A hat nicht gutgläubig das Eigentum erworben, weil das Fahrrad dem Eigentümer abhandengekommen war. Aber auch B kann nicht erwerben, obgleich ihm A das Fahrrad freiwillig übergeben hatte.

---

[82] Abweichend *Wellenhofer* § 8 Rn. 29.
[83] BGH NJW 2014, 1524, Rn. 9; *Baur/Stürner* § 52 Rn. 39.
[84] MünchKommBGB/*Oechsler* § 935 Rn. 10.
[85] Staudinger/*Heinze* § 935 Rn. 14.
[86] BGH NJW 2014, 1524 Rn. 19ff.

61 Wird eine Sache nach dem Tode des Erblassers weggegeben, ist § 857 BGB zu beachten (→ § 3 Rn. 27). War der Erblasser unmittelbarer Besitzer, kommt es für die Frage, ob die Sache abhandengekommen ist, auf den Willen des wahren Erben an. § 857 BGB schützt den Erben vor redlichem Erwerb aus dem Nachlass, wenn ein Scheinerbe eine Verfügung trifft.

Beispiel: Erblasser E war im Besitz eines Fahrrads. Sohn S, der sich für den Erben hält, veräußert das Fahrrad an den redlichen X. Später wird ein Testament gefunden, wonach B Alleinerbe ist. X hat nach § 935 Abs. 1 BGB nicht Eigentum erworben; gemäß § 857 BGB war B nach dem Tode des E Besitzer geworden. Nur wenn S ein Erbschein erteilt wurde, ist der Erwerber geschützt; § 2366 BGB geht vor.

62 „Abhandenkommen" entfällt, wenn der Besitzer mit dem Besitzverlust einverstanden ist. Wo das Gesetz Rechtsfolgen an den Willen knüpft, ist stets zu prüfen, ob die Vorschriften über Rechtsgeschäfte anzuwenden sind. Wer den Besitzaufgabewillen rechtsgeschäftlich versteht (→ § 27 Rn. 12), wendet die Vorschriften der Rechtsgeschäftslehre an. Die Weggabe durch nicht voll Geschäftsfähige führt dann zum Abhandenkommen. Stellt man hingegen auf den natürlichen Willen ab, ist die Fähigkeit entscheidend, die Tragweite der Besitzweggabe verstehen zu können.[87] Ein Irrtum ist grundsätzlich unbeachtlich, selbst wenn der Irrtum durch Täuschung hervorgerufen wurde; die Weggabe ist freiwillig, eine Anfechtung scheidet aus. Etwas anderes wird vielfach für den Fall der Drohung nach § 123 BGB angenommen, weil sich hier der Besitzer der Zwangslage und der Unfreiwilligkeit des Besitzverlusts bewusst ist.[88] Bei Gewaltanwendung liegt Abhandenkommen vor.[89]

Der für das Abhandenkommen maßgebliche Wille des Besitzers ist nicht nach § 157 BGB zu ermitteln.[90] Es kommt auf den wirklichen Willen an. Auf den Empfängerhorizont ist nicht abzustellen, da die *Voraussetzungen* gutgläubigen Erwerbs nicht am Verkehrsschutz teilhaben.

b) Ausnahme bei Geld, Inhaberpapieren und bei Versteigerungen

63 Der Ausschluss des gutgläubigen Erwerbs bei abhandengekommenen Sachen gilt nach § 935 Abs. 2 BGB nicht für Geld, Inhaberpapiere sowie für Sachen, die im Wege der öffentlichen Versteigerung (oder einer gleichgestellten „Internetversteigerung" von Fundsachen nach § 979 Abs. 1a BGB[91]) veräußert wurden. Der Gesetzgeber setzt insofern den Eigentümerschutz zurück. Von § 935 Abs. 2 BGB erfasst ist auch ausländisches Geld. Zu den Inhaberpapieren gehören Inhaberschuldverschreibungen (§§ 793 ff. BGB), Inhabermarken (§ 807 BGB), In-

---

[87] *Baur/Stürner* § 52 Rn. 42.
[88] Staudinger/*Heinze* § 935 Rn. 11.
[89] Nach BGHZ 4, 10, 34 bei unwiderstehlicher Gewalt.
[90] Für analoge Anwendung des § 157 BGB MünchKommBGB/*Oechsler* § 935 Rn. 6.
[91] Die Erstreckung der Ausnahmevorschrift auf „Internetversteigerungen" von Fundsachen wurde eingefügt durch das Gesetz über die Internetversteigerung in der Zwangsvollstreckung vom 30.7.2009, BGBl. I S. 2474.

haberaktien (§ 10 AktG) und Inhaberinvestmentanteilscheine. Nicht unter § 935 Abs. 2 BGB fallen Orderscheine und Legitimationspapiere (z.B. Sparbuch, § 808 BGB). Für den Scheck gilt Art. 21 ScheckG.

§ 935 Abs. 2 BGB erfasst nur die *privatrechtliche* öffentliche Versteigerung (§ 383 Abs. 3 BGB). Die Versteigerung durch den Gerichtsvollzieher im Wege der Zwangsvollstreckung wird von der h.M. nicht § 935 Abs. 2 BGB unterworfen. Der Ersteher erwirbt in der Zwangsvollstreckung[92] durch Hoheitsakt originär Eigentum, selbst wenn die Sache abhandengekommen war und er bösgläubig ist.[93]

Von der Versteigerung in der Zwangsvollstreckung zu unterscheiden ist der Eigentumserwerb bei der Vollstreckung eines Übereignungstitels nach § 897 ZPO. § 898 ZPO verweist insofern auf die §§ 932 ff. § 935 Abs. 2 BGB ist unanwendbar. Es kommt auf den guten Glauben des Erwerbers an; die Kenntnis des Gerichtsvollziehers ist unerheblich.[94]

7. Einschränkungen des Erwerbs vom Nichtberechtigten
a) Verkehrsgeschäft als Voraussetzung

Nach h.M. finden die Vorschriften über den Erwerb vom Nichtberechtigten nur Anwendung, wenn es sich um ein *Verkehrsgeschäft* (→ § 10 Rn. 13) handelt. Der unklare Begriff des Verkehrsgeschäfts, der in § 932 BGB nicht erscheint, ist von seinem Gegensatz her zu erschließen: Gutgläubiger Erwerb scheidet aus, wenn die Eigentumsübertragung nur rechtstechnischen Charakter hat.

Beispiele: Der Alleingesellschafter einer GmbH übereignet eine Sache an die GmbH, die dabei von dem redlichen Geschäftsführer vertreten wird. Ein Erwerb der GmbH nach §§ 929, 932 BGB scheidet aus, weil die Sache auf einen Rechtsträger übertragen wird, der nur rechtstechnisch verselbständigt ist. – Die Erbengemeinschaft, die eine fremde Sache im Besitz hat, gründet eine Gesellschaft, auf die die Sache mit dem gesamten Nachlass übertragen wird. Auch hier liegt eine Eigentumsübertragung vor, die nicht als Verkehrsgeschäft zu qualifizieren ist. – Kein Verkehrsgeschäft liegt ferner vor bei der treuhänderischen Übereignung; Übertragungen an einen *eigennützigen* Treuhänder (beispielsweise bei der Sicherungsübereignung, → § 33 Rn. 1 ff.) sind hingegen als Verkehrsgeschäfte zu qualifizieren.[95]

Die Beschränkung des gutgläubigen Erwerbs auf Verkehrsgeschäfte beruht auf einer restriktiven Auslegung der Verkehrsschutzvorschriften, die in bestimmten Problemfällen geboten ist. Wo keinerlei Anhaltspunkte dafür bestehen, dass die Übertragung nur aus rechtstechnischen Gründen erfolgt, ist es in einem Gutachten überflüssig, zu der Frage Stellung zu nehmen, ob ein Verkehrsgeschäft vorliegt.

---

[92] Sofern die Versteigerung vom Gerichtsvollzieher vorgenommen wird. Wird die Versteigerung durch einen privaten Auktionator aufgrund Anordnung des Gerichts vorgenommen, gelten die Vorschriften des BGB, BGHZ 119, 75.
[93] Vgl. RGZ 156, 398.
[94] RGZ 90, 198; Stein/Jonas/*Würdinger* § 898 Rn. 4.
[95] Staudinger/*Heinze* Vorbem. §§ 932–936 Rn. 45.

b) Vorweggenommene Erbfolge

67 Auch bei einer Übereignung im Rahmen der vorweggenommenen Erbfolge (Übereignung an Abkömmlinge) wird der Erwerb vom Nichtberechtigten ausgeschlossen. Das wird damit begründet, dass der Erbe bei der vorweggenommenen Erbfolge nicht besser stehen soll als beim gesetzlichen Erwerb durch Erbgang. Die Einschränkung des redlichen Erwerbs ist allerdings zweifelhaft, wenn der Erwerber eine „Gegenleistung" erbringt, beispielsweise einen Pflichtteilsverzicht (§ 2346 Abs. 2 BGB). Bei unentgeltlichem Erwerb besteht ohnehin ein Anspruch des früheren Eigentümers nach § 816 Abs. 1 Satz 2 BGB.

c) Rückerwerb vom gutgläubigen Erwerber

68 Nicht um Erwerb vom Nichtberechtigten geht es beim Rückerwerb vom gutgläubigen Erwerber durch den nichtberechtigten Veräußerer. Erfolgt der Rückerwerb vom redlichen Käufer aufgrund eines selbstständigen Rechtsgeschäfts, erlangt der Rückerwerber Eigentum.[96] Wird das Kaufverhältnis rückgängig gemacht, weil der Kaufvertrag angefochten wurde oder der Käufer zurück getreten ist, ist umstritten, ob der Verkäufer, der nur Besitzer war, im Zuge der Rückabwicklung nun Eigentümer werden soll. Zur Vermeidung dieses Ergebnisses wird vorgeschlagen, als Folge der Rückübereignung an den Nichtberechtigten einen automatischen Eigentumsrückfall an den früheren Eigentümer anzunehmen, wenn die Übereignung nur der Rückabwicklung eines Vertragsverhältnisses dient.[97] Mit dem Gesetz lässt sich diese Lösung, welche die Konsequenzen des Abstraktionsgrundsatzes (→ § 1 Rn. 20ff.) punktuell korrigiert, nicht begründen.

d) Verfügungen beschränkt Geschäftsfähiger

69 Schließlich wird vorgeschlagen, Verfügungen von den §§ 932ff. BGB auszunehmen, die just deshalb wirksam sind, weil der Verfügende Nichtberechtigter ist.[98] Das ist der Fall bei der Verfügung eines beschränkt Geschäftsfähigen. Veräußert er eine eigene Sache, wäre die Zustimmung des gesetzlichen Vertreters erforderlich (§§ 106ff. BGB), da der Rechtsverlust nicht lediglich vorteilhaft ist. Verfügt er über fremdes Eigentum, liegt ein neutrales Geschäft vor, das nicht zustimmungsbedürftig ist.[99]

---

[96] BGH NJW-RR 2003, 170, 171.
[97] *v. Caemmerer*, Festschr. Boehmer, 1954, S. 158ff.; *Wolff/Raiser* § 69 IV; *Baur/Stürner* § 52 Rn. 34; *Gernhuber* JuS 1988, 363.
[98] *Medicus/Petersen* BR Rn. 540ff.; dagegen *J. Schröder* FamRZ 1979, 643.
[99] Neutrale Geschäfte sind nach h.M. nicht nach § 107 BGB genehmigungsbedürftig, vgl. *Jauernig/Mansel* § 107 Rn. 6; *Brehm* AT Rn. 285.

8. Rechtsfolgen redlichen Erwerbs

a) Eigentumserwerb

Der gutgläubige Erwerb verschafft dem Erwerber Eigentum. Die Rechtslage ist so anzusehen, als habe der Erwerber vom Berechtigten erworben.[100] Spätere Bösgläubigkeit schadet nicht. Der redliche Erwerber haftet nicht wegen fahrlässiger Eigentumsverletzung und muss das Eigentum nur unter den Voraussetzungen des § 816 Abs. 1 Satz 2 BGB herausgeben.[101] Veräußert der redliche Erwerber die Sache weiter, erwirbt der Folgeerwerber vom Berechtigten, so dass es auf dessen Redlichkeit nicht ankommt. Auch schuldrechtlich wirkt der redliche Erwerb; mit der Übereignung der fremden Kaufsache an den redlichen Käufer hat der Verkäufer seine Pflichten nach § 433 Abs. 1 BGB rechtsmängelfrei (vgl. § 435 BGB) erfüllt.[102]

Umstritten ist, ob der redliche Erwerb derivativ oder originär erfolgt (→ § 26 Rn. 1).[103] Es geht dabei um die Frage, ob der Erwerber dasselbe Eigentumsrecht, das der bisherige Eigentümer verliert, abgeleitet erwirbt, oder ob ein neues Eigentum begründet wird. Viel spricht dafür, den redlichen Erwerb wie andere Sukzessionen auch als abgeleiteten Erwerb des identisch gedachten Eigentums zu verstehen. In diese Richtung weist auch, dass Belastungen bestehen bleiben, wenn der Erwerber insofern bösgläubig ist (§ 936 Abs. 2 BGB; → § 27 Rn. 71). Die Streitfrage hat keine Konsequenzen für Rechtsfolgen, wird aber als Argument für den Erwerb des früheren Eigentümers beim Rückerwerb vom redlichen Erwerber angeführt (→ § 27 Rn. 68).

b) Lastenfreier Erwerb

Wenn eine Sache mit dem Recht eines Dritten belastet ist, reicht die Verfügungsbefugnis des Eigentümers nur zur Übertragung belasteten Eigentums. Ist der Erwerber gutgläubig, erwirbt er nach § 936 BGB lastenfreies Eigentum. § 936 BGB ist insbesondere für das Pfandrecht und den Nießbrauch von Bedeutung. Die Vorschrift findet auch Anwendung, wenn ein Nichteigentümer eine belastete Sache veräußert. Ob der Erwerber lastenfreies Eigentum erlangt, setzt voraus, dass er sowohl hinsichtlich des Eigentums (§ 932 BGB) als auch hinsichtlich der Belastung (§ 936 Abs. 2 BGB [„in Ansehung des Rechts"]) nicht bösgläubig ist.

Beispiele: E verpfändet sein Fahrrad an P. P lässt es in der Werkstatt des U reparieren, der es an X veräußert. Ist X hinsichtlich des Eigentums redlich, erwirbt er es nach §§ 929, 932 BGB; das Pfandrecht erlischt ebenfalls, es sei denn, X ist insofern bösgläubig. – War das Fahrrad dem P gestohlen worden, scheidet ein Erwerb des Eigentums durch X nach § 935 Abs. 1 BGB und damit auch ein lastenfreier Erwerb aus, da § 936 BGB den „Erwerb des Eigentums" voraussetzt. – Entwendet E das Fahrrad bei P und veräußert es an X, erwirbt X

---

[100] Staudinger/*Heinze* § 932 Rn. 107.
[101] *Lüke* § 5 II 6 c, Rn. 218.
[102] *Lüke* § 5 II 6 a, Rn. 216.
[103] Dazu Staudinger/*Heinze* Vorbem. §§ 932–936 Rn. 39f.

Eigentum, aber nicht lastenfrei, da das Fahrrad dem P abhandengekommen ist und § 935 Abs. 1 BGB entsprechend anzuwenden ist.

72 Auch für die Lastenfreiheit des Erwerbs trifft das Gesetz unterschiedliche Regelungen für die einzelnen Übereignungstatbestände. Im Falle des § 929 Satz 2 BGB muss der Erwerber den Besitz vom Veräußerer erlangt haben. Bei einer Übereignung nach § 930 BGB setzt der lastenfreie Erwerb voraus, dass der Erwerber den Besitz aufgrund der Veräußerung erlangt. Gleiches gilt, wenn der Veräußerer bei einer Übereignung nach § 931 BGB nicht mittelbarer Besitzer war. Im Falle des § 931 BGB erlischt das Recht an der Sache nicht, wenn es dem Besitzer, gegen den der Herausgabeanspruch besteht, zusteht (§ 936 Abs. 3 BGB).

c) Ausgleichsansprüche bei gutgläubigem Erwerb

73 Verfügt ein Nichtberechtigter wirksam nach §§ 932 ff. BGB, steht dem Eigentümer ein Bereicherungsanspruch nach § 816 Abs. 1 Satz 1 BGB gegen den Verfügenden zu. Der Eigentümer kann „das durch die Verfügung Erlangte" herausverlangen. Da die Verfügung nur die Rechtsänderung zum Gegenstand hat, ist entgegen dem Wortlaut des Gesetzes darauf abzustellen, was der Veräußernde aufgrund eines Kausalgeschäfts erlangt hat. Wird eine Sache von einem Nichtberechtigten verkauft und nach §§ 929, 932 BGB an den Käufer übereignet, kann der Eigentümer den erzielten Kaufpreis herausverlangen, unabhängig vom objektiven Wert der Sache.[104] War die Sache abhandengekommen, kann der Eigentümer die Verfügung des Nichtberechtigten genehmigen (§ 185 Abs. 2 Satz 1 BGB) und nach § 816 Abs. 1 BGB Herausgabe verlangen. Neben § 816 Abs. 1 BGB kommen Ansprüche gegen den Veräußerer nach § 823 Abs. 1 BGB (Verletzung des Eigentums), §§ 989, 990 BGB und § 687 i.V.m. §§ 681 Satz 2, 667, 678 BGB in Betracht. Natürlich sind §§ 932 ff. BGB kein deliktsrechtlicher Rechtfertigungsgrund für die Übereignung durch den Nichtberechtigten, da sie allein den Erwerber schützen.

Gegen den Erwerber bestehen Ansprüche nur, wenn die Verfügung an ihn unentgeltlich erfolgte (§ 816 Abs. 1 Satz 2 BGB); insbesondere entfällt der Vindikationsanspruch (§ 985 BGB), da der Erwerber Eigentum erlangt hat. Verkennt der Erwerber leicht fahrlässig die Eigentumslage, haftet er dem früheren Eigentümer nicht auf Schadensersatz nach § 823 Abs. 1 BGB.[105] Die Wertung des § 935 Abs. 1 BGB, wonach erst grobe Fahrlässigkeit den redlichen Erwerb ausschließt, würde unterlaufen, wenn der leicht fahrlässig handelnde Erwerber die Sache dem früheren Eigentümer im Wege der Naturalrestitution (§ 249 BGB) zurückübertragen müsste.

---

[104] BGHZ 29, 159 (str.).
[105] BGH JZ 1956, 490 f.

§ 28 Gesetzlicher Eigentumserwerb

Literatur: *Berg*, Bereicherung durch Leistung in den Fällen des § 951 Abs. 1 BGB, AcP 160 (1961), 505; *Dolezalek*, Plädoyer für Einschränkung des § 950 (Verarbeitung), AcP 195 (1995), 392; *Götz*, Der Vergütungsanspruch gemäß § 951 Absatz 1 Satz 2 BGB, 1975; *Gursky*, Nachträglicher guter Glaube, JR 1986, 225; *Hagen*, Der neue Warenlieferungsvertrag – ein unbequemer Kauf, JZ 2004, 713; *Klinck*, Der Einfluss des § 651 auf das Eigentum am Werk, JR 2006, 1; *Laufke*, Zum Eigentumserwerb nach § 950 BGB, Festschr. Hueck, 1959, S. 69; *Nierwetberg*, Die Rechtsposition von Lieferant und Produzent nach Verarbeitung im verlängerten Eigentumsvorbehalt, NJW 1983, 2235; *Paulus*, Die Herstellervereinbarung als konkursfeste Sicherheit des Bestellers eines Software-Bestellungsvertrags, JR 1990, 405; *Rothkegel*, Der Eigentumserwerb bei Verarbeitung, 1974; *Scheyhing*, Zum Bereicherungsanspruch nach § 951 BGB, JZ 1956, 14; *Schlechtriem*, Zivilrechtliche Probleme des Kraftfahrzeugbriefs, NJW 1970, 1993 und 2088; *Serick*, Verarbeitungsklauseln im Wirkungskreis des Konkursverfahrens, ZIP 1982, 507; *Tobias*, Eigentumserwerb durch Verbindung, AcP 94 (1903), 371; *Wagner*, Teilbarkeit der Herstellereigenschaften in § 950 BGB?, AcP 184 (1984), 14; *Wieling*, Vom untergegangenen, schlafenden und aufgewachten Eigentum bei Sachverbindungen, JZ 1985, 511; *M. Wolf*, Die aufgedrängte Bereicherung, JZ 1966, 467; *Zeuner*, Die fremdwirkende Verarbeitung als Zurechnungsproblem, JZ 1955, 195.

Studium: *Baur/Wolf*, Bereicherungsansprüche bei irrtümlicher Leistung auf fremde Schuld – Das Wegnahmerecht des Nichtbesitzers, JuS 1966, 393; *Beil/Wüstenberg*, Das Wegnahmerecht bei Rechtsverlust durch Verbindung, JuS 2019, 205; *Huber*, Bereicherungsanspruch bei Bau auf fremdem Boden, JuS 1970, 342, 515; *Schultheiß*, Grundfälle zum Erwerb nach den §§ 953 ff. BGB, JuS 2013, 679; *Süß*, Der gesetzliche Erwerb des Eigentums an Mobilien, Jura 2011, 81; *Szerkus*, „Öl auf Holz, Eigentümer unbekannt"/Zur specificatio und den Tatbestandsmerkmalen des Eigentumserwerbs nach § 950 BGB, Jura 2017, 520; *Wadle*, Das Problem der fremdwirkenden Verarbeitung, JuS 1982, 477.

Fallbearbeitung: *Finkenauer*, Referendarexamensklausur: Mobiliarsachenrecht – Eine Stradivari auf Irrwegen, JuS 2009, 934; *Jansen/Kutz*, Referendarexamensklausur: Sachen- und Bereicherungsrecht – Auersbergers Klangfichte, JuS 2019, 1003; *Krumm/Ehlers*, Semesterabschlussklausur: Sachenrecht – Geldnöte eines Landwirts, JuS 2014, 1090; *Lomfeld*, Referendarexamensklausur: Sachenrecht und Zwangsvollstreckungsrecht – Wem gehören intelligente Roboter?, JuS 2016, 938; *Rehm/Lerach*, Fortgeschrittenenklausur: Eigentumserwerb durch Verbindung beweglicher Sachen – Der „Bücherwurm", JuS 2008, 613; *Schrader/Hermanns*, Klausur: „Wem gehört die Einbauküche?", JA 2014, 741; *Wimmer-Leonhardt*, Fortgeschrittenenklausur: Herausgabeansprüche – Begehrte Goldrahmen, JuS 2010, 136.

I. Ersitzung

1. Voraussetzungen

Ersitzung ist Rechtserwerb durch Zeitablauf. Voraussetzung des Eigentumserwerbs durch Ersitzung an beweglichen Sachen ist nach § 937 Abs. 1 BGB ein zehn Jahre dauernder Eigenbesitz (§ 872 BGB, → § 3 Rn. 23). Mittelbarer Be-

1

sitz genügt. Bei der Bestimmung der Besitzzeit sind die §§ 943, 944 BGB zu beachten, nach denen die Ersitzungszeit des Rechtsvorgängers oder Erbschaftsbesitzers hinzuzurechnen ist. Die Ersitzung ist ausgeschlossen, wenn der Besitzer beim Erwerb des Eigenbesitzes nicht im guten Glauben war oder später erfährt, dass ihm das Eigentum nicht zusteht (§ 937 Abs. 2 BGB). Die Redlichkeit ist beim Besitzerwerb und während der anschließenden Besitzdauer nach verschiedenen Maßstäben zu beurteilen. Beim Besitzerwerb kommt es auf den guten Glauben im Sinne des § 932 Abs. 2 BGB an. Eigentumserwerb scheidet deshalb aus, wenn der Besitzer bei Begründung seines Besitzes grob fahrlässig verkannte, dass ihm das Eigentum nicht zusteht. Später schadet nur noch Kenntnis. Der gute Glaube hat bei der Ersitzung einen anderen Bezugspunkt als beim gutgläubigen Erwerb nach § 932 BGB. Entscheidend ist nicht, dass der Besitzer an das Eigentum des Besitzvorgängers glaubt; es kommt darauf an, dass sich der Besitzer für den Eigentümer halten durfte. Anders als beim rechtsgeschäftlichen gutgläubigen Erwerb nach §§ 932ff. BGB ist es unerheblich, ob die Sache gestohlen worden oder sonst abhandengekommen ist.

Bei Grundstücken richtet sich die Ersitzung nach § 900 BGB. Eigentum am Grundstück erwirbt, wer 30 Jahre als Eigentümer eingetragen ist und während dieser Zeit das Grundstück in Eigenbesitz hatte. Man spricht von „Buch- oder Tabularersitzung". Der Grundbucheintrag allein genügt allerdings nicht. Wer das Grundstück 30 Jahre in Eigenbesitz gehabt hat, kann gemäß § 927 BGB auch den eingetragenen Eigentümer im Wege eines Aufgebotsverfahrens ausschließen lassen, wenn der Eingetragene verstorben und seit 30 Jahren keine Eintragung erfolgt ist, die seiner Zustimmung bedurft hätte (§ 927 Abs. 1 Satz 3 BGB). Der Eigenbesitzer erwirbt mit seiner Eintragung Eigentum (§ 927 Abs. 2 BGB).

2. Zweck und Bedeutung der Ersitzung

2   Die Ersitzung nach § 937 Abs. 1 BGB spielt bei rechtsgeschäftlichem Erwerb nur eine Rolle, wo gutgläubiger Erwerb ausscheidet (wie bei abhandengekommenen Sachen, § 935 Abs. 1 BGB), oder wenn die Übereignung wegen Geschäftsunfähigkeit unwirksam ist. Auch wenn der Veräußerer nicht verfügungsbefugt ist (beispielsweise nach § 80 InsO) oder eine angenommene Verfügungsermächtigung (§ 185 Abs. 1 BGB) nicht besteht, kann der Erwerber im Wege der Ersitzung nachträglich noch Eigentümer werden. Da die Ersitzung aber nicht voraussetzt, dass der Besitz im Rahmen eines Übereignungstatbestandes erlangt wurde, ist sie auch für den Erben von Bedeutung, der eine Sache im Nachlass findet, die dem Erblasser nicht gehörte.[1]

Obwohl die Ersitzung als Erwerbsgrund ausgestaltet ist, kann auch der Eigentümer in den Genuss der Regelung kommen, weil er Angriffe gegen seine Rechtsposition abwehren kann, ohne den früheren Erwerbsgrund darzutun. § 937 Abs. 1 BGB schafft dann einen weiteren Erwerbsgrund. Soweit die Ersitzung davor schützen soll, dass Erwerbsgründe, die im Dunkel der Vergangenheit liegen, nicht mehr beweisbar sind, hilft dem Besitzer bereits die Eigentumsvermutung des § 1006 BGB, wenn die Sache nicht abhandengekommen ist.

---

[1] Dazu *Knütel*, Festschr. Lange, 1992, S. 929; *Krämer* NJW 1997, 2580.

Die Ersitzung weist innere Zusammenhänge mit der *Verjährung* auf.² Das schlägt sich auch in der Sprache des Gesetzes nieder. Nach der Legaldefinition des § 937 Abs. 1 BGB ist die Ersitzung ein Erwerbsgrund. Aber das Gesetz bezeichnet mit der Ersitzung auch den Zeitablauf und regelt wie bei der Verjährung eine *Unterbrechung*³ und *Hemmung* der Ersitzung (§§ 939 ff. BGB). Trotz dieser sprachlichen Verwandtschaft liegt dem BGB eine Trennung von Verjährung und Ersitzung zugrunde. Die Ersitzung führt nicht nur zum Ausschluss des Vindikationsanspruchs, sondern zum Erwerb des Eigentums. Nach § 945 BGB erlöschen auch die vor dem Erwerb des Eigenbesitzes begründeten Rechte Dritter (z.B. Pfandrechte).

Erleichtert wird die Position des Besitzers durch Beweiserleichterungen. Nach § 938 BGB wird vermutet, dass ein Besitzer, der am Anfang und Ende eines Zeitraumes Eigenbesitz hatte, auch in der Zwischenzeit Eigenbesitzer war.

3. Verhältnis zu vertraglichen und bereicherungsrechtlichen Ansprüchen

Durch die Ersitzung wird der bisherige Eigentümer enteignet. Ob der Rechtserwerb nach § 937 Abs. 1 BGB endgültig sein soll oder zu Ausgleichsansprüchen des enteigneten Eigentümers führt, wird im Gesetz nicht klargestellt. Die Frage wurde in einem Rechtsstreit von Bedeutung, mit dem sich das Reichsgericht⁴ zu befassen hatte: Die geschäftsunfähige⁵ Klägerin hatte im Frühjahr 1908 der Pinakothek in München 66 Originalwerke Adolf von Menzels zum Geschenk gemacht, die sie von ihrer Mutter, einer Schwester des Malers, geerbt hatte. Ihr Vormund verlangte Herausgabe der Bilder. Er vertrat den Standpunkt, die Übereignung sei unwirksam, weil die Klägerin geschäftsunfähig war. Dagegen berief sich der Beklagte auf Ersitzung. Diesen Einwand hielt die Klägerin für unerheblich, weil im Falle der Ersitzung das Herausgabebegehren nach Bereicherungsrecht begründet sei. Das Reichsgericht bejahte einen Bereicherungsanspruch nach § 812 Abs. 1 Satz 1 Fall 1 BGB. Die Frage, ob die Rechtswohltat der Ersitzung durch schuldrechtliche Ansprüche auf Rückübereignung eingeschränkt wird, ist bis heute streitig. Nach bisher h.M.⁶ werden durch die Ersitzung Ansprüche aus *Leistungskondiktion* (§ 812 Abs. 1 Satz 1 Fall 1 BGB) und vertragliche Rückgabeansprüche nicht ausgeschlossen.⁷ Ein bereicherungsrechtlicher Anspruch geht bei der Leistungskondiktion auf Rück-

---

² Nach gemeinem Recht war die sog. außerordentliche Ersitzung die Kehrseite der Verjährung des dinglichen Anspruchs.
³ Im Verjährungsrecht wurde durch das SchuldRModG der Ausdruck Unterbrechung durch Neubeginn der Verjährung ersetzt, vgl. § 212 BGB.
⁴ RGZ 130, 69. Ausführlich dargestellt bei *Braun*, Kunstprozesse von Menzel bis Beuys, 1994, S. 1.
⁵ Die Geschäftsunfähigkeit war im Revisionsverfahren zu unterstellen.
⁶ *Baur/Stürner* § 53 Rn. 91.
⁷ Oft wird der Anspruch im Zeitpunkt der Ersitzung bereits verjährt sein.

übereignung, obwohl nur Besitz geleistet wurde. Dagegen kann sich der bisherige Eigentümer nicht auf *Eingriffskondiktion* stützen.

Diese Lösung suchte Wertungswidersprüche zu vermeiden, zu denen das Gesetz vor der Neuregelung des Verjährungsrechts durch das SchuldRModG führte. Übereignete jemand dinglich wirksam aufgrund eines nichtigen Kaufvertrags eine Sache, konnte er auch noch nach Ablauf von 10 Jahren die Rückübereignung nach § 812 Abs. 1 Satz 1 Fall 1 BGB verlangen, weil der schuldrechtliche Bereicherungsanspruch erst nach 30 Jahren verjährte (§ 195 BGB a.F.). War auch die Übereignung nichtig, erlangte der redliche Käufer nach § 937 Abs. 1 BGB Eigentum. Die Ansicht, der Eigentumserwerb durch Ersitzung sei bereicherungsfest, hätte zu dem merkwürdigen Ergebnis geführt, dass der Käufer die Sache behalten darf, wenn auch die dingliche Einigung unwirksam war, während dem Verkäufer bei wirksamer Übereignung ein bereicherungsrechtlicher Rückgewähranspruch zustand. Nach Änderung der Verjährungsvorschriften ist der Wertungswiderspruch zwischen Verjährungs- und Ersitzungsrecht praktisch beseitigt. Das spricht dafür, beim Erwerb durch Ersitzung Bereicherungsansprüche ebenso auszuschließen wie beim gutgläubigen Erwerb.[8] Nicht ausgeschlossen werden dagegen vertragliche Ansprüche, die häufig allerdings verjährt sind.

II. Verbindung und Vermischung

1. Verbindung beweglicher Sachen mit einem Grundstück

5 Wesentliche Bestandteile einer Sache können nicht Gegenstand besonderer dinglicher Rechte sein (§ 93 BGB; → § 1 Rn. 63). Wird eine bisher selbständige bewegliche Sache durch Verbindung zum wesentlichen Bestandteil eines Grundstücks, folgt schon aus § 93 BGB, dass sie ihre sachenrechtliche Selbständigkeit verliert. § 946 BGB stellt klar, dass sich das Eigentum am Grundstück auf die mit dem Grundstück verbundene Sache erstreckt. Diese Eigentumszuordnung ist unabhängig davon, in welchem Wertverhältnis Grundstück und bewegliche Sache stehen und wer die Verbindung vorgenommen hat.

6 Nach § 94 BGB sind alle Sachen wesentliche Bestandteile des Grundstücks, die mit dem Grund und Boden fest verbunden sind, dazu gehören insbesondere Gebäude (zur Bedeutung → § 1 Rn. 65). Wenn die Sache allerdings nur zu einem vorübergehenden Zweck mit dem Grund und Boden verbunden wurde, ist sie nicht Bestandteil des Grundstücks (§ 95 Abs. 1 Satz 1 BGB). Die Sache bleibt selbständige bewegliche Sache und wird nach §§ 929ff. BGB übertragen (→ § 1 Rn. 61). Das gleiche gilt von einem Gebäude oder anderen Werk, das in Ausübung eines Rechts an einem fremden Grundstück von dem Berechtigten mit dem Grundstück verbunden worden ist (§ 95 Abs. 1 Satz 2 BGB). Danach ist ein vom Nießbraucher errichtetes Gebäude eine bewegliche Sache. Weiter stellt § 95 Abs. 2 BGB klar, dass Sachen, die nur zu einem vorübergehenden Zweck in ein Gebäude eingefügt sind, rechtlich selbständig bleiben. Das ist vor allem von Bedeutung für den Mieter oder Pächter, der in das Miet- oder Pachtobjekt eine Sache für die Dauer der Miet- oder Pachtzeit einbaut.

---

[8] So BGH NJW 2016, 3162, Rn. 39 ff.; krit. *Wilhelm* NJW 2017, 193, 196 f.

Der gesetzliche Erwerb nach § 946 BGB kann nicht durch Parteivereinbarung abbedungen werden. Das hat erhebliche Auswirkungen auf den Eigentumsvorbehalt des Lieferanten von Baustoffen. Der Käufer erwirbt aufgrund der aufschiebend bedingten Übereignung zwar kein Eigentum nach § 929 BGB, solange der Kaufpreis nicht bezahlt ist. Aber wenn die Baumaterialien in das Gebäude eingebaut sind, geht das Eigentum nach § 946 BGB auf den Grundstückseigentümer über. Der Eigentumsvorbehalt lebt nicht wieder auf, wenn eine Verbindung rückgängig gemacht wird.[9] Zu Ausgleichsansprüchen → § 28 Rn. 25ff.

§ 946 BGB gilt nur für die Verbindung des Grundstücks mit beweglichen Sachen. Die Vereinigung von Grundstücken richtet sich nach § 890 BGB.

2. Verbindung beweglicher Sachen untereinander

Für die Verbindung beweglicher Sachen untereinander enthält das Gesetz in § 947 BGB eine differenzierte Regelung. Unterschieden wird danach, ob eine der Sachen als Hauptsache anzusehen ist oder nicht. Der Eigentümer der Hauptsache erwirbt das Eigentum der mit ihr zum wesentlichen Bestandteil (§ 93 BGB) verbundenen Sache (§ 947 Abs. 2 BGB). Gibt es keine Hauptsache, entsteht eine Miteigentümergemeinschaft. Die Anteile bestimmen sich nach dem Verhältnis des Wertes, den die Sachen zur Zeit der Verbindung haben. Schwierigkeiten entstehen, wenn sich die Wertverhältnisse nicht mehr feststellen lassen. Nach einer älteren Ansicht scheidet § 947 BGB aus, und das Eigentum steht dem Besitzer zu,[10] andere gehen davon aus, die Anteile seien nach § 742 BGB gleich.[11] Der BGH entscheidet nach Grundsätzen der Beweislast, wenn ein Miteigentümer seinen Anteil nicht beziffern kann.[12] § 947 BGB enthält zwingendes Recht; abweichende Parteivereinbarungen haben deshalb keine Wirkung. Selbstverständlich können die Beteiligten nach der Entstehung der Miteigentümergemeinschaft ihre Miteigentumsanteile auf einen Miteigentümer nach § 929 BGB übertragen, damit wieder Alleineigentum entsteht. Für die Miteigentumsgemeinschaft gelten die §§ 1008ff. BGB und die Vorschriften über die Gemeinschaft nach Bruchteilen (§§ 741ff. BGB).

Ob eine Sache Hauptsache ist, wird in der Rechtsprechung aufgrund eines gedanklichen Tests bestimmt: Wenn die übrigen Bestandteile fehlen könnten, ohne dass das Wesen der Sache dadurch beeinträchtigt würde, liegt eine Hauptsache vor.[13] Ehe man sich mit der Frage beschäftigt, ob eine der Sachen Hauptsache ist, muss stets geprüft werden, ob die verbundene Sache überhaupt wesentlicher Bestandteil einer einheitlichen Sache geworden ist. Ist das zu vernei-

---
[9] OLG Stuttgart ZIP 1987, 1129.
[10] Vgl. *Leiss* JZ 1959, 24.
[11] *Weitnauer*, Festschr. Baur, 1981, S. 717 mit ausführlicher Darstellung des Streitstandes.
[12] BGH NJW 1958, 1534 (für den Fall der Aussonderung im Insolvenzverfahren).
[13] BGHZ 20, 159, 163.

8. Kapitel: Erwerb und Verlust des Eigentums an Fahrnis

nen, kommt § 947 BGB nicht zur Anwendung. Wird etwa ein Motor in ein Kraftfahrzeug eingebaut, liegt kein Fall der Verbindung nach § 947 BGB vor. Der Motor behält vielmehr seine rechtliche Selbständigkeit (→ § 1 Rn. 64).[14] Kraftfahrzeuge sind keine Sachen, sondern Sachgesamtheiten.

3. Vermischung und Vermengung beweglicher Sachen

10 Die Vorschrift des § 947 BGB über die Verbindung findet entsprechende Anwendung, wenn bewegliche Sachen miteinander untrennbar vermischt oder vermengt werden (§ 948 BGB). Es kommt nicht darauf an, ob die Trennung physikalisch unmöglich ist. Untrennbarkeit ist nach § 948 Abs. 2 BGB auch dann anzunehmen, wenn die Trennung der vermischten oder vermengten Sachen mit unverhältnismäßigen Kosten verbunden sein würde. Es entsteht Miteigentum, es sei denn, eine Menge ist als Hauptbestandteil der Gesamtmenge anzusehen. Auch bei mengenmäßigem Übergewicht entsteht Alleineigentum.

Heck[15] hat die gesetzliche Regelung bei Vermischung gleichartiger vertretbarer Sachen kritisiert. Er veranschaulicht seinen Standpunkt an folgendem Beispiel: A lässt 4 echte Einmarkstücke in die Ladenkasse des B fallen, in der sich bereits neben anderem Geld 10 gleichfalls echte Einmarkstücke befinden. Die eingemischten Einmarkstücke lassen sich nicht von den fremden unterscheiden. *Heck* meint, A werde als Laie einfach 4 Markstücke aus der Kasse nehmen, die er als eigenes Geld behandeln wird. Nach dem Gesetz steht dem A aber kein Aneignungsrecht zu, er steht mit dem Inhaber der Ladenkasse in einer Eigentümergemeinschaft, die es auseinanderzusetzen gilt.[16] Nach *Heck* ist dies ein unnötig komplizierter Weg. Er spricht sich dafür aus, dass A mit der Wegnahme von 4 Markstücken Eigentum an den Geldstücken erwirbt. Die Ausführungen von *Heck* wurden so gedeutet, dass A ein „Sonderungsrecht" hat, das zur eigenmächtigen Wegnahme der 4 Mark berechtigt.[17] Das ist zumindest missverständlich. Ganz sicher darf A kein Selbsthilferecht üben und die 4 Markstücke gegen den Willen des B wegnehmen. Das von *Heck* postulierte Aneignungsrecht soll nur zum Eigentumserwerb ohne Mitwirkung der anderen Miteigentümer führen. Ob diese unbürokratische Lösung (*Heck* nennt sie die Laienlösung) überhaupt verallgemeinerungsfähig ist, erscheint zweifelhaft. Wie ist es, wenn zwischen den Beteiligten keine Einigkeit über die Anteile an der Gemeinschaft besteht? Hier wäre doch die Auseinandersetzung nach dem Gesetz vorzugswürdig, auch wenn sie den Juristen zu einem konstruktiven Aufwand zwingt.

11 Besondere Regelungen über die Vermischung enthalten die Vorschriften über das Sammellagergeschäft (§ 469 HGB) und die Sammelverwahrung (§ 5 DepotG). Sie stellen klar, dass eine Vermischung der Zustimmung des Einlagerers oder Hinterlegers bedarf.

---

[14] BGHZ 18, 226; BGHZ 61, 80.
[15] *Heck*, Grundriß § 62, 3.
[16] Es ist ein Auseinandersetzungsvertrag zu schließen, der inhaltlich durch § 752 BGB vorgegeben ist. Die Teilung ist die Erfüllung dieses Vertrags.
[17] *Baur/Stürner* § 53 Rn. 11.

III. Verarbeitung

1. Die Regelung

Wer durch Verarbeitung oder Umbildung eines Stoffes eine neue bewegliche Sache herstellt, erwirbt nach § 950 Abs. 1 Satz 1 BGB das Eigentum an der neuen Sache, sofern nicht der Wert der Verarbeitung oder Umbildung erheblich geringer ist als der Wert des Stoffes. Die Vorschrift über den Eigentumserwerb durch Verarbeitung entstammt dem römischen Recht. Mit Übernahme der alten Rechtsregel in das BGB wollten die Verfasser des Gesetzes nicht den Klassenkampf proben, und sie hatten nicht die Absicht, dem Proletariat des 19. Jahrhunderts das Eigentum an den in den Fabriken hergestellten Gütern an die Hand zu geben. Der Erwerbsgrund der Verarbeitung soll keinen „Interessenausgleich" zwischen Arbeit und Kapital schaffen.[18] § 950 BGB regelt kein sozialpolitisches, sondern ein rein sachenrechtliches Problem. Weil durch die Verarbeitung eine *neue* Sache entsteht, muss das Gesetz bestimmen, wer an der neuen Sache das Eigentum erwirbt. Wirft man die Frage auf, weshalb sich das Gesetz zugunsten des Verarbeiters entschieden hat, muss man sich zwei Funktionen des Eigentums vergegenwärtigen. Das Eigentum ist Vermögensrecht und Herrschaftsrecht an einer Sache. Der vermögensrechtliche Aspekt steht ganz im Vordergrund bei vertretbaren Sachen, insbesondere bei Geld. Das Interesse des Eigentümers ist aber nicht nur als Vermögensinteresse geschützt. Der sorgfältig aufbewahrte Liebesbrief hat keinen Marktwert, und dennoch ist der Eigentümer berechtigt, jede Einwirkung auf die Sache abzuwehren. Das Gesetz erkennt beim Eigentum ein reines Sachinteresse an. Der Verarbeitungsregel liegt der Gedanke zugrunde, dass nur der Verarbeiter ein reines Sachinteresse hat, weil er die Sache nach seinem Gestaltungswillen geschaffen hat.[19] Das Eigentum des Lieferanten des Stoffs, aus dem die neue Sache hergestellt ist, wird nur als obligatorische vermögensrechtliche Position berücksichtigt und führt zu einer Entschädigung in Geld (§ 951 BGB).

Besonders deutlich wird das Spannungsverhältnis zwischen Vermögens- und Sachinteresse bei der Verarbeitung durch Schreiben oder Zeichnen. Wenn eine Urkunde auf fremdem Papier errichtet wurde, wird der Urheber Eigentümer des Papiers, weil nur er ein Interesse an der Urkunde hat. Wurde eine Leinwand bemalt, erwirbt der Künstler Eigentum und nicht der Eigentümer des Malgrundes, der nur ein Vermögensinteresse geltend machen kann. § 950 Abs. 1 Satz 2 BGB stellt ausdrücklich klar, dass Schreiben, Zeichnen, Malen, Drucken, Gravieren oder eine ähnliche Bearbeitung der Oberfläche als Verarbeitung anzusehen ist. Diese Verarbeitungsregel enthält in ihrem Kern auch eine immaterialgüterrechtliche Komponente. Der Urheber wird mit den Mitteln des Sachenrechts geschützt.[20] Von einem

---

[18] Zumal der Herstellungsprozess heute selbst einen erheblichen Kapitalaufwand erfordert.
[19] Zu eng ist die Deutung des BGH, der den wirtschaftspolitischen Aspekt in den Vordergrund stellt und nur die vermögensrechtliche Interessenkollision sieht, BGHZ 56, 90.
[20] Nach römischem Recht war der Buchstabe – selbst wenn er aus Gold war – wesentlicher Bestandteil der Schreibfläche (Inst. 2.1.33).

ganz anderen Ansatz geht das moderne Urheberrecht aus, das seine historischen Wurzeln im Persönlichkeitsrecht hat. Das Urheberrecht besteht unabhängig vom Eigentum und hat als Gegenstand das immaterielle Werk als geistige Schöpfung (§ 2 UrhG).[21]

13 Die Gründe, die für das Eigentum des Herstellers sprechen, spielen bei Streitigkeiten um den Eigentumserwerb nach § 950 BGB meist keine Rolle, soweit es um Wirtschaftsgüter geht. Im Vordergrund steht die haftungsrechtliche Zuordnung einer Sache im Insolvenzverfahren. Wer den Nachweis führen kann, dass er Hersteller im Sinne des § 950 BGB ist, kann als Eigentümer Aussonderung verlangen (§ 47 InsO). Der Stoffeigentümer, dem nur ein bereicherungsrechtlicher Anspruch zusteht (§ 951 BGB), hat diese Vorzugsstellung nicht. Er wird als Insolvenzgläubiger behandelt und muss sich mit einer meist geringen Quote zufriedengeben.[22]

2. Herstellerbegriff

14 Die *Institutionen* führen für die Verarbeitung als Beispiel an, dass jemand aus fremden Trauben Wein oder aus fremdem Gold ein Gefäß hergestellt hat (Inst. 2. 1. 25). In der beschaulichen Welt dieser Fälle war der Hersteller leicht auszumachen. Bei modernen *arbeitsteiligen Produktionsabläufen* sind die Verhältnisse nicht so klar. Allerdings besteht Einigkeit darüber, dass der Inhaber eines Produktionsbetriebs als Hersteller im Sinne des § 950 BGB anzusehen ist[23] und nicht der einzelne Arbeiter, der an der Herstellung beteiligt war. Der Unternehmer organisiert den Arbeitsablauf, bestimmt, welche neue Sache herzustellen ist und trägt das wirtschaftliche Risiko des Herstellungsvorgangs. Deshalb entspricht es dem Zweck des § 950 BGB, das Eigentum an dem Produkt dem Unternehmer zuzuweisen. Wollte man in jedem am Produktionsprozess beteiligten Arbeitnehmer einen Hersteller sehen, entstünden völlig unübersichtliche Miteigentumsverhältnisse an den hergestellten Sachen. Es käme der Vertragsgestaltung die Aufgabe zu, die Eigentumsknäuel zu entwirren. Die Rechtsprechung bestimmt den Hersteller nach der Lebensanschauung und zieht dabei den Standpunkt eines objektiven mit den Verhältnissen vertrauten Betrachters zu Rate.

Die von Lehre und Rechtsprechung entwickelten Grundsätze zur Bestimmung des Herstellers sind nach der Rechtsprechung des BGH[24] nur eingeschränkt gültig, wenn es um das Eigentum an schriftlichen Unterlagen geht, deren Wert durch ihren Inhalt bestimmt wird, wie es bei urheberrechtlich geschützten Aufzeichnungen der Fall ist. Die Erben eines Archäologieprofessors hatten auf Herausgabe der Grabungsunterlagen geklagt und ihr Eigentum mit § 950 BGB begründet. Dass ein Wissenschaftler Eigentümer seiner Aufzeichnungen wird, ist unproblematisch, wenn er in keinem Dienstverhältnis steht. Bei der Zurech-

---

[21] Zur Abgrenzung BGH NJW 1991, 1480.
[22] Ihm steht auch kein Ersatzaussonderungsrecht nach § 48 InsO zu, vgl. Jaeger/*Henckel* § 48 Rn. 31.
[23] Vgl. BGHZ 20, 159; *Baur/Stürner* § 53 Rn. 20. Die Begründungen differieren.
[24] BGHZ 112, 91.

nung der Tätigkeit zum Arbeitgeber oder Dienstherrn sind Aspekte des Urheberrechts zu berücksichtigen. Das Urheberrecht wird in unserem Recht als besonderes Persönlichkeitsrecht begriffen. Deshalb steht es nach § 7 UrhG („Schöpferprinzip") dem Arbeitnehmer und nicht dem Unternehmer zu. Der BGH übertrug diese Sichtweise auf das Sachenrecht und nahm im Falle des Archäologen an, der Wissenschaftler sei nach § 950 BGB Eigentümer der Unterlagen geworden.[25]

Wird eine neue Sache aufgrund eines *Werkvertrags* (§ 631 BGB) hergestellt, wird der Besteller und nicht der Werkunternehmer Eigentümer, wenn der Besteller Eigentümer der Ausgangsstoffe war. Die Rechtsprechung stellt seit langem auf die Verkehrsanschauung ab, die als den „Hersteller" den Besteller als den Geschäftsherrn eines Verarbeitungs- oder Umbildungsvorganges ansieht.[26] Auch der Pfandrechtserwerb des Werkunternehmers nach § 647 BGB setzt voraus, dass der Besteller Eigentümer ist. § 650 Abs. 1 Satz 1 BGB, wonach auf den Vertrag zur Herstellung neuer Sachen Kaufrecht Anwendung findet und daher eine Übereignungspflicht nach § 433 Abs. 1 BGB besteht, ist als abdingbare schuldrechtliche Bestimmung kein Einwand gegen den gesetzlichen Eigentumserwerb des Bestellers; der Unternehmer muss in diesem Fall nur den Besitz verschaffen[27]. Aus der obligatorischen Übereignungspflicht sollte daher nicht geschlossen werden, dass der Unternehmer stets Eigentum erwirbt. Es ist unabhängig vom Vertragstyp nach objektiven Kriterien zu prüfen, ob die Voraussetzungen des § 950 BGB vorliegen. 15

3. Vertragliche Regelungen

In der Praxis der Kreditsicherung verwendet man im Zusammenhang mit dem Eigentumsvorbehalt oder der Sicherungsübereignung *Verarbeitungsklauseln* (→ § 32 Rn. 23), die sicherstellen sollen, dass das Eigentum des Sicherungsnehmers (Lieferant bzw. Sicherungseigentümer) nicht durch Verarbeitung seitens des Sicherungsgebers untergeht. 16

Beispiele: BGHZ 7, 113: „Soweit die Firma kraft Gesetzes durch Vermengung, Vermischung oder Verarbeitung an dem Erzeugnis Eigentum erwerben sollte, gilt als vereinbart, dass die Bank im Zeitpunkt des Eigentumsüberganges auf die Firma an den neuen Produkten jeweils wieder Eigentum erwerben soll." BGHZ 20, 159: „Soweit die gelieferte Ware vor der Bezahlung be- oder verarbeitet wird, bleibt sie in jeder Be- oder Verarbeitungsstufe und auch als fertige Ware Eigentum des Lieferers. Eigentumserwerb des Bestellers gemäß § 950 BGB wird ausgeschlossen." BGHZ 79, 16: „Be- oder Verarbeitung der Vorbehaltsware erfolgt im Auftrage des Verkäufers und zwar unentgeltlich sowie ohne Verpflichtung für diesen derart, dass der Verkäufer als Hersteller gemäß § 950 BGB anzusehen ist, also in jedem Zeitpunkt und Grad der Verarbeitung an den Erzeugnissen Eigentum behält."

---

[25] Im Ergebnis durfte die Universität die Unterlagen doch behalten, weil der BGH ein Besitzrecht postulierte.
[26] BGHZ 14, 114, 117; OLG Celle NZI 2009, 726.
[27] MünchKommBGB/*Füller* § 950 Rn. 21f.

17 Im Ergebnis werden derartige Verarbeitungsklauseln anerkannt, aber streitig ist, auf welchem Wege der Sicherungsnehmer das Eigentum erwirbt. Die oben angeführten Vertragsklauseln bedienen sich unterschiedlicher Regelungstechniken. Die erste Klausel erkennt den gesetzlichen Eigentumserwerb des Herstellers noch an, die zweite schließt den Eigentumserwerb nach § 950 BGB aus und die dritte geht einen Schritt weiter, indem sie positiv bestimmt, der Lieferant sei Hersteller. Nach der Rechtsprechung sind Vereinbarungen darüber, wer Hersteller sein soll, wirksam: „Werden Rohstoffe unter Eigentumsvorbehalt geliefert und ist dabei vereinbart, daß die Verarbeitung für die Lieferfirma zu erfolgen hat, dann ist vom Standpunkt eines objektiven Beurteilers in der Regel diese Firma Hersteller i.S. des § 950 BGB."[28] Noch weiter als die Rechtsprechung geht *Flume*,[29] der die Ansicht vertritt, § 950 BGB komme dann nicht zur Anwendung, wenn der Ausgleich der Interessen durch Parteivereinbarung geregelt sei. Allerdings spricht die systematische Stellung des § 950 BGB gegen den dispositiven Charakter der Norm;[30] die übrigen gesetzlichen Erwerbstatbestände (§§ 946 BGB bis 949 BGB) sind unstreitig zwingender Natur.

18 Die Deutung des § 950 BGB als dispositive Norm wirft schwierige Folgefragen auf. Die Verarbeitungsklausel zielt darauf ab, dem Stofflieferanten ein Surrogat zu verschaffen. Dann aber wäre es folgerichtig, wenn die sachenrechtlichen Verhältnisse der neuen Sache denen des Stoffs entsprechen würden. Da der Produzent durch den Kauf unter Eigentumsvorbehalt ein Anwartschaftsrecht erworben hat, müsste ihm auch an der neuen Sache ein Anwartschaftsrecht zustehen. Das lässt sich überzeugend nur begründen, wenn man von einer Übereignung der hergestellten Sache ausgeht. Auch die Regelungsbefugnis im Rahmen des § 950 BGB wirft Probleme auf. Durch Verarbeitungsklauseln wird das Eigentum an der neuen Sache durch Vereinbarung zwischen Stoffeigentümer und Produzent geregelt. Eine Ausdehnung der Regelungsbefugnis auf Dritte ist abzulehnen. Was aber ist, wenn der Lieferant in Wahrheit nicht Eigentümer war? Nicht anzuerkennen sind auch Verarbeitungs*verbote*, durch die die Rechtsfolge des § 950 BGB mit dinglicher Wirkung abbedungen werden sollen.[31]

Das Sicherungsbedürfnis des Vorbehalts- und Sicherungseigentümers zwingt nicht zu einer systemwidrigen Auslegung des Gesetzes. Der verarbeitende Produzent kann die künftigen Sachen durch vorweggenommene Einigung und Besitzkonstitut auf den Lieferanten übertragen (§§ 929 Satz 1, 930 BGB; → § 27 Rn. 29ff.). Nach h.M. führt dies allerdings zu einem „Durchgangserwerb"; der Produzent wird nach § 950 BGB zunächst Eigentümer und erst dann greift die Übereignung nach §§ 929 Satz 1, 930 BGB. War der Produzent z.B. Mieter, kann das Eigentum nur belastet mit dem Vermieterpfandrecht (§ 562 BGB) übertragen werden, wenn man Durchgangserwerb annimmt. Die konstruktiven Bemühungen bei der Erfassung der Verarbeitungsklauseln sind von dem Bestreben geleitet, einen Direkterwerb

---

[28] BGH NJW 1956, 788.
[29] *Flume* NJW 1950, 841; ebenso *Baur/Stürner* § 53 Rn. 22; *Dolezalek* AcP 195, 392.
[30] *Westermann/Gursky/Eickmann* § 53 III 1, 2 e; *Wilhelm* Rn. 1075.
[31] Vgl. BGH NJW 1989, 2313.

des Lieferanten zu begründen. Der Direkterwerb führt zu unbelastetem Eigentum, weil ein Vermieterpfandrecht nur entsteht, wenn der Mieter Eigentümer ist.

Wenn mehrere Lieferanten eine Verarbeitungsklausel vereinbart haben, entsteht Miteigentum analog § 947 BGB. Die Miteigentumsanteile richten sich nach dem Wertverhältnis ihrer Stofflieferungen. Zur Vermeidung einer Übersicherung kann auch vereinbart werden, dass der Produzent Miteigentum erlangt.[32]

4. Die weiteren Voraussetzungen

Eigentumserwerb nach § 950 BGB setzt voraus, dass durch die Verarbeitung eine *neue Sache* entstanden ist. Ob die Sache neu ist, hängt davon ab, ob sie ihren Charakter verändert hat und für andere Zwecke als der Ausgangsstoff nutzbar gemacht werden kann. Keine neue Sache entsteht durch die Reparatur einer Sache. Nicht unter § 950 BGB fällt die Aufzeichnung auf einen Ton- oder Datenträger. Hier entsteht keine „neue" Sache, weil der Ton- oder Datenträger auch zuvor schon zur Aufzeichnung bestimmt war.[33]

§ 950 BGB setzt weiter voraus, dass der Wert der Verarbeitung oder Umbildung nicht erheblich geringer ist als der Wert des Stoffes. Dabei ist keine starre Verhältniszahl maßgebend, weil § 950 BGB nicht nur kollidierende Vermögensinteressen ausgleicht. Die Rechtsprechung geht allerdings davon aus, bei einem Verhältnis von 100 zu 60 zugunsten des Stoffwerts liege der Wert der Verarbeitung erheblich unter dem des Stoffs.[34]

IV. Eigentum an Urkunden

Nach § 952 Abs. 1 BGB steht das Eigentum an dem über eine Forderung ausgestellten Schuldschein dem Gläubiger zu. § 952 Abs. 2 BGB erstreckt diese sachenrechtliche Regel auf Urkunden über andere Rechte, kraft deren eine Leistung gefordert werden kann, insbesondere auf Hypotheken-, Grundschuld- und Rentenschuldbriefe (→ § 16 Rn. 10). Auch auf Legitimationspapiere nach § 808 BGB (Sparbuch) ist § 952 BGB anzuwenden. Die Schuldurkunde ist zwar eine Sache, aber der Sachwert tritt gegenüber dem Interesse an dem bestimmungsgemäßen Gebrauch der Urkunde zurück. Deshalb stellt § 952 BGB sicher, dass derjenige Eigentümer der Urkunde ist, der ein legitimes Interesse an ihrem Gebrauch hat. Das ist bei einer durch Vertrag zugunsten Dritter begründeten Forderung der Dritte, auch wenn der Versprechensempfänger berechtigt ist, die Leistung an den Dritten zu fordern. Durch § 952 BGB wird eine Übereignung der Urkunde nach § 929 BGB ausgeschlossen; auch die Eigentumsvermutung des § 1006 BGB gilt nicht.[35]

---

[32] BGHZ 46, 117.
[33] BGH NJW 2016, 317, Rn. 18 ff. (Eigentum an Tonbändern mit Interview des Altkanzlers Kohl).
[34] BGH NJW 1995, 2633; BGH JZ 1972, 165.
[35] BGH NJW 1972, 2268.

§ 952 BGB geht § 950 Abs. 1 (Satz 2) BGB vor, soll aber nicht zur Anwendung kommen, wenn auf ein Gemälde eines berühmten Künstlers ein Schuldschein gesetzt wird.[36] Die Begründung, die bisherige Zwecksetzung könne nicht durch Niederschrift eines Schuldbekenntnisses geändert werden,[37] überzeugt wenig, da es sachenrechtlich auf (überdies unklare: wie bei Kinderzeichnungen?) Zwecksetzungen nicht ankommt.

22 Eigentümer der Urkunde ist der jeweilige Rechtsinhaber. Mit Abtretung der Forderung nach § 398 BGB geht das Eigentum an der Schuldurkunde kraft Gesetzes auf den neuen Gläubiger über. Das Recht (Eigentum) am Papier folgt dem Recht aus dem Papier (Forderung). Bei Tilgung der Schuld wird der Schuldner Eigentümer (str.). Der schuldrechtliche Anspruch nach § 371 BGB ist dann unzureichend, wenn der Gläubiger nicht mehr im Besitz der Urkunde ist, außer man gibt den Anspruch nach § 371 BGB auch gegenüber Dritten.[38]

23 Keine Anwendung findet § 952 BGB auf Wertpapiere, die nach sachenrechtlichen Vorschriften übertragen werden. Dazu gehören vor allem die Inhaberpapiere (Inhaberschuldverschreibung, § 793 BGB; Inhaberaktie, § 10 Abs. 1 AktG). Auch Orderpapiere (Scheck und Wechsel) werden nach sachenrechtlichen Vorschriften (Indossament, Einigung und Übergabe) übertragen (Art. 11 WG; Art. 14 ScheckG).

24 Die Rechtsprechung hat die Anwendung des § 952 BGB auf den „Fahrzeugbrief"[39] ausgedehnt.[40] Das ist sachgerecht, weil eine sachenrechtliche Verselbstständigung des Papiers seinem Zweck zuwiderliefe. Das Eigentum am Fahrzeugbrief steht daher demjenigen zu, der jeweils Eigentümer des Fahrzeugs ist. Dagegen wird eine Anwendung bei anderen Beweisunterlagen, z.B. Vertragsurkunden abgelehnt. Es ist aber gerechtfertigt, § 952 BGB auf alle Urkunden anzuwenden, wenn der vorgegebene Verwendungszweck durch eine sachenrechtliche Verselbstständigung gefährdet würde.

V. Ausgleichsansprüche

1. Rechtsfortsetzungsanspruch nach § 951 BGB

25 Wer aufgrund der §§ 946 bis 950 BGB einen Rechtsverlust erleidet, kann von demjenigen, zu dessen Gunsten die Rechtsänderung eintritt, Vergütung in Geld nach den Vorschriften über die Herausgabe einer ungerechtfertigten Bereicherung verlangen (§ 951 Abs. 1 Satz 1 BGB). Der Eigentumsverlust ist endgültig, aber der Rechtsverlust soll nicht zu einer Vermögensminderung führen. Deshalb wird der frühere Eigentümer, der seinen Vindikationsanspruch aus § 985 BGB verloren hat, durch einen Anspruch nach § 951 BGB gegen den neuen Sacheigentümer entschädigt. Als „Rechtsfortsetzungsanspruch" tritt § 951 BGB

---

[36] MünchKommBGB/*Füller* BGB § 952 Rn. 21.
[37] *Wolff/Raiser* § 75 I 1.
[38] Dafür Jauernig/*Stürner* § 371 Rn. 1.
[39] Zulassungsbescheinigung II, s. § 12 Fahrzeug-Zulassungsverordnung.
[40] BGH NJW 2007, 2844, Rn. 7.

an die Stelle von § 985 BGB. In der Regel führt der Wertausgleich zu einem fairen Interessenausgleich. Schwierigkeiten können aber entstehen, wenn über das Vermögen des ausgleichspflichtigen Sacheigentümers das Insolvenzverfahren eröffnet wird. Das Eigentum fällt in die Insolvenzmasse, und dem Ausgleichsberechtigten steht nur ein schuldrechtlicher Anspruch zu, der nur zur Insolvenzquote berechtigt.

2. § 951 BGB als Rechtsgrundverweisung

§ 951 BGB enthält nach h.M. eine Rechts*grund*verweisung und nicht nur eine Rechtsfolgenverweisung auf §§ 818 ff. BGB.[41] Das bedeutet, dass neben dem Rechtsverlust gemäß §§ 946 bis 950 BGB auch zu prüfen ist, ob die Voraussetzungen eines Bereicherungsanspruchs nach § 812 BGB gegeben sind. Beruht der Eigentumserwerb auf *vertraglicher Grundlage*, scheidet daher ein Anspruch nach § 951 BGB aus, weil der Schuldvertrag einen rechtlichen Grund für den Erwerb schafft. Hat etwa der Bauunternehmer Baustoffe in das Gebäude des Bauherrn eingebaut, findet der Erwerb (§ 946 BGB) im Werkvertrag den Rechtsgrund. Sein Rechtsverlust unterscheidet sich nicht von dem eines Verkäufers, der das Eigentum auf den Käufer übertragen hat. Wenn der Eigentumserwerb ohne Rechtsgrund erfolgte, ist zu prüfen, ob ein *Leistungsverhältnis* bestand. Hat der Bauunternehmer aufgrund eines nichtigen Werkvertrags Materialien eingebaut, kann er seinen Ersatzanspruch auf § 812 Abs. 1 Satz 1 Fall 1 BGB (Leistungskondiktion) stützen. Wenn keine Leistung vorliegt, wie bei der eigenmächtigen Verarbeitung (§ 950 BGB), liegt ein *Eingriff* in fremdes Eigentum vor, der zu einem Anspruch nach § 812 Abs. 1 Satz 1 Fall 2 BGB (Eingriffskondiktion) führt. Nach h.M. handelt es sich bei § 951 BGB um einen Unterfall der Eingriffskondiktion. Soweit Leistungsbeziehungen in Frage stehen, erfolgt danach der Bereicherungsausgleich unmittelbar nach dem dann vorrangigen § 812 Abs. 1 Satz 1 Fall 1 BGB. Die systematische Einordnung der Norm spielt keine allzu große Rolle, weil sie als Rechtsgrundverweisung ohnehin durch andere Tatbestände zu ergänzen ist. Nach dem Wortlaut des § 951 Abs. 1 BGB ist derjenige ausgleichspflichtig, zu dessen Gunsten die Rechtsänderung eingetreten ist. Auch dabei ist zu berücksichtigen, dass § 951 BGB eine Rechtsgrundverweisung enthält. Wer ausgleichspflichtig ist, muss nach allgemeinen bereicherungsrechtlichen Grundsätzen entschieden werden.

3. Mehrpersonenverhältnisse

Schwierigkeiten entstehen, wenn mehrere Personen beteiligt sind, wie in den viel diskutierten *Einbaufällen*:[42] Der Baustoffhändler liefert Baumaterialien unter Eigentumsvorbehalt an einen Bauunternehmer, der sie in ein Gebäude seines

---

[41] MünchKommBGB/*Füller* § 951 Rn. 3.
[42] BGHZ 56, 228; vgl. auch BGHZ 40, 272 (dort lag kein Eigentumsvorbehalt vor).

Auftraggebers einbaut. Trotz des Eigentumsvorbehalts erwirbt der Grundeigentümer nach § 946 BGB Eigentum an den Baustoffen. Ein direkter Anspruch des Baustofflieferanten gegen den Gebäudeeigentümer scheidet aus. Zwar bestehen zwischen Lieferanten und Eigentümer keine Vertragsbeziehungen, die den Eigentumserwerb rechtfertigen könnten. Aber es liegt eine *geschlossene Kette* wirksamer Vertragsverhältnisse vor, durch die das Baumaterial zum Eigentümer des Grundstücks gelangt ist.[43] Wer einen Gegenstand aufgrund eines Vertrags aus der Hand gibt, kann Rechte nur gegen seinen Vertragspartner und nicht gegen Dritte geltend machen. Der Grundeigentümer kann sich auf das vorrangige Leistungsverhältnis zum Bauunternehmer berufen, das den Rechtsgrund für den Erwerb ergibt.

28   Der Vorrang der Vertragsbeziehungen gilt nicht, wenn die Vertragskette nicht bis zu demjenigen reicht, der den *Rechtsverlust* erlitten hat. Wenn der Bauunternehmer gestohlenes Material in das Gebäude seines Vertragspartners einbaut, kann dieser dem früheren Eigentümer gegenüber nicht einwenden, er habe das Eigentum mit Rechtsgrund erlangt.[44] Der Ausgleichsanspruch nach §§ 951, § 812 Abs. 1 Satz 1 Fall 2 BGB tritt an die Stelle des Vindikationsanspruchs. Auch gegen die Herausgabeklage des früheren Eigentümers nach § 985 BGB konnte der Bauherr vor dem Einbau gestohlener Sachen nicht einwenden, er habe mit dem Bauunternehmer einen Kaufvertrag geschlossen. Auf Schuldverträge kann sich ein Besitzer nur berufen, wenn die Kette der Verträge bis zum Eigentümer reicht (§ 986 Abs. 1 Satz 1 BGB). War die Sache nicht gestohlen, erwirbt der Gutgläubige Eigentum nach §§ 929, 932 ff. BGB. Der gutgläubige Erwerb ist bereicherungsfest und schließt einen Anspruch des enteigneten früheren Eigentümers gegen den Erwerber aus. Nach § 816 Abs. 1 Satz 1 BGB ist vielmehr der Verfügende zur Herausgabe des Erlangten verpflichtet; an den Erwerber kann sich der Eigentümer nur bei unentgeltlichem Erwerb halten (§ 816 Abs. 1 Satz 2 BGB). Wo die Verbindung im Rahmen einer Leistungsbeziehung erfolgt, darf es nicht von der zufälligen Vertragsabwicklung abhängen, ob der Eigentumserwerb auf einer Verfügung oder auf einer Verbindung beruht. Wenn der Bauunternehmer das Material vor dem Einbau dem gutgläubigen Bauherrn übereignet, scheiden Bereicherungsansprüche des bisherigen Eigentümers aus. Es kann nichts anderes gelten, wenn die Verbindung im Rahmen einer Leistungsbeziehung eine Verfügung ersetzt. Aus der Wertung, die § 816 Abs. 1 Satz 1 BGB zugrunde liegt, ergibt sich, dass der gutgläubige Leistungsempfänger grundsätzlich keinem Bereicherungsanspruch des früheren Eigentümers ausgesetzt ist.

---

[43] Zu diesem Gesichtspunkt BGHZ 56, 240.
[44] Im Ergebnis ebenso BGHZ 55, 176 (Jungbullenfall; → § 28 Rn. 31), jedoch mit der unklaren Begründung, bei gutgläubigem Erwerb sei der Vertrag des Nichtberechtigten mit dem Dritten der rechtfertigende Grund; dabei ist als „Vertrag" wohl das Veräußerungsgeschäft gemeint, vgl. S. 178.

An dem Ergebnis ändert sich nichts, wenn der Vertrag zwischen Bauunternehmer und Bauherrn nichtig ist. Der Schutz des Leistungsempfängers bei gutgläubigem Erwerb beruht nicht auf dem Kausalvertrag, sondern auf der Wertung des Gesetzes, den gutgläubigen Erwerb bereicherungsfest auszugestalten (§ 816 Abs. 1 Satz 1 BGB). Gleiches gilt, wenn nur der Vertrag zwischen Lieferant und Bauunternehmer nichtig ist. Wenn alle Verträge nichtig sind (Doppelmangel), ist nach einer verbreiten Meinung ein Direktanspruch des verlierenden Teils gegen den Eigentümer begründet. Diese Ansicht ist jedoch abzulehnen, weil dem Leistungsempfänger der Schutz nicht deshalb versagt werden darf, weil sein Vertragspartner rechtsgrundlos erworben hat.[45]

4. Der Inhalt des Bereicherungsanspruchs

Der Bereicherungsanspruch ist nach § 951 BGB auf eine *Geldentschädigung* gerichtet. Das entspricht dem Wertersatzanspruch, den § 818 Abs. 2 BGB gewährt, wenn der Empfänger zur Herausgabe des Erlangten außerstande ist. Da die Bereicherung auszugleichen ist, kommt es nicht auf den erlittenen Nachteil, sondern auf den Vermögenszuwachs beim Bereicherten an. Maßgeblich ist der objektive Wert im Zeitpunkt des Rechtsverlusts. Werden Materialien mit einem Bauwerk verbunden, kommt dem Ausgleichsberechtigten eine spätere Wertsteigerung des Grundstücks nicht zugute.

Bei der Eingriffskondition kann der Ausgleichspflichtige das Entgelt, das er aufzuwenden hatte, um den Vermögensvorteil zu erlangen, nicht nach § 818 Abs. 3 BGB als Wegfall der Bereicherung absetzen. Wer eine gestohlene Sache eingebaut oder verarbeitet hat, kann dem Eigentümer gegenüber nicht bereicherungsmindernd einwenden, er habe für die Sache einen Kaufpreis entrichtet.[46]

Mit der Frage, ob der Aufwand für den Erwerb nach § 818 Abs. 3 BGB zu einer Schmälerung des Ausgleichsanspruchs führt, setzte sich der BGH in dem *Jungbullenfall* (BGHZ 55, 176) auseinander. Ein Dieb stahl einem Landwirt zwei Jungbullen und verkaufte sie an den gutgläubigen Beklagten, der die Tiere zu Konserven verarbeitete. Der Beklagte wurde Eigentümer des Fleisches durch Verarbeitung und war nach §§ 951, 812 BGB ausgleichspflichtig. Vor der Verarbeitung war er einem Herausgabeanspruch nach § 985 BGB ausgesetzt, gegen den er sich nicht mit dem Einwand verteidigen konnte, er habe an einen Dritten bereicherungsmindernd einen Kaufpreis gezahlt. Da der Ausgleichsanspruch als Rechtsfortsetzungsanspruch an die Stelle des Herausgabeanspruchs tritt, bleibt auch hier die Erwerbsaufwendung unberücksichtigt.

5. Aufgedrängte Bereicherung

Die Verbindung beweglicher Sachen mit einem Grundstück kann für den Grundstückseigentümer lästig sein, auch wenn das Grundstück eine Wertsteigerung erfahren hat. So wird der Hobbygärtner, der in seinem Garten Rosen

---

[45] *Baur/Wolf* JuS 1966, 396; a.M. *Wolff/Raiser* § 74 I 3 b.
[46] BGHZ 55, 176.

züchten wollte, nicht sehr erfreut sein, wenn er entdeckt, dass sein Garten zu einem Tennisplatz umgestaltet wurde. Seine Stimmung wird noch mehr gedrückt, wenn ihm eröffnet wird, er habe für den besonders teuren Belag einen Ausgleich nach § 951 BGB zu zahlen. Fälle dieser Art wurden mit dem Etikett „aufgedrängte Bereicherung" versehen und zum Gegenstand zahlreicher Abhandlungen gemacht.[47]

Die Frage der aufgedrängten Bereicherung spielt vor allem beim Eigentumserwerb nach § 946 BGB eine Rolle. Beim Eigentumserwerb durch Verarbeitung wird derjenige Eigentümer, der die Sache nach seinem Willen hergestellt hat (§ 950 BGB). Er wird kaum einwenden, in diesem Zustand interessiere ihn die Sache nicht. Beim Grundstück verliert der Eigentümer das Eigentum durch eine Umgestaltung nicht, auch wenn das Grundstück durch die Umgestaltung seinen Charakter (Tennisplatz statt Rosengarten) wesentlich geändert hat.

33 Einen gewissen Schutz des Eigentümers vor aufgedrängten Ausgleichsforderungen des Besitzers entfaltet das Eigentümer-Besitzer-Verhältnis (→ § 8 Rn. 68). War der Besitzer bösgläubig oder verklagt, scheiden Ansprüche wegen nützlicher, aber nicht notwendiger Verwendungen aus (§ 996 BGB). Bei notwendigen Verwendungen richtet sich die Ersatzpflicht des Eigentümers gegenüber dem bösgläubigen Besitzer nach den Vorschriften über die Geschäftsführung ohne Auftrag (§ 994 Abs. 2 BGB).

34 Das Problem der aufgedrängten Bereicherung stellt sich vor allem in den Fällen, in denen die Vorschriften über das Eigentümer-Besitzer-Verhältnis keine Anwendung findet. Zur Lösung wurden verschiedene Wege vorgeschlagen. Wenn der Gartenbesitzer im obigen Beispiel (→ § 28 Rn. 32) Beseitigung des Tennisplatzes nach § 823 Abs. 1 BGB oder § 1004 BGB verlangen kann, kann er dies nach einer verbreiteten Meinung gegen den Ausgleichsanspruch einwenden.[48] Der BGH[49] war mit der Klage eines Pächters befasst, der unrechtmäßig einen massiven Bau auf dem Grundstück des Verpächters errichtet hatte. Er billigte dem Verpächter als dem Schuldner der Wertsteigerungsentschädigung in analoger Anwendung des § 1001 Satz 2 BGB das Recht zu, die Zahlung durch Gestattung der Wegnahme zu ersetzen und dies einredeweise einem Klagebegehren gegenüber geltend zu machen. Dagegen lässt sich einwenden, § 1001 Satz 2 BGB sehe eine solche Rechtsfolge nicht vor. Die Regelung des § 1001 Satz 2 BGB steht im Zusammenhang mit dem Verwertungsrecht des § 1003 BGB. Als weitere Lösung wurde vorgeschlagen, bei der aufgedrängten Bereicherung den Ausgleichsanspruch nicht nach dem objektiven Wert zu bemessen, sondern nach dem subjektiven Ertragswert. Wo sich die aufgedrängte Bereicherung als Einmischung in den Rechtskreis des Eigentümers darstellt, folgt aus dem Rechtsgedanken der §§ 996 ff. BGB und den Vorschriften über die Ge-

---

[47] *M. Wolf* JZ 1966, 467; *Jakobs* AcP 167, 350; *Klauser* NJW 1965, 816.
[48] *Baur/Stürner* § 53 Rn. 33.
[49] BGHZ 23, 61.

schäftsführung ohne Auftrag, dass ein Ausgleichsanspruch nicht besteht, wenn der Übergriff auf mangelnder Sorgfalt beruht.[50]

6. Wegnahmerecht

Nach § 951 Abs. 1 Satz 2 BGB ist die Wiederherstellung des früheren Zustandes ausgeschlossen. Die §§ 946ff. BGB würden ihren Zweck verfehlen, wenn derjenige, welcher einen Rechtsverlust erlitten hat, berechtigt wäre, den alten Zustand wieder herzustellen. Der Grundsatz des § 951 Abs. 1 Satz 2 BGB wird aber eingeschränkt durch § 951 Abs. 2 BGB, der klarstellt, dass Vorschriften über das Recht zur *Wegnahme einer Einrichtung* unberührt bleiben. Solche Ansprüche gewährt das Gesetz in zahlreichen Bestimmungen (§§ 539 Abs. 2, 581 Abs. 2, 601 Abs. 2 Satz 2, 1049 Abs. 2, 1093 Abs. 1 Satz 2, 1216 Satz 2 BGB).

Hat etwa der Mieter bei der Renovierung seiner Wohnung die Tapeten erneuert und eine Heizanlage eingebaut, kann er nach § 539 Abs. 2 BGB die Heizanlage auf seine Kosten (§ 258 BGB) ausbauen, auch wenn sie zu einem wesentlichen Bestandteil des Grundstücks geworden war. Dagegen ist er nicht berechtigt, die Tapeten wegzunehmen, weil sie keine Einrichtung sind. Die Regelung des § 951 Abs. 1 BGB tritt gegenüber vertraglichen Vereinbarungen zurück, und § 951 Abs. 2 Satz 1 BGB stellt klar, dass auch ein auf dispositivem Recht beruhendes Wegnahmerecht unberührt bleibt.

---

[50] *M. Wolf* JZ 1966, 467.

§ 29 Besondere Fälle des Eigentumserwerbs

Literatur: *Affolter*, Das Fruchtrecht, 1991; *Brückmann*, Der Begriff der „verlorenen Sache", ArchBürgR 23, 322; *Dannecke-Stoll*, Zur Person des Finders, Erlanger Festschr. K.H. Schwab, 1990, S. 43; *Denck*, Gestattung des Fruchterwerbs und Konkurs des Gestattenden, JZ 1981, 331; *Krusch*, Grundzüge eines neuen Fundrechts, AcP 148 (1943/44), 282; *Lühn-Irriger, Susanne*, Die Biene im deutschen Recht usw., 1999; *Raape*, Aneignungsüberlassung, JherJb 74, 179; *Rother*, Der Fund im Betrieb, BB 1965, 247; *Schnorr v. Carolsfeld*, Soziale Ausgestaltung des Erwerbs von Erzeugnissen, AcP 145 (1938/39), 27; *Strauss*, Das Fundrecht des BGB, 1908; *v. Tuhr*, Fruchterwerb bei bedingter Eigentumsübertragung, Recht 1928, 297; *Walsmann*, Der Verzicht, 1912; *Zitelmann*, Übereignungsgeschäft und Eigentumserwerb an Bestandteilen, JherJb 70, 1.

Studium: *Brade/Vogel*, Die Dereliktion beweglicher Sachen (§ 959 BGB), JA 2014, 412; *Hellermann/Birkholz*, Containern – eine sachenrechtliche Herausforderung, Jura 2020, 303; *K. Schmidt*, Besitz an verlorenen Sachen im Supermarkt, JuS 1988, 72; *Schreiber*, Eigentumserwerb durch Fund, Jura 1990, 446; *Schultheiß*, Grundfälle zum Erwerb nach den §§ 953ff. BGB, JuS 2013, 679; *Süß*, Von Meteoriten, Skeletten und anderen Kostbarkeiten, Jura 2011, 332; *Wacke*, Wer sät, der erntet, JA 1981, 286.

Fallbearbeitung: *Gottwald*, Der gefundene Autobus, JuS 1979, 247; *Wilke*, Klausur: Teurer Zahnarztbesuch, Jura 2020, 974.

I. Erzeugnisse und Bestandteile

1. Die Grundnorm

1 Vor der Trennung sind Erzeugnisse und sonstige wesentliche Bestandteile keine selbstständigen Rechtsobjekte. An ihnen gibt es weder ein Eigentumsrecht noch sonstige dingliche Rechte (§ 93 BGB). Mit der Trennung von der Muttersache werden Erzeugnisse und Bestandteile zu selbstständigen Sachen und es stellt sich die Frage, wem sie gehören. Das Gesetz regelt in den §§ 953 bis 957 BGB, wer Eigentümer der neu entstandenen Sachen wird. Nach der *subsidiären* Grundregel des § 953 BGB wird der Eigentümer der Muttersache Eigentümer der getrennten Erzeugnisse und Bestandteile. Das Fohlen gehört dem Eigentümer der Mutterstute. Wird Getreide geerntet, erlangt der Eigentümer des Grundstücks Eigentum an der Ernte. Nicht entscheidend ist, wer gesät und geerntet hat. Das Eigentumsrecht an den Erzeugnissen und Bestandteilen entsteht zum Zeitpunkt der Trennung. Es bedarf keines besonderen Aneignungsaktes.

2 Obwohl das Eigentum an Früchten durch Gesetz und nicht durch Rechtsgeschäft erworben wird, sieht das Gesetz *gutgläubigen Erwerb* vor. Wer eine Sache im Eigenbesitz hat, erwirbt an den Früchten (§ 99 Abs. 1 BGB) Eigentum, wenn er im Zeitpunkt der Besitzbegründung gutgläubig war und nicht vor der Trennung positive Kenntnis von seiner fehlenden Berechtigung erlangt hat (§ 955 BGB). Ist z.B. die Übereignung eines Grundstücks nichtig, erwirbt der

gutgläubige Besitzer Eigentum an den Früchten. Ob er sie behalten darf, wird durch die sachenrechtliche Zuordnung nicht entschieden, dafür sind die §§ 987 ff. BGB maßgeblich. Insbesondere der redliche unverklagte Besitzer muss das an Früchten erlangte Eigentum nicht herausgeben (→ § 8 Rn. 23 ff.).

2. Erwerb des dinglich Berechtigten

Die Grundregel des § 953 BGB tritt zurück, wenn ein dingliches oder schuldrechtliches Nutzungsrecht an der Muttersache bestand (§§ 954 ff. BGB). Wer aufgrund eines *dinglichen Rechtes* befugt ist, sich Erzeugnisse oder sonstige Bestandteile einer Sache anzueignen, erwirbt das Eigentum an ihnen mit der Trennung. Auch der Erwerbstatbestand des § 954 BGB ist *subsidiär*. Vorrang haben der gutgläubige Eigenbesitzer (→ § 29 Rn. 2) und der persönlich Berechtigte (§§ 955 bis 957 BGB). Zu den dinglichen Rechten, die ein Aneignungsrecht enthalten, gehören das Nutzpfandrecht (§ 1213 BGB), das Erbbaurecht (§ 1 Abs. 2 ErbbauRG) und der Nießbrauch (§ 1030 BGB). Der Eigentumserwerb des dinglich Berechtigten setzt keinen Besitz voraus; auch eine Aneignungshandlung ist nicht erforderlich.

Nach § 955 Abs. 2 BGB wird der gutgläubige Besitzer, der in Ausübung eines Nutzungsrechts (z.B. Nießbrauch) besitzt, Eigentümer der Früchte. Für die Ausgleichspflicht gelten auch hier die §§ 987 ff. BGB.

3. Erwerb des persönlich Berechtigten

a) Erwerb vom Berechtigten

Gestattet der Eigentümer einem anderen, sich Erzeugnisse oder sonstige Bestandteile der Sache anzueignen, erwirbt dieser mit der *Trennung* Eigentum an ihnen, wenn ihm der Besitz der Sache überlassen war. Es genügt Teilbesitz an den ungetrennten Bestandteilen.[1] War der Aneignungsberechtigte nicht Besitzer der Sache, geht das Eigentum erst mit der *Besitzergreifung* an den Erzeugnissen und Bestandteilen auf ihn über (§ 956 Abs. 1 Satz 1 BGB). Der Erwerb nach § 956 BGB ist auf Personen gemünzt, die durch schuldrechtliche Vereinbarung berechtigt sind, Früchte zu ziehen. Der Pachtvertrag ist ein schuldrechtlicher Vertrag, der den Verpächter verpflichtet, den Gebrauch der Sache und den Genuss der Früchte zu gewähren (§ 581 Abs. 1 Satz 1 BGB). Da das BGB den Schuldvertrag vom dinglichen Vertrag streng unterscheidet, vollzieht sich der Eigentumserwerb des Pächters nicht aufgrund des Pachtvertrags. Dingliches Rechtsgeschäft ist die Aneignungsgestattung nach § 956 BGB. Streitig ist, wie die Aneignungsgestattung dogmatisch einzuordnen ist. Nach der *Übertragungstheorie*, die der Konzeption der Gesetzesverfasser folgt[2], handelt es sich bei der Aneignungsgestattung nach § 956 BGB um einen Sonderfall der Über-

---

[1] RGZ 108, 271.
[2] Vgl. Motive Bd. 3, S. 367; RGZ 78, 35.

eignung nach § 929 BGB. Der Eigentümer ist sich mit dem Pächter darüber einig, dass dieser Eigentum an den Früchten erlangen soll. Der Eigentumserwerbstatbestand wird durch Besitzerwerb vollendet, wenn der Aneignungsberechtigte nicht schon vorher Besitzer war. War er Besitzer, genügt die Einigung, zu der nur die Trennung hinzutreten muss, weil Erzeugnisse und Bestandteile vor der Trennung nicht sonderrechtsfähig sind.

Nach der in der Literatur vertretenen *Aneignungstheorie*[3] handelt es sich bei dem Eigentumserwerb nach § 956 BGB nicht um einen Sonderfall der §§ 929 ff. BGB, vielmehr wird dem Berechtigten durch die Aneignungsgestattung ein Aneignungsrecht eingeräumt. Sachfragen sind durch diese Einordnung noch nicht gelöst.

6 Nach der hier vertretenen Übertragungstheorie ist die Aneignungsgestattung nach § 956 BGB eine Verfügung über künftige Sachen. Die *dingliche Einigung* wird erklärt, bevor die Sache rechtlich selbständig existiert. Da die Einigung antizipiert erklärt werden kann, ist es verfehlt, in der Gestattung nur ein Angebot zur dinglichen Einigung zu sehen, das konkludent mit der Besitzergreifung oder Trennung angenommen wird.[4] Der Erwerber, der im Besitz der Muttersache ist, hat auch Besitz an den Erzeugnissen und Bestandteilen. Deshalb ist für die Übereignung wie im Falle des § 929 Satz 2 BGB die dingliche Einigung ausreichend. Wirksam wird die Verfügung freilich erst im Augenblick der *Trennung*, weil die Sache vor diesem Zeitpunkt nicht als selbständiges Rechtsobjekt besteht. Keine Rolle spielt es, wer die Trennung vornimmt. Hat der Aneignungsberechtigte keinen Besitz an der Muttersache, wird der Erwerbstatbestand wie bei der Übereignung nach § 929 Satz 1 BGB erst mit dem *Besitzerwerb* vollendet (§ 956 Abs. 1 Satz 1 Fall 2 BGB). Da die Aneignungsgestattung eine Verfügung ist, setzt sie Verfügungsbefugnis voraus. Verfügungsbefugt ist nach § 956 Abs. 1 und 2 BGB der Eigentümer, sofern die Erzeugnisse und Bestandteile keinem anderen Berechtigten zugewiesen sind. Die Verfügungsbefugnis muss in dem Zeitpunkt vorliegen, in dem die Verfügung Wirksamkeit erlangt.[5] Im Falle des § 956 Abs. 1 Satz 1 Fall 2 BGB gehört die Besitzergreifung zum Verfügungstatbestand. Deshalb muss die Verfügungsbefugnis noch in diesem Zeitpunkt gegeben sein. War der Aneignungsberechtigte im Besitz der Sache, ist der Verfügungstatbestand mit der Einigung vollendet. Die Wirkung tritt aber erst mit der Trennung ein, weil durch sie der Verfügungsgegenstand erst geschaffen wird. Auf den Wirkungszeitpunkt kommt es für die Verfügungsbefugnis ausnahmsweise dann nicht an, wenn der Erwerber ein sicheres Anwartschaftsrecht erlangt hat. Eine Anwartschaft besteht, solange die Aneignungsgestattung nach § 956 Abs. 1 Satz 2 BGB unwiderruflich ist.

7 Nach § 956 Abs. 2 BGB ist derjenige verfügungsbefugt, dem Erzeugnisse oder sonstige Bestandteile nach der Trennung gemäß §§ 953 ff. BGB gehören

---

[3] Sie wird auch Anwartschaftstheorie genannt, Vertreter sind z.B. *Wolff/Raiser* § 77 Anm. 26; *Wilhelm* Rn. 1047 a.E.
[4] Zutreffend *Wieling/Finkenauer* § 11 III 4a; a.M. RGZ 78, 36.
[5] BGHZ 27, 360.

würden. Zu prüfen ist danach, wem das Eigentum ohne die Gestattung zugefallen wäre.⁶

Die Gestattung ist als dinglicher Vertrag grundsätzlich widerruflich, auch wenn der Widerruf vertragswidrig ist. Ausnahmsweise ist die Aneignungsgestattung unwiderruflich, wenn der Eigentümer zur Gestattung verpflichtet ist und der andere Teil im Besitz der Sache ist (§ 956 Abs. 1 Satz 2 BGB). Die Bindung erstreckt sich auf den Rechtsnachfolger des Eigentümers, sofern auch dieser zur Gestattung verpflichtet ist.⁷ Wird ein verpachtetes Grundstück veräußert, gehen die Rechte und Pflichten aus dem Pachtvertrag auf den Erwerber über (§§ 581 Abs. 2, 578, 566 BGB); zugleich muss sich der Rechtsnachfolger den dinglichen Vertrag des Veräußerers zurechnen lassen. Erwerber und bisheriger Eigentümer sind durch die Bindungswirkung gehindert, anderweitig über die Erzeugnisse und Bestandteile zu verfügen. Da der Gesetzgeber den Pächter schützen wollte, kann die Bindung an den dinglichen Vertrag nicht wie sonst lediglich den Ausschluss des Widerrufs bedeuten.⁸ Die Bindung führt zu einem Anwartschaftsrecht des Pächters.

Unerheblich ist es, ob der Verfügende bei der Trennung oder Besitzergreifung noch geschäftsfähig war. Die Geschäftsfähigkeit ist eine handlungsbezogene Wirksamkeitsvoraussetzung und muss im Zeitpunkt der Handlung vorliegen. Deshalb genügt es, wenn die Parteien im Zeitpunkt der dinglichen Einigung geschäftsfähig waren.⁹

b) Erwerb vom Nichtberechtigten

Auch bei der Aneignungsgestattung nach § 956 BGB gibt es einen Erwerb vom Nichtberechtigten (§ 957 BGB). Die Voraussetzungen sind für die beiden Alternativen des § 956 Abs. 1 Satz 1 BGB unterschiedlich geregelt: War dem anderen der Besitz der Sache überlassen und war dieser bei der Überlassung gutgläubig und erfährt er die fehlende Berechtigung nicht vor der Trennung, wird er Eigentümer. Wie im Falle des § 929 Satz 1 BGB darf der Verfügende keinen Besitzrest zurückbehalten. Deshalb liegt keine Besitzüberlassung im Sinne des § 956 Abs. 1 BGB vor, wenn der Gestattende mittelbarer Besitzer bleibt.¹⁰ War der Erwerber nicht Besitzer der Sache, kommt es für den guten Glauben darauf an, wann er Besitz an den Erzeugnissen ergriffen hat.

§ 957 BGB regelt nur den guten Glauben, der Besitz als Rechtsscheinstatbestand ist nicht erwähnt. Dennoch besteht Einigkeit darüber, dass gutgläubiger

---

⁶ Vgl. Staudinger/*Heinze* § 956 Rn. 18.
⁷ Vgl. Motive Bd. 3, S. 368f.
⁸ Wie es bei § 873 Abs. 2 BGB der Fall ist, → § 9 Rn. 5.
⁹ Dagegen meinen *Baur/Stürner* § 53 Rn. 58, die Übertragungstheorie müsse beim Verlust der Geschäftsfähigkeit den Eigentumserwerb ablehnen. Das wäre richtig, wenn es keine antizipierte Einigung gäbe.
¹⁰ BGHZ 27, 364.

Erwerb voraussetzt, dass der Gestattende Besitzer der Muttersache oder der ungetrennten Bestandteile ist.[11]

II. Aneignung herrenloser Sachen

12 Nach § 958 Abs. 1 BGB wird derjenige Eigentümer, der eine herrenlose bewegliche Sache in Besitz nimmt. Das Eigentum wird nicht erworben, wenn die Aneignung verboten oder wenn die Besitzergreifung das Aneignungsrecht eines anderen verletzt (§ 958 Abs. 2 BGB). Besondere Aneignungsrechte, die eine Aneignung nach § 958 BGB ausschließen, sind die Jagd- und Fischereirechte (vgl. § 1 Abs. 1 Satz 1 BJagdG).

13 Eine bewegliche Sache wird herrenlos, wenn der Eigentümer sein Eigentum aufgibt (Dereliktion). Voraussetzung ist, dass der Eigentümer den Besitz in der Absicht aufgibt, auf das Eigentum zu verzichten (§ 959 BGB). Die Dereliktion ist eine Verfügung und unterliegt den Vorschriften über Rechtsgeschäfte. Erforderlich ist daher Geschäftsfähigkeit. Bei einem Verstoß gegen ein gesetzliches Verbot kann die Aufgabe des Eigentums nach § 134 BGB unwirksam sein. Zu den Verbotsgesetzen ist das Aussetzungsverbot nach § 3 Satz 1 Nr. 3, 4 TierSchG zu rechnen,[12] nicht aber die Abfallbeseitigungspflicht gemäß § 15 Abs. 1 KrWG.[13]

14 Herrenlos sind ferner wilde Tiere, solange sie sich in der Freiheit befinden (§ 960 Abs. 1 Satz 1 BGB). Erlangt ein wildes Tier die Freiheit wieder, wird es herrenlos, wenn der Eigentümer das Tier nicht unverzüglich verfolgt oder die Verfolgung aufgibt (§ 960 Abs. 2 BGB).[14] Ein gezähmtes Tier wird herrenlos, wenn es die Gewohnheit ablegt, an den ihm bestimmten Ort zurückzukehren (§ 960 Abs. 3 BGB). Von den gezähmten Tieren zu unterscheiden sind die zahmen Tiere (Haustiere). An ihnen besteht das Eigentum fort, auch wenn sie sich weigern sollten, das Haus ihres Herrn zu betreten. Zum Bienenrecht → §§ 961 bis 964 BGB.

III. Fund

1. Übersicht

15 Eine Sache ist verloren, wenn sie keinen Besitzer, wohl aber einen Eigentümer hat. Der Besitzverlust allein zieht den Eigentumsverlust nicht nach sich. Nur wenn der Besitz in der Absicht aufgegeben wurde, auf das Eigentum zu verzichten, wird die Sache herrenlos (§ 959 BGB). Deshalb kann sich der Finder die verlorene Sache nicht aneignen. Die Vorschriften über den Fund tragen dem Umstand Rechnung, dass im Zeitpunkt des Fundes meist ungewiss ist, ob der

---

[11] RGZ 108, 271.
[12] BVerwG NJW 2018, 3125, Rn. 16.
[13] MünchKommBGB/*Oechsler* § 959 Rn. 7 (einschränkend).
[14] Dazu *Brehm/Berger* JuS 1994, 14.

Eigentümer zu ermitteln ist. Deshalb wird zwischen Finder und Eigentümer zunächst ein gesetzliches Schuldverhältnis begründet, durch das der Finder zur Anzeige des Fundes und zur Verwahrung verpflichtet wird (§§ 965, 966 BGB). Erst mit Ablauf von sechs Monaten nach der Anzeige des Fundes bei der zuständigen Behörde erwirbt der Finder das Eigentum an der Sache, wenn ihm kein Empfangsberechtigter bekannt geworden ist und kein Empfangsberechtigter sein Recht bei der Behörde angemeldet hat (§ 973 Abs. 1 Satz 1 BGB). Damit ist der Finder aber noch nicht dauerhaft Eigentümer. Er ist gemäß § 977 BGB drei Jahre lang einem Bereicherungsanspruch des vormals Berechtigten ausgesetzt, der nicht auf Wertersatz, sondern auf Rückübereignung gerichtet ist. Erst nach drei Jahren ist der Erwerb des Finders konditionsfest.

2. Verlorene Sachen

Verloren ist eine Sache, wenn sie besitzlos, aber nicht herrenlos ist. Verloren ist beispielsweise die vom Entleiher oder Dieb weggeworfene Sache, nicht aber eine versteckte Sache.[15] Die Bedeutung des Ausdrucks „verloren" weicht von der umgangssprachlichen Bedeutung ab. Verloren ist eine Sache nicht immer schon dann, wenn der Eigentümer nicht mehr weiß, wo sie sich befindet. Wer in seiner Bibliothek ein Buch verstellt hat und es deshalb nicht „findet", hat den Besitz nicht verloren, weil sich das Buch weiterhin in seinem Herrschaftsbereich befindet.

3. Der Finder

Auch der Finder im Rechtssinne ist nicht notwendig derjenige, den man in der Umgangssprache als Finder bezeichnen würde. Finder ist, wer die Sache in Besitz nimmt. Es kommt nicht darauf an, wer sie entdeckt hat. Hat ein Besitzdiener eine Sache „gefunden", ist nicht er der Finder; er hat die Sache zwar entdeckt, aber es hat der Besitzherr den Besitz erlangt (§ 855 BGB), der Finder ist.

Die Frage, wer Finder ist, war entscheidend in BGHZ 8, 130. Eine Platzanweiserin in einem Kino war aufgrund des Arbeitsvertrags verpflichtet, den Lichtspielraum abends zu durchsuchen und Fundsachen beim diensttuenden Portier oder beim Geschäftsführer abzugeben. Eines Tages „fand" sie einen Brillantring, den sie zum städtischen Fundamt brachte. Es meldete sich kein Empfangsberechtigter. Deshalb beansprucht die Platzanweiserin das Eigentum an dem Brillantring (§ 973 BGB), das ihr vom Arbeitgeber streitig gemacht wurde. Der BGH ging davon aus, dass die Platzanweiserin nur Besitzdienerin und deshalb nicht Finderin im Sinne des Fundrechts war. Noch weiter in der Besitzzurechnung ging BGHZ 101, 193. Ein Kunde entdeckte und ergriff einen Hundertmarkschein, den jemand im Supermarkt „verloren" hatte. Der BGH war der Ansicht, der Kunde habe den Geldschein mangels Besitzlosigkeit nicht „finden" können, weil der Inhaber des Supermarkts aufgrund eines generellen Besitzwillens bereits Besitzer geworden sei (→ § 3 Rn. 8). Die Vorschriften

---

[15] OLG Oldenburg, JZ 2021, 580 („Dinklager Goldschatz").

über den Fund, die dem Finder im Interesse des Eigentümers einen Anreiz geben wollen, den Fund zu melden, laufen durch die Konstruktionen der Besitzzurechnung weitgehend leer. Deshalb wurden in der Literatur kritische Stimmen gegen die Entscheidung laut.[16]

4. Das gesetzliche Schuldverhältnis

18 Durch den Fund wird nach §§ 965 ff. BGB ein gesetzliches Schuldverhältnis zwischen dem Finder und dem Eigentümer oder einem sonstigen Empfangsberechtigten begründet, das die §§ 987 ff. BGB verdrängt. Empfangsberechtigt ist jeder, der vom Finder Herausgabe verlangen kann. Deshalb ist der Dieb, der eine Sache verloren hat, nicht empfangsberechtigt. Die Herausgabe an den Verlierer befreit den Finder aber auch gegenüber anderen Herausgabeberechtigten, selbst wenn dem Verlierer (z.B. Dieb) kein Herausgabeanspruch zustand (§ 969 BGB). Der Finder hat dem Eigentümer oder einem sonstigen Empfangsberechtigten unverzüglich Anzeige von seinem Fund zu machen (§ 965 Abs. 1 BGB). Wenn der Finder den Empfangsberechtigten nicht kennt, hat er die Sache beim Fundamt abzugeben und die Umstände anzugeben, die zur Ermittlung des Empfangsberechtigten erheblich sein können. Bei Verletzung seiner Pflichten ist der Finder schadensersatzpflichtig. Die Haftung setzt aber voraus, dass er vorsätzlich oder grob fahrlässig gehandelt hat (§ 968 BGB). Die Anzeige ist nicht erforderlich, wenn die Sache nicht mehr als zehn Euro wert ist (§ 965 Abs. 2 Satz 2 BGB). Der Finder hat einen Anspruch auf Ersatz seiner Aufwendungen (§ 970 BGB), und es steht ihm ein Finderlohn zu, dessen Höhe vom Wert der Sache abhängig ist (§ 971 BGB). Für das Zurückbehaltungsrecht des Finders wegen seiner Ansprüche nach §§ 970, 971 BGB gelten die Vorschriften der §§ 1000 bis 1002 BGB entsprechend (§ 972 BGB).

5. Eigentumserwerb des Finders

19 Mit dem Ablauf von sechs Monaten nach der Anzeige des Fundes bei der zuständigen Behörde erwirbt der Finder das Eigentum an der Sache (§ 973 BGB). Der Eigentumserwerb ist ausgeschlossen, wenn ihm ein Empfangsberechtigter bekannt war. Gleiches gilt, wenn sich ein Empfangsberechtigter bei der Behörde gemeldet hat. Mit dem Eigentumserwerb erlöschen sonstige dingliche Rechte an der Sache (§ 973 Abs. 1 Satz 2 BGB). Bei Sachen, die nicht mehr als zehn Euro wert sind, beginnt die sechsmonatige Frist mit dem Fund (§ 973 Abs. 2 BGB). Das Eigentum wird bei diesen geringwertigen Sachen nicht erworben, wenn der Fund auf Nachfrage verheimlicht wurde. Hat sich ein Empfangsberechtigter bei der Fundbehörde gemeldet, kann ihn der Finder auffordern, sich zur Zahlung des Finderlohnes und Erfüllung des Aufwendungsersatzanspruchs bereit zu erklären. Kommt der Berechtigte der Aufforderung nicht nach, wird der Finder mit Ablauf der Erklärungsfrist Eigentümer (§ 974 BGB). Das Fund-

---

[16] *Gursky* JZ 1991, 496 f.; *Dubischar* JuS 1989, 703; *Ernst* JZ 1988, 359.

amt kann dem Finder nach Ablauf der Sechsmonatsfrist eine Frist zur Geltendmachung seines Herausgabeanspruchs bestimmen. Lässt der Finder die Frist verstreichen, geht das Eigentum auf die Gemeinde über (§ 976 Abs. 2 BGB).

6. Verkehrsfund

Wird eine Sache in den Geschäftsräumen oder den Beförderungsmitteln einer öffentlichen Behörde oder einer dem öffentlichen Verkehr dienenden Verkehrsanstalt gefunden, gelten Sonderregelungen (§§ 978ff. BGB); sie betreffen auch den Finderlohn, der bei einem Wert unter 50 Euro ausgeschlossen ist (§ 978 Abs. 2 Satz 1 BGB). Die Sonderregelungen über den Verkehrsfund wurden nicht nur in der Literatur kritisiert,[17] auch der BGH meinte, dass die unterschiedlichen Regelungen des gewöhnlichen und des Verkehrsfundes (§§ 965ff. BGB und §§ 978ff. BGB) heute nicht mehr unbedingt als sachgerecht und folgerichtig erscheinen.[18]

7. Schatzfund

Eine Sonderregelung enthält § 984 BGB für den Schatzfund. Wird eine verborgene Sache entdeckt und infolge der Entdeckung in Besitz genommen, so wird das Eigentum zur Hälfte von dem Entdecker, zur Hälfte von dem Eigentümer der Sache erworben, in welcher der Schatz verborgen war. Ein Schatz ist eine Sache, die so lange verborgen gelegen hat, dass ihr Eigentümer nicht mehr zu ermitteln ist.[19] Der Sacheigentümer, dem die Hälfte gebührt, muss nicht Grundstückseigentümer sein. War eine Sache z.B. in einem Schrank verborgen, wird der Eigentümer des Schrankes am Schatzfund beteiligt. Wird der Schatz von einem Arbeitnehmer gefunden, gilt der Arbeitgeber nur dann als Entdecker, wenn die Tätigkeit des Arbeitnehmers auf Schatzsuche ausgerichtet war.[20] Zu beachten sind landesrechtliche Sonderregelungen des Denkmalschutzes, die dem Land ein Schatzregal gewähren.[21]

IV. Dingliche Surrogation

Literatur: *Coester-Waltjen*, Die dingliche Surrogation, Jura 1996, 24; *Einsele*, Inhalt und Schranken des Offenkundigkeitsprinzips, JZ 1990, 1005; *Habermeier*, Schadensersatzanspruch und Eingriffskondiktion bei Berechtigung mehrerer am Gegenstand des Eingriffs, AcP 193, 364; *Wolf*, Dingliche Surrogation und Wertersatz bei der Nacherbschaft, JuS 1981, 14.

---

[17] *Eith* MDR 1981, 189ff.
[18] BGHZ 101, 192, 193.
[19] Zur Anwendung des § 984 BGB auf Fossilien OLG Nürnberg NJW-RR 2003, 933.
[20] Vgl. dazu BGHZ 103, 111.
[21] Dazu BVerfGE 78, 209 (abl. *Klaus-Peter Schroeder* JZ 1989, 676).

22 Eine besondere Erwerbsart ist die dingliche Surrogation, die das Gesetz in einzelnen nicht verallgemeinerungsfähigen Fällen anordnet. Bei der dinglichen Surrogation wird das Eigentum an einer Sache mit dinglicher Wirkung durch das Eigentum an einer anderen Sache ersetzt. Bei der Mittelsurrogation wird derjenige Eigentümer, dem die Mittel gehörten, mit denen das Eigentum erworben wurde.

23 Surrogationsvorschriften, die an ein Rechtsgeschäft anknüpfen, verlagern die Wirkungen vom rechtsgeschäftlich Handelnden auf den durch die Surrogationsvorschrift Begünstigten. Sie ähneln darin den Vorschriften über die Stellvertretung. Die Besonderheit gegenüber der Stellvertretung ist, dass der Offenkundigkeitsgrundsatz nicht gilt.

Ein Beispiel für rechtsgeschäftliche Surrogation ist der Eigentumserwerb des Verpächters nach § 582a Abs. 2 Satz 2 BGB. Der Pächter, der das Inventar zum Schätzwert übernommen hat und verpflichtet ist, das Inventar zum Schätzwert zurückzugeben, hat Ersatzstücke anzuschaffen, wenn Inventarstücke beschädigt oder sonst unbrauchbar geworden sind. Erwirbt er ein Ersatzstück, führt die Übereignung nach § 929 BGB zum Eigentumserwerb des Verpächters, obwohl sich die Parteien darüber einig waren, dass der Pächter das Eigentum erwerben sollte. Deshalb ist es unerheblich, wenn der Veräußerer nicht wusste, dass er es mit einem Pächter im Sinne des § 582a BGB zu tun hat. Weil Grundlage des Erwerbs das Rechtsgeschäft ist, scheitert der Eigentumserwerb des Verpächters, wenn der Veräußerer nicht verfügungsbefugt war. Würde der Pächter als Stellvertreter des Verpächters auftreten, könnte dieser das Eigentum nur erwerben, wenn der Veräußerer Eigentümer ist oder wenn die Voraussetzungen des gutgläubigen Erwerbs vorliegen.

24 Surrogationsregeln dienen häufig dem Schutz von (Sonder-)Vermögen. An die Stelle nur schuldrechtlicher Ansprüche auf den Wert der Sache tritt der dingliche Anspruch auf das Surrogat. Die dingliche Surrogation findet sich insbesondere im Erbrecht. Zum Schutze des Erben sieht § 2019 Abs. 1 BGB eine Surrogationsregelung vor: Verfügt der Erbschaftsbesitzer (als Nichtberechtigter!) über Nachlassgegenstände, tritt die Gegenleistung auch dinglich an die Stelle des ursprünglichen Nachlassgegenstands. Ein Zwischenerwerb des Erbschaftsbesitzers findet nicht statt. Vergleichbar enthält § 2041 BGB Surrogationsbestimmungen für die Miterbengemeinschaft und § 2111 BGB im Falle der Vor- und Nacherbschaft.

Weitere Fälle der dinglichen Surrogation enthalten die §§ 718 Abs. 2, 1066 Abs. 3, 1075 Abs. 1, 1247 Satz 2, 1258 Abs. 3, 1287 Satz 1, 1219 Abs. 2 Satz 1 BGB.

9. Kapitel: Sicherungsrechte an beweglichen Sachen

§ 30 Struktur, Dogmatik und Kritik besitzloser Sicherungsrechte

Literatur: *Adams*, Ökonomische Analyse der Sicherungsrechte, 1980; *Armgardt*, Die Pendenztheorie im Vergleich mit dem Anwartschaftsrecht, der Lehre von der Vorausverfügung und der Lehre vom besitzlosen Pfandrecht, AcP 206 (2006), 654; *Becker-Eberhard*, Die Forderungsgebundenheit der Sicherungsrechte, 1993; *Graf v. Bernstorff*, Der Eigentumsvorbehalt in den EG-Staaten, RIW/AWD 1993, 365; *Brinkmann*, Kreditsicherheiten an beweglichen Sachen und Forderungen, 2011; *D. O'Donnell/D.L. Carey Miller*, Security over Moveables, ZEuP 1997, 807 (zum schottischen Recht); *Dorndorf*, Kreditsicherungsrecht und Wirtschaftsordnung, 1986; *Dorndorf/Frank*, Reform der Mobiliarsicherheiten – unter Berücksichtigung der ökonomischen Analyse der Sicherungsrechte, ZIP 1985, 65; *Faber*, Das Mobiliarsicherungsrecht des DCFR: Perspektiven für eine Reform in Österreich bzw. in Europa?, JurBlätter, 2011, 341; *E. Kieninger*, Mobiliarsicherheiten im Europäischen Binnenmarkt, 1996; *dies.*, Die Zukunft des deutschen und europäischen Mobiliarsicherungsrechts, AcP 208 (2008), 182; *Légrádi*, Mobiliarsicherheiten in Europa, 2012; *Röver*, Vergleichende Prinzipien dinglicher Sicherheiten, 1999; *Schürheck, Marianne*, Sachenrecht im Europäischen Gemeinschaftsrecht. Bestandsaufnahme, Legislativkompetenzen, Entwicklungsperspektiven, 2011; *Serick*, Eigentumsvorbehalt und Sicherungsübertragung, 6 Bände, 1963 bis 1989.

Studium: *Bülow*, Einführung in das Recht der Kreditsicherheiten, Jura 1996, 190.

I. Übersicht

Eigentumsvorbehalt und Sicherungsübereignung sind besondere Vertragsgestaltungen, die darauf abzielen, einer Partei eine Sicherung zu verschaffen. Gesichert werden soll gewöhnlich eine Geldforderung. Beim *Eigentumsvorbehalt* wird die Vereinbarung getroffen, dass das Eigentum erst mit vollständiger Bezahlung des Kaufpreises auf den Käufer übergehen soll. Bedeutung erlangt der Eigentumsvorbehalt vor allem im Insolvenzverfahren über das Vermögen des Käufers und bei der Einzelzwangsvollstreckung. Da der Verkäufer trotz Übergabe der Sache bis zur vollständigen Bezahlung des Kaufpreises Eigentümer bleibt, gehört die Sache haftungsrechtlich nicht zum Vermögen des Käufers. Der Verkäufer hat im Insolvenzverfahren über das Vermögen des Käufers ein Aussonderungsrecht; eine Einzelzwangsvollstreckung kann er durch die Drittwiderspruchsklage nach § 771 ZPO abwehren (→ § 33 Rn. 1, 22). 1

Bei der *Sicherungsübereignung* übereignet der Sicherungsgeber, der regelmäßig Schuldner der gesicherten Forderung ist, seinem Gläubiger als Sicherungsnehmer eine bewegliche Sache mit der schuldrechtlichen Abrede, dass 2 der Gläubiger befugt sein soll, die Sache zu veräußern, um sich aus dem Erlös zu befriedigen, falls die gesicherte Forderung nicht getilgt wird. Durch die Sicherungsübereignung scheidet die Sache aus dem Vermögen des Schuldners aus und wird dadurch dem Zugriff anderer Gläubiger des Schuldners entzogen. Betreibt ein anderer Gläubiger die Einzelzwangsvollstreckung, kann der Sicherungseigentümer – wie der Vorbehaltseigentümer – mit der Klage nach § 771 ZPO die Zwangsvollstreckung abwehren. Im Insolvenzverfahren über das Vermögen des Sicherungsgebers genießt der Sicherungseigentümer eine Vorzugsstellung; er kann wie ein Pfandgläubiger abgesonderte Befriedigung verlangen (§ 51 Nr. 1 InsO).

3   Vorbehaltseigentum und Sicherungseigentum stehen von einem praktischen Standpunkt aus betrachtet in engem Zusammenhang. Beim Vorbehaltskauf übernimmt der Verkäufer die Rolle des Kreditgebers; er stundet den Kaufpreis, der meist in Raten zu zahlen ist. Der gestundete Kaufpreisanspruch wird durch das Vorbehaltseigentum gesichert. Das gleiche Ergebnis wird erreicht, wenn die Rolle des Kreditgebers nicht vom Verkäufer, sondern von einem Kreditinstitut übernommen wird: Der Käufer schließt mit der Bank einen Vertrag über ein Darlehen in Höhe des Kaufpreises. Dank des Darlehens kann er die Kaufsache beim Verkäufer bar bezahlen. Gläubiger ist nicht der Verkäufer wie beim Vorbehaltskauf, sondern das Kreditinstitut, dem die Kaufsache zur Sicherung übereignet wird.

Als weitere Vertragsgestaltung hat sich in der Praxis das *Finanzierungsleasing* durchgesetzt. Der Leasinggeber kauft die Sache, die der Leasingnehmer nutzen will. Aufgrund des Leasingvertrags wird dem Leasingnehmer ein schuldrechtliches Nutzungsrecht an der Sache eingeräumt, dafür zahlt er dem Leasinggeber Raten. Dabei wird oft ein Ankaufsrecht bei Ablauf der Leasingzeit vereinbart. Ob der Sachnutzer für die Dauer der Gebrauchsfähigkeit der Sache Leasingraten, Kredit- oder Kaufpreisraten zahlt, spielt im Ergebnis oft keine Rolle. Welche Vertragsgestaltung gewählt wird, hängt nicht nur davon ab, welcher Preis im Ergebnis zu zahlen ist, sondern von steuer- und bilanzrechtlichen Überlegungen.

II. Sicherungseigentum und Vorbehaltseigentum als publizitätslose Pfandrechte

4   Sicherungseigentum und Vorbehaltseigentum haben die Funktion übernommen, die früher dem Pfandrecht an beweglichen Sachen zugekommen ist. Der Käufer, der zur Anschaffung der Kaufsache ein Darlehen benötigt, könnte dem Gläubiger auch ein Pfandrecht nach § 1204 BGB bestellen, und der um eine Sicherung bemühte Verkäufer könnte die Sache unbedingt übereignen, um sie anschließend zum Pfand zu nehmen. Das Pfandrecht wird gemäß § 1205 BGB durch Einigung und Übergabe bestellt. Eine Pfandrechtsbestellung, bei der die Übergabe durch ein Besitzkonstitut (§ 930 BGB) ersetzt wird, kennt das Gesetz indes nicht. Daher hat das Pfandrecht zur Kreditsicherung unter dem BGB kaum Bedeutung erlangt. Der Käufer, der seinen Kauf mit einem Kredit finanziert, will die Kaufsache sogleich nutzen. Das Geschäft wäre für ihn wenig at-

traktiv, wenn er in den Genuss der Sache erst nach Tilgung seiner Schulden käme, obwohl er Darlehenszinsen zahlen soll. Wer würde schon ein Kfz mit Kredit finanzieren, wenn er das Gefährt dem Kreditgeber überlassen müsste. Der Käufer könnte sich rühmen, Eigentümer eines schönen Fahrzeugs zu sein und wäre doch gezwungen, wie bisher mit der Straßenbahn zu fahren. Und Banken als Sicherungsgeber müssen die finanzierten Fahrzeuge in Besitz nehmen und verwalten, was mit Kosten verbunden ist. Das Pfandrecht des BGB, das den Sicherungsnehmer zum Besitz „zwingt", entspricht dieser Interessenlage nicht. Der Kauf unter Eigentumsvorbehalt und die Sicherungsübereignung sind Vertragsgestaltungen, die das Interesse des Kreditnehmers an der Sachnutzung und das Sicherungsinteresse des Kreditgebers in Einklang bringen.

Dass ein Besitzkonstitut zur Verpfändung nicht genügt, ist kein Versehen des Gesetzgebers. Er hat das Übergabeerfordernis bei der Pfandbestellung strenger durchgeführt als bei den Übereignungstatbeständen. Man wollte den Schuldner zwingen, den Besitz am Sicherungsgut aufzugeben und auf den Gläubiger zu übertragen. Heimliche Verpfändungen wurden durch die Partikulargesetzgebung des 19. Jahrhunderts bekämpft; sie galten als anstößig und betrügerisch (→ § 34 Rn. 4).

III. Zur Kritik an den besitzlosen Mobiliarsicherheiten

Die besitzlosen Mobiliarsicherheiten waren Gegenstand erbitterter rechtsdogmatischer und vor allem rechtspolitischer Auseinandersetzungen. 5

1. Rechtsdogmatische Einwände

Wenn das Gesetz bei der Pfandbestellung keine Abstriche am Übergabeerfordernis macht und offenbar den Verpfänder zwingen will, die Sache aus der Hand zu geben, scheint es auf eine Umgehung des Gesetzes hinauszulaufen, falls man das Pfandrecht durch die Sicherungsübereignung nach § 930 BGB ersetzt. Die Zulässigkeit der Sicherungsübereignung wird vielfach auf Gewohnheitsrecht gestützt. Dabei wird unterstellt, dass sie im Gesetz eigentlich keine Grundlage hat. Das ist aber irreführend, weil die Sicherungsübereignung auf einer Rechtsgestaltung beruht, die nur Bausteine verwendet, die das BGB bereitstellt. Die Sicherungsübereignung ist eine Eigentumsübertragung nach §§ 929ff. BGB mit der schuldrechtlichen Abrede, dass der Sicherungsnehmer die Eigentümerbefugnisse (Nutzung und Veräußerung der Sache) nicht wahrnehmen darf, solange der Schuldner seine Kreditraten zahlt. Nur wenn man davon ausgeht, aus § 1205 BGB sei abzuleiten, dass die Sicherungsübereignung mittels Besitzkonstitut (§ 930 BGB) unzulässig sei, handelt es sich um eine Rechtsfortbildung contra legem. Dem Gesetzgeber war aber die Rechtsgestaltung, bei der Rechte zur Sicherung übertragen werden, bekannt, und er hat sie nicht verworfen. Die Sicherungsübertragung ist sogar im Gesetz erwähnt. Nach § 216 Abs. 2 Satz 1 BGB gibt die Verjährung keinen Anspruch auf Rückübertragung von Rechten, die zur Sicherung übertragen wurden. Auch den Materialien zum 6

BGB lässt sich keine eindeutige Stellungnahme des Gesetzgebers gegen die Sicherungsübereignung entnehmen.[1] Der Gesetzgeber hat bei der Reform des Insolvenzrechts im Jahre 1999 die Sicherungsübereignung explizit geregelt und damit anerkannt (§ 51 Nr. 1 InsO).

7 Dass der Vorbehaltskauf als zulässige Vertragsgestaltung anzuerkennen ist, steht außer Zweifel. Das Kaufrecht enthält in § 449 BGB eine Auslegungsregel, auf der die übliche Gestaltung des Vorbehaltskaufs beruht. Im Zweifel ist anzunehmen, dass die Übereignung (Einigung nach § 929 BGB) unter der aufschiebenden Bedingung vollständiger Zahlung des Kaufpreises erfolgt. Auch § 216 Abs. 2 Satz 2 BGB knüpft an den Eigentumsvorbehalt an.

2. Rechtspolitische Einwände

8 Die besitzlosen Mobiliarsicherheiten waren Gegenstand heftiger Auseinandersetzungen, die vor allem bei der Reform des Insolvenzrechts ausgetragen wurden. Weil Unternehmungen nicht nur Grundstücke, sondern auch Maschinen, Kundenforderungen und ganze Warenlager als Sicherungsmittel einsetzen, zeigt sich im Insolvenzfall, dass das Vermögen des Insolvenzschuldners durch rechtsgeschäftliche Absprachen weitgehend für bestimmte Gläubiger (eben die Sicherungsnehmer) reserviert ist. Die im Insolvenzverfahren angestrebte Gleichbehandlung der Gläubiger (*„par conditio creditorum"*) wird dadurch praktisch vereitelt. Vielfach ist die Masse so weit ausgehöhlt, dass eine Eröffnung des Insolvenzverfahrens an Massearmut scheitert. In der rechtspolitischen Diskussion wurden dafür vor allem die „publizitätslosen" Sicherheiten verantwortlich gemacht. Dabei wurde der Publizität allerdings eine Bedeutung zugemessen, die ihr kaum zukommen kann. Versteht man unter Publizität die Sichtbarmachung dinglicher Rechtsverhältnisse, wird der Publizitätsgrundsatz bei den Pfandrechtsvorschriften nur abgeschwächt verwirklicht. Für die Verpfändung genügt die schlichte Einigung, wenn der Gläubiger im Besitz der Sache ist (§ 1205 Abs. 1 Satz 2 BGB), und wenn ein Dritter die Sache besitzt, kann der Eigentümer das Pfandrecht durch Einigung und Abtretung des Herausgabeanspruchs bestellen (§ 1205 Abs. 2 BGB). In diesen Fällen wird die Verpfändung für Dritte nicht sichtbar. Bei § 1205 Abs. 1 Satz 1 BGB wird das Traditionsprinzip wie bei den Übereignungstatbeständen zu Unrecht mit dem Publizitätsprinzip gleichgesetzt, dessen Bedeutung unklar und verschwommen ist.[2] Der Schuldner, der seine Sache als Pfand hingibt, soll nach dem Traditionsprinzip gezwungen sein, auch den Besitz auf den Gläubiger zu übertragen, und der Gläubiger darf dem Schuldner die Sache nicht zurückgeben, will er sein Pfandrecht nicht verlieren (§ 1253 Abs. 1 BGB). Der Besitz des Pfandgläubigers verhindert, dass der Schuldner seine Sachen mehrfach verpfänden kann. Geschützt

---

[1] Vgl. *Gaul* AcP 168, 351, 357; *Picker* AcP 188, 511, 522; *Schubert*, Die Entstehung der Vorschriften des BGB über Besitz und Eigentumsübertragung, 1966, S. 163.
[2] → § 26 Rn. 11.

werden dabei in erster Linie bereits gesicherte Pfandgläubiger, deren dingliche Rechtsstellung im Falle einer Zweitverpfändung beeinträchtigt würde, wenn der zweite Pfandgläubiger gutgläubig ist; nach § 1208 BGB geht dann das später bestellte Pfandrecht dem früheren im Rang vor. Das Erfordernis der Besitzübertragung soll weniger künftige Gläubiger schützen, die dem Schuldner ungesichert Kredit gewähren, weil sie irrig davon ausgehen, alles was der Schuldner im Besitz habe, stehe als Haftungsmasse zu Verfügung.[3] Bei der Diskussion um die publizitätslosen Mobiliarsicherheiten wurde auch nie mit Nachdruck die Einführung von Registrierungsverfahren gefordert,[4] die andere Rechtsordnungen kennen.

Demgegenüber versucht *Brinkmann* das Publizitätserfordernis bei Mobiliarsicherheiten zu begründen, indem er den Vorrang des Sicherungsgläubigers auf eine konsensuale Basis stellt.[5] Danach stimmt der Gläubiger dem Vorrang des Sicherungsnehmers zu, wenn er Kredit gewährt, obwohl ihm bekannt ist oder bekannt sein musste, dass Vermögensgegenstände bereits für einen anderen Gläubiger haftungsrechtlich reserviert sind. Gewährt ein Gläubiger dem Schuldner Kredit bevor für andere Gläubiger Sicherungsrechte bestellt waren, obliegt es ihm, durch eine sog. Negativerklärung sicher zu stellen, dass seine Befriedigungsaussichten nicht geschmälert werden. Nach *Brinkmann* bewirkt die Negativerklärung, dass Sicherheiten, die abredewidrig bestellt wurden, nichtig sind, weil mit der Negativerklärung die Genehmigung der Belastung des Schuldnervermögens verweigert wird. Dass diese rechtsgeschäftliche Begründung bei Handwerkern und kleinen Dienstleistungsunternehmen, die nicht die Möglichkeit haben, selbst Sicherheiten oder Negativerklärungen zu vereinbaren, an die Grenze der Fiktion stößt, übersieht *Brinkmann* nicht.[6] Seine Feststellung, Vertragsgerechtigkeit könne nur eine formale Gerechtigkeit gewähren, ist im Grundsatz richtig, sie enthält aber zugleich das Eingeständnis, dass die Begründung des Vorrangs mit rechtsgeschäftlichem Verhalten allenfalls für solche Gläubiger überzeugen kann, die vorausschauend ihre Rechtsverhältnisse gestalten können. Sie sind aber ohnehin Nutznießer der ungleichen Chancenverteilung. Den übrigen Gläubigern wird es nur ein schwacher Trost sein, wenn sie erfahren, dass sie sich aus Ohnmacht freiwillig in ihr Schicksal gefügt haben. Auch mit § 137 Satz 1 BGB ist dieser Ansatz kaum vereinbar.

Die rechtsgeschäftliche Begründung der Vorrangstellung des Sicherungsnehmers begegnet auch grundsätzlichen dogmatischen Bedenken. Sicherungsrechte sind im geltenden Recht als dingliche Rechte ausgestaltet. Das bedeutet, dass sie ohne rechtsgeschäftliche Ab-

---

[3] Vgl. auch *Stürner* ZZP 91 (1981), 296f.
[4] Von einzelnen Ansätzen abgesehen, vgl. etwa *Dorndorf/Frank* ZIP 1985, 65, 78. Das Mustergesetz für Sicherungsgeschäfte der Europäischen Bank für Wiederaufbau und Entwicklung (EBRD Model Law on Secured Transactions) enthält neben dem Besitzpfandrecht ein Registerpfandrecht, Art. 6; abgedruckt in ZEuP 1998, 766. Registrierungen sehen weiter vor die UNIDROIT Konvention von Kapstadt über internationale Sicherungsrechte an Ausrüstungsgegenständen von 2001, in Kraft seit 2006; Legislative Guide on secured Transactions UNICITRAL, 2008; Uniform Commercial Code (Vereinigte Staaten von Amerika). Dagegen wurde im Entwurf der Richtlinie des Europäischen Parlaments und des Rates zur Bekämpfung von Zahlungsverzug im Handelsverkehr (KOM898) vom 25.3.1998 (AblEG Nr. C 168 vom 3.6.1998, S. 13) keine Registrierung für den Eigentumsvorbehalt vorgesehen; dazu *Schmidt-Kessel* JZ 1998, 1140. Zur Registrierung nach dem DCFR → § 30 Rn. 13.
[5] *Brinkmann*, Kreditsicherheiten an beweglichen Sachen und Forderungen, 2011, S. 202ff.
[6] *Brinkmann*, Kreditsicherheiten an beweglichen Sachen und Forderungen, 2011, S. 318.

reden gegen Dritte wirken, deren Konsens dazu nicht eingeholt werden muss. Deshalb setzt der Ansatz von *Brinkmann* eine dogmatische Dekonstruktion des dinglichen Rechts voraus.[7]

9   Grundlegend hat *Häsemeyer* Sicherungsrechte, die in der Insolvenz des Sicherungsgebers zu Absonderungsrechten führen, kritisiert. Seine Kritik gilt indes nicht der fehlenden Publizität, sondern der Durchbrechung eines materiellrechtlich verstandenen Gleichbehandlungsgrundsatzes im Insolvenzverfahren, der auf dem Gedanken einer Ausgleichshaftung zwischen den Gläubigern beruht. Nach herkömmlichem Verständnis bestehen zwischen konkurrierenden Gläubigern eines Schuldners keine Rechtsbeziehungen. Demgegenüber haften nach *Häsemeyer* die Gläubiger einander wechselseitig mit ihren Forderungen. Grundlage dieser wechselseitigen Haftung ist der Einfluss, den jeder Gläubiger auf das Schuldnervermögen genommen hat:[8] „Wer Kredit gibt, weiß, dass sein Schuldner damit arbeiten, d.h. Rechtsverhältnisse mit anderen begründen muss, um den Kredit zurückzahlen zu können. Gleichwohl mindert er durch die Besicherung seines Kredits die Chancen seiner präsumtiven Mitgläubiger, ihrerseits ihre Forderungen durchzusetzen".[9] Die Ausgleichshaftung ist nach *Häsemeyer* die materiellrechtliche Grundlage des insolvenzrechtlichen Gleichbehandlungsgrundsatzes. Mit dem Vorrang, den ein Sicherungsrecht gewährt, entzieht sich der gesicherte Gläubiger der Ausgleichshaftung zu Lasten konkurrierender Gläubiger. Nach diesem Verständnis des Gleichbehandlungsgrundsatzes sind alle Sicherungsrechte ungerechtfertigte Privilegien.

10 Diese materiellrechtliche Deutung des Gleichbehandlungsgrundsatzes und damit die von *Häsemeyer* postulierte insolvenzrechtliche Ausgleichhaftung steht indes nicht in Einklang damit, dass Schuldverhältnisse bipolar gegliedert sind.[10] Prägendes Merkmal der sachenrechtlichen Dinglichkeit ist die Möglichkeit, Zugriffe Dritter abwehren zu können. Vor diesem Hintergrund ist der insolvenzrechtliche Gleichbehandlungsgrundsatz ein insolvenzverfahrensrechtliches Verteilungsprinzip, das zudem nicht auf eine endgültige Verteilung des Schuldnervermögens zielt.[11] Soweit sich die Haftungsrealisierung außerhalb eines Insolvenzverfahrens vollzieht (z.B. weil ein Insolvenzantrag mangels Masse abgewiesen wurde), gilt nach materiellem Recht und Zwangsvollstreckungsrecht kein Gleichbehandlungsgebot. Wer einem Schuldner einen gesicherten Kredit gewährt, beeinträchtigt nicht ungerechtfertigt die Interessen späterer Gläubiger, da diese das Kreditrisiko zum Zeitpunkt ihrer Kreditgewährung selbständig einschätzen müssen. Sind alle wesentlichen Gegenstände bereits für andere Gläubiger reserviert, wird ein möglicher Gläubiger die Gewährung eines

---

[7] *Brinkmann*, Sicherungsrechte an beweglichen Sachen und Forderungen, S. 231. Dazu → § 1 Rn. 12.
[8] *Häsemeyer*, Insolvenzrecht, 4. Aufl., Rn. 2.24ff.; *ders.*, KTS 1982, 507ff.
[9] *Häsemeyer*, Insolvenzrecht, 4. Aufl., Rn. 18.04.
[10] *Berger* ZZP 121 (2008), 407, 413f.
[11] Das zeigt die Nachhaftung nach § 201 Abs. 1 InsO; vgl. auch *Brehm*, Festschr. Jelinek, 2002, S. 26.

Kredits ablehnen oder in die Zinsen einen kräftigen Risikozuschlag einkalkulieren. Für seine Entscheidung darf er nicht im Rahmen einer Ausgleichshaftung dem früheren Gläubiger eine Mitverantwortung zuschieben, der die Verhältnisse zum Zeitpunkt seines Vertragsschlusses seinerseits mit Blick auf damals bereits bestehende Sicherungsrechte beurteilen musste.

Dass durch die Vorwegverteilung des schuldnerischen Vermögens Lieferanten und Kreditinstitute, die ihre Rechtsverhältnisse vorausschauend gestalten können, gegenüber anderen Gläubigern (Arbeitnehmern, Verbrauchern, vor allem aber Inhaber gesetzlicher Ansprüche) durch die tatsächlichen Verhältnisse bevorzugt werden, soll nicht bestritten werden. Aber die Lösung dieses Verteilungsproblems kann nicht in der Abschaffung der Mobiliarsicherheiten bestehen.

Die Anerkennung der Mobiliarsicherheiten führte zu Folgeproblemen, die aber nur wenig mit ihrem Charakter als besitzlosem Pfandrecht zu tun haben.[12] Zahllose Entscheidungen befassen sich mit der Frage, unter welchen Voraussetzungen Sicherungsgeschäfte sittenwidrig und damit nichtig sind. Die Rechtsprechung hat sich dem Kernproblem gestellt, die Grenzen der Privatautonomie auszuloten. Ob andere Gläubiger durch das Sicherungsgeschäft benachteiligt werden, wird im Rahmen des § 138 BGB geprüft (Gläubigergefährdung); dabei kann die Undurchsichtigkeit für andere Kreditgeber im Einzelfall das Urteil der Sittenwidrigkeit rechtfertigen,[13] aber es handelt sich dabei um einen Gesichtspunkt unter vielen. Die fehlende Sichtbarkeit (Publizität) ist allein kein ausreichender Grund, einem Sicherungsgeschäft die Anerkennung zu versagen.

IV. Mobiliarsicherheiten nach dem DCFR

Art. IX des DCFR[14] enthält eine Regelung der Mobiliarsicherheiten, die in wesentlichen Punkten vom deutschen Recht abweicht. Während die praktisch wichtigsten Mobiliarsicherheiten nach dem BGB, die Sicherungsübereignung und die Sicherungszession, publizitätslose Sicherungsrechte sind, sieht der DCFR für alle Mobiliarsicherheiten ein Register vor. Dieses Register unterscheidet sich jedoch wesentlich vom deutschen Grundbuch. Anders als im deutschen Immobiliarsachenrecht gehört die Eintragung in das Register nicht zum Verfügungstatbestand. Das Sicherungsrecht entsteht durch Vereinbarung zwischen Sicherungsgeber und Sicherungsnehmer. Mit seiner Begründung entfaltet es allerdings noch keine Drittwirkung. Die Drittwirkung entsteht erst durch die Eintragung in das Register oder durch Besitzübertragung und bei *financial assets* durch „*control*"[15]. Der Eintragung in das Register muss der Sicherungsgeber zustimmen (vergleichbar dem Bewilligungsgrundsatz nach der GBO). Eine ma-

---
[12] Anders z.B. *Baur/Stürner* § 56 Rn. 3.
[13] Vgl. RGZ 136, 247, 254 („Undurchsichtigkeit").
[14] Dazu → § 1 Rn. 54.
[15] Art. IX 3:103 ff.

terielle Prüfung nimmt die Registerbehörde nicht vor. Bei Sicherungen, die im Rahmen einer Anschaffungsfinanzierung begründet werden, wozu vor allem der Eigentumsvorbehalt zählt, wird die Drittwirkung auf den Lieferzeitpunkt vorverlagert, wenn 35 Tage danach die Eintragung in das Register erfolgt. Bei Verbraucherverträgen ist der Eigentumsvorbehalt auch ohne Registereintrag voll wirksam[16]. Ob es sinnvoll ist, für Mobiliarsicherheiten ein Register einzuführen, hängt davon ab, welche Wirkungen damit erzielt werden, und ob die Kosten für die Beteiligten in einem vertretbaren Verhältnis zum angestrebten Erfolg stehen. Ein Register bietet zunächst die Möglichkeit, Rangverhältnisse zu schaffen, die es bei der Sicherungsübereignung nicht gibt. Ein Register kann außerdem den Aufwand für die Informationsbeschaffung verringern. In welchem Umfang dieser Effekt eintritt, hängt freilich davon ab, wie zuverlässig das Register ist und in welchem Umfang ein Vertrauen in das Register geschützt ist. Die positiven Informationen des vom DCFR konzipierten Registers liefern für einen Kreditgeber noch keine verlässliche Entscheidungsgrundlage. Der Entwurf sieht deshalb ergänzend Auskunftspflichten des eingetragen Gläubigers vor.[17] Das Register ist von Bedeutung für den gutgläubigen Erwerb. Ein Dritter, der die Sache oder ein Recht an ihr erwirbt, kann sich nicht auf seinen guten Glauben berufen, wenn das Sicherungsrecht im Register eingetragen war.[18] Dies gilt jedoch nicht, wenn der Sicherungsgegenstand im ordnungsgemäßen Geschäftsgang veräußert wurde. Ob ein Register für Mobiliarsicherheiten den Aufwand rechtfertigt, ist ohne rechtstatsächliche Studien schwer zu beurteilen. Meist wird darauf verwiesen, das elektronisch geführte Register verursache keine übermäßigen Kosten.[19] Die Erfahrung mit bestehenden Registern zeigt freilich, dass der rechtsfürsorgende Staat der Versuchung kaum widerstehen kann, durch Wertgebühren, die nicht am Aufwand orientiert sind, verkappte Steuern zu erheben.[20]

---

[16] Art. IX 3:107 (4).
[17] Art. IX 3: 319. Sie bezieht sich aber nicht auf die Höhe der gesicherten Forderung Art. IX 3:320 (6).
[18] Art. 2:108 (2) und Art. IX 2:109 (2) für den Eigentumsvorbehalt.
[19] *Brinkmann*, Sicherungsrechte an beweglichen Sachen und Forderungen, S. 330; *Veneziano*, in: Schmidt-Kessel (Hrsg.), Der Gemeinsame Referenzrahmen, 2009, S. 133.
[20] Dazu *Brehm*, Freiwillige Gerichtsbarkeit, § 1 Rn. 53. Deshalb stimmt der Hinweis von *Veneziano* in: Schmidt-Kessel (Hrsg.), Der Gemeinsame Referenzrahmen, 2009, S. 133, in anderen Ländern werde durch das Register ein Gewinn erzielt, eher skeptisch. Zweifel am Nutzen einer flächendeckenden Registrierung äußern auch *Baur/Stürner* § 64 Rn. 150.

§ 31 Eigentumsvorbehalt

Literatur: *Banke*, Das Anwartschaftsrecht aus Eigentumsvorbehalt in der Einzelzwangsvollstreckung, 1991; *Berger, Klaus Peter,* Erweiterter Eigentumsvorbehalt und Freigabe von Sicherheiten, ZIP 2004, 1073; *Blomeyer*, Eigentumsvorbehalt und gutgläubiger Erwerb, AcP 153 (1954), 239; *ders.*, Die Rechtsstellung des Vorbehaltskäufers, AcP 162 (1963), 193; *Döring*, Schutz des Vorbehaltskäufers durch Anwendung des § 936 III BGB auf den gutgläubigen Zwischenerwerb?, NJW 1996, 1443; *Effer-Uhe*, Eigentumsvorbehalt und mittelbarer Besitz, JR 2017, 451; *Eichenhofer*, Anwartschaftslehre und Pendenztheorie, AcP 185 (1985), 162; *Flume*, Rechtsstellung des Vorbehaltskäufers, AcP 161 (1962), 383; *Georgiades*, Eigentumsanwartschaft bei Vorbehaltskauf, 1963; *Gernhuber*, Freiheit und Bindung des Vorbehaltskäufers nach Übertragung seines Anwartschaftsrechts, Festschr. Baur, 1981, S. 31; *Huber*, Der Eigentumsvorbehalt im Synallagma, ZIP 1987, 750; *Graf Lambsdorff*, Der Eigentumsvorbehalt bei Kollision von Verkaufs- und Einkaufsbedingungen, ZIP 1987, 1370; *ders.*, Die Übersicherung des Eigentumsvorbehaltsverkäufers und die Funktion der Freigabeklauseln, ZIP 1986, 1524; *Lieb*, Eigentumsvorbehalt und Abwehrklausel, Festschr. Baumgärtel, 1990, S. 311; *Marotzke*, Anwartschaftsrecht – ein Beispiel sinnvoller Rechtsfortbildung?, 1977; *Menne*, Die Sicherung des Warenlieferanten durch den Eigentumsvorbehalt im französischen Recht, 1998; *Misera*, Zum Eigentumsvorbehalt im klassischen römischen Recht, Festschr. Serick, 1992, S. 275; *Mülbert*, Erwerberschutz bei gestreckten Erwerbsvorgängen, AcP 214 (2014), 309; *Raiser*, Dingliche Anwartschaften, 1961; *Schwab*, Die Auswirkung des Freigabe-Klausel-Beschlusses auf den einfachen Eigentumsvorbehalt an Sachgesamtheiten, ZIP 2000, 609; *Serick*, Eigentumsvorbehalt und Sicherungsübertragung, 6 Bände, 1963 bis 1989; *Stoll*, Bemerkungen zu Eigentumsvorbehalt und Sicherungsübereignung, ZHR 128, 239; *Thamm*, Eigentumsvorbehalt im deutschen Recht, 1977; *Wolf, Manfred*, Inhaltskontrolle von Sicherungsgeschäften, Festschr. Baur, 1981, S. 147; *Zerenski*, Eigentümer und Vorbehaltskäufer im Widerstreit um die Vorbehaltsware, AcP 203 (2003), 693.

Studium: *Bonin*, Probleme des vertragswidrigen Eigentumsvorbehalts, JuS 2002, 438; *Brox*, Das Anwartschaftsrecht des Vorbehaltskäufers, JuS 1984, 657; *Effer-Uhe*, Eigentumsvorbehalt und mittelbarer Besitz, Jura 2017, 451; *Engelhardt*, Schicksal des Anwartschaftsrechts bei der Veräußerung einer unter Eigentumsvorbehalt verkauften Sache – Teil I, JA 2013, 269, Teil II, JA 2013, 330; *Habersack/Schürnbrand*, Der Eigentumsvorbehalt nach der Schuldrechtsreform, JuS 2002, 833; *Heyers*, Grundstrukturen des Eigentumsvorbehalts, Jura 2016, 961; *J. Hoffmann*, Das mobiliarsachenrechtliche Anwartschaftsrecht in der juristischen Ausbildung, JuS 2016, 289; *Hoffmann*, Die Formen des Eigentumsvorbehalts, Jura 1995, 457; *Hofmann*, Der Zeitpunkt der Übergabe beim Eigentumsvorbehaltskauf, JA 2014, 178; *Honsell*, Aktuelle Probleme des Eigentumsvorbehalts, JuS 1981, 705; *Leible/Sosnitza*, Grundfälle zum Recht des Eigentumsvorbehalts, JuS 2001, 178 ff.; 244 ff.; 341 ff.; 556 ff.; *Loewenheim*, Verfügung über das Anwartschaftsrecht nach dessen sicherungsweiser Übertragung (zu BGHZ 75, 221), JuS 1981, 721; *Lorenz*, Grundwissen – Zivilrecht: Der Eigentumsvorbehalt, JuS 2011, 199; *Müller-Laube*, Die Konkurrenz zwischen Eigentümer und Anwartschaftsberechtigten um die Drittschutzansprüche, JuS 1993, 529; *Jork*, Factoring, verlängerter Eigentumsvorbehalt und Sicherungsglobalzession in Kollisionsfällen, JuS 1994, 1019; *Runge-Rannow*, Grundfälle zum Anwartschaftsrecht, JA 2016,

487ff., 568ff., 648ff.; *Schmidt-Recla*, Grundstrukturen und Anfänge des Eigentumsvorbehalts – insbesondere des Anwartschaftsrechts, JuS 2002, 759; *Ulmer/Schmidt*, Nachträglicher, einseitiger Eigentumsvorbehalt (zu BGH NJW 1982, 1751), JuS 1984, 18.

Fallbearbeitung: *Bernhard*, Klausur: Eigentumsvorbehalt im Fitnessstudio, Jura 2010, 62; *Eleftheriadou*, Referendarexamensklausur: Die zerstörte Vorbehaltssache – Autokauf mit Folgen, JuS 2009, 434; *Omlor/Spies*, Referendarexamensklausur: Globalzession und verlängerter Eigentumsvorbehalt – Umgebucht, JuS 2011, 56; *Thomale*, Fortgeschrittenenklausur: Kreditsicherungsrecht – Heuschrecken, JuS 2013, 1097.

Weitere Literatur → § 30.

I. Die Vertragsgestaltung

1. Bedingte Übereignung

1 Aufgrund des Kaufvertrags ist der Verkäufer verpflichtet, die Sache dem Käufer zu übergeben und ihm das Eigentum an der Kaufsache zu verschaffen; der Käufer schuldet im Gegenzug die Zahlung des Kaufpreises (§ 433 BGB). Beide Verpflichtungen stehen in einem Gegenseitigkeitsverhältnis, dem die Einrede des nichterfüllten Vertrags (§§ 320, 322 BGB) Rechnung trägt. Jede Partei ist danach zur Leistung nur Zug um Zug verpflichtet. Im gesetzlichen Idealfall nimmt der Verkäufer mit der einen Hand den Kaufpreis entgegen und übergibt zugleich mit der anderen Hand die Kaufsache mit der Erklärung, dass der Käufer Eigentümer werden soll (§ 929 BGB). Auch beim Kauf unter Eigentumsvorbehalt wird der Käufer erst Eigentümer, wenn der Kaufpreis bezahlt ist. Von der gesetzlichen Grundform des Kaufvertrags unterscheidet sich der Vorbehaltskauf nur dadurch, dass die Sache nicht erst bei Zahlung des Kaufpreises übergeben wird. Der Verkäufer übergibt sie Sache schon vorher, aber er überträgt dabei noch nicht das Eigentum auf den Käufer. Rechtstechnisch könnte der Eigentumswechsel, welcher der Übergabe nachfolgt, mit einer Übereignung nach § 929 Satz 2 BGB bewirkt werden. Da der Käufer schon im Besitz der Sache ist, genügt für die Übereignung die schlichte Einigung. Diese Gestaltung hätte aber den Nachteil, dass der Verkäufer nach Eingang der letzten Kaufpreisrate Kontakt mit dem Käufer aufzunehmen hätte, um die dingliche Einigung zu erklären. Das Gesetz enthält in § 449 BGB eine elegantere Lösung, nach der das Eigentum mit Zahlung des Restkaufpreises ohne weiteres auf den Käufer übergeht. Nach der Auslegungsregel des § 449 Abs. 1 BGB ist bei der Vereinbarung eines Eigentumsvorbehalts im Zweifel anzunehmen, dass die Übertragung des Eigentums unter der aufschiebenden Bedingung vollständiger Bezahlung des Kaufpreises erfolgt. Gemeint ist damit, dass die *dingliche Einigung* aufschiebend bedingt erklärt wird, während der Kaufvertrag unbedingt geschlossen wird. Beim aufschiebend bedingten Rechtsgeschäft wird der Tatbestand des Rechtsgeschäfts vollständig verwirklicht, aber nach seinem Inhalt soll die Wirkung erst eintreten, wenn ein künftiges ungewisses Ereignis (Bedingung) eintritt (§ 158 Abs. 1 BGB). Die Wirkung des Rechtsgeschäfts tritt ein, ohne dass es einer wei-

teren Rechtshandlung einer Partei bedürfte. Die Auslegungsregel des § 449 Abs. 1 BGB gibt den Parteien eine professionelle Rechtsgestaltung an die Hand, die als Laien nur das Ziel eines Eigentumsvorbehalts in ihren Verträgen formulieren.

2. Trennungsgrundsatz

Beim Kauf unter Eigentumsvorbehalt ist wie bei allen Schuldverträgen die schuld- und sachenrechtliche Seite streng zu trennen. Der Eigentumserwerb des Käufers vollzieht sich nach §§ 929, 158 BGB. § 449 Abs. 1 BGB nimmt die Verpflichtung des Verkäufers zum Ausgangspunkt einer Auslegungsregel für das dingliche Rechtsgeschäft. Daraus ergibt sich, dass die schuldrechtliche Vereinbarung des Eigentumsvorbehalts den vollen Eigentumserwerb nicht hindert, wenn bei der Erfüllung die Übereignung ausdrücklich unbedingt vorgenommen wird. In der Regel ist freilich der dingliche Vertrag in der Kaufvertragsurkunde (nicht im Kaufvertrag als Rechtsgeschäft) enthalten, und die bedingte Einigung bleibt bestehen, wenn sie nicht widerrufen wird. Folgt die dingliche Einigung dem Kaufvertrag nach, ist die Einigung nach § 449 Abs. 1 BGB im Zweifel als bedingte Einigung auszulegen, wenn ein Vorbehaltskauf vereinbart war. Das ist kein Verstoß gegen den Trennungsgrundsatz, weil der Schuldvertrag nur als Umstand bei der Auslegung des selbstständigen dinglichen Vertrags herangezogen wird. Probleme können entstehen, wenn die Erwerberseite erst bei dem Kaufvertrag nachfolgenden dinglichen Einigung vorformulierte allgemeine Einkaufsbedingungen vorlegt, aus denen sich ergibt, dass das Eigentum nur unbedingt erworben werden soll (sog. „Abwehrklausel"). Hier erwirbt der Käufer volles Eigentum, wenn dem Verkäufer die Erklärung zugeht und dieser die Ware dennoch liefert.[1] Umgekehrt geht auch bei einem gewöhnlichen Kaufvertrag, durch den der Verkäufer ohne Einschränkung zur Übereignung und Übergabe verpflichtet wird, das Eigentum nicht vor Bezahlung des Kaufpreises über, wenn der Verkäufer entgegen der schuldrechtlichen Abrede (vertragswidrig) die dingliche Einigung nur aufschiebend bedingt erklärt. Wo das Erfüllungsgeschäft von der schuldrechtlichen Gestaltung abweicht, ist indes zu prüfen, ob bei der Erfüllung eine konkludente Änderung des Kaufvertrags erfolgte.

II. Sicherung des Verkäufers

Die Vereinbarung des Eigentumsvorbehalts soll dem Verkäufer eine Sicherung seines Kaufpreisanspruchs ermöglichen. Dabei sind die schuldrechtlichen und sachenrechtlichen Aspekte zu unterscheiden. Nach § 323 Abs. 1 BGB kann der Verkäufer vom Kaufvertrag zurücktreten, wenn der Käufer nicht rechtzeitig leistet. Der Rücktritt ist nach § 216 Abs. 2 Satz 2 BGB, der § 218 Abs. 1 Satz 1

---

[1] Zum Problem BGHZ 64, 394; BGH NJW 1982, 1749; *de Lousanoff* NJW 1982, 1727.

BGB vorgeht (§ 218 Abs. 1 Satz 3 BGB), auch noch nach Verjährung des Kaufpreisanspruchs möglich. Durch den Rücktritt verwandelt sich das Kaufrechtsverhältnis in ein Rückabwicklungsverhältnis und der Verkäufer kann die Kaufsache zurückfordern gegen Rückzahlung des bisher geleisteten Kaufpreises (§ 346 Abs. 1 BGB). Neben diesem schuldrechtlichen Anspruch auf Rückgewähr besteht ein dinglicher Anspruch nach § 985 BGB, gegen den der Käufer den Kaufvertrag nicht mehr einwenden kann, weil sein Besitzrecht (§ 986 BGB) mit dem Rücktritt endet. § 449 Abs. 2 BGB bestimmt, dass der Verkäufer die Sache nur herausverlangen kann, wenn er den Rücktritt erklärt. Die Bestimmung ist bedeutungslos, da der vindizierende Verkäufer das kaufvertragliche Besitzrecht (§ 986 BGB) des Käufers ohnehin durch Rücktritt beseitigen muss.

Der Vorbehaltsverkäufer kann allerdings auch seinen Kaufpreisanspruch titulieren lassen und dann gegen den Käufer die Zwangsvollstreckung betreiben, auch in die ihm noch gehörende Kaufsache.[2] § 811 Abs. 2 ZPO privilegiert die Pfändung des Kaufsache für den Vorbehaltsverkäufer sogar, indem er Pfändungsverbote aus § 811 Abs. 1 Nr. 1a und Nr. 1b, Nr. 2 und Nr. 8b ZPO entfallen lässt, wenn der Vorbehaltsverkäufer dem Gerichtsvollzieher den Eigentumsvorbehalt durch Urkunden nachweisen kann. Diese Privilegierung erspart dem Vorbehaltsverkäufer den Rücktritt und die Herausgabeklage, um im Wege der Herausgabevollstreckung, bei der von vornherein § 811 ZPO nicht gilt, in den Besitz der Sache zu gelangen.

Beim Teilzahlungskauf (§ 506 Abs. 3 BGB) kann der Unternehmer gemäß § 508 Satz 1 BGB nur unter den Voraussetzungen des § 498 BGB zurücktreten; die Vorschrift verlangt qualifizierten Verzug und Fristsetzung. Die Rücknahme der Kaufsache gilt zum Schutze des Verbrauchers als Ausübung des Rücktrittsrechts (§ 508 Satz 5 BGB). Das Gesetz will verhindern, dass der Verkäufer die Sache wieder an sich nimmt verliert und dennoch Zahlung des Kaufpreises verlangen kann. Bedeutung hat die Vorschrift, wenn der Verkäufer wegen des Kaufpreisanspruchs gegen den Käufer in die Kaufsache vollstreckt; mit Pfändung und Wegschaffung der Kaufsache durch den Gerichtsvollzieher entfällt der titulierte Anspruch; der Käufer kann nach § 767 ZPO gegen die Zwangsvollstreckung klagen.

4   Die Sicherung, die der Verkäufer mit dem Eigentumsvorbehalt anstrebt, liegt auf dinglicher Ebene. Das betrifft zunächst die Befugnisse des Käufers. Da der Käufer nicht Eigentümer wird, solange der Kaufpreis nicht bezahlt ist, ist er nicht berechtigt, ohne Zustimmung des Verkäufers über die Kaufsache zu verfügen. Insbesondere aber gibt das Vorbehaltseigentum dem Verkäufer ein *Interventionsrecht* nach § 771 ZPO, wenn ein Gläubiger des Käufers in die Sache vollstreckt. Mit der Drittwiderspruchsklage nach § 771 ZPO macht er geltend, dass die Sache nicht zum Vermögen des Schuldners gehört und deshalb für dessen Schulden nicht haftet. Im Interventionsprozess erklärt das Gericht die Zwangsvollstreckung in die Kaufsache für unzulässig, und der Gerichtsvollzieher hebt die Pfändung aufgrund des Urteils nach §§ 776 Satz 1, 775 Nr. 1 ZPO auf. Im Insolvenzverfahren über das Vermögen des Käufers kann der Vorbehaltsverkäufer ein *Aussonderungsrecht* nach § 47 InsO geltend machen, also die Sache herausverlangen, wenn feststeht, dass der Vertrag nicht mehr erfüllt wird,

---

[2] *Baur/Stürner* § 59 Rn. 42.

weil der Insolvenzverwalter die Erfüllung abgelehnt hat (§§ 103 Abs. 2, 107 Abs. 2 InsO). Bei Ablehnung der Vertragserfüllung nach § 103 Abs. 2 InsO entsteht für den Vertragspartner nur eine Insolvenzforderung. Der Eigentumsvorbehalt stellt sicher, dass der Verkäufer die Kaufsache vom Insolvenzverwalter herausverlangen kann.

III. Das Anwartschaftsrecht des Käufers aus bedingter Übereignung
1. Die Anwartschaft als sichere aber ungewisse Erwerbsaussicht

Durch die bedingte Übereignung erlangt der Käufer eine gesicherte Erwerbsposition. Der Vorbehaltsverkäufer ist zwar noch Eigentümer, solange der Kaufpreis nicht bezahlt ist, aber ihm steht nur noch eine beschränkte Verfügungsmacht über die Sache zu. Übereignet der Vorbehaltsverkäufer die Sache an einen Dritten, ist die Verfügung zwar zunächst wirksam. Da sich der Käufer im Besitz der Sache befindet, kommt regelmäßig nur eine Übereignung nach § 931 BGB in Betracht, und der Käufer kann einem Herausgabeverlangen des Dritten sein Besitzrecht aus dem Kaufvertrag entgegenhalten (§ 986 Abs. 2 BGB). Mit Eintritt der Bedingung, also der Zahlung des Kaufpreises durch den Vorbehaltskäufer, wird die Verfügung des Vorbehaltsverkäufers nach § 161 Abs. 1 Satz 1 BGB unwirksam und das Eigentum geht ungeschmälert auf den Käufer über. Sieht man vom gutgläubigen Erwerb nach § 161 Abs. 3 BGB ab, die zu Ansprüchen des Käufers nach §§ 816 Abs. 1, 160, 823 BGB führen,[3] ist der Verkäufer nach der aufschiebend bedingten Verfügung nicht mehr in der Lage, eigenmächtig die Erwerbsaussicht des Käufers zu zerstören. Ob der Käufer Eigentum erwerben wird, liegt ganz in seiner Hand. Zahlt er den Kaufpreis, geht das Eigentum auf ihn über, auch wenn der Verkäufer zwischenzeitlich anderweitig über den Kaufgegenstand verfügt. Die Erwerbsaussicht des Käufers ist *sicher*, weil sie vom Verkäufer nicht mehr zerstört werden kann, sie ist dennoch *ungewiss*, weil das Vollrecht nur erworben wird, wenn die Bedingung, das ungewisse künftige Ereignis, eintritt.

Die sichere Erwerbsposition des Käufers wird *Anwartschaftsrecht* genannt. Hinter dem Begriff verbirgt sich mehr als eine bildhafte Umschreibung der Rechtslage. Das Anwartschaftsrecht wird als „wesensgleiches minus", als Vorstufe des Eigentums, behandelt.[4] Der Begriff des Anwartschaftsrechts erfüllt u.a. die Funktion, den Umgang mit der ungewissen Rechtslage zu erleichtern. Das postulierte Anwartschaftsrecht besteht, es ist nicht ungewiss, offen ist nur, ob es sich später in das Vollrecht Eigentum verwandeln wird.

Das Anwartschaftsrecht repräsentiert einen Vermögenswert, je nachdem, in welcher Höhe der Kaufpreis bereits bezahlt worden ist. Erwirbt der Käufer eine Maschine unter Eigentumsvorbehalt zum Kaufpreis von 1000 Euro und hat er bereits 900 Euro bezahlt, kann er

---
[3] *Lüke* § 14 IV 1 c, Rn. 567.
[4] BGHZ 28, 16, 21: Anwartschaftsrecht im Vergleich zum Eigentum kein aliud, sondern ein wesensgleiches minus.

das Volleigentum für eine weitere Zahlung von nur 100 Euro erwerben. Dieser Vermögenswert lässt sich bereits vor der Restkaufpreiszahlung übertragen und pfänden (→ § 31 Rn. 9ff.).

2. Das Anwartschaftsrecht als akzessorisches Recht?

7 Nach einer verbreiteten Meinung ist das Anwartschaftsrecht akzessorisch. Es wird gelehrt, das Anwartschaftsrecht bestehe nicht, wenn der Kaufpreisanspruch wegen Nichtigkeit des Kaufvertrages nicht entstanden ist.[5] Die Nichtigkeit des Verpflichtungsgeschäfts muss beim Vorbehaltskauf aber nicht zur Unwirksamkeit der Verfügung führen.[6] Ob die Unwirksamkeit des Kaufvertrags den Eigentumserwerb des Vorbehaltskäufers hindert, hängt von der Auslegung der dinglichen Einigung ab. Wird nur die Zahlung einer bestimmten Geldsumme für die Kaufsache zur Bedingung erhoben, tritt die Bedingung mit der Zahlung ein, auch wenn kein Anspruch bestand. Zu einer Verknüpfung zwischen Verfügungs- und Verpflichtungsgeschäft gelangt man nur, wenn die dingliche Einigung so ausgelegt wird, dass das Eigentum übergehen soll, falls sich die Zahlung gerade als *Kaufpreis*zahlung darstellt. Eine Einigung mit diesem Inhalt enthält neben der echten Bedingung (Zahlung) eine unechte Bedingung (rechtlicher Bestand des Kaufvertrags). Obwohl ein Bedingungszusammenhang zwischen Verpflichtungs- und Verfügungsgeschäft sonst nur anerkannt wird, wenn eine ausdrückliche Vereinbarung getroffen wurde (→ § 1 Rn. 29), geht die h.M. davon aus, das Anwartschaftsrecht sei vom Kaufvertrag abhängig. Diese Auslegung hat den Vorteil, dass sich der Ausfall der Bedingung sicher feststellen lässt, wenn der Käufer zur Zahlung nicht verpflichtet ist und deshalb voraussichtlich nicht zahlen wird. Wird nur die Zahlung einer Geldsumme zur Bedingung erhoben, bleibt die Rechtslage bei nichtigem Kaufvertrag ewig in der Schwebe, weil kaum sicher festzustellen ist, dass der Käufer die Summe nicht doch noch bezahlen wird. Durch den Rücktritt (§ 449 Abs. 2 BGB) fällt der Eintritt der Bedingung endgültig aus, wenn der Bestand des Kaufpreisanspruchs zur (unechten) Bedingung erhoben wurde.

3. Das Anwartschaftsrecht als dingliches Recht?

8 Nach h.M. handelt es sich beim Anwartschaftsrecht aus bedingter Übereignung um ein dingliches Recht. Der Vorbehaltsverkäufer bleibt zwar Eigentümer, aber sein Eigentum ist mit dem dinglichen Anwartschaftsrecht des Käufers „belastet". Aus der Einordnung der Erwerbsaussicht als dingliches Recht werden weitreichende Folgerungen gezogen:

---

[5] BGH NJW 1980, 175, 176.
[6] Anders *Jauernig* JuS 1994, 721, 723; BeckOGK BGB/*Klinck* § 929 Rn. 162.

a) Übertragung des Anwartschaftsrechts

Will der Anwartschaftsberechtigte (Vorbehaltskäufer) seine Rechtsposition auf einen Dritten übertragen, bieten sich verschiedene Lösungen an. Der Anwartschaftsberechtigte, der vor Eintritt der Bedingung noch nicht Eigentümer ist, kann als Nichtberechtigter über das fremde Eigentum verfügen. Da ihm die Verfügungsbefugnis fehlt, ist diese Verfügung zunächst schwebend unwirksam. Wirksam werden kann die Verfügung durch Genehmigung des bisherigen Eigentümers (§ 185 Abs. 2 Satz 1 Fall 1 BGB). Erwirbt der Vorbehaltskäufer mit Kaufpreiszahlung das Eigentum, wird seine Verfügung, die er als Nichtberechtigter getroffen hatte, auch ohne Zustimmung des bisherigen Eigentümers wirksam (§ 185 Abs. 2 Satz 1 Fall 2 BGB). Als dritte Möglichkeit kommt die Übertragung des Anwartschaftsrechts in Betracht. Als dingliches Recht, das die Vorstufe des Eigentums darstellt, ist das Anwartschaftsrecht als solches analog §§ 929ff. BGB[7] ohne Mitwirkung des Vorbehaltsverkäufers übertragbar. Mit Bedingungseintritt erstarkt das Anwartschaftsrecht beim Erwerber unmittelbar zum Vollrecht Eigentum, ohne dass der Vorbehaltskäufer als Veräußerer des Anwartschaftsrechts zwischenzeitlich Eigentümer wird („Direkterwerb").[8] Das Anwartschaftsrecht steht dem Vorbehaltskäufer zu, und deshalb verfügt er als Berechtigter. Die ersten beiden Lösungen beruhen auf einfacher Gesetzesanwendung, während sich die dritte Lösung der durch Rechtsfortbildung erzeugten Figur des Anwartschaftsrechts bedient.

Alle Lösungen führen zum selben Ergebnis, sofern die Sache unbelastet übertragen wird. Probleme entstehen, wenn ein Gläubiger des Käufers ein Pfandrecht oder Pfändungspfandrecht am Anwartschaftsrecht geltend macht. Es stellt sich die Frage, ob die Belastung auch nach Bedingungseintritt am Eigentum fortbesteht.

Beispiel: Der Vorbehaltskäufer K überträgt die unter Eigentumsvorbehalt gekaufte Sache zur Sicherung einer Darlehensforderung nach §§ 929, 930 BGB an die Bank B. Danach pfändet der Gläubiger G des K die Sache, die sich im Gewahrsam des K befindet (§ 808 ZPO). B zahlt den Restkaufpreis an den Vorbehaltsverkäufer V und erhebt danach Klage nach § 771 ZPO gegen G. Die Klage wäre unbegründet, wenn die Bank ihr Eigentum belastet mit dem Pfändungspfandrecht des Gläubigers erworben hätte (Durchgangserwerb). Hat sie dagegen das Eigentum unmittelbar vom Verkäufer erworben (Direkterwerb), konnte die Pfändung ihre Rechtsstellung nicht schmälern, weil die Sache nie zum Haftungsvermögen des Käufers gehörte. Konstruiert man den Übertragungsvorgang K/B hingegen als Verfügung eines Nichtberechtigten, erwirbt G kein Pfändungspfandrecht, wenn V die Verfügung (mit Rückwirkung, § 184 Abs. 1 BGB) genehmigt (§ 185 Abs. 2 Satz 1 Fall 1 BGB). Das Pfändungspfandrecht setzt nach der freilich bestrittenen sog. gemischt privatrechtlich-öffentlichrechtlichen Theorie[9] voraus, dass der Vollstreckungsschuldner Eigentümer der

---

[7] BGH NJW 2007, 2844.
[8] BGHZ 20, 88, 97. RGZ 140, 223 verlangte noch die Mitwirkung des Verkäufers für den Direkterwerb. Das beruhte auf einer dogmatisch überholten Konstruktion der bedingten Verfügung.
[9] Dazu *Jauernig/Berger/Kern*, Zwangsvollstreckungsrecht, § 16 Rn. 17.

gepfändeten Sache ist. Diese Voraussetzung ist nicht gegeben, weil durch die Verfügung des K das Eigentum des V unmittelbar auf B übertragen wurde. Zu einem anderen Ergebnis gelangt man, wenn die Verfügung nicht durch Genehmigung wirksam wird, sondern dadurch, dass der Verfügende K das Eigentum mit Bedingungseintritt erwirbt. In diesem Fall werden Verfügung (Sicherungsübereignung an die Bank) und Pfändung gleichzeitig wirksam (§ 185 Abs. 2 Satz 1 BGB). Nach § 185 Abs. 2 Satz 2 BGB hat die frühere Verfügung (das ist die Pfändung) Vorrang. Das bedeutet, dass B das Eigentum belastet mit dem Pfändungspfandrecht erwirbt und deshalb nicht erfolgreich gegen die Zwangsvollstreckung nach § 771 ZPO intervenieren kann. Wählt man die dritte Lösung, nach der der Anwartschaftsberechtigte K sein Anwartschaftsrecht als Berechtigter überträgt, ist zunächst zu klären, ob das Anwartschaftsrecht beim Erwerber unmittelbar zum Vollrecht erstarkt ohne dass zwischenzeitlich der Anwartschaftsberechtigte für eine logische Sekunde Eigentümer geworden ist oder ob ein Durchgangserwerb anzunehmen ist. Der BGH bejaht den Direkterwerb[10] und folgert daraus, dass die Sachpfändung mit Bedingungseintritt dem Erwerber gegenüber nicht wirksam geworden sei.

Nach h.M. wird durch eine Sachpfändung das Anwartschaftsrecht nicht gepfändet. Will der Gläubiger auf das Anwartschaftsrecht zugreifen, muss er eine Rechtspfändung nach § 857 ZPO und zusätzlich eine Sachpfändung bewirken (sog. Doppelpfändung; → § 31 Rn. 15). Hat der Gläubiger des Vorbehaltskäufers diesen Weg eingeschlagen, erwirbt der Erwerber trotz des vom BGH angenommenen Direkterwerbs belastetes Eigentum. Die am Anwartschaftsrecht begründeten beschränkten dinglichen Rechte setzen sich am Vollrecht fort. So nahm der BGH[11] an, der Grundpfandgläubiger erwerbe ein Pfandrecht am Anwartschaftsrecht, wenn Zubehör unter Eigentumsvorbehalt gekauft werde. Überträgt der Eigentümer sein Anwartschaftsrecht, bleibt das Pfandrecht des Grundpfandrechtsgläubigers erhalten. Diese Rechtsprechung wurde fortgesetzt durch die Entscheidung BGHZ 117, 200, nach der im Falle einer Raumsicherungsklausel (das Eigentum oder Anwartschaftsrecht an Sachen, die in einem bestimmten Raum gelagert sind, werden zur Sicherung übertragen, → § 27 Rn. 3) das Eigentum von dem Sicherungsnehmer, der die Anwartschaft zunächst erworben hatte, belastet mit dem Vermieterpfandrecht erworben wird. Damit kommt die Rechtsprechung mit der Figur des Anwartschaftsrechts weitgehend Lösungen, die durch Anwendung des § 185 Abs. 2 Satz 1 Fall 2 BGB erzielt würden.

11 Überträgt der Vorbehalts*käufer* nicht das Eigentum, sondern sein Anwartschaftsrecht ebenfalls unter der aufschiebenden Bedingung der Kaufpreiszahlung an einen Zweitkäufer, entsteht ein zweites Anwartschaftsrecht, das als *Anwartschaftsrecht an der Anwartschaft* zu konstruieren ist, wenn man das Anwartschaftsrecht als dingliches Recht begreift. Der Erstkäufer wird Eigentümer, wenn er den Kaufpreis an den Vorbehaltsverkäufer zahlt. Damit erlischt die Anwartschaft, über die der Erstkäufer verfügt hatte, weil das Anwartschaftsrecht zum Vollrecht erstarkt ist. Die Anwartschaft des Zweitkäufers an der Anwartschaft erstarkt zur Eigentumsanwartschaft. Zahlt er den vereinbarten Kaufpreis, geht das Eigentum auf ihn über. Ein Direkterwerb des Zweitkäufers lässt sich bei dieser Gestaltung der Veräußerungsgeschäfte nicht begründen, weil das Eigentum nach Zahlung durch den Erstkäufer jedenfalls nicht mehr dem Vorbe-

---

[10] BGHZ 20, 88, 97 = NJW 1956, 665.
[11] BGHZ 35, 85.

haltsverkäufer und noch nicht dem Zweitkäufer zusteht, falls dieser den Kaufpreis noch nicht bezahlt hat.

Ein Anwartschaftsrecht kann *gutgläubig* vom Nichtberechtigten erworben werden. Verfügt ein Nichtberechtigter aufschiebend bedingt über eine Sache, ist die Verfügung nach §§ 929, 932 BGB wirksam. Es entsteht ein Anwartschaftsrecht beim Erwerber. Dabei ist unschädlich, wenn der gute Glaube des Erwerbers nach Vollendung des Verfügungstatbestandes, aber vor Bedingungseintritt entfällt. Von diesem Fall zu unterscheiden ist die Verfügung über ein schon bestehendes Anwartschaftsrecht durch einen Nichtberechtigten. Hier bejaht man überwiegend einen gutgläubigen Erwerb *analog* §§ 929, 932 BGB.[12] Dagegen scheidet ein gutgläubiger Erwerb bei einer Verfügung über die Anwartschaft aus, wenn das Anwartschaftsrecht nicht existiert. Das Anwartschaftsrecht beruht auf der bedingten Übereignung. Wenn eine bedingte Übereignung nicht vorliegt, kann der Rechtserwerb durch Bedingungseintritt nicht vollendet werden.

Beispiel: V hat an K eine Sache verkauft. Nach dem Kaufvertrag soll die Übereignung erst vorgenommen werden, wenn K den Kaufpreis bezahlt hat. Diese untypische Vertragsgestaltung, die von der Auslegungsregel des § 449 Abs. 1 BGB abweicht, verschafft dem K kein Anwartschaftsrecht, weil keine bedingte Übereignung vorliegt. Übereignet K sein angebliches Anwartschaftsrecht an X, gibt es keinen gutgläubigen Erwerb, weil die analoge Anwendung der §§ 929, 932 BGB voraussetzt, dass ein Anwartschaftsrecht bestand.

Bei einer Übertragung des Anwartschaftsrechts nach § 930 BGB ist zweifelhaft, wie sich die Besitzverhältnisse gestalten. Sicher ist der Vorbehaltskäufer, der das Anwartschaftsrecht auf einen Gläubiger übertragen hat, unmittelbarer Fremdbesitzer. Aber welche Besitzstellung haben der Vorbehaltsverkäufer und der Sicherungsnehmer? Teilweise wird vertreten, es liege mittelbarer Nebenbesitz[13] vor; andere gehen davon aus, der Sicherungsnehmer sei mittelbarer Besitzer der 1. Stufe und der Vorbehaltsverkäufer sei mittelbarer Besitzer der 2. Stufe.[14] Da zwischen Sicherungsnehmer und Vorbehaltskäufer kein Rechtsverhältnis besteht, lässt sich ein gestufter mittelbarer Besitz kaum begründen.

Die *Verpfändung* des Anwartschaftsrechts erfolgt nach §§ 1205 ff. BGB.[15] Tritt die Bedingung ein, setzt sich das Pfandrecht an der Sache fort.

b) Pfändung des Anwartschaftsrechts

Das Anwartschaftsrecht ist eine *pfändbare* Rechtsposition. Streitig ist, wie die Pfändung zu erfolgen hat. In der Literatur wurden bisher alle Lösungen vorgeschlagen, die konstruktiv denkbar sind. Nach h.M. ist neben der Rechtspfändung (§§ 829, 857 ZPO) eine Sachpfändung nach § 808 ZPO erforderlich. An-

---

[12] *Baur/Stürner* § 59 Rn. 39; *Hager*, Verkehrsschutz durch redlichen Erwerb, 1990, S. 315 ff.; a.M. *Brox* JuS 1984, 661; *Wiegand* JuS 1974, 211.
[13] *Westermann* NJW 1956, 1298.
[14] So BGHZ 28, 16, 27; *Baur/Stürner* § 59 Rn. 35 mit dem offenen Eingeständnis, dass diese Lösung zweifelhaft und nur vom Ergebnis diktiert ist.
[15] BGHZ 92, 290.

dere wollen eine Rechtspfändung oder eine Sachpfändung genügen lassen.[16] Die praktische Bedeutung der Anwartschaftspfändung steht in keinem Verhältnis zu dem literarischen Aufwand, der um sie getrieben wurde. Die Verwertung der Anwartschaft kommt schon aus praktischen Gründen nicht in Frage, weil kaum jemand bereit wäre, ein Anwartschaftsrecht bei einer Versteigerung zu erwerben. Bedeutung hat die Pfändung des Anwartschaftsrechts in erster Linie als Hilfspfändung. Wenn der Gläubiger des Käufers die Sache pfändet, kann er einer Drittwiderspruchsklage (§ 771 ZPO) des Vorbehaltsverkäufers durch Zahlung des Restkaufpreises begegnen. Aufgrund der Pfändung des Anwartschaftsrechts ist der Vorbehaltsverkäufer nach § 840 ZPO verpflichtet, Auskunft über die ausstehende Kaufpreisforderung zu geben.[17] Nach h.M. bewirkt die Pfändung der Anwartschaft ferner, dass der Käufer der Kaufpreiszahlung durch den Gläubiger nicht nach § 267 Abs. 2 BGB widersprechen kann. Der Widerspruch wird nämlich von der h.M. als Verfügung zum Nachteil des Gläubigers gewertet.[18] In der Praxis lässt der Gläubiger die Sache pfänden und zahlt den Restkaufpreis, falls der Vorbehaltsverkäufer mit einer Interventionsklage droht. Zur Verwertung des wirtschaftlichen Wertes, der in der Anwartschaft steckt, bedarf es der Pfändung eines Anwartschaftsrechts in aller Regel nicht.

16 Für den Rang ist die Pfändung der Anwartschaft nur ausnahmsweise von Bedeutung. Geht die Sachpfändung der Anwartschaftspfändung voraus, ist der Rang der Sachpfändung maßgeblich. Gleiches gilt, wenn der Gläubiger zuerst die Anwartschaft gepfändet und die Sachpfändung erst nach Zahlung des Restkaufpreises bewirkt hat, da die Anwartschaft und ein daran bestehendes Pfändungspfandrecht im Zeitpunkt der Sachpfändung bereits erloschen war.[19] Pfändet der Gläubiger die Sache während die vorher gepfändete Anwartschaft noch besteht, wahrt die Anwartschaftspfändung den Rang.[20] Konkurrierende Gläubiger werden hier nach dem Rang der Anwartschaftspfändung befriedigt.

Zweifelhaft ist das Verhältnis zur Pfändung des Anspruchs auf Übereignung der Kaufsache, der den Wert ebenfalls repräsentiert. Solange der Anspruch auf Übereignung nicht erfüllt ist, bleibt er als Vermögensrecht bestehen und ist der Pfändung unterworfen.[21]

c) Schutz des Anwartschaftsberechtigten

17 Da die h.M. die Anwartschaft als dingliches Recht einordnet, kann der Vorbehaltskäufer Deliktsansprüche nach § 823 Abs. 1 BGB geltend machen. Das An-

---

[16] Zum Streitstand und weiteren Lösungsvorschlägen Stein/Jonas/*Würdinger* § 857 Rn. 85 ff.; *Jauernig/Berger/Kern*, Zwangsvollstreckungsrecht, § 20 Rn. 24 ff.
[17] Stein/Jonas/*Würdinger* § 857 Rn. 86.
[18] Stein/Jonas/*Würdinger* § 857 Rn. 86.
[19] Der Gläubiger erlangt ein Pfandrecht an der Sache nur, wenn im Zeitpunkt des Eigentumserwerbs auch die Sache gepfändet war, BGH NJW 1994, 3101.
[20] Nur in diesem Fall nimmt die h.M. eine Surrogation an, vgl. Stein/Jonas/*Würdinger* § 857 Rn. 89; *Jauernig/Berger/Kern*, Zwangsvollstreckungsrecht, § 20 Rn. 34.
[21] Dazu BGHZ 20, 95.

wartschaftsrecht ist ein „sonstiges Recht", dessen schuldhafte Verletzung zur Schadenshaftung führt.[22] Wird die Sache beschädigt, sieht sich der Schädiger zwei Gläubigern gegenüber, weil auch dem Vorbehaltsverkäufer als Eigentümer ein Anspruch nach § 823 Abs. 1 BGB zusteht. Zur Lösung des Problems wurde vorgeschlagen, Anwartschaftsberechtigten und Eigentümer als Gesamtgläubiger zu betrachten, damit der Schuldner durch Leistung an einen Gläubiger frei wird (§ 428 Satz 1 BGB); andere wenden § 432 BGB[23] oder § 1281 BGB analog an. Der Schädiger wird danach frei, wenn er an den Anwartschaftsberechtigten und den Gläubiger gemeinschaftlich leistet.[24] Im Außenverhältnis findet bei dieser Lösung keine Aufteilung des Schadensbetrags zwischen Vorbehaltsverkäufer und Vorbehaltskäufer statt.[25] Beide können bei Zerstörung der Sache die ganze Schadenssumme (Wert der Sache) durch Leistung an alle Berechtigten fordern. Lehnt man die Anwendung des § 432 BGB ab, ist schon im Streit mit dem Geschädigten zu klären, welchen *Betrag* der Anwartschaftsberechtigte geltend machen kann. In Betracht kommt eine Aufteilung des Schadens zwischen Vorbehaltseigentümer und Anwartschaftsberechtigtem nach dem Wert der bisherigen Zahlungen[26] oder ein voller Schadensersatz des Anwartschaftsberechtigten, da er den Kaufpreis nach § 446 BGB bezahlen muss.[27] Die komplizierte Rechtslage wird vielfach dadurch überdeckt, dass der Schadensersatzpflichtige frei wird, wenn er gutgläubig an den Anwartschaftsberechtigten als den Besitzer der Sache leistet (§ 851 BGB). Fällt die Bedingung aus, erweist sich eine Zahlung an den Anwartschaftsberechtigten nachträglich als ungerechtfertigt. Das bedeutet aber nicht, dass der Schädiger die Ersatzleistung kondizieren darf. Die Anwartschaft als dingliches Recht gibt dem Anwartschaftsberechtigten in der Schwebelage eine Rechtsposition, die nicht rückwirkend vernichtet wird, wenn die Bedingung ausfällt.

d) Das Besitzrecht des Anwartschaftsberechtigten

Wenn man das Anwartschaftsrecht als dingliches Recht und Vorstufe des Eigentums einordnet, liegt es nahe, aus dem Anwartschaftsrecht ein Besitzrecht abzuleiten. Von Bedeutung ist das Besitzrecht, wenn der Besitzer gegenüber einer Vindikationsklage des Eigentümers sein Besitzrecht nicht auf ein Schuldverhältnis gründen kann oder wenn der Besitz von einem Dritten streitig gemacht

18

---

[22] BGHZ 55, 20, 25.
[23] *Baur/Stürner* § 59 Rn. 45.
[24] *Baur/Stürner* § 59 Rn. 45 schlagen *de lege ferenda* vor, den Anspruch dem Anwartschaftsberechtigten zu gewähren und dem Vorbehaltsverkäufer ein Pfandrecht an der Forderung.
[25] Ganz ohne Aufteilung des Schadens im Außenverhältnis wird man nicht auskommen. So wird bei Beschädigung eines Pkw dem Käufer die Nutzungsausfallsentschädigung zustehen.
[26] So BGHZ 55, 31.
[27] *Baur/Stürner* § 59 Rn. 45 nehmen eine Pflicht des Anwartschaftsberechtigten zur Bestellung einer Sicherheit an.

wird. Gegenüber dem Verkäufer ist der Käufer bereits aufgrund des Kaufvertrags zum Besitz berechtigt. Wenn der Vorbehaltsverkäufer verpflichtet ist, dem Käufer den Besitz zu verschaffen, so folgt daraus, dass er dem Käufer den Besitz auch zu belassen hat. Er darf die Sache nicht vom Käufer zurückfordern, solange der Rücktritt nicht wirksam erklärt ist. Überträgt der Vorbehaltsverkäufer sein Eigentum auf einen Dritten nach §§ 929, 931 BGB, kann der Vorbehaltskäufer gegen eine Herausgabeklage des Dritten das Besitzrecht aus dem Kaufvertrag nach § 986 Abs. 2 BGB einwenden. Die Frage, ob auch das Anwartschaftsrecht ein Besitzrecht gibt, wird bedeutsam, wenn sich der Besitzer nicht auf den Kaufvertrag berufen kann, wie beim gutgläubigen Erwerb einer Anwartschaft. Die überwiegende Meinung,[28] die aber nicht unbestritten ist, bejaht ein Besitzrecht. Die Begründungen sind meist vom Ergebnis her diktiert.

Beispiel: M veräußert eine von E gemietete Sache unter Eigentumsvorbehalt an den redlichen D. E verlangt die Sache von D heraus. BGHZ 10, 69, 71 verneint mangels gesetzlicher Grundlage die dingliche Wirkung des (analog §§ 929, 932 BGB redlich erworbenen) Anwartschaftsrechts; vielmehr könne D die Arglisteinrede (gestützt auf § 242 BGB) erheben, denn E verlange etwas heraus, was er gleich wieder zurückgeben müsse. „Arglist" setzt aber die Pflicht zur sofortigen Rückgabe voraus, die während der Schwebelage bis zur Zahlung des Kaufpreises noch nicht besteht. Wenn man dem Anwartschaftsrecht hingegen auch ein Recht zum Besitz zuschreibt, entfällt der Herausgabeanspruch nach § 986 Abs. 1 BGB.

Ein Recht zum Besitz nach § 986 BGB besteht ferner dann nicht, wenn ein Vorbehaltskäufer auf Grund eines im Kaufvertrag vereinbarten „Weitergabeverbots" nicht berechtigt ist, den Besitz der Sache vor Zahlung des Kaufpreises an Dritte zu geben. Überträgt der Vorbehaltskäufer gleichwohl sein Anwartschaftsrecht an D, scheidet ein obligatorisches Recht zum Besitz aus § 986 Abs. 1 Satz 1 Fall 2 BGB aus; der Vorbehaltsverkäufer kann gemäß § 986 Abs. 1 Satz 2 BGB Herausgabe (an den Käufer!) verlangen, es sei denn, man erkennt ein dingliches Recht zum Besitz aufgrund des Anwartschaftsrechts an.

4. Zwangsvollstreckung und Insolvenz

19 Nach h.M. ist die Anwartschaft ein die Veräußerung hinderndes Recht im Sinne des § 771 Abs. 1 ZPO. Pfändet der Gläubiger eines *Dritten* die Kaufsache, kann der Vorbehaltskäufer Klage nach § 771 ZPO erheben, obwohl er noch nicht Eigentümer ist. Das ist folgerichtig, wenn man das Anwartschaftsrecht als dingliches Recht betrachtet und nur die Abwehrfunktion der Interventionsklage im Auge hat. Dem Vorbehaltskäufer wird die Drittwiderspruchsklage auch dann gewährt, wenn ein Gläubiger des *Vorbehaltsverkäufers* in die Sache vollstreckt.[29] Das Widerspruchsrecht wird in diesem Fall jedoch von einem beachtlichen Teil der Literatur nur eingeschränkt anerkannt: Danach hindert das Anwartschaftsrecht nur die Verwertung, nicht die Pfändung[30] (analog § 773 ZPO).

---

[28] *Baur/Stürner* § 59 Rn. 47; Jauernig/*Berger* § 929 Rn. 60 (bei gutgläubigem Erwerb); a.M. *Serick* Bd. 1, S. 272; vgl. auch BGHZ 10, 71.
[29] BGHZ 55, 27; a.M. *Marotzke,* Anwartschaftsrecht, 1977, S. 113; *Lempenau,* Direkterwerb oder Durchgangserwerb, 1968, S. 37f.; *Egert,* Rechtsbedingung, 1974, S. 121.

Dadurch wird dem Umstand Rechnung getragen, dass die Rechtslage ungewiss ist und sich der Widerspruch des Käufers später als ungerechtfertigt herausstellen kann.[31] Obwohl dem Anwartschaftsberechtigten gegen die Gläubiger des Vorbehaltsverkäufers die Abwehrklage nach § 771 ZPO gewährt wird, ist die Sache haftungsrechtlich nicht dem Vermögen des Vorbehaltskäufers zugeordnet. Die h.M. gewährt nämlich auch dem Vorbehaltsverkäufer die Drittwiderspruchsklage, wenn Gläubiger des Käufers in die Sache vollstrecken.

Ein Insolvenzverfahren über das Vermögen des *Verkäufers* hindert den Eigentumserwerb des Vorbehaltskäufers nicht. § 161 Abs. 1 Satz 2 BGB stellt klar, dass auch Verfügungen des Insolvenzverwalters unwirksam sind, wenn sie den Rechtserwerb vereiteln würden. Damit der Insolvenzverwalter den Kaufvertrag und damit das Anwartschaftsrecht nicht dadurch zu Fall bringt, dass er die Erfüllung nach § 103 InsO ablehnt, bestimmt § 107 Abs. 1 InsO, dass der *Käufer* die Erfüllung des Kaufvertrags verlangen kann. Zu beachten ist, dass dies nur dann gilt, wenn dem Käufer der Besitz der Sache überlassen war.

Wurde das Insolvenzverfahren über das Vermögen des *Käufers* eröffnet, hängt der Fortbestand des Anwartschaftsrechts davon ab, wie der Insolvenzverwalter sein Wahlrecht nach §§ 103, 107 Abs. 2 InsO ausübt. Ist schon vor der Eröffnung des Insolvenzverfahrens vom Vorbehaltsverkäufer der Rücktritt erklärt worden oder lehnt der Verwalter die Erfüllung des Vertrags ab, ist der Vorbehaltsverkäufer zur Aussonderung (§ 47 InsO) berechtigt.

5. Zur Anerkennung eines „Anwartschaftsrechts"

Der dingliche Charakter des Anwartschaftsrechts ist weitgehend anerkannt, auch wenn im Einzelnen streitig ist, welche Folgen daraus zu ziehen sind. Das Anwartschaftsrecht als dingliches Recht verdankt seinen Siegeszug der Vereinfachung, nach der sich Juristen bei der Lösung ihrer Alltagsfälle sehnen. Rechtsdogmatikern, die sich gerne im Zwielicht zwischen Rechtsanwendung und Rechtsfortbildung bewegen, ist das Anwartschaftsrecht eine willkommene Erscheinung, weil es ein reiches Betätigungsfeld bei der Lösung der Folgeprobleme bietet, die durch die Anerkennung des Anwartschaftsrechts aufgeworfen werden.

Das vielfach geäußerte Bedenken, die Anerkennung eines Anwartschaftsrechtes könne gegen den numerus clausus der Sachenrechte verstoßen, ist unbegründet. Der numerus clausus der Sachenrechte hindert die am Rechtsverkehr Beteiligten, *durch Rechtsgeschäft* neue dingliche Sachenrechte zu begründen. Rechtsdogmatiker oder Rechtsfortbilder, die meinen, die Rechtslage müsse mit der Figur des Anwartschaftsrechts dargestellt werden, begründen kein neues dingliches Recht durch Rechtsgeschäft; der numerus clausus der Sachenrechte

---

[30] Stein/Jonas/*Münzberg* § 771 Rn. 21; *Baumann/Brehm* § 13 III 5 b; MünchKommZPO/ *K.Schmidt/Brinkmann* § 771 Rn. 21.

[31] Zu diesem Gesichtspunkt siehe insbesondere Stein/Jonas/*Münzberg* § 771 Rn. 21.

steht deshalb der Anerkennung des dinglichen Anwartschaftsrechts nicht entgegen. Die Entwicklung eines neuen dinglichen Rechts muss aber mit den bestehenden Sachenrechten vereinbar sein. Zwei Bedenken könnten gegen das Anwartschaftsrecht vorgebracht werden: (1) Die Qualifizierung der Erwerbsaussicht als dingliche Rechtsposition führt zu einer Verdoppelung der Rechte, die in Ansehung der Sache bestehen (→ § 31 Rn. 17); und (2) die Denkfigur des Anwartschaftsrechts vernachlässigt die Tatsache, dass die Erwerbsaussicht zwar sicher, aber dennoch ungewiss ist, weil der Anwartschaftsberechtigte beim Ausfall der Bedingung nie Eigentümer wird (→ § 31 Rn. 5). Beide Bedenken mahnen zur Behutsamkeit bei der Ausgestaltung der Rechtsfolgen, aber sie taugen nicht als Gründe, das dingliche Anwartschaftsrecht als systemwidrig zu verwerfen. Eine Verdoppelung von Abwehrbefugnissen entsteht auch bei der Belastung einer Sache mit einem Pfandrecht. Der Pfandgläubiger kann Klage nach §§ 985, 1004 BGB erheben und gegen eine Vollstreckung nach § 771 ZPO intervenieren, wenn er im Besitz der Sache ist. Auf die Klage nach § 805 ZPO sind nur Pfandgläubiger angewiesen, die keinen Besitz haben. Auch die unsichere Rechtslage hindert nicht, ein sicher bestehendes Anwartschaftsrecht anzunehmen. Das Pfandrecht als Verwertungsrecht berechtigt den Pfandgläubiger auch nur für den Fall der Pfandreife, die Sache zu versteigern. Obwohl nicht sicher ist, ob der Sicherungsfall eintritt, gewährt das Gesetz dem Pfandgläubiger schon vor Pfandreife Abwehrrechte, durch die er sein potentielles Zugriffsrecht sichern kann.

§ 32 Verlängerter und erweiterter Eigentumsvorbehalt

Literatur: *Canaris*, Verlängerter Eigentumsvorbehalt und Forderungseinzug durch Banken, NJW 1981, 249; *Esser*, Globalzession und verlängerter Eigentumsvorbehalt, JZ 1968, 281, 529; *ders.*, § 138 BGB und die Bankpraxis der Globalzession, ZHR 135 (1971), 320; *Flume*, Der verlängerte und erweiterte Eigentumsvorbehalt, NJW 1950, 841; *ders.*, Zur Problematik des verlängerten Eigentumsvorbehalts, NJW 1959, 913; *Wolf/Haas*, Das Prioritätsprinzip im Konflikt zwischen Waren- und Geldkreditgebern, ZHR 154 (1990), 64; *de Lousanoff*, Die Wirksamkeit des Eigentumsvorbehaltes bei kollidierenden Allgemeinen Geschäftsbedingungen, NJW 1982, 1727; *Marotzke*, Die Aufhebung grundpfandrechtsbelasteter Eigentumsanwartschaften (zu BGHZ 92, 280), AcP 186 (1986), 490; *Muscheler*, Verlängerter Eigentumsvorbehalt und Wechseldiskont, NJW 1981, 657; *Nierwetberg*, Die Rechtspositionen von Lieferant und Produzent nach Verarbeitung im verlängerten Eigentumsvorbehalt, NJW 1983, 2235; *K.Schmidt,* Factoring – Globalzession und verlängerter Eigentumsvorbehalt, DB 1977, 65; *Serick*, Konfliktloses Zusammentreffen mehrerer Verarbeitungsklauseln, BB 1975, 381; *ders.*, Eigentumsvorbehalt und Sicherungsübertragung – Neuere Rechtsentwicklungen, 2. Aufl. 1993; *Wagner*, Zur Kollision von verlängertem Eigentumsvorbehalt und eingeschränktem Abtretungsverbot. Stellungnahme zu BGH NJW 88, 1210, JZ 1988, 698; *ders.*, Teilbarkeit der Herstellereigenschaft in § 950?, AcP 194 (1984), 14; *Graf v. Westphalen*, Wirksamkeit des einfachen Eigentumsvorbehalts bei Kollision von Abwehrklauseln in Einkaufs-AGB mit Verkaufs-AGB?, ZIP 1987, 1361; *ders.*, Zur Kollision von verlängertem Eigentumsvorbehalt und eingeschränktem Abtretungsverbot, JZ 1988, 698.

Studium: *Wadle*, Das Problem der fremdwirkenden Verarbeitung, JuS 1982, 477.

Fallbearbeitung: *Graziano/Keinert*, Klausur: Übereignungstatbestände des Mobiliarsachenrechts – Ein Erlkönig auf dem Genfer Autosalon, Jura 2014, 1153; *Omlor/Spies*, Globalzession und verlängerter Eigentumsvorbehalt – Umgebucht, JuS 2011, 56.

Weitere Literatur → §§ 30, 31.

I. Übersicht

Der einfache Eigentumsvorbehalt bietet dem Verkäufer eine ausreichende Sicherheit bei Kaufverträgen mit Verbrauchern, die die Kaufsache behalten, oder bei Verträgen, welche die Lieferung von Investitionsgütern (Maschinen) zum Gegenstand haben. Liefert der Hersteller Waren an einen Händler, genügt die Vereinbarung des einfachen Eigentumsvorbehalts oft nicht. Der Händler will die Sachen in seinem Geschäftsbetrieb weiterveräußern, und auch der Lieferant hat ein Interesse daran, dass der Händler die Ware an den Abnehmer bringt und dadurch in die Lage versetzt wird, Mittel zu erwirtschaften, um die Kaufpreisforderungen zu tilgen. Das vorbehaltene Eigentum hindert den Händler aber daran, als „Berechtigter" zu verfügen. Damit der Händler trotz des Eigentumsvorbehalt die Sachen veräußern kann, erteilt der Lieferant dem Händler eine

1

Verfügungsermächtigung nach § 185 Abs. 1 BGB. Durch die Übereignung aufgrund der Verfügungsermächtigung erwirbt der Kunde das Eigentum unmittelbar vom Zulieferer des Händlers. Für den auf Sicherheit bedachten Lieferanten stellt sich ein Folgeproblem. Er verliert mit der Veräußerung durch den Käufer sein Eigentum und damit seine Sicherheit. Der Eigentumsvorbehalt könnte nur für die Zeit seine Wirkung entfalten, in der die Ware unverkauft im Lager liegt. Deshalb vereinbaren Lieferant und Händler zum Ausgleich des Eigentumsverlustes, dass die künftigen Kundenforderungen, die aus der Veräußerung des Vorbehaltsgutes resultieren, vorab an den Lieferanten abgetreten (§ 398 BGB) werden (→ § 32 Rn 14 ff.). Dadurch erhält dieser für sein verlorenes Eigentum eine Ersatzsicherheit. Die Forderung tritt an die Stelle des Eigentums. Damit der Lieferant, dem es nur um eine Sicherheit geht, nicht mit der Inkassotätigkeit belastet wird, erteilt er dem Händler häufig eine Einziehungsermächtigung, die das Recht gibt, die fremde Forderung in eigenem Namen geltend zu machen (→ § 32 Rn. 16). Meist ist die Einziehungsermächtigung mit einer Prozessführungsermächtigung verbunden, damit der Händler im Prozess als Prozessstandschafter (→ § 32 Rn. 16) auftreten kann. Solange der Händler gegenüber dem Lieferanten seinen Verpflichtungen nachkommt, werden die Verträge mit den Kunden so abgewickelt, als seien keine Rechte des Lieferanten im Spiel. Bei der Veräußerung der Sachen tritt der Händler wie ein Eigentümer auf; er zieht die Kaufpreisforderungen ein, als sei er Gläubiger. Erst wenn der Sicherungsfall eintritt, widerruft der Lieferant die Einziehungsermächtigung und legt die Sicherungsabtretung offen, damit der Kunde befreiend nur noch an den Lieferanten zahlen kann.

2 Der einfache Eigentumsvorbehalt ist nicht nur unzureichend, wenn an einen Händler geliefert wird. Auch bei der Lieferung von Ware, die weiterverarbeitet wird, ist das Vorbehaltseigentum von kurzer Dauer. Durch die Verarbeitung der gelieferten Stoffe und Halbfertigprodukte wird der Hersteller Eigentümer nach § 950 BGB unabhängig davon, ob der Kaufpreis bezahlt wurde. Die Vertragspraxis hat auch für diese Fälle Anschluss-Sicherheiten entwickelt. Die Verarbeitungsklauseln (→ § 26 Rn. 15 ff.) sollen sicherstellen, dass der Vorbehaltsverkäufer auch Eigentum an den neu hergestellten Sachen erlangt. Bei Veräußerung der Waren, die dem Hersteller nach § 185 BGB gestattet wird, werden auch hier die Kundenforderungen zur Sicherheit im Voraus abgetreten.

3 Der verlängerte Eigentumsvorbehalt ist weit verbreitet. Deshalb sind Klauseln in Allgemeinen Geschäftsbedingungen, die sich dieser Vertragsgestaltung bedienen, nicht überraschend im Sinne des § 305c BGB.[1]

4 Vom verlängerten Eigentumsvorbehalt ist der *erweiterte* Eigentumsvorbehalt zu unterscheiden (näher → § 32 Rn. 24 ff.). Von erweitertem Eigentumsvorbehalt spricht man, wenn bei der Übereignung des Vorbehaltsverkäufers an den Vorbehaltskäufer nicht nur die Bezahlung des Kaufpreises zur Bedingung erhoben wurde, sondern weitere Forderungen des Vorbehaltsverkäufers gegen den

---

[1] Vgl. NJW 1985, 1836, 1837 (zum AGBG).

Vorbehaltskäufer aus anderen Geschäften einbezogen sind. Der erweiterte Eigentumsvorbehalt kann mit dem verlängerten Eigentumsvorbehalt zusammentreffen, wenn dem Vorbehaltsverkäufer eine Anschlusssicherung gewährt wird.

II. Die Weiterveräußerung

1. Vertragsgestaltungen

a) Verlängerter Eigentumsvorbehalt

Beim verlängerten Eigentumsvorbehalt soll der Vorbehaltskäufer in der Lage sein, die Sachen weiter zu veräußern, auch wenn er das Eigentum noch nicht erworben hat. In der Praxis erteilt der Vorbehaltsverkäufer dem Käufer eine Veräußerungsermächtigung. Diese Ermächtigung beruht auf § 185 Abs. 1 BGB, wonach Verfügungen eines Nichtberechtigten wirksam sind, wenn sie mit Einwilligung des Berechtigten vorgenommen wurden. Die Verfügungsermächtigung wird regelmäßig beschränkt auf Veräußerungen im gewöhnlichen Geschäftsgang. Anders als bei der Stellvertretung gilt hier das Offenkundigkeitsprinzip nicht. Das Handeln des Ermächtigten wirkt auch dann gegen den Berechtigten (Eigentümer), wenn gegenüber dem Geschäftspartner nicht offengelegt wurde, dass das Rechtsgeschäft einen fremden Rechtskreis betrifft. Händler, die ihre Ware unter Eigentumsvorbehalt gekauft haben, können gegenüber ihren Kunden deshalb wie der Eigentümer auftreten. 5

Die Verfügungsermächtigung ist nicht der einzige Weg, die Weiterveräußerung der Ware durch den Händler zu ermöglichen. Der Vorbehaltskäufer könnte auch eine Vollmacht zur Übereignung erteilen, damit der Händler als Stellvertreter für ihn auftritt. Dieser Weg wird aber in der Praxis gemieden, weil das Stellvertretungsrecht vom Offenkundigkeitsgrundsatz beherrscht ist (§ 164 BGB). Der Händler hätte als Stellvertreter seinen Kunden gegenüber offen zu legen, dass er selbst nicht Eigentümer ist.

b) Weitergeleiteter Eigentumsvorbehalt

Beim *weitergeleiteten Eigentumsvorbehalt* darf der Vorbehaltskäufer an seinen Abnehmer nur unter der aufschiebenden Bedingung übereignen, dass die Kaufpreisforderung des Vorbehalts*ver*käufers getilgt wird. Verfügungen des Vorbehaltskäufers, die im Rahmen dieser Befugnis vorgenommen werden, setzen keine Ermächtigung des Vorbehaltsverkäufers voraus. Das gilt unabhängig davon, wie man die Weiterveräußerung durch den Vorbehaltskäufer dogmatisch einordnet. Geht man davon aus, der Vorbehaltskäufer übertrage sein Anwartschaftsrecht (→ § 31 Rn. 9), verfügt er über eine eigene Rechtsposition. Deshalb setzt die Verfügung keine vom Vorbehaltsverkäufer abgeleitete Verfügungsbefugnis voraus. 6

Auf eine Ermächtigung des Vorbehaltsverkäufers kommt es auch dann nicht an, wenn man den Veräußerungsvorgang nicht als Übertragung des Anwartschaftsrechts, sondern als Verfügung über die Sache (das Eigentum) auffasst. 7

Die Weiterveräußerung steht wie die Übereignung an den Vorbehaltskäufer unter der Bedingung, dass die Kaufpreisforderung des Vorbehaltsverkäufers getilgt wird. Tritt diese Bedingung ein, werden beide Verfügungen wirksam. Der Vorbehaltskäufer erlangt das Eigentum, das aufgrund der zweiten Verfügung sofort auf dessen Kunden übergeht (§ 185 Abs. 2 Satz 1 Fall 2 BGB). Im Grunde ist es sogar überflüssig, bei der zweiten Veräußerung als Bedingung die Erfüllung der Forderung des Vorbehaltsverkäufers zu vereinbaren. Es genügt, dass der Eigentumsvorbehalt offengelegt wird,[2] damit ein gutgläubiger Erwerb des Kunden des Vorbehaltskäufers ausgeschlossen wird. Auch eine unbedingte Zweitverfügung wird dann nach § 185 Abs. 2 Satz 1 Fall 2 BGB erst wirksam, wenn der Vorbehaltskäufer durch Erfüllung seiner Kaufpreisschuld das Eigentum erwirbt. Wird der Eigentumserwerb des Kunden mit § 929 BGB i.V.m. § 185 Abs. 2 Satz 1 Fall 2 BGB begründet, gelangt man zum Durchgangserwerb. Bei der Übertragung der Anwartschaft liegt Direkterwerb vor (→ § 31 Rn. 9).

c) Nachgeschalteter Eigentumsvorbehalt

8   Vom weitergeleiteten Eigentumsvorbehalt ist der *nachgeschaltete Eigentumsvorbehalt* zu unterscheiden. Bei ihm muss der Vorbehaltskäufer gegenüber seinem Kunden den Erwerb unter Eigentumsvorbehalt nicht offenlegen. Er übereignet seinerseits unter der aufschiebenden Bedingung der Zahlung des Kaufpreises, den der Kunde dem Vorbehaltskäufer aufgrund der Weiterveräußerung schuldet. Solange der vom Händler geschuldete Kaufpreis nicht bezahlt ist, bleibt der erste Vorbehaltsverkäufer Eigentümer. Er verliert sein Eigentum, wenn der Kunde des Händlers zahlt, weil er diesem eine Verfügungsermächtigung erteilt hat (§ 185 Abs. 1 BGB).[3]

2. Die Veräußerungsermächtigung

a) Erteilung

9   Die Veräußerungsermächtigung nach § 185 Abs. 1 BGB ist ein selbstständiges einseitiges Rechtsgeschäft, auch wenn sie in der Vertragsurkunde zwischen Vorbehaltsverkäufer und Vorbehaltskäufer enthalten ist. Ihr genauer Umfang und die Frage des Widerrufs sind selten näher geregelt; manchmal wird sie in den Verträgen gar nicht angesprochen. Die Parteien verlassen sich auf die Auslegungskriterien, die von der Rechtsprechung entwickelt wurden. Ihnen kommt die Aufgabe zu, die sonst das dispositive Recht erfüllen muss: Vertragsparteien werden bei der Vertragsgestaltung entlastet, weil das dispositive Recht oder die durch Richterrecht geschaffenen Ergänzungsregeln etwaige Lücken füllen.

---

[2] Eine Hinweispflicht findet sich in den Verträgen, vgl. den Sachverhalt BGH NJW 1991, 2285.
[3] Ebenso *Baur/Stürner* § 59 Rn. 13a Beispiel 1.

Wird an einen Händler Ware unter Eigentumsvorbehalt verkauft, ist von einer stillschweigenden Ermächtigung zur Weiterveräußerung auszugehen. Wenn der Vertrag den §§ 305 ff. BGB unterliegt, ist eine Ermächtigungsklausel mit unangemessenen Beschränkungen unwirksam. Unwirksam ist nach § 306 BGB nur die eingeschränkte Ermächtigung, die den Vertragszweck gefährdet. Der übrige Vertrag bleibt wirksam, und aus seinem Zweck folgt die Ermächtigung zur Weiterveräußerung, wenn an einen Händler geliefert wurde.[4]

b) Umfang

Die Veräußerungsermächtigung kann wie die Vollmacht auf bestimmte Vertragsgestaltungen begrenzt werden. Zu beachten ist aber, dass die Ermächtigung nur auf die *Übereignung* durch den Vorbehaltskäufer bezogen ist. Der Kaufvertrag, den der Vorbehaltskäufer mit seinem Abnehmer schließt, ist ein selbständiges Rechtsgeschäft (Trennungsgrundsatz), das als Verpflichtungsgeschäft auch ohne Ermächtigung wirksam ist, weil nur ein Schuldverhältnis begründet wird. Die Übereignung, auf die sich die Ermächtigung bezieht, enthält als inhaltlich abstraktes Geschäft nur die Regelung, dass das Eigentum auf den Abnehmer übergehen soll. Diese Regelung kann mit Bedingungen versehen sein. Darüber hinausgehende Absprachen sind für das inhaltlich abstrakte dingliche Rechtsgeschäft unerheblich. 10

Nach h.M. ist die Ermächtigung auf solche Veräußerungen beschränkt, die im *ordnungsgemäßen Geschäftsbetrieb* erfolgen.[5] Danach sind vor allem Verfügungen mit einem Sicherungszweck (Sicherungsübereignung) von der Ermächtigung nicht erfasst. Die Frage ist aber, wie diese Einschränkung dogmatisch genau zu fassen ist, denn unser Recht kennt wegen des Grundsatzes der inhaltlichen Abstraktion keine Übereignung, die im dinglichen Vertrag eine Zweckbindung enthält. Zur Sicherungsübereignung wird eine Eigentumsübertragung durch den von der Übereignung zu trennenden schuldrechtlichen Sicherungsvertrag, der den Zweck der Rechtsübertragung regelt. Wegen des Trennungsgrundsatzes sind Einschränkungen der Ermächtigung, die nicht auf die Verfügung selbst bezogen sind, sondern an begleitende Verträge oder Umstände anknüpfen, als Bedingungen einzuordnen. Danach wird die Zustimmung zu der Verfügung unter der Bedingung erteilt, dass der Vorbehaltskäufer mit dem Zweiterwerber einen Kaufvertrag schließt, der den Erwerber zur Zahlung des Kaufpreises verpflichtet und keine Absprachen enthält, durch die das Kaufgeld z.B. in Form von Leasingraten an den Erwerber zurückfließt.[6]

Wurde ein verlängerter Eigentumsvorbehalt mit Vorausabtretung der Kundenforderungen vereinbart, hat der Vorbehaltskäufer bei der Vertragsgestaltung mit seinen Kunden darauf zu achten, dass die Forderungen durch die antizipierte Zession auf den Vorbehaltsverkäufer übergehen können. Eine Übereignung aufgrund eines Kaufvertrags, bei dem die Kaufpreisforderung unabtretbar ausgestaltet ist (§ 399 Fall 2 BGB), wird von der Ermächtigung nicht erfasst. Auch 11

---

[4] Vgl. BGH NJW 1991, 2285, 2287 r. Sp.
[5] MünchKommBGB/*Westermann* § 449 Rn. 55.
[6] Dazu BGH NJW 1988, 1774 (Veräußerung mit Rückleasing).

diese Beschränkung muss nicht ausdrücklich erklärt sein; sie folgt aus dem Vertragszweck. Ein besonderer Fall der Unabtretbarkeit ist die Einstellung der Forderung in ein Kontokorrent (§ 355 HGB), bei dem die Einzelforderungen ihre Selbständigkeit verlieren und zu Rechnungsposten herabsinken. An ihre Stelle tritt die Saldoforderung, die von einer Vorausabtretungsklausel erfasst sein kann.[7] Sind beide Parteien Kaufleute, ist bei Vereinbarung eines Abtretungsverbotes § 354a HGB zu beachten, nach dem der Abtretungsausschluss unwirksam ist, dem Schuldner aber das Recht verbleibt, an den Altgläubiger zu leisten.

12 Nicht im ordnungsgemäßen Geschäftsbetrieb ist die Ware veräußert, wenn sie zu einem Schleuderpreis verkauft wird.[8] Ist die Übereignung durch den Vorbehaltskäufer von der Ermächtigung nicht gedeckt, kommt für dessen Kunden nur ein gutgläubiger Erwerb nach §§ 932 ff. BGB in Betracht. Dabei sind etwaige Erkundigungspflichten zu berücksichtigen, deren Verletzung die Redlichkeit ausschließen kann.[9]

c) Widerruf und Erlöschen

13 Die Ermächtigung zur Veräußerung kann wie die Vollmacht widerruflich oder unwiderruflich erteilt werden. Nach § 183 Satz 1 BGB ist die Ermächtigung unwiderruflich, wenn sich dies aus dem der Ermächtigung zugrundeliegenden Geschäft ergibt. Die Frage, unter welchen Voraussetzungen ein Widerruf wirksam sein soll, wird meist nicht ausdrücklich geregelt. Die Rechtsprechung geht von dem Grundsatz aus, dass die Ermächtigung bindend ist, ein Widerruf aber zulässig ist bei Gefährdung der Interessen des Vorbehaltsverkäufers.[10] Die Verfügungsermächtigung erlischt ferner, wenn über das Vermögen des Vorbehaltskäufers das Insolvenzverfahren eröffnet wird.[11]

III. Die Abtretung der Forderungen

1. Bestimmbarkeit

14 Beim verlängerten Eigentumsvorbehalt werden dem Vorbehaltsverkäufer die Forderungen aus vom Vorbehaltskäufer künftig noch abzuschließenden Geschäften mit den Abnehmern abgetreten. Man spricht von „Vorausabtretung". Auch künftige Forderungen sind abtretbar. Die Abtretung wird wirksam, wenn die Forderung entsteht (§ 185 Abs. 2 Satz 1 Fall 2 BGB). Die Abtretung künftiger Forderungen ist eine Verfügung, die dem Bestimmtheitsgrundsatz unter-

---

[7] Vgl. den Fall BGHZ 70, 86.
[8] BGH WM 1969, 1452.
[9] BGH NJW 1980, 2245; entscheidend ist die konkrete Fallgestaltung.
[10] BGH NJW 1969, 1171.
[11] *Häsemeyer*, Insolvenzrecht, 4. Aufl. 2007, Rn. 18.46; ausführlich *Serick*, EV und SÜ, Bd. V, 1982, S. 328 ff.

worfen ist. Die Rechtsprechung lässt es genügen, dass die abgetretene Forderung bestimmbar ist.[12] Daher schadet es nicht, wenn der künftige Schuldner zunächst noch unbekannt ist. Es genügt, wenn die von der Abtretung erfasste Forderung im Zeitpunkt ihres Entstehens bestimmt ist. Soll die Forderung nur teilweise abgetreten werden, damit eine Übersicherung vermieden wird, ist sicherzustellen, dass auch die Höhe des abgetretenen Teils sicher feststellbar ist. Die Abtretung ist nicht deshalb unwirksam, weil die Bestimmung der abgetretenen Forderung oder des Forderungsteils mit erheblichem Aufwand verbunden ist.[13]

2. Übersicherung

Ein Sicherungsgeschäft ist nach § 138 BGB oder § 307 BGB unwirksam, wenn sich der Sicherungsgeber unangemessen hohe Vermögenswerte übertragen lässt und dadurch die wirtschaftliche Bewegungsfreiheit des Schuldners einengt.[14] Die Übersicherung ist vor allem ein Problem nichtakzessorischer Sicherheiten, bei denen der Bestand und Umfang der Sicherung nicht automatisch an die gesicherte Forderung angepasst werden. Bei der Vorausabtretung von Kundenforderungen im Rahmen des verlängerten Eigentumsvorbehalts besteht die Gefahr der Übersicherung, weil der Verkaufspreis den Einkaufspreis (und damit die zur Sicherheit abgetretene Forderung die offene Kaufpreisforderung) erheblich übersteigen kann. Die Übersicherung kann im Vertrag dadurch abgewendet werden, dass dem Vorbehaltskäufer das Recht eingeräumt wird, die Freigabe der Sicherheiten bei Erreichung einer die beiderseitigen Interessen berücksichtigenden konkreten Deckungsgrenze zu verlangen.[15] Der Freigabeanspruch braucht grundsätzlich nicht klauselmäßig ausgesprochen zu werden. Er ergibt sich nach der Rechtsprechung des BGH bereits aus der Sicherungsabrede (→ § 33 Rn. 17).[16]

3. Einziehungsermächtigung und Prozessstandschaft

Mit der (verdeckten) Vorausabtretung der Kundenforderungen ist beim verlängerten Eigentumsvorbehalt regelmäßig eine *Einziehungsermächtigung* verbunden. Danach ist der Vorbehaltskäufer befugt, die im Rahmen des verlängerten Eigentumsvorbehalts an den Vorbehaltsverkäufer abgetretene Forderung aus dem Vertrag mit dem Abnehmer im eigenen Namen einzuziehen. Die Einziehungsermächtigung ist im Gesetz nicht ausdrücklich geregelt, aber gewohnheitsrechtlich anerkannt. Die Ermächtigung zur Einziehung muss nicht ausdrücklich erteilt werden, sie kann sich aus dem Vertragszweck ergeben. Der Er-

---

[12] Vgl. etwa BGHZ 98, 303, 312.
[13] BGHZ 70, 86, 89.
[14] BGHZ 120, 300.
[15] BGHZ 120, 300 m.w.N.
[16] BGHZ 124, 375 m.w.N.

mächtigte ist befugt, im eigenen Namen alle Rechtshandlungen vorzunehmen, die zur Einziehung der Forderung erforderlich sind. Er kann insbesondere wirksam mahnen. Die Einziehungsermächtigung geht weiter als die Empfangsermächtigung nach § 362 Abs. 2 BGB, die nur zu einer Befreiung führt, wenn der Schuldner mit Zustimmung des Gläubigers an einen Dritten leistet. Entscheidende Bedeutung erlangt die Einziehungsermächtigung im Prozess. Der Einziehungsermächtigte kann nach h.M. Klage auf Leistung an sich erheben[17] und das Urteil im eigenen Namen vollstrecken.

Wird die Vorausabtretung dem Kunden (ausnahmsweise) offengelegt, klagt der Vorbehaltskäufer also auf Leistung an den Vorbehaltsverkäufer, macht der Vorbehaltskäufer die Forderung als Prozessstandschafter geltend. Nach h.M. kann ein Rechtsinhaber einen anderen ermächtigen, sein Recht gerichtlich im eigenen Namen geltend zu machen. Man spricht von gewillkürter Prozessstandschaft, die neben der Ermächtigung zur Prozessführung voraussetzt, dass das Recht abtretbar ist und der Prozessstandschafter ein eigenes schutzwürdiges Interesse an der Prozessführung hat.[18]

Bei der Vorausabtretung handelt es sich allerdings im Regelfall um eine „stille Zession", die dem Kunden nicht mitgeteilt wird, solange der Vorbehaltskäufer seinen Vertrag mit dem Vorbehaltsverkäufer erfüllt. Auch wenn der Vorbehaltskäufer gegen seinen Kunden klagt, legt er die Abtretung regelmäßig nicht offen. Da er nach dem Klageantrag auf Leistung an sich klagt, macht der Vorbehaltskäufer nach seiner Rechtsbehauptung daher ein eigenes Recht geltend. Deshalb liegt keine echte Prozessstandschaft vor, die dadurch gekennzeichnet ist, dass ein fremdes Recht im eigenen Namen geltend gemacht wird. Dennoch wird der Zedent, der die zur Sicherung abgetretene Forderung geltend macht, vielfach als *Prozessstandschafter* bezeichnet. Das ist nur insofern richtig, als bei einer Ermächtigung zur Prozessführung die Rechtskraft des Urteils auch bei verdecktem Handeln auf den Zessionar (Vorbehaltsverkäufer) erstreckt wird, ohne dass es im Einzelnen auf die Voraussetzungen des § 407 Abs. 2 BGB ankäme.[19] Man kann das als verdeckte Prozessstandschaft bezeichnen.

IV. Globalzession und Vorausabtretung

17 Die im Rahmen des verlängerten Eigentumsvorbehalts vereinbarte Vorausabtretung der Kundenforderungen kann zu einem Konflikt mit dem Darlehensgeber des Vorbehaltskäufers führen, wenn das Kreditinstitut zur Sicherung der gewährten Darlehen vorab die Vereinbarung getroffen hat, dass *alle* Forderungen, die der Vorbehaltskäufer gegen Kunden erwirbt, zur Sicherung des Darlehenrückforderungsanspruchs abgetreten werden (Globalzession). Die Sicherungsabtretung ist eine Verfügung. Werden mehrere Verfügungen über denselben Gegenstand getroffen, ist grundsätzlich die erste wirksam. Der Prioritätsgrundsatz folgt in der Regel schon daraus, dass durch die erste Verfügung das Recht übergeht und dem Verfügenden bei der zweiten Verfügung die Verfügungsbefugnis fehlt. Aus § 185 Abs. 2 Satz 2 BGB ergibt sich, dass der Prioritätsgrundsatz un-

---

[17] A.M. *Gernhuber*, Die Erfüllung und ihre Surrogate, § 24 I 4.
[18] Dazu Stein/Jonas/*Jacoby* vor § 50 Rn. 45.
[19] Dazu *Brehm* KTS 1985, 1.

abhängig vom Verlust der Verfügungsbefugnis gilt, wenn mehrere widerstreitende Verfügungen gleichzeitig wirksam würden. Die Rechtsprechung geht beim Konflikt zwischen Warenlieferanten und Kreditgeber zwar vom Prioritätsgrundsatz aus, aber sie gibt dennoch dem Warenlieferanten den Vorzug, selbst wenn seine Vorausabtretung der Globalzession an das Kreditinstitut nachfolgt. Die Globalzession künftiger Kundenforderungen ist nach der Rechtsprechung in der Regel nichtig (§ 138 Abs. 1 BGB), soweit sie nach dem Willen der Vertragsparteien auch Forderungen umfassen soll, die der Schuldner seinen Lieferanten aufgrund verlängerten Eigentumsvorbehalts künftig abtreten muss oder abtritt.[20] Begründet wird dies mit der Überlegung, dass in manchen Branchen kein Zulieferer zu finden ist, der ohne Vereinbarung eines verlängerten Eigentumsvorbehalts liefern würde. Deshalb bleibe dem Händler nur die Wahl, sein Geschäft aufzugeben oder die Lieferanten darüber zu täuschen, dass die Kundenforderungen bereits an das Kreditinstitut übertragen wurden. Dem Urteil der Sittenwidrigkeit kann das Kreditinstitut nur entgehen, wenn von der Sicherungszession die Forderungen ausgenommen werden, die üblicherweise dem verlängerten Eigentumsvorbehalt unterliegen. Man spricht bei dieser Vertragsgestaltung von *„dinglicher Verzichtsklausel"*, obwohl ein Verzicht im Rechtssinne natürlich nicht vorliegt, wenn von vornherein Forderungen von der Abtretung ausgenommen werden. Eine *schuldrechtliche Verzichtsklausel*, die nur einen Anspruch auf Freigabe gewährt, genügt nach der Rechtsprechung nicht.[21]

Die mit dem Etikett *Vertragsbruchtheorie* versehene Argumentation ist vordergründig und wird von der Rechtsprechung auch nicht konsequent verfolgt. Zu einem „Vertragsbruch" wird der Vorbehaltskäufer auch dann gezwungen, wenn sein Kunde auf einem Abtretungsverbot (§ 399 Fall 2 BGB) besteht, trotzdem werden solche Abtretungsverbote von der Rechtsprechung nicht beanstandet.[22] Dass die Vertragsbruchtheorie sehr vordergründig ist, zeigt auch die Überlegung, dass sie umkehrbar ist und auch gegen den Lieferanten gewendet werden könnte:[23] Jeder Lieferant weiß, dass Banken Sicherungsabtretungen verlangen, deshalb zwingt er den Vorbehaltskäufer, die Abreden mit der Bank zu verletzen, wenn er einen verlängerten Eigentumsvorbehalt vereinbart. 18

Es gab Versuche, den Konflikt zwischen Lieferant und Kreditgeber auf andere Weise zu lösen. Vorgeschlagen wurde, den Vorrang des Warenlieferanten damit zu begründen, dass die Kundenforderung an die Stelle der gelieferten Ware trete, deshalb komme die Ersatzsicherheit eher dem Lieferanten zu[24] (*Näherprinzip*). Andere haben sich für eine Teilung der Sicherung ausgesprochen[25] 19

---

[20] BGHZ 30, 149, BGHZ 55, 34.
[21] Anders bei der Übersicherung.
[22] Vgl. BGHZ 55, 38 mit der schwachen Begründung, der Kunde könne der Vorausabtretung zustimmen.
[23] Insoweit zutreffend *Wilhelm* Rn. 2472ff.
[24] Dazu *Picker* JuS 1988, 378.
[25] *Esser* JZ 1986, 529; *ders.* ZHR 135, 329; *Beuthien* BB 1971, 375; *Erman* BB 1956, 1109.

(*Teilungsprinzip*). Danach ginge die Kundenforderung in Höhe des Warenwertes über. Diese Lösungen lassen sich mit dem Gesetz kaum begründen.

Dass man versucht, die Ergebnisse zu korrigieren, zu denen die Vertragsfreiheit führt, liegt in erster Linie daran, dass formale Vertragsfreiheit keine Chancengleichheit gewährt. Ein Unternehmen schließt Lieferverträge immer wieder neu ab, während Bankbeziehungen als Dauerbeziehungen typischerweise zeitlich vorher, zuweilen schon vor Geschäftseröffnung, begründet werden. Nach dem Prioritätsprinzip hat deshalb in aller Regel die Bank den Vorrang. Es ist sicher unbefriedigend, wenn Gewinner und Verlierer von vornherein feststehen. Aber der Konflikt zwischen Warenkreditgeber und Geldkreditgeber zeigt nur zugespitzt, dass formale Regeln wie der Prioritätsgrundsatz keine Ergebnisse liefern können, die an Grundsätzen materialer Gerechtigkeit zu messen wären. Der Vorrang des Geldkreditgebers, zu dem der Prioritätsgrundsatz führt,[26] ist ein zufälliges Ergebnis und wird durch die tatsächlichen Verhältnisse geschaffen. Aber daraus folgt noch nicht, dass man dem Warenlieferanten den Vorzug geben müsste. Ob ein Kreditgeber Geld zur Verfügung stellt oder Waren liefert, ist unerheblich für die Frage, wem im Insolvenzverfahren ein Absonderungsrecht zustehen soll. Nach dem Gedanken der Vertragsfreiheit müsste der Vorrang eines Gläubigers damit begründet werden, dass der Sicherungsgeber die freie Entscheidung getroffen hat, diesem das Sicherungsgut zuzuwenden. Aber von dieser Entscheidung bleibt wenig übrig, wenn Zulieferer und Kreditinstitute mit einheitlichen Bedingungen arbeiten, die eine Abtretung der Kundenforderungen als Bestandteil enthalten.[27] Noch schwieriger wird die Frage, wem das Sicherungsgut gebühren soll, wenn auch die übrigen Gläubiger in die Betrachtung einbezogen werden. Auch sie haben aus tatsächlichen Gründen keine Chance, einen Vorrang zu begründen. Im Grunde genommen gibt es nur zwei Standpunkte, die konsequent erscheinen: Entweder das Recht verzichtet auf Kriterien der Verteilungsgerechtigkeit zwischen den Gläubigern und lässt dem Zufall (den tatsächlichen Verhältnissen) seinen Lauf oder man fordert zwischen den Gläubigern eine Gleichbehandlung, weil sich ein Vorrang materiell nicht begründen lässt.[28]

V. Vorausabtretung und Factoring

20 Nach der Rechtsprechung ist die dem verlängerten Eigentumsvorbehalt vorhergehende Globalzession allerdings dann wirksam, wenn sie im Rahmen eines *echten Factoringvertrags* erfolgt.[29] Beim echten Factoring wird die Forderung verkauft und die Factoring-Bank („Factor") übernimmt das Bonitätsrisiko des Kunden (Delkrederehaftung). Der Vorbehaltskäufer darf den von der Factoring-Bank für die Forderung gegen den Kunden erhaltenen Betrag endgültig behalten. Die Lage ist kaum anders als habe der Kunde an den Vorbehaltskäufer bezahlt.

21 Wird das Factoringgeschäft nach der Vorausabtretung im Rahmen des verlängerten Eigentumsvorbehalts getätigt, ginge nach dem Prioritätsgrundsatz zwar die Abtretung an den Vorbehaltsverkäufer vor. Die Rechtsprechung legt aber die dem Vorbehaltskäufer erteilte Einziehungsermächtigung erweitert aus. In

---

[26] Ohne die Anwendung des § 138 BGB.
[27] Inwieweit dies tatsächlich der Fall ist, bedürfte rechtstatsächlicher Überprüfung.
[28] Siehe dazu → § 30 Rn. 9.
[29] BGHZ 69, 254; BGHZ 100, 353.

ihr liegt zugleich eine Ermächtigung, die Forderung im Rahmen eines echten Factoring-Vertrages abzutreten.³⁰

Beim *unechten Factoring* handelt es sich um eine Inkasso-Zession. Die Forderung wird formal auf die Factor-Bank übertragen, die aber nicht das Bonitätsrisiko des Kunden trägt. Stellt sich heraus, dass der Kunde zahlungsunfähig ist, wird der Zedent zurückbelastet. Wenn sich das unechte Factoring in einer Inkasso-Zession erschöpft, ist die Abtretung an die Factoring-Bank nicht sittenwidrig. Etwas anderes gilt aber, wenn mit der Inkassotätigkeit – wie üblich – ein Kreditgeschäft verbunden ist und die Abtretung zugleich den Charakter einer Sicherungszession hat: Der Zessionar zahlt einen Vorschuss auf die einzuziehende Forderung und die abgetretene Forderung dient zur Sicherung der Ansprüche gegen den Zedenten auf Rückzahlung. Bei dieser Gestaltung wendet die Rechtsprechung die Vertragsbruchtheorie an.³¹

VI. Konflikte bei Verarbeitungsklauseln

Auch bei Verarbeitungsklauseln können Konflikte mit anderen Gläubigern entstehen. Durch die Verarbeitungsklausel will der Vorbehaltsverkäufer eine Anschlusssicherheit für sein Eigentum, das durch die Verarbeitung (§ 950 BGB) beim Vorbehaltskäufer verlorengeht. Das Eigentum der neuen Sache wird auf den Vorbehaltsverkäufer übertragen; zur Wirksamkeit → § 28 Rn. 16ff. Probleme entstehen, wenn die neue Sache aus unterschiedlichen Materialien geschaffen wird, die von verschiedenen Zulieferern unter Eigentumsvorbehalt mit einer Verarbeitungsklausel erworben wurden. Nach dem Prioritätsprinzip würde der Zulieferer gesichert, der den Vertrag zuerst abgeschlossen hat, während die anderen leer ausgingen. Auch diese Konsequenz wird vermieden, wenn man nach dem Vorbild der Vertragsbruchtheorie Sittenwidrigkeit des Sicherungsvertrags und der Verarbeitungsklausel annimmt, die auf andere Zulieferer keine Rücksicht nimmt. Der Lieferant kann den Risiken des § 138 BGB entgehen, indem er sich nur einen Miteigentumsanteil an der neuen Sache übertragen lässt, der dem Anteil seiner Warenlieferung³² entspricht.

VII. Der erweiterte Eigentumsvorbehalt

Vom verlängerten Eigentumsvorbehalt ist der *erweiterte Eigentumsvorbehalt* zu unterscheiden. Beim gewöhnlichen Eigentumsvorbehalt wird die Kaufsache aufschiebend bedingt bis zur Zahlung der Kaufpreisforderung an den Käufer übereignet. Der erweiterte Eigentumsvorbehalt unterscheidet sich in der Ausgestaltung der Bedingung. Das Eigentum geht nicht schon dann über, wenn die

---
³⁰ BGHZ 72, 15.
³¹ BGHZ 82, 64.
³² Er kann ins Verhältnis zum Fertigfabrikat oder zum Verarbeitungswert gesetzt sein; zur Vertragsgestaltung BGHZ 46, 117.

Kaufpreisforderung beglichen wird, die der Lieferung zugrunde lag, sondern erst, wenn noch weitere Forderungen aus den Geschäftsverbindungen der Parteien getilgt werden.

25 Wird der erweiterte Eigentumsvorbehalt in Allgemeinen Geschäftsbedingungen vereinbart, so ist er in der Regel gegenüber einem Nichtkaufmann unwirksam, weil ein wesentlicher Zweck des Kaufvertrags, der Eigentumserwerb, gefährdet wird (§ 307 Abs. 2 Nr. 2 BGB). Dagegen begegnet der erweiterte Eigentumsvorbehalt bei Kaufleuten keinen Bedenken, wenn die Übereignung an die Bedingung geknüpft wird, dass rückständige Forderungen aus den laufenden Geschäftsbeziehungen erfüllt werden (Kontokorrentvorbehalt).[33] Unwirksam ist dagegen der *Konzernvorbehalt*, bei dem die Forderungen aller Unternehmen getilgt sein müssen, die in einem Konzern verbunden sind (§ 449 Abs. 3 BGB).[34]

26 Der erweiterte Eigentumsvorbehalt unterscheidet sich vom einfachen Eigentumsvorbehalt in seinen Wirkungen. Der einfache Eigentumsvorbehalt gewährt ein Aussonderungsrecht im Insolvenzverfahren (→ § 31 Rn. 4). Wenn die Kaufpreisforderung bezahlt ist und nur noch andere rückständige Forderungen gesichert werden, wird der erweiterte Eigentumsvorbehalt der Sicherungsübereignung gleichgestellt, die nur zu einem Absonderungsrecht führt.[35]

---

[33] BGHZ 118, 377.
[34] Vor Geltung des § 449 Abs. 3 BGB wurde dies mit § 138 BGB begründet; dazu *Serick*, Festschr. Weitnauer, 1985, S. 145.
[35] BGH NJW 1978, 632.

§ 33 Sicherungsübereignung und Sicherungszession

Literatur: *Böhm*, Die Sicherungsabtretung im UNCITRAL-Konventionsentwurf „Draft convention on assignment in receivables financing", 2000; *Gaul*, Lex commissoria und Sicherungsübereignung, AcP 168 (1968), 351; *ders.*, Neuere „Verdinglichungs-" Tendenzen zur Rechtsstellung des Sicherungsgebers bei der Sicherungsübereignung, Festschr. Serick, 1992, S. 105; *Giesen*, Mehrfachverfügungen des Sicherungsgebers nach § 930, AcP 203 (2003) 210; *Henckel*, Zur Dogmatik der besitzlosen Mobiliarsicherheiten, Festschr. Zeuner, 1994, S. 193; *Hromadka*, Sicherungsübereignung und Publizität, 1980, 89; *Möller*, Die Sicherungsübereignung im Umsatzsteuerrecht, 1999; *Reich*, Funktionsanalyse und Dogmatik bei der Sicherungsübereignung, AcP 169 (1969), 247; *Schmidt, Karsten*, Zur Akzessorietätsdiskussion bei Sicherungsübereignung und Sicherungsabtretung, Festschr. Serick, 1992, S. 329; *Amrei Schröder*, Sicherungsrechte in Spanien, Informaciones, II, 2000, 93.

Studium: *Huber*, Grundwissen – Zivilprozessrecht: Sicherungseigentum in Zwangsvollstreckung und Insolvenz, JuS 2011, 588; *Lorenz*, Grundwissen – Zivilrecht: Die Sicherungsübereignung, JuS 2011, 493; *Meyer/v. Varel*, Die Sicherungszession, JuS 2004, 192.

Fallbearbeitung: *Hofmann/John*, Anfängerklausur: Sachenrecht – Von Melkmaschinen und Traktoren, JuS 2011, 515; *Koch*, Referendarexamensklausur: Kreditsicherungsrecht, JuS 2018, 692; *Omlor/Spies*, Referendarexamensklausur: Globalzession und verlängerter Eigentumsvorbehalt – Umgebucht, JuS 2011, 56.
Weitere Literatur → §§ 30, 31.

I. Sicherungsübereignung

Bei der Sicherungsübereignung überträgt der Kreditnehmer (Sicherungsgeber) das Eigentum an einer beweglichen Sache (Sicherungsgut) auf den Kreditgeber (Sicherungsnehmer) treuhänderisch (→ § 5 Rn. 41) mit der Abrede, dass der Gläubiger zur freihändigen Veräußerung befugt sein soll, wenn der Kredit nicht zurückbezahlt wird. Die Befugnis des Gläubigers, Vermögensgegenstände des Schuldners zu verwerten, folgt schon aus der allgemeinen Vermögenshaftung. Erwirbt der Gläubiger gegen den Schuldner einen Titel (z.B. ein Urteil), kann er im Wege der Zwangsvollstreckung Vermögensgegenstände des Schuldners veräußern lassen, um den Erlös an sich zu ziehen. Die Zwangsvollstreckung führt aber nicht zum Erfolg, wenn alle Vermögensrechte schon von anderen Gläubigern abgeschöpft sind. Die Bedeutung der Sicherungsübereignung liegt vor allem darin, dass eine bestimmte Sache für den Gläubiger haftungsrechtlich „reserviert" wird. Mit der Übertragung des Eigentums auf den Gläubiger wird die Sache dem Zugriff anderer Gläubiger ganz oder teilweise entzogen, und auch der Schuldner kann nicht mehr über sie verfügen. Im Falle einer Einzelzwangsvollstreckung kann der Sicherungseigentümer gegen andere Gläubiger Klage nach § 771 ZPO erheben, damit das Gericht die Vollstreckung für unzulässig erklärt und das Vollstreckungsorgan die Pfändung aufhebt (§§ 775, 776 ZPO). Im

1

Insolvenzverfahren gewährt die Sicherungsübereignung wie das Pfandrecht ein Absonderungsrecht (§ 51 Nr. 1 InsO). Aus dem Verwertungserlös wird der Sicherungseigentümer vorrangig befriedigt.

II. Die rechtlichen Bestandteile des Geschäfts

1. Die Übereignung

2   Die Sicherungsübereignung ist eine Übereignung nach §§ 929ff. BGB. In der Praxis ist die Übereignung durch Besitzkonstitut nach §§ 929 Satz 1, 930 BGB üblich. Gegenstand der Sicherungsübereignung sind bei Unternehmen häufig Anlagegüter, die zur Produktion benötigt werden. Deshalb muss eine Übertragungsform gewählt werden, die sicherstellt, dass der Unternehmer als Sicherungsgeber im unmittelbaren Besitz der Sachen bleibt, damit er sie weiter nutzen kann. Auch bei sonstigen Krediten, insbesondere bei Verbraucherkrediten, soll dem Kreditnehmer die Nutzungsmöglichkeit erhalten bleiben.

Die Übereignung nach §§ 929, 930 BGB ist für die Sicherungsübereignung zwar typisch, aber nicht notwendig. Auf welche Weise das Eigentum auf den Sicherungsnehmer übertragen wurde, spielt grundsätzlich keine Rolle. Eine Sicherungsübereignung von Schmuck, den der Sicherungs*nehmer* in seinem Tresor verwahrt, ist möglich. Sie richtet sich allein nach § 929 Satz 1 BGB.

3   Bei der Übereignung nach §§ 929 Satz 1, 930 BGB wird die Übergabe durch ein Besitzkonstitut (→ § 27 Rn. 29) ersetzt. Es wird vereinbart, dass das Eigentum auf den Sicherungsnehmer übergeht und der Sicherungsgeber befugt sein soll, die Sache unmittelbar zu besitzen und zu nutzen. Da die Rechtsprechung bei der Übereignung nach §§ 929, 930 BGB ein *konkretes Besitzmittlungsverhältnis* verlangt (→ § 27 Rn. 30), wird die Abrede, aus der sich die Nutzungsbefugnis und das Besitzrecht ergeben, in vielen Verträgen als „Leihe" bezeichnet.[1] Es kommt aber nicht entscheidend auf die Bezeichnung an. Die notfalls im Wege der Auslegung zu erschließende Regelung im Sicherungsvertrag über die Gebrauchsüberlassung begründet ein Besitzmittlungsverhältnis, das den Anforderungen des § 868 BGB genügt.

4   Die Einigung, die nach §§ 929 Satz 1, 930 BGB zum Übergabesurrogat hinzutreten muss, wird in der Vertragspraxis unbedingt erklärt. Das Sicherungseigentum fällt deshalb nicht automatisch mit Rückzahlung des Kredits auf den Sicherungsgeber zurück, es ist vielmehr eine Rückübereignung erforderlich, für die eine schlichte Einigung genügt (§ 929 Satz 2 BGB). Die Vertragsgestaltung kann sich auch der auflösend bedingten Einigung bedienen. Wird als (auflösende) Bedingung die vollständige Rückzahlung des Darlehens vereinbart, endet die Wirkung des Rechtsgeschäfts „Übereignung" mit dem Bedingungseintritt und der frühere Zustand tritt kraft Gesetzes wieder ein (§ 158 Abs. 2 BGB).

---

[1] Beispiel: „Die Übergabe wird dadurch ersetzt, dass der Darlehensnehmer die übereigneten Gegenstände im Rahmen der Leihe verwenden darf."

Dadurch wird erreicht, dass das Eigentum automatisch an den Sicherungsgeber zurückfällt, wenn das Darlehen zurückbezahlt ist. Es entsteht außerdem für den Sicherungsgeber ein Anwartschaftsrecht, das Gegenstand von Verfügungen sein kann. Der Sicherungsgeber ist überdies im Falle der auflösend bedingten Übereignung durch § 161 Abs. 2 BGB vor Verfügungen des Sicherungsnehmers geschützt. Übereignet der Sicherungsnehmer die Sache an einen Dritten, ist die Übereignung zwar wirksam, aber mit Bedingungseintritt (Darlehensrückzahlung) endet die Wirkung der Zwischenverfügung, und das Eigentum fällt trotz der Zwischenverfügung auf den Sicherungsgeber zurück.

Weil die auflösend bedingte Übereignung den Interessen des Sicherungsgebers besser gerecht wird, vertritt ein Teil der Literatur die Ansicht, im Zweifel sei analog § 449 BGB von einer auflösend bedingten Übereignung auszugehen.[2] Die Vertragspraxis, die keine auflösend bedingte Übereignung vorsieht, verstößt nicht gegen § 307 BGB.

Wie alle Verfügungen unterfällt auch die Sicherungsübereignung dem *Bestimmtheitsgrundsatz* (→ § 27 Rn. 3). Anders als bei der Vorauszession lässt die Rechtsprechung die bloße Bestimmbarkeit nicht genügen, sondern richtet die Frage der Bestimmtheit allein am Zeitpunkt des Vertragsschlusses aus.[3] Probleme der Bestimmtheit treten in der Praxis auf, wenn ein Warenlager zur Sicherung übereignet wird. Das Warenlager hat in der Regel infolge der Ab- und Zukäufe einen wechselnden Bestand. Hinreichend bestimmt ist gleichwohl die Sicherungsübereignung aller in bestimmter Weise markierten Waren,[4] Waren in einem Warenlager oder Waren, die in einem Inventarverzeichnis[5] aufgeführt sind. Nicht bestimmt ist hingegen die Sicherungsübereignung eines Warenlagers zu einem bestimmten Bruchteil oder von Schlachtvieh nach Gewicht.[6] Bei dem sog. *Raumsicherungsvertrag* wird das Sicherungsgut in einem bestimmten Raum gelagert, und es werden alle Sachen, die sich in diesem Raum befinden, an den Sicherungsnehmer übereignet. Erfasst werden meist auch solche Sachen, die erst später in den Raum gelangen (→ § 27 Rn. 3). Das führt im Ergebnis neben der Erweiterung des Sicherungsbestandes zu einer „Surrogation", wenn Sachen aus dem Warenlager herausgenommen und Ersatzstücke nachgeliefert werden. Die „Surrogation" beruht aber auf dem Rechtsgeschäft der vorweggenommenen Übereignung und nicht auf dem Gesetz. Ohne rechtsgeschäftliche Regelung erwirbt der Sicherungsnehmer an den Ersatzgegenständen kein Eigentum, weil die dingliche Surrogation (→ § 29 Rn. 22 ff.) nur in den gesetzlich geregelten Fällen anzuerkennen ist.[7]

Ist der Sicherungsgeber Mieter oder Pächter des Raums, in dem sich das von der Raumsicherungsklausel erfasste Sicherungsgut befindet, kollidiert die Si-

---

[2] *Lange* NJW 1950, 825; *Serick*, Band 3, S. 391 ff.; *Baur/Stürner* § 57 Rn. 10.
[3] BGH NJW 1958, 1133, 1134.
[4] BGH NJW 2000, 2898 (farbliche Markierung).
[5] BGH NJW 2008, 3142.
[6] BGH NJW 1984, 803.
[7] Dazu RGZ 153, 366.

cherungsübertragung mit dem gesetzlichen Pfandrecht des Vermieters (Verpächters) nach § 559 BGB, das die eingebrachten pfändbaren (§ 811 ZPO) Sachen erfasst. Wurde das Sicherungsgut übereignet, bevor es in die Räume eingebracht war, entsteht kein Vermieterpfandrecht, weil § 562 BGB voraussetzt, dass der Mieter Eigentümer ist. Ein gutgläubiger Erwerb gesetzlicher Pfandrechte ist ausgeschlossen (→ § 34 Rn. 43). Bei der üblichen Raumsicherungsklausel wird der Übereignungstatbestand zeitgleich mit dem Entstehungstatbestand des Vermieterpfandrechts verwirklicht, weil über künftiges Eigentum durch antizipierte Einigung verfügt wird und der Verfügungstatbestand erst mit Einbringung in den Raum die erforderliche Bestimmtheit aufweist. Nach h.M. geht das Vermieterpfandrecht vor.[8] War der Sicherungsgeber nur Anwartschaftsberechtigter, entsteht das Vermieterpfandrecht an der Anwartschaft und setzt sich später am Eigentum fort.

8 Wird das Anwartschaftsrecht des Vorbehaltskäufers analog §§ 929 Satz 1, 930 BGB zur Sicherung übertragen (→ § 31 Rn. 9), entstehen besitzrechtliche Komplikationen. Der Vorbehaltskäufer vermittelt dem Vorbehaltsverkäufer den Besitz. Mit der Übereignung nach §§ 929 Satz 1, 930 BGB begründet er ein neues Besitzmittlungsverhältnis, nach dem er Besitzmittler des Sicherungsnehmers ist. Manche wollen den Widerspruch durch Anerkennung eines *mittelbaren Nebenbesitzes* lösen,[9] eine Figur, die der BGH[10] ablehnt (→ § 31 Rn. 13).

9 Wurde Eigentum zur Sicherung übertragen, obwohl der Sicherungsgeber als Vorbehaltskäufer nur Inhaber eines Anwartschaftsrechts ist, erwirbt der Sicherungsnehmer kein Eigentum, weil bei der Übereignung nach §§ 929, 930 BGB für den gutgläubigen Erwerb eine Übergabe erforderlich ist (§ 933 BGB). Die unwirksame Übereignung ist aber in eine Übertragung der Anwartschaft umzudeuten (§ 140 BGB). Begleicht der Sicherungsgeber beim Vorbehaltsverkäufer den Kaufpreis, tritt die Bedingung ein, und der Sicherungsnehmer erwirbt Sicherungseigentum.

2. Der Sicherungsvertrag
a) Verhältnis zur Übereignung

10 Die Sicherungsübereignung ist als Verfügung inhaltlich und äußerlich abstrakt. Als inhaltlich abstraktes Geschäft enthält die Einigung über die Eigentumsübertragung keine Zweckvereinbarung. Die Zweckvereinbarung ist vielmehr einem schuldrechtlichen Sicherungsvertrag vorbehalten, der die Pflicht zur Bestellung der Sicherung regelt. Rechtsgrund der Sicherungsübereignung ist daher die durch den Sicherungsvertrag begründete Pflicht des Sicherungsgebers, die

---
[8] Vgl. BGH NJW 1992, 1156 mit einer kaum haltbaren Begründung, die auf die Bestimmtheit abstellt. Eine Mindermeinung geht von einer Gleichrangigkeit zwischen Vermieterpfandrecht und Sicherungseigentum aus, vgl. *Vortmann* ZIP 1988, 626; *Fischer* JuS 1993, 542.
[9] *Westermann* NJW 1956, 1289.
[10] BGHZ 50, 45.

Sachen dem Gläubiger zur Sicherung zu übereignen. Ist der Sicherungsvertrag nichtig, bleibt davon die Sicherungsübereignung nach dem Grundsatz äußerer Abstraktion grundsätzlich unberührt. Bei der Übereignung nach §§ 929 Satz 1, 930 BGB ist aber die in der Sicherungsabrede enthaltene Regelung der Gebrauchsüberlassung auf Zeit insofern Bestandteil des Verfügungsgeschäfts, als sie das Besitzmittlungsverhältnis begründet. Die Übereignung nach §§ 929 Satz 1, 930 BGB setzt zwar nicht notwendig ein wirksames Besitzmittlungsverhältnis voraus, aber es muss dem Sicherungsnehmer als Oberbesitzer gegen den Sicherungsgeber als Besitzmittler ein Herausgabeanspruch zustehen (→ § 3 Rn. 15). Bei nichtigem Sicherungsvertrag hat der Sicherungsnehmer gewöhnlich keinen Herausgabeanspruch gegen den Sicherungsgeber, deshalb scheitert schon die dingliche Übereignung.[11]

Schlägt die Übereignung nicht von vornherein fehl, erwirbt der Sicherungsnehmer bei nichtigem Sicherungsvertrag das Eigentum an der Sache rechtsgrundlos, auch wenn ein wirksamer Kreditvertrag geschlossen wurde. Das Sicherungsgut ist nach § 812 Abs. 1 Satz 1 Fall 1 BGB auf den Sicherungsgeber zurückzuübertragen.

Eine Verknüpfung von Sicherungszweck und abstrakter Übereignung kann durch eine Bedingung hergestellt werden. Die Übereignung kann unter der aufschiebenden Bedingung erfolgen, dass ein wirksamer Darlehensvertrag geschlossen oder das Darlehen ausbezahlt wird. Durch diese Vertragsgestaltung wird bei der Entstehung des Sicherungsrechts ein *Akzessorietätsersatz* geschaffen. Die Vertragspraxis macht von dieser Gestaltung allerdings keinen Gebrauch. Die Frage ist aber, ob man durch Auslegung erschließen kann, dass die Einigung nach § 929 Satz 1 BGB unter der Bedingung erklärt wurde, dass ein Darlehensvertrag zustande kommt. Die Rechtsprechung verneint dies und verlangt für eine Bedingung konkrete Anhaltspunkte.[12] Allein die Tatsache, dass eine Sicherungsübereignung vorliegt, rechtfertigt danach nicht, von einer bedingten Übereignung auszugehen.

b) Pflichten aus dem Sicherungsvertrag

Der Sicherungsvertrag ist die Grundlage für den Anspruch auf Gewährung der Sicherung und auf ihre Rückübertragung, wenn der Kredit zurückbezahlt wurde. Ist die gesicherte Forderung verjährt, besteht nach § 216 Abs. 2 BGB kein Anspruch auf Rückübertragung. Der gesicherte Gläubiger kann seine verjährte Forderung durch Verwertung des Sicherungsgutes durchsetzen.

Der Sicherungsgeber hat das Sicherungsgut nach dem Sicherungsvertrag ordnungsgemäß zu behandeln. Es besteht häufig eine Anzeigepflicht, wenn es von Dritten gepfändet wird, damit der Sicherungsnehmer nach § 771 ZPO klagen

---

[11] Jauernig/*Berger* § 930 Rn. 39; a.M. *Baur/Stürner* § 57 Rn. 15.
[12] Vgl. BGH JZ 1991, 273; anders bei der Sicherungsabtretung BGH NJW 1982, 275 (zust. *Gerhardt*).

kann. Aus dem Sicherungsvertrag ergeben sich ferner die Voraussetzungen, unter denen der Sicherungsnehmer zur Veräußerung des Sicherungsgutes befugt ist (Sicherungsfall). Vor dem Sicherungsfall besteht ein schuldrechtliches Veräußerungsverbot, das die dingliche Wirksamkeit einer vertragswidrigen Verfügung des Sicherungsnehmers aber nicht beeinträchtigt (§ 137 Satz 1 BGB). Der Sicherungsgeber hat einen Anspruch auf Schadensersatz nach §§ 280, 283 BGB (vgl. § 137 Satz 2 BGB), wenn der Sicherungsnehmer die Sache abredewidrig veräußert und deshalb zur Rückübereignung nicht in der Lage ist. Der Sicherungsvertrag bestimmt ferner, auf welche Weise die Verwertung im Sicherungsfall erfolgt. Im Zweifel erfolgt sie durch freihändigen Verkauf, der zuvor anzudrohen ist. Die Vorschrift des § 1234 BGB ist als Ergänzungsregel heranzuziehen, wenn der Sicherungsvertrag nichts bestimmt oder eine unwirksame Regelung enthält.[13] Aus dem Sicherungsvertrag ergibt sich für den Sicherungsgeber im Falle der Verwertung ein Anspruch auf Auszahlung eines etwaigen Übererlöses.

c) Übersicherung

15 Die Sicherungsübereignung kann nach § 138 Abs. 1 BGB von Anfang an nichtig sein, wenn der Wert des Sicherungsguts den Nennbetrag der gesicherten Forderung weit übersteigt. Die Gründe der Sittenwidrigkeit können einmal im Verhältnis des Sicherungsnehmers zum Sicherungsgeber wurzeln: man spricht von „Schuldner-Knebelung". Diese liegt vor, wenn die Besicherung zu einer unerträglichen Abhängigkeit des Sicherungsgebers führt, der Sicherungsnehmer sich beispielsweise alle Vermögensrechte und zudem weitreichende Leitungsbefugnisse im Schuldnerunternehmen übertragen lässt. Gründe für die Sittenwidrigkeit können sich ferner ergeben aus dem Verhältnis des Sicherungsnehmers zu konkurrierenden Gläubigern. Die Rechtsprechung arbeitet insoweit mit Kriterien wie „Gläubigergefährdung", „Kredittäuschung" oder „Insolvenzverschleppung". Der Kreditgeber darf seinen Egoismus bei der Verfolgung seiner berechtigten Sicherungsinteressen also nicht zu Lasten anderer Kreditgeber übertreiben. Es liegt auf der Hand, dass die Grenze schwer zu ziehen ist. Erforderlich ist eine „Gesamtwürdigung" aller auch subjektiver Umstände.[14]

16 Ist ein Sicherungsvertrag wegen Knebelung des Schuldners oder Gefährdung anderer Gläubiger nach § 138 Abs. 1 BGB nichtig, erstreckt sich diese Rechtsfolge auch die abstrakte Sicherungsübereignung. Bei § 138 Abs. 1 BGB wird nicht nur der Inhalt des Rechtsgeschäfts beurteilt, der bei einer inhaltlich abstrakten Verfügung sittlich neutral ist. In die Beurteilung einzubeziehen sind auch die Begleitumstände und der Zweck des Geschäfts. Die gesonderte Anwendung des § 138 Abs. 1 BGB auf das dingliche Rechtsgeschäft führt im Falle

---

[13] Vgl. BGHZ 130, 115 = BGH NJW 1995, 2221 (ob AGB nach § 307 BGB unwirksam sind, die keine Abweichung enthalten, ist in der Entscheidung offengelassen).
[14] BGH NJW 2016, 2662, Rn. 42.

der Übersicherung ebenfalls zur Nichtigkeit, da die Unsittlichkeit gerade im Leistungsvollzug liegt,[15] der anderen Gläubigern Haftungsmasse entzieht. Diese scheinbare Durchbrechung des Abstraktionsgrundsatzes[16] gilt auch bei Unwirksamkeit nach den §§ 307 ff. BGB, weil sich die Inhaltskontrolle auf das Verfügungsgeschäft erstreckt.

Eine Sicherungsübereignung, bei der sich der Gläubiger in zunächst angemessenem Umfang Sachen übertragen lässt, kann *nachträglich* zu einer Übersicherung führen, z.B. weil der Schuldner auf das Darlehen in Raten Tilgungsleistungen erbringt und das Sicherungsbedürfnis des Gläubigers daher abnimmt. Besteht für diesen Fall ein Freigabeanspruch des Sicherungsgebers, ist das Sicherungsgeschäft nicht sittenwidrig. Früher verlangte die Rechtsprechung, dass für den Fall nachträglicher Übersicherung ein Freigabeanspruch im Sicherungsvertrag ausdrücklich vereinbart wurde. Bei Fehlen der Freigabeklausel ging die Rechtsprechung von der Unwirksamkeit der Sicherungsübereignung nach §§ 138, 307 BGB aus.[17] Der Große Senat des BGH hat diese Rechtsprechung aufgegeben.[18] Er folgert aus dem Treuhandcharakter des Sicherungsvertrags eine ermessensunabhängige Freigabeverpflichtung auch ohne ausdrückliche Vereinbarung (§ 157 BGB). Die Freigabepflicht entsteht freilich nur dann, wenn eine endgültige Übersicherung bei Übereignung mehrerer Gegenstände (z.B. ein Warenlager) vorliegt. Wurde nur eine Sache zur Sicherung übereignet, scheidet schon aus rechtstechnischen Gründen die Rückübertragung eines Teils der Sicherung aus.[19] Aus dem Zweck der Sicherungsabrede bestimmt der BGH im Wege ergänzender Auslegung zugleich den Höchstbetrag, bis zu dem die gesicherte Forderung durch den realisierbaren Verwertungserlös der Sicherheiten gedeckt sein darf (Deckungsgrenze). Die Deckungsgrenze liegt nach Auffassung des BGH bei 110% der gesicherten Forderung, denn eine Deckungsgrenze von lediglich 100% würde die Feststellungs- und Verwertungskosten, die vom Sicherungsgeber zu tragen sind, unberücksichtigt lassen. Das bedeutet, dass eine Übersicherung gegeben ist, wenn der im Verwertungsfall realisierbare Wert der Sicherungsgegenstände die gesicherte Forderung um mehr als 110% übersteigt.

Bei der Konkretisierung der Deckungsgrenze ist das Sicherungsgut mit dem Wert einzusetzen, der bei einer Verwertung voraussichtlich zu erzielen ist. Zur Bewältigung der Ungewissheiten der Verwertungsprognose leitet der BGH aus § 237 Satz 1 BGB eine Vermutung ab, nach der eine angemessene Sicherung durch Sachen erst erreicht ist, wenn der *Schätzwert* der Sachen 150% des Forderungsbetrags beträgt. Liegt der Schätzwert einer Sache bei 150 Euro, kann mit ihr nach § 237 Satz 1 BGB eine Forderung nur in Höhe von 100 Euro abgesichert werden. Zu beachten ist, dass in dem Zuschlag in Höhe von 50% die Feststel-

---

[15] BGH NJW 2016, 2662, Rn. 46.
[16] Dazu *Brehm* AT Rn. 326.
[17] BGHZ 124, 371, 376.
[18] BGH GS NJW 1998, 671 (für Formularverträge).
[19] Man könnte allenfalls an eine Umwandlung des vollen Sicherungseigentums in Miteigentum denken.

lungs- und Verwertungskosten bereits berücksichtigt sind. Deshalb spielt die Deckungsgrenze in Höhe von 110% bei Anwendung des § 237 Satz 1 BGB keine Rolle. Nur wenn die Vermutung durch den Nachweis widerlegt wurde, dass praktisch kein Verwertungsrisiko besteht, ist die Deckungsgrenze in Höhe von 110% von Bedeutung.[20] Bei der Sicherungszession nimmt der BGH einen Abschlag von 50% vom Nennwert der Forderung an.

3. Kreditvertrag und Sicherungsabrede

18 Darlehens- und Sicherungsvertrag sind zu unterscheiden. Das bedeutet aber nicht, dass stets getrennte Rechtsgeschäfte (im Sinne des rechtsgeschäftlichen Entstehungstatbestandes) anzunehmen sind. Oft ist die Sicherungsabrede im Darlehensvertrag als Klausel enthalten. Ist die Vereinbarung über die Darlehensgewährung nichtig, geht die Sicherungsabrede ins Leere, weil das vorausgesetzte Sicherungsbedürfnis nicht besteht und der Vertragszweck unerreichbar ist. Die Nichtigkeit folgt aus § 139 BGB, weil Darlehensvertrag und Sicherungsabrede eine Einheit bilden.

19 Der entgeltliche Darlehensvertrag ist ein gegenseitiger Vertrag. Der Darlehensgeber gewährt die Kapitalüberlassung gegen Leistung der Zinsen (§ 488 Abs. 1 BGB). Nicht in das Synallagma einbezogen ist der Anspruch auf Sicherungsübereignung einer Sache, weil die Sicherung kein Entgelt für die Kreditgewährung ist. Das ist offensichtlich, wenn der Sicherungsvertrag auf eine schon bestehende Schuld bezogen ist oder ein Dritter die Sicherheit stellt. Ist die Verpflichtung zur Sicherungsübereignung im Darlehensvertrag enthalten, ist die Sicherung des Gläubigers Vertragsgrundlage. Deshalb entfällt der Anspruch auf Auszahlung des Darlehens, wenn die Sicherungsübertragung unmöglich wird.

20 Die Parteien des Sicherungsvertrags müssen nicht mit den Parteien des Darlehensvertrags identisch sein. Ein Eigentümer kann wie ein Bürge eine fremde Schuld absichern. Wenn Sicherungsgeber und Schuldner nicht identisch sind, ist das Rechtsverhältnis zwischen Sicherungsgeber und Sicherungsnehmer (Sicherungsvertrag) zu unterscheiden von dem Rechtsverhältnis des Sicherungsnehmers zum Darlehensschuldner. Liegt ein Auftrag vor, kann der Sicherungsgeber vom Darlehensschuldner im Falle der Verwertung seiner Sache Aufwendungsersatz nach § 670 BGB verlangen. Der Sicherungsgeber kann seinerseits direkt an den Darlehensgeber zahlen (§ 267 BGB) gegen Rückgabe der Sicherheit.

21 Der Sicherungsvertrag kann als Rahmenvertrag für verschiedene Darlehensverträge ausgestaltet sein. Die dem Gläubiger gewährte Sicherheit wird dabei nacheinander unterschiedlichen Forderungen zugeordnet, wenn z.B. alle Ansprüche aus geschäftsmäßiger Verbindung mit einer Bank gesichert werden sollen. Bei dieser Gestaltung löst die Tilgung einer Darlehensforderung noch keine Fälligkeit des Anspruchs auf Rückübereignung aus.

---

[20] BGH GS NJW 1998, 671, 677.

III. Insolvenz und Zwangsvollstreckung
1. Zwangsvollstreckung

Das Sicherungseigentum ist vollwertiges Eigentum. Der Sicherungseigentümer kann deshalb vom unrechtmäßigen Besitzer nach § 985 BGB Herausgabe verlangen und Störungen nach § 1004 BGB abwehren. Pfänden Gläubiger des *Sicherungsgebers* das Sicherungsgut, insbesondere wenn es wie häufig im Gewahrsam des Sicherungsgebers verblieben ist (§ 808 ZPO), kann der Sicherungseigentümer wie jeder Eigentümer nach § 771 ZPO klageweise widersprechen.[21] Diese Abwehrbefugnis steht einem Pfandgläubiger, der nicht im Besitz der Sache ist, nicht zu. Er kann nach § 805 Abs. 1 ZPO der Pfändung nicht widersprechen und muss es hinnehmen, dass die Sache durch den Gerichtsvollzieher verwertet wird. Ihm steht lediglich ein Anspruch auf vorzugsweise Befriedigung zu. Obwohl das Sicherungseigentum die Funktion eines Pfandrechts hat (→ § 30 Rn. 4), wird dem Sicherungseigentümer im Vollstreckungsfall nicht nur ein Anspruch auf den Erlös zugesprochen. Vielmehr hat er das Recht, mit § 771 ZPO jeden Zugriff anderer Gläubiger auf das Sicherungsgut abzuwehren. Die Sicherungsübereignung schirmt den Kreditschuldner vor dem Zugriff anderer Gläubiger ab. Das ist von Bedeutung, wenn Maschinen zur Sicherung übereignet wurden, die der Schuldner zur Produktion benötigt. Die Gläubiger können nur den Anspruch des Sicherungsgebers gegen den Sicherungsnehmer aus dem Sicherungsvertrag auf Rückübereignung des Sicherungsgutes nach §§ 829, 846 ff. ZPO pfänden.

Wird gegen den *Sicherungsnehmer* vollstreckt, gewährt die h.M. dem Sicherungsgeber die Klage nach § 771 ZPO.[22] Voraussetzung ist, dass der Sicherungsnehmer zur Verwertung des Sicherungsgutes nicht berechtigt ist. Steht dem Sicherungsnehmer sicherungsvertraglich indes die Verwertungsbefugnis zu, sollen auch Gläubiger vollstrecken und verwerten können. Damit erlangt die schuldrechtliche Sicherungsabrede Bedeutung für die Haftungsordnung, die sich grundsätzlich nach der dinglichen Vermögenszuordnung richtet.

2. Insolvenzverfahren

Im Insolvenzverfahren über das Vermögen des *Sicherungsgebers* müsste dem Sicherungsnehmer eigentlich ein Aussonderungsrecht (§ 47 InsO) zustehen, wenn man Sicherungseigentum mit gewöhnlichem Eigentum gleichstellt. Mit der Erfüllung der gesicherten Forderung entstünde aber für den Insolvenzverwalter ein Anspruch auf Rückübereignung aus dem Sicherungsvertrag. Die h.M. gewährte dem Sicherungsnehmer wegen des Pfandcharakters der Sicherungsübereignung indes nur ein Absonderungsrecht. § 51 Nr. 1 InsO hat den bestehenden Rechtszustand gesetzlich festgeschrieben und den Sicherungseigentümer dem

---
[21] H.M., vgl. MünchKommZPO/*K. Schmidt/Brinkmann* § 771 Rn. 29.
[22] BGH NJW 1978, 1859.

absonderungsberechtigten Pfandgläubiger gleichgestellt. Von praktischer Bedeutung ist dies für die Frage, wem das Initiativrecht zur Verwertung zukommt; das bestimmt sich nach § 166 InsO.

25 Wird das Insolvenzverfahren über das Vermögen des *Sicherungsnehmers* eröffnet, kann der Sicherungsgeber ein Aussonderungsrecht (§ 47 InsO) geltend machen, obwohl er nicht Eigentümer ist.[23]

IV. Sicherungsübertragung sonstiger Rechte

26 Das Eigentum an beweglichen Sachen ist nicht das einzige Vermögensrecht, das der Kreditnehmer als Sicherungsgut einsetzen kann. Grundsätzlich ist jedes übertragbare Vermögensrecht tauglicher Gegenstand einer Sicherungsübertragung. In der Vertragspraxis spielt die Sicherungsübertragung allerdings dort keine Rolle, wo das Gesetz Regelungen über Pfandrechte bereitstellt, die den Anforderungen des Verkehrs genügen. Bei *Grundstücken* ist die Übertragung des Eigentums zu Sicherungszwecken zwar denkbar, aber nicht üblich, weil die Hypothek und Grundschuld besser den Anforderungen des Vertragszwecks entsprechen als eine Sicherungsübereignung, die mit Kosten (Grunderwerbssteuer, Notargebühren) verbunden wäre. Bei den Grundpfandrechten (Hypothek und Grundschuld) schadet es nicht, wenn der Verpfänder im Besitz der Sache bleibt, weil die Übergabe nicht Voraussetzung für die wirksame Bestellung ist. An ihre Stelle tritt die Grundbucheintragung (§ 873 Abs. 1 BGB). Dagegen spielt die Sicherungsübertragung von *Forderungen* in der Praxis eine große Rolle, weil die Vorschriften über die Verpfändung den Bedürfnissen des Rechtsverkehrs nicht gerecht werden. Die Verpfändung setzt neben der dinglichen Einigung über die Bestellung des Pfandrechts eine Anzeige an den Schuldner voraus (§ 1280 BGB). Kaufleute, die ihre Kundenforderungen als Sicherungsmittel einsetzen, wollen dies nicht an die große Glocke hängen und bevorzugen eine Sicherungsabtretung, die „stille Zession" genannt wird, weil der Schuldner davon nichts erfährt. Auch *andere Vermögensrechte* (Immaterialgüterrechte wie Patent- oder Markenrechte) können nach §§ 413, 398 BGB zur Sicherung übertragen werden. Urheberrechte sind wegen ihres persönlichkeitsrechtlichen Kerns nicht übertragbar (§ 29 UrhG); es können aber zur Sicherheit Nutzungsrechte (§ 31 UrhG) begründet und übertragen werden.[24]

27 Bei der Sicherungsübertragung von Forderungen und anderen Rechten sind wie bei der Sicherungsübereignung drei Bestandteile des Geschäfts zu unterscheiden: die Übertragung als Verfügung, die Sicherungsabrede als Rechtsgrund der Übertragung und der Kreditvertrag, aus dem sich die zu sichernde Forderung ergibt. Die Sicherungsübertragung einer Forderung ist wie die Sicherungsübereignung ein nicht akzessorisches Sicherungsmittel. Konstruktiv kann durch die Aufnahme von Bedingungen beim Verfügungsgeschäft ein Akzessorietäts-

---

[23] *Baur/Stürner* § 57 Rn. 39.
[24] Dazu *Freyer*, Urheberrechte als Kreditsicherheit, 2018.

ersatz geschaffen werden. Die Übertragung der Forderung erfolgt aufschiebend bedingt durch Auszahlung des Darlehens und ist auflösend bedingt durch Rückzahlung der Darlehensschuld. Um eine echte Akzessorietät handelt es sich dabei nicht, weil die Verknüpfung des Sicherungsrechts mit der gesicherten Forderung auf einem Rechtsgeschäft und nicht auf dem Gesetz beruht. Der BGH nimmt im Zweifel eine Bedingung an, weil dies dem Vertragszweck entspricht.[25]

Das führt zu einer Beeinträchtigung der Interessen des Schuldners, dem bei der Abtretung kein Mitspracherecht eingeräumt ist. Durch die bedingte Abtretung entsteht eine Schwebelage und ein Anwartschaftsrecht des Sicherungsnehmers. Die h.M. wendet § 161 BGB auch auf Erfüllungshandlungen an. Das hat zur Folge, dass dem Schuldner, der vor Eintritt der Bedingung an den bisherigen Gläubiger bezahlt hat, vom neuen Gläubiger entgegnet werden kann, die Befreiung durch Erfüllung sei mit Bedingungseintritt entfallen. Dem Schuldner wird der wenig hilfreiche Rat gegeben, die Schuldsumme entsprechend §§ 372 ff. BGB zu hinterlegen. Auch jede Vereinbarung über die Schuld (Erlass, Inhaltsänderung) würde durch Bedingungseintritt unwirksam. Schwierigkeiten entstehen auch, wenn zwischen bisherigem Gläubiger und Schuldner ein Prozess über die aufschiebend bedingte Forderung geführt wird. Da die Wirkung der Abtretung vom Eintritt der Bedingung abhängt, ist der Altgläubiger ohne Einschränkung prozessführungsbefugt und aktiv legitimiert, solange die Bedingung nicht eingetreten ist. Um dem Erwerber seine Anwartschaft zu erhalten, lehnt die h.M. eine Rechtskrafterstreckung gem. § 325 ZPO nach Eintritt der Bedingung ab.[26] In der Regel werden all diese Probleme dadurch verdeckt, dass der Schuldner von der Zession nichts erfährt und durch § 407 BGB geschützt ist. Erfährt er aber ausnahmsweise von der Sicherungsabtretung, versagt der Schutz des § 407 BGB, und es wird ihm durch die bedingte Abtretung einseitig eine rechtliche Schwebelage aufgenötigt, die das Gesetz sonst vermeidet.[27] Eine Lösung des Problems hat an der Auslegung des § 161 BGB anzusetzen. Er erfasst nicht jede Verfügung über das Schuldverhältnis, sondern nur Veräußerungen und Belastungen. Auch Erfüllungsvorgänge werden nicht als Zwischenverfügungen unwirksam.[28] Wer diese Auslegung des § 161 BGB ablehnt, darf eine bedingte Abtretung ohne Zustimmung des Schuldners nicht anerkennen.

Bei der stillen Zession soll der Sicherungsgeber trotz der Abtretung nach außen hin wie ein Gläubiger auftreten. Gelingt es, die Abtretung zu verheimlichen, stellt § 407 BGB zum Schutze des Schuldners sicher, dass alle Rechtshandlungen einschließlich der Forderungseinziehung, die der Zedent vornimmt, wirksam sind. In der Vertragspraxis wird dem Sicherungsgeber eine Einziehungs- und Prozessführungsermächtigung erteilt (→ § 32 Rn. 16). Deshalb wirken die Rechtshandlungen des Sicherungsgebers (Zedenten) gegen und für den Sicherungsnehmer (Zessionar), auch wenn die Voraussetzungen des § 407 BGB nicht vorliegen.

28

---

[25] BGH NJW, 1982, 275 mit missverständlichen Formulierungen, die *Jauernig* NJW 1982, 268 so deutete, dass die Abhängigkeit auch ohne Rechtsgeschäft angenommen wurde.
[26] Vgl. etwa Stein/Jonas/*Althammer*, § 325 Rn. 24 und die Nachweise bei *Berger* KTS 1997, 401 Fn. 42.
[27] Deshalb geht die h.M. von einer Bedingungsfeindlichkeit des einseitigen Rechtsgeschäfts aus, die im Gesetz vereinzelt zum Ausdruck kommt (vgl. § 388 Satz 2 BGB).
[28] *Berger* KTS 1997, 393.

29 Durch die Einziehungsermächtigung wird dem Schuldner der Einwand genommen, der bisherige Gläubiger sei nicht mehr aktiv legitimiert. Wurde die Forderung zur Sicherung abgetreten, nachdem der Schuldner zu Leistung verurteilt wurde, ist eine Vollstreckungsgegenklage nach § 767 ZPO unbegründet.[29] Der Schuldner kann zwar mit der Vollstreckungsgegenklage den Wegfall der Aktivlegitimation geltend machen. Wenn der Gläubiger aber aufgrund der Einziehungsermächtigung weiterhin Leistung an sich fordern darf, kann der Schuldner keine Einwendung nach § 767 ZPO erheben.

---

[29] Vgl. BGH NJW 1980, 2527; *Münzberg* NJW 1992, 1867; *Brehm* JZ 1985, 342; *Becker-Eberhard* ZZP 107, 97.

§ 34 Das Pfandrecht an beweglichen Sachen und Rechten

Literatur: *Benöhr*, Kann ein Dritter mit Zustimmung des Eigentümers das gesetzliche Unternehmerpfandrecht begründen?, ZHR 135, 144; *Clemente*, Allgemeine Geschäftsbedingungen der Banken: Wirksame Pfandrechtsbestellung für fremde Verbindlichkeiten?, Betrieb 1983, 1531; *Frohn*, Kein gutgläubiger Erwerb des Werkunternehmerpfandrechts?, AcP 161 (1962), 31; *Henke*, Gutgläubiger Erwerb gesetzlicher Besitzpfandrechte?, AcP 161 (1962), 1; *Kartzke*, Unternehmerpfandrecht des Bauunternehmers nach § 647 BGB an beweglichen Sachen des Bestellers, ZfBR 1993, 205; *Löffelmann*, Pfandrecht und Sicherungsübereignung an künftigen Sachen, 1996; *Ossig*, Vertragliches Pfandrecht des Werkunternehmers an schuldnerfremden Sachen im Konkurs des Vorbehaltskäufers, ZIP 1986, 558; *Peters*, Das Pfandrecht als Recht zum Besitz, JZ 1995, 390; *Raiser*, Zum gutgläubigen Erwerb gesetzlicher Besitzpfandrechte, JZ 1961, 285; *Reichmann*, Anspruchsverpfändung als Zwischensicherung bei der Kaufpreisfinanzierung, DNotZ 1983, 716; *K. Schmidt*, Neues über gesetzliche Pfandrechte an Sachen Dritter; NJW 2014, 1; *Tiedtke*, Der Einfluß einer unwirksamen Sicherungsübereignung auf die Bestellung eines vertraglichen Pfandrechts, WiB 1995, 582; *ders.*, Die Aufhebung des belasteten Anwartschaftsrechts ohne Zustimmung des Pfandgläubigers, NJW 1985, 1305; *Wessels*, Pfandrecht nach Niederländischem Recht, ZEuP 1996, 435; *Winterstein*, Pfandverkauf auf Grund gesetzlichen oder rechtsgeschäftlichen Pfandrechts, DGVZ 1991, 51.

Studium: *Alexander*, Gemeinsame Strukturen von Bürgschaft, Pfandrecht und Hypothek, JuS 2012, 481; *ders.*, Gesetzliche Pfandrechte an beweglichen Sachen, JuS 2014, 1; *Berg*, Gutgläubiger Erwerb eines Unternehmerpfandrechts bei Autoreparatur, JuS 1978, 86; *Martinek*, Das Flaschenpfand als Rechtsproblem, JuS 1987, 514; *Schwerdtner*, Die gesetzlichen Pfandrechte des Bürgerlichen Gesetzbuches, Jura 1988, 251; *Tiedtke*, Der gutgläubige Erwerb eines Pfandrechts an beweglichen Sachen, JA 1984, 202.

Fallbearbeitung: *Aßfalg*, Klausur: „Probleme auf der Probefahrt – wenn zwei sich streiten …", JA 2019, 99; *Metzger/Schmidt*, „Pfand ist nicht gleich Pfand!", JA 2011, 254; *Stegmüller*, Referendarexamensklausur: Anfechtung, Ausschlagung und Pfandrechtserwerb, JuS 2012, 442; *Schanbacher*, Grundfälle zum Pfandrecht, JuS 1993, 382; *Wagner*, „Pfundiges Pfand" – Zur Verwertung der Pfandsache nach §§ 1242 ff. BGB, JA 2015, 412.

I. Übersicht

Das Pfandrecht ist ein dingliches Sicherungsrecht, das dem Gläubiger die Befugnis verleiht, die verpfändete Sache zu verwerten, falls der Schuldner die gesicherte Forderung nicht erfüllt. Das Pfandrecht an beweglichen Sachen wurde zwar in vielen Bereichen durch die Sicherungsübereignung verdrängt (→ § 30 Rn. 4), aber bedeutungslos ist es nicht geworden. Nur eine untergeordnete Rolle spielt die Verpfändung beweglicher Sachen in Pfandleihanstalten.[1] Wichtiger sind die Pfandrechte, die in Allgemeinen Geschäftsbedingungen vereinbart

1

---

[1] Gewerberechtliche Vorschriften enthält die VO über den Geschäftsbetrieb der gewerblichen Pfandleiher (PfandlV) vom 1.2.1961 i.d.F. vom 30.6.1976 (BGBl I, 1335).

werden. Die von Banken verwendeten Allgemeinen Geschäftsbedingungen („AGB-Banken") enthalten eine Klausel, nach der an Wertgegenständen des Kunden, die sich im Besitz der Bank befinden, sowie an Forderungen (Guthaben) gegen die Bank ein Pfandrecht entsteht.[2] Auch die AGB des Kfz-Handwerks enthalten eine Verpfändungsklausel. Der Werkunternehmer, der eine Reparatur an einem Kraftfahrzeug auszuführen hat, erwirbt zwar an dem Fahrzeug ein *gesetzliches* Pfandrecht nach § 647 BGB. Voraussetzung dafür ist aber, dass der Auftraggeber Eigentümer des Fahrzeugs ist. War das Fahrzeug zur Sicherung an eine Bank übereignet, unter Eigentumsvorbehalt gekauft oder geleast, ist der Werkunternehmer nicht durch § 647 BGB gesichert, weil das gesetzliche Pfandrecht nicht gutgläubig erworben werden kann.[3] Deshalb ist das Kfz-Handwerk dazu übergegangen, in die AGB eine Verpfändungsklausel aufzunehmen, durch die ein Vertragspfand bestellt wird, das gutgläubig erworben werden kann.

Ein Pfandrecht an einer beweglichen Sache kann durch *Gesetz*, durch *Rechtsgeschäft* und durch *Pfändung* entstehen. Das beim Vollstreckungszugriff entstehende *Pfändungspfandrecht* unterscheidet sich in wesentlichen Punkten von dem Pfandrecht des BGB. Das Gesetz bestimmt zwar, dass das Pfändungspfandrecht dem Gläubiger im Verhältnis zu anderen Gläubigern dieselben Rechte wie ein durch Vertrag erworbenes Pfandrecht gewährt (§ 804 Abs. 2 ZPO). Dennoch wird das Pfändungspfandrecht nicht nur bei der Entstehung eigenen Regeln unterworfen, weil den Besonderheiten des Prozessrechts Rechnung zu tragen ist. Der Streit um die Rechtsnatur des Pfändungspfandrechts hat zahllose Theorien hervorgebracht,[4] die im Rahmen eines Sachenrechtslehrbuchs nicht nachgezeichnet werden können.

II. Entstehung des Pfandrechts durch Rechtsgeschäft

1. Dingliche Erwerbstatbestände

a) Erwerb vom Berechtigten

2   Die Verpfändung einer beweglichen Sache ist ähnlich ausgestaltet wie die Übereignung. Nach dem Grundtatbestand des § 1205 Abs. 1 Satz 1 BGB müssen Eigentümer und Gläubiger darüber *einig* sein, dass an einer bestimmten Sache ein Pfandrecht für eine Forderung entstehen soll. Neben der Einigung setzt § 1205 Abs. 1 Satz 1 BGB voraus, dass der Eigentümer die Sache dem Gläubiger übergibt. Nach der Rechtsprechung ist die Übergabe Realakt und enthält keine rechtsgeschäftlichen Elemente. Danach ist es unerheblich, wenn der Verpfänder im Zeitpunkt der Übergabe nicht mehr geschäftsfähig ist.[5] Ist der Gläubiger bereits im Besitz der Sache, genügt nach § 1205 Abs. 1 Satz 2 BGB die dingliche Einigung über die Verpfändung; dies entspricht § 929 Satz 2 BGB bei der Über-

---

[2] AGB-Banken Nr. 14 Abs. 1.
[3] BGHZ 34, 125; BGHZ 34, 153.
[4] Dazu ausführlich Stein/Jonas/*Würdinger* § 804 Rn. 1 ff.
[5] Vgl. BGH NJW 1988, 3260 (zu AGB-Sparkassen; → § 3 Rn. 9).

eignung. Wenn der Verpfänder mittelbarer Besitzer ist, genügt gemäß § 1205 Abs. 2 BGB die Übertragung des mittelbaren Besitzes; dieser Tatbestand findet bei der Übereignung eine Parallele bei § 934 BGB. Die Verpfändung durch Abtretung des Herausgabeanspruchs wird aber erst wirksam, wenn sie dem Besitzer vom Verpfänder angezeigt wird. Bei der Anzeige handelt es sich nach h.M. um eine Willenserklärung.[6] Für die Übergabe genügt es nach § 1206 BGB, wenn dem Gläubiger Mitbesitz eingeräumt wird, sofern sich die Sache unter dem Mitverschlusse des Gläubigers befindet. Voraussetzung ist danach gesamthänderischer Mitbesitz (→ § 3 Rn. 25) oder gemeinschaftlicher mittelbarer Besitz, falls der Besitzer die Sache nur gemeinschaftlich an den Pfandgläubiger und Verpfänder herausgeben kann. Für § 1206 BGB findet sich keine Entsprechung in §§ 929 ff. BGB. Unwirksam ist dagegen eine Verpfändung, die entsprechend § 930 BGB unter Begründung eines Besitzkonstituts vorgenommen wird (→ § 34 Rn. 4). Weil die Verpfändung durch Begründung eines Besitzkonstituts ausgeschlossen ist, wurde die Verpfändung weitgehend durch die Sicherungsübereignung verdrängt (Einzelheiten → § 30 Rn. 4).

b) Erwerb vom Nichtberechtigten

Ist der Verpfänder nicht Eigentümer, fehlt ihm die Verfügungsmacht, die Wirksamkeitsvoraussetzung für die Verfügung ist. Zum Schutze des Rechtsverkehrs ist die Verpfändung des Nichtberechtigten wirksam, wenn der Erwerber redlich war. Für den Erwerb vom Nichtberechtigten gelten nach § 1207 BGB die Vorschriften über den gutgläubigen Eigentumserwerb (§§ 932 ff. BGB) entsprechend. Sie werden ergänzt durch § 1208 BGB, der eine Sonderregelung gegenüber § 936 BGB enthält. Beim Eigentumserwerb erlischt eine Belastung, die der gutgläubige Erwerber nicht kannte. Bei der Verpfändung wäre das Erlöschen einer Belastung nicht die angemessene Rechtsfolge. Es genügt, wenn der gutgläubige Erwerber ein Pfandrecht mit Vorrang gegenüber der bestehenden Belastung erwirbt.

3

Im Handelsverkehr ermöglichen §§ 366, 367 HGB den redlichen Erwerb auch eines Pfandrechts, wenn der Erwerber nicht an das Eigentum, wohl aber an die Verfügungsbefugnis des verpfändenden Kaufmanns glaubt. Auf gesetzliche Verfügungsbeschränkungen, beispielsweise infolge Insolvenzeröffnung (§§ 80, 81 InsO), finden die Vorschriften keine Anwendung.[7]

c) Das Traditionsprinzip bei der Verpfändung

Das Traditionsprinzip ist bei den Verpfändungstatbeständen strenger verwirklicht als bei der Übereignung. Weil die Sache dem Gläubiger übergeben werden muss, spricht man von „Faustpfandprinzip". Ein dem § 930 BGB entsprechen-

4

---

[6] *Baur/Stürner* § 55 Rn. 17.
[7] MünchKommHGB/*Welter* § 366 Rn. 42.

der Tatbestand fehlt, und bei der Abtretung des Herausgabeanspruchs wird anders als bei § 931 BGB die Anzeige an den Schuldner verlangt. Die Besitzübertragung und die Anzeige an den Schuldner waren ursprünglich als Publizitätsmittel gedacht. Es sollte die heimliche Verpfändung verhindert werden, die im 19. Jahrhundert durch die Partikulargesetzgebung bekämpft wurde. Vereinzelt hat der Gesetzgeber eine Registrierung der Verpfändung in einem öffentlichen Register vorgeschrieben, z.B. bei der Verpfändung von Hochseekabeln und Luftfahrzeugen.[8] Bei der Verpfändung des Inventars durch den Pächter nach dem Pachtkreditgesetz ist der Pachtvertrag beim Amtsgericht niederzulegen (§ 2 Abs. 1 Satz 1 PachtkreditG). Zu den eingetragenen Schiffen → § 35. Registerpfandrechte gibt es in verschiedenen ausländischen Rechtsordnungen. Ein Beispiel ist die eintragungsbedürftige Mobiliarhypothek an Kraftfahrzeugen im italienischen Recht.[9]

5 Dass durch heimliche Verpfändungen Gefahren entstehen, ist die gemeinsame Überzeugung der Gesetzgebungen, die ein Pfandrecht an beweglichen Sachen geschaffen haben. Worin die Gefahr konkret liegt, hängt davon ab, ob eine Rechtsordnung gutgläubigen Erwerb eines Pfandrechts und lastenfreien Erwerb vorsieht. Der Gläubiger, dem ein Pfandrecht bestellt wird, bedarf keines zusätzlichen Schutzes durch Publizitätsvorschriften, wenn er bei gutem Glauben auch vom Nichtberechtigten erwirbt und wenn sein Recht einer bestehenden Belastung vorgeht. Ein Register wäre für den Gläubiger wichtig, wenn für ihn das Risiko bestünde, dass er kein oder nur ein nachrangiges Pfandrecht erwirbt. Da nach §§ 1207, 1208 BGB das Pfandrecht mit Vorrang gutgläubig erworben werden kann (→ § 34 Rn. 3), schützen die strengen Übergabevorschriften nicht den Erwerber des Pfandrechts, sondern den durch den gutgläubigen Erwerb bedrohten Berechtigten.[10] Wenn der Verpfänder bei der Verpfändung den Besitz der Sache preisgeben muss, ist er gehindert, die Sache mehrfach zu verpfänden. Den Nutzen hat der *bisherige* Pfandgläubiger, dessen Pfandrecht nicht durch den gutgläubig erlangten Vorrang eines später bestellten Pfandrechts beeinträchtigt werden kann. Auch der Eigentümer wird durch das Übergabeerfordernis geschützt. Solange der Eigentümer seine Sache nicht aus der Hand gibt, besteht für ihn nicht die Gefahr, dass sein Eigentum von einem Nichtberechtigten mit einem Pfandrecht belastet wird. Die Bedeutung des Besitzes wird dadurch unterstrichen, dass das Pfandrecht nach § 1253 Abs. 1 BGB erlischt, wenn der Gläubiger die Pfandsache zurückgibt. Dies gilt selbst dann, wenn von den Parteien verabredet wurde, dass das Pfandrecht fortbestehen soll.

---

[8] § 1ff. des Gesetzes über Rechte an Luftfahrzeugen vom 26.2.1956.
[9] Zur Registrierung der Mobiliarsicherheiten nach dem DCFR → § 30 Rn. 13.
[10] Der Schutz des Eigentümers ist in den *Motiven* der entscheidende Grund, weshalb bei der Eigentumsübertragung durch Besitzkonstitut der gutgläubige Erwerb ausgeschlossen sein soll; vgl. Motive Bd. 3, S. 345.

d) Rangprinzip

Mehrere Pfandrechte an einer Sache stehen in einem Rangverhältnis. Der Rang gewinnt insbesondere Bedeutung, falls der Verwertungserlös nicht alle auf der Sache lastenden Pfandrechte abdeckt. Dann wird das vorrangige Pfandrecht zunächst bedient, und nachrangige Pfandrechte können ausfallen. Der Rang richtet sich nach dem Prioritätsprinzip. Maßgeblich ist der Zeitpunkt der Bestellung des Pfandrechts (§§ 1205, 1206 BGB, → § 34 Rn. 2; zu künftigen und bedingten Forderungen vgl. § 1209 BGB, → § 34 Rn. 9). Das Prioritätsprinzip gilt auch im Verhältnis zu gesetzlichen Pfandrechten (§ 1257 BGB); daher ist im Verhältnis von Vertrags- und Vermieterpfandrecht (§ 562 BGB) die zeitliche Reihenfolge von Pfandbestellung und Einbringung entscheidend. Erlischt ein vorrangiges Pfandrecht, rücken die nachrangigen Pfandrechte auf; ein Eigentümerpfandrecht entsteht bei beweglichen Sachen nicht.

2. Gegenstand des Pfandrechts

Gegenstand des Pfandrechts ist eine bestimmte bewegliche Sache, ein Miteigentumsanteil an einer beweglichen Sache (§ 1258 BGB) oder ein Anwartschaftsrecht. Ein Pfandrecht kann auch als Gesamtpfandrecht an mehreren Sachen bestellt werden (§ 1222 BGB), nicht aber als Generalpfandrecht am gesamten Vermögen. Von der Verpfändung erfasst werden alle wesentlichen Bestandteile, nicht dagegen die Zubehörstücke. Wird eine Sache bei der Verpfändung mit Zubehörteilen übergeben, kann darin eine eigenständige Verpfändung der Zubehörteile liegen. Ergibt die Auslegung, dass auch Zubehör erfasst sein soll, so liegen wegen des Spezialitätsgrundsatzes (→ § 1 Rn. 47) mehrere Verpfändungen vor. Wesentliche Bestandteile können nicht Gegenstand besonderer dinglicher Rechte sein (§ 93 BGB). Deshalb kommt eine isolierte Verpfändung eines wesentlichen Bestandteils nicht in Betracht. Wie Sachen werden Inhaber- und Orderpapiere verpfändet (§§ 1292ff. BGB).

III. Die gesicherte Forderung

1. Zweckabrede als Bestandteil der Verfügung

Nach § 1204 BGB kann eine bewegliche Sache *zur Sicherung einer Forderung* mit einem Pfandrecht belastet werden. Die Forderung muss nicht von vornherein auf Geld gerichtet sein. Sie muss aber im Zeitpunkt des Pfandverkaufs in eine Geldforderung übergehen können (z.B. nach §§ 280, 283 BGB). Wird ein Pfandrecht nicht auf eine Forderung bezogen oder wird zwischen Eigentümer und Pfandgläubiger vereinbart, dass das Pfandrecht ohne Forderung bestehen soll, ist die Verpfändung unwirksam. Das ergibt sich aus dem numerus clausus der Sachenrechte. Bei beweglichen Sachen hat das Gesetz nur ein akzessorisches Pfandrecht vorgesehen, aber kein Pfandrecht, das wie die Grundschuld von der Forderung losgelöst sein kann. Die Verpfändung enthält die Besonderheit, dass das Verfügungsgeschäft eine Zweckabrede, den Sicherungszweck, enthalten muss.[11] Ohne diese Zweckabrede ist die Verpfändung unwirksam. Von dieser Zweckabrede bei der Bestellung des Pfandrechts ist der schuldrechtliche Vertrag zu unterscheiden, der den Verpfänder zur Bestellung des Pfandrechts verpflichtet (→ § 34 Rn. 10).

2. Akzessorietät

9   Das Pfandrecht ist *akzessorisch*, das heißt, es ist in seinem Bestand von der gesicherten Forderung abhängig (→ § 16 Rn. 18 ff.). Bei der Entstehung des Pfandrechts ist die Akzessorietät gelockert. Das Pfandrecht kann auch für eine *künftige* oder bedingte Forderung bestellt werden (§ 1204 Abs. 2 BGB). Solange die Forderung nicht entstanden ist, besteht ein forderungsloses Pfandrecht.[12] Seine Bedeutung liegt nicht in einer Verwertungsbefugnis,[13] sondern in der Rangsicherung. § 1209 BGB stellt klar, dass für den Rang des Pfandrechts auch dann die Zeit der Bestellung maßgeblich ist, wenn es für eine künftige oder bedingte Forderung bestellt wurde. Das Pfand kann mehrere Forderungen absichern. Wurde es nur für eine Forderung bestellt, ist eine Auswechslung der Forderung nach h.M. nicht zulässig.[14] Das für eine künftige Forderung bestellte Pfandrecht entsteht mit der Verpfändung; deshalb ist es unerheblich, wenn der Verpfänder später bei Entstehung der zu sichernden Forderung nicht mehr geschäftsfähig ist.[15]

Die künftige Forderung muss zumindest bestimmbar sein. Nach der Rechtsprechung ist dem Bestimmtheitsgrundsatz Rechnung getragen, wenn ein Pfandrecht wegen aller aus einem bestimmten Vertrag folgenden Ansprüche bestellt wird.[16] Es ist unschädlich, wenn die Forderungshöhe noch unbestimmt ist.

3. Verhältnis zur Sicherungsabrede

10 Von der gesicherten Forderung zu unterscheiden ist eine in einer schuldrechtliche Sicherungsvereinbarung enthaltene Verpflichtung, ein Pfandrecht zu bestellen. Wer eine Sache in der irrigen Annahme verpfändet hat, er sei dazu verpflichtet, kann das Pfand nach § 812 Abs. 1 Satz 1 Fall 1 BGB zurückverlangen.

Beispiel: E verpfändet eine bewegliche Sache, um eine Forderung zu sichern, die G gegenüber S zusteht. Zu der Verpfändung hatte sich E gegenüber G verpflichtet, weil G gedroht hatte, gegen S zu vollstrecken. Wenn die Verpflichtung unwirksam war, wird dadurch die

---

[11] Zur Streitfrage, ob die Verpfändung eine kausale Verfügung ist, *Stadler*, Gestaltungsfreiheit und Verkehrsschutz durch Abstraktion, 1996, S. 16.
[12] BGHZ 86, 340, 346.
[13] BGHZ 93, 76.
[14] MünchKommBGB/*Damrau* § 1204 Rn. 23.
[15] BGH NJW 1988, 3260. Dagegen kritisch *Baur/Stürner* § 55 Rn. 8. Die Kritik richtet sich dagegen, dass der BGH schon in den AGB-Banken die schuldrechtliche Sicherungsabrede sah und nicht in einer später ausdrücklich getroffenen Zweckabrede.
[16] Vgl. BGHZ 86, 341 (hier waren alle Ansprüche aus einem Gesellschaftsvertrag genannt).

Verpfändung nicht berührt, E kann nur einen Bereicherungsanspruch geltend machen. Dagegen wirkt sich das Erlöschen der gesicherten Forderung wegen der Akzessorietät unmittelbar auf das Pfandrecht aus.

Die Verpfändung muss nicht notwendig von einer schuldrechtlichen Abrede begleitet sein. Verpfändet der Schuldner freiwillig eine Sache, weil er meint, er müsse den Gläubiger beruhigen, entsteht ein bestandskräftiges Pfandrecht, das nicht kondizierbar ist (§ 814 BGB). Eine schuldrechtliche Vereinbarung über den Umfang der Sicherung ist beim akzessorischen Pfandrecht überflüssig.

4. Divergenzfälle

Aus der Akzessorietät des Pfandrechts folgt, dass der Gläubiger der Forderung mit dem Pfandgläubiger identisch sein muss. Eine Divergenz zwischen schuldrechtlicher und sachenrechtlicher Berechtigung ist aber nur auf der Aktivseite ausgeschlossen. Verpfänder und Schuldner können hingegen verschiedene Personen sein. Wer seine Sache für fremde Schulden verpfändet, hat hinsichtlich möglicher Einreden eine bürgenähnliche Stellung. Er kann dem Pfandgläubiger alle Einreden entgegenhalten, die dem Schuldner zustehen, und er kann die dem Bürgen nach § 770 BGB zustehenden Einreden geltend machen (§ 1211 Abs. 1 Satz 1 BGB). Verpfänder ist derjenige, der die Sache verpfändet hat. Dabei muss es sich nicht notwendig um den Eigentümer handeln. Ein Nichtberechtigter kann mit Zustimmung des Eigentümers ein Pfandrecht bestellen (§ 185 Abs. 1 BGB), und der gutgläubige Pfandgläubiger kann das Pfandrecht von einem Nichtberechtigten erwerben. In diesen Fällen kann sich auch der Eigentümer auf § 1211 BGB berufen.

IV. Übertragung des Pfandrechts

Der akzessorische Charakter des Pfandrechts ist auch bei der Übertragung zu berücksichtigen. Das Gesetz muss sicherstellen, dass bei einem Übertragungsakt Forderung und Pfandrecht in einer Hand bleiben (keine Divergenz auf der Aktivseite!). Deshalb bestimmt § 1250 Abs. 1 Satz 1 BGB, dass mit der Übertragung der Forderung auch das Pfandrecht übergeht. Dieser Gleichlauf bei Zessionsvorgängen gilt nicht nur bei rechtsgeschäftlicher Übertragung, sondern auch bei der *cessio legis*. Vereinbaren Zedent und Zessionar, dass das Pfandrecht nicht übergehen soll, so erlischt es nach § 1250 Abs. 2 BGB. Eine Ausnahme von § 1250 Abs. 2 BGB nimmt die h.M. an, wenn das Pfandrecht für Forderungen aus einer laufenden Geschäftsbeziehung bestellt wurde und nur eine Einzelforderung abgetreten wird.[17] Von der Vereinbarung zwischen Zedent und Zessionar ist eine Vereinbarung zwischen Schuldner und Gläubiger zu unterscheiden, nach der das Pfandrecht nicht auf einen Zessionar übergehen soll. Sofern die Forderung unabtretbar ausgestaltet ist (§ 399 Fall 2 BGB), geht das

---

[17] *Westermann/Gursky/Eickmann* § 131 Rn. 2.

Pfandrecht nicht auf den Zessionar über, weil schon der Forderungserwerb unwirksam ist. Ist der Eigentümer der verpfändeten Sache nicht Schuldner der gesicherten Forderung, scheidet für ihn eine mittelbare Vinkulierung des Pfandrechts über den Ausschluss der Forderungsabtretung nach § 399 Fall 2 BGB aus. Er kann aber mit dem Gläubiger vereinbaren, dass das Pfandrecht selbst als unabtretbares Recht begründet wird (§§ 413, 399 Fall 2 BGB). Das verstößt nicht gegen § 137 Satz 1 BGB, weil diese Vorschrift dann nicht gilt, wenn an einem Recht mehrere Personen beteiligt sind und die Unabtretbarkeit mit einem Beteiligten vereinbart wird.[18]

14 Das Gesetz sieht keinen gutgläubigen Erwerb vor, wenn das Pfandrecht in Wahrheit nicht bestand.[19] Hat ein Geisteskranker seinem Gläubiger für eine bestehende Forderung eine Sache verpfändet, erwirbt der Gläubiger wegen § 105 BGB kein Pfandrecht. Überträgt der Gläubiger die Forderung an einen Zessionar, der davon ausging, es bestehe ein Pfandrecht, erwirbt dieser nur die Forderung. Eine Ausnahme besteht dann, wenn die Forderung ausnahmsweise gutgläubig erworben werden kann (Art. 16 WG, § 405 BGB) und das Pfandrecht bisher nur deshalb nicht entstanden ist, weil keine Forderung bestand.[20] Verfügt ein Nichtberechtigter über ein *bestehendes* Pfandrecht, scheidet gutgläubiger Erwerb schon deshalb aus, weil ihm auch die Forderung, mit deren Übertragung das Pfandrecht übergeht, nicht zusteht (keine Divergenz auf der Aktivseite, → § 34 Rn. 12).

V. Erlöschen des Pfandrechts ohne Verwertung

15 Das Pfandrecht erlischt als akzessorisches Recht mit der Forderung, für die es bestellt wurde (§ 1252 BGB). Wird die Forderung ganz oder teilweise getilgt, geht das Pfandrecht (anders als die Hypothek, § 1163 Abs. 1 Satz 2 BGB) nicht auf den Eigentümer über, weil das Gesetz bei beweglichen Sachen kein Eigentümerpfandrecht kennt. Eine Teilzahlung hat nur Bedeutung für den Haftungsumfang des Pfandes. Das Pfandrecht erlischt auch, wenn Gläubiger und Schuldnerstellung zusammenfallen (Konfusion). Vereinigen sich Eigentum und Pfandrecht in einer Person (Konsolidation), erlischt das Pfandrecht nach § 1256 Abs. 1 Satz 1 BGB, nicht aber, wenn es mit dem Recht eines Dritten belastet war (§ 1256 Abs. 1 Satz 2 BGB) oder soweit der Eigentümer ein rechtliches Interesse am Fortbestand des Pfandrechts hat (§ 1256 Abs. 2 BGB).

Konsolidation und Konfusion können zusammenfallen. Die Forderung erlischt, wenn sie der Gläubiger auf den Schuldner überträgt; zugleich erwirbt der Schuldner das Pfandrecht. Nach h.M. geht in diesen Fällen § 1252 BGB vor. Das Pfandrecht erlischt deshalb unabhängig von einem Interesse des Eigentümers an seinem Fortbestand.[21]

---

[18] *Berger*, Rechtsgeschäftliche Verfügungsbeschränkungen, 1989, S. 362; a.M. *Becker-Eberhardt*, Die Forderungsgebundenheit der Sicherungsrechte, 1995, S. 518.
[19] Vgl. *Baur/Stürner* § 55 Rn. 32; a.M. *Heck*, Grundriß, § 105 V.
[20] MünchKommBGB/*Damrau* § 1250 Rn. 3.
[21] *Baur/Stürner* § 55 Rn. 33.

Ein weiterer Erlöschensgrund ist die *Aufhebung* des Pfandrechts durch Rechts- 16
geschäft nach § 1255 BGB. Dafür genügt die einseitige Willenserklärung des
Pfandgläubigers gegenüber dem Verpfänder, dass er das Pfand aufgebe. Ist das
Pfandrecht mit dem Recht eines Dritten belastet (die pfandgesicherte Forde-
rung war ihrerseits verpfändet worden), ist die Zustimmung des Dritten erfor-
derlich. Das Pfandrecht erlischt ferner nach § 1253 Abs. 1 BGB, wenn der
Gläubiger das Pfand dem Verpfänder oder dem Eigentümer zurückgibt. Diese
Rechtsfolge ist zwingend an die Rückgabe geknüpft. Die Vereinbarung, dass das
Pfandrecht fortbestehen soll, entfaltet keine Wirkung (§ 1253 Abs. 1 Satz 2
BGB). Voraussetzung ist, dass die Rückgabe freiwillig erfolgt. Auf den Grund
der Rückgabe kommt es nicht an. Auch die Rückgabe an den Verpfänder beispielsweise zur Reparatur soll das Pfandrecht entfallen lassen; in der „Rück-
Rückgabe" an den Gläubiger kann eine erneute (ggf. nachrangige) Verpfändung
liegen. Gibt der Pfandgläubiger die Sache einer anderen Person, so erlischt das
Pfand nicht. Wenn der Eigentümer oder Verpfänder im Besitze der Pfandsache
ist, wird nach § 1253 Abs. 2 BGB vermutet, dass die Pfandsache zurückgegeben
wurde. Im Prozess genügt es, wenn der Eigentümer oder Verpfänder behauptet
und beweist, dass er Besitzer ist. Gelingt dieser Beweis, geht das Gericht aufgrund der Vermutung von einer Rückgabe aus, sofern dem Pfandgläubiger nicht
der Beweis des Gegenteils gelingt.

Wenn das Pfandrecht erloschen ist, fällt das Besitzrecht des Pfandgläubigers 17
weg. Er hat die Sache an den Eigentümer oder Verpfänder herauszugeben. Ist
der Verpfänder Eigentümer, folgt die Rückgabepflicht schon aus § 985 BGB.
Das Gesetz hat dennoch in § 1223 Abs. 1 BGB einen Rückgabeanspruch normiert, der für den Verpfänder von Bedeutung ist, der nicht Eigentümer ist. Wegen des Rückgabeanspruchs steht dem Schuldner ein Zurückbehaltungsrecht
nach § 273 BGB zu,[22] das aber nicht zur Klageabweisung, sondern zur Verurteilung Zug um Zug führt (§ 274 Abs. 1 BGB).

VI. Das gesetzliche Schuldverhältnis zwischen Verpfänder und Pfandgläubiger

Da der Pfandgläubiger Besitzer der Sache wird, treffen ihn besondere Pflichten, 18
die denen eines Verwahrers ähnlich sind. Nach § 1215 BGB ist der Pfandgläubiger zur Verwahrung verpflichtet. Verletzt der Pfandgläubiger die Rechte des
Verpfänders in erheblichem Maße und setzt er das verletzende Verhalten unge-
achtet einer Abmahnung des Verpfänders fort, kann der Verpfänder verlangen,
dass die Sache auf Kosten des Pfandgläubigers hinterlegt wird (§ 1217 Abs. 1
BGB). Statt der Hinterlegung kann der Verpfänder ein Ablösungsrecht geltend
machen (§ 1217 Abs. 2 BGB). Nach Erlöschen des Pfandrechts erwächst gegen

---
[22] BGHZ 73, 317; *Oesterle* JZ 1979, 634. Das gilt auch dann, wenn der Verpfänder dem Eigentümer gegenüber nicht zum Besitz berechtigt ist.

den Pfandgläubiger ein Herausgabeanspruch (§ 1223 Abs. 1 BGB). Das gesetzliche Schuldverhältnis entsteht nach dem Wortlaut des Gesetzes zwischen Pfandgläubiger und Verpfänder, der nicht Eigentümer sein muss. Nach h.M. kann der Eigentümer, der nicht Verpfänder ist, keine Rechte aus dem Schuldverhältnis geltend machen.[23] Verletzt der Pfandgläubiger Pflichten aus dem gesetzlichen Schuldverhältnis, haftet er nach § 280 Abs. 1 BGB; für Gehilfenverschulden muss er nach § 278 BGB eintreten. Tritt der Schaden beim Eigentümer ein, kommt eine Drittschadensliquidation in Betracht.

19 Wird mit der Forderung das Pfandrecht übertragen (§ 1250 BGB), hat der bisherige Pfandgläubiger den Besitz der Sache an den Zessionar herauszugeben (§ 1251 Abs. 1 BGB). Mit Herausgabe tritt der neue Gläubiger in das gesetzliche Schuldverhältnis ein. Der bisherige Gläubiger haftet für einen etwaigen Schadensersatzanspruch wie ein Bürge, sofern die mit dem Pfandrecht gesicherte Forderung durch Rechtsgeschäft übertragen wurde (§ 1251 Abs. 2 BGB).

20 Das gesetzliche Schuldverhältnis zwischen Verpfänder und Pfandgläubiger ist von einem *Vertragsschuldverhältnis*, in dem Rechte und Pflichten der Beteiligten geregelt sind, zu unterscheiden. Die Unterscheidung ist von Bedeutung, wenn der Gläubiger das Pfandrecht durch Abtretung der Forderung überträgt. Der Zessionar tritt in das *gesetzliche* Schuldverhältnis ein, er wird aber nicht automatisch Partei des Vertragsschuldverhältnisses. Rechte und Pflichten aus dem Vertragsschuldverhältnis gehen nur dann auf ihn über, wenn eine Vertragsübernahme vereinbart wurde, zu der auch der Verpfänder seine Zustimmung erklären muss. Eine entsprechende Anwendung des § 1251 BGB auf Vertragsschuldverhältnisse kommt nicht in Betracht, weil für den Zessionar die mit dem Erwerb des Pfandrechts verbundenen Pflichten klar erkennbar sein müssen. Wurden Abreden getroffen, die den Pfandgläubiger begünstigen, kann sich ein Zessionar auch ohne Vertragsübernahme darauf berufen, wenn die Auslegung ergibt, dass Rechtsnachfolger einbezogen werden sollten. Da Schuldverträge grundsätzlich nur zwischen den Vertragsparteien wirken, wird ein Eigentümer, der nicht Verpfänder ist und an dem Vertrag nicht beteiligt ist, von den Abreden nicht betroffen.

VII. Schutz des Pfandrechts

1. Schutz als absolutes Recht

21 Das Pfandrecht wird als dingliches Recht umfassend wie das Eigentum geschützt (§ 1227 BGB). Der Pfandgläubiger kann Herausgabe von jedem verlangen, der ihm den Besitz an der Pfandsache vorenthält (§ 1227 BGB i.V.m. § 985 BGB). Gegen andere Beeinträchtigungen kann er Unterlassungs- oder Beseitigungsklage entsprechend § 1004 BGB erheben. Die Verweisung auf die An-

---

[23] MünchKommBGB/*Damrau* § 1217 Rn. 4.

sprüche aus dem Eigentum erfasst auch Schadensersatzansprüche nach § 823 BGB und §§ 987ff. BGB. Schadensersatzansprüche des Pfandgläubigers konkurrieren mit solchen des Eigentümers. Der Pfandgläubiger kann nur sein Sicherungsinteresse (§ 1210 BGB) ersetzt verlangen: Verpfändet E seine Sache im Wert von 500 zur Sicherung einer Forderung über 100 an G, kann G vom Schädiger 100, E 400 verlangen. Vor der Pfandreife hat der Pfandgläubiger nur ein Pfandrecht an dem Schadensersatzanspruch.

2. Schutz in der Zwangsvollstreckung

Das *Besitzpfandrecht* ist ein die Veräußerung hinderndes Recht. Deshalb kann 22 der Pfandgläubiger Vollstreckungsgegenklage nach § 771 ZPO erheben, wenn in die Sache vollstreckt wird. Bei Beachtung der formellen Pfändungsvorschriften ist der Pfandgläubiger nicht auf die Abwehrklage nach § 771 ZPO angewiesen, weil der Gerichtsvollzieher nur Sachen pfänden darf, die sich im Gewahrsam des Schuldners befinden (§ 808 Abs. 1 ZPO). Bei Pfandrechten, die *keinen Besitz* des Gläubigers voraussetzen (z.B. Vermieterpfandrecht, § 562 BGB), steht dem Gläubiger nur die Klage auf vorzugsweise Befriedigung nach § 805 ZPO zu, die eine Verwertung der Sache nicht verhindern kann.

VIII. Ablösungsrechte

Wer durch die Veräußerung des Pfandes ein Recht an dem Pfand verlieren 23 würde, kann den Pfandgläubiger befriedigen, sobald der Schuldner zur Leistung berechtigt ist (§ 1249 Satz 1 BGB). Der Verpfänder kann Rückgabe des Pfandes gegen Befriedigung des Gläubigers verlangen, wenn die Forderung gegen den Schuldner erfüllbar geworden ist (§ 1223 Abs. 2 BGB). Wird das Pfandrecht abgelöst, gehen Forderung und Pfandrecht auf den Ablösenden über (§§ 1225 Satz 1, 1249 Satz 2 i.V.m. §§ 268 Abs. 3, 1250 BGB).

IX. Verwertung des Pfandes

1. Übersicht

Dem Pfandgläubiger stehen verschiedene Wege zur Verwertung der Pfandsache 24 offen. Er kann die Sache öffentlich versteigern lassen (§ 1235 Abs. 1 BGB). Für die Versteigerung ist kein Vollstreckungstitel erforderlich. Der Pfandgläubiger kann auch aufgrund eines Titels die Verwertung durchführen. Erwirkt er gegen den Eigentümer einen dinglichen Titel, der zur Duldung der Zwangsvollstreckung verpflichtet, kann der Verkauf nach den für den Verkauf einer gepfändeten Sache geltenden Vorschriften bewirkt werden (§ 1233 Abs. 2 BGB). Das ist nach h.M. keine Verwertung im Wege der Zwangsvollstreckung.[24] Es sind ledig-

---

[24] Soergel/*Habersack* § 1233 Rn. 4f.

lich die Vorschriften der ZPO über die Verwertung einer gepfändeten Sache anzuwenden. Deshalb ist eine Pfändung der Sache durch den Gerichtsvollzieher nicht notwendig. Von dem dinglichen Titel gegen den Eigentümer zu unterscheiden ist der persönliche Titel gegen den Schuldner, der die Zwangsvollstreckung wegen der gesicherten Forderung eröffnet. Hat der Forderungsgläubiger einen solchen Titel erwirkt, kann er gegen den Schuldner in dessen gesamtes Vermögen vollstrecken.[25] Dazu gehört auch die Pfandsache, falls der Schuldner der Verpfänder war. Die Verwertung der Pfandsache setzt hier eine Pfändung durch den Gerichtsvollzieher voraus. Ein Verpfänder, der nicht Schuldner ist, könnte an sich mit der Vollstreckungsgegenklage nach § 771 ZPO geltend machen, der gepfändete Gegenstand gehöre nicht zum Vermögen des Schuldners. Nach h.M. ist eine Drittwiderspruchsklage aber im Falle der Mithaft des Dritten unbegründet.[26] Da der Verpfänder aufgrund des Pfandrechts gegenüber dem Gläubiger zur Duldung der Zwangsvollstreckung verpflichtet ist, kann er die Vollstreckung in die verpfändete Sache nicht verhindern.

25 Die Vorschriften über den Pfandverkauf (§§ 1234 bis 1240 BGB) sind dispositiv. Eigentümer und Gläubiger können deshalb nach § 1245 BGB eine abweichende Art des Pfandverkaufs vereinbaren. Steht einem Dritten ein Recht zu, das durch die Veräußerung erlischt, ist dessen Zustimmung erforderlich. Die Zustimmung ist demjenigen gegenüber zu erklären, zu dessen Gunsten sie erfolgt. Sie kann nicht widerrufen werden.

Eine vor Pfandreife getroffene Verfallvereinbarung, wonach der Pfandgläubiger bei Nichtleistung des Schuldners Eigentümer des Pfandes werden soll, ist aus Gründen des Schutzes des Verpfänders nichtig (§ 1229 BGB); diese Bestimmung entspricht § 1149 BGB (→ § 17 Rn. 64); eine Ausnahme ergibt sich aus § 1259 Fall 2 BGB.

26 Kommt keine Einigung zwischen den Beteiligten über einen abweichenden Pfandverkauf zustande, kann jeder das Gericht anrufen. Das Amtsgericht entscheidet im Verfahren der freiwilligen Gerichtsbarkeit (§ 410 Nr. 4 FamFG), wenn eine von den §§ 1235 bis 1240 BGB abweichende Art des Pfandverkaufs verlangt wird (§ 1246 BGB). Maßstab für die Entscheidung ist, dass die abweichende Art des Pfandverkaufs nach billigem Ermessen den Interessen der Beteiligten entspricht.

2. Pfandverkauf durch den Gläubiger

27 Bei der öffentlichen Versteigerung (§ 1228 Abs. 1, 1233 Abs. 1 BGB) ist der Pfandgläubiger Veräußerer, der aufgrund seines Pfandrechts befugt ist, über die Pfandsache zu verfügen. Der Pfandgläubiger muss dem Eigentümer vorher den Verkauf androhen und dabei den Geldbetrag bezeichnen, wegen dessen der

---

[25] Zu beachten ist aber § 777 ZPO, der dem Schuldner das Recht gibt, durch Erinnerung die Vollstreckung auf das Pfandrecht zu lenken.
[26] MünchKommZPO/*K.Schmidt/Brinkmann* § 771 Rn. 48 ff.

Pfandverkauf stattfinden soll (§ 1234 Abs. 1 Satz 1 BGB). Der Verkauf darf nicht vor Ablauf eines Monats nach der Androhung erfolgen (§ 1234 Abs. 2 Satz 1 BGB). Einzelheiten der Versteigerung regeln die §§ 1236 ff. BGB. Das Pfand darf nach § 1238 Abs. 1 BGB nur mit der Bestimmung verkauft werden, dass der Käufer den Kaufpreis sofort bar entrichtet. Wurde keine Barzahlung vereinbart, wird ein Empfang des Kaufpreises durch den Pfandgläubiger zugunsten des Verpfänders, des Eigentümers und des Schuldners unterstellt. Rechte gegen den Ersteher bleiben von dieser Fiktion unberührt. Pfandgläubiger und Eigentümer können bei der Versteigerung mitbieten. Erhält der Pfandgläubiger den Zuschlag, so ist der Kaufpreis als von ihm empfangen anzusehen (§ 1239 Abs. 1 Satz 2 BGB).

Die Vorschriften über den Pfandverkauf schützen den Eigentümer der verpfändeten Sache. Deshalb stellt das Gesetz auf den Eigentümer ab und nicht wie beim gesetzlichen Schuldverhältnis auf den Verpfänder. Es genügt deshalb nicht, wenn die Versteigerung dem Verpfänder, der nicht Eigentümer ist, angedroht wird. Um die Risiken für den Pfandgläubiger zu vermindern, bestimmt § 1248 BGB, dass zugunsten des Pfandgläubigers der Verpfänder als Eigentümer gilt, sofern er nicht positiv wusste, dass der Verpfänder nicht Eigentümer ist.

3. Wirkungen der rechtmäßigen Veräußerung

Durch die *rechtmäßige Veräußerung* erlangt der Erwerber nach § 1242 Abs. 1 Satz 1 BGB die gleichen Rechte, wie wenn er die Sache von dem Eigentümer erworben hätte. Damit wird klargestellt, dass der Pfandgläubiger über die Sache verfügen kann. Voraussetzung ist, dass eine rechtmäßige Pfandveräußerung vorliegt. Der Begriff der rechtmäßigen Veräußerung ist ein technischer Begriff, der durch § 1243 BGB konkretisiert wird. Verstöße gegen die §§ 1228 Abs. 2, 1230 Satz 2, 1235, 1237 Satz 1 und 1240 sind so wesentlich, dass die Wirkungen des rechtmäßigen Pfandverkaufs nicht eintreten, also kein Eigentum erworben wird. Bei Verletzung anderer Vorschriften ist der Pfandgläubiger nur schadensersatzpflichtig, sofern ihm ein Verschulden zur Last fällt (§ 1243 Abs. 2). Die dingliche Wirkung der Veräußerung wird aber nicht berührt. Mit dem Eigentumserwerb durch den Ersteher erlöschen Pfandrechte an der Sache, auch wenn sie dem Ersteher bekannt waren (§ 1242 Abs. 2 Satz 1 BGB). Es gibt danach keine Übernahme von Pfandrechten wie bei der Immobiliarversteigerung (§ 52 Abs. 1 ZVG). Das Erlöschen anderer Pfandrechte bedeutet aber keine völlige Entrechtung der Pfandrechtsinhaber, weil sich alle dinglichen Rechte am Erlös fortsetzen (§ 1247 Satz 2 BGB).

Bestand kein Pfandrecht oder wurde den Erfordernissen nicht genügt, von denen die Rechtmäßigkeit des Pfandverkaufs abhängt, finden die Vorschriften der §§ 932 bis 934, 936 BGB entsprechende Anwendung (§ 1244 BGB). Vom gutgläubigen Eigentumserwerb des Erstehers nach § 1244 BGB ist der gutgläubige Erwerb des Pfandrechts gemäß § 1207 BGB zu unterscheiden. Wenn der Pfandgläubiger das Pfandrecht gutgläubig erworben hat, ist er zur Verwertung berechtigt. Auf einen guten Glauben des Erstehers kommt es deshalb nicht mehr an.

4. Erlös und gesicherte Forderung

31 Soweit der Erlös aus dem Pfande dem Pfandgläubiger zu seiner Befriedigung gebührt, gilt die Forderung als vom Eigentümer berichtigt. Im Übrigen tritt der Erlös kraft dinglicher Surrogation an die Stelle des Pfandes (§ 1247 BGB). Was dem Gläubiger gebührt, richtet sich einmal nach der gesicherten Forderung (§ 1210 BGB), zum anderen danach, ob anderen Gläubigern vorrangige dingliche Rechte zustehen.

32 Bei unrechtmäßiger Versteigerung ist zu unterscheiden, ob der Ersteher Eigentum nach § 1244 BGB erlangt oder nicht. Ist der Ersteher Eigentümer geworden, so steht das Eigentum am Erlös dem bisherigen Eigentümer der Pfandsache zu. Wurde kein Eigentum auf den Ersteher übertragen, bleibt die dingliche Rechtslage an der Sache unverändert. Bei einer Verletzung des § 1228 Abs. 2 BGB gebührt dem Pfandgläubiger der Erlös, wenn inzwischen Pfandreife eingetreten ist.

X. Ausgleichsansprüche

33 Wenn der Eigentümer nicht Schuldner ist, bestimmen sich die Ausgleichsansprüche in erster Linie nach den vertraglichen Beziehungen, die in der Regel zwischen Eigentümer und Schuldner getroffen werden. Häufig wird die Abrede als Auftrag zu qualifizieren sein. Der Eigentümer kann im Falle der Pfandverwertung Aufwendungsersatz nach § 670 BGB verlangen. Dem Eigentümer steht ein Ablösungsrecht zu (§ 1249 BGB). Zahlt er in Ausübung dieses Rechts, geht die gesicherte Forderung auf ihn über (§ 1249 Satz 2, 268 Abs. 3 BGB). Nach § 401 BGB gehen bei der Forderungsübertragung akzessorische Sicherheiten auf den neuen Gläubiger über. Deshalb vereinigt sich Pfand und Eigentum in derselben Person (Konsolidation). Das Pfandrecht erlischt nach § 1256 Abs. 1 Satz 1 BGB.

34 Wurde die Sache von einem Nichtberechtigten verpfändet, haftet der Verpfänder nach § 816 Abs. 1 Satz 1 BGB. Entsprechendes gilt bei einem unrechtmäßigen Pfandverkauf, der zum gutgläubigen Erwerb des Erstehers führt.

35 Probleme entstehen, wenn eine Forderung mehrfach gesichert wurde. Nach der Rechtsprechung sind gleichstufige Sicherungsgeber analog § 426 BGB ausgleichspflichtig, auch wenn akzessorische und nicht akzessorische Sicherungen zusammentreffen (→ § 17 Rn. 57).[27]

---

[27] BGHZ 108, 182.

XI. Pfandrecht an Rechten

1. Vermögensrechte als Gegenstand des Pfandrechts

Gegenstand eines Pfandrechts können nicht nur Sachen sein, sondern alle übertragbaren Vermögensrechte. Das Pfandrecht an Rechten ist in §§ 1273 ff. BGB geregelt. Nach § 1273 Abs. 2 Satz 1 BGB finden auf das Pfandrecht an Rechten die Vorschriften über die Verpfändung von Sachen entsprechende Anwendung, soweit keine abweichenden Bestimmungen getroffen wurden. Als Sonderfall der Rechtsverpfändung wird in den §§ 1280 bis 1290 BGB das Pfandrecht an einer Forderung geregelt. Zur Rechtsnatur des Pfandrechts an obligatorischen Rechten → § 1 Rn. 14.

2. Begründung des Pfandrechts

Die Bestellung des Pfandes an einem Recht erfolgt nach den für die Übertragung geltenden Vorschriften. Wie bei der Übertragung muss das verpfändete Recht hinreichend bestimmbar sein. Ist zur Übertragung die Übergabe einer Sache erforderlich, sind die §§ 1205, 1206 BGB anzuwenden.

3. Sonderregeln für das Pfandrecht an Forderungen

Die Verpfändung einer Forderung setzt neben dem Verpfändungsvertrag eine Anzeige an den Schuldner voraus (§ 1280 BGB). Damit unterscheiden sich die Voraussetzungen der Verpfändung der Forderung von der Abtretung (§ 398 BGB). Die Anzeige an den Schuldner hat bei der Abtretung keine konstitutive Bedeutung. Sie bewirkt nur, dass der Gläubiger die Abtretung gegen sich gelten lassen muss (§ 409 BGB). Die Anzeige der Verpfändung dient nicht dem Schutze des Schuldners der verpfändeten Forderung, sondern soll den Verpfändungsvorgang nach außen kundbar machen.[28] Auf die Anzeige, die Bestandteil des Verfügungstatbestandes ist, sind die Vorschriften über Willenserklärungen zumindest entsprechend anzuwenden. Für die Wirksamkeit reicht der Zugang aus (§ 130 Abs. 1 Satz 1 BGB). Weil das Gesetz die (unliebsame) Anzeige der Verpfändung verlangt, wurde in der Praxis die Verpfändung der Forderung weitgehend durch die Sicherungszession ersetzt (→ § 33 Rn. 26). Zur Verpfändung eines Wechsels oder eines anderen Papiers, das durch Indossament übertragen wird, ist neben der Einigung des Gläubigers mit dem Pfandgläubiger die Übergabe des Papieres erforderlich (§ 1292 BGB). Inhaberpapiere werden wie bewegliche Sachen verpfändet (§ 1293 BGB). Zur Verpfändung hypothekarisch gesicherter Forderungen → § 17 Rn. 92.

Vor der Pfandreife kann der Schuldner der verpfändeten Forderung nur an den Pfandgläubiger und den Gläubiger gemeinschaftlich leisten. Jeder von beiden kann verlangen, dass an sie gemeinsam geleistet wird. Jeder kann statt der

---
[28] Motive Bd. 3, S. 856.

Leistung verlangen, dass die geschuldete Sache für beide hinterlegt oder, wenn sie sich dazu nicht eignet, an einen gerichtlich bestellten Verwahrer abgeliefert wird (§ 1281 BGB). Sind die Voraussetzungen der Pfandreife (§ 1228 Abs. 2 BGB) eingetreten, ist der Pfandgläubiger zur Einziehung der Forderung berechtigt, und der Schuldner kann nur an ihn leisten (§ 1282 Abs. 1 BGB). Eine Geldforderung darf der Gläubiger nur insoweit einziehen, als es zu seiner Befriedigung erforderlich ist. Der Gläubiger kann verlangen, dass ihm die Geldforderung in Höhe des Einziehungsrechts an Zahlungs Statt abgetreten wird. Hängt die Einziehung der Forderung von einer Kündigung ab, ist der Pfandgläubiger berechtigt, die Kündigung auszusprechen (§ 1283 Abs. 3 BGB). Zu anderen Verfügungen ist der Gläubiger nicht berechtigt.

Das durch Vertrag begründete Pfandrecht an einer Forderung umfasst das Einziehungsrecht. Bei der Pfändung einer Forderung wird das Einziehungsrecht dagegen erst durch den Überweisungsbeschluss begründet (§ 836 Abs. 1 ZPO), der aber in der Praxis zusammen mit dem Pfändungsbeschluss beantragt wird. Die Trennung zwischen Pfändung und Überweisung beruht auf gesetzestechnischen Gründen. Die ZPO kennt im Arrestpfandrecht (§ 930 ZPO) ein Pfandrecht, das nicht zur Verwertung berechtigt, sondern dem Gläubiger nur eine Sicherung gewähren soll. Damit das Arrestpfandrecht den Vorschriften des Pfandrechts unterworfen werden konnte, mussten Pfändung und Überweisung getrennt werden.

40 Leistet der Schuldner, erwirbt der Gläubiger den geleisteten Gegenstand und der Pfandgläubiger ein Pfandrecht an dem Gegenstand (§ 1287 Satz 1 BGB). Besteht die Leistung in der Übertragung des Eigentums an einem Grundstück, so erwirbt der Pfandgläubiger eine Sicherungshypothek (§ 1287 Satz 2 BGB).

41 Der Schuldner ist im Falle der Verpfändung der Forderung wie bei der Abtretung geschützt (§ 1275 BGB). Deshalb bleiben ihm alle Einwendungen und Einreden gegen die verpfändete Forderung erhalten (§ 404 BGB).

XII. Gesetzliche Pfandrechte

42 In einer Vielzahl von Fällen entsteht ein Pfandrecht kraft Gesetzes. Häufig muss die belastete Sache in den Besitz des Pfandgläubigers gelangen, beispielsweise beim Werkunternehmerpfandrecht (§ 647 BGB) und (mit Einschränkungen) den handelsrechtlichen Pfandrechten des Kommissionärs, Frachtführers oder Spediteurs (§§ 397, 440, 464 HGB). Zuweilen genügt es, wenn die Sache in den Herrschaftsbereich des Pfandgläubigers eingebracht wird, etwa beim Vermieter-, Verpächter- und Gastwirtpfandrecht (§§ 562, 592, 704 BGB).

43 Umstritten ist, ob gesetzliche Pfandrechte am Eigentum Dritter entstehen. Einig ist man sich darüber, dass ein (redlicher) Pfandrechtserwerb bei den Einbringungspfandrechten mangels Besitz des Pfandgläubigers ausscheidet. Beim Pächterpfandrecht soll ein Pfandrecht an Dritteigentum hingegen entstehen, weil der Wortlaut des § 583 BGB Eigentum des Verpächters nicht voraussetze.[29]

---

[29] BGH NJW 1961, 502, 503.

Jedenfalls für abhandengekommene Sachen ist dieser Zurücksetzung der Eigentümerinteressen nicht zu folgen. Entgegen Stimmen in der Literatur[30] verneint der BGH im Übrigen den redlichen Erwerb eines gesetzlichen Werkunternehmerpfandrechts mit Blick auf den Wortlaut des § 1257 BGB, der ein „entstandenes" Pfandrecht voraussetzt, also nicht auf den Entstehungstatbestand des § 1207 BGB Bezug nimmt[31]. § 366 Abs. 3 Satz 1 HGB sieht den redlichen Erwerb handelsrechtlicher gesetzlicher Pfandrechte hingegen ausdrücklich vor.

---

[30] *Heck*, Grundriß, § 106 II (der eine Verpfändungsvereinbarung unterstellt); *Wolff/Raiser* § 164 III 2 (die Übergabe rechtfertige § 1207 BGB); *Baur/Stürner* § 55 Rn. 40 (Wortlaut § 1357 BGB werde durch § 366 Abs. 3 HGB entkräftet).
[31] BGH NJW 1961, 502f.; zu den Konsequenzen für die Anwendbarkeit des § 1000 BGB → § 8 Rn. 10.

§ 35 Rechte an Schiffen und Schiffsbauwerken

Literatur: Erman/*Küchenhoff*, Kommentierung SchiffsRG (9. Aufl. 1993); *Hornung*, Änderung der Schiffsregisterordnung, Rpfleger 1981, 271; *Kroh*, Die Pfandrechte an registrierten Schiffen, 2004; Soergel/*Winter* (12. Aufl. 1989), Kommentierung SchiffsRG (nach § 1296 BGB); Staudinger/*Nöll* (2019) Kommentierung SchiffsRG.

I. Überblick

1. Entwicklung und Reform

1 Schiffe sind bewegliche Sachen. Die sachenrechtlichen Rechtsverhältnisse an Schiffen richten sich daher in erster Linie nach dem Dritten Buch des BGB. In seiner ursprünglichen Fassung enthielt das BGB in §§ 1259–1272 BGB besondere Vorschriften für die *Verpfändung* eines Schiffs, das im Schiffsregister eingetragen ist. Nach § 1260 Abs. 1 BGB a.F. war zur Bestellung eines Pfandrechts an einem eingetragenen Schiff neben der Einigung über die Begründung des Pfandrechts die Eintragung des Pfandrechts im Schiffsregister erforderlich. Die Funktion dieser vom Faustpfandprinzip (→ § 34 Rn. 4) abweichenden Bestimmung bestand darin, dem Eigentümer den Besitz am Schiff zu belassen. Die Eintragung in dem ursprünglich öffentlich-rechtlichen Zwecken dienenden Schiffsregister sollte an die Stelle der Übergabe des Schiffs an den Schiffspfandgläubiger treten.[1] Öffentlicher Glauben im Sinne des § 892 BGB wurde dem Schiffsregister jedoch nicht zuteil.[2] Diese Lücke war einer der Gründe für die Neugestaltung des Schifffahrtsrechts in den 1930er Jahren. Kern der Reform ist das Gesetz über Rechte an eingetragenen Schiffen und Schiffsbauwerken (SchiffsRG) vom 15.11.1940, das in § 16 SchiffsRG den öffentlichen Glauben des Schiffsregisters hinsichtlich der dinglichen Rechtsverhältnisse an Schiffen begründet. Das Schiffsregister wird auch in anderen Beziehungen dem Grundbuch angenähert. § 15 SchiffsRG stellt eine Vermutung der Richtigkeit einer Eintragung oder Löschung auf. Nach § 18 SchiffsRG kann bei Unrichtigkeit des Schiffsregisters Berichtigung verlangt und nach § 21 SchiffsRG ein Widerspruch eingetragen werden. Eine Vormerkung ist nach § 10 SchiffsRG zulässig. Als dingliche Rechte an Schiffen sieht das SchiffsRG nur das Eigentum, die Schiffshypothek (§§ 24ff. SchiffsRG) und den – nur in engen Grenzen zulässigen – Nießbrauch (§§ 9, 82 SchiffsRG) vor. Mit Rücksicht auf den numerus clausus der Sachenrechte können andere beschränkte dingliche Rechte (etwa ein dingliches Vorkaufsrecht) nicht begründet werden.

---

[1] Motive Bd. 3, S. 472.
[2] Abgesehen von § 1262 BGB a.F.

§ 35 Rechte an Schiffen und Schiffsbauwerken	35.2

Neben dem SchiffsRG sind für Schiffe das Binnenschifffahrtsgesetz (BinSchG) und die Regelung des privaten Seerechts im 4. Buch des HGB (§§ 487ff. HGB) zu beachten.[3]

2. Das Schiffsregister

Das Verfahren der Führung und die Einrichtung des Schiffsregisters wird durch die Schiffsregisterordnung (SchRegO) und die Verordnung zur Durchführung der Schiffsregisterordnung (SchRegDV) geregelt, die eine der GBO und der GBV vergleichbare Funktion übernehmen. Der traditionellen Trennung zwischen See- und Binnenschifffahrt folgend unterscheidet auch die SchRegO zwischen Seeschiffsregister und Binnenschiffsregister (vgl. §§ 3, 11, 12 SchRegO). Daneben gibt es noch ein Schiffsbauregister, in das auf Antrag im Bau befindliche Schiffe eingetragen werden, um sie schon vor ihrer Fertigstellung mit einer Schiffsbauhypothek belasten zu können (vgl. §§ 76ff. SchiffsRG). Die Register werden von den Amtsgerichten des Heimathafens bzw. des Heimatortes des Schiffs geführt. Nach § 3 Abs. 2 SchRegO müssen in das Seeschiffsregister alle zur Führung der Bundesflagge verpflichteten Schiffe eingetragen werden. Dies sind Seeschiffe, die im Eigentum deutscher Staatsangehöriger mit Wohnsitz in Deutschland oder im Eigentum von Gesellschaften stehen, bei denen Deutsche mit entsprechendem Wohnsitz ausschlaggebenden Einfluss besitzen (§§ 1, 2 des Flaggenrechtsgesetzes[4]). In das Binnenschiffsregister können Schiffe eingetragen werden (§ 3 Abs. 3 SchRegO), die eine Tragfähigkeit von mindestens 10 Tonnen besitzen und deren Wasserverdrängung nicht weniger als 5 Kubikmeter beträgt, ferner Schlepper, Tankschiffe und Schubboote. Über die Frage, ob die Bestimmungen für See- oder Binnenschiffe anwendbar sind, entscheidet nicht die tatsächliche Eignung oder Verwendung des Schiffs zur Fahrt auf hoher See oder auf Binnengewässern, sondern allein die Eintragung in das Binnen- oder Seeschiffsregister.[5]

2

Der folgende Überblick unterscheidet dementsprechend zwischen ins Schiffsregister eingetragenen und nicht eingetragenen Schiffen. Vorbehaltlich von Abweichungen im Detail gilt als Leitlinie: Ist das Schiff eingetragen, richten sich die sachenrechtlichen Verhältnisse nach registerrechtlichen Grundsätzen. Ist die Eintragung nicht möglich oder aus einem anderen Grunde unterblieben, gilt Mobiliarsachenrecht einschließlich der Besonderheiten in §§ 929a, 932a BGB; auch § 366 HGB ist anwendbar.[6] Rechte an Schiffsbauwerken (§§ 76ff. SchiffsRG) und an Schwimmdocks (§ 81a SchiffsRG) werden nicht dargestellt.

---

[3] Dazu Rabe/*Bahnsen*, Seehandelsrecht, 5. Aufl. 2018.
[4] BGBl 1990 I, 1343.
[5] Vgl. BGHZ 112, 4, 7f.
[6] Vgl. BGHZ 112, 4, 5f.

II. Erwerb des Eigentums an Schiffen

1. Erwerb vom Berechtigten

3   Das Eigentum an einem neu hergestellten[7] Schiff[8] richtet sich nach §§ 950, 947 Abs. 2 BGB. Dabei wird der Kiel des Schiffs als die Hauptsache angesehen.[9] Handelt es sich um ein im *Binnen*schiffsregister eingetragenes Schiff, vollzieht sich die Übereignung in den aus dem Immobiliarsachenrecht bekannten Wegen: Zur Übertragung des Eigentums sind nach § 3 SchiffsRG Einigung und Eintragung erforderlich. Die Einigung kann auch bedingt oder befristet erklärt werden,[10] zudem wird eine dem § 925 BGB entsprechende Form der Einigung nicht verlangt. Für nicht im Schiffsregister eingetragene Binnenschiffe enthält das SchiffsRG keine Besonderheiten. Die Übereignung erfolgt daher nach §§ 929–931 BGB.

4   Ein im *See*schiffsregister eingetragenes Schiff wird nach § 2 SchiffsRG durch schlichte Einigung übereignet. Die Eintragung eines neuen Eigentümers hat keine konstitutive Bedeutung und dient der Berichtigung des Schiffsregisters.[11] Ist das Seeschiff nicht eingetragen, richtet sich die Übereignung nach § 929a Abs. 1 BGB, der § 929 BGB ergänzt. Wenn das Eigentum sofort übergehen soll, ersetzt die Einigung darüber die Übergabe; hinzu treten muss die Einigung nach § 929 Satz 1 BGB.[12] Fehlt die Einigung nach § 929a Abs. 1 BGB, bedarf es der Übergabe oder eines Übergabesurrogats.

Der Verzicht auf die Übergabe bei der Übereignung von Seeschiffen entspricht einer langen Tradition.[13] Der Reeder soll in der Lage sein, das Schiff bei Gefahr, etwa einem drohenden Krieg, schnell übereignen zu können,[14] selbst wenn es sich auf hoher See oder in einem ausländischen Hafen befindet.[15] Im Verkehr mit dem Ausland wirken Form- und Publizitätsvorschriften hemmend.[16]

2. Redlicher Erwerb vom Nichtberechtigten

5   Den redlichen Erwerb eines eingetragenen Schiffs ermöglicht § 16 SchiffsRG, der die Eintragung im Schiffsregister mit öffentlichem Glauben ausstattet. Daneben kommen §§ 932 ff. BGB nicht zur Anwendung, selbst wenn zur Einigung

---

[7] Zur Übereignung eines im Schiffsbauregister eingetragenen Schiffsbauwerks vgl. §§ 78, 3 SchiffsRG.
[8] Zum Schiffsbegriff Soergel/*Winter* SchiffsRG § 1 Rn. 1 ff.
[9] *Wolff/Raiser* § 182 I 4, S. 749 f.
[10] Staudinger/*Nöll* SchiffsRG § 3 Rn. 6.
[11] BGHZ 112, 4, 6.
[12] BGH NJW 1995, 2097, 2098 (Erfordernis doppelter Einigung).
[13] Vgl. Art. 439 ADHGB (Gesetzblatt des Norddeutschen Bundes 1869, S. 404–437, S. 456–493).
[14] *Wolff/Raiser* § 182 I 4, S. 749; Soergel/*Winter* SchiffsRG § 2 Rn. 5.
[15] Nach § 1 Abs. 2 SchiffsRG gilt für alle Schiffe, die im Schiffsregister eingetragen sind, für die Übertragung des Eigentums deutsches Recht.
[16] BGHZ 112, 4, 7 zu § 2 SchiffsRG.

die Besitzüberlassung hinzu tritt.¹⁷ § 16 SchiffsRG gilt auch für im Seeschiffsregister eingetragene Schiffe, obgleich sich deren Übereignung nach dem Konsensprinzip vollzieht (§ 2 SchiffsRG).

Beispiel: Der im Seeschiffsregister als Eigentümer des Tankers „Leck" eingetragene E einigt sich mit K über den Eigentumsübergang. K wird sogleich nach § 2 SchiffsRG Eigentümer, auch wenn sich das Schiff auf einer Fahrt im Pazifik befindet. Solange K nicht im Seeschiffsregister eingetragen ist, kann jedoch ein Dritter D von E redlich nach § 16 Abs. 1 SchiffsRG Eigentum erwerben. K wird daher eine Vormerkung (§ 10 SchiffsRG) in Erwägung ziehen; auch ein Widerspruch (§ 21 SchiffsRG) ist möglich.

Ist das Schiff im SchiffsRG *nicht* eingetragen, richtet sich der redliche Erwerb nach §§ 932ff. BGB. Ein gutgläubiger Erwerb eines nach §§ 929 Satz 1, 929a BGB durch doppelte Einigung (→ § 35 Rn. 4) übertragbaren nicht eingetragenen Seeschiffs setzt nach § 932a BGB jedoch die Übergabe an den Erwerber voraus. 6

III. Schiffshypothek

Nach § 8 SchiffsRG kann ein eingetragenes Schiff zur Sicherung einer Forderung mit einer Schiffshypothek belastet werden. Die Schiffshypothek folgt in den Grundzügen der Sicherungshypothek an Grundstücken (→ § 17 Rn 103). Sie ist ein besitzloses Registerpfandrecht, streng akzessorisch (§§ 8 Abs. 1 Satz 3, 51 SchiffsRG) und stets Buchpfandrecht. Ein Eigentümerpfandrecht kennt das SchiffsRG nicht; eine dem § 1163 BGB entsprechende Bestimmung fehlt. Ist das Schiff eingetragen, kann ein Faustpfandrecht nach §§ 1204ff. BGB nicht bestellt werden;¹⁸ dieses kommt nur bei nicht eingetragenen Schiffen in Betracht. 7

Voraussetzung der Entstehung einer Schiffshypothek sind nach § 8 Abs. 2, 3 SchiffsRG Einigung und Eintragung im Schiffsregister. Einzelheiten regeln die §§ 24–75 SchiffsRG. Zu beachten sind stets die einschneidenden Schiffsgläubigerrechte nach §§ 754ff. HGB, die der Schiffshypothek vorgehen (§ 761 HGB). Der Rang der Schiffsgläubigerrechte bestimmt sich nach §§ 762ff. HGB. Die Verwertung des Schiffs aufgrund der Schiffshypothek erfolgt durch Zwangsvollstreckung (§ 47 SchiffsRG). 8

Nach § 647a Satz 1 BGB hat der Inhaber einer Schiffswerft für seine Forderungen aus dem Bau oder der Ausbesserung des Schiffs Anspruch auf die Einräumung einer Schiffshypothek; ein gesetzliches Werkunternehmerpfandrecht nach § 647 BGB scheidet aus (§ 647a Satz 2 BGB). Ferner entsteht eine Schiffshypothek nach § 847a Abs. 2 Satz 3 ZPO bei der Zwangsvollstreckung in Ansprüche auf Übereignung eines eingetragenen Schiffs. 9

---

¹⁷ BGHZ 112, 4, 7.
¹⁸ Soergel/*Winter* SchiffsRG § 8, Rn. 9.

Gesetzesregister

Die Ziffern verweisen auf die Paragraphen des Lehrbuchs (vor dem Punkt)
und auf die Randnummer (nach dem Punkt).

ABGB (Österreich)			139		1.27ff.; 9.16; 12.11; 27.46
§			140		27.55
353	1.1		142		27.52f.
354	1.4		158		1.29f.; 9.2
357	5.1		161		31.5; 31.20
425	26.6		164		27.6; 27.12; 27.15; 27.25; 27.51
AktG			166		6.34; 8.17; 27.55
§			181		27.30
10	27.63; 28.23		184		27.25.
19	27.1		185		1.29f.; 27.8f.; 27.25f.; 27.36; 27.48
ALR			401		13.4; 13.29f.
§			407		7.39; 32.16; 33.27f.
74, 75 Einl	6.25		413		18.35
AtomG			449		14.10; 30.7; **31.1ff.**
§			581		29.5; 29.8
7	6.22		582a		29.23
			647		34.1; 34.42
BBergG			647a		35.9
§			648		17.108
11–13	5.13		650e		17.13
			651		28.20
BGB			687		27.73
§			705		10.32
90	1.1ff.; **1.57ff.**		707a		10.32
90a	1.62		743		5.29
93	1.65; 15.10; 29.1		744		5.29
94–96	**1.63ff.**; 8.82; 17.29		745		5.28f.
97	1.69ff.		746		5.30
99	29.1		748		5.29
123	27.62		749		5.30
130	9.11; 27.5		751		5.30
137	1.43f.; 5.3; 5.5f.; 5.10; 5.40; 18.20; 18.29; 18.34f.; 27.34; 33.14; 34.13		793		27.1; 27.63
			807		27.63
			808		27.63
			809		7.45
138	1.33; 1.35; 32.15; 32.17; 32.23; 33.15f.		854		**3.2ff.**; 27.12; 27.22
			855		**3.29ff.**; 27.14ff.

856	3.2 ff.	906	**6.15 ff.**; 6.26 ff.
857	3.27 f.; 27.61	912	6.31 ff.
858	2.9; 3.6; 3.22; **4.1 ff.**	913	6.33; 6.36; 6.41
859	3.6; **4.6 ff.**	914	6.36; 6.40 f.
860	3.34; 4.8	918	6.41
861	3.6; 4.4 f.; **4.9 f.**; 27.33	925	1.8; 9.2 ff.; **14.12 ff.**
862	3.6; 4.5; **4.9 f.**, 6.20; 6.24	926	1.69; 14.19
863	4.11 ff.; 6.27	928	9.1; 9.22
864	4.10 ff.	929 Satz 1	26.3; **27.1 ff.**
865	2.6	929 Satz 2	26.4; **27.28**; 27.72
866	3.25; 4.2	929a	35.4
867	4.18	930	26.4; 26.14; **27.29 ff.**; 27.72
868	3.13 ff.; 27.16; 27.27; 27.32	931	1.13; 26.4; **27.32 ff.**; 27.72
869	4.8 f.	932	27.22; 27.37 f.; **27.39 ff.**
870	3.23; 4.9	932a	35.2; 35.6
871	3.21	933	27.43 ff.
872	3.23	934	27.23; 27.39; **27.45 f.**; 27.56
873	1.8; 1.36; 1.49; **9.1 ff.**; 11.19	935	27.37; **27.58 ff.**
874	9.18; 9.24	936	27.71 f.
875	**9.19 ff.**; 13.8; 13.16; 13.27 f.	937	28.1 ff.
876	9.19 ff.	938	28.3
877	9.24; 12.19	939	28.3
878	9.11 f.	943	28.1
879	9.6; 11.19; **12.4 ff.**	944	28.1
880	12.13 f.	945	28.3
881	12.15	946	6.36; 6.31; 28.5 ff.; 28.25 ff.
883 Abs. 1	13.4 f.	947	28.8 ff.
883 Abs. 2	9.6; **13.13 ff.**	948	28.10
883 Abs. 3	9.6; **13.24 ff.**	950	8.58; **28.12 ff.**; 32.23
885	13.7; 13.11	951	8.57 f.; 28.12 f.; **28.25 ff.**
886	13.4	952	28.21 ff.
888	13.14; 13.18; 13.21; 15.1; 15.20	953	8.23; 8.45
889	18.46	954	29.3
890	17.29	955	29.2 ff.
891	10.2 ff.; 10.26	956	29.5 ff.
892	**10.7 ff.**; 10.26 ff.; 11.19	957	29.10 f.
893	10.12 f.; 10.27; 10.32; 13.31 f.	958	29.12
		959	29.13 ff.
894	10.8; **10.18 ff.**	960	29.14
898	10.19	965	29.18 ff.
899	10.5; 10.8; **10.24 ff.**	966	29.15
899a	10.27 ff.	968	29.18
903	1.15 f.; 5.4 ff.	969	29.18
904 Satz 1	6.7 ff.	970	29.18
904 Satz 2	6.10 ff.	971	29.18
905	5.13; **6.2 ff.**	972	29.18

973	29.15, 29.19	1032	23.3; 23.27
974	29.19	1036	23.8; 23.10
976	29.19	1037	23.10
977	29.15	1039	23.10ff.
978	29.20	1041–1045	23.11ff.
979	27.63	1047	23.11
984	29.21	1049	23.11
985	7.24ff.	1053	23.11
986 Abs. 1	7.34; **7.37**	1055	23.11f.
986 Abs. 2	1.13; 7.35; **7.38ff.**	1056	23.11
987ff.	**8.1ff.**	1058	23.12
987	8.3ff.	1059	20.5; **23.13ff.**
988	8.30ff.	1059a	23.14
989	8.14; 8.49ff.	1061	5.8; 20.5f.; 23.5; 23.13f.
990	8.12ff.; **8.35ff.; 8.45ff.**	1065	20.3; 23.18
991 Abs. 1	8.36	1067	23.19
991 Abs. 2	8.42f.	1068	23.2; 23.1
992	8.21; **8.47ff.**	1069	23.21ff.
993	8.8; 8.13f., **8.23ff.**	1070	23.23
994ff.	8.54ff.	1071	23.23
994	8.3; 8.55ff.; **8.62ff.;** 8.78; 28.33	1074	23.24
		1075	23.24
995	8.64	1076ff.	23.24
996	8.56f.; **8.60f.;** 28.33f.	1085–1088	23.26ff.
997	8.57; **8.78ff.**	1089	23.3; 28.26
998	8.70	1090	22.1ff.
999	8.76f.	1091	22.3
1000	8.55; **8.72**; 10.20	1092	22.1
1001	8.5; 8.55; **8.72ff.;** 28.34	1093	22.9f.
1002	8.73	1094	15.1ff.
1003	7.36; 8.55; 28.34	1095	15.3
1004	7.5ff.; 10.19	1097	15.7f.
1005	7.2	1098	15.1; 15.6; **15.12ff.**
1006	7.56ff.; 10.5	1100	15.19f.
1007	4.24ff.	1101	15.19
1008	5.28	1103	15.8
1009	5.32	1105ff.	19.1ff.
1010	5.30	1106	19.8
1011	**5.33**; 7.21; 7.29	1107	19.1ff.; **19.15**
1012–1017	24.3	1108	19.2ff.; **19.16**
1018ff.	20.1ff.; **21.1ff.**	1111	19.11
1018	21.1f.; **21.11ff.**	1113	16.15; 16.25; **17.1ff.;** 19.1
1019	21.17f.	1114	17.3
1020	21.20	1115	17.7; 17.10; 17.14; 17.18; 17.91
1021f.	21.16		
1023	21.20	1116	16.18; 17.1; 17.11f.; 17.93
1025f.	21.8		
1027	21.6; 21.21	1117	16.19; 17.1; **17.11f.;** 17.90
1027–1029	21.21		
1030ff.	23.1ff.		

Gesetzesregister

1118	17.14; 17.91	1160	17.76f.; 17.86
1119	17.15f.	1161	17.61
1120	1.61; **17.30f.**; 17.37; 17.43	1163	17.5; 17.53; 17.96f.; 17.100ff.; 18.2
1121	17.32ff.	1164	17.59; 17.62; 17.96; 17.116
1122	17.35; 17.42		
1123	17.27; 17.31; 1743f.	1165f.	17.59
1124	17.44f.	1167	17.62
1125	17.44	1168	9.23; 17.102
1126	17.27ff.	1169	18.28
1127	17.27f.	1172	17.114; 17.116
1128–130	17.45	1173	17.115
1131	17.29	1174	17.116
1132	17.110f.	1175	17.114
1133–1135	17.47ff.	1177	17.53f.
1137	16.24; 17.23ff.; 17.55; 17.81ff.; 17.103	1179	17.101
		1179a	17.5; 17.97ff.
1138	10.3; 17.11; 17.18; 17.62; 17.78ff.; **17.103ff.**; 18.6	1180	17.16; 17.93; 17.117
		1181	17.102; 17.113
		1183	9.23
1139	11.19;17.80; 17.109	1184	17.105; 17.109
1140	17.90	1185	17.105f.; 17.109
1141	17.14; 17.54; 17.109	1186	17.93; 17.105
1142	16.22; 17.54f.; 17.77; 18.1	1187	17.118
		1190	17.117
1143	17.56ff.; 17.62; 17.94	1191	18.1
1144	10.19; 17.62	1192	9.23; **18.1**
1145	17.62; 17.90	1192/1113	18.4
1146	17.14	1192/1115	18.3
1147	17.14; 17.17; 17.24; 17.53; 17.63; 17.65; 17.77; 17.79f.; 17.83; 17.103; 17.117	1192/1143	18.37f.; 18.41; 18.48
		1192/1147	18.27
		1192/1154	18.28; 18.51
		1192/1157	18.7; **18.28**
1148	17.64	1192/1163	18.3
1149	17.64	1192/1168	18.9
1150	17.60f.; 17.96; 18.2; 18.8	1192/1169	18.28
		1192/1181	18.9
1151	17.94	1192/1183	18.9
1152	17.75; 17.94	1193	18.8
1153	17.20; 17.56; 17.61f.; 17.72; 17.117f.;18.5	1194	18.8
		1195	18.52
1154	17.73ff.; 17.85; 17.87; 17.90ff.17.109	1196	117.5; 17.98f.
		1197	18.49
1155	17.18; 17.62; 17.67; 17.73; 17.76f.; 17.83; **17.84ff.**	1198	17.93; 17.95; 18.3
		1199–1203	18.53
		1205	34.2; 34.6; 34.37
1156	17.77; 17.109	1207	34.5, 34.30; 34.43
1157	17.80ff.; 17.104	1208	34.3; 34.5
1158	17.91	1209	34.9
1159	17.91	1211	34.12

558

1217	34.18	**BNotO**	
1223	34.17f.; 34.23	§	
1225	34.23	24	11.18
1227	34.21		
1228	34.27; 34.29; 34.32; 34.39	**Code Civil** Art.	
1233	34.24; 34.27	544	5.2
1234	34.25; 34.27	1108	1.22
1235	34.24; 34.29	1138	26.7
1236	34.27	1196	26.7
1237	34.29		
1238	34.27	**DepotG**	
1239	34.27	§	
1240	34.29	6	5.35
1243	34.29		
1244	34.30; 34.32	**EGBGB**	
1245	34.25	Art.	
1247	34.29; 34.31	43–46	1.51ff.
1249	34.23; 34.33	63	24.6
1250	34.13; 34.23	182	25.54
1251	34.19f.	184, 187	21.2; 21.23
1252	34.15	233	16.6
1253	34.5; 34.16		
1255	34.16	**EGZGB (DDR)**	
1256	34.15; 34.33	§	
1258	34.7	6	16.6
1259–1271	35.1		
1273	34.36	**ErbbauRG**	
1275	34.41	§	
1280	34.36; 34.38	1	1.66; 24.11; 24.18
1281	34.39	2	5.11; 24.4; 24.11ff.; 24.19
1287	17.13; 17.108; 34.40f.		
1292	34.7; 34.38	3	5.11
1293	34.38	5	24.19f.
1362	7.62	9	24.13
1626ff.	4.3	10	24.14
1922	9.17	11	5.11; 24.5, 24.8; 24.18
2018ff.	3.27; 8.6		
2020ff.	8.6	12	24.5, 24.9
2366	10.12	14	24.5; 24.15; 24.28
		30	24.22
BImschG		38	24.3
§			
14	6.21ff.	**ErbbauVO**	
48	6.17	24.3	
BJagdG		**eWpG**	
§		2	1.58
8	5.12		

559

Gesetzesregister

GBO §	
1	11.11; 11.13f.
2	1.60
3	1.60; 11.1; 11.5
4	11.5
9	11.6; 15.8; 21.3
12	11.1
13	10.24; 11.15f.; 14.10; 14.20
14	11.16
15	11.18; 14.10
16	11.15; 14.11; 14.16; 14.18; 23.7
17	11.15; 11.19; 11.30; 12.4; 13.10; 14.11
18	10.25; 11.30; 13.14; 25.25
19	9.1, 15; 10.18; 11.19; 11.21f.; 11.24ff.; 13.2; 13.7; 13.21; 24.7
20	11.22; 14.10; 14.13
21	11.19
22	10.22f.
23, 24	10.25
27	11.22
28	24.28
29	9.1; 11.17; 11.18; 11.29; 13.7; 14.13; 14.16; 24.7; 25.14
30	11.17
31	11.18
38	10.24
39	11.27; 13.2
40	11.27
45	11.19; 12.7
47	5.37; 10.26f.; 10.33; 11.7; 11.9
49	11.23; 19.7; 22.10
53	10.25; 11.31f.
56–70	16.12
71	11.32
72	11.32
78	11.33
89	11.32
105, 110	11.32
126	11.12
128	11.12
133a	10.1
135ff.	11.12
139	11.12

GG Art.	
14	5.ff
15	5.25

Grundbuchverfügung (GBV) §	
4	11.2
5	11.3
9	11.7
11, 12	11.11
62	11.12
86a	11.12

HGB §	
354a	32.11
355	32.11
366	27.47
419	5.35
469	28.11
754ff.	35.8
761ff.	35.8

InsO §	
38	7.19; 16.4
39	16.15
45	8.22
47	5.43; 7.46; 7.53f.; 8.22; 13.16; 28.13; 31.4; 31.21; 33.24f.
48	7.54
49	8.10; 16.4; 16.17; 17.71
51	30.2; 30.6; 33.1; 33.24
52	17.71
80	3.28; 9.11; 13.12; 13.16; 28.2
81	9.12
94	7.46; 8.30
103	13.16; 31.4; 31.20f.
106	13.16
107	31.4; 31.20f.
111	20.3; 22.11
148	3.28; 4.3; 7.36
165	17.71
166	33.24
222f.	17.71

Gesetzesregister

244 ff.	17.71	69a ff.	1.58; 7.11
248 ff.	17.71	69c, 69d	5.18
254	16.25	97	7.6; 7.11

LuftVG
§
1	6.3
11	6.22
25	6.6

PachtkreditG
§
2	34.4

RPflG
§
3, 5, 11	11.14

SachenRBerG
§
15 f.	1.66
68 ff.	1.66

ScheckG
21	27.63

SchRegO 35.2

SchRegDV 35.2

SchiffsRG
§
2	35.2; 35.5
3	35.3
8	35.7 f.
9	35.1
10	35.1
15	35.1
16	35.1; 35.5
18	35.1
21	35.1; 35.5
24–75	35.1; 35.8
76 ff.	35.2
82	35.1

UrhG
§
2	1.58; 5.16
16, 17	5.15 ff.; 7.8; 7.11
59	7.8

VVG
§
94	17.45

WHG
§
8	5.14

WEG
§
1	24.6; 25.1 ff.; 25.17
2	25.12
3	25.1; 25.10; 25.12; 25.18 f.; 25.21
4	25.13 f.; 25.21; 25.23; 25.30
5	25.11; 25.17 f.; 25.29
6	5.34; 25.6; 25.23
7	25.6; 25.13 f.; 25.18; 25.33
8	25.14; 25.18; 25.21; 25.24; 25.33; 25.39
9, a, b	25.9; 25.14; 25.30; 25.32 ff.; 25.40
10	25.11; 25.14; 25.28 f.; 25.32 f.; 25.37
11	25.2; 25.30
12	25.10 f.; 25.24 ff.; 25.31
13	25.10; 25.38
15	25.47 f.
16	25.14
17	25.11; 25.28
19	25.38
20 ff.	25.9; 25.37 f.; 25.39 f.
31	5.10; 24.6; 25.3
36	5.9; 25.3
44	25.38
45	25.37

WG
Art.
16	34.14

ZGB (DDR)
§
17	5.8

23	5.3; 9.3	773	31.19
25f.	1.19; 9.3	775	7.55; 17.38; 31.4; 33.1
285	9.3	776	31.4; 33.1
286ff.	1.66	794	17.17; 17.24; 17.66; 18.15; 18.17
295	1.66		
296	1.66	795	17.66
297	9.3	797	17.66
452ff.	16.6	800	17.17; 17.66
		803	17.33; 17.92
ZPO		804	34.1
§		805	1.14; 17.30; 31.23; 33.22; 34.22
24	17.67		
25	17.67	808	1.17; 3.21; 4.3; 8.53; 17.30, 17.35, 17.38
26	8.22		
62	6.42	809	7.62; 8.22
138	7.56	810	17.30
167	8.19	811	1.17
253	8.19	811c	1.62
255	7.51	829	17.92; 31.15
256	7.5; 7.8; 8.19	830	17.92
260	7.44	835	17.87f.
261	8.19	836	17.92; 34.39
264	8.44	837	17.87f.; 17.92
265	4.9; 7.31; 7.32	840	31.15
286	10.14	847	17.35
291	10.5	847a	35.9
301	4.16f.	848	14.22, 17.13; 17.107f.
322	7.8; 7.23	850b	19.11
325	4.9; 7.31; 10.25; 17.25; 33.27	857	5.32; 9.9; 10.19; 14.22; 23.17; 31.10; 31.15
418	12.7	865	1.59; 17.30; 17.33, 17.37; 17.42; 17.68
727	7.23; 7.31; 7.32; 8.51		
731	7.23, 7.31	866	17.13; 17.63; 17.106
732	8.32	867	10.12; 17.13; 17.98; 17.106f.
737f.	23.28		
739	7.62	883	7.33; 7.45
756	8.72	885	7.45
758	4.13	886	4.9; 7.33
765	8.72	887	7.5; 7.21; 7.23
765a	1.62; 4.14	890	7.5; 7.8; 7.23
766	7.62	894	7.33; 8.33; 10.16; 10.19; 14.14; 17.13
767	4.12; 4.17; 17.17; 17.19; 17.24; 17.66; 33.29		
		895	10.24
771	1.14; 5.19; 5.43; 7.55; 7.62; 8.53; 17.30; 17.38ff.; 17.67; 30.1f.; 31.4; 31.10; 31.15; 31.19; 31.23; 33.1; 33.14; 33.22f.; 34.22; 34.24	898	10.12; 10.16; 13.31
		920	10.24; 13.11
		930	34.39
		932	17.107
		935	4.2; 7.23; 10.1; 14.4
		936	10.24; 13.11

938	4.2; 8.31; 10.1; 13.11; 14.4; 17.50	44	12.2f.
		52	12.2f.; 18.49; 20.3
940, 940a	7.23	57	5.9; 20.3
941	10.24	57a	1.11; 5.9; 20.3; 22.11
ZVG		91	18.49
§		105ff.	18.45
10	12.1; 16.4; 17.1	114	18.45
11	12.1; 16.4	146	17.70
21	17.70	150ff.	17.70
30d,e	17.71	180ff.	5.31

Sachregister

Die Zahlen verweisen auf die Paragraphen (vor dem Punkt)
und Randnummern (nach dem Punkt)

Abgeschlossenheitsbescheinigung (WEG) 25.19
Ablösungsrechte 34.23
Absolutes Recht **1.12ff.**; 1.15
Absonderungsrecht
– bei Sicherungsübereignung 33.1; 33.24
Abstraktes Rechtsgeschäft 1.32; 1.35
Abstraktionsgrundsatz **1.18**; 14.1
– Reichweite 1.27
– Entstehungsgeschichte 1.24
Abtrennungsrecht 8.78ff.
Actio in personam 1.4
Actio in rem 1.4
Actio negatoria 7.5
Akzessionsprinzip 1.65
Akzessorietät
– der Grundpfandrechte 16.18ff.
– des Pfandrechts 34.9
– der Vormerkung 13.4f.
– Dogmatik 16.25
– Funktion 16.25f.
– kraft Vereinbarung 16.26
Amtsvormerkung 13.14
Aneignung 29.12
Angriffsnotstand 6.5ff.
antichrese 16.6
Antragsbefugnis 11.16
Antragsgrundsatz 11.15ff.
Anwartschaft 9.6 (Grundstück); 31.5 (des Vorbehaltskäufers)
– Akzessorietät 31.7
– Besitzrecht 31.18
– aus bedingter Übereignung 31.5ff.
– als dingliches Recht 31.8
– aufgrund Eintragungsantrag 9.7f.
– gutgläubiger Erwerb 31.12
– in der Insolvenz 31.19ff.
– Pfändung 31.15f.
– Schutz 9.10; 31.1
– Übertragung 9.9; 31.9

– Verpfändung 31.14
– aufgrund Vormerkung 9.6
– in der Zwangsvollstreckung 31.19ff.
Atomismus des Sachenrechts 5.20
Aufgabe des Eigentums
– an Grundstücken 9.22
– an beweglichen Sachen 29.13
Aufgedrängte Bereicherung 28.32ff.
Auflassung 14.12ff.
– Bedingung 14.17
– Form 14.13
– Stellvertretung 14.15f.
Auflassungsvormerkung 13.3
Auflassungsanwartschaft 14.20ff.
Aufschrift 11.3

Bauleihe 24.2
Bedingungszusammenhang 1.30
Befriedigungsrecht
– bei Verwendungen 8.75
Bergwerkseigentum 5.13
Berichtigungsanspruch 10.18
Beschränkte dingliche Rechte 1.10; 5.9
Beschränkte persönliche Dienstbarkeit 22.1ff.; s. a. Dienstbarkeit
Beseitigungsanspruch 7.19ff.
Besitz
– Begriff 2.1
– Buchbesitz 2.5
– Erwerbswille 3.8
– Funktion 2.3f.
– fehlerhafter 4.4f.
– Gegenstand 2.5ff.
– juristischer Personen 3.26
– Organbesitz 3.26
– Recht zum Besitz 7.34ff.
– Rechtsnatur 2.8f.
– Teilbesitz 2.6
– bei Pfändung 3.21
– Übergabe 2.3ff.

565

Sachregister

- Übertragung 3.9
- unmittelbarer 3.2ff.
- Verlust 3.12

Besitzansprüche 4.10ff.
Besitzarten 3.1ff.
- im Eigentümer-Besitzer-Verhältnis 8.14ff.

Besitzdiener 3.29ff.
Besitzentziehung 4.2
Besitzer
- im Eigentümer-Besitzer-Verhältnis 8.14ff.
- im Verzug 8.19f.
- Nicht-so-Berechtigter 8.31
- unredlicher Besitzer 8.15ff.
- verklagter Besitzer 8.19f.

Besitzkehr 4.6ff.
Besitzkonstitut 27.29ff.
Besitzmittlungsverhältnis 3.15ff.
- bei Sicherungsübereignung 33.3

Besitzstörung 4.2
Besitzwehr 4.6
Bestandsverzeichnis 11.4ff.
Bestandteile 29.1
- wesentliche 1.63ff.

Bestimmtheitsgrundsatz 1.48ff.; 27.3f.
- bei Sicherungsübereignung 33.6

Bewilligung 11.21ff.
Bewilligungsgrundsatz 11.19
Bodenrecht 5.6
Briefhypothek 16.10f.; 17.84ff.
Bruchteilsgemeinschaft 5.29f.
Buchbesitz 2.5
Buchersitzung 28.2

Dauerwohnrecht 24.6
Deckungsgrenze 33.17
Dereliktion → Aufgabe des Eigentums
Detention 2.2
Dienstbarkeit
- altrechtliche Dienstbarkeiten 21.23
- beschränkte persönliche Dienstbarkeit 22.1ff.
- Grunddienstbarkeit 21.1ff.
- Mietsicherungsdienstbarkeit 22.11
- Übersicht 20.1ff.
- wettbewerbsbeschränkende Dienstbarkeit 22.4ff.
- Wohnungsrecht 22.9ff.

Dinglicher Vertrag 1.18ff.; 9.4

Dingliches Recht 1.6; 1.11; 1.15
Dingliches Rechtsgeschäft 1.18ff.
Dispositionsnießbrauch 23.20
Drittwiderspruchsklage
- des Eigentümers 7.62; 31.19
- des Sicherungsgebers 33.23
- des Sicherungsnehmers 33.14

Eigenbesitz 3.23f.
Eigenmacht
- verbotene 4.1
- digitale 4.2

Eigentümer-Besitzer-Verhältnis 8.1ff.
- Anwendungsbereich 8.7f.
- Besitzformen 8.14ff.
- Konkurrenzen 8.7f.
- Nutzungen 8.23ff.
- Rechtsnatur 8.22
- Schadensersatz 8.41ff.
- Verwendungen 8.54ff.
- Vindikationslage 8.9ff.
- Zweck 8.1ff.

Eigentümergrundpfandrecht 16.28
Eigentümergrundschuld 18.54ff.
Eigentümernießbrauch 23.6
Eigentum
- Begriff 5.1
- u. beschränkte dingliche Rechte 5.9
- als Freiheitsrecht 5.5ff.
- u. Immaterialgüterrechte 5.15ff.
- an Urkunden 28.21ff.

Eigentumsaufgabe → Aufgabe des Eigentums
Eigentumsbegriff 1.1ff.; 1.58
- verfassungsrechtlicher 5.5ff.
- des ZGB (DDR) 5.8

Eigentumserwerb
- Bestandteile 29.1ff.
- derivativ 26.1
- Erzeugnisse 29.1ff.
- d. Finders 29.15ff.
- gesetzlicher 28.1ff.
- originär 26.1

Eigentumsschutz 7.1ff.
Eigentumsschranken 6.1ff.
Eigentumsstörungen 7.14ff.
- Duldungspflicht 7.9ff.

Eigentumsvorbehalt
- erweiterter 32.4; 32.24
- nachgeschalteter 32.8

Sachregister

- nachträglicher 27.30
- Übersicht 30.1
- Veräußerungsermächtigung 32.9 ff.
- Vertragsgestaltung 31.1
- verlängerter 32.5
- weitergeleiteter 32.6

Einbau
- fremder Baumaterialien 8.57

„Einbaufälle" 28.27 f.
Einigung 9.4 ff.
- Bindung 27.11

Eintragung 9.13 ff.
Eintragungserfordernis 9.13
Einziehungsermächtigung 32.18
Elektronische Wertpapiere
- Sachfiktion 1.58

Erbbaurecht 24.1 ff.
- Bauwerk 24.1; 24.9
- Begriff 24.1 ff.
- Entstehung 24.7 ff.
- Erbbaugrundbuch 24.15 ff.
- Erbbauzins 24.13
- Erlöschen 24.21 f.
- Reform 24.3 ff.
- Verfügung über Erbbaurecht 24.18 ff.
- zeitliche Begrenzung 24.10
- Zustimmung zur Verfügung 24.19

Erbenbesitz 3.27 f.
Erbpacht 24.6
Erbschaftsbesitz 3.27
Erlös
- bei Pfandverwertung 34.31 ff.

Ermächtigung 27.6 ff.
Ersitzung 28.1 ff.
Erschöpfungsgrundsatz 5.17 f.
Erwerbsverbot 9.10; 14.4
Erzeugnisse 1.74; 29.1
Eurohypothek 16.7

Factoring 32.25
Faustpfandprinzip 34.4
Fehlerhafter Besitz 4.6
Finder 29.17
Fischereirecht 5.12
Freigabeanspruch 33.17
Freigabeklausel 33.17
Fremdbesitz 3.23 f.
Fremdbesitzerexzess 8.43
Früchte 1.73 ff.
Fund 29.15

Gebrauchsvorteile 1.73
Geheißerwerb 27.17 ff.
Gemeinschaftseigentum (WEG) 25.17 f.
Generalhypothek 16.5
Gesamthänderischer Besitz 3.25
Gesamthandseigentum 5.36 f.
Gesamthypothek 17.142 ff.
Geschäftseinheit 1.27 ff.
Gesellschaft bürgerlichen Rechts
- Eintragung im Grundbuch 10.27 ff.

Globalzession 32.17 ff.
Golfplatz 24.9
Grenzbaum 6.2
Grundbuch
- Bestandteile 11.2 ff.
- elektronisches 11.12
- Register 10.1; 11.1
- Vermutungswirkung 10.2 ff.

Grundbuchberichtigung 10.18 ff.
Grundbuchverfahren
- Antrag 11.15 ff.
- Antragsrücknahme 11.20
- Beweismittelbeschränkung 11.29
- Bewilligung 11.21 ff.
- Rechtsbehelfe 11.30 ff.
- Stellvertretung 11.17 f.
- Zuständigkeit 11.13 f.

Grunddienstbarkeit 21.1 ff.
- altrechtliche Dienstbarkeit 21.23
- Ausübung 21.20
- Entstehung 21.3 ff.
- Inhalt 21.11 ff.
- positives Tun 21.16
- Schutz 21.21 f.
- Vorteilserfordernis 21.17 ff.

Grundeigentum
- räumliche Schranken 6.2
- nach ZGB (DDR) 1.66

Grundpfandrechte (allgemein) 16.1 ff.
- Akzessorietät 16.18 ff.
- Bedeutung 16.4 ff.
- Brief-/Buchgrundpfandrecht 16.10 ff.
- Erscheinungsformen 16.8 ff.
- in der DDR 16.6
- in Europa 16.7
- Inhalt 16.16

Grundschuld 18.1 ff.
- Entstehung 18.5
- Erlöschen 18.11
- Fremdgrundschuld 18.4 ff.

567

Sachregister

- Haftungsgegenstände 18.6
- Haftungsverwirklichung 18.9ff.
- Sicherungsgrundschuld 18.12ff.
- Verfügung 18.7

Grundstückskauf 14.5ff.
- Gefahrtragung 14.5
- Sachmängelhaftung 14.6

Grundstücksrecht
- Aufhebung 9.19ff.
- formelles **11.1**; 9.1
- Inhaltsänderung 9.24
- materielles 9.1

Grundwasser 6.4

Guter Glaube 27.47ff.
- Beweislast 27.54
- bei Grundstücksrechten 10.8
- maßgeblicher Zeitpunkt 27.50
- Stellvertretung 27.51

Gutgläubiger Erwerb
- Ausschluss 27.58ff.
- von beweglichen Sachen 27.36ff.
- Grundstücksrechte 10.8ff.
- der Vormerkung 13.31ff.

Haftungsordnung 1.17; 5.43; 30.1; 30.8ff.
„Hausrecht" 4.7
„Hausverbot" 4.7
Heimfallanspruch 24.11

Herausgabeanspruch
- Abtretung 27.32ff.
- nach § 985 BGB 7.24ff.

Herrenlos 29.13
Hersteller 28.14
Höchstbetragshypothek 17.117
hypotheca 16.5

Hypothek 17.1ff.
- Ablösungsrecht 17. 54; 17.60f.
- Abtretung 17.74ff.
- Belastungsgegenstand 17.3
- Briefhypothek 16.10f.; 17.10ff.
- Durchsetzung 17.63f.
- Einwendungen 17.17ff.
- Enthaftung 17. 32ff.; 17.42
- Entstehung **17.1ff.**; 17.13ff.
- Forderung 16.18ff.;17.8ff.; 17.78ff.
- Gegenstände der Haftung 17.27ff.
- gutgläubiger Erwerb 17.78ff.
- Haftungsverband 17.27ff.
- Inhaltsänderung 17.93
- Insolvenz 17.71

- Löschungsanspruch 17.97ff.
- Pfändung 17.92ff.
- Schutz 17.46ff.
- Teilung 17.94
- Verfügungen 17.72ff.; 17.92ff.
- Verpfändung 17.92f.
- Vollstreckungstitel 17.65
- Zinsen 17.14; 17.91
- Zubehörhaftung 17.37ff.
- Zwangsversteigerung 17.68ff.
- Zwangsverwaltung 17.70

Hypothekenbrief
- Aushändigung 17.62ff.
- Übergabe 17.11

Immaterialgüterrecht 5.15
Immissionen 6.1ff.
- der öffentlichen Hand 6.25
- nach § 906 Abs. 1 BGB 6.15
- unwesentliche 6.14

Imperativentheorie 1.15
Inhabergrundschuld 18.52
Insichkonstitut 27.30

Jagdrecht 5.12
„Jungbullenfall" 28.31

Kettenauflassung 11.28
Kettenveräußerungen 27.20
Konsensprinzip 11.21
Konzernvorbehalt 32.25
Korrealhypothek 17.110
Kryptowerte
- Sachen 1.58
Kurzbesitz 3.6

Lastenfreier Erwerb 27.71
Locusprinzip 12.4f.
Luftraum 6.3

Mitbesitz 3.25
Miteigentum 5.28ff.
Mittelbarer Besitz 3.13
- Begriff 3.13
- Erwerb 3.15
- Gestufter 3.20

Nachbarrecht 6.1ff.
Nachbarschaftliches Gemeinschaftsverhältnis 6.29ff.

568

Sachregister

Näherprinzip 32.19
Nebenbesitz **3.20**; 27.56, 33.8
Nicht-so-berechtigter Besitzer 8.31
Nießbrauch 23.1 ff.
– am Vermögen 23.26 ff.
– an Rechten 23.21 ff.
– Ausübungsüberlassung 23.15 ff.
– Dispositionsnießbrauch 23.20
– Entstehung 23.4 ff.
– Inhalt 23.8 ff.
– Legalschuldverhältnis 23.11 ff.
– Pfändung 23.17
– Schutz 23.18
– Übertragbarkeit 23.13 ff.
– Uneigentlicher Nießbrauch 23.19
Notstand 6.5 ff.
Notweg 6.41 f.
Numerus clausus 1.39 ff.
Nutzungen 1.73
– im Eigentümer-Besitzer-Verhältnis 8.23 ff.
– bei Vormerkung 13.22
Nutzungspfand 16.5 f.

Öffentlicher Glaube 10.6; 10.8
Organbesitz 3.24

Patentvindikation 7.26
Petitorische Ansprüche 4.19 ff.
pignus 16.5
Pfändungspfandrecht 34.1
Pfandrecht
– Entstehung 34.2
– Erlöschen 34.15 ff.
– Erwerb vom Berechtigten 34.2
– Erwerb vom Nichtberechtigten 34.3
– an Forderungen 34.38
– publizitätsloses 30.5
– an Rechten 34.36 ff.
– an Sachen 34.1 ff.
– Schutz 34.21 ff.
– Übertragung 34.13 f.
– Verwertung 34.24
Pfandverkauf 34.25 ff.
– rechtmäßiger 34.32
Pfandverwertung 34.24
Possessio 2.2
Possessorische Ansprüche 4.11 ff.
Prinzip fester Rangstellen 16.28; 17.53; 17.97

Prozessführungsermächtigung 33.28
Prozessstandschaft 32.16
Publizitätsgrundsatz 1.49; 26.12

„Quasinegatorischer" Anspruch 7.6

Rang
– der Grundstücksrechte 12.1 ff.
– der Pfandrechte an beweglichen Sachen 34.6
Rangordnung
– materielle 12.4
Rangvereinbarung
– nachträgliche 12.13
– ursprüngliche 12.10
Rangvorbehalt 12.15 ff.
Raumsicherungsklausel 33.7
Reallast 19.1 ff.
– Bedeutung 19.6
– Begriff 19.1 ff.
– Einzelleistung 19.15
– Entstehung 19.8
– persönlicher Anspruch 19.16
– Stammrecht 19.14
– Übertragung 19.11 f.
Rechtsbesitz 2.7
Rechtsfortsetzungsanspruch 28.25, 28.31
Rechtshängigkeitsvermerk 10.25
Rechtsscheinstatbestände 26.15
Rentenschuld 18.53

Sachbegriff 1.56 ff.
Sache 1.56 ff.
Sachenrecht
– des ABGB 1.1
– Gegenstand 1.1
– Gesetzessystematik 1.8
– internationales 1.51 ff.
– öffentliches 1.50
– Regelungsgegenstand 1.6 f.
– u. Schuldrecht 1.3 f., 1.7
Sachenrechtsgrundsätze 1.46 ff.
Sammelverwahrung 5.35
Satzung 16.5
Schadensersatz
– im Eigentümer-Besitzer-Verhältnis 8.41 ff.
Schatzfund 29.21
Scheinbestandteile 1.67

569

Sachregister

Schiff 35.1ff.
- Erwerb vom Berechtigten 35.3
- Redlicher Erwerb 35.5
Schiffshypothek 35.8f.
Schiffsregister 35.2
Schweizer Schuldbrief 16.7
Schuldübernahme 14.8
Selbsthilferecht 4.6
Sicherungsabrede → Sicherungsvertrag
Sicherungsabtretung
- bei verlängertem Eigentumsvorbehalt 32.17
Sicherungsfall
- Sicherungsgrundschuld 18.16; 18.27
- Sicherungsübereignung 33.14
Sicherungsgrundschuld 18.10ff.
- Abtretungsbeschränkungen 18.34ff.
- Begriff 18.10
- Beteiligte 18.12ff.
- Sicherungsvertrag 18.18ff.
- Sicherungsfall 18.16; 18.27
- Tilgung 18.36ff.
- Übertragung 18.28ff.
Sicherungshypothek 17.103ff.
Sicherungsübereignung 33.1
- Bestimmtheit 33.6
- Insolvenz 33.22
- Übersicht 30.1
- Zwangsvollstreckung 33.22
Sicherungsübertragung 33.26
Sicherungsvertrag
- bei der Sicherungsgrundschuld 18.16
- bei der Sicherungsübereignung 33.10
- beim Pfandrecht 34.10
- Einreden 18.26ff.
- Fehlen 18.25
- Rückgewähranspruch 18.42ff.
- und Verbraucherschutzrecht 18.24
Sondereigentum (WEG) 25.6
Spezialitätsgrundsatz 1.47; 27.3
Stellvertretung
- bei Übereignung 27.6
Stille Zession 33.26
Stockwerkseigentum 25.4
Störer 7.9
Streckengeschäft 27.22
Sukzessionsschutz 1.12
superficies 24.2
Surrogation 29.22

Tabularersitzung 28.1
Teilbesitz 2.6, 3.26
Teileigentum (WEG) 25.3
Teilungsprinzip 32.19
Tempusprinzip 12.4
Tier(e) 1.62
Traditionsprinzip 26.11ff.
- u. Geheißerwerb 27.23
- bei Verpfändung 34.4
Trennungsgrundsatz 1.19; 14.1
- bei Eigentumsvorbehalt 31.8
Treuhand 5.39
Typenfixierung 1.39
Typenzwang 1.39ff.

Überbau 6.31ff.
Übereignung
- beweglicher Sachen 26.1ff.
- durch Stellvertreter 27.30ff.
Übereignungstatbestände 26.3ff.
- Entwicklung 26.6
Übergabe 3.3ff.; 27.12ff.
- durch/an Besitzdiener 27.14
- durch/an Besitzmittler 27.16
Übergabesurrogate 27.29ff.
Übersicherung
- anfängliche 33.15
- nachträgliche 33.17
- verl. Eigentumsvorbehalt 32.17
Unternehmenseigentum 5.21
Unmittelbarer Besitz
- Erwerb 2.3
- Verlust 3.12
Untererbbaurecht 24.20
Unterlassungsanspruch
- nach § 1004 BGB 7.5ff.; 7.22
Urheberrecht
- Sicherungsübertragung 33.26

Verarbeitung 28.12ff.
Verarbeitungsklausel 28.16ff.; 32.27
Veräußerungsermächtigung 32.10
Veräußerungsverbot 13.36
Verbindung 28.6ff.
Verbotene Eigenmacht 4.1ff.
Verfallklausel 17.64
Verfolgungsrecht
- des Besitzers 4.18
- des Eigentümers 7.2
Verfügung zugunsten Dritter 1.34

Verfügungsbefugnis 1.37; 27.5
Verfügungsbeschränkungen 1.39
Verfügungsermächtigung 1.31
Verkehrsfund 29.20
Verkehrsgeschäft 10.13; 27.65
Vermischung 28.5 ff.
Vermutung 7.56 ff.; 10.2 ff.
Vermögensrecht 1.5
– Haftungsordnung 1.17
Verpfändung 34.1 ff.
Verteidigungsnotstand 6.14
Vertrag zugunsten Dritter 1.38
Vertragsbruchtheorie 32.18; 32.22 f.
Verwendungen
– im Eigentümer-Besitzer-Verhältnis 8.54 ff.
Verwertungsrecht
– bei Grundpfandrechten 16.13 ff.
Verzicht
– auf Grundpfandrecht allgemein 9.20
– auf Hypothek 17.59
Vindikationsanspruch 7.24 ff.
– Geldvindikation 7.46
– Inhalt 7.43 ff.
Vorausabtretung 32.17
– u. Factoring 32.20
Vorbehaltseigentum
– Anwartschaft 31.5
– Interventionsrecht 31.4
Voreintragung 11.27
Vorkaufsrecht (dingliches) 15.1 ff.
– Ausübung 15.12 ff.
– Bestellung 15.8 ff.
– Rechtsnatur 15.6
– Unterschied zum schuldrechtlichen Vorkaufsrecht 15.1 ff.

Vormerkung 13.1 ff.
– Entstehung 13.7
– gutgläubiger Erwerb 13.31; 10.14
– Rangwirkung 13.24
– Rechtsnatur 13.34
– Wirkungen 13.13
Vorratsteilung (WEG) 25.14 ff.

Warenkreditgeber 32.19
Wasserrecht 5.14
Wegnahmerecht 28.35
Wertpapiere 28.23
Wertpapierhypothek 17.118
Widerspruch 10.24 ff.
Wohnungseigentum 25.1 ff.
– Begründung 25.12 ff.
– Rechtsnatur 25.6 ff.
– Verfügung 25.23 ff.
– Verwaltung 25.32 ff.
– Verwalter 25.39 f.
– Vinkulierung 25.26
– Vorratsteilung 25.14 ff.
– Wohnungseigentümerversammlung 25.37 ff.
– Zwangsvollstreckung in Wohnungseigentum 25.31
Wohnungseigentümergemeinschaft
– Rechtsfähigkeit 25.32
– Grundbuchfähigkeit 11.7 f.
Wohnungsgrundbuch 25.6

Zubehör 1.69
Zurückbehaltungsrecht
– als Recht zum Besitz 7.36
– bei Verwendungen 8.72
Zwischenverfügung 11.30

Anhang

Anlage 1
(zu § 22 GBVfg)

Muster
(Grundbuchblatt)

Amtsgericht

Köln

Grundbuch

von

Worringen

Grundbuchblatt-Nr.
0100

Die Unterstreichungen und die Durchstreichungen sind im Original rot; vgl. dazu §§ 17 Abs. 2 Satz 3, GBVfg.

Anhang

Amtsgericht Köln		Grundbuch von Worringen			Blatt 0100	Bestandsverzeichnis			1
Laufende Nummer der Grundstücke	Bisherige laufende Nummer der Grundstücke	Bezeichnung der Grundstücke und der mit dem Eigentum verbundenen Rechte					Größe		
		Gemarkung (Vermessungsbezirk)	Karte		Liegenschaftsbuch	Wirtschaftsart und Lage			
			Flur	Flurstück					
		a	b		c/d	e	ha	a	m²
1	2	3					4		
1		Worringen	1	100		Freifläche Alte Neußer Landstraße		10	10
2	1	Worringen	1	101		Weg Alte Neußer Landstraße			90
3	1	Worringen	1	102		Gebäude- und Freifläche Alte Neußer Landstraße 100		9	10
4		Worringen	1	200		Landwirtschaftsfläche Alte Neußer Landstraße		5	00
5		Worringen	1	310		Gartenland		2	00
6	3,5	Worringen	1	102		Gebäude- und Freifläche Alte Neußer Landstraße 100		11	10
			1	310		Gartenland			
7 zu 6		1/10 Miteigentumsanteil an dem Grundstück Worringen	1	110		Weg Alte Neußer Landstraße		1	00

Bestand und Zuschreibungen		Abschreibungen	
Zur laufenden Nummer der Grundstücke		Zur laufenden Nummer der Grundstücke	
5	6	7	8
1	Aus Blatt 0200 am 5. Januar 1993. Neumann Götz	2	Nach Blatt 0001 am 15. April 1993. Neumann Götz
1,2,3	Lfd. Nr. 1 geteilt und fortgeschrieben gemäß VN Nr. 100/93 in Nrn. 2 und 3 am 15. April 1993. Neumann Götz		
4,5	Aus Blatt 0250 am 10. Mai 1993. Neumann Götz		
3,5,6	Lfd. Nr. 5 der Nr. 3 als Bestandteil zugeschrieben und unter Nr. 6 neu eingetragen am 9. Juni 1993. Neumann Götz		
7 zu 6	Aus Blatt 0300 am 12. Juli 1993.- Neumann Götz		

Anhang

Amtsgericht Köln	Grundbuch von Worringen	Blatt 0100		Erste Abteilung	1
Laufende Nummer der Eintragungen	Eigentümer		Laufende Nummer der Grundstücke im Bestandsverzeichnis	Grundlage der Eintragung	
1	2		3	4	
1	M ü l l e r , Friedrich, geb. am 5. Juli 1944, Alte Neußer Landstraße 108, 5000 Köln 71		1	Aufgelassen am 14. Oktober 1992, eingetragen am 5. Januar 1993. Neumann Götz	
			4,5	Aufgelassen am 11. November 1992, eingetragen am 10. Mai 1993. Neumann Götz	
			7/zu 6	Das bisher in Blatt 0300 eingetragene Eigentum aufgrund Auflassung vom 15. April 1993 und Buchung gemäß § 3 Abs. 3 GBO hier eingetragen am 12. Juli 1993. Neumann Götz	
2a) b)	S c h u m a c h e r , Ute geb. Müller, geb. am 12. Mai 1966, Grundermühle 7, 51515 Kürten M ü l l e r , Georg, geb. am 6. März 1968, Kemperbachstraße 48, 51069 Köln - in Erbengemeinschaft -		4,6,7	Erbfolge (33 VI 250/94 AG Köln), eingetragen am 7. Dezember 1994. Neumann Götz	

Laufende Nummer der Eintragungen	Eigentümer	Laufende Nummer der Grundstücke im Bestandsverzeichnis	Grundlage der Eintragung
1	2	3	4

Anhang

Amtsgericht Köln		Grundbuch von Worringen	Blatt 0100	Zweite Abteilung	1
Laufende Nummer der Eintragungen	Laufende Nummer der betroffenen Grundstücke im Bestandsverzeichnis	Lasten und Beschränkungen			
1	2	3			
1	4, 6, 7	Nießbrauch für Müller, Gerhard, geb. am 23. April 1918, Alte Neußer Landstraße 100, 50769 Köln, befristet, löschbar bei Todesnachweis. Unter Bezugnahme auf die Bewilligung vom 15. April 1993 - URNr. 400/93 Notar Dr. Schmitz in Köln - eingetragen am 12. Juli 1993. Neumann Götz			
2	4, 6	Widerspruch gegen die Eintragung des Eigentümers des Friedrich Müller zugunsten des Josef Schmitz, geb. am 26. Juli 1940, Rochusstraße 300, 50827 Köln. Unter Bezugnahme auf die einstweilige Verfügung des Landgerichts Köln vom 30. Juli 1993 - 10 O 374/93 - eingetragen am 3. August 1993. Neumann Götz			
3	4	Dienstbarkeit (Wegerecht) für den jeweiligen Eigentümer des Grundstücks Flur 1 Nr. 201 (derzeit Blatt 0250). Unter Bezugnahme auf die Bewilligung vom 11. November 1992 - URNr. 2231/92 Notar Dr. Schneider in Köln - eingetragen am 4. August 1993. Neumann Götz			

Veränderungen		Löschungen	
Laufende Nummer der Spalte 1		Laufende Nummer der Spalte 1	
4	5	6	7
		2	Gelöscht am 31. August 1993. Neumann Götz

Anhang

Amtsgericht Köln		Grundbuch von Worringen	Blatt 0100	Dritte Abteilung	1
Laufende Nummer der Eintragungen	Laufende Nummer der belasteten Grundstücke im Bestandsverzeichnis	Betrag	Hypotheken, Grundschulden, Rentenschulden		
1	2	3	4		
1	3,4,5,6	10.000,00 DM 5.000,00 DM	Grundschuld – ohne Brief – zu zehntausend Deutsche Mark für die Stadtsparkasse Köln in Köln; 18% Zinsen jährlich; vollstreckbar nach § 800 ZPO. Unter Bezugnahme auf die Bewilligung vom 19. April 1993 – URNr. 420/93 Notar Dr. Schmitz in Köln – eingetragen am 9. Juni 1993. Gesamthaft: Blätter 0100 und 0550. Neumann Götz		
2	4,6	20.000,00 DM – 5.000,00 DM 15.000,00 DM	Hypothek zu zwanzigtausend Deutsche Mark für Bundesrepublik Deutschland (Wohnungsfürsorge); 12% Zinsen jährlich; 2% bedingte Nebenleistung einmalig. Unter Bezugnahme auf die Bewilligung vom 6. Oktober 1993 – URNr. 1300/93 Notar Dr. Schmitz in Köln –. Vorrangsvorbehalt für Grundpfandrechte bis zu DM 100.000,00; bis 20% Zinsen jährlich; bis 10% Nebenleistungen einmalig; inhaltlich beschränkt. Eingetragen am 15. November 1993. Neumann Götz		
3	4,6,7	100.000,00 DM	Grundschuld zu einhunderttausend Deutsche Mark für Inge Müller geb. Schmidt, geb. am 12. Mai 1952, Alte Neußer Landstraße 100, 50769 Köln, 18% Zinsen jährlich. Unter Bezugnahme auf die Bewilligung vom 3. Januar 1994 – URNr. 2/94 Notar Dr. Klug in Köln –; unter Ausnutzung des Rangvorbehalts mit Rang vor III/2. Eingetragen am 17. Januar 1994. Neumann Götz		

Veränderungen			Löschungen		
Laufende Nummer der Spalte 1	Betrag		Laufende Nummer der Spalte 1	Betrag	
5	6	7	8	9	10
2	20.000,00 DM	Dem Recht Abt. III Nr. 3 ist der vorbehaltene Vorrang eingeräumt. Eingetragen am 17. Januar 1994. Neumann Götz	2	5.000,00 DM	Fünftausend Deutsche Mark gelöscht am 4. Oktober 1994. Neumann Götz
3	100.000,00 DM	Gepfändet mit den Zinsen seit dem 30. Juni 1994 für die Haftpflicht-Versicherungs-Aktiengesellschaft in Köln wegen einer Forderung von DM 65.800,00 mit 9% Zinsen aus DM 59.600,00 seit dem 18. Juni 1992. Gemäß Pfändungs- und Überweisungsbeschluß des Amtsgerichts Köln vom 15. Juni 1994 – 183 M 750/94 – eingetragen am 20. Juni 1994. Neumann Götz	3 3a 3b	20.000,00 DM 60.000,00 DM 20.000,00 DM	Pfändungsvermerk vom 26. Juli 1994 gelöscht am 4. Oktober 1994. Neumann Götz
1	5.000,00 DM	Das Recht ist gemäß § 1132 Abs. 2 BGB derart verteilt, daß die hier eingetragenen Grundstücke nur noch haften für fünftausend Deutsche Mark. Die Mithaft in Blatt 0550 ist erloschen. Eingetragen am 1. Juli 1994. Neumann Götz			

Anhang

Amtsgericht Köln		Grundbuch von Worringen	Blatt 0100	Dritte Abteilung	1 R
Laufende Nummer der Eintragungen	Laufende Nummer der belasteten Grundstücke im Bestandsverzeichnis	Betrag		Hypotheken, Grundschulden, Rentenschulden	
1	2	3		4	
4	4	8.200,00 DM		Zwangssicherungshypothek zu achttausendzweihundert Deutsche Mark für die Schmidt & Müller oHG, Köln, Wienerplatz 2, 51065 Köln, mit 8% Zinsen jährlich aus DM 7.180,00 seit dem 20. Oktober 1994. Gemäß Urteil des Amtsgerichts Köln vom 2. November 1994 - 115 C 1500/94 - eingetragen am 1. Dezember 1994. Neumann Götz	
5	4,6,7	30.000,00 DM		Sicherungshypothek zum Höchstbetrag von dreißigtausend Deutsche Mark für die Stadt Köln - Amt für Wohnungswesen. Unter Bezugnahme auf die Bewilligung vom 3. November 1994 - URNr. 1400/94 Notar Dr. Schmitz in Köln - eingetragen am 5. Dezember 1994. Neumann Götz	

Veränderungen			Löschungen		
Laufende Nummer der Spalte 1	Betrag		Laufende Nummer der Spalte 1	Betrag	
5	6	7	8	9	10
3 3 3a 3b	100.000,00 DM 20.000,00 DM 60.000,00 DM 20.000,00 DM	Das Recht ist geteilt in zwanzigtausend Deutsche Mark erstrangig -, sechzigtausend Deutsche Mark zweitrangig -, zwanzigtausend Deutsche Mark drittrangig -. Eingetragen am 1. August 1994. Neumann Götz			
3a	60.000,00 DM	Abgetreten mit den Zinsen seit dem 17. Januar 1994 an die Kölner Bausparkasse Aktiengesellschaft in Köln. Eingetragen am 1. August 1994. Neumann Götz			

Fortsetzung auf Einlegebogen

Anhang

Anlage 3
(zu § 52 Abs. 1 GBVfg)

Muster
(Hypothekenbrief)

Deutscher
Hypothekenbrief

Noch gültig für   über
15 000 DM.
Schönberg, den 9. Juli 1981   20 000 Deutsche Mark

(Unterschriften)

eingetragen im Grundbuch von
Waslingen (Amtsgericht Schönberg)
Blatt 82 Abteilung III Nr. 3 (drei)

Inhalt der Eintragung:
Nr. 3: 20 000 (zwanzigtausend) Deutsche Mark Kaufpreisforderung mit fünf vom Hundert jährlich verzinslich für Josef Schmitz, geboren am 20. März 1931, Waslingen. Unter Bezugnahme auf die Eintragungsbewilligung vom 1. Dezember 1978 eingetragen am 16. Februar 1979.

Belastetes Grundstück:
Das im Bestandsverzeichnis des Grundbuchs unter Nr. 1 verzeichnete Grundstück.

Schönberg, den 20. Februar 1979

                                                                         Amtsgericht
(Siegel oder Stempel)
                                                                          (Unterschriften)

Dem belasteten Grundstück ist am 14. November 1980 das im Bestandsverzeichnis unter Nr. 3 verzeichnete Grundstück als Bestandteil zugeschrieben worden. Infolge der Zuschreibung ist das belastete Grundstück unter Nr. 4 des Bestandsverzeichnisses neu eingetragen worden.

Schönberg, den 13. März 1981

                                                                         Amtsgericht
(Siegel oder Stempel)
                                                                          (Unterschriften)

Von den vorstehenden 20 000 DM sind 5 000 (fünftausend) Deutsche Mark nebst den Zinsen seit dem 1. Juli 1981 mit dem Vorrange vor dem Rest abgetreten an den Ingenieur Hans Müller, geboren am 14. Januar 1958, Waslingen. Die Abtretung und die Rangänderung sind am 7. Juli 1981 im Grundbuch eingetragen. Für den abgetretenen Betrag ist ein Teilhypothekenbrief hergestellt.

Schönberg, den 9. Juli 1981

                                                                         Amtsgericht
(Siegel oder Stempel)
                                                                          (Unterschriften)

Anhang

Anlage 7
(zu § 52 Abs. 1 GBVfg)

Muster

(Grundschuldbrief)

Deutscher Grundschuldbrief

über

3 000 Deutsche Mark

eingetragen im Grundbuch von
Waslingen (Amtsgericht Schönberg)
Blatt 84 Abteilung III Nr. 3 (drei)

Inhalt der Eintragung:

Nr. 3: 3 000 (dreitausend) Deutsche Mark Grundschuld mit fünf vom Hundert jährlich verzinslich für Herbert Müller, geboren am 20. Januar 1910, Waslingen. Unter Bezugnahme auf die Eintragungsbewilligung vom 1. März 1979 eingetragen am 23. März 1979.

Belastetes Grundstück:
Das im Bestandsverzeichnis des Grundbuchs unter Nr. 1 verzeichnete Grundstück.

Schönberg, den 26. März 1979

(Siegel oder Stempel)

Amtsgericht

(Unterschriften)